市委副书记、市长戴劲松（左二），副市长杨龙遇（右一）到医院检查指导工作

荣获2011年度医院改革创新奖

救治三无人员46人次，支出费用约12.8万元。

亮点之二：以开展“抗生素滥用整治行动”为切入点，找准“四个抓手”不断强化临床用药的规范管理。一是以医德医风建设为抓手，建立合理用药与医德医风考评新机制；二是以严控医院感染为抓手，建立不同专科、不同药比的监控抗生素合理使用长效机制；三是以病历审核“四位一体”为抓手，建立诊断与用药适应症督查机制；四是以强化宣传为抓手，全面完善和推进安全用药制度。通过一系列综合整治和管理措施，全院平均药比从37.27%降至32.93%，临床科室药比降至30.59%。

荣获第四届全国医院（卫生）文化建设先进单位

亮点之三：进一步完善差异服务举措，认真落实“三好一满意”创建活动。医院提出“差异性服务特色——五不五做”理念，即“做别人不愿做的，做出特色；做别人想不到的，做出意外；做别人做不好的，做成精品；做别人不在乎的，做出感动；做别人不想做的，做出奇迹”，进一步提升医疗服务水平。一是医院年投入近百万元成立“临床服务中心”，承担全天候24小时检查及就医过程中的免费陪护服务和各临床科室8小时以外的免费特需服务，年内提供护送服务2.2万余人次，其他特需服务2,674人次，充分展现差异服务特色亮点，得到患者及家属的好评。二是在省内医院中创新性开设“院长热线”电话，由院长助理24小时专人受理，负责对医疗服务过程中的诉求和咨询进行解答和协调，该热线电话每月平均受理量约90余人次。通过“院长热线”，畅通患者对医院诊疗过程投诉及宣泄的渠道，及时了解患者需求，减少医患纠纷的发生；对热线反映的问题和提出的需求，在第一时间责成有关职能部门及时协调解决，进一步密切医患关系。

州级先进党委

一年来，医院坚持深化医院改革，以医疗质量和医疗安全为核心，全面提升服务水平，通过全院职工的共同努力，荣获卫生部“医院改革创新奖”、中国医院文化论坛主题征文“中国医院文化论坛组织奖”，院党委荣获红河州“先进基层党组织”称号；病理科获得“卫生部首批病理远程会诊与质控试点单位”资格。

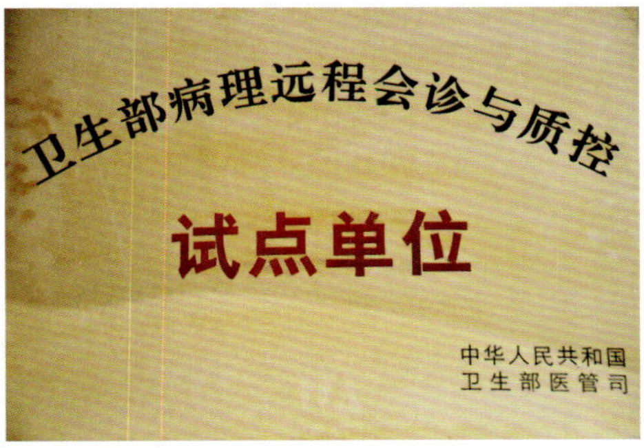

卫生部病理远程试点单位

院 长：何南飞
地 址：个旧市金湖南路17号
电 话：0873-2128170
邮 编：661000

个旧市移民开发局

GE JIU SHI YI MIN KAI FA JU

局长　李开洲

省、州领导调研移民工作（左三为省移民开发局局长韩梅，左五为州移民开发局局长王正国，左一为市委常委、副市长杨明志）

市政协领导调研麻玉田移民新村（左三为市政协副主席李春芬）

2011年，我局在市委、市政府的坚强领导下，在州移民开发局的指导帮助下，坚持以邓小平理论和“三个代表”重要思想为指导，全面贯彻落实科学发展观。坚持以科学发展观统领全市移民工作，紧紧围绕市委、市政府科学发展、和谐发展、跨越发展工作大局，认真贯彻落实移民政策法规，以解决移民群众最关心、最直接、最突出的困难和问题为着力点，团结和带领全局干部职工，解放思想，开拓创新，凝心聚力，求真务实，攻坚克难，在移民新村基础设施建设、库区稳定，移民后期扶持等方面，做了大量艰苦细致的工作，切实维护了移民和库区群众的合法权益，库区和移民安置区经济得到较好发展，确保了库区和移民安置区高度稳定，各项移民工作取得了明显成效。

完成马堵山水电站农村移民后期扶持人口登记、核定工作。截止2011年12月底，我市共核定后期扶持移民人口1,763人，其中：马堵山水电站搬迁安置人口572人，生产安置人口1,006人，185人为外地迁入我市居住的2006年6月30日前搬迁的水库移民。

全面完成了《个旧市“十二五”大中型水库移民后期扶持规划》和《个旧市“十二五”大中型水库库区和移民安置区基础设施建设和经济发展规划》编制、上报工作。规划上报移民后期扶持直补资金224.1万元，规划上报后期扶持项目64个，投资规模4,517.57万元，同时逐步建立和完善了个旧市移民后期扶持项目后备库。

组织实施并完成州级下达的保和乡麻玉田移民新村农特产品交易市场工程和马堵山电站移民安置区供电、饮水完善和加固工程。

一年来，市移民开发局紧紧围绕市委深入发展“四群教育”“三深入”活动和锤炼“个旧气质”为契机，解放思想，与时俱进，开拓进取，攻坚克难，崇尚实干，情系移民，“转作风、抓执行、解民忧、促发展”，增强班子的执行力、创新力，狠抓贯彻落实，通过全局上下共同努力，移民业务工作和机关自身建设以及其它各项中心工作齐头并进，取得了显著成效。2011年，荣获“全州移民工作目标考核一等奖”“个旧市2011年度各项工作目标考核一等奖”“个旧市2011年度党风廉政建设优秀单位”。

局　长：李开洲
地　址：个旧市金湖西路380号4楼
电　话：0873-2130868
邮　编：661000

马堵山水电站库区村组贾沙乡阿邦村自来水管道架设工程通水仪式

局长李开洲（左一）与保和乡领导一同调研库区生产安置移民干旱村组饮水问题

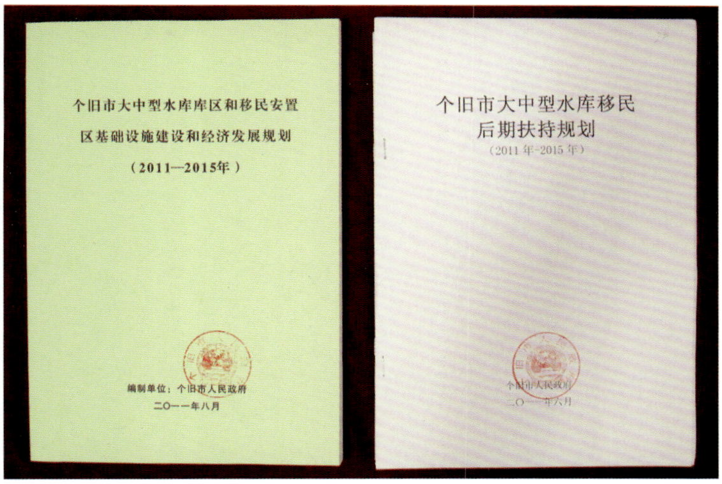

个旧市移民后期扶持十库区基础设施“十二五”规划及“二五”规划

走访慰问移民新村80岁高龄老人

利用移民后期扶持项目资金建设的麻玉田移民新村农特产品交易市场

建在红河上的马堵山水电站

锡都——
一个北回归线上闪着金属光芒美誉
蜚声世界的靓丽名字
个旧——
一座开创产业发展“二次创业”
与山水共谐的西部城市

世·界·锡·都

个旧年鉴

THE YEARBOOK OF GEJIU CITY

（2012）

中　共　个　旧　市　委
个　旧　市　人　民　政　府　主办
个旧市地方志编纂委员会办公室　编著

云南出版集团公司
云南美术出版社

图书在版编目（CIP）数据

个旧年鉴. 2012 / 个旧市地方志编纂委员会办公室编著. -- 昆明:云南美术出版社, 2012.11
ISBN 978-7-5489-0972-9

Ⅰ. ①个… Ⅱ. ①个… Ⅲ. ①个旧市－2012－年鉴
Ⅳ. ①Z527.43

中国版本图书馆CIP数据核字(2012)第258854号

责任编辑 陈铭阳
封面设计 赵　鹏
责任校对 蔡　军　唐明炎　皇双艳　黄文辉　赵凌玲　周　革　李国亮

个旧年鉴（2012）
中　共　个　旧　市　委
个　旧　市　人　民　政　府　主办
个旧市地方志编纂委员会办公室　编著

出版发行 云南出版集团公司
云南美术出版社
（昆明市环城西路609号）
印刷设计 昆明美嘉美印务设计有限公司
印　　制 深圳市美嘉美印刷有限公司
开　　本 889mm×1194mm　1 / 16
印　　张 41.25
字　　数 970千字
版　　次 2012年11月第1版
2012年11月第1次印刷
印　　数 1～750册
书　　号 ISBN 978-7-5489-0972-9
定　　价 450.00元
（若发现印装错误请与承印厂联系 0871—3179373）

编辑说明

一、《个旧年鉴》是中共个旧市委、个旧市人民政府主办，个旧市地方志编纂委员会办公室编撰出版的市委、市政府公报性年刊，具有资料权威、反映及时、连续出版和工具书功能齐全的特点，是其他载体都无法替代和不可比拟的。《个旧年鉴》（2012）以翔实的资料，系统、全面地反映个旧市2011年度自然、经济和社会发生的大事、要事、新事以及在科学发展观指导下建设和谐锡都所取得的业绩，是各级领导研究地方发展战略、进行科学决策的可靠依据，是投资者了解个旧市情的理想指南，是地方史志编纂和学术研究者宝贵的综合大型资料性工具书。

二、《个旧年鉴》以邓小平理论和"三个代表"重要思想为指导，坚持实事求是的原则，遵循年鉴之体例和简洁朴实之文风，力求真实、系统、全面地展示个旧市的地方特色和全市经济社会发展状况，以达服务现实、垂鉴后世之目的。

三、《个旧年鉴》（2012）设特载、专文、大事记、概况、政治、军事、法制、经济综合管理、农林水利、工业、交通·邮电、城乡建设·环保·旅游、商贸、财政·税收·金融·保险、科学技术、教育·卫生、文化·体育·广播电视·报纸、社会、方志特刊、附录20个类目，类目之下按事物属性设152个分目，分目之下设1638个记事条目，全书约970千字。为方便读者查阅，卷首设中英文目录，卷尾设索引。

四、《个旧年鉴》（2012）使用的数据以个旧市统计局数据为准，统计数据以外的数据由各单位业务主管部门核实提供。反映数据变化一般与2010年同期相比较。乡镇行政区划未变动者不再列位置面积和自然环境条目。主要领导干部名录以2011年任职时间为准，年内变动以括号注明。单位名称以全称为主，有少数用缩略语。同一撰稿人的若干条目编排在一起时，只在最后一目署名。

五、《个旧年鉴》除特载、专文、附录外，其余条目均由各部门、各单位撰稿员提供，并经主管领导审定后交个旧市地方志编纂委员会办公室编撰成书，并由个旧市地方志编纂委员会审定。

六、《个旧年鉴》的编撰出版得到云锡集团公司，驻个旧武警、解放军部队，省、州属企事业单位以及市机关各部门、市属企事业单位等的大力支持，在此一并深表谢意。

个旧市地方志编纂委员会办公室

二〇一二年十月二十二日

个旧市地方志编纂委员会

《个旧年鉴》编辑部

撰稿人员

特约撰稿人	李一是	冯　云	王　忠	戴劲松	白　燕	李文友
	曹　芸	杨龙遇	万买富	喻俊娟		
撰　　稿	周　革	何少华	蒙龙兴	徐莎莎	李金秀	李赵玉
	王凤黎	王兴成	周家行	王　聪	李自清	张泽翔
	李建萍	杨新梅	曾　云	李江恒	金利涛	蒋　琨
	张艳萍	谷　波	刘　鹏	李　丽	和　跃	周耀林
	缪　萍	柳思辰	张凌燕	陈雪梅	唐伟武	刘明忠
	丁　玲	严　萍	卢菀平	王鹏华	袁　莉	何美清
	钱艳菊	林　妍	姚黎芳	赵　栩	姜玉梅	郑　觃
	赵　庸	周云丽	赵　强	丁举鹏	莫向清	何源辉
	万炳华	张　洁	罗　曼	杨昆仑	张　瑜	孔亚兰
	卢希勇	徐　黎	吴丽梅	王威良	杨臻荣	徐郑兴
	金也添	沈　斌	薛树玉	王艳辉	杨锦学	邹　旭
	朱　敏	张　洪	黄　勇	李　磊	邹　顺	杨奕捷
	白鸽飞	庞云华	卫　丽	喻正彬	李永忠	张　松
	高玉鹏	陆漫春	席忠超	卢琼华	许娅虹	周仕钰
	邓海龙	李水兰	常华荣	黄　薇	王　桦	罗　琼
	唐新光	杨　旭	刘智梅	周志坚	单国松	汤炜乐
	杜兰芬	周俊琳	李　颖	熊　华	罗仁坤	张泺镕
	杨　喜	王绍全	苏　红	王　刚	尹敬东	叶建奇
	苏云燕	曹　燕	李　莉	蔡　蕊	普志华	张　旭
	郭维妮	李国祥	杨迎春	蒋朝晖	沈永平	田春美
	李照成	杨平波	肖　文	杨振娇	苏　健	马仰福
	谭向春	聂跃鑫	方　娅	毛远梅	蒋　堃	谢　彪
	孔　丹	杜青茹	赵云红	李红梅	孙燕琪	李　超
	彭力飞	戴秋秋	尹　杰	聂　勇	魏顺超	林　儒
	高梦菊	李建德	徐　聪	赵俊峰	吴　桃	何　波
	苏明学	何全有	李双红	皇双艳	陈元钢	王　翊
	李跃宏	李容福	刘　桃	陈月昌	林韧强	王建勇
	隆昌嵘	何天珉	刘　跃	陈建伟	叶兴平	李　梅
	孙忠生	林　译	吴　江	蔡　军	邹　君	张　伟
	李春芬					

《个旧年鉴》总目

彩 页 目 录

中共个旧市委书记　王　忠

以党的十七大、十七届五中、六中全会以及省、州、市党代会精神为指导，深入贯彻落实科学发展观，实施产业发展“二次创业”和“工业三年倍增”行动，开展基层“四位一体”建设和“四群三深入教育”活动，全力保障和改善民生，推动科学发展、和谐发展、跨越发展，以优异成绩迎接党的十八大胜利召开。

——王　忠

中共个旧市委副书记、市长　戴劲松

紧紧围绕贯彻落实省第九次党代会精神，抓机遇，促转型，全面推进实施产业发展“二次创业”。以产业升级发展作为着力点，加快重点产业项目建设步伐，夯实经济发展基础，提升区域经济整体竞争力；以保障和改善民生为重点，化解矛盾，维护稳定，努力推动个旧实现科学发展、和谐发展、跨越发展。

——戴劲松

2011年6月13～15日，中国共产党个旧市第十二届代表大会第一次会议隆重召开，共有255名党代表参会　（罗卿　摄）

2011年2月11日，个旧市第十五届人民代表大会第四次会议隆重开幕，于14日闭幕
（段心民　摄）

2011年2月10日，政协个旧市第十届委员会第四次会议隆重召开，于13日闭幕（段心民　摄）

2011年11月9日，由云南省回族研究会和红河州政府主办，个旧市政府承办的“中国学生留学埃及八十周年暨云南省桥头堡战略建设学术研讨会”在世纪广场开幕，全国政协副主席、中国回族学会名誉会长白立忱（前排右五）在开幕式上讲话（前排左起为市委书记王忠、州政协主席李保文、云南大学党委书记高发元、州委书记刘一平，省政协副主席马开贤、王学智、州委副书记罗志明）（罗卿　摄）

2011年8月20日，原中央政治局候补委员、国务院副总理吴桂贤（中）到个旧市视察。图为深入到云锡集团公司锡矿冶炼第一线了解锡矿开采、加工、出口等流程（左一为州政协副主席丁润森）（王佳　摄）

2011年4月26日，外交部副部长宋涛（中）率白俄罗斯、哈萨克斯坦、越南等15个国家驻华使节到个旧参观考察。图为在州委书记刘一平（右二）、市委书记王忠（右三）等领导的陪同下参观云锡博物馆　（陈俊　摄）

2011年9月29日，由国家卫生部信息化工作领导小组办公室副主任高燕婕（右四）带队的调研组到个旧市，就基层卫生信息化建设工作进行调研（右一为副市长杨龙遇）（李锐　摄）

2011年4月26日，省委常委、副省长李江（左一）到个旧市调研标准化工作开展情况。图为实地考察和观摩云锡公司炼铅分厂的标准化工作推进情况（左二为市委书记王忠）

（王必应　摄）

2011年10月19日，云南省民族团结进步创建活动现场会在个旧市沙甸区召开。省委常委、省委统战部部长黄毅（右五）实地考察沙甸区民族团结工作（左五为州委书记刘一平、右四为州委副书记罗志明，左四为州委常委、州委统战部部长、州总工会主席罗萍，右三为市委书记王忠，左三为市委副书记、市长戴劲松，左二为市委副书记周踊，左一为市委常委、市委办公室主任、市委统战部部长张鹏程）（陈俊　摄）

2011年4月14日，以省人大副主任程映萱（中）为组长的省调研组到个旧圣比和实业有限公司等企业进行企业信息化建设的情况调研（右一为市委副书记、市长戴劲松，右二为市人大主任白燕）（王佳　摄）

2011年6月2日，省政协副主席陈勋儒（左二）参加由州委、州政府，市委、市政府和云南艺术学院共同举办的“2011 · 创意个旧”活动。图为与市委副书记、市长戴劲松（右二）一起阅看学生的设计方案（右一为民盟云南省委专职副主委徐宁）（陈梦姣　摄）

2011年8月10日，省人大常委会秘书长白保兴（前排右一）等全国人大代表在州人大主任陈霖（前排左二）、市委书记王忠（前排左一）等相关领导陪同下到个旧云南云河药业有限公司视察

（王必应　摄）

2011年5月28日，曾先后担任美国耶鲁大学和芝加哥大学访问学者、康州大学客座教授、美国洛克菲勒基金会及联合国开发署项目顾问，现任美国英佛曼纳米材料公司董事长的著名纳米技术专家、经济学家、美籍华人萧镜如教授（中）与市委副书记、市长戴劲松（左一）等领导一起探讨个旧市“十二五”发展规划。图为考察市博物馆　（李姗　摄）

2011年12月8日，生于卡房镇、土生土长的个旧人、云南农业大学校长朱有勇（右二）从2011年中国工程院增选的485位有效候选人中脱颖而出，当选为54位新院士之一，改写了云南省54年来无一名本土工程院院士的历史。图为市委书记王忠（中）、市政协主席李文友（右一）、副市长陈新华（左二）代表全市47万各族各界父老乡亲向其表示祝贺　（聂涵　摄）

2011年7月22日，由越南老街省、富寿省、安沛省、宁平省、奠边省五个省公安厅负责人组成的警务代表团，在老街省公安厅厅长黄玉成（左三）带领下到个旧市进行参观交流访问（右二为副市长、市公安局局长李鸿瑞）（李姗　摄）

2011年10月24～25日，由州委书记刘一平（右二）带队的州调研组在市委书记王忠（左三），市委副书记、市长戴劲松（左一）等相关领导陪同下，就个旧市加快转变经济发展方式，实施产业发展“二次创业”，推进资源型城市转型发展、统筹城乡发展、创新社会管理等工作进行实地考察（右三为副州长李扬，左二为市委常委、市委办公室主任、市委统战部部长张鹏程）（李姗　摄）

2011年8月31日，市政府与中国节能环保集团就节能环保合作事宜进行座谈交流，并签订了合作协议（右三为市委副书记、市长戴劲松，中为市委常委、副市长杨明志，左一为市人大副主任张勇）（王佳　摄）

2011年12月23日，市委副书记、市长戴劲松（前排右二）代表个旧市与浙江海亮集团有限公司、重庆市博赛矿业（集团）有限公司签署合作开发霞石正长岩矿资源战略性框架协议，州委书记刘一平（后排右二），州委副书记、州长杨福生（后排右三），副州长聂明（后排左二）、州政协副主席侯伟国（后排左三）、市政协主席李文友（后排左一）等领导出席协议签署仪式

（张思思　摄）

2011年9月27日，个旧市矿山地质环境治理工程正式开工。省州市相关领导出席开工仪式

（王佳　摄）

2011年4月28日，《滇池晨报》加油周刊在个旧市举办第三届加油乐购节“五·一”个旧车展活动（张颖　摄）

2011年1月1～2日，个旧市举行世界锡都·红河个旧第三届国际锡文化旅游节暨庆祝个旧市建市60周年“千人歌会”“迎宾晚会”“动力伞表演”“焰火晚会”“硔王祭祀”等大型活动，来自中央、省、州乃至国外的50多位嘉宾与锡都人民共同庆贺生日　（段心民　摄）

2011年10月21日，由民革个旧市委主办的纪念辛亥革命100周年文艺晚会在个旧市京剧院举行，缅怀孙中山先生等民主革命先烈，追忆辛亥革命在中国历史发展进程中的伟大意义，同时讴歌中国共产党领导全国人民翻身解放，实现民族独立，逐步走向繁荣富裕的丰功伟绩　（张颖　摄）

2011年8月12日，个旧市召开加强和创新社会管理暨社区建设十周年表彰会，社区工作者用自编的舞蹈和激昂的演唱展现了10年来个旧市社区建设的成果　（罗卿　摄）

2011年1月23日，ADC.AL亚洲舞蹈公开赛红河选拔赛暨云南省个旧市体育舞蹈艺术团首届体育舞蹈会在个旧市体育馆举行　（张颖　摄）

领航中国 1921.7.1–2011.7.1

个旧市庆祝中国共产

市委书记王忠（右）看望市级老领导　（王必应　摄）

市委副书记、市长戴劲松（左）入户慰问老党员　（聂涵　摄）

在中国共产党90周年华诞到来之际，市级四套班子领导分别带队，深入乡镇、社区、厂矿，对部分老党员、老干部进行慰问，向他们致以节日的问候与祝福，把党的关怀和温暖送到了老党员、老干部心中。

（个旧报社　提供）

党成立90周年系列活动

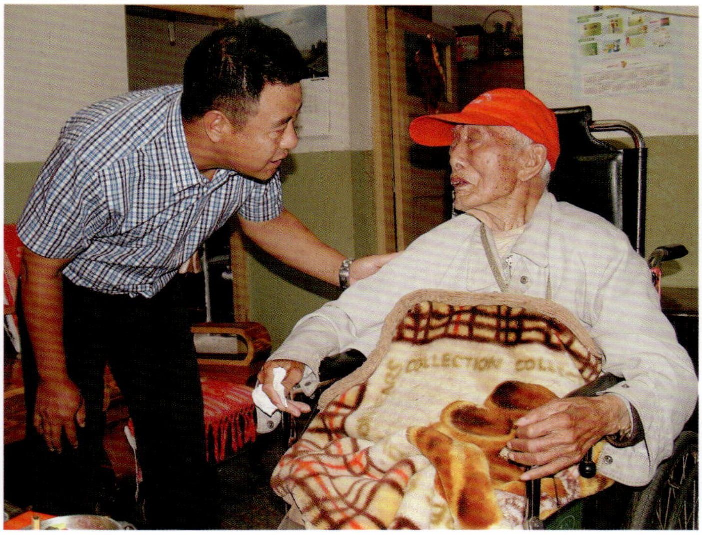

市委副书记周踊（左）看望老干部　（陶素民　摄）

市委副书记寇静冬（左）慰问老党员
（陈元钢　摄）

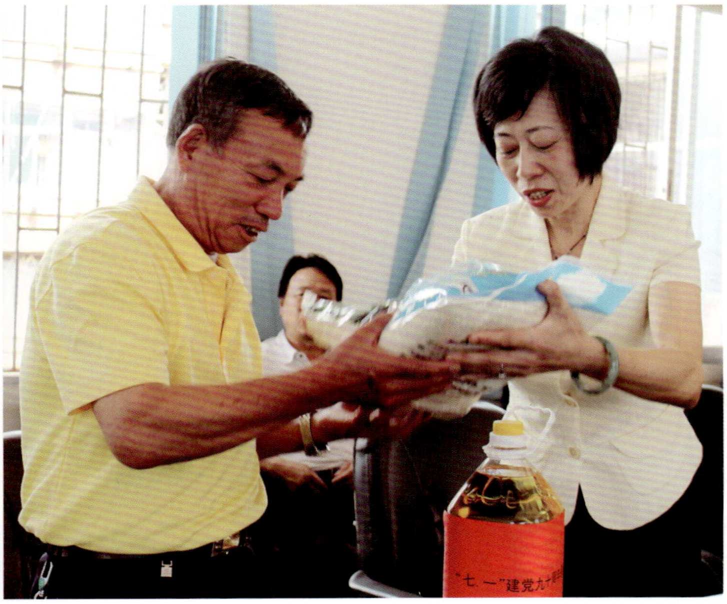

市人大主任白燕（右）给老党员送去米和油
（王必应　摄）

市政协主席李文友（右）在蔓耗慰问老党员
（李锐　摄）

2011年6月28日，市委在市委小礼堂隆重举行庆祝中国共产党成立90周年座谈会　（刘莎莎　摄）

2011年6月29日，市委举办的党史图文展在锡都博物馆隆重开展，相关领导参观展览（右一为市委书记王忠、左二为市委副书记周踊、左一为市人大主任白燕）（杨一秦　摄）

90 领航中国

1921—2011 个旧市庆祝中国共产党成立90周年

2011年6月中、下旬，在喜迎中国共产党成立90周年之际，锡都各界纷纷以各种形式庆祝党的生日。全市广大党员干部群众忆党史、唱红歌、颂党恩，将爱党爱国的精神融入人民群众的精神文化生活，掀起建党90周年纪念活动的高潮。

个旧市结合创先争优活动，开展一系列丰富多彩的活动，引导全市广大党员干部群众牢固树立知党、爱党、兴党意识，通过大力讴歌党的丰功伟绩，激励全市党员干部群众干事创业、奋发图强，以良好的精神风貌和优异业绩喜迎建党90周年。（个旧报社　提供）

市级领导带头高唱《没有共产党就没有新中国》（右起为：市委常委、市委组织部部长周勇，市委常委、市委政法委书记王伟，市委常委、市纪委书记曹芸，市人大主任白燕、市委副书记周踊、市委书记王忠，市委副书记、市长戴劲松，市委副书记寇静冬、市政协主席李文友，市委常委、常务副市长包旭，市委常委、市委宣传部部长周林俊，市委常委、市委办公室主任、市委统战部部长张鹏程）

（刘莎莎　摄）

2011年6月28日，由州委、州政府，市委、市政府，云南艺术学院共同举办的“2011·创意个旧”活动作品在个旧市博物馆隆重展出。本次活动展出的上千件作品是600多名艺术学院的学生历时7个多月，围绕“锡都”个旧深厚悠长的历史积淀所创意、设计、制作的。图为省州市相关领导出席开展仪式

（刘莎莎　摄）

2011年6月22日下午，由市委和云锡集团公司党委联合主办的“党在我心中”庆祝中国共产党成立90周年知识竞赛总决赛在市政府三楼会议室举行　（市委宣传部　提供）

2011年6月8日，首部反映红河少数民族爱国主义旋律，向建党90周年献礼的影片《新红河谷》在个旧市开机拍摄（后排中为州委常委、州委宣传部部长伍皓，右四为州人大副主任邓小礼、左四为市委书记王忠，左一为市委常委、市委宣传部部长周林俊）（罗卿　摄）

1921—2011

领航中国

个旧市庆祝中国共产党成立90周年

2011年6月1日，红河州少先队喜迎建党90周年暨庆六一“红领巾心向党，民族团结共成长”主题活动在个旧市沙甸区大清真寺广场举行（段烁　摄）

2011年6月27日，个旧市举行庆祝中国共产党成立90周年“颂歌献给党”演讲比赛暨征文活动表彰大会　（刘莎莎　摄）

2011年 5月4日，个旧市团市委举办“颂歌献给党·童心向党千人合唱暨'五四'表彰大会”。来自全市各条战线的2,000余名青年高唱颂歌，纪念“五四”运动92周年，迎接中国共产党成立90周年。图为市级领导向受表彰者表示祝贺　（王佳　摄）

2011年5月6日,个旧市残联举办“党的光辉照我心”庆祝建党九十周年暨二十一个全国助残日活动　（张颖　摄）

2011年6月24日，个旧市延安精神研究会举行庆祝中国共产党建党九十周年红歌演唱会　（张颖　摄）

2011年6月7日，个旧市大屯镇举办“颂歌献给党——党在我心中”建党90周年党的知识竞赛　（苏韵秋　摄）

2011年6月25日，个旧市总工会举办庆祝中国共产党建党90周年“在灿烂阳光下”——个旧市职工红歌演唱会　（张颖　摄）

2011年6月12～17日，市委、市政府联合中国合唱艺术研究会、中国民族舞蹈研究会、国际模特艺术发展协会、北京夕阳秀文化艺术中心等单位在个旧共同举办“向党献礼暨全国第十一届中老年艺术节大赛”　（刘一民　摄）

90 领航中国
1921—2011
个旧市庆祝中国共产党成立90周年

2011年6月30日，市委、市政府在市人民影剧院隆重举行庆祝建党90周年纪念大会暨表彰先进、经典红歌咏唱会，共1,000多人参加大会　（刘一民　摄）

2011年6月25日，由云锡控股公司主办，以大型LED显示屏作背景，由全新的声、光、电系统作衬托的《光辉的历程》——云锡控股公司庆祝中国共产党成立90周年大型职工演唱会在红河州民族体育馆隆重举行，共计2,900余人观看演出　（向玉明　摄）

目　录

特　载

专　文

大事记

概　况

政 治

军　事

法　制

经济综合管理

农林水利

工 业

交通·邮电

城乡建设·环保·旅游

商 贸

财政·税收·金融·保险

科学技术

教育·卫生

文化·体育·广播电视·报纸

社 会

方志特刊

附　录

Main Contents

Special Reports

Special Articles

Important Events

General Introduction

Politics

Military Affairs

Legal System

Comprehensive Management of Economy

Agriculture , Forestry and Water Resource

Industry

Communication, Post and Telecom

Urban and Rural Construction, Environmental Protection and Tourism

Trade

Finance, Tax, Banking and Insurance

Science Technology

Education and Hygiene

Culture ,Sport,Radio,Film ,Television and Newspaper

Society

Special Local Chronicles

Appendix

特　载

新一届市委领导班子（左起依次为市委常委、市委办公室主任、市委统战部部长张鹏程，市委常委、市委组织部部长周勇，市委常委、市委宣传部部长周林俊，市委常委、常务副市长包旭，市委副书记周踊，市委副书记、市长戴劲松，市委书记王忠、市委副书记寇静冬，市委常委、市纪委书记曹芸，市委常委、市委政法委书记王伟，市委常委、副市长杨明志，市委常委、市人武部政委李文华）（罗卿　摄）

坚定信心　稳中求进
为实现个旧转型新发展而努力奋斗

——在中共个旧市委十二届二次全体（扩大）会议上的报告

中共个旧市委书记　王　忠

（2011年12月29日）

同志们：

这次全会的主要任务是：深入学习贯彻党的十七大、十七届五中、六中全会、中央经济工作会议、省第九次党代会和州委七届三次全会精神，总结2011年工作，部署2012年工作，进一步坚定信心，稳中求进，为实现个旧转型新发展而努力奋斗。

下面，我受市委常委会的委托，向全会作工作报告。

一、2011年工作回顾

今年以来，在州委、州政府的正确领导下，市委紧紧抓住全国资源型城市转型试点、云南桥头堡战略建设等机遇，团结带领全市各族人民艰苦奋斗，聚力转型，推动全市经济社会平稳较快发展，实现了“十二五”良好开局。

综合实力稳步提高。进入全国第二轮资源型城市转型扶持范围，自2008年列入国务院资源型城市转型试点以来，共获4.95亿元资金支持。全年预计完成地区生产总值144亿元，同比增长11.1%。完成全部工业总产值360亿元，增长10.1%。财政总收入21.42亿元（含再生资源退税2.57亿元），增长8.07%，其中地方一般预算收入8.57亿元，增长8.5%；地方一般预算支出22.2亿元，增长5.61%。完成固定资产投资75亿元，增长20.9%。实现社会消费品零售总额36亿元，增长20%。完成进出口总额5.8亿美元，增长16%，其中进口3.7亿美元，增长32%，出口2.1亿美元，下降5%。农业总产值13.86亿元，增长7%。城市居民人均可支配收入16200元，农民人均纯收入6780元，分别增长14.8%和11%。

“二次创业”扎实推进。推进新型工业化、农业现代化和服务业产业化。着力抓好“十个10万吨级产业项目”建设（其中云锡10万吨铅建成投产，10万吨铜即将试生产，其余项目均有序推进），云河药业技改进行设备安装，圣比和技改工程进展过半，马堵山电站竣工投产，莲花山风电项目进行招标，霞石开发项目签订投资协议。加大中低产田改造，发展生态农业和有机农业。实施“农户万元增收计划”，推进省级万亩玉米高产创建示范区、马铃薯高产创建示范区和超级杂交水稻良种繁育基地建设，大红屯粮油仓储中心竣工投产。红河商业中心项目进展顺利，规划“红河谷木棉水乡”项目，大屯海旅游休闲度假区、沙甸回族文化旅游小镇、倘甸旧寨温泉度假区项目建设有序推进。

发展基础显著增强。以“城镇上山”理念不断完善阳山新区开发。污水处理厂二期工程、第二水厂供水工程、大屯海污水处理厂等项目建设进展顺利。冷清公路竣工通车。“鸡个”公路力争春节前开通。“个一老一官”公路、莲花山雷达站公路获准建设。乡镇全部开通客运班线，通车率达100%。水利建设投资力度加大，解决2.23万人饮水安全问题。沙甸河、三岔河水库防渗治理工程和农村“五小水利”工程积极推进。10个城乡统筹示范区建设有序推进，29个新农村建设项目进展顺利，大屯、鸡街整镇推进乡村示范工程组织实施。

民生事业持续发展。办学条件不断改善，“两基”成果进一步巩固，完成职教中心征地工作。医疗卫生体制改革进一步深化，新、改、扩建一批乡镇卫生院。落实就业再就业扶持政策，城镇登记失业率为3.97%，荣获“2011年全国民营企业招聘周组织工作突出城市”称号。城镇基本医疗保障实现全覆盖，新农合参合率达97.99%。城乡居民社会养老保险参保人数达10.22万人，5.1万余人享受城乡低保。保障性住房开工率达100%。市中心敬老院、荣誉军人光荣院投入使用，为老服务呼叫信息平台开通。脱贫攻坚工程深入实施，计生工作全面加强，户籍人口自然增长率控制在2.5‰。

民主法治有力推进。市委召开人大、政协工作会，人大、政协工作呈现新局面。充分发挥民主党派、工商联和无党派人士的界别优势，进一步做好新时期民族、宗教、侨务和对台工作。顺利完成“全省民族团结进步创建活动经验交流会”、“中国学生留学埃及八十周年暨云南省桥头堡战略建设学术研讨会”和“全州加强和创新社会管理工作会议”的承办工作。“六五”普法和“四五”依法治市有效推进，人民群众法律意识不断提高。社会治安综合治理取得成效，安全生产工作向纵深推进。完善领导干部“大接访”、“大下访”制度。抓好听证、公示、通报事项和“锡都热线”的建设，效能政府建设扎实推进。

文化实力不断提升。公共文化服务体系进一步健全。加大图书馆、博物馆软件建设。完成老厂等3个乡镇文化站建设，文化信息资源共享工程实现城乡全覆盖。广播电视“村村通”工程稳步推进。积极争创省级文明城市，市民素质得到很大提高。文化“三下乡”活动深入开展。成功举办第三届国际锡文化旅游节暨个旧建市60周年庆祝活动、全国第十一届中老年艺术节、“创意·个旧”主题展等活动，外宣工作进一步加强，锡都形象不断提升。锡文化创意产业园一期建设基本完成。成立锡都文化有限公司，储备了滑翔热气球休闲体验、小火车嘉年华旅游等8个文化产业项目。省级非物质文化遗产个旧市锡器制作传习馆开馆。

生态环境逐步改善。大力推进循环经济，继续淘汰落后产能，实施重点节能工程和企业节能技术改造。加大再生资源的综合利用。实施企业废气、废水、废渣治理工程。重金属污染专项整治取得进展，北部5家涉重企业治理工程进入施工阶段，卡房大沟片区有3家企业通过初验。矿山恢复治理项目有效开展，石漠化综合治理工程进入招投标阶段。

对外开放成效明显。招商引资新签项目12个，引进州外到位资金15.72亿元。桥头堡建设迈出新步伐，在云锡公司成功“走出去”基础上，部分市属民营企业与南亚、东南亚等国家展开合作，进口有色金属原料，在境外建立加工基地、营销服务网络和研发机构。

党的建设全面加强。市委常委会自身建设得到加强，进一步推进党的工作制度化、规范化。深入开展创先争优和创建学习型党组织活动，党员干部理论水平和党性修养不断提高。广泛开展纪念建党90周年系列活动。积极探索基层党组织“村村、村机、村企、企企”联建方式，把组织优势转化为发展优势。圆满完成市、乡两级党委换届选举工作。开展 “乡镇大比武”活动，进一步提高乡镇干部的积极性和执行力。继续深化干部人事制度改革，建立完善公开、平等、竞争、择优的干部选拔任用制度。加强和创新社会管理，做好新时期群众工作，在村级和社区组织中开展“四位一体”建设。继续实施“1122工程”，累计选派265名党政干部和民营企业管理人才到清华大学、西安交通大学、昆明理工大学等院校培训。党风廉政建设、作风建设和反腐败工作深入推进。着力加强廉政文化建设，上河社区被命名为“云南省廉政文化进社区示范点”。工、青、妇等群团工作和扶残助残、党史志书修编、老龄、慈善等社会事业加快发展。

过去的一年，我们在复杂艰难的环境中取得了来之不易的成绩。这些成绩的取得，是省、州党委、政府关怀、社会各界鼎力支持的结果，是全市广大党员、干部、群众团结奋进、共同努力的结果。在此，我谨代表中共个旧市委向所有关心、支持个旧发展的各级领导、同志们、朋友们，以及全市广大党员、干部、群众表示衷心的感谢，并致以崇高的敬意！

在肯定成绩的同时，我们也要清醒地看到个旧的发展仍面临着许多突出的矛盾和问题，主要表现在：资源型产业比重较大，调整经济结构、转变发展方式任重道远；耕地保护、节能减排、生态建设、安全生产等任务繁重，资源开发与环境保护的矛盾仍然突出，对产业项目建设的约束加大；国有企业改革、再就业压力大，低保人口、老龄化人口比重大，社会保障负担沉重，地方财政收支平衡困难；党的建设有待加强，政府职能转变还须加快，推动科学发展的能力亟待增强。以上问题需要我们在今后的工作中认真加以解决。

二、认清形势，坚定信心，全面完成2012年工作任务

推动科学发展、和谐发展、跨越发展，建设宜居、幸福、生态、活力、文明、和谐新个旧，是我市“十二五”时期的战略目标。2012年是实施“十二五”规划承上启下的重要一年，我们党将召开十八大。做好明年工作，保持经济社会发展良好势头，具有十分重要的意义。

2012年，个旧的发展仍面临着复杂的形势。从国际看，全球经济进入了一个长期波动和低速增长时期，经济增长不确定因素增多，外贸进出口将受影响。从国内看，当前我国经济发展中不平衡、不协调、不可持续的矛盾和问题仍很突出，经济增长下行压力和物价上涨压力并存，安全生产、节能减排任务艰巨。从自身看，既有资源缩减、产业单一、民生欠账等难题，又有环保、用地、资金以及煤电油运等多重制约。在正视困难的同时，我们也要看到发展的希望。首先，我市进入全国第二轮资源型城市转型扶持范围，对实现全国资源型城市转型先进城市的目标有着积极的促进作用。其次，中央经济工作会提出2012年在“稳中求进”总基调下继续实施积极的财政政策和稳健的货币政策，尤其是大力发展实体经济的决策，使我市的民生建设、中小企业发展等工作有了更多的政策支持。第三，云南桥头堡战略建设为我市建设外向型特色产业基地、发展物流产业等方面提供了有利机遇。第四，红河谷绿色经济走廊建设为我市产业发展提供了良好的机遇。

2012年工作总体要求是：全面贯彻党的十七大、十七届六中全会、中央经济工作会以及省、州、市党代会精神，深入贯彻落实科学发展观，着力推进产业发展“二次创业”，加强基层“四位一体”建设，切实开展“四群教育”和“三深入”活动，全力保障和改善民生，深化改革开放，保持经济平稳较快发展和社会和谐稳定，以优异成绩迎接党的十八大胜利召开。

2012年主要工作目标建议为：地区生产总值增长10%，工业总产值增长12%，固定资产投资增长15%，地方一般预算收入增长2%，城镇居民人均可支配收入增长10%，农民人均纯收入增长10%，城镇登记失业率控制在4.5%以内，户籍人口自然增长率控制在4.5‰以内。

为实现上述目标，要突出抓好以下工作：

（一）着力推进产业发展“二次创业”。全面贯彻落实省、州关于“四个翻番”、“两个倍增”和“工业三年倍增”的计划，更加注重加快转变经济发展方式，统筹推进新型工业化、农业现代化和服务业产业化，做到好中求快、稳中求进、优中求强。大力推进产业发展“二次创业”，突出抓好产业间、企业间的相互融合和配套协作，推动产业集群化发展，提升产业层次和集聚度。依托云锡公司、红河工业园区，我市特色工业园区和全市中小企业，引进省内外大中型企业，继续提升改造传统产业，加快推进“十个10万吨级产业项目”。高起点、高标准抓好霞石产业开发。继续发展生物产业，抓好云河药业、生物药业等企业技改项目，进一步开发木棉产业。加快培育新兴产业，推进圣比和技改、振兴年产900万只铅酸蓄电池二期工程和莲花山风电场建设。大力实施资源综合利用，利用“国家工业固废综合利用示范基地”平台，引导企业发展循环经济。积极推进企业标准化建设，加大安全生产监管力度。深入实施“农户万元增收计划”，抓好现代农业科技示范园建设，加快农业发展方式转变，抓好各项农业增产措施的落实与推广，以高产创建项目为依托，加快实施优质粮食产业工程，大力优化农业内部结构，培育壮大优势农业龙头企业。加快发展服务业，抓住中央结构性减税政策，引导民间资本投入到现代服务业，推动民营经济和中小企业发展壮大。依托“红河谷绿色

经济走廊”建设，科学规划、开发“红河谷木棉水乡”等项目。积极推进桥头堡建设，加快推进鸡街货运站和有色金属物流中心建设。坚持创新驱动和市场驱动并举，着力推动体制机制创新。进一步抓好招商引资，充分释放发展活力、增添发展后劲。

（二）继续加强城乡基础设施建设。继续抓好城市“东移西扩北延”工程，积极推进“城镇上山”，打造宜居山地园林城市。全力推进阳山新区开发取得实质性进展，基本完成区域内的企业搬迁。加强和完善城镇基础设施建设，进一步抓好社会主义新农村建设，加大交通、水利、通讯、能源等基础设施建设力度。提高自然村公路路面硬化率，实施“个一老一官”公路改造。建立健全农村公路管养长效机制，提高行政村班车通勤率，加快解决群众出行难问题。规范客运市场秩序，加强城市公共交通运输管理，倡导绿色出行，加大整治力度，提高城市交通综合管理水平。加强农田水利和人畜安全饮水工程建设，做好邦干水库、石洞坝水库等一批重点水源水库和病险水库除险加固工程建设，建立水资源开发利用与节约保护调控体系。

（三）全力保障和改善民生。把财政支出重点放在保障和改善民生上来，夯实转型新发展的民生基础。切实做好农村居民向城镇转移的工作，不断提高城镇化率。坚持教育发展优先，提高教育质量，促进教育公平，办好人民满意的教育。健全公共卫生服务体系，继续深化医药制度改革，促进城市优良医疗资源向农村倾斜，完善社区卫生服务网络建设。切实抓好就业再就业工作，完善城乡就业服务体系，构建和谐劳动关系。健全和完善城乡社会救助体系，大力推进城乡居民社会养老保险，稳步提高新农合参合率，完善失地农民保障制度，健全社会救助和保障标准与物价上涨挂钩联动机制，完善优抚安置政策，大力发展社会福利和养老事业。抓好城镇保障性安居工程建设和分配管理，加快农村危房改造。深入推进扶贫开发，坚持和完善易地扶贫、产业扶贫、教育扶贫、科技扶贫、社会扶贫、生态扶贫，构建大扶贫工作格局。加强马堵山电站库区环境治理，引导和扶持搬迁移民发展特色产业，让移民搬得出、稳得住、逐步能致富。增强科技创新能力，引导、支持重大科技创新项目向重点产业领域集聚，提高科技贡献率。稳定低生育水平，进一步做好党史志书、老龄、慈善和残疾人等工作。

（四）切实加强生态环境建设。摒弃拼资源、高消耗、高污染的经济增长方式，走和谐发展、生活富裕、生态良好的文明发展新路，夯实转型新发展的环境基础。改变传统资源型产业发展模式，走新型工业化道路，严格实行总量控制制度，大力发展循环经济，积极推进清洁生产，加强技术创新体系建设，推广应用新技术、新能源，提高资源利用效率，降低经济发展对生态环境的影响，推动经济增长由资源依赖向创新驱动转变。坚持以推进生态文明建设为主线，以治污减排工作为重点，以改善环境质量、保障生态环境为目标，扎实推进重点行业企业达标排放，做好重金属污染治理，严厉打击各类环境违法行为，切实解决好突出环境问题。进一步实施矿山环境治理项目，不断提高土地综合利用水平。深入推进创模工作，加大生态文明宣传教育力度，积极开展绿色创建活动，培育绿色生产生活方式，探索建立环保监督公众参与机制，使生态文明建设成为全社会的共同愿望、共同责任和共同行动。

（五）进一步提升文化软实力。深入推进社会主义核心价值体系建设。坚持用中国特色社会主义理论体系武装广大党员、教育人民。扎实推进精神文明创建活动，弘扬社会主义道德风尚，倡导积极向上的精神追求和健康文明的生活方式。深入开展理想信念教育，形成知荣辱、讲正气、比奉献、促和谐的良好风尚。加快公益性文化事业发展，做大做强文化产业。实施文化惠民工程，加强公共文化基础设施建设，推进广播电视村村通工程，广泛开展群众性文体活动，构建覆盖城乡的公共文化服务体系。加强本地文物及文化遗产的保护开发利用。加快转变文化产业发展方式，实施重点项目带动，抓好锡文化创意产业园、锡都博物馆等标志性文化设施建设，巩固提升国际锡文化旅游节文化品牌。加快经营性文化单位改革，全面推进文化事业单位内部改革，创新文化管理体制，完善政策保障机制。促进先进文化与现代科技融合，创新文化发展理念、内容形式、传播载体，加强基层文化人才队伍建设，推动社会主义文化大发展大繁荣。

（六）扎实推进民主政治建设。坚持和完善人民代表大会制度，保障和支持人大在党的领导下履行宪法和法律赋予的职责，加强对全市改革、发展、稳定工作的审议、监督和检查，积极参与经济社会重大事项和重大问题的决策。坚持和完善中国共产党领导的多党合作和政治协商制度，充分发挥政协人才荟萃、智力密集的优势，围绕发展积极建言献策。加强和完善党对统战工作的领导，全面落实党的民族、宗教政策，切实加强各社会阶层人士工作和党外代表人士队伍建设。充分发挥工、青、妇等群团组织的积极作用，保证监督和决策更好地反映民意、贴近民生、集中民智。加快服务型政府建设，建立健全党委领导、政府负责、社会协同、公众参与的社会化管理格局。进一步深化政务、村务和厂务公开，切实加强基层群众性自治组织建设，全面提高基层民主决策、民主管理、民主监督水平。

（七）不断加强和创新社会管理。以开展“四群教育”和“三深入”活动为载体，以开展村级和社区组织“四位一体”建设为抓手，切实做好新形势下的群众工作。自2012年起，每年从市级机关选派五分之一的干部深入基层工作，五年实现机关干部全覆盖。通过领导蹲点、部门挂钩、干部结对、建立联系卡等形式，畅通联系群众的渠道，拓宽联系群众的方式，为群众办实事解难题，进一步密切党群干群关系，确保群众工作取得实效。进一步巩固“四位一体”建设成果，突出完善基层组织权力规范运行、社会治安综合治理机制，切实保障人民群众的合法权益，确保基层社会和谐稳定。突出社会管理关键环节，畅通民生诉求渠道，认真抓好矛盾纠纷化解、流动人口和特殊人群服务管理、食品药品安全监管等重点工作，着力预防和减少社会矛盾，努力形成科学有序的社会管理新格局。

三、全面提高党的建设科学化水平，为推动转型新发展提供坚强保障

坚持“党要管党、从严治党”的方针，以执政能力建设和先进性建设为主线，以改革创新的精神全面加强和改进党的建设，努力提高党的建设科学化水平，使党建工作更好地为转型新发展提供强有力的组织保障。

（一）着力加强党的基层组织建设，进一步夯实执政基础。党的基层组织是党全部工作和战斗力的基础，是落实党的路线方针政策和各项工作任务的战斗堡垒，必须坚持围绕中心、服务大局、拓宽领域、强化功能，进一步巩固和加强党的基层组织，着力扩大覆盖面、增强生机活力，使党的基层组织充分发挥推动发展、服务群众、凝聚人心、促进和谐的作用。继续实施“创先争优”活动，组织实施“跨越发展先锋行动”，深化拓展“云岭先锋”工程，不断提高基层党建工作整体水平，夯实党的执政基础。

（二）着力加强思想政治建设，始终保持干事创业的激情。始终把思想政治建设放在首位，用科学理论武装各级党员干部的头脑，树立正确的世界观、人生观、价值观，坚定理想信念，增强事业心和责任心。把高原情怀、大山精神和锡都精神作为思想政治教育和精神文明建设的重要内容，广泛宣传，大力弘扬，振奋精神，鼓舞斗志，使广大党员干部始终保持苦干实干、开拓创新的工作作风和敬业奉献、积极进取的精神风貌。

（三）着力加强领导班子和干部队伍建设，不断提高领导科学发展的水平。切实加强各级党委班子自身建设，提高其统揽全局、领导发展、促进和谐的能力。进一步完善干部选拔任用、教育管理、激励约束、考核评价等制度机制，真正把政治坚定、实绩突出、作风过硬、群众公认的干部选拔到各级领导岗位上来。进一步深化干部人事制度改革，激发干部队伍活力，提高选人用人公信度，提高干部队伍整体素质。深入开展“乡镇大比武”和市级机关述职评议活动，切实加强各级领导干部执行力建设，不断提高推动科学发展的能力。

（四）着力加强反腐倡廉建设，努力营造风清气正的发展环境。始终把反腐倡廉建设摆在突出位置，坚定不移地推进惩防体系建设，坚持标本兼治、综合治理、惩防并举、注重预防的方针，在坚决惩治腐败的同时，更加注重治本，更加注重预防，更加注重制度建设。加强反腐倡廉宣传教育，引导广大党员干部筑牢拒腐防变思想道德防线。

（五）着力加强制度建设，切实提高党的建设科学化水平。认真贯彻落实党内各项规章制度，真正做到用制度管权、管事、管人。坚持民主集中制原则，切实增强党委决策的科学性，不断提高科学决策、民主决策、依法决策的水平。创新扩大党内民主的途径，不断拓宽党员参与党内事务的渠道，着力构建城乡双向开放、资源共享、优势互补、相互促进的基层党建新格局。

同志们，2012年是我国发展进程中具有特殊意义的一年，也是我市夯实转型新发展基础的重要一年。做好明年改革发展稳定各项工作，任务艰巨，责任重大。让我们以邓小平理论和“三个代表”重要思想为指导，深入贯彻落实科学发展观，团结拼搏，迎难而上，促进经济社会平稳较快发展，为实现个旧转型新发展而努力奋斗！以优异的成绩向党的十八大献礼！

个旧市人民政府工作报告

——在个旧市第十五届人民代表大会第五次会议上

中共个旧市委副书记、市长　戴劲松

（2012年2月28日）

各位代表：

我代表市人民政府向大会作政府工作报告，请予审议，并请市政协委员和其他列席会议的同志提出意见。

2011年工作回顾

2011年是实施“十二五”规划的开局之年。一年来，在省州党委政府和市委的正确领导下，在市人大、市政协及社会各界的监督支持下，市人民政府团结和带领全市各族人民，以科学发展观统领全局，努力适应国际、国内发展新变化，牢牢抓住资源型城市转型、桥头堡战略建设等发展机遇，全面启动实施产业发展“二次创业”，全市经济总体保持平稳较快增长态势，社会各项事业和谐进步，圆满完成了市十五届人大四次会议确定的各项目标任务，实现了“十二五”的良好开局。

全年实现地区生产总值147.34亿元，同比增长13.3%；实现工业总产值368.97亿元，同比增长12.5%；实现财政总收入21.54亿元（含再生资源退税2.57亿元），同口径相比增长8.63%，其中完成地方一般预算收入8.62亿元，同比增长9.12%，地方一般预算支出23.17亿元，同比增长10.23%；完成全社会固定资产投资75.11亿元，同比增长21.1%；城镇居民人均可支配收入16286元，同比增长15.4%；农民人均纯收入6781元，同比增长11.5%。全年居民消费价格指数涨幅为4.6 %。

一、抓项目支撑，工业发展基础巩固提升

工业经济平稳运行，企业效益显著提高。抓住年初有色金属价格回升上涨时机，努力克服欧美债务危机、增值税政策调整、银根紧缩、能源供应紧张等因素的影响，进一步加大企业帮扶力度，全市工业经济总体保持平稳运行，工业对地区生产总值的贡献率达66.1%。全年规模以上工业企业实现总产值311.77亿元，同比增长14.3%；实现工业增加值84.03亿元，同比增长15.8%。锡、铅、锌等十种有色金属产量完成57.26万吨，同比增长25.1%。

重点项目建设有序推进，产业基础进一步巩固。云锡年产10万吨铜竣工试产，累计完成投资17.95亿元；红铅公司年产10万吨铅项目进入设备安装阶段，累计完成投资2.5亿元；润鑫铝业年产15万吨铝钛基合金材料加工项目开工建设；沙铅

年产10万吨铅项目进入土建工程和设备选型采购阶段，完成投资1.34亿元；圣比和公司年产2000吨镍基正极材料技术改造项目总体工程进度达68%，完成投资2815万元；红河锌联公司固废物炼铁烟尘资源化综合利用项目完成投资9000万元；振兴铅业年产900万只铅蓄电池项目完成投资1.93亿元；马堵山水电站建成投产；南翔公司年产10万吨电解锰和20万吨硅锰合金项目完成投资近5000万元；莲花山风电场（一期）工程4.2万千瓦项目基础施工进入招投标阶段，完成投资1365万元；华鼎公司年处理150万吨铅冶炼废渣综合利用项目顺利推进。云河药业中药现代化技术改造项目累计完成投资6200万元；大红屯粮油加工仓储中心竣工投产，可达20万吨稻谷加工能力，成为省内最大的精米加工企业。

资源型城市转型工作扎实推进。进入国家第二轮资源枯竭城市转型发展扶持范围，获得中央财力性转移支付资金1.63亿元，争取到上级各类扶持发展资金5.3亿元。霞石综合利用项目实现新突破，与浙江海亮集团和重庆博赛集团签订意向性开发框架协议。

二、抓农业发展，农村经济活力不断增强

农业经济稳步增长，产业效益逐步显现。全年实现农业总产值13.86亿元，完成计划数的107.8%。粮食种植面积完成21.12万亩，粮食总产量达6.35万吨。烤烟种植2万亩，产值6000万元。全市猪、牛、羊出栏数及肉禽蛋奶产量稳步增长，肉猪出栏36.21万头，同比增长3.9%；肉牛出栏1.8万头，同比增长12.9%。农村经济合作组织作用有效发挥，新发展农民专业合作社42户，实现经营收入2.5亿元，同比增长113%。超级杂交稻示范基地建设稳步推进，完成两个优质稻高产创建万亩片区建设，总产值达4938万元。冬马铃薯高产创建1.17万亩，总产值达2129.9万元。奶牛标准化养殖示范区、生猪标准化规模养殖及20万头仔猪生产基地建设扎实推进。

农业投入持续加大，基础条件不断改善。投入资金6380.9万元，实施49个新农村、36个整村推进和2个整镇推进乡村示范工程项目。落实各项强农惠农政策，全年发放各类支农补贴资金2512万元，投资2129.7万元实施村级一事一议财政奖补项目73个。扶贫工作力度不断加大，易地扶贫、产业扶贫、小额信贷等各类资金投入达3605.2万元，白拉租和小贾沙村易地扶贫搬迁项目顺利启动实施。全面加强防汛抗旱能力建设，完成水利基础设施建设投资4500万元，治理水土流失面积10平方公里，干支渠防渗处理11.3公里，新、改、扩建各类水利工程2109件，解决2.23万人饮水安全问题。沙甸河治理工程完成支砌河堤10.6公里，完成投资2645万元。完成全国第一次水利普查的基本数据录入。

三、抓市场体系，现代服务业格局逐步完善

商贸流通行业发展规模不断扩大。个旧物流中心规划通过专家评审。城乡商业服务体系日益完善。鑫和都、丽水金湾购物中心营运良好，总投资5.6亿元的“红河商业中心”建设步伐加快，“万村千乡市场工程”、“乡村流通工程”建设扎实有效。市场繁荣活跃，商品供应充足，城乡购买力不断增强，社会消费品零售总额37.01亿元，同比增长20.1%。金融机构各项存、贷款年末余额分别达180.17亿元、104.72亿元，比年初分别下降0.3%和增长5.5%。

旅游产业发展取得新成效。全年接待国内外游客106万人次，实现旅游总收入5.69亿元，同比分别增长7.66%和1.07%。中国·沙甸回族文化旅游小镇初具规模，完成红河谷木棉水乡风景区旅游发展策划方案，大屯海生态旅游度假区、老阴山旅游风景区等项目有序推进。

招商引资成效显著。全年招商在建项目21项，新签项目12项，协议总投资20.33亿元；引进州外到位资金16.36亿元。借助“昆交会”、“泛珠会”平台，签订个旧风力发电二期工程项目和红河泛亚国际汽车城项目投资建设协议书，签约金额达12.2亿元。全年完成进出口总值5.89亿美元，同比增长17.5%；其中进口3.38亿美元，同比增长21.0%；出口2.51亿美元，同比增长13.0%。

四、抓综合规划，城乡提质扩容发展全面推进

城乡规划建设有序组织实施。积极推进阳山新区开发，完成阳山新区控制性详细规划和市级行政中心、西二环道路设计，新区内企业搬迁方案初步确定。加快小城镇建设步伐，完成《个旧市近期建设规划》等10余个规划编制，完成235个村庄规划编制。污水处理厂二期及其配套管网工程试运行情况良好，鄢棚南路片区防洪应急管道修复、防洪大沟抢险修复、金湖东路环湖游览道提升改造等市政工程顺利推进。建筑及房地产业健康发展，全年实施房地产开发项目34个，施工面积130.17万平方米，完成房地产投资12亿元。

城乡基础条件不断改善。冷清公路延长线鸡街至个旧段提升改造工程进入收尾阶段，完成投资6.54亿元。云锡公司矿山公路移交工作顺利完成。个旧至老厂至官家山农村公路改造工程和鸡街泗水庄片区农村公路完成施工招投标工作，莲花山公路路面改造工程有序推进。完成邦干新寨村公路等农村通达工程7个，建设里程35.33公里，投资637.54万元；完成通乡、通村道路改造工程项目8个，投资2137万元，实施里程46.23公里。

五、抓环境整治，生态建设取得较大成效

严管严控，扎实推进环保综合治理。严格执行环境影响评价和环境管理"三同时"制度，严把环保准入关。节能减排成效显著，二氧化硫、化学需氧量、氨氮等主要污染物排放总量控制在指标内。完成4户年综合能耗在2000吨标准煤以上的企业能源审计，12户企业通过清洁生产审核，拆除铜冶炼鼓风炉2座，淘汰落后产能1963吨。强化涉重金属污染企业的环境管理监察。《个旧市重金属污染综合防治"十二五"规划》批准实施，以卡房大沟和北部5户涉重企业为重点的重金属污染综合治理项目稳步推进，停产整治重金属污染企业138户，3户整治达标企业恢复试生产，个旧出境河流断面重金属污染物超标现象得到有效控制。生态环境建设持续深入实施，完成绿化造林3.5万亩，中低产林改造1万亩，义务植树85万株。公益林修编和林业有害生物防治工作成效显著，护林防火取得了连续17年无重大森林火灾的好成绩。矿山地质环境恢复治理项目完成投资8589万元，石漠化综合治理工程开工建设。红河危险废物和医疗废物处置场顺利推进，完成投资7800万元。

六、抓民生改善，社会各项事业全面进步

全面发展教育事业，巩固提高"两基"成果。优先保障教育经费投入，各类教育经费支出3.18亿元。幼儿入园率84.16%，小学适龄儿童入学率99.96%，初中毛入学率102.47%，高中毛入学率77.13%。中、高考成绩平稳上升，高考上线率为92.77%。加强校级领导班子和教师队伍建设，组织参加各级各类学习培训4445人次，进一步优化了干部教师队伍结构。教育信息化建设得到加强，办学条件不断改善。强化制度管理，提高校园安全意识，做好校园及周边环境综合整治工作。实施校安工程，拆除D级危房11625平方米，新建校舍面积12070平方米。

加快推进基本医疗保障制度建设，巩固扩大基本医疗保障覆盖面。资助困难群众参加新农合、大病补充险28269人次，新农合参合率达 97.99%，荣获"省新型农村合作医疗工作先进市"称号。全市基层医疗卫生机构100%配备、使用基本药物，全面实行零差率销售，10类基本公共卫生服务全面落实，有力促进了基本公共卫生服务的均等化。卫生信息化建设全省领先。低生育水平得到巩固，人口自然增长率为3.83‰。全面启动创建省级药品安全示范县工作，扎实开展食品安全和药品监管执法活动，确保人民群众的食品和用药安全。

社会保障能力显著增强，社会保险基本实现全覆盖。全市城镇新增就业和再就业6517人，城镇登记失业率为3.92%。出台了《个旧市失地农民就业培训实施意见》，完成农民工培训2225人，其中186名符合条件的失地农民进入技校完成学历教育，培训农村富余劳动力5358人，转移农村劳动力6663人。新型农村社会养老保险和城镇居民社会养老保险试点工作有序推进，参保人数达10.25万人；养老保险、医疗保险、失业保险、工伤保险等覆盖面进一步扩大，共计参保达54.8万人次。为城乡困难群众提供医疗救助资金993万元，为城乡低保对象52009人发放资金11104万元。投资105万元建成老年人日间照料中心，启动全州首个爱心助老呼叫信息服务中心，老年人居家养老服务水平进一步提高。保障性住房建设及棚户区改造顺利推进，完成3466套、17.42万平方米建设任务并分配入住，解决了8700人的住房困难问题；新实施的36个项目全面开工。移民新村住房和配套基础设施建设工程通过验收，移民安置顺利完成。

文体事业健康发展。深入挖掘发展锡文化产业，省级非物质文化遗产个旧市锡器制作传习馆隆重开馆，红河·个旧锡文化创意产业园项目完成一期建设。积极组织申报国家级特技滑翔伞训练基地，成功举办全国第十一届中老年艺术节、"创意·个旧"主题展和中国学生留学埃及80周年暨云南桥头堡建设战略研讨会，庆祝建党90周年系列活动热烈多彩。实施文化惠民工程，深入开展文化三下乡活动和"2131"工程。建设完成3个文化站，19个村级文化体育活动场所，"农家书屋"总量达86个，覆盖全市80%的行政村和50%的社区。"村村通"工程深入实施，全市广播、电视人口覆盖率达99.45%和97.61%。

科技创新能力进一步提升。以加快实施建设创新型云南行动计划为核心，优化科技创新环境，科技支撑发展的能力进一步增强。组织申报国家级项目4个，省级项目15个，州级项目8个。积极组织“红河国家伴生稀贵金属提取利用高新技术产业化基地”申报工作。获准“云南省知识产权强县工程试点县”试点。

安全保障水平有效提升。继续深入开展安全生产年活动，强化安全生产监管，不断加强安全监管机构队伍和应急救援能力建设。在金属矿山、危化物品、有色冶金、尾矿库、建筑施工、道路交通安全等行业领域开展了一系列安全生产专项整治和隐患排查治理行动，重特大生产安全事故得到有效遏制。

巩固国家卫生城市成果，顺利通过省级检查复核。第六次全国人口普查工作圆满完成，国防动员、双拥工作深入实施，民族宗教、防震减灾、消防、人防、气象、外事侨务、档案、保密、市志、移民、妇女儿童、残疾人、红十字会等各项事业取得新成绩，工商、税务、粮食、物价、质监等部门在规范市场经济秩序中做出了新贡献。

七、抓制度规范，民主法制水平有效提升

认真执行市人民代表大会及其常务委员会的决定，自觉接受法律监督和工作监督。支持市政协履行政治协商、民主监督和参政议政职能，主动接受社会各界监督。全年办理人大代表建议137件（其中州人大代表建议2件），政协提案140件，办结率100%，办理态度满意率100%。人大代表建议办理结果满意率为99%，政协提案办理结果满意率为98%。多形式、多渠道听取基层和广大人民群众意见，与工会、共青团、妇联等群众团体的联系更加紧密，科学化、民主化决策水平和依法行政能力不断提高。倡导细节文明，提升城市文明水平，争创省级文明城市工作全面开展。

大力强化信访工作，畅通信访渠道，不断加大矛盾纠纷排查化解和涉法涉诉信访案件工作力度，有效促进社会和谐稳定。强化维稳工作，各类群体性事件得到及时处置化解。深化严打整治，破获了一大批重特大刑事案件，“两抢”发案率明显下降。禁毒防艾人民战争成果喜人，“雨露社区”建设稳步推进。积极探索和推进社会管理创新，创办了云南省首家“云岭阳光驿站”，建立了红河州首家社区司法矫正“司法e通”管理平台，管理和服务水平明显提高。“六五”普法和“四五”依法治市工作扎实推进。

八、抓政风行风，行政效能建设成效彰显

法治政府、责任政府、阳光政府和效能政府建设深入推进，政府机制体制建设得到进一步完善，行政效能有效提升。顺利完成市乡（镇）政府机构改革工作，乡镇为民服务中心建设扎实推进，政务服务环境有效改善。健全绩效考核体系，落实和完善目标责任制，责罚分明，奖惩到位。严格落实责任，细化任务分解，实施重点工作目标倒逼管理工作制度，强化项目跟踪督查，确保工程进度。开源节流，厉行节约，努力调整和优化财政收支结构，有效保障了财政资金的安全、规范、高效运行。以健全惩治和预防腐败体系为目标，以推进反腐倡廉建设为重点，着力落实“一岗双责”，党风廉政建设深入开展。

各位代表，过去一年所取得的成绩，离不开上级党委、政府和市委的正确领导，离不开市人大、市政协的监督支持和社会各界的关心帮助，离不开全市各族干部群众的团结协作和辛勤努力。在此，我谨代表市人民政府向全市广大干部群众，向人大代表、政协委员、各民主党派、工商联、离退休老同志和各人民团体，向省州驻个单位、驻个人民解放军、武警官兵，向所有关心、支持和帮助个旧发展的同志们、朋友们，表示衷心的感谢并致以崇高的敬意！

在充分肯定成绩的同时，我们也清醒地看到，个旧的经济社会发展仍然还面临着许多突出的矛盾和问题，主要表现在：资源型产业比重较大，调整经济结构、转变发展方式任重道远；耕地保护、节能减排、生态建设等任务繁重，资源开发与环境保护的矛盾日益突出，对产业项目建设的约束加大；国有和集体企业改革、就业再就业工作压力大，低保人口、老龄人口比重高，社会保障负担沉重，地方财政收支平衡困难；行政管理体制还不够完善，政府职能转变还须加快，推动科学发展的能力亟待增强。对此，我们必须采取积极有效的措施，迎难而上，创新发展，不辜负党和人民的希望。

2012年工作目标和主要任务

2012年是实施“十二五”规划承上启下的重要一年，个旧的发展既面临复杂的国际国内发展形

势，同时也有不少有利因素和机遇条件。一是在中央经济工作会“稳中求进”的总基调下，国家将实施积极的财政政策和稳健的货币政策，进一步扩大内需和大力发展实体经济，并将有一系列结构性减税政策实施，中小企业的发展将有更多政策支持；二是云南桥头堡建设实施力度将持续加大，有利于我市在更大程度上利用好两种资源、两个市场，提高区域经济的竞争力；三是国家对资源型城市转型发展的支持力度持续加大，对于加快我市的转型发展步伐具有积极的促进作用；四是泛亚铁路、红河谷绿色经济走廊建设为我市产业经济的发展带来了良好机遇。

2012年政府工作的总体要求是：以邓小平理论、“三个代表”重要思想和科学发展观为指导，深入贯彻落实党的十七大、十七届六中全会、中央经济工作会议和省第九次党代会精神，以“四个翻番”、“两个倍增”为目标，以科学发展为主题，以加快转变经济发展方式为主线，稳中求进，深入实施产业发展“二次创业”，继续推进新型工业化、城镇化和农业现代化，勇于改革创新，善于统筹协调，勤于民生改善，志于和谐进步，以优异成绩迎接党的十八大胜利召开。

2012年全市经济社会发展的主要目标建议为：地区生产总值增长10%；工业总产值增长12%；规模以上固定资产投资增长15%；地方一般预算收入增长2%；城镇居民人均可支配收入增长10%；农民人均纯收入增长10%；城镇登记失业率控制在4.5%以内；户籍人口自然增长率控制在4.5‰以内。贫困人口继续减少，物价水平保持基本稳定。

围绕上述目标，必须牢牢把握以下八个着力点：

一、着力推进产业发展“二次创业”的深入实施，确保经济社会转型实现新发展

实施产业发展“二次创业”是我市实现转变经济发展方式，提高发展质量，增强可持续发展能力的重要举措，要围绕产业发展“二次创业”的实施意见和一、二、三产业行动计划的实施，抓机遇，抓重点，抓落实。一是抓住资源型城市转型、“桥头堡”建设、泛亚铁路建设等机遇，关注东部地区部分产业向西部地区转移的承接，进一步加强对内对外的协调服务，不断改善投资环境，提升招商引资效率，努力提高对外经济贸易合作水平。二是以产业升级发展为着力点，以扶优扶强作为增强工业综合竞争力的切入点，扶持具备条件的民营企业上市发展，加快个旧传统产业升级换代，加大新资源的开发利用力度，促进产业多元化发展。三是按照“守住红线、统筹城乡、城镇上山、农民进城”的要求，完善城镇发展思路，重点推进阳山新区综合开发，引导城镇、工业向适建山地缓坡发展，提高城市的可持续发展承载能力。四是大力发展现代服务业，积极推进红河谷旅游经济产业建设，加快个旧鸡街物流中心建设。五是强化服务企业意识和措施落实。用好用活税收优惠政策，对符合产业发展方向的项目，加大资金政策的扶持力度。继续加大重点产业、重大项目的推进力度，做好煤、电、油、运等生产要素的协调保障，促进企业生产经营健康平稳运行。六是继续做好国有和集体企业改革改制的后续工作。

二、着力推进工业强市发展战略，确保新型工业化迈出坚实步伐

突出工业在产业发展“二次创业”中的核心地位，坚定不移走新型工业化道路，切实壮大工业规模和提升发展层次。高标准、高起点加快个旧特色工业园区建设步伐，做好工业招商引资项目的储备工作。以产业升级发展为着力点，完成云锡年产10万吨铜冶炼项目并正式投入生产运行，进一步加大红铅年产10万吨铅、沙铅年产10万吨铅、润鑫铝业年产15万吨铝钛基合金、南翔年产10万吨锰和20万吨硅锰合金、红河锌联年产10万吨再生锌、华鼎150万吨冶炼废渣综合回收利用等项目的推进力度，确保按进度按要求完成项目投资。培育扶持新兴产业，加快以生物资源、新能源、新材料的开发利用为重点的产业多元化发展步伐。大力推进霞石项目开发，积极支持浙江海亮集团和重庆博赛集团加快霞石项目开发的前期工作，争取早日开工建设。完成圣比和年产2000吨锂离子电池高性能正极材料产业化项目。全力推进云河药业和个旧生物药业技改项目的实施，进一步开发木棉产业。加快振兴铅业年产900万只铅酸蓄电池（二期）工程、莲花山风电场（一期）工程等项目建设步伐。通过这些项目的顺利实施，进一步优化工业发展结构，纵向延伸产业链，横向增强配套能力，充分发挥产业聚集效应，提升区域经济的综合竞争力。

三、着力强化农业在经济社会发展中的基础性地位，确保区域协调发展取得重要进展

按照中央提出的“在工业化、城镇化深入发展中同步推进农业现代化”的“三化同步”要求，围绕服务城市，调优产业结构，做优特色产业的发展目标，着重做好五个方面的工作。一是注重发展地域特色农业。继续推进国家杂交水稻高原育繁示范中心建设，在北部坝区大力推进标准化生产基地建设，实施超级杂交稻、优质稻、冬玉米制种、无公害蔬菜等规模化种植；在南部山区加强农业综合开发，抓好马铃薯、烤烟、生物药材、特色经济林果种植。同时，统筹抓好畜牧业标准化规模养殖基地建设，培育优质畜牧产品。二是加强农业科技、信息和市场体系建设。结合“万元增收”行动计划，继续做好“公司+农户”、“企业联基地”、专业合作社等农村经济组织的指导服务和管理，加强新技术、新品种试验示范和推广运用，发展壮大乍甸乳业、大红屯、唐人生物等一批农业龙头企业，促进农业增产、企业增效、农民增收。三是继续加大农村基础设施建设力度。以整村推进、新农村建设、整镇推进乡村示范工程建设为平台，以水电路等基础建设为根本，加大财政投入力度，不断改善农业农村生产生活条件。四是切实加强抗旱保水工作。做好邦干水库、石洞坝水库等一批重点水源工程和小（二）型病险水库除险加固工程的前期工作，加强农田水利、五小水利和人畜安全饮水项目建设，增加库塘蓄水。严格实行水资源管理“三条红线”制度，建立水资源开发利用与节约保护控制体系。完成全国第一次水利普查工作。五是以完善体制机制为重点激发农村发展活力。加强基层组织建设，做好社区换届工作，深入推进村（居）委会“四位一体”建设，完成社区基础设施建设任务。加大扶贫工作力度，持续做好产业扶贫、易地扶贫搬迁、挂钩扶贫、小额信贷等工作，认真落实各项支农惠农政策，抓好农业增产措施的落实与推广，进一步完善以工促农、以城带乡机制。继续加大植树造林和森林防火力度，注重造林质量和效益，完成公益林规划修编和林地保护利用规划，推进公益林保护、新能源、退耕还林等重点项目建设。

四、着力加快城乡统筹发展步伐，确保城市提质扩容见实效

按照全省保护坝区耕地建设山地城镇发展思路，以行政中心搬迁为龙头，全力推进阳山新区开发。加快市级行政中心建设项目的上报审批和规划设计工作，启动阳山新区征地拆迁，实现区域内的企业大部分搬迁。年内完成土地利用总体规划修编和城市总体规划修编，继续做好全市199个自然村原始地形图测绘及村庄规划编制。完成城市给排水规划、道路路网规划等专业规划的编制。进一步加强城镇供水、供电、通讯、集贸市场等基础设施建设，加快小城镇规划建设，提高城镇承载能力。加大城乡规划执法力度，加强房地产开发管理，引导房地产业健康发展。力争完成污水处理厂二期配套管网及隧道工程建设，加快垃圾处理场改造，全面提升城镇污水处理率和生活垃圾无害化处理率。

继续加大城乡交通建设力度。全面加快农村公路和村内道路路面硬化工程建设，改善农村交通环境。完成个旧至老厂至官家山农村公路改造工程和鸡街泗水庄片区农村公路项目建设；开工建设一批农村公路路面硬化改造工程；加大政府补助力度，引导群众积极参与，实施一批村内道路硬化建设工程。加强对农村公路建设的技术服务和质量管理工作，建立健全农村公路管养长效机制。进一步提高行政村班车通勤率，加大客运市场秩序整顿和管理力度，规范城乡交通行为。加强城市公共交通运输管理，积极倡导绿色出行，努力提高城市交通综合管理水平。

五、着力加强环境治理与生态保护，确保生态文明建设取得新成效

加快发展循环经济。严格执行节能减排目标责任考核评价体系，进一步加强对企业的监管指导力度，鼓励企业实施节能改造和加大技术创新投入力度，淘汰落后产能，严格控制“两高一资”和产能过剩项目。充分利用好“国家工业固废综合利用示范基地”平台，以锡尾矿、冶炼废渣等资源综合利用为着眼点，引导企业发展循环经济，提高再生资源综合回收利用水平。严厉打击违法排污企业，严惩环境违法行为，按照《个旧市重金属污染综合防治“十二五”规划》，全面推进重金属污染防治工作。加强土地、矿山执法监察和违法行为查处，促进土地节约集约利用和矿产资源合理开发。加快推进石漠化综合治理工程。投资1.2亿元，继续实施好矿山地质环境恢复治理工程，确保国家投资补助项目取得实效。加快红河危险废物和医疗废物处置场建设步伐。完成《个旧市生态建设规划》《个旧市鸡街沙甸片区工业污水处理建设方案》和《个旧市特色工业园区总体规划（2009—2025环境影响评价）》的编制，推进低碳绿色经济发展模式，切实加强生态环境保护。

六、着力加强社会保障能力建设，确保各项社会事业全面协调发展

强化提升教育教学工作水平。继续深化教育改革，对教育投入给予重点优先保障，抓牢抓实“两基”工作，科学合理调整学校规划布局，推进教育均衡发展。着力优化学校领导班子结构，建立师资人才引进激励机制和优秀教师评价奖励制度，稳定教师队伍，提升教师素质，进一步提高教育教学质量和管理水平。加快普及学前教育，整合职业教育资源，规范民办教育，推进各类教育协调发展。幼儿入园率达85%以上，小学入学率达99.95%以上，初中、高中阶段毛入学率分别达100%和78%以上，高考上线率达95%以上。多方筹措资金，继续实施校安工程，完成12622平方米D级危房拆除和14230平方米重建任务。加快推进个旧市职教中心建设，争取年内完成大部分工程量。

巩固和提高卫生工作水平。稳步推进医药卫生体制改革，保障国家基本药物制度有效实施，提高公共卫生综合服务水平。加强新型农村合作医疗管理，做好药品统一配送工作，确保我市新型农村合作医疗持续健康发展。加强城乡医师队伍建设，改善城乡医疗基础环境，完善医疗卫生机构补偿机制，努力创造良好的医务环境。完成市人民医院配套设施建设项目和市精神病院住院楼建设工程。高度重视食品药品安全，加强市场监管和商务执法，坚决打击制假、售假行为，争创云南省“药品安全示范县”。深入开展爱国卫生运动，加强城乡环境卫生整治，巩固“国家卫生城市”创建成果。

加强就业和社会保障能力建设。坚持民生为本工作主线，扩大社会保障制度覆盖面，完善基本公共服务体系。实施更加积极的就业政策，以高校毕业生、农村转移劳动力和再就业人员为重点，切实抓好职场招聘、失地农民职业培训等服务工作，促进充分就业。继续推进“贷免扶补”工作，鼓励支持自主创业。帮助1500名下岗失业人员重新就业，1200名就业困难人员再就业，城镇新增就业5000人以上，基本消除“零就业”家庭。规范劳动合同管理，保障劳动者合法权益，构建和谐劳动关系。扎实推进新型农村社会养老保险和城镇居民社会养老保险试点，进一步扩大社会保险覆盖面，努力实现城乡社会保障体系全覆盖。加强城乡低保居民的动态管理，符合条件的城市贫困居民，以家庭为单位确保实现应保尽保。加快推进锡都老年公寓项目一期建设和儿童福利院的规范化、专业化建设。全面完成5740套，共计31.09万平方米的保障性住房建设任务，并完成500户农村居民地震安全工程修缮加固和400户农村危房改造工作。

持续推进文体旅游产业发展。继续抓好锡文化的传承与保护，科学合理做好文物及文化遗产的开发利用，积极推进个旧锡文化创意园区建设。办好第三届国际滑翔赛，广泛开展群众性文体活动，发展公益性文体事业。加快城乡文体基础设施建设，新建或改扩建村级文化体育活动场所22个，农家书屋28个。做好馆藏文物的整理和黑马井出土文物的清理与鉴定工作，抓好文物和非物质文化遗产的保护传承。继续开展好“三下乡”活动和广播电视“村村通”建设工程。进一步完善旅游规划，重点推进红河谷木棉水乡、大屯海生态旅游休闲度假区、丫沙底温泉度假区、绿水河热带雨林AAA级景区等项目建设，逐步形成一批具有市场竞争力的旅游景区景点和旅游线路。力争接待国内外游客110万人次，实现旅游总收入5.8亿元。

加强科技创新能力建设。进一步完善产学研合作机制，加强科技服务平台建设。围绕战略性新兴产业发展高新技术企业和创新型企业，力争新增国家级高新技术企业2户，新增省级创新型企业2户。积极争取“红河国家伴生稀贵金属提取利用高新技术产业化基地”在国家科技部立项。实施云南省知识产权强县试点工程，努力营造鼓励创新、崇尚创新的社会氛围，力争专利申请量达160件以上。坚持监督与服务相结合，从源头上加强各类企业的质量、标准化和计量工作，引导企业开展“质量兴企”。

全面提高安全保障水平。以降事故、保平安为主线，以打基础、筑防线、破难题、勤督察、重治理、上台阶为工作重心，继续深入开展“安全生产年”活动，强化各行各业安全生产意识和安全发展理念。着力加强安全生产执法工作，持之以恒地开展隐患排查治理，提升企业安全技术水平，严防安全生产事故特别是重特大事故的发生，推进安全生产状况持续稳定好转。

统筹其他各项事业同步协调发展。做好第三次全国经济普查的前期工作，巩固和发展军政、军民关系，继续抓好防震减灾、人防、消防、气象、工商、税务、审计、统计调查、粮食、物价、质监、外事侨务、档案、保密、市志、移民、残疾人、红十字会等各项事业，推进金融、保险、通讯等行业发展。

七、着力加强民主和法制建设，确保社会和谐稳定

加强社会主义民主政治建设。自觉接受市人民代表大会及其常务委员会的法律监督和工作监督，主动向市人民代表大会及其常务委员会报告工作。积极支持市政协履行民主监督职能，主动听取各民主党派、工商联、无党派人士和社会各界的意见和建议，重视群众监督和舆论监督，充分发挥工会、共青团、妇联等人民团体的桥梁纽带作用。认真办好人大代表议案、建议和政协提案。深入推进公民道德和社会诚信建设，广泛开展具有行业特点的社会主义核心价值体系教育实践活动，筑牢全市人民团结奋斗的思想道德基础。

促进社会管理能力的提升。继续推进社会治安防控体系建设，完善群防群治网络。深入开展创建“平安先进县（市）”活动，加强政法队伍建设，提升执法水平和服务质量。依法保持对各类刑事犯罪的严打高压态势，加大社会治安热点、难点问题整治力度，努力创造和谐安宁的社会环境，切实保障人民生命财产安全，不断增强群众安全感。有序推进民族团结示范村建设，进一步巩固民族团结、宗教和谐、社会稳定的良好局面。完善公共突发事件的预警和应急体系，完成人防移动指挥所建设，有效提高对突发事件的快速反应和应对处置能力。深入推进“六五”普法和“四五”依法治市工作，提高群众法治意识，改善法治环境。切实做好新形势下的群众工作，深入开展“四群教育”和“三深入”活动。大力加强信访工作，拓宽信访渠道，及时发现和调处各种矛盾纠纷，把不稳定因素化解在萌芽状态，强化社会稳定基础。

八、着力加强政府自身建设，确保行政服务高效廉洁

注重提高依法行政能力和社会管理水平。进一步巩固实施法治政府、责任政府、阳光政府、效能政府十六项制度建设的成效，从改善服务环境、提高服务质量、提升服务效率入手，狠抓机关作风建设，促进政府职能转变，不断提高政府管理创新能力、依法行政能力和社会公信力。继续做好政务服务中心和乡镇便民服务中心建设，完成公共交易中心建设，大力推进政务公开，努力形成便民利民、务实高效的服务环境；健全完善重要工作、重点项目、重大工程的督察考核机制和项目协调推进机制，强化招商引资服务意识，努力打造服务一流、优质高效的市场环境；认真落实党风廉政建设责任制，加强行政监察和审计监督，建立健全科学的政风行风评价体系，努力营造风清气正、廉洁高效的政务环境。抓好增收节支，坚持勤俭办事，切实把有限的财政资金用在谋发展、办实事、惠民生上，努力塑造勤俭务实、勤政为民的政府形象。

各位代表、同志们，2012年科学发展、转型发展、跨越发展的任务将更加艰巨，新的时代赋予了我们新使命，新使命给予我们新动力，我们当恪尽职守、勤政务实，在市委的坚强领导下，不断焕发创业、创新、创优的巨大激情，不断开创个旧改革发展稳定的新局面，努力在新的起点上续写推动个旧跨越发展的新篇章，以优异成绩向党的十八大献礼！

个旧市人民代表大会常务委员会工作报告

——在个旧市第十五届人民代表大会第五次会议上

个旧市人大常委会主任　白　燕

（2012年3月1日）

各位代表：

我受个旧市第十五届人民代表大会常务委员会的委托，向大会报告工作，请予审议。

2011年主要工作

一年来，个旧市人大常委会在市委的正确领导下，在上级人大常委会的指导和“一府两院”的支持配合下，以邓小平理论、“三个代表”重要思想和科学发展观为指导，紧紧围绕市委“一二三”工作思路和“工业强市、文化兴市、生态立市、开放活市”发展战略，把握发展和民生两大主题，认真履行宪法和法律赋予的各项职权，为推进我市经济建设、政治建设、文化建设、社会建设和生态文明建设做出了应有的贡献。

一、以发展为第一要务，围绕中心，服务大局

围绕中心，服务大局，依法行使重大事项决定权。一年来对事关全市经济社会发展和人民群众普遍关心的重大事项，依法作出决议决定18项。先后审议了2010年度财政支出预算调整安排、2010年地方财政决算报告、2010年地方财政预算执行情况和其他财政收支情况的审计报告、转贷2011年云南省政府债券资金纳入市级财政预算的报告、2011年1-9月国民经济和社会发展计划情况报告、2011年1-9月财政预算执行情况报告以及“六五”普法和“四五”依法治市规划，推进了依法治市和促进经济社会发展等各项政策措施的落实，加快了经济结构转型进程，得到了人民群众的支持和拥护。

二、以解决民生问题为根本，突出重点，加强监督

加强法律监督。组织人大代表开展对《中华人民共和国水法》《中华人民共和国公证法》《中华人民共和国药品管理法》等法律法规的执法检查。对水资源合理利用、公证服务领域拓展、药品监督管理等方面提出意见建议，群众关注的问题得到重视解决，执法部门依法行政的工作得到加强，常委会组织的执法检查凸显效果。

强化工作监督。围绕实施“十二五”规划和推进资源型城市转型、加快桥头堡建设发展战略以及事关经济社会发展全局的重大问题，综合运用检查、视察、调查、调研，听取和审议专项工作报告，开展工作评价以及跟踪监督“一府两院”办理常委会审议意见等方式，围绕推动区域经济发展、保障和改善民生等方面开展监督工作，督促政府及其有关部门把握政策机遇，统筹项目推进，关注热点动向，实现持续发展，促进“一府两院”依法行政、公正司法。积极配合省人大对《云南省信息化促进条例》、土地管理和环保工作、侨资企业发展情况以及州人大对《中华人民共和国母婴保健法》、节能降耗、刑事审判、国民经济和社会发展计划及财政预算执行情况、水利改革发展等进行检查和调研，完成了上级人大常委会交办的各项工作任务。

维护民生福祉。把准民生脉搏，始终把人民群众最关心的热点、难点问题作为监督工作重点，先后对农产品网络购销建设、知识产权保护、高校毕业生就业、重大项目资金使用管理、残疾人保障、社区卫生服务等工作情况进行视察和调研，监督和支持市人民政府做好农业发展、产业发展“二次创业”、就业、医疗卫生、食品药品安全等事关民生民计的实事，维护了群众的切身利益。

促进社会稳定。从建设和谐个旧、平安个旧的大局出发，对市人民法院刑事审判、市人民检察院侦查监督、市公安局队伍建设等工作开展视察和调研，促进了司法公正，维护了人民群众的合法权益，达到了社会效果和法律效果的统一，公安队伍建设得到加强。

畅通信访渠道。高度重视人民群众来信来访工作，把信访工作作为了解社情民意、反映群众意愿的重要途径，将群众反映强烈的突出问题和带有普遍性、倾向性的问题作为监督工作的重要内容。共接待群众来信来访81件432人次，并督促司法机关和有关部门予以解决或答复。

三、以民主政治建设为核心，打牢基础，提供保障

针对新形势下人大工作面临的新情况、新问题，市委召开全市人大工作会议，研究出台了《中共个旧市委关于加强和改进新形势下人大工作的意见》，支持市人大常委会依法履职，有针对性地解决影响人大开展工作的难题，促进了新形势下人大工作全面开展。市人大常委会认真学习、宣传、贯彻市委人大工作会议精神，坚持履行好宪法与法律赋予的神圣职权，不断开创人大工作新局面。

坚持党管干部原则，严格任免程序，依法任免干部38人次。坚持任前法律知识考试、任前供职发言、现场颁发任命书和任职宣誓制度，强化任后监督，增强了被任命干部的法制意识、人大意识和公仆意识，为全市经济社会发展提供了坚强的组织保障。

坚持把充分发挥代表的主体作用作为做好人大常委会的基础工作抓紧抓实。一是认真做好闭会期间代表小组的工作，不断完善代表小组工作机制；二是加强培训，组织代表系统学习组织法、选举法等法律法规和人大知识，增强代表履职能力；三是为代表知情知政搞好服务，坚持邀请代表列席常委会会议，组织代表参加常委会的视察、执法检查和调研活动，及时向代表寄送有关信息资料；四是组织代表积极开展联系选民活动，收集和反映人民群众的意见和要求，不断推动国家机关改进工作；五是建立代表活动之家，为代表履行职务搭建平台；六是增加代表活动经费和培训经费，为代表依法履行职务提供保障；七是高度重视人大代表建议的办理工作，积极探索新的工作思路，实施重点建议督办制度。市十五届人民代表大会第四次会议及闭会期间代表提出的138件建议（其中市委办办理3件，市政府办理135件），经有关部门的共同努力，已经全部办理答复完毕。办理工作的办复率、面商率均达100%，办理态度满意率100%，办理结果满意率达到99.3 %，解决率达46.4%，解决率比去年提高了9.3个百分点。

坚持常委会主任、副主任联系乡镇人大工作制度，积极帮助解决乡镇人大工作中存在的困难和问题，协调专项经费用于改善乡镇人大办公条件，为乡镇人大更好地开展工作提供保障。坚持邀请乡镇人大主席列席常委会会议并参加常委会组织的专题学习、执法检查、代表视察和调查研究活动。组织部分乡镇人大主席参加全州乡镇人大工作研讨会，进一步加强乡镇人大工作。

四、以优化队伍建设为目标，承先启后，开拓创新

以提高依法履职能力为核心，不断加强自身建设。认真落实党风廉政建设责任制，坚持理论学习，提高能力素质。组织乡镇人大主席、部分人大代表、机关全体干部职工及离退休老干部专题学习胡锦涛总书记“七一”讲话、党的十七届六中全会、省第九次党代会精神和杨善洲同志先进事迹，了解新形势、掌握新动向、拓宽新视野。适时组织代表和机关干部开展学习研讨，交流考察、调查研究，撰写理论调研文章，积极参加省、州人大工作研讨会。

以深入开展创先争优活动为主线，同村级组织开展“机关村委携手共建”活动，进一步把“四位一体”建设延伸到村小组。在活动中充分发挥人大作用，推进基层群众自治组织的民主政治建设。

以正确的舆论为导向，加强人大信息宣传力度。在个旧新闻媒体上开辟专栏，宣传有关人大制度、丰富《个旧人大》双月刊宣传内容、及时整理编印常委会和主任会会议纪要，利用户外宣传栏刊登人大各项活动开展情况，人大工作宣传影响持续扩大。交流发表信息、理论文章40余篇，并在省、州人大好新闻评比活动中受到表彰奖励。

在一年来的工作实践中，我们深深体会到，必须坚持正确的政治方向，始终把党的领导作为人大工作的根本保证；必须坚持围绕中心，服务大局，始终把促进科学发展、和谐发展作为人大履职的首要任务；必须坚持以人为本，始终把维护群众的根本利益作为人大工作的出发点和落脚点；必须坚持依法办事，始终把依法履职作为人大工作的基本准则；必须坚持发扬民主，集中民意，始终把发挥人民群众的作用作为人大工作的基础。

各位代表，过去的一年，市人大常委会围绕“十二五”开局，立足本职，服务全局，开拓创新，取得了新的成绩，这是市委正确领导，“一府两院”及各乡（镇、区、处）、部门、人民团体支持配合，全体人大代表共同努力的结果。在此，我代表市人大常委会向大家表示衷心的感谢和崇高的敬意！在看到成绩的同时，我们也清醒地认识到在增强监督实效、发挥代表作用、提高履职能力、密切联系选民、规范制度建设等方面还存在不足，这些问题需要我们在今后的工作中努力加以改进和解决。

2012年工作任务

2012年是个旧科学发展、转型发展的重要一年，我们必须以更高的标准、更严的要求、更有效的作为，进一步坚持和完善人民代表大会制度，更好地发挥人民代表大会及其常务委员会的作用。新的一年，市人大常委会工作的指导思想是：高举中国特色社会主义伟大旗帜，以邓小平理论和“三个代表”重要思想为指导，全面贯彻落实科学发展观，深入贯彻党的十七届六中全会、省第九次党代会、州第七次党代会、市第十二次党代会精神，紧紧围绕全市工作大局，抓住转型发展、实施产业发展“二次创业”的工作主线，切实履行宪法和法律赋予的各项职责，加强和改进新形势下的人大工作，为加快推进桥头堡建设，促进我市科学发展、和谐发展、跨越发展发挥更大的作用。

一、围绕中心，服务大局，推动科学发展

以科学发展为主题，以推进转型发展为主线，进一步拓宽工作思路，完善监督形式，突出监督重点，推进经济社会的全面协调可持续发展。立足提升促转型。突出对经济转型升级情况的监督，听取市人民政府实施产业发展“二次创业”、推动经济社会转型发展工作情况的报告，加快推进经济社会转型发展。立足民生促发展。加强对国民经济和社会发展计划、财政预决算、重大投资项目安排等重大事项的审议，依照法定程序作出决议、决定，推动市委决策部署的贯彻落实。监督本次大会通过的计划和预算执行情况，确保实现各项发展目标。

按照科学发展观全面协调可持续发展的要求，把事关全市经济社会发展的重大问题和关系人民群众切身利益的热点、难点问题作为监督工作的重点，不断改进监督的方式方法，提高监督实效。一是推进生态文明建设。对市人民政府贯彻实施《中华人民共和国环境保护法》工作情况进行检查，听取市人民政府开展重金属污染治理和资源枯竭型城市矿山地质环境治理重点工程项目工作情况汇报，继续开展环保世纪行活动，促进节能减排、污染治理和生态环境的保护。二是促进社会事业建设。听取市人民政府开展卫生信息化建设工作情况汇报，推进医药卫生体制改革，提升我市医疗卫生服务总体水平，解决群众看病难就医难问题；加强安全工作，组织开展对森林防火和校车安全整治工作的调研，保障人民群众人身安全和财产安全，维护社会的安定；关注群众文化体育需求，听取和审议市人民政府建设群众性文化、体育公共设施工作情况报告，督促解决我市群众性文化体育设施不足的问题，促进文化体育事业与经济建设和城乡建设同步发展，满足人民群众日益增长的文化体育需求，使人民基本文化权益得到更好保障。三是重视城乡规划。对市人民政府贯彻实施《中华人民共和国城乡规划法》的工作情况进行执法检查，并听取工作情况报告，促进城乡规划事业健康有序发展。

二、严格执法，依法办事，维护社会公平正义

抓住关系社会公平正义的民事审判、诉讼监督、诉求畅通、干部任免、依法行政等工作，加大监督力度，解决民生问题，促进和谐稳定。围绕社会矛盾化解、社会管理创新、公正廉洁执法三项重点工作，严格实施“六五”普法和“四五”依法治市规划，监督支持“两院”依法办案，公正司法，听取和审议市人民法院加强民事审判工作以及市人民检察院开展诉讼监督工作情况报告，维护人民权益，促进建立依法高效、科学便捷的司法保障体系，为个旧发展创造良好的法治环境，为人民群众创造安定有序的生活家园。高度重视平安建设和信访稳定工作，对群众反映强烈的信访问题，开展重点监督，切实维护群众合法权益，进一步发挥人民代表大会及其常务委员会在保护群众利益和维护社会和谐稳定中的作用。坚持党管干部的原则，依法任免干部，严格执行任前法律知识考试、任免表决等法律程序，促进人事任免工作的民主化、法制化、规范化。对政府部分职能部门开展工作评议，进一步增强职能部门服务意识，规范执法行为，促进政府部门改进作风，依法行政。

三、发扬民主，集中民意，充分发挥代表主体作用

认真学习、宣传、贯彻选举法和代表法，进一步深化代表工作。围绕全市工作大局、围绕人大常委会工作重点，深入开展代表小组活动，组织代表开展工作视察、执法检查、听取专项工作报告、专题调研等活动，巩固和拓展“代表之家”建设成果，充分发挥人大代表在推进经济社会发展中的重要作用。认真组织开展市十五届人大代表先进代表小组和优秀人大代表评选表彰活动，推动代表依法履职。做好代表议案及建议、批评和意见的办理工作，落实责任，提高办理质量。对三年来市人民政府开展办理市人大代表建议回头看活动工作情况进行检查，推动“一府两院”高质量地办理人大代表建议和常委会审议意见，着力解决人民群众最关心、最直接、最现实的利益问题。继续加强对乡镇人大工作的联系指导，切实抓好市、乡（镇）两级人大代表换届选举工作。按照新修订的选举法、云南省选举实施细则规定和州、市党委及上级人大的部署要求，加强对换届选举工作的组织实施和指导，严格执行法定程序，确保换届选举工作圆满完成。

四、提升素质，不辱使命，开创人大工作新局面

全面贯彻落实《中共个旧市委关于加强和改进新形势下人大工作的意见》，深入开展创先争优活动，推进人大常委会及人大机关干部队伍建设，全面提升履职能力和工作水平，开创人大工作新局面。深入学习党的基本理论和党的路线方针政策。进一步认清形势任务，牢牢把握正确的政治方向，自觉服从和服务于全市发展大局，增强发展意识和责任意识，提高推动科学发展、构建和谐社会的能力。增强依法监督能力。组织学习法律、法规知识，坚持学法、守法、用法，忠实履行宪法和法律赋予的职责，依法行使人大职权，促进法律、法规的贯彻实施。提高审议决策能力。充分发挥人大联系群众的优势，深入开展群众观点、群众路线、群众利益、群众工作“四群教育”，实行干部直接联系群众制度，组织党员干部开展深入基层、深入群众、深入实际活动，进一步转变工作作风，改进工作方法，加强调查研究，带着感情深入群众，及时了解人民群众的愿望心声，问政于民、问计于民、问需于民，顺应时代要求和民意诉求，认真负责地审议好专项报告和议案，增强决策的科学性、合法性、民主性。加强服务保障能力。进一步完善常委会及人大机关的学习制度、工作制度、活动制度和内部管理制度，增强人大工作的计划性和协调性，提高工作效率；进一步加强人大工作研究，把握工作规律，加大宣传力度，营造良好的舆论氛围；进一步密切与县市人大的联系，承办好云南省十六市（区）人大工作研讨会第四十六次会议，通过学习交流经验，促进我市人大工作再上新台阶。

各位代表，今年是本届人大代表任期的最后一年。任期有限，服务人民的时间无限。我们来自人民，肩负着人民的重托，一定要把人民赋予的权力当做为人民服务的工具，把人民给予的职务当做为人民谋利益的岗位，以更加进取的精神，更加饱满的热情，为实现个旧的科学发展、和谐发展和跨越发展作出新的更大的贡献！

中国人民政治协商会议
个旧市第十届委员会常务委员会
工 作 报 告

——在政协个旧市十届五次会议上

个旧市政协主席　李文友

（2012年2月27日）

各位委员：

我受政协个旧市第十届委员会常务委员会的委托，向大会报告工作，请予审议，并请列席会议的同志提出意见和建议。

2011年工作回顾

2011年，是我市深入贯彻落实科学发展观，实施产业发展“二次创业”，推动经济社会科学发展、转型发展，实现“十二五”良好开局的重要一年。一年来，在中共个旧市委的领导下，市政协常委会始终围绕全市工作大局，把着力推动科学发展、倾情关注民生、凝心聚力维护社会和谐稳定、切实加强自身建设作为政协工作的主旋律，以更高的标准，更优的举措，切实履行政治协商、民主监督、参政议政职能，较好地完成了市政协十届四次会议确定的各项任务，为促进全市经济繁荣、社会进步、人民幸福和顺利实现“十二五”良好开局作出了新贡献。

一、着力把促进发展作为履职第一要务，在推动科学发展上有新突破

常委会坚持把促进科学发展作为履行职能的第一要务，紧紧围绕市委、市政府工作中心，不断强化中心意识和大局意识，坚持抓大事、议要事、献良策，着力突出建言献策的前瞻性、科学性和实效性，始终把履行职能的重点放在事关全市经济社会发展的全局问题上，定位在市委决策部署的贯彻落实上，落实在全力支持实施产业发展“二次创业”和实现转型发展上，努力做到政治协商以促进发展为中心，民主监督以促进发展为主题，参政议政以促进发展为重点，全力助推我市经济社会科学发展。

政治协商更加突出重点。常委会密切关注全市经济社会发展态势，高度重视协商议政实效，以全委会、常委会、主席会和各种专题协商、情况通报会为载体，进一步完善协商议政格局，充实协商内容，丰富协商形式，切实开展协商议政活动。全委会议协商不断深化，常委会紧扣全市经济社会发展目标和任务进行协商讨论，谋长远之道、建睿智之言，献务实之策。市政协十届四次全会前，常委会组织广大政协委员开展调查研究，广泛征求意见，确定大会发言重点和协商议政主题，为完成全会各项议程做好充分准备；会议期间，组织委员围绕“十二五”规划纲要、“一府两院”工作报告及其他相关报告，通过大会发言、协商情况汇报会、分组讨论进行全面的协商议政，坦诚发表意见和建议，市委、市政府领导分别深入各讨论组，直接听取委员的意见和建议，和委员坦诚交换推动科学转型发展良策，共商科学实施“十二五”规划发展大计，提高了全委会协商议政的实效；会议之后，及时就委员提出的促进工业经济发展、优化产业结构、大力发展现代农业、进一步完善城市规划和推进阳山新区基础设施建设、加快文教卫生事业发展、健全和完善社会保障体系、加强社会管理等方面的意见建议报送市委、政府，并送达相关部门，将委员的真知灼见转化为促进我市经济社会平稳较快发展的决策依据。常委会、主席会、专题协商和情况通报会注重实效，常委会紧紧围绕我市经济社会发展中的重大问题以及人民群众普遍关注的热点、难点问题开展专题协商讨论。就我市国民经济和社会发展、对台工作、保障性住房建设、职教中心建设、社会治安状况等问题，听取市政府及相关部门的通报，有重点地开展协商议政活动，并提出了促进全市经济社会科学发展，稳步推进保障性住房建设，加快职教中心建设步伐、加大社会治安综合治理力度等建设性的意见和建议，许多意见建议为市委、政府科学决策提供了重要的决策参考，较好地展现了协商议政实效。

民主监督更加注重实效。常委会不断创新民主监督形式，拓宽民主监督渠道，提高民主监督实效，实行专项视察与民主监督相结合，民主监督的针对性和实效性进一步增强。常委会紧扣事关全市经济社会发展和关系国计民生的重大问题，通过组织委员开展视察、提案、反映社情民意、选派人民监督员和特约检察员参与各项民主评议、行风评议、效能检查等活动，不断延伸工作触角，扩大工作覆盖面，着力为促进市委、市政府各项决策的贯彻落实以及社会公平公正和部门优质高效服务，切实提高民主监督实效。常委会组织委员就我市生物产业发展、疾病控制工作、人民法院新建办公大楼建设、冷清公路延长线鸡街至个旧段提升改造工程建设、重点工业项目建设、沙甸大清真寺、城市建设等方面的工作情况进行视察，就各项工作中存在的问题提出有针对性、有分析、有措施的意见和建议；就重点工业建设项目，提出了为项目建设营造良好的软硬件环境，加快特色工业园区建设步伐，建立项目建设监管和服务制度，确保重点项目建设工程质量和效益的意见和建议，受到了市委的高度重视并作出批示，为促进我市产业发展“二次创业”，加大推进重点工业项目建设步伐发挥了积极的作用。通过提案实施民主监督的实效不断提高。常委会进一步加大提案办理和督促落实力度，坚持和完善主席督办重点提案制度，切实加强对提案办理落实情况的跟踪督察，逐步实现提案办理由答复型向落实型转变，简化提案办理程序，提高提案办理实效，全年共审查立案163件，办复163件，办复率100%，面商率100%，办理结果满意率98.2%，通过提案实施民主监督取得较好效果。通过反映社情民意实施民主监督更好体现民意。通过政协视察、调研、群众来信来访等途径，进一步加大收集和反映社情民意力度，做好下情上达工作，为构建和谐锡都作出贡献。充分发挥政协委员担任人民监督员和检察员的作用，积极支持他们切实履行职责，在各项检查、评议工作中坦诚建言，提出建设性的意见和建议，促进有关单位和部门不断改进工作、提高效率，民主监督更具实效。

参政议政更加科学有为。常委会始终坚持把参政议政重点放在促进我市科学发展、转型发展和关注民生上，把促进经济社会发展、解决民生问题贯穿于履行职能的全过程，围绕事关我市经济社会发展中的突出问题和人民群众关注的热点难点问题，选准课题，组织委员开展广泛深入的调研，积极建言献策，参政议政取得明显成效。常委会以实施产业发展“二次创业”、资源型城市经济转型为突破口，组织委员开展广泛深入的调研。就我市工业经济发展、城市居民宗教信仰、学前教育发展、残疾人生活及就业状况、档案管理工作、文博工作等问题进行调研，提出大力培育新兴产业，不断提升工业发展后劲，创新工业发展模式，全力夯实工业发展基础；全方位、多举措改善残疾人生活和就业状况；加强和改进宗教事务管理，努力营造宗教和睦的良好氛围；进一步规范和完善档案工作“六项工程”建设；大力推动文博事业发展的意见和建议50余条，为市委、市政府民主、科学决策，促进我市经济社会平稳较快发展作出了积极的贡献。在搞好专题调研的同时，全力协助市委、市政府继续做好资源型城市经济转型工作、招商引资工作和协调解决改制企业问题。积极协助配合参与州政协和州政法委对我市失地农民生存发展状况、水资源规划建设管理、外贸进出口工作、农村信用社服务“三农”情况、社会管理创新等项工作的调研，切实履行参政议政职能。

二、倾情关注民生，在维护群众利益上有新作为

常委会始终坚持人民政协为人民的履职理念，把实现好、维护好、发展好最广大人民的根本利益作为履行职能的出发点和落脚点，把关注民生、服务民生、改善民生贯穿于履行职能的全过程，通过多种履职形式，促进和推动民生问题得到解决，着力维护社会和谐稳定。

通过多种履职形式关注民生民情。保障性住房建设问题事关人民群众切身利益，常委会对此项工作高度重视，在深入实际调查了解我市保障性住房建设问题的基础上，召开情况通报会，请相关部门通报情况，并就建房用地政策、资金筹措方式、建设运作方式、建设和分配监管等问题提出了建设性的意见和建议，为确保保障性住房建设工作真正落到实处积极建言献策。针对我市残疾人生活和就业状况，组织委员深入开展调研，进一步了解残疾人生活和就业状况，对此项工作中存在的困难和问题，提出了请政府协商解决残疾人就业保障金收缴问题、解决残疾人活动场所、安置残疾人就业、争取社会各方面的人文关怀和物质支持、增加市残联人员编制等改善和服务残疾人生活和就业状况的意见和建议。常委会还紧紧围绕民生问题，重点就疾病控制工作、公路提升改造工程建设、学前教育情况、城市建设等直接关系民生的问题开展调研和视察，及时掌握情况，认真分析研究，提出具有针对性和可操作性的意见和建议，为保障人民群众身体健康，解决出行难、入园难，改善人居环境，提高人民群众生活质量提供有价值的参考依据。

通过提案促进民生问题解决。常委会在提案的立案、办理和落实工作中，坚持主席督办重点提案和简易程序办理提案制度，提高提案办理实效，促进民生问题得到解决。市政协十届四次会议审查立案的163件提案，有55.83%的提案与民生相关，13件重点提案中有7件是民生问题。如：对个旧市“菜篮子”工程的几点建议、关于个旧市区建立体停车场的几点建议、关于加强乡镇卫生院建设的建议、关于进一步做好信访工作，维护社会稳定的建议、关于进一步深化学校安保工作和加强学校周边环境整治的建议等提案都事关民生，这些提案从不同层次促使民生问题得到解决，通过提案关注民生成效显著。

通过反映社情民意、处理好群众来信来访工作助推民生问题落实。常委会高度重视在履行职能过程中和处理群众来信来访工作中收集和反映社情民意，进一步畅通渠道，加大反映社情民意工作力度，深入基层召开现场办公会，及时处理群众反映的重点、难点和热点问题，做好理顺情绪、化解矛盾的工作。常委会还将体察民情、反映民意寓于各项调研、视察工作中，充分了解和掌握群众的愿望和诉求，并注重在社情民意和群众来信来访中收集相关信息，并及时反馈给市委、市政府和相关部门，促成民生问题得到落实。

三、凝心聚力构建和谐，在维护改革发展稳定大局上有新成效

常委会牢牢把握团结和民主两大主题，努力营造民主协商、平等议事、宽松和谐、生动活泼的政治氛围，始终把履行职能贯穿于发扬社会主义民主，促进大团结、实现大联合、推动大发展的全过程，凝心聚力，共同为实现市委、市政府的工作目标服务。

支持各民主党派和政协组成界别履行职能发挥作用。进一步加强与各民主党派的合作共事，支持他们通过政协平台参与各项调研视察以及全市开展的重要工作和重大活动，重视办理民主党派提案和提交的社情民意信息，积极为各民主党派参政议政、知情明政创造条件，充分发挥民主党派在政协履职活动中的重要作用。以专委会为依托，密切与各界别委员的联系，组织各界别委员开展调研、视察和参政议政活动，积极引导各界别委员根据自身特点，就党政关心、群众关注的问题反映界别意见，充分发挥服务大局、关注民生的重要作用。同时，通过界别渠道联系各阶层群众，深入调研，了解和反映所联系界别群众的愿望和诉求，努力发挥界别作为扩大社会各界有序政治参与的重要渠道作用，促进社会各阶层的团结和谐，使市委、市政府的决策更加民主化、科学化，更加切合人民群众的意愿。

维护民族团结和宗教和睦。认真贯彻党的民族政策和宗教政策，努力推动新形势下民族宗教工作的开展。就城市居民宗教信仰情况，组织多个界别委员和相关部门，就积极引导宗教与社会主义社会相适应，为经济建设和转型服务等问题进行调研，提出意见建议。就沙甸大清真寺新建工程和部分民营企业生产经营中亟待解决的相关问题，组织委员进行视察，并就存在的问题提出了进一步完善设施、完备手续的意见和建议；并就实施“沙甸回族文化旅游小镇”项目建设等问题提出建设性的意见和建议，进一步促进民族团结、宗教和睦，积极维护社会和谐稳定。

加强对台工作促进祖国和平统一。召开对台工作情况通报会，全面系统通报我市对台工作情况，使广大委员深入了解两岸关系的发展趋势，提高对台工作的认识，充分发挥自身联系广泛的优势，加强与台湾基层的对接和互动，为促进祖国和平统一作出应有的贡献。

扶贫帮困做好社会公益事业。进一步发挥锡都励志助学协会扶贫济困作用，不断规范和完善协会管理。2011年度共发放助学金8.89万元，资助70名贫困学生实现了上大学的理想，为维护社会稳定，构建和谐社会起到了积极的作用。

四、切实加强自身建设，在履职能力和水平上有新提升

常委会坚持改革创新的精神，着力把握政协服务科学发展和实现自身科学发展的规律，不断提高工作的科学化水平，努力推进履行职能的制度化、规范化、程序化建设，在着力提升履职能力和水平的同时，不断提高服务全市科学发展的能力和水平。

注重发挥整体作用增添活力。重视发挥民主党派和界别在政协中的主力军作用，以政协专委会为依托，支持民主党派和界别开展各项调研、视察活动，推动民主党派与界别之间的互动交流。切实为委员发挥作用做好服务工作，充分调动委员的积极性、主动性和创造性，在政治上关心委员、工作上依靠委员、事业上支持委员、生活上关心委员，深入委员所在企业走访调研，支持委员发挥好在本职工作中的带头作用，鼓励委员结合提案、调研、反映社情民意信息，反映群众愿望和呼声，支持委员发挥好在界别群众中的代表作用。

健全完善工作制度规范履职。进一步健全完善政协工作制度， 在原有制度的基础上，就加强对口联系、加大提案办理落实力度、强化宣传和信息工作、机关行政事务等制度进行健全和完善，进一步推进政协履行职能的制度化、规范化、程序化建设，工作成效显著提高。

切实加强机关建设提高效能。结合政协工作实际，注重加强政协机关效能建设，重视发挥政协机关服务保障作用，教育引导全体机关干部始终坚持把服务好委员作为思考和谋划工作的出发点和落脚点，全力以赴为委员履行职能提供有利条件、创造宽松环境，政协机关的大局意识、服务意识、责任意识进一步增强，工作效率和服务水平进一步提升，政务性服务能力和统筹协调能力不断增强。千方百计筹措资金对政协办公大楼进行修缮，改善政协机关和各民主党派办公环境和条件，进一步提升工作效率。在政协机关中轰轰烈烈地开展向杨善洲同志学习的活动，掀起学习先进、爱岗敬业、无私奉献、争当典范的热潮。不断健全和完善政协机关工作目标责任制，通过对目标责任落实情况的量化考核，促进机关工作效能的提高，政协机关整体形象进一步提升。

强化宣传工作提升政协影响力。在进一步提高《个旧政协》刊物和“个旧政协网站”质量的基础上，制定出台宣传工作管理办法和考核奖励办法，规范宣传工作，加大宣传力度，政协宣传工作和信息化建设成效显著，社会影响力进一步提升。

各位委员、同志们，过去的一年，常委会各项工作取得的新成效是中共个旧市委正确领导的结果，是市人大常委会、市人民政府大力支持的结果，是各民主党派、人民团体、社会各族各界人士和广大政协委员共同努力的结果，在此，我代表常委会表示衷心的感谢！

在总结工作成绩的同时，我们也要清醒地认识到工作中仍然存在一些不足，主要是：履行职能的能力和水平有待进一步提高；深入开展综合性、全局性、前瞻性问题的调查研究，切实增强建言献策的主动性、针对性、预见性和可操作性有待进一步加强；政协委员整体作用的发挥还需进一步增强，发挥界别优势和作用还需进一步探索。针对这些不足，我们将在今后的工作中认真加以改进。

2012年工作意见

2012年是全面贯彻落实党的十七届六中全会、中央经济工作会议及省、州、市党代会精神，全面实施产业发展“二次创业”，推动我市转型新发展的关键之年，也是本届政协任期的最后一年。认真谋划、切实做好今年的工作意义十分重大。在新的一年里，常委会工作的总体要求是：高举中国特色社会主义伟大旗帜，以邓小平理论和“三个代表”重要思想为指导，深入贯彻落实科学发展观，在中共个旧市委的领导下，坚持以科学发展为主题，以发扬民主、推动转型、关注民生、促进和谐为主线，主动融入全市工作大局，紧扣中共个旧市委十二届二次全会确定的目标任务，切实履行政协“三大”职能，为实现个旧转型新发展作出新贡献，以优异的成绩迎接党的十八大胜利召开。

一、坚持把推动转型发展作为履职的第一要务

促进科学发展是人民政协履行职能的第一要务，要以科学发展为主题，以加快转变经济发展方式为主线，以“桥头堡”建设为契机，以转型发展为重点，切实把推动科学发展、促进转型发展作为协商议政、建言献策的第一要务，找准履行职能与促进发展的结合点和切入点，切实把履行职能的着力点放在促进经济社会平稳较快发展上，放在维护改革、发展、稳定大局上，放在对全市发展重点的对策研究上。紧紧围绕市委工作思路和发展战略，时刻关注经济运行态势，根据形势变化及时调整工作思路和工作部署，使政协工作始终保持与社会发展相适应。努力做到政治协商从科学发展着眼，民主监督为科学发展助力，参政议政为科学发展服务，把市委关于加快科学发展的一系列决策部署，切实贯彻到协商议政的各项工作中。重点围绕实施产业发展“二次创业”、资源型城市转型发展、科技创新、改造提升传统产业、培育战略新兴产业、大力发展现代农业、发展现代服务业、加快城镇化进程、推进城乡综合配套改革、发展循环经济、深化改革开放等事关全市发展的综合性、全局性重大问题，深入调查研究，积极协商建言，共同破解发展难题，排除发展障碍，谋求发展良策，提高发展成效，竭诚为促进我市科学发展、和谐发展、跨越发展建净言、献良策、出实招。

二、坚持把凝心聚力促发展作为履职的着力点

牢牢把握团结和民主两大主题，努力营造民主团结、和衷共济的良好氛围，把力量和智慧凝聚到促进我市科学发展、和谐发展、跨越发展上来。目前，我市正处于转型发展的关键时期，尤其需要政协发挥大团结、大联合的政治优势和组织优势，广泛团结各方力量，发挥好政协扩大公民和社会各界有序政治参与的重要渠道和平台作用。我们要充分发挥人民政协的政治优势，进一步加强各党派团体合作共事，凝聚各党派团体和各族各界人士的力量和智慧，团结一致搞建设，一心一意谋发展。要充分发挥人民政协的组织优势，促进政党关系、民族关系、宗教关系、阶层关系、海内外同胞关系和谐，不断巩固大团结、大联合的良好局面。充分发挥人民政协渠道优势，推进上下联动、优势互补、共建共享，形成推动科学发展、促进社会和谐稳定的生机和合力。进一步探索发挥界别作用的方法和途径，健全发挥界别作用的有关制度，广泛联系各界人士，及时了解社会各界的愿望和诉求，畅通社会各界利益诉求的表达渠道，拓宽重大问题在政协协商求同的路径和范围，扩大团结面和包容性，形成团结一致、共同奋斗的强大合力，为促进我市科学发展、转型发展提供力量支持。

三、坚持把保障和改善民生作为履职的出发点和落脚点

促进社会和谐稳定是在更高的起点上实现科学发展的重要任务，我们要更加注重以人为本，牢固树立履职为民的理念，切实把实现和维护人民群众根本利益作为政协工作的出发点和落脚点，坚持把促进解决民生问题作为履职的重要着力点，不断促进人民群众的满意度和幸福感。要时刻关注民生，紧紧围绕全面推进住房保障体系建设、推进医药卫生体制改革、完善基本社会保障、有效扩大就业、提高困难群众收入、推进教育均衡发展、提高教育质量、城市建设与管理等热点、难点问题议政建言，协助市委、市政府解决好群众切身利益问题。积极就保持物价基本稳定、加强食品安全监督管理、社会治安综合治理、卫生、教育、环保等群众关心的问题开展调研和视察，深入了解民情，切实反映民意，把现场视察、听取汇报与协商问题、提出建议相结合，努力提高调研视察促进解决民生问题的实效。要更多地关注城乡困难群众和弱势群体的生产生活情况，力所能及地办一些公益性实事和好事，促进解决一些影响度深、群众欢迎、社会支持的民生问题。进一步创新反映社情民意方式，畅通群众诉求表达、利益协调、权益保障渠道，充分利用各种载体和平台，及时反映社情民意，加强政治思想引导，做好协调关系、化解矛盾、理顺情绪的工作，积极为市委、市政府汇聚社会舆情，把各种不稳定因素化解在基层和萌芽状态。要以开展“四群教育”和“三深入”活动为契机，深入基层、深入群众，倾听群众呼声、反映群众愿望，关心群众利益，为化解矛盾、促进发展、维护稳定作出贡献。

四、坚持把加强自身建设作为履职为民的组织保障

推进政协工作科学化，是贯彻落实科学发展观，提高政协履职能力和工作水平的必然要求。我们要着力把握政协服务科学发展和实现自身科学发展的规律，不断提高政协工作的科学化水平，进一步增强履职实效。要认真贯彻落实中共个旧市委政协工作会议精神，切实把《中共个旧市委关于支持人民政协履行职能发挥作用的意见》落到实处，着力推进政协履行职能的制度化、规范化、程序化建设，进一步规范政治协商的内容、形式和程序，切实发挥政治协商在民主决策、科学决策中的积极作用。进一步畅通民主监督渠道，着力在知情、沟通、反馈等环节建立健全相关制度，形成科学管理、协调有序的长效机制。进一步完善参政议政科学选题机制、协作配合机制、成果转化和监督反馈机制，切实提高参政议政实效。进一步加强同各民主党派的团结合作，充分发挥他们在政协组织中的重要作用，为他们履行职能、开展工作提供可靠的组织依托。进一步加强政协专委会建设，积极探索专委会工作的新思路和新举措，以专委会为依托，充分发挥界别的优势和作用。进一步健全服务政协委员履职的各项制度，为发挥委员在本职工作中的带头作用、在政协工作中的主体作用、在界别群众中的代表作用创造条件、提供保障。进一步加强政协机关建设，不断增强政务性服务能力和统筹协调能力，着力提高工作效率和服务保障水平，持续推进学习型、服务型、创新型、和谐型、效能型机关建设，完善机关运作机制，促进机关工作协调统一、规范有序、精干高效运转。按照政协章程的规定，认真做好换届前的各项准备工作，确保换届工作顺利进行，进一步推动人民政协事业新发展。

各位委员、同志们，我们正处在一个特殊的历史时期，坚持中国共产党的领导为我们指明了方向，坚持团结民主赋予我们巨大的力量，履职为民的光荣职责将激发我们无穷的智慧。政协事业大有可为，政协委员使命崇高。让我们更加紧密地团结在以胡锦涛同志为总书记的中共中央周围，高举中国特色社会主义伟大旗帜，深入贯彻落实科学发展观，在中共个旧市委的领导下，坚定信心，开拓奋进，为构建富裕、民主、文明、开放新锡都，创造人民更加幸福美好的生活而努力奋斗！

全面履职 惩防并举
推进党风廉政建设和反腐败工作再上新台阶

——在中国共产党个旧市纪律检查委员会第十二届二次全体（扩大）会议上的报告

中共个旧市委常委、市纪委书记 曹 芸

（2012年3月7日）

各位委员、同志们：

我受中共个旧市纪委常务委员会的委托，向全会报告工作，请予审议。

这次会议的主要任务是：以邓小平理论和“三个代表”重要思想为指导，全面落实科学发展观，传达贯彻胡锦涛同志重要讲话和中央、省州纪委全会精神，进一步落实市第十二次党代会、市委十二届二次全会精神，回顾总结2011年全市党风廉政建设和反腐败工作，研究部署2012年工作任务。

一、2011年工作回顾

2011年，市纪委在市委及上级纪委的正确领导下，认真贯彻落实中央、省州纪委全会精神及市第十二次党代会精神，坚持围绕中心、服务大局，以健全惩治和预防腐败体系为目标，以加强党风廉政建设为重点，整体推进教育、制度、监督、改革、纠风、惩处各项工作，反腐倡廉建设取得了新成效，为全市经济社会发展提供了坚强保证。

（一）落实责任要求，筑牢党风廉政建设之“基”

严格执行中央《关于实行党风廉政建设责任制的规定》，不断完善反腐败领导体制、工作机制和协调机制。及时调整充实了个旧市反腐败协调领导小组。组织召开了全市党风廉政建设大会，市委、市政府与全市63个责任制单位签订了《党风廉政建设责任书》，督促各单位、各部门层层签订，逐级落实，严格执行“一岗双责”。制定下发了《个旧市2011年党风廉政建设和反腐败工作主要任务分解》，进一步细化工作任务，落实责任要求。将《个旧市贯彻落实〈建立健全惩治和预防腐败体系2008—2012年工作规划〉任务分解》落实情况纳入党风廉政建设责任制考核。通过采取日常检查与半年抽查、年终专项考核相结合，定性分析与定量考核相结合的方式，加强对责任制落实情况的检查考核，促进党风廉政建设有序推进，全市112项惩防体系建设工作任务已全面完成。

（二）提升宣教水平，强化预防腐败之“策”

坚持以领导干部为重点，不断加强理想信念教育、党纪政纪教育、典型示范教育和反面警示教育。对全市党员领导干部贯彻落实《廉政准则》的情况进行了专项检查；对43名新任科级领导干部进行了廉政谈话、填写了《廉政承诺书》；向科级领导干部播发廉政短信400余人次。统筹推进廉政文化“八进”活动，精心打造具有个旧特点的“社区廉政文化”。上河社区被省纪委监察厅考评命名为“第一批云南省廉政文化示范点”。组织召开了个旧市廉政文化建设推进暨表彰大会，对我市开展廉政文化建设五年来的工作进行了总结部署，对积极参与廉政文化建设的先进集体和优秀个人进行了表彰。坚持扩大宣传，总结推广工作经验及亮点，《个旧市探索建立村务异体监督机制规范村组权力运行》等多篇信息被省州纪委及国家预防腐败局所采用，彰显了个旧廉政文化品牌的感染力和影响力。

（三）加强监督检查，保障经济社会发展之“效”

加强对中央及省州市党委、政府决策部署执行情况及扩大内需促进经济增长政策措施落实情况的监督检查，加大对环保、水利、国土等部门的监督检查力度。积极构建大督察工作格局，联合市委、政府督察室对各部门、各单位贯彻执行市委第十一届七次全会确定的24项决策督察事项和20项重大建设项目情况开展了集中督察。继续深化工程建设领域突出问题专项治理，查处工程建设领域违纪违法案件2件2人。深入推进“小金库”及党政机关公务用车专项治理工作，清理公务用车720辆。认真清理和规范庆典、研讨会、论坛活动，严格控制行政支出。加大效能建设和问责工作力度，办理效能投诉案件4件，对7名不认真履职、监管不力、处置问题不当的干部给予了行政问责。

（四）规范权力运行，创新社会管理之“举”

认真贯彻落实市委开展“四位一体”建设工作要求，以农村集体“三资”管理为核心，建立健全村级组织管人、管事、管权、管财的综合监控体系。规范村级组织权力运行，以“一考双评三挂钩”考核评价体系，加强对村干部的监督管理；以“一统三审四签四公开”管理模式，加强对资金、资产、资源管理的有效监督；以制定发放《个旧市村（社区）干部工作手册》，明确20余个主要工作流程，进一步规范基层村务办理；以在全市组建村委会（社区）廉情监督员队伍、建立村务（居务）公开监督小组和村（居）民民主理财小组，加强对村（居）务的民主管理；推行领导包片、干部包村（社区），廉情监督员、村（社区）干部相互监督的四方循环监督模式，完善了决策、执行、监督的三权制约和协调配合，形成了规范权力运行的异体监督机制。

（五）维护民生民利，真诚倾听群众之“声”

坚持把纠风治乱作为维护民生民利的重要手段，切实维护群众利益。年内组织开展了教育收费专项检查，继续纠正医药购销和医疗服务中的不正之风，深入推进药品网上集中采购工作。监督发放强农惠农资金1935万元。进一步加强社保资金、抗旱救灾专项资金、扶贫资金、住房公积金的监督管理。针对人民群众普遍关心的食品安全问题，参与打击食品非法添加和滥用食品添加剂专项整治行动。深入开展民主评议政风行风工作，对市自来水公司、红交集团个旧公交分公司进行了社会民主评议行风工作。以个旧广播电台“金湖之声”为依托，在全省县（市）一级率先开通“锡都热线”直播栏目。定期组织政府职能部门和窗口服务单位轮流走进直播间，以“电话问答→现场直播→当场承诺→跟踪督办→事后反馈”的工作流程，解决群众反映的热点难点问题，接受群众监督，搭建了市委市政府与人民群众沟通联系的“连心桥”。

（六）严肃查办案件，保持惩治腐败强劲之“势”

充分发挥信访举报案件线索主渠道作用，认真筛选、排查案件线索，不断加大案件查办工作力度。探索形成了查办案件“五步工作法”。制定下发了《个旧市反腐败工作联席会议制度（试行）》《市纪委、市检察院、市监察局在查办案件工作中加强沟通协作的意见》等制度，实现了纪检监察机关与其他执法执纪机关、行政机关的优势互补和法纪衔接，形成办案合力。2011年，市纪委共受理群众来信来访34件（次），查处各类违纪违法案件12件12人（自立自办案件5件5人），给予党政纪处分12人（含2010年未结案2人）。充分发挥查办案件治本功能，积极指导、帮助发案单位和部门深入剖析，总结教训，查找案件背后存在的制度和管理上的漏洞，进一步加强管理，完善制度，促进反腐败预警机制的建立和完善。

（七）强化自身建设，适应工作任务落实之“需”

顺利完成了市乡两级纪委换届工作，选举产生了新一届市纪委领导班子。进一步加大纪检监察干部学习培训力度，举办了“个旧市2011年纪检监察干部业务培训班”。组织相关人员参加了全州纪检监察干部业务培训学习。继续深化“做党的忠诚卫士、当群众的贴心人”主题实践活动和创先争优活动成果，围绕“学习杨善洲精神，做人民满意的纪检监察干部”主题，不断加强纪检监察干部能力建设和作风建设。针对当前全市党风廉政建设中存在的困难和问题，组织纪检监察干部认真研究、深入调研，形成调研报告22篇，汇编成了《个旧市纪检监察调研报告汇编》一书，部分调研成果已成为决策的重要依据。

一年来，在市委和上级纪委的正确领导下，在全市各级各部门的通力配合下，通过广大纪检监察干部的共同努力，全市反腐倡廉建设各项工作进展顺利，成效明显。在此，我代表市纪委常委会向关心支持我市反腐倡廉建设工作的各位领导、全体纪检监察干部、市政府特邀监察员、效能监察员以及“四项制度”特邀监督员表示衷心的感谢！

在肯定成绩的同时，我们也要清醒地看到存在的问题和不足：一是少数干部在工作作风和廉洁从政方面还不同程度地存在一些问题，违纪违法案件时有发生。二是对党员干部的教育、管理、监督工作仍需加强，反腐倡廉制度的执行还需进一步加大力度。三是对一些损害群众切身利益的问题的治理力度仍需加强。四是纪检监察干部队伍建设与新形势、新任务的要求还有一定差距，组织协调反腐败工作的水平还有待进一步提高。为此，我们务必引起高度重视，积极采取有效措施，努力加以解决。

二、2012年工作意见

2012年是深入贯彻落实党的十七届六中全会精神，推进《建立健全惩治和预防腐败体系2008—2012年工作规划》全面落实的关键一年。市纪委将深入贯彻落实科学发展观，坚持标本兼治、综合治理、惩防并举、注重预防的方针，认真执行党风廉政建设责任制，切实把以人为本、执政为民理念贯彻落实到党风廉政建设和反腐败工作中，紧紧围绕市委推进产业发展“二次创业”，加强基层“四位一体”建设目标要求，坚持一手抓惩治、一手抓预防，着力保证政令畅通，着力惩治腐败行为，着力加强作风建达，着力规范制约权力，突出重点，整体推进，全面履职，惩防并举，不断提高反腐倡廉建设科学化水平，推进全市党风廉政建设嗙反腐败工作再上新台阶。

（一）围绕中心，服务大局，加强对重大决策部署贯彻落实情况的监督碰查

牢牢把握科学发展这个主题和加快转变经济发展方式这条主线，采取有力措施，重点对市第十二次党代会、市委十二届二次全会重大决策部署落实情况进行监督检查，着力推进产业发展“二次创业”和基层“四位一体”建设。加强对中央和省州市党委关于加强和改善宏观调控、做好“三农”工作、经济结构调整、市场价格调控、资源节约和环境保护、保障和改善民生等重大决策部署执行情况的监督检查，及时发现和解决问题。在全程跟进、组织严密、协调有力上下功夫，进一步完善监督检查体制机制，着力健全对重大决策部署、重要政策措施执行情况监督检查的跟进机制、科学运作机制、常态运行机制和纪律保障机制，确保各项经济社会发展任务和措施落实到位。

加强对政治纪律执行情况的监督检查，把严明党的政治纪律作为贯彻执行党风廉政建设责任制的重要内容，引导和督促广大党员干部讲政治、顾大局、守纪律，坚定政治立场和政治方向，自觉与党中央保持高度一致，坚决查处有令不行、有禁不止的行为，确保政令畅通，工作落实。加强对干部选拔任用全过程的监督，努力营造风清气正的选人用人环境。

（二）加强教育，强化监督，促进领导干部廉洁从政

以学习贯彻党的十七届六中全会精神为契机，深入开展廉政文化建设和示范点创建活动。进一步总结经验、把握规律，把廉政文化建设融入全市经济建设、政治建设、社会建设、生态文明建设和党的建设之中，寓于惩防体系建设的各个环节，不断扩大廉政文化的覆盖面和影响力。坚持贴近实际、贴近生活、贴近群众，把廉政文化创建活动同群众性精神文明创建活动结合起来，进一步加强基层廉政文化阵地建设，切实增强廉政文化的吸引力、感染力、渗透力和影响力。坚持以党政机关和领导干部为重点，深入开展中国特色社会主义理论体系、理想信念、党性党风党纪、廉洁从政教育和民族精

神、时代精神、社会主义荣辱观教育，引导广大党员干部牢固树立秉公用权、廉洁从政的价值理念。加强对领导干部特别是党政主要领导干部的监督，严格执行《廉政准则》、领导干部廉洁从政各项规定和述职述廉、诫勉谈话、函询等制度。培育广大人民群众廉荣贪耻、诚实守信的道德观念，推进形成知荣辱、讲正气、促和谐的社会风气。

（三）总结经验，深化提高，全面推进惩防体系建设

进一步抓紧《建立健全教育、制度、监督并重的惩治和预防腐败体系实施纲要》的贯彻落实，整体推进反腐倡廉教育、制度、监督、改革、纠风、惩治等工作，使反腐倡廉教育延伸内涵、更具说服力；制度建设不断完善、更具约束力；监督机制逐步健全、更具制衡力；重点领域改革深化拓展、更具推动力；纠风工作深入开展、更具矫正力；惩处力度继续加大、更具威慑力，不断增强惩防体系建设的系统性、针对性、前瞻性和科学性。牢固树立全面落实《工作规划》的攻艰思想，认真梳理盘点惩治和预防腐败体系建设各项工作任务落实情况，切实做到摸清工作底数、掌握工作进度、实施分类管理。要按照《工作规划》的要求，进一步健全完善反腐倡廉法规制度，加强对制度执行情况的监督检查，提高制度执行力。加强调查研究、成果运用和舆论宣传，切实把各部门、各单位在惩防体系建设中探索形成的成功经验总结好、运用好、发展好。坚持超前谋划，结合个旧实际，认真思考下一个五年规划抓落实的具体措施，以更加坚决的态度、更加有力的措施、更加扎实的工作，建立起思想道德教育的长效机制、反腐倡廉的制度体系、权力运行的监控机制，建成完善的惩治和预防腐败体系。

（四）集中整治，注重实效，树立和弘扬优良作风

认真贯彻落实以人为本，执政为民理念，切实加强领导机关和领导干部作风建设。针对换届后领导班子和干部队伍的新情况，加强教育、完善制度、强化监督，促使领导干部加强党性修养，弘扬良好作风，成为政治坚定、勤政为民、求真务实、改革创新、团结和谐、清正廉洁的表率，树立新班子的新面貌新形象。要结合当前正在开展的“四群”教育和“三深入”活动，督促领导干部落实直接联系群众等制度，坚决纠正少数党员干部脱离群众、作风霸道、特权观念严重等不良倾向，坚决克服官僚主义、形式主义、弄虚作假、心浮气躁等不良风气，着力加强勇于担当、求真务实、富于激情、奋发有为的作风建设。坚持把治理庸懒散问题作为加强作风建设的突破口，以治庸提能力、以治懒增效率、以治散正风气，提高干部执行力。严肃问责不作为、慢作为、乱作为等不履行或不正确履行职责的行为。严格执行财经制度和经济工作纪律，督促各级领导干部认真落实中央和省州市党委有关厉行节约的规定，以优良的党风政风凝聚党心民心，形成推动全市经济社会科学发展、和谐发展、跨越发展的强大力量。

（五）完善机制，夯实基础，防治群众身边腐败问题

按照市委加强和改进新形势下的社会管理，深入推进村级和社区“四位一体”建设的工作要求，从改革传统管理体制入手，继续加强对村级和社区权力运行的监督，充分发挥村（居）务公开监督小组和民主理财监督小组的职能作用，建立起管人、管事、管权、管财的“异体监督”组织架构。通过召开组织生活会、实行村干部任期目标承诺制、开展勤廉双述、询问质询和民主评议、建立便民服务机构等方式方法，扩大村（居）民群众对村（居）务的知情权、决策权、参与权和监督权，进一步规范农村基层干部履职行为。建立健全加强农村集体资金资产资源管理和监督工作的配套制度，提高“三资”管理水平。坚决防治侵害群众合法权益的问题，建立健全维护群众利益的科学决策、权益保障等机制。严格纠正在基层事务决策和管理中独断专行、损公肥私、与民争利等行为，严肃处理少数基层干部侵占、挪用惠民资金、违规处置集体资产、侵吞集体收益等问题。监督落实《关于党的基层组织实行党务公开的意见》，加大政务、厂务、村务和办事公开力度，深入推进基层事务公开和透明，保证基层群众民主权利的落实，防止腐败现象的发生。

（六）心系群众，治本抓源，切实解决各类突出问题

进一步加大纠风治乱工作力度，着力解决损害群众利益的突出问题。建立健全体现以人为本、执政为民要求的决策机制，健全群众利益协调、诉求表达、矛盾调处、权益保障机制，督促各级各部门做好群众工作。充分发挥民主评议和政风行风热

线沟通联系群众的桥梁作用，切实办好“锡都热线”，不断拓展和延伸群众诉求渠道。继续深入治理征地拆迁、住房保障、土地管理、食品药品安全、环境保护、安全生产等方面的突出问题。强化对强农惠农富农资金、扶贫资金、救灾救济资金、住房公积金、社保基金以及政府专项资金管理使用情况的监督，继续深化工程建设领域突出问题、“小金库”、庆典、研讨会、论坛和公务用车问题专项治理工作，以重点带全面，进一步巩固和扩大治理成果。深入治理党员领导干部在廉洁自律方面存在的突出问题。全面落实《廉政准则》，认真执行领导干部报告个人有关事项制度。严厉整治领导干部违规收受礼金、有价证券等问题。严禁参加可能影响公正执行公务或用公款支付的高消费活动。加大对影响和阻碍非公有制经济发展突出问题的治理力度，努力营造有利于非公经济健康发展的良好环境。

（七）突出重点，严格执纪，加大案件查办工作力度

牢固树立“有案不查是失职，不查有影响的大案要案是不尽职，查办案件不促进经济社会发展是不称职”的理念，以改革创新精神深入推进查办案件工作。始终坚持一要坚决、二要慎重、务必搞准的原则，充分发挥各级纪检监察机关组织协调、牵头抓总的作用，严惩干扰妨碍科学发展的严重违纪违法行为，严肃查办领导干部严重违反《廉政准则》等廉洁自律制度规定的案件；发生在群众身边、严重损害群众利益，影响恶劣的案件；工程建设、住房保障和教育医疗等领域的违纪违法案件。健全纪检监察机关与其他执纪执法机关之间的信息沟通、线索移送、疑难会商、手段互补、力量互助的工作机制，整合办案力量。加强办案队伍建设，切实增强查办案件自主力量，不断加强业务技能培训和实践锻炼，提高突破案件能力。加强和改进信访举报工作，完善保护证人、举报人的制度。加强案件审理和案件监督管理工作，始终做到依纪依法、安全文明办案。坚持教育、爱护、保护绝大多数党员干部，查办、惩处、打击极少数腐败分子，以查促教、以查促建、以查促防，推动形成有效预防和惩治腐败的体系机制，努力取得查办案件的良好政治、经济、社会和法纪效果。

（八）规范管理、树好形象，提升纪检监察干部履职能力

进一步巩固学习实践活动和主题实践活动成果，认真贯彻落实中纪委《关于进一步加强和改进纪检监察干部队伍建设的若干意见》，深入开展创先争优和“四群”教育活动，紧紧围绕“推进个旧科学发展和谐发展跨越发展，纪检监察机关怎么办”这个主题，建立健全纪检监察干部联系基层、联系群众制度，带头深入实际、深入基层、深入群众，为群众排忧解难。保持党的纯洁性，全市纪检监察机关和广大纪检监察干部要以身作则、率先垂范。坚持严格要求、严格教育、严格管理、严格监督，做到在遵规守纪上标准更高、要求更严，推动纪检监察机关进一步改进作风、提升能力、严明纪律、树立形象。切实加强学习型机关建设，教育引导广大纪检监察干部自觉树立终身学习的理念，着力解决面对新形势、新任务、新要求不适应、不符合的问题，切实提高服务、保障和促进科学发展的能力，维护社会和谐稳定的能力，有效防治腐败的能力。进一步优化纪检监察干部队伍结构，加大纪检监察干部培训、轮岗、挂职、交流和选拔任用工作力度。加强乡镇纪检监察机构建设，充分发挥好派出纪工委、监察分局的职能作用，努力建设一支政治坚强、公正清廉、纪律严明、业务精通、作风优良的高素质纪检监察干部队伍。

各位委员、同志们，党风廉政建设和反腐败工作使命光荣，责任重大，任务艰巨。让我们在市委和上级纪委的正确领导下，振奋精神，开拓创新，奋发有为，扎实工作，为开创我市党风廉政建设和反腐败工作新局面而努力奋斗，以优异的成绩迎接党的十八大胜利召开！

专 文

丽江著名音乐民族学家、“纳西古乐掌门人”宣科先生到个旧讲学　（张　颖　摄）

加强和创新县域社会管理的四个维度

中共个旧市委书记 王 忠

新形势下，如何加强和创新社会管理，进一步扎实做好群众工作，已成为摆在基层党委政府面前的重大课题。为此，个旧市牢牢把握中央的总要求，围绕民生和谐，积极创新社会管理模式，在村级和社区组织探索开展“四位一体”建设，全市基层组织服务群众、凝聚人心、推动发展、促进和谐的能力不断提升，发展环境更加和谐稳定，为个旧资源型城市科学转型提供了强力支撑。

以夯实党的执政基础为目标，加强村社党组织的凝聚力和领导力。按照“抓党建、强班子、固堡垒”的思路，着力构建村社组织建设新格局，增强村社组织的凝聚力和战斗力。一是健全完善村社基层党建管理机制。重点是抓好建立党组织“一把手”抓党建责任制度、统筹推进城乡基层党建、进一步推进党内基层民主三项工作。二是加强村社社会管理干部队伍建设。建立健全村社后备干部储备、培养和使用的制度和体系，加大规范选举工作力度，实行专职驻村社指导员制度，开展多种形式的教育培训。三是推进村社党建和社会管理模式创新。抓好联建型、流动型、网络型和创新型等党组织建设，全面实施“网格化管理，片组户联系，组团式服务”。四是抓好农村和社区组织活动场所建设。近年来投资620余万元，把村社组织活动场所建设当做一项民心工程来抓，多方筹资，高标准、高质量地推进村社组织活动场所建设。

以提高干部创先争优能力为抓手，增强村社群众的学习力和创造力。按照“建机制、办民事、促发展、建和谐”的思路，建立完善村社组织权力制约监督机制，优化村社组织权力架构，促进村社职权和管理服务事项在阳光下运行。一是强化村社政务监督管理。成立由乡级财务、村“两委”成员、村（居）民代表组成的村社政务监督机构，对重要行政事务、集体经济活动等重要事项进行全程跟踪监督。二是规范村社财务公开。重点是加强财务管理，夯实公开基础；明确工作要求，提高公开质量。通过规范执行财务制度，村社财务管理不断健全，民主理财进一步加强。三是建立村社权力运行监控体系。成立由村社“两委”班子成员、村民代表等相关人员组成的廉情监督委员会，开创监控包片领导、包村干部、村干部、廉情监督员彼此监督的“四方”循环监督新模式，对村级权力运行实行“面对面”的零距离监督。

以促进社会和谐稳定为基础，提高村社综合治理的协调力和服务力。按照“创管理、保稳定、促和谐”的思路，动员和组织人民群众积极参与社会治安综合治理工作，使村社真正成为改革发展稳定的主阵地和群众工作的最前沿。一是建立以村社“两委”为核心、村社活动场所为载体的综治维稳中心，实行治保会、调委会、群众工作室“多块牌子、一班人马”的合署办公。二是组织发动党员、干部、共青团员、治安志愿者等加入治安防范行列，织好多方参与的“群防群治”防控网。三是切实做好维稳和矛盾纠纷排查调处工作，明确乡镇党委书记是维稳第一责任人责任，并建立维稳和矛盾纠纷调处联席会议制度。四是依法重拳打击刑事犯罪，最大限度地震慑、预防和打击犯罪分子，维护公平正义，保障社会稳定。五是创新管理思路和措施，突出抓好村社弱势、特殊人群和流动人口的教育、服务、救助和管理工作。

以满足人民群众的物质文化需要为内容，形成村社文化的感召力和影响力。按照“兴文化、争优秀、树亮点”的思路，着力加强中国特色社会主义理论体系和本土传统文化建设，不断提高广大人民群众的政治思想文化素质。一是强化学习培训，扎实推进基层理论武装工作。狠抓基层干部的理论学习培训工作，深入推动中国特色社会主义理论体系进农村、进社区，加强学习型组织建设。二是营造良好环境，深化社会主义核心价值为主要内容的精神文明建设。在全市村社大力开展群众性精神文明创建评选活动，加强社会公德、职业道德、家庭美德和个人品德建设。三是加快基层公共文化服务体系建设，推动群众文化大繁荣。全面推进农村电影放映、农家（社区）书屋等重点文化惠民工程建设，建好公共文化服务体系的硬件平台。同时，积极开展有品位、有意义的文化活动，实现城乡文化联动，大力繁荣基层文化。

锐意进取 勇于创新 努力实施好产业发展“二次创业”

中共个旧市委副书记、市长 戴劲松

为深入贯彻落实科学发展观，紧紧抓住国家资源型城市转型试点和云南桥头堡建设等战略机遇，突破个旧当前阶段性发展瓶颈，科学分析个旧现阶段市情，在“十二五”期间，我市将按照省委、省政府提出的“围绕桥头堡建设，推进新型工业化、农业产业化、城镇化和教育现代化”的工作思路，深入推进实施产业发展“二次创业”，以实现个旧资源型城市经济转型和发展方式的转变，保持个旧经济在“十二五”及今后时期平稳较快发展和社会和谐稳定。

一、实施产业发展“二次创业”的必要性和紧迫性

从党的十七届五中全会到全国“两会”的召开，我们可以明显地感受到，为适应当前国际国内经济社会发展环境新形势的变化，国家的政策导向已发生了深刻的变化。温总理在全国人大记者会上明确指出，主动调低“十二五”时期经济发展速度，不仅表明决心和意志，而且是一个重大的举措。国家在“十二五”时期乃至今后相当长一个时期，将以转变经济发展方式为主线，真正使中国的经济发展转型到主要依靠科技进步和提高劳动者素质上来，更加注重提高经济增长的质量和效益。

从“十一五”时期的经济发展情况来看，从国家到地区，整体呈现出快速发展的态势，多数经济指标均保持了2位数的平均增速。全国国内生产总值达到39.8万亿元，年均增长11.2%，人均GDP超过4000美元；省、州地区生产总值也分别达到7220亿元、650.42亿元，年均分别增长11.8%和11.5%。我市地区生产总值从2005年的57.53亿元增长到2010年的122.49亿元，年均增长11.3%，增速与国家和省州的水平接近。全市人均GDP达到4000多美元，接近全国平均水平。在中国西部百强县（市）县域经济基本竞争力排序由“十五”末的第34为跃升至目前的第19位，是自“七五”以来发展最快的时期，全市的经济综合实力得到显著增强。

“十二五”期间，国家的经济发展速度确定为7%，全省的经济发展速度为10%，全州的经济发展速度为11%，我市的经济发展速度为10%。由此可以看出，“十二五”时期我市确定的经济发展速度与省州的发展水平差不多，而我市“十二五”时期确定10%的经济增长率，意味着我市必须要付出加倍的努力。为什么这样讲，因为从目前全球低碳经济和国家节能减排的要求来看，我市过度依赖有色金属资源的传统产业，将受到国家在环保、节能减排、土地、资源保护利用等方面宏观政策的严重制约。此外，我市在保持了高速发展的“十一五”后，全市GDP总量已占到全州总量的五分之一，而我市人口只占全州总人口的十分之一，人均GDP已达到4000多美元，远高于全州、全省2000多美元的水平，发展基数比较高。在高基数的情况下，要保持高速增长，就存在着很大的困难。而我市在“十二五”时期确定的10%发展目标，也是我市发展的客观现实需要。我市是一个老工业城市，困难的企业职工和弱势群体较多，全市低保人口占全州低保人口的一半以上，占全省129个县市低保人口的十分之一，老龄人口占到全市人口的18%左右。这些数据都说明我市社会负担较重，我们需要通过产业发展来进一步解决好这些社会矛盾问题，进一步解决好这些民生保障问题。所以在目前的形势下，个旧的产业发展“二次创业”就显得十分必要和紧迫。

二、实施产业发展“二次创业”的重大意义

从全球低碳经济的发展趋势和我国节能减排要求形势出发，我市在“十二五”期间提出产业发展

"二次创业"也非常及时。

一是实施产业发展"二次创业"是转变经济发展方式的具体体现。建市以来，个旧依托以锡为主的有色金属产业，经济发展始终保持全州领先、全省重要的地位。但长期以来支撑经济增长都是依赖传统有色金属采选冶业，新型工业化程度不高，非有色产业没有形成支撑规模，农业产业化发展水平低，现代服务业发展滞后，导致个旧资源型企业比重大、安全生产高危行业集中、环境保护承载容量受限、能耗较高。今后的发展面临着国家在环保、安全、严控土地、淘汰落后产能、金融等政策上的巨大压力，原有发展模式已无法适应新时期发展要求。因此，坚持以科学发展观为指导，加快转变经济发展方式已经成为个旧的紧迫任务。这就要求我们认真总结发展中的经验和教训，科学分析个旧现阶段市情，按照省委、省政府提出的"围绕桥头堡建设，推进新型工业化、农业产业化、城镇化和教育现代化"的工作思路，在"十二五"期间实施产业发展"二次创业"，实现个旧资源型城市经济转型和发展方式的转变。

二是实施产业发展"二次创业"是个旧自身发展的内在需要。在主导产业资源逐步枯竭、产业结构单一和企业老化的现实面前，个旧历届市委、政府审时度势，从上世纪70年代开始积极探索化工、轻纺、机电、生物资源开发等多元产业，明确提出深化老工业城市提升改造，全力推进资源型城市转型发展。全市经济社会发生了显著变化。"十一五"时期，全市地区生产总值突破100亿元，财政总收入实现翻番，连续4年保持云南省县域经济发展十强县（市）地位，在中国西部百强县（市）县域经济基本竞争力排序中由"九五"末的第55位跃升到目前的第19位，是自"七王"以来发展最快的时期。在此基础上要突破瓶颈制约，继续保持个旧经济持续稳定发展就必须实施产业发展"二次创业"。

三是实施产业发展"二次创业"是促进企业加快发展的现实要求。改革开放以来，个旧中小企业获得了长足的发展，截至目前，全市中小企业674户，涉及采矿、选矿、冶炼、电力、化工、机电、建材等27大门类和71个中等门类，从业人员6.65万人。非公经济占地区生产总值比重达34.2%，规模以上企业利税总额达13.6亿元。但经济发展仍然是依赖传统产业支撑，规模以上有色金属采选冶及加工产值占工业总产值的84.4%，且面临重复建设、资源浪费、环保投入分散、资金使用效率低的现状，企业自主创新能力和市场竞争力仍需进一步加强。因此，加快个旧企业发展步伐，实现产业多元发展就必须实施产业发展"二次创业"。

三、实施产业发展"二次创业"的举措

结合个旧的产业发展特点，"十二五"时期，我市将把工业作为产业发展"二次创业"的核心，通过战略管理创新、工业技术革新、产业链条延伸、企业资源整合等多种方式，实现经济增长方式由主要依靠增加资源消耗向主要依靠科技进步、劳动者素质提高、管理创新转变。"十二五"末，实现工业总产值达550亿元，年均增长11%；十种有色金属产能突破100万吨；有色金属精深加工产业产值达到170亿元以上，生物资源加工业产值达到50亿元，新兴产业产值达到50亿元。围绕上述目标，主要做好以下几个方面工作：

（一）是优化提升传统产业：

（1）加大重点产业关键技术的引进、消化吸收再创新和集成创新，鼓励企业联合重组，采用高新适用技术对传统采、选、冶产业进行技术改造，提高传统产业的市场竞争力。

（2）发展有色金属精深加工产业。以红河工业园区、个旧特色工业园区为平台，推进锡、铅、铜、铝深度开发，大力实施铝板、铝材、铜材等深加工及关联配套项目，促进深加工产业走"高技术、高产出、高效益、低消耗"的发展道路。

（3）加快重点工业项目建设步伐，全面完成云锡年产10万吨铜、红铅年产10万吨铅、润鑫铝业年产10万吨铝材、年产15吨铝钛基合金等项目的扩能建设。积极推进南翔年产10万吨电解锰、红河锌联年产10万吨再生锌、沙铅年产10万吨铅、振兴铅业年产10万铅、年产900万只铅酸蓄电池、大红屯粮油仓储加工、莲花山风电场、云河药业技改等项目建设。

（二）是加快红河工业园区和个旧特色工业园区建设：

（1）配合红河工业园区管委会加快红河工业园区建设，全力做好云锡冶炼厂搬迁支持服务工作，对红河工业园区范围内的云锡年产10万吨铅、10万吨铜以及润鑫铝业年产10万吨铝材等项目全力做好协调服务工作，扶持企业做大做强。

（2）加快个旧市特色工业园区（占地29平方

公里）建设步伐。形成八抱树片区为有色金属冶炼、冲坡哨片区为铅冶炼及稀贵金属回收利用，一碗水片区为有色金属精深加工产业和再生资源综合回收利用的产业布局。针对八抱树、冲坡哨片区历史形成企业多、规模小、装置相对落后的现状，按照上大关小的指导思路，引进新工艺、新技术，引导企业新上马3个10万吨铅冶炼项目（红铅年产10万吨铅、沙铅年产10万吨铅、振兴年产10万吨铅），实现淘汰落后产能，完成产能替代，逐步形成有色金属冶炼集群及深加工配套产业；针对一碗水片区尚未开发的实际，认真组织实施好道路、电力、给排水等基础设施配套建设，稳步推进标准化厂房建设，引进科技含量高、产业链长、综合回收效果好、低碳低污染的项目入园。

（三）是强化工业基地建设：

（1）加快云南个旧锡及锡新材料产业基地（国家新型工业化产业示范基地）建设。引导锡产业向“控制资源、合理开采、综合利用、精深加工”四位一体集中、集约、集群化发展，进一步调整优化产业结构，不断提高锡产业的核心竞争力。“十二五”期间，一是大力开发耗锡量低的锡新材料产品。二是以创建产学研技术中心为依托，加快铅锌产业中的银、铟等稀贵金属的开发和提取工作。三是加大再生资源综合利用，充分运用独特的再生锡冶炼技术优势，综合回收锡、铅、铟、金、银、锑、铜、铋等有价金属。四是在锡新材料高技术产业化的基础上，进一步延伸产业链，加快循环经济、低碳经济的发展。

（2）加快云南个旧工业固废综合利用示范基地建设。选择工业经济发展中总量份额大、固废产生量大的锡尾矿和冶炼废渣综合利用产业，构建起全市工业固废综合利用循环链。依靠科技进步，依托产业聚集效应，实现横向耦合、纵向闭合和区域外工业固废资源整合，使工业固废综合利用效率最大化。“十二五”期间，一是认真做好锡尾矿综合利用，把个旧建设成为全国最大的锡尾矿资源产业化开发基地。二是加快含锡冶炼废渣综合利用产业建设，把个旧建设成为世界级的以锡为主工业固废综合利用产业集聚区、云南省重要的稀贵金属高新技术特色产业基地。三是积极推广炼铁高炉烟尘综合利用示范技术，推进发展循环经济。

（四）是加快产业多元化发展步伐：

继续推进资源型城市转型，加强扶持接替产业综合配套政策研究，逐步建立制度保障体系。以优化升级传统产业作为转变经济发展方式的突破口，持续推进生物资源开发、化工、建材、电力、乳业、粮食加工、制药、新型材料等产业多元化发展。

（1）做大做强生物资源开发产业。发挥国家中药保护品种和抗癌产品的市场优势，重点发展天然药物种植及系列化产品开发，加快灯盏花、马蹄香、木棉等种植示范基地建设。加快茶多酚胶囊的开发及生产，综合制取茶色素、茶纤素等保健产品。以番麻皂素甾体药物产业化开发项目为重点，进行生物资源有效成分的提取。以木薯麦芽糖系列产品开发和复方龙血竭药物扩产项目为依托，加大生物制药产品的研发力度。加快木棉产品科技研发和市场推广，推进木棉纺织向系列化、规模化方向发展。加快乳制品的换代升级，提高佐餐奶、牛奶果盘等系列奶制品的产量，积极开拓中国西南市场。

（2）加快霞石、锰、高岭土等新资源开发产业。遵循“小起步、大布局、大企业”的原则，加大招商力度，着力引进大型企业集团合作开发。力争“十二五”期间霞石综合开发取得新的突破。加快锰资源开发，力争在“十二五”期间形成年产10万吨电解锰、20万吨硅锰合金的产能；加快高岭土的开发利用，力争形成以高级瓷系列产品为主的又一新产能。

（3）积极培育新兴产业。配合云锡公司，以“圣比和”实业有限公司锂离子电池及相关储能材料的研发、生产及销售为龙头，在年产钴酸锂1000吨规模的基础上扩产增效，使圣比和公司高端锂离子电池用正、负极材料主产业技术达到世界先进水平，力争成为中国动力电池与关键材料综合实力强、规模大的工业产业化基地之一。

（五）是加强人才队伍建设：

工业人才是推动工业经济科学发展的第一动力，是推动工业跨越式发展的第一资源。从业人员素质的高低、技能的强弱是企业发展和提升的关键因素。因此，要认真落实《2010～2015年工业人才队伍培养规划》，全面实施“1122”工业人才培养工程。财政每年一定资金，用五年的时间培养100名工业管理党政领导干部、100名工业管理后备干部、200名民营工业企业管理人才及后备管理人才和200名民营企业工业技术技能人才。同时抓好农民工特别是被征地农民的技能培训，对适龄的初高中毕业生要鼓励进入技工学校或职业技术学院完成学历教育，以拓宽被征地农民的就业渠道和提高被征地农民的就业能力。要鼓励和引导企业抓住培养、吸引、使用三个环节，着力提高从业人员素质，使工业人才的规模、素质、结构和管理机制有较大突破，为产业发展“二次创业”提供人才保障。

通过产业发展“二次创业”的实施，努力把个旧打造成为全国资源型城市转型发展的先进城市和云南桥头堡战略建设中滇南最具竞争力的城市。

找准问题 对症施治
迅速掀起产业发展“二次创业”的高潮

个旧市人大常委会主任 白 燕

2008年，个旧市被国务院列为国家首批12个资源型城市转型试点之一。在新的起点上，个旧市紧紧抓住机遇，深入贯彻落实科学发展观，以科学发展为主题，以加快转变经济发展方式为主线，以桥头堡建设为契机，以转型发展为重点，按照“一二三”工作思路和“工业强市、文化兴市、生态立市、开放活市”发展战略，围绕强基础、增总量、调结构、促转变、求突破、上水平的要求，提出了实施产业发展“二次创业”的意见。本人就为什么提出产业发展“二次创业”、“二次创业”我们干什么和怎么来保障等问题，做了一些思考。

一、为什么提出产业发展“二次创业”

回答这个问题，首先我们要弄清什么是“二次创业”。所谓“二次创业”绝不是否定原来、否定过去的工作，而是在总结过去所取得的经验和不足的基础上，进一步发挥优势、挖掘潜能，立足新起点、抢抓新机遇、谋求新跨越。这既是一次蝉蜕，蜕掉以往发展过程中存在的弊端和不足；也是一次开启，开启更为广阔的发展空间。市委、市政府提出产业发展“二次创业”，绝不是一句简简单单的口号，是经过科学审视市情，着眼我市今后发展而提出的一项重大战略决策。具体说，实施产业发展“二次创业”，是立足于个旧一次创业的基础之上，应对新一轮竞争的形势所迫；是立足于准确把握个旧市情实际的基础之上，贯彻落实科学发展观的根本要求；是立足于科学分析个旧产业发展形势的基础之上，我们履职尽责的使命所在。

二、产业发展“二次创业”，我们怎么破题？干什么？

我认为，关键要在以下三个方面下工夫。

（一）必须思想再解放，认识再提高。

治病救人，首先要找对病根；缩小差距，首先要找准差距。我们要实施工业发展“二次创业”，首先必须要找准影响和制约全市产业发展的根本问题是什么。通过刚才的学习和讨论，大家都看到了我们自身的差距。这些差距从表面上看是发展上的差距、工作上的差距，而究其根源我认为还是人的问题，是思想上的差距。表现在一些部门和干部身上，就是有的动力不足、压力不大、精力不集中，只想当官、不想干事，光琢磨人、不琢磨事，很少顾及工厂、研究市场；有的面对产业发展存在的困难和问题，怨天尤人、裹足不前，只讲客观条件、不找主观原因等等。表现在一些企业家身上，就是有的小进即满、小富即安，满足欲太低；有的目光短浅、互相倾轧、损人不利己等等。以上这些问题，虽然发生在个别部门和少数人、少数企业身上，但影响很大，在一定程度上消磨了干部队伍的斗志，侵蚀了加快产业发展“二次创业”的动力，损害了全市的投资和发展环境。这些问题不解决，不要说赶超先进，就是现有的差距也将会越拉越大，产业发展“二次创业”就无从谈起。

因此，我们必须要进一步增强抢抓机遇、加快发展、自我加压、奋力赶超的危机感、紧迫感和责任感，增强开放意识和创新意识，坚持把思想统一到产业发展“二次创业”上来，把力量凝聚到这一目标上来，勇于破除一切旧的传统习惯和思维方式的羁绊，摒弃消极心态，坚决打破凡事没有文件等文件、有了文件等先例、有了先例看左右的思维定式，以思想解放的冲击波，掀起加快产业发展“二次创业”的热潮，真正把我们加快发展的热切愿望和创业激情转化为实实在在的具体行动。我相信，只要我们的每一名领导干部、我们的每一位企业家都能始终保持这样一种干事创业的激情，就没有爬不过去的坡、越不过去的坎，产业发展“二次创业”的目标就一定能够实现。

（二）必须精力再集中，力度再加大。

实现产业发展“二次创业”，不是喊出来的，更不是计划出来的，最终要靠我们实实在在地干出来。今年乃至今后更长一个时期，全市各级各部门都要紧紧围绕工业发展“二次创业”这一目标要求，找准位置，认清差距，明确赶超目标，拿出具体措施，谋求跨越发展；要切实把产业发展“二次创业”作为重中之重来抓，做到时刻记在心里，抓在手中，干在实处。尤其是主要领导要从日常事务性工作中解脱出来，把主要精力放在产业发展“二次创业”上。各部门要从各自职能出发，认真探索提高部门服务质量的新思路、新办法，找准工作“抓手”，做到围绕中心、服务大局。同时，要调动全市广大企业充分发挥在产业发展中的主体作用，以发展经济为己任，抓生产扩规模、抓科技上水平、抓管理增效益，不断树立新的标杆，争取每年都有新突破，为个旧产业发展“二次创业”多作贡献。产业发展“二次创业”绝不仅仅是几个乡镇、几个部门和几个骨干企业的事，必须发动全社会的力量，调动一切积极因素，做到全市动员、全民创业，真正在个旧形成农民向居民和商人转变、打工者向老板转化、个私业主向企业家转型的浓厚创业氛围，从而在全市形成实施产业发展“二次创业”的强大合力。

（三）必须作风再转变，环境再优化。

作风问题事关事业兴衰。要实现产业发展“二次创业”，根本在人，关键是要有一支勤奋学习、作风扎实、敢闯实干、勇于负责的干部队伍，主要靠各级干部带领全市人民真抓实干，全力落实。

1、要勤于学习思考，善于驾驭全局。领导干部必须站在国际国内发展的大背景下，认真学习新型工业化知识，积极探索适应新型工业经济的领导方法，潜心研究国家产业政策和经济政策，不断提高领导经济的能力和水平。另外，大家需要充分认识到，我市作为全国首批资源枯竭城市，要加快资源转型步伐，实现发展方式的转变，离不开中央、省、州的支持，但上级对地方的支持也是有政策、有重点的，这就要求我们各级各部门领导干部必须要及时学习、深入研究和吃透上级出台的各项政策措施，紧紧围绕本乡镇、本部门所分管各行业的产业优势、资源布局、行业特点，寻找地方特色优势与上级政策支持的结合点，寻找项目与上级政策支持的对接点，用足、用活、用好上级政策，把中央、省、州的政策真正变成我们的项目、我们的投资、我们的生产力，只有这样我们的产业发展“二次创业”才会大有希望。

2、要敢于迎难而上，善于攻坚克难。有句话说，“解放思想的程度决定发展的速度”。我认为，解决具体问题的力度也决定着发展速度。在我们产业发展“二次创业”的具体工作当中，特别是项目建设和招商引资都有一定难度，比如土地、资金、环境等，这些问题的解决确实有困难，但是反过来说，如果不难还要我们领导干部做什么，如果一点难处没有，谁都能干，那你现在这个位子就谁都能坐了。作为领导干部，只有领导工作的能力比一般干部强、克服困难的本领比一般干部高，才能担当起领导的责任。有句话叫“会者不难、难者不会”，困难都是相对的，关键是要采取科学合理的方式方法。面对困难和问题，消极畏难不但于事无补，而且还会贻误时机。我们必须越是在困难的时候，越要迎难而上，不想不好干，只想怎么干，不为不干找借口，只为干成想办法。

三、产业发展“二次创业”，要完善相关保障机制

抓落实不能只落实在口号上，也不能落实在会议、文件中，必须要有健全的机制做保证。

（一）要创新协调领导机制。

围绕产业发展“二次创业”，市里已经确定成立工作领导小组、建立产业发展“二次创业”联席会议制度。在此基础上，各乡镇和经济主管部门也要结合各自实际，建立健全相应的组织和制度，真正形成一级抓一级、一级对一级负责的产业发展良好格局。

（二）要创新责任落实机制。

要紧紧围绕产业发展“二次创业”的目标要求，进一步建立和完善目标责任制和责任追究制，把每项任务落实到具体项目、每个项目量化到具体指标、每个指标明确到具体人头。同时，要进一步强化时间观念，强化效率意识，每项工作怎么干，什么时间干到什么程度，什么时间完成，都要一一明确出来，列表细化，抓好落实，形成横向到边、纵向到底，多层次抓落实的目标体系和岗位责任制。

（三）要创新考核奖惩机制。

一方面，我们要严格执行《个旧市“十二五”

时期产业发展“二次创业”行动计划》确定的各项扶持政策，不管市财政有多大的困难，一定坚决落实、兑现。另一方面，建议市委把进一步理顺选人用人机制作为一项重要内容，把产业发展“二次创业”的实绩与干部考核使用挂钩，作为干部奖惩升降的重要依据，做到发展靠实力说话、升迁靠业绩说话。通过刚性约束，激励先进，鞭策后进，在全市形成一个相互竞争、你追我赶的产业发展“二次创业”局面。

实施工业强市战略，加快推进产业发展“二次创业”，是振兴个旧的必由之路。只要我们坚定信心，顽强拼搏，真抓实干，有不达目的不罢休的干劲和韧劲，就一定能够圆满完成产业发展“二次创业”伟大目标，开创全市经济发展新局面！

加强政协文化建设
促进锡都经济与社会共荣共进

个旧市政协主席　李文友

中国锡都——个旧，因锡而立，因锡而兴，有着2000多年的锡金属生产史，是中国最大的现代化锡工业基地，世界最早最大的产锡基地，素有云南冶金工业文明的摇篮之称。新中国成立后，伴随国家156个重点项目之一的现代锡生产项目落户个旧，给古老的个旧注入了新的生机与活力。来自五湖四海乃至世界各地的专家学者、技术工人云集个旧，绘就出一道南腔北调与洋腔洋调共生共存的人文语言风景，并由此衍生出了包容和谐的多元文化特质。与此同时，伴着千百年的锡矿生产与锡山生活，造就出了个旧人像锡山一样所特有的执着傲然，勇于担当的锡山精神和情怀。从此，依托包容和谐的人文特质和锡山精神熔铸成了个旧的锡文化，使得个旧人在历史发展的征程中战胜过无数艰难困苦，创造过多少骄人业绩。进入21世纪，随着科学技术的突飞猛进和世界政治、经济格局的变化进程加快，经济、文化发展中的不确定因素骤然增多，无疑给个旧这个以有色金属产品出口占主导地位的城市带来了诸多挑战与机遇。置身于时代大潮的前沿，怎样才能实现锡都经济社会各项事业的科学发展、和谐发展，形成经济与文化的共进共荣，这是个旧人的时代使命。人民政协作为中国共产党领导的协商政治组织，具有大团结大联合的特殊职能优势，在推进文化与经济共进共荣中彰显出其他任何组织无可替代的优势和作用。

坚持团结民主，以包容和谐的政协文化影响群众。团结民主是政协的两大主题，是政协事业充满生机活力的源泉。人民政协作为中国共产党领导的多党合作和政治协商组织，其构成界别和各界别委员在政协组织中享有平等的权利和义务，在“共产党领导、多党合作，共产党执政、多党派参政”的制度构架和运行机制下，共同高举爱国主义旗帜，依托团结民主开展政协的全部工作，包容不同政党、不同信仰、不同民族、不同阶层的代表组成，形成了以政协组织为载体，以政协职能为取向，以政协特有的工作方式和行为方式为内容的政协文化体系。继承和发展好政协文化，使之融入到包容和谐、傲然执着、勇于担当的锡山文化之中，对于促进民族文化的大发展、大繁荣，增强民族文化的“自觉”与“自信”具有重要的社会示范作用。

一是加强政协机关文化建设。我们坚持团结和民主两大主题，在广泛听取机关工作者意见的基础上结合实际，完善和制定能覆盖工作、生活的机关管理制度，用制度和规范引导机关工作者的工作方式和行为方式。如制定各委办工作责任书，以责任书确定的内容和要求考量各委办及其人员的工作业绩并与经济利益和年终考评挂钩。制定并实施《机关职工子女升学奖励办法》《机关职工直系亲属故亡慰问办法》《对外宣传与信息报送奖励办法》等多个人文关怀色彩浓厚的规范性文件，建立常态性职工生日祝贺登记、因伤因病慰问和重要节日慰问工作机制，使之不因领导喜好不同而随意改变。通过这种内部制度构建来凝聚力量，增强活力，努力营造一种具有昂扬向上、民主和谐、生动活泼、心情舒畅的工作环境和人文环境，以强烈的人文关怀文化发挥政协机关对社会、对委员的引导示范作用。

二是提升政协委员的荣誉感和责任感。政协委员来自各族各界中的优秀代表，他们的一言一行在社会中影响着不同的层面。尽管工作在不同的岗位或部门，但都具有一个共同的称谓——政协委员。政协组织有责任和义务为他们搭建学习交流平台，诸如开展委员活动、开办委员学习培训讲座、组织委员调研视察和参观考察等形式为他们提供信息支持和知识更新方面的帮助。如同政协组成单位举办联谊活动、组织委员开展太极拳表演等丰富多彩的文体娱乐活动，陶冶委员情操，增进友谊，增强政协的凝聚力和向心力，最大限度地提高委员的履职热情和工作积极性。同时，政协组织与委员单位保持经常性的沟通和联系，建立委员履职反馈制度，保障政协委员认真履职不懈怠。其次是政协组织与新闻媒体保持经常性联系，争取媒体对政协委员先进典型事例的报道传播，扩大政协委员在社会中的影响力。再次是政协机关为委员提供优质服务，让政协委员来到政协机关有“回家”的温馨感和亲和感。用政协组织特有的文化“自觉”去影响委员，不断增强政协委员的政治荣誉感和履职责任感，以务实奋进、昂扬进取的精神状态为地方经济与社会和谐发展献计履职、出力尽职。

发挥政协作用，助推文化与经济和社会各项事业和谐发展。人民政协具有人才荟萃、智力密集、联系广泛、位置超脱的独特优势和“政治协商、民主监督、参政议政”的职能优势，将这些优势内化于“心”，外现于“形”，即用政协文化影响工作，在具体工作中培养和发展政协文化。主要特点是：

增加专题性调研，减少一般性视察。政协工作与党委工作和政府工作的最大区别在于“参政不决策，议政不行政”。工作成效的提高主要在遵守一定原则下，用政协特有的文化方式去感召人、启示人。要做到参政参到关键处，议政议到点子上，关键在于充分依靠和发挥好政协委员的人格魅力作用。因此，我们的工作主要是紧扣党委和政府的工作中心，选择一些党委政府重视、群众关心关注、政协有条件做的题材和课题进行专题调研（如社会管理创新、提升教育卫生质量、重大项目建设、失地农民生存状况、残疾人生活及就业状况等），依据课题的专业要求组织相关专业的政协委员组成调研组进行专题调研，做到事前有策划，有工作流程，有责任分解，事后有调研报告，尤其是调研报告初稿形成后须经政协领导、全体专委会主任和相关专业政协委员共同初审过关后方可提交政协常委会审议，最后上报市委或政府相关部门供其决策参考。通过拓展空间，强化质量和效率，体现政协文化的有序和自觉。

鼓励政协委员注重履职于日常工作生活之中。开会、委员活动固然是政协委员的履职形式，但更多的还是贯彻于日常工作生活之中的平时履职，因为只有在日常工作生活之中才能深入联系群众、深入了解民意、细致体察民情，真心真情真切地问政于民、问需于民、问计于民，获取的材料才能真实反映民众的意愿和诉求，我们的参政议政才有说服力，党委政府的决策和行政才能体现出效力。我们倾情为民履职，倾力做好本职工作、倾心为民办好事办实事，我们的人格魅力就会得到提升。群众拥护我们，相信我们，我们的事业就拥有无尽的力量源泉。我们突出实践履职从源头抓起，体现了政协文化的群众性，普遍受到群众的认可和好评。

发挥政协工作形式多样的优势促进问题较快解决。通过对重点提案督办、主席专题约谈、专题协商等形式可促成相关问题的尽快解决，实实在在为党委和政府分忧解难。例如，我市一起工业用地征地纠纷事件，因解决起来涉及部门较多，仅由单一职能部门很难妥善解决。对此，由市政协领导牵头协调相关部门进行集中会商，以“准现场办公会”的形式使得纠纷当场妥善解决，深得群众好评。灵活多样的履职方式体现了政协文化的时代性。

发挥宗教文化优势共同致力社会和谐稳定。个旧信教群众较多，尤其是信仰伊斯兰教的群众甚广，全市拥有伊斯兰教、佛教、基督教等合法宗教场所共25处，维护好不同信教群众间的相互尊重、包容和谐，对于构建和谐社会意义重大，对此，我们充分发挥政协委员中的宗教人士作用，依靠他们通过各自宗教文化的特殊优势，引领信教群众爱国守法、互相尊重、互相包容、各得其所，与此同时，还鼓励和引导民族宗教界有影响人士和委员做好各自所联系界别的群众，勇于担当理顺情绪、化解矛盾的协调工作，为党委、政府分忧解难，为社会和谐尽忠尽职。充分体现了政协文化的包容与和谐。

党的十七届六中全会开启了坚持中国特色社会主义文化发展道路，建设社会主义文化强国的伟大征程。我们基层政协组织要在新的文化建设中不落伍、不掉队，必须深入学习领会好十七届六中全会精神，弘扬和发展好政协特有的文化体系，并使之融入到当地政治、经济、文化建设之中，以政协组织和政协委员特有的文化气质去感召群众、引领群众，凝聚力量，努力提高机关软实力和履职为民的核心竞争力，共同致力于我市的民主政治建设与经济、文化和社会各项事业的共荣共进、和谐发展。

大事记

个旧市于2011年1月1日在金湖文化广场举办“世界锡都·红河个旧第三届国际锡文化旅游节暨庆祝个旧市建市60周年——千人歌会” （王泰恒　摄）

1～12月大事记

1月

1日　个旧市经贸洽谈暨招商引资项目签约仪式和个旧地区50强企业表彰大会在世纪广场举行。会上，共签约11个项目，涉及金额44.4629亿元。

1~2日　为庆祝个旧市建市60周年，中共个旧市委、市政府举行市庆“迎宾晚会”、“千人歌会”、“动力伞表演”、“焰火晚会”、“祭硔”等大型活动，来自中央、省、州乃至国外的嘉宾50多人与锡都人民共同欢度这一隆重的节日。

6~7日　由云南省安监局副局长白光福率领的省检查组，对个旧市矿产资源开发整合工作进行检查。白光福一行实地检查了整合后的老厂矿区，并查阅矿产资源开发整合工作中的档案资料。之后，又听取了市委常委、常务副市长包旭作的专题汇报。

12日　个旧市政府召开第十五届三次（扩大）会议，讨论即将提请市十五届人大第四次会议审议的《政府工作报告（征求意见稿）》，并听取2011年个旧市国民经济社会发展主要指标编制说明。

14日　个旧市第三届国际锡文化旅游节暨60周年市庆活动表彰会召开。会议在总结此次活动经验的同时，表彰了活动中涌现出的先进单位和个人。

19日　以“文明交通　平安春运”为主题的个旧市2011年春运工作正式启动。

23日　个旧市委、市政府在北京召开新春团拜会。市委书记王忠、代理市长戴劲松在会上对个旧籍在京人士表示新春慰问。

24日　由云南省地震局副局长王彬带队的省视察组，到个旧市检查指导防震减灾工作。

26日　在春节到来之际，代理市长戴劲松主持召开市委、市政府一年一度的迎春茶话会，市级四套班子领导与离退休老领导、各族各界代表欢聚一堂。

28日　由红河州州长杨福生、州人大副主任马汝祥等带队的州新春慰问团，到个旧市慰问困难职工、低保户、优抚对象及部分老领导。

2月

10～13日　10日上午，政协个旧市第十届委员会第四次会议在人民影剧院隆重开幕。开幕式上，市委书记王忠代表市委对大会的召开表示热烈祝贺，市政协副主席段国平作市政协常委会工作报告。期间，李文友当选市政协第十届委员会主席，朱坤、王彬、童昆发、邓亚等4人当选市政协第十届委员会常务委员。13日下午，会议在圆满完成各项议程后胜利闭幕。

11日　沙甸河治理工程正式开工建设，预计主体工程将于5月31日前完工。

11～14日　个旧市第十五届人民代表大会第四次会议在人民影剧院隆重开幕。14日下午，会议在圆满完成各项议程和预定任务后胜利闭幕。此次会议听取和审查了市人大常委会工作报告、市政府工作报告和“两院”工作报告；审查和批准了市国民经济和社会发展第十二个五年规划纲要、市2011年国民经济和社会发展计划执行情况的报告及2011年国民经济和社会发展计划、市2010年地方和市级财政预算执行情况的报告及2011年地方财政预算；补选市长戴劲松、市检察院检察长万买富；增选个旧市出席州十届人大会代表等。

12日　中共红河州委书记刘一平率州调研组，到个旧市调研工业发展建设情况。副市长何建华陪同调研组先后到州振兴电源有限公司、云南云铝润鑫铝业有限公司调研。

14～15日　云南省环保厅领导到个旧市督察重金属污染专项工作。

16日　个旧市召开第四批新农村建设工作队总结表彰暨第五批工作队动员大会。

21日　以云南省委办公厅副主任石洪梁为组长的省调研组，到个旧市调研党委信息工作，市委副书记周踊作专题汇报。

25日　由国务院外专局美籍建筑规划专家、美国龙安集团总裁、原美国纽约规划局局长饶及人带队的考察团，到个旧市考察城市规划、文化旅游产业发展等工作。

26日　云南省委常委、省委统战部部长黄毅率队到个旧市调研民族宗教工作。州委书记刘一平、市委书记王忠等领导陪同调研组考察了沙甸大清真寺等宗教活动场所，并详细了解该区的宗教事务管理和宗教活动情况。

28日　以民政部老龄委副主任朱勇为组长的调研组，到个旧市调研老龄工作。市民政局局长彭国彬等相关人员陪同调研组先后视察了锡城敬老院、市老年公寓及社区日间照料中心，之后，副市长陈浩作专题汇报。

3月

7日　个旧市被国家工业和信息化部列为第一批“工业固体废物综合利用基地建设试点地区”。

14日　由云南师范大学纪委书记沙万祥带队的省委督察组，对个旧市乡镇党委换届工作开展督察。市委副书记周踊、市纪委书记曹芸先后作专题汇报，并陪同省委督察组深入鸡街、锡城等乡镇开展工作。

15～17日　由于受北方南下强冷空气与西南暖湿气流的共同影响，个旧于15日晚9时40分左右至第二日清晨，在阳春三月下起罕见小雪，市区最低气温0.9℃，郊区老厂镇最低气温-2.5℃。连续3天的低温阴雨天气，是典型的“倒春寒”天气过程。

17日　红河州委常委、组织部部长宋红临到个旧市调研基层党建工作开展情况，市委书记王忠作专题汇报。

24日　晚9时55分，缅甸发生里氏7.2级地震，因个旧距离震中仅400多公里，有明显震感，但未发生人员伤亡或财产损失。

25日　中共红河州委书记刘一平到个旧市调研工业经济发展状况。市级领导王忠、戴劲松等陪同调研个旧生物药业公司等。

是月　云南省副省长和段琪到个旧市调研重金属污染综合防治工作。

4月

1日　个旧城区道路两旁的868个临时停车位开始实施服务收费管理。

8日　个旧市第23个爱卫月活动正式启动。在启动仪式上，市政府下达年内农村卫生改厕指标2500座，副市长杨龙遇就改厕工作提出要求。

11日　由云南省国土厅副厅长康建荣率领的省调研组，对个旧市地质灾害防御及尾矿库防汛情况开展调研。市委常委、常务副市长包旭和云锡公司相关负责人陪同省调研组，先后到小凹塘、牛坝荒两个小尾矿库调研。

14日　云南省人防办主任周发洪到个旧市调研人民防空工作。在州、市人防办领导陪同下，省调研组一行视察了七层楼地下商场及市人防指挥所等防空工程建设情况。

同日　以云南省人大副主任程映萱为组长的省调研组，在红河州人大副主任马汝祥、副州长谭萍、市长戴劲松、云锡集团公司董事长雷毅等领导陪同下，到云锡股份公司铅业分公司、个旧圣比和实业有限公司、云锡集团（控股）有限责任公司开展企业信息化建设情况调研。

22日　个旧市第一支村级应急民兵连在卡房镇斗姆阁村委会成立。

同日　在“4·26世界知识产权日”来临前夕，个旧市在金湖文化广场举行“2011年集中销毁侵权盗版非法出版物”活动，云南电视台对活动进行现场直播。此次活动共销毁侵权盗版制品20000余片、非法出版图书5000余册、淫秽制品500余片。

25日　个旧市印刷厂蝉联云南省“质量管理先进单位”荣誉称号，并有32种印刷期刊被评为云南省“优质产品名录”。

26日　外交部副部长宋涛率白俄罗斯、哈萨克斯坦、越南等15个国家驻华使节到个旧市参观考察。考察团一行在红河州委书记刘一平、云南省外办副主任施明辉、市委书记王忠等领导陪同下，参观了云锡博物馆。考察结束后，宋涛及各国使节纷纷用各国的语言文字题词留念，共同祝愿个旧的美好明天。

同日　云南省委常委、副省长李江到个旧市调研标准化工作开展情况。在州长杨福生、市委书记王忠、市长戴劲松等州、市领导陪同下，李江实地考察和观摩了云锡公司炼铅分厂标准化工作推进情况。

29日　个旧市第二十三届劳动模范和先进工作者表彰大会在人民影剧院隆重举行。市长戴劲松代表政府在会上表彰劳动模范25人和先进工作者15人，市委书记王忠作总结发言。

5月

4日　个旧市在市体育馆隆重举行以“红旗飘起来 红歌唱起来 经典读起来”为主题的“创先争

优颂歌献给党·童心向党”千人合唱大会暨五四表彰大会，有来自各条战线的青年2000余人组成的各演出方阵演唱了《咱们工人有力量》《牢记党的嘱托，争当四好少年》《我们是共产主义接班人》《没有共产党就没有新中国》等歌曲，展示了青年人的青春活力和报效祖国的决心。会议还表彰了五四先进集体85个和五四先进个人243人。

5日　红河州政府督察组到个旧市督察滇南中心城市个旧片区建设工作情况，市委常委、常务副市长包旭等领导陪同督察。

6日　红河州委常委、政法委书记和建率州“两院”、州司法局等部门领导，对个旧市政法工作进行调研。

同日　个旧市举行“2011年道路交通安全宣传月”启动仪式，此次活动的主题为“关爱生命，文明出行”。

12日　国务院发展研究中心资源与环境政策研究所副所长李佐军受个旧市委的邀请，到个旧市举办经济管理知识专题讲座。

19日　个旧籍18岁自行车女运动员王思杨子获“中牌照明”杯第六届亚洲BMX小轮车锦标赛青年组冠军。

21日　由云南省卫生厅防艾处处长郑吉生带队的专家督导组，对个旧市第二轮“防艾”工作进行督察。督导组先后深入市疾控中心、市传染病医院等单位，就“防艾”工作的宣传教育、艾滋病监测检测、高危人群干预等项目的开展情况进行调查了解。随后，副市长杨龙遇作专题汇报。

22日　2011年全国民营企业招聘周红河（个旧）分会场活动在市体育馆启动。本次招聘周共有112家民营企业进行2649个岗位的招聘。

23日　个旧市文联主办的“纪念毛泽东同志《在延安文艺座谈会上的讲话》发表69周年——《个旧文学》创刊10周年暨音乐光碟《永远的寄托》首发式”在世纪广场酒店静海园隆重举行。活动由市委常委、宣传部部长周林俊主持，参加活动的省、州、市、云锡公司领导及文艺家共160余人。会上，州委宣传部部长伍皓、州文联主席邵瑞义、市委书记王忠分别作重要讲话。市文联主席余春泽作题为“在传承中发展，在发展中创新”——《个旧文学》创刊10周年专题发言。市文联对《个旧文学》评选的“优秀作者”11人和“文学之友”2人以及关心支持文联工作的11人进行了表彰。最后举行了音乐光碟《永远的寄托》首发式。

6月

1日　红河州少先队喜迎建党90周年暨庆六一“红领巾心向党·民族团结共成长”主题活动在个旧市沙甸区大清真寺广场举行，州委副书记罗志明到会祝全州广大少年儿童节日快乐，并向辛勤工作的教师、少年儿童工作者表达亲切问候。主题活动结束后，出席活动的领导和嘉宾还与孩子们一起漫游红领巾商贸一条街，参观红领巾心向党、民族团结教育、少先队文化、争当四好少年等主题展区。

7～8日 1900余名考生分别在个旧一中和个旧三中两个考点参加高考。

8日　个旧市2011年食品药品安全工作会议召开，这标志着个旧市创建省级药品安全示范市工作全面启动。

同日　首部反映红河少数民族爱国主义主旋律的影片《新红河谷》在个旧市开机，市委书记王忠在开机仪式上讲话。

9日　由中共红河州委督察室主任付闯带队的州委州政府督察组对个旧市保障性住房建设、治污工程建设、村庄规划编制工作进行专项督察，常务副市长包旭陪同并作专题汇报。

11日　中共红河州委常委、州政法委书记和建带领州委副秘书长刘杰及州委政法委有关部门领导到个旧市督导市党代会安全保卫工作。和建一行在市委书记王忠，市委副书记、市长戴劲松，市委常委、市委政法委书记王伟，市政府副市长、市公安局局长李鸿瑞等领导陪同下，对党代会主会场市人民影剧院、代表住地个旧宾馆的安全保卫和消防工作进行视察。随后，王忠就市第十二次党代会的准备情况、安保工作向督导组进行专题汇报。

同日　红河州副州长、州公安局局长王军，州公安局副局长吴晓勇，到个旧市卡房镇调研。调研组一行在副市长、市公安局局长李鸿瑞陪同下，查看卡房司法所社区矫正档案、工作台账，并听取卡房镇在打击盗抢、无牌无证机动车专项整治行动、法制宣传教育和涉枪涉爆物品清理收缴工作中的情况汇报。

11～12日　由云南省文明办综合处副处长刘维华带队的考评组，对个旧市鸡街镇小甸头村、城区办和平社区、州财校、云锡控股公司等4家“全国文明单位”进行考核考评。

12～17日　中共个旧市委市政府联合中国合唱艺术研究会、中国民族舞蹈研究会、国际模特艺术发展协会、北京夕阳秀文化艺术中心等单位共同举办的“向党献礼暨全国第十一届中老年艺术节大赛”在个旧市举行。经过6天的激烈角逐，最后有5个团队获得大赛金奖。个旧市表演的本土特色文艺节目《锡都欢迎你们来》《锡都酒歌联唱》《尼个搓耶搓》《铜管乐团齐奏》给参赛演员留下深刻印象。

13～15日　中国共产党个旧市第十二届代表大会第一次会议在市人民影剧院隆重召开，共有255名党代表参会。本次会议的主要任务是总结十一届党代会以来的工作，研究确定今后五年的奋斗目标和主要任务；选举产生新一届市委和市纪委；动员全市各级党组织、全体党员和广大干部群众，立足新起点，把握新机遇，努力开创个旧科学发展新局面。会议宣布了市委十二届一次全委会、市纪委全委会及个旧市出席州第七次党代会代表的选举结果，王忠当选市委书记，戴劲松、周踊当选市委副书记，曹芸当选市纪委书记。会议于15日下午闭幕。

中旬　个旧市文物管理所在中国文物保护基金会主办的第四届“薪火相传——中国文化遗产保护年度杰出人物”颁奖典礼上荣获“中国文化遗产保护杰出团队”荣誉称号，此为云南省唯一获此殊荣的单位。

20日　中共红河州委书记刘一平在州委秘书长杨为民、市委书记王忠、副市长杨明志等领导陪同下，对马堵山水电站建设情况进行调研。刘书记先视察了冷墩至清水河二级公路建设情况，后乘船沿红河航行实地感受马堵山水电站建设给红河两岸带来的变化。

22日　云南沙甸铅业股份有限公司举行年产1万吨粗铅冶炼项目奠基仪式。项目投资5亿元、占地430多亩。出席奠基仪式的领导有州政协副主席苗羊宝，市级领导包旭、杨明志、周勇、何建华、段国平、蔺楠等。

23日　个旧市在大屯镇龙井村委会王林寨村小组石山丘山启动营建“杨善洲纪念林”暨义务植树活动。市委副书记周踊，市委常委、组织部部长周勇，市人大副主任李美英，市政协副主席蔺楠等市级领导及由各党群组织组建的植树造林先锋突击队、党员先锋队、青年突击队、少年先锋队、巾帼志愿队、工人服务队等300余名队员参加活动。

24日　以云南省住建厅办公室主任李明辉为组长的省保障性安居工程建设项目巡查组到个旧市，对保障性住房建设工作进行检查指导，市委常委、常务副市长包旭陪同检查并作专题汇报。

28日　由中共红河州委州政府、中共个旧市委市政府、云南艺术学院共同举办的“2011·创意个旧”活动作品在云南艺术学院设计学院教学楼隆重展出。本次活动展出的上千件作品，是600多名艺术学院学生围绕“锡都”个旧深厚悠长的历史积淀创意、设计、制作的，历时7个多月。出席作品展开幕活动的市长戴劲松、市委宣传部部长周林俊、副市长杨明志等领导向获奖学生颁奖。28日，展出的主要作品将到个旧市博物馆继续展览。

中、下旬　个旧市庆祝中国共产党成立90周年系列活动全面展开，市属各系统和各乡镇干部职工、各族各界群众纷纷以各种形式庆祝党的生日。市级的大型活动有：“颂歌献给党”演讲比赛暨征文活动表彰大会、创意个旧主题设计活动、党史图文展、“在党的阳光下”书法美术摄影作品展、“党在我心中”知识竞赛、“创先争优”表彰大会暨“颂歌献给党”经典歌曲演唱会等。

7月

1日　国家司法部法制宣传司副司长李志路到个旧市调研司法行政工作。市委书记王忠、州司法局副局长孙永福等领导陪同视察市司法局，并听取工作情况汇报。

14日　由红河州委常委、州纪委书记张涛带队的州委督察组对个旧市项目建设及经济社会发展情况进行督察。市委书记王忠，市委副书记、市长戴劲松，市委常委、市纪委书记曹芸等领导陪同督察组深入大屯镇、沙甸区、卡房镇及市区，实地查看大红屯粮食储备中心、云锡10万吨铜项目、沙甸回族文化旅游小镇、南天门矿山地质环境恢复治理工程、青杉里家园一期廉租房建设项目等。督察组还详细了解了沙甸河道治理和卡房镇重金属污染综合防治工作情况。

22日　由越南老街省、富寿省、安沛省、宁平省、奠边省等五个省公安厅负责人组成的警务代表团，在老街省公安厅厅长黄玉成带领下到个旧市进行参观交流访问。代表团在州、市公安局领导陪同下，先后参观了云锡炼厂、市博物馆、丽水金湾购物中心、市看守所等地，还认真了解个旧市安保、警务、综治等情况，并就中越双边的警务动态、合作意愿等方面进行了广泛交流。

23日　中国最大的连锁眼科医疗机构爱尔眼科医院集团在个旧市明珠小区成立的分支机构隆重开业。

27日　由中国地质大学原副校长、中矿联矿业城市工作委员会副主任余际从带队的中国地质大学调研组，到个旧市考察经济转型及可持续发展状况，州国土资源局副局长马毅、个旧市副市长陈新华、市政协副主席段国平、云锡集团公司副总经理程鋆涵等相关领导陪同调研。

29日　个旧市召开庆祝建军84周年座谈会，市委书记王忠，市委常委、市委宣传部部长周林俊等市级领导，市委常委、市武装部政委李文华，武警8751部队政委陈智勇等部队领导与驻个武警官兵代表欢聚一堂。

是月　个旧市被列为省级农业综合开发县（市）。

是月　个旧四中初三女学生黄翔眉以数学、物理、化学、体育单科满分，总分699的优异成绩夺得个旧市中考状元。

8月

1日　由红河州财政局副局长李珍莲带队的州督察组，到个旧市检查四项制度建设工作。州督察组实地考察了大屯镇便民服务中心、鸡街镇倘甸片便民群众工作站、鸡街镇群众工作站、鸡街乍甸片便民服务中心、市政务服务中心等，并听取副市长杨明志的专题汇报。

10日　全国人大代表视察团在省、州、市人大常委会领导陪同下，到个旧市视察马堵山水电站、云南云河药业有限公司。

11日　中央统战部第六期少数民族培训班到个旧市沙甸区参观考察回族文化。副市长杨明志、市委办主任张鹏程陪同考察团先后到振兴铅业、沙甸区公所、沙甸大清真寺、沙甸星月小区等地参观考察。

20日　中央政治局原候补委员、国务院原副总理吴桂贤到个旧市视察。州政协副主席丁润森、市政协副主席藺楠及云锡集团公司相关负责人陪同视察组深入锡业生产第一线了解锡矿开采、加工、出口等流程，并参观了云锡博物馆。

25日　《红河州红河谷马堵山片区旅游产业开发重点项目策划方案》汇报会在个旧市政府二楼会议室召开。

26日　个旧市在市政府三楼会议厅举行“国家卫生城市”复查工作表彰大会。会上，先进集体80个和先进个人155人受到市委、政府表彰。

29～30日　由昆明市东川区副区长林华带队的东川区政府考察团，对个旧市矿产资源开发整合及管理工作进行考察。个旧市常务副市长包旭陪同考察团深入云锡采选分公司塘子凹坑、云锡老厂大陡山矿石采区、老厂锡矿1800坑、云锡松矿1360坑等地进行实地考察，并与市国土、发改、安监、国税、地税等部门相关领导座谈交流。

是月　个旧市斑锡工艺美术有限公司注册的“龙图形”商标被国家工商行政管理总局商标局认定为“中国驰名商标”，此为云南省首个文化产业特色工艺品类驰名商标。

9月

1日　由国家疾控中心副主任孙江平带队的督导组到个旧市疾控中心和市传染病医院，对推动扩大艾滋病抗病毒治疗工作进行检查指导。

7日　中共红河州委常委、组织部部长宋红临到个旧市调研社区活动场所和机关党建工作。市委副书记寇静冬、常务副市长包旭、组织部部长周勇等领导陪同调研组深入云锡机关社区、市党员服务中心、金湖东社区、市工商局金湖工商所、市医保中心、宝华社区进行实地考察。

7～8日　由国家商务部机电和科技产业司副司长周世杰、国家环保部西南督察中心副主任杨为民带队的检查组到个旧市，对环境保护和污染减排等工作进行检查指导。市长戴劲松、副市长杨明志等领导陪同检查组深入卡房大沟、卡房镇九中路口、同心选矿厂等地，查看环境保护和污染减排措施落实情况，并听取市政府关于“十一五”期间环保工作的情况汇报。

16日　由中共临沧市委组织部常务副部长王建民带队的省检查组到个旧市检查《公务员法》执行情况。在汇报会上，市委常委、组织部部长周勇作

《公务员法》执行情况自查报告。

22日　个旧市召开创建省级文明城市考评工作汇报会。会上，云南省考评组观看了汇报影视资料并听取市级领导的专题汇报。

27日　由云南省安委办副主任、省安监局副局长白光福带队的省督导组到个旧市，对安全生产工作进行检查指导。常务副市长包旭陪同督导组深入卡房分矿，就进一步抓好隐患排查工作进行督导和检查，并听取了副市长杨明志的专题汇报。

同日　个旧市举行矿山地质环境治理开工仪式，云南省国土资源厅副厅长康建荣、副州长岳晓武、市委书记王忠、市长戴劲松等领导出席仪式。

29日　由国家卫生部信息化工作领导小组办公室副主任高燕婕带队的调研组到个旧市，就基层卫生信息化建设工作进行调研。市长戴劲松、副市长杨龙遇参加卫生信息平台建设工作情况汇报会。随后，调研组实地走访了城东社区卫生服务中心和卡房镇卫生院、头道水村卫生所等基层医疗卫生服务点，并查看了各调研点信息化建设工作情况。

10月

13日　中共红河州委书记刘一平到个旧市民营企业红河锌联科技发展有限公司调研。市长戴劲松、副市长何建华及市工信局、鸡街镇的相关领导陪同视察了该公司正在施工中的新厂区，并详细了解公司的生产用地、生产规模、发展规划及困难等情况。

17～18日　由中共红河州委常委、州政法委书记和建，副州长王军等领导带队的州调研组到个旧市，调研2011年以来社会管理综合整治工作。州调研组一行与个旧市老干部座谈，并认真听取老干部的意见和建议。

19日　云南省民族团结进步创建活动现场会在个旧市沙甸区召开。省委统战部部长黄毅、副部长杨光海、省民委主任王承才等领导率16个州、市的领导深入云南振兴集团实业有限公司、沙甸区公所、沙甸大清真寺等地，实地考察沙甸区民族团结工作。

20～21日　个旧市第十次妇代会召开，市长戴劲松、市委副书记寇静冬、市委宣传部部长周林俊等领导出席会议。大会选举何琴为第十届执行委员会主席，通过《关于工作报告的决议》，并表彰了“优秀妇女工作者”、“优秀锡都女性”、“优秀妇女组织”、“五好文明家庭”的集体和个人。

24～25日　由中共红河州委书记刘一平带队的州调研组到个旧市，调研经济社会发展和改善民生等工作。市委书记王忠、市长戴劲松等相关领导陪同调研组一行深入阳山新区、鸡个公路、市斑锡工艺美术有限公司产业园、红河唐人生物发展有限公司、市大红屯粮食购销有限公司、安寓房地产开发有限公司、红河商业中心、丽水金湾、城区办退管中心、大屯镇杨家寨村委会等地，就加快转变经济发展方式，实施产业发展“二次创业”，推进资源型城市转型发展，统筹城乡发展，创新社会管理等工作进行实地考察。刘书记在肯定成绩的同时，提出个旧要当好全州发展排头兵的要求。

27日　由中共云南省委组织部干部监督处副调研员李苏带队的省委组织部调研组到个旧市，就提高选人用人公信度“示范县”创建工作进行考察调研。个旧市召开汇报会向省调研组作专题汇报，出席会议的市级领导有市委书记王忠、组织部部长周勇、市人大副主任张勇、市政协副主席林满松等。

11月

3日　由红河州副州长普绍忠带队的州督察组到个旧市，对重点项目推进情况进行调研。调研组一行先后对云南金星化工有限公司污水处理工程、云锡集团锌业有限公司废水处理工程、个旧南翔公司10万吨电解锰项目、云南华鼎铅冶炼有限公司铅冶炼渣综合回收利用项目、个旧市第一职业中学迁建项目等工程的推进情况进行实地考察，并听取副市长杨明志的专题汇报。

4日　中国工艺美术学会副理事长范伟民等一行到个旧市斑锡工艺美术有限公司参观考察。

9日　由云南省回族研究会和红河州政府主办，个旧市政府承办的“中国学生留学埃及八十周年暨云南省桥头堡战略建设学术研讨会”在世纪广场开幕，全国政协副主席、中国回族学会名誉会长白立忱在开幕式上讲话。

11～12日　由云南省爱卫办、省卫生厅相关领导和专家组成的省检查组对个旧市巩固国家卫生城市创建成果工作进行复核检查。省检查组在实地检查后召开会议，对检查结果进行情况反馈。市长戴劲松在认真听取反馈意见后表示，个旧市将以这次复核检查为契机，采取更加有力的措施，建立和完善城市环境卫生长效管理机制，优化城市发展环境，提高全市人民的生活质量，一如既往地巩固创建成果，把个旧建设成为更加和谐、美丽的城市。

28日　红河州爱心助老呼叫信息中心暨个旧市爱心助老呼叫服务中心正式启动，副州长普绍忠、市长戴劲松等州、市领导参加启动仪式。

30日　“锡都热线”在个旧人民广播电台（FM102.7）开播。

12月

2日　云南省住建厅检查组到个旧市建设路德政小区德政家园廉租房一期工程就施工质量和安全生产情况进行监督检查。

8日　个旧市召开普法依法治市工作会，对“五五”普法、“三五”依法治市工作进行总结表彰，同时启动“六五”普法和“四五”依法治市工作。

13～16日　由中共红河州委副书记罗志明带队的2011年度集中检查考核组，对个旧市2011年度的经济、政治、文化、社会、生态文明建设和党建六个方面工作展开为期4天的检查考核。州考核组采取听、查、评、看方式进行实地考核并听取市委书记王忠的专题汇报。

20日　红河州加强和创新社会管理工作会议在个旧市召开，与会人员先后参观了正在建设“四位一体”模式的大屯镇杨家寨村委会、鸡街镇综治信访维稳中心、沙甸区创建民族团结示范点、锡城镇“爱心助老服务中心”后，对个旧市加强和创新社会管理工作给予充分肯定。

23～24日　以西安体育学院武术系主任陈亚斌为组长的“全国武术之乡”检查组到个旧市，复查“全国武术之乡”工作开展情况，省武术协会副主席许坤祥、州武术协会常务副主席兼秘书长杨乔生、市文体局局长严国明陪同检查。

23日　个旧市与浙江海亮集团有限公司、重庆市博赛矿业（集团）有限公司签署合作开发霞石正长岩矿资源战略性框架协议，州委书记刘一平、州长杨福生等州级领导出席协议签署仪式。

是月　个旧籍云南农业大学校长朱有勇被中国工程院增选为2011年54位新院士之一。这是云南省54年来的第一位本土工程院院士。

（撰稿：周　革）

概　况

锡都焰火　（谭福荣　摄）

个旧市概况

【人口】 2011年末，个旧市户籍人口136017户393197人。其中非农业人口211772人，农业人口181425人，分别占总人口的53.9%、46.1%；男性人口197040人，女性人口196157人，性别比为100.45 ：100(女性为100)。全市户籍人口由汉、彝、回、壮、苗、傣6个世居民族及多种外来民族组成，其中汉族236507人，占60.1%；彝族94896人，占24.1%；回族17685人，占4. 5%；壮族15903人，占4.0%；苗族14598人，占3.7%；傣族6367人，占1. 6%；其他民族77241人，占1. 8%。人口出生率10.43‰、死亡率6.59‰；人口自然增长率3.83‰。人口密度每平方公里248人。

【经济概貌】 2011年，个旧市以科学发展观统领全局，努力适应国际、国内发展新变化，牢牢抓住资源型城市转型、桥头堡战略建设等发展机遇，全面启动实施产业发展“二次创业”，全市经济社会发展平稳向好，圆满完成了市十五届人大四次会议确定的各项目标任务，实现了“十二五”的良好开局。全年，全市实现地区生产总值（GDP）147.34亿元，比上年增长13.3%（按可比价计算，下同）。其中第一产业增加值8.06亿元，增长6.2%；第二产业增加值100.23亿元，增长14.5%；第三产业增加值39.05亿元，增长12.1%。三次产业之比为5.5 ：68.0 ：26.5，仍呈“二、三、一”型产业结构。实现非公有制经济增加值52.31亿元，按可比价格计算，同比增长13.7%，占GDP的比重35.5 %，比上年提高0.2个百分点。完成工业总产值368.97亿元，同比增长12.5%；全社会固定资产投资完成75.11亿元，同比增长21.1%。实现财政总收入18.96亿元，同比增长17.8%，完成地方一般预算收入8.62亿元，同比增长9.1%；地方一般预算支出23.17亿元，同比增长10.2%。金融机构各项存、贷款年末余额分别达到180.17亿元、104.72亿元，比年初下降0.3%、增长5.5%。城镇居民人均可支配收入16286元，同比增长15.4%，农村居民人均纯收入6781元，同比增长11.5%

【工业】 2011年，个旧市抓住年初有色金属价格回升上涨时机，努力克服欧美债务危机、增值税政策调整、银根紧缩、能源供应紧张等因素的影响，进一步加大企业帮扶力度，全市工业取得了总量增加、增幅提高的好成绩，工业对地区生产总值的贡献率达66.1%。辖区内实现工业总产值368.97亿元，增长12.5%。其中轻工业11.05亿元，增长21.7%；重工业357.92亿元，增长12.2%。国有经济实现产值6.68亿元，增长9.4%；集体经济实现产值9743万元，与上年持平；股份制经济实现产值310.74亿元，增长16.1%；其他经济50.58亿元，下降5.4%。主要工业产品产量：有色矿产金属总量6.67万吨，下降10.6%；十种有色金属57.26万吨，增长25.1%。其中锡7.64万吨，下降3.0%；铅27.43万吨，增长33.6%；锌5.58万吨，增长20.6%；铝16.58万吨，增长30.5%；水泥12.8万吨，下降39.9%；硫酸66.37万吨，增长0.8%；中成药314吨，增长19.0%；发电量2.55亿千瓦小时，增长2.0%；锡化工1.43万吨，下降7.1%；钴酸锂452吨，下降7.9%；液体乳(牛奶)1.42万吨，增长36.2%。辖区内实现工业增加值94.1亿元，增长14.2%。工业增加值占全市生产总值比重达63.9%，比上年提高2.0个百分点。其中规模以上工业企业实现增加值84.03亿元，增长15.8%。实现利税19.98亿元，增长41.8%。

【农业】 2011年，个旧市认真落实国家惠农政策，积极改善农村基层基础设施，大力发展高效生态农业，农村经济保持良好的发展势头。全市实现农林牧渔业总产值13.86亿元，比上年增长7.0%；全年种植粮食作物21.12万亩，与上年基本持平；粮食总产量6.35万吨，比上年增长3.6%。种植经济作物6.80万亩，增长5.4%。粮经比由上年的55.1 : 44.9调整为52.8 : 47.2。受旱灾影响，部分农作物产量呈现不同幅度下降。蔬菜总产量10.18万吨，增长23.2%；水果总产量3.63万吨，增长15.2%；油料总产量1424吨，下降8.1%；甘蔗总产量4.11万吨，下降15.8%； 烟叶产量3080吨，增长26.5%。畜牧产业持续健康发展，畜牧业产值6.34亿元，占农林牧渔业总产值45.7%。主要畜产品产量：肉类总产量3.94万吨，比上年增长7.2%；家禽出栏152.48万只，增长15.5%；禽蛋产量6066吨、牛奶产量1.59万吨，分别增长1.4%和12.8%；年末大牲畜存栏4.22万头，增长1.0%；生猪存栏22.73万头，增长9.8%;羊存栏1.96万只，下降3.5%；

牛出栏 1.80 万头，增长 12.9%；羊出栏 1.73 万只，增长 7.2%；生猪出栏 36.21 万头，增长 3.9%。

【交通·邮电】 2011 年，个旧市公路通车里程 1544.89 千米。冷清公路延长线鸡街至个旧段提升改造工程进入收尾阶段，完成投资 6.54 亿元。个旧至老厂至官家山和鸡街泗水庄片区农村公路改建工程建设项目招投标工作顺利完成，莲花山公路路面改造工程有序推进。完成邦干新寨村公路等农村通达工程 7 个，建设里程 35.33 公里，投资 637.54 万元；完成通乡、通村道路改造工程项目 8 个，投资 2137 万元，实施里程 46.23 公里。9 个乡镇（区）全部开通客运班线，通车率 100%。79 个行政村中 62 个通班车，通车率 78%。云锡公司具备社会公共运输功能的 18 条总里程为 147.972 公里的公路移交个旧市养护管理。全年完成货物周转量 3.16 亿吨公里，比上年增长 6.1%。旅客周转量 2.45 亿人公里，比上年增长 13.4%。全年实现邮政业务总收入 1260 万元。移动惠农网客户规模扩大到 6.5 万，农信通业务普及客户达到 4.5 万。乡镇移动电话普及率达 53%。

【城乡建设】 2011 年，个旧市积极推进阳山新区开发，完成阳山新区控制性详细规划和市级行政中心、西二环道路设计，新区内企业搬迁方案初步确定。加快小城镇建设步伐，完成《个旧市近期建设规划》等 10 余个规划编制和 235 个村庄规划编制。污水处理厂二期及其配套管网工程试运行情况良好，鄢棚南路片区防洪应急管道修复、防洪大沟抢险修复、金湖东路环湖游览道提升改造等市政工程顺利推进。建筑及房地产业健康发展，建筑业完成总产值 24.02 亿元，完成房地产开发投资 11.92 亿元，分别比上年增长 10.9% 和 48.9%。投入资金 6380.9 万元，实施 29 个新农村、36 个整村推进和 2 个整镇推进乡村示范工程项目。巩固国家卫生城市成果，顺利通过省级检查复核。“数字城管”系统试运行平稳，城市管理精细化水平有所提高。全年垃圾、粪便清运率始终保持 100%，城市生活垃圾无害化处理率 100%。城市供水日生产能力 7.1 万立方米，供水管道长 135 公里，水质综合合格率 100%，年处理污水 800 万立方米。努力推动城市绿化工作，建成区绿化覆盖面积 426 公顷，园林绿地面积 501 公顷，绿化覆盖率 34.1%。

【商贸】 2011 年，个旧市社会消费品零售总额 37.01 亿元，同比增长 20.1%。城乡市场同步增长，实现城镇消费品零售额 25.66 亿元，增长 19.2%；实现乡村消费品零售额 11.35 亿元，增长 22.3%。分行业看，批发业零售额 2.71 亿元，增长 64.0%；零售业零售额 28.25 亿元，增长 17.9%；住宿业零售额 0.54 亿元，增长 22.3%；餐饮业零售额 5.51 亿元，增长 15.8%。全年完成进出口总值 5.89 亿美元，同比增长 17.5%。其中进口 3.38 亿美元，同比增长 21.0%；出口 2.51 亿美元，同比增长 13.0%。

市场物价总水平呈上涨态势。全市商品零售价格总水平比上年上涨4.4%，居民消费价格总指数上涨4.6%，工业品出厂价格指数上涨6.2%。

【财税金融】 2011 年，个旧市始终坚持“生财有道、聚财有方、理财有规、用财有效”的工作方针，大力组织财政收入，不断优化支出结构，为经济社会发展和社会和谐稳定提供坚强的财力保障。全年，全市财政总收入 18.96 亿元，同比增长 17.8%。地方财政一般预算收入完成 8.62 亿元，同比增长 9.1%。实现一般预算支出 23.17 亿元，同比增长 10.2%。

年末，全市金融机构各项存款余额180.17亿元，比年初下降0.3%，其中居民储蓄存款余额111.98亿元，比年初增长7.9%。各项贷款余额104.72亿元，增长5.5%。

【教育】 2011 年，个旧市始终把发展教育摆在优先位置，分类规划全市教育，全面发展教育事业。优先保障教育经费投入，各类教育经费支出 3.18 亿元。继续实施校安工程，拆除 D 级危房 11625 平方米，新建校舍面积 12070 平方米。全市有普通中学 22 所，其中高级中学 2 所，完全中学 4 所，初级中学 10 所，九年一贯制学校 6 所；职业中学 3 所，小学 80 所，办学点 93 个。在这些学校中，有云南省一级普通高完中 3 所、一级示范小学 4 所、一级示范幼儿园 4 所、云南省科技示范学校 2 所、红河州示范窗口学校 5 所、红河州示范窗口幼儿园 1 所。幼儿园有专任教师 351 人，小学有专任教师 2004 人，初中有专任教师 877 人，高中有专任教师 488 人，职业中学有专任教师 101 人。3 ~ 6 岁幼儿入园率 84.16 %；适龄儿童入学率 99.96 %、完学率 96.17 %；初中毛入学率 102.47%；15 周岁人口初等教育完成率 99.69 %；适龄少年入学率 98.13 %、升学率 72.41 %；高中阶段毛入学率 77.13%；高考上线率 92.77%。

【科技】　2011 年，个旧市以加快实施建设创新型云南行动计划为核心，优化科技创新环境，科技支撑发展的能力进一步增强。全年共组织申报国家、省、州级科技项目 27 项，获省级立项支持 8 项，州级立项支持 4 项。申请专利 108 件，获权 57 件，其中发明获权量 23 件,居全州第一。积极组织“红河国家伴生稀贵金属提取利用高新技术产业化基地”申报工作。获准“云南省知识产权强县工程试点县”试点。组织红河州四通矿产有限责任公司承担的“复杂金属矿选冶工艺综合回收锡钨铅铟生产技术开发及产业化”、个旧兴宇科技服务有限责任公司承担的“中国锡都金属网电子商务综合应用平台”和个旧市有色金属合金厂承担的“高效萃取综合回收工艺技术”申报国家中小型创新基金。组织云南乍甸乳业有限责任公司、云南云铝润鑫铝业有限公司、红河锌联工贸有限公司三家企业申报创新型试点企业。云南云铝润鑫铝业有限公司被认定为省级创新型试点企业。认真抓好省级项目申报，云河药业获得上市培育支持。年内共征集市级科技项目 85 项，落实市级支持项目 60 项，拨付资金 250 万元，用于支持高新技术企业、创新型试点企业和院校合作先进单位。

【文化·体育】　2011 年，个旧市共有艺术表演团体 1 个，群众艺术馆 1 个，文物管理所 1 个，文物保护单位 45 个，博物馆 1 个，公共图书馆 1 个，图书馆藏书 30. 8 万册。加快农村有线数字电视整转步伐，大力推进全市广播电视数字化，全市广播、电视人口覆盖率分别达到 99. 5%和 97. 6%。深入挖掘发展锡文化产业，省级非物质文化遗产个旧市锡器制作传习馆隆重开馆，红河•个旧锡文化创意产业园项目完成一期建设，个旧市斑锡工艺美术有限公司和红河和昇实业有限公司被列为省级保护单位。积极组织申报国家级特技滑翔伞训练基地。成功举办全国第十一届中老年艺术节、“创意•个旧”主题展、中国学生留学埃及 80 周年暨云南桥头堡建设战略研讨会和庆祝建党 90 周年系列活动。实施文化惠民工程，深入开展文化三下乡活动和“2131”工程，建设完成 3 个文化站、19 个村级文化体育活动场所，“农家书屋”总量达 86 个，覆盖全市 80% 的行政村和 50% 的社区。

年内，个旧市组队参加“云南·蒙自国际标准舞积分赛暨红河州国际标准舞锦标赛”，获得第一名10个，第二名13个，第三名8个的好成绩。参加台湾日月潭国际万人泳渡，25人获得证书。参加云南省第七届城市运动会预赛，取得7金、6银、5铜。参加云南省首届民营企业家运动会，获得男子羽毛球单打第一名，男子乒乓球单打第三名的成绩。参加省散打锦标赛，获得男子60公斤级第二名，男子65公斤级第二名。成立“锡都”越野摩托车队。全市有单项体育协会组织21个，晨晚练点90多个，全市体育组织逐步形成网络。

【卫生】　2011 年，个旧市有各级各类卫生机构 299 个，病床位 3296 张，每千人拥有医院病床 7.21 张。各类卫生技术人员 3030 人,其中医生 1079 人。每千人拥有卫生技术人员 6.63 人。全市有 77 家村级卫生所，乡村医生 205 人。加快推进基本医疗保障制度建设，巩固扩大基本医疗保障覆盖面。资助困难群众参加新农合、大病补充险 28269 人次，新农合参合率 97.99%，荣获“省新型农村合作医疗工作先进市”称号。全市基层医疗卫生机构 100% 配备、使用基本药物，全面实行零差率销售，10 类基本公共卫生服务全面落实。建立城乡居民规范化电子健康档案 22.92 万份，建档率 50.2%。加强对民营医疗机构管理，率先成立红河州首个民营医疗机构协会。卫生信息化建设全省领先。抗病毒治疗工作向乡镇下移，在鸡街镇卫生院设立抗病毒治疗拓展点。全年无甲、乙类传染病暴发流行。加强基层医院产科、儿科能力建设,确保危急孕产妇“绿色通道”畅通，孕产妇保健覆盖率 98.3%，孕产妇住院分娩率 97.3%，婴儿死亡率 4.95‰。0 ~ 6 岁儿童保健覆盖率 92.1%。

【环境保护】　2011 年，个旧市深入开展整治违法排污企业保障群众健康和工业危险废物环境风险大排查环保专项行动。强化涉重金属污染企业的环境管理监察，个旧出境河流断面重金属污染物超标现象得到有效控制。《个旧市重金属污染综合防治“十二五”规划》批准实施，以卡房大沟和北部 5 户涉重企业为重点的重金属污染综合治理项目稳步推进，停产整治重金属污染企业 138 户，3 户整治达标企业恢复试生产。深入推进节能减排，完成4户年综合能耗在2000吨标准煤以上的企业能源审计，12户企业通过清洁生产审核，拆除铜冶炼鼓风炉2座，淘汰落后产能1963吨。全年削减化学需氧量575吨，氨氮削减量54吨。生态环境建设持续深入实施，完成绿化造林3.5万亩，中低产林改造1万亩，义务植树85万株。公益林修编和林业有害生物防治工作成效显著，护林防火取得连续17年无重大森林火灾的好成绩。矿山地质环境恢复治理项目完成投资8589万元，石漠化综合治理工程开工建设。红河危险废物和医疗废物处置场顺利推进，完成投资7800万元。

【民生与保障】 2011年，个旧市在岗职工工资总额20.34亿元，比上年增长16.0%，在岗职工年平均工资34965元，增长21. 7%。城镇居民人均可支配收入16286元，增长15.4%；农民人均纯收入6781元，增长11.5%。全年发放城市低保金8668.75万元、农村低保金992万元。加强社会保障体系建设,年末参加基本养老保险人数6.76万人，参加城镇职工基本医疗保险11.46万人，参加城镇居民医疗保险10.3万人，参加失业保险5.32万人，参加工伤保险5.53万人。城镇新增就业和再就业人员6517人，城镇登记失业率3.92%。全年发放各类支农补贴资金2166.4万元，投资2129.7万元实施村级一事一议财政奖补项目73个。全年投入易地扶贫、产业扶贫、小额信贷等各类资金3605.2万元。新、改、扩建各类水利工程2109件,解决2.23万人饮水安全问题。出台《个旧市失地农民就业培训实施意见》，完成农民工培训2225人，其中186名符合条件的失地农民进入技校完成学历教育。新型农村社会养老保险和城镇居民社会养老保险试点工作有序推进，参保10.22万人，其中农村居民参保率80.3%；未参保集体企业退休人员基本养老保障问题得到有效解决，共为5206人办理参保手续;为城乡困难群众提供医疗救助资金836.8万元。启动全州首个爱心助老呼叫信息服务中心，老年人居家养老服务水平进一步提高。保障性住房建设及棚户区改造顺利推进，建盖廉租住房3466套8.42万平方米，解决8700人的住房困难问题，发放住房租赁补贴3005人194万元；完成2011年600户农村危房改造及500户农村民居地震安全工程。移民新村住房和配套基础设施建设工程通过验收，移民安置顺利完成。

【依法行政】 2011年，个旧市人民政府认真执行市人民代表大会及其常务委员会的决定，自觉接受法律监督和工作监督。支持市政协履行政治协商、民主监督和参政议政职能,主动接受社会各界监督。全年办理党代表提案（提议）17件，人大代表建议137件，政协提案140件，办结率100%，办理态度满意率100%，办理结果满意率99.3%。加强对特殊人群的管理，创办云南省首家“云岭阳光驿站”，建立红河州首家社区司法矫正“司法e通”管理平台，管理和服务水平明显提高。法治政府、责任政府、阳光政府和效能政府建设深入推进，政府机制体制建设得到进一步完善，行政效能有效提升。顺利完成市乡（镇）政府机构改革工作，乡镇为民服务中心建设扎实推进，政务服务环境有效改善。健全绩效考核体系，落实和完善目标责任制，责罚分明,奖惩到位。严格落实责任,细化任务分解，实施重点工作目标倒逼管理工作制度，强化项目跟踪督察，确保工程进度。积极开展财政资金绩效评价、投资评审等工作，加强政府债务管理，有效保障财政资金的安全、规范、高效运行。以健全惩治和预防腐败体系为目标，以推进反腐倡廉建设为重点,着力落实“一岗双责”,党风廉政建设深入开展。

（撰稿：何少华）

城区街道办事处

【人口民族】 2011年，城区街道办事处下辖29个社区居民委员会。常住人口72245户，总人口175120人，其中男85458人、女89662人，年内出生2239人，出生率12.79‰；死亡1603人，死亡率9.15‰；人口自然增长率3.63 ‰。人口密度每平方公里14593人。千人以上世居民族有汉族、彝族和回族，其中汉族144298人，占总人口82.4%；彝族20664人，占总人口11.8 %；回族3152人，占总人口1.8%。

【社区构成】 2011年，城区街道办事处有29个社区居民委员会，161名社区工作人员。每个社区按照人口规模配备5 ~ 7名社区工作者，其中党总支书记1人、主任1人、副主任1 ~ 2人、委员2 ~ 3

人，有9个社区党总支书记和主任由1人兼任。社区工作者平均年龄40岁，学历结构为大专以上83人、中专23人、高中53人、初中2人。社区组建有党总支委员会、社区协商议事委员会等组织，社区居民委员会设治保会、计划生育委员会、社区服务站等组织，并制定有相关制度。

2011年城区街道办事处社区结构一览表

社区名称	总人口（人）	所辖街道	个私企业数（户）	社会总收入（万元）
青杉里	4445	宝华路、通青路	45	221
宝　华	4677	宝华路	64	490
胜　利	5456	胜利路、宝丰巷、通宝巷	80	702
民　权	6106	民权路	42	280
上　河	4541	民权路、通青路、上河路、民权巷	46	560
文　锡	4262	永胜街、人民路、观音巷、文庙街、锡行街、复兴巷、文华巷、柿花巷、抬锡巷、三道坎	18	110
永　胜	4601	人民路、永胜街、新冠路、复兴巷、新华巷	224	1820
和　平	11656	人民路、中山路、金湖南路、和平路、川庙街、吉安街、育新巷、桃家巷、姚家巷	701	19000
青　年	4549	中山路、青年路	270	3650
五　一	11959	五一街、云庙巷、金融巷、绿春巷、五一巷、三岔街	277	8700
新　街	5760	新街、人民路、金湖西路、新冠路、解放路、邮电巷	220	4010
新　冠	7942	新冠路、解放路	410	3330
建　设	10099	建设路、建设西村、建设东村、夹夹冲路	146	1540
明　珠	12092	建设路、个金路	168	4560
云锡炼厂	9037	冶炼路	69	915
云锡机厂	2809	金湖西路、鄢棚南路、冶炼路	104	174
云锡建安	6916	金湖西路、冶炼路	120	3570
云锡储运	2738	建设路	49	180
云锡机关	7476	金湖东路	80	360
金湖西	5422	金湖西路、西环湖游览道	190	6500
金湖南	4826	金湖南路、金湖西路、中山路	700	10900
金湖东	6637	金湖东路、金湖西路、建设路、鄢棚南路、联盟路	324	6920
州政府	3344	中山路	20	2050
个旧选厂	5280	个旧选厂路	51	220
三〇八队	4005	金湖东路	83	1790
紫竹园	4780	金湖东路、金湖巷	130	650
云锡供水厂	5902	金湖东路、红旗东路	63	650
供电局	4925	跃进路	22	400
绿　海	2868	个金路	6	20

【经济概貌】 2011年，城区街道办事处有集体所有制企业8个，其中有色金属企业2个、机械铸造企业2个、建筑企业1个、饮食业1个、服务业2个，在职职工69人。辖区内有个体私营工商户4722户，从业人员10174人，其中工业155户，从业人员638人，建筑业43户，从业人员152人，饮食业1101户，从业人员3034人，商业2492户，从业人员4152人，服务业931户，从业人员2198人。营业收入84272万元，比去年增长1.05%；工业总产值6689万元，比去年增长24.7%；增加值6573万元，比去年增长23.4%。

【社区服务】 2011年，城区街道办事处按照“六好”社区建设标准和“四个面向”积极开展社区服务工作。服务机构为街道办事处社区服务中心，服务项目有家政、卫生保洁、中介信息、居家养老等，服务人员有下岗失业者和无业居民，服务对象为社区老年人、残疾人、困难家庭和有服务需求的家庭及个人。社区服务根据不同群体实行有偿、低偿、无偿3种服务，对特殊困难家庭和弱势群体实行无偿或低偿服务，对经济条件好的群体实行有偿服务。年内，城区街道办事处投资70万元，在个旧市社区服务中心建设老年人日间照料室，床位52个；投资114万元建成“个旧市爱心助老呼叫服务中心”（全球卫星定位呼叫系统，覆盖红河州13个县市）。全年完成社区服务收入64.6万元，利润30.5万元。

【城市卫生管理】 2011，城区街道办事处为巩固“国家卫生城市”成果，积极制定《迎接国家卫生城市复查迎检工作实施方案》等具体管理办法，强化卫生管理工作长效机制。年内，共召开环境卫生工作会议12次、社区公共卫生委员会议42次、保洁员卫生会354次、群众大会134次，组织8625人次参与社会公益活动、组织社区志愿者3792人参加环境卫生整治大扫除，清除小广告25872条、清运垃圾355吨、清除卫生死角564个，为巩固“国家卫生城市”成果和维护城市的整洁做出积极贡献。

【科技】 2011年，城区街道办事处紧紧围绕“创先争优，科学发展，建文明社区”主题广泛开展各种科技宣传教育活动。在社区群众中举行“健康教育”、“艾滋病防治”、“消防安全”等知识培训。利用暑假期间组织城区中小学生开展以“同创文明城市，共建和谐家园”为主题的城区中学生暑期社会实践活动，以寓教于乐的方式让学生获取丰富的科学知识。城区街道办事处新成立科普大学，29个社区分别成立科普大学分校，社区还成立有科普协会，有会员600人、科普志愿者1000余人，全年共组织活动245次，参加人数4万余人，投入经费4万余元。全办事处29个社区均建有科普活动室，其中有5个社区被列为州级科普示范社区。

【文化】 2011年，城区街道办事处以构建和谐社区为宗旨，紧扣创先争优活动主题，积极开展丰富多彩的群众文化活动。社区建有综合性多功能室内文化活动场所24平方米，29个社区均有图书室和社区学校，图书室藏书5.8万余册。各社区认真坚持群众业余文化辅导员登记制度，有文化辅导员140人，举办歌舞培训班2期，培训128人，有社区文艺队29支、合唱队29支，共演出152场，使社区文化大众化、普及化、趣味化。

【体育】 2011，城区街道办事处体育健身设施不断完善，群众广泛参与全民健身活动。在办事处辖区内，共有体育场、体育馆、游泳馆等体育设施28个，人均拥有公共体育场地超过0.15平方米。社区有老年体协组织29个、会员4175人、体育指导员122人。全年，办事处积极组织各类体育比赛活动，参与者12000余人。早、中、晚参加登山、打羽毛球、跳健美操、环湖漫步的群众每天多达1.8万人次。

【民政】 2011年，城区街道办事处城市居民最低生活保障标准196元，保障对象实行分类施保，低保金由工商银行代发，实行社会化发放。29个社区共有保障对象7555户、14823人，累计发放保障金2791万余元，妥善解决了困难群众的生活问题；有优抚对象392人，其中三属人员9人、两参战人员229人、伤残保健金人员137人、支前民工19人、无军籍人员4人、退休遗属2人、老复员军人6人、老女兵3人、下岗无业复退转军人822人，全年共发放优抚、抚恤伤残金2493881元，做到按时足额发放；为困难家庭办理临时救济643人次，发放救济金101627元；为贫困人员办理城市医疗救助56人，发放医疗救济金131350元；走访慰问困难残疾人463户，发放慰问金52720元；助学补助残疾人子女207人，发放补助金63000元；计划生育独生子女儿童保健费发放610680元；80周岁以上高龄补贴发放656530元。29个社区认真开展廉租住房摸底调查工作，按照分配政策和程序，做好困难群众廉租房的公示、审核、上报等工作，确保困难群众的住房问题得到较好解决。全年，有99户困难群众享受到廉租住房。

【社会治安】 2011年，城区街道办事处以“加强社会治安综合治理，维护城市、社区稳定”为宗旨，围绕创建“平安街道”和“平安社区”的目标，抓好群防群治、社会矛盾纠纷调处、重点人员包保、流动人员管理、劳教人员帮教、法轮功人员帮教、矫正人员管理、戒毒康复等工作。年内，城区街道办事处有1支专职群防群治队伍和29支志愿者群防群治队伍，共2300人；有社区调解小组112个、调解员516人，排查矛盾纠纷2135起，成功调处1698起，成功率79.5%。举办普法培训和法制知识讲座26次、参加321人次，制作法制宣传板报232期，发放宣传资料5.4万余份，张贴标语24000条，提供法律义务咨询服务2900余人次。

【精神文明建设】 2011年，城区街道办事处坚持以全市创建文明城市为重点，以努力营造和谐社会、和谐社区为目标，广泛开展《公民道德建设实施纲要》宣传教育，并把公民道德实践活动与廉政文化进社区活动及各项文明创建活动紧密结合，组织开展知识竞赛、猜灯谜、画漫画、和谐长街宴等教育活动，努力提升公民精神文明素质。各社区积极组织开展评选“先进党员志愿者”、“五好家庭”、“敬老好儿女”、“健康老人”、“文明楼道”、“文明户”等“创先争优”活动，使精神文明行为在社区蔚然成风。截止年底，和平社区分别荣获全国、省、州、市各级“文明社区”称号；城区街道办事处荣获州、市文明单位称号；金湖西社区荣获州、市“文明社区”称号；金湖东等17个社区荣获市级“文明社区”称号。供电局、金湖东、明珠、云锡机关等4个社区获得省、州“绿色社区”称号，308队、金湖西2个社区获得州“绿色社区”称号。

【主要领导干部】 党工委书记李梅（女，2011年12月止），主任雷 波。

（撰稿：蒙龙兴）

锡城镇

【人口民族】 2011年，锡城镇辖9个村委会，36个自然村，53个村民小组，总户数5929户，总人口16567人，其中男7635人、女8932人，农业人口14206人、非农业人口14282人。年内出生191人，出生率11.62‰；死亡118人，死亡率7.18‰；人口自然增长率4.44‰。人口密度每平方公里129人。总人口中，汉族7304人，占44.08%；彝族8911人，占53.78%。

【经济概貌】 2011年，锡城镇实现农业总收入1243683万元，农村社会经济总收入158012万元，比上年增长5.3%。农民人均纯收入7060元，比上年增长6.2%。预算支出1592万元，实际支出1792.56万元。

【农业生产】 2011年，锡城镇按照“种养调结构、提质增效益”的农业产业结构调整思路，坚持“四稳五抓”。一方面，稳定粮食、猪鸡、蔬菜、水果四大支柱产业发展规模，在提高优质率和产品品质上下工夫，在受旱情影响的情况下，抓科技，保增长，有计划，按步骤开展各项农业生产，完成小春6361亩，其中小麦2400亩，豆类3141亩；大春10226亩，其中玉米8541亩，水稻1300亩，豆类385亩；完成蔬菜产量14788.5吨，为年计划105.6%；水果产量4395吨，为年计划129%；肥猪出栏40038头，为年计划144.5%；禽出栏185706只，为年计划112.7%；蛋产量942吨，为年计划100.8%，农村富余劳动力转移培训人数893人，为年计划105%；转移人数804人，为年计划108%。另一方面，突出抓好特色种养殖、农产品加工、农家乐和休闲经济等五大优势产业的发展，拓宽农民增收渠道，因地制宜、突出特色、打造品牌，开发绿色生态农业。种植果树新品种桃、苹果等18695株，建成水泡梨原料基地113亩，种植特色农产品金雀花100亩、糯包谷2235亩、三七250亩、龙胆草113亩、马蹄香20亩、大草乌1500亩，生产水泡梨2200吨。在杨家田推出“肖老汉”棠梨膏农产品深加工，日产量 2.48 余吨，年收入 1095 万元，完成税收 50 万元；在戈贾发展竹鼠、土鸡养殖，实现皮、毛、肉销售为一体的产业链。上述措施有力地保证了农业发展、农民增收、农村稳定。

【乡镇企业】 2011 年，锡城镇以改革为动力，以产业结构调整为主线，以提高企业效益和整体素质为目标，大力扶持龙头企业，加快发展新型工业，促进乡镇企业稳定、快速、健康发展。全年实现工业增加值 20071 万元，完成任务 100.36%。企业 876 个（户），从业人员 5942 人。实现企业营业收入 130104 万元，完成任务 185.86%；实现固定资产投资 8135 万元，完成任务 100.19%；实现利税 10015 万元，完成任务 100.15%；年产值上亿元乡镇企业 3 户，上千万元 7 户，上百万元 18 户。主要投资项目有：云南云河药业有限公司中药现代化技术改造项目，总投资 2.32 亿元，解决新增就业岗位 300 个，年增加税收 1.6 亿元，已完成投资 1200 万元；州医疗废弃物品处置中心项目投资 1.92 亿元，年内已启动并完成投资 7487 万元，预计 2012 年 12 月建成投产；个旧市有色金属合金厂湿法电解项目累计投入资金 2600 万元，已进入试生产和设备调试阶段，待项目环境影响评估报告办理完毕后即可正式投产；个旧市昌浩工贸有限责任公司锡冶炼电炉烟尘综合利用工业化项目，总投资约 4300 万元，现已投入技术改造资金约 1000 余万元，年产值可达 2 亿元，年创税约 1500 万元，可解决新增就业岗位 50 个，预计 2012 年完成项目建设；个旧市富祥工贸有限公司有色金属固体废料综合回收利用项目，可解决新增就业岗位 160 个，年处理量设计 12 万吨，预计年产值 6.8 亿元，年创税 8000 万元，目前正抓紧选址建设；红河州联达公司投资 800 万元对生产设备、工艺流程进行改造；开源公司投入 400 万元对生产工艺进行技术改造；辖区内 12 户非煤露天矿山中深孔爆破、分台开采技术均在年内完成改造，企业累计投入技改资金 1300 万元。

【基础设施】 2011 年，锡城镇以整村推进、新农村建设示范村、村容村貌整治、民族团结示范村建设等项目为契机，抓好基础设施建设。镇政府紧紧围绕年初制定的新农村建设要求，一年打基础，二年抓提高，三年抓巩固，四至五年见实效，充分发挥政府组织、协调、服务功能，投资 132.5 万元新建 150 立方水池 25 个；完成全国第一次水利普查数字录入工作，为下一步的正式普查工作做好前期准备；与公路养护责任人签订养护责任书，加强公路日常养护；投资 230 万元，完成芹菜塘上、下寨公路和独甸公路水泥路面硬化工作。

【教育 · 科技】 2011 年，锡城镇有小学校 16 所，其中村级完小 5 所、村小 11 所（隔年招生），在校学生 1050 人，教职工 97 人。适龄儿童小学入学率 100%、辍学率 0，适龄少年初中入学率 99.28%（1 人因智力残疾未入学）、辍学率 0。投资 13.98 万元建盖水塘寨小学学生宿舍和食堂，投资 1.8 万元修缮芹菜塘小学和石门坎小学教室门及水池，投资 4300 元修缮戈贾小学教师宿舍；投资 25 万多元购置 92 套办公桌椅和多媒体教学设备。年内，投资 166.8 万元的戈贾小学新教学楼正在紧锣密鼓地建设。锡城镇全年共举办农业科技培训班 45 期，培训农民 3000 人次，制作黑板报 25 期，下发实用技术资料 2100 多份并进行现场操作示范。举办家庭教育、人口基础知识教育、妇女病防治、避孕知识教育、法律知识宣传等培训班 36 期，培训农民 4800 人；举办入党积极分子培训班 1 期，培训 80 人；举办农村基层干部培训班 2 期，培训 100 人。

【文化 · 体育 · 卫生】 2011 年，锡城镇社会文化事业呈现出繁荣活跃的新局面，新建文化广播电视站综合楼，投资 105 万元。在戈贾村委会建设农村文化活动广场 1 个，投资 13 万元。完成广播电视 “村村通” 工作，全镇 25 个自然村，1001 户村民可接收到 51 套清晰的数字电视节目和 9 套广播节目。新建水塘寨、芹菜塘、锡城社区、新冠 4 个农家书屋，完成村委会和社区农家书屋建设任务。7 月，组织 90 名职工参加个旧市“颂歌献给党”演出。在春节、三八节、火把节、敬老节等民族民间传统节日到来之际，举行各种文艺联欢活动，增强节日气氛，丰富和活跃群众精神文化生活。锡城镇有卫生院 1 所，有职工 6 人，其中专业技术人员 5 人、高级工 1 人。卫生院设有病床 8 张，开设内科、儿科、外科、预防保健科等 4 个科室。全镇有 10 个村卫生室，乡村医生 24 人，全年门诊 1.2 万人次。锡城镇努力做好国家基本公共卫生服务工作，为村民建立（电子、纸质）健康档案 8037 人份。全镇 11

个医疗点严格执行国家基本药物制度，做到药品集中采购、统一配送，实行药品零差率销售，降低了药品价格，有效地缓解了农民看病贵的问题。新型农村合作医疗工作顺利开展，参合率99.6%。全年在镇村两级共报销医疗费用18万元，有效地缓解了因病返贫、因病致贫的问题。食品卫生安全工作进一步加强，全年未发生食品安全事故。

【人民生活】 2011年，锡城镇有孤、老、残、幼等社会供养人员24人，有老年活动室36个，有各种救济对象4891人，有农村低保户656户、700人（低保对象人均标准每月82元），有农村社会养老保险参险人数9493人（投保金额193.83万元）。全年，全镇发放救济金19.14万元，粮油补助21.5万元，低保金306.84万元；全镇4193户农房办理了农房保险，兑付贫困户危房修建款1.8万元。农民人均纯收入不断增长，人民生活水平不断提高，收入渠道不断拓宽，实现了经济与社会效益同步发展。

【社会治安】 2011年，锡城镇认真组织开展"五五"普法教育活动和"三五"依法治镇工作，以巩固提高创建"平安锡城"为契机，广泛组织社会各方面力量，运用政治、经济、行政、教育、法律等各种手段，加强对出租房、用工单位、流动人口、行业场所的日常管理和清理整顿工作，对治安混乱地区和突出治安问题进行有效地监控和管理，使全镇社会治安形势较上年有明显好转。全镇有治保会9个，成员197人，有专职联防队1支、兼职联防队9支，共121人，调处各类纠纷19起，成功调处18起，调解成功率94.7%；立刑事案件194件、治安案件142起，办结106起，办结率74.6%。信访部门充分发挥为民办事、化解矛盾、稳定社会的职能作用，处理信访案件28件，办结27件，办结率96%，接待群众来访16件，处理市级交办案12件，信访工作为维护全镇经济发展起到了重要作用，人民安全满意度明显提高。

【主要领导干部】 镇党委书记周雪云，镇人大主席李兴洲，镇长范　冰。

（撰稿：徐莎莎）

大屯镇

【人口民族】 2011年，大屯镇辖9个村委会，46个自然村，57个村民小组，1个社区居委会。年末户籍人口总户数24071户，总人口65308人，其中男32423人，女32885人；年内出生568人；死亡624人。辖区人口密度每平方公里492人。世居民族有汉族44483人，占总人口68.1%；彝族12964人，占总人口19.85%；壮族3482人，占总人口5.33%；苗族2701人，占总人口4.14%。

【经济概貌】 2011年，大屯镇紧紧围绕"农业稳镇、工业强镇、商业活镇、文化立镇、和谐兴镇"的发展思路，以产业结构调整为工作重点，进一步解放思想、开拓创新，使全镇经济稳步发展。全年全镇实现农村经济总收入120879万元；第一产业收入15135.8万元，第二产业收入78747万元，第三产业收入26996.2万元。农村固定资产投资2亿元，农民人均纯收入5563元。

【农业生产】 2011年，大屯镇继续围绕"主导产业培育、特色基地建设、龙头企业发展"的目标，积极争取涉农项目，大力发展特色农业、城郊农业和高效农业，大力推进"稻、畜、禽、菜、渔"五大产业建设，粮经比例调整为39∶61。全镇乡村从业人员23665人，其中农业从业人员15366人。年末耕地总资源34673亩，其中水田16461亩，旱地13717亩。农业人口人均占有耕地0.93亩。农作物播种面积53010亩，其中粮食作物播种面积20743亩，总产量6966吨。经济作物播种面积4619亩，其中油料作物860亩，总产量117吨；甘蔗3132亩，总产量7523吨；烤烟550亩，总产量76.8吨；蔬菜15870亩，总产量17980吨；种植果园6580亩，总产量2438吨。全年生猪出栏101002头，年末存栏52256头；牛出栏520头，年末存栏1156头；羊出栏910只，年末存栏2052只；家禽出栏394000只，年末存栏554170只。肉类总产量9892吨，水产品产量1470吨，禽蛋类总产量2050吨。

【乡镇企业】 2011年，大屯镇乡镇企业以有色金属冶炼加工为主，兼有化工、建材、食品加工等。全镇乡镇企业个数1814个，从业人数12631人。乡镇企业总收入567102万元；实交税金25396万元，同比增长39.16%；企业总产值508080万元；工业总产值487378万元；企业增加值85880万元，同比增长31.13%；工业增加值54239万元，同比增长4.23%。固定资产投资完成15000万元。生产精锡15074吨，焊锡569吨，锡精矿含锡6000吨，电镀锡阳极1147吨，铟锭8752千克，真空铅1338吨，锡精矿粉2757吨，砖6000万块，粮食加工66232吨，粮食制品3000吨，白酒750吨，糕点110吨。全镇乡镇企业实现利润总额20853万元。

【基础设施】 2011年,《大屯镇镇区总体规划》《大屯镇商贸城片区修建性详细规划》《大屯镇建材市场地块修建性详细规划》《大屯镇大兴路东片区旧城改造修建性详细规划》等四个规划获市政府批复。《个旧市大屯镇大星公寓住宅区修建性详细规划》《个旧市大屯镇大屯海片区文体中心A组团修建性详细规划》《个旧市大屯镇大屯海片区文体中心BC组团修建性详细规划》《红宇嘉园住宅小区修建性详细规划》《泰和工部丽景住宅小区修建性详细规划》相继制定完成，并通过专家组评审。针对大屯各村发展现状，镇政府提出《大屯镇村庄规划编制工作实施方案》，并完成21个自然村的村庄规划资料收集工作。年内，大屯镇通过上级配套资金补贴、镇政府补贴、村民投资投劳等方式，投资370多万元，硬化农村道路6530多米，新建农村活动室1610平方米，开挖蓄水量为2.4万方的坝塘1个，实施倮莫新农村道路绿化、雨水分流工程。投资558.84万元，完成农田水利保持建设工程90项。大屯新区"兴达园"、"生态园"建设，截止年末，分别累计完成投资1.8亿元和2.9亿元。大屯镇标准化农贸市场建设，至年末已完成投资8300万元。建筑面积为10508平方米的廉租房建设已完成5250平方米。占地面积为16974.74平方米的公共租赁住房建设已完成地勘设计、规划设计、招投标等前期准备工作。绿水河发电厂行政办公区和生活区将落户倮莫，正在做项目开工前期准备。

【交通·邮电】 2011年，大屯镇有机动车辆14294辆，其中轿车985辆，港田车3072辆，摩托车6162辆，载重汽车1276辆，农用车695辆，拖拉机813台。大屯邮政支局完成业务总收入80万元，其中进口包件12000多件、出口包件6000多件，完成报刊流转额26万元，完成物流配送1800多件，邮政储蓄年末余额2600万。

【教育·科技】 2011年，大屯镇有中学3所，其中完全中学1所（个旧十五中），初级中学2所（个旧七中和个旧十八中）。有中学教师251人，其中高中教师40人。有普通初中教学班47个，在校初中生2354人；有普通高中班11个，在校高中生442人。有乡镇中心小学1所，村级中心完小12所，村完小1所，山区办学点4个。有小学教学班122个，在校小学生4255人，在职教职工261人（本科学历76人，大专学历154人，中师学历31人），其中专任教师231人。小学高级教师143人，一级教师103人，二级教师11人。有小学附设学前班20个，学生903人。小学入学率100%，年巩固率98.64%；初中入学率100%，年巩固率100%。年内，各学校加强两基工作、校园管理、师资队伍建设、教学改革等各项工作，实现教学相长。大屯镇农村实用科技得到大力推广，全年全镇共举办农函大3个专业5个班，培训学员158人；举办各种短期培训班111期，培训学员12914人次；举办新型农民科技培训（蔬菜栽培、现代农业管理）班，培训学员185人；开展科技咨询活动，提供咨询服务2.5万人次；通过培训，农民取得《绿色证书》155人。

【文化·卫生】 2011年，大屯镇文化工作以繁荣和发展为中心，以改革和创新为动力，以贴近群众、贴近生活、贴近实际为基本要求，抢抓机遇，狠抓落实。全镇共有文化经营户152户，业余文艺队186支，龙灯队4支，舞狮队8支，洞经礼乐队5支，组织各种文艺活动33场，演出文艺节目616个；组织龙狮队表演5场；举办各种体育竞赛活动5场；组织民族民间活动3次；各类文体节目丰富多彩、健康向上，既丰富了群众的精神生活，又引导了群众崇尚科学、抵制封建迷信。9个村委会和1个社区均建有农家书屋，藏书15000册，价值20多万元。镇政府在大力做好文化繁荣工作的同时，又狠抓文化市场管理，组织"扫黄打非"清理行动4次，收缴低俗音像制品342碟、非法黄色出版物

27册，开展打击黑网吧行动3次，打掉黑网吧15个，收缴黑网吧电脑机箱147台、显示器147台，为全镇经济社会平稳发展营造了良好的文化市场环境。大屯镇有镇属卫生院1所，职工45人，其中专业技术人员35人。医院设门诊和住院部，开设妇科、内科等12个科室，开放床位51张，全年门诊量37614人次，住院1676人，手术量78次。年末总收入361万元，其中医疗收入243万元，药品收入118万元。全镇有村级卫生所9所，乡村医生37人。全年举办乡医培训班12期，培训乡医444人次。举行新农合知识培训班4次。建立居民健康档案，采集3万余人的个人信息。对辖区内65岁以上老年人进行健康保健管理1万多人。开展公众健康咨询活动6次，举办公众健康知识讲座12次。年末，全镇有新农合参合农民37851人，参合率101.49%，有66599人次享受新农合补助资金150.3万元。

【人民生活】 2011年，大屯镇农民人均有粮187千克，肉265千克，禽蛋55千克。全镇对860名农村富余劳动力进行培训，并对760名富余劳动力进行转移就业。巩固温饱人口(668～924元)150人，解决温饱人口（668元以下）150人。向全镇农村低保户1086户1300人发放低保金819000元。向全镇城镇低保对象3598户5210人发放低保金1189.45元。将失地贫困农民2507户3185人纳入城镇低保，实现了动态管理下的“应保才保”。为农村特困医疗救助对象151人发放救助金100548元。发放临时救助金118人41800元，灾后民房重建补助33户27000元，发放救济粮694户13390公斤，发放棉被300床。在春节、中秋、八一期间，镇党委、镇政府对五保户、农村低保户进行慰问，共发放农村低保对象春节一次性生活补助93000元、农村低保对象春节慰问金46500元、五保户一次性生活补助6300元、五保户春节慰问金2950元、农村低保户临时补助39000元、五保户临时价格补贴10335元，发放农村低保户、五保户春节慰问品430份，发放中秋慰问品81份。春节慰问优抚对象493人，发放慰问品、慰问金49300元，八一慰问优抚对象503人，发放慰问金50300元，发放两参人员补助169人470070元、支前民工补助111人79920元、筑路民工补助101人71880元，其他各类定补262096.7元。全年全镇结婚登记378对，离婚登记118对，登记合格率100％，实现婚姻登记工作规范化、微机化管理。全镇有39个村民小组成立了老年协会，有3个老年活动室在年内新建，有22214人在年内参加新农保，为农村群众养老解决了后顾之忧。

【社会治安】 2011年，大屯镇进一步创新社会管理，以“四位一体”活动为载体，建立健全群防群治网络，大力开展法律法规宣传，加大刑事、治安案件查处力度，切实提高人民群众的安全感。全年大屯派出所共受理人民群众报警2000件，立各类刑事案件837件，破209件，破案率25%，实际破案306件（破年前案件97件），完成破案任务102%。受理各类行政案件292件，查处242件，查处率82.88%。抓获吸毒人员94人，清理登记暂住人口6754人。通过查破案件、查处行政案件和治安管理，共抓获各类违法犯罪人员415人，刑事拘留100人（其中逮捕80人，移送起诉72人），行政处罚107人(含行政拘留9人、行政罚款98人)，监视居住2人，强制戒毒65人，办理社康、社戒27人，其它处理114人。年内，受理和调解各类民间纠纷1384件，调解率100%，调解成功1342件，调解成功率96.97%；调处社会矛盾23件，成功调解19件，调解成功率82.61%；协助指导村（社区）人民调解委员会调解矛盾纠纷104件。深入开展“五五”普法和“三五”依法治镇宣传活动，在辖区16所中小学授法制课16次，利用各种节假日举办大型宣传活动40场，发放各类宣传品、传单12余万份，现场解答群众咨询600人，使15万以上人次受到教育。

【主要领导干部】 镇党委书记闫　宁，镇人大主席董　坤，镇长普　锐（女）。

（撰稿：李金秀）

鸡街镇

【人口民族】 2011年，鸡街镇有“一点连四（市）县”之利，东南距州府蒙自市26公里，南距个旧市区23公里，西距建水县50余公里，北距开远市28公里，夏无酷暑、冬无严寒，年均气温18.5℃，年均降雨量700毫米左右。全镇辖16个村委会(105

个村民小组，96个自然村）、2个社区，国土面积275.92平方公里，耕地面积35721亩，实有人口54237人，居住着汉、回、彝、壮、傣、苗、哈尼等13个民族。

【经济概貌】 2011年,鸡街镇工业总产值56亿元，农村经济总收入18亿元，农民人均纯收入6213元；财政总收入2.0093亿元，其中地方一般预算收入6613万元，地方一般预算支出2866万元。

【乡镇企业】 2011年,鸡街镇全面实施“工业强镇”战略,加大招商引资,推进“一流工业园区”建设,抓住有色金属价格大幅上扬的有利时机，鼓励乡镇有色金属冶炼企业增加生产。充分发挥企业办、安监站、环保办、社会劳动保障所的职能，做好乡镇企业服务工作，积极协调电力管理部门，帮助企业克服停电限电等困难，促进企业提质增效。全镇共有企业1780个，从业人员12616人。其中私营企业117个，从业人员7611人；规模以上企业19个，从业人员4808人;个体工商户1663户，从业人员5005人。

全年，全镇完成企业总收入34亿元、工业总产值56亿元、工业增加值9.14亿元、工业销售总产值41.46亿元、利润总额5242万元、上交税金（企业实报）6956万元、固定资产投资4.06亿元；生产粗铅3.3万吨、精铅1.9万吨、粗锡4048吨、焊锡325吨、精锡1.5万吨、粗铜7726吨、硫酸15471吨、磷酸94吨。

【农业生产】 2011年，鸡街镇农作物总播种面积71986亩（含复种指数）。总播种面积中，夏收农作物播种面积27610亩，其中粮豆面积12363亩，总产3013.7吨（其中小麦面积4379亩，总产763吨；杂粮面积6891亩，总产1885吨；豆类面积478亩，总产90.6吨；薯类面积615亩，总产275.1吨）；其他农作物面积15247亩（其中蔬菜面积10684亩，总产16026吨；瓜类含果用瓜面积1774亩，总产3271吨；青饲料2563亩）。秋收农作物播种面积44376亩，其中粮食作物面积25963亩，总产9758.43吨（其中稻谷面积9949亩，总产5213.16吨；包谷14784亩，总产4049.26吨；豆类50亩，总产2吨；薯类1180亩，总产494.01吨）；经济作物面积3532亩（其中花生786亩，总产741.25吨；向日葵41亩，总产24.6吨；甘蔗2555亩，总产45800吨；烤烟种植150亩）；其他农作播种面积14881亩（其中蔬菜12569亩，总产17152吨；果用瓜类280亩，总产560吨；青饲料面积2032亩）。

年内，上乍甸春红果蔬种植专业合作社发展巴西蘑菇大棚30个，占地15000平方米，投入资金60万元（其中上级补助3万元、整合资金57万元），18户72人受益，解决农村富余劳动力1500人。下乍甸芦笋专业合作社发展黄花菜种苗引种20万株（5亩大棚设施开展试验），并常规种植黄花菜200亩，投入资金15万元（其中申请上级补助6万元）。

境内冬季农业开发主要在平缓的坝区，一般为稻后蔬菜种植，品种有番茄、辣椒、茄子、西瓜、白菜、萝卜、洋葱等几十个。较有规模的是倘甸片的玉米制种订单项目。年末，全镇设施大棚面积增加到6000亩，其中4000多亩种植甜椒、番茄、空心菜等经济作物（亩均收入上万元），300多户种植户年均收入增加7000～8000元；1000多亩种植洋葱，400多户种植户年均收入增加5000元。

水果种植主要在乍甸片和倘甸片。乍甸片的鲁沙梨已成品牌，种植面积4382亩，产量6306吨，产值3783.6万元；倘甸片的葡萄种植已发展到500多亩，产品口感好，亩均产值万元以上。

畜牧业继续以改良家畜品种、推广优质牧草和饲料为抓手，以科学技术为动力，持续健康发展。全年，全镇完成牛冻精改良3885头、猪杂交改良10800头、仔猪培育7900头、母猪整群1500头，生产青饲料50000吨、氨化饲料25000吨、优质牧草7240亩，实现肉类总产10698吨，其中肉猪出栏96180头、肉牛出栏2494头、肉羊出栏2312只、肉禽出栏374450只，禽蛋总产1649.5吨、奶类总产15900吨。

全镇农村家庭承包耕地面积35101.53亩，承包农户9701户，土地流转面积3580.1亩，其中转包2851.6亩、出租568.4亩、转让113.5亩、其他32亩。流转出土地的农户648户，流转入农户的土地面积2577.2亩，流转入企业的土地面积276亩。这些土地用于种植粮食作物118亩，用于其他用途2614亩。全镇完成富余劳动力转移培训任务21200人，转移就业18600人。

【第三产业】 2011年，鸡街镇有集贸市场3个，食品生产加工个体工商户248个,商场商店144个,宾馆9家，KTV娱乐室（厅）50个，网吧游戏室15间，餐馆饭店46个，鱼庄67家，车辆修理厂19个，从业人员11495人。年内，镇政府进一步加快第三产业建设步伐，着力抓好四项工作：一是抓商品集贸市场的服务与管理，打击假冒伪劣商品，规范经营行为，整治市场秩序，促进商品流通；二是切实做好物流中心建设的前期准备工作；三是引导旅游服务企业加强旅游文化建设，研究开发具有地方民族文化特色的旅游服务产品，提高竞争力；四是继续抓好农家乐旅游监督管理，提高经营者水平，加快旧寨隧道温泉开发进程。

【基础设施】 2011年，鸡街镇莲花池新农村示范区建设工程投入资金1408万元，完成征地242.6448亩；便民服务中心主楼、鸡街法庭、计生服务站等主体工程已建设完工；鸡街中心小学工程已竣工投入使用。

冷－清公路延长线鸡－个公路改扩建工程自上年6月开工以来，至2011年5月10日止累计完成投资37000万元，占计划总投资58.7%。在改扩建工程中，建安工程量累计完成28000万元，占建安工程总额56.76%。其中完成路基土石方工程323.2万立方米，占设计总量86.72%；防护工程10.89万立方米，占设计总量90.98%；桥梁桩基412根，占设计总量100%；梁板93片，占设计总量13.19%。整个工程已进入墩柱和梁板施工阶段，部分桥梁已开始架梁板；路基工程进展顺利，部分路段即将进入路面施工；绿化、交通工程正在开展施工前的准备工作。

沙甸河治理改造工程征地工作从2011年3月开始至6月止，已完成鸡街段河道的征地丈量、补偿款兑付工作。鸡街段河道改造工程共涉及2个村委会（小芭蕉和鸡街）、3个村小组、217户农户，征地总面积20.5903亩，支付征地补偿款73.025万元。

【新农村建设】 2011年，鸡街镇阿乃寨、倘甸四组、包家庄等12个村小组的新农村建设项目顺利通过检查验收。项目分别完成村道路硬化7.778公里，建盖多功能活动中心3幢1120平方米，绿化街道1300米，安装路灯64盏，新建垃圾池4个、人畜饮水池1个、公厕1个、沟渠1条370米，总投资315.6万元（其中省级投入30万元、州级投入15万元、市级投入90万元、村集体投入150.1万元，其它投入30.5万元，义务投工投劳8860个）。

【教育】 2011年，鸡街镇中心小学新校址建设工程全面竣工，学校顺利完成搬迁工作。乍甸小学、倘甸小学扩容提升改造工程稳步推进，办学条件进一步改善。“两基”成果持续巩固，小学、初中入学率保持100%。中考600分以上28人，尊师重教蔚然成风。

【人民生活】 2011年，鸡街镇惠民政策得到全面落实，受理家电下乡产品942件，补贴资金22.53万元；受理汽车摩托车下乡323辆，补贴金额56.07万元；兑现综合直补188万元、粮种补贴79万元、库区移民补助资金4.4万元、退耕还林补助169万元。继续实施农村居民地震安居工程、扶贫整村推进等项目；进一步改善城乡医疗、卫生、社会保障等条件，新农合参合率98.8%，新农保参保率86.2%。全年全镇发放各类定补及救济款151.69万元；医疗救助金41.54万元；复员退役参战人员优抚金、生活补贴60.95万元；低保金705.48万元；“五保”对象补助金49.2万元；残疾人康复、精神病防治服药、白内障筛查、“阳光托养”等补助35.89万元。生态建设进一步加强，全年开展环境监察记录661份，妥善解决突发污染纠纷15件，勒令停产整改企业8家，关闭选矿企业4家，征缴排污费222.4万元；完成造林800亩、退耕还林补植203亩。精神文明成果喜人，鸡街镇获个旧市“文明乡镇”、“平安乡镇”荣誉称号；小甸头村通过国家级文明村寨复检工作，草里苑、福家营、文兴村、石榴等4个村被授予个旧市文明村寨称号。

【文化·计划生育】 2011年，鸡街镇始终抓紧抓好人口与计划生育工作，认真落实“奖优免补”等各项政策措施，切实控制人口数量，努力提高人口质量，计划生育率达到96.11%，人口自然增长率控制在3.53‰以内。年内，镇文化站广泛开展形式多样的文化活动，举办大型广场文艺演出活动2次，小型文艺演出25次，观众万人以上；举办书画摄影展2次，展出作品300幅。7月，全镇有线电视产权划转网络公司，并成功接入数字电视，极大地丰富了人民群众的精神文化生活。

【社会治安】 2011年，鸡街镇党委、政府以科学发展观为指导，以构建社会主义和谐社会为目标，以维护稳定为前提，全面开展各项社会治安工作，为全镇的平安和谐、社会进步、经济发展作出了积极的贡献。一、打造社会稳控网。一是组建群众工作站。在镇村两级成立综治信访维稳中心（群众工作服务站），实现“统一受理，集中梳理，属地管理，依法办理，就地处理”一体化运作。二是建立城市监控系统。在全镇重点路段、校园周边和人员密集场所安装城市监控系统，一期设置探头19枚，打造全方位、全天候的科技防范网络。三是组建治安联防队。多渠道筹集资金220万元，建立50人编制的保安联防大队（下辖巡防、交管、警犬3个中队），统一实行军事化管理，进一步强化社会面上的治安防控。四是成立治保组织。在社区、村委会设立治保会，在村小组设立治保小组，实现村组治保工作上下协作一条线。五是日益壮大群众自治组织。兴业村、上乍甸等村寨，红河锌联、成功冶炼等企业，鸡街中心校、十二中等学校自发成立护村队、护厂队、护校队等组织，在治安巡逻、防火防盗、化解纠纷等方面发挥了积极作用。二、打造社会和谐网。一是深入开展法制宣传教育活动。举办形式多样的法制宣传活动，提高广大群众法制观念，增强公民学法、懂法、遵纪守法的自觉性；设立10万元的“见义勇为基金”，倡导见义勇为精神，激励广大群众勇于同违法犯罪作斗争。二是认真贯彻民族宗教政策，大力促进民族团结、宗教和顺。以省级民族团结示范区建设为契机，不断巩固和发展各族人民大团结；倡导各宗教“和合共生”、共同发展，促进宗教和谐发展。

通过社会稳控网和社会和谐网的打造，全镇社会治安明显好转。全年，全镇立刑事案件432件，破97件，破案率22.45%；受理治安案件234起，查处199起，查处率85%。派出所针对辖区吸毒人员开展集中收戒专项行动，送强制戒毒96人次，社区矫正康复15人次；破获毒品刑事案件4件；查处毒品刑事案件4件、毒品违法案件108件。

【建设四位一体工作模式】 2011年，鸡街镇党委、政府认真贯彻落实中共十七大精神和科学发展观，始终坚持立党为公、执政为民的宗旨，创新工作思路，努力构建“四位一体”工作模式，提高执政能力和领导水平，方便群众办事。年内，鸡街镇结合新时期群众工作实际，率先在全市成立群众工作服务站（即综治信访维稳中心），并推行“三包”服务。一是群众工作站包面。在政府驻地设立群众工作服务站，由党委书记牵头总抓，负责全镇重点、难点、热点群众事务的办理；在16个村委会设立群众工作二级服务站，由镇党政班子成员兼任站长，村委会总支书记、主任任副站长、村两委委员为成员，负责村级综治信访维稳工作；在村小组设立群众工作联系点，负责群众日常事务的联系、沟通和办理。通过上述3级工作服务站点的设置，形成一镇一总站、一村一分站、一小组一联系点的格局，实现群众工作全覆盖。二是党政领导包村。全镇13名党政领导和3名党委委员，对16个村委会实行“一对一”包保结对帮扶。以“包产业发展、包矛盾协调、包党（村）务公开、包上情下达”等为主要内容，全力帮助结对村理清发展思路，引进发展项目，协助村干部及时化解各类不稳定因素。要求包村领导每月至少深入所联系村委会2次，每周至少电话联系1次，随时了解村情社情，及时解决各类矛盾、困难和问题。三是机关干部包组。全镇精选105名熟悉农村基层、群众基础较好、掌握一定专业技能的机关干部结对105个村小组。以“联络、帮扶、服务”为重点，明确包村小组干部的职责，细化年度帮扶目标、任务，并纳入对机关干部的年终考核。要求包村小组干部每月进村入户不少于2次，并在入村期间全力帮助所联系群众解决生产生活中的困难和问题。同时，在群众与包村小组干部之间推行“一线通”服务，群众需党委、政府办理的日常事务，可通过电话联系，由包村小组干部免费全程代办。

【主要领导干部】 党委书记钟红莊，人大主席李建辉，镇长马　龙。

（撰稿：李赵玉）

老厂镇

【人口民族】 2011年，老厂镇辖1个社区，3个村民委员会，15个村民小组。年末总户数4777户，总人口12805人，其中男7142人、女5633人；农业人口5273人、非农业人口7532人。农业人口占全镇总人口41%；年内出生78人，出生率11.8‰；死亡32人，死亡率4.9‰；人口自然增长率6.3‰。人口密度每平方公里120人。千人以上的世居民族有汉、彝两种民族，其中汉族6348人、占总人口49.6%，彝族5623人、占总人口44%。

【经济概貌】 2011年，老厂镇仍然是一个以工矿业为主，非公经济发展迅速的乡镇，辖区国有、民营工矿企业众多，形成矿业、农业互相交织，互相促进的格局。全年全镇完成农村经济总收入21960万元，同比增长6.6%；全年财政预算拨款支出736.21万元，完成年计划105.47%，其中财政基本预算拨款支出506万元，完成年计划101.69%；财政项目预算拨款支出230.21万元，完成年计划114.85%；乡镇企业增加值完成4651万元，为去年同期的128.62%；工业增加值完成3506万元，为去年同期的133.35%；企业总产值完成14626万元，为去年同期的100.11%；工业总产值完成11016万元，为去年同期的104.2%；企业总收入完成15404万元，为去年同期的100.03%；工业销售产值完成9060万元，为去年同期的108.91%；利润完成406万元，为去年同期的135.33%。社会固定资产投资完成2550万元，完成计划102%；农林牧业总产值完成9036.50万元，同比增长27%；农民人均纯收入5706元，同比增长15%。

【农业生产】 2011年，老厂镇积极克服旱灾影响，农业生产保持平稳增长。完成农作物总播种面积25490亩，其中粮食8600亩（包谷5000亩，陆稻750亩，荞子800亩，小麦800亩，豆类1250亩）；经济作物16890亩（蔬菜10750亩，烤烟950亩，甘蔗1540亩，生物药材2850亩，油料300亩，青饲料500亩）。粮经比为33.7：66.3。粮食产量1910吨，比去年增加8吨，甘蔗产量4620吨，比去年增加1776吨，蔬菜产量14307吨，比去年增加6725吨。烤烟生产稳步发展，全年种植烤烟950亩，完成烤烟收购量129.14吨、收购金额242.77万元（完成任务107.6%），为烟农创收132.60万元。全年生猪存栏4140头，出栏8502头；牛存栏1932头，出栏750头（比去年增长33%）；羊存栏4478只，羊出栏4150只；家禽出笼18000只；肉类总产量1048.3吨，禽蛋总产量40吨。对门山中草药种植协会、大箐和小大坡种草养畜协会积极开展科技种养殖活动，有力地促进了特色产业的产业化、规模化发展。全镇种植生物药材2850亩，其中大草乌1250亩，三七1600亩。牧草种植6100亩，规模养殖户68户，其中年出栏牛50头以上的2户，年出栏羊50只以上的20户。加大农村富余劳动力培训及转移力度，全年培训人数263人，转移202人。草原生态保护补助奖励工作有序开展，发放草原生态保护奖励资金10.34万元，全镇有1216户农户受益。

【乡镇企业】 2011年，老厂镇有股份制企业1户、有限责任公司11户、私营企业5户、个体企业451户，从业人员3111人；完成乡镇企业增加值4651万元，为去年同期的128.62%；完成工业增加值3506万元，为去年同期的133.35%；完成企业总产值14626万元，为去年同期的100.11%；完成工业总产值11016万元，为去年同期的104.2%；完成企业总收入15404万元，为去年同期的100.03%；完成工业销售产值9060万元，为去年同期的108.91%；完成利润406万元，为去年同期的135.33%。

【基础设施】 2011年，老厂镇始终把基础设施建设摆在重要位置，切实加大农村基础设施建设资金投入力度，投资115万元分别完成木登硐、马鹿塘、补东老寨和补东新寨等省、州、市级新农村建设、扶贫整村推进及"一事一议"项目。五小水利工程建设成效明显，建成120个小水窖；投资13.5万元，建成小大坡村大牲畜饮水塘，有效缓解了人畜饮水困难问题。争取上级补助资金27万元，完成农危房改造27户162平方米。投资6万元在对门山至老阴山安装宣传栏6块；投资10万元完成镇政府门口空地改造400平方米；拆除老厂街存在安全隐患的架空钢架和水管150米，进一步美化了镇容镇貌。老厂农村五级客运站建设前期准备工作正紧张有序地开展。

【教育·科技】 2011年，老厂镇有小学7所，在校学生2355人，小学入学率、年巩固率、完学率均100%；中学1所，在校学生657人，初中入学率98.52%、年巩固率98%。在年内的小学升初中考试中，考取个旧中学的学生13人。马鹿塘小学"香港全人基金教学楼"、十七中教学综合楼、教师廉租房建设项目即将竣工投入使用。年内，老厂镇投入近50万元，为老厂中心小学等7个校点配置更新教育教学设备，办学环境和条件得到明显改善。

大力推广农科技术，广泛组织新型农民技术培训、科技活动周、农村科技致富带头人实地培训等活动，并收到明显效果。举办各种实用技术培训班6期，培训农民463人次。其中甘蔗种植技术培训2期，培训人数204人次；畜禽疫病防治培训4期，培训人数259人次。开展田间地头科技咨询服务34次，服务农民1103人次，发放科技宣传资料1000多份，投入培训费用20000余元。

【文化·卫生】 2011年，老厂镇“村村通”工程成效明显，惠及农户400余户，有效地解决了边远山区群众看电视难问题。建成小大坡村、木登硐村、马鹿塘村文体活动场所3个，建成老厂社区、对门山村委会农家书屋2个，每个书屋藏书1500余册、光盘100余张，改善了群众基层文体活动设施。在对门山村委会、羊坝底村委会安装干部远程教育卫星接收终端，解决了基层干部学习难的问题。

年内，全镇计划生育工作顺利完成市级下达的各项指标，计划生育率指标93.5%，实际完成96.2%；综合节育率指标85%，实际完成85.5%；优生节育率指标79.8%，实际完成80.04%；避孕及时率指标72%，实际完成72%；长效手术任务指标80例，实际完成87例。

【社会治安】 2011年，老厂镇“五五”普法和“三五”依法治镇工作扎实推进，投入综治经费20.5万元，举办法律专题讲座3次（培训240余人次），开展法制宣传活动5次，排查各类矛盾纠纷13次，接待群众来信来访127人次，调处各种民间纠纷116件（调解成功116件，调处成功率100%）。信访工作被市政府评为一等奖。

辖区共接待各类报警518件，立刑事案件254件，破88件，破案率34.6%；抓获吸毒人员60人，送强制戒毒60人。受理治安案件169件，查处156件，收缴管制刀具15把。“治大隐患，防大事故”、安全生产大检查、民爆物品管理专项整治行动等取得实效。全年，全镇开展安全生产专项整治9次、专项检查11次，培训单位负责人、企业厂长（经理）、安全管理人员、特种作业人员1419人次，安全管理人员的安全意识和业务监管技能进一步提高，事故应急救援演练和队伍建设进一步加强，私挖盗采非法生产行为受到有力打击，未发生一起较大以上的生产安全事故。

【人民生活】 2011年，老厂镇民生工作坚持“以人为本，为民解困，为民服务”的宗旨，切实做好便民服务工作。全镇低保总户数760户、享受人数905人，全年发放低保金279.67万元（其中城镇221户305人233.41万元；农村539户600人46.26万元）。为600名农村低保对象、33名城镇优抚对象及10名低保边缘人群办理个旧市《医疗救助证》，并为患有重病的低保等特困对象发放临时救助金4.1万元，受益人数110人次；开展医疗救助52人次，发放救助金3.48万元；支付老厂医院医疗补助金0.49万元，救助人数20人。圆满完成城乡居民新型养老保险试点工作，农村参保2242人，参保率80%；城镇参保333人，参保率35%。

【抗旱救灾】 2011年，老厂镇因遭受干旱造成烤烟栽种困难。面对旱情镇政府积极应对，投入资金7万元、人力479人次，其中各级干部123人次，出动车辆407辆次，拉水563方，共抢种烤烟230亩，为农户挽回经济损失15万元。进入汛期以后，因洪涝灾害造成老厂镇农作物受灾1532亩，其中经济作物612亩。镇政府根据市防汛指挥部的安排，实行24小时值班制度，配备专车及时解决抢险救灾出现的问题。各村委会、村民小组相应成立以党员、团员和民兵为主的抢险队伍，全力投身抗洪救灾工作。在此次抗洪救灾中，全镇投入抢险人员1243人次、车辆47辆次，挽回经济损失24万多元。为解决农村人畜饮水问题，老厂镇积极开展五小水利工程建设，建成小水窖120个，投资13.5万元在小大坡村小组建设大牲畜饮水塘1个。

【石漠化治理】 2011年，老厂镇石漠化综合治理项目在对门山顺利开展。石漠化治理由林草植被建设、草食畜牧业发展、小型水利水保措施等组成。全年，全镇完成岩溶土地治理面积41平方公里；新增林草植被面积744.53平方公里，其中人工造林571.93公顷，草地改良172.6公顷，项目区森林覆盖率提高6.05个百分点，每年减少土壤侵蚀量2.07万吨；完成棚圈建设2400平方米，建成青储窖1000立方米，购置饲草机械21台；完成坡改梯

41.33 公顷，建成配套生产便道 9.30 公里，建小水窖 20 口。

【主要领导干部】 党委书记杨　帆，人大主席周福祥，镇长张　跃。

（撰稿：王凤黎）

卡房镇

【人口民族】 2011 年，卡房镇辖 15 个村委会，102 个村民小组，1 个社区。年末总户数 9910 户，总人口 37976 人。农业人口 32472 人，占总人口 85.5%；年内出生 426 人，出生率 12.96‰；死亡 171 人，死亡率 5.2‰；人口自然增长率　7.76‰；人口密度每平方千米 110 人。千人以上世居民族有汉族、彝族和苗族。其中汉族 15344 人，占总人口 40.4%；彝族 16497 人，占总人口 43.44%；苗族 5552 人，占总人口 14.62%。

【经济概貌】 2011 年，卡房镇地方工农业总产值 106429 万元，比上年增长 5.7%。其中农业总产值 13577 万元（可比价），比上年增长 7%；工业总产值 92852 万元，比上年增长 5.6%。农村经济总收入 35934 万元，比上年增长 6%；农民人均净收入 3688 元，比上年增长 8%；地方财政一般预算支出完成 963 万元。金融部门年末各项存款余额 33763 万元，累计发放贷款 11168 万元，收回贷款 10325 万元。集贸市场 3 个，市场繁荣，购销活跃。

【农业生产】 2011年，卡房镇有乡村从业人员19610人，其中农业从业人员14986人。有耕地35084亩，其中水田515 亩，旱地34586亩。农业人口人均占有耕地1.14亩。农业机械总动力3366.39万瓦特。全镇加快发展优质高效农业，大力发展粮、蔬、果、林、烟、药、马铃薯、甜龙竹、甜脆柿等9大农产品的规模化种植。全年播种面积83708亩，粮豆面积59241亩，总产量17836吨。农民人均有粮578.6千克。种植烤烟7500亩，产量1124.6吨，获经济收入2156万元。种植蔬菜10230亩，产量5907吨。有果园1989亩，产水果1034吨。种植糯玉米280亩，农民增收15万元。种植药材2015亩，其中三七1500亩，农民增收7500万元。冬季农业开发卓有成效，种植面积17500亩，总产量5000吨。年末，生猪存栏40960头，出栏47130头；大牲畜存栏4296头，出栏1580头；羊存栏2718只，出栏3425只。肉类总产量6079吨。荒山造林面积30亩。建沼气池25口。建水窖709口，其中生活水窖709口。

【乡镇企业】 2011 年，卡房镇乡镇企业继续以有色金属生产、矿山采选为主，以汽车修理、农具修造、饮食、建筑等为补充，保持快速、健康发展。年内，全镇有集体企业 4 户、个体工商户 979 户，从业人员 6441 人，完成工业固定资产投资 9682 万元、总收入 92109 万元（比上年增长 4.7%）、税金 496.5 万元。

【基础设施】 2011 年，卡房镇围绕民生问题，努力改善集镇生产、生活环境，加快基础设施建设步伐。投资 750 万元连通个旧九中至新区的柏油路面建设；投资 6400 万元、引进资金 6000 余万元为加快新区建设提供了有力保障；投资 400 余万元完成 5.1 公里延长线道路改造工程，提高道路通行质量。

【交通·邮电】 2011 年，卡房镇有机动车 1980 辆，其中面包车 472 辆、摩托车 183 辆。完成货运量 90 万吨，专线公交车完成客运量 55 万人次。面包车完成短途客运 12 万人次。全年邮政业务总收入 17 万元，完成进口特快邮件 3600 件、出口特快邮件 1640 件，收订各种报刊 85000 份。全镇有电话机 3000 部，移动电话 11527 部。

【教育·科技】 2011 年，卡房镇有中学 1 所，在校学生 939 人，教职工 75 人。中学升学率 83.7%，毕业率 100%，巩固率 98.7%。有小学 27 所（其中村委会中心校 16 所，村小 11 所），在校学生 3418 人，教师 243 人。适龄儿童入学率 99.91%，完学率 98.85%，巩固率 99.73%。全年投入教育经费 1726 元。年内，全镇举办各种科技培训会、班 76 期，培训 6836 人次，印发科技资料 7320 份，提供科技咨询服务 1800 人次，有 83 人经考试获得绿色资格证书。

【文化·体育·卫生】 2011 年，卡房镇有村委会文化室 15 个、业余宣传队 6 支、村小组文化活动室 59 个、卡拉 OK 厅 27 个、电子游戏室 13 个、音像图书店7个。组织开展农村文艺演出32场，观众6400余人次，协助市委“三下乡”文艺演出3场，观众1670余人次。全镇拥有卫星接收点2514个，有线电视用户3154户，受益人数31205人，电视覆盖率98%。年内，又有18个村民小组实现广播电视村村通。各文化室积极组织拔河、象棋、跑步、双扣等多项文体活动，丰富群众业余文化生活。全镇有镇卫生院1所、职工医院2所，职工120人，其中专业技术人员105人，病床160张，开设内、儿、妇产、中医、口腔、放射、防保等8个科室，全年门诊量12万人次。村卫生所14个，有乡村医生36人。镇卫生院加大基础设施建设，投入资金210余万元，进一步改善软硬件条件，提高医疗水平。积极开展全民健康教育，继续做好妇幼保健工作，卡介苗、脊灰苗、麻疹、乙肝、白百破等免疫疫苗接种2347人，有效控制各类传染病。“新农合”工作继续向前推进，农民参合率99.54%，缓解了农民看病难、看病贵的问题。

【人民生活】 2011年，卡房镇农民人均所得3688元，比上年增长8%。年末人均储蓄存款5320元，年人均占有蔬菜660千克，肉类、禽蛋197千克。镇区住房总面积8.3万平方米，人均13.1平方米。全镇有私家汽车472辆、摩托车183辆、手扶拖拉机105辆，电视机、电冰箱、洗衣机等家用电器在集镇已经普及，彩色电视机、电冰箱正向农村逐步普及。参加保险6200人，累计收取保险费141.4万元。供养社会孤、老、残、幼人员102人。国家救济5723人次，发放城镇居民最低生活保障金90.94万元。年内，解决就业、劳动力转移527人次，办理再就业优惠证512本、失业证105本。参加农村合作医疗29500人，报销住院费240万元。

【社会治安】 2011年，卡房镇认真按照“五五”普法教育和“三五”依法治镇工作安排，积极开展创建“平安乡镇”、“无毒乡镇”、“无邪教乡镇”（村、社区）等活动，把社会治安治理工作落实到基层，取得新效果。年内有治保、调解组织124个，成员381人。有专、兼职联防队13支，初步形成治安防范网络。全年发生各类刑事案件172件，侦破82件，破案率47.7%。治安案件149件，查处137件，查处率91.95%。培训普法宣传员和村调解员380余人，调解各类矛盾纠纷173件。全镇法制教育和依法制镇工作取得成效。

【安全生产】 2011年，卡房镇坚决贯彻落实《国务院关于进一步加强企业安全生产工作的通知》，有效遏制重特大生产安全事故的发生。成立安全生产工作领导小组，召开矿山安全生产专题研究会议9次，举办安全生产培训班4期。坚持日常动态巡查与集中清理整治相结合，成立矿山巡查队，建立相应的工作台账，与34个持证企业、91个选矿厂、16个村委会签订安全生产责任书，配备专兼职安全员，对辖区矿山、坑道、选厂、尾矿塘、炸药库等开展安全隐患排查，对存在的问题及时进行整改。制度的坚持，措施的完善，有效地维护了矿区良好的生产秩序，安全生产形势得到全面好转，形成安全工作责任明确、齐抓共管的良好局面。

【交通安全】 2011年，卡房镇政府高度重视道路交通安全工作，制定《道路交通应急预案》，建立和完善农村道路交通安全长效机制。聘请农村道路交通安全管理员17人、交通协管员20人，对全镇15个村委会的道路交通安全工作进行管理，严厉打击无牌无证机动车载人等违法违规行为，加强路检路查工作。年内，配合公安、交警上路查车19次，出动人员230人次，强化对重点道路、重点时段及违法行为的管控，收缴黑车132辆，纠正违法车辆172辆次，有力地打击了违法驾车行为。投资1.7万元制作交通警示标志32块，路边护墩32个，排查通村道路安全隐患11次。

【防汛防灾】 2011年，卡房镇进一步加强防汛防灾工作，制定工作预案，成立抗灾救灾指挥部。镇政府与各有关单位签订安全责任书，要求做好防范工作，并在汛期严密监控灾情。向处于滑坡泥石流灾害的单位及住户发放《防灾工作明白卡》和《防灾避险明白卡》，告知防灾注意事项、防灾措施等，提前做好防灾准备。坚持汛期值班制度、险情巡视制度和防灾快报制度，对各个重点灾害隐患区实行分片包干，做到责任到具体单位和人员。安排人员24小时监测，执行检测情况一日一报和一日多报制。投资21200元清理防洪沟107米，清除洪灾隐患。

【整村推进】 2011年，卡房镇加期咪、小河沟、乌底坡、塘子边等4个村小组被列为整村推进项目建设村。投入资金282.36万元，其中省、州、市投入60万元，镇级投入6万元，一事一议资金37万元，群众自筹51.1万元，群众集资3.5万元，整合资金69万元，投劳折资55.76万元。完成道路硬化7.2公里；建成综合文化活动室3幢775平方米；举办实用技术培训12期，培训农民1030人次。农民自筹51.1万元，用于发展优势产业，种植烤烟200亩、洋芋600亩、草果800亩、甜龙竹200亩。小额信贷贷款350万元，惠及农户347户1544人，其中用于种植业271.5万元、养殖业78.3万元、贴息17.5万元。脱贫绝对贫困73户303人、低收入贫困人口96户453人。

【主要领导干部】 镇党委书记王家新，人大主席杨壮国，镇长赵正田。

（撰稿：王兴成）

蔓耗镇

【人口民族】 2011年，蔓耗镇户籍总户数1573户，其中乡村人口户数1244户；总人口5828人，其中男2986人、女2842人；农业人口5354人、非农业人口474人，农业人口占总人口91.9%；年内出生53人，死亡47人，死亡率8.1‰，人口自然增长率1‰。人口密度每平方公里61.6人。千人以上世居民族有汉族、彝族，其中汉族1167人、占总人口20%，彝族2956人、占50.7%。

【经济概貌】 2011年，蔓耗镇面对年初低温冰冻自然灾害和下半年干旱带来的严重影响，经受住严峻考验，战胜了在经济社会发展进程中的诸多困难和问题，实现工业总产值7300万元，同比增长11.3%；农村社会经济总收入3435万元，同比增长0.6%；地方财政支出561万元，为市级核定数104.5%，同比下降10.2%；固定资产投资10015万元，同比下降4.6%；金融部门年末各项存款余额15146万元，比年初增长1.7%；累计发放贷款5557万元，同比增长28%；收回贷款2544万元，同比增长5%；新增注册资金130万元；集市贸易成交额860万元。

【农业生产】 2011年，蔓耗镇有乡村从业人员3352人，其中农业从业人员2894人。耕地面积18387亩，其中水田330亩、旱地18057亩；农业人口人均占有耕地3.4亩；农业机械总动力252万瓦特。年内，全镇种植粮豆7610亩，总产1876吨，产量同比增长38.9%；农民人均有粮350.4公斤，同比增长35.6%；种植木薯10600亩，总产18160吨，产量同比下降13.6%；果园面积19817亩，水果产量17073吨，产量同比增长5.1%；其中香蕉10810亩，总产12680吨，产量同比下降5%；芒果7060亩，总产2050吨；木瓜1500亩，总产2250吨，产量同比增长200%；其他447亩，总产93吨。全年出栏肉猪5880头、肉牛510头、家禽32200只，肉类总产723.2吨，禽蛋总产9.2吨；实施动物免疫注射15400次，上市畜、禽、肉检疫率100%，检疫出证率100%。发放能繁母猪补贴1万元。

【乡镇企业】 2011年，蔓耗镇有企业330个。其中工业企业28个，建筑业企业1个，交通运输企业145个，批发零售企业123个，其他企业33个。乡镇企业有股份制企业3个，从业人员1029人。全镇完成乡镇企业增加值2537万元，工业增加值2010万元，乡镇企业总收入8845万元（总收入同比下降3.9%），上缴税金281万元。

【重大项目建设】 2011年7月28日，蔓耗镇境内的马堵山电站三台机组成功并网发电，标志着马堵山电站全面建成投入使用。电站于2008年12月28日开工，2010年12月31日下闸蓄水，总投资27亿元，总装机容量28.8兆千瓦，总蓄水量××亿立方米。

贯穿蔓耗镇东西的冷清二级公路于2011年6月27日竣工投入使用，总投资12.6亿元，全长56公里，蔓耗境内长39.6公里，工程开工时间为2009年12月。

位于蔓耗镇境内的横跨红河的蛮板大桥于2011年12月28日竣工投入使用。大桥长313.16米，宽8米，总投资3685万元，开工时间为2009年12月。

【基础设施】 2011年，蔓耗镇村镇配套工程建设稳步推进。投资107万元，完成镇机关食堂及职工宿舍楼建设。投资14万元，完成蔓耗村委会办公楼扩建。投资63万元，建成一道沟村活动场地

480平方米、彩钢瓦大棚500平方米、卫生公厕1个18平方米。投资50余万元的马堵山村小组活动室建设正式启动。

农村水电路基础设施不断完善。投资4万元，安装一道沟引水管道3887米，村小组33户、138人的安全饮水问题得到解决。投资5.7万元，完成黄草坝水厂引水沟渠修复工程。投资41万元，完成水头村道路硬化550米。协调解决乍马孔村小组公益设施建设所需水泥100吨，补助水窖建设资金5万元。投资4.5万元，完成西都底村道路硬化400米。投资56万元，完成团结村农网改造工程。投资28万元，完成蔓耗新村道路硬化192米。投资16万元，完成黄草坝四组道路硬化200米。投资50万元，完成下平田村公路建设500米。投资30万元，完成西都底至乍马孔村公路修复工程。投资5.2万元，完成黑冲公路排水沟建设。

【邮电】 2011年，蔓耗镇实现中国电信、中国移动、中国联通等公司通讯信号全覆盖。全镇安装使用固定电话800部、各类手机3200部。

【教育·科技】 2011年，蔓耗镇投入镇中心小学校教育经费339.7万元。学校有在校学生642人，教职工52人，适龄儿童入学率100%、辍学率为零。市财政投入蔓耗镇境内的个旧市十六中教育经费233.8万元。市十六中有初中在校学生168人，有附属小学小学生208人，教职工38人，升学率100%，毕业率98%，辍学率为零。全年全镇举办各种培训会(班)14期1700人次，印发资料2500份。

【文化·体育·卫生】 2011年，蔓耗镇中心小学、镇卫生院继续保持市级文明单位。全镇有老年业余演出队3支、卡拉OK室2个、电子游戏室3个、网吧5个、茶室3个、美容美发厅9个。组织农村文艺队演出7场，观众2600人次；举办文体比赛活动3次，参加人数1230人次。镇文化站藏书4700册。全镇有线电视用户760户，电视覆盖率100%。年内，农村新型合作医疗参合农民5175人，参合率99%，大病补充险参保2087人次，参合受益率39.9%，减免费用总额49万元。全年，镇卫生院门诊量4.8万人次。

【人民生活】 2011年，蔓耗镇农民人均所得3110元，同比增长0.5%；人均占有肉奶蛋125.7公斤，同比增长14.3%；人均住房面积30平方米。全镇有私家车194辆、摩托车335辆、拖拉机11台、自行车76辆、电视机1480台、缝纫机108台、洗衣机670台、照相机345台、电脑170台。乡镇企业职工1029人，退休人员3人参加了养老保险。全镇社会供养孤、老、残、幼人员19人。

【以人为本，关注民生】 2011年，蔓耗镇兑现农资综合补贴21万元，良种补贴6万元。严格落实国家“两免一补”政策，免收学杂费、书本费385人，补助困难学生200人，补助费用15万元。发放小额贷款110万元，获贷农户110户480人；发放创业小额贷款5万元；担保贷款31万元。发放农村低保441户550人，发放资金50.2万元；发放城镇低保35户51人，发放资金12.5万元。新型农村养老保险参保人数2297人，代缴保费34万元，参保率90.3%。

【社会治安】 2011年，蔓耗镇公检法司队伍建设不断加强，办公设施、办公条件逐步改善，为打击犯罪、伸张正义、保一方平安，提供了强有力的保障。全年，全镇立刑事案件82起，破12起，破案率14.6%；立治安案件14起，查处14起；排查调解各类民事纠纷108起，调解成功106起；为群众提供救助服务16起。

【抗旱救灾】 2011年，蔓耗镇连年遭遇特大旱灾，给热带水果、经济作物造成不同程度的损失。香蕉受灾面积2000亩，直接经济损失200万元；木瓜受灾面积1000亩，绝收800亩，直接经济损失150万元；木薯受灾面积3000亩，直接经济损失50万元。面对严峻的旱灾，镇党委、镇政府迎难而上，全力抗旱救灾。

一是新建部分人畜饮水设施，确保人畜饮水安全。投资24万元，新建乍马孔村小组20立方米水窖47口；投资16.5万元，新建一道沟村小组20立方米水池1个，安装饮水管道3590米。

二是有重点地保障生产灌溉用水，把灾害损失降到最低限度。投资15万元，为黄草坝咖啡实验基地新建100立方米水池2个，安装水管3000米，灌溉面积300亩；投资5.1万元，为黄草坝小乌龟山香蕉园新建160立方米水池1个，安装水管900米，灌溉面积400亩；投资8万元，修建小蔓堤村独家坡沟渠810米,灌溉面积80亩。

三是一手抓抗旱，一手抓农业结构调整。投资20万元，扶持黄草坝兴农种植有限责任公司种植无公害咖啡500亩；投资5万元，在黄木树扶持农户养殖山地鸡。

【主要领导干部】 党委书记杨进恒，人大主席李　琼（女），镇长白世文。

（撰稿：周家行）

贾沙乡

【人口民族】 2011年，贾沙乡辖11个村民委员会，68个自然村（70个村民小组），居住着彝、汉、傣、壮、苗、回、哈尼、蒙古、瑶9个民族。年末，全乡总人口21327人，其中农业人口20513人，占总人口96%，非农业人口814人，占总人口4%。年内出生132人，出生率6‰，死亡52人，死亡率2.4‰，人口自然长率0.375%，人口密度每平方公里68人。传统民族节日有彝族火把节、苗族采花山节、傣族泼水节。

【经济概貌】 2011年，贾沙乡农村经济总收入7660万元，同比增长6.69%；乡镇企业总收入9480万元，同比增长1.02%；工业总产值7081万元；财政总收入364万元，同比增长3.95%；一般预算支出653.24万元，同比增长10.24%。农村信用社存款6800万元，比上年增加1571万元，全年发放贷款1003万元，收回贷款1003万元。

【农业生产】 2011年，贾沙乡继续加大对农业的投入和扶持，加快产业结构的调整，走优质、高产、高效的农业发展道路。全乡耕地面积27018亩，农作物播种面积69657亩，其中小麦4000亩、杂粮597亩、豆类10846亩、洋芋2435亩、稻谷6972亩、包谷17116亩、油菜2000亩、花生2970亩、甘蔗1400亩、烤烟3002亩、蔬菜16545亩、高粱730亩、木薯380亩、药材365亩。推广种植杂交水稻5752亩、杂交包谷16756亩。粮食总产量12683吨。烟叶总产量9800担，烤烟经济收入900万元。全乡有经济林果380亩，完成荒山造林6833亩。

全年生猪存栏26827头，出栏37627头；羊存栏4288头，出栏3650头；牛存栏8199头，出栏1653头；家禽存栏25612只，出栏55020只。肉类总产量4052吨。

【乡镇企业】 2011年，贾沙乡加强对矿山的治理整顿，引进资金、技术和人才，对矿产资源进行合理有效的开发，促进了采矿业的发展，增加了农民的经济收入。全乡有企业401个，其中集体企业2个、有限责任公司6个、个体私营企业393个，企业从业人员2190人。乡镇企业完成总收入9587万元，比上年同期增长1.12%。

【基础设施】 2011年，贾沙乡加快基础设施建设，在上级的大力支持下，顺利完成4个新农村建设项目和1个民族团结示范村项目，即贾沙村委会贾沙街挡土墙建设项目（省级）、围墙村委会坝堵寨村小组活动场所建设项目（州级）、围墙村委会石洞坝村小组活动场所建设项目（市级）、民云村委会大六方寨村小组活动场所建设项目（市级）、克勒大寨民族团结示范村村内道路硬化建设项目。争取到2个州级和10个市级村级公益事业建设一事一议财政奖补项目，涉及道路硬化建设2条、新建村内公共活动场所7个、新建其他公共设施3个。以上12个“一事一议”财政奖补项目投资总额271.456万元，申请财政奖补资金136万元。全乡新建沼气池60口，投资17.5万元清淤591.1公里,为农业增效、农民增收打下了基础；在尼德、他白、樑棕新建水窖120口,有效缓解了农村饮水困难；完成贾沙贾大底村、枯枝柏村、联合村和水塘小寨村两个村委会四个自然村三面光农田沟渠建设工程共计3.5公里。

【交通·邮电】 2011年，贾沙乡境内公路总长229.2公里，其中柏油路17.795公里、水泥路21.249公里、弹石路101.864公里、土石路88.292公里。至年末止，全乡还有小贾沙、王家寨、岩子脚、新田、六车冲、五台坡、贾木卜、松树林、斗角田等9个自然村未通公路。

贾沙乡设邮电支局1个，固定邮电信箱1个，有中国移动收费营业部1个。手机信号覆盖率95%以上，可直拨全国各地。全乡有电话机1000部、移动电话7291部。

【教育·科技】 2011年，贾沙乡有中学1所，教师40人，在校学生562人，中学升学率86.54%，毕业率100%，巩固率98.33%。小学34所，教师171人，在校学生1593人，小学升学率100%，毕业率100%，巩固率100%。年内乡政府积极争取上级部门的支持，完成了中、小学危房改造，为师生创造了较好的学习、生活和工作环境。

年内，乡农技中心举办农业科技培训班70期，培训农民6548人次，印发科技宣传资料750余份，制作黑板报专栏12期。

【人民生活】 2011年，贾沙乡对农村低保户、五保户、老乡干部、优抚对象等人群实施农村医疗救助，提高减免率，在新农合减免的基础上再按40%的比率报销医疗费用，加大对困难群体的救助力度，共发放医疗救助证1476册。同时，加大对农村困难户和受灾农户的临时救助，实施困难救助105户，398人次，4.27万元；灾民生活救助及各类灾情补助支出29.62万元，扶持人口1200余人；城乡医疗救助支出9.68万元，救助人口402余人，193户。认真落实优抚政策，按政策标准发放抚恤费，全年共发放优抚金16.46万元。对已享受农村低保的1600人，补贴从原来的70元/人增加到82元/人，全年共发放农村低保金157.44万元。从第三个季度开始，再次提高农村低保标准，并发放价格临时补助15元/人，共发放补助金24000元。乡敬老院供养孤寡老人17人。全乡共受理家电下乡产品113件，总补贴金额47182.07元；受理汽车摩托车下乡97辆，总补贴金额72993.9元。全年共依法办理结婚登记122对、离婚登记5对。

【文化·体育·卫生】 2011年，贾沙乡有文艺队73支，人员877人。乡政府每逢重大节日就组织文艺队到州、市和其他地区演出，其中春节文艺汇演14场。乡图书室有各类图书3400余册。全乡有卫星电视地面接收站1座，有线电视用户400余户,电视覆盖率100%。有业余篮球队17支。陡岩、水塘、民云、他白、贾沙5个村委会举办春节篮球运动会，其中水塘村委会的春节篮球运动会至今已连续举办27届，篮球已成为村民最喜爱的运动项目。

贾沙乡认真执行“黄牌警告”和“一票否决”制度，做好流动人口计划生育管理，严格控制计划外生育，全乡生育率93.5%，长效节育手术完成240例。坚持做好农村独生子女家庭一次性奖励、小学至大学阶段的奖学金、养老扶助金、伤残死亡补助金等的申报、发放工作。全年，全乡共计发放独生子女儿童保健费218户23400元，发放义务教育奖学金133人53900元，申报独生子女、双女结扎户804人共40200元。继续推进新型农村合作医疗，全年有19177个农村人口参加农村合作医疗，新农合参合率97.57%，自然村覆盖率100%，有效地缓解了广大村民看病难、看病贵的问题。

【社会治安】 2011年，贾沙乡派出所有公安干警6人，交通协管员11人。全乡有村级治保组织11个，村级调解组织11个，调解人员11人。年内，贾沙乡积极开展创建“平安贾沙”活动，以多种形式开展普法宣传教育，抓好社会治安综合治理，严厉打击各类犯罪活动，有效地消除社会不稳定因素。全年，全乡共受理和查处治安案件7件；刑事案件立案10件，破获10件，破案率100%；加大对“黄、赌、毒”的查处力度。切实抓好信访工作，增强政府与人民群众的沟通联系，密切党群、干群关系。加强对化学危险品、民爆物品的管理，开展矿山清理整顿，组织安监站、企业办、派出所等职能部门配合上级相关部门对辖区矿山进行巡查、清理整治，在巡查中炸封非法坑道6口，炸毁空压机2台，拆除非法搭建工棚6间，整改安全生产隐患32条，有力地维护了矿山安全生产秩序，为全乡的社会稳定和经济社会事业的发展打下了坚实的基础。

【自然灾害】 2011年3月16日，贾沙乡遭受严重的冰雪灾害，白云、围墙、普洒河、水塘、松云等5个村委会，13个自然村不同程度受灾，马铃薯、玉米、瓜类、三七等作物严重受损。农作物受灾面积5000亩，成灾面积3230亩。面对灾民的实际困难，乡政府及时为灾民发放种子、化肥补助4.85万元，受益农户397户，有效地缓解了灾害对人民群众生产、生活的影响。全年，全乡共发放受灾补贴8万余元。

【主要领导干部】 乡党委书记顾国刚，乡人大主席卫　民，乡长耿文大。

（撰稿：王　聪）

比上年增长 85.4%。畜牧养殖呈现加速发展态势。

保和乡

【人口民族】 2011 年，保和乡辖 6 个村委会、36 个村民小组，年末总户数 2941 户，总人口 11465 人，其中农业户口 2749 户、11075 人；城镇户口 192 户、390 人；汉族 2348 人，彝族 8483 人，傣族 574 人，其他民族 60 人，少数民族人口占总人口 79%。人口自然增长率控制在 3‰以内。

【经济概貌】 2011 年，保和乡党委、政府坚持以“三个代表”重要思想为指导，深入贯彻科学发展观，围绕市委市政府提出的发展目标，深化乡党委提出的“345”工作思路，抓住发展第一要务，以富民、强乡、兴村为目标，以财政增收为核心，以项目建设为重点，优化农业产业结构，稳定粮食生产，巩固扩大发展烤烟、甘蔗两大支柱产业，培植木薯等新兴产业，依靠科技扶持发展养殖业，致富农民群众，建设新农村，实现跨越发展。

全年，全乡完成农村经济总收入7020万元，比上年增加441万元，增长6.7%；完成地方一般预算收入585.7万元，比上年增加204.5万元，增长53.6%；实现农民人均纯收入3057元，比上年增加495元，增长19.3%；工业总产值4000万元，比上年增长7.8%。

【农业生产】 2011 年，保和乡农业生产除局部地区出现风灾外，基本属于风调雨顺的丰收年。全乡耕地面积 14643 亩，其中水田 1762 亩、旱地 12884 亩。粮食种植面积 14496 亩，产量 4000 吨；种植烤烟 8200 亩，收烟叶 22550 担，烟农收入 2200 万元，比上年增加 1048.3 万元，烟农户均收入 33639 元，烟税收入 491 万元，烟税比上年增加 191 万元；种植甘蔗 4150 亩，产量 12450 吨，蔗农收入 300 万元。畜牧业逐渐发展成为农民增收的新亮点，10 户专业养牛户年纯收入 9 万元以上，由 7 户土鸡养殖专业户组成的“红地养殖合作社”年收入 10 万元以上，丰厚的经济效益，激发了群众养殖积极性，促进了全乡畜牧业的快速发展。年末牛存栏 3305 头，比上年增加 247 头；生猪存栏 16368 头，出栏 22180 头，出栏比上年增长 70.6%；家禽存栏 43849 只，出栏 53763 只，出栏

【基础设施和新农村建设】 2011 年，保和乡继续把改善道路交通、水利设施放在重要议事日程，坚持“致富农民道路先行”的思想，投入 98.09 万元新建道路 29.47 公里。其中小寨、小咪勒等蔗区道路 5 条 12.6 公里；文明村等烟区道路 2.5 公里；姆初德至小咪勒道路连接线 2.5 公里；鱼尼底公路 3.7 公里。经过辖区 9.4 公里的冷清二级公路于 6 月 27 日通车。

投入水利建设资金400万，元完成三岔河大沟干支渠改造工程。“五小”水利工程获州级补助资金69.25万元，建成人畜饮水安全工程296件，惠及14个村民小组3540人。实现全乡每个农户一个水窖，初步缓解了人民群众的饮水困难。

不断加快社会主义新农村建设步伐。年内，全乡争取到新农村建设项目5个、整村推进项目3个、一事一议财政奖补项目4个，获得项目资金153万元。建成小咪勒等4个村小组活动室及活动场所，完成麻玉田、上莫贾等3个村小组道路硬化任务。各种项目的建设明显改善了农民群众的生产生活环境，村容村貌焕然一新。

【教育·科技】 2011 年，保和乡继续实施“科教兴乡”战略，坚持教育优先发展。加强教师队伍业务能力的提高，组织中小学教师 60 人参加教育技术能力考试，组织中小学教师 5 人参加英特尔未来教育培训。加大对教育的投入力度，投资 119 万元的个旧五中教学综合楼完工投入使用，又投入 10 万元为学校购置电子白板、课桌椅、笔记本电脑等设备。重视教育工作，改善教学环境，提高教师队伍政治业务水平和教学质量，促进全乡教育事业的健康发展。年内，个旧五中 1 名学生以 631 分的成绩考入个旧一中，另有 8 名学生分别考入个旧二中和三中。

【保和乡林业工作稳步发展】 2011 年，保和乡紧紧围绕建设生态文明、推动林业又快又好发展的任务，团结协作，开拓创新，求真务实，扎实工作。一是抓好森林防火工作。加强防火队伍建设，选拔高素质年轻人 15 人组成专业扑火队，配备灭火机、阻燃服、对讲机等设备，抓好防火业务培训及演练，提高灭火队伍的业务素质和战斗力，确保全

乡连续17年未发生森林火灾。二是林政管理井然有序。严格执行木材采伐限额管理制度，各有林户须按证采伐，坚持伐前规划、伐中检查、伐后造林规定，既保持林业持续发展，又保证有林户得到实惠。三是继续做好植树造林工作，组织全乡人民开展“学习杨善洲同志植树造林活动”，号召群众从“栽下一棵树，保护一片绿”做起，掀起造林热潮，植树造林38000株，其中机关干部参加保和村造林8000株。

【文化·卫生】 2011年，保和乡以满足人民精神文化需求为出发点，以“三个加强”推动民族文化强乡建设。一是加强民族文化挖掘传承工作，举办民族文艺骨干培训班，训练骨干38人。6月，举办全乡富有民族特色的“颂歌献给党”建党90周年文艺汇演。二是加强文化基础设施建设。建成村级文化体育活动广场1个；实施“七彩云南工程”，建成乒乓球活动室和篮球运动场各1个。丰富“农家书屋”藏书，使4个村委会的“农家书屋”藏书6000余册；5月13日，完成《个旧市保和乡志》的发行工作。三是加强广播电视网络建设。构建文化传播体系，对“村村通”工程进行复查、巡查，保障全乡广播电视正常播出，满足广大群众文化精神生活需要。

继续推进新型农村合作医疗，完成6个村委会“新农合”参合任务。全年，全乡有10454人参加新农合和大病补充保险，筹集基金43万元，参合率98.8%。实施城市（农村）医疗救助103人，支付救助金近8万元，缓解了群众看病难看病贵的问题。

【社会保障工作】 2011年，保和乡社会保障工作不断得到改善，对五保户定期定量救济22人、临时救济447人，支出经费6万多元。按时发放全乡1198户农村低保户保障金110.16万元，城市低保户低保金20多万元。认真做好“城乡居民社会养老保险”试点工作，全乡农业人口参保4787人，参保率80.5%；城镇人口参保53人，参保率88.3%。通过落实国家各项扶贫政策，解决绝对贫困人口680人和贫困人口1400人的温饱问题。在年内开展的抗旱救灾中，政府组织车辆送水200车（1000吨），解决了灾区人畜饮水困难。

【社会治安】 2011年，保和乡继续强化社会治安综合治理，创建“平安保和”，营造和谐的生产生活环境，为经济社会发展服务。把社会治安、安全生产和森林消防结合起来，加强领导，落实责任，构建防控组织，建立健全护村护寨防范网、单位内部安全防范网、重点地区治安防范网，组成专业消防队、治安联防队。组织检查、巡逻和排查，及时消除安全隐患。成功调处因马堵山电站建设征地和冷清公路建设等引发的多起矛盾纠纷，妥善处置冷墩村民集体上访事件。

一年来，由于不断强化社会治安工作，及时处理各类矛盾纠纷，全乡社会稳定和谐，为经济发展创造了安宁的环境。

【主要领导干部】 党委书记许德辉，人大主席杨 华，乡长黄映绯（女）。

（撰稿：李自清）

沙甸区

【人口民族】 2011年，沙甸区辖（沙甸乡、新沙甸乡、金川乡、冲坡哨乡）4个村委会，11个自然村，30个村民小组。总户数5634户，总人口20094人，其中男11052人、女9042人，农业人口13100人、非农业人口6994人，农业人口占总人口的65.2%。人口密度每平方公里536人。千人以上世居民族有回族和彝族，其中回族18520人，占总人口92%；彝族1300人，占总人口6.5%。现有1所完全中学，4所小学，1所中等阿拉伯语学校，10所清真寺。中共党员423名（其中少数民族党员352名），10个直属党总支（支部），5个团总支，18个团支部。

【经济概貌】 2011年，沙甸区非公经济发展迅速，形成了以铅冶炼为主，集锡、铜、锌及贵金属冶炼加工的有色金属产业。全年，全区实现工业总产值43.6亿元，与上年同比增长26.01%；完成增加值4.02亿元，同比增长26.5%；营业收入42.5亿元，同比增长4.11%；固定资产投资2.9亿元，同比增长16.88%；出口产品交货值7918万元，同比增长160.8%；利润总额1246万元，同比增长36.32%；

【农业生产】 2011年，沙甸区以农民增收为核心，以产业结构调整为重点，立足本地资源及传统农业优势，不断加快结构调整步伐，农业产业水平明显提升。继续打造和发展清真食品加工产业，组建专合组织1个，建成肉牛养殖基地3个。全年粮食总产量719吨，肉类总产量1982吨，蔬菜种植面积3444亩，生猪存栏1430头，出栏3580头，牛存栏1870头，出栏7950头，家禽存栏15.4万只，出栏23.1万只。

【乡镇企业】 2011年，沙甸区有乡镇企业54户，个体企业42户，从业人员5746人。乡镇企业以有色金属冶炼加工企业为主，兼有建材、餐饮服务、交通运输、食品加工等行业，其中粗铅冶炼企业38户、精铅电解企业10户、稀贵金属综合回收企业2户、精锌生产企业2户、选厂2户。全年，完成粗铅产量13.8万吨，同比增长3.12%；精铅产量16.3万吨，同比增长7.25%；精锌产量5.03万吨，同比增长138.54%；白银产量21吨，同比下降47.5%。

【基础设施】 2011年，沙甸区基础设施建设稳步推进。全区共投入资金180余万元，维修村道公路6公里，扩建12公里，硬化便民路15公里；协调和争取工程资金500万元用于安全饮水工程的管道改造，解决了沙甸区工业园区生产用水问题；“星月”民居小区工程和“和谐广场”工程已完工并投入使用；穆斯林商贸城已经完成投资3000多万元，已进入室内装修阶段；四星级宾馆已进入施工阶段；民族花园前期征地工作已经完成，正在进行方案征集中；投资1000多万元的穆斯林大街新区配电线路入地工程正式开工建设，其中由沙甸区公所投资300多万元的土建部分也于年底完工，沙甸区的区容区貌得到很大改观。

【交通·邮电】 2011年，沙甸区公路通车里程约35公里，昆(明)河(口)公路穿境而过。年末全区机动车保有量4500辆。邮政业务完成进口包件5600件、出口包件3200件。收订各种报刊3500份。全区有电话机4600部、移动电话普及率90%。

【教育·科技】 2011年，沙甸区个旧十三中高考上线率94.32%，较去年提高19.7个百分点；192人参加中考，45人考入个旧一中，较去年提高12.5个百分点，超额完成市教育局下达的任务。全区有4所小学，48个教学班，1565名学生，升学率100%，其中21人考取个旧中学。在第27个教师节期间，为激励广大教师和学生，沙甸区投入34万元对中小学校、优秀教师、优秀学生及家长进行奖励。

【文化·体育·卫生】 2011年，沙甸区被评为市级文化先进乡镇；沙甸文化站通过验收达省级文化站标准；辖内四个乡相继成立了文化室，配备了科普书籍、报纸、杂志及棋牌娱乐设施，丰富了群众业余文化生活。年内，区政府投入10余万元资金对沙甸“青牛”体育场进行提升改造。年末，全区共有公共篮球场25块、足球场2块，室内综合体育馆已开始设计筹建；全区群众广泛参与的一年一届的“青牛杯”足球、篮球等体育赛事形成了规模，受到广大群众的欢迎；为庆祝建国62周年，沙甸区成功举办首届书法、美术、摄影展；区政府与云南广电网络集团个旧支公司签订有线数字电视并网协议，投资180万元对沙甸区的有线电视进行改造升级，年内已完成改造2000余户，使沙甸区成为红河州第一个看上数字电视的郊区乡镇。沙甸区是州级卫生乡镇。全区有卫生院1所，村卫生所4个。新农合工作得到长足发展，全年共15337人参合，27634人次得到新农合补助，补助金额48.5万元。

【人民生活】 2011年，沙甸区农民人均纯收入6067元，比上年增加246元。全区住房总面积14.82万平方米，人均9.87平方米。电视机、洗衣机等家用电器已基本普及，电脑正逐步普及。全年新增就业人数280人，年内共有13655人参加各类保险，累计收取保险费381.5万元。共有1199户2011名失地农民办理了农转非，并纳入城镇居民最低生活保障。全年全区发放城镇居民最低生活保障金2161户363652人525.9万元，发放农村低保金279户350人24.5万元。

【社会治安】 2011年，沙甸区认真组织开展“五五”普法教育和“三五”依法治区工作。全区有治保、调解组织8个，成员44人；专职联防队1支，队员21人；立刑事案件48件，破获26件；立治安案件51件，查处51件，查处率100%。5个调委会共调解各类纠纷551件，调解成功551件，调解成功率100%。司法所办理法律援助案件11件，法律服务所办理各种见证700余件，代写法律事务文书40件，提供法律咨询50余人次。

【宗教】 2011年，沙甸区有清真寺10所，阿拉伯语学校1所，有教长11人、校长5人、教师91人，其中女教师39人。沙甸大清真寺曾被评为国家、省、州级模范清真寺。穆斯林赴麦加朝觐是伊斯兰教规定的五功之一。年内，沙甸区有161名朝觐人员参加政府组织的中国朝觐团。大开斋节、古尔邦节和圣节是回民的三大节日，每年均隆重举行。

【民族团结】 2011年，沙甸区为深入贯彻落实民族政策和州、市党委政府出台的《关于在个旧市沙甸地区开展民族团结进步创建活动的意见》，认真开展以“坚持一个核心，抓实三大活动，争创四个模范”的民族团结进步创建活动，进一步加强民族工作，巩固和发展社会主义民族关系，构建社会主义和谐社会。沙甸区以创建活动为载体，以项目带动为方式，全面推进全区各项工作的发展。一年一届的鸡街、沙甸地区民族团结进步创建活动座谈会越办越好，两个地区各民族之间的团结与互助发展、和谐与稳定进一步增强。

【基层党组织建设】 2011年，沙甸区针对90%以上群众信仰伊斯兰教及有376名信教党员的实际，推行“三联”党建联系宗教网格化管理模式，区党委领导负责联系责任片的宗教人士、乡党组织联系宗教场所、信教党员联系信教群众。定期邀请部分宗教人士召开会议，就沙甸区的热点、难点问题进行研究部署，组织开展“宗教知识进支部，政策法规进寺院”的“双进”活动，建立以党群联系为维稳线，激发宗教地区机制活力。妥善处理信教党员、群众合理诉求30余件，提高了基层党组织的凝聚力和影响力。年内，基层党组织从宗教干部、教职人员和信教群众等领域中新发展党员15人。

【主要领导干部】 区党委书记张红兵，区长林 鹏。

（撰稿：张泽翔）

政　治

2011年11月30日，一档为接受群众监督并在线解答切身问题和介绍个旧市各政府部门职能而开办的在线直播节目——“锡都热线”开播仪式在市委小礼堂举行。图为市委副书记、市长戴劲松（左），市委副书记周踊（右）出席开播仪式　（王必应　摄）

中国共产党个旧市委员会

重要会议

【中共个旧市第十一届委员会第七次全体(扩大)会议】 2011年1月11日，中共个旧市委在个旧市召开中国共产党个旧市第十一届委员会第七次全体(扩大)会议。市委书记王忠作题为《中共个旧市委2010年度工作报告》。全会同意市委提出的2011年工作总体要求和主要目标。全会审议通过《中共个旧市委关于制定个旧市国民经济和社会发展第十二个五年规划的建议》、市纪委工作报告及《中共个旧市委2010年度党费收缴、使用和管理情况报告》。

【乡镇党委换届工作座谈会】 2011年1月10日，中共个旧市委在个旧市召开乡镇党委换届工作座谈会，学习贯彻全州县市、乡镇党委换届工作座谈会和全省换届工作纪律视频会议精神，部署个旧市乡镇党委换届工作。市委副书记周踊，市委常委、市纪委书记曹芸出席会议并做重要讲话。

【党史工作会议】 2011年1月18日，中共个旧市委党史工作会议在个旧市召开。市委常委、市委办公室主任张鹏程主持会议。市委副书记周踊作《统一思想，深化认识，推动我市党史工作再上新台阶》的讲话，周踊要求与会人员要统一思想，以中央精神为指导，增强开创个旧党史工作新局面的原动力；要深化认识，认真贯彻落实中央精神，努力提升个旧党史资政育人工作水平；要加强领导，整合社会有关力量，推动个旧党史工作再上新台阶。

【政法工作会议】 2011年3月11日，中共个旧市委在个旧市召开政法工作会议，市委书记王忠，市委副书记、市长戴劲松，市委副书记周踊、寇静冬，市人大常委会主任白燕，市委常委、市委政法委书记王伟，市委常委、市委办公室主任张鹏程，市人大常委会副主任雷竞畋，市政协副主席林满松及各单位负责人150余人参加会议。会议全面总结2010年和“十一五”时期全市政法工作，分析当前形势和存在的问题，对2011年全市政法工作作出安排部署。会上，陈锐、陶永军、刀飞龙、钟铎、王应准等5人被授予“个旧市见义勇为公民”。

【市委议军会】 2011年3月16日，中共个旧市委在个旧市召开年度议军会暨市国防动员委员会第七次会议，总结“十一五”时期全市国防动员和后备力量建设工作，安排部署2011年工作。会上，市委书记王忠作了题为《认清形势，提高认识，高标准抓好我市国防后备力量建设》的讲话。

【全市党风廉政建设大会】 2011年3月23日，中共个旧市委在个旧市召开党风廉政建设大会。市委书记王忠要求各级党委、政府和纪检监察机关要顺应人民群众的期待，抓住热点、破解难点，集中力量解决反腐倡廉建设中人民群众反映强烈的突出问题。

【老干部工作会议】 2011年4月12日，中共个旧市委在个旧市召开老干部工作会议，州委老干部局局长卫建平，市委常委、市委组织部部长周勇，市政府副市长陈浩及相关部门分管领导、工作人员100余人参加会议。会议对2010全市老干部工作进行总结，并安排部署2011年工作。

【保密工作会议】 2011年4月28日，中共个旧市委在个旧市召开保密工作会议，州保密局局长殷文斌，市委常委、市委办公室主任、市保密委主任张鹏程及各部门分管领导、保密兼职干部120余人参加会议。会议传达州保密工作会议精神，通报云南省2010年泄密案情，总结全市2010年的保密工作，并对2011年保密工作进行安排部署。

【“学习杨善洲精神，保证换届工作风清气正”专题学习会议】 2011年5月20日，中共个旧市委常委班子在个旧市召开专题学习会，学习杨善洲精神。会议传达学习省委、州委领导重要指示精神，深入开展向杨善洲学习活动，追忆杨善洲的模范事迹，缅怀他的高尚品质，学习他的崇高精神。会议还结合当前开展的学习杨善洲精神主题活动，围绕市乡党委换届和即将召开的市党代会的各项工作进行深入分析。参会的市委常委结合自身工作实际，交流探讨学习杨善洲精神的心得体会。

【中国共产党个旧市第十二次代表大会】　2011年6月12~15日，中国共产党个旧市第十二次代表大会在个旧市隆重召开。大会应到代表259人，实到代表255人，中共红河州委副书记、州人民政府州长杨福生，州政协副主席丁润森到会指导。王忠作题为《创新谋变　聚力转型　为开创个旧科学发展新局面而努力奋斗》的市委工作报告。大会审议通过了中国共产党个旧市第十一届委员会工作报告和市纪律检查委员会工作报告，选举产生了中国共产党个旧市第十二届委员会、市纪律检查委员会和个旧市出席州第七次党代会代表。王忠、戴劲松、周踊、曹芸、包旭、王伟、周林俊、杨明志、周勇、李文华、张鹏程当选中国共产党个旧市第十二届委员会常务委员会委员，王忠当选书记，戴劲松、周踊当选副书记，上级党组织下派副书记寇静冬（挂职，省审计厅干部）。曹芸当选市纪律检查委员会书记，张春良、黄瑾、李彪当选市纪律检查委员会副书记。

【人才工作会议】　2011年6月28日，中共个旧市委在个旧市召开人才工作会议，市委副书记周踊，市委常委、市委组织部部长周勇，副市长陈新华出席会议。会上，周踊强调，人才工作要坚持引进和培养并重，围绕发展需求，统筹利用市内外人才资源，大力引进一批急需的高层次人才和高技能人才，建立人才工作责任制，创新人才服务、评价和激励机制，完善知识、技术和管理等生产要素参与分配的实现形式，努力实现“一流人才、一流待遇”。会上，市卫生局、市教育局、锡城镇3家单位分别进行经验交流。

【市委人大、政协工作会议】　2011年7月7日，中共个旧市委在个旧市召开人大、政协工作会议。市委常委，市人大常委会主任、副主任，市政协主席、副主席，市政府联系人大、政协工作的副市长及各部门、各乡（镇、区、处）党政领导，市人大常委会、市政协机关全体工作人员180余人参加会议，市委副书记周踊主持会议。在人大工作会上，市委书记王忠要求要进一步深化对人大工作重要性的认识，积极推动新时期人大工作再上新台阶，努力营造支持推动人大工作的良好氛围。市委副书记、市长戴劲松作重要讲话。参会人员对《中共个旧市委关于加强和改进新形势下人大工作的意见》（草案）进行讨论，并提出相关修改意见。在政协工作会上，王忠强调，要更加深刻认识到政协工作所面临的新形势，要充分发挥政协的重要作用，要加强民主监督、提升履职能力，推进政协履职制度化、规范化和程序化，进一步加强党对政协工作的领导。戴劲松就贯彻市委部署，支持政协履行职能提出意见。与会代表对《中共个旧市委关于支持人民政协履行职能发挥作用的意见》（草案）进行讨论。

【加强和创新社会管理暨社区建设十周年庆祝大会】　2011年8月12日，中共个旧市委在个旧市隆重召开加强和创新社会管理暨社区建设十周年庆祝大会。副州长普绍忠、省民政厅副巡视员邱常林、省民政厅基层政权处处长何松青、市级四套班子主要领导及在家的市级领导出席会议。市委副书记、市长戴劲松主持会议。

【村级和社区组织“四位一体”建设工作推进会】　2011年8月30日，个旧市在鸡街镇召开村级和社区组织“四位一体”建设工作推进会。市委书记王忠，市委副书记周踊，市委常委、市纪委书记曹芸，市委常委、市委政法委书记王伟，市委常委、市委宣传部部长周林俊，市委常委、市委组织部部长周勇，市委常委、市委办公室主任、市委统战部部长张鹏程，市政府副市长陈浩，全市村级和社区组织“四位一体”建设工作领导小组全体成员，各乡（镇、区、处）党政正职、党（工）委副书记，鸡街镇各办、站、所负责人，鸡街镇各村委会党总支书记、主任共100余人参加推进会。

【市妇女第十次代表大会】　2011年10月20~21日，个旧市妇女第十次代表大会在个旧市隆重召开。市委书记王忠、市委副书记周踊、市委副书记寇静冬及州妇联主席陈薇参加开幕式，241名妇女代表出席大会。会议听取和审议市妇女第九届执行委员会工作报告，选举产生市妇女联合会第十届执行委员会。

【“乡镇工作大比武”活动暨乡镇党建工作述职会】　2011年11月2日，个旧市“乡镇工作大比武”活动暨乡镇党建工作述职会在市委小礼堂召开。市委书记王忠，市委副书记、市长戴劲松，市委副书记周踊，市人大主任白燕，市委常委、市纪委书记曹芸，市委常委、市委宣传部部长周林俊，市委常委、市委组织部部长周勇，副市长、市公安局局长李鸿瑞等市级领导及市村级和社区组织“四位一体”建设工作领导小组成员参加会议，并深入全市10个乡（镇、区、处），对“四位一体”建设工作进行实地检查。3日，个旧市乡（镇、区、处）党（工）委书记党建工作述职会在市委小礼堂举行，个旧电视台对述职情况进行现场直播。

【“中国学生留学埃及八十周年暨云南省桥头堡战略学术研讨会”】 2011年11月8~11日，“中国学生留学埃及八十周年暨云南省桥头堡战略学术研讨会”在个旧市举行。全国政协副主席、中国回族学会名誉会长白立忱，省政协副主席马开贤、王学智，省回学会会长高发元，州委书记刘一平，州委副书记罗志明，外交部驻芬兰大使王廉，云锡控股公司党委书记、董事长雷毅，州政协主席李保文，省人大民族委员会副主任纳麒，省社科联主席范建华，省政协提案委副主任聂华，云南民族大学党委书记甄朝党，省宗教局副局长马开能，云南民族大学副校长马丽娟，中国中东学会副会长肖宪，州人大副主任马汝祥，州政府副州长谭萍，市委书记王忠，市委副书记、市长戴劲松等参加并出席开幕式。本次研讨会还邀请北京大学、中央民族大学教授、学者及安徽、河南、宁夏、兰州等省外有关人士参加。开幕式上白立忱作重要讲话。研讨会期间，参会人员参观了州府、云锡十万吨铅项目、沙甸区小城镇建设。

【学习贯彻省第九次党代会精神会议】 2011年12月2日，中共个旧市委在个旧市召开会议，传达学习省第九次党代会精神。市委书记王忠，市委副书记、市长戴劲松，市委副书记周踊，市人大常委会主任白燕，市政协主席李文友，市委常委、常务副市长包旭，市委常委、市委政法委书记王伟，市委常委、市委宣传部部长周林俊，市委常委、市委组织部部长周勇，市委常委、市人武部政委李文华以及在个旧市的其他市级领导，保留正县级、副县级待遇领导，正处级调研员，各部门负责人，离退休老干部100余人参加会议。会上，王忠传达了省第九次党代会精神，戴劲松对贯彻落实省第九次党代会精神，做好近期工作提出要求。

【红河州加强和创新社会管理工作会议】 2011年12月19~20日，红河州加强和创新社会管理工作会议在个旧市隆重召开。州级四套班子主要领导、分管社会管理工作领导，13个县市党政主要领导、分管政法工作领导，州综治委、维稳工作领导小组、联席会议成员单位负责人，州公、检、法、司等部门领导以及市委常委、各乡（镇、区、处）党（工）委书记共150余人参加会议。期间，参会人员实地参观了蒙自市社会矛盾大化解中心以及个旧市大屯镇杨家寨村委会“四位一体”模式、沙甸区全省创建民族团结进步示范点、鸡街镇综治信访维稳中心、城区办“爱心助老服务中心”，州委副书记罗志明作主题报告。

重要活动

【世界锡都·红河个旧第三届国际锡文化旅游节暨庆祝个旧建市60周年系列活动】 2010年12月25日至2011年1月2日，中共个旧市委、市政府在个旧市举办世界锡都•红河个旧第三届国际锡文化旅游节暨庆祝个旧建市60周年系列活动。全国文联副主席、中国作协副主席丹增，省政协副主席马开贤、白成亮，省人大常委会原副主任李树基，省政协原副主席李先猷，红河州四套班子主要领导，国家发改委、省安监局等国家、省级有关部门领导，迪庆、曲靖等州市有关领导，驻省、驻州部队主要领导，部分省属企业领导以及州级各部门领导、州内12县市领导，省内外友好县市领导，越南老街嘉宾，各级新闻媒体代表等670余人参加庆祝活动。国家环保部副部长吴晓青，省人民政府副省长刘平、高峰，中国工程院院士、杂交水稻之父袁隆平、中国工艺美术协会、云南省工商局、曲靖市、郑州市中牟县等地区的单位和个人纷纷发来贺电，祝贺个旧市建市60周年。

【个旧籍在京人士新春团拜会】 2011年1月23日，个旧市在北京市召开个旧籍在京人士新春团拜会，对个旧籍在京人士进行新春慰问，表达全市46万父老乡亲的美好祝愿。团拜会由市委书记王忠主持。市委副书记、副市长、代理市长戴劲松作《同心同德共铸辉煌》的新春致辞，并通报了个旧市“十一五”期间及2010年经济社会发展取得的显著成绩。与会个旧籍在京人士互致问候、相互交流，对家乡父老致以新春的祝福，并表示将在各行各业和各个领域为家乡的发展贡献力量。

【春节慰问活动】 2011年新春佳节即将到来之际，个旧市广泛开展春节慰问活动。活动期间，王忠、戴劲松、周踊、寇静冬、白燕、李文友、曹芸、包旭、王伟、周林俊、杨明志、周勇、李文华、张鹏程、李松、张勇、雷竞畋、李美英、何建华、杨龙遇、李鸿瑞、陈浩、陈新华、段国平、蔺楠、朱瑾、林满松、喻俊娟、万买富等市级领导分别深入社区、部队、乡镇，看望慰问困难户、优抚对象、老乡干以及驻个部队、武警官兵，向他们送去党和政府的关怀以及新春的问候。

【创先争优颂歌献给党·童心向党千人合唱大会暨五四表彰大会】 2011年5月4日，中共个旧市委在个旧市召开“红旗飘起来红歌唱起来经典读起来”为主题的创先争优颂歌献给党·童心向党千人合唱大会暨五四表彰大会。市委书记王忠，市委副书记、市长戴劲松，市人大常委会主任白燕，市政协主席李文友等市级领导，云锡控股公司工会主席沈洪忠及武警8751部队领导，市属各部门、各乡镇主要党政领导、分管共青团工作领导、团委书记、少先队辅导员，州市两级青联委员等参加大会。王忠向出席大会的青年朋友们致以节日的问候和美好的祝愿。会议表彰先进集体85个和先进个人243人。

【“创意个旧”作品展】 2011年6月2~8日，个旧市在云南艺术学院举办为期一周的“创意个旧”主题作品展览。省人大常委会副主任杨保建、省政协副主席陈勋儒，省老领导朱奎、李树基，省旅游局、省教育厅等相关部门领导及市委副书记、市长戴劲松，市人大常委会主任白燕，市政协主席李文友，市委常委、宣传部部长周林俊，市委常委、副市长杨明志出席开幕式。云南艺术学院设计学院以个旧市矿山文化旅游、锡工艺文化等为主体，从产品设计、包装、广告、视觉符号、城市规划、环境艺术、景观雕塑、公共空间、民族民间工艺、旅游产品开发等环节全面诠释个旧市地域文化。

【云南沙甸铅业股份有限公司10万吨铅项目奠基】 2011年6月22日，云南沙甸铅业股份有限公司10万吨铅项目暨水口山项目在沙甸冲坡哨举行开工奠基仪式。州政协副主席、州委统战部部长苗羊宝，市委常委、常务副市长包旭，市委常委、副市长杨明志，市委常委、市委组织部部长周勇，副市长何建华，市政协副主席段国平，市政协副主席、市工商联主席蔺楠及州工信局、市委统战部、市环保局等部门领导参加仪式。

【“杨善洲纪念林”暨义务植树造林活动】 2011年6月23日，个旧市在大屯镇王林寨举行营建“杨善洲纪念林”大型义务植树活动。市委副书记周踊，市委常委、组织部部长周勇，副市长陈浩，市人大副主任李美英，市政协副主席蔺楠等市级领导及各部门组建的植树造林先锋突击队、党员先锋队、青年突击队、巾帼志愿队、少年先锋队、工人服务队及自愿前来的群众300余人参加植树活动，共栽种树苗近1000株。

【庆祝中国共产党成立90周年系列活动】 2011年建党节前夕，个旧市组织了庆祝中国共产党成立90周年系列活动。从6月24日起，市级四套班子领导分成10个小组走访慰问了老党员、老干部，向他们送去党的关怀和温暖。27日，个旧市庆祝中国共产党成立90周年“颂歌献给党”演讲比赛暨征文表彰大会在市委小礼堂隆重举行。28日上午，“2011·创意个旧主题活动”展在锡都博物馆开展。市级四套班子领导，市法院院长，市检察院检察长，云南艺术学院领导及各乡（镇、区、处）、各部门主要领导出席开展仪式，并观看展览。当日下午，庆祝建党90周年座谈会在市委小礼堂召开，各界代表共同庆祝党的生日。29日上午，个旧市大型党史图文展在市博物馆开展，这次大型党史图文展分中国共产党的发展历史、中共个旧地方史、个旧建市60年辉煌成就三个部分。同日，庆祝中国共产党成立90周年“在党的阳光下”书法美术摄影展在云庙举办，此次书法美术摄影共展出作品100余件，作品紧紧围绕庆祝中国共产党成立90周年主题，用品位高雅、风格各异的艺术形式为党的90华诞献礼。6月30日上午，庆祝中国共产党成立90周年大会暨“颂歌献给党”经典歌曲演唱会在市人民剧院举行，来自市直机关工委、锡城镇、政法系统、老年大学等9个队的810名演员演唱经典红色歌曲18首，抒发了对党的热爱之情。

【八一建军节系列活动】 2011年建军节前夕，个旧组织了庆祝八一建军节系列活动，增强公民国防意识，增进军政、军民团结。7月23日，市委副书记、市长戴劲松，市委副书记寇静东，市委常委、市委办主任张鹏程以及老厂镇、民政局、交通局主要领导慰问常年驻个雷达部队。26日，个旧市相关领导开展国防教育活动。27日，市委领导走进各社区慰问复退转军人。29日,个旧市政府在个旧市隆重召开中国人民解放军建军84周年庆祝大会。

【个旧市与中国节能环保集团签定合作意向书】 2011年8月31日，市委副书记、市长戴劲松与中节能集团六合天融环保科技有限公司总经理朱彤签订《共同推进个旧市重金属污染综合治理及环境保护合作意向书》。双方将充分发挥优势和特色，利用环保节能合作之机，建立合作平台，促进技术、资本、人才、信息等资源的有效对接，在个旧市重金属“十二五”综合治理及环境保护服务方面进行合作。

【中秋茶话会】 2011年9月6日，个旧市政协在政协会议室举行中秋茶话会，州政协副主席苗羊宝，市委副书记寇静冬，市政协主席李文友，云锡集团公司党委常委、工会主席沈洪忠，市委常委、市政府常务副市长包旭，市人大常委会副主任张勇、雷竞畋、李美英，市政府副市长何建华、杨龙遇、陈新华，市政协副主席朱瑾、林满松以及历届市政协领导，驻个州政协委员，市政协委员，市级各部门领导，各乡镇（区）处主要负责人，社会各界人士代表应邀出席会议。9月8日，市委、政府在滇池温泉国际大酒店举办在昆个旧籍人士中秋茶话会。市委副书记、市长戴劲松，市委副书记周踊、寇静冬，市人大常委会主任白燕，市政协主席李文友，市委常委、市委办公室主任、市委统战部部长张鹏程等市级领导及部分在昆个旧籍人士、专家学者欢聚一堂，共庆团圆、共话发展。周踊主持茶话会。

【全省民族团结进步示范创建活动经验交流现场会与会人员到沙甸区考察】 2011年10月19日，省委常委、省委统战部部长黄毅率全省各州、县、市民族宗教分管领导、统战部部长、民宗局局长等200余人到沙甸参观考察民族团结进步创建活动。省民委党组书记、主任王承才，省委统战部副部长杨光海，州委书记刘一平，州委副书记罗志明，州委常委、州总工会主席罗萍，州政府副州长普绍忠，州委统战部部长苗羊宝，市委书记王忠，市委副书记、市长戴劲松，市委副书记周踊，市委常委、市委办公室主任、市委统战部部长张鹏程等领导陪同参观。

【个旧市开通政风行风广播平台—“锡都热线”】 2011年11月30日，由中共个旧市委、市政府主导，媒体承办，群众参与的政风行风广播平台—“锡都热线”栏目正式在个旧人民广播电台开通。个旧市是全省首家开通政风行风热线的县市，首期节目由市委副书记、市长戴劲松做客电台直播间，倾听、回复市民诉求6件（次）。

【个旧市与海亮、博赛两集团签署合作开发霞石资源战略性框架协议】 2011年12月23日，个旧市在昆明举行与浙江海亮集团有限公司、重庆市博赛矿业（集团）有限公司合作开发霞石资源战略性框架协议签字仪式。州委书记刘一平，州委副书记、州长杨福生，州政协主席李保文，州人大常委会副主任侯伟国，副州长丁兴忠、聂明，个旧市四套班子主要领导参加签字仪式。丁兴忠主持仪式。市委书记王忠向出席仪式的领导和嘉宾，致以诚挚问候和热烈欢迎。市委副书记、市长戴劲松代表市政府与浙江海亮集团、重庆市博赛集团共同签订《个旧市霞石正长岩矿产开发项目框架协议》。

重要工作部署

【关于进一步加强土地规范管理的意见】 2011年3月7日，中共个旧市委个旧市人民政府印发《关于进一步加强土地规范管理的意见》，《意见》对进一步加强土地管理，有效制止和查处土地违法违规行为，建立土地执法监察长效管理机制，做出了明确规定。

【关于加强和改进新形势下党史工作的意见】 2011年4月18日，中共个旧市委印发《关于加强和改进新形势下党史工作的意见》，《意见》

明确了加强和改进新形势下党史工作的指导思想、基本要求和主要任务。

【关于实施产业发展“二次创业”的意见】 2011年4月20日，中共个旧市委、个旧市人民政府印发《关于实施产业发展“二次创业”的意见》，《意见》阐述了实施“二次创业”的重要意义、指导思想、发展目标、主要内容，明确了保障措施。

【关于进一步加强民族工作全面推进民族团结进步事业的实施意见】 2011年4月22日，中共个旧市委、个旧市人民政府印发《关于进一步加强民族工作全面推进民族团结进步事业的实施意见》，《意见》阐述了加强民族工作全面推进民族团结进步事业的重大意义，提出了做好个旧市新时期民族工作的指导思想、基本原则和工作目标。

【关于创建省级文明城市的实施意见】 2011年5月24日，中共个旧市委、个旧市人民政府印发《关于创建省级文明城市的实施意见》，《意见》明确了创建省级文明城市的重要意义、指导思想、目标任务、保障措施、创建步骤。

【关于深入开展创先争优活动，创新加强新形势下群众工作和社会管理，在村级和社区组织中开展“四位一体”建设的实施意见】 2011年6月9日，中共个旧市委、个旧市人民政府印发《关于深入开展创先争优活动，创新加强新形势下群众工作和社会管理，在村级和社区组织中开展“四位一体”建设的实施意见》，《意见》提出要以开展创先争优活动为总揽，加强村级和社区党组织建设；以开展创先争优活动为契机，规范村级和社区组织权力运行；以开展创先争优活动为抓手，加强村级和社区社会治安综合治理；以开展创先争优活动为载体，加强村级和社区人民群众思想文化建设，做好新形势下群众工作和社会管理。

【关于加强和改进新形势下人大工作的意见】 2011年7月11日，中共个旧市委印发《关于加强和改进新形势下人大工作的意见》，《意见》从进一步提高对坚持和完善人民代表大会制度重要性的认识、坚持党对人大工作的领导、健全党委对人大工作的领导制度等十个方面进行了详细阐述。

【关于支持人民政协履行职能发挥作用的意见】 2011年7月11日，中共个旧市委印发《关于支持人民政协履行职能发挥作用的意见》，《意见》紧紧围绕努力推进政协履行职能制度化、规范化和程序化，大力支持人民政协围绕推动个旧新发展献计出力等方面提出了切实可行的操作办法。

【关于实施农户万元增收行动计划的意见】 2011年8月10日，中共个旧市委、个旧市人民政府印发《关于实施农户万元增收行动计划的意见》，《意见》提出了个旧市实施农户万元增收行动计划的指导思想和总体目标，基本原则及重点工作、保障措施。

【关于进一步加大统筹城乡发展力度着力加快推进社会主义新农村建设的意见】 2011年8月30日，中共个旧市委、个旧市人民政府印发《关于进一步加大统筹城乡发展力度着力加快推进社会主义新农村建设的意见》，《意见》阐明要以统筹城乡建设规划，推进城镇化建设，不断提高新农村建设质量；统筹城乡经济发展，做强特色优势产业，不断提升新农村建设支撑力；统筹城乡基础设施建设，改善农村生产生活条件，不断夯实新农村建设基础等方面为重点，加大城乡统筹发展力度，推进社会主义新农村建设。

【个旧市社会主义新农村建设五年规划（2011—2015年）】 2011年8月30日，中共个旧市委、个旧市人民政府印发《个旧市社会主义新农村建设五年规划（2011—2015年）》，《规划》回顾总结了“十一五”时期全市新农村建设取得的成绩，提出了“十二五”新农村建设的指导思想、基本原则和总体目标。

【关于进一步加强新形势下群众工作的实施意见】 2011年9月20日，中共个旧市委印发《关于进一步加强新形势下群众工作的实施意见》，《意见》提出要进一步树立群众观点，站稳群众立场；进一步健全群众工作制度，确保群众工作常态化；进一步完善群众工作机制，推动群众工作科学化规范化；进一步创新群众工作方式方法，切实增强群众工作实效；进一步加强对群众工作的领导，强化群众工作组织保障，做好新形势下群众工作。

【关于开展群众观点群众路线群众利益群众工作教育实行干部直接联系群众制度的意见】 2011年12月23日，中共个旧市委印发《关于开展群众观点群众路线群众利益群众工作教育实行干部直接联系群众制度的意见》，《意见》明确了开展“四群”工作的指导思想、目标要求和保障措施，主要任务是：深刻进行“三个反思”，扎实开展“四群”教育；着力抓好“三深入”，实行干部直接联系群众制度。

上级领导视察调研个旧市

【省民委副主任木贞调研个旧市民族宗教工作】 2011年1月3日，省民委副主任木贞一行4人，在副州长普绍忠、州民宗委主任张红文等陪同下对个旧市的民族宗教工作进行调研。木贞一行对个旧市北坡易地扶贫搬迁工作取得的成绩给予充分肯定。

【省高院院长许前飞到个旧市视察】 2011年1月7日，云南省高级人民法院院长许前飞一行在州委常委、州委政法委书记和建，州中级人民法院院长王泽祥，市委书记王忠，市委副书记、副市长、代理市长戴劲松，市人大常委会主任白燕，市政协主席杨树文，市委常委、市委政法委书记王伟等陪同下，到个旧市视察指导工作。许前飞要求通过审判执行工作体现司法的人性化，努力实现“案结事了”的目标，为构建和谐稳定社会作出更大贡献。

【省委办公厅副主任石洪樑到个旧市调研】 2011年2月21日，省委办公厅副主任石洪樑率信息处处长黄增强、办文处处长李泰山到个旧市调研。石洪樑一行实地考察了沙甸回族特色旅游小镇建设情况。石洪樑认为，近年来，个旧市的经济发展较快，社会稳定、民族团结，各项事业呈现出欣欣向荣的气象，体现了科学发展的理念，沙甸旅游小镇的建设具有浓厚的民族特色，希望市委、政府要抓住机遇，抓出特色，让个旧的旅游业在产业转型中成为一道亮丽的风景。

【刘一平调研个旧市工业建设情况】 2011年2月12日，中共红河州委书记刘一平率州级有关部门领导到个旧市调研工业发展建设情况。调研组一行先后来到位于大屯镇的州振兴电源有限公司、云南云铝润鑫铝业有限公司，了解企业生产经营情况。刘一平强调，在发展工业中，各级各部门要立足于重工业的发展，合理加快轻工业发展步伐；要通过园区化建设引进大企业、大项目，进一步优化工业在全州的布局；要进一步加强政府的主导作用，从政策、资金等方面扶持或推动工业快速发展；要进一步细化工业发展规划，按轻重缓急的原则有重点、有计划地推动优势工业产业做大做强；要进一步加强调研，实现中央政策和地方实际的更好结合。

【黄毅到个旧市调研】 2011年2月26日，由省委常委、省委统战部部长黄毅带队的省委调研组到个旧市就民族宗教工作进行调研。省政协副主席、沙甸大清真寺教长马开贤，省民委主任王承才，州委书记刘一平，州委副书记罗志明，副州长、州公安局局长王军，州政协副主席、州委统战部部长苗羊宝，市委书记王忠，市委副书记、市长戴劲松，沙甸区领导及大清真寺阿訇陪同调研。黄毅称赞沙甸大清真寺是中国伊斯兰教最具代表性的清真寺，他希望沙甸区利用好优势，大力发展民族特色经济，把沙甸打造成在全省乃至全国具有知名度的“中国回族文化旅游小镇”。

【全国老龄办调研个旧市养老服务设施建设】 2011年2月28日，全国老龄办副主任朱勇在省老龄办综合处处长董代模陪同下到个旧市调研养老服务设施建设情况。调研组先后深入锡城镇敬老院、民办老年公寓和社区养老服务中心日间照料站，对“五保”老人供养、社会参与养老服务事业和社区开展养老服务等情况进行实地调研。

【和段琪到个旧市视察企业环保工作】 2011年3月9日，副省长和段琪率省环保局领导在州委书记刘一平，副州长聂明，市委书记王忠，市委副书记、市长戴劲松等陪同下深入个旧市部分企业视察环保工作。和段琪一行先后到云南金星化工有限公司、云南乘风有色金属有限责任公司、红河合众个旧化肥厂、云锡集团锌业公司、云锡创源实业公司，详细了解企业生产经营与环保治理工作情况。

【宋红临到个旧市调研】 2011年3月17日，中共红河州委常委、州委组织部部长宋红临，州委组织部副部长白波纽到个旧市调研。宋红临指出，个旧市在关注国计民生方面取得了明显成效，他要求以创先争优活动为切入点，做好新形势下群众工作；以创先争优活动为关键点，抓实市乡党委换届工作；以创先争优活动为立足点，推动基层党建创新工作；以创先争优活动为着力点，大力培养各行业创新创业型人才。

【省旅游局副局长余繁到个旧市调研旅游工作】 2011年3月20日，省旅游局副局长余繁到个旧市调研旅游产业发展工作。市委副书记、市长戴劲松，市委常委、副市长杨明志及相关部门负责人陪同调研。余繁先后到大屯镇、沙甸区实地察看了大屯海生态旅游园区项目和沙甸特色旅游村项目建设情况。余繁对个旧市发展旅游产业的决心和做出的成绩给予高度评价。

【省人大常委会外事华侨工委到个旧市调研】 2011年3月29日，省人大常委会外事华侨工委主任杨润新、州人大常委会副主任李金旺带领相关工委和部门负责人一行9人，在市人大常委会主任白燕陪同下，对个旧市侨资企业发展情况进行调研。

【省政协副主席白成亮率队调研个旧市城市民族工作】 2011年5月12~13日，由省政协副主席白成亮带队的城市民族工作调研组到个旧市，就城市民族工作开展情况进行调研。州委副书记罗志明，州政协主席李保文，州委常委、副州长李扬，州委常委、州总工会主席罗萍，州政协副主席普菊红及市委书记王忠等参加调研。

【和建到个旧市调研指导政法工作】 2011年5月6日，中共红河州委常委、州委政法委书记和建，州中级人民法院院长王泽祥，州检察院检察长王亚锋，州委副秘书长刘杰，州委政法委副书记许翔，州国家安全局局长杨冠铨，州司法局局长张云波等领导在市委书记王忠，市人大常委会主任白燕，市委常委、市委政法委书记王伟，市委常委、市委组织部部长周勇，市政府副市长、市公安局局长李鸿瑞等陪同下，就个旧市近期政法专项重点工作开展情况进行调研。

【普绍忠到个旧市调研农村集体“三资”清理工作】 2011年5月19日，红河州人民政府副州长普绍忠到个旧市调研农村集体“三资”清理工作。市人民政府副市长陈浩陪同调研。普绍忠对个旧市加强农村三资清理整顿工作的做法给予充分肯定，并要求个旧市要及时认真总结经验并加以推广。

【中央三部门有关领导到沙甸区调研民族团结进步工作】 2011年5月31日，《求是》杂志社政治部主任常光明率中央统战部、国家民委、《求是》杂志社等部门有关领导，在省委统战部副部长杨光海，省民委副主任马春，州政府副州长普绍忠，市委常委、市政府副市长杨明志等陪同下，到沙甸区就民族团结进步示范区创建活动进行调研。

【辽宁省委原副书记张行湘到个旧市参观考察】 2011年5月24日，辽宁省委原副书记张行湘一行到个旧市考察，市政协主席李文友、副主席朱瑾陪同考察团参观市博物馆、锡工艺美术厂、云锡博物馆。座谈会上，双方相互交流了经济社会发展的经验和做法。

【民建省委副主委王宏到个旧市调研】 2011年6月2日，民建省委副主委王宏、秘书长马夏林在民建州委副主委王仕铭陪同下，到个旧市调研。王宏对民建个旧市委紧紧围绕中共个旧市委、市政府中心工作，切实履行参政党职能，扎实开展各项工作给予充分肯定，对自身建设、参政议政、社会服务等工作取得的新成绩表示祝贺，对大家积极工作开创民建个旧市委工作新局面所做的努力表示感谢。

【王军到个旧市调研】 2011年6月11日，红河州政府副州长、州公安局局长王军，州公安局副局长吴晓勇，在市政府副市长、市公安局局长李鸿瑞陪同下，到卡房镇调研。王军对卡房镇司法工作取得的成效表示满意，要求卡房镇党委政府要进一步关心支持司法所工作。

【刘一平调研个旧市马堵山水电站移民开发工作】 2011年6月20日，中共红河州委书记刘一平率队深入马堵山水电站库区和移民安置区，专项调研个旧市马堵山水电站移民开发工作，市委书记王忠，市委常委、副市长杨明志陪同调研。刘一平充分肯定了个旧市马堵山水电站移民开发工作所取得的成绩，要求个旧市要按照“搬得出、稳得住、逐步能致富”的移民工作方针，继续做好电站库区基础设施建设和经济社会发展工作，为红河新发展作出贡献。

【陈霖调研个旧市经济社会发展情况】 2011年7月12日，红河州人大常委会主任陈霖到个旧市就经济社会发展情况、资源型城市转型、实施产业“二次创业”等工作进行调研。市委书记王忠，市委副书记、市长戴劲松，市人大常委会主任白燕陪同调研。陈霖认为，个旧市在推进科学发展问题上，思路清晰明了，措施具体实在，干部群众干劲十足，经济社会发展情况平稳快速，在全州经济发展中仍然起着举足轻重的龙头作用。

【丁润森指导个旧市社区矫正工作】 2011年7月14日，红河州政协副主席丁润森到个旧市调研指导社区矫正工作，对全市社区矫正工作给予高度评价。他要求个旧市要认清形势，抓住机遇，明确责任，总结提高，推动社区矫正工作再上新台阶。

【和建调研个旧市政法工作】 2011年8月3日，中共红河州委常委、州委政法委书记和建，州委政法委副书记许翔、张恒昌等一行到个旧市就近期政法重点工作情况进行专项调研。市委书记王忠，市委常委、市委政法委书记王伟，市人大常委会副主任雷竞畋，市政府副市长、市公安局局长李鸿瑞，市政协副主席林满松以及个旧市政法系统部门领导参加调研会议。

【中央统战部考察团考察个旧市回族文化】 2011年8月11日，由来自全国17个省、自治区、直辖市的31名少数民族代表组成的中央统战部第六期少数民族培训班考察团在中共个旧市委常委、市政府副市长杨明志，市委常委、市委办公室主任、市委统战部部长张鹏程及相关部门领导陪同下，到沙甸区参观考察回族文化。

【全国人大代表到蔓耗镇视察】 2011年，全国人大代表视察团在州政府秘书长马文亮，中共个旧市委书记王忠，市委副书记、市长戴劲松，市人大主任白燕，市委常委、副市长杨明志等领导陪同下到个旧市蔓耗镇视察。视察团实地视察了马堵山电站、冷清二级公路沿线，全面了解掌握了蔓耗镇经济社会发展情况。

【国务院原副总理吴桂贤到个旧市参观考察】 2011年8月20日，原中央政治局候补委员、国务院副总理吴桂贤一行到个旧市参观考察，州政协副主席丁润森、市政协副主席蔺楠及云锡集团公司负责人陪同考察。吴桂贤一行参观考察了云锡集团冶炼分公司和云锡博物馆，详细了解个旧2000多年的锡文化历史及现代锡冶炼技术。

【丁润森调研个旧市妇幼保健工作】 2011年8月24日，由红河州政协副主席丁润森带队的调研组到个旧市妇幼保健院调研。丁润森对市妇幼院的创新精神表示赞赏，他要求市妇幼院要在科技创新兴院上下苦功，办出自己的特色；要充分利用现有设备，在治疗工作中做新的探索，努力提高保健、治疗水平。

【宋红临深入个旧市社区调研】 2011年9月7日，中共红河州委常委、州委组织部部长宋红临深入个旧市就社区场所建设和机关党建工作进行专题调研，市委副书记寇静冬，市委常委、市政府常务副市长包旭，市委常委、市委组织部部长周勇等陪同调研。宋红临一行实地察看了云锡机关、金湖东、宝华三个社区场所建设情况及金湖工商分局、市医保中心的机关党建工作和创先争优活动开展情况。

【刘竹芬到个旧市调研诉讼监督工作】 2011年9月21日，红河州人大常委会副主任刘竹芬、州检察院副检察长王常明及州人大常委会、州检察院相关部门人员，在市人大常委会副主任张勇，市政府副市长、市公安局局长李鸿瑞等领导陪同下，到市检察院就诉讼监督工作开展情况进行调研。

【刘一平调研红河锌联公司】 2011年10月13日，中共红河州委书记刘一平在市委副书记、市长戴劲松陪同下到红河锌联科技发展有限公司调研。刘一平看望了该公司一线工作的专家、技术人员及工作人员。他要求各级党委、政府及相关部门要从资金、政策、技术等多方面给以支持，为企业提供良好的发展环境。

【刘一平等州委领导到个旧市调研】　2011年10月24~25日，中共红河州委书记刘一平，州委副书记罗志明，州委常委、副州长李扬，州委常委、州委秘书长杨为民，副州长聂明，州委副秘书长、州委办公室主任董建辉，州政府副秘书长王建新率州级相关部门负责人到个旧市，深入阳山新区、鸡个公路等重点项目建设工地，红河个旧锡文化创意产业园、红河唐人生物发展有限公司、市大红屯粮食购销有限公司、安寓房地产开发有限公司、红河商业中心、丽水金湾等企业，市城区办退管中心、大屯镇杨家寨村委会、锡城镇戈贾村委会等基层党组织，就个旧市加快转变经济发展方式，促进产业发展“二次创业”、资源型城市转型发展和统筹城乡发展，创新社会管理等进行调研。

【王军到个旧市调研】　2011年11月8日，红河州政府副州长、州公安局局长王军在个旧市副市长、市公安局局长李鸿瑞陪同下到大屯派出所调研，他要求大屯派出所严格按规范化标准，将执法办案场所建设成为全州典范。

【丁润森调研个旧市道路交通安全管理工作】　2011年11月9日，红河州政协副主席丁润森率州政协调研组到个旧市就道路交通安全工作进行调研，市委常委、副市长杨明志，市政协副主席林满松以及相关部门负责人陪同调研。调研组到市客运站现场走访服务窗口，丁润森与客运站职工亲切交谈，了解职工的工作情况。

【民革中央调研组到个旧市调研】　2011年12月18日，民革中央调研组一行12人，在省政协副秘书长、民革云南省委副主委彭桓，州政协副主席、民革红河州委主委陈军陪同下，到个旧市就环境资源有效保护利用等问题进行调研。市委常委、市委办公室主任、市委统战部部长张鹏程，市政府副市长、民进个旧市委主委杨龙遇，市政协副主席、民盟个旧市委主委朱瑾等领导陪同调研。调研组一行先后参观考察了云锡公司一冶炼厂、个旧选厂和云锡博物馆，详细听取了考察点情况介绍。

党务综合管理

【简述】　2011年，中共个旧市委办公室紧紧围绕市委、政府中心工作和全年工作目标，做好社情民意的收集采编上报工作，对经济发展的重点工作进行督查，突出优质高效服务，提高业务水平。按照文件密电零差错要求，严格办文程序，全面推进密码工作规范化管理，文电运转安全畅通。坚持超前准备、实施方案管理、细化工作流程、推行规范操作，办公室服务能力、服务水平大大提高。创新完善协调机制，整合部门资源，日常工作运转高效。完善交通保障制度，强化执行能力，推进效能不断升级。机关党建和干部队伍建设进一步加强，综合素质不断提升。学习型机关建设与“创先争优”、“四群”教育、“三深入”活动结合开展，干部职工始终保持奋发有为、昂扬向上的精神状态，营造了团结协作、荣辱与共的和谐氛围，机关活力进一步增强。

【督查工作】　2011年，中共个旧市委督查工作按照“把握大局，围绕中心，突出重点，抓住关键”的工作思路，紧贴市委工作中心，服务全市发展大局，扎实开展督促检查工作，确保上级党委与市委重大决策和重要工作部署的全面贯彻落实，促进全市经济和社会提质、提速、提效，全面发展。全年开展各类各项督查工作20次，上报《个旧督查》20期，下发《督查通知》5期，按时办结率100%。完成州、市党委领导批示交办的专项督查件7件，已全部办结，全年督办催办率100%。

【信息工作】　2011年，中共个旧市委办公室信息工作在省州党委信息工作部门的精心指导下，在市委、市委办及各级领导的关心帮助下，市委办信息科紧紧围绕市委中心工作，紧扣信息工作重心，紧贴市情，关注民生，按照“围绕大局、服务全局、做好服务、抓好信息、搞好调研、当好参谋助手”的工作思路，加大信息的收集上报力度，全年采编《个旧信息》900余篇，被省、州党委办公厅（室）采用185篇条。编发《个旧一周》47期、《个旧一周增刊》4期，创办《领导参阅》刊物，全年共编发2期。《市讯速递》

栏目新闻更新113期350条。

【文秘工作】　2011年，中共个旧市委办公室秘书工作按照市委“一二三”工作思路，深入贯彻落实科学发展观，紧紧围绕“三个服务”这一工作主线，认真履行科室岗位职责，认真做好公文处理和会议服务工作。在公文处理中没有出现较大的差错和失误。共收文件3207件，发文446件，其中市委、市委办文件324件。整理归档文书档案2336件。

【防范办工作】　2011年，中共个旧市委办公室认真贯彻落实中共十七届六中全会精神及中央、省、州防范和处理邪教工作的安排部署，深入推进社会矛盾化解、社会管理创新、公正廉洁执法三项重点工作。紧紧围绕“深挖打击、教育转化、防范控制、宣传揭批”等工作重点，落实包保责任制，加强情报信息收集，深入开展反邪教宣传教育，年内实现无“法轮功”人员上昆、进京，无大规模聚集滋事，无插播案件的“三无”目标。

【保密工作】　2011年，中共个旧市委坚持以教育为基础，以管理为重点，以防范为手段，以创新为动力的工作思路，加大保密宣传教育力度，落实责任，保密工作保障和服务能力不断提高。全年编发保密工作简报6期，对《个旧年鉴》等刊物共计360万字进行保密安全审查，对全市35家废纸收购点、中高考、公务员招考、事业单位招考、拥有测绘图纸单位的保密安全进行检查，未发生泄密事件。

【机要工作】　2011年，中共个旧市委机要局紧紧围绕市委、政府的各项中心工作，认真贯彻落实《中共中央关于加强新形势下密码工作的决定》《密码工作条例》和《中共云南省委关于落实〈中共中央关于加强新形势下密码工作的决定〉的实施意见》以及省州《党政密码工作“十二五”规划》纲要，充分发挥密码通信主渠道作用，严格履行《红河州密码安全保密责任制》，绝对确保党的核心机密的安全和密码通信的畅通，全年传输办理密码电报828份，内部明传电报961份，均做到无错情、无事故、无差错，圆满完成了密码工作的各项任务。

（撰稿：李建萍　杨新梅）

组织工作

【简述】　2011年，中共个旧市委组织部在个旧市委的正确领导和州委组织部的悉心指导下，紧紧围绕中央和省、州、市组织工作会议要求，认真贯彻落实中央十七届六中全会、省九次党代会、州七次党代会和市十二次党代会精神，紧紧围绕“1234”组织工作目标，即紧扣市乡两级党委换届这个中心，突出抓好创先争优活动、干部人事制度改革两个重点，认真落实基层党组织建设、干部教育培训改革、工业人才培养三项任务，扎实推进领导班子思想政治建设、干部队伍建设、党内基层民主建设和组织部门自身建设四种建设，为强力推进“桥头堡”战略建设、资源型城市转型，实施“十二五”规划和产业发展“二次创业”提供了坚强的组织保证和坚实的人才支持。

【换届选举工作】　2011年，中共个旧市委组织部以市乡两级党委换届为中心，紧紧围绕选好配强领导班子的目标任务，严格标准坚持正确用人导向、严密政策优化领导班子结构、严格程序确保选举民主公开、严明纪律营造风清气正换届环境。全市涉及换届的8个乡镇，共选举乡镇党委班子成员86名、纪委班子成员48名，其中大学生“村官”进入党委班子任党委委员5名，顺利实现市委意图。6月15日，个旧市第十二次党代会顺利选举产生了新一届市委委员33名、候补委员6名，市纪委委员25名和个旧市出席州第七次党代会代表43名，全面实现州委意图。

【深入开展创先争优活动】　2011年，中共个旧市委组织部以“创先争优强党建，锡都发展谱新篇”为主题，广泛开展“二次创业当先锋，锡都党旗别样红”、“四亮四创四评”、“锡都儿女亲连亲，干部群众心贴心”等主题实践活动。召开深入开展“四群”教育实行干部直接联系群众制度动员会，建机构、定方案、明职责，以领导蹲点、部门挂钩、干部结对、跟踪问责等方式，实现“四群教育”和“三深入”活动的早启动、早部署、早落实，不断将创先争优活动引向深入。年内，全市各级领导干部到基层开展调研、指导、帮扶、慰问等活动13000余人次，争取项目77个，协调各项资金1.56亿元，发放各种慰问金1000余万元，提供致富信息18000余条，为基层群众解决难点重点问题9837件。进一步提高了领导干部做好新形势下群众工作的能力和水平，为促进经济社会各项事业健康和谐发展，加强和创新社会管理，形成党委领导、政府负责、社会协同、公众参与的社会化管理工作大格局奠定了坚实的组织基础。

【干部工作】 2011年，中共个旧市委组织部围绕中心任务，突出深化改革，干部队伍建设呈现出新局面。一是顺利完成“两会”选举任务。政协个旧市十届四次会议、个旧市十五届人大四次会议圆满召开，补选产生了市人民政府市长戴劲松、市政协主席李文友、市检察院检察长万买富，实现了上级党委意图和人民意愿的“无缝对接”。二是创新“双差双考”换届考察机制。实行差额定向推荐乡镇党委班子成员人选，全委会委员以“非定向预推”的方式进行初始提名，通过差额推荐、差额考察、常委会无记名差额票决的全程差额推荐方式，确定乡镇党委书记候选人选。通过采取届末考核与年度考核相结合的方式，逐项细化分解“德、能、勤、绩、廉”5项考察指标，百分制量化考察评价人选，进一步选准用好干部。三是加大竞争性选拔干部力度。制定出台《2011年个旧市公安局内设机构科级领导干部竞争上岗实施方案》，面向市公安局符合条件的民警实施竞争上岗，选拔7名30岁以下的科级干部，确保好中选优、优中选强、人岗相宜。四是优化领导干部队伍结构。提交部务会、市委常委会讨论通过第32期沙甸工作队组成人员5人和第五批新农村工作队队长挂职任乡（镇）党委副书记（副镇长）8人。共调整交流领导干部18人（不含政法系统内设机构），其中平时交流调整6人、享受待遇1人、挂职2人、乡镇派出所所长兼任乡镇党委副书记（政法）8人、免职1人。五是做好干部挂职锻炼工作。按照“选准、管好、用活”的总体要求，制定《2011年干部挂职工作计划》，对选派到企业、社区、乡镇及部分机关中挂职的35名优秀年轻后备干部加强管理与指导。分别接收金平县、元阳县共18名干部到个旧市挂职锻炼。六是完成年度考核及表彰奖励工作。组织召开“州管干部2010年度考核测评大会”，对全市65名州管干部进行测评考核，评出14名优秀公务员呈报州委组织部审批。对在2010年度各项中心工作目标考核中荣获一等奖的48家优秀单位和实绩突出的230名科级干部进行表彰和奖励，奖励总金额57.9万元。对433名考核优秀的公务员和参公管理单位工作人员给予嘉奖，发放一次性奖金34万元。七是切实关爱干部。市委干部保健委员会利用一个月时间，组织全市244名科级以上领导干部进行保健体检。在建党90周年之际，完成离休干部生活补贴标准和扩大发放范围工作，共审批264人，增发生活补贴36万元。八是做好干部常规工作。按干管权限对全市2011年党群口部门、市管干部及科级非领导职务公务员进行级别晋升和工资档次审批，共审批晋升级别421人，合计7647元。全年共审批公务员退休48人，办理调动54人，非领导职务晋升17人。完成2011年党群部门录用公务员16名。

【干部监督工作】 2011年，中共个旧市委组织部以换届纪律警示教育为重点，在全市382名科级以上领导干部中开展“严肃换届纪律知识测试”并签署“承诺书”。在253名市级党代表和部分群众代表中开展“换届风气测评”以及“换届工作满意度测评”，并在各乡镇500余名党员代表中开展“严肃换届纪律情况问卷调查”、“换届风清气正测评”以及“乡镇党委换届工作满意度测评”。组织全市65名县处级领导干部按时上报“领导干部收入申报表”、“个人事项报告表”，为州委组织部了解个旧市干部情况提供了准确依据。全年共审批22名市管科级领导干部和3名事业单位干部因公出国（境）学习事项,协助州委组织部做好7名州管干部出国（境）的审批工作。组织全市382名科级以上领导干部进行述职述廉。委托审计局对2名市管干部进行经济责任审计。全年共接待来信来访7件，均已全部办结。

【干部教育工作】 2011年，中共个旧市委组织部着力加强干教培训能力建设。一是完善程序，制定工作制度。制定印发《个旧市贯彻〈2010～2020年干部教育培训改革纲要〉的实施意见》《个旧市开展基层党组织书记加强社会管理集中轮训工作的实施方案》《个旧市干部教育培训自主选学师资菜单（试行）》《2011年校级干部培训方案》《个旧市2011年学校后备干部培训方案》，全面推进“123＋N”干部教育培训新方式。二是培养干部，抓好市内培训。举办第五期青年干部骨干培训班，来自全市65家单位（部门）的70名学员参加培训，选派优秀青年干部进行挂职锻炼。三是拓展方式，强化市外培训。在清华大学成功举办第一期民营企业培训班和第三期工业管理干部暨第二期民营企业管理（后备）人才高级研修班以及在昆明理工大学举办第二期工业管理干部暨新任副科级领导干部培训班。全年共选派76名科级以上干部、1名无党派和新的社会阶层人士、2名村“两委”负责人、1名大学生村官、5名农村致富带头人到中央、省、州委党校和北京、上海参加学习培训。四是提高效果，抓好专题培训。邀请国务院发展研究中心研究员、著名经济学家李佐军讲授“经济管理知识专题讲座”，举办校级干部62人、后备干部74人参加的校级（后备）干部培训班，成功举办“胡总书记七一讲话”知识讲座。五是深入调研，促进培训力度。在全市范围内开展“干部教育培训工作大调研”工作，发放调查问卷407份，走访样本单位10家，形成《个旧市干部教育培训调研报告》,为市委开展干教培训工作提供了决策依据。六是统筹规划，做好日常工作。对全市干部在线学习情况进行通报，进一步强化在线学习督学促学工作。做好个旧市符合条件的38人参加云南省2011年晋升副县处级领导职务资格基本知识考试报名工作。

【人才工作】 2011年，中共个旧市委组织部认真做好新形势下的人才工作。一是采用“引、培、晋”，全面实施“1122”工业人才培养工程。全年召开4次人才工作会议，举办专业技术人才、工业管理人才等多层次主体培训班32期、选派科级以上工业干部76名到北京、上海高校参加培训，培训各类人才5200人次。充分发挥设在个旧市的云南省“院士工作站”作用，积极引导人才做好技术攻关和科技创新。至年末止，全市已获国家、省、州级科技项目立项23项、争取到支持资金958万元，专利申请138件、授权63件、发明23项，红河锌联工贸公司等6家企业被列入国家高新技术企业。二是采用“教、学、训”，举办专业技能培训班。在清华大学成功举办第一期民营企业培训班和第三期工业管理干部暨第二期民营企业管理（后备）人才高级研修班，选派9名致富带头人到中央、省、州委党校和北京、上海参加学习培训，带领农村群众增收致富。为统筹城乡发展，实施农民万元增收计划奠定了基础。三是采用“传、帮、带”，有效激发乡土人才干事创业热情。在政策、资金和项目上积极扶持人才工作发展，以市专家协会为载体，组织10名农业专家到各乡镇田间地头指导农业技术20余次，组织11名医疗专家到乡镇卫生院定期进行技术指导和8名医疗专家在市内开展义诊活动，组织16名教育专业委员会的专家到乡镇中小学进行支教。出台《个旧市失地农民就业培训实施意见》和《个旧市2011年度失地农民就业培训计划的通知》，投入56.10万元用于技能人才培养、培训工作，力争把失地农民工培养成技能人才。

【基层党组织建设】 2011年，中共个旧市委组织部以强化组织保障和促进社会和谐为目标，全面提升基层党建科学化水平。一是创新“四位一体”党建新模式。按照“抓党建、强村建、固社建”的目标要求，在全市114个村级（社区）组织中大力推行“四位一体”党建新模式，即“加强党组织建设、规范村级权力运行、加强社会治安综合治理、加强人民群众思想文化建设”，着力夯实村级（社区）组织建设工作基础。召开全市“乡镇工作大比武”活动暨乡镇党建工作述职会，总结检验各乡镇经济社会发展状况，进一步深化和提高党领导农村及社区工作的水平。二是打造民族地区党建新方式。结合沙甸地区信教党员和群众众多的实际情况，探索以党组织为辐射点，纵向以维稳线、发展线、文化线三条线形成跨区域的辐射线，横向结合功能定位划分片区的“一点三线”民族宗教重点地区党建新模式。三是推进村企一体化党建新形式。积极探索“联建”、“互惠”、“帮带”三种村企党组织联建模式，打造“百里锡山工业党建带”，依托羊坝底、木登硐两个村党总支与老厂分矿基层党组织联建的润洋、橙鑫两个股份制公司成立了联合党支部，构建“互惠”、“帮带”、“联建”三种村企党组织联建模式，有效维护了地区和谐稳定发展，增加了农民收入，实现了企业党组织、农村党组织、农民“三赢”。四是深化村（社）基层组织建设。推行村（社）干部“一考两评三挂钩”考核评价机制，有效激发村（社）干部干事创业的内在动力。在省、州对每个社区分别补助15万资金的基础上，市级财政安排社区建设资金800万元，共落实资金1700万元，圆满完成11个社区办公用房和活动场所建设任务，其余建设项目正在稳步推进。在社区推行“一主三辅四补充”网格化管理模式，建立老年人日间招呼站、个旧市爱心助老呼叫中心。全年顺利完成20名大学生村官的选聘、合同签订和初任培训工作。五是推动非公经济党建管理。建立以“联网、建库、服务队”三合一意见为依托，以推进党建网格化管理为载体，以抓实党组织建设和作用发挥为核心的非公有制经济组织党建服务队，为党建网格化管理工作取得新成效奠定了良好基础。通过加强调研指导，全市268家非公有制企业中，已建立党组织的企业65家、党员共1376人，扩大了党在社会新兴领域的组织覆盖面。六是开展迎接建党90周年系列活动。深入开展“演讲比赛暨征文表彰大会”、“庆祝建党90周年座谈会”、“创先争优·颂歌献给党”经典歌曲演唱会等红色纪念主题活动，并与云锡集团公司联合开展以“党在我心中”为主题的庆祝建党90周年知识竞赛，全市106个党组织和3360名党员参与比赛。同时，市级党员领导干部走访慰问老党员、困难党员760余人次，发放慰问金15万元。对在创先争优活动中涌现出来的50家先进基层组织、50名优秀共产党员、20名优秀党务工作者进行表彰奖励。

【党内民主建设】 2011年，中共个旧市委组织部积极稳妥推进基层党内民主建设步伐。一是完成党代表提案、提议的督促办理工作。中共个旧市第十二次党代会提案委员会共收到提案、提议20件，立案3件，转为提议17件。年内已全部办结，办理态度满意率100%。二是开展主题实践活动。在各代表团和代表中广泛开展“六个一”主题实践活动和“亮身份”活动。三是试点工作顺利开展。蔓耗镇党代会常任制试点工作顺利开展,已建立党代表“三联系”网络、设立接访日，并进一步完善相关配套制度。

【远程教育工作】 2011年，中共个旧市委组织部在全州率先完成并顺利通过31个卫星模式终端站点建设。依托乡土人才队伍探索出“远教＋支部+协会+基地”模式，开展党员干部现代远程教育“双创双争”活动，充分发挥远程站点红色阵地作用。积极与州委组织部远程办、市电信公司沟通联系，保证信号通畅，确保把站点建设成为党员干部学习培训和寓教于乐的坚实阵地。高质量完成《无悔的选择》等两部专题电教片的拍摄工作。

【社会主义新农村工作】 2011年，个旧市8支社会主义新农村工作队76名指导员，共走访农户8900户次、办实事325件，协调村民纠纷424起，提出合理化建议186条，协助制定规划70个，开展农技知识培训233次、培训9572人次，组织上党课259次、培训党员9622人次。共争取新农村建设项目50多个，协调整合资金2400多万元，物资（折价）100多万元。完成村内道路硬化33公里，卫生安全饮水工程2个，新建水沟7.5公里，水池5个550立方米，惠及村民373户、1532人，实现省委实施下派新农村建设指导员5年帮建工作的圆满收官。

【信息工作】 2011年，中共个旧市委组织部共编发锡都党建60期，报送信息被中组部《市县乡换届工作简报》采用1条，中组部《组工信息》采用1条；《云南组工信息》采用10条，《云南市县乡换届工作简报》采用3条；《红河信息》采用1条；《红河组工信息（专报）》采用14条，《红河州县乡党委换届信息（专报）》采用5条，《红河组工通讯》采用1条，《红河组工信息》采用33条。在对外宣传上，被《组织人事报》采用8条，《中国组织人事报》《党课参考》《党的生活》《云南经济日报》各采用1条，《红河日报》刊登38篇。组织发表原创网评文章718篇，收集上报重大舆情信息1340条。

【自身建设】 2011年，中共个旧市委组织部进一步加强自身建设，并取得显著成效。一是促进思想水平有新提升。每周举办一次学习活动，以组工干部“领学”、菜单式“点学”的方式，传达学习中央、省、州、市委会议文件精神，交流工作心得、生活感悟，实现思想水平的新提升。二是实现工作作风有新转变。深入开展向杨善洲、李林森学习活动，全面加强组工干部思想政治教育，锤炼党性修养，强化宗旨意识，用创新的思路和方法破解组织工作中的难题。组织开展“我为组织工作献一策”、“组工干部下基层”等活动，收集群众意见建议316条，形成调研报告27份，实现工作作风的新转变。三是推进自身建设有新成效。修订完善《中共个旧市委组织部工作目标量化考核办法》，从考核主体和内容赋予不同分值权重，建立量化考评体系，对部内各科室工作情况实行目标责任制量化考核，根据考核成绩开展“星级科室”和“优秀组工”评比，做到奖优罚劣、表先惩后，进一步激励干部职工创先争优，促进各项工作效率得到有效提升，实现自身建设发展的新跨越。

（撰稿：曾 云 李江恒）

宣传工作

【简述】 2011年，中共个旧市委宣传部认真学习贯彻中共十七届五中、六中全会精神，以“三个代表”重要思想为指导，深入贯彻落实科学发展观，全面落实全省宣传思想文化工作会议、州委第七次党代会、全州文化建设工作会议及市委第十二次党代会精神。按照高举旗帜、围绕大局、服务人民、改革创新的总要求，坚持贴近实际、贴近生活、贴近群众，紧紧围绕科学发展这个主题和加快转变经济发展方式这条主线，着力营造推动科学发展、促进社会和谐，凝聚全市各族人民团结奋进，不断提高舆论引导水平和传播能力，掌握话语权，加快文化建设、推动文化大发展大繁荣。

【理论教育】 2011年，中共个旧市委宣传部抓理论教育核心要领，理论武装工作有新拓展。一是认真制订理论学习计划。年初，根据上级的安排部署，制订《中共个旧市委理论学习中心组2011年学习计划》，每个季度集中进行一次学习，每次学习2至5天时间，重点学习研讨1至2个问题。每个季度的专题学习，坚持事先拟定《学习研讨活动的安排意见》，规定学习篇目，指定中心发言领导或部门，并要求参学领导自学相关文件或学习篇目，深入基层开展调查研究，撰写发言提纲或材料，确保学习活动学以致用，取得较好效果。制订《中共个旧市委宣传部关于2011年全市在职干部理论学习的安排意见》，按照中央和省、州、市党委的要求，围绕推进马克思主义学习型政党建设这一战略任务，以深入贯彻落实科学发展观为中心，分四个专题继续组织在职干部深入学习中国特色社会主义理论体系、科学发展观、社会主义核心价值体系以及全国、省、州和个旧市“两会”精神，扎实推进用中国特色社会主义理论体系武装全党、教育人民、指导实践的工作，为全市加快桥头堡建设，推动个旧新发展提供强有力的思想保证和精神动力。二是切实组织市委理论中心组学习活动。按照《中共个旧市委理论学习中心组2011年学习计划》，全年组织集中学习活动4次。3月24日，市委理论学习中心组以“深入学习贯彻中共十七届五中全会精神，认真研讨个旧市产业发展‘二次创业’行动计划，着力推动个旧跨越式新发展”为专题举行第一季度学习活动；5月26日，以“隆重庆祝中国共产党建党90周年，深入学习杨善洲同志先进事迹，在推动个旧新发展上见行动、求实效”为专题进行第二季度学习，参会人员观看了杨善洲先进事迹专题片，并对杨善洲精神进行专题研讨；9月21日，第三季度学习会，传达学习州第七次党代会精神，就党风廉政建设作专题学习研讨，市委班子成员分别结合本职工作和切身体会对如何做好党风廉政建设工作进行发言；11月4日，市委理论学习中心组围绕中共十七届六中全会精神进行学习交流，研讨个旧文化事业和文化产业大繁荣大发展的问题，分析今年以来经济社会发展情况，努力完成今年经济社会发展目标任务，实现“十二五”良好开局。三是扎实推进学习型党组织建设。围绕推进学习型党组织建设这一战略任务，制定下发《2011年学习型党组织建设要点》，对全市学习型党组织建设工作作了统一部署和安排，要求各级党组织创新方式、方法和途径，积极推进学习型党组织建设，进一步提高政治理论水平、提升实际工作能力、转变思想观念和工作作风。在已有学习制度的基础上，进一步完善学习型党组织建设的各项学习制度，认真总结过去好的经验和做法，检查分析存在的问题和不足，建立健全相应的集体学习、脱产培训、调查研究、个人自学、主题教育、考核评价、奖惩激励、成果转化等制度。全市各级党组织积极开展以学习型党组织建设为主要内容的宣讲，在《个旧时讯》开设“建设学习型党组织”大讲坛，坚持每期一讲，对全市建设学习型党组织起到很好的推动作用。依托“四位一体”建设推进基层党组织学习型创建活动，大力开展中国特色社会主义理论体系进农村、进社区的科学理论大众化、通俗化、普及化教育活动，认真组织开展学习胡锦涛总书记“七一”重要讲话精神宣讲活动，全市各单位结合自身实际，通过邀请州委讲师团成员、市委党校教师、专家学者授课及单位领导带头谈认识、谈体会等多种方式组织宣讲，引导党员、干部和群众自觉把思想和行动统一到讲话精神上来，参加宣讲学习的党员干部职工共计5500人次。按照“注重实效、科学选点、典型引路、带动全面”的原则，选拔推荐12家党总支（支部）为市级学习型党组织建设示范点，各示范点将《学习型党组织建设示范点考评细则》作为深化和推动学习型党组织建设的重要抓手，开展富有特色的创建活动，其中五一社区被确定为全省学习型党组织建设示范点，个旧市医保中心党支部被确定为州级学习型党组织建设示范点。四是积极组织理论研讨活动。结合推动个旧新发展的工作实际，加强对实践经验的理论总结和研究成果的转化应用，就个旧市桥头堡战略建设、产业发展“二次创业”理论和创新实践进行研究讨论，先后在全市组织开展“艾思奇与马克思主义大众化”学术征文、社会管理创新理论研讨会征文、“红河谷绿色经济走廊建设大家谈”专题征文等活动，各部门领导、有关专家结合红河州和个旧的实际，撰写了一批高质量理论文章，推动全市上下共同参与理论学习，创新社会管理，推进全州红河谷绿色经济走廊建设及个旧市产业“二次创业”的理论联系实际研究，全市共收到理论研讨文章51篇，通过整理评审推荐上报州级18篇。五是结合工作实际举办理论骨干培训班。拟文《中共个旧市委关于建立个旧市农村宣传文化指导员队伍的意见》，其中对基层宣传文化指导员理论素养、业务知识培训作出详细要求和具体规划，8月26日举办第一期全市农村宣传文化指导员培训班，79名基层宣传文化指导员参加了培训。六是积极做好《红河宣传》的组稿和舆情信息工作。年内向《红河宣传》杂志报送稿件20余篇，刊发6篇。4月，成立舆情信息科，制定《市委宣传部舆情信息考核办法》下发全市，并将原来州级采用的稿费由40元增至200元。建立市级舆情平台，刊发《个旧市舆情信息》，将市内舆情及时报送各市级分管领导做决策参考。继续把舆情工作纳入全市各项工作目标考核中，要求全市各单位指定专人负责舆情收集整理工作；建立舆情网络，全市共有舆情信息员75人，州聘舆情信息员4人；成立舆情QQ群，通过QQ平台交流分享好的舆情线索，发布每月舆情征集要点及优秀稿件，供信息员参考学习；分管领导多次到各单位开展舆情信息培训教学，不断提高信息员的舆情收集的敏感度和舆情整理写作水平，努力建立一支政治素养和业务素质过硬并相对稳定的舆情信息员队伍。全年采取定期报送和重点信息约稿相结合的方式，收集整理舆情296条，上报州级115条。

【社会宣传】 2011年，中共个旧市委宣传部围绕全市中心工作，社会宣传有新特色。一是围绕中心强化策划。年初，制定下发《个旧市2011年宣传思想文化工作要点》等文件，对全年的重点工作提前谋划，科学安排，提出基本原则和重点任务，增强了工作的主动性，有力地促进各部门各单位创造性地开展工作。突出重点，把握节奏，把群众性爱国主义教育贯穿全年，加强重大活动的组织协调，保证了各项庆祝纪念活动衔接紧密，节奏明快，效果显著。在市级媒体开设“共建美好家园”和“颂党建家乡”等专栏，对建党90年以来的丰功伟绩、个旧建市60年来取得的辉煌成就等进行深入宣传，营造了强大的舆论声势。二是加强形势政策教育，大力宣传典型。大力宣传全省宣传思想文化工作会议、州委第七次党代会、全州文化建设工作会议及市委第十二次党代会精神，立足市情，精益求精，不断扩大典型的影响力。组织全市干部职工和广大群众向杨善洲、郑垧靖学习，对在创先争优中涌现出来的先进基层党组织、优秀党务工作者和优秀共产党员，全国、省及州道德模范，在个旧建市60年以来作出巨大贡献的杰出人物等先进典型进行宣传报道。制定实施意见，在全市宣传文化系统开展“真情传播、真心服务、树牢群众观点”主题实践活动，进一步转变广大宣传文化战线干部职工的思想和工作作风，切实增强服务群众的意识和本领。组织好部内创先争优活动，市委宣传部党支部获得全市创先争优“攻坚克难好业绩”先进基层党组织荣誉称号。三是加强协调、创新载体，社会宣传有声有色。做好各项活动环境宣传工作，利用设置大型广告牌、悬挂标语横幅、刊发黑板报和橱窗、张贴标语口号、构建网络和电子屏幕、群发手机短信等形式加大宣传力度，力求做到社会宣传形成声势，贴近生活、润物无声。发文认真做好个旧市第十五届人民代表大会第四次会议、政协个旧市第十届委员会第四次会议及市第十二次党代会宣传环境布置。抓好禁毒防艾宣传教育工作，作为禁毒成员单位参与全市2011年禁毒工作考评，参与“6·26”国际禁毒日大型宣传活动，对“十一五”防治艾滋病项目进行全面工作总结，配合上级对项目检查验收。制作禁毒防艾宣传拉纸笔10000支和宣传日历5000份，策划组织“12·1”大型宣传教育活动，并对全市2010年至2011年副科级以上新任领导干部和事业单位干部、公务员150

余人进行禁毒和防艾知识培训。发挥牵头抓总的工作职能，加强沟通协调，与有关部门共同组织参与经济宣传、“3·15”宣传、打击侵犯知识产权活动及制假售假打击活动、6月安全生产月、消防安全、“五五”普法总结、职业病防治、新保密法颁布实施一周年、巩固国家卫生城市成果检查、百城万店无假货、质量兴市战略实施等宣传工作。参与协调配合组织好纪念辛亥革命胜利100周年系列活动。进一步整合舆论监督力量，利用多种媒体反映群众呼声。率先在全省县市开通政风行风广播平台——“锡都热线”，热线由市委市政府主导，媒体承办，群众参与，通过个旧人民广播电台覆盖全市，每周一期，组织政府相关职能部门和窗口服务单位的主要负责人轮流做客电台直播间，以“电话问答—现场直播—当场承诺—跟踪督办—事后反馈”的工作流程解决群众反映的热点难点问题，利用新媒体，搭建政府和百姓的沟通桥梁，塑造政府新形象。

【新闻宣传】 2011年，中共个旧市委宣传部把握舆论导向，新闻宣传有新举措。一是全力做好党报党刊征订工作。充分挖掘潜力，结合各单位实际，按上级下达的指标层层分解任务，召开动员大会，下发征订通知，到全市各有关单位反复做耐心细致的工作，克服重重困难，组成督察组对各单位的征订工作进行多次督察，按时完成州下达的党报党刊征订任务。在日常工作中对部分单位反映在党报党刊投递分发过程中存在的不按时间投递、数量不符、收不到等问题及时与邮政局沟通、协调，确保党报党刊按时分发到位，发挥应有的作用。二是加强新闻媒体的监督管理，全面提高个旧市主流媒体新闻宣传报道的影响力、吸引力和感召力。坚持党管宣传、党管媒体的原则，切实把握正确舆论导向，按照“善用、善待、善管”媒体的要求，指导本地媒体坚持整体谋划、具体策划、版块推进、突出亮点、精心打造、上下联动、内外感动，在提高采访质量、编辑水平上下工夫，突出重点，注意发现亮点和特点，总结提炼经验，及时推出典型，全面提升宣传报道整体水平。在全市媒体继续进行“三项学习教育”活动，开展加强农业农村工作宣传报道活动及“杜绝虚假报道增强社会责任加强新闻职业道德建设”专项教育及“走基层、转作风、改文风”活动。成立个旧市媒体服务中心。三是妥善处置突发事件新闻报道，把握正确舆论导向。针对工作中的诸如搬迁安置、土地征用、刑事案件等部分敏感问题以及容易诱发社会不稳定因素的其他问题，做好来访媒体的接待工作，主动引导好外来媒体，把握住正确的舆论导向和宣传报道的尺度，安排专人关注网络反映，掌握舆情动态，及时做出回应，最大限度避免因报道不慎、失实或恶意炒作给全市经济社会发展及社会稳定带来不良影响。迅速处理市区猪肉停售、哄抢食盐事件、十八中青少年意外死亡案件、倘甸石榴坝龙潭口和大河湾受重金属污染事件、大屯部分村民到广西参加传销事件、水产公司土地被征用后职工反映生存问题、鸡个公路水龙井路段施工人员被埋事故等突发事件新闻报道舆论引导工作，在各事件发生后第一时间与相关单位进行联系，掌握事件真相及进展，形成新闻通稿，组织人员密切关注网络舆情，较好地赢得了舆论主导权，避免了恶意炒作。妥善处置好蔓耗镇村民对蒙新高速、冷清公路及2008年“7·16”泥石流灾害补偿款去向问题疑问的采访报道，联系相关部门，澄清事实真相，让公众掌握事实真相。

【对外宣传】 2011年，中共个旧市委宣传部紧跟时代特色，对外宣传有新成效。一是与各级媒体亲密合作，大力宣传个旧新发展。先后投入资金与《半月谈》《云南日报》《中国改革报》《红河日报》等主流媒体合作，开设个旧专版、专栏，对全市工业发展，十一五辉煌成就，不断改进党对农村和社区工作的领导，切实创新加强新形势下群众工作和社会管理，在全市村级组织和社区组织中开展“四位一体”建设的重要部署及工作推进情况以及市委、政府紧紧抓住国家资源型城市转型试点和云南桥头堡建设等战略机遇，推进实施产业发展“二次创业”计划的一系列重大战略部署和取得的初步成效及目前工作推进情况进行强势宣传报道。12月1日，《中国县域经济报》头版刊发《“锡都”转型不单围绕“锡”》，详细介绍了个旧市大力推动资源型城市转型，改造提升传统产业发展新兴产业的喜人成果。二是专门制作介绍个旧的专题片，推介宣传锡都新形象。指导个旧电视台制作全面介绍个旧基本概况、近年来取得的成就及今后发展战略等方面的专题宣传片《璀璨锡都》。委托云南电视台完成对个旧市的航拍作业，制作5分多钟的个旧全景风光形象片《锡都飞翔我心飞扬》，这是一份很好的对外宣传产品。三是举办各类大型活动，努力提升锡都知名度。策划并组织实施第三届国际锡文化旅游节暨建市60周年“锡山如画”迎宾晚会、庆祝大会“锡山如歌”千人歌会、“锡城如诗”文学作品征文、“锡都京韵”全国京剧票友联谊演唱周、“锡都印记”书画摄影展、“辉煌锡都”建市60周年成就展、“锡都古韵”青铜文物展等一系列文化节会活动，各个活动都取得巨大成功，受到来宾和各级领导及人民群众的高度好评，彰显锡文化魅力。其中“锡山如画”舞台剧目参加了云南省第十一届新剧节目展演，荣获银奖和编导、作曲、服装、表演等7个单项奖。策划中国共产党建党90周年全市系列庆祝活动，拟定全市活动方案，组织安排好“颂歌献给党”经典歌曲演唱会。在两项活动期间，邀请新华社、中新社、人民日报、香港文汇报、香港大公报、云南电视台、云南日报、红河日报、红河电视台等30余家中央、省、州级媒体对个旧建市60周年来所取得的一系列辉煌成就从不同的角度、不同的视点进行全方位的报道，较好地向社会展示了锡都个旧60年来经济发展、民族团结、社会进步的可喜局面。四是不断完善新闻发言人、联络员工作制度。建立新闻发言人制度，先后报请市委、市政府明确市委新闻发言人、市政府新闻发言人、网络新闻发言人及市委新闻发言联络员、网络新闻发言联络员，市属各部门和各乡镇也按要求分别设置了新闻发言联络员，严格按照“及时准确、公开透明、正确引导、有效管理”的要求，及时向社会和市民发布相关信息。在日常工作中，积极组织各级新闻发言人及新闻反映联络员参加省州举办的各类培训活动，不断提高业务素质。在各类突发事件的处置中，充分发挥支撑作用，加强相互间的联系、协调和沟通，及时对媒体的疑问妥善进行回复，在重大问题上统一口径对外发布消息，避免了各行其是给工作带来被动。

【精神文明建设】　2011年，中共个旧市委宣传部拓展有效载体，城市文明程度有新提升。一是以建设社会主义核心价值体系为根本，大力推进思想道德建设。年初，市文明办根据省州的安排，拟定下发《个旧市2011年精神文明建设工作要点》，全面安排部署全市的精神文明建设工作，将其纳入市委目标考核重要内容，明确了工作任务和责任。市文明办积极发挥引领、协调和指导作用，不断加大日常工作的检查、督促和指导力度，全市形成了党委统一领导、党政齐抓共管、部门各负其责、文明委协调指导、群众积极参与的领导体制和工作机制，精神文明建设的工作水平不断提高。紧紧围绕建设社会主义核心价值体系这一主题，深入贯彻《公民道德建设实施纲要》，采取多种形式深入持久地开展公民道德宣传教育和实践活动，坚持不懈地加强社会公德、职业道德、家庭美德教育和个人思想品德教育。在全市广泛开展“讲文明、树新风”、“我们的节日”主题活动、城乡志愿活动等，大力弘扬以爱国主义为核心的民族精神和以改革创新为核心的时代精神。组织开展“公民道德宣传日”活动，活动内容包括“小手拉大手，共创文明城市”、“文明关爱送温暖”等四项。在广大青少年中广泛开展“中华魂—颂歌献给党”、“童心向党”歌咏活动，深入开展理想信念教育，牢固树立中国特色社会主义共同理想。组织开展以“学习杨善洲，为党旗添光彩”为主题的第八届红土地之歌演讲大赛，其中州级一等奖获得者个旧市选手马茸在省级比赛中喜获二等奖。组织好红河州第二届道德模范评选活动，大力弘扬以“八荣八耻”为主要内容的社会主义荣辱观，其中金湖东社区“绿园”关爱中心医生宋卫东被省文明委推荐到中央文明办，参评全国道德模范，获全国道德模范提名奖，截止年末全市共有2人荣获全国道德模范提名，并涌现出省级道德模范1人，州级道德模范3人。市文明办牵头市文体广电局、团市委等有关单位开展校园及周边治安环境综合整治检查，在日常管理巡查中，以娱乐场所、新闻出版市场、网吧为重点，扎实开展校园周边文化环境整治。二是以个开蒙“三市联创”为龙头，积极争创省级文明城市。成立个旧市创建省级文明城市工作委员会，由市委书记任主任、市长任常务副主任、市委宣传部部长任办公室主任，下设政务环境建设工作处、法制环境建设工作处等11个工作处，并明确各处室工作职责，负责创建工作具体任务的落实。针对《云南省文明城市测评体系》涉及的9个大项、126个小项的测评项目、测评内容和测评标准，分解到各部门和单位，形成事事有人管、一级抓一级、层层抓落实的良好创建工作格局，切实把创建工作落到实处。制定出台《中共个旧市委个旧市人民政府关于个旧市创建云南省文明城市的实施意见》《中共个旧市委个旧市人民政府办公室关于在全市开展“争创文明城市，争做文明市民”系列活动的通知》等一系列文件，与全市68个单位部门签订《创建省级文明城市工作责任书》，在全市形成高度重视、上下联动、扎实推进的良好氛围。创建省级文明城市是提高市民生活质量，提升市民文明素质，增强城市综合实力的重要举措，为形成全民参与的浓厚创建氛围，制定出台《个旧市创建省级文明城市宣传工作方案》，设立了社会环境宣传工作组和媒体网络宣传工作组，采取多种形式进行宣传发动，形成浓厚氛围。市创建办以《让市民过得更舒适更幸福》为题在《云南日报》出专版；在《红河日报》的头版头条积极宣传全市近年来在文明城市创建工作各领域取得的工作成果、积累的经验；在个旧报社开设“创建省级文明城市、共建锡都美好家园”专栏。全市各部门、单位大力开展创建省级文明城市的宣传工作，通过理论学习、知识竞赛、文艺演出、演讲比赛、征文活动等群众喜闻乐见的形式，多渠道、多层次、全方位地进行宣传和教育。群策群力、相互配合，做好文明城市考核验收工作。全市先后4次召开创建省级文明城市工作会，组织个旧城调队和相关职能部门对各相关单位进行2次试测评，对存在的不足进行自查、通报，提出具体的整改意见和建议。认真做好第三批全国文明单位（村、社区）考评推荐工作，多次到州财校、云锡股份、小甸头村和和平社区指导，帮助他们按照中央文明委的考评要求，不断完善申报材料和文档资料，积极做好迎检工作，于6月中旬顺利通过全国文明单位（村、社区）考评组的考评。为全面配合省考评组做好考评工作，市委宣传部与创建办全体工作人员，按职责划分为资料审核组、入户调查组、组织协调组、网络媒体调查组4个小组，积极协助考评组做好各项检查考评和后勤保障工作，使整个考评工作顺利完成。

【文化体制改革和文化产业发展】 2011年，中共个旧市委宣传部重视龙头项目，文化产业发展有新亮点。一是组织开展文化活动，丰富市民文化生活。牵头联合十余家单位和部门开展“携手新农村 科学促发展”2011年文化科技卫生“三下乡”活动。春节期间，牵头组织开展“玉兔呈祥 福满锡都”春节系列活动，分别在金湖文化广场、锡博物馆、工人文化宫、云庙、金湖公园开展焰火燃放、文艺演出、环城跑、登山、游园等丰富多彩的活动，让个旧市民度过了一个热闹喜庆、欢乐祥和的春节。二是按时完成文化产业统计工作。通过市统计局和市文产办的分工合作，圆满完成全市文化产业统计的调查登记、审核录入、汇总评估等各阶段工作。文化产业统计工作涉及统计、文化、民政、城建、林业等12个部门，统计内容多、覆盖了第三产业的大多数单位。在时间紧任务重的情况下，市文产办和市统计局工作人员加班加点，按时完成统计和上报任务，2010年文化产业增加值5.08亿元，占全市GDP比重的4.2%，为全市文化产业的发展、文化事业的繁荣，文化政策的制订提供了准确可靠的数据依靠。三是积极培育锡文化产业，锡工艺品产业发展迈出新步伐。红河·个旧锡文化创意产业园项目被列为市级、州级、省级重点文化产业项目，园区以“大红河、大品牌”为主题，以个旧锡工艺品作为产业基础，整合民族文化资源，规划建设成为具有个旧锡文化特色的、全州乃至全省知名的文化景点，是个旧市打造“国际锡文化名城”的一张文化名片。2011年5月，在“中国驰名商标”的评选活动中，个旧市迎来了首个“中国驰名商标”荣誉，个旧市斑锡工艺美术有限公司注册的图形商标被国家工商行政管理总局商标局认定为“中国驰名商标”，成为云南省首个文化产业特色工艺品类驰名商标和个旧市首个“中国驰名商标”。8月30日，省级非物质文化遗产个旧市锡器制作传习馆隆重开馆。四是策划实施红河州首个“创意”设计活动。与云南艺术学院设计学院合作，组织开展“2011创意个旧主题设计活动”展。活动以个旧锡文化为创意内容，以保护、开发个旧矿山旅游、锡工业遗产和锡文化遗产为目的，推动个旧传统经济创新转变，促进创意经济发展和构建创意型城市，紧紧围绕锡文化有针对性地从产品设计、包装、广告、视觉符号、城市规划、环境艺术、景观雕塑、公共空间、民族民间工艺、旅游产品开发等环节全面展开设计和成果展示。先后有400多名师生深入个旧进行调研，充分了解个旧市情和挖掘锡文化历史的丰富内涵，开展设计创意。2011年6月2～9日，“2011·创意个旧主题活动”展在昆明成功举办，展出了云南艺术学院设计学院600多名学生历时七个月准备的上千件作品。6月28日，“2011·创意个旧”主题活动展在个旧锡都博物馆再次展出。“创意个旧”主题设计活动的开展，引起了社会各界的强烈反响，为个旧发展锡文化产业、建设国际锡文化名城注入了清新的活力。五是积极做好文化产业项目的储备工作。认真落实省、州、市文化产业发展扶持政策，坚持发展锡文化基础，以政府引导、企业运作的产业发展模式，储备文化产业项目8个：老阴山旅游度假区项目、红河州两海国际生态旅游度假区项目、锡文化创意产业园建设项目、个旧倘甸旧寨温泉度假区项目、滑翔热气球休闲体验项目、个旧小火车嘉年华旅游项目、个旧市国家矿山公园项目、中国沙甸回族文化旅游小镇（4A级标准）。同时，按照州委州政府提出的建设“红河谷绿色经济走廊”的安排部署，个旧市完成了“红河谷木棉水乡旅游重点项目”策划，规划建设红河谷风情园旅游度假区和红河天堂旅游度假区项目。六是做好“青歌赛”个旧赛区选拔和推荐工作。与市文体广电局共同组织全市青年参加云南省第四届青年歌手电视大奖赛红河赛区个旧选拔赛，选拔出8名选手参加红河赛区预决赛。在全州50余名歌手参加的比赛中，个旧市歌手鲁燕儒脱颖而出，荣获民族唱法一等奖，歌手闻童荣获通俗唱法二等奖。

【干部队伍建设】　2011年，中共个旧市委宣传部加强队伍内部建设，宣传文化干部素质有新提高。一是高度重视宣传干部队伍建设。针对日趋复杂多样的外宣工作需求和个旧市一直没有成立常设外宣机构的情况，部领导与市委、市编委多次汇报请示，报请市委常委会研究讨论，成立了中共个旧市委对外宣传办公室（个旧市人民政府新闻办公室），确定了市委对外宣传办公室主任为副科级。二是深入开展创建先进党组织、争当优秀共产党员活动，积极推进学习型领导班子建设。自觉践行“个人形象一面旗、工作热情一团火、谋事布局一盘棋”的工作要求，加强理论学习培训，不断提高干部职工思想政治素质和工作能力，增强宣传系统领导干部把握规律、科学决策及落实和执行的能力。三是继续抓好后备干部和优秀年轻干部的培养选拔。调整任命中层干部1名，选派1名优秀干部参加全市青年干部培训班学习，并到沙甸区委挂职书记助理。四是强化干部培训，提高干部队伍政治素养和业务技能。由部长亲自抓干部培训工作，充分发挥牵头抓总的作用，在年初对全年的干部培训作出安排部署，提前准备培训有关事宜。利用每月9日的部学习日坚持学习，明确教育培训重点，力求培训内容的针对性、实用性，突出理论武装、干部思想作风、工作技能等三个方面的教育。选派优秀干部参加各级专业培训。深入推进“四个一批”人才培养工程，3月选派1名干部到清华大学参加旅游管理创新高级研修班学习，市委常委、宣传部长9月参加全省新闻发言人培训，积极推荐优秀干部参加州级通讯员、理论骨干和广播宣传业务等各类专业工作培训。

（撰稿：金利涛）

统一战线工作

【简述】　2011年，中共个旧市委统战部在中共个旧市委的正确领导和州委统战部的悉心指导下，坚持以邓小平理论为指导，以科学发展观统领工作全局，认真贯彻落实省州统战工作会议精神，围绕市委、市政府中心工作，搞好服务、争取人心、凝聚力量，为全市的经济发展、社会稳定和民族团结作出积极贡献。

【多党合作工作】　2011年，中共个旧市委统战部认真贯彻“长期共存、互相监督、肝胆相照、荣辱与共”的统战方针，不断健全和完善统战工作制度。继续贯彻落实《中共个旧市委关于贯彻落实中共中央和省州党委进一步加强中国共产党领导的多党合作和政治协商制度建设的意见的实施意见》精神，加强个旧多党合作和政治协商制度化、规范化、程序化建设。一是认真坚持执行季度情况通报会和座谈会、重大问题协商会、政府职能部门对口联系民主党派和工商联、领导交友谈心等多项多党合作和政治协商制度，充分发挥民主党派、无党派人士和党外知识分子在改革开放和经济社会建设中的同盟军作用。通过坚持季度情况通报会、座谈会和学习会“三会”制度，向统战系统通报全市经济社会发展、党风廉政建设和反腐败工作等情况，组织民主党派、工商联、侨联等机关干部认真学习贯彻省、州统战部长会议精神等。经市委同意，组织民主党派、工商联主要领导参加市委中心学习组第一、三、四季度学习活动，深入学习中共十七届五中全会，做好新形势下群众工作，认真研讨个旧市产业发展“二次创业”行动计划，着力推动个旧跨越式新发展。在市委第二季度情况通报会上，市委常委、市委组织部部长周勇向全市各民主党派、工商联领导及无党派代表人士通报了市、乡两级党委换届选举工作的情况。11月组织全市各民主党派和统战团体领导及专干赴海南博鳌永久会址等参观考察，进行爱国主义教育。通过各种学习、考察，拓宽了民主党派和党外人士为建设和谐个旧献计出力的渠道。二是认真贯彻“长期共存、互相监督、肝胆相照、荣辱与共”的统战方针，创造一切有利条件支持民主党派加强组织建设。年内指导和组织民主党派、工商联、无党派代表人士开展多种形式的学习纪念活动，支持其开展社会主义核心价值体系教育活动。三是积极争取市委工作支持，3月31日，向中共个旧市委第十一届委员会第74次常委会专题汇报省、州统战部长会议精神及个旧市统一战线2010年工作总结和2011年工作要点。

【民族宗教工作】 2011年，中共个旧市委统战部牢牢把握各民族共同团结奋斗、共同繁荣发展的主题，全面贯彻落实民族宗教政策。一是妥善处理宗教领域热点、难点问题，维护全市宗教领域的和谐稳定，并积极探索开放条件下抵御宗教境外渗透的有效途径。二是坚持宗教独立自主自办原则，坚决打击外来宗教的“渗透”。三是积极推进沙甸地区民族团结创建活动。紧紧围绕各民族“共同团结奋斗，共同繁荣发展”的民族工作主题，牢固树立“汉族离不开少数民族、少数民族离不开汉族、各少数民族之间也相互离不开”的思想，以“民族团结、宗教和谐、社会稳定、经济发展”为核心，以创建“组织建设、环境优美、民族团结社会和谐、经济发展人民生活富裕”四个模范为主线，以开展“热爱伟大祖国，构建和谐关系，建设美好家园”三大活动为载体，扎实开展沙甸地区民族团结进步创建活动，进一步推动沙甸地区科技、教育、卫生和文化事业，不断提高各族群众的思想道德素质，科学文化素质和健康素质，切实改善民生，让各族群众共享改革开放的成果。

【非公经济工作】 2011年，中共个旧市委统战部高度重视非公经济工作，围绕市委、市政府为抵御国际金融危机给个旧经济造成的冲击而采取的措施，加强对非公经济的指导与协调。一是注重非公经济代表人士的思想政治工作，积极向他们传达和宣传党和政府应对经济危机的方针和政策，通报个旧经济和社会发展形势，鼓励非公企业与市委、市政府同心同德，共渡难关。二是及时反映非公经济人士的困难和诉求，支持和帮助他们共克时艰。三是加强与非公经济人士的联系，认真做好团结、帮助、教育、引导工作，进一步引导非公经济健康发展。四是加强工商联基层组织建设，积极发挥工商联组织在党和政府联系非公经济人士中的桥梁和纽带作用。指导市工商联沙甸分会召开成立一周年座谈会，促进全市非公经济健康发展。五是支持和引导非公经济人士开展“光彩事业”活动，捐助公益事业建设。

【党外干部工作】 2011年，中共个旧市委统战部把党外干部的培养、推荐、选拔作为一项重要工作常抓不懈。一是不断完善“三册”管理。每年对实职副科以上党外干部、党外后备干部和党外知识分子花名册进行整理和补充，进一步规范对党外干部人才资源库的跟踪管理，为做好党外干部的选拔、管理、培训和使用工作奠定基础。全市纳入“三册”登记管理的实职副科以上党外干部83人、党外后备干部152人、党外高级知识分子124人。二是积极向市委组织部和上级有关部门推荐任用党外优秀干部。按照“统筹兼顾、全面安排”的方针，加大民主党派的政治安排和党外人士的培养及任用力度。三是把民主党派后备干部队伍建设纳入全市后备干部队伍培养的统一规划，出台《关于推荐党外优秀干部任职的意见》，按照干部队伍“四化”的方针和德才兼备原则，与市委组织部合作，加大推荐优秀非党干部的力度。年内，市委统战部共选拔推荐10名党外优秀青年干部参加“个旧市第五期青年干部骨干培训班”，进一步培养非党领导干部人才。

【台海工作】 2011年，中共个旧市委统战部充分发挥台办、侨联、黄埔同学会、中华职教社等统一战线组织和团体的作用，以争取人心、凝聚力量为目标，以实施“增强中华民族凝聚力工程”为载体，认真做好对台和海外统战工作。一是春节前夕与州、云锡台办领导到台胞李文思、黄秀玲三兄妹等家中进行走访慰问；“六一”儿童节前夕，与州台办领导一同看望慰问闵惠等两个困难小台胞；组织部分台胞台属参加州、市两级召开的新春茶话会及市国庆招待会；中秋节前夕，邀请全市200名台胞台属欢聚一堂共庆中秋佳节，市委常委、统战部部长张鹏程代表市级四套班子祝全市台胞台属中秋快乐，并通过他们向远在宝岛台湾的亲友们致以节日的问候和良好的祝愿，希望台胞台属充分利用自己的亲缘优势发挥好海外联络作用，为祖国完全统一、为锡都经济社会发展服务。二是积极做好对台招商引资工作,年内先后两次热情接待台商到个旧市考察。三是协助个旧市中华职教社做好换届工作，选举产生了新一届领导班子，为今后进一步做好工作奠定了基础。

【机关建设】　2011年，中共个旧市委统战部结合全市开展的创先争优、“桥头堡”大讨论、机关作风建设、建立学习型党组织等活动，围绕将市委统战部真正建设成一支“爱学习、懂政策、善协调、会创新、干实事、守纪律”的高素质干部队伍的要求，积极开展统战系统党员干部能力建设年活动，加大部机关自身建设步伐，着力提高市委统战部服务科学发展的履职能力。一是切实转变工作作风。部领导亲自率领机关干部下基层调研，为统战团体解决实际困难，进一步增强责任意识，促进机关作风建设、效能建设，提高执行力和工作效率。二是加强与统战团体的沟通与交流，增强统一战线的凝聚力。通过开展多种形式的座谈会、联谊会、走访、谈心、调研等活动，与统战人士广交朋友，增进友谊。三是加强统战信息宣传工作。坚持办好《个旧统战》信息，年内共编发《个旧统战》信息29期89条；为上级信息刊物提供稿件近80条，有30余条（次）信息被州级以上信息刊物采用，为宣传个旧市的统一战线工作发挥了积极作用。

（撰稿：蒋　琨）

老干部工作

【简述】　2011年，个旧市老干部工作在市委的领导和州委老干局的指导下，坚持以邓小平理论和“三个代表”重要思想为指导，认真贯彻落实中共十七大精神和十七届五中、六中全会及个旧市十一届党代会精神，坚持以人为本，全面落实老干部的政治生活待遇，进一步从政治上尊重老干部，思想上关心老干部，生活上照顾老干部，老干部工作得到进一步加强。

【个旧市离休干部基本概况】　2011年初，个旧市有离休干部265人。其中行政机关116人，事业单位74人，企业单位75人；80岁以下110人，80岁以上的155人。全年病故离休干部16人。

【切实加强对老干部工作的领导】　2011年，个旧市委、市政府高度重视老干部工作，将老干部工作纳入市委工作的议事日程。一是建立健全市委老干部工作领导机构，随着领导工作的变动，及时调整老干部工作领导小组。二是有明确的领导分管，市委明确由市委常委、组织部部长周勇亲自抓老干部工作。全年周部长共听取老干部工作汇报8次，并亲自参与研究制定工作原则，指导开展老干部工作，对改制和破产企业离休干部的一些重点难点问题亲自参与协调。三是坚持市级领导联系同级老干部和走访慰问制度。春节、中秋节、敬老节，四套班子的领导都分别看望慰问自己联系的市级老领导。对生病住院的老领导，在职联系的领导都坚持到医院或家中进行看望慰问，对生活有困难的老干部提供帮助，解决实际困难。五是市委、政府在春节期间专门慰问驻昆的离休干部，周部长还亲自到昆明对驻昆的50多位离休干部进行看望、慰问。

【认真落实老干部政治待遇】　2011年，个旧市进一步抓紧抓好落实老干部政治待遇工作，一是坚持情况通报制度。春节前夕，市委副书记周踊在全市离休干部春节茶话会上向全市离休干部通报个旧市2010年经济社会发展情况及2011年工作部署；8月25日市长戴劲松向全市离休干部和机关退休干部通报2011年上半年经济社会发展情况，使老干部进一步了解市委、政府的重大决策、重要工作部署及个旧市的经济社会发展情况；8月26日市委老干部局与州委老干部局在个旧市政府三楼会议室联合举办“红河州经济社会发展情况通报会”。

二是坚持老干部学习制度。坚持每周四组织享受县处级待遇的离休干部学习中国共产党的路线、方针、政策和时事政治，了解有关个旧经济社会发展的重要举措。除坚持正常的学习制度外，还结合各个时期的形势和特点组织老干部学习新时期的有关政策，或组织专题讲座。坚持将《中办通信》《内参选编》等中央、省、州、市相关文件和资料进行收集整理，提供给老干部阅读和学习。市委每年还安排3万元为每位离休干部、市级老领导和离退休党支部订购《个旧时讯》《党的生活》等杂志。

三是坚持组织老干部参加重要会议。年内召开的市委全会和人大、政协“两会”都分别邀请了市级老领导参加会议。

四是坚持组织老干部就近就地参观考察。2月22日，组织原市级老领导及享受地厅级待遇的老领导到卡房选厂、老厂分矿、松矿及云锡10万吨铅、10万吨铜参观；5月18日，组织上述老干部到沙甸、鸡街、大屯参观民营企业。7月7日，组织上述老干部到兴欣食品公司参观考察糕点及中秋月饼生产情况。10月14日，组织上述老干部到蔓耗镇参观马堵山电站。

【认真落实老干部生活待遇】 2011年，个旧市离休干部“两费”保障机制和财政支持机制进一步完善，“三个机制”有效运转。全市265名离休干部的离休费全部纳入财政或社保发放，离休干部全部参加医疗统筹，离休费、医疗费没有发生拖欠现象；离休金、津补贴等各项经费做到按时足额发放。年初，经市政府同意，将离休干部医疗统筹金由原来的2.8万元调整为4.1万元。七一前夕，个旧市完成265位离休干部生活费增加部分的发放工作，发放经费473965元。6月，完成企业离休干部2011年公用经费、特需费的发放工作，发放经费55120元。全年，全市共发放企业离休干部护理费308000元及津补贴1545378.80元。建立特困离休干部帮扶机制，市财政拨款10万元，解决了困难企业离休干部64人住院陪护费。

市委老干局还多方做好落实老干部生活待遇工作。一是看望慰问易地安置老干部，帮助解决实际困难。二是注意关心离休干部遗属生活，全年不少于一次到遗属家中看望。对无固定收入的已故离休干部配偶，按省委组织部《关于调整和提高无固定收入的已故离休干部配偶的生活补助标准的通知》精神，按时发放遗属生活补助。三是做好老干部医疗保健工作。邀请专家为老干部讲授心脑血管预防与保健知识；坚持老干部体检制度；利用老年大学为老干部举办各种保健知识讲座。

【加强离退休干部党支部建设】 2011年，个旧市委老干部局为进一步加强老干部党支部建设和离退休老干部思想教育，根据省委组织部相关文件精神，于10月26～28日举办全市离退休干部党支部书记培训班。培训班组织参学支部书记深入学习中共十七届六中全会精神和胡锦涛总书记七一重要讲话精神，学习杨善洲先进事迹，观看杨善洲事迹教育片，使老干部做到政治坚定、思想常新、理想永存。

【重视老干部活动中心建设】 2011年，个旧市老干部活动中心坚持每周四离休干部学习日制度，定期组织老干部学习政治理论，中国共产党的路线、方针、政策及相关文件精神。坚持活动中心每天向老干部开放，开设乒乓球、台球、羽毛球、篮球、麻将、扑克、桥牌、象棋、围棋、跳棋、器械健身、电动按摩、阅览室、图书室、书画室、电脑室、电视室（电化教育室）等活动，丰富老干部精神文化生活，充分发挥了老干部活动中心的作用。在五一劳动节和十一国庆节前夕，老干部局分别两次在老干部活动中心组织全市离休干部及退休市级老领导开展麻将、双扣、桥牌、象棋、围棋、投篮、飞标等项目比赛，丰富了老干部的节日生活。

【加强老年大学建设】 2011年，个旧老年大学工作在市委领导的关心和支持下，始终围绕老年教育工作的方针，积极探索教学规律，提高办学质量，努力改善办学条件，完善教学管理。年内，学校共开设26个班，在读学员1027人。个旧老年大学通过开展优秀班级竞赛活动、召开教学研讨会、组织教师参观考察、组织学员外出旅游等形式，丰富教学内容，增强了老年大学的生机与活力。

【老干部作用发挥】 2011年，个旧市委老干部局积极鼓励和引导老干部发挥作用，支持老干部群团组织开展活动，充分发挥他们团结、教育、引导老干部的作用。通过开展形式多样、内容丰富、健康向上的活动，使老干部增长了知识，陶冶了情操，达到老有所教、老有所学、老有所为、老有所乐、老有所获。老干部艺术团结合各个时期的形势和特点编排不同的节目，建党节前夕编排了纪念建党90周年文艺节目；老干部集邮协会积极开展纪念建党90周年集邮活动；延安精神研究会开展纪念建党90周年歌咏比赛。

【加强老干部工作队伍的自身建设】 2011年，个旧市委老干部局大力推进自身干部队伍建设，为做好老干部服务工作打牢基础。一是加强政治理论学习。坚持每周一在职职工和每月9日在职及离退休党员学习制度，认真学习邓小平理论和“三个代表”重要思想、中共十七大及十七届五中、六中全会精神、老干部政策，教育和引导全局干部职工坚持科学发展观，树立全心全意为老干部服务的思想，争做政治优良、思想素质好、业务能力强的职工。二是做好文书档案工作。按要求规范文书、表格处理程序，健全“三簿五册”，认真保管和使用好老干部信息资料，对离休干部的信息变化做到及时准确更新，完善信息库内容。三是做好宣传报道工作，撰写上报老干部典型材料和调研报告2篇、相关稿件15篇，其中被《个旧一周》采用5篇、《个旧时讯》采用3篇、个旧电视台采用7篇，市纪委采用3篇。四是建立健全信访工作制度。为了做好老干部的来信来访工作，坚持局长负总责，分管领导具体负责，专人直接负责的制度。对老干部的来信来访，做到件件有回音，事事有结果，对暂时无力解决的问题，做好耐心细致的思想工作。全年共收到信访件4件，答复4件，接待来访人员32人次，所反映的问题均得到解决。五是加强调查研究，主动深入基层，特别是改制和破产企业，了解掌握老干部情况，帮助解决实际问题。6月底，兑付经济局移交的改制和破产企业离休干部29人公用经费、特需费30300元，帮助解决离休干部陪护费25000元。局领导班子成员深入基层，在做好调查研究的基础上，对全市老干部工作中存在的重点和难点问题，积极向市委、政府反映，使这些问题得到很好的解决。

（撰稿：张艳萍）

个旧市直机关工委

【简述】 2011年，个旧市直机关工委在市委的正确领导下，深入贯彻落实科学发展观，大力加强机关思想建设、政治建设、组织建设和作风建设。以庆祝建党90周年为契机，不断完善各项制度，党员和干部思想不断解放，工作开拓进取，队伍敬业奉献，充分发挥了机关党建工作思想保障、政治保障和组织保障的有力作用，推动了个旧经济发展、社会和谐和各项事业的稳步前进。年末，个旧市直机关工委因工作成绩突出，被州直机关工委评为红河州党建工作一等奖，并获得全市党风廉政建设工作一等奖、全市综治工作一等奖。

【组织建设和党员发展】 2011年，个旧市直机关工委承担市属大部分党和国家机关、社会团体、政法部门、工商税务金融系统、移动电信等企业以及部分事业单位的党建群团工作，共管理基层党组织49个，其中包括党委3个、党总支11个、直属党支部35个（含1个未建立党组织的社会团体），党员1699多名（占全市党员总数 1/10）。此外，还管理着部分基层工会组织和共青团组织。年内，全市分别成立了市红十字会党支部及司法局律师事务所联合党支部，并整建制转出了市人事局党总支、市商务局党总支、市移动公司党支部等3家基层党组织。全年，市直机关工委共发展党员17人，转正15人，开除党籍1人，除名1人，接转组织关系212人次。收缴党费183404元，其中离退休党费69603元。

【干部教育培训】 2011年，个旧市直机关工委按照市委组织部要求，将增强引领发展能力作为干部教育工作的重点，始终把中国特色社会主义理论体系教育放在首位，对广大党员开展党的理论、路线、方针、政策、形势任务、法律法规、党风党纪、经济、科技、社会管理、岗位技能等各方面的教育，并且根据机关工作的实际，开展各类学习活动：举办支部书记培训会和入党积极分子培训班；邀请市纪委的领导开展党员干部廉洁自律讲座；邀请州、市延安精神研究会人员举办延安精神讲座；邀请州委党校副校长陈云峰作十七大精神专题宣讲；邀请市委党史宣讲团雷竞畋进行党史教育讲座。以建党90周年为契机，在各级基层党组织举办党史知识竞赛。年内，市直机关工委在市委领导下，积极开展干部教育培训，引导广大党员干部争做眼界宽、思路宽、胸襟宽，具有创业、创新、创优精神的“三宽三创”型机关党员干部。

【党风廉政建设】 2011年，个旧市直机关工委严格按照中央、省、州、市纪委的工作部署和要求，坚持“标本兼治、综合治理、惩防并举、注重预防”的方针，以完善惩治和预防腐败体系为重点，以强化权力制约和监督为核心，以深化改革和创新体制为动力，深入推进党风廉政建设和反腐败工作。年内，市直机关工委的党风廉政建设和反腐败工作取得好成绩，开除违法违纪党员党籍1人，除名1人，受到市纪委的高度评价，被授予个旧市党风廉政建设一等奖。

【创建学习型组织】　2011年，个旧市直机关工委要求各直属党组织要结合部门工作实际，认真贯彻落实中央要求，采取切实有力措施推动学习型党组织建设向广度和深度发展，把学习成效转化为推进改革发展的动力。本年度市直机关工委学习活动的主题是“读书、调研、创新”，通过“读一本理论书籍、上一次党课、开展一次调研、提出一项好的建议”，不断推进学习活动的深入开展。

【创先争优活动】　2011年，个旧市直机关工委深入开展“学习英模，争做先锋”活动，对所属各基层党组织按照“比十争百当先锋，锡都党旗别样红”行动的五项基本原则，坚持“五好”、“五带头”的标准和党群共建创先争优的要求，以学习杨善洲为契机，开展争创“科学发展好班子”、“干事创业好队伍”、“激活动力好机制”、“攻坚克难好业绩”、“群众公认好团队”活动。号召共产党员、工会会员、共青团员、妇女比学习提高、比岗位奉献、比服务群众、比遵纪守法、比弘扬正气，争当“勤学善思先锋”、“爱岗敬业先锋”、“为民服务先锋”、“遵纪守法先锋”、“弘扬正气先锋”。通过授旗评星活动的开展，推进了基层党组织的建设，形成一级抓一级、一级带一级的良好局面。

【机关文化建设】　2011年，个旧市直机关工委以庆祝建党90周年为契机，组织开展丰富多彩的文化活动，大力推进机关文化建设。一是组织党员认真学习党的理论、党的知识、党的历史，开展“读红色经典、唱红色歌曲、讲红色故事”活动，把读红色经典、讲红色故事与学习型党组织建设活动和各类群众性文化活动紧密结合；二是与市委组织部、市委党史办共同承办“党在我心中”党史知识竞赛活动，通过初赛、复赛的层层选拔，最终推出5支市代表队参加市委与云锡控股有限公司党委联合主办的全市总决赛。大型党史知识竞赛的举行，有力地促进了机关文化建设的发展；三是组织全市机关干部积极参与市委市政府组织的60周年大型歌会及庆祝中国共产党成立90周年大型红歌会等各项文化活动，通过艰苦的排练和参演，赢得社会各界的好评。机关党员干部通过参与活动，唱响了共产党好、社会主义好、改革开放好、伟大祖国好、各族人民好的主旋律，极大地提高了综合素质。

【做好日常工作，完成各项中心任务】　2011年，市直机关工委坚持做好日常工作，突出抓好各项中心任务。一是先后举办两期入党积极分子培训班，除组织工委所属单位的有关人员参加外，还为财政局、水利局、工行、招商银行等单位的入党积极分子进行专门培训。此外，还举办了新党员入党宣誓仪式；二是通过以会代训的方式，召开党建工作会，举办三期基层党组织书记及支委培训班；三是完成市委办、检察院，个旧报社等数家基层党组织的换届选举；四是完成市党代会机关选区的代表选举工作，共选出39名党代表参加市十二届党代会。并在会后组织党代表第七代表团开展学习、培训、视察等活动；五是党员管理工作和党内统计工作富有成效，顺利完成所辖1699名党员信息库的建库维护工作，党内的各种统计报表及统计分析均做到按时上报。

【创新思路、创新工作方法】　2011年，市直机关工委根据新时期党建工作的要求，不断创新思路，积极探索，使各基层党组织的党建工作和党员管理工作成效显著。

一、建立健全长效管理机制，使党建群团工作逐步形成行为规范、程序合法、监管有力、廉洁高效、制度健全的良好局面，确保各项工作顺利进行。机关工委管理的单位较多，范围较广，涉及市委、市人大、市政府、市政协等四大机关及其工作部门以及法院、检察院、工商、税务和部分企事业单位。这些单位业务性质悬殊太大，工作职能太多太杂，机关工委积极探索，创新思路，建立健全长效管理机制，使各单位的政治思想建设、干部队伍建设等各项工作都卓有成效。

二、创造性、创新性地开展基层党建工作。在基层党建工作中，机关党委转变作风，变过去的“等你上来”为现在的“我主动下去”，深入基层，直接到基层单位指导工作，搞好服务。在党员发展工作中，为了不影响谈话对象的工作，机关工委工作人员深入各基层单位与入党积极分子谈话，做到工作、教育、发展党员“三不误”，“三促进”。主动深入市工商局、检察院、国土局等单位了解和指导开展工作。虚心倾听基层的声音，及时传达上级精神，互通情况，得到各级领导和基层广大干部职工的交口称赞。

三、加强向省、州直机关工委的工作汇报和与各市、县机关工委的工作交流，拓宽党建工作思路，相互学习，取长补短，努力提高管理水平和工作能力。年内，由于党建工作成绩显著，个旧市直机关工委被州直机关工委评定为党建工作一等奖。

（撰稿：谷　波　刘　鹏）

党史工作

【简述】　2011年，中共个旧市委党史研究室在市委、市政府的正确领导和省、州党史研究室的指导下，认真贯彻全国、全省、全州党史工作会议精神，紧紧围绕工作大局，狠抓落实，充分发挥“存史、资政、育人”的职能作用，全方位多形式开展工作，自身建设得到进一步加强，各项工作取得显著成绩，整体迈上新台阶。经州委党史研究室各项目标考核，市委党史研究室荣获2011年度全州党史系统党史工作第一名。

【个旧市党史工作会议】　2011年1月18日，个旧市党史工作会议在个旧召开。会议学习传达中央10号文件和全国、全省、全州党史工作会议精神；总结2010年党史工作并部署2011年工作任务；表彰个旧市党史工作先进个人10人、支持党史工作老干部10人。会上，市党史办史恒欣主任受到市委通报表扬。市委副书记周踊代表市委作重要讲话。州委党史研究室主任余发勤、征研科科长王灿庭应邀参加会议。会后对编纂《中共个旧市委执政纪要》的100多名编辑、撰稿人进行培训。

【市委重视党史工作】　2011年，中共个旧市委高度重视党史工作，要求各级党组织进一步强化党史工作，以史为鉴，继往开来，提高党的执政能力，完成党的执政使命，在全面建设小康社会、坚持和发展中国特色社会主义伟大实践中继续谱写新的篇章。一是市委从2011年开始将党史工作纳入市委、市政府对市属各部门的各项工作目标考核。二是于1月26日下发《中共个旧市委关于加强和改进新形势下党史工作的意见》。三是同意下发《中共个旧市2011～2015年党史工作规划》，明确了个旧市党史工作今后五年的工作任务和努力方向。

【深化党史征研工作】　2011年，个旧市委党史研究室认真贯彻全州党史工作会议精神，按照工作部署，开展党史资政研究。一是于2011年9月底完成《中共个旧市委执政纪要》（2010年版）的编纂、审稿、出版、发行工作。二是完成“家庭联产承包责任制的实施”、“九十年代初社会主义教育运动（社教）”两个专题的资料征编工作。三是开展革命和抗战遗址保护开发利用工作。个旧市初步确定革命遗址16个。个旧市烈士陵园经中共红河州委、州政府确定为首批党史教育基地。四是完成建党90周年征文《燎原星火燃滇南唤起工农千百万》《民营企业党建工作的现状、成因与对策初探》两篇文章，其中有一篇文章被省委党史研究室采用。

【强化党史宣传教育】　2011年，个旧市委党史研究室加大宣传工作的力度，拓宽宣传领域，创新宣传形式，不断增强宣传效果。一是锤炼党性“搞竞赛”。4～6月，由中共个旧市委、云锡集团（控股）公司党委主办，中共个旧市委组织部、云锡集团（控股）公司党委组织部、中共个旧市委党史研究室、中共个旧市直机关工委承办以“党在我心中”为主题的庆祝建党90周年党史知识竞赛。二是回顾党史“办宣讲”。4月12日，个旧市成立“颂歌献给党”党史宣讲团。宣讲团在市委的领导下，由市委组织部、市委党史研究室、市委老干部局、市委党校联合组织，邀请个旧市10位知名专家、学者、资深党史工作者、老干部和老党员参加。党史研究室既是组织者又是宣讲团成员。经过一个多月的精心备课，于6月3日在市直机关工委和卡房镇同时隆重举行“颂歌献给党”党史专题宣讲活动，正式拉开个旧市“颂歌献给党”—建党90周年大型党史宣讲活动帷幕，在全市范围内再次掀起重温党史、提振信心、干事创业的新高潮。宣讲团宣讲党史34场次，累计听众近5000人次。三是凝心聚力“办展览”。6月29日上午9点，个旧市大型党史图文展在市博物馆一楼大厅开展。这次大型党史图文展，由中共个旧市委主办，中共个旧市委办公室、中共个旧市委党史研究室共同承办。展览共分三个部分28个版面。第一部分——光辉历程，用7个版面展示了中国共产党的发展历史；第二部分——峥嵘岁月，用13个版面展示了中共个旧地方史；第三部分——六十巡礼，用6个版面展示了在党的领导下个旧市建市60年来的建设成就。这次展览是中共个旧市委和全市46万各族人民对中国共产党90周年奋斗史、发展史的一次再学习和再认识，是对中国共产党个旧地方史的一次再追忆和再回顾。

（撰稿：李 丽）

党校工作

【简述】 2011年，中共个旧市委党校紧紧围绕市委、市政府的中心工作，认真学习贯彻中共十七大和十七届五中、六中全会精神，深入贯彻落实科学发展观，切实履行新形势下党校的基本职能，从全市干部培训和理论研究的需求出发，树立“争创一流、质量兴校”的观念，坚持发扬“敬业务实、开拓创新、团结奋进”的校风，充分发挥党校“阵地”与“熔炉”作用，认真搞好干部教育培训，较好地完成全年各项目标任务，使党校的干部培训和科研工作切实做到为个旧市经济和社会发展服务。

【组织保障】 2011年，个旧市委、政府重视党校工作，各级领导到党校进行工作调研和授课，并切实解决党校面临的实际困难。

一、上级领导到党校调研、指导工作。1月18日，市委书记王忠到党校调研，对党校工作作出重要指示：一是要紧紧抓住“干部素质能力提升”这一主线开展干部培训，为全市经济社会发展培养一支具有较强管理能力、富有领导艺术，业务精、素质高的领导干部队伍。二是肯定党校提出的学校发展“四个目标”，即把党校“建成工业城市型新型党校，建成市委、市政府决策的智囊团和理论研究阵地，建成党委肯定、社会认可、学员满意的干部培训基地，建成既坚持国家标准、又具有党校特色的学历教育新模式”。三是不断增强服务意识，服务群众，服务基层。四是不断加强教师队伍建设和科研学科建设，探索党校工作新途径、新模式。

1月7日，市委副书记、市长戴劲松到党校调研并对今后的工作提出要求：一是要从加强党的思想理论建设，加快推进锡都新发展的高度，进一步认识党校工作的重要意义；二是要科学制定党校“十二五”规划，努力建设一支高素质的教师队伍；三是要着力推进党校机制创新，把新时期党校工作提高到一个新水平；四是要上下联动，共同克服当前存在的困难，一如既往地做好党校各项工作。

5月25日，省委党校调研组和州委党校副校长陈云峰到个旧市委党校调研干部培训、科研和后勤保障工作。

6月21日，州委党校副校长和涛到校调研科研学科建设和工会工作。

7月6日，州委党校和涛副校长到校调研科研工作和运动会筹备工作。

7月28日，州委党校党委书记、常务副校长马子凡到校调研干部培训和运动会筹备工作。

8月1日，州委副书记、州委党校校长罗志明，州委常委、州委组织部部长宋红临，州委党校领导班子成员，市委书记王忠、副书记周踊，市人大主任白燕，市政府市长戴劲松，市政协主席李文友等领导到校调研、检查、指导工作，对党校的干部培训、科研学科建设、后勤保障服务等工作提出全面要求。

二、上级领导为学员授课。

2月19日，中共个旧市委书记王忠为个旧市乡镇新换届领导班子培训班讲授《云南桥头堡建设与个旧二次创业》专题。市政府市长戴劲松讲授《个旧工业经济与国际经济展望》专题。市委常委、市纪委书记曹芸讲授《党风廉政教育》专题。

4月27日，市委书记王忠为个旧市乡（镇、区、处）党（工）委和纪委班子成员培训班讲授《个旧市资源型城市转型》专题。4月28日,市长戴劲松讲授《个旧经济工作》专题。云南农大经管学院副教授李宏讲授《农业产业化经营管理理论与实践》专题。4月29日,州委组织部副部长丁昆讲授《基层党建工作》专题。4月30日,省委党校哲学部副主任叶力教授讲授《密切联系群众，提高做好群众工作的能力》专题。

5月12日，国务院发展研究中心副主任、政策研究所副所长、青年经济学家李佐军研究员到党校讲授《“十二五”国际经济形势与云南桥头堡建设》《地方经济发展新对策》两个专题。

6月11日，省委党校赵晓标副教授到党校讲授

《云南桥头堡建设与个旧转型发展》专题。

11月24日，市长戴劲松为个旧市第五期青年干部骨干培训班作开班动员，并讲授《全球经济分析及个旧产业发展》专题。市委常委、市纪委书记曹芸讲授《党风廉政教育》专题。州委党校陈云峰副校长讲授《学习贯彻胡总书记七一讲话和中共十七届六中全会精神，推动红河新发展》专题。11月25日，个旧市人民医院何南飞院长讲授《握住身心健康的金钥匙》专题。

三、学校建设遗留问题不断得到解决，新校区建设相关手续的补办工作进度加快。

由于党校新校区建设是三边（边施工、边申报、边办证）工程，尚有土建工程欠款、土地证未办等遗留问题。2011年，在市委、市政府的大力支持下，经过艰苦努力和多方协调，解决了土建工程欠款、失地农民保证金、矿产压覆报告费用、水土保持方案报告费用等多项历史欠债530多万元，减免了城市规划许可费238万元，完成了补办土地证所需的27个重要报件并上报市州省国土部门。

【组织建设】 2011年，个旧市委党校按照《中共个旧市直属机关党委（总支）抓基层党组织建设责任制》的要求，积极开展党组织的建设工作。充分利用理论学习中心组会议、民主生活会、组织生活等多种形式，加强对党员理想信念、宗旨意识、思想道德、廉洁自律、奉献精神的教育，使党员整体素质不断提高，先锋模范作用得到加强。全年，党、政、工团结协作，党群、干群关系和谐，党校工作全面发展。

【队伍建设】 2011年，个旧市委党校采取多种形式抓好教职工思想政治教育和业务培训，不断提高教职工综合素质。一是加强师资队伍建设。年内，党校共派遣4名员工到昆明理工大学、西安交通大学、北京清华大学学习培训。二是组织开展建党90周年系列活动。在中国共产党成立90周年之际，校党委将党风廉政宣传与庆祝建党活动有机地结合在一起，开展“庆祝中国共产党建立90周年党史、党风廉政建设知识竞赛”；举办“纪念建党90周年·党风廉政建设硬笔书法比赛”；观看党风廉政警示教育片《暴风雨中的忏悔》等，这些活动进一步坚定了广大党员干部的理想信念，推进了创先争优和学习型党组织建设活动的深入开展。三是圆满完成红河州党校系统第六届“熔炉杯”运动会的组织承办工作。全校干部职工以“认真组织确保赛得开心、搞好后勤力保吃住舒心、只求社会效益体现诚心”为目标，精心筹备，认真组织，经过5天的角逐，涉及全州14家单位、250名运动员的“熔炉杯”运动盛会，在充满团结、友谊、拼搏、和谐的气氛中圆满落下帷幕。

【干部培训】 2011年，个旧市委党校充分发挥干部培训主渠道作用，认真贯彻落实十七届五中、六中全会精神、“两会精神”，以个旧市“二次创业”为主线，以“创先争优”为目标，积极探索培训工作的新思路、新方法,先后举办各类培训班51期、受训人数7800多人次，超额完成培训任务。开设的班次和进行的专题辅导内容丰富，主题突出。一是紧扣“两会精神”的贯彻落实,认真组织骨干教师到各乡镇和单位进行“如何把握两会精神”的宣讲，共培训人员近百人。二是就如何进行“二次创业”，由市委邀请国务院发展研究中心副主任、研究员、人本发展理论创立者李佐军先生到校作题为《“十二五”新形势》《地方经济发展新对策》两场专题讲座，全市副科实职以上领导干部和部分企业负责人共300余人参加。三是始终把党风党纪教育作为重要的培训内容。4月28日，在乡镇党委、纪委班子换届之际，市委党校举办“个旧市乡镇（区、处）党（工）委和纪委班子培训班”，培训相关人员150人。

2011年11月，个旧市委党校完成干部教育培训工作调研，此次调研采取实地走访、座谈交流、调查问卷等方式进行，共深入锡城镇、鸡街镇、保和乡、城区办、教育局、住建局、卫生局、工信局、妇联、机关工委等部门，组织召开座谈会10次，向9个乡镇区、1个城区街道办事处、25个政府部门、36个市委部门发出、收回有效调查问卷408份，其中副科级以上干部167份，股级干部120份，其他119份；56岁以上10份，46至55岁110份，36至45岁153份，35岁以下140份。调研组通过座谈、走访，对调查问卷进行统计分析，掌握了个旧市干部教育培训的现状、存在的问题及解决对策，为推进“十二五”期间干部培训提供重要依据。

【学科建设】 2011年，个旧市委党校立足优势，突出特点，以提升科研能力为目的，以中央、省、州、市开展“创先争优”、“桥头堡建设”、“资源型城市转型”等中心工作为契机，积极开展教学科研活动，深入农村、企业、矿山、社区等基层一线进行调研，撰写科研论文，组织专题宣讲。

年内，个旧市委党校在全州党校系统首先成立学术委员会，制定《中共个旧市委党校学术委员会章程》，学术委员会按《章程》规定开展工作，其职责主要是为党校的教育教学培训和科研学科建设提供学术研究、评估、咨询服务。并首先建立品牌专题。正式推出并形成自己品牌专题的有：朱云生的《数学之美》《组织文化》《企业管理》；聂荣飞的《公文写作》《从延安精神解读群众路线的重要性》；黄良全的《公文写作》《读书讲座》《诗歌讲座》《文学欣赏专题》；何艳春的《中国共产党历次党代会介绍》；蒋永华的《党风廉政建设专题》；杨素萍的《近现代史专题》；罗明婕的《入党程序介绍》；马少有的《讲授党章》等。全年，个旧市委党校在州级及以上刊物公开发表论文或调研报告11篇，论文数量和质量创近年新高。其中夏云的《在科学发展观的指导下，搞好个旧市私营企业家的素质建设》一文在国家级图书、中央党校编撰出版的《科学发展在中国》一书中发表；《感触素质教育》在全国中文核心刊物《教育研究论坛》上发表。何艳春的《让历史告诉未来》《个旧市资源型城市转型研究》在国家级刊物《职大学报》上发表。

【学历教育】 2011年，个旧市委党校与云南财经大学高职院联合办学的大专班、本科班共开设4个专业、30余门课程，拥有4个教学班，150名学生。党校老师承担《市场营销学》《管理学原理》《经济法概论》《现代企业管理》《经济学基础》《货币银行学》《计算机基础》等15门次课程的教学任务。学校课程均安排在星期六、星期天进行，以保证学员工作、学习两不误。各班班主任严格跟班管理，有效提高了学生的出勤率，达到了函授教学要求。全年，市委党校学历教育共毕业67人，分别是云南省财经大学专科班“会计电算化专业”和本科班“会计专业”，为个旧市经济社会的发展又输送了一批合格人才。

【档案管理】 2011年，个旧市委党校进一步加强档案管理工作，做到认识到位、组织到位、措施到位、资金到位。一是把档案工作作为加强党校内部管理的一项重要内容纳入年度目标及相关人员的岗位目标和职责中，与党校其他工作同部署、同组织、同考核。二是成立由党校主要领导任组长的档案工作领导小组，重新组建校保密工作领导小组，明确办公室为具体责任部门。三是加强培训学习，选派档案管理员参加云南省档案局组织的业务培训，组织教职工学习《中华人民共和国档案法》《云南省档案条例》等法律法规。年内，党校投入资金32000元，购买专利无轨档案密集柜等办公设备，抽调部分教职工对党校成立以来形成的档案材料进行清理、归档，共形成4778卷（件）各类档案。其中文书档案4303卷（件）、财务档案485卷。档案管理工作达到五星级标准。

（撰稿：和　跃）

中共个旧市委员会领导名录

书　记　王　忠
副书记　戴劲松　周　踊　寇静冬（女，挂职）
常　委　曹　芸（女）
包　旭
王　伟
周林俊
杨明志
周　勇
李文华
张鹏程

中共个旧市委部门领导名录

市委办公室
主　任　张鹏程
副主任　陶春发
许家敏
郭星海
机要局
局　长　徐绍华
副局长　何　帆
防范和处理邪教问题办公室
主　任　张裕勇
副主任　杨　程

督查室

主　任　潘　伟

保密局

局　长　石建明

市委组织部

部　长　周　勇

副部长　苗世友

朱　坤

王贵春（女）

高昌旭

市委宣传部

部　长　周林俊

副部长　汪　泊（女）

刘祖全

杨海山

市文明办

主　任　汪　泊（女，兼）

副主任　周　敏（女）

市委统战部

部　　长　张鹏程

常务副部长　李建祥

副　部　长　倪永奇

王德祥

市委对台办公室

主　任　周林芬（女）

市委政法委

书　记　王　伟

副书记　杜　健

张正斌

市直属机关工委

书　记　谷　波（女）

副书记　李　莹（女）

市委老干部局

局　长　苗世友

副局长　孙继萍（女）

市委党校

校　　长　周　踊

常务副校长　聂荣飞（女）

副　校　长　龙正兴

潘映霞（女）

张厚银

市委党史研究室

主　任　史恒欣（女）

副主任　许燕斌（女）

市总工会

主　席　李美英（女）

副主席　马　锐（女）

副主席　林亚勇

团市委

书　记　钟鹏飞

副书记　杨彬苑（女）

钟雪勤（女）

市妇联

主　席　何　琴（女）

副主席　乐　霞（女）

张　艳（女）

市科协

主　席　杨　标

副主席　赵　力（女）

倪永奇（兼）

刘国宇（兼）

市侨联

主　席　姜玉梅（女）

副主席　曾永平

戴林颖

谢　宇

市工商联合会

主　席　蔺　楠

副主席　罗　斌

周立新

秘书长　袁　莉（女）

市残联

理事长　崔丽荣（女）

副理事长　孙　娅（女）

市文联

主　席　余春泽（女）

副主席　丁昭月（女）

（撰稿：李建萍　杨新梅）

个旧市人民代表大会常务委员会

【简述】　2011年，个旧市第十五届人民代表大会常务委员会组成人员27人，其中主任1人、副主任5人、委员21人。一年来，市人大常委会高举中国特色社会主义伟大旗帜，以邓小平理论和“三个代表”重要思想为指导，深入贯彻科学发展观，认真履行宪法和法律赋予的职责，充分发挥地方国家权力机关的作用，始终坚持中国共产党的领导、人民当家做主、依法治市原则，按照市十五届人大四次会议的要求，积极推进社会主义民主政治，把握科学发展主题和加快转变经济发展方式主线，关注民生，保障和促进个旧市社会和谐稳定、经济平稳较快发展。年内，人大常委会召开党组会议10次，召开“一府两院”联席会议1次。举行常委会会议6次，听取和审议报告21项，提出审议意见40条，作出决议、决定15项，任免国家机关工作人员38人次。召开主任会议13次，听取调研汇报6次,提出意见建议24条。组织代表视察、检查、调查和调研13次，配合上级人大检查和调研12次，受理人民群众来信43件、来访273余人（次）。市十五届人大四次会议及闭会期间收到的135件建议、批评和意见，其中3件交由市委办办理，其余的132件均得到“一府两院”和有关单位及部门的重视和落实。

重要会议

【个旧市第十五届人民代表大会第四次会议】 2011年2月11～14日在市人民影剧院召开，出席会议代表202人，列席人员118人。中共个旧市委书记王忠出席并讲话。会议听取和审查批准市人大常委会、市人民政府、市人民法院、市人民检察院工作报告，听取和审查批准个旧市国民经济和社会发展第十二个五年规划纲要、个旧市2010年国民经济和社会发展计划执行情况及2011年国民经济和社会发展计划、个旧市2010年地方和市级财政预算执行情况及2011年地方财政预算报告，作出7项决议。会议补选产生戴劲松为市人民政府市长，万买富为市人民检察院检察长，增选戴劲松为个旧市出席红河州第十届人民代表大会代表。会议收到建议、批评和意见135件（包括议案转为建议处理的3件）及人民群众来信来访1件，会后交“一府两院”和有关单位及部门办理。

【个旧市第十五届人大常委会第24次会议】 2011年1月13日在市人大常委会会议室召开，市人大常委会主任、副主任、委员共25人出席会议。会议由市人大常委会主任白燕、副主任张勇分别主持，市人民政府、市人民法院、市人民检察院、市政协等有关部门领导，各乡镇人大主席，市人大常委会各工委（办）负责人列席会议。会议审议通过个旧市人大常委会工作报告（草案）及确定了报告人；初审了个旧市国民经济和社会发展第十二个五年规划纲要（草案）、市政府工作报告（讨论稿）、个旧市2010年地方和市级财政预算执行情况及2011年地方财政预算（草案）的报告、个旧市2010年国民经济和社会发展计划执行情况及2011年国民经济和社会发展计划（草案）的报告；审议通过召开市十一届人大四次会议的有关事项，并作出相应决定；审议通过关于批准个旧市2010年度财政支出预算调整安排意见的决议；听取和审议市人大常委会代表资格审查委员会《关于个旧市第十五届人民代表大会代表变动情况的报告》，通过关于补选市十五届人民代表大会代表资格审查情况的报告，补选白燕为个旧市出席红河州第十届人民代表大会代表；作出关于接受李红宁辞去市人大常委会委员职务、关于免去李红宁市人大常委会法制工作委员会主任职务的决定。

【个旧市第十五届人大常委会第25次会议】 2011年4月26～27日在市人大常委会会议室召开，市人大常委会主任、副主任、委员共22人出席会议。市委常委、组织部部长周勇，市人民政府、市政协、市人民法院、市人民检察院等有关部门领导，各乡镇人大主席，市人大常委会各工委（办）负责人列席会议。会议听取和审议市人民政府贯彻实施《中华人民共和国水法》情况报告，为进一步做好相关工作提出5条建议；听取和审议市人民政府贯彻实施《中华人民共和国公证法》情况报告，并针对存在问题提出5条建议。会议作出关于接受陈丽莎辞去个旧市人大常委会副主任职务的决定。

【个旧市第十五届人大常委会第40次主任会议】 2011年5月16日在市人大常委会主任会议室召开，市人大常委会主任、4名副主任出席会议。市人民政府及有关部门领导，市人大常委会各工委（办）主任、副主任列席会议。会议由市人大常委会主任白燕主持。会议听取个旧市政府副市长陈浩所作的个旧市人民政府关于农产品购销网络建设情况的汇报和市人大常委会财工委主任张静作的关于对个旧市农产品购销网络建设工作情况的调研报告。会议针对存在的问题和不足，并就进一步提升农产品网络建设提出4条建议。

【个旧市第十五届人大常委会第26次会议】 2011年6月21～22日在市人大常委会会议室召开，市人大常委会主任、副主任、委员共21人出席会议。市人民政府、市人民法院、市人民检察院等有关部门领导、各乡镇人大主席、市人大常委会各工委（办）副主任列席会议。会议听取和审议市人民政府关于个旧市2010年地方财政决算的报告、2010年地方财政预算执行情况及其他财政收支的情况的审计工作报告、关于提请任免张春良等2人职务的报告、关于提请任命陈新华职务的报告、关于个旧市贯彻实施《中华人民共和国药品管理法》的情况报告。听取和审议市人民法院关于提请任命李盛职务的报告、关于提请任命罗丽春等17人职务的报告。会议审议并作出关于批准个旧市2010年地方财政决算的决议，作出关于批准《个旧市2010年地方财政预算执行情况及其他财政收支的情况的审计工作报告》的决议。针对财政决算报告提出6条建议，审计报告提出3条建议，贯彻执行药品管理法工作提出6条建议。会议决定任命陈新华为市人民政府副市长；免去吕增辉个旧市监察局局长职务；任命张春良为个旧市监察局局长；任命李盛为个旧市人民法院副院长、审判委员会委员、审判员；任免个旧市人民法院罗丽春等17人职务。

【个旧市第十五届人大常委会第43次主任会议】 2011年7月13日在市人大常委会主任会议室召开，主任、3名副主任出席会议。市人民政府副市长陈新华，市政府有关部门领导，市人大常委会各工委（办）主任、副主任列席会议。会议听取副市长陈新华所作的《个旧市人民政府关于贯彻实施中华人民共和国残疾人保障法工作情况的汇报》和市人大常委会农环工委主任李和平作的关于对个旧市贯彻实施中华人民共和国残疾人保障法工作情况的调研报告。会议针对个旧市贯彻实施中华人民共和国残疾人保障法工作实际，提出5条建议。

【个旧市第十五届人大常委会第44次主任会议】 2011年8月9日在市人大常委会主任会议室召开，主任、2名副主任出席会议。市人民政府副市长何建华，市政府有关部门领导，市人大常委会各工委（办）主任、副主任列席会议。会议听取副市长何建华所作的《个旧市知识产权保护与执法工作情况汇报》和市人大常委会教工委主任刘锡钢作的关于对个旧市贯彻执行《国家知识产权战略纲要》工作情况的调研报告。会议针对个旧市知识产权保护与执法工作实际，提出6条建议。

【个旧市第十五届人大常委会第27次会议】 2011年8月22日在市人大常委会会议室召开，市人大常委会主任、副主任、委员共23人出席会议。市人民政府、市政协、市人民法院、市人民检察院等有关部门领导、各乡镇人大主席、市人大常委会各工委（办）负责人列席会议。会议听取和审议市人民检察院开展侦查监督工作情况的报告，并针对市人民检察院侦查监督工作实际，提出5条建议。

【个旧市第十五届人大常委会第45次主任会议】 2011年9月20日在市人大常委会主任会议室召开，受市人大常委会主任白燕委托，会议由张勇副主任主持，4名副主任出席会议。市人民政府市长戴劲松，市政府有关部门领导，市人大常委会各工委（办）主任、副主任列席会议。会议听取市人力资源和社会保障局局长张勇所作的《个旧市高校毕业生就业工作情况的汇报》和市人大常委会选联工委主任何兮作的关于对个旧市高校毕业生就业工作情况的调研报告。会议针对个旧市高校毕业生就业工作实际，提出6条建议。

【个旧市第十五届人大常委会第46次主任会议】 2011年10月8日在市人大常委会主任会议室召开，主任、4名副主任出席会议。市人民政府副市长陈浩，市政府有关部门领导，市人大常委会各工委（办）主任、副主任列席会议。会议听取市政府关于社会保险基金及最低生活保障基金使用管理的情况汇报和市人大常委会财工委主任张静作的关于对个旧市重大项目资金中社会保险基金和城乡最低生活保障资金使用管理情况的调研报告。会议针对该资金管理情况提出4条建议。

【个旧市第十五届人大常委会第28次会

议】 2011年10月31日至11月1日在市人大常委会会议室召开，市人大常委会主任、副主任、委员共22人出席会议。市人民政府、市政协、市人民法院、市人民检察院等有关部门领导，各乡镇人大主席、市人大常委会各工委（办）负责人列席会议。会议听取和审议《个旧市2011年1～9月国民经济和社会发展计划及财政预算执行情况报告》《个旧市人民法院加强刑事审判工作情况的报告》《〈关于在全市公民中开展法制宣传教育的第六个五年规划（草案）〉和〈个旧市依法治市第四个五年规划（草案）〉的情况说明》，表决通过《个旧市人大常委会关于批准〈关于在全市公民中开展法制宣传教育的第六个五年规划（草案）〉的决议》和《个旧市人大常委会关于批准〈个旧市依法治市第四个五年规划（草案）〉的决议》。会议对个旧市2011年1～9月国民经济和社会发展计划及财政预算执行情况提出5条建议，对个旧市人民法院加强刑事审判工作提出5条建议，对《关于在全市公民中开展法制宣传教育的第六个五年规划（草案）》和《个旧市依法治市第四个五年规划（草案）》报告提出3条建议。

【个旧市第十五届人大常委会第47次主任会议】 2011年11月10日在市人大常委会主任会议室召开，主任、3名副主任出席会议。市人民政府副市长、市公安局局长李鸿瑞，市政府有关部门领导，市人大常委会各工委（办）主任、副主任列席会议。会议听取市人民政府副市长、市公安局局长李鸿瑞所作的关于个旧市公安队伍建设工作情况汇报和市人大常委会法工委副主任毛惠所作的关于对个旧市公安队伍建设工作情况的调研报告。会议针对市公安队伍建设工作提出4条建议。

【个旧市第十五届人大常委会第29次会议】 2011年12月27～28日在市人大常委会会议室召开，市人大常委会主任、副主任、委员共21人出席会议。市委组织部、市人民政府、市政协、市人民法院、市人民检察院等有关部门领导，各乡镇人大主席，市人大常委会各工委（办）负责人列席会议。会议听取和审议市人民政府开展社区卫生服务工作情况的报告，“一府两院”办理代表建议、批评和意见及常委会会议审议意见情况的报告，《个旧市人大常委会2012年工作要点（草案）》，个旧市第十五届人民代表大会代表变动及资格审查情况的报告（草案），有关人事任免报告。会议免去张春良个旧市监察局局长职务，免去王泽刚个旧市人大常委会教科文卫工作委员会副主任职务，任免市人民检察院孙亮等8人法律职务。

重要活动

【省人大常委会环资委调研组到个旧市调研】 2011年3月2日，云南省人大常委会环资委副主任杨灿章等一行4人，对个旧市土地管理和环保工作进行调研。州人大常委会副主任李金旺，个旧市人大常委会主任白燕、副主任张勇，副市长陈浩等州市领导陪同。调研组先后到鸡街镇、云锡冶炼分公司，就个旧市土地管理及环保工作现状、取得经验和下一步工作安排进行调研。

个旧市实施的鸡街镇倘甸土地整理项目，总投资1773.43万元。项目于2009年2月开工，现已平整土地210公顷，建设沟渠43公里、田间道路15公里。该项目完成后，土地利用率可从98.19%提高到100%，将大大提高农业综合生产能力，产生较好的社会效益、生态效益和经济效益。调研组认为，土地整理项目是一项惠民工程，倘甸中低产田改造项目路、沟、渠、林配套齐全，布局合理，切实改善了村容村貌和人民群众的生产、生活环境，使广大农民从中得到实惠。

云锡冶炼分公司长期以来把环境保护、资源利用工作当做生产经营的一件大事来抓，围绕“节能、降耗、减污、增效”的清洁生产目标，构建环保长效机制，加强环境管理；强化技改与环保相互结合，促进节能减排目标实现，增强可持续发展后劲；在资源综合利用上下工夫，强化能源管理工作，综合能耗持续下降，实现经济效益、社会效益、环境效益的协调发展。调研组指出，云锡冶炼分公司在环境保护、节能减排、资源综合利用方面取得明显成效。希望地方党委、政府进一步加大在环境保护、资源利用方面的工作力度，探索进一步做好环保和资源综合利用的新思路、新办法和新举措，不断推进环境友好型、资源节约型企业建设。

省人大常委会环资委调研组对个旧市在土地管理和环保工作方面做出的工作给予充分肯定，认为相关部门在工作开展上扎实认真、措施有力，探索出许多好的方法，有许多经验值得总结，希望个旧市在土地管理和环保工作中再接再厉，创造出更多的经验和亮点。

【州人大常委会到个旧市调研节能降耗工作】 2011年3月17日，州人大常委会副主任邓小礼一行到个旧市调研节能降耗工作。个旧市人大常委会主任白燕、副主任陈丽莎，市政府副市长何建华，市工信局、统计局领导陪同调研。调研组一行分别深入云铝润鑫铝业有限公司、振兴实业集团有限责任公司、云锡股份冶炼分公司，就节能降耗工作进行实地调研。

市政府向调研组专题汇报个旧市节能降耗工作开展情况、存在的困难和问题、下一步采取的工作措施。调研组对个旧市节能降耗工作取得的成绩给予充分肯定，并对个旧市节能降耗工作提出建议：提高认识、加强领导、坚持原则、注重引导、加大宣传、争取政策、依法管理、依法监督，为促进全市乃至全州经济社会平稳较快发展，加快建设资源节约型和环境友好型社会做出积极的贡献。

【省人大常委会外事华侨工委主任杨润新深入个旧市侨资企业调研】 2011年，云南省人大常委会外事华侨工委主任杨润新为进一步了解当前海外华侨华人和港澳同胞在云南省和红河州的投资情况，切实掌握侨资企业的发展、分布、管理和运行情况，促进侨资企业在云南省“两强一堡”发展战略中的引领作用，于3月29日率红河州人大常委会副主任李金旺及相关工委和部门负责人在市人大常委会主任白燕陪同下，对个旧市侨资企业发展情况进行调研。

调研组先后走访了云南锡业天爵再生矿产资源有限公司、沃尔玛（云南）商业零售公司金湖分店、昆明肯德基有限公司个旧鑫和都餐厅，听取了市人民政府副市长杨龙遇关于个旧市港、侨资企业发展情况的汇报。

杨润新充分肯定了个旧市在招商引资和港、侨资企业发展等方面所取得的成绩，认为个旧市对港、侨资企业发展高度重视，出实招，见成效。建议个旧市在今后的工作中，要充分发挥锡文化的影响力和作用，继续加大招商引资力度；要不断创新工作方法，继续提高对企业的服务质量；要进一步优化产业结构，继续加快城市转型步伐；企业要坚定信心，以高度的社会责任感尽力做大做强，为和谐社会建设做出新贡献。

【州人大常委会专题调研个旧市刑事审判工作】 2011年3月30日，州人大常委会副主任刘竹芬一行对个旧市人民法院2008年以来的刑事审判工作进行专题调研。个旧市人大常委会主任白燕、副主任雷竞畋，市人民法院院长喻俊娟陪同调研。调研组一行分别深入市人民法院大屯法庭和市新审判法庭施工现场进行实地调研，并听取喻俊娟院长关于刑事审判工作情况的报告。

实地调研和听取报告后，调研组提出3方面建议：一是始终把刑事审判工作摆在法院审判工作的突出位置，抓好刑事审判队伍建设，确保廉洁执法、公正司法。二是继续探索量刑规范化工作，不断提高刑事审判质量。三是加强法官队伍建设，进一步解决案多人少、法官断层、人才流失等问题。刘竹芬表示，将呼吁各级政府、社会各界支持个旧市人民法院基础设施建设，关心法院干警的工作、生活，将个旧市人民法院新审判法庭项目建设落到实处，为法官营造良好、和谐的工作环境。

【省人大常委会执法检查组到个旧市开展执法检查】 2011年4月14日，云南省人大常委会副主任程映萱率领省人大常委会执法检查组到个旧市就市人民政府贯彻落实《云南省信息化促进条例》情况进行执法检查。红河州人大常委会主任陈霖，州人民政府副州长谭萍，州人大常委会副主任马汝祥、秘书长周维荣，个旧市委副书记、市长戴劲松，市委副书记周踊，市人大常委会主任白燕、副主任张勇，市人民政府副市长何建华等州、市相关部门领导及人员陪同检查。

执法检查组实地查看云锡集团公司企业信息化运用项目十万吨铅锡生产情况及网络运用情况，个旧市圣比和公司信息化配套产品锂电池原料生产情况和云锡集团公司网络信息中心运行情况。市委副书记、市长戴劲松就个旧市开展《云南省信息化促进条例》贯彻落实情况和信息化建设开展情况向检查组作汇报。云锡集团公司领导就云锡集团公司发展情况及企业信息化建设情况也向执法检查组作汇报。

省人大执法检查组对个旧市及企业开展信息化建设工作给予充分肯定，认为《条例》自2008年6

月1日实施以来，各级政府、各有关部门采取有效措施，认真贯彻实施，信息化建设得到快速发展，电子政务建设、网络基础建设不断加强，政府信息公开、政务业务网上办理成效显著，面向“三农”的信息服务及信息化与工业化融合有力推进，网络与信息安全体系逐步建立，社会信息化工作水平进一步提高。调研组建议：要进一步规范信息化管理，逐步建设体制合理、发展协调的信息化建设格局，更加促进网络信息资源整合，互补共享；要结合“三定”方案等一系列要求，做好统筹和规划，进一步理顺并促进信息化工作的开展。

【州人大代表视察组莅临个旧市对2011年1～6月国民经济和社会发展计划及财政预算执行情况进行视察】　2011年7月27～29日，红河州人大常委会副主任侯伟国带领州人大代表视察组，对个旧市2011年1～6月国民经济和社会发展计划及财政预算执行情况进行视察。市人大常委会主任白燕、副主任张勇，市人民政府副市长何建华及市相关部门人员陪同视察。

视察组实地查看大红屯20万吨精米粮油仓储加工项目、云锡10万吨铜项目、沙甸民族团结示范区项目、冷清公路延长线鸡个公路提升改造工程项目、青杉里家园一期182套廉租房建设项目、卡房大沟重金属污染综合防治及其专项整治工作情况。视察组认真听取何副市长所作的《市人民政府2011年1月～6月国民经济和社会发展计划及财政预算执行情况汇报》，并就存在的困难和问题提出意见和建议：市政府要加强对上半年经济社会发展情况的分析研究，充分意识到下半年经济社会发展过程中可能存在的困难和问题，落实责任，确保完成市人代会确定的任务和州政府下达的指标。正确处理经济增长和节能降耗的关系，保证地方经济社会又好又快发展。全力做好各项重点项目的推进工作。加强服务和管理，确保农民增产增收。推进个旧产业协调发展，深入实施产业发展“二次创业”。继续加强重金属污染治理工作。加强矿山安全管理，加大力度解决个旧矿区治安问题，促进工农和谐、社会进步。

【积极完成市委中心工作和上一级人大交办的事项】　2011年，个旧市人大常委会坚持中国共产党的领导，紧紧围绕市委中心工作，自觉服从服务于全市工作大局。认真执行市委的决策部署，把市委的领导贯穿于人大依法履职的全过程，落实到人大工作各个方面。坚持请示报告制度，凡是市人大常委会开展的重要工作、重要活动以及工作中遇到的重大问题，都及时向市委请示和报告，争取市委支持，以保证人大工作的顺利开展。

深入开展“做清正廉洁干部，创人民满意机关”专项活动。年内，个旧市人大常委会机关下发《关于深入开展“做清正廉洁干部，创人民满意机关”专项活动的实施意见》，专题部署思想作风建设和党风廉政建设活动。这次专项活动分为学习教育、排查整改、完善提高三个阶段进行。通过开展专项活动，加强干部职工廉洁从政和勤政为民的自觉性，进一步提高广大干部职工创先争优的意识，进一步提升机关效能建设的实效性，进一步提高人民群众的满意度，进一步树立人大机关干部职工的良好形象。

首家开展“机关村委携手共建”活动，努力推进党建工作。结合创先争优活动，个旧市人大常委会机关党总支同鸡街镇石榴坝村委会党总支开展“机关村委携手共建”活动，并把“四位一体”建设工作延伸到村小组，充分发挥人大职能，积极推进民主政治，严格按照加强党组织建设、规范村级权力运行、加强社会治安综合治理、加强人民群众思想文化建设的要求，建立互帮、互学、互助的有效机制，促进双方党组织与党组织间联动、党员与党员间联动，激发党组织和党员队伍活力，达到优势互补、资源共享、取长补短、共同提高的目的，促进了双方党组织的建设水平和各项工作。

做好帮贫扶困工作。市人大常委会领导多次研究和部署，以高度的政治责任感，以动真情、动真格、真扶贫的精神，以求真务实，扎实细致的工作态度，多次带领机关干部，深入企业、村寨进行调研并开展帮扶工作。充分发挥人大及其常委会作用，积极协调、督促市政府做好帮贫扶困和社会主义新农村建设工作。据不完全统计，一年来，市人大常委会和各工委领导深入基层体察民情1300余人次，为民办实事好事31件，直接出资及争取资金、协调支持物资（折价）20余万元，解决了许多群众关注的难点热点问题。

积极配合全国、省、州人大做好各种视察、检查、调研和接待工作。一年来，配合省人大常委会做好对个旧市土地管理和环保工作情况、海外华侨华人和港澳同胞投资情况的调研以及对个旧市贯彻落实《云南省信息化促进条例》情况的执法检查。配合州人大常委会做好对个旧市2011年1～6月国民经济和社会发展计划及财政预算执行情况、节能降耗工作情况、市人民法院2008年以来的刑事审判工作情况的检查、考察和调研。

按照省、州的部署积极开展好“环保世纪行”宣传活动。市人大常委会分别深入市委宣传部、市经济局、市环保局等10多个部门，就如何开展“2011年个旧环保世纪行活动”听取意见。由于工作出色，在2011年红河州环保世纪行活动启动仪式暨2010年总结表彰大会上，个旧市人大常委会农环工委获得“优秀组织奖”，报送的13篇红河环保世纪行好新闻作品，分别获二等奖2篇、鼓励奖11篇。

【调查检查视察】 2011年3月15～31日，个旧市人大常委会组成由副主任雷竞畋带队，部分市人大代表参加的检查组，对个旧市人民政府贯彻实施《中华人民共和国水法》工作情况进行检查。检查组针对该项工作存在的问题，提出5条建议。

2011年3月15～16日，市人大常委会副主任雷竞畋率领由部分市人大代表组成的市人大常委会调研组，对个旧市农产品购销网络建设工作情况进行调研。调研组听取了副市长陈浩所作的市人民政府关于农产品购销网络建设情况汇报，深入乡镇和有关单位进行调研，并针对该项工作存在的问题提出4条建议。

2011年3月17日，市人大常委会副主任雷竞畋带领由部分市人大代表组成的市人大常委会检查组，对个旧市人民政府贯彻实施《中华人民共和国公证法》工作情况进行检查。检查后，检查组针对该项工作存在的问题，提出4条建议。

2011年5月17～18日，市人大常委会组成由副主任雷竞畋、李松带队，部分州、市人大代表参加的检查组，对个旧市贯彻实施《中华人民共和国药品管理法》工作情况进行检查。检查组听取副市长杨龙遇的工作情况汇报，并深入红河州第三人民医院、市人民医院、卡房镇卫生院、鸡街地区医院、红河州健康宝药堂、云河药业、个旧市生物制药和红河佳宇药业等单位，通过听取汇报、查阅资料、实地察看和走访座谈等形式进行检查。检查后，检查组针对该项工作存在的问题提出 6 条建议。

2011年6月23～24日，市人大常委会组织部分市人大代表，由副主任张勇带队，对个旧市贯彻实施《中华人民共和国残疾人保障法》情况进行调研。调研组听取个旧市人民政府副市长杨龙遇所作的个旧市贯彻实施《中华人民共和国残疾人保障法》工作情况汇报，并深入卡房镇、鸡街镇、云锡卡选个旧营通综合厂、市社会福利院、市城区街道办事处建设社区、市人民医院肢体残疾康复技术指导中心等单位，通过听汇报、实地察看和座谈讨论等形式进行调研。针对该项工作存在的问题，调研组向市政府提出 5 条建议。

2011年7月21～22日，市人大常委会副主任雷竞畋带领由教工委负责牵头组成的市人大常委会联合调研组，对个旧市人民政府贯彻实施《国家知识产权战略纲要》工作情况进行调研。调研后，调研组针对该项工作存在的问题，提出 6 条建议。

2011年7月25日，市人大常委会组成由副主任雷竞畋带队，部分市人大代表参加的视察组，对个旧市人民检察院开展侦查监督工作情况进行视察。视察后，针对该项工作存在的问题，视察组提出 4 条建议。

2011年8月29～30日，市人大常委会选联工委负责牵头组成的调研组，由市人大常委会副主任张勇带队，对个旧市高校毕业生就业工作情况进行调研。调研组听取个旧市人民政府副市长陈新华所作的个旧市高校毕业生就业工作情况汇报，深入市人力资源和社会保障局、市人才交流中心、云锡集团公司、云南振兴集团实业有限责任公司等单位，邀请部分已就业大学生及自主创业的高校毕业生进行座谈。通过听汇报、实地调研和座谈讨论等形式的调研，并针对个旧市高校毕业生就业工作存在的问题，调研组提出 6 条建议。

2011年9月15～16日，市人大常委会副主任张勇带领由部分市人大代表组成的调研组，对个旧市社会保险基金及最低生活保障基金使用管理情况进行调研。调研组听取工作情况汇报，深入市财政局、人社局、民政局等部门，采取听汇报、座谈、实地察看等形式了解社会保险基金及最低生活保障基金使用管理情况，并针对存在问题提出 5 条建议。

2011年9月15～16日，市人大常委会组织部分市人大代表，在市人大常委会主任白燕带领下，对个旧市2011年1–9月国民经济和社会发展计划及财政预算执行情况进行视察。视察组听取市政府副市长何建华关于个旧市国民经济和社会发展计划及财政预算执行情况的报告，并深入大屯镇、沙甸区、卡房镇等，察看大红屯20万吨精米粮油仓储加工、云锡20万吨铜、沙甸回民文化旅游小镇、沙甸河道治理、鸡–个公路提升改造、青杉里家园一期廉租房建设、卡房大沟片区重金属污染专项治理等项目，通过听汇报，实地察看和座谈讨论，了解个旧市的计划与预算执行情况。在充分肯定成绩的基础上，针对存在的问题和困难，视察组提出 5 条建议。

2011年9月27日，市人大常委会组织部分市人大代表组成视察组，在市人大常委会副主任雷竞畋带领下，对个旧市人民法院加强刑事审判工作情况进行视察。视察组通过听取汇报、查阅资料、观摩座谈等形式，了解刑事案件庭审过程，并针对存在问题提出 4 条建议。

2011年10月24日，市人大常委会组织部分州、市人大代表组成调研组，由副主任雷竞畋带队，对个旧市公安队伍建设工作情况进行调研。调研组听取市人民政府副市长、公安局长李鸿瑞关于个旧市公安队伍建设工作情况汇报，并深入建设路派出所、巡特警大队，查阅资料、观看技能表演、座谈交流，了解公安队伍建设情况。针对该项工作存在的问题，调研组提出 3 条建议。

2011年11月11日，市人大常委会组织部分州、市人大代表，在市人大常委会副主任雷竞畋、李松带领下，对个旧市人民政府开展社区卫生服务工作情况进行视察。视察组听取副市长杨龙遇代表市人民政府所做的工作情况汇报，并深入城东、城西、炼厂、新街等社区卫生服务中心，通过听取汇报、查阅资料、实地查看和座谈讨论等形式，了解社区卫生服务工作情况，并针对存在问题提出 5 条建议。

2011年11月22～23日，市人大常委会组织部分州、市人大代表，由市人大常委会主任白燕、副主任雷竞畋带队，分组对市政府办理个旧市第十五届人大四次会议及闭会期间的代表建议和2011年度个旧市人大常委会会议审议意见情况进行检查。检查组分别听取市政府及市财政局、交通运输局、住房和城乡建设局、水利局、鸡街镇、保和乡的办理情况汇报，查阅了资料，召开了座谈会，并针对办理工作中存在的问题，提出 4 条建议。

【代表工作】 2011年，个旧市人大常委会充分发挥代表的主体作用，积极为代表依法履行职责创建载体，提供保障。进一步完善代表履职服务体系，不断加强、改进和创新代表工作，促进代表工作全面健康发展。

一是努力拓宽代表知情知政渠道，为代表履职创造有利条件。密切与人大代表的联系，建立代表参与决策机制，坚持人大常委会组成人员联系走访代表、人大常委会领导接待代表日、邀请代表列席人大常委会会议、经济社会发展情况通报会、组织代表持证视察等行之有效的制度，不断扩大代表对常委会活动的参与渠道，形成多渠道与代表联系的工作格局，保证代表的知情权和知政权，保护代表履行职责的积极性。

二是有计划地组织人大代表参加常委会开展的视察、执法检查、专题调研、述职评议等活动。市人大常委会组织人大代表对个旧市贯彻执行中华人民共和国水法、公证法、药品管理法、残疾人保障法、国家知识产权战略纲要等情况进行执法检查，对市人民政府关于国民经济和社会发展及财政预算执行情况、农产品购销网络建设情况、高校毕业生就业工作情况、重大项目资金中社会保险基金和城乡最低生活保障资金使用管理情况、公安队伍建设工作情况进行视察或调研。对市检察院开展侦查监督工作情况进行视察。对市法院刑事审判工作情况进行视察。

三是坚持和完善人大代表学习培训制度，及时为代表小组和代表搭建平台、提供信息，印发法律法规及人大知识等学习资料，将《云南人大》《红河人大》《个旧人大》等内部刊物订购发给代表，组织省、州、市代表参加上级人大的学习培训，并在会上进行代表工作经验交流，充分展示人大代表活动的成效以及人大代表的风采。2011年6月，市人大常委会在工人疗养院举办有人大常委会机关、乡镇人大主席、人大秘书及市人大代表小组组长和副组长60多人参加的人大代表知识培训会，进一步提高人大代表履职能力和水平。常委会领导到部门、乡镇检查工作和调查研究时，注意走访人大代表，听取代表的意见和建议，以保证常委会与代表联系渠道的畅通。

四是加强对代表批评、意见和建议的督办力度，改进和完善办事程序，提高重点建议和意见的办理进度和质量。个旧市十五届人大四次会议以来，代表提出批评、意见和建议共135件。督办工作中，常委会注重工作实效，坚持由人大常委会领导督办反映比较突出和办理难度较大的重点建议，从135件代表批评、意见和建议中，选出6件由人大常委会领导分别督办。坚持组织部分人大代表对"一府两院"和有关部门办理代表建议及常委会审议意见的工作进行检查，大大提高了办理工作的实效和质量，使办理工作真正落到了实处。

【乡镇人大工作】 2011年，个旧市人大常委会积极推进乡镇民主政治建设，切实加强乡镇人大主席团工作，继续坚持"加强联系，加强指导"的原则，深入全市各乡镇，加强与乡镇人大的沟通和联系。人大常委会领导参加每季一次的乡镇人大联席会议，不断总结交流乡镇人大工作经验，及时了解和掌握乡镇人大主席团情况，并尽力帮助解决工作中遇到的困难和问题。帮助乡镇人大建立、健全和规范各种工作制度及工作程序。督促乡镇人大搞好年度工作计划，指导开展视察、调查和工作评议。认真指导督促乡镇人大开好年度人代会，开展主席团工作，组织代表活动和代表业务培训等工作，为乡镇人大主席团举办的代表培训辅导授课。坚持邀请乡镇人大主席列席常委会会议并参加常委会组织的代表视察、执法检查、调查研究等活动。为加大对乡镇人大工作的支持力度，市财政从2011年起每年安排10万元专项经费用于改善基层人大办公条件，市委已经明确在鸡街镇、大屯镇、锡城镇三个较大乡镇各配备一名副主席。市人大常委会党组在民主生活会分析检查阶段，以发放问卷、召开座谈会、下基层走访等形式广泛征求乡镇人大主席和乡镇基层意见和建议。组织乡镇人大参加全州二十四乡镇人大工作研讨会，并在会上作经验交流；组织乡镇人大主席参加在绿春县举行的红河州人大系统第十四届职工运动会。通过以上活动，促进个旧市乡镇人大主席与各县市人大工作者的交流与联系，不断开阔视野，拓宽思路，增进友谊。

个旧市人大常委会党组成员名录

党组书记　白　燕（女）
党组成员　陈丽莎（女，2011年4月止）
张　勇
雷竞畋
李美英（女）
黄苏云

个旧市第十五届人大常委会组成人员名录

主　任　白　燕（女）
副主任　陈丽莎（女，2011年4月止）
李　松
张　勇
雷竞畋
李美英（女）
委　员　孔德益
龙玉海
刘锡钢
苏济民
李红宁（2011年1月止）
李和平
李建辉
吴卫民
何　兮（女）
谷　波（女）
张　静（女）
张从明
陆文明
周全民
周雪云
姜玉梅（女）
姚跃飞
钟鹏飞
徐正权
黄世文
黄苏云

个旧市人大常委会工作部门领导名录

办公室
主　任　黄苏云
副主任　兰　红（女）
黄世文
王　佳（女）
财经工作委员会
主　任　张　静（女）
副主任　马嘉拉

张国用

法制工作委员会

主　任　李红宁（2011年1月止）

副主任　毛　惠（女）

选举联络工作委员会

主　任　何　兮（女）

副主任　徐正权

教科文卫工作委员会

主　任　刘锡钢

副主任　王泽刚（2011年12月止）

农业环境资源保护工作委员会

主　任　李和平

副主任　杨　毅

姚跃飞

钱家新

（撰稿：周耀林）

个旧市人民政府

重要会议

【个旧市人民政府第十五届三次全体（扩大）会议】 2011年1月12日，个旧市人民政府在个旧市召开十五届三次全体（扩大）会议。会上，市委副书记、副市长、代理市长戴劲松作《政府工作报告（征求意见稿）》及2011年国民经济社会发展主要指标编制说明。他指出，2010年是“十一五”收官之年，全市上下面对复杂多变的宏观经济形势，创新思路、奋力拼搏，取得了较好的成绩，全面完成了“十一五”经济社会发展各项目标任务，为实现“十二五”良好开局奠定了坚实的基础。2011年全市上下将以科学发展观为统领，全面贯彻落实中共十七届五中全会、中央经济工作会精神和省、州各项决策部署，牢牢把握经济工作主动权，实施产业发展“二次创业”，加快资源型城市转型发展步伐，实现经济的长期平稳较快发展和社会的和谐稳定。会议还通报了《关于制定个旧市国民经济和社会发展第十二个五年规划纲要》的编制说明。各位副市长对分管联系工作进行总结，并就2011年主要工作进行安排部署。与会人员围绕《政府工作报告》（征求意见稿）展开讨论，并提出修改意见和建议。

【个旧市重金属污染防治专项整治卡房片区工作会议】 2011年2月19日，个旧市人民政府在个旧市召开重金属污染防治专项整治卡房片区工作会议。会议通报了省环保厅重金属污染专项督查组检查工作情况及对卡房大沟选矿企业停产整治督查情况的反馈意见和要求。并对卡房片区重金属污染整治工作提出以下意见：一、卡房大沟区域内所有选矿企业，必须严格按要求停产整治。二、未经审批擅自建设和私自扩建的选矿企业，按照规定的时限自行拆除。三、有手续但不完备的企业，根据自身情况与手续完备、具备相应环保条件的企业整合；影响泄洪、造成国道交通阻塞的企业，自行拆除和整合，直到达到相应的准入标准。四、手续完备的企业，必须按照政府要求重组，并具备尾矿处理设施和处理能力。达不到相应规模和标准的，只能整合，不得擅自扩大生产规模。五、卡房大沟区域内所有选矿企业，必须具备尾矿处理设备和尾矿处理能力，不得向沟内或其他地方排放生产废水和废渣，达不到要求的，必须进行技术改造或搬迁。六、所有遵纪守法、配合搬迁整治的企业，政府将根据实际情况给予适当补助。七、各业主相互监督，发现有擅自生产的可拨打环保投诉电话12369或杨副市长电话。八、如果再有企业故意、恶意排污或擅自恢复生产，将永久退出个旧选矿行业市场。

【个旧市水利普查暨五小水利体制改革工作会议】 2011年3月9日，个旧市人民政府在个旧市召开水利普查暨五小水利体制改革工作会议。会议强调，强化措施，狠抓落实，全力做好水利普查、农村小型水利管理体制改革工作，确保各项目标任务圆满完成。副市长陈浩出席会议并讲话。就强势推进全市水利普查工作，陈浩要求，要加强领导，强化宣传，明确时限，有序推进，突出重点，抓好落实。要全面完成普查对象的清查工作，扎实推进普查台账建设，切实做好普查数据的采集、处理工作，全力开展数据质量控制，开展清查数据的专题审核，开展普查宣传动员工作。就水利管理体制改革方面的工作，陈浩强调，要把握好改革的范围、原则、重点、目标和步骤。陈浩还对今年农村饮水工程建设、森林防火等其他工作作了具体安排。

【个旧市深化医药卫生体制改革工作会议】 2011

年4月19日，个旧市人民政府在个旧市召开个旧市深化医药卫生体制改革工作会议，重点对上一年度医改工作进行汇报总结，并为继续推动本年度新医改建言献策。市委副书记、市长戴劲松，副市长杨龙遇出席会议。戴劲松强调，各级各部门要切实认识深化医药卫生体制改革的重大意义，牢牢把握加快推进医药卫生体制改革的重点，突出重点任务，抓住关键环节，分阶段、分步骤、分层次推进全市医改工作。重点抓好加快基层医疗卫生服务体系建设、加快建立基本医疗保障制度、促进基本公共卫生服务逐步均等化、推进基本药物制度建设和公立医院改革试点等5个方面的改革。要形成合力，各相关部门要各负其责，各行其职，认真履行医改工作职责，加强工作协调指导，营造良好舆论氛围，确保医药卫生体制改革稳步推进，取得实实在在的效果。

【个旧市汛期安全生产及地质灾害防治工作会议】 2011年5月24日，个旧市人民政府在个旧市召开汛期安全生产及地质灾害防治工作会议。会上，市委常委、常务副市长包旭分析了安全生产及地质灾害防治工作面临的困难和压力，并对做好此项工作提出要求：市安委会各成员单位要切实加强领导，全面落实汛期安全责任制；突出重点，认真开展隐患排查治理，在交通安全、矿山尾矿库安全、危险化学品安全、建筑施工安全、在建工程安全、水利安全、学校安全等七个方面加强对安全生产工作的监管；积极推进地质灾害群测群防制度建设；切实抓好汛期地质灾害防治监测、预警预报工作；不断强化对地质灾害的防范和应对能力的建设；坚持"安全第一、预防为主、综合治理"的方针，严防麻痹松懈，加大安全投入，夯实工作基础，大力推进安全标准化工作，深入排查整治重点隐患问题，扎实组织开展好"安全生产"活动和突发事故应急处置演练；务必落实好领导值班带班制度，保持24小时通讯畅通，认真作好相关台账记录，做到关口前移、重心下沉、超前防范，有力推动全市安全生产和地质灾害防治状况持续稳定好转。

【个旧市食品安全工作会暨举行创建省级药品安全示范县启动仪式】 2011年6月8日，个旧市人民政府在个旧市召开2011年食品安全工作会暨举行创建省级药品安全示范县启动仪式。会议确定了创建工作实现的6个目标：一是药品安全工作列入当地政府工作目标考核内容。二是创新药品安全监管手段，全面实施药品监管数据库管理。三是建立完善药品不良反应监测和药物滥用监测体系，健全诚信和应急处理体系。四是不断提升农村药品"两网"建设水平，群众对农村药品市场秩序满意度达到95%以上。五是辖区内药品市场秩序规范，无药品安全事件发生。六是群众安全用药、合理用药意识显著提高。启动仪式上，副市长杨龙遇代表市政府与10个乡镇（区、处）、2个药品生产企业、12个经营企业（其中批发企业3个）和8个医疗机构签订了《药品安全示范县目标责任书》。

【2011年"农家书屋"工程建设工作会议】 2011年7月15日，个旧市人民政府在个旧市召开"农家书屋"工程建设工作会议，会议传达2011年州文化市场工作会议精神，安排部署全市"农家书屋"工程建设任务，并就如何加强体育设施建设作具体安排。会议要求：一是积极做好2010年20个和2011年25个"农家书屋"工程建设的前期准备工作。按照要求，切实做好"农家书屋"的选点和基础设施准备工作，认真落实所需书架、阅览桌椅、视听阅读设备等，并要求明确责任人指定专人负责，同时做好"农家书屋"管理员培训的选派工作。二是积极做好"农家书屋"配发书架的接收准备工作，待书架到位后迅速按照分配名单分发到各个"农家书屋"建设点。三是认真做好净化社会文化环境专项整治工作，切实开展好暑期专项整治，加大巡查整治力度，提升管理实效。四是切实加强体育设施建设。

【个旧市经济工作暨加快非公经济发展会议】 2011年7月21日，个旧市人民政府在个旧市召开全市经济工作暨加快非公经济发展会议。会上市委副书记、市长戴劲松对全市上半年经济工作作了全面客观的总结，科学分析了存在的困难和问题，对下半年的经济工作作了部署和安排；市委书记王忠就如何落实年内经济工作的各项目标任务提出要求：一是务求在结构调整上取得突破，要按照新型工业化的标准，加快工业内部结构调整；要大力发展现代农业，精心实施好富民工程。二是务求在项目建设上取得新突破，要抓好现有项目建设，加大项目引进力度，动员全民上项目。三是务求在统筹城乡建设上取得新突破，要做强做大一批农产品加工龙头企业，培育一批特色名牌产品；要加强农村富余劳动力培训转移；要努力改善农村基础设施条件，缩小城乡基本公共服务差距。四是务求在改善民生上取得新突破，要把财力和资金更多地向基层、农村倾斜，推进城乡一体化进程。五是务求在创新加强新形势下群众工作和社会管理方面取得新突破，要以开展创先争优活动为总揽，加强村级和社区党组织建设，规范其权力运行，加强社会治安综合治理，加强人民群众思想文化建设。会议对云锡集团等75户上缴地方税收超过100万元的税收先进企业进行表彰奖励，奖金434.8万元；对银峰公司等22户再生资源经营企业进行授牌表彰；对市农村信用合作联社等8户银行授予“信贷支持贡献奖”并以资鼓励，奖金58万元。

【个旧市大中型水库移民扶持规划编制工作会议】 2011年8月15日，个旧市人民政府在个旧市召开大中型水库库区、移民安置区基础设施建设和经济发展“十二五”规划编制工作会。会议通报了各乡镇关于大中型水库移民后期扶持项目规划情况以及大中型水库移民后期扶持“十二五”规划编制情况，认真分析和总结了各乡镇工作中存在的问题和不足。市委常委、副市长杨明志就做好规划工作提出3点要求：一是规划编制和实施，要按照“一二三”工作思路和“工业强市、文化兴市、生态立市、开放活市”发展战略，紧紧围绕强基础、增总量、调结构、促转变、求突破、上水平的要求，抓好大中型水库库区和移民安置区产业发展“二次创业”；二是要加强对移民工作、移民政策的理解认识，把握好国家产业政策和移民后期扶持的动向和重点，广泛深入调研，拓宽思路，高标准、严要求做好规划编制工作；三是要高度重视规划编制工作，充分认识规划编制工作的重要作用。

【个旧市公立医院改革试点工作推进会】 2011年8月18日，个旧市人民政府在个旧市召开全市公立医院改革试点工作推进会议。会上，副市长杨龙遇充分肯定了医改工作启动以来所取得的成绩，强调推进公立医院改革的重要意义，分析了当前公立医院改革面临的新形势，要求从内增活力，提高公立医院运行效率；外加压力，形成有竞争有约束的外部环境；上下联动，建立公立医院与基层医疗卫生机构的分工协作机制，全面推动公立医院改革试点工作。会议通报了公立医院改革试点工作进展情况，对下一步工作进行了安排布置。市人民医院、市二院相关领导分别就医院控感管理、推进规范临床路径工作、临床护理、医院药品控制等工作进行经验交流。

【个旧市城乡居民社会养老保险试点工作启动会议】 2011年9月1日，个旧市人民政府在个旧市召开全市城乡居民社会养老保险试点工作启动大会。会上，市委副书记、市长戴劲松针对怎样做好城乡居民社会养老保险试点工作提出相关要求：要充分认识建立城乡居民社会养老保险制度的重要意义；准确把握城乡居民社会养老保险制度的重要政策；切实做好城乡居民社会养老保险启动实施的组织领导工作。戴劲松代表市政府与各乡镇负责人签订2011年度城乡居民养老保险目标责任书；市人社局对参会人员进行政策、业务培训。

重要工作部署

【开展公路危险路段排查整治行动】 2011年1月14日，个旧市人民政府制定《个旧市2011年公路危险路段排查整治实施方案》。《方案》对公路危险路段排查整治工作的指导思想、工作目标、组织领导、公路危险路段排查范围及标准、工作要求等方面进行了安排部署，进一步加强辖区道路交通安全管理工作，确保道路交通畅通有序，为经济社会发展提供良好的道路交通环境。

【打击侵犯知识产权和制售假冒伪劣商品专项行动】 2011年1月19日，个旧市人民政府为增强企业诚信守法意识，提高消费者识假辨假能力，形成自觉抵制假冒伪劣商品、重视知识产权保护的社会氛围，营造知识产权保护的良好环境，下发《个旧市打击侵犯知识产权和制售假冒伪劣商品专项行动实施方案》。《方案》包括工作目标和重点、工作任务和分工、工作要求和时间安排等4方面内容。

【推进实施国家基本药物制度工作】 2011年2月16日，个旧市人民政府下发《个旧市建立国家基本药物制度的实施意见》，全面推进实施国家基本药物制度，保障群众基本用药，减轻医药费用，切实维护人民群众利益。《实施意见》内容包括：一、推行国家基本药物制度的重要意义。二、指导思想、实施范围和目标任务。三、主要任务。四、工作要求。

【做好全市其他事业单位实施绩效工资工作】 2011年3月1日，个旧市人民政府根据省事业单位实施绩效工资领导小组的安排部署要求，按照州人民政府的相关工作部署，转发《云南省人民政府办公厅关于转发云南省其他事业单位绩效工资实施意见（试行）》，并提出如下要求：一、事业单位实施绩效工资后，坚决取消政策规定外自行设立的各种津、补贴项目，严禁借实施绩效工资之机提高绩效工资发放水平。全市各类事业单位只能执行国家规定的事业单位岗位绩效工资制度，任何单位不得突破核定的绩效工资总量，不得违反规定的办法和程序进行分配，不得在核定的绩效工资总量外自行发放任何津补贴和奖金。二、加强事业单位资金来源管理，各项政府非税收入要按国家有关规定上缴国库或财政专户，不得违反规定用行政事业性经费、罚没收入等政府非税收入发放津贴补贴、奖金、福利；不得违反规定擅自占有、使用和处置国有资产用于发放津贴补贴、奖金和福利，不得以其他形式隐瞒、截留、坐支和挪用应当上缴财政的各项收入发放津贴补贴、奖金和福利；不得以虚报、瞒报、冒领等手段骗取财政资金发放津贴补贴、奖金和福利。三、对于违反规定，有虚报、瞒报、弄虚作假等行为的，要坚决予以纠正。

【开展无牌无证机动车清理整治行动】 2011年3月1日，个旧市人民政府为整治道路交通秩序，预防和减少道路交通事故，做好全市道路交通事故预防工作，最大限度地保障人民群众生命财产安全，下发《个旧市开展无牌无证机动车清理整治行动方案》，并对此项工作的指导思想、组织领导、整治原则、整治目标、整治任务、整治重点、整治措施、整治步骤及工作要求作了明确规定。

【深化政府自身建设工作】 2011年3月25日，个旧市人民政府为深入推进政府自身建设，促进全市经济又好又快发展，下发《个旧市深化政府自身建设工作方案》，并对此项工作的目标、工作重点、工作要求作出详细的安排和部署。

【加强质量兴市战略工作】 2011年3月31日，个旧市人民政府为深入贯彻落实科学发展观，加快经济结构和发展方式转变，努力提高经济增长质量，决定实施质量兴市战略，并就实施质量兴市战略提出以下意见：一、实施质量兴市战略的重要意义。二、实施质量兴市战略的指导思想和目标任务。三、实施质量兴市战略的工作重点。四、实施质量兴市战略的保障措施 。

【2011年烤烟生产工作】 2011年4月11日，个旧市人民政府为确保烤烟生产工作健康、有序、稳步开展，促进全市经济社会又好又快发展，提出2011年烤烟生产工作意见：一、2011年烤烟生产总体计划和布局。二、扶持政策。三、价格调拨政策。

【农村小型水利工程管理体制改革工作】 2011年4月12日，个旧市人民政府为加快推进农村小型水利工程管理体制改革步伐，尽快建立与社会主义市场经济体制相适应的可持续发展的小型水利工程良性运行机制，夯实农业发展基础，促进农业增效、农村繁荣、农民增收，制定下发《个旧市人民政府关于农村小型水利工程管理体制改革的实施意见》，对改革的目的、改革的总体要求、改革的范围、改革的主要内容、改革的方法步骤、改革的相关政策支持、改革的保障措施等内容作了明确规定。

【2011年廉租住房和公共租赁住房建设】 2011年4月22日，个旧市人民政府为贯彻落实国务院及省、州人民政府关于加快推进保障性安居工程的决策部署，加快解决城市低收入家庭的住房困难，全面完成2011年度住房保障工作责任目标，制定下发《个旧市2011年廉租住房和公共租赁住房建设实施方案》。《方案》内容包括：一、指导思想。二、总体要求。三、主要任务。四、工作目标。五、方法步骤。六、支持政策。七、保障措施。

【开展预防重特大道路交通事故集中整治行动】 2011年4月27日，个旧市人民政府为认真贯彻落实全国集中开展道路客运隐患整治专项行动电视电话会议精神，坚决遏制重特大道路交通事故发生，下发《个旧市预防重特大道路交通事故集中整治行动实施方案》。《实施方案》对此次行动的工作目标、组织领导、实施步骤、整治重点、工作措施、工作要求作出明确规定。

【加快推进养老服务事业发展】 2011年5月4日，个旧市人民政府为积极应对人口老龄化问题，加快推进个旧市养老服务事业发展，建立健全与经济社会发展相适应的养老服务体系，下发《个旧市关于加快推进养老服务事业发展的意见》。《意见》内容包括：一、充分认识加快推进养老服务事业发展的重大意义。二、加快推进养老服务事业发展的基本原则和目标任务。三、加快推进养老服务事业发展的主要内容。四、加快推进养老服务事业发展的措施。五、保障养老服务事业发展各项工作的落实。

【创建药品安全示范县工作】 2011年5月18日，个旧市人民政府为进一步加强药品安全监管工作，消除药品质量安全隐患，提高药品科学监管水平，确保人民群众用药安全有效，下发《个旧市创建药品安全示范县实施方案》。《方案》内容包括：一、指导思想。二、工作目标。三、工作措施。四、工作步骤。五、工作要求。

【推进一个龙头企业两个服务体系建设工作】 2011年5月27日，个旧市人民政府为加快“乡村流通工程”建设，推进供销合作社“二次创业”和龙头企业建设，构建农村现代流通服务体系，促进农村现代流通，下发《个旧市关于一个龙头企业两个服务体系建设的实施意见》。《实施意见》内容包括：一、充分认识“一个龙头企业，两个服务体系建设”在新农村建设中的重要作用。二、“一个龙头企业，两个服务体系”建设的指导思想、主要目标和基本原则。三、突出抓好“一个龙头企业，两个服务体系”建设重点工作。四、落实推进“新网工程”建设的保障措施。

【失地农民就业培训工作】 2011年6月30日，个旧市人民政府为妥善解决失地农民的基本生活和长远生计问题，保持社会稳定，加快社会主义新农村建设步伐，制定下发《个旧市失地农民就业培训实施意见》，并对此项工作的指导思想、工作目标、组织领导、工作内容、组织实施、保障措施等内容作出了明确规定。

【地质灾害防治工作】 2011年7月22日，个旧市人民政府为继续做好全市地质灾害防治工作，避免和减轻地质灾害造成的损失，保障人民群众生命财产安全，制定下发《个旧市2011年度地质灾害防治工作方案》。《方案》内容包括：一、2011年地质灾害预测。二、地质灾害防治原则和目标。三、重点防治的危险地段和危险点。四、地质灾害防灾减灾对策及措施。

重要决定通知批复

【落实冷清二级公路延长线（鸡街至个旧段）提升改造工程项目建设有关问题的决定】 2011年1月23日，个旧市人民政府为加快个旧市农村基础设施建设步伐，尽快完成冷清二级公路延长线（鸡街至个旧段）提升改造工程项目，就项目建设有关问题作出如下决定：一、冷清二级公路延长线（鸡街至个旧段）提升改造工程项目是市人民政府主导的统筹城乡发展、推进新农村建设的重点项目，由市开发投资有限责任公司负责项目建设、融资和运营。二、冷清二级公路延长线（鸡街至个旧段）提升改造工程项目的建设里程为16.703公里，设计速度60公里/小时。三、冷清二级公路延长线（鸡街至个旧段）提升改造工程项目总投资59124.37万元，其中中央补助60%，省级补助20%，地方承担20%。在中央和省级补助没有到位的情况下，总投资中的31500万元由市开发投资有限责任公司先向农发行红河州分行营业部融资解决。四、为保证项目资金合理合规使用，由市财政局、农发行红河州分行营业部、市开发投资有限责任公司签订《冷清二级公路延长线（鸡街至个旧段）提升改造工程项目建设资金使用管理协议》，明确各方职责，确保项目资金专款专用。五、市财政局、市开发投资有限责任公司等有关单位要与农发行红河州分行营业部加强协作，密切配合，确保冷清二级公路延长线（鸡街至个旧段）提升改造工程项目的顺利实施和规范管理。项目建设、管理和偿还建设资金等过程中遇到的问题，由市人民政府协调解决。

【对陈锐等5名见义勇为公民进行表彰奖励的决定】 2011年3月10日，个旧市人民政府为表彰先进，弘扬正气，进一步倡导见义勇为行为，激发广大人民群众同违法犯罪行为和灾害事故斗争的勇气，决定授予陈锐等5名公民“个旧市见义勇为公民”荣誉称号，颁发荣誉证书，并发给陈锐10000元和陶永军、刀飞龙、钟铎、王应准分别2000元的奖金。

【对完成2010年防治艾滋病目标责任书的单位和个人进行表彰的决定】 2011年3月28日，个旧市人民政府决定对在2010年防治艾滋病工作中作出突出贡献的24个成员单位和37名先进个人予以表彰奖励。其中市委宣传部、团市委、妇联、市卫生局、财政局、民政局、城区办、人社局、住建局、公安局、教育局、计生局、锡城镇、大屯镇、鸡街镇、卡房镇、老厂镇、沙甸区获先进单位一等奖；市总工会、文广局、司法局、保和乡、贾沙乡、蔓耗镇获先进单位二等奖；张银、曾尔蓓、刘锡钢、罗谦、汪巍、方若平、朱云、刘跃、丁策睿、郭燕、蒋滔等37人获先进个人称号。

【表彰个旧市第二十三届劳动模范和先进工作者的决定】 2011年4月29日，个旧市人民政府为表彰先进、树立典型，激励广大职工为加快建设社会主义事业建功立业，决定授予王令等25人“个旧市劳动模范”荣誉称号，授予冯汝明等15人“个旧市先进工作者”荣誉称号。一、劳动模范：王令、王继福、吴加林、张明、陈炳林、马柱宽、杨朝生、张保兴、赛黎明、马晓江（女）、王有能、马宏、徐进林、孙志海、佴凯、施有祥、晏家祥、邹红（女）、李文辉、许志林、余国睿、张伟、宋兴诚、徐玉蓉（女）、明建国。二、先进工作者：冯汝明、姜龙柱、翟玉华（女）、高燕（女）、杨宝全、张勇、李勤（女）、赵为兵、侯波、张华（女）、吴绍祥、王家新、汪号、李庆、罗进兴。

【表彰奖励完成2010年职业哨点监测工作任务单位的决定】 2011年8月3日，个旧市人民政府为继续做好职业卫生监督管理工作，决定对圆满完成2010年职业哨点监测任务的单位给予表彰奖励。表彰奖励单位：大屯镇人民政府、鸡街镇人民政府、卡房镇人民政府、老厂镇人民政府、锡城镇人民政府、沙甸区公所、市人社局、市卫生局、市工信局、市安监局、云锡集团公司。

【表彰奖励2011年新农合宣传筹资工作先进单位的决定】 2011年8月29日，个旧市人民政府决定采取以奖带补形式对2011年度新型农村合作医疗及大病补充保险宣传筹资工作中成绩显著的先进乡镇（区）予以表彰奖励。新型农村合作医疗宣传筹资工作表彰情况：一等奖：大屯镇、沙甸区、锡城镇。二等奖：鸡街镇、保和乡、卡房镇、老厂镇、蔓耗镇。三等奖：贾沙乡。新型农村合作医疗大病补充保险表彰情况：一等奖：锡城镇、老厂镇。二等奖：贾沙乡、卡房镇。三等奖：大屯镇、沙甸区、鸡街镇、保和乡、蔓耗镇。

【表彰个旧市第六次全国人口普查先进集体、先进个人的决定】 2011年11月22日，个旧市人民政府决定对个旧市第六次全国人口普查工作中涌现的“先进集体”、“先进个人”给予表彰并颁发“目标责任奖”。“先进集体”30个，“先进个人”500名，“人口目标责任奖”12个［大屯镇、鸡街镇、沙甸区、保和乡、锡城镇、城区办、卡房镇、市人口普查办、蔓耗镇、贾沙乡、老厂镇、云南锡业集团（控股）有限责任公司］。

【进一步推进新型农村合作医疗大病补充保险工作的通知】 2011年1月14日，个旧市人民政府就切实做好新型农村合作医疗大病补充保险工作发出通知。通知要求：一、统一思想，提高认识。二、加强组织领导，形成工作合力。三、加强宣传，确保完成参保任务。通知强调，各乡、镇（区）务必在2011年2月28日以前完成新型农村合作医疗大病补充保险工作任务。

【下达2010年农村民居地震安全工程建设计划（第二批）的通知】 2011年1月14日，个旧市人民政府根据各乡镇（区）农村民居地震安全工程实施实际情况，下达2010年农村民居地震安全工程建设计划（第二批）的通知。通知主要内容：一、计划任务数。第二批加固改造工程建设任务数为400户，拆除重建工程建设任务数为50户。二、相关要求。各乡镇（区）要加强领导，确保2011年1月30日前完成建设任务。

【关于实施个旧市医药卫生体制五项重点改革2010年度主要任务目标的通知】 2011年2月18日，个旧市人民政府就贯彻落实《红河州医药卫生体制五项重点改革2010年度主要工作任务目标责任书》各项内容，统筹协调医改各项工作，确保顺利完成各项目标任务发出通知。通知内容包括：一、主要任务和目标责任。（一）加快推进基本医疗保障制度建设。（二）实施国家基本药物制度。（三）健全基层医疗卫生服务体系。（四）继续推进基本公共卫生服务逐步均等化。（五）开展公立医院改革试点。（六）探索坚持公益性与市场化有机结合的新路子。二、保障措施。（一）加强领导，落实目标责任。（二）调整支出，加强财力保障。（三）强化宣传，正确引导舆论。

【进一步加强卡房大沟区域选矿企业停产整治工作的通知】 2011年3月1日，个旧市人民政府为认真贯彻落实省环保厅督查调研组关于进一步加强卡房大沟区域选矿企业停产整治工作的要求，就强化监督管理，合力推进卡房大沟重金属污染综合防治工作发出通知。通知进一步明确各单位和部门职责，分解任务，并对加强现场督察和巡查工作、强化整治措施、加大宣传教育工作力度三方面的具体工作作出明确规定。

【做好和推进全省2011年重点督查20个重大建设项目和20项重要工作的通知】 2011年3月19日，个旧市人民政府为确保2011年省人民政府重点督查20个重大建设项目和20项重要工作的推进实施，下发通知。通知明确各乡镇（区）、各部门的责任，并提出具体要求：一、加强领导，明确责任。二、强化督查，狠抓落实。通知特别强调，各乡镇（区）、各部门要各负其责，密切配合，采取扎实有效的工作举措，切实将各项工作真正落到实处，确保全市20个重大建设项目和20项重要工作的顺利实施，为完成全市经济社会发展各项目标任务奠定坚实的基础。

【深入推进四项制度加强政府自身建设的通知】 2011年3月25日，个旧市人民政府就进一步推进全市法治政府、责任政府、阳光政府、效能政府四项制度建设工作发出通知。通知要求：一、各乡镇（区、办事处）、各部门要结合《个旧市政府自身建设2011年工作任务分解表》，熟悉掌握各部门深化政府自身建设具体担负的工作重点、目标任务以及工作要求、完成时限等内容。二、各乡镇（区、办事处）、各部门要进一步加强组织领导，按照分级负责的原则，形成主要领导负总责，分管领导亲自抓，工作班子具体推进的良好格局。三、各牵头责任部门要各司其职，各负其责，加强协调，密切配合。四、各乡镇（区、办事处）、各部门要积极行动起来，于2011年3月31日前将调整充实后的工作领导机构和深化政府自身建设工作方案报送市政府推行四项制度工作领导小组办公室。五、各乡镇（区、办事处）、各部门要及时将工作进展情况及好的经验做法报送市政府推行四项制度工作领导小组办公室。各乡镇（区、办事处）、各部门工作简报每月报送不少于2期。六、各乡镇（区、办事处）、各部门于每季度最后一个月的30日前向市政府推行四项制度工作领导小组办公室报送本季度重大决策听证、重要事项公示和重点工作通报实施情况和下季度的实施计划。七、各乡镇（区、办事处）、各部门分别于6月30日和12月15日前将上半年政府自身建设工作总结和全年政府自身建设工作总结报送市政府推行四项制度工作领导小组办公室。

【进一步明确食品生产加工小作坊和食品摊贩以及餐饮服务环节监管职责的通知】 2011年4月11日，个旧市人民政府就进一步加强个旧市食品安全监管工作，明确各部门监管责任，切实解决监管过程中存在的突出问题发出通知。通知将全市食品生产加工小作坊和食品摊贩监管职责作出明确分工：一、以食品加工为主，有异地销售食品行为的食品加工小作坊，由质监部门负责监管。二、加工食品有固定（场所）门店，加工的食品仅限于在本店销售，并提供就餐服务场所及设施的食品店，由食品药品监督管理部门负责监管。三、商场、超市、农贸市场内所有的食品加工经营户，以及采取“前店后坊”式生产加工的食品店，按照分段监管的原则，凡是加工的食品有异地销售行为的，由质监部门牵头监管；凡是加工的食品仅限在本店销售，不提供现场就餐的，由工商部门牵头监管；凡是加工的食品仅限在本店销售，并提供就餐服务场所的，由食品药品监督部门牵头监管。除牵头部门负责监管外，其他相关部门要密切配合。四、对无固定门店的食品摊贩，按照分段监管的原则，凡是现场制售食品的摊贩，加工的食品仅限在本摊销售，不提供现场就餐的，由工商部门牵头监管，其他部门密切配合；凡是现场制售食品的摊贩，加工的食品仅限在本摊销售，且提供就餐服务场所，加工的食品是为消费者提供早、中、晚三餐服务的，由食品药品监管部门牵头监管，其他部门密切配合；城市建设管理监察大队负责查处取缔在城市道路范围内和公共场地摆摊设点及流动摊位的占道经营行为。五、各部门要切实加强对食品安全监管工作的组织协调，按照分段原则切实加强监管。对难以界定具体监管部门的一些食品生产经营摊贩，由市人民政府组织相关部门，通过联合执法和综合治理等办法进行监管。

【积极推进2011年红河州和个旧市产业建设重点项目的通知】 2011年5月5日，个旧市人民政府为认真贯彻落实工业强州战略、产业富州战略和工业强市战略，积极促进2011年州、市产业建设重点项目早日建成投产并发挥效益发出通知。通知要求：一、提高认识，加强领导。二、明确目标，落实责任。三、强化督查，狠抓落实。同时，通知还明确了重点项目的目标任务、责任单位，并提出具体抓落实的各项要求。

【关于依法开展清理整顿选矿企业工作的通知】 2011年7月20日，个旧市人民政府发出通知，决定对个旧市行政区域内所有选矿企业依法开展清理整顿工作。通知对清理整顿范围、清理整顿措施、工作职责及工作要求作出明确规定。

【关于开展职业健康状况调查工作的通知】 2011年7月22日，个旧市人民政府发出通知，决定开展职业健康状况调查工作。通知要求：一、提高认识，高度重视职业健康状况调查工作。二、加强领导，积极稳妥做好职业健康状况调查。三、精心组织，确保完成调查任务。

【关于规范公办中小学使用代课教师的通知】 2011年8月29日，个旧市人民政府就规范公办中小学使用代课教师的相关工作发出通知。通知对已经聘用，目前仍在公办中小学代课的教师、未被招聘录用的代课教师以及未被招聘录用具有教师资格证的代课教师分别作了明确规定。从2011年9月起，各乡、镇（区），市教育局要做好代课教师的工作，严格按照国家、省、州的相关要求，逐步清退代课教师，杜绝再产生新的代课教师。

【关于建立城乡电网规划建设“绿色通道”制度的通知】 2011年11月16日，个旧市人民政府为进一步强化城乡电网规划建设管理，加快城乡电网基础设施建设，确保城乡电网规划建设工作顺利推进，下发《关于建立城乡电网规划建设“绿色通道”制度的通知》。通知包括组织领导机构、领导小组工作职责、考核对象和内容、考核奖励资金来源及考核奖惩措施等5方面内容。

【关于进一步加强校车交通安全管理的通知】 2011年12月2日，个旧市人民政府为进一步规范全市校车管理，确保校车安全行驶，保障广大师生的人身安全，下发通知。通知要求：一、高度重视，强化领导。二、加强管理，明确责任。三、强化宣传，营造氛围。四、全面排查，摸清底数。五、各学校要制定应对极端天气交通安全措施，防范冬季大雾、降雪及路面结冰对学生和幼儿上下学交通安全的不利影响。六、各乡、镇（区、办事处）、教育、公安、安监、交通等部门要协同配合，集中力量，及时消除隐患。七、责任追究。

【关于同意实施国家杂交水稻工程技术研究中心高原育繁示范中心项目建设及成立个旧市杂交水稻工程技术推广管理中心的批复】 2011年2月25日，个旧市人民政府对国家杂交水稻工程技术研究中心高原育繁示范中心上报的《关于请求批准实施国家杂交水稻工程技术研究中心高原育繁示范中心项目建设及成立个旧市杂交水稻工程技术推广管理中心的请示》批复如下：一、同意在个旧实施国家杂交水稻工程技术研究中心高原育繁示范中心项目建设。二、原则同意成立个旧市杂交水稻工程技术推广管理中心，具体负责该项目的组织实施和建设管理。三、个旧市杂交水稻工程技术推广管理中心的机构人员编制另报市编委按程序办理。

【关于同意城区道路临时停车泊位管理价格收费的批复】 2011年3月14日，个旧市人民政府对公安局上报的《关于个旧市城区道路临时停车泊位管理价格收费的请示》批复如下：一、同意在停车泊位上停车10分钟以内不收费，停车10分钟以上按1小时收费。二、同意8:00至20:00在停车泊位上停车的按2元/小时收费，不足1小时按1小时收费。

三、同意20:00至00:00在停车泊位上停车的按3元/小时收费，不足1小时按1小时收费；00:00至8:00在停车泊位上停车超过3小时的按15元收费。

【关于启动出租车运价与成品油价格联动机制的批复】 2011年4月8日，个旧市人民政府对市发展和改革局上报的《个旧市发展和改革局关于制定出租车运价与成品油价格联动机制的请示》作出批复，从2011年4月9日零时起，在客运出租汽车运价外向乘客收取燃油附加费，收费标准为：93号汽油价格在7.34元/升以上时每车次（起点至终点）1元；93号汽油价格在9.3元/升以上时每车次（起点至终点）2元。今后将视油价及票价变动适时调整或取消。

【关于同意实施个旧市农村小型水利工程管理体制改革方案的批复】 2011年4月12日，个旧市人民政府对市水利局上报的《个旧市农村小型水利工程管理体制改革实施方案的请示》作出批复，同意实施《个旧市农村小型水利工程管理体制改革实施方案》。

【同意实施《关于解决未参保集体企业退休人员基本养老保障等遗留问题的实施办法》的批复】 2011年5月3日，个旧市人民政府对市人力资源和社会保障局上报的《个旧市人力资源和社会保障局关于请求贯彻执行云南省人力资源和社会保障厅、云南省财政厅〈关于解决未参保集体企业退休人员基本养老保障等遗留问题的实施办法〉的实施方案的请示》作出批复，同意实施《云南省人力资源和社会保障厅、云南省财政厅关于解决未参保集体企业退休人员基本养老保障等遗留问题的实施办法》的实施方案。

【关于个旧市卡房镇卡房小学建设项目先行用地的批复】 2011年10月8日，个旧市人民政府对市教育局、卡房镇人民政府上报的《个旧市教育局 卡房镇人民政府关于批准迁建卡房镇卡房小学项目紧急避险用地的请示》作出批复，同意占用卡房镇卡房村委会郎舅坝村小组集体土地1.5059公顷，先行动工建盖个旧市卡房镇卡房小学校。并请抓紧组织正式用地报件所需资料，于6个月内申请办理建设用地正式审批手续。

【关于实施《个旧市水利发展“十二五”规划》的批复】 2011年12月9日，个旧市人民政府对《个旧市水利局关于上报〈个旧市水利发展“十二五规划”〉的请示》作出批复，同意实施《个旧市水利发展“十二五”规划》。

【关于批准个旧市城市近期建设规划的批复】 2011年12月19日，个旧市人民政府对《个旧市规划局关于请求批准个旧市城市近期建设规划的请示》作出批复，同意实施《个旧市城市近期建设规划》。并请市规划局按照《个旧市城市建设近期规划》专家评审会评审意见，进一步完善规划，确保规划顺利实施。

政务综合管理

【简述】 2011年，个旧市人民政府办公室内设综合科、信息科、秘书科、行政科、议案科、人事财务科、外事侨务科、公务用车编制管理科，年末总人数70人。一年来，市人民政府办公室以“三个代表”重要思想和科学发展观为指导，按照“勤政廉政，依法行政，规范管理，高效服务”的要求，着重加强制度建设，规范内部运作，着力推进学习型机关创建，不断优化干部队伍，围绕中心、把握大局，高效运转、优化服务，圆满完成年度岗位目标责任制，各项工作和自身建设取得新成绩、迈上新台阶。

【秘书工作】 2011年，个旧市人民政府办公室充分发挥政府运转中枢作用，扎实做好秘书工作。一是努力做好综合文字工作。认真组织起草政府工作报告、市政府全体会议、市政府领导会议讲话稿等市政府重要文字材料，全年共形成各类文字材料上百万字，其中市政府主要领导报告20余篇。同时，认真做好《云南经济年鉴》《中共个旧市委执政纪要》《个旧年鉴》的供稿工作。二是认真做好语言文字工作，努力提高办文质量。严格把好文件起草、文稿校核、文件审批三个环节，切实把好行文关、内容关、政策关、法规关、文字和格式关，确保发出的公文规范、合法、统一，进一步提高公文质量。办公室全年共处理国家、省、州级各类文件1084件，办理市政府及市政府办公室发文1080件，起草各类汇报材料、领导讲话稿250余篇，共承办市级各部门请示件1299件，办结率100%，无重大公文质量问题发生。三是进一步规范办会程序。按照《会务工作操作细则》，对办会工作的每一个细节都提出要求、明确规定。对每一个会议，都努力做到精心策划、精心组织。全年共安排落实省委省政府、州委州政府及上级有关部门召开的504场会议，同时组织常务会议12次，撰写会议纪要12期。并组织好不定期的主任办公会，交流工作经验，探讨工作思路。

【信息工作】 2011年，个旧市人民政府办公室继续加强上报信息工作。紧紧围绕省政府中心工作和全市工作重点，及时上报本市经济建设和社会发展所取得的成绩和经验，反映本市经济、社会发展中的重点、难点、热点等问题，反映本市一系列开创性和富有地方特色的工作。认真选题，加大信息约稿工作力度，加强与省、州办公厅（室）信息处（科）的密切联系，主动沟通情况，及时调整工作思路。与市委办公室联合下发《个旧市委、政府信息工作考核评比办法》，每季度对各部门、乡镇上报信息情况进行通报。全年上报省、州政府信息1000余篇次，被采纳110余篇。政府办公室信息工作荣获全州政务信息工作二等奖。

【督办工作】 2011年，个旧市人民政府办公室严肃督办检查工作，以提高办结率、答复率、满意率为工作目标，严格按照督办时限和要求，及时反馈情况，采取多种形式，提高督办质量，做到件件有着落，事事有回音。年初，在征求各部门意见的基础上，制定重点项目推进责任制，结合《政府工作报告》中确定的工作，将其进一步分解，制定重点工作推进落实表，明确责任单位和责任人，进行重点督办和推进，有效促进了全市整体工作快速向前发展。明确市十五届人民代表大会四次会议和市政协十届四次会议梳理的133件人大建议和133件政协提案的牵头单位和承办单位，并全部督办完成。办复率、面商率、态度满意率均为100%，结果满意率为99.3%。全力推动将省政府重点督查20个重大建设项目和20项重要工作任务落到实处，明确责任部门、责任人、督办领导及督办科室，确保“两个20”工作有序推进。积极组织开展政务督查，办理各级领导批示件29件，印发《个旧政务督办》26期。

【法制工作】 2011年，个旧市人民政府办公室深入推进依法行政，切实加强执法监督，努力发挥参谋、助手和法律顾问的作用。加强对规范性文件的审查、备案、清理，完善落实登记备案和责任追究制度。圆满完成第五轮行政审批制度改革。严格遵守法定程序和原则，依法办理行政复议和应诉案件，切实维护当事人的合法权益。年内派出法律顾问50人次协助信访接待来信来访、排解纠纷1000余人次。组织实施重大决策听证20次、重要事项公示275项、重点工作通报473项、96128政务信息查询967次。受理审批服务事项3478项，其中便民服务事项1726件（次）、行政审批事项1752项。稳步推进乡、镇为民服务中心建设，8个乡、镇（区、办事处）的为民服务中心挂牌成立，并建立社区一站式为民服务站10个、村级为民服务站4个。

【电子政务工作】 2011年，个旧市人民政府办公室不断改进工作方法，切实提高工作效率，较好完成电子政务各项工作任务。按时完成政府信息公开发布和培训工作；保障视频会议系统正常运行，加紧实施将电子政务外网通过视频会议专线布设至各乡镇，扩大电子政务网络在全市的覆盖面；时时监测网络办公自动化系统，确保政令畅通，全年通过系统收发文件4000余份；将政务查询专线工作列入重要议事日程，监察机关强化督促检查，全年共完成查询561次，查询满意度98.8%；积极推进电子政务监察，全面建成电子政务监察系统，实现政府对部门行政审批的网上监察和动态监管。

【信访工作】 2011年，个旧市人民政府办公室坚持将信访工作作为一项重要工作来抓。针对不同规模、不同原因形成的上访，坚持积极主动、因势利导的原则，认真对待和解决每一件“热点”、“难点”信访问题，及时研究处理方案；坚持与群众对话的原则疏导群众情绪，防止意外事故发生；坚持现场办公的原则，就地控制局势，疏散群众。

对上访信件做好登记、加签、转呈批阅；将领导批阅的信件，及时转送有关部门或负责人，督促其尽快解决，力争使群众满意。信访工作实现了市委、市政府提出的“四个确保”目标，进一步密切了政府与群众之间的关系，促进了全市社会大局更加和谐稳定。

【外事侨务及接待工作】 2011年，个旧市人民政府办公室紧紧围绕全市改革发展大局，坚持以地方经济建设为重心，积极发挥外事侨务部门对外开放的窗口作用，较好地完成各项工作任务。始终把规范因公出国管理、提高办事效率、为地方经济社会发展服务作为出国管理工作的核心内容，实现了既强化因公出国管理，又提高工作效率和服务水平的双重目标。同时把维护归侨侨眷的合法权益作为侨务的一项重点工作，进一步增强“侨胞利益无小事”的观念，高度重视侨务信访来访工作，努力为归侨侨眷排忧解难。按照依法办事、注意政策，根据特点、适当照顾的原则，对于归侨侨眷提出的诸如房产权益、民事纠纷、补办证件、低保再就业、子女就学、生产生活等方面的困难和问题，认真对待，细致调查，及时处理，做到事事有回音，件件有落实，维护了归侨侨眷的切身权益。接待工作中，以创新的精神使接待工作起到形象、窗口、媒介和纽带作用，接待过程中，主动了解，积极沟通，每个重要接待全部制订接待方案，保障接待工作有序进行。在接待中体现节约理念。把节约体现在迎送、参观考察、会见座谈、宴会等接待工作的每一个环节、每一个方面，简化礼仪，注重实效，力戒奢华，倡导节约。充分发挥接待工作优势，拓展、延伸接待工作的内容和领域，积极挖掘接待的政策效应、信息效应、广告效应、投资效应和感情效应，为全市经济社会发展大局提供多角度、全方位的服务。全年共接待来宾500多批，合计4500余人次。

【应急管理工作】 2011年，个旧市人民政府办公室围绕全市工作大局，大力加强应急管理体制机制建设，坚持事前防控与事后救援同抓，把值守应急作为全年常抓不懈的一项重要工作，列入工作要点，并作为绩效考核的一个重要内容；进一步强化24小时值班制度，各类突发事件得到有效防范和应对。加大宣教培训力度，向广大群众宣传普及应对突发事件的知识，向全市各城乡家庭发放公众安全应急手册，做到全市每家每户基本保证人手一册。通过多层次、宽领域、全方位的宣教培训，社会公众的应急意识不断增强，应急法规知识不断丰富，自救互救能力不断提升，公务员队伍的应急管理水平不断提高。

【机关后勤和保卫工作】 2011年，个旧市人民政府办公室以“保证运转、促进工作”为目标，量力而行，尽力而为，千方百计为领导和机关工作人员改善办公条件，提供优质服务，创造良好的工作和生活环境。财务管理务求严格。在完善财务支出会审会签制度的基础上，认真执行各项制度，切实把好开支关，做到勤俭节约，杜绝浪费，为办公室的整体运转提供有效的后勤保障。车辆管理务求安全。加强对驾驶人员的教育和管理，不断强化他们的安全意识、责任意识和节约意识，合理安排调度，严格车辆检修保养，确保行车安全。圆满完成公务用车专项治理各项任务。

（撰稿：何少华）

个旧市人民政府领导名录

市　长　戴劲松
副市长　包　旭
　　　　杨明志
　　　　何建华
　　　　杨龙遇（女）
　　　　李鸿瑞
　　　　陈　浩
　　　　陈新华（2011年6月任）

个旧市人民政府工作部门领导名录

市政府办公室
　主　任　罗　翔
　副主任　曾尔蓓（女）
　　　　　朱　兵
　　　　　向爱武（女）
　　　　　马春喜
　　　　　杨　凌
　　　　　晋浠铭
市政府法制办公室

主 任 张金华（女）
副主任 吴锡春

市接待处
处 长 曾尔蓓（女）

市发展和改革局
局 长 张 伟
副局长 张 宏
陈艳萍（女）
邱 华
楚建明
程雅欣（女）
叶兴平

市工业商务信息化局
局 长 杨 敏
副局长 王斌斌
雷应伟
叶崇旺
吕瑞宽
王选德

市教育局
局 长 马 蕊（女）
副局长 缪卫东
刘 勇
孙 涛

市科学技术局
局 长 李光明（兼市知识产权局局长）
副局长 许跃东
张建云

市民族宗教事务局
局 长 白剑波
副局长 熊文云
张 辉（女）

市公安局
局 长 李鸿瑞
副局长 张 松
肖富德
陈 波

市监察局
局 长 吕增辉(2011年6月止)
副局长 杨荣昌
廖 韬

市民政局
局 长 彭国彬
副局长 钟兴明
田绍辉
张国彬
田 琨（女）

市司法局
局 长 赵彦刚
副局长 蔡大铭
温渝彬
王 俊（女）

市财政局
局 长 李春芬（女）
副局长 卢绍忠
赖正清

市人力资源和社会保障局
局 长 张 勇
副局长 黄 河（女）
李维智
孙 霞（女）
李 云（女）

市国土资源局
局 长 施 云
副局长 李茂荣
双文益
代福云
李 艳（女）
许雪梅（女）

市环境保护局
局 长 李 梅（女）
副局长 王 刚
尹敬东

市住房和城乡建设局
局 长 念培光（兼市规划局局长）
副局长 段 刚
梁 莹（女）
赵 斌
张虎彪

市交通运输局
局 长 谢彦铭
副局长 毛文红
方进福

市水利局
局 长 江 宏
副局长 马 凯

陈丽萍（女）

市农业局

局　长　林　军

副局长　李存伟

苏　勇

金卫红

市林业局

局　长　彭天林

副局长　邹　策

胡春林

吕　萍（女）

市文化体育和广播电视局

局　长　严国明（兼市新闻出版局局长）

副局长　杨艳梅（女）

刘昌富

李桂福

张永刚

市卫生局

局　长　汪　巍

副局长　方若平（女）

张跃祥

市人口和计划生育局

局　长　朱　云

副局长　陈文亮

周　清（女）

市审计局

局　长　蓝云辉

副局长　吴庆波

谢　璟（女）

市安全生产监督管理局

局　长　薛志伟

副局长　谭继革

李文彬

刘兴荣

市统计局

局　长　王　峰

副局长　陈其富

聂　磊（女）

市食品药品监督管理局

局　长　岳建国

副局长　李虹宾

市地震局

局　长　白　茵（女）

副局长　魏顺超

市人防办

主　任　张承伟

副主任　钱鸿超

市爱卫办

主　任　柴连政

副主任　杨　平

市移民局

局　长　李开洲

副局长　李成贵

王新勇

市残疾人联合会

理事长　崔丽荣（女）

副理事长　孙　娅（女）

市地方志编纂委员会办公室

主　任　蔡　军（女）

副主任　皇双艳（女）

市红十字会

会　长　杨龙遇（女，兼）

副会长　赵　栩（女，专职）

市城区办

主　任　雷　波

副主任　丁策睿

高　娅（女）

李星蓉（女）

市供销社

主　任　赵正辉

副主任　蒋宝富

杨义伟

市信访局

局　长　马春喜

市工商局

局　长　汪　号

副局长　木宏钧

何金义（女）

李新建

市国税局

局　长　唐培鑫

副局长　华跃飞

陈廷欢

陈卫林

兰　芬（女）

市地税局

局　长　曾元林（2011年9月止）
　　　　罗德懋（2011年9月任）
副局长　刘　诚
　　　　戴　磊

市质监局
局　长　杨春溪
副局长　雷　俊

市物资总公司
总经理　吕瑞宽
副总经理　王　引

市关工委
主　任　陈惠川（女）
副主任　周云丽（女）

市中华职教社
主　任　陈丽莎（女）
副主任　赵　庸（专职）

（撰稿：何少华）

中国人民政治协商会议个旧市委员会

【简述】　2011年，中国人民政治协商会议个旧市委员会在中共个旧市委的领导下，始终围绕全市工作大局，把着力推动科学发展、倾情关注民生民利、积极维护社会和谐稳定、切实加强自身建设作为政协工作的主旋律，求真务实，砥砺奋进，以更高的标准，更优的举措，切实履行政治协商、民主监督、参政议政职能，为促进全市经济繁荣、社会进步、人民幸福和顺利实现“十二五”规划良好开局作出了新贡献。年内，举行政协个旧市第十届委员会第四次会议，召开常委会3次、主席会4次、专题调研9次，征集提案167件，立案163件，编辑出版《个旧政协》6期、《政协个旧市十届三次会议提案选编》350册，开展好扶贫、慰问活动，协助市委开好政协工作会议。

重要会议

【政协个旧市十届四次会议】　2011年2月9～13日，政协个旧市第十届委员会第四次会议在政协五楼大会议厅召开，应到会委员215名，实到委员193名。会议以中共十七大、十七届五中全会精神和中共个旧市第十一届委员会第七次全体会议精神为指导，全面总结政协个旧市第十届委员会常务委员会的工作，确定今后工作的指导思想和主要任务。全体与会人员认真履行职责，圆满完成各项议程。会议隆重热烈，富有成效，是一次凝心聚力、共谋发展、和谐民主、求实创新、团结鼓劲、开拓奋进的大会。

中共个旧市委高度重视这次会议，市委书记王忠在开幕式上作了重要讲话，对市政协一年来的工作给予充分肯定，并对做好新时期政协工作提出要求。会议期间，中共个旧市委、市人大、市政府领导参加会议，与委员和各民主党派、工商联、人民团体、无党派人士及各族各界代表人士交换意见，共商大计，使参会的委员备受鼓舞。

会议听取和审议《中国人民政治协商会议个旧市第十届委员会常务委员会工作报告》《中国人民政治协商会议个旧市第十届委员会常务委员会关于政协个旧市十届三次会议以来提案工作情况的报告》。会议围绕市委、政府工作中心进行大会发言。13位委员代表各民主党派和相关单位，围绕促进个旧经济社会平稳较快发展进行大会交流发言。会议补选李文友为政协个旧市第十届委员会主席，增补朱坤、王彬、童昆发、邓亚4人为政协个旧市第十届委员会常务委员会委员。

会议认为，一年来，市政协第十届委员会在中共个旧市委的正确领导下，高举中国特色社会主义伟大旗帜，坚持以邓小平理论和“三个代表”重要思想为指导，认真贯彻中共十七大、十七届五中全会、中央经济工作会和中共红河州委政协工作会议精神和州、市全委（扩大）会议精神，深入贯彻落实科学发展观，牢牢把握团结民主两大主题，围绕中心、服务大局，积极发挥自身优势，认真履行职责，扎实开展工作，为个旧市的经济建设、政治建设、文化建设、和谐社会建设作出了积极的贡献。常务委员会工作报告对过去一年工作的回顾实事求是，对今后工作的部署切实可行。

会议赞同代理市长戴劲松所作的《政府工作报告》，认为报告对2010年工作回顾实事求是，客观反映了存在的困难和问题；对2011年的工作安排思路清晰、目标科学合理。《个旧市国民经济和社会发展第十二个五年规划》客观、科学、合理。会议赞同喻俊娟院长所作的《个旧市人民法院工作报告》和代理检察长万买富所作的《个旧市人民检察院工作报告》。听取并协商讨论《政府工作报告》和其他相关报告。审议通过《政协个旧市第十届委员会第四次会议决议》。会议期间，市委、市政府领导和市直有关部门负责人到会，听取委员对《政府工作报告》和“两院”报告的意见建议。会议共收到提案167件，经审查立案163件。

会议指出，2011年是实施“十二五”规划的开局之年，是全面贯彻落实中共十七大、十七届五中全会精神，推进资源型城市经济转型，实施“二次创业”，加快个旧经济持续发展之年，做好今年经济社会发展工作，对保持全市经济长期平稳较快发展、为“十二五”规划的全面实施奠定良好基础至关重要。市政协各参加单位和全体政协委员要切实在履行职责、提高水平上下工夫；切实在为民代言、为民服务上下工夫；切实在团结民主、汇集力量上下工夫，为建设个旧和谐小康社会凝心聚力；切实把“维护核心、突出重心、反映民心、凝聚人心”贯穿于履行职能的全过程，思富民之计，谋强市之策，办利民之事，充分发挥协调关系、汇聚力量、建言献策、服务大局的作用，为推进全市经济社会平稳较快发展作出新的贡献。

市委常委、市委书记王忠在开幕式上发表重要讲话。市委常委、组织部部长周踊在会议上作《关于对补选政协个旧市第十届委员会主席、常委人选的说明》。会议通过有关人事事项。新当选的政协主席李文友作闭幕讲话。

【个旧市政协十届十四次常委会议】　2011年4月12日，个旧市政协在常委会议室举行十届十四次常委会议。会议组织参会人员认真学习全国“两会”精神；审议通过《市政协2011年工作要点》《市政协2011年主要工作实施计划》；听取市政协十届四次会议提案审查情况的报告并讨论确定重点提案及督办领导；听取视察个旧市生物产业发展情况的报告。市政协主席李文友，副主席蔺楠、朱瑾、林满松和35名常委出席会议；市委常委、组织部部长周勇，市人大常委会副主任雷竞畋，市政府副市长何建华应邀列席会议。会议由李文友主席主持。

【个旧市政协十届十五次常委会议】　2011年8月9日，个旧市政协在常委会议室举行十届十五次常委会议。会议审议通过州委关于免去段国平副主席职务的决定；组织参会人员学习胡锦涛总书记在庆祝建党90周年大会上的讲话精神；审议通过《个旧市学前教育发展情况调研报告》《个旧市城市居民宗教信仰情况的调研报告》《个旧市实施档案工作“六项工程”建设情况的调研报告》；听取副市长何建华对个旧市2011年上半年国民经济和社会发展情况的通报。市政协主席李文友，正县级领导杨树文，副主席朱瑾、林满松，秘书长周建龙和35名常委出席会议。市委常委、组织部部长周勇，市政府副市长何建华应邀列席会议。会议由李文友主席主持。

【个旧市政协十届十六次常委会议】　2011年12月28日，个旧市政协在常委会议室举行十届十六次常委会议。会议组织参会人员认真学习中共十七届六中全会和云南省第九次党代会精神；审议通过《个旧市工业经济发展情况的调研报告》《个旧市文博事业建设情况的调研报告》；协商讨论《个旧市人民政府工作报告（征求意见稿）》。市政协主席李文友，副主席林满松和常委出席会议；市委常委、市委办主任、统战部部长张鹏程，市政府副市长何建华应邀列席会议。会议由李文友主席主持。

【主席会议】　2011年1月15日，个旧市政协在主席会议室召开十届十三次主席会议，研究确定召开市政协十届十三次常委会议相关事宜。会议确定于1月21日召开常委会议，并审议常委会议工作报告和提案工作情况报告及有关人事任免事项。4月6日，召开市政协十届十四次主席会议，研究政协个旧市委员会2011年工作要点及主要工作实施计划，政协个旧市委员会提案委员会关于十届四次会议以来提案审查情况的报告，政协个旧市委员会十届四次会议重点提案及承办单位和督办领导，政协个旧市委员会关于调整领导班子成员分工的事宜，政协个旧市委员会关于调整秘书长、副秘书长、办公室主任分工的事宜，市政协机关离退休党支部换届工作有关事宜。并确定于4月12日召开市政协十届十四次常委会议。7月4日，召开市政协十届十五次主席会议，研究并出台关心干部职工生活的3个文件：《个旧市政协机关在职职工直系亲属丧事慰问金发放办法》《个旧市政协机关参加全州政协系统职工运动会奖励办法》《个旧市政协机关职工子女考入大学奖励办法》。8月12日，召开市政协十届十六次主席会议，研究并通过《个旧市政协信息管理办法》《个旧市政协信息考核办法》；研究段国平辞去副主席后，就政协领导分工作相应调整。

专门委员会工作

【提案委员会】 2011年，个旧市政协提案委员会协助分管副主席撰写《政协个旧市十届三次会议以来提案工作情况的报告》（讨论稿），并根据市政协主席会议、常委会议审议意见进行修改定稿。组织召开各民主党派、人民团体及政协专委会、部分界别委员参加的政协提案征集工作座谈会；召开提案简易程序办理答复会议，对提案审查会议确定的21件简易程序办理提案，请有关承办部门到会与提案者进行面对面的答复。其余142件提案，按照“归口办理，分级负责”的原则，于4月5日前分别交由市委办7件、市政府办133件、市政协办1件、市人民法院1件进行研究办理。市政协十届四次会议以来，共收到提案167件（会后收到提案27件），经审查立案163件，立案率97.6%，对未立案的4件提案，作为委员来信已转请有关部门处理并向提案者作说明。截止10月底，立案的163件提案已经全部办复完毕，办复率100%。

【经济科技委员会】 2011年，个旧市政协经济科技委员会在市政协十届四次会议上提交《关于加快特色工业园区建设，助推产业发展“二次创业”的建议》的大会发言和提案，该提案被确定为2011年重点提案之一。年内，完成5个调研：个旧市失地农民生存发展状况、个旧市外贸进出口工作、个旧市开展水源工程规划建设管理情况、个旧市农村信用社工作情况、个旧市工业经济的发展情况；4个视察：个旧市生物产业发展情况、个旧市重点工业项目建设情况、个旧市冷清公路延长线鸡街至个旧段提升改造工程的建设情况、个旧市城市建设情况。形成《关于个旧市城市建设情况的视察报告》《关于个旧市生物产业发展情况视察报告》和《我市工业发展情况的调研报告》，提出许多有价值的意见建议。协助市政府办组织“中国国际金融有限公司与红河锌联科技发展有限公司合作协议签约仪式”。

【教文卫体委员会】 2011年，个旧市政协教文卫体委员会组织2次调研视察、1次情况通报会、1次调研座谈会，即：个旧市学前教育情况的调研、个旧市疾病预防控制工作情况的视察；召开了市职教中心建设工作情况通报会、个旧市教育工作调研座谈会。组织发放“2011年度锡都励志助学金”，对70名考上大学的特困生进行资助。参加州政协领导对个旧市妇幼保健工作开展情况的视察活动，参加由州政协科教文卫体委牵线，由香港慈恩基金会捐建的鸡街镇卫生院门诊楼建成投入使用的仪式，配合州政协科教文卫体委作调研3次。积极参加市委安排的学习活动及政府和有关职能部门的专项工作。

【社会法制委员会】 2011年，个旧市政协社会法制委员会组织政协委员对个旧市残疾人生活及就业情况进行专题调研，形成《我市残疾人生活及就业状况的调研报告》，并针对反映出来的问题积极与相关部门进行沟通协调并提出建设性的意见和建议10条；组织政协委员就市人民法院建设、庭审工作进行视察，向市委、政府提出建设性意见建议，为政协委员参政议政搭建平台；组织政协委员举行保障性住房情况通报会。年内，与市检察院对“三类案件”和“五种情形”进行案件督察，庭审公诉评议，较好地维护了法律的公平正义和当事人的合法权益。参与州政协组织的社区矫正工作调研，积极收集整理上报信息。

【学习文史委员会】 2011年，个旧市政协学习文史委员会在市政协十届四次会议期间收集、整理和修改完成20余篇大会发言材料，撰写和编印大会简报共5期，撰写领导发言材料1份。完成调研视察2个：个旧市档案工作“六项工程”建设情况的视察、个旧市文博工作情况的调研，形成《关于个旧市文博工作情况的调研报告》。

【民族宗教港澳台侨委员会】 2011年，个旧市政协民族宗教港澳台侨委员会组织政协委员对个旧市沙甸区大清真寺进行视察，形成《沙甸区大清真寺视察报告》；组织各民主党派、宗教界等界别的委员对个旧市城市居民宗教信仰状况进行调研，形成《关于我市城市居民宗教信仰状况的调研报告》；8月24日，组织召开个旧市对台工作情况通报会；配合州政协民宗委完成个旧市域内台资企业情况摸底工作；参加鸡街、沙甸地区推进民族团结进步创建活动座谈会；在市政协副主席林满松带领下，深入少数民族企业联创公司调研，实地帮助企业解决问题；走访慰问沙甸、鸡街各民族政协委员20余人；组织、看望慰问民族工作者6人次，参加民族宗教节日及其他民间民俗活动，及时做好与对口部门的沟通联系；以社员身份参加个旧市中华职教社换届会议，选举新一届领导班子。

重要活动

【组织开展政协统战系统联谊活动】　2011年3月22日，个旧市政协在红河州茶桑果站举办“政协统战系统联谊”活动，加强与统战系统各单位的沟通和联系。市政协机关、市委统战部机关、市各民主党派机关、市工商联机关、市侨联机关的全体干部职工参加了联谊活动。

【开展向盈江地震灾区爱心捐赠活动】　2011年3月29日，个旧市政协在4楼会议室举行“向盈江地震灾区爱心捐赠”活动。政协全体机关干部职工参加了此次活动，段国平副主席在活动中作了重要讲话，捐赠活动由市政协秘书长周建龙主持，此次活动共为灾区捐款3300元，同时也为灾区群众送去了祝福，希望灾区群众早日战胜灾害，渡过难关。

【重庆市万盛区政协副主席周亚华到个旧市考察调研】　2011年4月11～12日，重庆市万盛区政协副主席周亚华率领的考察团一行在市政协主席李文友陪同下，对个旧市云河药业有限公司、个旧博物馆、图书馆及云锡锡博物馆进行考察。座谈会上，周亚华副主席听取了市政府副市长杨龙遇关于个旧市资源型城市转型发展和个旧市经济社会情况介绍，并对个旧市在资源型城市转型发展方面取得的成绩给予肯定。

【参加上级部门组织的会议及活动】　2011年4月26～27日，红河州13县市政协23次横向联系会议在屏边县召开，市政协主席李文友率队参加会议，并就生物产业发展情况与各县市政协进行交流。6月20日，红河州政协专门委员会工作会议在石屏县举行，市政协主席李文友率市政协各委（办）负责人参加会议。6月28日至7月1日，红河州政协系统第十七届职工运动会在开远市举行，市政协组队参加全部项目的比赛，充分展示了全体机关干部职工团结拼搏、昂扬向上的精神风貌。8月29日至9月1日，云南省16城市（区）政协工作研讨会第二十五次年会在安宁市举行，个旧市政协等全省16城市（区）政协的60余人出席会议。会议围绕“发挥政协优势，创新政协工作，助推中国面向西南开放重要桥头堡建设”开展工作研讨，总结和交流各成员单位政协工作的经验和做法，研究探讨新时期、新形势下创新政协工作的思路、形式和方法。市政协在会上作《发挥优势展宏图——个旧市政协拓展履职空间服务桥头堡建设》的经验交流。

【红河州政协领导到个旧市调研】　2011年5月18日，红河州政协副主席、统战部部长苗羊宝带领州商务局、州财政局、州交通局等部门负责人，在市政协主席李文友，副市长何建华和相关部门领导陪同下实地查看云南乘风有色金属股份有限责任公司生产经营和外贸进出口情况。随后，在市政府三楼多媒体会议室召开座谈会。座谈会上，市政府副市长何建华向调研组汇报个旧市外贸进出口工作情况，云锡公司、红铅公司、联兴公司、云河药业公司相关负责人向调研组汇报公司外贸进出口情况及面临的困难和问题。

6月23日，红河州政协副主席张家顺带队，州政协人环委、州财政局、州发改委和部分州政协委员组成的红河州政协调研组一行，在副市长陈浩，市政协副主席林满松以及市水利局、市财政局、市政协经科委等部门人员陪同下，深入贾沙乡、沙甸区，就个旧市重点水源工程、农田水利工程、农村饮水安全工程等情况进行实地调研。

7月11日，以红河州政协副主席普菊红为领队、州政协提案委主任吴绍福为组长的调研组一行5人，就个旧市政协提案办理落实跟踪问效、续办续复工作情况进行深入调研。调研以座谈会的形式进行，市政协常务副主席段国平、市委督查室、市政府督查室、市政协提案委以及部分民主党派负责人参加会议。

8月24日，红河州政协副主席丁润森率州政协科教文卫委组织的州政协调研组到市妇幼保健院进行工作调研。调研组一行在市妇幼院实地参观，深入各个功能室就保健院运作和相关问题听取医院负责人的详细讲解。丁副主席对市妇幼保健工作所取得的成绩给予充分肯定，对妇幼院的工作提出要求，并表示一定将医院所反映的困难和问题作认真研究分析，提出意见建议报州委、州政府，争取早日解决。

10月17～18日，红河州政协副主席丁润森带领由州政法委、州法院、州检察院、州公安局、州司法局、州信访局领导和22名个旧市政协委员、个旧市公检法司负责人组成的调研组对个旧市社会管理综合整治工作情况进行调研。

11月9日，红河州政协副主席丁润森率州政协调研组到个旧市就道路交通安全工作进行调研，市政府副市长杨明志、市政协副主席林满松以及交通局、公安局、安监局、红交集团个旧分公司、个旧锡都客运公司、万通客运公司、沙甸运输公司负责人陪同调研。调研组一行到个旧客运站进行现场调研，走访了服务窗口。丁润森副主席亲自与客运站职工进行亲切交谈，了解职工的工作、工资福利待遇等情况。

【开展扶贫工作】 2011年，个旧市政协主席李文友到卡房田坝子视察新农村建设，补助该村工作经费2万元；到贾沙村委会贾大底视察，拨给该村1万元用于民族文化活动中心建设。此外，市政协还分别补助保和村工作经费5万元，保和莫贾村2万元；为促进保和乡“四个一”工作开展，分别补助保和乡团委、计生办各1万元；补助大屯镇扶贫工作经费2万元。为发扬密切联系群众的优良作风，市政协领导及政协办公室领导多次到社区调研，补助金湖南社区工作经费5000元，民权社区工作经费1万元，供电社区工作经费1万元。

【协助市委开好政协工作会议】 2011年7月7日，中共个旧市委在市政府3楼大会议室召开政协工作会议，认真总结和研究部署新形势下个旧市政协工作，研究讨论《中共个旧市委关于支持人民政协履行职能发挥作用的意见（草案）》。市委、市人大、市政府、市政协领导及“两院”领导出席会议。市委各部委、市级国家机关各办局、各乡镇（区）处主要负责人，市政协常委，各民主党派、各人民团体负责人，市政协机关全体干部职工近200人参加会议。会议由市委副书记周踊主持。会上，市委书记王忠作题为《牢记使命、认真履职、努力开创政协工作新局面》的讲话；市委副书记、市长戴劲松从政府工作的角度，就如何贯彻市委部署，支持政协切实履行职能，作题为《齐心协力、开拓创新，共推个旧实现经济社会发展新辉煌》的讲话；会议分组讨论《中共个旧市委关于支持人民政协履行职能发挥作用的意见》（草案）。最后，市政协主席李文友代表市政协常委会，就认真贯彻市委政协工作会议精神，进一步做好政协工作提出意见，表示将坚决维护中国共产党的政治核心地位，确保人民政协事业正确的政治方向，坚持围绕中心、服务大局，努力助推个旧经济社会科学发展，进一步做好凝聚人心，汇聚力量的工作，积极构建锡都和谐社会，切实加强自身建设，努力推动个旧政协工作再上新台阶。

【国务院原副总理吴桂贤及中国教育发展基金会桂贤教育专项基金人员到个旧参观考察】 2011年8月20日，国务院原副总理吴桂贤及中国教育发展基金会桂贤教育专项基金一行到个旧市参观考察，州政协副主席丁润森、市政协副主席蔺楠等州市政协领导陪同。参观考察组重点参观考察云锡集团公司锡冶炼厂、锡博物馆。这次参观考察活动，对在国家级层面上宣传个旧市和云锡公司起到很好的作用。

【“锡都励志助学协会”资助贫困大学生】 2011年8月26日，个旧市“锡都励志助学协会”在市政协4楼会议室举行助学金发放仪式。市政协主席李文友、“锡都励志助学协会”会长杨树文、副主席朱瑾及锡都励志基金管理委员会委员单位领导出席仪式并作重要讲话，受资助的70名贫困学生或家长参加发放仪式。会上，助学协会共发放助学金8.89万元，使受资助的贫困学生实现了上大学的理想，对构建社会主义和谐社会起到积极的作用。

【举行中秋茶话会】 2011年9月6日下午，个旧市政协在政协5楼大会厅举行2011年各界人士中秋茶话会。州政协副主席苗羊宝，市委副书记寇静冬，云锡集团公司党委常委、工会主席沈洪忠，市人大常委会副主任张勇、雷竞畋、李美英，市政府副市长包旭、何建华、杨龙遇、陈新华，市政协主席李文友，副主席朱瑾、林满松，历届市政协老领导、驻个州政协委员、市政协委员，市属国家机关各委

(办)局、各乡镇(区)处负责人，各民主党派、人民团体负责人，知名无党派人士，部分外来投资企业负责人共300余人欢聚一堂，畅叙友情。会上，市政协主席李文友致辞。州政协副主席苗羊宝代表州政协作重要讲话。市委副书记寇静冬代表市委、政府向大家通报个旧市各项事业的发展情况。会议由市政协主席李文友主持。茶话会在喜庆、祥和的气氛中进行，与会领导和各界人士代表共话锡都美好未来，并观看文艺表演。

【开展慰问活动】 2011年9月7日，个旧市政协主席李文友率政协办公室人员到大屯片区慰问郊区政协委员，为奋战在基层一线的委员们送上中秋佳节的问候和祝福；11月9日，市政协副主席蔺楠与市人大、政府相关领导率慰问团前往丽江慰问驻个旧市到丽江执行任务的8751部队全体官兵。

【编辑出版《个旧政协》】 2011年，个旧市政协按照市委、市政府的工作部署，结合市政协工作特点，选准编辑内容，精心组稿，认真编辑，印刷出版《个旧政协》6期，共20余万字。

【编辑出版《政协个旧市十届三次会议提案选编》】 2011年12月，个旧市政协提案委编辑出版《政协个旧市十届三次会议提案选编》350册，全书37万字，集中反映了市政协十届三次会议的提案及办理结果等情况。

政协个旧市第十届委员会常务委员会组成人员名录

主　席　杨树文(2011年2月止)
　　　　李文友(2011年2月任)
副主席　段国平(2011年8月止)
　　　　蔺　楠
　　　　朱　瑾(女)
　　　　林满松
秘 书 长　周建龙
常务委员　朱　坤(2011年2月任)
　　　　王　彬(2011年2月任)
　　　　童昆发(2011年2月任)
　　　　邓　亚(2011年2月任)
　　　　丁　玲(女)
　　　　马　锐(女)
　　　　马明周
　　　　王禾清(女)
　　　　王浩洋
　　　　尹忠诚
　　　　龙　驹
　　　　叶崇旺
　　　　乐　霞(女)
　　　　刘一民
　　　　汤文忠
　　　　冯杰青(女)
　　　　杨　冰
　　　　杨　标
　　　　杨文忠
　　　　杨傲辉(女)
　　　　严　萍(女)
　　　　李　刚
　　　　吴幼生
　　　　张　弛
　　　　罗　斌
　　　　金　伟
　　　　宗志伟
　　　　顾鹤林
　　　　顾　萍(女)
　　　　高文平
　　　　唐伟武
　　　　陶　飞
　　　　谢　宇
　　　　赖庆国
　　　　戴林颖
　　　　胡归原
　　　　吴炳利
　　　　倪永奇
　　　　王跃兵

政协个旧市委员会工作部门领导名录

秘书长　周建龙
办公室主任　王　彬
提案委员会主任　胡归原
经济科技委员会主任　童昆发
教文卫体委员会主任　吴炳利
社会法制委员会主任　陶　飞

学习文史委员会主任 邓 亚
民族宗教港澳台侨委员会主任 龙 驹
（撰稿：缪 萍 柳思辰）

中国共产党个旧市纪律检查委员会

【简述】 2011年，中国共产党个旧市纪律检查委员会（以下简称中共个旧市纪委）、个旧市监察局认真贯彻落实中纪委十七届六次全会及省州纪委全会精神，坚持围绕中心、服务大局，以健全惩治和预防腐败体系为目标，以加强党风廉政建设为重点，整体推进教育、制度、监督、改革、纠风、惩处各项工作，反腐倡廉建设取得新的明显成效，为全市经济社会转型发展提供了坚强保证。

【党风廉政建设大会】 2011年3月23日，中共个旧市委、市政府在个旧市召开党风廉政建设大会，市委、市人大、市政府、市政协四套班子领导和市法院院长、市检察院检察长，市委和市级国家机关各部委办局、民主党派、人民团体、企事业单位、各乡（镇、区、处）党政主要领导、纪委书记（纪检组长）参加会议。

中共个旧市委书记王忠出席会议并作题为《深入推进反腐倡廉建设，为个旧新发展提供坚强保证》的重要讲话，就做好全市党风廉政建设和反腐败工作提出4点意见：一是把握形势，坚持不懈地开展党风廉政建设和反腐败斗争；二是提高认识，深入贯彻落实以人为本和执政为民理念；三是围绕中心，抓好党风廉政建设和反腐败斗争任务落实；四是明确主体，继续深入贯彻落实党风廉政建设责任制。会议对2010年度全市党风廉政建设责任制检查考核情况进行通报，并签订《2011年个旧市党风廉政建设责任书》。

【个旧市纪委十一届六次全体扩大会议】 2011年1月10日，中共个旧市纪委在纪委会议室召开第十一届六次全体（扩大）会议。市纪委委员出席会议。各乡镇、各有关单位纪委书记、纪检组长、监察科（室）主任，市政府特邀监察员、效能监察员、“四项制度”特邀监督员列席会议。

全会总结了上年工作，研究部署2011年反腐倡廉建设工作任务；审议通过市委常委、市纪委书记曹芸代表市纪委常委会作的《认真履职、惩防并举，为锡都资源型城市转型发展提供坚强保障》的工作报告。全会认为，2010年全市纪检监察机关深入贯彻落实科学发展观，紧紧围绕市委“经济建设上台阶、社会建设上品位、城乡建设上档次、党的建设上水平”的目标要求，把握重点、立足实际、强化监督、探索创新，认真落实党风廉政建设责任制，积极推进惩治和预防腐败体系建设，反腐倡廉工作取得新成效，为全市经济发展与社会和谐稳定提供了坚强的政治保证。全会提出，2011年全市纪检监察机关要深入贯彻落实科学发展观，按照中央、省州纪委的工作要求，围绕市委、市政府加快资源型城市转型，实施产业“二次创业”推动跨越式发展的安排部署，加强以提高干部执行力，保持党同人民群众血肉联系为重点的作风建设，加强以完善惩治和预防腐败体系建设为重点的反腐倡廉建设，切实解决反腐倡廉建设中人民群众反映强烈的突出问题，以改革创新精神不断探索反腐倡廉建设新路子，为实现全市“十二五”规划良好开局而努力奋斗。全会强调，要跟进监督检查，着力促进全市经济社会转型发展；要突出宣教特色，着力强化党员干部廉政意识；要加强作风建设，着力提高党员干部执行力；要推进“三务”公开，着力深化农村党风廉政建设；要严明换届纪律，着力营造风清气正的换届环境；要严肃查办案件，着力惩治腐败行为；要抓好专项治理，着力解决突出问题；要完善工作机制，着力落实一岗双责；要强化队伍建设，着力提升干部履职水平。

【个旧市纪委十一届七次全体会议】 2011年6月9日，中共个旧市纪委在纪委会议室召开第十一届七次全体会议，市纪委委员出席会议。会议审议通过中共个旧市第十一届纪律检查委员会提交中共个旧市第十二次代表大会的题为《强化机制，惩防并举，以反腐倡廉建设新成效为推进个旧市科学发展提供坚强保障》的工作报告。

【个旧市纪委十二届一次全体会议】 2011年6月15日，中共个旧市纪委在纪委会议室召开第十二届一次全体会议，第十二届市纪委委员出席会议。会议差额选举产生中共个旧市第十二届纪律检查委员会常委9名，并从中选举纪委书记1名、纪委副书记3名。

【党风廉政建设】 2011年，中共个旧市纪委、个旧市监察局坚持把抓好责任落实作为开展党风廉政建设和惩防体系建设的基础性工作，严格执行中央《关于实行党风廉政建设责任制的规定》，不断完善反腐败领导体制、工作机制和协调机制。及时调整充实个旧市反腐败协调领导小组。组织全市63个责任制单位与市委、市政府签订《党风廉政建设责任书》。制定下发《个旧市2011年党风廉政建设和反腐败工作主要任务分解》，把工作任务细化为9个大项71个小项，分解落实到25个牵头部门和59个协办部门。同时，按照《个旧市贯彻落实〈建立健全惩治和预防腐败体系2008—2012年工作规划〉任务分解》，细化惩防体系建设任务112项，分解落实到34个部门，把惩防体系建设工作情况纳入党风廉政建设责任制考核内容。通过采取日常检查与半年抽查、年终专项考核相结合，定性分析与定量考核相结合的方式，从明确责任主体、加强宣传教育、健全落实工作制度、加强监督检查、推进反腐败三项任务落实等6个方面进行全面考核，把考核结果与各单位综合目标考核挂钩，实行“一票否决”，促进了全市党风廉政建设的有序推进。2011年，通过对各责任制单位工作落实情况的监督检查，全市112项惩防体系建设工作任务已全面完成。

【党风廉政宣传教育】 2011年，中共个旧市纪委、个旧市监察局坚持以人为本、创新载体、突出特色、注重实效的原则，把党风廉政宣传教育作为预防腐败最重要、最直接、最有效的措施之一，凝聚全市广大干部群众的智慧和力量，以创促建，不断加大廉政文化阵地建设，提升反腐倡廉宣传教育水平。坚持以领导干部为重点，把反腐倡廉教育贯穿于领导干部培养、选拔、管理、使用等各个方面。坚持教育与管理、自律与他律相结合，不断加强对党员领导干部的理想信念教育、党纪政纪教育、典型示范教育和反面警示教育。全市各级领导干部“讲廉政党课”80场，观看反腐倡廉警示教育片18场，组织廉政知识培训194次、3640余人次。认真执行廉政谈话制度，对全市43名新任科级领导干部进行廉政谈话、填写《廉政承诺书》。向科级领导干部播发廉政短信400余人次。充分发挥纪委的组织协调作用，面向全社会引领各单位、部门统筹推进廉政文化“八进”活动。在全市已创建16个廉政文化建设示范点的基础上，精心打造具有个旧特点的“社区廉政文化”。上河社区被省纪委监察厅考评命名为“第一批云南省廉政文化示范点”。积极鼓励、支持各类群众文艺团体创作一批“娱人育人”的廉政文学、歌舞小品、漫画灯谜等文艺作品。组织召开个旧市廉政文化建设推进暨表彰大会，对全市开展廉政文化建设5年来的工作进行总结部署，对积极参与廉政文化建设的10个先进集体、8名优秀个人、16个廉政文化建设示范点和在“廉政勤政促和谐”廉政文艺作品征文比赛中获奖的22名作者进行表彰。充分发挥农家书屋“廉政书角”的作用，进一步扩大廉政文化在农村的影响力，营造“以廉为荣，以贪为耻”的良好氛围。坚持扩大宣传，充分利用各种宣传媒体平台，全方位、多层次地开展宣传教育活动，总结推广工作经验及亮点。一年来，向《红河纪检监察信息》报送信息176条；在州、市地方媒体刊播新闻稿件50篇。《个旧市探索建立村务异体监督机制 规范村组权力运行》等多篇信息被省州纪委及国家预防腐败局采用，彰显了个旧廉政文化品牌的感染力和影响力，对外宣传交流取得突破。

【效能建设、行政执法监察】 2011年，中共个旧市纪委、个旧市监察局坚持把保护改革开放、改善发展环境、促进经济社会发展作为纪检监察工作的出发点和落脚点，加大监督检查力度，确保全市经济社会发展取得明显成效。加强对中央及省州市党委、政府决策部署执行情况的监督检查。制定下发《关于对扩大内需促进经济增长政策落实监督检查工作实施方案》，重点对市环保局、水利局、国土资源局和工信局进行监督检查。积极构建大督察工作格局，联合市委、市政府督查室对各部门、各单位贯彻执行市委第十一届七次全会确定的24项决策督查事项和20项重大建设项目开展集中督察，促进了工作落实。继续深化工程建设领域突出问题专项治理，把国土资源、交通运输、水利等行业和系统作为全年工程治理的重点领域。对全市2010年10月以来的建设工程项目进行重点抽查，指出安全隐患11条，提出整改建议6条，查处工程建设领域违纪违法案件2件2人。深入推进“小金库”专项治理工作，对全市129个党政机关、250个事业单位进行全面复查和重点抽查，加强防治“小金库”长效机制建设。牵头开展市级事业单位绩效工资清理核查工作，规范事业单位收入分配秩序。认真组织全市党政机关公务用车问题专项治理，清理行政机关、直属事业单位公务用车720辆，纠正车辆漏报、未经批准擅自报废车辆等问题。认真清理和规范庆典、研讨会、论坛活动，严格控制行政支出。加大效能建设和问责工作力度，办理效能投诉案件4件，对7名不认真履职、监管不力、处置问题不当的领导干部给予行政问责。

【规范权力运行】 2011年，中共个旧市纪委、个旧市监察局认真贯彻落实市委开展“四位一体”建设工作要求，以农村集体“三资”（资金、资产、资源）管理为核心，建立健全村级组织管人、管事、管财的综合监控体系。规范村级组织权力运行，以“一考双评三挂钩”考核评价体系，加强对村干部的监督管理；以“一统三审四签四公开”管理模式，加强对资金、资产、资源管理的有效监督；以制定发放《个旧市村（社区）干部工作手册》，明确20余个主要工作流程，进一步规范基层村（居）务办理；以在全市组建村委会（社区）廉情监督员队伍、建立村（居）务公开监督小组和村（居）民民主理财小组，加强对村（居）务的民主管理；推行领导包片、干部包村（社区），廉情监督员、村（社区）干部相互监督的四方循环监督模式，完善决策、执行、监督的三权制约和协调配合，形成规范权力运行的异体监督机制。

【案件查办】 2011年，个旧市纪检监察机关共受理群众来信来访34件（次），其中来信28 件、来访5件（次）、电话举报1件。按“归口办理、分级负责”的原则将案件转有关部门办理13件，办结19件。查处各类违纪违法案件12件12人（自立自办案件5件5人），给予党政纪处分12人（含2010年未结案2人）。其中给予“双开”处分4人，开除党籍2人，党内严重警告1人，党内警告1人，行政开除1人，行政撤职1人，行政警告2人。收缴涉案金额11.28万元。

【纠正行业和部门不正之风】 2011年，中共个旧市纪委、个旧市监察局坚持把纠风治乱作为维护民生民利的重要手段，切实维护群众利益。组织开展教育收费专项检查，继续纠正医药购销和医疗服务中的不正之风，深入推进药品网上集中采购工作。监督发放强农惠农资金1935万元。针对当前人民群众普遍关心的食品安全问题，参与打击食品非法添加和滥用食品添加剂专项整治行动，抽查餐饮服务企业750户，督促8085名食品从业人员进行健康体检，责令整改99户，罚款18000元。深入开展民主评议政风行风工作，在对政府职能部门开展评议工作的基础上，对与人民群众生产、生活有密切联系的个旧市自来水公司、红交集团个旧公交分公司进行社会民主评议行风工作，进一步规范政府职能部门的从政行为、办事行为，增强窗口服务行业广大职工的廉洁意识、服务意识和职业道德意识。以个旧人民广播电台“金湖之声”为依托，在全省县（市）一级率先开通“锡都热线”直播栏目。定期组织政府职能部门和窗口服务单位轮流走进直播间，以“电话问答→现场直播→当场承诺→跟踪督办→事后反馈”的工作流程，解决群众反映的热点难点问题，接受群众监督。建立健全电话热线、邮政信箱、手机短信、热线QQ群等多个反映、反馈平台，搭建市委政府与人民群众沟通联系的“连心桥”。

【纪检队伍建设】 2011年，中共个旧市纪委、个旧市监察局不断加强纪检监察干部队伍组织建设、能力建设和作风建设，以适应新形势新任务的需要。顺利完成市乡两级纪委换届工作。全市8个乡镇共选出纪委委员48名，纪委书记8名，部分乡镇还配备纪检专干。选举产生新一届市纪委领导班子，班子成员年龄结构更合理、文化层次更高、梯次配备优势更突出。进一步加大纪检监察干部学习培训力度。举办“个旧市2011年纪检监察干部业务培训班”，以多媒体教学的方式对市纪委监察局全体干部、各责任制单位纪委书记（纪检组长）、分管纪检工作的负责人及纪检干事就信访举报、查办案件、案件审理等内容进行学习培训。组织新进班子成员、纪工委书记、乡镇纪委书记参加全州纪检监察干部业务培训学习。适时选派优秀年轻干部到上级纪检监察机关跟班学习、到乡镇挂职锻炼，提高干部解决实际问题和驾驭工作的能力。进一步深化“做党的忠诚卫士、当群众的贴心人”主题实践活动和创先争优活动成果，围绕“学习杨善洲精神，做人民满意的纪检监察干部”主题，不断加强纪检监察干部能力建设和作风建设。针对当前全市党风廉政建设中存在的困难和问题，提出调研课题，组织纪检监察干部认真研究、深入调研，形成调研报告22篇，并编成《个旧市纪检监察调研报告汇编》一书，部分调研成果已成为决策的重要依据。

中共个旧市纪律检查委员会第十一届常委班子成员名录

（至2011年6月17日止）

书　记　曹　芸（女）
副书记　吕增辉
　　　　张春良
　　　　黄　瑾（女）
常　委　杨荣昌
　　　　蓝云辉
　　　　钟红莊
　　　　李　达

中共个旧市纪律检查委员会第十二届常委班子成员名录

（2011年6月17日起）

书　记　曹　芸（女）
副书记　张春良（2011年12月12日止）
　　　　黄　瑾（女）
　　　　李　彪
常　委　朱　坤
　　　　杨荣昌
　　　　李　达
　　　　李保福
　　　　赵红林

个旧市监察局领导名录

局　长　吕增辉（2011年6月22日止）
　　　　张春良（2011年6月22日任，12月28日止）
副局长　杨荣昌　廖　韬

中共个旧市纪委工作部门领导名录

办公室主任　李　达
来信来访室主任　李保福
纪检监察室主任　徐　华（女）
监察综合室主任　李保福（兼）
执法监察室主任　张　毅
纠风室主任　王雪梅（女）
案件审理室主任　赵红林
党风廉政建设室主任　王友清
宣传教育政策研究室主任　赵志坚
效能监察局副局长　李　燕（女）

中共个旧市纪委派出第一工作委员会
书　记　龙永发
副书记　虎应芬（女）
　　　　沈　宏
　　　　何忠彪
　　　　李永安

中共个旧市纪委派出第二工作委员会
书　记　文　敏（女）
副书记　李爱军
　　　　袁　辉（女）
　　　　李云飞（女）

中共个旧市纪委派出第三工作委员会
书　记　张立红
副书记　赵　钦（女）
　　　　马建华
　　　　李发忠

中共个旧市纪委派出第四工作委员会
书　记　谭旭辉
副书记　罗明辉
　　　　唐保祥
　　　　杨琼芳（女）

中共个旧市纪委派出第五工作委员会
书　记　沈淑辉（女）
副书记　李政林
　　　　马天武
　　　　陈　勇

中共个旧市纪委派出第六工作委员会
书　记　李　彪
副书记　蒋惠荣（女）
　　　　杨有平
　　　　潘锡彬
　　　　李　忠

个旧市监察局派出第一监察分局
局　长　虎应芬（女）

个旧市监察局派出第二监察分局

局　长　李爱军

个旧市监察局派出第三监察分局

局　长　赵　钦（女）

个旧市监察局派出第四监察分局

局　长　罗明辉

个旧市监察局派出第五监察分局

局　长　李政林

个旧市监察局派出第六监察分局

局　长　蒋惠荣（女）

（撰稿：张凌燕）

中国国民党革命委员会个旧市委员会

【简述】　2011年，中国国民党革命委员会个旧市委员会（以下简称民革个旧市委）在民革红河州委和中共个旧市委的领导下，在中共个旧市委统战部的关心支持与指导帮助下，团结带领全市民革党员，高举中国特色社会主义伟大旗帜，以邓小平理论和“三个代表”重要思想为指导，深入贯彻中共十七届六全会精神及胡锦涛总书记七一重要讲话精神，全面贯彻落实科学发展观，认真履行一党执政、多党合作的政治协商制度，推动科学发展，为实现个旧市经济社会又好又快发展，构建和谐锡都作出贡献。

【组织建设】　2011年，民革个旧市委严格遵循组织发展原则和程序，始终保持党派特色，注重质量数量并举，积极稳妥地做好组织发展工作，使党员的知识结构和年龄结构有了进一步改善和优化。截止12月底，全市有民革党员127人。6月，民革个旧市委有5名新党员参加民革省委新党员培训班学习，着力提高新党员的政治素质与参政议政能力。民革个旧市委注重后备干部的培养和选拔，于11月推荐党员段健参加由中共个旧市委组织部举办的个旧市第五期青年干部骨干培训班。

【参政议政　民主监督】　2011年，民革个旧市委紧紧围绕中共个旧市委、市政府中心工作和社会发展的重大问题，深入开展调查研究，反映群众的呼声与诉求，为构建和谐锡都积极建言献策。全年，个旧市民革党员提交参政议政信息23条（其中云锡支部9条、直属一支部9条、直属二支部1条、卫生支部4条），支部完成调研报告4份。在个旧市政协十届四次大会上，民革个旧市委提交大会发言1份、集体提案8件、个人提案32件。

【重要活动】　2011年1月26日，民革个旧市委相关领导李松、杨冰、张弛、陈雪梅等在春节来临之际，慰问80岁以上的党员。

3月6日，民革个旧市委组织民革女党员50余人以“环湖走”的活动来欢度三八妇女节。

9月4日，民革个旧市委在市政协常委会议室召开“教师节座谈会”，共同欢庆第27个教师节。

10月21日，民革个旧市委在个旧市人民影剧院隆重举办“纪念辛亥革命100周年晚会”。红河州政协副主席、州委统战部部长苗羊宝，中共云南省委统战部调研员陈志，民革红河州委专职副主委向宁，中共个旧市委常委、市委统战部部长张鹏程，个旧市人大常委会副主任、民革个旧市委主委李松，个旧市政协副主席、市工商联主席蔺楠，个旧市政协副主席、民盟个旧市委主委朱瑾，中共个旧市委统战部常务副部长李建祥，中共个旧市委统战部副部长、市工商联党组书记倪永奇，个旧市政府办公室主任罗翔等领导应邀出席晚会。全市各民主党派主要领导以及长期以来关心和支持民革工作的各部委办局、各乡镇相关领导800余人一同参加晚会，观看精彩纷呈的文艺演出。

12月18日，民革个旧市委陪同民革中央调研组到云锡一冶炼厂、个旧选厂就红河州农村经济发展与环境资源有效保护利用等问题进行参观调研。

【社会服务】　2011年，民革个旧市委继续加强社会服务工作，并将其作为自己的社会责任，充分发挥界别优势，依托广大党员，挖掘潜力，采取多种形式在科技、文化、教育、医卫等方面，做一些力所能及的社会服务工作。

年内，民革个旧市委了解到个旧市贾沙乡寿命村办学条件相对落后，教室破旧不堪，为传承中山“博爱”精神，决定为寿命村建造一所“中山希望小学”，以改善该村的教学条件滞后问题。9月23日，民革个旧市委员会在寿命村举行“中山希望小学”奠基仪式，中共个旧市委、市人大、市政府、市政协、市委宣传部、市委统战部等相关领导参加奠基仪式。

奠基仪式结束后，民革个旧市委组织卫生支部医生党员开展义诊服务活动，为当地百姓看病赠药。药物是民革党员张天豪捐赠的，多达几十种，价值2000元左右。此次活动得到各级领导和民革党员的大力支持，受到当地政府和老百姓的好评，也扩大了民革的社会影响力。

【表彰】 2011年10月，民革个旧市委员会女党员陈雪梅荣获市妇联授予的“优秀锡都女性”称号。12月，民革个旧市委云锡支部、直属一支部分别荣获民革红河州委2011年参政议政工作先进集体一等奖、二等奖；直属二支部、教育支部分别荣获宣传工作先进集体二等奖、三等奖；直属二支部、云锡支部荣获2011年各项工作目标考核先进支部。市民革党员杨冰、汤文忠、刘伟被评为民革红河州委2011年参政议政工作先进个人；奇丽、董迅、尹忠诚被评为宣传工作优秀通讯员。

中国国民党革命委员会个旧市委员会领导目录

主任委员　李　松
副主任委员　张　弛（专职）
　　　　　　杨　冰

（撰稿：陈雪梅）

中国民主同盟个旧市委员会

【简述】 2011年，中国民主同盟个旧市委员会在民盟红河州委、中共个旧市委的领导下，高举中国特色社会主义伟大旗帜，以中共十七大精神为指导，深入学习中共十七届六中全会精神和胡锦涛总书记在庆祝中国共产党成立90周年大会上的重要讲话精神，以开展庆祝中国民主同盟成立70周年活动为契机，继承弘扬民盟优良传统，不断加强自身建设，切实履行参政议政职能，积极开展社会服务活动，为实现个旧市经济平稳较快发展和社会和谐稳定作出积极贡献。

【思想建设】 2011年，中国民主同盟个旧市委员会坚持和完善中国共产党领导的多党合作和政治协商制度，以高度的政治责任感和饱满的政治热情，团结带领各基层组织和广大盟员，深入学习中共十七届六中全会精神和胡锦涛总书记在庆祝中国共产党成立90周年大会上的重要讲话精神，不断加强思想建设。

1月12日，民盟个旧市委在个旧市召开十届十二次常委会议，认真学习民盟中央十届四次全体会议精神。提出在中国共产党建党90周年及中国民主同盟成立70周年之际，要结合树立和践行社会主义核心价值体系开展好纪念活动，以激励广大盟员继承弘扬民盟优良传统，坚定正确政治信念，沿着中国特色政治发展道路不断前进。会议还认真学习了中共个旧市委十一届七次全体扩大会议精神。

8月10日，民盟个旧市委在民盟会议室召开十届十四次常委会议，专题学习胡锦涛总书记在庆祝中国共产党成立90周年大会上的重要讲话精神。要求各基层组织及广大盟员按照民盟中央的要求，积极开展形式多样的学习活动，深刻领会讲话精神，充分认识中国共产党是领导中国人民不断开创事业发展新局面的核心力量，自觉维护多党合作的政治格局，坚定走中国特色社会主义道路的信心和决心。

10月15日，民盟个旧市委在中共十七届六中全会闭幕后即时召开会议，把认真组织盟员深入学习贯彻中共十七届六中全会精神作为一项重要政治任务，要求各基层组织及广大盟员切实按照民盟中央的要求，充分运用多种形式和渠道学习贯彻全会精神。并把学习全会精神与民盟思想文化建设、高素质参政党建设以及参政党职能履行结合起来，继承弘扬民盟的优良传统和优秀文化，不断巩固民盟投身多党合作事业的共同思想政治基础和文化道德基础。

【庆祝中国民主同盟成立70周年活动】 2011年，中国民主同盟个旧市委员会积极开展庆祝中国民主同盟成立70周年活动，不断加强盟史教育，进一步继承弘扬民盟优良传统。

2月12日，民盟个旧市委为回顾民盟70年波澜壮阔的发展历程，表达爱国爱盟的真挚情怀，展望新时期多党合作美好未来，深化学习和践行社会主义核心价值体系活动，决定开展以纪念中国民主同盟成立70周年为主题的征文活动，共收到征文21篇。征文从多个角度彰显了对民盟组织的真挚情感。民盟个旧市委还积极组织盟员向民盟云南省委纪念民盟成立70周年征文活动投稿，其中有两篇征文在此活动中获奖。

9月18日，民盟个旧市委在市政府三楼大会议厅举行庆祝中国民主同盟成立70周年演讲活动。个旧市政协、市委统战部等有关领导受邀参加活动。朱瑾主委首先代表盟市委就庆祝民盟成立70周年致词。随后，8位盟员分别以庆祝民盟成立70周年、宣讲入盟感言、弘扬民盟精神、讴歌优秀盟员事迹等主题进行演讲。演讲热情激扬，诚挚地抒发了盟员爱国爱盟之情。活动取得圆满成功。

【组织活动】 2011年，中国民主同盟个旧市委员会立足基层实际，不断加强自身建设。

1月21日，民盟个旧市委组织全体盟员参加春节团拜聚餐，同时也对远在昆明活动组的盟员送上了节日慰问。3月8日，民盟个旧市委妇女工作委员会开展三八妇女节慰问活动，让女盟员感受到盟组织的关怀和温暖。9月18日，民盟个旧市委举行庆祝中国民主同盟成立70周年演讲活动，并为全体参会盟员送上中秋节的祝福和慰问。10月5日，民盟个旧市委老龄盟员工作委员会为离退休盟员送上敬老节的祝福和慰问。

5月25～26日，民盟个旧市委一中支部组织盟员前往石屏县开展活动，参观石屏县高级中学，并与该校领导和教师进行座谈和交流，增强了支部的凝聚力和影响力。11月6日，民盟个旧市委四中支部组织盟员前往开远市与民盟开远五中支部联合开展支部活动。两个支部的盟员先后参观了开远市乐百道旧寨村、通灵村新农村建设成果，并举行了别开生面的联欢活动。

【受表彰情况】 2011年，中国民主同盟个旧市委员会有多个基层组织及多位优秀盟员受到盟内外的表彰。

3月11日，在中国民主同盟成立70周年之际，红河日报记者、盟员丁莲被民盟中央表彰为先进个人。

5月7日，民盟红河州委在蒙自市召开庆祝中国共产党成立90周年、中国民主同盟成立70周年大会。会上，民盟个旧市委一职中支部、文艺支部、云锡一支部被民盟红河州委表彰为先进集体，蔡定坤、戴子龙等被表彰为先进个人。

6月21日，个旧市盟员丁莲代表盟省委参加由省委统战部和8个民主党派省委联合举办的《与党同行·身边的榜样》统一战线树立和践行社会主义核心价值体系先进人物事迹报告会，以自己感人至深的事迹，展示了民盟敬业奉献的精神面貌。

8月29日，个旧市盟员丁莲因长期身体力行，积极引领身边的人扶贫助学，被红河州实施希望工程领导小组评为红河州希望工程20年杰出建设者。

9月22日，个旧市金湖东社区绿园关爱中心副主任、盟员宋卫东因在艾滋病防治事业中的爱心和奉献，荣获第三届全国道德模范提名奖，受到李长春等党和国家领导人的接见。

12月，在中共红河州委宣传部、红河州文明办、红河州总工会、共青团红河州委、红河州妇联联合开展的第二届红河州道德模范评选表彰活动中，宋卫东及丁莲被评选为第二届红河州助人为乐道德模范。

【参政议政　民主监督】 2011年2月9日，中国民主同盟个旧市委员会及盟籍政协委员在市政协十届四次会议上关注个旧市经济转型发展，积极建言谋策，切实履行参政议政职能。民盟个旧市委向大会作《加快发展个旧现代服务业，促进锡都经济协同发展》的宣讲发言，充分体现民盟个旧市委围绕中心、服务大局开展参政议政工作。

会议期间，民盟个旧市委及盟籍政协委员共向大会提交提案22件。其中集体提案5件、个人提案17件，涉及经济社会的多个方面，切实履行了民盟个旧市委及盟籍政协委员建言谋策、参政议政的职能。民盟个旧市委《关于严厉打击并杜绝我市老城区非法打洞偷挖行为的建议》的集体提案还被选为政协十届四次会议重点提案。

8月5日，市政协就民盟个旧市委的重点提案《关于严厉打击并杜绝我市老城区非法打洞偷挖行为的建议》在政协会议室召开提案面商会。市政协、市政府督办科、提案承办部门以及民盟个旧市委领导参加面商会。为了不让提案办理走过场，全体与会领导一同前往提案涉及地点进行实地勘察，并一边勘察，一边进行提案办理的反馈和协商。在多部门共同努力下，此件提案办理取得良好成效。

年内，民盟个旧市委主要领导还积极参加市委组织的理论学习中心组学习会，市政协组织的各种视察、调研、情况通报会、提案面商会及意见征求会，很好地履行了参政议政职能。同时，民盟个旧市委有关领导还积极参加党风廉政考核等民主监督工作，充分履行了民主监督职能。

【社会服务】 2011年11月15日，中国民主同盟个旧市委员会在有限条件下，积极发挥优势，组织红河州第三人民医院、个旧市人民医院、个旧市中医院、个旧市妇幼保健院、个旧市动物卫生监督所等单位所属的18名盟内外医务专家，带着民盟组织对贫困山区人民的关爱，前往个旧市鸡街镇毕业红村委会加级寨村开展送医送药下乡义诊活动。此次义诊共诊治村民265人，心电图检查近100人，发放药物30多种，受到当地群众的热烈欢迎和一致好评，拉近了盟员与群众的距离。

中国民主同盟个旧市委员会领导名录

主　委　朱　瑾（女）
副主委　唐伟武（专职）
　　　　周　宏
　　　　朱文杰
　　　　钟俊丽（女）

（撰稿：唐伟武）

中国民主建国会个旧市委员会

【简述】 2011年，中国民主建国会个旧市委员会以邓小平理论、“三个代表”重要思想和科学发展观为指导，深入学习贯彻中共十七届五中、六中全会和云南省第九次党代会精神，深入开展纪念中国共产党成立90周年活动和社会主义核心价值体系教育实践活动，紧密围绕中共个旧市委、市政府中心工作，不断开拓创新，切实加强自身建设，积极履行参政议政、民主监督、社会服务职能，认真搞好会务工作，努力开创工作新局面，为个旧市的经济社会协调发展作出新的积极的贡献。

【思想建设】 2011年，中国民主建国会个旧市委员会把加强学习作为一项政治任务和长期工程，始终贯穿于自身建设的各个方面，采取多种形式加大对领导班子成员和全体会员的学习教育力度，在全会形成乐于学习、善于学习、崇尚学习的浓厚氛围。一是坚持利用常委会、委员会及每月一次的委员、支委委员学习会和支部会议，组织全体会员学习中共十七届五中和六中全会、胡锦涛总书记七一讲话、中央经济工作会议、云南省第九次党代会、红河州第七次党代会、个旧市第十二次党代会、民建中央九届四中全会等各级有关会议和统战部长工作会议精神，切实提高广大会员特别是领导干部的综合素质；二是深入开展科学发展观、社会主义核心价值体系的学习教育活动，推动各支部和会员坚持以科学发展观指导履职实践，以社会主义核心价值体系引领价值取向和道德风尚；三是以纪念中国共产党建党90周年活动为契机，开展会章、会史、优良传统的学习教育活动和征文活动。通过各类学习活动的开展，进一步巩固政治交接学习教育活动成果，提升会员思想政治素质。

【组织建设】 2011年，中国民主建国会个旧市委员会认真贯彻《民建中央关于进一步做好组织发展工作若干问题的意见》精神，在坚持“三个为主”的前提下，既保证数量，又注重质量，组织发展工作做到有计划、有步骤、有针对性地开展。一年来共发展新会员19人，会员去世1人。截止12月底，全市共有民建会员186人，其中男会员104人、女会员82人，高级职称67人、中级职称58人；研究生学历2人、大学学历56人、大专学历56人；非公经济人士36人、公有经济人士75人。会员平均年龄52.26岁，与去年同期相比下降0.9%。通过加强组织建设，会员结构进一步改善，整体素质得到提升。年内，民建市委根据相关部门的安排，推选1名会员担任个旧市人民检察院特约检察员；推荐1名会员参加个旧市第十届妇女联合代表大会，并当选为妇联常委；推荐1名青年会员参加中共个旧市委组织部第五期中青年干部培训班；1名会员被选举为“红河州红十字会第四届理事会理事”，并当选为个旧市第十届妇女联合代表大会妇联执委。

【宣传工作】 2011年，中国民主建国会个旧市委员会认真做好宣传工作，加大宣传报道力度。一是积极利用州、市电视台及各类媒体报道会务活动，较好地宣传了个旧民建的各项工作；二是积极办好会刊，编辑印刷《个旧民建》第55、56、57、58期；三是鼓励会员向上级民建组织和各类媒体积极撰稿，据不完全统计，年内共向各类媒体和民建云南省委、州委刊物投稿30多篇，向各级政协刊物投稿20多篇，向中共市委统战部刊物投稿10多篇。

【参政议政　民主监督】 2011年，中国民主建国会个旧市委员会继续把社会调研工作放在十分重要位置上，紧紧围绕中共个旧市委、市政府的中心工作，贴近群众关心的社会热点、焦点问题，找准参政议政的切入点，积极探索在新的形势下开展调查研究的途径和方法。针对个旧市工业、农业、农村、城建、教育、文化、卫生等方面的问题，民建市委积极开展社会调研工作，不断提高参政议政的水平和质量。年内，在州、市“两会”上，民建个旧市委提交大会发言、提案、建议共计27件，都被州、市政协、人大采纳，大会发言和提案、建议都得到答复和解决。其中大会发言《大力发展个旧市区地下水资源，服务锡都经济社会“十二五”转型发展》受到个旧市人民政府领导的高度重视。调研报告《大力加大个旧市新农村体育场地建设支持力度的建议》被民建红河州委采用，并完成红河州政协和州委统战部参政议政调研稿件5篇：《制约边疆民族地区发展因素之一——苗族婚育问题浅析》《个旧市中小企业发展转变经济增长方式探讨》《中小企业转变发展方式研究》《医药卫生体制改革存在的困难与问题及对策》《国家基本药物制度执行中存在的问题与建议》。此外，中国民主建国会个旧市委员会主委、副主委、常委通过多种渠道，切实履行民主监督职能：积极参加个旧市委、市政府季度情况通报会、座谈会、调研会及理论中心组学习、行风评议。担任政府特邀监察员、效能监察员等职务的会员，积极参加市纪委组织的效能检查、年度党风廉政建设考核；担任人大代表、政协委员职务的会员积极参加人大、政协组织的农业、农村工作、重点工业项目等视察；担任人民陪审员的会员，认真执行人民对司法审判进行监督陪审的制度；担任人民检察院特约检察员的会员，认真履行职责，积极做好监督检察工作。会员在民主监督的具体工作中，认真履行职责，有效地发挥了参政党民主监督的政治作用。

【社会服务】 2011年，中国民主建国会个旧市委员会坚持“量力而行、尽力而为、突出重点、讲求实效”的原则，在巩固去年社会服务工作的基础上，以民建个旧市委企业一支部、企业二支部为依托，积极开展以下社会服务工作：一是对取得优异成绩的学生和教师进行嘉奖。1月22日，企业家会员张维福矿长对2010年度取得优异成绩的振兴锡矿凤鸣小学学生和教师进行表彰，共发放奖金11万元；二是积极援助盈江灾区。3月26日，为帮助德宏州盈江县灾区群众战胜灾害，渡过难关，重建家园，民建个旧市委积极响应中共个旧市委的号召，动员机关干部向盈江地震灾区捐款，捐得善款850元；三是开展爱心助学捐赠活动。5月31日，民建个旧市委组织市委委员、支委委员和部分会员一行30多人到个旧市贾沙乡丫沙底小学开展“爱心助学捐赠”活动，捐赠文具用品100套，价值10300元。此次爱心助学捐赠活动得到企业家会员佴海春、范立朋的赞助。9月28日，民建个旧市委组织企业一支部开展爱心助学活动，会员许家念向个旧市保和乡莫贾小学捐赠台式电脑10台，价值37300余元。12月30日，民建会员企业个旧市正奇商贸有限公司董事长汪伟、总经理陈丽华向个旧市第五中学贫困学生捐赠价值9000元的御寒棉被50床，在寒冷的冬季为山区贫困学生送去温暖。由于社会服务工作成绩突出，民建个旧市委在2011年度荣获“民建云南省社会服务工作先进集体称号”。

民建个旧市委及民建会员积极做好社会服务工作，塑造了良好的社会形象，得到社会的广泛好评和各种荣誉，为民建组织增光添彩。张维福会员曾被民建中央表彰为“民建全国社会服务工作先进个人”；黄映红副主委被云南省归国华侨联合会、云南省人民政府办公室评为云南省归侨侨眷先进个人；汪伟、古胜方、范立朋会员被民建省委表彰为“民建云南省社会服务工作先进个人”；薛志伟会员被云南省人民政府推荐为“全国安全生产先进个人”；赵栩会员被红河州红十字会评为“红十字工作先进个人”；蔡军会员被云南省地方志办公室、省年鉴研究会评为“云南省地方志系统先进工作者”、省级“优秀主编”，并推荐为“全国地方志系统先进工作者”。

【纪念中国共产党成立90周年活动和会务活动】 2011年，中国民主建国会个旧市委员会为隆重庆祝中国共产党建党90周年，讴歌中国共产党的丰功伟绩和中国共产党领导的多党合作和政治协商制度，唱响共产党好、社会主义好、改革开放好、伟大祖国好、各族人民大团结好的时代主旋律，进一步增强广大会员接受中国共产党领导的自觉性，继承和发扬民建与中国共产党团结合作的优良传统，坚定不移地把中国特色社会主义事业作为共同理想、前进方向和奋斗目标，开展了一系列庆祝活动。6月10日，民建个旧市委与红河州科学技术协会共同开展“沟通、交流、共谋红河新发展”为主题的联谊活动。民建市委与州科学技术协会一行80多人到蒙自市芷村镇查尼皮村，参观中国共产党云南省第一次党代会会址，还前往蒙自草坝镇参观碧色寨火车站和云南·红河国家农业科技园区；7月7日，为隆重纪念中国共产党成立90周年，与中国共产党同心、同向、同行，民建个旧经济支部组织80余名会员与红花郎酒业红河州总代理在个旧市共同举行以回顾中国共产党的历史、热情讴歌中国共产党的丰功伟绩和光辉历程为主题的庆祝活动；举行庆祝中国共产党建党90周年和纪念辛亥革命100周年活动。年内，民建个旧市委还开展了多次重大的会务活动。借助云南桥头堡战略建设，个旧市实施产业“二次创业”的有利时机，民建市委进一步提升会员企业传统产业，加快培育接续替代产业，加快“走出去”步伐，积极做好东部地区产业转移承接落户。10月21～27日，民建个旧市委组织18名会员赴厦门、广州、深圳学习考察，重点参观厦门银鹭集团、广州孙中山大元帅府纪念馆、黄埔军校旧址纪念馆、深圳光明农场。这次学习考察活动让会员受益匪浅。

5月7日，中国民主建国会个旧市委员会选派6名企业家会员参加云南省工信委在昆明市举办的企业内部控制规范培训班，提高企业家会员经营管理水平和风险防范能力。6月5日，组织企业家会员参加在昆明举行的第六届中国–南亚商务论坛会。7月25日，组织6名会员参加民建云南省委在昆明市举办的中青年干部培训班。8月15日，组织22名会员参加民建红河州委在蒙自市举办的新会员和骨干会员培训班。8月26日，组织22名会员参加民建红河州委组织的赴革命历史教育基地“遵义会议会址”参观学习。10月18日，组织2名会员参加民建中央举办的“2011中国（河北）非公有制经济发展论坛”。10月21日，组织18名会员到东南部经济发达地区考察学习。12月16日，组织5名企业家会员参加“2011（第二届）滇池泛亚股权投资高峰会”。

民建个旧市委坚持把节日慰问、看望生病会员和经常走访会员及会员企业结合起来，关心会员疾苦，了解会员企业生产状况，为会员及会员企业提供服务，让会员真切感受到组织的关怀。3月7日，妇女工作委员会组织市委委员、支委委员、全体女会员到个旧市乌谷哨山庄开展三八国际妇女节101周年庆祝活动。会员欢聚一堂，叙友情谈合作、讲创业谋发展。10月25日，民建个旧市委与个旧爱尔眼科医院在个旧爱尔眼科医院会议室共同举办“爱眼光明行，重阳显真情”为主题的敬老节活动，为25名民建老会员道上一声祝福，送上一份安康。1月12日，企业一支部、综合支部分别开展迎春茶话会；5月21日，企业一支部到蒙自会员新开业的企业参观并与州直属支部、蒙自支部开展组织活动；4月26日，退休支部与各支部开展联谊活动；5月中旬，文卫支部、经济支部、云锡支部开展喜迎新会员活动；8月13日，综合支部开展“走出去，请进来”文山普者黑之行活动；8月15日，退休支部组织入户慰问老、弱、病、残会员活动。

中国民主建国会个旧市委员会领导名录

主 任 委 员 张 伟

副主任委员 王跃兵（专职） 尹久发 黄映红（女）

（撰稿：刘明忠）

中国民主促进会个旧市委员会

【简述】 2011年，中国民主促进会个旧市委员会遵循会中央、省委、州委、中共红河州委、中共个旧市委的指示和部署，坚持以邓小平理论和“三个代表”重要思想为指导，认真学习中共十七大和十七届五中、六中全会精神及胡锦涛总书记的七一讲话，学习民进会章、会史，紧紧围绕中共个旧市委、市政府的工作思路和发展目标，围绕各项中心工作，围绕人民群众关心的热点、难点问题，本着“量力而行，尽力而为”的原则，加强学习、坚定信心、积极参政议政，认真开展社会服务活动。同时，民进个旧市委的广大会员充分认清形势，牢固树立责任意识和发展意识，立足本职，发挥优势，突出特色为个旧市的稳定发展献计献策。

【调研视察】 2011年1月，民进个旧市委组织基层干部到个旧市部分中、小学，市建设局、市卫生局等单位进行调研，并撰写《集智聚力 努力提高我市教育教学质量》《关于妥善处理空编学校教师绩效工资的建议》《关于加快推进我市医药卫生体制改革的几点建议》等。3月5日、6月12日，民进个旧市委主委杨龙遇，副主委丁玲、宗志伟、李虹，专干孔芸分别到民进云锡支部、民进锡城镇支部参加支部调研，为明年的换届提前做好准备。

【参政议政】 2011年2月，民进个旧市委及会员中的州、市政协委员和人大代表，在“两会”期间积极参政议政，踊跃建言献策。以民进个旧市委名义提交提案7件；政协委员提案7件；人民代表意见、建议2件；丁玲副主委在市政协会上代表民进个旧市委作《集智聚力 努力提高我市教育教学质量》的大会发言；送交州政协大会提案5件、信息4条。提案《关于加强学校管理，提升教育教学质量的建议》由市政协朱瑾副主席和杨龙遇副市长督办；《关于进一步做好信访工作，维护社会稳定的建议》由李鸿瑞副市长督办。11月22日至12月6日，民进个旧市委专职副主委丁玲参加个旧市党风廉政建设责任制检查考核工作，并撰写对个旧市人民医院、个旧市统计局考核的有关材料。

【学习培训】 2011年，民进个旧市委继续重视学习考察和后备干部培养，选派民进个旧二中支部会员赵孟月参加民进云南省委在昆明举办的“民进组织管理系统推广与使用培训班”、个旧市第五届青年干部培训班及中共个旧市委组织的“颂歌献给党”演讲比赛；选派民进个旧市委副主委李虹、专干孔芸参加民进云南省委组织的宣传工作培训；选派李虹副主委参加中共个旧市委统战部组织的全市统战系统干部职工海南省学习考察团。

【重要活动】 2011年，新春佳节来临之际，民进个旧市委召开全体市委委员、各支部主任、历届市委领导及机关干部参加的座谈会，通过《民进个旧市委2011年工作要点》（草案），畅谈对当前形势的看法，提出对民进个旧市委今后工作的要求；组织全体会员参加2011年春节团拜会及2010年先进集体、优秀会员表彰会，主委杨龙遇在会上作《真抓实干当先锋 风雨同舟见真情》的工作报告，专职副主委丁玲作《民进个旧市委2010年财务工作报告》，宗志伟副主委宣读《关于表彰2010年度先进支部、优秀会员的决定》；三八节到来之际，民进个旧市委根据个旧市妇联关于开展三八国际劳动妇女节101周年纪念活动的通知和个旧市总工会关于开展2011年三八节活动的通知的要求，组织全体女会员开展“庆三八、促和谐、展风采”活动。5月8日，在第64个“世界红十字日”来临时，民进个旧市委组织民进个旧市人民医院支部的8名专家会员和市委机关的工作人员参加红十字会主办的“携手人道促和谐，志愿服务为民生”的义诊、医疗卫生知识及法律知识宣传活动，诊治群众325人次，发放《中华人民共和国宪法》《中华人民共和国未成年人保护法》《云南省实施〈中华人民共和国妇女权益保障法〉办法》等宣传资料4000多份。10月，民进个旧市委在会议室召开敬老节座谈会。11月，《个旧年鉴——民进个旧市委部分》（2011年）初稿撰写完毕；12月，民进个旧市委组织各支部进行优秀会员和先进支部的评选。

【表彰】 2011年，民进个旧市委主委杨龙遇、副主委丁玲被评为2007～2011年民进云南省委宣传工作先进个人。刘忠论文《抵抗弯曲》获国家一等奖；王凯获全国青年联赛优秀排球裁判员奖及云南省青少年排球裁判员辅导特级奖；赵力被省科技厅、省委宣传部、省科协评为云南省十一五科普工作先进工作者；李海妮被评为个旧市“五五”普法教育和“三五”依法治市工作先进个人；许勤等20名会员被民进红河州委评为2011年度优秀会员；民进个旧市三中支部、民进个旧市一职中支部、民进个旧市云锡支部、民进个旧市锡城镇支部、民进个旧市绿春小学支部、民进个旧市人民小学支部被评为民进个旧市委2011年度先进支部，赵孟月等48名会员被评为优秀会员。

中国民主促进会个旧市委员会领导名录

主　委　杨龙遇（女）
副主委　丁　玲（女，专职）
　　　　宗志伟
　　　　李　虹（女）

（撰稿：丁　玲）

中国农工民主党个旧市委员会

【简述】 2011年，中国农工民主党个旧市委员会在农工党云南省委、红河州委和中共个旧市委的领导下，以中国特色社会主义理论为指导，以加快转变经济发展方式为主线，以桥头堡建设为契机，以转型发展为重点，牢牢把握团结民主的主题，努力发挥全体农工党员作用，按照市委、市政府提出的“一二三”工作思路和“工业强市、文化兴市、生态立市、开放活市”发展战略，围绕中共个旧市委第十二次党代会提出的各项工作目标，切实履行参政党职能，为个旧市经济社会又好又快发展献计献策，做出了新的贡献。

【思想建设】 2011年，农工党个旧市委采取多种形式和途径，切实加强思想建设，努力提高全体党员的整体素质。一是把深入学习贯彻科学发展观、胡锦涛总书记七一重要讲话、中共十七届六中全会、农工党中央十四届五次全会和中共云南省第九次党代会精神作为重要政治任务抓好抓实，引导党员学习践行社会主义核心价值体系。各基层支部也相继开展各种形式的学习教育活动，引导广大党员把握同心思想的科学内涵和精神实质，全力助推农工党个旧市委发展，为个旧市加快资源城市转型和“二次创业”发展谱写新篇章。二是认真学习杨善洲、杨佳两位先进典型的感人事迹，将先进个人的事迹作为党员学习前进的动力。通过弘扬先进典型的崇高精神，树牢党员坚定的理想信念，增强工作责任感和使命感，在立足本职工作的前提下，将理论和实践相结合，认真履行职责，在岗位上干出实绩、干出佳绩。三是组织党员学习培训，做到学习培训常态化，引导党员坚持走中国特色社会主义道路，不断巩固多党合作的政治基础，建设适应时代发展要求的高素质参政党。

【组织建设】 2011年，农工党个旧市委在组织发展工作中坚持注重政治素质，突出组织发展的计划性，处理好发展代表性人士与一般人士、数量与质量、巩固与发展的关系，把组织发展与后备干部队伍建设结合起来。全年组织建设工作有新突破，共发展党员9名，其中政府机关2名，社会新阶层1名。年末，全市有党员168人，其中具有中高级技术职称119人，占党员总数71%，为拓展参政议政范围和提高参政议政水平提供了智力保障。为了更好地对基层支部进行管理考核，农工党个旧市委制定《2011年支部工作绩效考核量化考评表》，推进了基层组织建设，加强了与基层组织的联系沟通和指导协调。为保证基层支部组织活动的正常开展，提高支部活动效能，3月，市委将市妇幼保健院、市传染病医院、市疾病控制中心3个单位的党员合并成立农工党个旧市公共卫生支部。4月，对机关支部、市中医医院支部进行届中调整，配齐班子成员，加强了支部的组织建设，增强了支部的活力与凝聚力。农工党个旧市委下设7个基层支部。

2011年4月12日，高文平向农工党个旧市委提交辞去农工党个旧市委主委职务的申请，农工党个旧市委向农工党红河州委和中共个旧市委呈报了辞职申请。7月8日，农工党个旧市委按照组织程序召开五届十九次全委（扩大）会议，同意高文平辞去农工党个旧市委主委职务，即日起至新主委产生止，由严萍副主委主持农工党个旧市委全面工作。

农工党个旧市委继续关心老同志，加强组织的向心力和凝聚力。10月9日，农工党个旧市委召开敬老节座谈会，为全体退休党员祝贺节日，通报市委近期的工作情况及下一步工作打算，并认真听取老领导、老党员对市委工作的意见建议。12月30日，新年到来前夕，市委领导带领专干看望了长期在昆明居住的退休党员，向他们表示节日的祝贺。

【参政议政　民主监督】 2011年，农工党个旧市委始终把围绕经济社会发展建言献策作为参政议政的第一要务，通过参加中共州市两级党委、政府的情况通报会，组织党员开展社会调研，组织党员中的人大代表、政协委员在“两会”上对“一府两院”的工作报告，地方财政支出及预算报告进行审议，提出意见、建议和提案，切实履行好参政议政职能。严萍副主委在市政协十届四次会议上作题为《落实社区卫生服务保障政策，提高社区卫生服务水平》的大会发言。年内，农工党个旧市委在州、市人大、政协会上提交提案15件，其中集体提案4件、个人提案7件、联名提案4件。提案内容涉及水利建设、医院建设、农民增收、殡葬制度改革、社区卫生、交通等问题。市委领导多次参加政府部门举办的提案办理面商会，市委提交的各类提案陆续得到政府各部门的采纳和好评。

农工党个旧市委担任特邀监察员、人民监督员、人民陪审员、效能监察员的党员认真参加有关部门组织的座谈会、通报会、评议会和明察暗访等活动，认真履行民主监督职责，赢得有关部门的肯定和交口称赞。

【调研】 2011年，农工党个旧市委以中共个旧市委和市政府的中心工作为参政议政的重点，并就群众普遍关注的热点、难点、焦点问题，深入调查研究，积极建言献策。一是参加市政协组织的委员视察和调研活动，围绕城市建设、学前教育、城市居民宗教信仰、公路改造建设、疾病预防控制、生物产业发展等内容，积极发表意见，提出合理化建议。二是积极走访政府相关部门，开展调研。年内，分别走访卫生局、计生局、国土局、环保局、残联等部门，围绕资源开发与环境保护、基本药物实施以来存在的问题，绩效考核、防艾工作、职业卫生等课题，进行探讨和交流。三是深入调研有实效。农工党个旧市委调研工作部多次召开工作会议，明确调研方向，制订调研计划，落实调研任务，为明年“两会”早作准备。四是及时反映社情民意。为开展好“一个支部一个提案(建议)”的活动，市委在经费紧张的情况下，多方协调给予各支部工作经费1000元，帮助支持基层支部积极开展调研工作，鼓励党员注意社会难点、热点现象，紧紧围绕全面建设小康社会的奋斗目标，围绕党委和政府的中心工作，积极为个旧市经济社会发展献计出力。全年上报社情民意20余条。

【社会服务工作】 2011年，农工党个旧市委积极开拓社会服务新领域，不断创新服务形式。11月6日，根据中央关于开展第二十三届“国际科学与和平周”活动的要求，市委以金融支部为主，组织金融知识宣传服务活动，充分发挥银行系统党员的优势，在闹市区向群众发放反洗钱、反假币、理财以及存贷款宣传资料，详细讲解如何识别假币等知识，活动取得实实在在的效果。

继续做好到农村、厂矿的义诊咨询服务。1月18日、1月27日，农工党个旧市委组织党员中的医生分别到沙甸区冲坡哨、蔓耗镇黑冲开展中西医义诊、健康体检、医疗咨询、健康教育等服务。免费发放药品价值2000元，发放各类宣传材料及日历1500余份。6月9日，在第四届“中国环境与健康宣传周”到来之际，市委以中医医院支部党员为主，联合到个旧市帮扶的上海市中医医院专家，搭建了义诊宣传服务平台，为提高个旧市医疗保障能力和水平，改善农村缺医少药及医疗服务水平偏低、疾控控制能力相对薄弱的状况起到积极作用。10月，在敬老节到来之际，市中医院支部到个旧市敬老院看望孤寡老人，为老人送去免费健康咨询服务，营造了和谐的社会环境，受到政府和群众的高度评价。

【重要活动】 2011年1月13日，农工党个旧市委召开2010年度党员大会暨表彰会。会议表彰2010年度工作成绩突出的先进支部2个、先进集体3个和优秀党员24名；年内，市委采取多种形式，隆重纪念中国共产党建党90周年和辛亥革命100周年。一是为庆祝中国共产党建党90周年和辛亥革命100周年，鼓励党员撰写理论文章，深切缅怀革命前辈的丰功伟绩，并在《农工党个旧市委工作简报》专门开设专栏，刊登纪念文章。二是成功举办“建党90周年树立和践行社会主义核心价值体系”经验交流会和“纪念辛亥革命100周年”骨干党员、新党员培训班，邀请农工党州委副主委孙学君和市委统战部党派科副科长万会忠分别就党章、党史、统战知识等开展专题辅导。三是组织各支部开展丰富多彩的纪念活动。通过系列活动，全面推进农工党个旧市委的思想建设，使广大党员深刻理解坚持中国特色社会主义道路，坚持中国共产党领导的多党合作和政治协商制度的深刻意义，坚定跟共产党走的决心和信心。

【宣传工作】 2011年，农工党个旧市委继续加强宣传工作。一是重视宣传的覆盖面，注意在日常宣传中树立新的理念，开拓新的思路，积极开创宣传工作新局面。二是鼓励党员向农工党各级党刊及相关统战报刊投稿，扩大社会影响，全年党员向市委投稿10多篇。三是认真编辑印刷《农工党个旧市委工作简报》4期，以图文并茂的形式及时反映市委的工作情况，报道支部的活动，做好宣传教育工作，充分发挥刊物的宣传教育作用。四是认真做好外宣工作，积极向外投稿，被《农工滇讯》《红河农工》《个旧政协》《个旧时讯》等报刊及有关媒体采用稿件50多篇（次），反映农工党个旧市委的工作，彰显农工党员昂扬向上的精神风貌。

【获奖】 2011年12月，农工党个旧市委荣获农工党红河州委表彰的年度工作目标绩效考评一等奖。

中国农工民主党个旧市第五届委员会领导名录

主　委　（空缺）
副主委　严　萍（女，专职，主持工作）
　　　　普　毅（女）
　　　　王燕平（女）

（撰稿：严　萍）

中国致公党个旧市支部委员会

【简述】　2011年，中国致公党个旧市支部委员会坚持以邓小平理论和“三个代表”重要思想为指导，认真学习中共十七届大和十七届五中、六中全会精神，紧紧围绕市委、市政府的中心工作，健全机制、搞好服务、争取人心、凝聚力量，以改革创新的精神加强参政党自身建设，切实履行政治协商、民主监督、参政议政职能，团结和带领全体党员，立足本职，充分发挥涉“侨”参政党的特色和优势，积极参政议政、建言献策、扎实工作，为促进个旧经济、社会平稳较快发展作出应有的贡献。截止年底，中国致公党个旧市支部委员会共有党员61人，其中实职副科以上4人，占党员总数7%；副高级职称13人，占党员总数21%，其他44人，占党员总数72%。

【政治学习】　2011年，中国致公党个旧市支部委员会认真执行《中国致公党章程》，以思想建设为核心，以组织建设为基础，以制度建设为保障，以政治交接学习教育活动为动力，不断提高全体党员的政治把握能力、参政议政能力、组织协调与合作共事能力，切实加强自身建设，取得了较好的效果。年内，致公党个旧市支部按照致公党中央、省委、州委的安排和部署，组织党员认真学习邓小平理论和“三个代表”重要思想，响应致公党中央在全党开展党史学习活动的号召，深化“政治交接学习教育活动”，使广大党员进一步了解长期以来致公党与中国共产党风雨同舟、荣辱与共的光荣传统，坚定了走中国特色社会主义道路的信念和决心；为继承和发扬老一辈致公党员的优良作风，致公党个旧支部组织全体党员认真学习中国致公党党章、党史，采取自学和集体学习相结合、阅读与讨论相结合的方式，把学习贯穿于工作的始终，提高党员政治思想素质，增进党员相互交流与学习的氛围，为全面建设小康社会奠定了坚实的思想基础。

【参政议政】　2011年，中国致公党个旧市支部委员会始终关注社会的热点、难点问题，依靠全体成员的力量，积极反映社情民意，积极撰写信息和提案，努力提高参政议政的质量，不断提高参政议政的能力和水平。在市政协全会召开之前，致公党个旧市支部的5名市政协委员（其中常委3人），紧紧围绕全面建设小康社会的奋斗目标和市委、市政府的中心工作，深入调研，精心撰写提案。在政协个旧市十届四次会议上，各位党员以饱满的政治热情，充分履行参政议政职能，积极建言献策。谢宇代表支部作《从“我”做起致力“创模”》的大会发言。支部提交提案12件，其中集体提案11件，个人提案1件。提案内容涉及法律、城市卫生、交通、水利等方面，均得到有关部门的重视和采纳，很好地履行了参政议政职能。担任市政府特约监督员的致公党个旧支部副主委谢宇，积极参加2011年个旧市行风评议和党风廉政建设目标责任制年中抽查及年底考核工作，认真履行民主监督职能。

【宣传工作】　2011年，中国致公党个旧市支部委员会坚持做好宣传工作，编辑简讯6期，为宣传致公党个旧市支部的工作和“侨、海”特色优势提供了广阔的平台。11月5日，为纪念辛亥革命100周年，缅怀孙中山先生和辛亥革命先驱为“振兴中华、统一中国”所建立的丰功伟绩，致公党个旧市支部与个旧电视台、个旧人民广播电台在茶桑果站开展联谊活动。此次活动，支部党员以激情高昂的歌声、优美的舞姿，赢得了阵阵掌声，通过各种媒体，向社会展示了致公党的形象和风貌。

【组织发展】　2011年，中国致公党个旧市支部委员会进一步加强组织建设。一是把领导班子建设摆在首位，坚持贯彻民主集中制原则，加强领导班子的团结，真正发挥班子的核心作用。二是认真组织党员过好组织生活，增强党员意识。三是坚持质量第一，积极稳妥地做好发展新党员和推荐后备干部工作，特别注重发展有代表性和影响力的优秀中青年知识分子入党，积极向上级组织推荐优秀人才到领导岗位任职，不断充实后备干部队伍。四是关心党员生活，特别是老党员和生病党员的生活，主动为他们排忧解难，做好事，办实事，增强致公党员的凝聚力和向心力。五是按时收缴党费，认真管好、用好党费，做到党费账册专人保管，账目清楚，自觉接受党员的监督。

【重要会议】 2011年，中国致公党个旧市支部委员会坚持会议制度，全年召开支委会2次，确保班子始终处于与时俱进、乘势而上的工作状态，做到政治方向上是非分明，权利职能上界线清楚，民主监督上内外有别，参政议政上积极热情。

【调研视察】 2011年，中国致公党个旧市支部委员会继续加强调研和视察工作，关心社情民意。12月28日，致公党个旧市支部组织部分党员对个旧市水利设施进行调研，提高广大党员参政议政水平，提案工作成效显著。

中国致公党个旧市支部委员会领导名录

副主委　谢　宇（专职）
　　　　杨傲辉（女）

（撰稿：卢苑平）

九三学社个旧市委员会

【简述】 2011年，九三学社个旧市委员会在中共个旧市委、市政府的领导下，立足于社会主义市场经济的大舞台，团结带领广大社员，以邓小平理论和“三个代表”重要思想为指导，认真学习贯彻中共十七大和十七届六中全会精神，继承和发扬九三学社的优良传统，加强学习，与时俱进,紧紧围绕个旧市政府发展战略，以改革创新的精神加强自身建设，以科学发展观指导各项工作，很好地完成了参政议政、民主监督、社会服务的职能。一年来，九三学社个旧市委员会始终坚持正确的政治方向，坚持走中国共产党领导的具有中国特色社会主义道路，努力践行社会主义核心价值体系，充分发挥参政党在民主政治建设中的重要作用，为个旧市经济快速发展、社会和谐稳定做出了应有的贡献。

【表彰】 2011年2月13日，九三学社个旧市委《关于个旧市中低产田、地改造的建议》的大会发言在政协个旧市十届四次会议上被评为优秀提案。

3月28日，九三学社中央办公厅在全社举办“富得宝杯”纪念中国共产党成立90周年辛亥革命100周年暨社章社史知识竞赛活动，社市委积极认真组织全市社员参加活动，2名社员获个人奖。

在纪念建社66年之际，九三学社个旧市委对2003年以来在参政议政、民主监督、社会服务、思想宣传、组织建设和本职工作中取得优异成绩的社市委马谦等16名社员予以表彰，并授予优秀社员荣誉称号。

上半年，九三学社个旧市委按照省委、州委要求，认真开展好省政协第四届民生论坛征文活动。征文活动以“创新社会管理，建设和谐云南”为主题。社市委认真组织广大社员积极参加，提交征文3篇，社员陶城、沈星、杨绍玲在年底受到社州委的表彰和奖励。副主委黄勇积极为社州委、社市委撰写大会发言材料和提案，参政议政工作成绩突出，受到社州委和社市委的表彰和奖励。

【重要活动】 2011年1月2日，九三学社个旧市委主委顾鹤林、副主委张媛华参加中共个旧市委、市政府组织开展的“祭锡山·拜硔王”祭拜活动。

1月22～23日，九三学社红河州委专职副主委肖智洲、社市委专职副主委顾萍率社州委工作人员走访、慰问老社员，为他们送上慰问品和新春的祝福。

1月29日，九三学社个旧市委举行迎春年会，社市委主委顾鹤林、社市委专职副主委顾萍、社市委兼职副主委黄勇、张媛华及全市140多名社员参加会议。会议由主委顾鹤林主委主持。会上，张媛华副主委带领学习《九三学社中央关于学习贯彻中共十七届五中全会精神的决议》；顾鹤林主委传达九三学社云南省委六届六次全会精神；顾萍副主委作社市委2010年工作总结；黄勇副主委宣读社市委2011年工作意见；社市委专干蒋美珍报告2010年办公经费使用情况；张媛华副主委宣读对全市优秀社员的表彰决定，并对2003年以来在参政议政、民主监督、社会服务、思想宣传、组织建设和本职工作中取得优异成绩的社市委16名社员进行表彰、奖励。顾萍副主委将丁丁等 8 名2010年入社的新社员介绍给与会社员认识。结合社中央关于学习贯彻中共十七届五中全会精神的具体部署和要求，顾鹤林主委号召大家在今后的工作和生活中，大力支持个旧市的建设和发展，为实现全市经济社会又好又快发展多做贡献。

4月上旬，社市委组织广大社员参加社省委举办的“讲述身边人故事”——树立和践行社会主义核心价值体系先进典型人物事迹征文活动。

4～5月，社市委组织广大社员参加社中央举办的“富得宝杯”纪念中国共产党成立90周年辛亥革命100周年暨社章社史知识竞赛。

5月3日，社市委兼职副主委孔德益，市二支社主委张意忠，云六支社主委刘学诗参加社员王孟贤追悼会，看望、慰问王孟贤的家属，社州委、社市委、社云锡委员会、云六支社分别敬献花圈。

5月12日，社市委副主委顾萍参加中共个旧市委举办的经济管理知识专题讲座。

5月18日，社市委副主委顾萍、社市委兼职副主委黄勇、社员张意忠、包世权、陈邦久、姚明鉴、施旭芝、戚继川和其他社市委工作人员参加社员万润海追悼会，社州委、社市委、社四支社分别敬献花圈。黄勇副主委主持追悼会，顾萍副主委致悼词。社州委、市委领导看望、慰问万润海的家属。

6月上旬，社市委组织社员参加社省委举办的“纪念中国共产党成立90周年”歌咏比赛活动。

8月26日，九三学社个旧市委在个旧市人民医院门诊大楼十一楼会议厅举行中秋茶话会。专职副主委顾萍、社市委兼职副主委孔德益、黄勇及全市130多名社员参加会议，欢聚一堂，共庆佳节。会议由黄勇副主委主持。会上，孔德益副主委向全体社员致以中秋的问候和祝福，并希望九三学社个旧市委员会和广大社员，努力建设有特色的基层组织，进一步弘扬前辈的光荣传统，立足本职，开拓创新，充分发挥自身的优势，积极建言献策，搞好社会服务，再创辉煌。黄勇副主委带领社员学习胡锦涛总书记在庆祝中国共产党成立90周年大会上的重要讲话；顾萍副主委传达个旧市上半年国民经济和社会发展计划执行情况和城市建设工作情况。整个茶话会学习内容丰富，增进了社员的情谊，让每一位社员感受到九三学社这个大家庭的温暖，增强了社员对工作的信心。

11月6日，九三学社个旧市委组织社市委150余名社员，参加九三学社红河州委在红河学院举行的社州委成立10周年庆祝大会。在庆祝大会上，社市委社员表演精彩节目9个，受到中共红河州委相关领导和兄弟党派的称赞。

12月21日，社市委副主委顾萍参加市政协组织的对政协个旧市十届四次会议以来提案办理落实情况的视察活动。

【参加或召开重要会议】 2月10～13日，九三学社个旧市委副主委顾萍、黄勇、张媛华、孔德益，社员曹燕、颜莉、沈星出席政协个旧市第十届四次会议，提交大会发言材料1份、集体提案4件、个人提案2件。

2月11～14日，社市委副主委孔德益、社员包德英出席个旧市第十五届人民代表大会第四次会议。

3月23日，社市委副主委顾萍参加个旧市2011年党风廉政建设大会。

4月9日，九三学社个旧市委员会在九三学社会议室举行参政议政座谈会，学习政协个旧市十届四次会议、政协红河州十届四次会议精神及2011年新修定的《政协全国委员会提案工作条例》。社市委向社员通报了参加社省委参政议政调研课题招标情况，参加省政协第四届民生论坛征稿情况及红河州政协《关于基层医药卫生体制改革方面信息约稿通知》《关于加快边疆民族地区发展方面信息约稿通知》《关于基层教育欠账方面信息约稿通知》撰稿人任务分配情况。

5月9日，社市委副主委顾萍参加个旧市2009年度科学技术进步奖表彰大会。

6月2日，社市委副主委顾萍、黄勇，社员张建萍参加中共个旧市委季度情况通报会。

7月4～5日，社市委副主委顾萍率宣传专干参加九三学社云南省委组织宣传工作会议。

7月7日，社市委副主委顾萍参加中共个旧市委政协工作会议。

8月9日，社市委主委顾鹤林参加市政协十届十五次常委会议。

8月24日，社市委副主委顾萍参加个旧市对台工作情况通报会。

10月11日，九三学社个旧市委在九三学社会议室召开六届七次全委扩大会议。会议要求全市各基层组织和社员，尤其是各级政协委员、人大代表要认真按照《关于做好个旧市政协十届五次全会提案征集工作的通知》要求，认真履行参政议政职能，坚持以人为本，关注民生，紧紧围绕市委、市政府的工作目标和任务，围绕全市经济、社会发展的重大问题，人民群众普遍关心的热点难点问题，认真选题，深入调研，提出具有宏观性、前瞻性、科学性、可行性的高质量提案。会议号召，社市委全体社员继续解放思想、实事求是、与时俱进、开拓创新，为实现个旧经济社会平稳较快发展，开创锡都科学发展新局面而努力奋斗。

10月20～21日，社市委副主委顾萍参加个旧市妇女第十次代表大会。

10月20日，社市委副主委张媛华参加九三省委召开的全省领导干部大会。

10月21日，市三支社副主委张建萍参加个旧市深化乡镇机构改革动员大会。

10月21日，社市委副主委顾萍参加个旧市霞石项目情况通报会。

10月25日，社市委副主委顾萍参加个旧市政府工作情况通报会。

11月3日，社市委副主委顾萍参加个旧市“乡镇工作大比武”活动暨乡镇党建工作会。

12月1日，社市委专职副主委顾萍、副主委黄勇、委员包德英、市一支社主委张意忠、市二支社副主委包世权到蒙自市行政中心参加九三学社蒙自市支社成立大会。

12月2日，社市委副主委顾萍参加个旧市学习传达省第九次党代会精神。

4月12日、8月9日、12月28日，社市委副主委顾萍分别参加市政协十届十四次、十五次、十六次常委会会议。

12月29日，社市委副主委顾萍参加中国共产党个旧市第十二届委员会第二次全体（扩大）会议。

【组织建设】 2011年，九三学社个旧市委继续加强自身建设，在组织发展工作中坚持注重政治素质，突出组织发展的计划性，组织建设取得新突破。年内，社市委组织社员参加九三学社云南省委和省社会主义学院联合举办的中青年暨新社员培训班，提高广大社员坚持中国共产党领导的自觉性，增强广大社员走中国特色社会主义道路的坚定性，强化广大社员对九三学社参政党性质、地位和历史使命的认识。社市委以更宽的视野、更大的气魄，多层面、多渠道地吸收各方面的优秀人才到组织中来，充实队伍，改善社员的年龄结构、知识结构和性别结构，全年共发展新社员4人。截止2011年10月30日，社市委共有支社10个，社员228人，其中男124人，女104人；在职113人，退休109人，新的社会阶层人士6人(其中1人为法人)；高职125人，中职100人，1人无职称（私营企业法人）。

【参政议政】 2011年，九三学社个旧市委认真履行参政议政职能，针对政治、经济、文化和社会生活中的重要问题以及人民群众普遍关心的热点问题，积极开展调查研究，通过调研报告、提案、建议等形式，向中国共产党和国家机关提出意见和建议。社市委市政协委员顾鹤林、顾萍、黄勇、张媛华、曹燕、沈星、颜丽分别参加市政协组织的对云南攀大木棉科技应用有限公司育苗基地、云河药业药材种植基地、红河州红铅有色化工股份有限公司铅冶炼系统实施技术改造项目、云南振兴铅业有限责任公司年产900万只电动车用铅酸蓄电池项目、冷清公路延长线鸡街至个旧段提升改造工程、个旧市学前教育、城市居民宗教信仰、沙甸大清真寺、个旧市城市建设、市工业发展等情况进行视察、调研。委员们积极参加活动，深入基层，找准问题的症结，通过看、听、查、访提出意见、建议供市委政府决策参考。提案工作历来是九三学社参政议政工作的重中之重，是关注民生、建言献策的重要方式。社市委就社会关注的热点和难点问题进行专题调研，推动、支持政协委员、人大代表撰写提案和建议，在市政协十届四次全会上提交大会发言1份：《关于个旧市中低产田、地改造的建议》；集体提案3件：《关于加强对开发商的监管力度解决“两证”办理问题的建议》《关于在云锡家属区成立业主委员会的建议》《加快民权路修复和拓宽建设优化群众出行条件的建议》；个人提案2件：《关于建立健全政府主导、行业指导、企业参与的职业教育办学模式的建议》《关于缓解市区交通拥堵的建议》。

年内，社市委有十届州政协委员5人（其中1人为常委），十届市政协委员8人（其中2人为常委，1人为兼职副秘书长），十五届市人大代表2人（其中1人为常委）。主委、副主委、委员积极参加中共个旧市委、市政府、市政协、市纪委、市检察院及云锡集团公司党委召开的各类代表大会，约谈会，情况通报会，联席会，民主协商会，提案面商会，全体（扩大）会议，参加重大决策前的协商及意见征求会，很好地履行了参政议政职能。

【民主监督】 2011年，九三学社个旧市委本着实事求是的原则，对个旧市党政机关的有关工作及地方经济社会中的重大问题、群众关心的热点问题，认真履行民主监督职能。

3月10日，社市委副主委顾萍参加个旧市全市干部大会，听取市委班子及12名班子成员的述职、述廉报告，对市委、政府班子、班子成员进行民主测评。

5月7日，社市委专职副主委顾萍被个旧市人民检察院聘为特约检察员。11月22日至12月6日，顾萍参加市党风廉政建设考核组分别对市委政法委、市公安局、市人民检察院、市人民法院、市司法局、市发展和改革局、市人防办、市移民局、市地震局、市直机关工委等10个责任单位2011年度贯彻落实《党风廉政建设责任制》情况进行检查考核。

【社会服务】 2011年，九三学社个旧市委积极开展社会服务工作。5月8日，社市委参加个旧红十字会举办的“纪念5·8世界红十字日”义诊活动，组织社员中的8名医疗专家、3名法官为广大人民群众进行义诊，并提供医疗卫生、法律知识的咨询服务。活动中，为群众提供内科、五官科、中医科、肾内科、泌尿科、外科、儿科等义诊500多人次，发放《中华人民共和国宪法》《中华人民共和国未成年人保护法》《云南省实施〈中华人民共和国妇女权益保障法〉办法》等宣传资料近1000份。活动取得了很好的社会效益，达到了预期目的。

11月12日，九三学社个旧市委本着“发挥优势与讲求实效、量力而行与尽力而为”的社会服务原则，充分发挥界别特色和优势,积极筹备、精心组织社市委12名专家医生和社员，参加九三学社红河州委在蒙自市雨过铺镇永宁村开展的第23届中国“国际科学与和平周”暨九三学社红河州委成立10周年义诊、文艺联欢活动。全天义诊共接待村民500多人，开处方200多张，发放药品4000多元。

【机关建设】 2011年，九三学社个旧市委在上级组织的领导下，在社机关的共同努力下，机关建设稳步发展。

一、常抓不懈，保持经常性。机关作风建设是一个系统工程，必须融入到机关干部日常教育之中，并做到长期坚持。九三学社个旧市委采取多种形式、方法，坚持不懈地加强对全体社员的理想信念教育，强化社员们为人民服务的宗旨意识，引导机关干部牢固树立大局意识、忧患意识、责任意识，强化爱民、为民意识，增强转变作风的自觉性。

二、常抓常新，把握时效性。九三学社个旧市委机关作风建设与时俱进，常抓常新。首先是内容经常更新，能适应形势任务的变化，符合社会发展对机关工作和队伍建设的要求，与广大社员的思想脉搏相吻合，被广大社员所接受。其次是方法创新，将集中教育与日常自学相结合，正面教育与警示教育相结合，增强机关作风建设时效性。

三、讲求实效，具有针对性。九三学社个旧市委机关作风建设除沿用学习教育、对照检查、整改提高等传统办法外，还针对当前出现的新情况和新问题，调整工作思路，以“立足于行，重在于做”为工作着力点，倡导为社员、为群众办实事、办好事，把学、改、做有机统一起来。

四、健全机制，重视长效性。九三学社个旧市委机关作风建设形成制度化、规范化、科学化、经常化。首先是部门主要负责人主抓机关作风建设，把机关作风建设纳入部门工作的总体布局，做到思想认识上有位子，工作方法上有路子。其次是在实践中不断健全完善监督制约机制，认真贯彻落实中央和省、市委有关廉洁自律和加强机关作风建设的规章制度，使机关作风建设在规范化、制度化的轨道上健康运转，保持长效。

【宣传工作】 2011年，九三学社个旧市委通过多种渠道开展宣传工作，及时报道社市委各支社、社员的活动和成绩，发掘社员的先进事迹，建立对外宣传的奖励机制，提高社员和机关干部做好宣传工作的积极性。全年，社员和机关干部在九三学社中央网站、《云南政协》《云南九三》《红河政协》《红河九三》《红河统战信息》《个旧政协》《个旧统战》等刊物上发表文章30余篇。《个旧九三》以双月刊的形式于年初复刊，截止10月底，共印发5期60本，受到广大社员的好评。

九三学社个旧市第六届委员会领导名录

主任委员 顾鹤林
副主任委员 顾 萍（女，专职）
孔德益
黄 勇
张媛华（女）

（撰稿：王鹏华）

个旧市工商联（商会）

【简述】 2011年，个旧市工商联（商会）在市委和政府的领导下，高举中国特色社会主义伟大旗帜，以中共十七大精神为指导，深入学习十七届六中全会精神，坚决贯彻落实中央和省、州、市有关发展工商联事业的方针政策，坚持团结、服务、引导、教育的方针，认真开展“庆祝建党九十周年”、“创先争优”、“桥头堡建设”、“企业招聘周”等活动，向会员及民营企业发宣传材料、简报600多份，切实履行好职责。以发展兴会、服务立会为重点，发挥商会的经济性、民间性、统战性作用，团结和依靠全体会员，为个旧市经济转型和可持续发展作出积极的贡献。

【参政议政】 2011年，个旧市工商联（商会）始终把参政议政工作摆在重要位置，积极建言献策，认真履行参政议政职责，为党委、政府工作决策当好参谋助手。年内，市工商联在市政协会上作《树立科学发展观，抓住机遇，创新工作方式，努力开创新时期个旧市工商联工作新局面》的大会发言，在州市两会上提交《加强财源培植和税收征管，构建经济增长与财政增收良性互动机制》等20余件建议提案，内容涉及民营经济健康发展、道路交通、环境保护、城市规划等问题。完成州委、州政府关于沙甸民间融资情况调研，形成《关于沙甸地区民营企业民间借贷情况报告》，并获得州工商联调研成果二等奖；撰写《转变发展方式 再创锡都辉煌——个旧市非公企业加快发展方式转变面临的困难和问题》调研报告。

【组织建设】 2011年初，个旧市工商联（商会）召开党组会，组织学习中共中央16号文件精神，制定工商联年度工作计划、确定工作重点，分类建立重点联系企业、基层分会、行业商会会员等档案，完善各乡镇分会的管理，加强商会组织建设。全年，市工商联依据《中国工商业联合会章程》，发展商会会员53人，成立了个旧市出租车商会，使全市商会基层组织达到9个，其中乡镇分会5个、行业商会4个。

【为非公经济服务】 2011年，个旧市工商联（商会）进一步发挥自身优势，积极为非公经济服务，为会员提供协调融资贷款、土地证办理、“贷免扶补”、法律咨询、商标代理等各种服务500多次；依托个旧市商务信息网,为企业提供招商引资项目信息、企业管理经验、政策和法律咨询服务、建立企业网页等，增强了商会为企业服务的能力；帮助沙甸11户企业联合成立10万吨铅冶炼公司，上“水口山”法冶炼技术；配合市委、政府做好因卡房大沟治理停产的60余家企业思想工作，提出相关建议和方案，促进企业整合和社会稳定；协助解决出租车罢运事件；协助解决072线老红旗矿片区企业限电问题，最后得到省领导批示，责成有关部门解决，缓解了近400家民营企业用电问题；为非公企业及会员提供法律维权服务63次；为会员提供融资服务，加强与中行个旧支行、招商银行、中国民生银行联系，联合举办中小企业贷款业务新模式推广座谈会；帮助振兴集团900万只/年蓄电池项目争取到国家发改委中央预算内投资747万元；帮助100人办理“贷免扶补”创业资金587万元，并成功创业；协助市委推荐47户企业主或高级管理人才参加“民营企业管理（后备）人才清华大学高级研修班”，学习企业管理、工业发展、经济建设、管理技能、营销战略等知识；5月，市工商联与市劳动和社会保障局等部门联办“个旧市第七届企业招聘周”活动，为114户企业提供招聘展位，企业提供就业岗位2652个；做好老会员及会员遗孀的服务工作，关心他们的生活和健康，为他们提供活动场所，使老会员能天天看报、打牌、下棋娱乐，安度晚年。

【开展光彩事业活动】 2011年，个旧市工商联（商会）继续在会员中开展“爱国、敬业、诚信、守法”传统教育，教育和引导非公经济人士“致富思源，富而思进”，把企业的发展同国家和社会的发展结合起来。开展“云南红土情·光彩进万家——民营企业感恩行动”主题活动，成立领导机构，并在会员中广泛宣传，得到企业的积极响应和支持。有的企业以捐款捐物的方式回馈社会，捐赠款物总金额317万余元，其中云新电解公司捐款20万元用于修建贾沙水塘村委会公路、个旧市鸿胜有限公司魏志松总经理捐赠现金45000元在蔓耗镇马堵山村委会乍马孔村小组建爱心水窖20口。还有的企业以投资项目安排就业等方式带动当地农村经济发展。其中云南乘风公司与金平县老勐乡老勐村、金平县沙依坡乡土马村结对帮扶，并支持大屯红土坡村、大屯村委会新农村建设，安置就业300余人。云南振兴铅业与红河县三村乡结对帮扶，并支持金川5队新农村建设修路等。市工商联与共青团个旧市委发起“托起明天的希望”爱心助学捐款活动，已放置30处捐款箱，收到捐款18835元，资助学生54人。

【表彰奖励】 2011年，个旧市工商联（商会）受国家级表彰6个：沙甸区分会荣获“2010中国清真行业优秀社团奖”称号；云南云河药业有限公司获全国医药行业“优质安全诚信品牌企业”称号，刘剑董事长荣获全国医药行业“百位诚信企业家”称号等。受省级表彰2个：马本初获“第三届云南青年创业省长奖”提名奖；沙甸分会副秘书长马蕾代表红河州工商联参加云南省非公经济党组织举办的“党旗下的誓言”演讲比赛，获一等奖。受州级表彰8个：云南乘风有色金属股份有限公司董事长万希勤、云南个旧生物药业有限公司职工李春林、个旧金冶矿产有限公司农民工马山成荣获红河州第七届“劳动模范”称号；云南乘风有色金属股份有限公司、个旧有色冶化有限公司获“红河州希望工程20年杰出合作伙伴”荣誉称号等。受市级表彰103个。

（撰稿：袁 莉）

个旧市总工会

【简述】 2011年，个旧市总工会在市委、市政府和上级工会的领导下，坚持以邓小平理论和“三个代表”重要思想为指导，深入贯彻科学发展观，全面贯彻中共十七大、十七届六中全会精神，认真贯彻中国工会十五大精神，按照省委、州委的工作要求，紧紧围绕市委、市政府的工作大局，着力开展群众性建功立业活动，促进经济发展方式转变；着力丰富基层工会文化活动，提高职工队伍整体素质；着力加强维权维稳工作，促进劳动关系和谐和社会稳定；着力拓展组织发展，加强工会自身建设，提升工会工作水平。团结动员广大职工为推动科学发展，实现经济平稳较快发展努力奋斗，充分发挥工人阶级主力军作用。

【工作会议】 2011年3月11日，个旧市总工会在市政府会议厅召开全市工会工作会，市属、市总直属、基层工会等近240名工会主席参加会议。市人大副主任、市总工会主席李美英代表市总工会对2010年的工会工作进行总结，提出2011年个旧市工会工作的总体思路和目标，部署6个方面的工作：一是认真学习贯彻中共十七届五中全会精神，把工会干部的思想统一到全会精神上来。二是团结动员职工为实施“十二五”规划建功立业。三是强化维权机制，促进劳动关系和谐和社会稳定。四是加大帮扶力度，为职工群众办实事，做好事。五是以改革创新精神加强工会自身建设。六是统筹兼顾，全面推进工会工作。市委常委、宣传部部长周林俊到会指导并就做好今后一个时期的工会工作提出4点意见：一是着眼于对当前形势和任务的把握,切实增强做好新形势下工会工作的责任感和使命感；二是着眼于推动科学发展，团结动员广大职工为实现“十二五”良好开局发挥主力军作用；三是着眼于推进和谐个旧建设，依法维护职工群众的合法权益；四是着眼于不断加强和提高工会工作能力和水平，切实加强工会自身建设。会议表彰奖励了个旧市沙甸区总工会等12个先进工会组织和市公安局工会女职工委员会等10个先进女职工委员会，命名了个旧市第七中学工会委员会等11个先进职工之家。州总工会副主席刘猛到会祝贺，市政协副主席蔺楠等领导应邀参加会议。受上级工会的委托，与会领导为荣获全国模范职工之家的个旧市开源公司工会委员会，荣获州级模范职工之家的云南振兴实业集团有限责任公司工会委员会、个旧市检察院工会委员会颁发奖牌。

【组织建设】 2011年，个旧市总工会进一步创新建会思路、组织形式和建会方式，继续深入开展“广普查、深组建、全覆盖”集中行动，继续推进“双措并举、二次覆盖”工作，挖掘乡镇、社区、行业建会潜力，全力推进建会及发展会员工作。全年新建工会组织221个，发展会员1800人。在生产正常的企业法人中建会率达100%；企业职工总人数25447人，其中工会会员人数20197人，企业职工入会率79%。年内，市总工会认真坚持“三同时”原则，做到同级工会经费审查组织和女职工组织与工会组织同时建立。成立了“党工共建”领导小组，制定实施方案，并会同市委“创先争优”办，指导基层工会认真扎实开展“党工共建”活动。在“党工共建”、“创先争优”活动中，市总工会、市公安局工会、市教育工会、鸡街镇工会、沙甸区工会等工会组织被市委表彰为“先进群团组织”，还有一批工会干部被市委表彰为“优秀群团组织成员”。全年市总工会评选表彰“先进职工之家”11个，全市累计获“全国模范职工之家”3个，获“云南省模范职工之家”5个，获“红河州模范职工之家”36个，获“个旧市先进职工之家”248个。

【职工经济技术创新活动】 2011年，个旧市总工会认真组织评选，上报市政府表彰个旧市第二十三届劳动模范和先进工作者40名，推荐评选表彰红河州第七届劳动模范和先进工作者5名，推荐评选表彰云南省第二十届劳动模范1名。年内，市总工会组织非公企业17个单位287个班组7448名职工参加全国“安康杯”竞赛活动，有效提高职工安全意识、安全技能和安全保障水平。在加强班组建设中，市总工会注重选树典型，分别推荐1个班组和1个班组长获得省级表彰。

市总工会积极开展职工经济技术创新活动。一是以《云南省职工经济技术创新工程2011－2015活动规划》为指导，制定个旧市“十二五”期间的职工创新和技能提升活动规划，积极组织企业职工参与上级工会的各种技能比赛，从基层选拔优秀职工参加客房管理、厨艺技能等项目比赛；二是适应新形势要求，探索建立技师工作站，全市有两家企业（云南金星化工有限公司、云南乘风有色金属股份有限公司）率先在红河州建立技师工作站；三是指导企业开展技协工作，为基层做好技协服务，推荐州三院、传染病院的8名医生到上海相关医院进修提高业务；四是坚持开展“创建学习型组织、争做知识型职工”活动，通过各级工会“职工书屋”、“职工之家”等企业文化建设，打造职工爱读书、读好书的学习氛围；通过形势报告、理论教育、文化活动等，鼓励职工积极参与构建社会主义核心价值体系；五是通过各种劳动竞赛，为职工创造生动的学习机会，促进职工队伍素质不断提高。

【强化维权　推进维稳】 2011年，个旧市总工会认真履行工会“维护、建设、教育、参与”的职能，结合经济发展程度、社会形态状况、职工诉求表达、构建和谐目标等实际，始终把维护职能摆在第一位，从源头参与，维权帮扶工作取得新成效。一是巩固和推进区域性（行业性）职代会建设，大屯镇、鸡街镇分别召开区域性第二届职代会。二是大力开展工资集体协商合同的签订。至2011年11月，全市建会企业453个，已签订集体合同和工资集体协商单项合同的企业189家，还有87家企业已同意市总工会的工资集体协商要约，签订率（含已同意应邀）61%，超过州总下达的目标任务。三是提升帮扶中心服务，规范五级网络及“四位一体”帮扶机制。五级网络建设中，市总工会成立困难职工援助分中心1个，局级、乡镇工会联合会成立困难职工援助站27个，社区工会成立困难职工援助分站19个，企业工会成立困难职工援助点38个。按照《云南省困难职工帮扶中心“四位一体”规范化“A”级达标》要求，市总工会安排专门资金，提升帮扶中心服务水平。四是积极促成并参加市人大常委会对涉及职工合法权益相关法律法规的执法检查和相关工作的审议。市总工会积极参加市人大开展的《劳动合同法》的执法检查，对相关职工权益的保护提出意见和建议。五是以创建和谐劳动关系为主线，指导帮助企业开展和谐企业建设，花大力气引导破产、改制企业职工正确对待改革过程中利益关系的调整，对已获得劳动关系和谐企业称号的企业，适时调研、跟踪、检查，确保示范引领。六是继续做好鼓励创业的“贷免扶补”工作，实施贷免扶补5人，贷款金额25万元。七是积极开展“关爱农民工行动”，除了筹资对200名农民工进行综合素质和就业技能培训外，还组织生产一线的农民工进行疗休养，实施帮助农民工就业的春风行动，对农民工工资支付情况进行专项检查，并清理拖欠农民工工资177.57万元。开展关注农民工生命安全、身体健康的宣传活动。八是切实做好女职工的帮扶维权，在企业中开展《女职工专项集体合同签订》，对女职工进行特殊劳动保护，加大对女职工及女职工单亲家庭的关爱援助，各级工会每年一次组织女职工进行体检，有条件的单位还给女职工办理女性团体安康保险。

【困难职工帮扶】 2011年，个旧市总工会继续加强和规范困难职工帮扶中心建设，积极协助党委、政府解决职工群众最关心、最直接、最现实的利益问题。加强和规范困难职工援助中心建设，健全困难职工档案3523份（其中新增350人，因脱贫注销27人）；深入开展"送温暖"、"关爱困难劳模"、"关爱农民工"等帮扶活动。2011年春节"送温暖"活动共慰问118个困难企业、29个社区、6户破产企业的1225户困难职工家庭（其中困难农民工317人），全国、省部级困难劳模101人，困难企业工会干部21人，整个"送温暖"活动慰问金及物资折价41万元；七一建党节，市总工会召开困难企业职工座谈会，慰问困难职工10人，发放慰问金5000元；中秋、国庆送温暖活动，慰问91家企业和29个社区的困难职工家庭1290户，慰问金及物资折价14万元，给省部级困难劳动模范44人发放生活困难补助金及慰问金13.1万元，组织省部级劳模60人进行健康体检，对特殊困难职工（农民工）9人给予及时救助，补助金额1.94万元；做好领导干部结对帮扶工作，州级领导17人、市级领导6人对困难职工进行结对帮扶；组织大学毕业的困难职工子女7人参加州工会举办的报考公务员免费培训；配合有关部门举办2011年民营企业招聘周活动，共有122家单位参加，提供就业岗位2649个。

【职工医疗互助活动】 2011年，个旧市总工会继续加强领导，规范工作程序，加强管理，深入开展职工医疗互助活动。全年共组织360个单位的37787名职工参加云南省第八期职工医疗互助活动，参加职工为上期的99.46%。截止10月底共为4767名住院治疗的职工办理医疗补助，补助金额244.53万元。

【职工文化建设】 2011年，个旧市总工会注重职工文化建设，组织基层开展一系列丰富多彩的活动，进一步丰富职工文化生活。开展"当好主力军，建功'十二五'"职工形势任务教育活动，在《个旧时讯》上连续刊载市23届劳动模范、先进工作者的先进事迹，大力弘扬劳模精神，营造崇尚劳模，学赶先进，争创一流的社会氛围；成功地举办个旧市第34届环城跑；组织基层工会在工人文化宫举办节日广场文艺演出、灯谜展猜、象棋擂台赛、露天电影晚会，丰富职工文化生活；举办由13个单位近1000人参加演出的《在灿烂阳光下》职工红歌演唱会，隆重纪念中国共产党建党90周年；上报各类工作信息60条，《时代风采》采用6条，红河工运信息采用12条，个旧一周采用14条，完成州总工会《工人日报》《时代风采》的订阅任务。

【工运理论研讨】 2011年，个旧市总工会加强对职工队伍稳定状况、企业生产经营情况的调研，积极组织市总各部室、15家基层工会，联系实际开展工作，发动工会干部积极撰写工运理论文章。共收到调研报告、理论研讨文章36篇，上报11篇参加州总工会的评选，其中3篇分别获二、三等奖，6篇获优秀奖。按市志办要求，完成《个旧年鉴·市总工会篇》2010年版的编纂任务。

【机关建设】 2011年，个旧市总工会不断加强机关建设，深入开展创先争优活动，认真学习杨善洲先进事迹，努力践行科学发展观，进一步加强党风廉政建设和社会治安综合治理及维护稳定工作；认真组织干部职工学习贯彻十七届六中全会精神和云南省第九次党代会精神，从思想上理论上全面提升工会干部职工队伍的综合素质。市总工会网站全年发布各类信息100余条，对展示工会形象，推进工会工作开展起到了积极的作用。

【工会事业发展】 2011年，个旧市总工会工会事业发展工作继续推进，提升改造后的工人文化宫"精神文明建设窗口"、职工"学校和乐园"的作用得到进一步发挥，工人疗养院接待疗养人员27300人（次），知名度和美誉度大幅提高。

【女工工作】 2011年，个旧市总工会继续实施女职工建功立业、素质提升、爱心帮扶等工程，推进工会女职工工作。年内，为4个基层工会45名女职工办理女性团体安康保险。加强女职工参与各种技术技能大赛，鼓励女职工实现自我素质达标，支持女职工提升技能和职称等级，选树女职工各种标兵示范岗，重视女职工在各种先进中的评选。市住建局所属市政工程队被全总授予“女职工建功立业标兵岗”；市总工会马锐副主席被全总授予“全国女职工标兵”；个旧金湖东社区女志愿者宋卫东医生被中央宣传部等部门授予“第三届全国道德模范提名奖”；市党史研究室女公务员史恒欣受到中央表彰，国家领导人亲切接见。

【召开劳模和先进表彰会】 2011年，个旧市总工会认真履行市社会主义劳动竞赛委员会办公室的职责，制定《个旧市第二十三届劳动模范和先进工作者评选表彰办法》，精心组织，严格程序，认真评选，积极做好表彰会工作。4月29日，市总工会召开个旧市第二十三届劳动模范和先进工作者表彰大会，表彰劳动模范25名、先进工作者15名，弘扬劳模精神，激励广大职工建功立业，为锡都经济平稳较快发展争作贡献。根据上级工会的部署，推荐上报表彰红河州第七届劳动模范3名、先进工作者2名；云南省第二十届劳动模范1名；云南省班组建设模范班组、模范班组长各1名。

【成功举办职工运动会】 2011年11月13～14日，个旧市总工会在个旧市成功举办红河州工会系统职工运动会。作为东道主，市总工会认真筹备，精心组织，向全州展示了个旧广大职工团结拼搏、迎难而上、敢于争先、真抓实干的锡都精神和工会干部诚信、务实、团结、和谐的团队精神。

（撰稿：市总工会宣教部）

共青团个旧市委员会

【简述】 2011年，共青团个旧市委在中共个旧市委和共青团红河州委的正确领导下，认真学习贯彻中共十七大、十七届五中全会、州七届一次党代会、市十二次党代会和团州委七届三次全会精神，坚持用社会主义核心价值体系引导广大青少年，继续狠抓团的基层组织建设和基层工作，积极参与和创新社会管理工作，不断提高做好新形势下青年群众工作的能力和水平，引导青年跟党走，服务个旧新发展，为建设宜居、幸福、生态、活力、文明、和谐新个旧奉献青春、智慧和力量。

【中国共产主义青年团个旧市第十四届三次全委（扩大）会议暨少先队个旧市三届三次会议】 2011年3月9日，共青团个旧市委在个旧市组织召开共青团个旧市十四届三次全委（扩大）会议暨少先队个旧市三届三次会议，集中传达学习中共十七大、十七届五中全会、州七届一次党代会、市十二次党代会及共青团十六大、团省委十二届五次全会、团州委七届三次全会精神，结合新时期共青团工作实际，细化部署2011年全市共青团工作，并严格按照学习、遵守、贯彻和维护党章的要求，组织全市团队干部在学习《团章》的基础上认真学习《党章》，对来自全市机关、学校、社区、农村等多条战线的172名团队干部进行了一次较为系统和全面的思想政治教育。

【切实加强团的自身建设】 2011年，共青团个旧市委坚持“党建带团建”的工作原则，切实加强团的自身建设。一是不断加强团的组织建设。规范团组织换届工作，制定下发《关于成立个旧市乡镇团组织集中换届选举工作领导小组及办公室的通知》；积极探索“党+团+团干+优秀团员”的组织格局，考察选配优秀青年任团委书记，学校团委书记、中心校辅导员、大学生村官、“两新”组织负责人、星火带头人任编外团委副书记，乡技术骨干、经济大户、科技大户等优秀团员任团委委员，优化乡镇团委班子结构；进一步做好乡镇团组织建设工作，先后在全市9个乡镇（区）中选出团委书记9名，选配编外团委副书记45名，团委委员37名，有效增强基层团组织的活力。二是加快城乡团建一体化步伐。完善《关于创建8个州级基层团建示范点，全面加强新形势下我市团的基层组织建设的意见》《个旧市城乡基层团建一体化工作意见》和《共青团个旧市委关于加强街道团组织格局创新工作的实施意见》。创新团员教育、管理与服务机制，进一步增强团组织的内在活力。不断扩大城乡基层团组织的有效覆盖，完善组织运行机制，有效加快城乡团建一体化步伐。三是加强和谐社区团队建设。优化队伍建设，强化服务意识，提倡“五心”服务理念，通过开展“青年文明社区”创建活动，充分发挥典型的示范带动作用，开展“社区找团员，团员进社区”活动，在条件成熟的金湖南社区成立团委，把非公经济的青年团员凝聚到团组织中来。四是认真抓好非公企业团建工作。

创新工作方式方法，广泛联系青年，力争哪里有团员青年，哪里就建共青团组织。2011年，全市各级团组织在非公企业及“两新”组织中新建基层共青团组织120个。健康宝药堂团总支、喜临门KTV团总支、佳佳美妆团支部、文峰铜锡选矿厂团支部、法国楼餐厅团支部、爱尔眼科团支部等非公团组织不仅搭建了构架，而且能卓有成效地开展工作。把共青团组织服务青年的功能通过青年自组织等团体延伸向外资企业——沃尔玛、肯德基，形成团组织和青年自组织的有效融合。全市各级团组织能倾听广大青年的声音，当好党联系广大青年的桥梁和纽带。五是强化青年联合组织建设。不断强化自身建设，建立健全工作机制，积极联系广大优秀青年，引导全市各族各界青年在市委、市政府领导下，围绕党政中心工作为经济社会发展建言献策，为构建和谐个旧作出应有的贡献。全年，各界青年委员共计捐款10余万元投入到青少年发展事业中。六是积极探索运用新媒体影响青年。不断对“个旧共青团（www.gjgqt.cn）”网站进行改版和完善，规范团市委QQ交流群，进一步拓宽和畅通团干部经验交流及建言献策渠道；与《个旧时讯》共同协办“青春飞扬——党有号召　团有行动”专栏，编写《锡都团队》简报16期，不断扩大共青团宣传覆盖面和影响力。七是认真开展各类活动。2011年，共青团个旧市委围绕市委、市政府及上级团组织的工作指示和要求，团结带领全市广大团员青年完成各项工作任务，组织开展丰富多彩的活动，较大的有：个旧市第三届国际锡文化旅游节暨建市六十周年祭硔活动；纪念五四运动92周年暨个旧市创先争优颂歌献给党·童心向党千人演唱会；关爱农民工子女、留守儿童系列活动；学雷锋党员团员志愿者服务行动；红河州少先队喜迎建党90周年“红领巾心向党　民族团结共成长”主题教育活动启动仪式；创建国家卫生城市千名志愿者上街大扫除活动。

【开展青年素质提升行动】　2011年，共青团个旧市委认真实施青年素质提升行动，扎实开展各类活动。一是扎实开展青少年理想信念教育。认真学习胡锦涛总书记七一重要讲话、十七届五中和六中全会、市第十二次党代会和团州委七届三次全会精神。广泛开展“学党史、知党情、跟党走”、“我与祖国共奋进，我与锡都同发展”、“红领巾心向党”、“向杨善洲同志学习”等主题教育活动。二是稳步推进分类引导工作。推荐个旧市2个非公企业作为全省首批《思想引导大纲》转化工作试点单位，并编写《进城务工青年引导案例》。共青团个旧市委深入挖掘青年思想意识关键点及形成逻辑，探索青年喜闻乐见的路径和载体，并编写《个旧市进城务工青年思想引导大纲（试用版）》。三是加大团队干部培训力度。深入实施“青年马克思主义者培养工程”，培训青年骨干160人。选派50多名团队干部参加团省委和团州委举办的培训，选派10多名团干部和优秀青年参加市委青干班学习，组织11名团干部外出考察学习。举办全市少先队辅导员培训班3期，培训辅导员120余人。四是创先争优与评先评优树典型结合。2011年，共青团个旧市委共计选树先进集体85个，先进个人283名。评选表彰　“五四红旗团委”4个、“五四红旗团支部”15个、“青年文明号”25个、“青年文明社区”5个、“青少年维权岗”12个、“优秀青年志愿者服务队”17个、“优秀青年志愿者”19名、“优秀团干部”53名、“优秀团员”52名、“青年岗位能手”78名、“青年星火带头人”12名、“优秀少先队大队”7个、“优秀少先队辅导员”24名、“优秀少先队志愿辅导员”5名。

【服务青年创业就业工作】　2011年，共青团个旧市委充分发挥引导青年、服务青年的职能，深入开展服务青年创业就业工作。一是全面推进青年创业贷款工作。认真落实“贷免扶补”政策，扶持130名青年进行创业，发放创业贷款705万元，同时带动300多名青年就业。开展农村青年信用示范户试点工作，共评定农村青年信用示范户686户。二是大力培养选树青年创业典型。深入开展“青年安全示范岗”、“青年岗位能手”、“青年星火带头人”评选活动，78人荣获“青年岗位能手”称号、12人荣获“青年星火带头人”称号。三是积极开展青年创业就业培训。搭建青年就业创业平台，服务27名青年实现见习就业，举办“青春彩云南·扬帆工程”鼓励创业贷免扶补工作培训班，加强创业导师库建设，邀请创业导师与创业青年座谈交流。举办2011年SIYB创业培训，培训青年160人。实施“新型农民科技培训计划”，在全市9个乡镇有针对性地对农村青年进行畜牧养殖、果树栽培、创业就业、金融知识普及等知识技能培训，全年共计培训82期，1937人。

【青少年和谐行动】　2011年，共青团个旧市委充分发挥广大团员青年在构建和谐社会中的生力军和突击队作用，深入开展青少年和谐行动。一是希望工程成果丰硕。通过“圆梦行动——2011年希望工程爱心圆梦大学”助学行动，资助15名贫困大学生助学金6万元。个旧市雪莱特希望小学荣获“红河州优秀希望小学”，4家企业荣获“红河州希望工程20年杰出合作伙伴”，1人荣获“红河州希望工程20年杰出建设者”，2人荣获“红河州希望工程20年希望之星”。二是开展爱心助学、助困帮扶活动。为挂钩扶贫点龙古克村送去价值2000元的文体用品；设置爱心助学捐款箱30个，募集助学款6000余元，资助小学生30名；建立“个旧市‘乖宝贝’和‘海丰幸福’奖学金”，表彰奖励10名优秀老师、30名优秀学生，发放奖学金5000元。开展走进山区献爱心活动，组织青年志愿者、上海志愿医疗队走进卡房镇舍俄迷村进行义诊活动；开展“手拉手心连心·同庆六一”活动、“一支铅笔”捐赠活动、“花半里”公司义卖助学活动等10余次爱心活动，累计为山区孩子送去价值6万余元的物品。三是切实维护青少年合法权益。整合资源，积极推进“和谐锡都”、“平安个旧”建设，加强校园安全、综治工作，先后购置价值近10000元的安保装备，包括头盔、制服、武装带、警棍等，配备到部分中小学及幼儿园。四是深入开展志愿服务工作。组织志愿者5000人次走上街头、深入农村开展“三下乡”、“三月为民服务”、“雷锋送考”、“争创文明城市·争当文明使者”、“创建省级文明城市争当优秀市民”等活动，成立4支创建省级文明城市志愿者服务队，向广大市民宣传争创省级文明城市的精神，共建文明锡都。招募大学生西部计划志愿者43名，下派到基层一线，支援各乡镇、各单位开展工作。五是扎实推进预防青少年违法犯罪工作。认真组织开展预防未成年人违法犯罪宣传活动，联合司法、公安等部门走上街头、走进校园开展禁毒防艾、《未成年人保护法》等法律法规的宣传，发放各类宣传单10000余份，为4000人提供开展法律法规咨询服务。六是丰富青年文化生活。开展城乡青年文化节活动，主办大型青年广场文化活动3次，各类青年广场文化活动20场次，指导各级团队组织开展各具特色的校园文化艺术节活动，为青少年搭建展示舞台。

（撰稿：钱艳菊）

个旧市妇女联合会

【简述】　2011年，个旧市妇女联合会坚持以邓小平理论和“三个代表”重要思想为指导，全面落实科学发展观，认真学习中共十七届六中全会精神，州第七次党代会和个旧市第十二次党代会精神。紧紧围绕胡锦涛总书记提出的建设“坚强阵地”和“温暖之家”的要求，围绕市委、政府的中心工作，进一步强化组织领导、丰富活动内容、创新工作方式，切实履行好组织妇女、引导妇女、服务妇女和维护妇女儿童合法权益的职能，积极实施妇女儿童发展规划，依法维护妇女儿童合法权益，妇女儿童事业取得新发展。

【思想政治学习】　2011年，个旧市妇女联合会利用三八国际劳动妇女节、六一儿童节、12·4全国法制宣传日等节日和个旧市妇女第十次代表大会及各类培训活动，向全市人民广泛宣传马克思主义妇女观，男女平等基本国策，发放宣传资料20000余份。结合实际认真组织各级妇联干部学习中共十七大、十七届六中全会精神，州第七次党代会、个旧市第十二次党代会精神。并利用各种会议和培训向基层妇联干部开展思想政治学习，提高思想政治水平。

【组织建设】　2011年10月19～21日，个旧市妇女第十次代表大会在市政府三楼会议室隆重召开。市委书记王忠，市长戴劲松，市委副书记周踊、寇静冬，宣传部部长周林俊，州妇联主席陈薇等领导出席会议。全市241名妇女代表参加大会。大会听取和审议何琴代表市妇联第九届执行委员会作《凝心聚力、创先争优，团结动员广大妇女为开创个旧科学发展新局面而努力奋斗》的工作报告，选举产生市妇联第十届执行委员会。会上，何凤玲等29人荣获“优秀妇女工作者”称号、普艳梅等30人荣获“优秀锡都女性”称号、李秀英等50户家庭荣获“五好文明家庭”称号、城区办绿海社区等20个单位荣获“优秀妇女组织”称号。

同年3月，个旧市妇女联合会新成立退管中心妇代会，妇女组织得到进一步巩固加强。5月，在市妇联的指导和帮助下，个旧市沙甸区“启明星协会”正式成立。协会以开展社会救助，扶助弱势妇女儿童为宗旨。

【双学双比工作】 2011年，个旧市妇女联合会配合各有关部门举办农村实用技术、妇女健康及禁毒防艾知识、劳动力转移、法律知识、妇联业务知识、家庭教育知识、计算机知识等培训班192期，培训妇女21559人次。积极寻找与农村经济建设的结合点，以协会+妇代会模式，扶持鸡街镇上乍甸村妇代会开展巴西蘑菇种植，建成“个旧市创先争优巾帼科技示范巴西蘑菇种植基地”。同时，为倘甸片区巾帼科技示范葡萄种植基地举行挂牌仪式。

【巾帼建功工作】 2011年，个旧市妇女联合会积极引导城镇妇女岗位建功、岗位立业。把个旧市萌芽幼儿园、社区服务中心列为“巾帼创新业”示范点。在全市范围内开展创建“巾帼文明岗”活动，进一步规范“巾帼文明岗”制度，严格对已申报的单位进行管理，发挥“文明岗”的榜样作用；开展“巾帼建功标兵”评比活动，激发广大女职工的劳动热情。市总工会副主席马锐获得“全国五一巾帼标兵”荣誉称号。

3月24日、4月10日，市妇联、市人力资源和社会劳动保障局、市总工会等多部门联合，分别深入保和、贾沙等乡镇组织开展春风送岗现场招聘会。收集整理160多家用人单位招聘信息，合计1800多个岗位，达成就业意向505人。

【五好文明家庭工作】 2011年，个旧市妇女联合会制定《个旧市五好文明家庭创建工作意见》，积极组织全市广大家庭参与“五好文明家庭”创建活动。大力推进“学习型家庭”、“廉政文化进家庭”、“创建平安家庭”等活动。继续为贫困家庭办好事办实事，关注留守家庭、单亲家庭、空巢家庭和贫困家庭。深入实施节能减排家庭社区行动。全年共有50户“五好文明家庭”受到市委、市政府的表彰。

个旧市妇联和市综治办联合制定下发《个旧市深化“平安家庭”创建活动的意见》，对平安家庭创建活动进行规范。大屯镇大屯村九组何进、城区办和平社区许跃云、城区办州政府社区李洪等3户家庭被评为云南省“平安家庭”示范户。

【双合格工作】 2011年，个旧市妇女联合会认真贯彻实施《个旧市家庭教育工作“十一五”规划》《个旧市儿童发展规划》，着力构建学校、家庭、社会“三位一体”的教育网络，大力推进家长学校建设。关注留守儿童、流动人口子女家庭教育，邀请市法院法官对这部分家长开展“共享蓝天”培训。截止年末，全市建有中小学家长学校40所、幼儿园家长学校8所、社区家长学校5所。年初，市妇联分别为获得“云南省示范家庭教育指导中心”荣誉称号的青少年活动中心家庭教育指导中心、市人民小学家庭教育指导中心；获得“云南省示范家长学校”荣誉称号的绿春小学家长学校、大屯镇中心小学家长学校、和平小学家长学校；获得“云南省留守儿童、流动人口子女示范家长学校”荣誉称号的老厂镇中心小学家长学校、红旗小学家长学校进行挂牌。

【贷免扶补及小额信贷工作】 2011年，个旧市妇联抓住省委、省政府开展的鼓励创业“贷免扶补”工作的大好机遇，联合市人力资源和社会保障局、团市委、市工商联等多家单位，在大屯镇、鸡街镇举办“个旧市（SIYB）创业培训班”，60余名妇女参加了为期7天的创业培训。为城区及乡镇的60名下岗职工、返乡女农民工争取到每人3至8万元，累计364万元的“贷免扶补”创业资金。个旧市舞健鑫鑫店的江丽萍被云南省政府表彰为“2009—2010年云南省鼓励创业‘贷免扶补’优秀创业者”。

同时，市妇联用10万元资金继续做好下岗职工小额信贷工作，工作中严把项目关，做好资金的使用、管理和跟踪，全年共帮助20名下岗女职工成功实现再就业，推进了救助工作社会化的发展。

【妇女、儿童发展规划监测评估工作】 2011年4月，个旧市妇女联合会召开个旧市妇女、儿童“两规”预评估工作培训会，市人民政府副市长、市妇儿工委主任杨明志和市委宣传部部长周林俊参会，并做了重要讲话。市妇联充分发挥个旧市妇女儿童工作委员会办公室职责，加强与分管领导和各成员单位之间的沟通，不断强化目标责任的落实，收到各成员单位报送的妇女、儿童“两规”终期评估报告26份，并完成《个旧市妇女儿童发展规划终期监测评估报告》及相关监测数据的填报，确保个旧市

“两规”验收顺利过关。

【维权工作】 2011年，个旧市妇女联合会扎实有效地开展三八妇女维权周活动。进一步宣传男女平等基本国策，向市民发放《中华人民共和国妇女权益保障法》《云南省实施〈中华人民共和国妇女权益保障法〉办法（2008年修订）》等法律、法规宣传资料12000余份。结合创建“平安家庭”的有利时机，在6.26国际禁毒日到来之际，联合市法院深入贾沙乡宣传禁毒防艾知识，发放宣传单2000余份，进一步扩大妇联维权工作的覆盖面，营造维护妇女儿童合法权益的良好氛围。年内，市妇联开通12338妇女维权热线，畅通妇女维权渠道。加强信访工作，明确专人负责，全年共接待来信来访72件（其中2件为12338热线来电），116人次，办结72件，结案率100%，通过心理疏导、解决实际问题等形式，为妇女提供面对面的维权服务，取得实实在在的维权效果。成立个旧市婚姻家庭人民调解委员会，进一步完善妇联维权工作机构，主动参与化解影响社会稳定的家庭矛盾，切实维护广大妇女儿童的合法权益。

【儿童工作】 2011年，个旧市妇女联合会围绕纪念建党90周年这一主题，以庆祝六一为契机，以主题论坛、主题班会、主题队会、假期活动为载体，组织开展知识竞赛、征文演讲、歌咏、书法、摄影等符合时代特征、形式丰富的活动；举办庆六一“中华魂—颂歌献给党”主题教育活动表彰大会；联合市民政局、团市委、市残联等多家单位，对红河州特殊学校个旧籍儿童，个旧市福利院的儿童和老人进行走访慰问；个旧二中车磊等5名优秀贫困女生得到红河州“春蕾爱心桥”助学活动的资助。

【妇女工作】 2011年国际劳动妇女节来临之际，个旧市妇女联合会向全市各族各界妇女发出三八节慰问信，并于3月7日在怀源芳圃举行200多名巾帼志愿者参加的宣誓仪式暨服务活动；3月8日，联合个旧市三〇八队，在戈贾森林公园举办60多名单身男女参加的“温馨三八，浪漫邂逅”青年交友活动。年内，个旧市妇联积极与个旧市妇幼保健院、个旧市济民医院协调，在全市范围内进行妇女病普查活动，组织全市个旧籍已婚育龄妇女开展妇女病普查工作，截止2011年11月全市共有6277名妇女参加妇女病普查活动。通过普查活动，切实掌握全市妇女病情况，降低妇女病的发病率，提高妇女的生活质量和健康水平

【扶贫帮困工作】 2011年，个旧市妇女联合会积极协调，为扶贫挂钩点鸡街镇邦干村委会新寨小组提供1.75万余元的经济支持。三八节期间，全市各级妇联共慰问贫困妇女家庭50多户，发放慰问金及慰问品5万多元。为全市52名艾滋致孤儿童争取到每人每年1000元的生活、学习补助金，将党和政府的关爱惠及艾滋病致孤儿童，受助儿童基本生活得到保障。为锡城镇艾滋病致孤青少年提供23头黑山羊，开展创业帮扶，当得知山羊染病后，又提供1000元资金用于购买药品，鼓励艾滋病致孤青少年学习养殖技术，自食其力，成为一个有用的人。

【创先争优工作】 2011年，个旧市妇女联合会紧密结合自身实际，紧紧围绕“服务大局、服务基层、服务妇女”的方针，以“党建带妇建”为目标，精心组织，以点带面，认真开展创先争优活动。明确锡城新寨村委会和城区办建设社区为示范点，制定下发《市妇联创先争优实施意见》，深入开展“五个好”先进基层妇联组织和“五带头”评比活动，组织基层妇联参与州委“比十争百当先锋，红河两岸党旗红”活动。共有15名（个）优秀妇女干部和妇女先进集体获得市委表彰，市公安局妇委会主任王丽娅被州委表彰为“优秀群团组织成员”。反映市妇联创先争优工作的文章《云南省个旧市：巾帼催开创争花》被创先争优网采用。2011年7月，市妇联被市委评为“激活动力好机制”先进群团组织。

【廉政文化进家庭工作】 2011年，个旧市妇女联合会充分发挥组织妇女、宣传妇女、教育妇女、服务妇女的作用，通过广泛深入的宣传教育，提高广大妇女的拒腐防变意识，构筑起家庭助廉教育的牢固防线。10月，市妇联被市委表彰为廉政文化建设示范点。

（撰稿：林 妍）

个旧市文学艺术界联合会

【简述】 2011年，个旧市文学艺术界联合会在中共个旧市委、市人民政府的正确领导下，在上级主管部门的关心支持下，全面贯彻“二为”方向和“双百”方针，进一步创新工作方式，提高服务水平，强化自身建设，履行好联络、协调、服务的基本职能，紧紧围绕市委、市政府的中心工作，以“文化兴市”战略为目标，积极开展丰富多彩的文艺活动；以《个旧文学》创刊十周年为契机，开拓进取，进一步办好《个旧文学》；积极发展新会员，不断壮大文艺家队伍，年内新增会员20人。年末，市文联下属的作家、书法家、美术家、摄影家和音乐舞蹈戏剧家5个协会，共有会员403人。

【文联工作】 2011年，个旧市文联积极参与和配合市委、市政府做好个旧市建市60周年系列活动，成功承办“锡城如诗——庆祝个旧建市60周年征文比赛”，共评选出获奖作品23篇,并对获奖作者进行表彰奖励。下属各协会积极参与“锡城如诗”、“锡都京韵”、“锡都印记”、“锡山如画”、“锡都如歌”及“锡都古韵”等活动的策划和举办，圆满完成任务。市文联和下属的书协、美协、摄协被评为先进集体，文联机关余春泽、朱兰及协会会员孙振华、赖庆国等20余人被评为先进个人。

1月25日，个旧市文联在红河州茶桑果站举办“个旧市文联新春茶话会”，近100名文艺家代表欢聚一堂，共话新春，共谋文艺发展。

春节来临之际，个旧市文联积极响应市直机关工委的号召，与市老干局一起深入社区，开展慰问困难户活动。

5月23日，个旧市文联在世纪广场举行“纪念毛泽东同志在延安文艺座谈会的讲话”发表六十九周年活动——《个旧文学》创刊10周年暨音乐光碟《永远的寄托》首发式。来自省、州、市、云锡公司的领导及红河画院院长，市文联下属5个协会的文艺家共160余人参加活动，活动由市委常委、市委宣传部部长周林俊主持。州委常委、州委宣传部部长伍皓，州文联主席邵瑞义，市委书记王忠分别作重要讲话。市文联主席余春泽作题为“在传承中发展，在发展中创新”——《个旧文学》创刊10周年的专题发言。市文联对《个旧文学》创刊10周年评选的11名“优秀作者”、2名“文学之友”进行表彰，并表扬11名关心支持文联工作的相关人员。同时，还举行了音乐光碟《永远的寄托》首发式，个旧市老领导张金康、施朝兴、苏维凡等分别向市图书馆、市档案局、个旧电视台等单位赠送音乐光碟。

6月27日，个旧市文联与市委宣传部等单位共同举办“个旧市庆祝中国共产党成立90周年‘颂歌献给党’演讲比赛暨征文活动”，并举行表彰大会，对21名演讲比赛优胜选手和19名征文活动获奖者进行表彰。

6月29日，个旧市文联与市委宣传部等单位共同举办的庆祝中国共产党成立90周年“在党的阳光下”书法美术摄影展在云庙开展。市委书记王忠，市委副书记周踊，市委副书记寇静冬，市人大主任白燕，市委常委、宣传部部长周林俊等领导出席此次活动并为仪式剪彩。

7月29日，个旧市文联在市委小礼堂举行《个旧文学》创刊十周年业务会，来自文联下属5个协会的代表共50余人参加会议。会议对《个旧文学》创刊十年来的发展历程和成绩进行回顾，就《个旧文学》存在的问题和不足进行研讨，明确未来发展的方向，并在第四期《个旧文学》上开辟“倾情十载——庆贺《个旧文学》创刊十周年专栏”。

12月26日，个旧市文联在锡都博物馆举行本土作家杨征小说《个旧风采录》和原市政协主席杨树文自传体小说《洗礼》首发式。个旧市委常委、宣传部部长周林俊到会祝贺并作重要讲话，来自个旧市作家、摄影家、书法家、美术家、音乐舞蹈戏剧家5个协会的会员和蒙自、建水等地的各界人士共150余人参加首发式。

年内，个旧市文联被评为个旧市廉政文化建设先进集体；主席余春泽被市委评为“勤学善思先锋”优秀共产党员；文联党支部在建党90周年系列活动“知识竞赛”中荣获三等奖。

【《个旧文学》】 2011年，《个旧文学》以提高办刊质量为突破口，坚持“二为”方向和“双百”方针，坚持弘扬主旋律和多样化的统一，坚持思想性和观赏性的统一，用文学艺术的形式唱响主旋律。

《个旧文学》创新封面，展现本土文化。封面分别由著名作家沈从文先生题字，由文坛大师丁玲、白桦等栽种的独具文学意义的文学林取材，采用文学林雕塑配以富有颗粒感的红土颜色背景制作，寓意个旧的文学创作深深植根于锡都这片红土地，常青于锡都这片红土地。

《个旧文学》丰富栏目，提高办刊质量。为了更好地宣传和推介锡都，配合市委、市政府大力抓好发展旅游产业的发展战略，在原来栏目的基础上新开设“行旅锡都”栏目，用优美的文字展现锡都独具特色的旅游亮点；在中国共产党建党90周年之际，《个旧文学》在2011年第二期开辟“颂歌献给党”征文专栏，把第三期办成建党90周年特刊，用图文并茂的形式刊出个旧市建党90周年组织的系列活动，展示锡都人的精神风貌以及锡都建设取得的辉煌成就；结合各协会的采风活动，在《个旧文学》第五期开设“2011尼格蓝色温泉文学书画笔会”专栏，结合“个旧地区扇面书法美术作品邀请展”作品的特点，现场剪辑两组极富中秋主题和生活哲理的书画编为“书写中秋的情思”和“绘出生活的语言”在封二、封三刊登，展示个旧市书画艺术深刻的内涵性。

《个旧文学》营造文学氛围，注重文艺新人的培养。在办刊过程中，坚持“弘扬锡都精神，培养文艺新人”的理念，常设“苗圃”专栏，刊登新人作品，注意发现和培养各方面的创作人才，形成一支承上启下、具有实力、与锡都品牌相匹配的文艺队伍。

【文学艺术创作】 2011年，个旧市作协会员杨征报告文学《亿万富哥人生的拐点和结点》发表在《中国报告文学》（2011年9月号中旬刊），长篇小说集《个旧风采录》由云南民族出版社出版；个旧市摄协顾问杨树文长篇小说《洗礼》由云南民族出版社出版。

【获奖情况】 2011年，个旧市摄协主席李昆的抗旱作品《最后的积水》、副主席段靖雄的抗旱作品《幸福之吻》获得云南省文艺基金鼓励奖；个旧市美协副主席赖庆国的锡工艺作品《祥龙瑞象》三足斑锡香炉和《瓣竹香具》在中国工艺美术协会主办的第十二届“百花杯”大师作品选中分别荣获“银奖”和优秀奖。

【作家协会】 2011年3月，个旧市作协策划2011年白云山加级寨梨花会，并组织多名作者到加级寨梨花会采风；5月，参与个旧三中五月读书节活动，并举办《让阅读的河流在生命里流淌》的读书讲座；8月，与州作家协会联合组织“2011蓝色温泉文学书画笔会”和“迎中秋诗书画笔会”，两次笔会共有来自文学、书画、摄影界100余人参加，并现场创作了一大批书画作品。

【书法家协会】 2011年，个旧市书法家协会组织田光泽、孙振华等5名书协会员参加“红云红河杯”云南书法家邀请展；在由红河州委宣传部、州文联等主办的“红河州庆祝中国共产党成立90周年美术书法摄影展”中，田光泽、孙振华、刘忠元等8名书协会员的作品参展；田光泽、孙振华2名书法家作品应邀参加由云南省书法家协会主办的“云南省2011年书法家协会理事精品展”；10月，在由个旧市文化局主办、市书协协办的“个旧地区书画家扇面作品邀请展”中，田光泽、孙振华、刘忠元、严国明、杨雪峰、宋明、刘炼等书协会员的扇面作品参加展览；11月，由州委宣传部、省图书馆举办的“红河州书法家作品邀请展”在昆明展出，个旧市共有7人的作品参展。

【美术家协会】 2011年，个旧市美术家协会积极组织会员深入生活，创作多幅优秀作品，分别参加由红河州委宣传部、州文联、州文体局主办的“红河州庆祝中国共产党成立90周年美术书法摄影展”及个旧市举办的“个旧市庆祝中国共产党成立90周年美术书法摄影展”、“学习杨善洲先进事迹书画展”等。

【摄影家协会】 2011年1月，个旧市摄影家协会在红河州茶桑果站召开摄影家协会新春年会，总结2010年的工作，并对2011年的工作作出安排；2月，在个旧市云庙展厅举办“冯小平走进四方光影相伴生活拾趣”摄影展，市政协杨树文主席、市文化局严国明等领导出席开幕式；为落实国务院李克强副总理2010年到个旧视察工作的指示，按照市委办、市委宣传部要求，市摄协名誉主席杨树文、主席李昆、副主席段靖雄等6人组成两个摄影组，圆满完成相关拍摄任务；3月，市摄协组织30人参加白云山加级寨梨花节，为打造个旧市乡村旅游拍摄照片；5月，市摄协与个旧市残联在云庙展厅联合举办个旧市第三届“残疾人在祖国怀抱中”摄影展，市人大张勇副主任、市政府杨龙遇副市长、市文联余春泽主席、市残联崔丽荣理事长等领导出席开展仪式；年内，市摄协与个旧市卡房镇大黑山村委会共同主办的第三届马铃薯节摄影比赛展在卡房大黑山村展出。

【音乐舞蹈戏剧家协会】 2011年，个旧市音乐舞蹈戏剧家协会充分发挥会员优势，积极组织会员参加文化三下乡活动，共举办演出和巡演10多场，活跃了农村文化氛围，丰富了农民文化生活；承办“夕阳秀”全国中老年艺术比赛，得到好评；会员邹亚婕利用业余时间，积极为各单位进行“红歌”合唱声乐辅导并编排节目。

（撰稿：姚黎芳）

个旧市红十字会

【简述】 2011年，个旧市红十字会积极围绕市委和市政府的中心工作，认真履职，发挥扶贫帮困、博爱助弱和稳定社会的作用。12月，市红十字会因工作出色，荣获“全州红十字工作先进集体”称号，并在州级年终考核中荣获一等奖。

【组织建设】 2011年12月7日，个旧人民小学红十字会进行换届，选举产生学校红十字会第二届理事会。一年来，市红十字会共发展五一、建设和胜利等3个社区为红十字会员小组，吸收市直机关工委、市关工委、市妇联、市侨联和学雷锋小组等5个单位和社会组织为团体会员单位，并在全市9个乡镇成立基层组织；共吸收新会员101人（其中青少年会员50人）。年末，全市有团体会员单位27个、红十字会基层组织10个、红十字会员小组8个，成人会员772人、青少年会员140人、志愿者319人。12月，何南飞、赵栩、尹敬梅等3位会员荣获“全州红十字工作先进个人”称号。

年内，市红十字会分别在金湖东、建设、五一、宝华、民权、胜利等6个社区和云锡职业技术学院，以“世界红十字日”、“减灾日”、“急救日”、“助残日”、“禁毒日”、“世界艾滋病日”和“红十字博爱送温暖活动”等为契机，充分发挥319名志愿者的作用，多渠道、全方位地宣传《中华人民共和国红十字会法》，开展募捐救助、大型义诊、救护培训、安全教育、造血干细胞捐献、卫生清扫、为民服务、“防艾”宣传、助残以及关心照顾空巢、孤寡老人等一系列活动，在市民中传播“人道、博爱、奉献”的红十字精神。12月，高文辉、康英、张坤梅、何皎等4位志愿者荣获“全州红十字优秀志愿者”称号。

【制度建设】 2011年，个旧市红十字会进一步加强制度建设，建立并完善理事会、常务理事会制度。4月18日，市红十字会召开二届三次理事会，审议2010年度工作报告；听取2010年度募捐和接受捐赠款物收支情况报告及市红十字会成立20周年以来经费收支情况报告。会上，杨龙遇会长对已新获批的2个红十字会员小组、6个红十字团体会员单位、10个红十字会员基层组织进行授牌。10月17日，市红十字会召开二届二次常务理事会，研究2012年工作的思路；审议《内部管理制度》和《赈济管理制度》等。会议的召开，切实地发挥了常务理事、理事的引领、谋划和指导作用。

【救灾、救助、救护工作】 2011年，个旧市红十字会充分发扬“人道、博爱、奉献”精神，认真做好救灾、救助、救护工作。开展盈江地震募捐活动。云南盈江县发生地震后，市红十字会立即在电视、报刊上向全市发起献爱心倡议。市红会、市残联、市侨联、市国土资源局、市畜牧兽医局、市人民医院、市妇联、市老干局、市食药局、市卫生监督所、民建个旧市委和蔓耗镇等14家单位纷纷组织职工捐款，共募捐77525.30元，已由市红十字会全额上交州红十字会。

积极报灾，争取救灾援救项目。6月10日，市红十字会到卡房镇受泥石流冲击的田坝子小学检查援建项目——新教学楼开工情况。8月初，下拨20万元的开工款给市教育局；1月、3月和8月，又分别到卡房镇、贾沙乡、保和乡、锡城镇和鸡街镇等5个乡镇，对去年省、州红十字会援建的卡房咪的期村委会大窝哟村小组，贾沙克勒村委会克勒村小组，保和乡木花果村委会新寨村小组、莫贾村水井小组、斐贾村委会新寨村小组，锡城镇芹菜塘村委会上寨村小组和鸡街镇小芭蕉村委会绿荫塘村小组、棚旧村委会上关口村小组等8个抗旱救灾饮水工程项目进行督导，并将项目尾款全部下拨到灾区。

开展帮困送温暖活动。年内，市红十字会继续开展帮困送温暖活动，发放新型农村合作医疗大病医疗救助金43000元，救助农民18人；1月18～26日，开展“红十字博爱送温暖活动”，将筹集来的部分善款，购买125床床单和食品，分别送给金湖东、和平、宝华、民权、五一等社区和保和乡的弱势群体；把云南省红十字会赈给的50床棉被捐给老厂镇留守儿童和流动人口儿童，在老厂镇看望慰问185人，发放慰问金及慰问品（折价）18650元。

开展“贝因美”爱心捐助行动。2月27日至3月8日，市红十字会将197箱价值122329. 80元的科学配方“贝因美”奶粉送给贾沙乡、老厂镇、鸡街镇、乍甸、民权社区等部分贫困家庭的儿童。

组织“用爱心托起红斑狼疮患儿的生命希望”募捐。为了给鄢棚小学身患系统性红斑狼疮的白成弟筹集看病的钱，4月9日，市红十字会与团体会员单位“个旧学雷锋小组”在市委门口组织募捐活动，共募集4114. 80元，已交给学校处理。

关注身患世界罕见病病人。9月7日，市红十字会前往州三院肿瘤科看望身患腺样囊性鼻癌的金平县金河镇农妇“河马妈妈”吴金凤，并送去3000元慰问金和水果。

启动个旧市初学驾驶员卫生救护培训工作。11月4日，市红十字会举行“个旧市初学驾驶员和道路运输从业人员培训启动会”，出台《个旧市红十字会个旧交通运政管理所个旧市公安局交警大队关于在全市初学机动车驾驶员和道路运输从业人员中开展卫生救护培训工作的实施方案》，并与各驾校签订协议。截止12月底，市红十字会分别在云南红河交通运输集团有限公司个旧驾驶员培训站、红河州大屯汽车驾驶培训站、个旧市金湖驾校和个旧市机动车驾驶员培训学校等5个培训机构开展培训56期，有7664人获得救护培训资格证书。

开展全民卫生救护培训工作。6月24日，市红十字会到南方电网个旧公司举办一期“个旧供电有限公司触电急救紧急救护培训班”；市红十字会与市卫生局、市卫生监督所、鸡街镇等理事成员单位和团体会员单位联合于4月27日在鸡街镇黑色庙坡红河铅业有色化工股份有限公司等三家企业门口举行“个旧市2011年《职业病防治法》宣传及职业病防治知识竞赛”活动。并为200余名农民工讲解了现场心肺复苏、一氧化碳和砷化氢急性中毒现场处理知识。

【红十字会精神传播】 2011年5月8日（世界红十字日），个旧市红十字会联合地震局、九三学社、民进、侨联等民主党派和团体会员单位的医务专家等，开展大型义诊、募捐、社区卫生救护培训、“造血干细胞知识专题讲座”和“5・12”防灾减灾宣传等系列活动，发放《中华人民共和国红十字会法》《国际红十字与红新月运动的基本原则》和《防震常识》等宣传材料6000份，义诊583人，咨询服务50余人，发放避孕套2000只，募捐726. 40元，卫生救护培训300余人。

6月23日，市红十字会为配合国际禁毒日活动的开展与红河州红十字会联合，把90台价值近12000元的饮水机送给个旧市雨露社区。

9月8日，市红十字会在红河州大屯汽车驾驶培训站开展2011急救日宣传活动，发放宣传品150份，张贴宣传册16份，并对150名机关人员进行了急救的“心肺复苏”和“创伤包扎四大技术”操作演练。

9月29日敬老节，市红十字会携手团体会员单位爱尔眼科医院医生到保和乡，开展“爱眼光明行、红会在行动”免费义诊活动。

12月1日世界艾滋病日，金湖东社区红十字会小组在州体育馆大门开展以“行动起来，向‘零’艾滋病迈进”为主题的大型宣传活动，发放《艾滋病防治健康手册》《艾滋病预防常识》等宣传资料3000份、年画1000张，向200多名群众提供义务咨询服务；云锡职业技术学院、建设和五一等社区红十字会员小组也分别举办“防艾”知识讲座，开展“有奖知识竞答”、“现场问卷调查”，并发放避孕套。

【宣传工作】 2011年，个旧市红十字会除继续办好内刊《个旧红十字简讯》（共22期）外，还认真做好对外宣传工作。积极为各种媒体撰稿，向州红十字会网站投稿19篇，被采用10篇；在市委、政府网站发表10余篇；在《个旧政报》和《个旧一周》分别发表3篇和8篇；在《个旧时讯》发表11篇。在红河电视台“红河新闻”、“新闻零距离”和个旧电视台“个旧新闻”、“锡都早晨”等新闻媒体常常能见到个旧红会活动的新闻稿和专题稿；坚持在《个旧年鉴》中认刊彩页，以提高市红十字会知晓度。

【造血干细胞、遗体器官捐献登记】 2011年10月13日，个旧市红十字会在云南锡业职业技术学院首次举办捐献造血干细胞采血入库活动，发倡议书800余份、造血干细胞宣传手册400余份，采集206份5毫升造血干细胞血样。年内，全市有4位市民进行遗体器官捐献登记。

【国际合作项目】 2011年10月29～31日，个旧市红十字会启动“欧盟社区减灾项目”，分别到锡城镇新寨村委会白马寨村小组、大屯镇新坡背村小组、保和乡斐贾村委会岩子脚村小组等三个山体滑坡受灾点现场勘察灾情，并进行快速评估；11月9～10日，省、州、市红十字到以上三个受灾点进行易受损性及能力情况分析；11月22日，市红十字会在个旧市政府会议室召开以上三个受灾点分管的副乡（镇）长、林业站站长、村委会主任和村小组长参加的项目启动会；11月底，三个受灾点召开村民大会，选出项目管理委员会成员。

个旧市红十字会妇女活动中心与美国家庭健康国际（FHI）合作开展的个旧地区HIV/SII预防项目——《个旧高危女性艾滋病干预项目》经过七年的风雨历程，于2011年8月结题。美方于9月28日到红十字会FSW干预点对个旧市低档次女性性工作者干预、整合健康服务（HIV快速检测、性病检测）等项目工作情况和实施效果进行考察，并在个旧市红十字会妇女健康活动中心举行“个旧市红十字会‘风雨七年 创新模式’美发署/FHI360援助项目答谢会”。会上，美国家庭健康国际（FHI360）中国区副主任RANQSI女士致谢辞，PANUS先生为团体会员单位个旧市妇幼保健院文勇院长颁匾。

（撰稿：赵 栩）

个旧市归国华侨联合会

【简述】 2011年，个旧市归国华侨联合会（以下简称市侨联）在市委、政府的正确领导下，在上级侨联的指导下，认真实践“三个代表”重要思想，贯彻落实科学发展观，切实履行“群众工作、维护侨益、参政议政、海外联谊”四项职能，围绕党和政府中心工作和红河州侨联提出的“文化宣传年”主题活动，凝聚侨心、汇聚侨智、发挥侨力，锐意进取，开拓创新，努力工作，为促进侨联事业健康发展、构建和谐锡都作出了不懈的努力。

【加强自身建设，提高保障能力和服务水平】 2011年，个旧市侨联积极组织干部职工和归侨侨眷努力学习马列主义、毛泽东思想和邓小平理论，学习“三个代表”重要思想，践行科学发展观。按照市委、市政府的统一部署，在上级侨联的指导下， 坚持每季度进行一次专题学习。把学习中国共产党的路线、方针、政策和贯彻《中华全国归国华侨联合会章程》结合起来。在学习中紧密联系个旧市实际，进一步增强侨联干部做好侨联工作的自觉性，不断提高侨联干部服务归侨侨眷和海外侨胞的保障能力和服务水平，有力地推动了个旧市侨联工作的开展。

1月12日，个旧市侨联召开主席办公会，传达学习第九次云南省归侨侨眷代表大会会议精神。学习省委常委、省委统战部部长黄毅在代表大会上的重要讲话和钟乔光代表云南省侨联第八届委员会所作的《抓住机遇 发挥优势 团结全省归侨侨眷和海外侨胞为实现云南跨越发展作出新贡献》的工作报告。

6月13日，个旧市侨联召开第四届第十八次全委会，传达省第九次侨代会和红河州侨联三届五次全委会精神，学习讨论州侨联主席周碧奋在红河州侨联三届五次全委会上所作的《凝心聚力发挥优势团结全州归侨侨眷和海外侨胞为加快推动红河新发展作出更大贡献》的工作报告及《中华全国归国华侨联合会章程》。

7月11日，个旧市侨联召开第二十八次主席办公会，传达学习个旧市2011年地方志工作会议精神、《中国共产党党员领导干部廉洁从政若干准则》等内容，着重学习李一是主任题为《百尺竿头、更进一步》的讲话、杨龙遇副市长题为《认真贯彻落实〈云南省地方志工作规定〉依法推动我市地方志事业持续稳定健康发展》的讲话和蔡军主任题为《抓住机遇乘势而上勤奋工作确保我市地方志工作的各项目标任务顺利完成》的发言。

7月29日，个旧市侨联召开第四届第十九次全委会，认真学习《中华全国归国华侨联合会章程》和胡锦涛总书记七一重要讲话精神宣讲提纲等内容。

12月23日，个旧市侨联召开第四届第二十次全委扩大会，根据中共个旧市委、市委办公室、市委宣传部《关于组织开展党的十七届六中全会暨省第九次党代会精神宣讲工作的通知》等相关文件精神，组织本单位干部职工学习中共十七届六中全会精神暨云南省第九次党代会精神。学习会由主席姜玉梅主持，按照《党的十七届六中全会精神宣讲提纲》和《中国共产党云南省第九次代表大会精神宣讲提纲》进行宣讲。

【参政议政，服务经济社会发展】 2011年，个旧市侨联围绕经济建设这一中心，积极配合侨界人大代表、政协委员开展专题调研，建言献策，认真履行参政议政职能。

3月，个旧市侨界人大代表、政协委员分别在红河州政协第十届委员会第四次会议上提交提案4件、在个旧市第十五届人大四次会议上提交意见3件、在政协个旧市第十届委员会第四次会议上提交提案5件。市侨联副主席曾永平代表侨联在政协个旧市第十届委员会第四次会议上作题为《关于发展我市学前教育的建议》的大会发言，为个旧市经济社会又快又好发展，为构建和谐个旧起到积极的作用。

11月，个旧市侨联、个旧市中华职教社、个旧市红十字会、民盟个旧市委、市残联等单位组成专题调研组，对全市残疾人群体现状进行调研，并撰写调研报告。

11月25日，个旧市侨联、个旧中华职教社等部门组成调研组对个旧第一职业高级中学、云南锡业职业技术学院就《职业学校如何进行校企合作、订单式培养》的有关情况进行调研，并撰写调研报告。

【服务侨界，切实维护侨界群众利益】 2011年，个旧市侨联积极做好向侨界困难群众“献爱心，送温暖”活动。春节前夕，市侨联主席姜玉梅率市侨联干部一行，代表州侨联、州外侨办走访慰问汤立中、刘基康等部分困难、生病住院归侨侨眷，并送上慰问品、慰问金，把党和政府的关怀送到归侨侨眷家中。本次活动共走访慰问归侨侨眷27户，进一步增进了归侨侨眷与侨联之间的感情，凝聚了侨心。

1月14日，个旧市侨联在市委小礼堂召开“个旧市2011年归侨侨眷春节茶话会”，全市归侨、侨眷及来宾100余人参加会议。中共个旧市委常委、市纪委书记曹芸，中共个旧市委常委、市委办主任张鹏程，市政协副主席林满松，市委统战部部长李建祥，州外事侨务办边境科科长符晓，原市政协副主席、市委统战部部长曾毅等州、市领导，振兴锡矿张磊森先生以及云锡侨联、各民主党派和有关单位负责人应邀出席会议。会上，市委常委、市纪委书记曹芸代表市委、市政府向与会人员通报2010年全市经济社会发展情况，并对个旧市侨联2010年度的工作给予充分肯定，对今后工作提出希望和要求。中共个旧市委统战部部长李建祥发表热情洋溢的祝辞。市侨联艺术团为来宾表演精彩的文艺节目。

年内，个旧市侨联在上级侨联的关心下，为2名品学兼优的贫困学生争取到“新长城助学基金”4000元的资助。做好来信来访工作，接待归侨侨眷来访5人次。

【加强海内外联谊，扩大侨联影响】 2011年，个旧市侨联牢固树立“大侨务”观念，围绕庆祝中国共产党建党90周年、辛亥革命100周年系列活动，发挥侨联优势，以“亲情、乡情、友情”为纽带，多渠道、多层次、多形式地加强海内外联谊，开展系列纪念活动。

新春到来之际，个旧市侨联向省内外各有关地州、市县侨务部门和国内外华侨侨眷寄出贺年卡200余份，向五湖四海的华人送去来自家乡的问候与祝福。

1月16日，武警红河支队一大队二中队和个旧市侨联艺术团联合举办迎新春警民联欢会。个旧市侨联主席姜玉梅、武警红河支队一大队大队长蔡政权等有关领导以及武警官兵、官兵家属、市侨联干部和侨联艺术团演职人员共100余人参加联欢会。个旧市侨联艺术团分别表演了舞蹈《卓玛》《酷傣》《欢乐草原》和女声独唱《军中飞来一只百灵》《妻子》《兵哥哥》等节目；武警战士表演了小品《三大纪律八项注意》《非常8+1》《西游记续集》等精彩节目。

5月8日是第64个“世界红十字日”，个旧市侨联作为红十字会会员单位参加了个旧市红十字会在中山路举办的宣传活动。开展为民义诊、医疗卫生知识及法律知识宣传等项目。活动为群众提供义诊

580人次，发放《中华人民共和国宪法》《中华人民共和国未成年人保护法》《云南省实施〈中华人民共和国妇女权益保障法〉办法》等宣传资料4000余份。

6月16日，为隆重庆祝建党90周年，歌颂党的正确领导，赞美祖国建设的伟大成就，铭记革命历史，继承和发扬党的光荣传统，个旧市侨联组织干部职工积极参加民主党派、工商联、侨联机关工会举办的纪念建党90周年知识竞赛活动，个旧市侨联参赛人员荣获优秀奖。

6月24日，个旧市侨联组织全体干部职工参加市工商联联合支部在市委宣传部会议室举行的纪念建党90周年座谈会。会上，联合支部书记带领大家重温党的历史，回顾建党90周年所走过的光辉历程。同日，市侨联干部职工还参加了个旧市延安精神研讨会在市委小礼堂举办的“唱红色经典，颂扬延安精神”庆祝建党90周年颂歌会。

10月21日晚上，个旧市侨联艺术团应邀参加民革个旧市委员会在人民影剧院举办的纪念辛亥革命100周年晚会。侨联艺术团通过节目表演充分彰显“展示自我风采、增加文化交流”的精神风貌，加深了侨界与其他民主党派的联系和友谊。

【跟踪服务“侨心工程”，做好引资引智工作】 2011年，个旧市侨联坚持把吸引侨资侨智作为工作重点，积极牵线搭桥，做好服务，为个旧市经济社会发展做贡献。年内，在市委统战部、市侨联的牵线搭桥下，香港万佛寺管理有限公司董事长吴星达夫妇援建的鸡街新华月溪侨心小学、鸡街麻栗树月溪侨心小学、贾沙白云村姜锡昌侨心小学顺利落成，市侨联已开展跟踪服务工作。

年内，由中国华侨基金会“绿色点亮未来”活动捐赠的177支飞利浦节能灯，经个旧市侨联分别赠与鸡街新华月溪侨心小学、鸡街麻栗树月溪侨心小学、贾沙白云村姜锡昌侨心小学。

【精心组织，做好侨联换届工作】 2011年，个旧市侨联根据《中华全国归国华侨联合会章程》的规定，报经中共个旧市委同意，认真开展换届工作。10月20日市侨联召开第四届第十九次全委会，研究、讨论“关于召开个旧市第五次归侨侨眷代表大会”的相关事项。会议民主推荐第五次侨代会代表、委员候选人名单，讨论了筹备侨代会的相关事宜。

12月27日，个旧市第五次归侨侨眷代表大会在市委小礼堂隆重召开。来自全市归侨侨眷代表80余人参加大会。省侨联副主席、州侨联主席周碧奋，市委常委、市委办主任、统战部部长张鹏程及市人大副主任张勇，市政府副市长陈新华，市政协副主席林满松等领导出席会议。会议表彰归侨侨眷先进个人8人。大会选举产生了个旧市侨联第五届委员会，其中委员11人，主席1人，副主席4人（兼职），秘书长1人。姜玉梅当选个旧市侨联第五届委员会主席。

（撰稿：郑　觃　姜玉梅）

个旧市中华职业教育社

【简述】 2011年，个旧市中华职业教育社（以下简称个旧市中华职教社）积极发挥“统战性、教育性、民间性”的特点，坚持以科学发展观为指导，认真落实州社三届六次会议及个旧市第十二次党代会精神，服务于市委、政府工作大局，紧紧围绕建言献策、温暖工程、职业教育、组织建设四项重点开展工作。继续打造温暖工程、组织发展两块品牌，竭力营造通达和谐的工作环境，为个旧市经济建设和社会事业的发展作出贡献。

【努力搞好调研工作，提高建言献策水平】 2011年，个旧市中华职教社紧紧围绕民生，立足职业教育，精心选择调研题目和研究课题，做好社会热点、难点问题的专项调研，努力使建言献策工作机制和程序进一步规范，层次和水平进一步提高。借鉴州社及其他兄弟社的做法，在工作计划中提出“个旧市中华职教社团体社员单位、社员小组活动目标量化考核办法”，规定“每个团体社员单位、社员小组每年上交一篇调研或理论研究文章”，极大地调动了社员调查研究的积极性，促进了建言献策工作的健康发展。年底考核收到各团体社员单位、社员小组报来的调研文章1篇；理论研究文章58篇。其中3篇发表在国家级刊物上，其余55篇发表在省、州、市各级刊物上。同时，个旧市职教社发扬建言献策工作优势，关注全市民生和职业教育，精心选择调研课题，先后完成《个旧市中华职教社关于对个旧市残疾人群体现状的调研》《个旧市中华职教社关于职业院校“校企合作、订单式培养”的调研》两篇调研报告。

【积极推进温暖工程，开展各种培训和帮扶活动】 2011年，个旧市中华职教社根据州社下达的指标任务和陈丽莎主任提出的“创新工作思路，突出特色，推进温暖工程各种公益活动的开展”的工作方针，积极筹划，多方协调，开展了丰富多彩，惠及多个群体的各种培训和帮扶活动。

一、农业和职业技术培训

农村实用技术培训是个旧市中华职教社实施“温暖工程”的重要抓手，紧紧围绕“科技兴农”这个主题,与各乡镇社员小组紧密联系，因地制宜地举办各种农村实用技术培训活动。

依托市一职中资源优势联合开展“信息技术进农村培训活动”，加强对农民信息技术的培训。首批参加培训的青年农民185人在卡房镇头道水村委会举行开班仪式。先后在个旧市蔓耗、老厂、贾沙等乡镇举办4期种养殖培训班。培训内容有热带水果栽培、马铃薯种植、家禽养殖等。通过各种培训,使一部分农村党员、致富带头人提升了实用技能,为农业增效、农民增收、农村稳定发挥了应有的作用。全年共举办农村实用技术培训6期，培训421人次，支出经费4600元。

为进一步提升个旧市民办幼儿园教师整体素质，适应素质教育的需要，提高民办幼儿园教学质量。7月8～12日，个旧市中华职教社对来自全市26所民办幼儿园的教师56人在市和平小学进行为期5天的舞蹈技能培训。

二、弱势群体帮扶工作

在七一建党节来临之际，个旧市中华职教社联合市残联到城区部分社区和贾沙乡村委会，对10户残疾人家庭进行走访慰问。市职教社为这次活动准备了大米10袋、食用油10桶，支出帮扶资金3000元。在九九重阳节到来之际，市职教社与市五一社区联合开展扶贫慰问活动，支出帮扶资金1000元。

三、外派劳务

春节前夕，个旧市中华职教社在获悉昆明国际花卉拍卖交易中心和昆明滇池路外滩一号酒店急需大量农民工的信息后，积极动员社员单位和社员小组在全市范围宣传动员推荐农民工。1月11日，组织100多名应聘人员在个旧一职中举行供需见面会，昆明国际花卉拍卖交易中心和昆明外滩一号酒店有关人员亲临会场，经面试后昆明花卉拍卖交易中心选聘了符合条件的农民工50人，外滩一号酒店选聘了符合条件的农民工16人。经过简单培训后，市职教社工作人员于1月12日把农民工66人送往用人单位。

四、抓好温暖工程班助学工作，圆学子求学梦想

根据州社下达的“温暖工程班”招生指标，市职教社积极组织城区及郊区相关中学招生负责人会议，宣传学校招生政策，做好学生报名工作，组织贫困学生3人到州农校就读“温暖工程班”；组织学生3人就读云南省工艺美术学校；组织学生3人就读中华职教社总社“温暖工程”助学项目。市职教社为每名就读州农校、省工艺美术学校的学子发放50元困难补助金，为就读中华职教社总社“温暖工程”助学项目的学生每人发放100元，给这些贫困学子送去市职教社的温暖，帮助他们圆了求学梦想。

【抓好组织建设，稳步发展社员】 2011年，个旧市中华职教社根据“平衡发展，结构合理，注重质量”的发展原则，稳步开展社员发展工作，新发展的个人社员不仅注意文化素质和社会影响，而且有意识地在民办教育、科技、经济和非中共人士中发展。全年发展社员11人，完成州社下达的全年指标任务。截止12月，市职教社共有团体社员单位11个，社员小组17个，社员396人。

【周密筹备，精心组织，顺利召开第三次社员代表大会】 2011年9月24日，个旧市中华职教社召开第三次社员代表大会。州、市有关领导，红河州中华职教社以及红河州10个县市职教社的嘉宾，市总工会、各民主党派、工商联、侨联、残联等负责人以及社员代表共计150余人出席会议。个旧市委常委、市委统战部部长张鹏程，红河州人大常委会正厅级巡视员、州中华职教社主任陈燕华分别在开幕式上发表热情洋溢的讲话。大会听取并通过市职教社主任陈丽莎代表第二届社务委员会作的工作报告以及个旧市中华职业教育社第三次社员代表大会决议。代表们以高度的责任感，按《中华职业教育社章程》选举产生个旧市中华职业教育社第三届社务委员会，圆满完成大会的各项议程。这次大会的召开，顺利地实现了市职教社领导班子的新老交替，

深刻地总结了过去五年来开展工作的经验教训，指出了今后的发展方向，必将对市职教社今后的工作产生良好而深远的影响。

【扩大宣传，不断提高职教社的影响力】 2011年，个旧市中华职教社为继续加强宣传工作，扩大职教社的影响，宣传个旧，宣传各社员单位，拟定“个旧市中华职教社团体社员单位、社员小组活动目标量化考核办法”。其中要求各社员单位每年完成2篇报道稿，社务委员每季度完成1篇报道稿。年终统计，市职教社稿件被省级以上媒体采用8篇（其中总社社讯采用2篇），州级采用11篇，县市级采用6篇。编印《个旧市中华职业教育社简讯》4期，超额完成州社下达的宣传报道工作任务。

（撰稿：赵　庸）

个旧市关心下一代工作委员会

【简述】 2011年，个旧市关心下一代工作委员会（以下简称个旧市关工委）在市委的正确领导和关心支持下，在上级关工委的具体指导和帮助下，以邓小平理论和“三个代表”重要思想为指导，深入贯彻落实科学发展观和中共十七届五中、六中全会精神，以社会主义核心价值体系教育为主题，围绕中心，服务大局，主动作为，扎实工作，把社会主义核心价值体系寓于青少年思想道德建设工作之中，促进青少年健康成长。有力推动全市关心下一代工作不断向纵深发展，广泛开展“中华魂颂歌献给党”主题教育活动及感恩教育、中华诗文诵读、才艺培养”三项活动，得到省、州关工委的充分肯定，受到社会各界的好评。

【建立健全组织网络】 2011年，个旧市关工委始终把组织建设作为首要工作来抓，围绕社会主义核心价值教育主题，以饱满的热情，昂扬的精神，务实的工作，认真贯彻落实国家、省、州关工委工作要求，有目标、有计划、有安排地开展各项工作。3月2日，个旧市关工委在市委小礼堂召开“个旧市2011年关工委工作会”，重点部署建立健全基层组织网络的相关工作。州关工委副主任余家洪，市委书记王忠，市委常委、宣传部部长周林俊，各乡镇关工委、29个社区关工委、市关工委成员单位等100余人参加会议。

【以纪念建党90周年为契机，开展“中华魂　颂歌献给党”主题教育活动】 2011年，个旧市关工委按照上级的要求，紧紧围绕建党90周年这个中心，在全市广大青少年中开展“中华魂颂歌献给党”主题教育活动。市关工委联合教育局、团委、市妇联等十家单位和部门发文，为活动的顺利开展提供保障。市委常委、市委宣传部部长周林俊要求主题教育活动要用生动、鲜活的事例展示个旧市建市60年、改革开放30年以来，在政治、经济等各方面取得的伟大成就，促使全市广大青少年珍惜光阴，学而不倦，努力从中华民族的优秀文化中汲取知识和智慧，不断地为祖国的现代化建设建功立业。全市各中小学校订购《中华魂·颂歌献给党》学习读本48066册，市关工委为外来务工人员子女订购学习读本4000册，基本做到全市青少年人手一册。3月25日，全市青少年“中华魂—颂歌献给党”主题教育活动暨个旧中学首届读书节启动仪式在个旧中学拉开帷幕。省“中华魂”活动组委会、省关工委、州关工委领导出席启动仪式并作热情洋溢的讲话。

4月29日，个旧市教育局关工委针对不同年龄层次的青少年推出作文、书法、绘画、摄影、演讲等“颂歌献给党”系列竞赛活动。全市各中小学共选送征文、书法、绘画、摄影作品550件（篇），并组织40名学生参加演讲比赛。比赛后，荣获一等奖的选手代表个旧市参加红河州关工委组织的“颂歌献给党”系列竞赛活动，并获得优异成绩。其中红河州初中组一等奖得主个旧四中学生段梦汐，代表红河州参加省关工委组织的比赛,并获得云南省初中组一等奖的好成绩。

“五四”青年节到来之际，“颂歌献给党”筹委会向全市青少年儿童发出唱响“红歌”的倡议。5月4日，个旧市风雨馆内来自单位、学校、部队的近2000名青少年唱响了“五星红旗，迎风飘扬，胜利歌声多么响亮……”“我们是共产主义接班人，继承革命先辈的光荣传统……”“团结就是力量……”等多首“红歌”和经典儿童歌曲，用嘹亮的歌声表达青少年对祖国、对党的热爱之情。

5月21日，“颂歌献给党”筹委会在市京剧院举行颁奖大会，大会以精美的电视画面为背景，配以小朋友们精心编排的诗朗诵、歌舞，向人们展示了一代代中国共产党人浴血奋战、前仆后继的光辉形象，展示了中国共产党90年的光辉历程，展示了个旧市建市60年来经济社会的发展进步。大会为评选的“好少年”、“好家长”、“好老师”颁奖，并对此次“中华魂•颂歌献给党”主题教育活动涌现的先进集体和个人给予表彰。

个旧市幼儿教育研究会在“颂歌献给党”系列活动期间，推出以“童心向祖国”为主题的演唱比赛，让幼儿用歌声赞美祖国、赞美生活。

【关爱活动】 2011年，个旧市关工委始终把关爱教育，积极为儿童做好事、做实事作为一项重要任务。年初，市关工委安排29家社区关工委摸清辖区内的贫困儿童状况，并为85名贫困孩子发放助学金3.14万元。

个旧市关工委尽力为孤残弱势儿童做好事、做实事，关心他们的成长和进步。六一儿童节期间，由市关工委牵头组织，由市残联、市教育局、市妇联、团市委、市计生局、市青少年活动中心等部门和中小学生代表参与组成慰问组，到建水特殊学校、乍甸福利院看望聋哑儿童和孤残儿童，为他们带去慰问金及节日礼物，鼓励他们奋发图强。

年内，为了进一步保障未成年人的合法权益，个旧市关工委根据上级有关文件精神，对未成年人严重不良行为导致犯罪的情况进行走访调研，总结了形成青少年犯罪的重要原因：一、文化素质普遍偏低；二、家庭监管缺失；三、学校教育偏差；四、社会环境影响。调研活动为下一步采取有针对性的措施预防和减少青少年犯罪起到积极的作用。

【寓教于乐的青少年活动】 2011年，个旧市关工委围绕社会主义核心价值体系，推动“三项活动”（感恩教育、中华诗文诵读、才艺培养）向纵深发展。各乡镇、社区关工委联合有关部门利用6月安全月，11月消防宣传月及12月法制教育月，在中小学生中广泛开展“珍惜生命，远离毒品”、“节能环保从我做起”、“同创文明城市，共建和谐家园”等宣传教育活动，举办讲座100多期；组织学生观看禁毒教育宣传图片，在各中、小学和社区设置法制宣传栏，进行法律知识宣传；组织人员对有不良行为的青少年进行帮教，有效地增强了青少年的法制观念和社会责任感。“三项活动”在市委、市政府的关心支持下，在青少年中开展得红红火火，取得显著成效，得到省、州关工委的肯定，受到社会各界好评。

（撰稿：周云丽）

军　事

和平时期的兵　（朱应忠　摄）

个旧市人民武装部

【简述】 2011年，个旧市人民武装部（以下简称个旧市人武部）在蒙自军分区党委和个旧市委、市政府的双重领导下，在各级首长和机关的具体帮助和指导下，坚持以邓小平理论和“三个代表”重要思想为指导，深入贯彻落实科学发展观，深入学习胡锦涛七一讲话和十七届六中全会精神，紧紧围绕国防和军队建设发展主题主线，按照“安全发展、打牢基础、反复落实、整体推进、确保稳定”的工作思路，大力加强思想政治建设，努力推进个旧市国防动员和后备力量建设整体跃升。一年来，在军分区组织的军事训练考核中，个旧市人武部总成绩名列13市(县)人武部第一，在军分区组织的军事比武竞赛中夺得6个奖项，位居市（县）人武部首位；人武部党委被云南省军区评为“先进团级单位党委”；部长、政委被蒙自军分区评为“一对好主官”；部长张必伦被云南省军区评为优秀共产党员；政委李文华被蒙自军分区评为新闻报道先进个人；市人武部在个旧市委各项目标责任考核中连续6年被评为一等奖，在云南省档案工作“八项工程”验收考核中达五星级档案工作标准，被云南省军区评为安全稳定先进单位，被成都军区评为用户型密码使用管理先进单位。

【思想政治建设】 2011年，个旧市人民武装部坚持以中国共产党的创新理论武装干部职工头脑，紧紧抓住党委中心组带机关理论学习制度落实，大力加强思想政治建设。部党委按照理论学习和政治教育计划，扎实抓了党委中心组带机关的理论学习、“培育当代革命军人核心价值观”主题教育和胡主席七一重要讲话专题学习活动。围绕“坚定理想信念、忠实履行使命”，深入抓好培育当代革命军人核心价值观主题教育，大力弘扬长征精神和战区“五种精神”。坚持按照“六学”方法，严格学习制度，深入研究以科学发展观为指导，加强思想政治建设和党委班子能力建设的方法，确保人武部建设的正确方向，确保以民兵预备役建设为中心的各项任务圆满完成，维护社会稳定、保持部队稳定。深刻理解胡主席关于加强军队建设的一系列重要指示，狠抓以人武部机关“内强素质、外树形象”为重点的争先创优系列活动，端正部机关人员的工作态度，推动工作落实，提高战斗力。

【党委建设】 2011年，个旧市人武部深入学习贯彻《中央军委关于提高各级党委贯彻落实科学发展观能力的措施》《党委工作条例》和省军区《进一步规范团以上党委领导工作有关问题的指示》精神，自觉用科学发展观武装头脑，确保党组织在人武部建设中的指导地位。一是扎实开展“加强党性修养、锤炼思想作风”教育整顿。通过组织辅导报告、参加上级教育、邀请专家授课、召开专题民主生活会等形式，精心组织教育整顿自查自纠，强化问题检讨，广泛开展群众测评，进行自我分析，制定切实可行改进措施，进一步巩固深化教育整顿成果；二是紧紧抓住“倾向性问题专项整治”不放松。认真贯彻落实蒙自军分区“倾向性问题专项整治”指示精神，注重教育固根本，严查问题敢较真，盯住整改看成效，把专项整治与人武部全面建设紧密结合，针对军分区提出的九个重点整治问题，在末端落实上狠下工夫。21名干部职工都写出书面承诺书，并针对重点问题逐个进行民主评议，进一步纯正人武部风气。三是认真学习贯彻《军队党组织实施党内监督的规定（试行）》和《廉洁从政规定》，观看《泣血的教训》警示片，不断增强党内监督。积极开展倾向性问题专项整治“回头看”活动，在党员干部中大力开展创先争优活动，树立先进典型，严格落实“两课一讲评”、“六项制度”，抓好两个经常性基础工作落实，加强干部职工教育管理，切实增强人武部干部职工事业心、责任感。通过加强党委班子建设的各项有力措施，市人武部党委班子和干部队伍建设得到进一步提高。

【党管武装工作】 2011年，个旧市人武部坚持以邓小平理论和“三个代表”重要思想为指导，认真贯彻落实科学发展观，坚持打基础、注重抓落实，各项建设在继承中创新，在改进中加强，呈现出良好的发展势头。一是党管武装工作落到实处。一年来，市委、市政府引导全市上下牢固树立居安常要思危，富国必先强兵的政治意识，始终把国防建设和武装工作摆在十分重要的位置。在工作中，严格坚持武装工作双重领导制度、现场办公制度、述职制度，及时研究和督促解决武装工作中存在的困难和问题，真正做到"一手抓经济建设不动摇，一手抓党管武装工作不放松"，形成党政负责、部门协作、社会参与、齐抓共管、军地携手共建的良好工作格局，增强了市乡党政组织抓好武装工作的主动性和积极性。二是党管武装工作机制进一步完善。更加注重用制度规范工作，靠制度促进落实，在落实党委议军、现场办公、军事日活动等基本制度的基础上，坚持做到"三个纳入"，即把武装工作纳入整体工作规划，保证工作有位子，发展有路子，奋斗有目标；把武装工作纳入党政领导任期目标责任制，统一部署，统一检查，统一考评；把武装工作纳入财政预算，做到有计划、有安排、有保障。确保党管武装工作的健康运行。三是一些具体问题得到有效解决。针对2010年议军会议指出存在的问题，各单位进一步明确责任，强化措施，使党管武装的各项工作得到较好的落实。一是落实工作经费。市财政及时足额拨付军事活动、民兵训练等各项经费，保证工作正常开展。二是基层武装部正规化建设得到进一步加强。通过市乡两级共同努力，9个乡镇武装部软硬件建设达到c类标准。三是专武干部队伍素质有明显提高。由人武部会同组织部门共同考察考核，调整补充专武干部2人，优化队伍结构，提高干部素质，激发工作活力。

【正规化建设管理】 2011年，个旧市人武部严格按照省军区《人武部全面建设内容与考评标准》，高标准推进市人武部和基层武装部的全面建设。一是人武部正规化建设水平有新提高。市人武部坚定不移地贯彻从严治军方针，深入持久地抓好条令条例的学习贯彻，进一步规范"四个秩序"，树立人武部军事机关良好形象。积极研究规划功能齐全、设施配套、布局合理的办公楼、公寓房、民兵武器装备仓库和民兵训练基地，以满足正常的战备、训练、工作和生活需要。二是基层人武部达标建设成效明显。认真贯彻落实云南省军区《基层人武部规范化建设标准》，着力抓好基层人武部建设，不断优化专武干部队伍结构，积极补齐建设"短板"。5月，市人武部在大屯镇和保和乡组织基层武装部A类建设试点工作。10月对城区办事处、大屯镇、锡城镇、鸡街镇、云锡集团公司、金星化工有限公司武装部B类建设进行达标检查，均达到建设标准；卡房镇、蔓耗镇、老厂镇、贾沙乡、保和乡人武部建设达到C类建设标准。三是"青年民兵之家"建设得到加强。各基层人武部坚持把"青年民兵之家"作为开展国防教育的主阵地，"青年民兵之家"建设明显加强，各乡镇、云锡集团公司、金星化工有限公司"青年民兵之家"建设达到C类建设标准。

【军事工作】 2011年，个旧市人武部军事工作认真贯彻落实胡主席关于大抓军事训练的重要指示，坚持以完成多样化军事任务为牵引，以《军事训练大纲》为依据，严格按纲施训，依法治训，扎实推进军事训练稳步提升。一是扎实抓好民兵军事训练，提高民兵应急队伍完成多样化军事任务的能力。4月，市人武部组织全市专职人武干部进行为期10天的专武干部集训，为年度民兵军事训练奠定基础；5月中旬，抽组民兵36人集中进行军事三项集训，推荐3人参加云南省民兵军事三项比武竞赛；6月下旬，集中全市专武干部62人进行专武干部培训暨《纲要》集训；7～10月，组织民兵应急连及各乡镇民兵共计339人进行针对性训练。在训练中，采取集中培训应急分队、岗位自训专业分队、联训联演等训练方法，促进民兵军事训练的有效落实，民兵军事训练质量得到有效提升，民兵应急应战能力明显增强。同时，加强对民兵应急分队维稳处突、抢险救灾等科目的演练，提高全市民兵应急分队应对多种安全威胁、完成多样化军事任务的能力。二是狠抓人武部党委机关军事训练，积极参加军分区军事比武竞赛。科学制定训练计划，部党委领导克服军、地事务繁忙的困难，带头参加训练，严格落实训练计划内容，不断提高训练标准，营造良好的军事训练氛围，提高市人武部干部的军事技能总体水平。在军分区比武竞赛中取得1个单项第二名、2个单项第三名的成绩；在军事尖子比武竞赛中取得1个单项第一名、1个单项第三名的成绩。三是积极组织学生军训。坚持以围绕国家人才培养的长远战略和国防后备力量建设为目标，以《中华人民共和国国防法》《高级中学学生军事训练教学大纲》为依据，扎实抓好个旧市学生军训工作。7～9月，协调驻个旧市武警消防部队，抽组军训现役干部12人次，武警消防士兵42人次，民兵预备役部队军训骨干38人次，完成个旧市高中、中专(含技校、职高)、初中军训12批次，军训学生3200余人。训练中，突出"抓教育强素质、抓训练强作风、抓养成强纪律"，确保学生军训的安全和质量，为个旧市国防后备力量建设奠定了坚实的基础。

【国防后备力量建设】 2011年，个旧市国防后备力量建设，在市委、市政府和市人武部的正确领导下，按照“扎实有效打基础、围绕重点求突破、科学发展上台阶”的思路，紧紧围绕有效履行新时期新阶段使命任务，全面贯彻落实科学发展观，积极探索军民融合式发展路子，以质量建设为核心，不断深化调整改革，扎实做好军事斗争准备，各项建设稳步推进，应急应战能力明显提升，国防后备力量建设与经济社会同步协调发展。一是国防教育不断深化。个旧市国防教育办公室坚持以“青年民兵之家”为主阵地，在全市深入开展国防教育“进村社、进厂矿、进学校”活动，通过发放资料、发送手机短信、播放电视讲话、刊载公告、设立宣传栏等形式，扎实抓好《国防法》《兵役法》等相关法规的宣传教育。市人武部把《中国民兵》《中国国防报》《国防》《国防教育法》《兵役法》等杂志报纸发放到民兵班，将《国防法》《国防教育法》《兵役法》等有关国防法规复印成册，下发到基层武装部；切实利用民兵整组、训练、征兵等各类时机，深入开展民兵职能任务、形势战备和国防知识教育，强化民兵预备役人员“兵”的意识，不断增强人民群众“国无防不立、民无防不安”的国防观念。积极组织民兵预备役部队在扶贫帮困、抢险救灾、护厂护矿、维护社会稳定等方面发挥突击队作用。二是参建参治成效明显。年内，大屯镇民兵应急分队先后投入兵力300余人，参加抢险救灾10余次，协助公安机关开展巡逻执勤、疏导交通132次；保和乡出动民兵450余人参与修建公路2条，移栽烤烟800余亩，运送抗旱用水300余吨；老厂镇出动民兵1000余人，参加社会主义新农村建设修路8.5公里，配合公安机关抓获犯罪分子20余人；云锡集团公司投入民兵67900人次努力做好护厂护矿工作，抓获偷盗抢矿人员3285人次，收缴各类矿石476.22吨，矿石折价684.05万元；其余乡镇先后动用民兵参加森林灭火、抗旱救灾和各类应急维稳工作，严厉打击违法犯罪，维护社会稳定。三是征兵工作稳步提升。针对2010年个旧市存在的“当兵冷”、“征兵难”等现象，市征兵办积极研究对策，深入基层调研。依据《成都军区征兵工作流程规范》，扎实做好平时征兵工作。积极创新征兵宣传机制，在采用传统征兵宣传方式基础上利用电子政务网和公共场所电子屏幕进行征兵工作宣传，大力宣扬征兵政策规定；认真落实征兵工作目标责任制，推行征兵工作问责制，严格把好调查、体检、政审、定兵等关口，兵员质量不断提高。全市共完成XXX名新兵征集任务，并完成上级赋予的XXX名新兵自行报到试点任务，保持连续15年无责任退兵的良好势头。

个旧市人民武装部领导名录

部　长　张必伦（上校）
政　委　李文华（上校）
副部长兼军事科长　陈登泉（中校）
政工科长　崔　富（少校）
后勤科长　李学斌（少校）

（撰稿：赵　强）

武警8751部队

【简述】 2011年，武警8751部队坚持以邓小平理论和“三个代表”重要思想为指导，深入贯彻落实科学发展观，按照上级党委扩大会的部署，紧紧围绕科学发展主题和加快转变战斗力生成模式主线，着眼建设现代化武警目标，坚持突出重点抓党建、科学施训促提高、依法治警严管理、破解难题谋发展、纯正风气带部队，部队全面建设水平有了新的提高，部队先后被武警部队表彰为“基层建设先进单位”、“军事训练一级达标单位”，部队党委被评为“先进党委”。

【党委建设】 2011年，武警8751部队针对贯彻主题主线对党委领导干部理论素养和知识水平提出的新要求，不断加强和改进学习。依托中心组抓好中国特色社会主义理论体系武装和胡主席关于主题主线重大战略思想学习。结合部队实际，逐步完善以中心组为阵地、以个人自学为主渠道的党委议学、常委述学、机关评学、定期考学、书记督学机制。深入贯彻民主集中制，针对推进部队科学发展、加快转变战斗力生成模式对党委决策提出的新要求，把贯彻民主集中制作为提高党委领导部队建设科学发展能力的重要内容。修订完善党委议事决策规则，对党委议事内容、原则、程序、要求等作出明确规范，实践中认真贯彻执行。端正思想作风，认真学习贯彻胡主席关于加强和改进新形势下军队思想作风建设的指示要求，以加强党性修养、锤炼思想作风为重点抓好党委机关作风建设。深入开展加强党性修养、锤炼思想作风教育整顿，结合实际，拟制开展七个方面突出问题专项治理实施方案，督促纠治整改。加强风气建设，坚持按照胡主席“四个从严”要求，带头纯正部队风气。开展读书思廉活动，采取定期推荐廉政读物、观看警示光盘等办法抓好廉洁从政教育，每季度集中学习一次党纪条规、开展一次党性党风党纪教育，坚持述职述廉、重大事项报告等制度，班子内部营造了尚廉守纪的氛围。严格规范党委常委用车、接待经费使用和重大事项请示报告审批监督等办事程序，把思想防线筑牢，把措施办法定实。缩减接待费开支，把节约的经费投入连队建设话吧、警营电子阅览室等，真正做到少花钱、多办事、办大事。

【政治工作】　2011年，武警8751部队认真贯彻胡主席关于“更加注重从思想政治上建设部队”的重要指示，紧贴形势任务变化和官兵思想实际，深入抓好思想政治教育。针对任务实际，及时建立常委定点负责制度，“分批次、分驻地、分层次”搞好教育动员、辅导串讲和教育的具体组织领导，确保教育有序推进。组织以“践行核心价值观、争做党和人民忠诚卫士”为主题的读书征文比赛，广泛开展唱红色歌曲、看战斗影片、讲革命故事、写成长经历等配套活动，激发官兵岗位践行核心价值观的热情。用“特等功臣团”、“淮海三大员”、“攻坚英雄连”等集体荣誉激励官兵，用“老山”、“钢刀”精神鼓舞士气，不断强化部队精气神。结合担负战备训练和维稳任务实际，组织官兵在执勤间隙谈学习体会、训练之余讲教育心得、业余时间聊收获感悟，切实把教育实效转化为官兵遂行任务强大精神动力。以“三互”、“双四一”、“真知兵、深爱兵”和“密切内部关系”活动为载体，深入做好新兵“第二适应期”管理教育工作。坚持把活跃基层文化活动作为缓解官兵身心压力的重要手段。广泛开展体育小竞赛、课间小游戏、趣味小活动、警营小幽默活动，利用工作训练间隙、课余休息时间，组织官兵开展卡拉OK大家唱、书画比赛、球类棋类比赛等文化活动，结合纪念建党90周年举办“嘹亮军歌献给党”歌咏比赛、“在党旗下成长成才”演讲比赛，丰富了官兵文化生活。加大基层文体设施器材投入，一次性购买84台电脑配发基层网络学习室，丰富官兵业余生活。

【中心工作】　2011年，武警8751部队牢固树立抓战备训练就是抓战斗力的思想，下大力提升训练质量和战备水平。严格按纲施训，在抓好部（分）队传统科目训练基础上，每周集中干部组织2次训练，打牢各级各类人员的军事训练基础。在迎接上级达标两个节点考核中，入伍阶段考核总评为优秀，7月份考核总评优秀，在武警部队受考的单位中成绩名列前茅。加强对新装备的操作使用训练，开展新战法研究，部队战斗力在检验性实兵对抗演习中得到提升。选派干部骨干81人参加专业集训，为推进部队现代化建设储备人才。围绕实现战斗力生成模式转型，提高基于信息系统的执勤处突能力目标，利用周二、周四业务学习日突出抓好以“六会”为主要内容的首长机关业务培训。注重抓好信息化条件下首长机关军事技能和体能训练，依据《武警部队军事训练大纲》和《军人体能标准》，认真制定《党委机关干部训练实施办法》，建立机关军事训练统筹机制，形成“统一组织、定期讲评、集中补训、每月考核”等制度，提高首长机关训练水平。以“三手”和“四会”教练员评选活动为有效载体，广泛开展岗位大练兵活动，激发部队训练热情。

【管理工作】　2011年，武警8751部队认真贯彻落实依法从严治警精神，强化制度法规意识，加大安全管控力度。狠抓部队养成，注重在日常管理中强化官兵的纪律修养，坚持一点一滴抓养成，一言一行树形象。狠抓学习不放松，结合开展“条令学习月”活动，组织官兵对《共同条令》《安全工作规定》等法规逐章逐节进行学习，解决了不懂不会、标准不高和执行不力等问题。坚持用条令规范官兵言行，使条令渗透到部队工作和生活中，统一组织警容风纪、队列会操和条令知识竞赛。着眼精细化、制度化、常态化，对提高部队正规化建设标准问题进行研究部署，确保制度落实到位、设施规范到位、秩序正规到位。深入开展“双百”创安竞赛活动，围绕防范“八个重大安全问题”和实现“六个确保”目标，采取自我检查、相互查找、逐点清理等方法，全面排查安全隐患，并逐条梳理，逐一挂账销号，确保治理彻底。

【基层建设】　2011年，武警8751部队坚持把工作重心放在基层，注重在抓经常、打基础上下工夫。建强基层组织，持续推进创先争优活动深入开展，制定《基层党（团）组织和党（团）员“一诺三评”实施办法》，规范“一诺三评”具体内容、操作流程和组织方法。对基层党支部和两个群众组织“联建联动联创”问题进行重点研究，做到“五个统一”，即：统一选配骨干，统一组织培训，统一规章制度，统一组织活动，统一完善设施，确保三个基层组织捆在一起建设，促进协调发展。注重强化基层党委的独立意识，计划安排工作不定“死规定”，不搞“一刀切”，不越俎代庖，让基层党委主动想办法，因地、因情灵活抓落实。先后圆满完成玉龙县庆安保、象山扑救山火、丽江古城区武装巡逻、“5.10”重大佛事活动安保、配合丽江公安反扒窃专项整治任务。一年来，党委机关组织5批次工作组到基层蹲点帮建，着重帮助基层理清工作思路、破解发展难题、排解现实困难、制定抓建措施。全团13个基层单位发展平衡，没有明显后进单位。加强干部培训。针对年内基层主官调整面比较大的实际，分两批次组织新任基层主官到师参加集中培训，着力解决好不懂不会、操作不得法的问题，使基层党支部经常性建设得到加强。推荐2名干部到国防科大深造，选送19名干部到武警院校短期培训，解决人才短缺问题。针对长期在外担负中缅边境和藏区维稳任务实际，采取给家属发慰问信、重大节日看望慰问、开通帮难解困热线电话等方式，积极做好执勤官兵家属的思想稳定工作。

【后勤工作】　2011年，武警8751部队后勤工作着力建队伍、强管理、抓重点，增强综合保障效益。加强经费的宏观调控，采取综合预算和零基预算的办法，压缩行政消耗开支和事业经费中的间接性开支，提高经费的使用效益；严格财经纪律和规范化管理，按照《机关经费结算规定》，在全部队推行公务卡结算，从源头上控制经费流向，确保经费安全。上级对部队财务经费审查后，对党委集体理财、健全制度和基础工作规范等方面给予了好评。定期讲评基层单位伙食管理情况，推行自助餐和周末小会餐、节日大会餐，提高官兵生活水平。严格落实开支审批权限规定，做到经费账目清楚，资金管理严格。针对后勤队伍业务素质不强、人才匮乏的实际，采取院校学习、集中培训、函授自学、以工代训等方法，加强对各类保障人员的培养；结合开展岗位练兵活动，突出抓好保管员收发技能训练、炊事员利用制式炊具开展野炊训练、卫生员战地救护训练和驾驶员长途运输保障训练，后勤骨干队伍能力素质不断增强。全年，先后组织后勤专业集训7批次，培养专业技术兵156人。8月，在上级举办的后勤专业比武中，武警8751部队获得团体总分第一名的优异成绩。

武警8751部队领导名录

部　队　长　王　庆（上校）
政治委员　陈智勇（上校）
副部队长　陈开建（中校）
副政治委员　向荣贵（中校）
参　谋　长　余万林（中校）
政治处主任　蒋会明（中校）
后勤处处长　伍建林（少校）

（撰稿：丁举鹏）

武警个旧市中队

【简述】　2011年，武警个旧市中队坚持以科学发展观为指导，牢固树立安全发展理念，按照“建班子、保稳定、求发展、创标兵”的总体目标，着力提高党支部“三个能力”，狠抓经常性基础性工作落实，全面建设稳步跃升。中队被云南省总队表彰为“基层建设标兵中队”，并荣立集体“三等功”。

【组织建设】　2011年，武警个旧市中队始终坚持“打组织的旗帜、树组织的权威、发挥组织的作用”，扎实抓好以党支部为核心的组织建设，自觉形成党员围着支部转、群众跟着党员干、团结一致为中队建设做贡献的生动局面。建立健全5人支委，扎实抓好业务培训，通过正、副书记和支委结对帮带，在工作中压担子、传经验、教方法，支委能力提升明显，班子成员心往一处想、劲往一处使，始终保持团结的战斗力和昂扬的精神状态。加强党风廉政建设，敏感、热点问题坚持先议政后议事，先论证后上会，先酝酿后讨论，先民主后集中，并及时向军人大会通报，对选拔士官、发展党员、推荐优秀士兵保送和评功评奖等敏感问题全部实行“阳光操作”，官兵反映良好。深入开展创先争优活动，着眼“提高能力、激发活力、凝聚合力、鼓足动力”的目标，科学组织实施“一诺三评”活动，着力在建强组织、增强党性、发挥作用上下工夫，推进创先争优活动向深度延伸。中队党支部被云南总队表彰为“优秀党支部”，中队长游凯因工作成绩突出荣立“三等功”，二班长莫向清被评为优秀共产党员。

【政治工作】　2011年，武警个旧市中队始终坚持政治工作的首位意识，认真传达学习中共十七届六中全会精神和总队、支队党委扩大会议精神，围绕持续开展“培育当代革命军人核心价值，永远做党和人民忠诚卫士”主题教育活动，大力宣传学习杨善洲和武警部队忠诚卫士方红宵、丁晓兵、王建国等先进事迹，激发官兵在学先进、学英模中坚定信念、成长进步。积极采取措施用活各种教育资源，广大官兵走上讲台说自己的话、谈身边的人、讲典型的事，利用饭前小演讲、新闻小点评、心得小展评等载体，采取“圈报、读报、评报、考报、剪报”五步法，营造出浓厚的群众性学习氛围。

年内，武警个旧市中队大力开展健康向上、适合青年特点的知识竞赛、读书演讲、棋牌、篮球赛、联欢会等文体活动，积极与目标单位开展篮球友谊赛，与驻地田心村举行联欢晚会，定期给中队官兵过集体生日，让官兵安心静心本职工作。积极营造浓厚的警民鱼水深情，分别向盈江灾区、省见义勇为基金会等捐款33400余元，踊跃参加“庆七一”建党90周年文化活动，积极上报美术、摄影、书法作品，其中2份书法作品被云南总队推荐参加武警总部评比，全年上报新闻宣传稿件63份。

【军事工作】　2011年，武警个旧市中队狠抓基础技能、体能等科目训练，每周开展一次情况处置方法、哨兵反袭击训练和方案演练，不断强化单兵执勤能力，完善10人应急力量体系建设，不断打牢完成任务能力基础，在支队驻蒙自片区部队季度军事会操中多次获得第一名，年终军事考核总评优秀。认真总结在押犯脱逃案件经验，深刻吸取在押犯脱逃教训，注重搞好执勤分析，每周对照总队、支队周查勤通报存在的问题和教训，扎实开展“两看”勤务专项治理整顿，及时投入经费1万余元，整改治理执勤隐患3处，购买对讲机8台及部分执勤设施用品，有效规范执勤秩序。认真转化年初支队在中队进行执勤兵力抽组演示成果，及时修订完善处突方(预)案，搞好形势战备教育，扎实搞好兵力抽组演练，结合实际做好目标防袭击、处置突发事件和情况处置准备工作。完成押解、警卫等临时勤务12起，参加驻地田心村抢险救灾任务1起。

【行政管理】　2011年，武警个旧市中队认真做好行政管理工作。叫响“我的安全我负责，别人的安全我有责，单位的安全我尽责”口号，每月认真抓好预防事故分析，有针对性地搞好预防触电、食物中毒、煤气中毒教育，深入搞好安全隐患排查整治，加强战士物品管理，提高防间保密和四反五防意识，防止失泄密发生。严格落实基层正规化管理规定，以《总队正规化管理图解》为标准，及时投入经费10万余元，全面搞好库室改造、设备更新等，强力推进中队正规化建设。规范一日生活制度，狠抓“四个秩序”正规。深刻汲取事故案件教训，扎实开展“把握思想大谈心、从我做起大反省、安全隐患大整治”教育整顿活动，以内部关系为切入点，以干部、士官和身边人为重点，着力抓好“人车枪弹酒、水火电毒密”管理，安全发展根基进一步夯实。

【后勤建设】　2011年，武警个旧市中队充分发挥武警部队双重领导、双重保障的职能作用，积极加强四项设施建设，购置不锈钢餐桌，升级改造三级网，改造太阳能设施，彻底解决官兵洗澡难问题。严格落实经费、物资、伙食、库室、卫生、战备等管理制度，切实做好各类资产的管理、维护和使用，最大限度地发挥各类资产效益。深入贯彻总部装备会议精神，认真落实武器装备管理规定，熟知库室建设标准要求，牢记本职工作职责任务，在保养制度上，做到动态执勤用枪坚持每日一小擦，静态管理每周一大擦拭，确保武器装备的完好率。从改善土壤质量和解决水源问题着手，种植14个品种的蔬菜丰富官兵"菜篮子"，养猪5头，养鸡、鸭、鹅30余只，极大地改善官兵的"菜盘子"。

武警个旧市中队领导名录

中队长　游　凯（上尉）
指导员　林正权（中尉）

（撰稿：莫向清）

法　制

个旧市矿山综合整治法制宣传到乡镇　（刘莎莎　摄）

中国共产党个旧市委员会政法委员会

【简述】 2011年，中国共产党个旧市委员会政法委员会（以下简称个旧市委政法委）在市委、政府和州委政法委的领导下，认真贯彻全国、省、州政法工作会议和市委十一届七次会议、第十二次党代会精神，以科学发展为主题，紧紧围绕全市加快转变发展方式、实施产业“二次创业”的重大决策部署，充分履行领导管理、组织协调、指导监督全市政法工作的职能，以开展“加强党组织建设、规范村级权力运行、加强社会治安综合治理、加强人民群众思想文化建设”为主题的“四位一体”建设为契机，着力深化政法三项重点工作，加强指导和组织协调全市社会治安综合治理和维护社会稳定工作，集中精力开展“平安先进县（市）”创建活动，强化政法执法监督和队伍建设，有力推动全市政法及综治维稳工作。

【政法工作会议】 2011年3月11日，个旧市政法工作会议在市委小礼堂召开，市委书记王忠，市委副书记、市长戴劲松，市委副书记周踊、寇静冬，市人大主任白燕，市委常委、政法委书记王伟，市委常委、市委办主任张鹏程，市人大副主任雷竞畋，市政协副主席林满松等领导出席会议，市委政法委员会委员，市综治委成员，市法院、市检察院、市公安局、市司法局部分正副职领导及中层干部，全市各综治维稳成员单位分管领导，各乡（镇、区、处）党（工）委书记及分管政法工作的副职共150余人参加会议。

会议学习传达省、州政法工作会议精神。市委书记王忠就做好全市政法工作提出三方面要求：一是充分认识新形势下政法工作的新任务、新要求，把政法各项工作做细做透，抓紧抓实，务求实效。二是突出重点，在抓服务、抓和谐稳定、抓队伍建设等方面强化措施，确保2011年各项工作目标任务的完成。三是强化全市政法综治维稳工作的领导，支持和保障政法机关依法独立公正地行使职权，努力形成政法综治维稳强大的工作合力，全面落实责任，为政法工作实现新发展提供坚强的组织保障。市委常委、政法委书记王伟作题为《深化三项重点 服务科学发展 为“十二五”良好开局提供有力政法保障》的工作报告，总结2010年和“十一五”期间全市政法工作，分析当前政法工作面临的形势和存在的问题，提出2011年工作主要任务和总体要求：以市委十一届七次全会精神为指导，紧紧围绕科学发展的主题、加快转变发展方式的主线、转型发展的重点和实施产业“二次创业”的战略部署，以健全大调解体系来深化社会矛盾化解，以坚持“以人为本”的理念来推动社会管理创新，以推进执法规范化建设来深化公正廉洁执法，以加快信息化建设来提升政法工作水平，以开展主题教育实践活动来促进政法队伍建设，不断提高人民群众的安全感、满意率和政法机关的公信力，为“十二五”开局起步提供有力的政法保障。重点抓好四个方面工作：一是以科学发展为主题，切实提高服务和保障经济社会发展的能力和水平。二是以深化“三项重点”为关键，切实提高维护社会和谐稳定的能力和水平。三是以开展新一轮平安个旧建设为契机，提高保障人民群众安居乐业的能力和水平。四是以加强队伍建设为基础，提高政法部门自身建设的能力和水平。

会议对获得2010年度综治维稳目标考核一等奖的34家、二等奖的8家责任单位进行表彰，授予陈锐、陶永军、刀飞龙、钟铎、王应淮等五人“个旧市见义勇为公民”称号并进行表彰奖励。

【维护社会稳定】 2011年，个旧市委政法委切实加强维护社会稳定工作的领导，充分发挥稳定办职能，以强化情报信息为先导，以排查化解矛盾纠纷为主线，整合基层综治维稳力量，建立健全排查化解工作机制，积极预防和妥善处置群体性事件，切实维护了社会和谐稳定。一是加强情报信息工作，促进政法工作动态管理。出台《关于加强维稳情报信息报送工作规定的通知》《预警工作规定》，督促指导综治维稳责任单位加强情报信息收集研判，并将情报信息工作纳入年度综治维稳目标责任严格实行量化考核。全年，市委政法委编报《个旧稳定信息》34期，《个旧综治简报》36期，《个旧政法》85期，政法调研20期。这些信息客观反映了全市政法工作动态和社会治安、社会稳定情况，为领导科学决策提供了第一手资料。二是突出重点，及时化解各类矛盾纠纷。围绕“重点地区、重点时段、重点人员、重点问题”四个重点，深入开展排查化解工作，最大限度地获取情报信息，努力实现早发现、早报告、早化解的工作目标。全年排查各类突出矛盾纠纷×件，化解×件，化解率68%，与上年同比上升16.1个百分点。各级调解组织排查、受理各类民间矛盾纠纷4272件，成功调解4229件，调解率98.9%。三是加强风险评估和预警，积极预防和处置群体性事件。严格执行《重大事项社会稳定风险评估制度》《维护社会稳定预警工作规定》，对可能影响社会稳定的重大隐患提前预警，督促有关部门及时化解，防止上升为群体性事件；督导完善群体性事件处置预案，组织协调有关力量积极预防和应对各类群体性事件；不断加强隐蔽战线的斗争，抓实重点场所、重要行业的阵地控制，确保各种矛盾纠纷和不稳定隐患能及时发现、及时处置；进一步完善与公安、信访、610办四部门维稳联席会议制度，定期通报、分析、研判存在的不稳定隐患和突出矛盾纠纷，切实加强对全市稳定工作情况的动态掌控能力。一年来，全市未发生影响重大、后果严重的群体性事件。四是指导开展重大节庆日、会议及重要敏感日期间维稳工作。制定下发《全国“两会”期间维护社会稳定工作的通知》《关于切实做好建党九十周年期间综治维稳工作的通知》《州第七次党代会期间维护社会稳定工作的通知》等一系列文件，增强各相关单位责任意识，强化全市安全生产和道路交通安全，加大矛盾纠纷排查化解，预防和妥善处置恐怖事件、突发事件和群体性事件，加强情报信息工作，严密重点人员稳控，严厉打击各类违法犯罪活动，开展安全大检查，加强值班备勤，做好周密细致的安排部署。全市各乡镇、综治维稳成员单位认真落实各项措施，制定方案预案，深入开展清理排查整治，确保重大节庆日、会议和敏感日期间社会稳定。

【社会治安综合治理】 2011年，个旧市社会治安综合治理工作全面落实省、州部署，以争创省级“平安先进县（市）”为重点，拓宽创建范围、充实创建内容、提升创建水平，在“深、细、实”上下工夫，将社会治安综合治理不断推向深入。一是加强领导，落实责任。制定《个旧市2011年创建省级“平安先进县（市）”实施意见》，明确工作目标任务、措施要求，系统推进创安工作；对42家综治维稳责任单位分乡镇、政法系统、其他单位三个层次进一步细化2011年全市《综治维稳目标责任书》，明确和落实职责任务；严格执行综治维稳及平安创建工作与各单位各部门党政领导的工作政绩挂钩制度；市综治办组织综治维稳巡视员对各乡镇上半年综治维稳和平安创建工作进行巡视督察；继续实行单位不得少于4次挂钩指导乡镇、村(社区)平安创建工作；市委政法委实行机关科级干部分片承包、指导乡镇综治维稳工作制度，制定《市委政法委关于科级干部对乡镇综治维稳工作实行分片承包的决定》，机关科级干部按片每月深入乡镇不少于2次，督促加强乡镇工作。全市综治维稳工作做到年初有安排、年内有检查、年终有考核。二是坚持严打方针，严厉打击各类违法犯罪活动。全市政法各部门认真落实宽严相济的刑事司法政策，始终坚持对违法犯罪的高压态势，深入开展“民用枪支、民爆物品和矿山安全、道路交通安全、消防安全、社会治安综合治理整顿”，“两抢”犯罪集中统一行动，“迎春节、保两会打击盗抢机动车犯罪专项行动”，校园周边治安突出问题整治行动，公安机关“2011春季攻势”专项行动，“三电”突出问题专项整治，重要会议召开期间的治安专项整治，打击传销犯罪等一系列清理整治和专项行动。公安机关全年立各类刑事案件××起，破案××起，破案率22.5%。与去年同比案件数减少18起，下降0.4%，破案减少××起，下降21.4%。查破各类毒品案件××件，缴获毒品5161.89克(其中海洛因1304.93克、冰毒2392.49克、吗啡1464.47克)。受理各类治安案件××件，查处××件，查处率83.6%。检察机关受理各类审查批捕案件××件××人，同比分别上升0.9%和下降5.9%，审查批准逮捕××件××人；受理移送审查起诉案件××件××人，同比上升15.1%和4.4%，审查起诉××件××人，移送上级和其他检察院××件××人。市法院受理各类审判案件××件，审结××件，结案率98.6%。其中受理刑事案件××件审结××件，审结率99.7%；受理民商事案件××件审结××件，审结率98.2；受理执行案件××件执结××件，执结率98.9%，执行到位案款1041万余元，有力地保障了人民群众的合法权益。三是进一步加强治安突出问题整治。公安、工商等部门联合红河工业园区公安分局，发动辖区各企业保卫部门长效治理红河工业园区大屯片突出治安问题，集中开展园区“打击盗抢机动车犯罪专项行动”。年内大屯片工业园区发案7起，与去年同比下降80%，园区及周边治安有效改善，企业满意度大幅提升；全面开展对市区的治安整治，组建105人的个旧市公安局巡特警大队，强化城区社会面治安巡逻；启动城区道路临时停车有偿服务管理，招聘226名管理人员着协警服全天24小时在市区中心街道分片包干、上岗履职，成为公安机关开展面上治安防控的有效辅助力量；开展“校园矛盾纠纷集中排查化解”工作和“社会防控及校园周边治安突出问题”专项整治行动，对校园周边环境和治安复杂的重点部位进行拉网式排查和清理。市委、政府核拨教育安保经费500万元，招聘412名专兼职保安，在全市26所学校安装与110指挥中心联网的视频监控设施，组建护校队32支389人，聘请心理咨询师4名，全市校园及周边治安得到有效改善；继开展东部矿区治安整治后，市委、政府结合实际制定下发《关于在全市开展民用枪支、民爆物品和矿山安全、道路交通安全、消防安全、社会治安综合治理整顿工作的通知》，紧紧围绕对非法民用枪支的收缴、严厉打击各种涉枪违法犯罪、强化民用爆炸物品管理等重点进行清理整治，进一步巩固前期整治成果，矿区治安进一步好转。四是强化治安防控网络建设。不断强化以公安机关社会面控制为主，内部保卫力量和群防群治组织外围防范为辅的治安防控格局，最大限度地预防和减少可防性案件的发生。2011年下半年以来，市委政法委按照市委、政府“四位一体”建设总体部署，深入调研基层综治维稳工作症结和薄弱环节，在乡镇、村委会两级分别设立“综治信访维稳中心”，进一步完善乡镇、村委会治安防控平台。乡镇一级的维稳“中心”有效整合了基层综治维稳办、公安派出所、司法所、派出法庭、乡镇信访部门、乡镇专职治安联防队等专门力量；村委会一级的维稳“中心”整合了公安警务室、护村护寨队、治保会、铁路护路联防队等群防群治力量。通过完善工作制度，明确职责任务，在各乡镇逐步构建起由“中心”辐射至各村委会（居委会）、村小组，点、线、面有机结合的群防群治防范网络。五是深入开展综治维稳宣传教育活动。3月2日，在全市组织举行以“倡导见义勇为、弘扬社会正气”及“纪念两个《决定》颁布20周年”为主题的综治维稳宣传月活动启动仪式，向群众散发20000余份综治维稳宣传资料，募集见义勇为基金27159.3元。各乡镇、街道采取电视、报纸、黑板报、悬挂横幅、张贴标语、散发各类图片资料、举办法律知识讲座、组织观看反邪教VCD教育片、组织宣传车宣传等形式，掀起综治宣传月高潮，组织电视宣传12期，悬挂横幅52条，张贴标语3460余条，散发各类综治图片资料15000余份（册）。市辖铁路沿线的大屯镇、鸡街镇、沙甸区以“压事故、保畅通、共创和谐铁路”为宣传主题，在铁路沿线书写爱路护路宣传标语37条，张贴、散发传单和印有爱路、护路常识的学生作文本及宣传挂图900余份、宣传品500余件。六是发挥职能作用，形成创平安合力。市综治办从全民动员入手，有效整合各方资源，深入推进“平安交通”、“平安医院”、“平安校园”、“平安宗教活动场所”、“平安家庭”等多种形式的平安创建活动，形成平安创建工作合力。

【执法监督】 2011年度，个旧市委政法委进一步加强对全市政法机关执法活动的监督与指导，以开展涉法涉诉信访案件评查化解和犯罪嫌疑人（被告人）财产调查与控制等两项重点工作为着力点，将强化督察督办作为确保政法部门公正廉洁执法的重要保证常抓不懈。一是全面开展涉法涉诉信访案件评查化解工作。市委政法委把涉法涉诉信访积案化解和评查工作作为政法部门做好新形势下群众工作的重点，及时安排部署全市政法机关集中开展进京重复访和涉法涉诉信访积案评查统一行动。执法监督室对涉法涉诉信访案件逐件进行分析，从法、检、公、司抽调有办案经验和法律专业人员组成“涉法涉诉信访工作攻坚组”，对重点案件开展评查工作，并指导各责任部门在案件评查基础上找准症结，制定化解措施和意见，对案件信访人逐人见面，因案施策，多措并举，积极化解积案。年内，52件涉法涉诉信访案件全部办结。二是积极推进犯罪嫌疑人财产调查与控制工作。成立以政法委书记任组长的“个旧市犯罪嫌疑人（被告人）财产调查与控制工作领导小组”，设办公室在市委政法委，负责组织、协调、督促、检查、指导等工作。政法各单位也相继成立相应的组织机构，指导全市工作的开展。从侦查立案、实施、结案、执行等流程，明确公、检、法机关各环节的工作职责和完成时限，将各环节工作分解到岗，落实到人，形成责任清晰，环节紧扣的办案流程；统一规范相关法律文书，明确操作规程，完善考核机制，加强监督，形成一套科学、合理、规范的犯罪嫌疑人（被告人）财产查控管理机制。年内政法各部门办理的521起案件，在侦察、批捕起诉、审判各阶段均开展了对犯罪嫌疑人（被告人）财产调查与控制的相关工作，扣押涉案金额904万元，促进了案件和解率、调解率、赔偿率的明显上升，受害人权益得到了及时有效保护。三是认真做好案件督办或转办和群众信访工作。全年接到上级批办、交办案件4件，全部及时督办和交由有关责任部门查办完毕；组织召开案件协调会8次，督办、协调重大疑难案件6件；受理群众来信来访及上级转办信访件83件，接待来访群众31人次，对来访人员做到热情接待、说服教育和政策法律解释，对来信做到件件有回音、事事有答复。

【政法三项重点工作】 2011年，个旧市政法机关继续抓好政法三项重点工作的落实和深化，紧紧围绕州政法工作会议提出的“三个着眼”“三个提高”的工作要求，结合全市加强和创新社会管理、开展“四位一体”建设的重大决策部署，认真总结经验，主动发挥作用，全面提升政法和综治维稳工作水平。一是将深化三项重点工作写入政法工作报告，从4个方面16项主要工作进行再动员、再部署。下半年，按照市委、政府“加强党组织建设、规范村级权力运行、加强社会治安综合治理、加强人民群众思想文化建设”的“四位一体”建设部署，全市政法综治维稳各部门以此为契机，在乡镇、村委会（社区）一级全面推进和深化社会矛盾化解、社会管理创新、公正廉洁执法。二是抓实社会矛盾化解。强化以社会化、网络化、信息化为基础的专群结合、点线面结合、网上网下结合的立体化情报信息体系；重点加强乡镇一级综治维稳机构建设，在乡镇、村委会（社区）两级成立“综治信访维稳中心”，以此为平台大力整合两级综治维稳力量，完善工作机制，提升工作效能；从源头预防入手，不断健全和完善社会稳定风险评估机制，对评估的范围、内容、责任主体、实施程序作进一步规范，风险意识在全市各级、各部门中得到进一步提升；不断完善多方面、多层次的矛盾纠纷化解机制，市委政府统一领导、“个旧市社会矛盾调处中心”具体运作、职能部门共同参与、社会各界整体联动的工作格局进一步强化；将“以奖代补”专项经费增加到每年30万元，规范奖励程序，促进民间矛盾纠纷案结事了。三是加强和创新新形势下的社会管理。组建公安巡特警大队，启动城区道路临时停车有偿服务管理，强化面上治安防控和威慑；采取“四禁止三处罚”措施，强化辖区废旧金属收购业管理；流动人员“以证管人、以房管人、以业管人”的联勤互动管理模式进一步加强，在城区及各乡镇成立12个流动人口管理服务站，由财政统筹，采取公安机关管理指导，计生、民政等职能部门参与的方式，切实加强流动人口的综合服务和管理工作。流动人口较多的村委会，将流动人口管理引入《村规民约》进行量化考核；公安机关“网上迁移”、按需申领护照、网上申请机动车号牌、网上查询办证等业务的开通，全面提升了人口管理水平；在提升政法窗口服务上，公安机关在各乡镇成立9个车管便民服务站，为乡镇、农村地区的机动车驾驶人办理上牌落户等手续提供便利条件，得到广大群众欢迎；公安交警部门与红河州保险行业协会联合成立“个旧市轻微车损道路交通事故保险理赔服务中心”，以做好服务、减少群众负担为宗旨，在当事人自愿协商的基础上，高效处理轻微交通事故，使轻微车损理赔进入“快车道”，大大节省了当事人事故处理时间和成本；在加强特殊人群的帮教管理工作中，社区矫正工作启动运行“司法e通”信息化管理，为社区服刑人员配备具有GPS定位功能的手机，运用电子地图适时查阅社区矫正对象所在的地理位置和某一时间段内的移动轨迹、活动范围，确保矫正对象不脱管漏管；创办“阳光驿站”，为刑释解教“三无”人员免费提供临时性过渡场所，由司法、公安、劳动等部门提供职业培训，推荐就业，促使其顺利回归社会；基层法律服务所从加强群众工作入手，积极拓展新业务，改变以往“等上门”的做法，主动与信用社、村委会、村干部联系，开展财产抵押担保合同见证及一般合同见证服务，切实为基层群众办事。四是深入推进公正廉洁文明规范执法。政法部门从健全执法制度、细化执法标准、严密执法程序、强化执法管理等方面入手，逐步形成和完善明确、具体、可操作性强的执法行为规范。公安机关在涉案财物管理中，以“来源清楚、去向明了、处理规范”为标准，严格把好“思想、扣押、管理、处置、责任”五个关口，加强规范管理，保证涉案财物有序安全管理。公安“警综平台”案件网上流转得到有力推行，“全省公安情报信息平台”综合应用在全州处于前列；检察机关在建立“告知权利、分案办理、社会调查、跟踪帮教、法律援助”等五项制度，创新维权方式，最大化保护涉案未成年人合法权益。年内完成驻所检察室专网接入及远程提审系统建设的前期测试，并完成网络扩容准备工作；法院在量刑规范化取得实效的基础上，进一步丰富量刑情节和量化标准，并在15种试点罪名之外又增加了贪污、受贿、挪用公款3个罪名，同时将被告人在看守所的表现情况纳入量刑情节，全年共审理18种试点罪名案件154件326人。在基层派出法庭推行“立、审、执”一体化机制，从源头上预防“执行难”，提升工作效率，化解社会矛盾。通过购置专用的审判功能车，切实加大乡镇、农村地区的巡回审理工作力度，在增强审判人员的群众观念和提升工作效率的同时，巡回审判给群众诉讼带来的便利和改进法制宣传效果的功能得到进一步突显。继续推进“天平工程”建设，完善远程视频会议系统，进一步提高支撑决策和面向公众服务的信息化能力；司法行政机关社区矫正、法律援助、两劳人员安置帮教等专用信息平台进一步完善，并在实战中发挥越来越突出的作用。

【队伍建设】 2011年，个旧市政法机关以建设政治坚定、业务精通、作风优良、执法公正的高素质政法队伍为目标，把加强政法队伍建设作为永恒的主题常抓不懈。一是贯彻落实全州“树立三个意识、争创三个一流、实现三个转变”的政法工作要求，确保队伍建设和政法业务工作全面发展。二是继续以市委开展的“创先争优”、“加强干部队伍作风建设”、“贯彻落实科学发展观、推进资源型城市转型，加快桥头堡战略建设”三个活动为契机，进一步推进政法机关党的建设和队伍建设。三是认真贯彻周永康提出的“四个一律”要求，切实把对法官的“五个严禁”、对检察官的“十个严禁”、对公安民警的“五条禁令”等各项纪律要求落实到位，切实加强政法机关党风廉政建设。四是深入开展学习杨善洲精神活动，使广大政法干警自觉站稳群众立场，牢固树立群众观点，把对人民的热爱化作创先争优的动力、岗位建功的成果。五是要求全市广大政法干警认真听取孟连“7.19”事件教训，加强群众工作的经验和做法，开展学习胡锦涛总书记等中央领导及各级领导的重要批示精神，进一步牢固树立群众观念，提升群众工作水平。六是在全市政法部门中掀起“发扬传统、坚定信念、执法为民”主题教育实践活动高潮，切实加强广大政法干警政治理论和业务学习，扎实推进思想作风建设。七是积极协助市委及组织部门做好政法系统干部配备工作，选拔年富力强、有实干精神、有较强能力的干部配备到各个政法领导岗位，增强干部队伍活力和班子履职能力。全年，全市政法机关共有42个集体、97人（次）受到州级以上的表彰奖励，个旧市被省委、省政府表彰为“全省禁毒人民战争先进集体”，获州级“综治维稳工作目标考核一等奖”，市检察院被最高人民检察院授予“全国检察机关文明接待示范窗口”荣誉称号，市司法局被省司法厅记“集体三等功”，市法院党总支被省委政法委表彰为“全省政法系统先进基层党组织”。

【铁路护路联防】 2011年，个旧市铁路护路联防工作坚持“巩固、完善、提高”的思路，严格落实护路责任制，加强护路法制宣传，不断深化铁路沿线社会治安综合治理。一是明确职责任务。于4月1日在鸡街镇召开全市“铁路护路联防工作会议”，周密安排部署2011年工作。市护路工作领导小组与辖区34.14公里铁路沿线涉及的3个乡镇、15个村民委员会、21个村寨层层签订《铁路护路联防责任书》，将铁路护路联防工作作为综治维稳目标管理责任的一项重要内容进行考核。二是强化组织领导。市铁路护路联防领导小组由市委常委、政法委书记担任组长，下设办公室在政法委，办公室与市综治办合署办公。年内调整充实3名专（兼）职干部，负责全市护路工作的组织协调、督促指导工作；涉路三乡镇设立相应的铁路护路领导小组及其办公室，下辖铁路沿线的村委会、村小组明确14名责任人，切实担负辖区铁路护路日常工作。三是全方位开展护路工作。进一步完善全市涉路矛盾纠纷排查调处机制，切实加强铁路沿线乡镇（区）矛盾纠纷的排查调处工作，避免出现危及铁路安全畅通的各类矛盾纠纷的发生和激化；对铁路通过的村镇等群众聚居区路段实行护村队、治保会、治安联防队看护，组织14名专（兼）职护路联防队员巡逻守护，坚持每天至少上路巡查2次，及时排除安全隐患；开展以“压事故、保畅通、共创和谐铁路”为宣传主题的爱路护路宣传活动，在铁路沿线张贴爱路护路宣传标语、挂图2600余条（幅），散发印有爱路、护路常识的学生作文本、宣传品1400余本（份），利用广播及各种会议宣传8场，出黑板报

10期，努力提高群众的法律意识和爱路护路的自觉性；于3月1～30日开展“铁路安全畅通综合整治”行动，及时整治危害铁路治安的问题。通过努力，全年，全市辖区铁路沿线未发生因治安问题造成的重大行车事故，无重大路外伤亡事故，无聚众扰乱站车秩序、哄抢运输物资及拦截列车等事件发生，确保了辖区百年铁路的安全畅通。

（撰稿：何源辉）

公 安

【简述】 2011年,个旧市公安机关在上级党委、政府和上级公安机关的领导下，全面贯彻落实省、州政法工作会议及公安局长会议精神，坚持队伍管理与业务工作“两手抓”，以警务模式创新为突破，深入开展“大走访”开门评警活动和“创先争优”活动，按照“重点工作出成果、难点工作求突破、常规工作有创新”的思路，开拓创新，求真务实，使队伍建设和业务工作均取得好成绩。队伍管理在全州考核中实现零扣分，公安综合工作跃居全州先进行列，有力地维护了辖区社会的稳定，为个旧市社会经济全面发展作出新贡献。

【刑事犯罪侦查】 2010年12月21日至2011年12月20日,个旧市共立各类刑事案件××××起(不含年前积案×××起),立案与上年同期相比减少18起,下降0.38%；破案××××起（不含年前积案×××起），破案率22.51%，破案与上年同期相比减少×××起，下降21.35%；抓获犯罪嫌疑人×××人，与上年同期相比增加×××人，上升40.12%。年内，刑事犯罪侦查主要开展5方面工作。

一、深入推进“打黑除恶”专项斗争，全力维护地区社会稳定。年内，辖区先后出现“普某、孙某”和“陈某、陈某”两个恶势力犯罪团伙。普某、孙某等8人犯罪团伙寻衅滋事，聚众斗殴，乃至故意伤害杀人，涉案18起，致1人死亡、18人轻重伤；陈某、陈某等8人犯罪团伙，以帮兄弟出头，护矿、抢占运营车辆市场为由，持刀、枪等凶器，实施故意伤害，涉案5起，致1人死亡，4人重伤，1人轻伤。针对两个恶势力犯罪团伙的罪恶行径，刑事侦查部门以“黑恶必除，除恶务尽”为指导，坚持“打早、打小、露头就打”的方针，及时成立专案组，彻底摧毁上述两个团伙，抓获团伙成员16人，破案23起，维护了地区的社会稳定。

二、狠抓命案侦破工作，不断提升群众安全感。全年，全市共立命案××起，破××起，破案率94.12%，破命案积案3起，综合破案率102.94%。与上年同期相比，立案增加10起，上升41.67%；破案增加9起，上升39.13%，破案率下降1.71个百分点。年内，成功破获“6.9”红河工业园区10万吨铜厂故意伤害案、“6.11”敖显林人车失踪案等一批影响大的命案，打击了犯罪分子的嚣张气焰，为人民群众和受害人伸张了正义。

三、打击“两抢一盗”侵财犯罪，确保群众财产安全。全年，全市共立“两抢一盗”案件××××起（占刑事案件总数87.63%），破×××起，破案率21.43%。与上年同期相比，立案增加×××起，上升4.19%，破案减少×××起，下降23.11。其中立“两抢”案件×××起，破×××起，与上年同期相比，立案减少×××起，下降24.44%，破案减少×××起，下降58.82%；立入室盗窃案件×××起，破98起，与上年同期相比，立案减少88起，下降11.61%，破案减少×××起，下降53.33%。破获盗窃、破坏电力设施案件××起（含年前积案17起），抓获犯罪嫌疑人9人，摧毁团伙3个，抓获团伙成员8人。其中破获盗窃案××起，破坏公用电信设施案××起，破坏电力设备案7起。摧毁盗抢机动车犯罪团伙4个，破获案件118起，端掉收购和销售赃车窝点8个，追缴被盗抢的机动车辆120余辆，为人民群众挽回经济损失190余万元。

四、组织开展“破案追逃”攻坚战和“清网行动”，创建良好治安环境。年内，根据1～9月全市立、破案数分别在全州排名第三、第四，距州局考核目标有巨大差距的严峻形势，刑事犯罪侦查部门提请局党委批准，在全市范围组织开展“破案追逃”攻坚战，并由局长亲自挂帅，成立“破案追逃”攻坚战工作领导小组，将全市划分为五个战区，由分管各片区的副局长任指挥长，将刑侦部门与派出所的侦查破案工作捆绑在一块，共同承担责任。在两个月的时间内，全市立刑侦管辖的各类刑事案件现案1134起，破839起，破案率73.99%；破年前积案134起。通过破案，抓获犯罪嫌疑人157人，抓获网上逃犯98人。其中命案逃犯14人，外逃犯12人，省内市外逃犯10人，其他逃犯62人。使全市立、破案数均上升到全州第二位，完成了预定目标。与此同时，根据5月公安部决定在全国公安机关组织开展“清网行动”的要求，刑侦部门充当主力军，全警投入“清网”工作。“清网”前，全市共有网上在逃人员133人，按户籍地划分，本市45人，州内市外57人，州外31人；按照上网时间划分，5年以内108人，5～10年7人，10～15年16人，15年以上2人。针对这一实际情况，全市先后开展“大鹏战役”、“苍鹰战役”和“清仓会战”、“入户规劝”、“三天突击行动”、“攻坚会战”、“最后决战”等14次清网追逃专项行动，共有97名“行动前”在逃人员到案（含投案自首33人）。其中本局抓获64人，外地公安机关协助抓获31人，死亡删除2人，使网上在逃人员数量下降72.9%。在抓获的“行动前”在逃人员中，属命案在逃人员34人；省厅B级逃犯1人、限时督捕逃犯1人；州局督捕逃犯1人。此外，本局还抓获省内市外公安机关“清网行动”在逃人员15人，外省公安机关“清网行动”在逃人员30人。全年，全市共上网追逃203人，抓获网上在逃人员270人。其中本市逃犯211人，省内市外逃犯23人，省外逃犯36人。在抓获的网上在逃人员中有命案逃犯54人。

五、加强刑事技术工作，积极为侦查破案服务。年内，法医共检验尸体207具、活体121例，进行物证鉴定530件，出具各类鉴定文书312份，采集上报前科人员DNA信息1028条。痕迹人员共出勘案（事）件现场1884起。其中十类案件现场852起，制作现场图2176份，提取痕迹物证2085件，进行理化检验85起，拍摄现场照片38464张，拍摄现场录像1697分钟；制作、录入现场信息1523起，与上年同期相比增加672起，增长78.97%。指纹管理人员共收录现场指印322起1026枚，捺印指纹4943枚，查中无名尸体14具，直接破刑事案件75起，查中犯罪嫌疑人52人。

【经济犯罪侦查】 2011年，个旧市共立各类经济犯罪案件71起，破72起（含年前2起），破案率99%。其中合同诈骗案发32起破31起，占全部案件发破数的45%和44%；信用卡诈骗案发19起破19起，占全部案件发破数的27%和27%；非法经营案发2起破2起，占全部案件发破数的3%和3%；挪用资金案发2起破2起，占全部案件发破数的3%和3%；职务侵占案发10起破10起，占全部案件发破数的14%和14%;虚开增值税专用发票案发3起破3起，占全部案件发破数的4%和4%；虚报注册资本案发2起破2起，占全部案件发破数的3%和3%；持有、使用假币案发1起破1起，占全部案件发破数的1%和1%。通过破案，抓获犯罪嫌疑人31人（含网上逃犯11人），缴获赃款赃物折合人民币1719.01万元，占涉案金额2093.84万元的67%。年内，经济犯罪侦查着重开展5项业务。

一、积极侦破现行经济犯罪案件，及时为受害单位挽回经济损失。4月26日，个旧市跃进选厂到市公安局经侦部门报案，称2010年12月26日，一名叫余某的人，以供应铜精矿为由，与个旧市跃进选厂签订供货合同。余在收取跃进选 厂30万元定金后携款潜逃。接案后，经侦部门立即将余上网追逃。同时多次走访余家属做工作，打消其家属和余的思想顾虑。5月9日，余在家属的规劝动员下到公安机关投案，如实交代了犯罪事实，并将骗取的30万元定金全部退还。5月30日，红河州恒兴房地产开发经营有限公司报案称，2009年10月14日，重庆市聚策房地产营销策划有限公司法人胡某，在为红河州恒兴房地产开发经营有限公司代理销售房屋过程中，多次私自将房屋销售款1124630元存入其个人银行账户，并于2011年1月携款潜逃。接报案后，经侦部门对胡的行踪作了分析，并在其可能出入的地方蹲点守候，于6月1日下午14时，在市邮电巷一出租房内将胡抓获，追回红河州恒兴房地产开发经营有限公司全部经济损失。

二、开展专项行动，打击银行卡诈骗犯罪。年内，个旧市公安机关经侦部门按照省、州打击银行卡犯罪专项行动精神，结合辖区实际，对银行卡犯罪情况进行认真调研，将信用卡诈骗犯罪中恶意透支作为打击重点，多次与各商业银行协商配合，认真梳理，对全市涉嫌信用卡诈骗犯罪线索24条进行初查，立案17起，破案17起，抓获犯罪嫌疑人8人，刑事拘留1人。并于年内将涉嫌信用卡诈骗的本息共计15万元全部追回。

三、与税务部门密切配合，打击涉税违法犯罪。年内，根据公安部、省公安厅关于深入打击整治发票专项行动电视电话会议精神，市公安局专门成立打击整治发票犯罪专项行动领导小组，加强对工作的领导。在开展联合整治行动中，公安与市国税局、地税局配合，出动工作人员46人、车辆10辆，重点对全市房地产公司的物业管理部门、建材市场、大型百货商店进行突击检查，收缴非法使用的发票替代票据4500份。10月，利用江苏“5.18”涉税案件协查之机，公安出动警车25辆次、警力160余人次，联合税务部门对全市60余家企业进行检查，查获用于替代发票的收据8200份。全年，通过联合整治行动和日常清理工作，全市共收缴非法使用的发票替代收据12830份。

四、严厉查处“假币”违法犯罪行为，维护国家和辖区的金融秩序。年内，按照公安部、省公安厅及州公安局的统一部署，市公安局经侦部门与各乡镇金融部门联合，出动警力256人次、警车86辆次，开展宣传、排查工作28次。通过工作，收缴假人民币65275元，维护了国家及辖区的金融秩序。

五、加大涉烟案件查处力度，规范“两烟”经营市场。年内，公安经侦部门与有关部门协调配合，出动市场清理人员713人次，出动路堵路查人员114人次，查处卷烟违法案件51起。年内，还成功经办了胡天云非法运输烟叶案和孔凡雄非法经营烟叶案；抓获年前涉烟案件逃犯2人，破年前案件2起。

【禁毒工作】 2011年，个旧市查破各类毒品案件×××起，其中毒品刑事案件××起（重特大案件15起，零星案件30起），毒品违法案件×××起（强制戒毒×××起、社区康复戒毒××起）；缴获各类毒品5159.96克，其中海洛因1339克，冰毒2392.49克，吗啡1464.47克；抓获毒品违法犯罪嫌疑人850人，其中刑事拘留39人，取保候审4人，监视居住12人，其他处罚795人；申请美沙酮维持治疗在组人数687人。年内，公安禁毒工作以减少毒品供给，降低毒品需求，减轻毒品危害为目标开展4项工作。

一、强化阵地控制和运用各种侦查手段，全力查处毒品违法犯罪。3月19日，根据阵地控制获取的情报，禁毒部门在本市汽车客运站进站口进行查缉，将刚下车的犯罪嫌疑人何某抓获，当场从何的挎包内查获海洛因199.5克。随后又在其住处查获海洛因1.07克。4月16日，经过侦查，发现辖区具有前科的吸毒人员邓某前往河口购买毒品，禁毒部门立即组织警力到锡都隧道公开查缉。14时许，在收费站当场从邓驾驶的车上查获海洛因268.95克。后又在其住处查获海洛因22.41克。对于重特大贩毒案件，禁毒部门则组织专案组，开展专案侦查，及时破案，有效震慑犯罪分子。5月23日，根据有关情报，缉毒部门经过缜密侦查，一举破获钟某、李某、贾某3人贩毒团伙案，当场缴获毒品甲基苯丙胺987.02克、毒资2万元、车辆2辆。专案组通过深挖细查，又连夜赶往绿春县，将贩毒组织的上线李某、张某、李某3人抓获，缴获毒品甲基苯丙胺1284克，摩托车2辆。对于“零星”贩毒，禁毒部门采取“打零包”、“端窝点”等多种形式，不断打击，斩断连接吸毒人员和大宗贩毒的中间环节，萎缩地下毒品市场。全年，全市破获零星贩毒案件30起，捣毁贩毒窝点18个，缴获海洛因99.85克、冰毒16.31克，抓获违法犯罪嫌疑人32人。

年内，公安禁毒部门在打击贩毒违法犯罪活动的同时，依照市禁毒办《关于做好2011年禁种铲毒工作的通知》要求，以城乡结合部、边远山区等种毒多发区、易发区为重点，开展“禁种铲毒”专项行动，组织相关人员在田间地头、山间林区巡查，遏制了种植毒品原植物的违法犯罪活动，实现了全市农、林区基本无种植毒品原植物和毒品“零产量”的工作目标。

二、深化禁毒宣传教育，提升公众禁毒意识。年内，个旧市禁毒办根据国家禁毒办和省、州禁毒办《关于深化全民禁毒宣传教育工作的指导意见》，以“青少年和合成毒品”为主题开展禁毒宣传教育活动。一是开展禁毒流动课堂活动。印制国家《禁毒法》《刑法》（节录）、《治安处罚法》(节录)、《娱乐场所管理条例》（节录）、《云南省易制毒特殊化学物品管理条例》和《珍爱生命，拒绝毒品》等宣传材料5万份，于“6.26”前后到大屯、卡房、锡城等10个乡（镇、区、办事处），利用农村集市、节假日等有利时机，开展喜闻乐见的禁毒宣传，帮助广大民众识毒、防毒、拒毒。二是开展“禁毒宣传月”活动。6月26日，市委政法委、市公安局等20余个禁毒委成员单位共同参与，在市区怀源芳圃举行“个旧市6.26全民禁毒宣传启动仪式”活动。市委常委、市委政法委书记、市禁毒委副主任王伟，市政府副市长杨龙遇以及市禁毒委相关成员单位领导和禁毒志愿者等50余人参加活动。活动组织方为群众提供咨询；展示海洛因、冰毒、氯胺酮、小马（甲基苯丙胺）等毒品实物和一批新型毒品吸食工具；现场播放《拒绝合成毒品，崇尚健康生活》和《防范新型毒品的危害》教育片；展出禁毒和防艾宣传展板两套48块，散发禁毒、防艾等有关资料2万余份，发放有禁毒宣传标语的圆珠笔3000支、安全套3000只，悬挂横幅5条，现场解答咨询200余人次。三是开展防范新型毒品危害教育。“6.26”前后，全市中小学聘任的法制副校长深入各中小学开办禁毒知识讲座、作禁毒形势报告、举办禁毒图片展览，不断提高青少年学生对毒品的认知力和抵御力，继续取得全市“学生不吸毒、校园无毒品”的好成绩。据统计，全年全市发放、张贴各类禁毒宣传资料10万余份，出黑板报、宣传栏526板，张贴宣传标语2500余条，发放防艾安全套5万余只，受教育群众35万人次。公众识毒、拒毒和防毒意识显著提高。

三、加强教育培训和安全检查，不断提高易制毒化学品管理水平。年内，全市有生产易制毒化学品企业6家，经营易制毒化学品企业22家，运输易制毒化学品企业1家，使用易制毒化学品企业346家。8月9日，禁毒部门在红河州茶桑果站举办全市易制毒化学品管理培训班，生产、经营、使用、运输易制毒化学品的270家企业和单位的主要负责人和专管员540余人参加培训。除此以外，禁毒部门还根据日常管理工作中发现的问题，深入企业进行实地检查并开展易制毒化学品管理法律法规的宣传和网上操作业务培训，使全市易制毒化学品的管理水平不断提升，其信息管理系统已初具规模，基本实现易制毒化学品网上申报、审核、审批的工作机制。全年，禁毒部门审核、审批购买易制毒化学品证明文书2592份、运输证明文书1977份。

四、稳步推进“无毒社区”创建工作。年内，全市“无毒社区”创建工作坚持以“整体推进、重点突破、由点到面、循序渐进”为原则，并与创建“平安社区”工作结合起来开展。在上年已创建“无毒乡镇”5个、州级“无毒乡镇”先进单位8个，市级“无毒社区”、“无毒村”先进单位35个的基础上，又向州禁毒委申报云锡集团（控股）有限责任公司为创建“无毒社区”先进单位。

【强制隔离戒毒和社区戒毒康复工作】 2011年，个旧市强制隔离戒毒和社区戒毒康复工作主要开展4项业务。

一、按照上级有关文件精神，及时完成原有强制隔离戒毒人员移交手续。年内，根据云南省委、省政府关于强制隔离戒毒功能移交司法部门的精神和红河州公安局、司法局《关于强制隔离戒毒所职能移交工作的通知》，个旧市公安局强制隔离戒毒所于1月24日，在公安、司法、卫生、交通等部门相互配合下，顺利将原先在本所接受强制隔离戒毒的101名（男88、女13）吸毒人员，移交到红河州司法强制隔离戒毒所。从此，个旧市公安局强制隔离戒毒所职能逐步由强制隔离戒毒为主向“雨露社区”居民戒毒康复职能转变。主要承担原所内强戒人员自愿申请转为“雨露社区”居民296人的戒毒康复任务和社会上新发现、新出现的吸毒人员的收治过渡任务。

二、开展社区戒毒康复场所（雨露社区）改造，为社区居民（戒吸人员）创建舒适居住环境。年内，按照《云南省禁毒委员会办公室关于推进全省戒毒康复场所建设工作意见》，个旧市公安机关投入资金200余万元，于2月26日开始，在原强制隔离戒毒所设施的基础上进行改造。将其改造成为能够同时容纳社区居民300人的封闭式的戒毒康复场所。并于5月31日全面完工投入使用。改建后的“雨露社区”，有配套齐全的居民住房90间，其中有双人标间9间，带厨房的家属房6套；有商业区、网吧、阅览室、美容美发厅、水果屋、健身房、社区居民协管委员会办公室（2间）；新建了木质凉亭、仿真喷水池；室外绿化面积3000多平方米。改造后的“雨露社区”具备了普通社区的基本功能。与此同时，规范了内部管理，建立健全了社区管理机构和各项制度，制定了《个旧市雨露社区协管委员会选举办法》，并于6月10日召开选举大会，现场投票，民主选举出社区居民5人为社区协管委员会成员。

三、继续发挥公安机关戒毒所职能作用，依法收治吸毒人员。原在强制隔离戒毒所实行强戒的人员1月24日移交红河州司法强制隔离戒毒所后，个旧市公安机关禁毒部门和强制隔离戒毒所，对社会上的吸毒人员不断进行调查摸底，并坚持发现一个，审批一个，收戒一个的原则，及时将其纳入强制隔离戒毒所进行强戒过渡。脱瘾的转入雨露社区成为戒毒康复居民；一时难以脱瘾的转送红河州司法强制隔离戒毒所继续进行强戒。截止12月20日，强制隔离戒毒所和雨露社区共收治吸毒人员×××人，其中强制隔离戒毒×××人，治安拘留×××人，责令社区戒毒康复×××人，自愿入雨露社区×人；解除强制隔离戒毒、社区戒毒康复×××人，其中正常解除×××人，因病提前解除×××人，转拘、转捕×人；社区戒毒康复居民×××人；平时转送红河州司法强制隔离戒毒所×××人。

四、以人为本，不断创新人性化管理新路子。年内，戒毒康复社区在新购置单人高级木板床、独立衣柜、沙发座椅、台式饮水机、铺盖服装等配套家具设施和个人用品供社区居民使用的同时，自筹资金将社区居民的人均月伙食费标准保持在240元，并通过科学合理调配，做到日有肉蛋，周有水果，吃熟吃热，饮食卫生，降低了居民由于身体素质差导致患病的几率。认真组织社区居民参加康复劳动。全年有社区居民350人通过康复劳动受到专业技术培训，并获得一定的劳动报酬。1～11月雨露社区共向社区居民发放劳动补贴9万余元，投入水果、糖茶副食、洗涤等生活费用3万余元。

【旅馆业和废旧金属收购业管理】　2011年,个旧市有旅馆业企业180家（年内新增27家），其中50个床位以上的49家，50个床位以下的131家。已全部安装治安管理信息系统并投入正常使用。通过管理，全年查处违规旅馆57家；利用旅馆业信息系统抓获在逃人员4人。全市登记备案废旧金属收购站（点）105个；报废汽车回收（拆解）业2家。其中25家废旧金属收购站（点）已安装生产性废旧金属治安管理系统，占23.8%。11月6日，治安管理部门组织召开全市范围首批生产性废旧金属收购业主治安管理专题会，派出所专管民警和首批25家生产性废旧金属收购业业主参加会议。会上，治安管理部门对经营业主就禁止收购枪支、弹药、爆炸物品和剧毒、放射性物品及其容器；禁止收购铁路、公路、电力、电信、广播电视、水利、测量、矿山、国防和市政设施等未报废的专用器材；禁止收购机动车发动机、方向机、变速器、前后桥、车架；禁止收购公安机关通报寻查的赃物、有赃物嫌疑或者来历不明的物品和对违法经营户一经发现，即予以一次罚款，二次停业整顿，三次吊销许可证的“四禁止三处罚”规定作了通报。同时与经营业主签订了治安管理责任书，从源头上堵住漏洞，预防盗窃危险物品、“三电”设施和破坏企业生产设施等案件的发生。

【危险物品管理】　2011年，个旧市公安机关在爆炸物品、枪支、弹药、剧毒物品和放射性物品等危险物品管理中，主要开展6项工作。

一、加强民用爆炸物品管理，预防涉爆事故发生。年内，全市有民用爆炸物品生产单位1家，年生产炸药8577.21吨；有销售单位1家，年销售炸药1182.33吨、雷管187.203万枚、导爆索0.65万米；有危险物品运输单位1家；有涉爆从业单位229个，年使用炸药9409.37吨、雷管1418.393万枚，导爆索45.82万米；有民用爆炸物品临时储存点180个，爆破员6747人，保管员969人，押运员130人，安全员1020人。治安管理部门共组织开展不同规模、不同形式的民用爆炸物品安全大检查6次，对全市229个生产、销售、运输、储存和使用爆炸物品的单位进行全面检查，检查涉爆单位1070个次，发现安全隐患1681条，当场整改1603条，限期整改78条，下发整改通知书44份，对存在严重安全隐患的12个单位，责令暂停涉爆物品业务；关闭涉爆非法矿点4个。与此同时，配合云南裕龙爆破评估监理咨询有限责任公司，继续做好民用爆炸物品地面储存库安全评估工作。通过评估，又有26个单位签订了安全评估合同，使全市重建、改建的储存库达到48个，推进了辖区民用爆炸物品储存库的规模化建设。

二、开展清查收缴工作，及时消除安全隐患。年内，治安管理部门在开展安全隐患大排查的同时，深入涉危单位和重点村寨宣传爆炸物品、枪支弹药管理的法律、法规。悬挂横幅10份，张贴通告、标语3000余份，散发宣传材料12000余份，建工作台账226套，制作规章制度牌461套，印发《危险化学品安全管理条例》单行本70本。通过工作，全市涉危单位和个人主动上交各类炸药126公斤，各类雷管16863枚，导火索10500米；各类炮弹、炸弹、手榴弹52枚；各类枪支45支，军用子弹822发；管制刀具378把；不合格、劣质烟花爆竹132箱件。消除了安全隐患。

三、狠抓涉爆人员培训，不断提升安全意识和管理水平。年内，治安管理部门在红河州公安局、昆明理工大学的支持下，举办爆破、安全、保管、押运“涉爆四员”培训班2期，培训涉爆从业人员2209人，同时按照行政区域划分，还先后对辖区涉爆单位1500余名法人、负责人以及涉爆业务骨干进行培训。就民用爆炸物品安全管理的重要性、管理措施、涉爆法律法规和公安部颁发的新管理标准以及法人、负责人、涉爆骨干必须承担的法律责任、义务等内容，进行认真宣传、讲解，增强了相关人员的管理意识，提高了管理水平。

四、严格日常监督检查，确保公务用枪安全。年内，治安管理部门在开展枪支安全专项检查整治行动的同时，继续严格日常监督检查，坚持对配备公务用枪、配置民用枪支的金融单位，从事武装守护、押运服务的保安服务公司以及自行集中保管公务用枪的部门和寄存在市局保管的单位，就枪支弹药配备、配置、保管设施、管理制度落实等，进行认真细致的安全检查。严格的枪支管理制度，杜绝了全市公务用枪被盗、丢失的案（事）件和配枪人员违规使用枪支的现象。

五、切实掌握剧毒品和放射性物品底数，强化安全管理。年内，全市共有生产剧毒化学品单位2家，使用单位24家，经营单位1家；有放射性物品使用单位5家共8个放射源。7月29日，市公安局结合辖区实际，专门制定《开展涉危安全隐患集中排查整治工作方案》，对全市剧毒化学品和放射性物品的安全管理，进行深入细致的排查整治，消除隐患，确保安全。

六、加大执法工作力度，坚决查处涉危违法犯罪案件。年内，全市共破获涉危刑事案件4起，刑事拘留8人；查获涉危行政案件9起，行政拘留13人；给予8家涉危单位行政罚款83万元；收缴炸药60公斤，各类雷管374枚，仿真枪2支，军用子弹83发。

【治安防范】 2011年2月14日，个旧市公安局巡特警大队正式组建，主要职能为巡逻、防暴、反恐、处突、保（警）卫5大项。截止12月20日，全大队出动巡逻警力×××××人次、警车×××辆次、警犬×××头次，处置各类报警案（事）件××××起，其中刑事案件××××起，治安案件××××起，民事纠纷1332起，求助464起，其他2931起；盘查嫌疑人14533人、车辆574辆，查处打架斗殴案（事）件75起，查处简易程序交通事故31起，服务求助群众260人，协助消防队处理火灾事件4起，参与处置群体性事件17起，参加安全保卫11次，协助交警整顿交通秩序5次，参加派出所打击盗抢机动车犯罪活动3次，参加禁赌行动110次，参加矿山整治行动2次，参加重特大案件嫌疑人押解任务2次；查获被盗车辆5辆、可疑车辆41辆，抓获各类违法犯罪嫌疑人731人（含行政案件处罚的330人），其中刑事拘留58人，行政拘留129人（含不执行的8人），行政案件单处罚款235人，强制戒毒21人，监视居住1人，给予教育或其他处理287人；协助派出所和外地公安机关抓获网上逃犯6人。10月28日23时许，巡特警接市局110指令称：金湖南路香湾丽河往铁路商场后门路段环湖道上，一群男青年持长刀、匕首打架。巡特民警迅速赶到现场，打架人已不在。民警巡视附近时，在香湾丽河旁个旧湖中发现一具男尸，头部有被砍伤的痕迹。民警立即将情况报告指挥中心，并对嫌疑人实施抓捕。当民警巡查到红炮台门口时，发现3名嫌疑人。3人见民警上前盘查，分头就逃。民警将其中的黄某、毕某2人抓获，从其中一人身上搜出一把带血迹的长刀。在对嫌犯的审讯中，又协助派出所破获过去犯下的4起致1人死亡、3人受伤的故意伤害案件。11月1日，巡特民警接到110指令后即刻出动，及时制止了两起数十名学生、社会闲散人员聚集打架事件，现场抓获王某、杨某、唐某等8人，缴获长刀1把、跳刀4把、铜管1根。案件移交人民路派出所处理后，王某、杨某、唐某等3人被刑事拘留。

【严厉禁赌】 2011年,个旧公安机关针对辖区部分经营户在社区高层建筑、地下室、城郊结合部隐秘地方开设“地下赌场”和开辟动漫游戏机经营市场，并以在游戏机上放置退币功能等方式为掩护，变相从事赌博活动，导致个旧地区赌博之风出现反弹、蔓延的实际情况，坚决执行一律收缴涉赌电子游戏机、一律采取高限处罚、一律对利用电子游戏机赌博的业主处予行政拘留的“三个一律”规定和凡是因为赌博问题突出，被群众举报到上级公安机关经查证属实或新闻媒体曝光的，实行一票否决，一律取消年度考核评比资格；凡是派出所被上级公安机关明察暗访组查实辖区有3家次以上公开利用电子游戏机进行赌博的，辖区派出所所长一律停止执行职务；凡是治安部门被上级公安机关明察暗访组查实有3家以上、派出所辖区各存在3家次以上利用电子游戏机进行赌博的，治安部门领导一律停止职务等“三个凡是”规定，分别于2月、7月、12月从巡特警大队、治安大队和城区4个派出所抽调100多名警力集中开展禁赌整治行动。全年，全市查获利用游戏机赌博案件610起，抓获涉赌人员1074人（罚款868人，拘留并处罚200人，拘留6人），收缴赌资381万元；罚款74.4万元，收缴游戏机（电脑板）3190台块。

【治安案件查处】 2011年，个旧市共发现受理各类行政案件3308起，查处2765起，结案2001起，查处率83.59%，警综平台受理2980起，查处2532起，结案1680起，录入率：受理90.08%，查处91.57%，结案83.96%；查处各类违法人员2190人，其中移交有关部门9人，劳动少年管教5人，警告75人，罚款1226人，拘留405人，其他处理470人。发现受理各类治安案件3015起，查处2486起，结案1736起，查处率82.45%，警综平台受理2785起，查处2341起，结案1503起，录入率：受理92.37%，查处94.17%，结案86.58%；查处各类违法人员1966人，其中移交有关部门9人，警告67人，罚款1128人，拘留400人，其他处理362人。

【户政管理】 2011年，个旧市公安机关户政管理工作主要开展8方面业务。

一、积极开展户政管理日常业务。年内，为群众办理户口申请审批手续686户799人；办理领养申请审批手续14人；办理边境通行证63人；办理临时居民身份证3144人；办理网上迁入审批2776人；受理上传军人身份证152人；通过绿色通道与省厅制证中心协调，为高考学生办理居民身份证1879人次；审核第二代居民身份证27354人；网上审核户籍主项变更更正1967人；审核补录遗漏人口131人；删除户籍重复人口57人。

二、认真做好派出所等级考核工作。5月，辖区建设路、保和两个公安派出所，同时被云南省公安厅命名为二级派出所。12月，根据公安部、省公安厅对派出所等级评定工作的有关要求，治安管理部门制发《关于做好2011年度公安派出所等级评定工作的通知》，加强公安派出所等级评定工作的组织领导，把派出所等级评定工作和公安信息化、执法规范化、构建和谐警民关系“三项建设”和社会矛盾化解、社会管理创新、公正廉洁执法“三项重点”工作以及“大走访”开门评警活动有机结合，对派出所进行年度考核、评定。并拟定申报建设路派出所为一级派出所、锡城派出所为二级派出所。同时根据《云南省公安厅关于加强派出所表彰奖励工作有关事项的通知》规定，为工作业绩显著，连续3年保持“一级公安派出所”称号的人民路派出所报请集体二等功。

三、及时完成2010年人口统计年报工作。年内，按照公安部、省公安厅及州公安局的统一部署和要求，通过户口核对、人口统计数、人口信息数据库比对和人口统计年报数据分析，及时完成2010年人口统计任务。据个旧市人口统计数据显示：2010年全市总人口394907人，其中男198060人，女196847人；出生10676人，死亡5884人；迁入6985人，迁出8070人。

四、组织开展矛盾纠纷排查调处工作。年内，根据《红河州公安局关于深入推进社会矛盾化解工作的实施意见》，治安部门采取以社区民警为主、其他警种为辅的办法，开展社会矛盾纠纷排查工作，排查出敏感性矛盾纠纷和涉众性矛盾纠纷47起，化解24起。其中因企业改制破产引起的矛盾纠纷11起，化解4起；劳动保障矛盾纠纷1起；征地补偿矛盾纠纷1起，化解1起；拆迁改造安置存在的矛盾纠纷4起；劳资纠纷3起，化解2起；山林土地矿产引起的矛盾纠纷2起，化解1起；环境问题矛盾纠纷2起；交通事故矛盾纠纷4起，化解3起；涉法涉诉1起；其他原因引起的矛盾纠纷18起，化解13起。排查一般民间矛盾纠纷296起，成功调解291起；其他矛盾纠纷66起，成功调解61起；治安案件引发的矛盾纠纷595起，成功调解516起。

五、努力做好第二代居民身份证换发工作。年内，按照公安部、省公安厅《关于进一步推进换发第二代居民身份证工作的通知》和州公安局下达的指标，个旧市2011年二代证换发任务为16周岁以上居民的办证率要求达95%。截止12月20日，全市办证实际完成16周岁以上居民办证率93.55%。

六、深入推进流动人口管理工作。年内，根据省、州人民政府《流动人口服务和管理暂行办法》的相关要求，个旧市人民政府于10月10日行文，成立个旧市流动人口服务和管理领导小组，在城区人民路派出所、金湖路派出所、建设路派出所设立流动人口服务管理站，各乡（镇、区、办事处）设立流动人口服务管理中心和专职协管员（其经费按人均1500元拨付）。10月21日下午，治安管理部门在金湖路派出所二楼会议室举办流动人口服务管理培训班，对12个派出所分管流动人口的副所长和全市32名专职协管员进行培训，为流动人口的服务和管理奠定了基础。截至12月25日，全市已采集流动人口信息104195人，其中新增36251人，注销30195人，维护修改37749人。完成州局下达任务的

130%。办理居住证56056个。

七、切实加强实有人口管理工作。年内，按照省公安厅和州公安局有关会议精神，户政管理部门切实加强对实有人口管理的“五项重点”工作。一是严格按照实有人口5000∶1的比例，配齐社区民警。二是设置流动人口服务机构，完成专职协管员招聘工作。三是完成“户政E网通”建设。四是完成常住人口、流动人口、重点人口系统数据维护和更新。州局要求年底常住人口一次变更维护更新率必须达到60%，二次变更维护更新率要达到50%。年底，全市16～45周岁人口共176746人，变更一次以上的有122176人，变更率69.13%；变更二次以上的有105390人，变更率59.63%。圆满完成州局下达的任务。五是全面推广运用社区警务子系统工作。3月，户政管理部门对社区（责任区）民警，就社区警务子系统进行全方位培训，以后，相关人员又多次到各派出所对民警进行再培训和指导，促进了警务子系统的应用和发展。

八、按时完成户口登记管理专项清理整治工作。年内，按照公安部三局《全国户口登记管理专项清理整治方案》和红河州公安局的统一安排部署，户政管理部门和基层派出所对辖区户口登记管理工作进行认真的清理整治，清理人口管理信息系统数据项51850个，其中纠正错误数据项6136项；复核2000年以来的各类户口卷宗7313卷；查实纠正1人多户32人。

【出入境管理】 2011年，个旧市公安机关出入境管理工作主要开展4项业务。

一、充分发挥职能作用，积极做好受理工作。年内，受理中国公民出入境申请7400人次，其中出国护照申请2951人次，往来港澳通行证申请3760人次（香港签注2118人次、澳门签注1642人次），大陆居民往来台湾通行证申请685人次，前往港澳通行证申请4人次。在受理工作中，出入境管理部门积极探索创新服务举措，针对辖区鸡街镇、沙甸区回民聚居区一年一度前往沙特麦加朝觐的回民大多年龄偏大、行动不便和文化程度较低等特点，在全州率先开展“窗口前置”举措，主动上门为朝觐者办理出国护照。全年，共为出国朝觐的回族群众办理护照141人次。

二、健全完善相关制度，不断加强不批准出境人员的管控力度。年内，出入境管理部门进一步健全、完善特别岗位人员、法定不批准出境人员的“双备库”工作，坚持对两个数据库实行定期检查，动态管理，主动与备案单位进行核对补充，确保数据的准确性、完整性和鲜活性。截止12月20日，“双备库”新增法定不批准出境人员信息203人，撤销142人；更新特别岗位人员620人数据信息。

三、准确掌握常住外国人基本情况，切实帮助解决外国人实际困难。年内，出入境管理部门对长期居住在辖区的侨民、三资企业中的境外人员基本情况，集中开展深入细致的调查摸底。通过工作查清，全市有常住外国人41人，其中越南籍侨民39人（男9人、女30人），英国侨民1人（男性），巴基斯坦侨民1人（男性）。同时定期不定期地进行户查、户访和验证，并帮助有实际困难的外国人解决困难。全年，为39名越南侨民申办中华人民共和国永久居留证（绿卡），为其中26名愿意加入中国国籍的合法越南侨民申办了相关手续；与有关部门协调解决9名越南侨民的低保和医保问题、1户越南侨民的住房问题、2户越南侨民的廉租房问题。

四、开展“三非”外国人清理整治行动，及时查处涉外案件。年内，出入境管理部门在开展“三非”外国人清理整治行动中，对出租房屋、宾馆、旅店、建筑工地、公共娱乐场所、卡拉OK厅、美容厅等暂住人口主要落脚点逐户逐地进行清查，查处非法入境、非法居留涉外案（事）件9起21人，其中越南籍20人，马来西亚籍1人。

【经济文化安全保卫】 2011年,个旧市公安机关经济文化安全保卫工作主要开展4项工作。

一、强化单位内部防范措施，确保单位内部安全。年内，治安管理部门以《企业事业单位内部治安保卫条例》为抓手，以强化单位内部保卫组织建设和各项防范措施为重点，积极督促指导各单位建立健全保卫机构和各项规章制度，认真落实出入登记、守卫看护、巡逻检查、重要部门保护、治安隐患排查等防范措施，堵塞漏洞。1～11月，治安部门深入企事业单位指导内部保卫工作14次，检查重点单位186个次，发现安全隐患23个，其中重大隐患5个、一般隐患18个。并对重大隐患下发《安全隐患整改通知书》限期整改，一般隐患口头要求全部整改。强有力的防范措施确保了单位内部安全。

二、加大校园及周边治安整治力度，维护校园良好秩序。年内，根据4月26日“红河州进一步加强校园及周边安全保卫工作电视电话会议”精神，个旧市公安局制定《进一步加强校园及周边治安秩序专项整治工作实施方案》，对全市242所学校、幼儿园，开展全面安全检查；配备300名通过培训合格的专业保安员到学校、幼儿园加强校园内部安全防范；严厉打击、防范侵害师生、儿童人身安全的违法犯罪活动；加强重点人的管控和矛盾纠纷排查化解工作及校园周边治安巡逻防范。全年，全市出动警车2629辆次、警犬136头次、警力10849人次，盘查可疑人1484人，检查车辆18030辆次，查处道路交通违法案事件2774起、交通事故3起，收缴管制刀具118把，及时处置涉及学生的打架斗殴案件20起，破获重大涉校涉生案件8起（含故意伤害致人死亡案件4起）。

三、开展“三电”专项整治，严厉打击涉电违法犯罪。年内，个旧市被列为红河州“三电”问题突出挂牌整治重点市。市“三电办”及时组织召开“2011年个旧市‘三电’设施安全保护工作联席会议”，成立个旧市“三电”突出问题专项整治工作领导小组，制定下发《“三电”突出问题专项整治工作方案》。市公安局在上年“三电”专项斗争的基础上，结合辖区实际，将市区、大屯、鸡街、卡房地区列为主要整治地区，集中优势警力组成专案组及时侦破涉电案件，对“三电”违法犯罪实施严厉打击。全年，全市立涉电案件276起，破获53起（含年前积案17起），其中盗窃案25起、破坏公用电信设施案21起、破坏电力设备案7起，抓获犯罪嫌疑人9人，打掉犯罪团伙3个，抓获团伙成员8人，使涉电案件发案数比上年同期减少132起，有效地遏制了辖区涉电案件的高发势头。

四、全力做好安全警卫工作，保障多项活动和有关人员绝对安全。年内，个旧市警卫工作按照《红河州公安局警卫工作实施办法》，出动车辆300余辆次、警力5000余人次，圆满完成“8.10”二级警卫任务1次，三级警卫任务2次，一般警卫任务8次；完成“两节”、“两会”、“高考”、“党代会”、中国学生留学埃及80周年暨云南桥头堡战略学术研讨会、红河州加强和创新社会管理工作会议等安全警、保卫任务70余次，保障了各级领导在辖区视察、调研和参与各项活动期间的绝对安全。

【公共网络安全监察】　2011年，个旧市公安机关继续加强公共网络安全监察。一是开展互联网巡查处置工作。公安网监部门对属地、准属地网站不断加强巡查力度，及时发现和处置危害党和国家安全及社会稳定等有害信息176条，监控掌握互联网舆情84条，并上报工作简报31期。二是创新监察管理工作。公安网监部门对重要网络与信息系统加强安全监督、监察和指导，严格要求网吧运行使用安全管理软件，集中收缴一批“公卡”，加大落实实名制力度；加大对互联网信息服务单位、投入服务单位、联网单位的安全监督检查频次，指导做好防有害信息传播、防黑客入侵、反计算机病毒等各项防范工作，并建立健全案件报告制度和联动处置信息网络案（事）件的工作机制，对“黑网吧”及时进行打击。全年，网监部门组织清查行动92次，清查网吧790家次，查处涉网行政案件22起，其中行政罚款20家232000元，停业整顿2家。三是利用网监技术手段打击违法犯罪分子。公安网监部门利用网监技术协助有关部门破获盗窃、故意伤害、故意杀人和抢劫、聚众斗殴、阻碍公安机关执行公务等案件17起，抓获犯罪嫌疑人19人（含网上在逃人员13人）。

【监所管理】　2011年，个旧市看守所收押各类犯罪嫌疑人×××人，其中男性×××人，女性××人；刑事拘留入所×××人，直捕入所××人，凭判决入所×人，临时寄押×××人。与上年同期相比，收押数上升1.03%。年内处理出所×××人，其中情节轻微释放42人，证据不足释放67人，变更强制措施取保候审释放66人，移交外地公安机关11人；检察机关不批捕释放45人；法院判缓刑释放39人，患严重疾病释放6人，免刑事处罚释放1人；看守所投入监狱服刑×××人，留所服刑满释放××人。截止12月20日，看守所在押人数××人，其中男××人，女××人；留所服刑××人。年内，监所管理主要开展4项业务。

一、认真进行在押人员劳动问题和涉案人员非正常死亡问题整治。年内，按照省公安厅《集中治理全省看守所组织在押人员劳动问题工作方案》和省公安厅、红河州公安局对涉案人员非正常死亡问题集中整治的工作要求，个旧市看守所对在押人员劳动场点、强迫劳动、劳动项目安全隐患、劳动组织管理、劳动时间过长、劳动收入管理使用及涉案人员非正常死亡等7方面问题，进行认真的自查。通过自查和对照，看守所不存在违反有关规定的做法和问题。

二、调整值班勤务模式，科学管理在押人员。年内，看守所根据本所的实际情况，对工作勤务模式进行调整，从下半年开始，实行主副班及领导带班制。全所分成4个值班组，每个值班组由收押、管教、巡视监控民警组成，主班24小时在岗在位，副班按8小时制上下班，主副班由4个组互相交替值班，每日在岗民警20人，其中常班7人，主班6人，副班6人，狱医1人。模式调整使监所工作制度更为科学合理。

三、以“两防一退”为目标，全力保障监所安全。年内，看守所收押死刑犯12人（含改判死缓刑送监狱服刑2人），执行死刑1人，年底尚关押9人；为办案部门办理提讯、提审、提解3890人次；律师会见756人次；在押人员亲属会见465人次。全年，为保障监所安全，看守所按照公安部监管局提出的防事故、防非正常死亡和退出舆情关注热点的“两防一退”为工作目标，召开狱情分析会24次，组织清监及安全大检查24次，开展集体教育24次。与此同时，不断提高管教民警的“四知”熟悉率，使其达到98%。“两防一退”工作全面杜绝了监所各类事故的发生。

四、积极深挖犯罪线索，及时打击犯罪分子。年内，看守所把深挖犯罪线索与管教工作有机结合，纳入管教民警绩效考核中，要求管教民警获取深挖线索每月不得少于2条。通过全所民警的努力，全年获取犯罪线索64条，破获各类案件201起，达到全市破案总数的12.98%；提供线索抓获网上在逃人员1人。

【道路交通管理】 2011年，个旧市机动车保有量64296辆，驾驶人员64968人，与上年同期相比，机动车增加6081辆，驾驶人员增加4214人。截止12月26日，全市发生一般程序处理的交通事故26起，造成24人死亡，22人受伤，直接经济损失177300元。四项指数与上年同期相比，事故起数与上年持平；死亡人数增加2人，上升9.09%；受伤人数减少1人，下降4.35%；直接经济损失增加130100元，上升275.64%。四项指数一降一平两升。全年，道路交通管理主要开展4方面工作。

一、加强宣传教育、不断提高全民交通安全意识。年内，道路交通管理部门坚持“安全第一、预防为主、综合治理”的方针，突出“安全发展”主线，把“文明交通行动计划”和国家《道路交通安全法》作为宣传工作重点，结合“春运”、“五月交通安全宣传月”、“警营开放日”、“十·一黄金周”等重要时段，深入农村、社区、学校、运输单位等开展“关爱生命、文明出行”为主题的宣传活动，不断提高全民交通安全意识。全年，道路交通管理部门出动宣传车216辆次、人员647人次；举办展览136次，召开现场会37次，制作宣传牌84块，悬挂大型横幅48条，散发宣传材料80000多份，为中小学生讲授交通安全常识71个课时，到辖区客运企业宣传31次，受教育群众301000余人次。

二、综合治理城区交通、确保主要街道畅通无阻。年内，根据个旧市城区《交通秩序综合治理工作方案》和《道路临时停车泊位管理实施办法（试行）》精神，道路交通管理部门在城区5个主要路口安装闯红灯违法抓拍系统8套。同时全面实施城区道路临时停车泊位收费管理措施，改变了城区车辆乱停乱放、堵塞交通的现象，使堵车现象严重的五一路、中山路、人民路、青年路等主要街道畅通无阻，市区交通环境形成良性循环。随着临时停车泊位管理的启动，街面新增临时警务亭12座，200多名停车泊位管理员统一着保安制服上岗，成为公安机关布建在街面上全天候掌握治安情况的触角和耳目，使城区“两抢”案件由2010年下半年平均每周15起左右，下降到2011年4月以后的每周平均发案1~3起。砸车窗玻璃盗窃车内物品案件亦成为“零发案”。

三、组织农村道路交通安全隐患排查，遏制重特大事故发生。年内，公安交通管理部门联合安监、交通、公路等部门，对辖区农村道路进行排查，对各类事故“黑点”和“隐患点”及时通报交通、公路部门和各乡镇进行整治。全年，查出安全隐患30处，处理30处；在安全隐患路段及事故多发路段设置警示墩749个；报请市政府及时下拨有关资金58万元，出动现场指挥车115辆次，投入管理人员160余人次、装载机75台班次、汽车140余辆次、工人325人次，清理塌方、落石5952.7立方米。与此同时，采取日常路查与专项整治相结合、流动检查与固定检查相结合，对7座以上客运车辆超员行为逢车必查；在212省道仙人洞路段设置24小时交通安全检查服务站，全天候查处；在大屯、鸡街等9个乡镇设立10个流动检查点，开展“超员、超速、超载和疲劳驾驶”专项整治行动。仅11月就查处农村客运超员违法行为17起，并联合相关部门给予惩治。公安交通管理部门按交通法规处罚，交通运政、安监部门和客运企业亦按有关规定对违法客运车辆实施停运至少一个月的处罚，以遏制农村道路交通重特大事故发生。

四、开展无牌无证机动车清理整治行动，杜绝违规车辆上路行使。年内，根据红河州政府开展整治无牌无证机动车预防重特大道路交通事故专项行动工作方案的要求，个旧市公安部门从各相关单位抽调人员，组成4个工作组，由主要职能部门领导带队，于9月7～8日、14～16日，10月10～14日，11月7～11日，分赴各乡（镇、区、办事处）、企业和相关部门，对各单位、各阶段无牌无证机动车整治工作进行督察，配合开展工作。期间，全市悬挂宣传横幅26条，散发宣传材料50000份，在街面、车站、停车场、人员密集场所、市区出入口等不同地点张贴专项行动公告2000余份。截止年底，全市查出无证驾驶人491人，无牌无证机动车1531辆，逐一发放整改通知书，督促整改。同时加强路面检查，无证驾驶、无牌无证机动车上路行驶的，一经发现即按相关法律严格查处。

【消防工作】　2011年，个旧市发生火灾事故21起，无人员伤亡，直接财产损失794500元，与上年同比，火灾起数下降71.23%，直接财产损失下降50.82%，群死群伤重特大火灾事故实现“零发案”；全年，消防部门接出警72次，其中灭火21次，应急救援28次，其他23次；出动车辆77辆次、官兵450人次，救助被困人员62人，抢救公私财产价值254.76万元。年内，消防工作主要开展3方面业务。

一、继续签订责任状，不断筑牢“防火墙”工程。年初，个旧市政府及时召开2011年消防工作会议，对全市消防工作进行安排部署，同时与全市9个乡镇22个行业系统和115家消防安全重点单位签订责任状，推动了全市消防工作的开展和“防火墙”工程的建设。

二、开展高层民用建筑消防安全专项整治。年内，消防部门按照上级消防部门的要求，结合个旧市高层民用建筑逐年递增的实际，对辖区高层民用建筑底数及分布情况进行深入调查，并就高层民用建筑消防安全制度建立落实情况、火灾隐患排查整治情况、消防设施运行管理情况等进行逐栋检查整治，防患于未然。通过调查，个旧市辖区年内共有高层民用建筑214栋，其中已使用115栋，在建99栋。

三、强化宣传教育培训，不断提高民众消防意识和技能。年内，消防管理部门在开展日常消防安全大检查的同时，特别注重农村、社区村（居）民消防意识的提高和消防技能的培训。全年散发消防知识宣传手册10万份，展出展板16次，消防站对外开放24期，受教育群众5万余人；举办各类消防安全知识培训班、讲座33期，培训相关人员7800人。

【公安法制工作】　2011年，个旧市公安法制工作紧紧围绕公安中心工作开展3项业务。

一、充分发挥职能作用，严把案件质量审核关。年内，公安法制部门共审核各类行政案件涉案人928人次，强制隔离戒毒涉案人471人次，社区戒毒人员138人次；审核刑事拘留723人，延长刑事拘留598人，提请批准逮捕558人，检察机关作出批准逮捕决定485人；审查移送起诉516人，取保候审267人，监视居住42人，释放139人。均未发生通知立案、增捕增诉、绝对不起诉或被判无罪，行政复议被变更原处罚决定的案件。此外，法制部门还参与重大疑难刑事、行政案件讨论40余次；解答法律业务咨询2000余人次。

二、认真做好信访工作，及时化解矛盾纠纷。年内，公安法制信访部门接收各部门转送、转办及自行接收（待）人民群众来信来访事项74件次，其中来信44件，来访30件38人次；重信13件，建议1件，重访14件14人次。受理45件，已全部办结，办结率100%。矛盾纠纷的及时化解，为个旧市社会稳定起到了积极的促进作用。

三、继续开展案件评查活动，不断提高办案质量。年内，按照《红河州公安机关开展案件评查活动实施方案》和《个旧市公安局案件评查工作实施办法》，市公安法制部门抽调骨干力量组成评查组，采取调阅案件卷宗、询问办案民警、走访相关人员等方式集中开展涉法涉诉信访积案清理活动和不捕、不诉、不定罪（法院判决无罪）“三不”案件评查活动。全年清理信访案件的源头案件18起，其中省政法委调卷2起，州政法委调卷2起，市政法委调卷4起，公安自查自评10起。同时对2011年上半年本局办理的29起33人，“三不”刑事案件进行评查。并针对发现的问题，进行认真分析，提出对策意见，进行了整改。为此，公安法制部门被评为2011年度红河州涉法涉诉信访积案清积评查工作先进集体。

【队伍建设】 2011年，个旧市公安机关队伍建设以推进“三项重点工作”、“三项建设”和纪律作风教育整顿为载体，以加强组织建设、队伍正规化建设为主线，着重开展3方面工作。

一、开展“大走访”开门评警活动，不断和谐警民关系。年内，个旧市公安机关各部门和全体民警，借全国公安机关开展“大走访”开门评警活动的时机，带着感情、带着责任、带着问题，走出去、请进来，征求各方面意见开门评警。全年，全局民警参与走访845人次，走访党政机关和企业单位336个、社区村寨212个、学校34所、群众2500余户12000余人；召开大小评警座谈会24场2700余人次，开展宣传活动12次，散发各类宣传资料10700份，邀请评警的社会各界群众6500余人，征求意见和建议480余条。后经公安局党委梳理将这些意见和建议归纳为业务工作、队伍建设、执法规范、经费投入、服务群众等5个方面共71条，并行文按业务归口下发相关责任部门，由部门按“五个坚持”整改，即坚持当场整改、坚持限期整改、坚持强化宣传、坚持反馈回告、坚持一个标准（群众满意）。截止年底，意见和建议已整改落实61条，群众满意率100%；其他10条正在整改中。

二、强化公安督察工作，坚持从严治警与维权护警并举。年内，公安督察部门出动警力403人次，进行现场督察217次（明查173次，暗访44次），发现查纠各类问题81个，纠正警容风纪46人次，黄牌警示4人次，提出督察建议33条，发督察通报12期。与此同时，对群众举报民警违纪违法的问题本着实事求是、认真受理、尊重事实、客观公正的原则，认真调查，每查必果，及时反馈，以实际行动取信于民，维护群众、民警的合法权益。全年，督察部门接到群众电话和来信来访举报、投诉31起，经过调查核实，2起属实，3起部分属实，26起不属实。并根据情况分别作出处理，为18名民警澄清了事实，维护了民警合法权益和执法权威。

三、加强思想政治教育和警务实战培训，切实提高队伍整体素质。年内，政工部门按照上级公安机关的要求，积极组织民警参加各项政治理论学习和警务实战培训，其中包括每周政治业务学习、支部“三会一课”学习，民警初任培训、全州民警轮训、警衔晋升培训，“四项制度”培训、执法安全培训等。全年，全局组织、参与各类培训85期7945人次，其中参加上级公安机关各类培训29期402人次，本局培训56期7543人次。思想政治教育和警务实战培训使广大民警的政治业务素质得到提高，极大地促进了公安队伍建设。市公安局分别被省委、省公安厅、省司法厅、红河州委、州政府、州政法委评为相关工作先进集体；沙甸派出所等9个基层单位，分别被省综治办、省公安厅、省交通厅、州党委、州政府、州公安局评为先进集体；人民路派出所被省公安厅记集体二等功一次；禁毒大队等4个单位被州公安局各记三等功一次。2名民警被省公安厅各记二等功一次；42名民警被州公安局各记三等功一次；14名民警被州公安局各嘉奖一次。110指挥中心等15个单位分别被市公安局评为一、二、三等奖；184名民警被评为先进个人；61人受到嘉奖。

（撰稿：万炳华）

检 察

【简述】 2011年，个旧市人民检察院在市委和上级检察院的领导下，在市人大及其常委会的监督下，在市政府的支持和市政协的民主监督下,以邓小平理论、“三个代表”重要思想和十七届五中、六中全会精神为指导，按照省、州检察长会议的安排部署，围绕个旧市转型发展、产业发展“二次创业”的工作重点，深入推进“社会矛盾化解、社会管理创新、公正廉洁执法”三项重点工作，认真贯彻宽严相济刑事司法政策，不断强化执法办案，强化法律监督,强化自身监督，强化高素质检察队伍建设，各项检察工作取得新进展，为服务个旧地区“十二五”开局之年的建设作出了积极努力。

【职务犯罪检察】 2011年，个旧市人民检察院加大查办和预防职务犯罪力度，稳步推进反腐倡廉建设。按照中央及省州市委反腐败斗争的总体要求，围绕“加大工作力度，提高执法水平和办案质量”的总体要求，把查办和预防职务犯罪工作放在突出位置。全年共受理各类职务犯罪案件线索17件18人，立案侦查17件18人。其中贿赂案7件7人，贪污案6件6人，挪用公款案1件1人，滥用职权案3件4人。其中大案14件，占立案总数的82.4%。案件已全部侦查终结并移送起诉，通过办案为国家挽回经济损失370多万余元。在查办职务犯罪的同时，按照“更加注重治本，更加注重预防，更加注重制度建设”的要求，围绕办案开展职务犯罪预防工作。一、结合办案开展案件预防20件，进行案件剖析20件，发出书面检察建议20份，帮助发案单位查找管理、制度上存在的漏洞和问题。二、围绕中心，服务大局，扎实开展食品安全监管环节专项预防。通过抓好立项审批，制定措施，规范调查活动，形成调查报告，开展预防宣传警示教育等，有效推进了食品安全管理机制的完善和创新。三、稳步推进社会化预防网络的建立。与云锡集团马拉格矿业有限责任公司建立开展职务犯罪预防工作联系制度，成立预防职务犯罪指导委员会，强化了行业及部门的内部防范机制，确保了权力的正确行使。四、不断扩大预防宣传面。全年共开展警示教育73次，受教育人数6136人，提供预防咨询127件次。

【刑事检察】 2011年，个旧市人民检察院认真履行各项检察职能，服务个旧经济社会新发展。全年共受理各类审查批捕案件346件513人，同比分别上升0.9%和下降5.9%；受理移送审查起诉各类刑事案件359件594人，同比上升15.1%和4.4%。经审查,批准逮捕290件432人，向市法院提起公诉294件455人，移送其他检察院62件125人。工作中，始终把影响群众安全感、破坏社会主义市场经济秩序、严重暴力及多发性侵财犯罪作为打击重点，突出打击危害经济发展、聚众扰乱社会秩序、影响农村稳定的刑事犯罪，集中打击涉黑、涉恶犯罪案件。不断完善联席会议、提前介入等机制，切实提高打击犯罪的针对性和实效性。通过严审细查证据，严格捕、诉案件的把关，规范备案审查等多种方式提升案件办理质量。全面推进犯罪嫌疑人（被告人）财产调查与控制工作，有效强化监督，防止出现涉诉上访案件发生。正确适用宽严相济刑事司法政策，积极探索和解息诉、答疑说理、轻刑案件快速办理、检察建议、量刑建议等工作方式，在办案中化解矛盾，促进社会和谐。

【侦查及刑事审判监督】 2011年，个旧市人民检察院不断完善监督机制，更加注重数量、质量、效率、效果、安全的有机统一，切实维护公平正义。加大监督力度，完善监督机制。共提前介入各类刑事案件调查31件，退回补充侦查92件190人，建议侦查机关撤案2件2人，纠正漏捕41人，纠正漏诉10人，追漏罪43条，提请抗诉2件，改判2件。对诉讼活动中的违法情形发纠正违法通知书11份，发书面检察建议1份。积极稳妥推进量刑建议改革，认真落实检察长列席审判委员会、“三书会审”、职务犯罪裁判文书同步审查与诉前请示等制度，量刑建议采纳率达82.8%，有罪判决率为100%。以案件审查、立案监督信息联络、行政执法与刑事司法衔接、“检察进社区”等多项工作为平台，拓宽案源渠道。通过提前介入、联席会议、跟踪监督，与侦查机关形成合力，提高立案监督效果。共受理立案监督案件线索43件，成功监督侦查机关立案15件，监督撤案16件；不符合立案条件，作不立案处理12件。

【民事行政检察】 2011年，个旧市人民检察院认真对待群众申诉，充分运用抗诉、和解息诉、支持起诉、督促起诉等方式维护当事人合法权益，促进社会和谐，共受理各类民事行政申诉案件96件，立案审查83件。其中建议提请抗诉7件，提请抗诉1件，不建议提请抗诉3件，不提请抗诉2件，刑事附带民事诉讼34件、诉前和解12件、支持起诉34件，执行监督16件、督促起诉14件，民事和解1件，因当事人撤回申诉终止审查1件，息诉案件 20 件。经审查案件向本院及上级院移送职务犯罪线索3 件。

【监所检察】 2011年，个旧市人民检察院加强日常安全检察特别是节假日安全防范检察，推行夜间和周末巡视制度，结合入监调查谈话制度和约见检察官制度，确保看守所安全稳定。共检察登记入所人员612人，出所人员571人；进行个别谈话教育320人次，集体教育86次，受教育人数1107人；深入“三大现场”检察367次；对监管活动中的违法情形发纠正违法通知书19份。坚持严格换押制度检察，加大对退侦、延期案件的跟踪监督力度，提示和催办案件128件，有效遏制超期羁押。

【控告申诉检察】 2011年，个旧市人民检察院畅通群众诉求渠道，不断强化执法办案风险源头治理，努力实现“案结、事了、人和”。全年共接待群众来信来访102件，其中举报35件、控告49件、申诉18件，各类信访件均按照要求进行了分流处理。立案复查刑事申诉7件，均审查息诉。检察长接待群众60人次，批阅群众来信16件，领导干部带案下访5件。处理集体上访3件200余人。开展刑事被害人救助3人、救助金额1万元。

【人民监督员工作】 2011年，个旧市人民检察院对1件本院查办的拟不起诉案件依法启动人民监督员程序接受监督。邀请人民监督员、特约检察员参与搜查活动5次，对5名职务犯罪嫌疑人进行回访考察，巡视看守所1次，定期通报检察工作情况3次。旁听本院立案侦查的1件职务犯罪案件的法庭审理，并对公诉活动进行现场评议。

【检察队伍建设】 2011年，个旧市人民检察院坚持把班子建设作为队伍建设的关键抓紧抓好。严格执行《党组工作制度》《检察长办公会议制度》《党组中心学习组学习制度》，坚持和完善党组民主生活会、每周一班子碰头会、周五学习日等制度。积极倡导班子之间的相互理解、相互支持，营造心情舒畅、团结协作的氛围，做到工作上互相补台，生活上互相关心，开展批评一针见血。加强经常性的交心谈心活动，使问题解决在日常工作中，以此来增强班子团结，形成整体合力；加强与检察人员的联系和沟通，及时了解掌握干警的思想、学习、工作和生活情况，营造宽松和谐的工作环境，使检察人员以饱满的热情投入工作。建立健全现有人才的培养开发、选拔任用、激励保障等机制，充分挖掘潜力，用好用足现有人才资源，促使“干部能上能下、人员能进能出”的激励机制得以有效运行。通过以上举措，班子的凝聚力和战斗力得到进一步增强，全院范围内形成了团结干事的氛围。全年共建议提拔任用干部9人，挂职交流锻炼干部7人。紧紧围绕促进公正廉洁执法，不断强化检察队伍的教育、管理和监督，从“抓活动、抓结合、抓公正执法”入手，把规范执法、文明执法作为履行法律监督职能的出发点和落脚点，有效解决检察人员在理想信念、宗旨意识、执法作风等方面存在的突出问题。另外，以庆祝建党90周年为契机，组织到蒙自查尼皮革命旧址进行检察官宣誓，重温入党誓词，举办主题演讲比赛，传唱革命歌曲，举办主题文艺晚会，参加统一考试，重读红色经典等活动，进一步凝聚人心、弘扬正气、鼓舞士气。继续加大专项业务、岗位技能和学历提升等培训力度，全院干警本科以上学历85%，有3人在读研究生学历。深入开展岗位练兵，全院有2人获全州检察机关优秀公诉人称号，2人获全州检察机关优秀公诉能手称号，市检察院连续3年获全州侦查监督业务竞赛组织奖和综合排名第一。大力推进检察文化建设，创办《个旧检察》期刊，不定期组织开展各种文体活动，到驻地部队开展队列训练，每月第1个工作日上午举行升国旗仪式，每周一、三、五上午组织锻炼。面向社会公开择优招录合同制辅助人员11人，为检察工作注入了新鲜血液。

【检察工作机制创新】 2011年，个旧市人民检察院创新检察工作机制，积极促进“四位一体”建设。一是认真开展村民自治组织预防职务犯罪专项治理试点工作，促进农村和谐稳定发展。结合实际建立工作联系制度，开展专项预防调查，完善“村财乡管”制度，有效防控和减少职务犯罪发生。在一年的试点工作中，市检察院在大屯镇楼坊寨开展预防职务犯罪宣传警示教育工作4次，提供法律咨询服务11次，刊出预防职务犯罪宣传专栏1期。出台《村民自治预防职务犯罪试点工作制度》，为检察机关预防职务犯罪工作创新发展注入了生机活力。二是在全州范围内率先实行在押人员羁押表现纳入量刑建议。联合市法院、市公安局共同出台《在押人员羁押表现纳入量刑情节审理暂行办法》《个旧市看守所对在押人员羁押期间考核办法》，规定工作程序和各机关职责，有效促进了监管秩序的和谐稳定。三是在全市挂牌成立15个基层检察工作联系点。联合市司法局共同制定《关于进一步加强工作联系的意见》，明确工作联系机制，使检察工作更加深入基层，深入群众，提高了民众对检察工作的认知度。年内，已通过联系点办理民事申诉3件，立案监督1件。四是设立全州首个驻乡镇检察室。大屯检察室已于2011年12月30日正式挂牌开始工作，检察工作触角在广大农村得以有效延伸，对于化解农村基层矛盾纠纷、查办涉农经济案件，积极参与社会治安综合治理等方面将发挥积极作用。

【对口援助帮扶工作】 2011年，个旧市人民检察院牢固树立促进民族团结、推动边疆和谐稳定的大局意识，扎实开展对口援助帮扶工作。一是以深入开展创先争优活动为契机，经过协调，为蔓耗镇黄木树村委会下平田村修建全长5公里的沙石路，并于8月2日正式通车，改善了苗寨人民出行环境。二是扎实开展与怒江州贡山县院互派干部挂职锻炼工作。安排专项资金8.5万元，为援藏工作顺利开展提供保障，选派骨干人员将先进的检察工作理念带到贡山。通过工作，实现贡山县检察院2011年检察工作新突破：即首次应用“司法会计鉴定”成功指控职务犯罪案件；成功办理贡山县检察院首例刑事和解案件；首例纠正漏捕案件和首例监督撤案案件。

【强化自身监督】 2011年，个旧市人民检察院不断增强自觉接受监督意识，主动接受市人大及其常委会的监督和市政协的民主监督。向人大常委会报告5年来开展侦查监督工作的情况。加强与人大代表、政协委员的联络，主动通报检察工作情况2次，认真办理代表、委员提出的意见和建议，通过总结经验、查找问题、进行整改，有力地促进了各项检察工作的开展。继续在办案部门推行“一案三卡”（即《告知监督卡》《回访监督卡》《廉洁自律卡》）案件跟踪监督制度，确保办案人员严格、公正、文明执法。对各办案部门办理的125件案件进行督察，其中抽查案件95件、重点督察案件30件。通过督察均未发现有严重质量问题的案件。大力推行检务督察、执法监察、执法档案和执法过错责任追究制，进一步健全业务工作运行规范、执法质量保障规范，确保理性、平和、文明、规范执法。

个旧市人民检察院正科级以上领导名录

检察长	万买富
副检察长	杜子贵
	杨　芮（2011年9月调出）
	李　新
	叶　华
政治处主任	沈　芳（女）
纪检组长	陈继伟

（撰稿：张　洁）

审　判

【简述】 2011年，个旧市人民法院在市委的领导下，在市人大、市政协及上级法院的监督指导下，在市政府和社会各界的大力支持下，紧紧围绕科学发展的主题，认真贯彻中共十七届五中、六中全会和各级政法工作会议精神，全力推进社会矛盾化解、社会管理创新、公正廉洁执法三项重点工作，继续深化司法体制改革，全面加强法院各项工作，不断满足人民群众新时期对司法工作提出的新期待和新要求，为个旧“十二五”时期经济社会发展提供强有力的司法服务保障。全年共受理各类案件2291件，审执结2259件，结案率98.6%。

【刑事审判】 2011年，个旧市人民法院依法严惩危害国家安全、公共安全、人民群众生命财产安全的严重刑事犯罪和多发性侵犯财产犯罪，从维护个旧社会稳定出发，严格执行“宽严相济”刑事司法政策，确保刑事审判法律效果和社会效果的统一。全年共受理刑事案件292件471人，审结291件470人，结案率99.7%。其中审结“两抢一盗”、强奸、故意伤害、故意杀人等恶性犯罪案件196件335人，毒品犯罪案件12件12人，拐卖妇女儿童犯罪案件1件2人，职务犯罪案件16件17人。判决生效377名罪犯，其中被判处10年以上有期徒刑51人，判处10年以下5年以上有期徒刑52人，判处5年以下有期徒刑146人，适用缓刑116人，拘役5人，免予刑事处罚7人。

加大对被告人的财产查控工作力度，促进刑事自诉案件和刑事附带民事案件的化解，有效保障被害人合法权益，减少社会对抗、修复社会关系。全年审结涉及被告人财产查控刑事案件241件，追缴罚金159万余元，没收财产145万余元，判处被告人赔偿受害人经济损失388万余元。

高度关注未成年人犯罪案件的审理和其合法权益的保护。未成年人的成长，关系到亿万家庭的切身利益，关系到国家和民族更加美好的未来。多年来，少年法庭在改革中谋发展，在探索中谋完善，形成了一套有利于实现法律效果和社会效果统一的、独具特色的少年审判工作机制，不断推动未成年人犯罪及预防工作迈上新台阶，为未成年人的茁壮成长，为促进家庭和谐、社会稳定做出不懈的努力。全年共受理未成年人犯罪案件42件82人，审结42件82人；受理涉及未成年人的民事案件21件，审结21件，其中调解17件，调解率81%。开展未成年人回访帮教活动150余人次，进学校、社区开展法律讲座20余次。

【民事审判】 2011年，个旧市人民法院共受理各类民商事案件1422件，审结1397件，结案率98.24%。在民事审判中，依法保障妇女、老年人和未成年人的合法权益，有效促进和谐人际关系、和谐家庭及和谐社区的构建，审理婚姻家庭、继承等涉及人民群众合法权益的民事案件384件；注重化解非公经济纠纷，保护非公企业的合法权益和健康发展，维护市场经济秩序，审理借贷、合同等经济类案件591件；及时有效保护受害人的损失得到赔偿，维护公民的生命健康权，审结道路交通事故、医疗事故、工伤事故等侵权赔偿纠纷案件81件。同时做好司法救助工作，加大对困难群众的司法救助力度，全年共计减免交诉讼费27.6万元，占全年所收缴诉讼费的46%，确保困难群众的合法权益得到及时有效的保护。

【调解工作】 2011年，个旧市人民法院继续坚持“调解优先、调判结合”的民事审判工作原则，在派出法庭拓宽矛盾纠纷化解渠道，通过“立审执一体化”工作机制积极探索庭前化解方式，将大量矛盾纠纷化解在庭审之前。同时，利用新购置的巡回审判专用车切实加大对山区的巡回办案力度，把“司法为民、服务于民”的各项措施落实到具体工作中。全年，共审结各类民商事案件1422件，调解撤诉结案945件，调解率67.6%；其中四个派出法庭共审结664件，调解撤诉结案520件，平均调解率78.3%，巡回办案614件，占所审结案件的92.5%；四个法庭通过庭前调解的方式化解各类纠纷60余起，将大量矛盾纠纷化解在立案前。

【执行工作】 2011年，个旧市人民法院为了防止产生新的执行积案，一方面完善各项执行工作制度，健全执行工作管理措施，形成了一套科学、合理、规范的执行工作管理机制；另一方面充分发挥个旧市执行联动机制的职能作用，加强与公安、银行、房管、工商、税务等部门的沟通协调，穷尽一切执行措施查找被执行人财产，使执行工作进入良性循环轨道，在全社会形成综合治理执行难的工作格局。全年共受理各类执行案件530件，执结524件，执结率98.9%，案结事了331件，案结事了率63.2%。其中派出法庭适用“立审执”一体化机制执结86件，案结事了率100 %。全年共计开展强制执行11次，动用警力250余人次，警车60余辆次，对被执行人财产采取查询、查封、扣押、冻结等执行措施1700余次，执行到位案款1041万余元，分别在中秋、春节传统佳节前夕召开执行兑现大会，当场为66名申请人兑现执行案款414万余元。

【行政审判】 2011年，个旧市人民法院积极探索和创新行政案件解决机制，坚持保护与监督并重，始终把预防和化解行政争议作为行政审判工作的重要着力点，加强与行政机关的良性互动，充分保护行政相对人的合法权益，监督行政机关依法行政，促进社会管理创新。全年共审结行政案件47件，同比上升176%，结案率、行政和解率、案结事了率均为100%。依法审查非诉行政案件61件，准予执行61件。

在个旧市多项重点工程建设中，个旧市人民法院及时有效地配合党委政府处理协调涉及拆迁、搬迁、安置等热点、难点问题，为建设的顺利推进提供强有力的司法保障。在鸡个公路建设中，因施工导致100余户农户房屋震裂、受损，引发农民集中阻碍施工现场。法院及时配合党委政府化解矛盾，引导农户依法进入法律程序解决纠纷，确保工程建设正常进行，并调解了所有纠纷，50%以上的赔偿款已兑现到农户手中。

【审判监督】 2011年，个旧市人民法院通过建立健全审判监督管理机制及完善案件质量与效率评估体系，实现对审判工作的全方位监督。纪检、监察部门围绕工作人员履行职务、行使职权，认真开展审务督查，做好审判监督工作。主动向人大、政协报告工作和大案、要案的审判、执行情况，邀请人大代表、政协委员旁听庭审和视察法院工作，对人大、政协交办的事项和人大代表、政协委员提出的意见、建议和提案逐一进行落实，并及时进行书面反馈。全年认真办理政协委员提案1件，面商率、办结率、满意率100%。合理安排人民陪审员参与案件审理工作，人民陪审员全年共参与审理案件

298件，占适用普通程序审结案件总数的99.5%。同时通过网络、电视、电台等媒体公布各项审判执行工作进展情况，增加审判工作透明度，确保司法公正。

【信访申诉工作】　2011年，个旧市人民法院按照中央、省、州各级政法工作的要求，把处理涉诉信访案件作为联系群众、倾听民意、为民解忧的重要途径。以人民群众满意为根本，以推进社会矛盾化解为工作主线，以维护社会和谐稳定为最终目标，建立案件信访排查与风险评估、信访事项通报、约期接访、领导包案、责任倒查追究等涉诉信访工作流程管理机制，既抓积案清理又抓源头预防，全力化解涉法涉诉信访案件。全年共排查清理涉法涉诉信访积案40余件，其中重点案件21件。进一步畅通信访申诉渠道，热情接待群众来信来访，共接待来访群众233人次，处理群众来信17件。对申诉理由充分、符合再审条件的依法提起再审，申诉理由不充分的，做好服判息诉工作。全年申请再审案件7件，立案再审2件。

【人民陪审工作】　2011年，个旧市人民法院认真贯彻人民陪审员制度，充分发挥人民陪审员作用。加大对人民陪审员审判业务的培训力度，合理安排陪审员参与案件审理工作。全年，人民陪审员共参与审理案件298件，占适用普通程序审结案件总数的99.5%，充分发挥了人民陪审员参与审判、监督审判的积极作用。

【综治工作】　2011年，个旧市人民法院通过模拟法庭进校园和送法进社区、进农村、进矿区等方式，大力开展法制宣传，让法治深入人心。始终坚持以能动司法为社会管理创新提供着力点，继续探索社区矫正新途径，坚持对缓刑犯的跟踪考察制度，减少缓刑人员的重新犯罪率。针对个旧市矿区盗抢犯罪突出的问题，对涉矿刑事案件开设“快立、快审、快执”绿色通道机制。全年深入学校、社区、乡镇、矿区进行法律宣传30次，发放宣传资料10万余份，解答群众咨询1200余人次；开展人民调解员培训7次300人，对判决生效的刑事在押人员和缓刑人员进行回访帮教300人次，充分发挥人民法院在社会管理创新中的职能作用。

【队伍建设】　2011年，个旧市人民法院积极开展“发扬传统、坚定信念、执法为民”、社会主义法治理念再学习再教育等主题实践活动，并结合“人民法官为人民”、“群众观点大讨论”、“创先争优”等学教活动，使干警树立以“忠诚、为民、公正、廉洁”为主要内容的核心价值观，始终保持正确的政治方向、坚定的理想信念和牢固的宗旨意识，永远忠于党、忠于祖国、忠于法律。同时注重培养法官业务素质、职业道德素养和职业尊荣感，为三项重点工作筑牢思想基础、能力基础、人才基础。通过法官传帮带、庭审竞赛、优秀裁判文书竞赛等多岗位练兵形式，不断提升年轻法官的综合司法能力。依托法官俱乐部开展积极健康、丰富多彩的读书、绘画、论坛、艺术、体育等活动，并以建党90周年和建院60周年为契机，举办党的知识竞赛、“党在我心，与党同行”主题演讲以及《法官礼赞》法文化展演等活动。在展示新时代法官精神风貌的同时，激发法官的职业尊荣感，增强凝聚力和向心力，营造良好的法院文化氛围，提升队伍整体素质。年内，市法院多个部门先后被评为“全省优秀人民法庭”、“全省优秀基层党组织”等，7名干警先后受到省、州、市各级组织表彰。

不断强化“为谁服务、为谁司法”理念，以建设一流法院、打造一流队伍、培育一流作风、创造一流业绩为目标，深入开展党性党风党纪教育，坚持不懈地抓好党风廉政教育，切实做到自尊、自爱、自警、自律，自觉筑牢拒腐防变的思想道德防线。通过签定党风廉政建设责任书、廉政承诺书以及干警个人重大事项报告书，加大对干警的监督和约束力度。建立完善干警个人业绩评价档案和廉政档案，形成个人业绩评价体系，不断把党风廉政建设引向深入，有效杜绝违法违纪行为的发生。

【基础设施建设】　2011年12月30日，个旧市人民法院审判法庭在市委、人大、政府、政协及社会各界的高度重视和大力支持下，建成投入使用。审判法庭总建筑面积12220平方米，内设大、中、小法庭、调解室9个，来访人员接待点15个，大厅设置诉讼服务区，为群众提供法律咨询、诉讼引导、立案、查询、判后答疑等。按照最高人民法院“天平工程”建设要求，个旧市人民法院基础设施建设正朝着涵盖诉讼服务、审判管理、政务管理、队伍建设、智能化法庭、数字化审委会、案件查询等“先进、实用、安全、易扩充”的管理体系迈进，以加强权力制约和监督，提高审判活动的公开性和透明度，将适用法律解决纠纷的过程以看得见、摸得着的方式展示出来，以公开促公正，让审判权、执行权在阳光下运行。

个旧市人民法院领导名录

院　长　喻俊娟（女）
副院长　付　军
　　　　张海忠
　　　　普　艳（女）
　　　　李　盛
纪检组组长　侯绍灵（女）

（撰稿：罗　曼）

司法行政

【简述】 2011年，个旧市司法局在市委、市政府的正确领导下，在上级主管部门的指导下，深入推进“社会矛盾化解、社会管理创新、公正廉洁执法”三项重点工作，解放思想，创新发展，充分发挥法制宣传、法律服务和法律保障的职能优势，为维护社会稳定、促进法治化进程，实现全市经济社会又快又好发展作出了新的贡献。年内，云南省司法厅给予个旧市司法局记“集体三等功”，113人次分别受到省、州、市的表彰。

【队伍建设】 2011年，个旧市司法局继续强化队伍建设，认真抓好干部队伍政治思想教育。一是深入学习践行科学发展观，以开展创先争优、学习杨善洲先进事迹、建党90周年、“发扬传统、坚定信念、执法为民”主题教育实践等活动为契机，提高全体干部的思想政治素质。二是加强专业知识学习，组织干部职工学习新颁布实施的法律法规，以典型案例引路，展开讨论研究；鼓励干部职工参加自学考试、司法考试，全局有7人在年内参加司法考试，其中3人过关；三是开展岗位大练兵活动，邀请州司法局领导对全局干部进行信息采编、法律知识、基层司法行政业务培训并组织考试，提升干部业务素质。四是注重领导干部的带头作用。一年来，局党组成员分工明确，团结民主，认真履行“一岗双责”。并按照《关于建立领导干部社会管理创新挂钩联系点制度》的要求，主动联系基层司法所，下基层调研70天以上，撰写调研报告，掌握基层干部思想动向、工作状况，切实帮助基层解决困难。

【开展定点帮扶】 2011年春节前夕，个旧市司法局组成慰问组对挂钩扶贫点贾沙乡菠萝克村开展帮扶工作，几年来，共支持菠萝克村资金31000元，协调各类物资价值20000元；5月26日，市司法局向卡房镇打靶期村委会捐赠法律知识读本100余册和现金5000元，并在当地村民和在校学生中开展法律服务。8月，市司法局在个旧市金湖南社区组织开展“加强普法教育、服务科学发展”主题法制宣传教育活动，向金湖南社区捐赠法律援助宣传经费10000元。

【普法依法治市】 2011年，个旧市司法局开展了形式多样的普法教育活动。1月，市委普法办、市司法局以矿区民用枪支、民爆物品管理和盗抢矿产资源、矿山安全等为内容在矿区乡镇组织开展法制宣传教育活动，编辑制作《个旧市矿山整治纪实》电视片，编印《个旧市矿山社会治安专项整治宣传提纲》《矿产资源保护法律知识问答》《人民调解法》等宣传材料；3月，组织开展以“和谐校园，法制有我”为主题的法律进校园活动，市教育局联合市法院、市司法局选派教师、法官、律师组成讲师团在全市各中小学开展法制讲座，制作有关青少年维权和预防犯罪的宣传展板20版，在全市中小学进行法制教育宣传漫画巡回展；3～6月，为贯彻落实国家环保部和省、州、市关于卡房镇田心大沟重金属污染防治工作会议精神，市环保局、市司法局、卡房镇对卡房大沟周围的企业、村寨开展专项法制宣传活动，制作环保宣传画、宣传单6000份，在附近企业、村寨中宣传；在个旧市的一些主要交通路口制作环境保护墙体宣传标语16条；制作重金属污染防治的影片，在全市农村巡回播放。8月，市委普法办、市司法局制定下发《关于开展“加强法制宣传、服务科学发展”主题活动的通知》，在全市组织开展法制宣传教育活动，提升干部职工行政执法能力，促进社会公民遵纪守法。8月26日，市司法局在个旧市金湖南社区组织以“加强普法教育、服务科学发展”为主题的法制宣传教育活动，社区干部、普法志愿者、居民、青少年学生100余人参加；7～10月底，市委普法办、市司法局与市文体广电局电影管理站联合开展“百场法制电影进农村、进社区活动”，在全市乡镇村委会、村小组、社区、厂矿、中心校、中学播放法制电影136场，受到群众的欢迎。为进一步拓展普法阵地，扩大法制宣传教育面，个旧市司法局与个旧广播电台金湖之声合作开设法律知识有奖问答互动栏目，全年有820多人次参加答题活动。同时，加强“法律进公园”的力度，在工人文化宫小花园、宝华公园内新设置18块法制宣传栏，使法制宣传栏遍及全市的各个公园、车站。

【基层司法行政工作】 2011年，个旧市司法局继续开展司法所规范化建设，完成大屯、保和、卡房、城区、蔓耗、老厂、贾沙、沙甸、锡城等9个司法所的建设，鸡街所设计、地堪手续已完成，正在办理建盖办公楼的各项手续。

年初，个旧市司法局与各基层司法所签订2011年度目标责任书，根据目标责任书的内容积极推进各项基层司法行政工作。5月20日，个旧市司法局召开司法所工作汇报会。各司法所根据目标责任书总结汇报1～5月工作情况以及存在的困难和问题。8月2～9日，市司法局组成检查组，对10个基层司法所1～7月司法行政工作进行检查，重点督查2010年度人民调解“以奖代补”经费兑现情况和社区矫正工作开展情况。9月2日，市司法局在蔓耗镇召开上半年司法行政工作总结会，通报各司法所工作中存在的问题，对个别司法所责任人进行诫勉谈话。通过检查指导促进基层司法行政各项工作的顺利完成。

全年，市司法局根据工作需要，为基层司法所配备电脑2台、相机2台、传真机1台、档案柜3组、电视2台。

【人民调解工作】 2011年，个旧市司法局进一步建立健全矛盾纠纷排查调处机制，每月组织一次矛盾纠纷排查，及时上报化解信息，切实把矛盾纠纷控制在初始阶段，化解在基层和萌芽状态，真正做到小事不出村（居）、大事不出乡镇、难事不出市。全年，市司法局指导全市人民调解委员会排查调处矛盾纠纷358件，调处成功347件，调解成功率96.9%。

为推进社会矛盾化解、社会管理创新和公正廉洁执法三项重点工作，个旧市司法局组织开展“争当人民调解能手，化解矛盾促和谐”主题实践活动。局领导挂钩联系司法所，司法所对管辖的调解组织进行走访，指导人民调解工作，参与调解疑难和重大矛盾纠纷，讲解调解技巧、文书制作等方面的知识，宣传新颁布的《人民调解法》。主题实践活动取得明显成效，一些社会热点、难点纠纷得到有效解决。

认真做好人民调解“以奖代补”工作。市司法局按照人民调解“以奖代补”工作程序每半年审核一次各司法所上报的人民调解卷宗，通过规定程序将奖励经费兑现到调解员手中。全年，经审核纳入人民调解“以奖代补”的纠纷2424件、其中特大纠纷5件、重大纠纷145件，一般纠纷2274件，兑现金额25.89万元。

组建行业性人民调解组织。1月25日，个旧市司法局、个旧市社会管理综合治理委员会办公室、个旧市卫生局、个旧市财政局联合下发《关于印发〈关于推动个旧市医疗纠纷人民调解工作意见〉的通知》，设立个旧市医疗纠纷人民调解委员会，在市属三级以上医院设医疗纠纷调解室。该调委会成立以来成功调处医疗纠纷3起。5月，个旧市公安局、个旧市司法局、个旧市财政局联合下发《关于印发2011年〈个旧市道路交通事故民事损害赔偿人民调解工作实施办法〉的通知》，组建成立个旧市道路交通事故民事损害赔偿人民调解委员会，在9个交警中队设立人民调解室。9月26日，个旧市妇女联合会与个旧市司法局组建成立个旧市婚姻家庭人民调解委员会。并在10个乡（镇、区、办事处）妇女联合会成立婚姻家庭人民调解委员会。

全年，全市人民调解委员会共调解纠纷4115件，成功4072件，履行4028件，调解成功率98.9%。各司法所参与调解疑难、复杂民间纠纷118件，开展矛盾纠纷大排查124次。

个旧市司法局人民调解工作得到上级部门的肯充分定。11月，在云南省第四届人民调解员代表大会暨第五次人民调解工作表彰大会上，云南省人力资源和社会保障厅、云南省司法厅给个旧市司法局人民调解工作记集体三等功，并授予个旧市选厂社区人民调解委员会、个旧市保和乡莫贾村人民调解委员会“人民调解工作先进集体”荣誉称号，个旧市司法局卡房司法所所长杨云、个旧市司法局锡城司法所所长王忠祥荣获“人民调解工作先进个人”荣誉称号。个旧市司法局蔓耗司法所所长程教红荣获“云南省首届百佳人民调解能手”荣誉称号。

【公证律师工作】　2011年，个旧市司法局公证律师管理工作以加强监督管理和保障公证人员、执业律师依法执业、规范执业为重点，加强律师队伍警示教育，教育广大律师站在讲政治的高度，切实增强中国特色社会主义法律工作者的责任感和使命感。8月12日，市司法局组织召开公证员、执业律师工作会，组织学习《云南省律师办理重大敏感案件指导意见》，对公证人员、执业律师进行警示教育，确保律师工作的正确方向。9月2日，市司法局组织律师和公证员参加州司法局、州律师协会举办的“红河州律师公证行业发扬传统、坚定信念、执法为民主题教育实践活动推进会暨2011年度业务培训”活动，进一步提高律师和公证员的思想政治素质、业务素质和执业水平。

全年，市属四家律师事务所共办理各类案件321件，其中刑事案件147件，民事案件174件，行政案件6件，担任法律顾问51家，办理法律援助案件3件，代写法律文书79份，解答法律咨询1078人次。

个旧市公证处办理各类公证1603件（含涉台案件6件），其中经济类125件，民事类1478件。

【法律援助工作】　2011年，个旧市司法局首先从“法律援助便民服务”主题活动入手，扩大法律援助在社区、农村群众中的认知度。市法律援助工作管理局发挥残联、妇联等部门法律援助工作站的作用，在广大残疾人、妇女群众中开展便民服务宣传活动，发放法律援助宣传资料15000余份。同时，根据《红河州司法局关于开展法律援助“一村一标牌”便民活动的通知》，在全市各乡镇（区、办事处）、村委会、社区悬挂法律援助便民指示牌111块，方便基层困难群众寻求法律援助。其次，加强业务培训，全面提升法律援助服务的能力和水平。1月14日，市法律援助工作管理局组织全市法律援助工作站管理人员24人进行培训和现场操作考试，并保障中国法律援助信息管理系统正常启用。市司法局也针对法律援助受案范围、卷宗归档等相关知识，对法律援助工作人员进行多次培训，有效地提高了法律援助工作人员的综合素质，促进了法律援助工作顺利开展。全年，市司法局共办理法律援助案件472件；其中刑事案件49件，民事案件423件；诉讼案件83件，非诉讼案件235件，代书154件；提供咨询服务2500余人次，依法维护了受援助人的合法权益。

【社区矫正工作】　2011年，个旧市司法局按照“两院两部”通知要求，立足刑罚执行，勇于探索创新，以高度的责任感和使命感积极履行社区矫正职责。5月，市司法局与检察院、法院定期走访司法所，深入开展调研，对社区矫正对象重新犯罪、脱管、漏管以及表现情况进行摸底排查，针对存在的问题加强指导。9月，召开全市社区矫正、刑释解教人员安置帮教联席会，进一步加强工作领导，落实各项措施，预防和减少重新犯罪，维护社会稳定。10月，与电信公司协作利用移动定位技术，率先在全州建立社区矫正动态信息监控管理平台，为社区服刑人员配备具有GPS定位功能的手机，通过WAP、短信、语音业务等多途径建立社区矫正服刑人员与司法工作人员的e通连心桥，确保社区服刑人员不脱管、不漏管，努力预防和减少重新违法犯罪。

全年，个旧市建立社区矫正人员公益劳动基地3个、社区服务基地33个、管理服务中心1个，组织开展社区服务500人次、集中教育681人次、个别谈话教育1363人次，开展心理咨询80人次，落实低保89人次，落实承包田306人次，开展技能培训96人次，指导就业或就学131人次。无脱管、漏管、重新违法犯罪人员。

【刑释安置帮教工作】　2011年，个旧市司法局按照《关于进一步加强红河州刑释解教人员安置帮教工作实施意见》，贯彻“帮教社会化、就业市场化、管理信息化、工作职责法制化”的工作方针，以“衔接帮教有效、齐抓共管有序、保障措施有力”为重点，动员和依靠社会各方面力量，提高帮教质量，提高安置能力，最大限度地预防和减少重新违法犯罪。

春节前夕，个旧市委政法委、市关工委、市司法局、市妇联、团市委组成的帮教团，分别到小龙潭监狱、建水监狱对个旧籍服刑人员进行帮教。5月，个旧市司法局召开安置帮教工作培训会议，从完善工作台账、健全工作制度、建立完善刑释解教人员信息管理平台三个方面对工作人员进行业务培训。11月，个旧市刑释解教安置办公室在个旧市救助站创办“爱心小屋”，为刑释解教人员中的“三无”人员提供临时性过渡安置。这一工作得到省、州司法行政机关的肯定，省司法厅将名称规范为“云岭阳光驿站”并将这一经验在全省推广；12月19日中央综治委刑释解教人员安置帮教工作领导小组办公室督察组到个旧市视察“云岭阳光驿站”，对这一工作给予高度肯定。

全年，个旧市刑释解教人员安置帮教领导小组办公室帮教工作帮教率97.38%、安置率87.31%。

（撰稿：杨昆仑）

经济综合管理

2011年5月28日，红河锌联科技发展有限公司举行新建的固废物炼铁烟尘资源化综合利用工程开工仪式（左四为市政协原主席杨树文，中为副市长何建华）　（刘一民　摄）

个旧市经济社会发展概览

【简述】 2011年，中共个旧市委、市政府以科学发展观统领全局，抓住资源型城市转型、桥头堡战略建设等发展机遇，以转变经济发展方式为主线，全面启动实施产业发展“二次创业”，着力调整经济结构，促进城乡统筹发展，持续加强社会民生建设，经济社会良好发展态势得到进一步巩固。

【国民经济发展态势平稳】 2011年，个旧市完成地区生产总值147.34亿元，同比增长13.3%。其中第一产业完成增加值8.06亿元，同比增长6.2%；第二产业完成增加值100.23亿元，同比增长14.5%；第三产业完成增加值39.05亿元，同比增长12.1%。三产业占GDP比重分别为5%、68%、27%。工业总产值实现368.97亿元，同比增长12.5%。固定资产投资完成75.11亿元，增长21.1%。实现财政总收入21.54亿元（含再生资源退税2.57亿元），同口径相比增长8.63%。其中地方一般预算收入完成8.62亿元，同比增长9.12%。实现农民人均现金收入6781元，同比增长11.5%；城市居民人均可支配收入 16286元，同比增长15.4%；城镇登记失业率3.92%；人口自然增长率3.83‰。

【资源型城市转型步伐加快】 2011年，个旧市顺利通过首批资源枯竭城市经济转型及可持续发展评估，进入国家第二轮财力性转移支付扶持城市名单。积极向上争取资金支持，获得2011年度中央财力性转移支付资金16307万元。振兴公司年产900万只铅酸蓄电池项目获得国家发改委接替产业专项资金747万元，乍甸乳业产业化项目进入评审阶段。与开发银行45亿元贷款合作实现新突破。云河药业中药现代化技术改造项目获得2700万元的贷款。

【全力推进工业发展，工业新型化步伐加快】 2011年，个旧市传统产业质量进一步提升，十种有色金属产量57.26万吨，同比增长25.1%。

有色金属精深加工产业持续发展，全年生产锡材产品 1.98万吨，同比增长 11.6%；锡化工产品1.43万吨。云锡10万吨铜项目竣工试产，累计完成投资17.95亿元；红铅公司年产10万吨铅项目富氧底吹工程已进入设备安装阶段，累计完成投资2.5亿元；润鑫铝业年产15万吨铝钛基合金材料加工项目开工;沙铅年产10万吨铅项目进入技术设计、“三通一平”、设备选型采购建设阶段，完成投资1.34亿元。

生物资源产业进一步做大做强。云河药业中药现代化技术改造项目累计完成投资6200万元；红河攀大木棉纺织有限公司生产的高级木棉被、木棉毯等床上用品在全州市场占有率不断提高；乍甸乳业推出的系列新产品广受市场好评；大红屯粮油流通产业化项目竣工投产，满负荷生产可达20万吨稻谷加工能力，成为省内最大的精米加工企业。

霞石、锰等新资源开发有新突破。霞石正长岩综合利用开发项目与浙江海亮集团和重庆博赛集团签订意向性开发框架协议。南翔公司年产10万吨电解锰项目正积极编制环评报告，20万吨硅锰合金项目环评已评审，待修改上报后领取行政许可，累计完成投资近5000万元。

资源综合利用项目顺利推进，综合利用效益显现。工业固体废弃物综合利用率从2007年的10.99%提高至2011年的21%。红河锌联公司固废物炼铁烟尘资源化综合利用项目完成投资9000万元；华鼎公司年处理150万吨铅冶炼废渣综合利用项目完成可研、用地预审、水土保持等前期工作。

能源和新材料项目建设有新进展。马堵山水电站建成投产；莲花山风电场（一期）工程4.2万千瓦项目场内道路、风机及箱变基础施工进入招投标阶段，累计完成投资1365万元；振兴铅业年产900万只铅蓄电池项目完成投资1.93亿元；圣比和公司2000吨/年镍基正极材料技术改造项目总体工程进度为68%，完成投资2815万元。

【农业现代化水平进一步提升，农村生活不断改善】 2011年，个旧市实现农业总产值 13.86亿元，同比增长7 %；粮食总产量6.35 万吨，同比增长3.6%。农业产业化示范基地建设继续推进，省级万亩玉米高产创建示范区、马铃薯高产创建示范区和超级杂交水稻良种繁育基地建设效益显著；顺利实施“农户万元增收计划”，全年实现农村居民人均纯收入6781元，同比增长11.5%；结合整村推进及新农村建设等项目，加大农村基础设施建设，全年共实施49个新农村、36个整村推进和2个整镇推进乡村示范工程项目；落实各项强农惠农政策，全年发放各类支农补贴资金2512万元，投资2129.7万元实施村级一事一议财政奖补项目73个；扶贫工作力度不断加大，易地扶贫、产业扶贫、小额信贷等各类资金投入3605.2万元，白拉租易地扶贫搬迁工程进展顺利，小贾沙村易地扶贫整体搬迁项目顺利启动；实施农村饮水安全工程，2.23万人饮水安全问题得到解决，沙甸河、白云大沟、三岔河水库治理工程和农村“五小水利”工程积极推进；扎实推进奶牛标准化养殖示范区、生猪标准化规模养殖及20万头仔猪生产基地建设。

【继续深化改革扩大开放，经济社会发展活力增强】 2011年，个旧市紧紧抓住国家资源型城市转型和“桥头堡”建设等机遇，深入推进各项改革，提高对外开放水平。逐步解决国企改革遗留问题，加强政策引导，提高企业自主创新能力。招商引资彰显活力，年内，新签招商引资项目12项，协议总投资20.33亿元，引进州外资金16.36亿元；外贸进出口总额5.89亿美元，同比增长17.5%，其中进口3.38亿美元，同比增长21%，出口2.51亿美元，同比增长13%；商贸流通业规模扩大，市场繁荣活跃，鑫和都、丽水金湾购物中心营运良好，投资5.6亿元的“红河商业中心”项目启动实施，“万村千乡市场工程”、“乡村流通工程”建设扎实有效，全市实现社会消费品零售总额37.01亿元，比去年同期增长20.1%；旅游产业发展成效显著，全年接待国内外游客106万人次，实现旅游总收入5.69亿元。

【经济发展内动力持续增强，基础设施建设稳步推进】 2011年，个旧市全社会固定资产投资完成75.11亿元，同比增长21.1%，其中规模以上投资53.2亿元。启动阳山新区开发，拓展城市空间，阳山新区开发的详规已完成，制定了征地拆迁工作方案和区域内企业搬迁方案及投资估算，新区主要交通干道过境二环路正在编制可研报告，新区建设进入准备实施阶段；城市基础设施建设不断完善，先后完成市区鄢棚南路片区防洪应急管道修复、金湖东路环湖游览道修复及绿化提升改造等工程，城市污水处理厂处理工程建设完成，第二水厂供水工程管网系统部分开工建设；交通建设项目进展顺利，冷清公路延长线鸡街至个旧段工程进入收尾阶段，个一老一官农村公路、莲花山雷达站公路建设进展顺利，完成7个农村公路通达项目，全年完成交通基础设施建设投资5.14亿元；民生项目建设扎实推进，市档案馆建设项目正做前期工作，争取列入2012年中央投资计划，市人民法院审判庭建设项目累计完成投资2600万元，主体工程基本完成，廉租房建设有序推进，2011年建设保障性住房5740套、建筑面积310900平方米已全面开工。

【大力实施节能减排，生态环境持续改善】 2011年，个旧市大力实施节能减排，生态环境持续改善。认真执行建设项目审批制度，严格环境准入标准，完成州级下达的化学需氧量削减575吨，氨氮削减54吨减排任务；淘汰落后产能有序推进，对合众锌业个旧化肥厂1号硫酸系统生产线、光穆工贸有限公司铜冶炼鼓风炉项目给予淘汰；全力做好重金属污染专项整治工作，编制《个旧市重金属污染综合防治专项资金项目实施方案》（2011～2012年）和《个旧市重金属污染综合防治“十二五”规划（2011～2015年）》，《个旧市卡房大沟重金属污染综合治理项目初步设计报告》通过省环保厅批复；继续推进“创建国家环保模范城市”工作，治理水土流失面积10平方公里，石漠化综合治理工程进入现场查勘阶段；森林资源保护与管理工作得到切实加强，全面完成3.5万亩造林绿化任务，森林覆盖率39.2%，连续17年无重大森林火灾；红河危险废物和医疗废物处置场顺利推进，完成投资7800万元。

【民生事业加快发展，人民生活水平不断提高】 2011年，个旧市教育事业稳步发展，“两基”成果进一步巩固。办学条件不断改善，基础设施建设顺利推进，通过实施校安工程，拆除D级危房11625平方米，新建校舍面积12070平方米，职教中心完成征地工作，第四中学校舍安全工程建设项目完成投资900多万元，个旧市第一职业高级中学迁建项目已完成新建校园总体规划方案和可行性研究报告，正进行征地、高压电线路迁移等工作；基层医疗卫生服务体系建设进一步健全，市人民医院完善配套设施建设项目竣工并投入使用，市精神病院住院综合大楼完成投资676万元；社会保障体系不断完善，就业形势稳定，积极促进养老、医疗、失业、工伤、生育5个险种的均衡发展，各项社会保险参保人数54.8万人次，居全州之首，城镇居民基本医疗保障实现全覆盖，新型农村合作医疗制度进一步完善，共有参合农民17.93万人，参合率97.99%，城乡居民社会养老保险参保人数10.25万人，5.2万余人享受城乡低保，全年新增城镇就业和再就业6517人，城镇登记失业率控制在3.92%以内；文体事业健康发展，积极组织申报国家级特技滑翔伞训练基地，省级非物质文化遗产个旧市锡器制作传习馆隆重开馆，红河·个旧锡文化创意产业园项目完成一期建设，庆祝建党90周年系列活动热烈多彩，实施文化惠民工程，深入开展文化三下乡活动和“2131”工程，继续完善文化站、文化体育活动场所、“农家书屋”等建设，深入实施“村村通”工程，全市广播、电视人口覆盖率分别达99.45%和97.61%；老龄事业健康发展，成功举办全国第十一届中老年艺术节，个旧市中心敬老院、荣誉军人光荣院完工并投入使用，为老服务呼叫信息平台已经开通，新建7个乡镇老年人活动室，锡都老年会所建设项目可研报告已通过州发改委评审；计生工作全面加强，户籍人口自然增长率控制在3.83‰；科技创新能力进一步增强，“红河国家伴生稀贵金属提取利用高新技术产业化基地”已推荐上报至国家科技部。

（撰稿：张　瑜）

计划管理

【主要计划完成情况】 2011年，个旧市完成地区生产总值147.34亿元，同比增长13.3%。其中第一产业完成增加值8.06亿元，同比增长6.2%；第二产业完成增加值100.23亿元，同比增长14.5%；第三产业完成增加值39.05亿元，同比增长12.1%。三产业占GDP比重分别为5%、68%、27%。实现财政总收入21.54亿元（含再生资源退税2.57亿元），同口径相比增长8.63%，其中地方一般预算收入完成8.62亿元，同比增长9.12%；地方一般预算内支出 23.17亿元，同比增长10.23%。金融机构各项存款余额180.17亿元，比年初下降0.3%，各项贷款余额104.72亿元，比年初增长5.5%。外贸进出口总额达5.89亿美元，同比增长17.5%。其中进口3.38亿美元，同比增长21%；出口2.51亿美元，同比增长13%。实现农民人均现金收入6781元，同比增长11.5%；城市居民人均可支配收入 16286元，同比增长15.4%；城镇登记失业率控制在3.92%以内；人口自然增长率控制在3.83‰。居民消费价格总指数104.6%，比上年同期增长4.6%。

【制定全市国民经济和社会发展年度计划】 2011年，个旧市发展和改革局根据市委会议精神和政府工作要求，认真制定《2012年国民经济和社会发展计划》。2012年全市国民经济和社会发展的主要宏观预期目标为：地区生产总值增长10%；工业总产值增长12%；规模以上固定资产投资增长15%；地方一般预算收入增长2%；城镇登记失业率控制在4.5%以下；户籍人口自然增长率控制在4.5‰以下；城镇居民人均可支配收入增长10%；农村居民人均纯收入增长10%。居民消费价格指数控制在5%以内。

实现2012年经济和社会发展预期目标的主要工作措施有：

一、以资源型城市转型为主线，推动经济社会健康发展

认真贯彻落实《资源枯竭城市云南个旧转型发展规划（2010～2015年）》《个旧市国民经济和社会发展第十二个五年规划纲要（2011～2015）》及《中共个旧市委个旧市人民政府关于实施产业发展“二次创业”意见》，大力实施一、二、三产业行动计划，促进经济增长方式转变，加快转型步伐。积极向上争取政策和资金支持，继续关注国家对资源型城市转型的政策和资金支持方向，加快推进与国家开发银行融资合作，争取更多项目获得贷款支持。推进民生工程建设，牢牢把握保障和改善民生的方向，加快民生事业发展。

二、推动工业新型化，打造多元化产业

加快重点产业项目建设。继续推进几个10万吨级重点工业产业项目（即云锡年产10万吨锡、红铅年产10万吨铅，沙铅年产10万吨铅，润鑫年产15万吨铝钛基合金，南翔年产10万吨锰，南翔年产20万吨硅锰合金，红河锌联年产10万吨再生锌，华鼎150万吨冶炼废渣回收利用）建设。全力推进霞石综合开发工作，力争进入实质性建设阶段。完成圣比和公司2000吨／年锂离子电池正极材料产业化项目。加快云河药业和个旧生物药业技改项目的实施，确保振兴铅业年产900万只铅酸蓄电池（二期）工程、莲花山风电场（一期）工程等一批项目取得新进展。加强国家级新型工业化有色金属锡新

材料产业示范基地和固废综合利用示范基地建设，提高高新技术产值占工业总产值的比重。依托个旧稀贵金属高新技术特色产业基地建设，大力发展银、铋、铟等稀贵金属特色产业。持续推进生物资源开发、化工、建材、电力、乳业、粮食加工、制药、新型材料等产业多元化发展。

三、加快城乡统筹发展，促进社会主义新农村建设

立足城市，统筹城乡，促进公共财政向农村倾斜、基础设施向农村延伸、公共服务向农村覆盖、城市文明向农村传播，缩小城乡差距。做好大屯镇、锡城镇、鸡街镇、沙甸区城乡统筹发展示范区建设。

实施优质粮食产业工程，增加粮食生产及加工效益。继续做好《个旧市现代农业科技园区建设》的各个项目，发展现代农业，实施“农户万元增收”行动计划，促进农民增收、农业增效。加大全市设施农业建设力度，2012年力争使全市设施农业建设规模在今年的基础上有所突破，达到0.5万亩。推进农业基础设施建设，不断改善农业农村生产生活条件。实施卡房镇大黑山2000亩中低产田地改造项目，推广测土配方施肥，建设高产稳产农田。切实加强抗旱保水工作。做好邦干水库、石洞坝水库等一批重点水源工程和小（二）型病险水库除险加固工程的设计上报，加强农田水利、五小水利和人畜安全饮水项目建设，增加库塘蓄水。继续推进农村公路改造、通村路面硬化、农村电网改造、网络建设工程。做好新农村示范村建设。加大扶贫工作力度。积极争取整村推进、易地扶贫等扶贫开发项目；继续实施农村小额信贷，鼓励有条件农民、失地农民创业，发展农产品加工业。加快推进标准化规模养殖，创建标准化养殖示范基地。

四、持续发展第三产业，加快现代服务业发展步伐

做好招商引资、对外贸易工作，进一步改善投资环境，努力提高对外经济贸易合作水平。加快“红河商业中心”项 目建设，进一步巩固和提升个旧商贸优势。不断完善流通体系，扎实推进鸡街货运站和有色金属物流中心建设，搞好农村集贸市场规划和建设，提高全市流通领域现代化水平。推进“万村千乡市场工程”、“家电下乡”工作，加大城乡市场建设力度，努力扩大消费总量，增强消费对经济增长的拉动力。

加快旅游产业发展，重点推进个旧锡文化创意园区、红河谷风情园、木棉水乡、老阴山景观工程、倘甸旧寨温泉、丫沙底温泉度假区、绿水河热带雨林AAA级景区等项目建设。实施好北回归线国际康体旅游小镇、大屯海旅游休闲度假区、红河谷旅游等一批旅游项目规划。

五、加强基础设施建设，持续改善城乡面貌

全力推动阳山新区开发。完成市级行政中心建设项目的上报审批，启动新区征地拆迁，基本完成新区企业搬迁。着力加快城乡建设发展步伐。力争年内完成全市总体规划修编，并做好全市199个自然村原始地形图测绘及村庄规划编制。进一步加强城镇供水、供电、通讯、集贸市场等基础设施建设，加快鸡街、沙甸片区小城镇规划建设，加快以大屯新区建设为龙头的建设力度，提高城镇承载能力。力争年内完成污水处理厂二期扩建及配套管网工程隧洞部分施工并投入运行。

加大交通基础设施建设力度。推进冷清公路延长线鸡街至个旧段提升改造工程，力争年内竣工通车。确保个–老–官公路和莲花山空军雷达站国防公路改造工程顺利建设完成。开工建设8个农村公路沥青（水泥）路面改造工程，计划修建总里程48.6公里，进一步提高自然村公路路面硬化率。

六、大力实施环境治理和生态保护，提高可持续发展能力

继续实行严格的土地管理制度，保护耕地，提高土地节约集约化利用效率。加强矿山执法监察和违法行为查处，促进矿产资源合理开发。投资1.2亿元，继续实施好矿山地质环境恢复治理工程，确保国家投资补助项目取得实效。强化节能减排，严格执行节能减排目标责任考核评价体系，进一步加强对企业的监管指导力度，鼓励企业实施节能改造，加大技术创新投入力度，淘汰落后产能，严格控制“两高一资”和产能过剩项目。严厉打击违法排污企业，严惩环境违法行为，按照《个旧市重金属污染综合防治“十二五”规划》，全面推进重金属污染防治工作。加快发展循环经济，充分利用好“国家工业固废综合利用示范基地”平台，以锡尾矿、冶炼废渣等资源综合利用为着眼点，引导企业发展循环经济，提高再生资源综合回收利用水平。加快红河危险废物和医疗废物处置场建设步伐。加快推进石漠化综合治理工程，实施治理面积4.15平方公里的保和乡西施坡小流域水土保持

综合治理工程。加大林业执法力度，强化森林资源保护和管理。

七、继续深化改革开放，增强经济社会发展活力

以资源型城市转型为主线，促进全市经济社会综合改革。一是抓好经济体制改革。继续推进国有企业改革，认真解决已改制国有企业的遗留问题。积极督促获得国家开发银行贷款合作项目的建设进度，加快建立符合个旧转型发展需要的投融资新体制。二是深化农村各项改革。加强农村土地承包经营权流转管理和服务，进一步提升土地利用效率和集约化水平。巩固集体林权制度改革成果，深化集体林权制度配套改革。三是加快行政体制改革，不断提高行政效能。四是深化社会体制改革。创新社会管理机制，继续组织开展“四位一体”建设，构建和谐稳定基础。继续推进医疗卫生体制改革，加强公共卫生服务体系建设。

紧紧抓住把云南建设成为面向西南开放重要桥头堡、新一轮西部大开发、资源型城市转型等机遇，继续扩大开放，充分利用本土资源优势，提高招商引资质量，为个旧市经济社会发展增加新动力。

八、积极推进各项社会事业,构建稳定和谐发展环境，抓牢抓实“两基”工作，加快普及学前教育，整合职业教育资源，推进各类教育协调发展。加大教育投入，改善办学条件。继续实施校安工程，计划总投资3302万元。加快职教中心建设，到2012年底完成资金投入10000万元。进一步加强医疗服务体系建设，完善新型农村合作医疗管理制度，稳妥推进新医药卫生体制改革工作。切实稳定低生育水平，努力提高人口素质，自然增长率控制在4.5‰以下。实施更加积极的就业政策，多渠道开发就业岗位，鼓励自主创业，促进充分就业。继续推进“贷免扶补”工作。帮助1500名下岗人员再就业，1200名就业困难人员再就业，计划城镇新增就业5000人以上，基本消除“零就业”家庭，将城镇登记失业率控制在4.5%以内。继续扩大城镇社会保险覆盖面，各类社会保险参保人数累计达到44万人次以上。加大对农村富余劳动力的培训和转移，使农民人均工资性收入占农民人均纯收入的比重有所增长。继续完善社会救助体系。将符合条件的人员全部纳入低保范围。城市低保工作坚持应保尽保。稳步提高城乡居民救助水平。确保全面完成2011年保障性住房建设任务，启动2012年保障性住房建设。

加强企业自主创新，提升企业产品科技含量。加大对兴冶、联兴、锌联等基地骨干企业的服务力度。引导企业走节能环保可持续发展之路。进一步加强产学研工作，下大力气为企业与高校和科研院所搭建技术合作平台。

大力实施文化精品创作工程，加快农村文化基础设施建设，推进个旧市文化馆工程建设进度。继续推进“七彩云南”全民健身体育基础设施工程建设，做好老年体育活动中心的规划建设工作。稳步推进广播电视“村村通”工程。统筹各项社会事业协调发展，推进人才培养、计划生育等工作，继续抓好防震减灾、人防、气象、工商、税务、粮食、物价、质监、外事侨务、档案、保密、市志、移民、残疾人、红十字会等各项事业健康发展。

（撰稿：孔亚兰）

统计管理

【简述】 2011年，个旧市统计局在市委、市政府的正确领导下，在红河州统计局的具体指导下，以科学发展观统领统计工作全局，深入贯彻中共十七大及十七届六中全会精神，认真落实国家、省、州统计工作会议精神，紧紧围绕全市工作大局，克服困难，积极实施效能政府“四项制度”，深入开展“创先争优”活动，努力提高统计数据质量，强化统计服务，全面推进各项统计工作的顺利开展，圆满完成市委、市政府和上级主管部门交给的各项任务，为全市经济社会发展提供优质高效的统计服务。

【统计基础建设】 2011年，个旧市统计局着力加强统计基层基础工作，不断规范统计管理，着力推进统计工作规范化、制度化、网络化进程。一是建立健全各项规章制度，形成科学决策，制度化管理机制，实现管理工作制度化、规范化。二是加强乡镇统计工作，建立健全乡镇统计网络。三是发布使用的统计数据必须经上级政府统计部门审核认定。四是有明确的统计资料档案管理责任人，统计资料整理齐全，实行档案化管理。五是完善单位名录库工作。为做好全市基本单位名录库的建立工作，积

极与个旧市编制委员会办公室、市民政局、市工商局、市国税局、市地税局、市质量技术监督局等有关部门沟通联系，与专业人员配合，进一步核实“三上企业”名单，及时全面地更新个旧市基本单位名录库，做到不重不漏，确保数据高质量完成。六是强化队伍建设，提高人员素质。严肃统计纪律，坚持按制度办事，抓学习、抓培训，努力提高统计队伍业务素质，不断夯实工作基础。做好统计从业资格培训和统计职称考试工作。全年报考统计从业资格人员41人，比去年增加12人；报考统计专业技术中级资格和初级资格的分别为13人、12人，比去年多报10人、8人。

【统计制度改革新规定】 2011年，统计制度改革有新规定。一是规模以上工业划分标准提高。从2011年定期报表开始，提高规模以上工业划分标准，由年主营业务收入500万元及以上提高到2000万元及以上。二是固定资产投资统计执行严格的管理规定。从2011年开始，固定资产投资起报点由50万元提高到500万元，计划总投资低于500万元的投资项目作为零星投资，不再纳入国家固定资产投资统计范围，500万元以上建设项目上报前必须提供举证材料，包括项目审批文件、施工许可、用地规划环评、资金到位和支付证明、开工现场照片等，没有以上举证材料的不得纳入项目库进行统计。三是地区生产总值(GDP)、工业总产值、能源消耗、固定资产投资总额、消费品零售总额、农业总产值、农民人均纯收入等数据执行相关工作管理制度，反馈严格实行下管一级，未经上一级统计部门审核认定批准不得发布使用。

【提高统计数据质量】 2011年，个旧市统计局紧紧围绕统计数据质量这个业务中心，严格按照统计制度和标准，建立统计业务规范化基本框架，规范统计业务工作全部流程及各个环节，不断提高控制和把握统计数据质量的能力。一是对定期报表、年报及各种调查报表从数据调查、填写、汇总、审核、评估到报表的报送等程序上，实行层层把关；对所报出的各种数据、提供的统计资料及分析报告，实行领导签字负责制度。二是加大数据审核力度。上报的各项专业报表数据，严格审核把关，发现错误及时查询、核查，说明原因纠正错误，促进报表数据质量和报表上报时效。三是加大统计基层工作和基础台账工作建设力度。四是加强部门间协调，统一口径。坚持在每季度会同发改、经济、财政、农口等单位，召开联席会议，对每季经济形势进行分析，保证统计数据的权威性。五是加强对重点项目的跟踪监测。围绕全市重点工作的目标任务，对确定的重点项目建设进行跟踪监测服务，及时提供监测资料。

【提升统计服务质量】 2011年，个旧市统计局紧紧围绕市委、政府工作大局，充分发挥统计职能作用，加强统计监测和预警预报以及统计信息报送工作，主动与相关部门协调配合，做好数据的匹配度，努力为市委、政府宏观管理和科学决策做好服务。全年编发《个旧统计》47期，100篇。撰写第六次全国人口普查简报7期、7篇，近50篇统计分析、信息、简报被有关媒体和市委、政府内部刊物采用，3篇分析被省统计局采用。提供统计咨询服务450人次、2250个统计指标。按时发布《2011年个旧市国民经济和社会发展统计公报》，印发12期1080份《个旧市国民经济主要经济指标》和200册年度《个旧市国民经济统计提要》。继续做好与云南省县域经济10强县（市、区）国民经济主要指标定期联系交换工作，加强对外信息交流与服务。

【全面完成各类统计报表】 2011年，个旧市统计局按照国家领导人对统计部门提出的“真实可信”、“不出假数”的要求，着力推进“诚信统计”建设。准确、及时、全面地完成工业、农业、贸易业、餐饮业、能源、固定资产投资、劳动工资、国民经济核算等二十多个专业统计报表工作；完成全市小康监测，农村住户抽样调查，基本单位名录库维护、更新等工作。

【认真开展各项专项调查】 2011年，个旧市统计局克服人员少、经费紧、任务繁重等诸多困难，经过走访调查，先后开展非公企业人力资源调查、工业动员潜力调查、批发零售住宿餐饮限额以下抽样调查、成品油季度统计调查、人口变动抽样调查等统计调查工作。各项抽样调查时间急、任务重、情况较为复杂，局领导对此高度重视，从人力、物力、财力上给予大力支持，明确分工，责任到人，通过动员、培训、调查，按时按质按量完成各项调查任务。

【做好第六次全国人口普查后续工作】 2011年，个旧市统计局认真做好第六次全国人口普查后续工作。一是深入开展评估分析。二是扎实抓好人普表的编码工作。三是向社会公布个旧市第六次全国人口普查的主要数据。5月18日，通过个旧市电视台、政府网站及人口普查简报的形式，向社会公布了个旧市第六次全国人口普查的主要数据，即：总人口、人口增长、家庭户人口、性别构成、年龄构成、民族构成等。四是做好总结评比、表彰。11月，对在全市第六次全国人口普查工作中成绩突出的30个先进集体、500名先进个人进行表彰，向10个乡镇（区、办事处）、云锡集团（控股）公司和个旧市人口普查办公室兑现人口普查目标责任奖。

【编印和发行《个旧“十一五”统计年鉴》】 2011年，个旧市人民政府办公室下发《关于认真做好个旧“十一五”统计年鉴统计资料征集工作的通知》。按照文件要求，市统计局切实做好年鉴编辑出版工作，明确分工，责任到人，聘请经验丰富的人员进行年鉴图文的征集工作。年鉴以全市“十一五”规划期间改革开放、经济建设和社会发展为主线，翔实地记载和介绍全市贯彻落实中共十七大精神、扩大改革开放和促进经济社会发展取得的最新成果。年鉴于年底顺利出版发行。

【统计法制教育】 2011年，个旧市统计局积极向社会宣传统计法律法规，努力提高全社会的统计法治意识。利用有关会议、培训和深入基层的机会，向干部职工宣讲统计法律知识，营造良好的统计法治环境；12月4日是法制宣传日，市统计局通过媒体、发放宣传资料、手册、图片及“法律六进”等多种形式，向社会大力宣传统计法律法规。

【做好统计基础规范化工作】 2011年，个旧市统计局从实际出发，按照州局要求，认真做好农村统计基础规范化工作，并确定大屯镇为试点乡镇。为了抓好试点工作，市统计局多次深入试点单位督促检查统计基础规范化工作试点进展情况，并根据《红河州统计局农村统计基础规范化工作实施办法》，结合大屯镇自身实际完善各项规章制度，认真落实“三上墙”“五统一”工作制度，整理完善各类统计台账，接通网络，做到内外网物理隔离。试点工作于10月24日顺利通过上级的检查验收。在“三上”企业规范化建设工作中，市统计局结合个旧实际，在全市47户规模以上工业企业和建筑业企业开展了此项工作。

【做好计算机网络安全建设】 2011年，个旧市统计局为进一步加强统计系统网络安全，确保全市统计数据的安全，积极筹措资金2万余元，给各专业人员（含部分乡镇统计员）的计算机安装安全隔离卡，实现内外网的物理隔离。给每个科室配置500GB移动硬盘一块、给每位职工配置移动U盘一个，在局内还架设了容量为2TB的FTP服务器，通过这些技术手段，保证了局计算机数据传输、存储的安全。同时，要求各专业工作人员（包括各乡镇统计员）必须强化统计信息保密和网络安全意识，认真及时做好各类专业数据、信息备份工作，切实做到内外网隔离使用，不允许下载安装与工作无关的软件、及时升级杀毒软件和360安全卫士，确保计算机网络及数据信息安全。

【干部队伍建设和离退休人员管理工作】 2011年，个旧市统计局为理顺单位编制关系，借机构改革的东风，向市编委申请成立“个旧市社情民意调查中心”加挂“普查中心”牌子，得到了市编委的大力支持，并于10月12日下发《个旧市机构编制委员会关于成立个旧市社情民意调查中心的通知》。在成立个旧市社情民意调查中心的同时，理顺了原普查中心的人员编制问题，把原普查中心4人调入局机关，解决了他们的后顾之忧；根据工作需要，从元阳一中调入1人，从个旧第十二中学商调1人（手续正在办理中），派出1人参加新农村建设工作；年内，市统计局积极参加省、州统计局举办的各类学习、培训、考试，统计队伍综合素质有了进一步的提高。

2011年，个旧市统计局积极支持老年工作，关心离退休人员的学习、生活。在工作经费较为紧张的情况下，拨3000元专款，支持离退休干部开展活动，订阅有关报刊、杂志，参加各种有益身心健康的活动。认真执行有关老年工作的政策，敬老节期间拨经费1万元，组织离退休干部进行疗养。指定专人负责离退休人员管理工作，坚持重大节假日看望、慰问离退休人员，了解掌握他们的思想动态、学习和生活情况，搜集他们的意见、建议，向他们通报有关工作情况，使他们离岗不离心，始终关心支持统计工作。

（撰稿：卢希勇）

国家统计局个旧调查队

【简述】 2011年，国家统计局个旧调查队在国家统计局云南调查总队的正确领导下，在中共个旧市委、市政府的关心支持下，坚持以邓小平理论和“三个代表”重要思想为指导，以科学发展观统领全队工作，坚持以人为本，以改革为主题，以和谐发展为主线，坚持为国家、为地方、为社会、为公众服务的方向，紧紧围绕提高调查能力、提高调查数据质量和提高调查公信力，不断强化“两种意识”，圆满地完成总队和地方政府布置的各项工作任务，为个旧市经济社会发展和建设做出应有贡献。国家统计局个旧调查队编制10人，现有在编人员8人。

【城镇居民家庭收支调查】 2011年，国家统计局个旧调查队根据全省“四个翻番”、“两个倍增”的“十二五”规划，在个旧市抽选100户记账户作城镇居民家庭收支调查工作。为提高调查数据质量，国家统计局个旧调查队始终坚持每月访户制，认真评估数据质量，经常召开调查户座谈会，逢年过节对部分记账户进行慰问，增进与记账户的感情，提高其配合程度。经调查显示，2011年个旧市城镇居民人均可支配收入16286元。

【居民消费价格调查】 2011年，国家统计局个旧调查队居民消费价格调查继续以食品、烟酒及用品、衣着、家庭设备用品及维修服务、医疗保健及个人用品、交通和通讯、娱乐教育文化用品及服务、居住等8个大类，262个基本分类，600多个代表规格的商品和服务项目为经常性CPI调查目录，按照定点、定时、定人的原则，采取派员调查的方式对代表规格商品和服务项目价格进行采集调查。对鲜活食品每5天采集1次价格，对服装、日用品及有关商品每月采集2～3次价格，对房租、水、电等每月采集1次。经调查显示，2011年个旧市居民消费价格指数4.6%。

【国际比较项目调查】 2011年，国家统计局个旧调查队在云南调查总队指导下，在个旧市扎扎实实开展国际比较项目法（ICP）调查。ICP是由联合国统计局、世界银行等组织主持的一项旨在提供GDP及其组成部分的国际一致价格的跨国比较体系。ICP就是通过价格调查并利用支出法计算的GDP作为基础，测算不同国家货币购买力之间的真实比率(以PPP为货币转换系数)，从而取代汇率，把一国的GDP转换成以某一基准货币或国际货币表示的GDP。

【提升调查数据质量】 2011年，国家统计局个旧调查队将提高统计数据质量作为工作的重中之重，加强管理，严格执行制度和标准，规范工作流程，从多方面入手，切实提高数据质量。在开展消费价格调查时，为保证源头数据的真实性和可比性，国家统计局个旧调查队按照统一规范的“三定原则”即“定人、定点、定时”开展调查工作。“定人”是指固定同一个调查员在一定时期内调查相同的商品项目，目的是让调查员更加专业、更加全面地熟悉和了解这些商品的特征及其属性，避免因不熟悉商品而误将两种不同商品视为同一种商品的情况发生；“定点”是指固定调查员采集价格的地方（调查点），目的是让调查员熟悉和了解价格调查点的基本情况，便于向销售人员或其他有关人员咨询有效的价格交易信息，准确采集不同采价日同一种商品同一地点的可比价格；“定时”是指固定调查员调查价格的具体时间，保证价格同“时”可比。为保证城镇居民收支调查数据质量，国家统计局个旧调查队采取建立记账户基本台账，强化访户工作，加强与记账户的沟通和联系等方法，并严格按照规章制度进行换户工作。

【个旧市低保价格指数编制课题获国家统计局二等奖】 2011年，国家统计局个旧调查队为能够准确提供反映低保家庭消费水平价格波动情况，给政府决定恰当的低保标准提供更加科学的参考依据，使政府的低保政策能够真正对低保家庭生活起到保障作用，在国家统计局云南调查总队的指导下继续开展个旧市低保价格指数编制的课题研究。同年4月，课题研究顺利完成，并获得国家统计局课题研究二等奖。

【提升统计服务质量】 2011年，国家统计局个旧调查队紧紧围绕经济建设和社会发展大局，不断创新工作思路，改进服务手段，拓展服务领域，坚持深入基层，做好统计调查工作，及时撰写分析报告，开展专题研究，为各级党委政府科学决策提供优质服务，受到领导及相关部门的好评。国家统计局个旧调查队每五年与市统计局一起发行统计综合历史资料，每年与市统计局一起发行《个旧市国民经济统计提要》，每月与市统计局一起发行《个旧市国民经济主要指标》，并按期提供《个旧调查》。

【统计执法宣传】 2011年，国家统计局个旧调查队继续加强统计执法宣传，利用各种方式，大力宣传统计法律法规，扩大统计法的社会影响，不断提高公民的统计法律意识，努力创建良好的统计法治环境，推动个旧市统计事业的健康发展。在12月4日全国法制宣传日和“12.8”《统计法》颁布纪念日期间，国家统计局个旧调查队与国家统计局红河调查队、个旧市统计局联合组织开展丰富多彩的宣传活动。采用制作公益广告、印制宣传挂图、编印学习宣传材料以及利用广播、电视、报刊、网络等宣传媒介，全方位、多角度地加强新《统计法》的宣传推广，全面提高社会公众的统计法律意识，使统计活动的各类参与主体了解和掌握与其密切相关的统计法律法规，明了自身在统计活动中的权利和义务，更加理解和支持统计调查工作。

（撰稿：徐 黎）

审计监督

【简述】 2011年，个旧市审计局认真贯彻落实中共十七届六中全会和全省审计工作会议精神，紧紧围绕市委、市政府工作中心，落实科学发展观，遵循“依法审计、服务大局、围绕中心、突出重点、求真务实”的审计工作方针，继续以“推进法治、维护民生、推动改革、促进发展”为目标，依法履行审计监督职责，全面审计，突出重点，充分发挥审计保障经济社会健康运行的“免疫系统”功能。全年共完成审计项目27项，为年初项目计划的128%。审计查出违规行为金额197.2万元，管理不规范行为金额11267万元；应上缴财政金额345.62万元，已上缴财政金额28万元；应调账处理金额5万元，已调账处理金额5万元；提出审计建议31条，被采纳审计建议26条；向社会公告审计结果15篇。

【部门基本情况】 2011年，个旧市审计局人员编制23人，在编20人。内设六科一室，即办公室、综合法制科、财政金融审计科、经济责任审计科、固定资产投资审计科、企业审计科、行政事业审计科。

【财政预算执行审计】 2011年，个旧市审计局以维护财政安全、防范财政风险、促进财政体制改革、规范财政管理行为、提高财政绩效水平、促进效能政府建设为目标，认真做好财政预算执行审计工作。一是开展并完成个旧市2010年度预算执行及其他财政收支情况审计。审计表明，2011年个旧市经济仍然在低谷徘徊，尽管财税部门做了很多努力，财政收入还是没有太大的增长，全市一般财政收入完成年初预算，地方一般预算支出首次突破20亿元大关，通过努力争取到财力性转移支付资金51341万元、专项补助83839万元，政府债券转贷收入7708万元，全市运行和发展急需资金得到保障。在财政收支缺口较大的情况下，财政管理部门注意优化财政支出结构，区别轻重缓急，有保有压，进一步加大民生投入，更多的财政资金投向了民生领域，用于民生方面支出达152555万元。预算执行表明，全市财政支出绩效不论从规模还是结构均有较大改善；二是开展并完成个旧市地方税务局2010年度税收征收管理情况审计。2010年度受全球金融危机的持续影响，税收征管工作难度加大，但随着增投资、促消费、扩内需、保增长等一系列经济刺激政策措施的出台并初见成效，经济触底逐渐回暖，地方税收步入恢复性回升阶段。截至年底止，地方税收在经济发展基础上实现了较快增长。地方税收收入69081万元，完成州局下达计划68800万元的100.41%，超收281万元；市级一般预算收入完成49676万元，完成市政府下达计划49660万元的100.03%，超收16万元，保证了全市财政经费的正常运转和社会经济的稳定发展。三是开展并完成个旧市环境保护局和个旧市城建监察大队（以下简称市环保局和市城建监察大队）2010年度预算执行情况审计。通过审计，市环保局和市城建监察大队2010年提供的会计资料基本真实反映出单位的财政财务收支情况，财务收支基本符合财经法规的规定。市城建监察大队全年超预算支出9866.14元，净资产保值增值率有所减少；市环保局预算收入和支出完整率，除专项资金预算支出完整率仅为37.2%外，其他达到100%，净资产保值增值率有所减少。对市环保局专款未纳入会计核算中心专项资金账务核算问题，审计后也作了反映和处理，并就存在问题提出了审计建议。

【专项资金审计】 2011年，个旧市审计局在上级审计机关统一部署下，继续深入开展专项资金审计，审计专项资金31333万元。一是对个旧市交通局2009年农村公路养护资金财务收支情况进行审计。审计结果表明：个旧市2009年农村公路养护资金管理使用相关项目已按州级主管部门的要求上报计划，并按主管部门批复文件和批复项目计划内容实施，资金使用基本上已按规定专款专用和进行项目建设。二是对个旧市2009年中央财政现代农业建设项目专项资金进行审计。审计结果表明：通过该项目的实施，促进了鸡街镇倘甸石榴坝片区农户增产增收，对推动项目所在地区的农业经济体制转变有良好的样板示范作用，审计后对市农业局提出应对项目的前期工作进行充分论证，避免项目经批复后，对项目内容进行变更的审计建议。三是对个旧市中小学校舍安全工程建设情况进行跟踪审计。市审计局自2009年就开始对中小学校舍安全工程建设进行跟踪审计。审计结果表明：个旧市校安工程实施两年多来，严格遵循基本建设程序组织项目实施，未出现擅自扩大规模或现场监理不到位等情况，各单位在项目实施中都依法依规，规范有序，切实保证了中小学校舍安全工程建设质量。四是开展个旧市政法机关2009～2010年度政法转移支付资金审计，这是今年全省统一组织的本级预算执行审计的重点。审计结果表明：上级财政已如数将政法转移支付资金拨付到本级财政，本级财政已及时足额将资金拨付本级政法机关，无滞留、截留、挪用的情况，政法转移支付资金各项支出基本符合规定的开支范围，会议费、培训费、招待费等基本据实开支。

【固定资产投资审计】 2011年，个旧市审计局安排对个旧市第七中学学生宿舍楼、食堂，个旧市委党校新区建设项目，鸡街镇卫生院业务用房，大屯镇星河小区一期工程建设项目，锡城镇芹菜塘片区农村公路网建设等项目的竣工决算进行审计。通过审计，核减工程款633万元，应上缴财政金额116万元，有力地支持了地方各项基础设施建设。

【经济责任审计】 2011年，个旧市审计局受中共个旧市委组织部门的委托，开展对个旧市志办主任蔡军，个旧市残联理事长何琴，个旧市广电局局长白耀峰，个旧市商务局局长童昆发，个旧市电视台台长徐晓峰，个旧市人防办主任杨盛彬，个旧市委党校书记、常务副校长杨国文，个旧市直机关工委书记聂荣飞，卡房镇镇长王家新，老厂镇镇长杨帆，蔓耗镇镇长杨进恒，贾沙乡乡长李存福，保和乡乡长许德辉等13人的经济责任审计。经审计，个别单位存在截留、挪用、坐支应缴未缴财政收入资金，违规收费，违规发放费用等现象，审计后，对存在问题分别作了处理和纠正。通过审计，加强单位会计核算管理工作，强化对领导干部执行财经法律、法规的监督，增强领导干部遵纪守法意识和自我约束能力，促进领导干部依法行政、依法决策，为个旧市进一步完善和加强对领导干部管理监督机制提供参考依据。

（撰稿：吴丽梅）

工商行政管理

【简述】 2011年，个旧市工商行政管理局有干部职工113人，退休干部职工73人。设办公室（财务）、法规股、企业注册监督管理股、市场规范管理股、消费者权益保护股、食品流通监督管理股、反不正当竞争执法股（经济检查大队）、商标广告监督管理股、人事股、监察室等10个科室。设金湖工商所、锡城分局、鸡街分局、大屯分局、老厂工商所、卡房工商所、蔓耗工商所等7个派出机构，并对个旧市消费者协会和个旧市个体私营经济协会工作进行指导。法规股杨桦荣获省工商局授予的“云南省工商行政管理系统法制工作先进个人”称号。

【企业注册登记管理】 2011年，个旧市工商行政管理局新登记注册内资企业15户，私营企业255户，农民专业合作社42户，办理企业变更登记314

户，注销登记228户。截至9月13日，全市登记注册的国有集体企业644户，注册资本439888万元。其中国有企业156户、集体企业194户、有限公司282户、股份合作企业9户，其它企业3户；私营企业1713户，注册资本259184万元，投资人数3214人，雇工人数39447人。其中有限责任公司（含分支）1131户，投资人数2634人，注册资金226688万元；个人独资企业（含分支）568户，投资人数568人，注册资金30170万元；合伙企业（含分支）12户、投资人数25人，注册资金2146万元；个体工商户10126户，从业人员17947人，注册资金30507万元；农民专业合作社116户，注册资金255万元，成员总数652人，其中农民成员628人，非农民成员15人，企业单位成员3户，事业单位成员1户，社会团体成员5户。个体工商户应验照8407户，已验照8038户，验照率97.05%。在做好企业登记的同时，市工商局更加强化了对企业的管理。

一、加强企业和个体监督管理。

2011年，个旧市工商行政管理局在年检工作中，除按规定要求企业提交前置审批及各项许可证外，仍然将虚报注册资本、虚假出资、抽逃出资、《矿产品加工许可证》《矿产品经营许可证》《安全生产许可证》及采掘、危化品、冶炼等企业的安全生产“三同时”作为年检审查的重点。年检中，对许可证是否到期也作了审查，对提交无效许可证的企业均要求其减少经营范围，否则不予年检。2011年度应检企业为2236户，通过网上年检的企业2057户，网检率100%，年检率92.26%。由于个旧市政府对辖区内重金属污染企业的整治，卡房大沟片区50余户选矿厂停业整顿，按市政府的要求未给予年检，待整治规范后再办理相关登记手续。

二、开展对重金属污染行业整治。

2011年，个旧市工商行政管理局对重金属污染的冶炼和选矿企业进行专项整治，积极督促卡房镇65户选矿企业停产整改。其中证照齐全的有50户，15户属于无照或执照已被吊销的企业；大河湾及石榴坝区域有2户无照经营的选矿厂。证照齐全的50户选矿企业，按市政府的要求，均未通过2010年度企业年检，待统一整合后，再办理相关注册登记。17户属于无照或执照已被吊销的企业也将同时进行整合治理。

三、开展对娱乐行业整治。

个旧市挂靠在城区街道办事处从事营业性茶室的79户经营户长期未办理营业执照。根据市人大代表的建议，市工商局与市文体局及城区办协商后，责令该79户经营户于2011年1月31日前办理营业执照。鉴于该79户经营户属于挂靠性质，《娱乐场所经营许可证》虽为社区所办，但实际都是个人承包经营。为明确责任，同时减轻承包经营户办理证照的负担，市工商局本着扶持发展的原则，将挂靠社区的79户经营户纳入个体工商户管理，统一办理个体工商户营业执照。除3户规模较小作关闭处理外，其余挂靠社区的茶室都办理了营业执照。

四、积极为企业和个体工商户做好优质服务。

2011年，个旧市工商行政管理局积极推进个体工商户转型升级工作。根据《互联网上网服务营业场所管理办法》的规定，对全市的58户网吧进行规范登记，要求注销个体工商户营业执照，办理企业执照，有46户网吧重新办理营业执照。经过宣传动员，有2户个体工商户，转型升级为有限责任公司，完成个体工商户转型升级48户，完成任务的133.33%。3月11～12日，对云南锡业集团储运公司储运商场进行法律法规宣传培训，72名企业管理人员和业务人员参加培训。培训会上，市工商局专业人员讲解了《食品安全法》《消费者权益保护法》和《产品质量法》等法律法规，对食品安全管理制度、索证索票制度和进货查验记录制度中容易出现的问题作了重点讲解，要求食品企业要依法办事，做到学法、懂法、用法、守法。为解决中小企业融资难的问题，市工商局积极开展股权出质登记工作，全年办理股权出质登记12份，出质金额6920万元，被担保债权16800万元，为部分企业解决了融资难问题。

五、积极做好贷免扶补工作。

为进一步贯彻落实《云南省工商局云南省个私协会关于贯彻落实云南省鼓励创业贷免扶补实施办法》，市工商局于2011年1月15日下发《个旧市个体私营经济协会二〇一一年“贷免扶补”工作意见》，将贷免扶补帮扶的23人指标分解到各分会。经过各工商所和分会的宣传动员，申请创业贷款的23人已完成贷款审批手续或已办理了贷款。

【经济流通检查】 2011年，个旧市工商行政管理局认真履职，严格依法开展各类经济流通领域检查，促进市场健康发展。

一、打击传销。

个旧市工商行政管理局积极开展打击传销工作。一是广泛开展打击传销的宣传工作。宣传活动做到进社区、进学校、进市场、进车站，把国家打击传销的法律法规知识传播到每一个角落。各工商所和工商分局在学校、市场和商场张贴打击传销宣传画380余张，出动人员25人次、车辆6辆次，散发警示、提示宣传材料及宣传画300多份，积极揭露传销的特点、惯用手段、欺诈本质、不断翻新变化的运作模式和严重危害。二是保持对传销活动的高压态势，绝不允许传销分子在个旧市聚集。3月7日，市公安局经侦大队和市工商局经济检查大队在个旧市乡企大楼发现无业人员张梦飞以“哈药健康产业云南正合国际服务中心”为掩护，开展“拉人头”传销活动。每人交80元人头费成为会员，便可参加“找朋友”的游戏，参加此活动的人员共5人。4月28日，在丽水金湾商住楼查到四川退休人员吴光成以电子商务销售湖南黑茶为名，暗地开展近似传销的活动，每份黑茶销售价3900元，购买者成为会员，限招2人，每人限3份，达到某积分就有报酬，此活动涉及人员7人。对以上两件近似传销的活动，执法人员现场揭穿传销的本质，并对群众进行宣传教育。吴光成已经搬走，下落不明。张梦飞表示不再继续做近似传销的活动。三是对直销企业和保健药品经销店进行严格监管。采取定期或不定期地对辖区内直销企业和保健药品经销店进行检查，并对这些企业的虚假广告进行查处。同时，对直销企业的工作室进行定期或不定期检查，每月至少1次，每次出动执法人员30人次、执法车辆6辆，检查工作室8个。

二、加强食品安全监管。

个旧市工商行政管理局进一步加强食品安全监管。一是建立健全食品安全监管制度，制定《个旧市工商局流通环节食品安全专项整治实施方案》和《个旧市工商局流通环节食品安全工作计划》，对食品安全专项整治重点工作做具体安排，把食品安全监管纳入目标考核的重要内容，作为一把手工程来抓。建立严格的责任制，层层签订食品安全责任书，把监管重心下移，将责任分解后落实到科、所、分局以及每一个岗位。建立局—所—片食品安全监管三级责任体系，完善基层分局一处、一片、一段的“网格化”管理制度。建立食品安全预警防范和快速反应机制，建立健全食品质量准入体系，积极推行食品质量分类监管，把食品安全监管与对食品经营者的信用分类监管结合起来，对消费安全危害大的食品，按风险度进行管理，提高食品质量监管的针对性和有效性。加强对食品退市的监管，把不合格食品退出市场作为对食品质量监管的重要环节。建立和完善市场巡查制度，建立有权必有责、用权受监督、违法必追究的监督机制。在经营户中建立和完善以《食品经营者进货查验制度》《食品经营者索证索票制度》《流通领域食品经营户责任书》为主的质量管理制度，个旧市商场和超市建制率100%。实施商品准入和食品市场主体准入制，要求食品经营者购进商品时，向批发企业和个体户索要“四证一票”，即：有效期内的营业执照复印件、企业生产许可证复印件、食品流通许可证复印件、食品质量检验合格证复印件和进货发票，保证食品来路合法，并建立登记台账和档案。市工商局监管与服务并举，积极推进食品流通许可准入工作，在经费较为紧张的情况下，投入经费2.5万元，印制食品流通许可证申请表等办证材料和流通环节食品经营者进货台账各3000本，发放到各食品经营者手中，引导经营者严格把7项自律制度落到实处，为经营者建立自律机制奠定基础。

二是加强食品安全法律法规学习培训。为提高流通环节食品经营者食品安全防范意识，切实维护流通环节食品市场秩序，确保广大人民群众食品消费安全，市工商局从2月22日开始在全市举办15期食品安全法律法规知识培训，印制《食品安全法》手册、试卷各2000份，对全市食品经营户进行培训。另外，还以“3.15”活动为契机，广泛开展《食品安全法》《流通环节食品安全监督管理办法》以及食品安全知识的学习宣传活动，印制各类食品安全宣传资料6000份、《食品安全法》2000份、食品安全知识宣传材料2000份、食品安全知识读本500本，并现场散发给广大群众。开展“食品安全宣传周”活动，制作宣传标语横幅18条，在各大超市、农贸市场悬挂。在人流量较多的市文化宫以“人人关注食品安全，家家享受健康生活”为主题，开展宣传咨询服务活动，现场散发《食品安全法》《关于严厉打击食品非法添加行为严格规范食品添加剂生产经营使用的通告》、食品安全知识等宣传资料1800份，接受群众咨询58人次，受理投诉1件。组织全局执法人员109人参加国务院食品安全委员会办公室联合卫生部、农业部、工商总局等部门举办的全国食品安全法律知识竞赛活动。

三是严厉打击食品非法添加和滥用食品添加剂不法行为。4月27日，全国工商系统严厉打击非法添加和滥用食品添加剂专项工作电视电话会议结束后，市工商局迅速在全市开展打击食品非法添加和滥用食品添加剂专项整治行动，制定《个旧市工商行政管理局严厉打击食品非法添加和滥用食品添加剂专项整治工作方案》，明确各部门的目标任务、工作原则、基本要求和整治重点。在报纸、电视等新闻媒体上向社会大力宣传严厉打击食品非法添加和滥用食品添加剂专项整治的重要性，印制《关于严厉打击食品非法添加行为严格规范食品添加剂生产经营使用的公告》500份在农贸市场及超市内张贴，印制《个旧市工商局致广大食品经营户的公开信》2000份发放到每户食品经营者手中，营造全社会广泛参与、人人关心的良好氛围。以大型超市、集贸市场、食杂店为重点场所，重点检查食品经营户是否存在违规经营行为；是否建立和落实进货查验等自律机制；检查食品添加剂标签、说明书和包装是否符合法律法规的规定；检查食品添加剂经营主体是否合法，依法规范食品经营主体资格，严厉查处无照经营等违法行为。全市共出动执法人员3236人次、车辆727台次，检查商场超市139个次、食品批发市场15个次、集贸市场310个次、散酒经营户178户次、乳制品经营户255户次，其他食品经营户 2476户次，发出整改通知书12份，规范食品经营户台账21户，查处使用无标识食品添加剂经营户2户，没收无标识食品添加剂2瓶、面粉改良剂3袋，罚款6000元。

【市场监督管理】　2011年，个旧市工商行政管理局充分发挥市场监督和行政执法职能，严格市场监督管理，维护流通领域正常秩序。

一、规范农资市场秩序，积极服务新农村建设

开展红盾护农保春耕行动，出动执法人员228人次、车辆93台次，检查企业 156户次，整顿市场21个次，取缔无照经营3户。查处涉农无照经营案1件，罚款20000元；查处涉农假冒商标案1件，没收假冒“飞燕”牌注册商标商品玉米杂交籽种8袋，罚款5万元。开展种子留样备查工作。为了掌握种子经营中存在的问题，从种子经营户中抽取少量种子进行备案，以了解种子经营动态。全年共抽取水稻种子样本71份，备查数量25000克；玉米种子样本93份，备查数量37000克；小麦种子样本25份，备查数量1300克。把好农资经营主体准入关。严格核准经营范围，督促农资生产经营者做到证照齐全，亮照经营。利用企业年检、个体户验照及档案清查等手段，建立健全一户一档的农资户市场生产和经营主体“经济户口”档案，督促农资经营企业和个体户建立和完善“两账两票一书一卡”制度，从源头上规范农资经营行为。开展农药市场专项整治行动。加强了解掌握甲胺磷、对硫磷、甲基对硫磷、久效磷、磷胺等5种高毒农药的有关知识，依托市场巡查有效机制，对农资市场进行专项检查。全年共出动检查人员63人次、车辆31台次，检查市场38个次、农药经营户39户次，未发现甲胺磷等5种高毒农药。开展“合同帮农”，推进订单农业。根据《云南省工商局关于认真开展合同帮农工作促进农业增产和农民增收的意见》，结合当地实际情况和产业特色，进一步规范涉农合同行为，共检查221户涉农企业合同2780份,发放涉农合同示范文本3000份，辅导2户企业与263户农户签订涉农合同281份，涉及金额2130万元。

二、加强市场监管，开展专项整治工作

一是整治节日市场。元旦、春节、五一、六一、中秋、国庆等节日来临之际，开展食品安全专项整治，并将问题奶粉、农村食品市场、乳制品、地沟油和不合格一次性筷子也纳入专项整治范围。节日期间共出动执法人员1652人次、车辆426台次，检查市场112个次、经营户2284户，依法收缴假冒伪劣儿童食品、过期变质食品12公斤，取缔无照经营2户、黑网吧1户。

二是整治食品市场。1月1日至7月30日，对经销假冒伪劣、有毒有害、“三无”食品、不合格食品、超期变质食品的违法行为进行严厉查处和打击，出动执法人员870人次，检查食品经营户2785户次，大型商场、超市70个次，市场96个次。在检查中，发现产地不明食品31袋，已责令下柜；收缴无生产日期水泡橄榄2瓶、过期劣质火锅底料20袋、精炼猪油4瓶、荔枝罐头2瓶、饮料7瓶，已全部销毁；查获假冒1573国窖酒1瓶、剑南春酒1瓶、五粮液酒1瓶、贵州茅台酒2瓶、水井坊酒1瓶；查处使用无标识食品添加剂经营户2户，没收无标识食品添加剂两瓶，超期变质食品4.7公斤，当场销毁过期小食品15袋、绿茶4瓶、无标识水果罐头7瓶，无生产日期标注的珍珠奶茶21杯、无生产日期和无保质期面包25个；收缴涉嫌以兑奖形式经营的博彩商品68盒、共计78500张，仿冒人民币印刷品100余张；发出整改通知书12份，规范食品经营户台账200余户，续签《食品承诺书》130份，取缔无照经营户9户；查处食品违法案件10件，罚款70200元，其中查处食品无照经营户1户,罚款2900元，查处使用无标识食品添加剂经营户2户，当场没收无标识食品添加剂2瓶，并罚款6000元，查处其他食品违法经营户7户，罚款61300元。

三是整治猪肉市场。出动执法人员445人次、车辆191台次，检查肉类市场46个次、经营户1320个次；共抽查猪肉等副食品98批次，合格率100%。在加强猪肉市场监管中，对“瘦肉精”猪肉进行重点打击；对猪肉、牛羊肉和熟食品进行监督抽查，将不合格猪肉等副食品清理出市场，并严厉打击无证照经营、缺斤短两、以次充好和销售注水肉、“高温猪肉”、病死肉等不合格猪肉及其卤腊制品等违法违规行为。另外，对市场实行“场厂挂钩”协议准入，市场主办单位落实准入管理责任制，共对280户经营户建立挂牌经营、购销台账和协议准入等制度。

四是整治家电下乡市场。将家电下乡监管工作与日常监管工作相结合，注重对假借家电下乡名义销售不合格和假冒伪劣商品等违法行为的惩处，会同有关部门和行业组织做好家电下乡商品售后服务工作，向103户家电下乡商家宣传相关法律法规知识。全年共出动执法人员220人次、车辆60台次，检查家电下乡经营户360户次，查处家电下乡冰箱虚假价格案件1件，罚款1万元。

五是整治家电以旧换新市场。积极与商务部门协调沟通，适时掌握家电以旧换新企业的资质情况，了解以旧换新工作程序，加强日常监管和突击抽查的结合，及时指导企业规范操作和广告宣传，及时化解和调处消费争议。年内，调解1起消费者投诉，使消费者及时拿到家电以旧换新财政补贴288元；规范一家企业的宣传广告，查处1件以旧换新虚假广告案件，罚款3000元；取缔一件展销会上打着以旧换新名义的家电换购经营活动。

六是整治食盐市场。受日本地震和核辐射传闻影响，个旧市于3月出现市民抢购食盐现象，致使全市食盐供应紧张，一些不法商家乘机哄抬盐价。为了维护市场食盐价格的稳定和食盐的安全，市工商局加强了对食盐市场的监管，查处违法食盐案4件，收缴违法高价食盐139袋，限期退款22000元，没收工业盐20公斤。

七是整治粮食流通市场。按照《粮食流通管理条例》和《云南省〈粮食流通管理条例〉实施办法》，遵循“依法管粮，规范秩序，合法经营，搞活流通，服务市场，方便群众”的原则，市工商局采取有力措施，加强对粮食市场的监管，确保粮食市场稳定，维护广大农民和消费者利益。全年出动执法人员102人次、车辆35台次，检查市场62个次，检查各种粮食经营户142户次。

八是整治成品油市场。根据国家工商行政管理总局《关于进一步加强成品油市场监督管理工作的意见》，市工商局开展成品油专项整治行动，共出动人员14人次、车辆7台次，检查加油站43个次，未发现重大问题。

九是整治不法奶瓶和短斤少两行为。市工商局出动执法人员68人次、车辆11辆次，对不合格塑料奶瓶和橡胶奶嘴市场进行整治，共检查商场和超市31个次，个体塑料奶瓶和橡胶奶嘴经营户16户次。按照《红河州工商行政管理局关于开展短斤少两专项整治行动的紧急通知》的要求，市工商局开展为期一个月短斤少两专项整治行动，共出动执法人员117人次、车辆18台次，对12个市场、27个商场和超市、1个加油站、450户经营户、20个路边流动摊贩进行了检查。

三、实施商品交易市场信用分类监管

2011年，个旧市工商行政管理局制定下发《个旧市工商局关于开展诚信市场创建活动实施方案》，在全市开展商品交易市场信用分类监管工作。通过监管，评定诚信市场5户，其中1A级4户、2A级1户。1A级诚信市场：蒙自白盛商贸有限公司个旧分公司、个旧市鸡街镇华隆商号、大屯镇如家购物中心、个旧市蔓耗镇天红超市。2A级诚信市场：个旧市彦通电器行。

四、做好动产抵押物登记工作，积极为企业融资提供服务

2011年，个旧市工商行政管理局认真贯彻《物权法》《担保法》《动产抵押登记办法》和《云南省工商局动产抵押登记工作规范》，办理动产抵押登记78份，抵押物价值330309.49万元，借款金额202144.39万元。变更登记5份，主债权金额5190万元;注销登记31份，主债权金额1.2亿元。

【商标广告监管】 2011年，个旧市工商行政管理局继续加强商标广告监管工作，严厉查处商标广告违法行为。

一、推进商标战略、保护知识产权

一是开展商标知识培训工作。为提高企业商标权益保护意识，推进全市商标战略工作深入实施，市工商局于6月24日组织召开推进商标战略工作培训会，全市相关企业负责人、工商局干部职工共计118人参加培训。

二是抓好“一所一标”工作。市工商局制定下发文件，把推进商标工作任务分解到各个分局和工商所，并签订推进商标战略责任书。全年，全市工商部门共走访企业和个体工商户580户、农户38户，引导培育商标158件、新申请注册商标133件。发出商标法律告知书39份、商标注册建议书158份、商标策略提示书80份、商标管理跟踪服务联系卡128份，有效注册478件，已受理注册128件。

三是深入做好企业商标服务工作。为认真做好云南省著名商标申报的宣传动员和组织工作，市工商局领导带队分别走访个旧市光博电冶厂、个旧市沙甸好牛食业有限公司、个旧市圣比和实业有限公司、云南锡业机械制造有限责任公司等8户企业，指导企业填写《云南省著名商标认定申请表》，并协助企业按要求准备好相关材料。市工商局集中时间，集中人力，严格把关，审阅申报材料，确保申报材料的质量，尽力把个旧市辖区具有较大规模、较大市场份额、较高知名度的注册商标推荐参加云南省著名商标认定活动。年内，市工商局帮扶新申请云南省著名商标4件、新申请红河州知名商标3件，帮助云南金星化工有限公司申报中国驰名商标。

四是积极查处商标违法案件，保护商标专用权。市工商局以保护知识产权为宗旨，以打击各类商标侵权行为为重点，采取多种措施，积极开展保护知识产权工作。全局共查处商标侵权案件19起，其中侵犯拉芳和雨洁商标专用权案件6起、云烟商标专用权案件1起、天水风动机械驰名商标专用权案件1起、嘉实多商标专用权案件2起、“飞燕”牌兴黄单玉米商标专用权案件1起、“金立”商标专用权案件2起、食品商标侵权案件2起、侵犯著名商标专用权案件4起。

二、查处违法广告

2011年，个旧市工商行政管理局共审查办理户外广告245户、备案广告18份、公益广告5户。召开广告经营工作会，认真组织经营户学习相关广告管理法规，并对所属16户广告经营单位进行严格检查，进一步规范经营行为。开展药品保健食品广告、虚假违法广告、房地产广告和商标侵权等专项整治活动，共查处违法案件20件，罚款133000元。

【消费者权益保护】 2011年，个旧市工商行政管理局不断完善消费者权益保护组织，建立相应约谈机制，做好消费者权益保护工作。

一、认真受理消费者诉求。全年，市工商局共受理调处消费者申诉、投诉和举报案件455件，解决率100%，为消费者挽回经济损失102.8万元，提供咨询服务1420余人次。从消费类型分：商品消费申诉247件，占申诉总量66%。其中家用电子电器类95件，占申诉总量25%；家用机械类9件，占申诉总量3%；日用百货类65件，占申诉总量17.3%；烟、酒、饮料、食品类44件，占申诉总量11.7%；医用和医疗用品类9件，占申诉总量2.4%；建材类3件，占申诉总量0.8%；其它类22件，占申诉总量5.8%。服务消费申诉128件，占申诉总量34%。其中餐饮服务5件，占申诉总量1.3%；旅馆服务3件，占申诉总量0.8%；居民服务37件，占申诉总量9.9%；修理维护服务5件，占申诉总量1.3%；公共设施服务9件，占申诉总量2%；装饰装修服务4件，占申诉总量1.1%；物业管理服务4件，占申诉总量1.1%；租赁服务1件，占申诉总量0.3%；旅游服务1件，占申诉总量0.3%；邮政服务13件，占申诉总量3.5%；电信服务15件，占申诉总量4%；培训服务1件，占申诉总量0.3%；医疗服务2件，占申诉总量0.6%；互联网服务24件，占申诉总量6.4%；其他4件，占申诉总量1.1%。从申诉内容分：质量申诉324件，占申诉总量86.4%；安全申诉1件，占申诉总量0.3%；价格申诉25件，占申诉总量6.7%；合同申诉20件，占申诉总量5.3%；计量申诉2件，占申诉总量0.5%；其他申诉3件，占申诉总量0.8%。

二、开展3•15活动。

3月15日，市工商局联合其他执法单位，在怀源芳圃开展3•15消费者权益保护日宣传活动。活动期间，工作人员散发宣传单2000份，个旧电视台跟踪报道消费者投诉案件2件，州业务信息平台发布政务信息 12篇，红河日报宣传报道1篇，电信公司和移动公司向消费者发送公益短信49万条。消协还会同沃尔玛、选厂社区共同举办“消费与民生”主题宣传活动，向消费者讲解维权渠道和法律常识，介绍全市维权网络建设情况，散发《食品安全法》知识宣传单400份、“消费与民生”宣传单200份。

三、建立消费者维权约谈工作机制。

按照《红河州工商行政管理局消费者维权约谈工作机制》文件要求，市工商局迅速建立消费者维权约谈工作机制，对约谈工作的指导思想、基本涵义、约谈原则、约谈范围和对象、约谈内容、约谈程序、约谈要求进行规定，并针对企业经营活动存在的问题、投诉案件的处理、建立绿色通道等开展约谈工作。全年共约谈企业12家，参加人数26人次。

四、积极开展“一会两站”工作。

市工商局继续做好“一会两站”工作，已建“一会两站”152个（超任务13个），消费维权组织网络在全市基本形成。“一会两站”工作运行机制逐步规范，实现“六项制度上墙”。全年，由分会及两站共同调解的案件303件，其中企业两站调解57件,解决率100%，为消费者挽回经济损失19.75万元，提供各类咨询服务210余人次。调处涉农案件2件、解决2件，工商部门立案查处1件。

【个体私营经济协会】 2011年，个旧市工商行政管理局注册登记私营企业1713户，注册资金259184万元，投资人数3214人，从业人员39447人；个体工商户10126户，从业人员17947人，注册资金30507万元。一年来，个旧市个体私营经济协会主要开展如下工作。

一、加强法律法规培训。

从9月起，市个体私营经济协会各分会分别组织个体工商户开展新《个体工商户条例》学习，为《个体工商户条例》的贯彻实施打下良好基础。2～3月，协会组织为期1个月的食品经营户法律法规培训工作，学习《食品安全法》《流通环节食品安全监督管理办法》《消费者权益保护法》《产品质量法》等法律法规，还对如何执行食品安全管理制度、索证索票和进货查验、记录制度进行讲授，并联系近年来的食品安全案例与食品经营户进行探讨交流，加深食品经营户对食品安全法的认识，强化经营者的第一责任人意识。8月，个私协会到丽水金湾商场开展《食品安全法》等法律法规宣传培训，商场的企业管理人员和业务人员20人参加培训。全年，全市共举办食品安全法律法规知识培训班15期，1356户个体食品经营户、2户食品经营企业的管理人员和业务人员1567人参加培训，参训户数占全市食品经营户总数80%以上。

二、积极开展扶贫活动。

1月28日，个私协会到贾沙乡岩子脚村扶贫点进行慰问，向贫困农民赠送餐具1440件套，价值3000多元。5月30日，协会在贾沙乡普沙河村和岩子脚村开展六一献爱心活动，为贫困学生送书包、作业本、铅笔等礼物，价值2200余元、慰问金3600元。5月30日，协会前往岩子脚村扶贫点察看饮水池修建情况，资助修建款4000元。蓄水池将解决43户156名村民饮水困难问题。10月，协会资助贾沙乡民云村5000元修建烤烟篷。11月，个私协会向贾沙乡岩子脚村捐赠儿童冬鞋12双、村民冬服100余件，让村民过上温暖的冬天。

三、协会活动。

3月8日，个私协会组织部分个体小组长到倘甸温水开展三八活动。6月17日，协会党支部参加局机关党委组织的庆祝建党90周年“红歌演唱会”，并荣获一等奖。个私协会积极推荐个私人士参加市劳模和先进工作者的评选，个体户邹红荣获“个旧市劳动模范”称号，受到个旧市人民政府表彰奖励。

（撰稿：王威良）

物价管理

【简述】 2011年，个旧市物价受到成本推动、农产品结构性矛盾、自然灾害、国际市场输入性通胀、资源性短缺、通胀预期等多种因素的影响，上涨压力很大。为做好保供稳价工作，物价部门在上级主管部门及市委、市政府的领导下，紧紧围绕“促生产、畅流通、增储备、建机制、保民生”开展工作，认真落实物价政策和监管措施，确保“保供稳价”，为个旧市经济健康发展营造良好的价格环境。

【物价控制水平】 2011年，个旧市居民消费价格指数与上年同期相比，食品、居住、烟酒类、衣着类等商品都有不同程度的上升。一、居民消费价格总指数104.6，其中食品类111.0（粮食113.5、肉及其制品113.8），烟酒及用品类102.2，衣着105.5，家庭设备用品及维修服务103.3，医疗保健及个人用品103.4，交通和通讯99.8，娱乐教育文化用品及服务100.2，居住100.9。二、商品零售价格总指数104.4，其中食品类110.9，饮料、烟酒102.5，服装、鞋帽类104.3，纺织品107.1，家用电器及音响器材96.0，文化办公用品97.9，日用品103.3，体育娱乐用品95.9，交通、通讯用品92.3，家具107.2，化妆品类99.5，金银珍宝类117.7，中西医药品及医疗保健用品102.8，书报杂志及电子出版物类98.1，燃料类113.5，建筑材料及五金电料类101.8。城市居民人均可支配收入16285.80元，比上年同期增长15.4%；城市居民人均消费支出10128.99元，比上年同期增长7.7%。

【价格调整】 2011年，个旧市物价部门为了稳定市场价格，保障商品供应，维护正常的市场流通秩序，根据《红河州人民政府贯彻落实国务院关于稳定消费价格总水平保障群众基本生活文件的通知》，制定《个旧市保供稳定工作联席会议制度》，并依法开展价格调整工作。对个旧市人民医院、中医院逍遥散等自制药品核定零售指导价，以弥补生产成本剧增带来的影响；对个旧市汽车出租有限责任公司、个旧市金湖旅行社等三家单位“燃油附加费”成本进行审核，制定93号油价格在7.34元/升以上时每车次（起点至终点）收燃油附加费1元，93号油价格在9.3元/升以上时每车次（起点至终点）收燃油附加费2元，并从4月8日零时起执行；核定个旧市陡岩、他期、新寨、倘甸等19处农村饮水安全工程供水用电执行农业生产电价；10月11日，召开鸡街镇、沙甸区城镇自来水价格调整听证会，制定居民生活用水、非居民用水、特种行业用水水价分别为1.8元/立方米（2012年6月前1.5元/立方米）、3元/立方米、6元/立方米，2011年12月起执行。

【行政事业性、经营性收费管理】 2011年，个旧市物价管理部门根据“红河州发展和改革委员会关于开展2011年度《收费许可证》审验工作的通知”精神，对全市117个（含37个医疗机构）收费单位进行审验，共审验《云南省收费许可证》正本117个（含37个医疗机构正本），副本264个（含71个医疗机构副本），年审率100%。根据“关于调整红河州幼儿园收费标准的通知”精神，调整个旧市幼儿园杂费、保育费、代收费、择校费收费标准，择校费按2000元/学年/生收取，保育费、代收费按规定收取，杂费不再收取。根据《物业管理成本监审办法》，个旧市物价管理部门对“丽水金湾”商住小区前期物业服务收费进行审批，前期物业管理服务收费标准为0.70元/平方米，不含电梯及二次供水设施日常运行维护费，试行期为2年，试行期满后，由公司与业主委员会协商确定，并报价格主管部门。根据上级要求，市物价管理部门与相关部门配合，对全市基层卫生医疗机构服务价格执行情况、公立医院单病种费用收费、殡葬服务收费及停车场收费情况进行调研，为上级部门进一步做好行政事业性、经营性收费管理工作提供决策依据。

【价格监督检查】 2011年，个旧市物价管理部门按照“检查与服务并举、执法与宣传同步”的方针，以服务促执法、以执法带服务，认真履行价格监督检查职能，进一步优化锡都经济社会发展的价格环境。

一、联合平息食盐抢购风，治理“白色污染”。受日本核辐射消息及有关市场谣言的影响，个旧市与全国其他地方一样，于3月出现食盐抢购风潮，有关食盐价格暴涨、捆绑售盐等举报骤然增多，最多一天收到举报电话20余宗。为平息食盐抢购风，个旧市物价管理部门协调公信局、工商局组成联合检查组，迅速行动，全面开展城乡食盐市场价格巡查，坚决打击造谣惑众、恶意囤积、哄抬价格、扰乱市场等不法行为。共查处哄抬盐价牟取暴利行为13起，没收违法销售食盐4000余袋，查处工业用盐20余公斤，警告食用盐经营者40余起，发送安抚群众的短信息200余条。

根据州发改委、工业和信息委、环保局、商务局、工商局、质量技术监督局等六部门“关于集中开展禁止生产销售使用塑料购物袋专项行动的通知”，个旧市物价管理部门联合市工信、环保、商务、工商、质监等部门，于9月14日对全市城乡商品批零场所、集贸市场生产、销售、使用塑料袋的情况开展专项检查，出动执法人员10人次、车辆2辆次，检查集贸市场和商品零售场所5个、经营户120余户，查处无照经营户2个，收缴塑料购物袋1万余个，有效地提高了广大消费者和经营者限塑节能环保意识。

二、整治商场超市“低标高售”歪风。年内，个旧市出现超市“低标高售”现象。在群众的举报下，价格检查人员对市区沃尔玛、金方、红印等超市进行检查和抽查，发现均不同程度存在此种违法现象，经核实取证，对其中两家超市进行严厉处罚，“惩一儆百，以儆效尤”，起到纠正商场、超市“低标高售”歪风的效果。

三、药品和医疗服务收费价格检查。根据上级“关于开展药品和医疗卫生服务价格检查”的有关文件精神，个旧市物价管理部门于7月下旬开展对市属医药卫生服务机构价格大检查。共检查城区医疗机构33家（包括社区医院）、乡镇医院（卫生院，包括云锡卫生所）9家、民营医院3家、批零售药店3家，其中医院（包括卫生院、所）检查覆盖率95%以上。经检查，各医疗机构和零售药店不同程度地存在问题，医疗机构存在门诊床位费超标；违规收取门诊输液病人护理费；违规收取健康教育咨询费及其他费用。有1家药店零售药品超过国家最高零售价。通过检查，共查处违规收费11.8万余元，有效地规范了药品和医疗服务收费价格。

四、教育收费专项检查。9月30日，按“全国治理教育乱收费”有关文件及会议精神，个旧市物价管理部门开始对本市范围内个旧二中、个旧三中、个旧一职中、云南锡业职业技术学院、个旧市绿春小学、个旧市和平小学、个旧市机关幼儿园、个旧市教育局幼儿园、云锡机关幼儿园等2010年秋季开学以来发生的收费行为进行检查，各个被查单位基本能落实相关的收费政策，没有发现乱收费违法行为。对少数学校没有按规定要求进行收费公示、收费不规范行为已及时纠正。

五、进一步规范涉农价费，优化发展环境。个旧市物价管理部门根据州发改委转发《云南省物价局转发国家发展改革委关于开展全国涉农价格与收费专项检查》文件精神，对城乡部分涉农收费单位进行抽查。3月下旬，组织对畜牧局、农业机械化技术推广站、农业技术推广站、云南广电网络个旧支公司、昆明创志达科贸有限公司个旧（大屯）公司、鸡街镇文化广播电视站、电力公司等7个部门涉农收费情况进行检查。经检查，多数单位能贯彻落实涉农收费政策，但仍有部分单位存在收费不规范、没有很好落实对低保户的优惠政策或收费后未尽到服务责任的情况。昆明创志达科贸有限公司个旧（大屯）公司收费文件混杂，没有进行变更和收费申报，同时还存在自立收费项目现象，没有落实“五保户”电视收视费优惠政策，发票开具不规范等，已责令其整改纠正。

六、其他综合检查。为严格贯彻执行《云南省商品销售明码标价实施细则（试行）》，市物价管理部门将省物价局文件印发给全市100多家房地产开发商并组织学习，纠正房地产市场价格信息不透明、不公开、不平等等损害购房者利益的行为，并对不按规定明码标价及商品房销售过程中有价格欺诈行为的7家开发商进行处罚。

【职工物价监督】 2011年，个旧市物价管理部门加强与职工物价监督站的信息沟通，及时掌握市场第一信息，加大市场巡查和检查力度。一年来，全市10个职工物价监督站积极配合相关部门，大力整治“白色污染”、平息食盐抢购风、维护农产品市场价格秩序、严厉查处市场短斤少两，保障市场流通顺畅，为群众义务复秤193612人次，修复不合格秤907台（把），教育违规经营者871人次，责令退赔消费者违规收费1071元，为消费者直接或间接挽回经济损失数万元。

【服务价格监督】 2011年，个旧市物价管理部门采取“轮班制”，保障“12358”价格举报电话24小时通畅，提高价格举报快速反应能力，保证价格举报、投诉渠道的畅通，为价格监管和价格决策服务；加强对重点案件的跟踪督办，做到群众投诉件件有落实、事事有回音。年内，价格举报电话共受理群众来访来电19件/次，举报内容由多至少依次排列：药品和医疗服务价格、汽车客运收费及房地产物业管理等。药价虚高、客运站问题是群众举报的热点。配合市政府对城市街道车辆乱停乱放、停车场乱收费的行为进行专项整治，营造和谐价格关系。对个旧市城区25家停车场进行规范登记，要求停车场所按照价格部门的有关规定认真进行收费公示，即“明码标价”；及时按程序进行收费项目申报备案；价格变动须重新申报备案。没有收费公示的停车场，群众可以拒交停车费，价格部门将依据行政法规对停车场进行处罚。

个旧市物价管理部门积极参加全州第二届“价格诚信单位”评比活动，5月1日开始，根据“红河州‘第二届价格诚信单位’评选活动的通知”和《云南省“价格诚信单位”考评细则》的精神，按照由局部到全局逐步推开的原则，在具有代表性、示范性的企业、公司中筛选出市自来水公司、福林堂、远卓百货、丽水金湾购物商场等单位参加评选活动。具体评选条件为：一、申报单位是否重视物价工作。即：单位主要负责人是否分管物价工作，是否配备专（兼）职物价员或收费员等；二、是否认真贯彻执行国家有关价格收费法律、法规和政策；三、是否严格执行明码标价政策，做到价签价目齐全、标价内容真实明确、字迹清晰、货签对位、标示醒目；四、是否按规定执行收费公示制度；五、是否建立内部物价管理制度；六、是否自觉接受监督；七、是否开展优质服务等。最后筛选出两家单位代表个旧市参加全州“第二届价格诚信单位”评比，其中个旧市自来水公司荣获红河州“价格诚信单位”称号。

【价格认证】 2011年，个旧市物价管理部门接受市公安局、检察院、司法局等部门的委托，及时准确地对刑事案件涉案物品进行价格认证，为价格主体财物争议、纠纷提供准确及时的信息，全年完成涉案财物价格认证184件，认证金额249万元。其中接受工商部门委托受理经济案件认证8件，认证金额2.2万元，无一例价格争议，办案完结率100%，降低了执法部门行政成本，提高了办案质量和工作效率。

【价格信息监测】 2011年，个旧市物价管理部门重点围绕与群众生活息息相关的生猪、粮油、成品油、农资产品等30余种价格做好监测，每周上报上级价格主管部门，及时反映价格动态，科学判断价格走势，为政府调控市场提供决策依据，确保生猪生产、粮油、蔬菜供应的基本稳定。年内，物价部门首次在个旧市城乡6个粮店、超市，依靠省财政补贴平价销售籼稻、香满园、雪花粉等3种粮油产品，平抑重要商品价格。

（撰稿：杨臻荣）

质量技术监督

【简述】 2011年，个旧市质量技术监督局在市委、市政府和州质监局的正确领导下，全面贯彻落实中共十七届五中、六中全会精神，省“两会”和全省质监工作会议精神，以科学发展观为统领，突出服务全市经济社会平稳较快发展这一中心工作，实施“质量兴市”战略，全力提升质量管理和监督把关能力，大力加强信息化、人才队伍、质监文化建设，牢固树立“抓质量、保安全、促发展、强质监”的理念，服务大局，全面履职，突出重点，狠抓落实，整体推进，为促进全市经济社会又好又快发展做出积极努力。

【质量监督管理】 2011年，个旧市质量技术监督局认真贯彻市委、市政府“质量兴市”战略，抽调精干力量组成领导小组，分步骤积极开展“质量兴市”的各项工作。一是充分发挥职能优势、专业优势，认真履行牵头职责，与相关部门交换意见，组织召开协调会，研究起草《个旧市人民政府关于实施质量兴市战略的意见》《个旧市人民政府办公室关于成立实施质量兴市战略领导小组的通知》《个旧市人民政府办公室关于个旧市实施质量兴市战略领导小组各工作组和办公室主要职责及组成人员的通知》等3个文件，为市委、市政府“质量兴市”工作的启动提供了理论和政策依据。

二是积极加强质量宏观管理，有效推进名牌战略。依靠各成员单位的力量，加强部门间的协调配合，做好质量统计、数据分析、理论研究等基础性工作，进一步加强宏观质量管理研究。加快质量诚信体系建设步伐，加大名牌培育力度，积极引导相关企业将自身优势产品申报为“云南名牌”产品。年内，云南锡业集团（控股）有限公司生产的“氯化亚锡”、“硫醇甲基锡”，云南个旧生物药业有限公司的“参麦注射液”和云南云河药业有限公司的“龙血竭胶囊”成功申报“云南名牌”。同时，充分发挥质量体系认证在促进企业提高管理水平、产品质量和市场竞争力方面的作用，积极引导企业加强质量体系认证建设。截止年末，全市有27家企业通过ISO9001质量体系认证。

三是抓好企业产品质量，把“质量兴市”工作落到实处。结合个旧市以有色金属冶炼为主的老工业城市的特征，挑选部分大中型、规范化、管理先进的企业作为标杆。标杆企业主要有云锡公司、云南乘风冶炼厂、自立矿冶厂、金星化工厂等。做好标杆宣传工作，号召其他企业向标杆学习，学习他们在质量管理，质量控制上的先进经验，并将好经验介绍到企业中互相交流。同时，到20余家企业进

About

MJM color printing Design

不断追求，印刷设计精品……

印刷业务覆盖国内 20 几个省、市、自治区、直辖市以及港澳、东南亚等国家和地区，公司的主导产品——中小学教材、动漫画系列、词典系列及日、澳、欧、美一带的饮食文化等书籍，已打入国内外市场。客户涉及几十个行业数百家企事业单位。承印的《诸子百家》被国家外交部礼宾司选为我国领导出访赠礼用书；《年鉴》《瑜珈》《每日十分钟健康哑铃操》，在广东省书刊产品质量检测中，被认定为优质产品；印刷品获得全国首届大印展广东省精品展第二名；《 NEW A CHIEVEMENTISM 宣传册》《美力家宣传册》获得 2007 年全国首届金光印艺大奖。

美嘉美

昆明美嘉美印务设计有限公司
深圳市美嘉美印刷有限公司

联系人：赵先生　13888226568
昆明公司地址：昆明市人民东路 6 号
新华大厦 8 层 C 座
电话：0871-3179373　3179192
邮编：650041

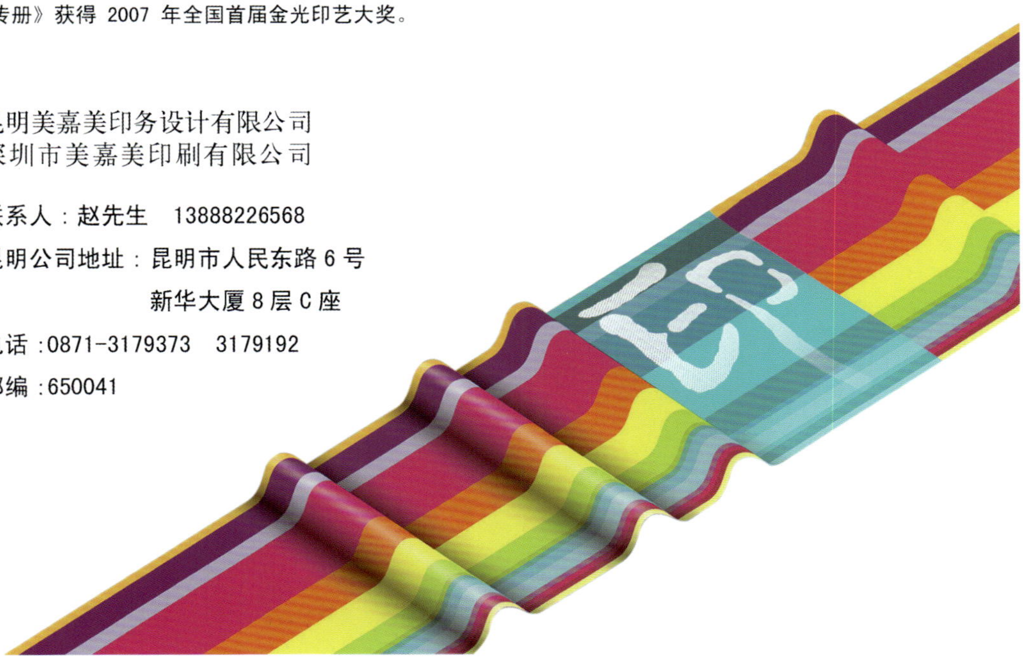

中共个旧市纪委监察局

Zhong Gong Ge Jiu Shi Ji Wei Jian Cha Ju

市委常委、市纪委书记　曹 芸

召开市纪委第十一届六次全会

召开2011年全市党风廉政建设大会

2011年，市纪委监察局对全市43名新任科级领导干部进行了廉政谈话、填写了《廉政承诺书》。向科级领导干部播发廉政短信400余人次。组织召开了个旧市廉政文化建设推进暨表彰大会，表彰了积极参与廉政文化建设的10个先进集体、8名优秀个人、16个廉政文化建设示范点和在“廉政勤政促和谐”廉政文艺作品征文比赛中获奖的22名作者。精心打造具有个旧特点的“社区廉政文化”。上河社区被省纪委监察厅考评命名为“第一批云南省廉政文化示范点”。切实抓好惩贪治腐工作，全市纪检监察机关共受理群众来信来访34件（次），其中：来信28件，接待来访5件（次），电话举报1件。查处各类违纪违法案件12件12人，其中自立自办案件5件5人，给予党政纪处分12人。其中，给予“双开”处分4人，开除党籍2人，党内严重警告1人，党内警告1人，行政开除1人，行政撤职1人，行政警告2人。以个旧广播电台“金湖之声”为依托，在全省县（市）一级率先开通“锡都热线”直播栏目。认真贯彻落实市委开展“四位一体”建设工作要求，以农村集体资金、资产、资源管理为核心，建立健全村级组织管人、管事、管财的综合监控体系。2011年，在红河州党风廉政建设责任制考核暨惩防体系建设检查考核中个旧市荣获一等奖。

书 记：曹　芸
局 长：朱　兵
地 址：个旧市中山路73号
　　　　市委办公大楼
电 话：0873-2122225
邮 编：661000

市纪律检查委员会常委领导班子

市委常委、市纪委书记曹芸（右一）到乡镇慰问老党员

举办纪检监察干部业务培训班

开展半年工作检查汇报

开展丰富多彩的职工文体活动

州委常委、州委组织部部长宋红临（右六）在原市委副书记、市新农村建设工作队总队长寇静冬（右二）和市委常委、市委组织部部长周勇（右五）的陪同下看望慰问金湖东社区部分居民代表

市委常委、市委组织部部长　周 勇

市委常委、市委组织部部长周勇（右三）到基层慰问困难群众

领导班子开展集中学习活动

承办“党在我心中知识竞赛”活动

中共个旧市委组织部

2011年，中共个旧市委组织部在个旧市委的正确领导下和州委组织部的精心指导下，全市组织工作坚持以邓小平理论和“三个代表”重要思想为指导，深入贯彻落实科学发展观，紧紧围绕中央和省、州、市组织工作会议要求，认真贯彻落实中共十七届六中全会、省九次党代会、州七次党代会和市十二次党代会精神，按照“紧扣一个中心、突出两个重点、落实三项任务、推进四种建设”的工作思路，圆满完成市、乡两级党委换届工作，突出抓好创先争优活动、干部人事制度改革，认真落实基层党组织建设、干部教育培训改革、工业人才培养任务，扎实推进领导班子思想政治建设、干部队伍建设、党内基层民主建设和组织部门自身建设，取得了全州组织工作目标考核第二名、信息工作评比第一名、创新成果评比二等奖的好成绩。为全面推进“桥头堡”战略建设，促进资源型城市转型，实施“十二五”规划和产业发展“二次创业”提供了坚强的组织保证和干部人才支持。

部　长：周　勇
地　址：个旧市中山路73号市委办公大楼
电　话：0873-2122825
邮　编：661000

中共个旧市委政法委员会

2011年，中共个旧市委政法委员会紧紧围绕全市加快转变发展方式、实施产业“二次创业”的重大决策部署，以深入开展“四位一体”建设为契机，充分履行政法委职能，着力深化政法三项重点工作，加强指导和组织协调全市社会治安综合治理和维护稳定工作，全面开展“平安先进县（市）”创建活动，深入组织开展主题教育实践活动，强化政法执法监督，加强政法队伍建设，有力推动了全市政法及综治维稳工作。

州委常委、州委政法委书记和建（前排左），副州长、州公安局局长王军（前排右）调研个旧市综治维稳工作（前排中为市委常委、市委政法委书记王伟）

一年来，政法委切实加强对维护稳定工作的领导，巩固和强化情报信息工作，深化矛盾纠纷排查化解，积极预防和处置群体性事件，高度重视对敌斗争，圆满完成建党90周年，全国“两会”，省、州、市党代会等各敏感时段、重要时期的维稳任务，社会和谐稳定，局面进一步巩固；组织协调全市以争创省级“平安先进县（市）”为契机，在“深、细、实”上下工夫，拓宽创建范围、充实创建内容、提升创建水平，全面深入推进社会治安综合治理，为全市经济社会发展积极营造和谐稳定的社会治安环境；围绕“四位一体”建设，加快推进乡镇、社区（村委会）综治维稳基层基础建设；进一步加强对全市政法机关执法活动的监督与指导，有效促进了公正廉洁执法；深入开展“发扬传统、坚定信念、执法为民”主题实践教育活动，全面推进队伍公正廉洁执法建设，努力提升执法公信力，政法队伍的整体素质进一步提高，执法水平进一步提升。

市委常委、市委政法委书记王伟（左三）、市人大副主任雷竞畋（右二）调研基层工作

2011年，全市政法工作取得优异成绩，个旧市连续第四年荣获州级“综治维稳工作目标考核一等奖”，被省委、省政府表彰为“全省禁毒人民战争先进集体”；全市政法机关共有42个集体、97人（次）受到州级以上的表彰奖励；个旧市检察院被最高人民检察院授予“全国检察机关文明接待示范窗口”荣誉称号，个旧市司法局被省司法厅记集体三等功，个旧市法院党总支被省委政法委表彰为“全省政法系统先进基层党组织”。

书　记：王　伟
地　址：个旧市中山路73号市委办公大楼
电　话：0873-2124125
邮　编：661000

市委常委、市委政法委书记王伟（左四），市政协副主席林满松（左一）慰问基层群众

开展法制宣传

表彰见义勇为公民

市委常委、市委宣传部部长周林俊（右三）到金湖东社区调研指导“四位一体”建设

中共个旧市委宣传部
Zhong Gong Ge Jiu Shi Wei Xuan Chuan Bu

州委宣传部副部长王洛羽（中）在市委常委、市委宣传部部长周林俊（左二）的陪同下调研文化产业重点项目

2011年，中国共产党个旧市委员会宣传部紧紧围绕科学发展这个主题和加快转变经济发展方式这条主线，着力营造推动科学发展促进社会和谐、庆祝中国共产党成立90周年的浓厚氛围，凝聚全市各族人民团结奋进，不断提高舆论引导水平和传播能力、掌握话语权，加快文化建设、推动文化大发展大繁荣。

一是抓理论教育核心要领，理论武装工作有了新拓展。认真制订全年理论学习计划，切实组织市委理论中心组学习，扎实推进学习型党组织建设，积极组织理论研讨活动，扩展理论实践性。二是围绕全市中心工作，社会宣传有新特色。针对市委、市政府重点工作提前谋划，科学安排市内宣传及氛围营造，加强形势政策教育，大力宣传典型，加强协调、创新载体，各项专题宣传活动有声有色。三是把握舆论导向，新闻宣传有新举措。加强新闻媒体的监督管理，全面提高市内媒体新闻宣传报道的影响力、吸引力和感召力，妥善处置突发事件新闻报道，把握正确舆论导向。四是紧跟时代特色，对外宣传有新成效。与各级媒体亲密合作，大力宣传个旧新发展，成功举办第三届国际锡文化旅游节暨建市60周年系列活动，专门制作介绍个旧的专题片，推介宣传锡都新形象，着力提升锡都知名度。五是拓展有效载体，城市文明程度有新提升。以建设社会主义核心价值体系为根本，大力推进思想道德建设，以个开蒙“三市联创”为龙头，积极争创省级文明城市，个旧市获省级文明城市提名。六是重视龙头项目，文化产业发展有新亮点。积极培育锡文化产业，锡工艺品产业发展迈出新步伐，红河·个旧锡文化创意产业园项目被列为市级、州级、省级重点文化产业项目，被云南省文化厅评为我省首批十二家“云南省文化产业示范基地”；策划实施红河州首个城市“创意”设计活动，“创意个旧”引起社会各界的强烈反响。

部　长：周林俊
地　址：个旧市中山路73号
市委办公大楼
电　话（传真）：0873-2123731
邮　编：661000

召开个旧市2011年创建省级文明城市动员大会

举行市委理论学习中心组学习会议

举办个旧市建市60周年千人歌会

举办禁毒防艾知识培训

中共个旧市委党校

ZHONG GONG GE JIU SHI WEI DANG XIAO

市委副书记、校长 周 踊

2011年，中共个旧市委党校以认真贯彻落实党的十七届五中、六中全会精神为主题，以市委市政府提出的“二次创业”为主线，以“创先争优”为目标，积极探索培训工作新思路、新方法，推出“菜单式选学”“送学上门”等新的培训方式。在全州党校系统首家成立学术委员会、首家建立干部教育培训师资库和课题库、首家建立品牌专题。

在市委、市政府的大力关心帮助下，经过艰苦努力和多方协调，党校新校区补办土地证工作取得突破性进展，完成27个重要报件的勘查、制作和上报，省国土资源厅批准补办土地证；解决了800多万元债务等。

建立和完善各类管理制度，有效推动学校各项工作，实现科学发展。制定出《事业编制教职工奖励性绩效工资考核分配方

党委书记、常务副校长 聂荣飞

州委党校党委书记、常务副校长马子凡（右二）将党校系统运动会会旗交给市委党校

团结干事、开拓创新的领导班子

州委副书记、州委党校校长罗志明（右三）在市委书记王忠（右二），市委副书记、市委党校校长周踊（右一）的陪同下到市委党校调研

案（试行）》，充分发挥奖励性绩效工资的激励作用，提高教职工工作积极性和责任心。制定了《固定资产管理制度》《学费收支管理制度》《科研工作考核制度》《临时聘用人员工作考核制度》《安保工作管理制度》《绿化工作管理制度》《卫生保洁工作管理制度》等10多个工作制度，全面规范学校管理，使各项工作管理有序、运作顺畅。

全年，共举办省州市各级各类培训班51期（次），受训人数7,500多人次，超额30期完成各项培训任务。

党校教师有40多篇科研论文发表在国家、省州市级各类报刊学术杂志上，其中发表在国家级刊物上的就有6篇，居全州13县市党校之首。圆满完成红河州党校系统第六届“熔炉杯”职工运动会的组织承办，组织能力和接待水平得到赞誉。在“红河州党校2011年度中心工作目标责任综合考核”中，荣获第一名；在“个旧市委市政府2011年党风廉政建设责任制检查考核”中，荣获优秀单位；在个旧市开展的“比十争百当先锋，锡都党旗别样红”创先争优活动中，领导班子荣获“科学发展好班子”称号；因成绩突出，在9月召开的红河州党校工作推进会上，个旧市委党校作为唯一一家县市委党校参加大会并进行了现场经验交流发言。

市委副书记、校长：周　踊
党委书记、常务副校长：聂荣飞
地　址：个旧市个金公路老冠村旁
电　话：0873-3108806
邮　编：661000

市委宣讲团党的十七届六中全会精神的宣讲报告会在市委党校举行

党委书记、常务副校长聂荣飞在红河州党校工作推进会上作经验交流发言

举办个旧市第五期青年干部骨干培训班

中共个旧市委老干部局

Zhong Guo Ge Jiu Shi Wei Lao Gan Bu Ju

局长 李存福

朝气蓬勃的全体工作人员

到挂钩扶贫村了解情况

2011年，中共个旧市委老干部局工作在市委、市政府的领导下，紧紧围绕市委工作重点及上级老干部工作部门的要求，深入贯彻落实科学发展观，以创先争优为指导，全面贯彻落实老干部的政治待遇和生活待遇，积极推进社区“四就近”工作，抓好利用社区资源做好离退休干部服务管理工作，切实加强离退休干部思想政治建设和党支部建设，完善离休干部的各项政策和措施，积极推进离退休干部服务管理工作。在2011年红河州老干部工作目标考核中获一等奖，在全州13县市中排名第一；在个旧市党风廉政建设中考核为“优秀单位”。

局　长：李存福
地　址：个旧市中山路73号
市委办公大楼
电　话：0873-2123525
邮　编：661000

走访离休干部遗属

个旧科学技术协会

GE JIU KE XUE JI SHU XIE HUI

2011年，个旧科学技术协会坚持“三服务一加强”的工作定位，团结和动员广大科技工作者，深入贯彻落实科学发展观，积极实施市民科学素质行动，努力为全市经济转型和社会发展服务，为实施“二次创业”提供智力支持。

个旧科学技术协会突出工作特色，积极组织科技下乡、科技周、科普日等重点科普活动，服务社会发展；围绕“三农”发展，抓好以农函大为龙头的科技培训，实施科普惠农兴村计划，提升农民科学技术素质；组织科普进校园活动，开展青少年科技创新大赛，推进青少年科技素质教育；依托社区科普组织，实施科普进社区，创新社区科普工作方法，丰富社区科普内涵；认真履行人民团体的职能，反映社情民意和科技工作者的意见建议，努力提升服务科技工作者的能力，发挥好党和政府联系科技工作者的桥梁纽带作用。

主 席：杨荣昌
地 址：个旧市中山路73号
市委办公大楼
电 话：0873-2122162
邮 编：661000

个旧科协主席杨荣昌（右二）陪同州科协主席松万明（左二）、市委副书记马桂英（右一）现场考察贾沙乡王家寨科普示范项目实施情况

培训科普宣传员

组织科普进校园活动

举办2011年科普日宣传活动

市级领导与个旧市第二十三届劳模和先进工作者合影

个旧市总工会

召开2011年金秋助学座谈会

市总工会免费为农民工举办技能培训

2011年，市总工会在市委、市政府和上级工会的领导下，在为实现个旧的经济产业发展“二次创业”中充分发挥工人阶级主力军作用，不断推进工会工作的深入开展。全年完成新建工会组织221个，发展会员1,800人。评选表彰 “先进职工之家”11个，市级先进工会组织12个、市级先进女职工集体10个，报市政府表彰了个旧市第二十三届劳动模范和先进工作者40名，推荐评选表彰红河州第七届劳动模范和先进工作者5名，推荐评选表彰云南省第二十届劳动模范1名。当年共组织非公企业的17个单位287个班组7,448名职工参加全国“安康杯”竞赛活动。适应新形势要求探索建立技师工作站，并有云南金星化工有限公司、云南乘风有色金属股份有限公司率先在红河州建立。元旦、春节，中秋、国庆“送温暖”活动共慰问了118个困难企业、29个社区、6户破产企业的1,225户困难职工家庭；慰问全国、省部级困难劳模101人，困难企业工会干部21人，慰问金及物资达60余万元；共组织360个单位的37,787名职工参加云南省第八期职工医疗互助活动。成功举办了红河州工会系统2011年职工运动会。

主　席：李美英
地　址：个旧市五一路63号
电　话：0873-2132801
邮　编：661000

由个旧市总工会承办的红河州工会系统2011年职工运动会在市体育馆隆重开幕

由市总工会举办的“庆祝中国共产党建党90周年”红歌演唱会在文化宫文化广场举行

个旧市妇女联合会

2011年，个旧市妇联以“把妇联组织建设成为党开展妇女工作的‘坚强阵地’和深受广大妇女信赖和热爱的‘温暖之家’”为主题，围绕中心、服务大局，带领全市妇女投身全市的经济建设之中，从而推动了全市的经济发展，也促进了社会和谐与稳定。

一年来，顺利完成个旧市妇女儿童发展规划终期监测评估报告及相关监测数据的填报等工作，从而确保个旧市“两规”验收过关。以庆六一为契机，围绕纪念建党90周年这一主题，采取主题论坛、主题班会、主题队会、假期活动等方式，开展了一系列庆祝活动。利用节假日，开展《婚姻法》《未成年人保护法》《妇女权益保障法》等有关法律法规的宣传，多渠道、多形式地营造男女平等的良好氛围，让妇女儿童事业进一步得到社会的关心与支持。隆重召开了个旧市妇女第十次代表大会，并选举产生市妇联第十届执行委员会，还表彰了29名“优秀妇女工作者”、30名“优秀锡都女性”、50户家庭“五好文明家庭”、20个单位“优秀妇女组织”。为60名下岗女职工、返乡女农民工争取每人3至8万元，累计364万元的“贷免扶补”创业资金，使部分妇女逐步摆脱了贫困，实现了自主创业。以协会+妇代会模式，扶持鸡街镇上乍甸村妇代会开展巴西蘑菇种植，并在鸡街镇乍甸大河湾村建成“个旧市创先争优巾帼科技示范巴西菇种植基地”，带头示范开展巴西菇种植，成功带动18户农村妇女参与种植，实现了家庭增收。

主　席： 何　琴
地　址： 个旧市中山路73号市委办公大楼1219室
电　话： 0873-2123225
邮　编： 661000

州妇联主席陈微（左二）调研个旧市妇女工作

个旧市妇女第十次代表大会现场

个旧市创先争优巾帼科技示范巴西菇种植基地

主席何琴（右一）慰问困难妇女职工

与相关部门联办“中华魂——颂歌献给党”主题教育活动

副市长、会长杨龙遇（左六）代表红十字会把价值8万元的129箱贝因美奶粉送给贾沙乡贫困的婴幼儿

个旧市红十字会

RCSC YN-GEJIU BRANCH

州红十字会专职副会长袁红翎（左），副市长、会长杨龙遇（右）将价值1.2万的90台饮水机赠予个旧市雨露社区

2011年，个旧市红十字会在省、州红会和各级党委政府的帮助和支持下，在传统业务上求发展，在红十字事业向农村拓展上使长劲，紧紧围绕“大中小学广覆盖，乡镇街道促发展，社区乡村重培育，企业单位求突破，医疗机构强作用，志愿组织展活力”的发展目标，抓紧在各类学校、乡镇街道、社区机关和医疗机构建立健全红十字基层组织。以“世界红十字日”“减灾日”“急救日”“助残日”“禁毒日”“世界艾滋病日”和春节“红十字博爱送温暖活动”等为契机，开展“新农合大病医疗救助”“为盈江地震募捐”“贝因美”爱心捐助行动、“捐献造血干细胞采血入库活动”给个旧市雨露社区送饮水机、“用爱心托起红斑狼疮患儿的生命希望募捐”以及援建项目、救护培训、大型义诊、“防艾”宣传、安全教育、为民服务等等党政所急、社会所需、群众所盼、独具人道特色的活动，多渠道、全方位

专职副会长　赵　栩

红十字会、关工委给老厂镇流动人口儿童送去御冬的棉被

召开“云南省红河州个旧市欧盟社区减灾项目”启动会

市红十字会组织市交通运政管理所、市公安局交通警察大队和各驾驶员培训机构领导参加的“机动车驾驶员卫生救护培训启动会”

地传播《中华人民共和国红十字会法》，充分发挥红十字组织在扶贫帮困、博爱助弱、联系民众、服务百姓、反映诉求、凝聚人心、促进和谐和稳定社会的作用，切实把社会的关爱送到最需要帮助的困难人群，受到人民群众和社会各界的好评。

会 长：杨龙遇
地 址：个旧市胜利路46号
电 话(传真)：0873-2136833
邮 编：661000

到保和乡莫贾村水井村小组督导抗旱救灾饮水工程建设

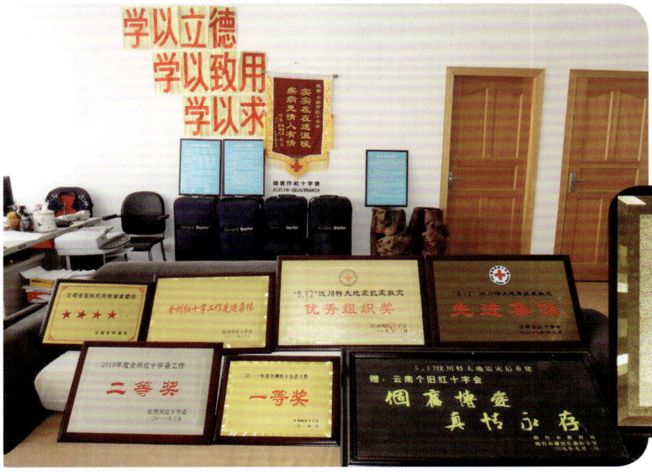

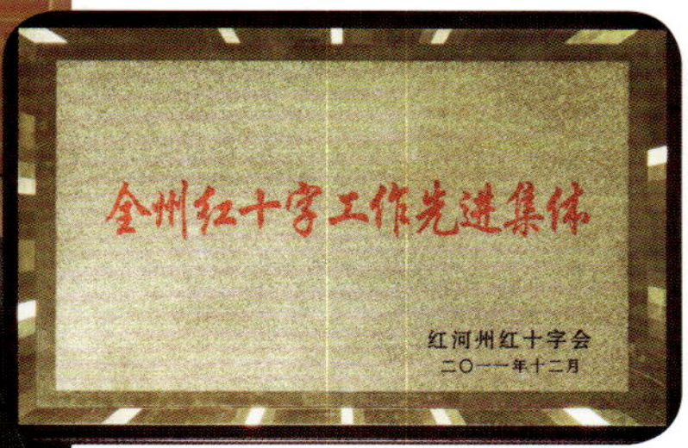

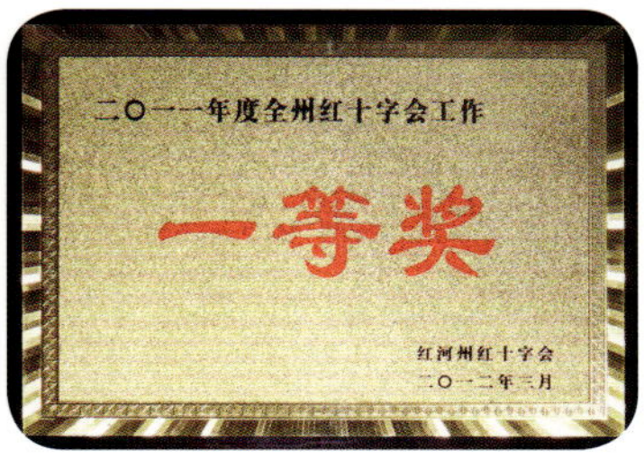

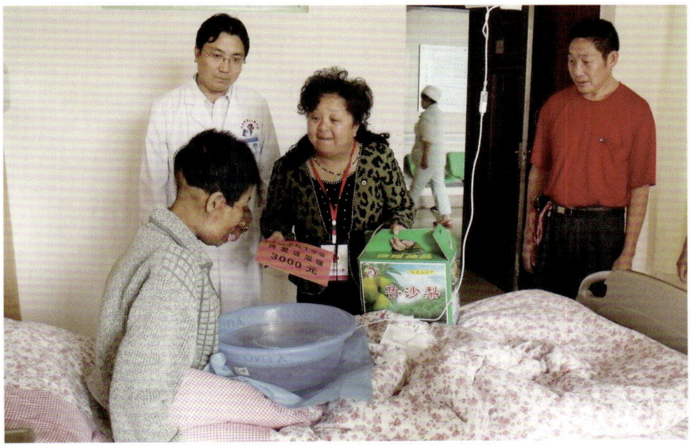

“中秋”慰问患腺样囊性鼻癌的金平农妇“河马妈妈”——吴金凤

市红十字会首次向云南锡业职业技术学院大学生发起“造血干细胞捐献采血活动”

全国政协副主席、民进中央常务副主席罗富和（第一排左起第八）到红河调研时与红河州四套班子领导及民进红河州委、民进个旧市委干部合影

中国民主促进会个旧市委员会

Zhong Guo Min Zhu Cu Jin Hui Ge Jiu Shi Wei Yuan Hui

民进州委主委罗惠芸（左二）到民进个旧市委调研

民进个旧市委成立于1985年6月。自民进个旧市委成立以来，继承光荣传统，不断创造辉煌。与时俱进，抓自身建设，求优质发展；抓会员发展，把好进口关；抓干部建设，提高干部素质；抓会员教育，提升组织内涵；抓机关建设，树窗口形象；抓组织生活，增强民进凝聚力；抓工作作风，增强参政议政能力；抓特色优势，做好社会服务工作。民进个旧市委的广大会员充分认清形势，牢固树立责任意识和发展意识，立足本职，发挥优势，突出特色为个旧市的稳定发展献计出力。

主　委：杨龙遇
地　址：个旧市金湖南路市政协办公大楼
电　话：0873-2123400
邮　编：661000

锡城中心校党政领导参加民进锡城镇支部活动

开展社会服务义诊活动

中国民主建国会个旧市委员会

Zhong Guo Min Zhu Jian Guo Hui Ge Jiu Shi Wei Yuan Hui

2011年，民建个旧市委在中共个旧市委和民建红河州委的领导下，在市委统战部的帮助指导下，团结带领全市会员，深入贯彻科学发展观，围绕市委、市政府的中心工作，认真履行参政议党的职能，各项工作取得新成绩，为个旧市经济社会协调发展作出了贡献。

截至年底，全市共有会员186人。全年在州市“两会”上共提交大会发言、提案、建议共27件，整合资金16.63万元。一年来，多形式开展思想建设，进一步坚定了理想信念，多层次开展组织建设，不断增强了组织活力，多方面开展内外宣传，提升了个旧民建影响力，多方位为社会服务，提升了组织凝聚力。

主 委：张　伟
地 址：个旧市金湖南路市政协办公大楼
电 话：0873-2123345
邮 编：661000

民建个旧市委与州科学技术协会到蒙自市芷村镇查尼皮村云南省第一次党代会会址开展纪念活动，共同庆祝中国共产党成立90周年

2011年度会员大会现场

在贾沙乡丫沙底小学开展“爱心助学捐赠”活动

为纪念辛亥革命100周年活动，民建个旧市委组织会员参观孙中山纪念馆

个旧市文化体育和广播电视局

GE JIU SHI WEN HUA TI YU HE GUANG BO DIAN SHI JU

省广播电视局纪检组长周云峰（左一）深入到农户中查看村村通工程收视效果

局长严国明宣布个旧市第二届非物质文化遗产成果展开展

州、市广播电视系统领导检查指导工程建设情况

2011年，市文化体育和广播电视局党政领导班子进一步解放思想，创新工作理念，开拓工作新思路，全力推进全市文化、体育和广播电视事业的繁荣发展，为社会的进步提供了有力的精神和智力支持。当年创作的《锡都如歌》《锡都京韵》《锡都古韵》《锡都印记》展现了锡都人民对祖国对家乡的热爱；实施“2131工程”放映公益电影1，094场，观众累计达15.4万余人次；融资1，200余万元，打造云南省一流、红河州最高档次的数字电影城——中影红旗国际影城；文化信息资源共享工程覆盖全市乡（镇）、农村，是全省首家使用该系统的单位，标志着从纸质文献服务迈向数字化服务；市文物管理所被评为云南省唯一一家“第四届薪火相传——中国文化遗产保护

杰出团体”。

积极筹措资金183万元，新建篮球场地15块，基层健身路径8条；全国一流的动力伞飞行员到个旧做精彩的飞行表演；全市有体育协会22个，每年拨2,300元给每个体育协会作为活动经费；建立健全了一、二级裁判员数据库；体育彩票销售任务达到3,100余万元；市体育馆安排各种服务30多项3,000多人次，观众达8万多人次。

《每日新闻》播出新闻2,000余条；制作《锡都早晨》《我家个旧》等专题124余期；在云南台播出新闻51条，专题1部；在红河台播出新闻394条，专题片9部；个旧人民广播电台——金湖之声传遍了锡都大地，家喻户晓；广播、电视人口覆盖率达到了99.45%和97.61%，比上年增长0.06%和0.56%；查获非法卫星电视地面接收机46台，高频头21个，卫星天线1面；村村通设备保持了97%的完好率，保证了农村偏远山区群众看好电视，听好广播。

局　长：严国明
地　址：个旧市五一路58号
电　话：0873-2123204
邮　编：661000

组织召开个旧市“十二五广播电视村村通动员大会”

举办市庆祭碘活动

举办市庆千人歌会

举办建党90周年歌会

广场体育活动

个旧报社 Ge Jiu Bao She

朝气蓬勃的个旧报社全体人员（前排右四为总编王卫民）

2011年，由中共个旧市委主办、个旧报社出版的《个旧时讯》，以每周出版3期，每期12版，封面封底为彩印，全年共出版128期。报社有在编人员15名、聘用人员7名、借调人员3名。

2011年，个旧报社坚持党对媒体的科学领导和对舆论的正确引导，紧紧围绕市委、市政府实施产业发展的“二次创业”这一中心任务，以“开展创先争优，提升新闻品质”为工作目标，以“建设学习型党组织和学习型团队”为抓手，将党报工作者的先锋模范作用体现在各项采编工作中，出色地完成了市委、市政府交办的各项宣传报道任务，为建市60周年庆祝活动的圆满成功及产业发展“二次创业”的顺利开展以及全市社会的和谐稳定营造了良好舆论环境。

2011年，个旧报社获组织信息工作二等奖、地方志工作先进集体、“国家卫生城市”复审工作先进集体、廉政文化建设工作先进集体等6项集体荣誉。有42人次获全国、省级新闻奖，还有24人次分别获得“个旧第三届国际锡文化旅游节暨个旧建市60周年庆祝活动先进个人”“个旧市优秀青年志愿者”“个旧市地方志工作先进个人”“共青团优秀团员”“‘国家卫生城市’复审工作先进个人”等市级荣誉称号。

总　编：王卫民
地　址：个旧市中山路73号市委办公大楼
电　话：0873-2122787
0873-2139673
邮　编：661000

记者在采访

编辑在编排版面

《个旧时讯》宣传作用进一步得到发挥

个旧市供销合作社

GE JIU SHI GONG XIAO HE ZUO SHE

党委书记、主任　赵正辉

2011年，市供销社在个旧市委、市政府的领导下，在州供销社的指导下，在各乡镇、各部门的支持、配合下，圆满完成与州社及市委、政府签订的各项工作目标任务，取得较好的成绩。完成经营总额30,206万元，实现利润127万元，销售农业生产用肥23,201吨；举办各类培训22期1,325人次；完成乡村便民超市建设22个；完成“两社一会”建设任务32个；完成农资连锁加盟店6个。

通过全社干部职工的共同努力，2011年市供销社被云南省供销社表彰为发展“两社一会”先进集体。在全州供销系统考核中被评为综合业绩特等奖；在全市党风廉政建设考核中被评为一等奖；获个旧市综合目标考核一等奖；被市委、市政府授予文明单位称号。

主　任：赵正辉

地　址：个旧市人民路邮电巷41号

电　话：0873-2125935

邮　编：661000

州委书记刘一平（中）为保和麻玉田鸿运汽车运输专业合作社成立仪式揭牌（左为州委常委、州委秘书长杨为民）

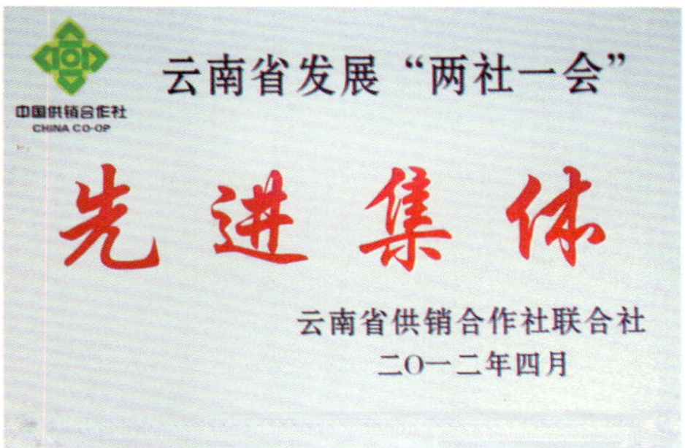

个旧市公安局 POLICE
GE JIU SHI GONG AN JU

省委常委、省委政法委书记、省公安厅厅长孟苏铁（左一）到市公安局大屯派出所杨家寨警务室检查指导工作

州委常委、州委政法委书记和建（右一）到市公安局鸡街派出所检查指导工作

副州长、州公安局局长王军（前排中）到个旧市检查指导公安工作

2011年，个旧市公安局在市委、市政府和上级公安机关的领导下，深入贯彻落实科学发展观，紧紧围绕构建社会主义和谐社会目标和“三项建设”任务，不断加强和改进公安工作和队伍建设，牢固掌握社会治安的主动权，开创了公安工作新局面。

当年，全市公安机关共破获各类刑事案件****起，破年前积案488起，破八类命案**起。抓获犯罪嫌疑人730人，“清网行动”中抓获各类网上逃犯270人，破获各类经济犯罪案件72件，抓获经济犯罪嫌疑人31人，挽回经济损失1，719.01万元。破获毒品刑事案件45件，毒品违法犯罪案件795件，抓获涉毒人员850人，缴获各类毒品5，195.96克，其中海洛因1，339克、冰毒2，392.49克、吗啡1，464.47克，收戒吸毒人员490人。查处各类行政案件2，765件，查处各类违法人员2，190人，收缴炸药共126公斤、各类雷管16，863枚、导火索10，500米，炮、炸弹和手榴弹52枚，各类枪支45支，军用子弹822发，管制刀具378把，受理公民出入境审批手续7，400人次。同时，公安机关以“三项建设”为主线，抓住公安信息化建设、执法规范化建设、和谐警民关系建设这三个事关公安工作和队伍建设的战略性、全局性、根本性问题，着力解决制约当前公安工作法制进步的突出问题，实现了公安信息化建设稳步推进，执法规范化建设得到加强、警民关系更加和谐的目标，更好地适应了新形势、新任务对公安工作提出新要求，新挑战。

年内，市公安局70个（次）集体受到了各级党委政府和公安机关的表彰，其中：市公安局被省委、省政府表彰为全省禁毒人民战争先进集体，被州委、州政府命名为全州文明单位；交警大队车管中队被省文明办、省公安厅命名为全省文明交通示范岗；沙甸派出所等9各基层单位，分别被省综治办、省公安厅、省交通厅、州党委、

州公安局副局长余嘉发（右二）调研雨露社区二期工程建设情况

副市长、市公安局局长李鸿瑞（左二）、政委李建科（左一）在雨露社区建设工地现场办公

州政府州公安局评为先进集体。人民路派出所被省公安厅记集体二等功一次，禁毒大队等4个单位被州公安局各记三等功一次，2名民警被省公安厅各记二等功一次；42名民警被州公安局各记三等功一次，184名民警被评为市公安局先进个人，61人受到嘉奖。15个集体在全市公安综合目标绩效考核中分获一、二、三等奖。2011年，市公安局在全州公安综合工作考核中获二等奖，国保、经侦、文秘、信息化建设等单项工作在全州排名第一。

民警热情为群众办证

局　长：李鸿瑞
地　址：个旧市中山路12号
电　话：0873-2131375
邮　编：661000

开展法制宣传

将破获追缴的机动车发还车主

管理人员依章管理停泊车辆

个旧市人民法院

GE JIU SHI REN MIN FA YUAN

团结奋进的领导班子

党组书记、院长喻俊娟（右）将执行款兑现给申请人

2011年，个旧市人民法院在市委的领导下，在市人大、市政协及上级法院的监督指导下，在市政府和社会各界的大力支持下，紧紧围绕科学发展的主题，全力推进社会矛盾化解、社会管理创新、公正廉洁执法三项重点工作，继续深化司法体制改革，全面加强法院各项工作，不断满足人民群众新时期对司法工作提出的新期待和新要求，为个旧“十二五”时期经济社会发展提供强有力的司法服务保障。全年共受理各类审判、执行案件2，291件，审执结2，259件，结案率98.6%。在刑事审判中严格执行“宽严相济”刑事司法政策，确保刑事审判法律效果和社会效果的统一。在民事审判中依法保障妇女、老年人和未成年人的合法权益，有效促进和谐人际关系、和谐家庭及和谐社区的构建，继续坚持“调解优先、调判结合”的民事审判工作原则，切实加大对山区的巡回办案力度，把“司法为民、服务于民”的各项措施落实到具体工作中。

院　长： 喻俊娟
地　址： 个旧市阳山大道136号
电　话： 0873-2185370
邮　编： 661000

新建审判法庭

新建审判法庭落成

训练有素的全体干警

巡回法庭在农家

讲解法律知识

巡回审判车在乡村

市人民法院正气乐队

个旧市人民检察院

GE JIU SHI REN MIN JIAN CHA YUAN

省检察院党组副书记、常务副检察长李定达（中）为个旧市检察院颁发“全国文明接待示范窗口”奖牌（右一为州检察院副检察长韩晶，右二为市政协主席李文友，右三为市政协副主席林满松）

检察长万买富（前排右二）带领全院干警到查尼皮云南省“一大”旧址宣誓

开展“恪守检察职业道德、促进公正廉洁执法”主题文艺活动

2011年，个旧市人民检察院在市委和上级检察院的领导下，在市人大及其常委会的监督，市政府的支持和市政协的民主监督下，以邓小平理论、“三个代表”重要思想和十七届五中、六中全会精神为指导，按照省、州检察长会议的安排部署，围绕个旧市转型发展、产业发展“二次创业”的工作重点，深入推进“社会矛盾化解、社会管理创新、公正廉洁执法”三项重点工作，认真贯彻宽严相济刑事司法政策，不断强化执法办案，强化法律监督，强化自身监督，强化高素质检察队伍建设，各项检察工作取得新进展，为服务个旧地区“十二五”开局之年的建设作出了积极努力。

2011年，个旧市检察院被最高人民检察院授予“全国检察机关文明接待示范窗口”荣誉称号，《个旧检察志》等3册书作为高检院检察文化建设优秀作品入选全国检察文献中心，20个部门、41名检察人员先后受到各级组织表彰奖励。

检 察 长： 万买富
地　　址： 个旧市金湖东路225号
电　　话： 0873-2138396
举报电话： 0873-2122000
邮　　编： 661000

个旧市司法局

GE JIU SHI SI FA JU

司法部法制宣传司副司长李志路（左一）在市委书记王忠（中）、局长赵彦刚（右一）陪同下到市司法局视察工作

州委常委、州委政法委书记和建（右一），州政协副主席丁润森（左二）在市委副书记周踊（右二），市委常委、市委政法委书记王伟（左一）的陪同下视察个旧市“云岭阳光驿站”

召开个旧市普法依法治市工作会

个旧市司法局为正科级单位。局机关设有办公室、法律援助工作管理局、基层管理科、公证律师管理科、法制宣传科、社区矫正科，在全市10个乡（镇、区、办事处）设有基层司法所。市公证处、云南金湖律师事务所为市司法局下属事业单位。

2011年，个旧市司法局在市委、市政府的正确领导下，在上级主管部门的指导下，深入推进“社会矛盾化解、社会管理创新、公正廉洁执法”三项重点工作，解放思想，创新发展，充分发挥法制宣传、法律服务和法律保障的职能优势，为全市经济实现转型发展、加快桥头堡战略建设提供坚实的法律保障，为建设“平安锡都”“法治锡都”、促进全市经济社会又好又快发展作出了积极的贡献。

个旧市司法局卓有成效的工作得到了上级司法行政机关的肯定，在云南省第四届人民调解员代表大会暨第五次人民调解工作表彰大会上，省司法厅给予个旧市司法局记“集体三等功”。

局 长：赵彦刚
地 址：个旧市吉安街5号二单元4楼
电 话：0873-2123029
邮 编：661000

组织开展“百部法制电影进社区、进乡村”活动

开展基层司法所业务学习交流活动

个旧市工业商务和信息化局

GE JIU SHI GONG YE SHANG WU HE XIN XI HUA JU

局长 杨敏

2011年，个旧市工业商务和信息化局在市委、市政府的正确领导下，按照“以大关小，以新代老，严管严控，三废利用”的产业原则，依托“一园、三基地”发展平台，紧紧围绕实现单位GDP能耗下降3.8%的工作目标，全市工业经济呈现“运行平稳、质量提升、效益较好、转型加快”的良好局面，为“十二五”工业跨越发展迈出了坚实的一步，全部工业总产值达到368.97亿元，同比增加12.5%；全部工业增加值完成94.1亿元，同比增长14.2%；全年单位GDP能耗下降了3.83%，超额完成了州、市政府年初确定的工业经济发展各

市委副书记、市长戴劲松（右二）和副市长何建华（右一）到企业调研

节前食品安全检查

召开个旧市2011年经济工作会议

项目标任务。全年荣获州级工业经济、非电工业固定资产投资、重点项目建设、商务、对外贸易、招商引资工作一等奖；取得了市级党风廉政建设、社会治安综合治理工作一等奖的好成绩。

随着落后产能退出市场和行业先进替代项目的建设投产，工业结构得到逐步优化，形成优势产业为主体，新兴产业跟进发展的新格局。同时，我局坚持运用高新技术和信息技术改造传统产业，依托大中型企业科技研发中心，充分发挥企业的主体作用和科研机构、高校的骨干作用，加快构建以企业为主体、产学研相结合、充满活力的工业创新体系。

局 长：杨　敏

地 址：个旧市人民路邮电巷13号

电 话：0873-2123518

邮 编：661000

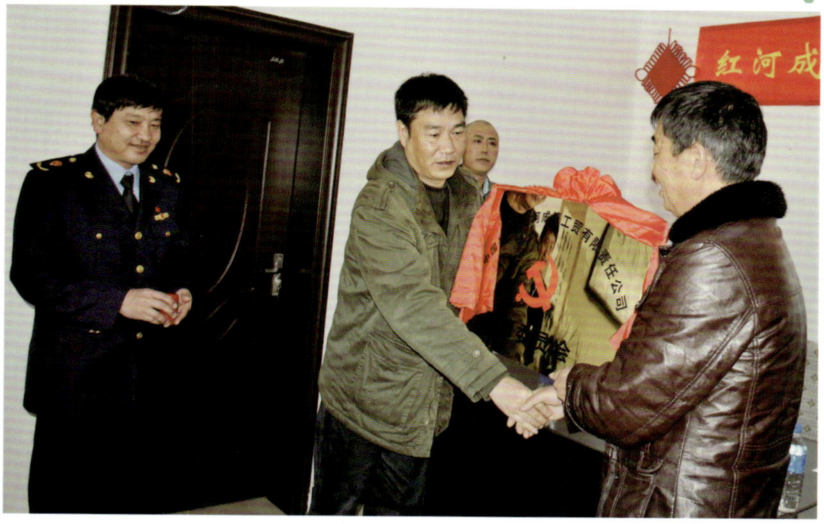

企业工委书记冯汝亮（左二）为企业党支部授牌、授印

参加2011年个旧市招商引资项目签约仪式

局机关党总支全体党员在茶山果站开展建党90周年庆祝活动

拼搏奋进 再创佳绩

个旧市教育局

Ge Jiu Shi Jiao Yu Ju

副州长普绍忠（左二）、州政府副秘书长孔凡学（右二）、州教育局现任局长邹进（右一）、州招生办主任刘建新（左一）在副市长杨龙遇（右三）陪同下巡视高考考点

州教育局原任局长潘光伟（左二）到个旧十八中检查工作

2011年是“十二五”开局年，市教育局在科学发展观的指导下，按照《国家中长期教育改革和发展规划纲要》的战略目标，依据《云南省十二五教育发展规划》，认真制定个旧市十二五教育发展规划，并围绕规划为“十二五”开好局，起好步。一年来，市教育局以科学发展观为引领，全面实施素质教育，坚持推进改革创新，积极探索教育科研，各类教育协调发展，内涵提升。

2011年，全市有幼儿园40

所，在园幼儿13,819人，3~6岁幼儿入园率达84.16%，教职工765人、其中专任教师351人。全市小学有80所，1,041个教学班，在校学生33,168人，生均校舍建筑面积6.04平方米，学龄儿童入学率达99.96%、年巩固率达99.87%，小学专任教师2,004人（含民办），学历合格率为99.55%。初级中学10所，九年一贯制学校6所，288个教学班，在校学生14,623人，生均校舍建筑面积7.19平方米。适龄少年入学率达98.13%、年巩固率达99.05%。初中专任教师877人，学历合格率为99.66%。全市有高级中学2所，完全中学4所，有124个教学班，在校学生6,024人，高中阶段毛入学率达77.13%、辍学率2.51%，高中专任教师488人，学历合格率97.13%。全市有职业中学3所，并在积极推进职教中心建设。全市有全日制民办学校9所，在校学生6,027人，生均校舍建筑面积7.08平方米，教职工251人，教师合格率达90.40%。

局 长：马 蕊
地 址：个旧市五一路53-57号
电 话：0873-2123913
邮 编：661000

副市长杨龙遇（中）参加中考教学研讨会

州政府教育督导室主任段哈者(左三)在市委常委、市委宣传部部长周林俊（右二），局长马蕊（右三）的陪同下到个旧调研

局党委书记欧国辉（左二）到个旧四中检查安全工作

教育系统举办建党90周年歌咏比赛

省知识产权局局长高颂山（左二）到个旧市调研知识产权强县试点工作（左一为局长李光明）

个旧市科学技术局

Ge Jiu Shi Ke Xue Ji Shu Ju

2011年，个旧市科技工作以“建设创新型云南行动计划”和资源型城市转型为契机，大力推进科技进步与技术创新，进一步增强服务功能，共组织申报国家、省、州级项目27项，其中国家级4项，省级15项，州级8项。获准省、州级立项12项，其中省级8项，州级4项，争取到位项目资金399万元。市级安排科技计划项目60项，落实项目资金235万元。

积极申报“红河国家伴生稀贵金属提取利用高新技术产业化基地”。以红河锌联工贸有限公司等5家基地骨干企业为龙头，形成16家企业的产业群，扩大规模，打造“个旧稀贵金属技术中心”研究平台，通过高新技术产业化基地的建设，对现有技术进行提升并实现产业化，形成集聚效应。

2011年，个旧市被批准成为全省6个知识产权强县试点之一。通过试点工程，将大幅度提高全市知识产权的创造、管理、实施和综合保护水平。

局　长：李光明
地　址：个旧市中山路34号
电　话：0873-2123903
邮　编：661000

科技示范基地授牌

组织开展世界知识产权日活动

组织开展2011年科技活动周

召开民族工作暨民族团结进步表彰大会

荣获全国民委系统先进集体奖

个旧市民族宗教事务局

Ge Jiu Shi Min Zu Zong Jiao Shi Wu Ju

市委副书记周踊（左二）在原任局长白剑波（左一）的陪同下到沙甸检查指导民族团结进步示范区创建工作

到田间地头了解民族同胞生产情况（中为主持工作副局长熊文云）

宣传民族宗教法律法规

2010年12月，个旧市民族事务局和个旧市宗教事务局撤并为个旧市民族宗教事务局。

一年来，个旧市民族宗教事务局完成全省民族团结进步创建活动经验交流会个旧沙甸考察现场会的布置落实工作；召开全市民族工作会议暨第二次民族团结进步表彰大会，出台《关于进一步加强民族工作全面推进民族团结进步事业实施意见》，表彰30个模范集体和58名模范个人。投资100万元，完成保和鱼尼底村和贾沙贾大底村2个民族文化活动室、卡房上长湾1.1公里主干道3个建设项目；投入25万余元，为少数民族群众办实事好事25件；投入5万多元，给予15名特困少数民族大学生激励性救助；更改民族族别55名。组织164名穆斯林群众前往沙特朝觐，完成1,400余名穆斯林群众朝觐网上报名和143名宗教教职人员认定备案工作，完善宗教场所财务监督管理制度；完成个旧清真寺管委会换届工作，解决20多年来历史遗留问题。成功创建沙甸地区民族团结进步示范区，做好宝华社区“民族团结示范社区”巩固提升工作。

2011年，卡房金光寺和沙甸西营清真寺被州民族宗教事务委员会表彰命名为红河州第三批“和谐宗教活动场所”，之后，又被州委、州政府表彰命名为红河州 “平安宗教活动场所”。个旧市民族宗教事务局被州民族宗教事务委员会考核为一等奖，被国家人力资源和社会保障部、国家民族事务委员会授予“全国民委系统先进集体”荣誉称号，是全省唯一获此殊荣的单位。

副局长（主持工作）：熊文云
地　址：个旧市五一路40号市政府办公大楼6楼
电　话：0873-2122748
邮　编：661000

国家财政部经建司巡视员任瑛（右三）率财政部调研组调研个旧市资源枯竭城市转型及可持续发展情况（右二为市委书记王忠，左三为市委常委、常务副市长包旭，右一为市政协副主席段国平）

局长 李春芬

个旧市财政局

GE JIU SHI CAI ZHENG JU

2011年，个旧市财政局在市委、政府的正确领导下，在上级财政部门的关心支持下，紧紧围绕年初人代会确定的目标任务，按照市委、市政府及上级财政部门对经济和财政工作的总体部署，坚持“聚财为国、执法为民”的财政工作宗旨，以加快转变经济发展方式为主线，以保障和改善民生为根本，以中央实施面向西南开放的桥头堡建设、资源枯竭城市转型为契机，不断创新理财观念，积极探索工作思路，科学

云南省财政厅2011年财政支农政策培训工作会在个旧市召开

局领导深入企业调研再生资源退税情况

举办“颂歌献给党”唱红歌大赛

制订工作举措，较好地完成了2011年度工作计划和各项工作目标任务。全市财政总收入完成189，632万元，比上年增长17.84%，增收28，715万元。其中：地方一般预算收入完成86，239万元，比上年增长9.12%，增收7，210万元。全市地方一般预算支出完成231，660万元，比上年增长10.23%，增支21，491万元。

2011年，个旧市财政局被云南省财政厅评为2006～2010年全省财政法制宣传教育先进集体、2010年度大中型水库库区基金征收考核先进单位，被云南省中华会计函授学校红河分校评为2011年度农村财会人员财政支农政策培训工作先进函授站；被红河州财政局表彰为“2010年度部门决算考核评比一等奖”“2010年度预算执行分析工作一等奖”“2010年度全州行政政法财务管理工作考核一等奖”“2010年红河州财政绩效管理工作先进单位”“2010年度涉外金融工作评比一等奖”“2011年企业所得税税源调查工作先进单位”，被市委、市政府评为“个旧市2010年度各项工作目标考核一等奖”“个旧市2011年度党风廉政建设优秀单位”“2011年度综治维稳工作一等奖”，被市委评为“比十争百当先锋锡都党旗别样红创先争优活动群众公认好团队”，被市政府评为“个旧市人民政府2010年度建议提案办理工作先进单位”。

局　长：李春芬
地　址：个旧市阳山大道142号
电　话：0873-8870011
邮　编：661000

支持农村建设打造民生财政

组织职工参加植树造林活动

局领导看望慰问困难群众

个旧市人力资源和社会保障局

Ge Jiu Shi Ren Li Zi Yuan He She Hui Bao Zhang Ju

州委常委、州委组织部部长宋红临（右一）在市委副书记寇静冬（右四），市委常委、市委组织部部长周勇（右二）的陪同下到医保中心指导工作

2011年，个旧市人力资源和社会保障局按照市委、市政府的决策部署，牢牢把握“民生为本、人才优先”工作主线，大力实施就业优先战略和人才强市战略，取得了人社事业发展的新业绩。

一是就业工作创历史新水平。认真组织开展民营企业招聘周活动，年末个旧市荣获国家人力资源和社会保障部、中华全国总工会、中华全国工商业联合会授予的“2011年全国民营企业招聘周组织工作突出城市”称号；落实《个旧市失地农民就业培训实施意见》，对失地农民进行免费全日制学历培训，引起《中国劳动保障报》的高度关注，派记者采写后刊发《配好“金钥匙”打开“就业门”——个旧市积极推进失地农民就业培训工作》的专题报道。二是覆盖城乡居民的社会保障体系初步建成。5月起，开展未参保集体企业人员参加养老保险工作，截止12月底，共为6,420人办理参保手续，5,099人领取到养老金；8月，启动新型农村和城镇居民养老保险试点工作，截止12月底，两项保险参保人数达102,388人。同时，工资收入分配秩序进一步规范，人才队伍建设统筹推进，公务员管理和人事制度改革不断推进，和谐劳动关系构建进一步深化，服务保障能力进一步加强，队伍素质得到提升。在2011年全州人社系统的综合考核评比中获一等奖和信息工作先进单位。

通过一年的勤奋工作，如期实现“十二五”和市人社局组建成立第一年开局良好，向市委、市政府和人民群众交出了一份满意的答卷，为个旧市经济社会科学发展、和谐发展、跨越发展作出了应有贡献。

市委书记王忠（前排右一）出席“民营企业招聘周活动”

市委副书记、市长戴劲松（左三）到医保中心指导工作

局　长：张　勇
地　址：个旧市五一路119号
电　话：0873-2122422
邮　编：661000

局长张勇（左一）将养老金存折送到老人手中

组织开展庆祝中国共产党成立90周年“永远跟党走”职工文艺汇演活动

个旧市住房和城乡建设局

2011年，在市委、市政府的正确领导下，个旧市住房和城乡建设局以科学发展观统领全局，坚持在各项工作中全面贯彻反腐倡廉的要求，实行科学民主决策，坚持依法行政，加强对权力运行的监督制约。在实际工作中，紧紧围绕“东移西扩北延”的城市发展战略，以资源型城市经济转型为主线，统筹城乡区域发展，扎实推进城镇基础设施建设，努力保障和改善民生，在各项工作中“创先争优”，加快了我市国际锡文化名城建设的步伐，较好地促进了个旧市经济、社会的全面发展。

2011年，个旧市住房和城乡建设局各项工作取得了一定的成绩，得到了各级组织的肯定。全年共获市级以上各级组织表彰的集体荣誉8个，37名住建系统职工被分别授予“先进个人”“岗位能手”等荣誉称号。

现任局长：杨进恒
地　址：个旧市金湖南路73号
电　话：0873-2125429
0873-2124839
邮　编：661000

原任局长念培光（前排左一）陪同住建部政策法规司处长贾四海（前排右三）查看廉租住房工地

省爱卫会专家复查个旧市巩固“国家卫生城市”工作

团结务实的领导班子

住建系统职工运动会开幕式现场

省州领导到个旧指导调研城镇上山工作（右三为省国土资源厅副厅长陈刚，右二为州委常委、副州长岳晓武，左四为市委书记王忠、左一为省国土资源厅规划处处长庄洁，右一为市委常委、常务副市长包旭）

个旧市国土资源局

Ge Jiu Shi Guo Tu Zi Yuan Ju

局长 薛志伟

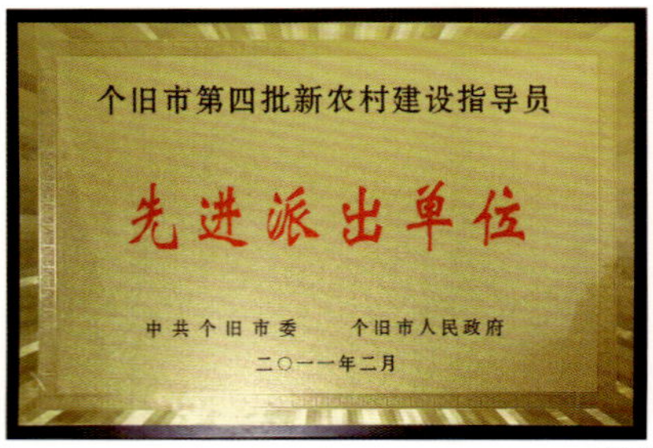

荣誉奖牌

2011年，在市委、市政府和州国土资源局的正确领导下，个旧市国土资源局认真贯彻落实十七大、十七届五中、六中全会、上级国土资源管理工作会议和市十二届党代会二次会议精神，坚持积极主动服务、严格规范管理，以服务经济建设为中心，以贯彻落实基本国策为主线，以保护资源保障发展为己任，以“保增长保红线”为动力，积极主动服务中央和省、州、市重点项目建设，坚持服务经济大局，保障发展用地需求；强化执法监管体系，维护了全市的用地秩序；狠抓队伍建设，不断提高国土资源管理水平，为促进个旧市经济社会平稳较快健康发展作出了贡献。

全年共办理完成39宗国有建设用地供应手续，总供地面积170.39公顷（含州国土资源局供应5宗，供地面积4.70公顷），总成交价款为2.19亿元，征收矿产资源补偿费280万元。个旧市国土资源局全年共查处国土资源违法案件81宗，已结案81宗，其中土地类案件79宗，涉及土地面积1,809.78亩；共开展矿山动态巡查112次，出动人员2,205人次，出动车辆

354台次，下达责停通知书76份，立案查处2起共罚款8万元，调解矿山企业纠纷2起。国土资源宣传工作成绩斐然，干部职工在省、州、市相关刊物上刊载新闻稿件46篇。

2011年，在全局干部职工的共同努力下市国土资源局被市委市政府评为个旧市“五五”普法、“三五”依法治市先进集体，个旧市第四批新农村建设指导员先进派出单位，被市委保密委评为个旧市“五五”保密法制宣传教育先进集体。

局长：薛志伟

地址：个旧市五一路58号

电话：0873-2122394

邮编：661000

开展世界地球日宣传活动（右三为市委常委、常务副市长包旭）

昆明市东川区人民政府考察团莅临个旧市考察矿产资源整合工作（左四为东川区委常委、副区长林华）

召开2011年度国土资源工作会议

个旧市农业局

Ge Jiu Shi Nong Ye Ju

团结务实的领导班子（右四为局长念培光）

大屯超级稻种植基地

2011年，个旧市农业局在市委、市政府的领导下，按照中央“加快转变农业发展方式，提高农业综合生产能力、抗风险能力、市场竞争能力”的要求，把握个旧农业发展的重点，科学谋划个旧农业的长远发展。以科技项目为主导，大力发展农业优势产业；以农业科技服务为支撑，不断提高农业生产水平；以龙头企业为带动，加快推进农业产业化进程；以劳动力转移为依托，有效促进农民增收；以新农村建设为引导，强化农业基础设施建设；以农业执法为重点，促进农业健康发展；以惠农政策为保障，有效降低农业生产成本。实现个旧市粮食总产量63,517吨，比上年增长3.59%；农民人均纯收入6,781元，比上年增长11.53%；农业总产值138,640万元，比上年增长18.55%，超额完成州委、州政府下达的目标任务。

局　长：念培光
地　址：个旧市五一路160号
电　话：0873-2140801
邮　编：661000

鸡街镇倘甸设施农业

开展马铃薯晚疫病统防工作

个旧市畜牧兽医局

Ge Jiu Shi Xu Mu Shou Yi Ju

个旧市畜牧兽医工作坚持以邓小平理论和“三个代表”重要思想为指导，落实科学发展观，全面贯彻落实党的十七届五中、六中全会精神和中央、省、州农村经济工作会议精神，紧紧围绕市委、市政府“一二三”工作思路，以农业增效、农民增收为目的，狠抓畜牧科技创新推广、重大动物疫病防治及畜产品安全质量等工作，促进畜牧业新发展，加快畜牧业发展方式向专业化、规模化、标准化转变，促进现代畜牧业发展，扎实地推进社会主义新农村建设。2011年，全市肉类总产39,348吨，奶类总产15,900吨，禽蛋产量6,066吨。全市人均占有肉奶蛋155.3公斤，其中：肉类102.5公斤、奶类38.8公斤、蛋类14公斤。畜牧业总产值达6.34亿元（现行价），占农业总产值的44%。生猪屠宰检疫、W病免疫、禽流感免疫均为100%，畜禽疫病死亡率均控制在州级下达的指标内。

局　长：许德辉
地　址：个旧市胜利路62号
电　话：0873-2188822
邮　编：661000

州畜牧兽医局局长祁金华（右二）检查指导兽药经营质量管理规范工作

市委副书记周踊（右一）在局长许德辉（左二）陪同下视察老厂对门山高床羊圈建设

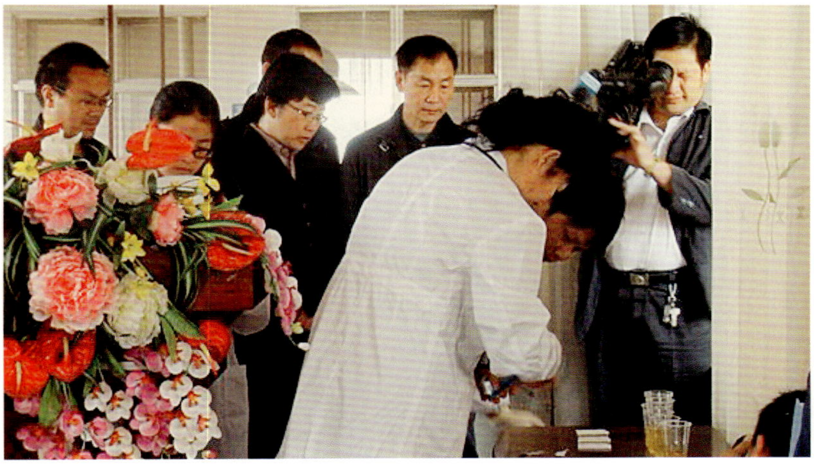

副市长杨龙遇（左三）率队开展养殖环节“瘦肉精”督查活动

经检疫的“放心肉”

个旧市卫生局

GE JIU SHI WEI SHENG JU

局长　汪　巍

2011年，个旧市卫生局机关内设6科二室，有编制24名。所属医疗单位有26家，在职职工1,535人，离退休职工978人，其中：副高以上职称92人（正高19人），中级职称435人，初级职称735人。全市现有各级各类卫生机构299所，辖区内有编制病床2,642张，实际开放3,296张，每千人口实际拥有病床数为7.21张；卫生行业从业人员3,537人，每千人口拥有卫生技术人员数为6.63人。全市有77家村卫生所，乡村医生205人。

在市委、市政府的正确领导下，市卫生局紧紧围绕卫生工作方针，坚持科学发展观，在全面推进医疗救助体系、疾病预防控制体系、卫生监督体系、社区卫生服务体系、加强重大疾病的预防与控制、医疗卫生体制改革、加快农村卫生事业发展方面取得了重大进展，为保障全市人民的身体健康，构建和谐个旧做出了积极的贡献。当年，个旧市卫生和艾滋病工作分别获红河州人民政府责任目标考核一等奖的第一名。

局　长：汪　巍
地　址：个旧市五一路40号市政府办公大楼2楼
电　话：0873-2122313
邮　编：661000

深入鸡街镇工业企业举行“个旧市2011年《职业病防治法》宣传周劳动者职业病防治知识竞赛活动”

召开首届民营医疗机构协会成立大会

中医院医生到锡城镇敬老院为老人义诊

举办纪念建党90周年表彰大会

个旧市人口和计划生育局

GE JIU SHI REN KOU HE JI HUA SHENG YU JU

个旧市人口和计划生育局成立于1983年11月，局机关内设办公室、发展规划与政策法规科、宣传教育科技科、流动人口管理科4个科室。主要职责是贯彻实施党和国家有关人口和计划生育工作的方针、政策和法律、法规、规章；研究全市的人口发展战略，根据省、州下达的人口控制目标，编制全市人口发展的中、长期规划和年度计划，制定全市人口和计划生育事业发展规划，并对执行情况进行检查评估；制定下达各乡（镇、区）年度人口和计划生育各项指标，并组织实施。

2011年，个旧市人口和计划生育局在市委、市政府的正确领导下，在州人口计生委的大力帮助指导下，以邓小平理论、“三个代表”重要思想为指导，全面落实科学发展观。认真贯彻落实省、州人口计生工作会及资源环境工作座谈会精神，紧紧围绕统筹人与自然和谐发展这一根本任务，以完成责任目标为中心，以进一步降低生育水平为核心，以实施农业人口独生子女家庭奖励政策、抓好南部乡镇和北部山区人口控制、抓好流动人口计划生育管理工作为重点，扎扎实实，切实做好人口与计划生育工作，通过全市各级党委、政府及全体计生工作人员的艰苦努力，圆满地完成了2011年人口与计划生育工作各项工作任务，连续9年在全州人口与计划生育工作评比中获得一等奖。

局　长：朱　云

地　址：个旧市五一路40号市政府办公大楼2楼

电　话：0873-2122014

邮　编：661000

召开2011年个旧市人口和计划生育工作会议（中为市委常委、市委宣传部部长周林俊，右二为副市长陈浩）

局长 朱云

到农户家中调研（右一为州人口计生委副主任谭云华）

到蔓耗镇指导工作

到大屯镇新坡背指导工作

个旧市环境保护局

GE JIU SHI HUAN JING BAO HU JU

承前启后 继往开来

重拳出击防治重金属污染

副省长和段琪（左二）在市委书记王忠（右二）的陪同下深入企业调研

环保部西南督查组在州环保局副局长罗代舜（左三）陪同下检查云南个旧有色冶化责任公司

2011年，市环保局以科学发展观为统领，围绕个旧市“二次创业”战略，以重金属污染防治为主，正确处理经济发展与环境保护的关系，为全市经济社会全面、协调、可持续发展提供有力保障。

按照“统一规划、明确目标，先易后难、逐步治理，短期改善、五年见效”的原则，把重金属污染防治作为当前和今后一个时期环境保护工作的重中之重，加大环境监管力度；全年开展现场监察和后督查9，954人次，制作现场监察记录3，318份，完成33，800余个监测数据。清查全市历年来审批但

市委副书记、市长戴劲松（前排右一）代表市政府与中节能六合天融环保科技有限公司签订《共同推进个旧市重金属污染综合治理及环境保护合作协议》（后排右四为市委常委、副市长杨明志，后排左三为市人大副主任张勇，后排右三为市政协副主席朱瑾）

未验收的建设项目，按要求分批撤销降低环评等级审批的建设项目文件53个；与市司法局联合，加强宣传教育力度，进一步增强企业的法制意识、环保意识和社会责任感，要求各企业切实履行主体责任，将重金属污染防治工作作为企业赖以生存和发展的基本前提；在有效节约和保护原生矿产资源的同时，鼓励企业进行资源化利用，逐步消化历史遗留的工业固废，有效遏制重金属面源污染；按照“上大关小，以新代老，严管严控，三废利用”的思路，促成一批工艺技术先进的大项目尽快建成投产，整合淘汰一批资源消耗大、环境污染重、经济效益差的中小企业；继续深入推进城市环境综合整治，加大饮用水源地保护力度，全年环境空气质量保持国家二级标准，达标率91.5%，城市环保公众满意率为85.77%，较上一年度上升3.02个百分点；道路交通噪声、区域环境噪声均达国家标准；集中式饮用水水源地水质达标率100%。

2011年是“十二五”开局之年，是承前启后、继往开来的关键之年，今后市环境保护局将在市委、市政府的正确领导下，在上级环保部门的指导、支持下，做好重金属污染防治工作。

局长李梅（右二）率执法人员夜查企业生产、排污情况

省辐射院工作人员拆除州第三人民医院废弃放射源钴60

个旧市超拓公司自愿拆除炼铜鼓风炉

局 长：李 梅
地 址：个旧市五一路40号
市政府办公大楼5楼
电 话：0873-2122096
邮 编：661000

个旧市安全生产监督管理局

Ge Jiu Shi An Quan Sheng Chan Jian Du Guan Li Ju

市委常委、常务副市长包旭（左四）在原任局长薛志伟（右六）的陪同下到建筑工地检查

团结务实的领导班子（左二为现任局长毛文波）

现任局长毛文波到非煤矿山调研领导带班下井制度

2011年，个旧市安全生产监督管理局机构改革，内设机构由原来的办公室、矿山科、职安科3个科室调整增加为办公室、安全生产协调科、金属矿山监管科、尾矿库监管科、危化品监管科，加挂个旧市矿山安全监督管理局牌子，由1名副局长兼矿山局局长（正科级），下辖1个社会服务性安全生产技术中心。

2011年，市安监局在市委、市政府的领导和州安全生产委员会及相关部门的指导下，坚持“安全第一，预防为主，综合治理”的方针和以人为本的安全发展理念，以“打基础、筑防线、破难题、勤督查、重治理、上台阶”为工作重心，以有效防范、坚决遏制重特大事故为重点，继续深入开展安全生产年活动，深入开展安全生产“三项行动”和“三项建设”。完成非煤露天矿山专项整治和建档，开展应急演练，积极推行安全标准化建设，全市有5家地下矿山、4座尾矿库、2户危化企业、1家露天矿山达到二级标准化建设，8家地下矿山、7家露天矿山、7户危化企业和1家烟花爆竹批发企业达到

局领导到滑坡隐患点排查

检查加油站的安全运营情况

三级标准化建设。通过全市安监系统广大干部职工的共同努力，辖区内未发生较大以上事故，安全生产工作稳定发展。

局 长：毛文波
地 址：个旧市金湖东路58号
电 话：0873-2156111
邮 编：661000

督查非煤矿山“打非治违”情况

下矿井检查安全生产情况

到非煤矿山检查指导安全生产工作

中国税务

个旧市地方税务局

Ge Jiu Shi Di Fang Shui Wu Ju

副市长陈新华（右三）调研残疾人就业保障金代收情况

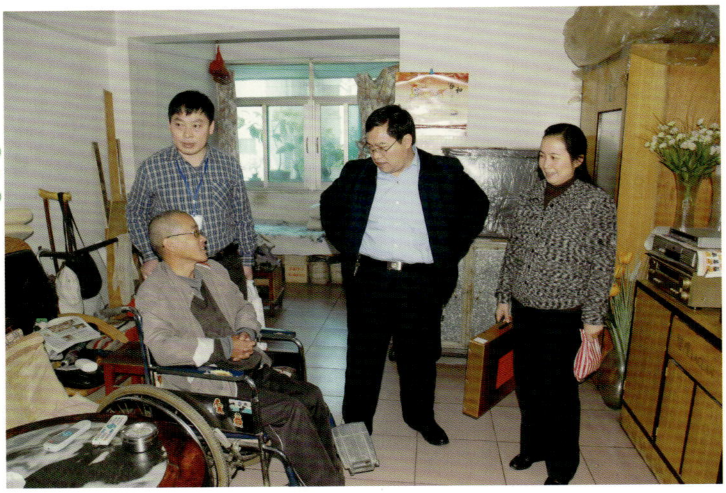

现任局长罗德懋（右二）亲切慰问困难职工

个旧市地方税务局在省、州地税局党组和中共个旧市委、市政府的正确领导下，以“三个代表”重要思想为指导，深入落实科学发展观，以开展创先争优活动为载体，认真学习和贯彻中共十七大、十七届六中全会精神，紧紧围绕云南省地方税务局提出的：“内提素质，外树形象，打造阳光地税”的总要求和 “依法治税、阳光办税、征管强税、科技管税、人才兴税、着力培税、服务促税”的总要求，以组织收入为中心充分发挥税收职能作用，狠抓税收征管，优化纳税服务，加强干部队伍建设、党风廉政建设和地税文化建设，开拓创新，狠抓落实，全面开创地税工作新局，使得各项工作取得良好成绩。2011年，个旧市地方税务局累计组织各项收入17.99亿元，同比增收3.85亿元，增长27.20%；其中：税收收入累计完成7.80亿元，同比增收0.89亿元，增长12.91%，完成州局下达税收收入任务数7.70亿元的101.29%，完成市级一般预算收入5.20亿元，同比增收0.23亿元，增长4.69%；组织征收社会保险费收入9.57亿元，同比增收2.81亿元，增长41.59%；地方教育附加累计共完成0.28亿元，同比增收0.10亿元，增长55.69%；工会经费累计共完成0.31亿元，同比增收0.05亿元，增长18.97%。

局　长： 罗德懋
地　址： 个旧市中山路96号
电　话： 0873-8859702
邮　编： 661000

原任局长曾元林（左二）与各部门负责人签订党风廉政责任书

地税干部在街头进行税法宣传

个旧市工商行政管理局

Ge Jiu Shi Gong Shang Xing Zheng Guan Li Ju

2011年，个旧市工商局查处无照经营、发布违法广告、销售不合格商品和商标侵权等行政案件636件。全年，共受理消费者申诉、投诉和举报案件455件，解决率达100%，为消费者挽回经济损失102.8万元。登记注册国有集体企业644户，注册资本439,888万元。私营企业1,713户，注册资本259,184万元，投资人数3,214人，雇工人数39,447人；个体工商户10,126户，从业人员17,947人，注册资金30,507万元。

局　长：汪号
地　址：个旧市人民路
　　　　综合南巷2号
电　话：0873-2123214
邮　编：661000

局长汪号（右一）“六一”节到扶贫点慰问小学生

个体私营经济协会召开银企座谈会

对工商局干部职工开展廉政教育

局党组集体学习

个旧市气象局
GE JIU SHI QI XIANG JU

省气象局局长丁凤育(右二)在州气象局局长曾志刚（左二）的陪同下到市气象局检查工作

原任市委书记赵刚（左一），市委常委、常务副市长包旭（右一）到市气象局调研

全家福（后排右一为局长张耀炳）

个旧市气象局成立于1956年9月，实行上级主管部门与本级人民政府双重领导，以上级气象主管机构领导为主的管理体制，属国家一般气象观测站，是防雷、防雹等气象防灾减灾科技实施管理的气象主管机构。

多年来，在州气象局和市委、市政府的领导下，个旧市气象局坚持以气象防灾减灾和应对气候变化为己任，以“主动、及时、准确、科学、高效”为准则，在关键性、转折性和灾害性天气来临前或有重大社会活动时，为市委、市政府及相关部门提供及时准确的决策气象服务，并通过电视、手机短信、报纸、电子显示屏向社会公众提供预报服务信息。加强气象灾害应急预警工作，为全市抗击气象灾害提供气象保障。规范气象行政审批，严格贯彻执行《中华人民共和国气象法》《气象灾害防御条例》《云南省气象条例》《红河州气象条例》等法律法规，规范执法程序，气象行政执法工作有了突破性的进展。同时，负责实施人工影响天气和防雷防灾减灾工作。

全局有在职职工6人、外聘人员7人。其中，中级专业技术人员3人、初级专业技术人员3人。内设办公室、测报科、预报科、人工增雨防雹办公室、防雷装置安全检测中心，建有7个区域自动雨量站，4个人工防雹作业点，4个人工增雨作业点。主要开展业务有：制定本行政区域内气象事业发展计划、气象业务建设的实施，以及对气象活动的指导、监督和行业管理、气象防灾减灾、气象观测、天气预报、气象服务、气象资料管理、人工影响天气作业、防御雷电管理等。1998～2011年，个旧市气象局被市委、市政府授予市级“文明单位”荣誉称号。

开展“3.23”气象日宣传活动

局 长：张耀炳
地 址：个旧市金湖东路气象小区7幢1001室
电 话：0873-2226711
邮 编：661000

维护区域雨量自动站

人工影响天气作业

到贾沙乡科技希望小学开展献爱心活动

ICBC 中国工商银行股份有限公司个旧支行

Zhong Guo Gong Shang Yin Hang Gu Fen You Xian Gong Si Ge Jiu Zhi Hang

市委副书记、市长戴劲松（左六），副市长何建华（左五）等领导到支行慰问

州分行纪委书记及支行领导班子慰问困难职工

选送3名职工参加红河州金融系统技能比赛

组织青年员工开展“五四”活动

2011年，中国工商银行股份有限公司个旧支行在市委、市政府和上级行党委的正确领导下，坚持以邓小平理论、“三个代表”重要思想和中共十七大精神为指导，以科学发展观为统领，秉承“不断追求，创造卓越”的工行品质，创造了良好的经营业绩，实现利润9,830万元，人均实现利润83万元；中间业务收入2,057万元，继续保持同业占比、系统位次“双领先”地位。当年人民币存款余额329,840万元，各项贷款余额为257,909万元，全年发放贷款121,438万元，其中：累计发放公司贷款103,303万元（含票据融资）、累计发放个人贷款18,135万元，实现不良贷款余额和占比“双降”目标。在实现自身健康快速发展的同时，为个旧地区经济发展做出了积极贡献。

在全行开展“提升素质，远离违规”主题教育活动和“深化银行业内控和案防制度执行年”活动，2011年，全行内控评价达二级。2011年，个旧五一路支行成功防范一起短信诈骗，为客户挽回资金7万余元的损失，客户赠送“保护的靠山 民财的卫士”锦旗以示感谢。当年，工商银行个旧支行党总支获州分行、省分行优秀基层党组织称号。

担当社会责任，工商银行个旧支行与鸡街镇攀枝花村结成城乡对子，牵手共建“常青藤”幸福文明工程，从智力和财力上给予大力支持，推进“结对”乡村社会主义新农村建设。

行　长：刘　凯
地　址：个旧市中山路58号
电　话：0873-2123643
邮　编：661000

中国建设银行股份有限公司个旧支行

ZHONG GUO JIAN SHE YIN HANG GU FEN YOU XIAN GONG SI GE JIU ZHI HANG

中国建设银行
China Construction Bank

2011年，中国建设银行股份有限公司个旧支行在个旧市委、市政府及建行红河州分行党委的正确领导下，紧紧围绕省、州分行战略部署和全年经营目标，加快战略转型步伐，积极推进业务调整，坚持规范经营，努力拼抢市场，全行经营管理呈现出良好态势，价值创造能力稳步提升。

截止2011年12月31日，建行个旧支行有营业网点8个，从业人员98名，一般性存款余额436,866万元，各项贷款余额为98,039万元，实现中间业务收入2,075.57万元，全行五级分类不良贷款余额为62.86万元，不良率为0.0061%。

2011年，建行个旧支行积极响应市委、市政府的号召，加大对再生资源企业和中小企业的信贷扶持力度，有效地补充了企业流动资金缺口，为建设节约型社会作出应有的贡献。与此同时，建行个旧支行不断丰富中小企业金融产品，创新中小企业担保体系，相继推出了速贷通、国内保理、票据理财、存单质押等多个品种，切实为个旧地区中小企业的发展提供了强有力的信贷支持。

行 长：潘家利
地 址：个旧市金湖西路380号
电 话：0873-2123170
邮 编：661000

行长潘家利荣获“云南省五·一劳动模范”称号

罗进兴（左三）荣获市2011年“五·一劳动模范”和“先进工作者”称号

建行个旧支行2011年工作会议暨二届三次职工代表合影

开展消防灭火实地演练

举办“点燃激情 共享金秋”中秋联欢晚会

中国银行股份有限公司个旧支行
BANK OF CHINA LIMITED GEJIU SUBBRANCH

2011年，中国银行股份有限公司个旧支行（以下简称中国银行个旧支行）在红河州分行党委的正确领导下，在红河银监分局、人民银行红河州中心支行和个旧市委、市政府各相关部门的大力支持下，面对严峻的市场形势，始终做到紧紧围绕省、州分行战略发展思路，解放思想、转变观念，强化内部管理，依法合规经营，不断加强与个旧市政府、财政等部门和企事业客户的紧密合作，积极支持地方政府工作，得到了市委、市政府的高度认可，为地方经济发展作出了应有的贡献。通过与个旧市医保中心合作，推出城镇居民医保代扣代缴业务，在方便的个旧市城镇居民缴费的同时，全行上下齐心协力，克服种种困难，面对客户的质疑，业务的繁杂，始终做到了文明优质、高效的服务，在圆满完成工作的同时，产生了良好的社会反响，树立了百年中行的品牌形象，2011年度共计完成代理个旧市城镇居民医疗保险近11万人。

2011年8月，在上级行的关心支持下，中国银行个旧支行辖属的个旧市金湖西路支行搬迁并更名为中国银行个旧市丽水金湾支行（财富管理中心）正式开业，成为中国银行云南省分行在地州市成立的第一家财富管理中心；另外，在个旧市金湖西路支行原址新设立的中国银行个旧市建设广场支行也于同月开业，进一步优化中国银行个旧支行的网点布局，提高网点效能，不断提升服务功能、服务内容和服务环境，促进服务水平和竞争力的不断提升。

行　长：刘倩杉
地　址：个旧市人民路88-2号
电　话：0873-2150301
邮　编：661000

支行党总支部召开党员座谈会

丽水金湾支行（财富管理中心）隆重开业

建设广场支行开业

开展业务宣传

支行工会组织员工开展丰富多彩的活动

中国邮政储蓄银行股份有限公司个旧市支行
POSTAL SAVINGS BANK OF CHINA

2011年，中国邮政储蓄银行股份有限公司个旧市支行(以下简称市支行)在市委、市政府和州分行的领导下，认真贯彻落实中央经济工作会议、全省金融工作会议精神，结合市支行客观实际，紧紧围绕年初制定的工作目标和工作重点,以市场为导向，以客户为中心的经营理念，坚持从严治行，科技兴行。加强基础管理，根据市场需求和变化，调整经营策略，转变经营观念，艰苦奋斗，勤俭建行。市支行十分重视队伍建设，特别是领导班子队伍的政治思想教育,勤政廉洁教育，提升领导干部政治思想素质，努力向现代商业银行看齐，加速向现代商业银行进军的步伐，努力推进向现代商业银行发展的进程。年末，市支行有对外营业机构十二个。

行长　杨 梅

行 长：杨　梅

地 址：个旧市人民路36号

电 话（传真）：0873-2131696

邮 编：661000

团结和谐的领导班子

金湖西路支行

人民路支行

个旧市农村信用合作联社

Ge Jiu Shi Nong Cun Xin Yong He Zuo Lian She

州政协副主席丁润森（右二）到信用社支持的农户家中调研

理事长潘炳寿（左二）与兄弟联社座谈

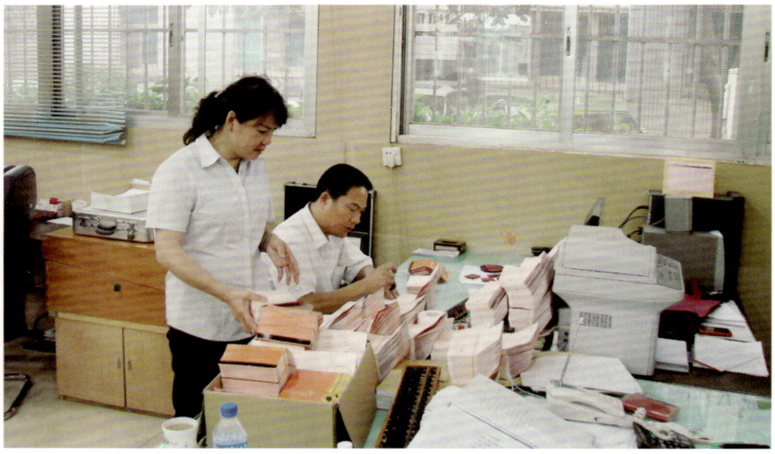
联社领导到基层指导办理新农保业务

2011年，个旧市农村信用合作联社按照“上存款、活信贷、要效益、保安全”的工作目标，以支持地方经济发展为己任，以服务“三农”为工作重点，合理把握信贷投向和投放节奏，着力抓好业务经营管理，深入推进创先争优和服务创优工程，各项工作取得了较好的成绩，圆满完成省联社年初下达的各项任务指标。年末，各项存款余额321,712万元，比上年增长23.53%；各项贷款余额218,830万元，比上年增长24.33%，发放各项贷款384,302万元，收回贷款341,474万元；实现利润总额5,416万元。

2011年，个旧市农村信用合作联社结合国家货币政策、产业政策等宏观经济调整变化的形势，加强贷款结构的优化调整：一是始终把支农工作摆在重要位置，树立“靠支农树形象、靠支农防风险、靠支农增效益”的观念，做实做好支农工作；二是积极配合财政、劳动、扶贫等部门，做好“贷免扶补创业小额贷款”“小额担保贷款”“劳动密集型小企业贷款”“农户扶贫到户贷款”的发放工作；三是积极支持地方中小企业和部分优质客户的资金需求，满足了全市一大批工业企业和农业龙头企业的信贷资金需求，创造了较好的社会效益，并涌现出如个旧市富强工贸公司、个旧市光博电冶厂等民营企业利税大户。

2011年，个旧市农村信用合作联社积极配合劳动、财政等相关部门做好新型城乡养老保险金的发放、收缴、管理工作。在工作中做到补贴资金数据准确、发放工作及时到位，管理流程规

欣欣向荣的干部队伍

范、责任机制明确、措施要求明晰，共计开户79,475户，累计发放80,861笔，金额701万元。

与相关部门审批政策性贷款

理事长：潘炳寿

地　址：个旧市人民路198号

电　话：0873-2131372

邮　编：661000

寒冬送暖——联社工会领导春节慰问退休员工

为退休员工佩戴“光荣退休”大红花

个旧市疾病预防控制中心

Ge Jiu Shi Ji Bing Yu Fang Kong Zhi Zhong Xin

国家疾控中心和省防艾局领导莅临中心检查指导工作

云南省边境地区腹泻监测项目启动会在个旧市召开

个旧市疾病预防控制中心是市政府举办的实施疾病预防控制与公共卫生技术管理和服务的公益性事业单位；是政府对重大污染、中毒等公共卫生事件、重大疫情、重大灾害等突发事件实行危机管理的技术参谋中心，是全市疾病预防与控制、监测检验与评价单位。

2011年，是“十二五”的开局之年，中心始终坚持“重点地区重点预防、重点疾病重点防治、重点人群重点保护”的疾病预防控制方针，不断调整工作思路和探索新的管理模式，以人才培养为重点，勇于探索，大胆创新，务实进取，中心面貌得到新改善，队伍建设得到新加强，各项业务工作取到新的成效。

一、持续提升传染病管理，不断强化重点疾病的监测与控制，有效控制重点传染病的发生和流行

中心认真履行职责，切实做好鼠疫、霍乱、手足口病、狂犬病、麻疹、艾滋病、结核病及肠道传染病等重点传染病的防控工作；全年未发生甲、乙类传染病暴发流行。传染病报告质量位列前茅，传染病发病稳中有降；疑似传染病疫情处置有序、科学、规范。

二、规范开展计划免疫工作，筑就有效的免疫屏障

按国家免疫规划要求，指导全市基层防疫部门认真实施儿童扩大免疫规划，认真做好各类疫苗接种工作，接种率均达到国家要求。2011年，全市各接种机构共接种一类疫苗109，911人份。卡介苗接种率达99.66%；乙肝疫苗接种率达99.29%；脊灰苗接种率达99.39%；

百白破接种率达99.12%；麻疹疫苗接种率达98.68%；流脑苗接种率达97.52%；乙脑疫苗接种率达98.19%；甲肝苗接种率达97.54%。

组织完成了全市15岁以下人群乙肝疫苗查漏补种4,069人，累计9,926针次，接种率96%以上。

通过多年的麻疹强化免疫工作，2011年，实现了麻疹病例“零报告”，为国家2012年消除麻疹做好了工作准备。

三、加强卫生技术服务工作

为做好卫生技术服务，中心始终将能力建设放在首位，不断加强硬件和软件建设，做到科学、规范管理，积极筹备计量认证复评审工作；认真开展职业卫生技术服务，努力拓展服务空间。同时，继续做好从业人员预防性健康检查、卫生监测检验等常规工作，为执法部门规范执法提供技术支撑。

主任普毅（左二）、党总支书记孙立（左三）及班子成员慰问离休老干部

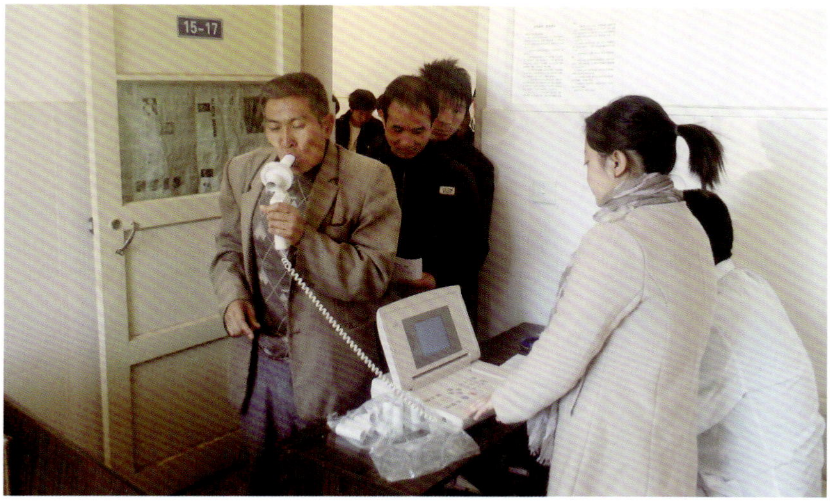

为企业职工进行职业病检查

积极开展各类疾病预防宣传活动

四、创新工作

（一）中心参与编制了“个旧市传染病疫情（死亡病例）突发公共卫生事件报告管理规范”，对各有关单位建立的各类工作制度、相关表格的填写及报告要求都已制定成统一规范 “模板”，为全市的传染病疫情报告管理，特别是死亡病例的规范管理起到了指导作用。

（二）为更好向市民提供检验服务，及时找到到相关致病菌，检验中心在提高人员和设备的基础上，同时开展3个新的检验项目：土壤虫卵检测、肛拭标本的肠产毒性大肠埃希菌（ETEC）、肠粘附性大肠埃希菌检测，提高了检测技术和手段。

（三）购置新仪器、开展新项目，为完成全国职业健康状况调查打下坚实基础。

2011年，中心获“云南省结核病防治规划先进集体”“15岁以下儿童乙肝查漏补种项目先进集体”“个旧市国家卫生城市复审先进单位”，个旧市卫生局卫生责任目标、党群和党风廉政建设考核一等奖，多名职工获省州市先进个人称号。

主　任：普　毅
地　址：个旧市金湖东路110号
电　话：0873-2124409
邮　编：661000

校长　林耀松

高考红河州文科第一名　姜子莹

姜子莹与班主任和家长合影

继往开来创新篇

个旧一中

GE JIU YI ZHONG

个旧一中是云南省一级一等完中，创办于1938年，历史悠久，省内外闻名。

市委、市政府高度重视个旧一中的建设与发展，先后投资近两亿元建设新校区。2006年7月，个旧一中正式迁入新校区办学。根据个旧一中发展的需要，市委、市政府近年来对一中领导班子做了较大的调整。

新班子上任后，出台了许多新举措，一是加强了师德师风建设，推出了各种激励教师的措施及新的高考奖励方案，调动了教师的工作积极性。二是加强了校风校纪、考风考纪管理，加强了教学过程管理。高二高三成立了“985”班，实行分层教学，强化了对尖子生的培养。每个学期表彰并奖励学习标兵、优秀学生、进步学生，并对考入一中的高一高分新生实行了重奖，还加强了家校联系。三是完善了校园硬件设施建设，完成了升旗台改造、图书馆提升建设，在教学区又建成一个食堂。

2011年学校获得“省级文明单位”称号、“州级平安校园”称号。教师获得各级各类教学竞赛、论文获奖、论文发表、竞赛辅导、荣誉称号达150余人次。

2012年高考，一中一本上线总人数达245人，比2011年增加98人；一本上线率达37.87%，比2011年提升10.8%。600分以

教学楼新五四楼

校级领导班子

运动会开幕式升旗仪式

上15人，居全州第二。姜子莹同学以675分荣获云南省第六名、红河州文科第一名。六位学子获得红烟奖，姜子莹和钱志航考入北大。

个旧一中实行“以德治教，以人为本”的办学理念，以质量求生存，以管理树信誉，以创新谋发展。

校　长：林耀松
地　址：个旧市新冠路138号
电　话：0873-2122035
邮　编：661000

学生阅览室大厅全景

GE JIU SI ZHONG 个旧四中

团结干练的领导班子（中为校长安锦）

举办丰富多彩的校园文化活动

校内春晖美术社

获奖学生

举办丰富多彩的校园文化活动

2011年，个旧四中遵循“以人为本”的原则，坚持“为学生的成长而奠基，为教师的发展而铺路”的办学理念，着力打造“感恩教育”和“艺术教育”两大特色教育。自主研发《感恩教育》校本教材，让感恩教育走进课堂变为常态化，深入开展课题研究取得重大成果，《初中生感恩教育实践应用研究》于11月被评为 “州级先进课题”；成立“扬帆艺术团” “春晖美术社”开办《春晖》报，举行“十月歌会”“七彩杯音乐舞蹈比赛”“师生迎新晚会”以及各种体育活动，丰富多彩的校园文化活动使学生特长得到发展并在众多比赛中屡获殊荣：在“第八届浙江国际传统武术比赛暨首届东岳太极拳比赛”上个旧四中学子取得17金、6银、1铜的好成绩；李航同学在“第六届青少年艺术节（模特组）云南省总决赛”上获得银牌；舒其平同学荣获“云南省青少年美术绘画比赛”一等奖；校男子篮球队连续四届蝉联个旧市中小学篮球比赛冠军。

特色教育的发展不但没有影响教学质量反而提升了学校的教育教学水平。七、八年级在市统考中多科成绩名列前茅，中考成绩名列全市公办学校第一，其中600分以上共137人，86人被一中录取，2011年，黄翔眉同学以699分勇夺个旧市中考状元。

作为省、州、市级文明学校以及“红河州发展性示范初级中学”的我们，将朝着打造“品质学校”这一目标不断迈进。

校　长： 安　锦
地　址： 个旧市金湖东路11号
电　话： 0873-2219226
邮　编： 661000

个旧市第一职业高级中学

GE JIU SHI DI YI ZHI YE GAO JI ZHONG XUE

个旧职教中心鸟瞰图

个旧市第一职业高级中学系省（部）级重点中等职业学校，是市政府立足本市，辐射全州的重要劳动力技能培训基地，多年来为地方经济发展培养了大批合格的生产一线技术工人。

2011年，学校在中等职业教育、高等职业教育入学考试、成人教育、职业培训及技能考级考证等方面取得了可喜的成绩。

中职教育注重学生技能培训，2011年毕业生为428名，参加职业资格等级证考试的学生为335名，学生双证率为78.27%。高职入学考试共有17名学生参加云南省的高职考试，15人上线，上线率达88.23%。成人教育春、秋两季招收郑州大学远程教育本科学员、专科学员106名，昆明理工大学函授专科学员196名，开放教育专科学员14名。学校发挥职教的社会职能，对外培训、下岗、转岗及就业再就业等各种社会培训总计3,541人，“阳光工程”农村劳动力转移培训754人。学校树立“普高有高考、职校有技能大赛”的教学理念，分9次选派43名学生参加省、州级技能比赛，共获一等奖1人次，二等奖4人次，三等奖7人次，优胜奖17人次。

在市委、市政府的关心支持下，个旧一职中新校区（职教中心）已完成征地拆迁工作，一职中将迎来新的机遇与挑战！

省职业教育与成人教育处现任处长段剑新（左一）、原任处长姚勇（左三）、州教育局副局长李树林（右一）在副市长杨龙遇（左二）的陪同下到新校区调研

开展技能竞赛

校 长：周　宏
地 址：个旧市民权路230号
电 话：0873-2188446
邮 编：661000

个旧市鄢棚小学

GE JIU SHI YAN PENG XIAO XUE

国家体育总局武术运动管理中心、全国武术之乡实地复查组领导及来宾与鄢棚小学领导、腾龙武术队队员合影

红河学院（商学院）与鄢棚小学手拉手启动仪式交流现场

学校“大眼睛播报站”的小主持人、小记者走进个旧电视台“金湖之声”开展活动

个旧市鄢棚小学建于1951年，迄今，已有61年的办学历史。2011年，学校有教职工53名，学历达标率为100%；教学班21个，学生1,006人，其中68%以上为农民工子女，46%以上为少数民族学生。秉承“质量立校，特色兴校”的办学思想，2011年，学校荣获浙江省体育局、浙江省人民对外友好协会授予的“发展武术，从娃娃抓起”贡献奖，云南省国际标准舞协会授予的“先进单位”“云南省中小学校运会改革先进实验学校”“云南省国际标准舞协会教学培训基地”等荣誉称号。特别在武术特长生培养方面，多次受到云南省、红河州、个旧市相关部门的表彰和奖励，成为省州内以武术见长的特色学校。

在科学发展观的引领下，学校围绕“爱学习，有特长；善补拙，能发展”的办学理念，确立“本色育人，岗位成长，立足常规，打造有效课堂”的课堂教学目标；“立足养成教育，打造有效德育”的德育目标；“立足特色优势项目，打造特色校园文化”的校园文化建设目标；“立足节俭创新，建设洁净美丽校园”的校园建设目标。着力实施有效的素质教育，为学生的全面发展奠定基础。

百舸争流，千帆竞进。目前，全校师生继续在传承中求创新、在创新中谋发展，勤奋躬耕，一步一脚印地向着“特色化，绿色化、规范化”的学校发展目标迈进。

校 长：丁 丹
地 址：个旧市建设东路44号
电 话：0873-2225096
邮 编：661000

学校举办“弦歌浩荡60年，历尽风霜铸辉煌”建校60周年素质展演活动

个旧市教育局幼儿园 放飞希望的殿堂

GE JIU SHI JIAO YU JU YOU ER YUAN

州教育局局长邹进（右二）、副局长可文炳（右一）到幼儿园慰问小朋友和老师

园长　孙 飞

个旧市教育局幼儿园创建于1957年7月。是云南省一级二等幼儿园，个旧市教育科学研究培训中心教研实践基地，幼儿教师实习基地。现有教职工60名，教学班12个，幼儿530名。在各级领导的关心、支持下，幼儿园秉承着“以爱施教、和谐发展”的办园理念和“全面发展、学有特长”的教育目标，紧紧围绕“童心认识世界、美育启迪人生”的快乐主题，开发以本土教育资源为特色的教育课程，把优质的保教质量、具有时代特点的创新服务及鲜明的园本特色，呈现给孩子、家长、社会，赢得了较高的声誉。市教育局幼儿园曾获全国百家优秀美术示范幼儿园、“个旧市文明单位”“个旧市先进集体”“卫生先进单位”“巾帼文明示范岗”“食品卫生A级单位”“省、州、市文明学校”“三八”红旗集体等多种称号；科研课题成果《童眼看家乡——幼儿园本土教育活动课程》荣获红河州科技进步三等奖； 教师的多篇论文分别荣获省、州、市教育科研论文评选一、二、三等奖。

团结和谐的中层干部

全园教师与部分孩子参加市教育局组织的“颂歌献给党”歌唱比赛

园 长：孙　飞
地 址：个旧市金湖东路11号
电 话：0873-2185584
邮 编：661000

幼儿园体操班于2009年到曲靖参加省幼儿基本体操锦标赛获得一等奖

幼儿园的研究成果《童眼看家乡》大、中、小班幼儿用书获得州级科技进步三等奖

个旧市规划建筑设计院

GE JIU SHI GUI HUA JIAN ZHU SHE JI YUAN

昆明勘察设计院院长陆增建(中)、市规划院院长易强(左一)看望慰问院老领导

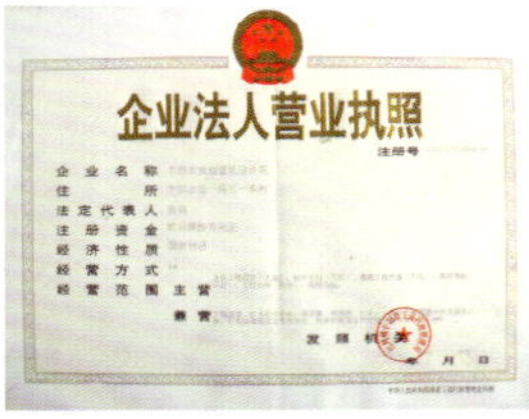
企业法人营业执照

城乡规划编制资质证书

工程设计资质证书

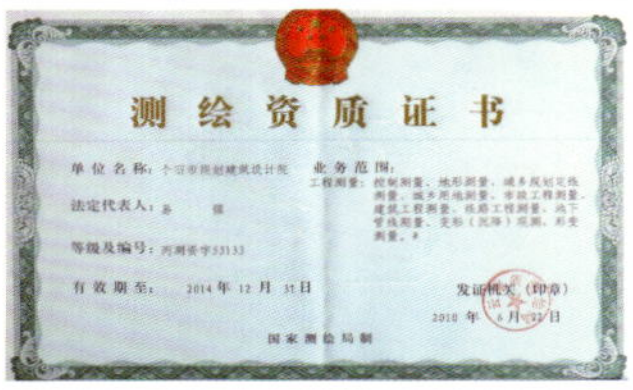
测绘资质证书

个旧市规划建筑设计院史建于1952年8月，前身为市政府建设科设计室。职责是为城市市政建设、公用建筑工程、农田水利、地形测量等建设工程做设计，兼做土地划拨、危房鉴定、土木工程质量监督工作。

1988年，设计室更名为个旧市建筑设计所，资质等级为建筑工程、测绘、地勘丙级。1990年建筑工程设计资质晋升为乙级，更名为个旧市建筑设计院。工程设计能力有所提高，业务市场遍及全州各县市。2000年7月，个旧市建筑设计院与个旧市规划设计所、个旧市测绘管理站三家合并，更名为个旧市规划建筑设计院。2006年12月，经个旧市建设局与中国有色金属工业昆明勘察设计研究院协商，个旧市规划建筑设计院由中国有色金属工业昆明勘察设计研究院托管，从2007年至今，托管期间一年一跃，个旧市规划建筑设计院从年产值50万元跃升至1,000万元，创建院以来的最高水平。

个旧市规划建筑设计院是一个持有建筑工程设计乙级资质，城市规划丙级，城市测绘丙级，工程监理丙级的企业。职工总数为22人，其中国家一级注册建筑师1名、一级注册结构工程师1名、二级注册建筑师4名。内设党支部、院长室、财务室、行政办公室等10个科室。本院始终实行严格校对审核、审定三级管理，坚持“以人为本　”，人民利益高于一切的理念，遵循“百年大计、质量第一”的方针，本着“精

个旧四中综合楼效果图

由本院设计的红河州检验检疫局效果图

心设计、规范运作、质量第一、争创精品”的设计思路，在50多年的历练中，始终保持力量雄厚、技术密集、专业配套齐全、设计思路敏捷、技巧表现娴熟，先后荣获过“红河州先进设计单位”“红河州先进勘察设计单位”“个旧市合同管理奖”“云南卡瓦格博优秀建筑创作奖”“个旧土木协会优秀设计奖”“城镇住宅优秀设计方案奖”“云南省建设厅优秀工程设计奖”“红河州优秀工程设计奖”“红河州设计竞赛奖”等10余个奖项。个旧市规划建筑设计院是红河地区具有较强实力的建筑设计企业，是个旧地区的主要设计单位之一。

院 长：易 强
地 址：个旧市五一路111号
电 话：0873-2124316
邮 编：661000

由本院设计的个旧三角地廉租房

个旧市富源矿建公司综合楼实景合成

由本院设计的个旧一中

勤英茶业

勤英茶业位于个旧市温州商贸城大门电梯旁，是目前红河州最大的普洱茶礼茶制作、精品茶具批发、销售为一体的个体企业。企业秉承“分享尊贵，共赢未来” 的经营理念，以“中庸中和”为处事之道，以弘扬茶文化为己任，以中国茶产业的顶级品牌销售为依托,结合本地实际，打造自己的民族优质品牌。目前经营销售品种已达6,000余种（主要有：优质陈年普洱、千年古茶树茶、老字号宫廷普洱、沱茶、优质玛玉茶、女儿环、贡品银针以及碧螺春、龙井、乌龙、铁观音等），经过多年的励精图治，勤英茶业已由原来的20平米1店发展成为目前在个旧、蒙自拥有4家上规模、上档次，直营面积超过200平米的个私企业。

企业始终坚持以质量求生存，以诚心求发展，严把质量关，确保各茶行的产品来源渠道质量安全。同时秉持以茶会友的服务理念，赢得了大批固定的忠实消费者，企业实力不断壮大。

在今后的发展中，企业将一如既往地向社会提供优质的产品和周到服务，并广交天下朋友，积极弘扬红河茶文化，让健康优质的茶饮生活走进千家万户。

感谢广大消费者对企业的支持与厚爱，欢迎天下朋友走进勤英茶业。

经　理：李晓英
地　址：个旧市温州商贸城
蒙自双河小区市公安局对面（二店）
蒙自中央大街浙江商贸城（三店）
蒙自天翠花园A18号（四店）
电　话：0873-2222471　13887571891
邮　编：661000

经理　李晓英

部分精品茶具

精品区

饼茶区

形象店一角

行宣传，提高企业质量意识、名牌意识、能源计量管理体系意识，全面启动“质量兴企”工作。

四是积极做好阶段性工作总结。10月26日，召开实施“质量兴市”战略领导小组工作会，通报质量兴市工作启动情况。12月8日，召开全市质量兴市工作推进会，总结一年来个旧市实施质量兴市工作的情况，请相关企业就质量兴市、质量兴企相关经验作大会交流发言，部署下一步具体工作。质量兴市各项工作稳步推进。

此外，个旧市质量技术监督局继续做好日常工作，加大质量监管力度，严把市场准入关，强化证后监管。全面开展获得《工业产品生产许可证》企业的专项检查，增加抽查巡查频次，严格复查获证企业生产条件，督促企业加强内部质量管理，按标准组织生产，严把出厂检验环节，杜绝不合格产品出厂。督促54家食品生产企业和27家工业产品生产企业按要求完成生产许可证年审及质量档案建档工作。督促其建立和完善质量安全保证体系，完善并落实原材料进厂和产品出厂检验制度、生产过程质量控制制度，将企业的质量安全责任落实到每一道生产环节和关键质量控制点。

【食品质量安全】 2011年，个旧市质量技术监督局以《食品安全法》为准绳，紧密围绕20项重要工作，认真履行对食品生产加工企业的监管职能。全市食品生产加工企业共取得食品生产许可证61个，其中饮料12个、大米7个、白酒9个、糕点9个、挂面5个、肉制品4个、乳制品2个、淀粉4个、炒货食品1个、调味料2个、茶制品1个、果冻1个、蔬菜制品4个。

认真做好食品生产加工企业质量安全主体责任落实工作，督促全市56家食品生产企业建立落实质量安全主体责任自查制度和监督检查制度。在重点区域、重点食品生产企业中，建立健全质量安全管理安全联络员制度，在乡镇聘请食品安全监督员协助对食品生产加工小作坊进行有效监管，建立小作坊“12365”监管模式，做到食品质量监管无死角。认真组织开展严厉打击食品非法添加和滥用食品添加剂专项工作，持续强化食品添加剂备案制度，确保全市食品质量安全。做好食品生产加工企业建档工作，将全市56家食品生产企业的基础信息全部录入基层质量技术监督管理信息系统，100%建档并实现动态监管。继续落实食品质量监督检查及抽查工作。一是加大食品质量巡查力度。全年出动执法人员336人次、执法车辆120辆次，检查相关企业和食品生产小作坊171家次。重点对生产企业的进货验证、生产过程控制、出厂检验进行检查，尤其对食品添加剂使用情况及进货验证情况进行检查。二是认真执行食品质量监督抽查计划，加大监督抽检力度，严把食品质量关。1～11月完成检验174批次，其中合格151批次，批次合格率86.8%。没收不合格产品并对生产加工企业进行处罚，加强企业自律。积极督促不合格企业进行整改，整改面100%，整改合格率100%。强化对食品从业者的培训，组织全市食品生产加工企业负责人和食品安全监督员参加培训3期，发放宣传材料233份，培训88人次。

【特种设备监督管理】 2011年，个旧市质量技术监督局积极贯彻执行《特种设备安全监察条例》，以使用环节为重点，以落实企业主体责任为抓手，全面推行特种设备安全监管“一岗双责”制，认真扎实开展特种设备安全监督检查工作。

认真开展“特种设备隐患排查治理”及巡查工作，全年检查特种设备使用单位44家，气瓶充装单位5家，气瓶检验单位2家，危化品运输单位1家；检查各类特种设备387台，检查重点工程1项，即“鸡个公路”。发现隐患15条，下达指令书15份。对违犯法律法规的，一律严格查处，立案处罚4起。

开展节庆活动及人员密集场所安全大检查。在春节、五一、中秋、国庆等重大节庆日，积极组织开展针对重点场所和重点设备的安全检查。出动执法人员38人次、执法车辆17辆次，主要检查宾馆酒店及医院的锅炉、电梯，休闲游乐场所的大型游乐设施、宝华索道等。

积极开展专项检查工作。一是认真开展整治无牌无证机动车专项行动。根据《道路交通安全管理责任书》的要求，对个旧市汽车综合性能监测站、个旧晓龙摩托车检验站及南天汽车半轴厂进行现场督促检查，确保道路交通安全。二是开展电梯安全专项整治。对沃尔玛、远卓百货、苏宁电器、丽水金湾购物中心、冠南超市等使用自动扶梯和自动人行道的单位进行检查，检查电动人行道8台、自动扶梯16台、电梯15部，确保公共场所电梯使用安全。

继续做好特种设备法规宣传及安全教育工作。在检查企业和接待企业办事人员工作中，向企业宣传特种设备相关要求规定，增强企业对特种设备安全管理的认识，督促积极主动地自查和申报所使用的特种设备，落实特种设备安全责任制、安全管理机构、安全管理人员、安全管理制度、安全操作规程、定期检验制度等。通知和督促企业参加特种设备安全管理人员、操作人员学习培训班，参加考核取证，确保持证上岗。6月12日，在个旧市怀园芳圃举办宣传活动，向群众散发特种设备使用安全常识及相关法律法规2000余份。

【行政执法】 2011年，个旧市质量技术监督局按照国家质检总局和省、州政府“打击侵犯假冒知识产权和制售假冒伪劣商品专项行动”的部署，认真开展打击生产领域侵犯知识产权和制售假冒伪劣产品专项行动，集中整治一批重点产品、重点行业、重点地区。坚持执法与服务相结合、整治与建设相结合、治劣与扶优相结合、打击与治本相结合的“四个结合”，以食品、农资、建材、汽车配件、强制认证产品等为重点，采取打防并举、查堵结合、联合行动、综合治理等措施，组织专项执法打假。全年立案查处行政违法案46起，有效地净化了市场，维护了消费者的合法权益，保障了公平竞争的市场秩序。

【标准化监督管理】 2011年，个旧市质量技术监督局严格遵守标准备案程序，认真审核备案相关材料，备案企业标准13个；协助州局，开好全省标准化工作推进会，通过示范带动，全面深入推进一、二、三产业标准化工作。启动“标准化良好行为企业”试点创建活动，以云南锡业集团（控股）有限责任公司为试点，进一步夯实企业标准化基础。组织机构代码标准化管理工作成绩稳中有升。截止11月30日，全市新办代码证书329套、换证302家、变更263家、年检1959家、迁出13家、挂失1家、废置62家，上报电子档案数据2947条，数据合格率100%。代码全库完成率95.93%，超过省中心85%的要求；有效库完成率98.48%，超过省中心90%的要求，标准化工作考核达标。

【计量监督管理】 2011年，个旧市质量技术监督局多措并举，继续加强计量监督管理工作。一是积极开展“推进诚信计量、建设和谐城乡”行动，拓展“计量惠民”工作领域，引导个旧市1家加油站、1家医院、2家餐饮店及2家超市实现诚信计量自我承诺并向社会公示。二是对重点用能单位开展能源计量检查工作，向全市年耗煤3000吨以上的22家企业进行能源计量宣传和检查，发放宣传材料、法律法规手册及能源计量器具统计表，督促企业建立相关计量器具台账。三是加强对计量认证机构的检查。重点对个旧市汽车综合性能监测站、个旧晓龙摩托车检验站等计量认证机构进行检查，确保计量源头的准确。

【党风廉政建设】 2011年，个旧市质量技术监督局班子成员以市委、市政府开展创先争优活动、阳光政府建设为契机，以贯彻执行党风廉政建设责任制为目标，处处以身作则，认真执行党员领导干部廉洁从政若干准则，严于律己，廉洁奉公，在广大干部职工中树立了清正廉洁的良好形象。以支部为依托，加强党员干部职工的政治思想教育，坚持用廉洁自律的有关规定敲响反腐倡廉的“耳边鼓”，用法律法规提高执法人员依法行政能力和拒腐防变能力。党员干部带头改善服务态度，规范行政行为，提高工作效能，强化行政责任，以良好的党风带动机关作风的根本好转，以党风廉政建设工作推动其他工作全面发展。

（撰稿：徐郑兴）

国土资源管理

【简述】 2011年，个旧市国土资源局在市委、市政府和州国土资源局的正确领导下，认真贯彻落实十七大，十七届五中、六中全会，上级国土资源管理工作会议和市十二届党代会二次会议精神，坚持积极主动服务、严格规范管理，以服务经济建设为中心，以贯彻落实基本国策为主线，以保护资源保障发展为己任，以“保增长保红线”为目标，积极主动服务中央和省、州、市重点项目建设，服务经济大局，保障发展用地需求；强化执法监管体系，维护全市用地秩序；狠抓队伍建设，不断提高国土资源管理水平，为促进个旧市经济社会平稳较快发展作出了贡献。

【耕地保护】 2011年，个旧市国土资源局认真落实耕地保护目标责任制，对耕地保护目标责任进行分解，做到市、乡（镇、区）、村和村小组层层签订耕地保护目标管理责任书，耕地保护责任体系进一步完善。在所报批农用地征转报件时，认真落实耕地占补平衡，做到新增建设用地“占一补一”，实现耕地总量动态平衡，确保个旧市30500公顷耕地和27000公顷基本农田动态平衡。

【土地利用】 2011年，个旧市国土资源局紧紧围绕推进个旧市资源型城市经济转型、“桥头堡”战略建设、实现“十二五”规划和产业发展“二次创业”战略，实行限时办结制度和重点项目跟踪服务制度，加快用地预审报批速度，全力保障全市经济发展用地需求。全年共向省国土资源厅报送15个单独选址建设项目用地报件，1个保障性住房建设用地报件，1个批次城市建设用地报件，完善2个批次城市建设用地报件，上报总面积105.6743公顷，其中占用耕地53.7346公顷。年内共完成供应土地39宗，面积170.39公顷（含州国土资源局供应5宗，供地面积4.70公顷）。土地供应总量中，划拨方式供地的7宗，面积77.15公顷；出让方式供地的32宗，面积93.24公顷（其中招拍挂出让的30宗，面积68.28公顷，协议方式出让的9宗，面积34.70公顷），共收缴土地出让金2.19亿元，再创历史新高。

【土地规划】 2011年，个旧市国土资源局扎实开展“保增长、保民生、保稳定”行动，积极认真编制新一年度土地利用计划，严格做好各类建设用地的报批和预审，对省、州、市和其他重点项目提供用地前期服务，主动发出用地预审催办函22份。全年共办理建设项目用地预审5件，预审总面积7.0708公顷，其中耕地面积6.168公顷；办理建设项目用地预审初审12件，初审总面积110.2692公顷，其中耕地面积58.4223公顷。

【地籍测绘管理】 2011年，个旧市国土资源局完成全市第二次全国土地调查（城镇部分）的验收和一般建制镇外业调查验收及数据库建设；个旧市大于1平方公里坝子范围界线核定和地类面积核实工作，完成2010年度土地变更。

个旧市国土资源局认真贯彻《土地登记办法》，根据《云南省国土资源厅关于印发〈土地登记表格（云南版）〉（试行）的通知》文件要求，采用云南版土地登记表格办理土地登记。全年完成各类土地权利登记发证2056本，其中国有土地使用证1905本、集体土地使用权证26本，集体土地所有证73本，补发国有土地使用证2本，土地他项权利证明书50本。办理抵押登记50件，注销登记61件，开展土地公开查询18次。做好土地确权工作，全年确权8宗，共计9.37万平方米。

年内，个旧市国土资源局积极开展辖区内各涉密测绘成果使用单位、测绘资质单位测绘成果保密检查上报工作；组织开展个旧市辖区内丙、丁级测绘资质单位的年度注册核查工作，按时上报2011年测绘资质年度注册意见和测绘统计年报。完成个旧市28平方公里1：500数字化地形测量，取得1：500标准分幅数字化地形图 501幅、1：2000标准分幅数字化地形图43幅等测绘成果，并通过云南省测绘产品检测站检验合格。参与检查验收土地勘测定界成果项目78个，勘测定界面积179.6504公顷，其中属于省、州级检查验收项目2个，勘测定界面积85.6648公顷；县、市级检查验收项目76个，勘测定界面积93.9856公顷。

【土地开发整理】 2011年，个旧市国土资源局严格落实《全国土地开发整理规划》，促进资金与资源合理配置向重大工程和基本农田保护区倾斜；建立矿山地质环境保护和治理方案编制、保证金等制度，从源头上杜绝和减少新的矿山地质环境问题。一是认真开展个旧市鸡街镇土地整理项目，项目区已形成路、沟、渠、林配套齐全，布局合理的局面，村容村貌和人民群众生产生活环境明显改善，市审计局已对该项目进行初审。二是进一步落实《个旧市鸡街镇、沙甸区城镇建设用地增加与鸡街镇、保和乡农村建设用地减少相挂钩试点项目实施方案》的周转指标报批工作及项目后续工作，完成红河州国土资源局下达的“城增村减”项目招投标工作，保和乡复兴寨片区已完工，鸡街镇北坡片区已进场施工。完成个旧市鸡街镇上乍甸等3个村小组土地整治可研、规划设计工作，该项目建设规模259.03公顷，投资716万元。三是通过市委、市政府及市国土资源局不懈努力争取的个旧市矿山地质环境恢复治理工程项目已经动工，项目分3年实施，每年1.2亿元人民币资金项目的实施将能产生不少于1350亩的可用于建设的稳定场地，极大地改变了城市规划与土地规划确定的城市建设用地不足的情况。年末，2010年项目完成外业施工，已进入项目内业资料编写，2011年项目已入招标程序。

【土地执法监察】 2011年，个旧市国土资源局进一步加大执法检查力度，严肃查处土地资源违法案件。年内共查处国土资源违法案件81宗，已结案81宗，其中土地类案件79宗，涉及土地面积1809.78亩，罚款40宗，罚款金额11363576.8元（没收并处罚5宗，涉及面积165.45亩，罚款1198294.5元，没收资产已依法移送个旧市国有资产管理局）；责令自行拆除10宗，矿产类案件2宗，罚款8万元。已实施拆除违法建筑面积25000余平方米。

在卫片执法检查整改中，个旧市国土资源局严格按照上级工作要求，在思想上查根源，在认识上找差距，在管理上立制度，在措施上定责任，全面落实土地矿产卫片执法检查整改的各项措施。2011年5月，国土资源部下达个旧市卫片执法检查图斑241个，涉及土地面积3027.1亩。经实地核查、内业判定、协调解决和督促整改，最终个旧市上报国土资源部审核违法比例为4.43%，未超过国土资源部规定的15%和州政府规定的8%的比例，卫片执法检查工作取得明显成效。

【矿业行政】 2011年，个旧市国土资源局为符合新立、延续、变更、转让、注销等17个采矿权办理了登记发证，其中新立1个、延续11个、变更3个、转让 1 个、注销1个。依法新办矿产品加工、经营许可证1个，变更矿产品加工、经营许可证2个，全市共办理矿产品加工许可证355个、经营许可证368户。对符合年检，延续、变更登记条件的《云南省个旧市戈贾铅锌矿勘探》等18个探矿权项目资料进行认真审查，并出具初审意见。同时加强对金属、非金属矿山的开采回采率、采矿回收率、采矿贫化率及开采方式的监督检查，有效制止破坏、浪费矿产资源的行为，提高矿产资源科学管理和综合利用水平。结合矿山生产实际,组织完成探矿权年检13个、采矿权年检116个，采矿权年检率100%，实地抽检率30%。对个旧市辖区内设置的25个探矿权，按取得勘查许可证期满6个月必须进行探矿权年检的要求，全市应参加年检的探矿权16个，实际参加年检13个，全部合格，年检率81%。

【矿业规划】 2011年，个旧市国土资源局根据《矿产资源法》《矿产资源规划管理暂行办法》和国土资源部《关于开展第二轮矿产资源规划编制工作的通知》要求，在矿产资源规划编制成果通过省国土资源厅评审的基础上，认真按照上级国土资源部门关于矿产资源规划修编工作的部署，做好《个旧市矿产资源规划（2008-2015年）》的数据建库、公布实施及上报审批备案工作。

【矿产资源勘查】 2010年至2011年10月，个旧市国土资源局认真组织实施“云南省三年地质找矿行动计划”，在个旧矿区东区通过实施深部及外围找矿工作，共探获有色金属量14.3万吨（锡金属6.98万吨、铜金属6.65万吨、铅金属0.67万吨，其它金属346吨）。个旧矿区西区的整装勘查工作正按计划有序开展。

【矿产执法监察】 2011年，个旧市国土资源局积极参与全市整顿和规范矿产资源开发秩序工作，按《国务院关于全面整顿和规范矿产资源开发秩序的通知》《关于开展整顿和规范矿产资源开发秩序“回头看”行动的通知》及省、州、市政府的贯彻意见和相关配套文件要求，共开展矿山动态巡查112次，出动人员2205人次，出动车辆354台次，下达责停通知书76份，立案查处2起，罚款8万元，调解矿山企业纠纷2起。其中开展矿山清理整治工作11次，主要针对个旧市各重点矿区实施综合整治。清理整治工作共出动清理人员1905人次，出动车辆机械224台次，拆除非法洗沙池8个、非法工棚11间，炸封非法坑口217口，收缴非法矿产品2车、非法采矿工具45件，捣毁非法管道500余米，清撤非法采矿人员1500余人，有效地维护了全市矿业开采秩序，全面完成整顿和规范矿产资源开发秩序“回头看”行动的各项工作任务。

【地灾防治】 2011年，个旧市国土资源局加强地质灾害预警预报、群测群防和应急处置体系建设。一是成立以常务副市长为组长的地质灾害防治工作领导小组；二是代市政府拟制《个旧市2011年地质灾害防治方案》，报请市政府审批后，下发执行；三是加强经费保障，下拨2011年度地质灾害防治经费50万元；四是对全市53个地质灾害点和地灾隐患点，设立地灾信息员、监测员、预警预报员，将地灾防治工作责任落实到单位和个人；五是制定个旧市地质灾害防治工作制度及个旧市地质灾害防治管理工作8项制度，确保组织、责任、措施和人员的落实；六是开展地质灾害防范应急演练，有针对性地开展地质灾害演练 3次，参加人员2504人，为个旧市应对突发地质灾害打下坚实基础；七是积极开展地灾防治知识培训和科普宣教活动培训10期2500人次，发放宣传资料40000余份，共成立应急队伍15支。

【国土资源法制宣传】 211年，个旧市国土资源局以“4·22世界地球日”、“6·25全国土地日”为契机，严格按照《个旧市国土资源局开展法制宣传教育的第六个五年规划和依法治市第四个五年规划实施意见》和《个旧市国土资源局2011年法制宣传教育和依法治理工作意见》，积极组织开展国土资源政策、法律、法规宣传活动。活动中，编印国土资源管理业务知识宣传资料40000余份，提供法律、法规咨询服务1500人次，扩大了《中华人民共和国土地管理法》《中华人民共和国矿产资源法》等法律法规的宣传面。借鉴旅游景点宣传画册的经验，精心印制《个旧市国土资源局行政审批项目办事指南》2000余份，包含便民利民措施和办理业务需要提交的材料等内容，并将其报送党政机关和各相关部门，发放到来咨询、办事的群众手中，让群众对国土资源局的办事程序一目了然，极大地提高了社会各界和人民群众对国土资源管理工作的认知度，受到党政机关、各企事业单位和广大社会群众的一致好评。

【队伍建设】 2011年，个旧市国土资源局继续加大教育培训投入力度，全面提升干部职工素质。一是切实加强领导班子建设，定期召开民主生活会，坚持理论中心组学习制度，坚持民主集中制讨论重大事项，坚持领导干部公开述职述廉、个人重大事项公示。年内推荐1名副局长担任由市委派出的沙甸区工作队队长，积极推荐和选派2名副局长参加红河州国土资源局办公室主任的公开招考工作。二是稳步推进党员发展工作，全年共培养入党积极分子11名，预备党员转正1名。三是大力加强全市国土资源系统干部职工教育培训，继续推进“完善体制机制、提高业务素质”教育，印发《个旧市国土资源局2011年干部职工教育培训计划》，全年共选派干部职工48人次参加各级各类培训。四是强化基层国土资源分局（所）规范化建设，领导成员分片联系、不定期与所在乡镇党委、政府就加强国土资源分局（所）建设商讨对策。全年，共筹措200万元资金为各乡镇国土所购置公务用车和补助执法监察经费。

【党风廉政建设】 2011年，个旧市国土资源局紧紧围绕国土资源管理中心工作，坚持“廉政以立身，勤政以务公，善政以富民”的宗旨，以解决损害群众利益问题为重点，加强对土地和矿业权审批、出让及项目资金管理的监督，健全规章制度，完善监督机制，加大预防腐败力度，为国土资源各项工作的发展提供了有力的政治保证。一是全面落实党风廉政建设目标责任制。结合国土资源系统实际，对党风廉政建设责任制进行任务分解，确定党风廉政和纠风工作治理目标。通过层层签订责任书，形成主要领导亲自抓、分管领导具体抓，一级对一级负责的党风廉政建设工作机制，保证责任制的落实，形成反腐倡廉整体合力。二是把加强党风廉政教育作为增强党员干部拒腐防变能力的有效措施。认真开展党风廉政理论和党纪条规的学习教育，对新任中层干部一律进行党风廉政教育谈话。以典型案例为教材，开展深刻的反腐败警示教育。建立与纪检监察部门工作对接制度，突出土地出让、矿业权出让、土地和矿业权评估、执法监察、项目招投标5个方面的廉政建设。三是把严格落实各项规章制度作为从源头上预防和治理腐败的重要举措。深入推进行政审批制度改革，认真落实好内部会审和集体决策制度。严格落实经营性土地、矿业权招标拍卖挂牌出让制度。严格执行“收支两条线”规定、建设工程招投标和政府采购等制度，加强财务管理。四是建立有效的监督制约机制，强化班子内部监督，强化自查自纠，强化主动自觉接受纪检监察部门的监督，强化有关业务职能部门的监督，强化社会监督。采取设立举报箱、政务查询专线（96128）和违法案件举报电话（12336）等方式，广泛接受和征求社会各界的意见，以更大的决心，更大的力度和更有力的措施，促进党风廉政建设和反腐败工作的落实。

【信息化建设】 2011年，个旧市国土资源局大力推进国土资源信息化建设，全年投入44.45万元购置交换机、服务器、路由器、防火墙硬件、软件和相关办公配套设施，局内已基本实现无纸化办公，8月1日准时和州局实现网上无纸化报件对接工作，圆满完成信息化工作的年度任务。全年为各分局（所）和科室配置电脑21台、笔记本电脑6台、打印机2台、手持GPS 3台、一体机8台、复印机2台。

年内，个旧市国土资源局高度重视信息宣传工作，鼓励全局干部职工积极写稿投稿，大力宣传国土资源管理工作，收到良好效果，分别在省、州、市等各类媒体刊载信息36条，其中省级5条、州级10条、市级21条，在市局门户网站发布消息、动态107条。

（撰稿：金也添）

安全生产监督管理

【简述】 2011年，个旧市安全生产监督管理局认真贯彻落实科学发展观，始终坚持“安全第一，预防为主，综合治理”的安全生产管理方针和安全发展理念，严格执行《安全生产法》等法律法规，加强监管和督促检查工作。以“打基础、筑防线、破难题、勤督查、重治理、上台阶”为工作重心，继续深入开展安全生产年活动，继续深化安全生产执法、安全生产治理、安全生产宣传教育“三项行动”，切实加强安全生产体制机制、安全生产保障能力、安全生产监管队伍“三项建设”。认真开展治大隐患，防大事故行动，从生产一线和源头上做好事故的预防工作，努力减少一般事故，遏制较大事故、重大事故和特大事故的发生。年内，全市安全生产监督管理工作在非煤矿山和尾矿库整治、教育培训、安全投入、案件查处、事故防范、机制创新、督促企业落实主体责任、推广安全技术、标准化建设等方面取得明显成效，保持了安全生产形势的平稳。工矿商贸企业无较大以上事故发生，为保增长、保民生、保稳定、保大局，实现全市经济社会平稳较好发展提供了安全保障。

【安全生产工作会】 2011年1月15日，个旧市在市政府会议厅召开全市安全生产工作会议，市委、人大、政府、政协领导，各乡（镇、区、处）主要领导，市安委会成员单位负责人等125人参加会议。市长戴劲松出席会议并做重要讲话，要求各乡镇、部门和单位始终坚持以“预防为主、加强监管、落实责任”为重点，继续深入开展“三项行动”和“三项建设”，确保全市安全生产状况总体稳定趋向好转。常务副市长包旭在讲话中提出，2010年安全生产工作取得明显成效，但也要清醒地认识到全市安全生产面临的新形势、新要求，增强抓好安全生产工作的紧迫感和责任感，做好“十二五”规划开局之年的安全工作。

全年，市政府召开常务会议3次，专题研究安全工作，落实《云南省人民政府办公厅关于继续深入开展安全生产年活动的实施意见》，将安全生产工作纳入政府重点督查工作内容，要求各分管领导抓好安全生产工作，认真开展安全专项整治。

【安全生产事故】 2011年，个旧市事故累计死亡39人，其中工矿、建筑企业安全事故死亡13人；道路交通事故死亡26人；发生火灾事故7起，无人员伤亡。全年全市未发生较大事故，事故死亡人数控制在州政府下达的考核指标内。

【安全月活动】 2011年，个旧市安全生产监督管理局以“安全责任，重在落实”为主题，精心组织开展“安全生产月”宣传活动，大力普及安全生产法律法规知识和安全防护知识，提高全员安全生产法律意识和自我保护能力，营造“综合治理，保障平安”的社会氛围。据不完全统计，全年开展多种形式的宣传教育活动210余次，开设咨询点30个，出动宣传车190辆次、宣传人员380多人次，发放宣传材料近25万份，悬挂横幅110幅，制作宣传展板2500块，喷涂和张贴标语1420余条，播放安全宣传片86场次，演出安全生产文艺专场9场。

【安全生产年专项行动】 2011年，个旧市安全生产监督管理局继续开展“安全生产年”活动，强化非煤矿山、危险化学品、烟花爆竹等安全专项整治工作，制定《重点督查安全生产工作方案》《安全专项整治工作实施方案》，召开分片区会议20多场次，安排部署督促落实各项整治工作。

一、开展非煤矿山专项整治。

2011年，市安监局、市消防大队、各乡镇安监站和矿山有关专家50多人率2个检查组开展现场专项检查。检查行动共出动人员440余人次、车辆128台次，深入40户矿山企业，查出隐患1000处，下达整改指令书108份，督促企业限期完成整改500余条。聘请昆明理工大学等3家安全评价机构组成15个安全检查组对全市所有地下矿山采矿坑道进行全面安全检查。共检查坑道216条，查出隐患900余条，下达整改指令书232份，督促企业整改860余条。全年，非煤矿山专项整治检查发现隐患3000余条，现场督促整改1000余条；对近2000条隐患下发整改指令书312份，隐患整改率96%。

年内，市安监局继续推进地下矿山机械通风，提升运输系统和顶板边帮整治工作。强制要求每个坑口至少配备1部有毒有害气体检测仪，全市新增检测仪1000余部，在自然通风差的巷道、作业源头新增局扇风机200台。督促企业对提升设备定期检查，新增和更换提升绞车30台，5家企业安装视频监视器系统，对斜坡道、炸药库等重点部位进行实时监管。

积极推进非煤露天矿山安全专项整治工作。年内，个旧市安全生产监督管理局积极开展非煤露天矿山安全专项整治工作，出动人员166人次、车辆38台次，检查露天矿山企业126家次，下达各类执法文书91份。59家非煤露天矿山企业实现机械化铲装，占非煤矿山总量97%。全市非煤露天矿山企业建立完善专项整治档案，建档率100%。35家企业累计投入整治资金1000余万元，实施分层开采、中深孔爆破作业技术。全市露天矿山专项整治取得明显成果，企业安全生产条件明显改善，专项整治工作通过省州验收。

二、市安监局、市经济局、市质监局、市商务局、市卫生局等多部门组成联合检查组，开展危险化学品和烟花爆竹专项整治大检查6次，日常安全检查50余次，出动车辆100余台次、人员200多人次，查出隐患300余条，责令整改200余条，下达整改指令书7份，隐患整改率95%。严厉打击非法经营烟花爆竹行为，没收非法经营的各类假冒伪劣烟花爆竹33件（箱）。

三、开展冶金有色专项整治。年内，市安监局检查冶金、有色冶炼厂113家，查出隐患200余条，下达整改指令书30份，完成隐患整改180余条，整改率90%以上。督促冶炼企业购置使用有毒有害气体监测报警仪70多部，空气呼吸器50多台。

四、开展"治大隐患，防大事故"大检查。个旧市开展"治大隐患，防大事故"大检查活动，全市882家企业在自检自查中，查出隐患3646条，整改3390条，整改率93%；各部门、各乡镇开展检查督查402次，查出隐患1817条，整改1646条，整改率90.6%。

【推行安全标准化建设】 2011年，个旧市政府将继续推进企业安全标准化建设作为治本之策和重点任务，积极推行安全标准化建设，5家地下矿山、4座尾矿库、2户危化企业、1家露天矿山达到二级标准化建设，8家地下矿山、7家露天矿山、7户危化企业和1家烟花爆竹批发企业达到三级标准化建设。

【加强尾矿库安全监管，巩固整治成果】 2011年，个旧市政府巩固尾矿库专项整治成果，安排63万元完成火谷都尾矿库截排洪设施修缮；安排30万元用于加强乡镇监管装备建设和尾矿库隐患治理；争取国家财政资金253万元，企业自筹600多万元对鸡心脑、红盛、振兴、雄庆等4座小型尾矿库进行整治。云南锡业集团公司继续投入上亿元资金加固卡房分矿、官家山、古山选厂、羊坝底、小凹塘等尾矿库坝体，修建截排洪设施，安装排水设备；完成5座闭库尾矿库安全评价、环境影响评价、可行性研究报告和闭库工程设计。

【开展应急救援演练】 2011年6月21、23日，个旧市睿达锡矿、个旧市振兴锡矿分别开展专项应急救援演练，共有160余人参加演练，全市矿山企业300余人参加观摩学习。

【安全生产宣传教育】 2011年，个旧市安全生产监督管理局投入人力、物力、财力，继续加大安全生产教育和安全生产培训的监管力度，着力提高全员安全意识，努力营造全社会重视安全生产的氛围。全年全市共举办各类培训班43期，其中培训企业法人（厂矿长、经理）、安全管理人员3535人次；特种作业人员989人次。协助企业进行从业人员三级安全教育培训70多次，培训从业人员2万人次。

【安监队伍建设】 2011年，个旧市安全生产监督管理局实施机构改革，科室由办公室、矿山科、职安科调整增加为办公室、安全生产协调科、金属矿山监管科、尾矿库监管科、危化品监管科，加挂个旧市矿山安全监督管理局牌子，由一名副局长兼矿山局局长（正科级）。

【安监装备建设】 2011年，个旧市安全生产监督管理局安全监管装备不断加强，监管队伍装备水平逐步改善，监管技术含量得到提高。市安监局配备执法用车1辆，尾矿库安全监管检测设备1套（100米皮尺、数显深度尺、对讲机、激光测距仪、高精度测距仪、便携式浸润线埋探监测仪、高精度手持GPS、望远镜、照相机和摄像机），进一步充实了安全监管装备。

（撰稿：沈　斌）

食品药品监督

【食品药品监督管理体制调整和机构移交】 2011年，个旧市食品药品监督管理局和个旧市卫生局根据《国务院办公厅关于调整省级以下食品药品监督管理体制有关问题的通知》《中共云南省委办公厅云南省人民政府办公厅关于印发〈云南省人民政府机构改革实施意见〉的通知》精神，在个旧市委、政府高度重视下，按照机构改革"三定"方案要求，经过半年多准备和业务工作磋商，于10月14日在个旧市食品药品监督管理局会议室举行监管工作职能、人员、财物移交仪式，将原个旧食品药品监督管理局承担的食品安全综合协调、组织查处食品安全重大事故职责移交个旧市卫生局，将个旧市卫生局卫生监督所承担的餐饮服务食品安全监管和保健食品、化妆品监督管理职责移交个旧市食品药品监督管理局。个旧市卫生局卫生监督管理所划转10人到个旧市食品药品监督管理局参与食品安全和餐饮服务监管。同时，撤销原设在个旧市食品药品监督管理局的个旧市食品安全委员会办公室，将"个旧市食品安全委员会"和"个旧市食品安全委员会办公室"印章移交个旧市卫生局管理。

【食品安全工作】 2011年，个旧市食品药品监督管理局严格履职，依法加强食品安全监管工作。

一、认真落实食品安全目标考核责任制。个旧市食品药品监督管理局继续履行食品安全综合协调与监察职责，根据市食品安全工作委员会食品安全工作目标考核办法的规定，对2010年10个食品安全委员会成员单位及10个乡镇（区、办事处）食品安全目标责任履行情况进行考核和表彰奖励，并与各乡镇和食品安全主要监管职能单位签订2011年食品安全目标责任书。

二、开展节日前食品安全整治。在元旦、春节、五一、中秋，国庆等重大节庆期间，个旧市食品安全委员会成员单位组成督察组,对辖区食品生产加工、流通及经营单位进行食品安全专项督察5次。并通过督察促进企业认真做好食品生产加工运输及经销工作，保障食品安全，为锡都人民把好食品质量关，让老百姓吃到放心食品。一年来，督察组共督查食品生产企业21户、大型超市14户、月饼直销摊点35个，出动检查车辆38辆次、督察人员48人次。

三、打击食品非法添加和滥用食品添加剂。根据国务院和省、州食品安全委员会办公室关于严厉打击食品非法添加和滥用食品添加剂专项整治的通知精神，个旧市食品药品监督管理局制定《个旧市严厉打击食品非法添加和滥用食品添加剂专项整治实施方案》，组建工作机构，部署打击食品非法添加和滥用食品添加剂专项整治工作，开展宣传和市场检查，收集专项整治工作情况，及时上报工作动态和相关数据。

四、开展"罗丹明B"火锅底料清查工作。根据省食药监局清查含"罗丹明B"火锅底料相关文件精神，个旧市食品药品监督管理局联合市卫生局及时开展整治工作,对辖区内所有涉及提供火锅底料的餐饮服务单位进行突击性检查。检查共出动工作人员28人次、车辆14台次，检查经营火锅的餐饮服务单位76户，其中专营火锅的餐饮服务单位26户。工作人员在检查中详细对火锅店使用的底料、配料进行彻底清查，并督促餐饮部门做好进货台账。

五、学校食堂食品安全专项监督检查。个旧市食品药品监督管理局与市卫生监督所联合，组织相关人员对个旧市辖区学校食堂进行专项检查。经过检查， 38户学校食堂（职高学校食堂1户、中学食堂15户、社会办学小学食堂4户、幼儿园食堂18户）已全部办理《餐饮服务许可证》；针对学校食堂卫生条件差和预防集体食物中毒措施差的薄弱环节，及时组织学校食堂法人、负责人和从业人员进行食品安全知识培训，增强学校食堂负责人法律意识，强化从业人员食品安全意识。截止年底，全市已办证的38个学校食堂76名法人或负责人、168名食品从业人员已全部参加过食品安全知识培训。

六、保健食品市场监管。个旧市食品药品监督管理局按省食药监局的安排部署，制订保健食品专项整治工作方案，组织开展保健食品市场专项检查。专项检查出动执法车辆14辆次、人员48人次，检查保健食品经营企业62户次，上网核查保健食品160余种。另外，市食药监局对申请经营单位的经营环境条件、索票索证情况、经营品种进行严格审查，组织现场验收，对符合条件的62户保健食品经营单位发放《个旧市保健食品经营许可证（临时）》。

七、餐饮许可受理。个旧市食品药品监督管理局按照市政府《个旧市在机构改革期间做好食品安全监管工作的意见》及《红河州人民政府办公室关于转发红河州加强政府部门机构改革职能调整到位之前餐饮环节食品安全监管工作意见的通知》精神，多次参加由个旧市政府召开的食品药品监督管理局、卫生局主要负责人工作协调会，明确在机构改革未完成前，个旧市食品药品监督管理局和个旧市卫生局现有职能不变。食药监局继续承担食品安全综合协调，卫生局继续承担餐饮现场监督，对新申报证照的餐饮经营店由卫生监督所进行现场验收，经营者持现场验收合格材料，由食药监局核发《餐饮服务许可证》。10月14日，个旧市食品药品监督管理局与个旧市卫生局监管职能正式移交后，个旧市食品药品监督管理局及时理顺办证程序，根据《餐饮服务许可管理办法》和《餐饮服务许可审查规范》及时对餐饮经营单位发证程序和审核方法进行调整。截止10月31日，市食药监局共受理发放《餐饮服务许可证》483份（其中特大型餐馆1户、大型餐馆4户、中型餐馆41户、小型餐馆116户、小吃店233户、食堂53户、饮品店17户、快餐店18户）。

八、餐饮服务食品安全工作保障。个旧市食品药品监督管理局履行餐饮环节食品安全监管后，对个旧市委、市政府组织举办的“个旧市妇女第十次代表大会”、“全省民族团结进步创建活动经验交流现场会”、州委领导到个旧视察调研等重大活动按照《重大活动餐饮服务食品安全监督管理规范》的规定，派出工作人员12人次，对承办重大活动的餐饮单位进行现场监督，督促餐饮单位对提供就餐活动的各个环节做好食品安全保障，按要求对提供的菜样进行登记并留样保存48小时，为发生食物中毒提供分析材料。由于食品安全保障工作到位，个旧市重大活动提供的餐饮，均未发生食品安全事件。

九、餐饮行业专项整治。个旧市食品药品监督管理局为做好国家级卫生城市复查迎检工作，出动工作人员32人次，对市区191户餐饮服务单位进行现场检查，重点督查餐饮单位是否持证经营、经营环境是否符合条件、从业人员是否经过培训并持健康证上岗、购进原料是否按要求进行登记验收等情况。经过专项整治，查处无证经营户5户，发出整改通知书4份，使全市餐饮单位索票索证意识得到增强，经营场所卫生环境得到进一步改善。

十、培训餐饮服务食品安全社会监督员。个旧市食品药品监督管理局根据省、州食药监局相关文件精神，为做好餐饮服务监督工作，在各乡镇（区、处）聘请社会监督员120人，协助个旧市食品药品监督管理局做好餐饮服务监管工作。为提高餐饮服务食品安全社会监督员的业务水平，个旧市食品药品监督管理局分批对新聘任的餐饮服务食品安全社会监督员进行上岗前培训。

【药械安全监管】 2011年，个旧市食品药品监督管理局以创建“规范药房”、“平安药店”、“药品安全示范县”建设为中心，继续加大药品、医疗器械监管力度，不断净化药品市场，保障全市人民群众用药安全。

药械市场监管 个旧市食品药品监督管理局将日常监管与专项整治相结合，认真开展药品、医疗器械安全监管工作。全年开展各类专项整治12次，严厉打击侵犯知识产权制售假冒伪劣商品、利用互联网等媒体发布虚假广告、通过寄递等渠道销售假药、非药品冒充药品、非法销售药品等行为。经过专项整治，药品经营企业以消毒产品、保健食品、化妆品等非药品冒充药品销售的势头得到有效遏制，互联网药品信息发布和交易行为得到规范，药品市场得到进一步净化。继续开展药品经营（零售）企业GSP认证，加强GSP跟踪检查；进一步规范零售药店的进货渠道、销售凭证，强化对药品购销渠道的管理；大力整治药品流通环节中“挂靠经营”、“走票”等违法违规行为；进一步扩大药品抽验范围，加大对高风险产品、质量可疑产品的监督抽验力度，截止10月31日共抽检药品46批次（国家基本药物11批次），收到药品检验报告书35份，查出不合格药品2批次；建立特殊药品、中药注射剂、生物制品、血液制品的电子监管系统，对4大类药品的购进、储存、销售情况进行实时监控；强化企业是药品质量安全第一责任人的意识，严格落实《药品召回管理办法》，开展召回、退回药品专项检查。严格按照GSP要求进行规范管理，加强对辖区药品经营企业的帮扶指导，指派专人现场对新申办的企业进行技术指导，强化对现有企业进行跟踪督导，提高企业规范化管理水平和市场竞争力，截止10月31日共帮扶指导35户药械经营企业通过GSP认证。一年来，市食药监局依法受理准入药械经营企业11户（药店6户、医疗器械经营户5户）；到期换证6户（药店4户、医疗器械经营户2户）；备案37户（药柜16户、医疗器械经营柜21户）；出动检查人员458人次,检查涉药单位443户次（其中生产企业24户次、经营企业309户次、医疗机构110户次）；办结行政处罚案件23 件（其中药品16件、医疗器械7件），结案率100%；没收违法所得0.05万元、罚款8.3万元。

落实驻厂监督和质量授权制度 个旧市食品药品监督管理局为加强对注射剂、兴奋剂、特殊药品等高风险药品生产企业的日常监管，对辖区的2个药品生产企业实行派驻药品监督员制度。指派2名监督员，配合州食药监督局对生产企业进行分组轮流巡回监督，重点对原料购进、药品生产工艺、进出厂检验等环节进行监督，并对整个药品生产过程实行抽查，督促药品生产企业严格按照GMP要求规范生产，从源头上加强对高风险药品的监督。同时，个旧市食品药品监督管理局还督促药品生产企业积极推行质量授权人制度，以文件形式明确企业质量授权人，并报州食药监局备案，企业与个旧市食品药品监督管理局签订《药品生产质量诚信保证书》，加强高风险药品在生产领域各个环节的质量监控。

强化药械安全性监测 个旧市食品药品监督管理局为进一步加强药械安全性监测工作，邀请州级专家到个旧市为全市44个药品医疗器械生产经营企业、医疗机构专兼职监测人员举办培训班，提高管理水平，为开展药械安全性监测提供人力和技能保障。截止10月31日，全市共收到药品不良反应报告189份，医疗器械不良事件5份，药物滥用监测报告264份，药品不良反应和医疗器械不良事件监测水平不断提高。

启动创建省级药品安全示范县工作 个旧市食品药品监督管理局根据省、州食药监局有关于文件精神，积极开展争创“药品安全示范县”活动，并于6月8日在个旧市政府2楼会议室举行创建“省级药品安全示范县”启动仪式。创建活动工作目标：一是将药品安全工作列入当地政府工作目标考核内容。二是创新药品安全监管手段，全面实施药品监管数据库管理。三是建立完善的药品不良反应监测和药物滥用监测体系，健全诚信和应急处理体系。四是农村药品“两网”建设水平不断提升，群众对农村药品市场秩序满意度达到95%以上。五是辖区药品市场秩序规范，无药品安全事件发生。六是群众安全用药、合理用药意识显著提高。启动仪式上，杨龙遇副市长代表市政府与10个乡镇（区、处）、2个药品生产企业、12个经营企业（其中批发企业3户）和 8个医疗机构签订《药品安全示范县目标责任书》。

为做好创建省级药品安全示范县工作，个旧市食品药品监督管理局着力提升全市药械安全监测工作力度，确定2个生产企业、11户药品零售企业、8个重点医疗机构为重点监测点，切实拓宽监测范围，为减少药害事件，确保公众用药安全筑牢基础。

加强全市药械从业人员继续教育培训 8月30日至9月1日，个旧市食品药品监督管理局举办药品、医疗器械从业人员培训班3期，来自全市药械生产经营企业、医疗机构的623名从业人员参加培训。培训结束后，对所有学员进行考核，以确保培训工作的实效性。

深化规范药品、医疗器械库（房）建设工作 个旧市食品药品监督管理局继续采取有效措施，扎实推进“规范医疗机构药械库（房）”建设达标检收工作。年末，红河华山医院、大屯卫生院、卡房卫生院等18个医疗机构顺利完成药械库（房）验收达标工作。

稳步推进“平安药店”创建工作 个旧市食品药品监督管理局以“创建药品安全示范县”为重心，稳步推进“平安药店”创建工作，以提高药品经营企业“三种”意识（法治平安意识，自律意识，诚信意识）为突破点，全面落实打防结合、群众为主的工作方针，努力净化药品市场，实现发案少、秩序好、社会稳定、群众满意的工作目标。

4月，个旧市食品药品监督管理局派出相关人员并邀请市综治办领导组成检查组，对申请创建“平安药店”的3个药品连锁经营企业、21个零售药店进行现场检查验收。经过检查组严格审核，所申报企业、药店均达验收标准。8月，全市有3个药品连锁企业、21个零售药店被个旧市食品药品监督管理局授予“个旧市平安药店”光荣称号。

【宣传工作】 2011年，个旧市食品药品监督管理局紧紧抓住3·15消费者日、食品安全法纪念日、安全生产月等活动契机，围绕食品药品宣传主题，开展现场宣传活动5次，发放药品、医疗器械法规宣传资料5000余份，发放食品安全法规、科普知识宣传材料5200余份。紧紧抓住创建“药品安全示范县”和“药品安全科普宣传月”活动的有利时机，积极开展食品药品科普宣传活动。借助个旧电视台的媒体影响力，在黄金时段，以滚动播出的形式，发布药品安全公益广告122条次；开展“食品药品安全知识大讲堂”活动。组织有关人员到社区、学校开展食品药品安全知识讲座8场次，播放《食品药品安全知识大讲堂》电教片135场次、《药品安全情景短剧》135场次，在市区主要街道设置食品药品安全公益广告3条。

【信息工作】 2011年，个旧市食品药品监督管理局继续做好信息采编工作，共采编《个旧食品药品监管》信息19期36条，《个旧食品安全简讯》5期7条，利用政务信息公开门户网站发布食品安全预警公告4期。这些信息被省食药监局网站采用2条、州食药监局网站采用4条。

（撰稿：薛树玉）

农林水利

贾沙林业 （张 颖 摄）

种植业

【简述】 2011年，个旧市农业以中共十七届五中、六中全会精神为指导，认真贯彻落实中央1号文件及各项支农惠农政策，紧紧围绕“依托工业，围绕市场，服务城市，富裕农村”的农业工作思路，坚持以科学发展观统领农业农村经济发展，以增加农民收入为核心，稳步调整农业产业结构，实施多项农业科技增产技术措施，重点发展特色产业，取得显著成效，实现粮食总产量增产、农民增收目标。

全市有常用耕地面积18.16万亩，其中水田4.73万亩，水浇地2.12万亩，旱地11.31万亩，农民人均占有耕地1亩；粮食作物种植面积21.12万亩，比上年下降1.17%；粮食总产量63517吨，比上年增长3.59%；经济作物种植面积18.84万亩，比上年增加1.43万亩；水果种植面积4.74万亩，比上年增加0.47万亩,增长11%，总产量36282吨，比上年减少1229吨，下降3.28%；蔬菜种植面积9.24万亩，总产量101821.6吨，分别比上年增加0.94万亩和19254.4吨，增长11.33%和23.32%；完成农村经济总收入642181.16万元，比上年增长5.90%；实现农民人均纯收入6781元，比上年增长11.53%；实现农业总产值138640万元（现行价），比上年增长18.55%，其中农业产值58080万元，比上年增长18.55%。

2011年个旧市农业产值统计表

（以2011年现行价格计算） 单位：万元

项　目	2011年	2010年	2011年 / 2010年 ± %
农业总产值	138640	116951	18.55
农业产值	58080	48994	18.55
林业产值	5544	4677	18.54
畜牧业产值	63406	53487	18.54
渔业产值	7700	6495	18.55
服务业产值	3910	3298	18.57

2011年个旧市农村经济总收入统计表

单位：万元

项　目	2011年	2010年	2011年 / 2010年 ± %
农村经济总收入	642181.16	606415.75	5.90
1、农业	38884.48	37542.8	3.57
其中（1）种植业收入	38286.7	36564.9	4.71
（2）其他农业收入	597.78	977.9	-38.87
2、林业	1458	1407.92	3.56
3、畜牧业	45578.36	37325.28	22.11
4、渔业	1297	1301.45	-0.34
5、工业	473633.56	433772.32	9.19
6、建筑业	3404	4364.91	-22.01
7、交通运输业	14452.9	18737.51	-22.87
8、商饮业	55391.98	64467.75	-14.08
9、服务业	3449.44	2929.82	17.74
10、其他行业	4631.44	4565.99	1.43

2011年个旧市粮食生产情况统计表

面积：亩 总产：吨

项目/乡镇	粮食面积		2011年/2010年	粮食总产		2011年/2010年
	2011年	2010年	± %	2011年	2010年	± %
总计	211215	213713	-1.17	63517	61318	3.59
锡城	16587	16482	0.64	4508	4392	2.64
贾沙	42695	43089	-0.91	12683	12204	3.92
保和	14296	14498	-1.39	4090	3309	23.60
卡房	59241	60943	-2.79	17835	17155	3.96
老厂	8600	8100	6.17	1865	1902	-1.95
大屯	20743	22606	-8.24	6966	7615	-8.52
鸡街	38326	39225	-2.29	12771	12166	4.97
沙甸	2567	2340	9.70	719	904	-20.46
蔓耗	7610	5430	40.15	2876	1351	112.88
其他	550	1000	-45.00	204	320	-36.25

2011年个旧市主要经济作物及其他作物生产情况统计表

面积：亩 总产：百公斤

乡 镇	经济作物面积		2011年/2010年	其中：油料作物面积		2011年/2010年	油料总产		2011年/2010年
	2011年	2010年	± %	2011年	2010年	± %	2011年	2010年	± %
总计	188446	174145	8.21	13728	14039	-2.22	14240	15494	-8.09
锡城	14103	12209	15.51	0	0	0	0	0	0
贾沙	26962	25505	5.71	4970	4090	21.52	5400	4075	32.52
保和	20653	20404	1.22	2200	1950	12.82	1638	1086	50.83
卡房	24467	17663	38.52	2071	2415	-14.24	1193	2665	-55.23
老厂	16890	13514	24.98	300	300	0	323	309	4.53
大屯	32267	33952	-4.96	860	1500	-42.67	1170	1857	37.00
鸡街	33680	31968	5.36	827	804	2.86	766	1032	-25.78
沙甸	5874	3800	54.58	——	——	——	——	——	——
蔓耗	13100	14330	-8.58	2500	2980	-16.11	3750	4470	-16.11
其他	450	800	-43.75	——	——	——	——	——	——

2011年个旧市主要经济作物及其他作物生产情况统计表（续表）

面积：亩　总产：百公斤

乡镇	甘蔗面积		2011年/2010年±%	甘蔗总产		2011年/2010年±%	烤烟面积		2011年/2010年±%	烤烟总产		2011年/2010年±%
	2011年	2010年		2011年	2010年		2011年	2010年		2011年	2010年	
总计	15207	16922	-10.13	410829	488127	-15.84	20052	16338	22.73	30601	24650	24.14
锡城	0	——	0	0	——	0	0	200	-100.00	0	295	-100.00
贾沙	1400	800	75.00	25000	32000	-21.88	3302	3000	10.07	4995	4630	7.83
保和	4150	3500	18.57	124500	106000	17.45	7800	5100	52.94	12281	7750	58.46
卡房	0	2240	-100.00	0	56000	-100.0	7500	5498	36.41	11246	8375	34.28
老厂	1540	1124	37.01	46200	31472	46.80	950	1590	-40.25	1304	2425	-46.23
大屯	3132	4777	-34.44	75230	121175	-37.92	350	600	-41.67	568	740	-23.24
鸡街	2555	2621	-2.52	45799	67080	-31.72	150	350	-57.14	207	435	-52.41
沙甸	2430	1860	30.65	94100	74400	26.48	——	——	——	——	——	——
蔓耗	0	0		0	0	0	——	——	——	——	——	——

2011年个旧市主要经济作物及其他作物生产情况统计表（续表）

面积：亩　总产：百公斤　花卉产量：万枝

乡镇	生物药材面积		2011年/2010年±%	生物药材总产		2011年/2010年±%	花卉面积		2011年/2010年±%	花卉总产		2011年/2010年±%
	2011年	2010年		2011年	2010年		2011年	2010年		2011年	2010年	
总计	7343	5047	45.49	18669	16285	14.64	460	500	-8.00	696	773	-9.96
锡城	2113	2213	-4.52	6039	6099	-0.98						
贾沙	365	360	1.39	83	53	56.60						

续上表

乡镇	生物药材面积		2011年/2010年±%	生物药材总产		2011年/2010年±%	花卉面积		2011年/2010年±%	花卉总产		2011年/2010年±%
	2011年	2010年		2011年	2010年		2011年	2010年		2011年	2010年	
保和	0	0	0	0	0	0						
卡房	2015	174	1058.05	2014	1218	65.35						
老厂	2850	2300	23.91	10533	8915	18.15						
大屯	——	——	——	——	——	——	60	100	-40.00	212	279	-24.01
鸡街	0	0		0	0		100	100	0	184	184	0
沙甸	——	——	——	——	——	——						
蔓耗	——	——	——	——	——	——						
其他	——	——	——	——	——	——	300	300	0	300	310	-3.23

2011年个旧市经济作物主要产品生产情况统计表（续表）

面积：亩　总产：百公斤

乡镇	蔬菜面积		2011年/2010年±%	蔬菜总产		2011年/2010年±%	水果面积		2011年/2010年±%	水果总产		2011年/2010年±%
	2011年	2010年		2011年	2010年		2011年	2010年		2011年	2010年	
总计	92427	83018	11.33	1018216	825678	23.32	47379	42734	10.91	362820	315438	15.02
锡城	11605	9291	24.91	147895	107541	37.52	3588	3680	-2.50	43951	32388	35.70
贾沙	11665	11995	-2.75	57672	53467	6.16	3876	3574	8.45	13672	12289	11.25
保和	5610	8961	-42.42	44800	26008	72.25	2572	1705	50.85	3138	4184	-25.00
卡房	10230	5375	90.33	59072	28172	109.68	1989	1957	1.64	10340	10000	3.40
老厂	10750	7700	39.61	143070	75820	88.70	1614	1609	0.31	4000	1154	246.62
大屯	15870	15317	3.61	179800	169971	5.78	6580	3381	94.62	24387	21263	14.69
鸡街	23253	22449	3.58	331784	329969	0.55	7343	7011	4.74	92607	71735	29.10
沙甸	3444	1880	83.19	54123	34700	55.97	——	——	——	——	——	——
蔓耗	0	——	——	——	——	——	19817	19817	0	170725	162425	5.11
其他	0	50	-100.00	0	30	-100.00	——	——	——	——	——	——

【小春和冬季农业开发】 2011年，个旧市共完成小春和冬季农业开发面积120486亩，与上年相比增加8806亩。其中小春粮豆作物面积58247亩，粮食产量14580吨，分别占全年粮食作物种植面积的27.58%、粮食总产量的22.95%。同时，全市地膜玉米、冬季马铃薯、冬早蔬菜等特色作物的种植在规模上也较上年有突破，实现冬季农业开发总产值10500万元，农民人均占有冬季农业开发产值580.11元，比上年人均增加37.47元。

【种植业结构调整】 2011年，个旧市农业生产在遭遇各种自然灾害的影响下，对种植业结构实施有效调整，粮食种植面积略有下降，却把重点放在特色产业的培植上，使种植业结构调整取得明显成效。全年粮食种植面积211215亩，经济作物种植面积188446亩，粮经比例调整到52.80：47.20，经济作物种植比重较上年提高2.3个百分点。

【农作物自然灾害】 2011年，个旧市农业生产遭遇多种自然灾害的影响，给农民造成了一定的经济损失。据农情统计，年初的春旱灾，造成44850亩农作物受灾，成灾8300亩，农业直接经济损失220万元；在初（春）旱发生的同时，又相继发生低温霜冻灾害和雨雪冰冻灾害，分别造成35362亩和67620亩农作物受灾，成灾分别为2610亩和9605亩，造成农业直接经济损失312万元。进入汛期，鸡街镇倘甸及卡房镇田兴又相继发生洪涝灾害，造成14181.75亩农作物受灾,成灾4346.45亩,绝收300亩，冲毁鱼塘83.80亩，造成农业直接经济损失710.6万元。

【粮食作物高产创建】 2011年，个旧市继续实施粮食作物高产创建工作，着力实现粮食增产、农民增收的目标。年内，个旧市承担农业部马铃薯高产创建项目2片，云南省稻谷高产创建项目3片，云南省农业厅玉米高产创建项目1片。通过开展粮食作物高产创建活动，全市粮食产量实现增产5%的目标。

（撰稿：王艳辉）

【粮食种植】 2011年，个旧市粮食作物种植面积211215亩，总产63517吨，比2010年提高3.5个百分点，其中水稻种植面积33431亩，玉米种植面积101855亩，小麦种植面积17159亩。水稻种植以坝区为主，玉米和小麦主要集中于山区和半山区。年内，个旧市粮食种植仍占主导地位，占所有作物种植面积的35%，为全市粮食安全打牢了基础。

【蔬菜种植】 2011年，个旧市蔬菜种植面积92427亩，其中主打蔬菜为马铃薯、萝卜、甘蓝、芦笋、洋葱等品种，不仅种植面积大、产量高，而且品质佳、口感好，深受群众喜爱。大力推广无公害蔬菜种植技术，加强田间管理，不仅提高了个旧市蔬菜的品质，确保蔬菜产品农残达标，而且大大提高了个旧市蔬菜产品的知名度。

【水果种植】 2011年，个旧市农技中心技术人员多次深入田间地头指导农户为果树修枝、施肥、打药、管水，还聘请云南农业大学和红河州农广校的老师为农户传授种植技术，农户果树管理水平不断提升，有力地促进了个旧市水果产业的发展，水果种植面积不断扩大，品种越来越多，品质越来越好，优势水果品种鲁沙梨、桃、香蕉、柑橘、葡萄仍保持了强劲的发展势头。全年全市水果总种植面积47379亩，其中梨6803亩、桃2854亩、香蕉14175亩、柑橘3826亩、葡萄1407亩、石榴2663亩、荔枝249亩、菠萝70亩，番木瓜、甜脆柿、火龙果、枣、柚子等水果也得到相应发展。

【烤烟种植】 2011年，个旧市烤烟种植在市委、市政府的领导和烟草公司的大力支持下，适度把有限的种植计划向种烟积极性高、能生产优质烟叶的南部山区和半山区的6个乡镇，21个村委会，67个自然村倾斜。各烟站与烟农签订烤烟规模化合同1391份，种植品种为K326T和云烟85，种植面积20052 亩，与去年相比种植面积增长22.70%。烤烟种植坚持合同管理，狠抓科技措施落实，紧密依靠科技，规范种植，加大烤烟中耕管理工作力度，实施分类管理、分类指导，克服低温、干旱等困难，质量效益显著提高。

【花卉种植】 2011年，个旧市除位于北回归线附近，地理优势独特，土壤肥沃外，雨水充沛，花卉长势喜人，花卉产业得到迅速发展。全年，全市花卉种植面积500亩，主要以绿化苗木、玫瑰、菊花、兰花等观赏品种为主。产品除在个旧销售外，还销往昆明、文山、开远、蒙自、屏边、元阳等地。

【经济作物种植】 2011年，个旧市经济作物种植品种多样，其中具有代表性和特色性的是甘蔗、木薯和生物药材，甘蔗主栽地为鸡街镇和大屯镇，种植面积15207亩，总产41082.9吨；木薯主栽地为蔓耗镇，种植面积10980亩，总产量18274吨；生物药材主栽地为锡城镇和老厂镇，种植面积7343亩，总产量1866.9吨。

【农业科技推广服务】 2011年，个旧市农业技术推广中心全体技术人员深入基层一线，充分发挥技术优势，通过授课、会议、现场培训、下乡咨询服务、发放宣传资料等方式向广大农民推广示范农业新技术和农作物新品种，对农民进行农业科技培训和现场指导。全年举办培训班276期，培训人员22621人次，发放技术资料63140份，田间生产指导5000余人次，提供咨询服务19200余人次，科技下乡宣传3000余人次。科技推广服务的内容涉及蔬菜新品种栽培技术、植物病虫害防治、农药施用技术、果树栽培技术和施肥管理、水稻旱育旱植技术、水稻高产栽培、粮食作物间套种技术、马铃薯高产种植技术、测土配方施肥、抗旱减灾技术等，为个旧市农业技术的传播、现代农业的发展做出了贡献。

（撰稿：杨锦学）

【生物资源产业】 2011年，个旧市生物资源产业，以加快转变经济发展方式为主线，抓住云南省实施绿色经济强省和面向西南开发“桥头堡”战略机遇，围绕农业产业“8311”行动计划，着力实施基地建设、精深加工、市场开拓、品牌培育、科技创新、招商引资等六大工程，做强做大生物医药、生物农业、生物林业、生物制造（生物能源及化工）、花卉园艺、天然纤维、现代畜牧业等七大生物产业，大力推进生物环保、生物服务等领域。以市委、市政府提出的“二次创业”发展纲要为指导，落实《个旧市生物产业“二次创业”行动计划》，制定《个旧市生物产业“十二五”发展及中长期规划》，提出生物产业“5450”工程。即以云河药业、个旧生物、攀大木棉、唐人生物、巨丰生物五大企业为龙头，建设个旧市阴山生物药材种植片区、卡房东面山生物药材种植片区、保和贾沙药材及蚕桑种植片区、蔓耗热带经济作物及木棉观光旅游片区等四大生物区，争取在“十二五”末实现生物产业产值50亿元的目标任务。

一年来，全市生物药材种植面积20000亩，新增种植面积15920亩，投入资金1.15亿元（其中市财政及企业投入30万元）。特色食用农作物计划种植面积13000亩，实际种植面积15400亩，投入资金1.06亿元（其中企业投入175万元）。天然纤维作物计划种植面积5500亩，实际种植面积4700亩，投入资金177.5万元（其中企业投入157.5万元，带动农户投入20万元）。生物能源及化工原料作物计划种植面积20000亩，实际种植面积21990亩，投入资金249.75万元（其中县市财政投入5万元，带动农户投入544.75万元）。

（撰稿：邹　旭）

【种子管理】 2011年，个旧市种子管理站根据《中华人民共和国种子法》《云南省农作物种子条例》《植物新品种保护条例》《中华人民共和国行政处罚法》《中华人民共和国行政许可法》等有关法律法规的规定，严格依法履职，加强市场监管，针对重点市场、重点作物、重点业主，积极开展资质检查、质量检查、包装标识检查、档案检查等工作，维护正常秩序，促进种子市场健康发展。

一是围绕种子经营人员考核合格证、委托书或登记备案书进行检查，进一步规范种子经营行为，严禁超范围、跨区域经营。全年，全市有42户种子经营户到市种子管理站进行经营备案，3户种子生产企业办理了生产备案。

二是围绕种子的包装标识进行检查，制止不规范包装和私自拆售行为，以防假劣种子坑农害农。

三是围绕种子品种审（认）定进行检查，对市场上出现的未经审（认）定的种子，坚决予以封存扣押。

四是检查种子进货发票，确保种子来源正规合法，杜绝假劣种子上市销售。

五是检查种子经营户销售台账是否健全。

六是严把种子质量关，对经营企业销售的种子进行质量抽检。2月10日至3月10日，组织市场管理科、品种管理科、检验检测科等相关执法人员在上级主管部门执法监督下，对个旧市经营量较大，不同海拔区域的鸡街、大屯、黄草坝、乍甸、卡房、贾沙等地的种子销售单位和个人进行种子质量监督抽查。抽检常规水稻样品3个、杂交水稻样品5个、杂交玉米样品5个，检测内容为净度、发芽率、水分等三项指标。检查结果，除滇杂35发芽率不合格外，其余12个样品的净度、发芽率、水分均合格，为大田用种提供了可靠保证。

七是狠抓种子案件查处。对上级部门通报的和群众举报的假劣种子案件线索、信访材料进行认真梳理，组织力量集中进行查处。全年，市种子管理站出动宣传车30辆次、执法人员125余人次，散发宣传资料5200多份，深入全市13个集贸市场，对种子门店进行拉网式巡查监督。集中整治无证经营行为、玉米种子乱批乱发行为、游动经销种子行为。检查种子经营门店42个，查处违法经营种子案件6起，没收不合格玉米种子1921.5公斤（其中未包装裸种1900.5公斤，假种子21公斤），没收的种子已作粉碎处理。通过种子市场专项整治，有效地净化了种子经营市场，极大地维护了广大农民的利益，为农业健康发展起到保驾护航的作用。

【种子质量检验检测】 2011年，个旧市种子管理站根据《中华人民共和国种子法》《农作物种子质量监督抽查管理办法》等相关法律法规的规定，依法履职，完成农作物种子室内检测17批次，约5320公斤，其中水稻种子10批次，2520公斤；玉米种子5批次，2800公斤。完成种子市场监督抽查13个样品。其中水稻品种有：红优4号、滇屯502、云恢290、丰优香占、滇杂35、Ⅱ优838、两优2186、Ⅱ优63；玉米品种有：云瑞4号、路单8号、红育一号、云瑞8号、红单3号。经检测，除滇杂35发芽率不合格外，其余12个样品的净度、发芽率、水分均合格。

【订单农业和农业产业化基地建设】 2011年，个旧市种子管理站认真组织实施万亩冬季杂交玉米制种标准化示范基地建设，对鸡街镇倘甸片区16个村小组实施玉米制种亲本种子补助，补助面积2064亩，补助金额15万元。示范基地冬季杂交玉米制种播种面积4100亩，平均亩产300公斤，总产123万公斤，总产值716.1万元。

【超级杂交稻示范基地建设】 2011年，个旧市种子管理站承担着个旧市超级杂交水稻示范基地建设项目，在大屯镇建立高产核心示范区100亩、展示区900亩。经市级农业专家组、测产组及种植户在田间进行产量实测，百亩核心区平均产量为822.33公斤/亩；千亩展示区平均产量为770.93公斤/亩。与非示范区2010年的平均亩产650公斤相比，每亩分别增产172.33公斤、120.93公斤，增幅分别为23.78%、16.69%；亩产值1787.5元（按2011年收购价2.75元/公斤计算），每亩分别增收551.46元、362.79元，增幅分别为27.67%、18.20%。经济效益明显。

【新品种试验、示范】 2011年，个旧市种子管理站承担着红河州新品种试验、示范项目3个。

一、承担红河州杂交玉米区试两组。

（一）红河州种子管理站组。参试品种16个（含对照），即：A1–A16。试验于5月4日播种，10月18日收获，通过对各生长时期的观察及产量分析，其中A11综合性状较好，亩产752.3公斤，比对照增产2.3公斤。其他品种中，综合性状较好的品种还有A7、A6、A14、A4四个品种。

（二）红河州农科所组。参试品种7个（含对照），即：2011QS–1至2011QS–7。试验于5月4日播种，10月18日收获，通过对各生长时期的观察及产量分析，其中2011QS–6综合性状较好，亩产716.7公斤，比对照增产60公斤,增幅9.1%。

二、承担红河州杂交水稻区试两组。

（一）区试A组。参试品种10个（含对照）。试验于3月29日播种，5月13日移栽，8月28–30日收获。通过对各生长时期的观察及产量分析，A1、A2、A3、A4、A5、A6、A7、A8、A9均比对照增产，其中A7产量最高，达640公斤/亩，比对照增产21.9%；

（二）区试B组。参试品种8个（含对照）。试验于3月29日播种，5月13日移栽，8月28–30日收获。通过对各生长时期的观察及产量分析，只有C6比对照增产5.98%，亩产620公斤，C7与对照持平，其他品种均比对照减产。

三、承担红河州杂交水稻生产试验两组。

（一）生产试验B组。参试品种13个（含对照）。试验于3月29日播种，5月13日移栽，8月28～30日收获。通过对各生长时期的观察及产量分析，除B3比对照减产外，其他品种均比对照增产，其中B8产量最高，达750公斤/亩，增产率38.89%；

（二）生产试验C组。参试品种13个（含对照）。试验于3月29日播种，5月13日移栽，8月28～30日收获。通过对各生长时期的观察及产量分析，所有参试品种均比对照增产。其中C10产量达725公斤/亩，比对照增幅31.82%，居第一位。

通过试验，可筛选出适宜个旧市种植的优质、高产新品种，为杂交水稻种子生产、调供以及种子的更新换代提供可靠的理论依据，为实现个旧市粮食持续稳定增产、农民增收打下良好基础。

（撰稿：朱　敏）

【落实农村土地承包政策】 2011年，个旧市农业局认真贯彻落实农村土地承包政策，进一步加强农村土地承包法律法规及有关政策宣传，引导和规范农村土地承包经营权流转，妥善化解农村土地承包纠纷，依法维护农民的合法权益，促进个旧市农村经济发展和社会稳定。

一、学习和宣传农村土地承包有关法律法规及政策。一是通过以会代训形式，组织市乡（镇）两级农业系统广大干部职工，学习《中华人民共和国农村土地承包经营权证管理办法》和《中华人民共和国农村土地承包经营纠纷调解仲裁法》，深刻领会法律基本精神，掌握法律条文规定，提高干部依法行政水平。二是通过科技“三下乡”活动等形式，积极宣传《中华人民共和国农村土地承包法》和云南省实施《中华人民共和国农村土地承包法》办法，发放宣传单1160份，使广大农民群众了解和掌握农村土地承包政策及法律法规，增强法制意识，明白自己享有的权利和应承担的义务。

二、引导和规范农村土地承包经营权流转。一是指导乡镇为农民及时提供和签订统一格式的流转合同文本，建立健全土地承包经营权流转登记备案制度，及时做好流转合同及有关文件、文本、资料的登记归档工作，促进农村土地承包经营权规范、有序、合理流转。二是根据发展特色主导产业和适度规模经营的需要，因地制宜探索多种土地流转形式。鼓励农村土地承包者之间自行协商，通过转包、互换、租赁等形式流转土地承包经营权；支持农村土地承包者委托村（组）集体组织进行土地承包经营权流转。在引进投资项目，需要连片开发的地方，在征得承包者同意的情况下，积极引导农户将土地承包经营权委托村（组）集体经济组织或其他土地流转服务组织集中流转给规模经营主体；鼓励农民专业合作社吸纳农民持地入社，由农民专业合作社统一开展产前、产中、产后服务，达到规模经营目的；探索建立土地互换制度，对连片开发项目，在部分承包者要求保留土地承包经营权而导致土地难以集中时，可与其他承包者的承包土地或村（组）集体预留机动地进行互换。据调查统计， 全年，全市农村土地承包经营权流转面积11605亩，其中转包6181亩，出租5401亩，其他形式23亩，比上年流转增加1502亩，增长14.87%。

三、妥善化解农村土地承包纠纷，依法维护农民的合法权益。全年，接待反映农村土地承包纠纷的来访农民群众12次/23人。通过向来访群众宣传农村土地承包的法律法规和有关政策，并与相关乡镇联系，在调查了解事实的基础上，组织当事人进行调解，及时化解了矛盾纠纷，依法维护了农民的合法权益。

（撰稿：张　洪）

【农业环境管理】 2011年，个旧市农业环境保护工作站认真做好农业环境执法工作，针对每件农业污染事故，及时与市环境监察大队组成调查组，本着实事求是的工作原则，深入田间地头进行实地取样，确认性质，认定受灾面积，测算经济损失，制定补偿方案，在事实调查清楚的基础上，及时召开工农双方协调会，做好双方稳定工作，使工农双方在性质认定、经济损失、补偿金额等方面达成一致，避免因污染引发的矛盾进一步激化。全年，处理农业污染事故5件，主持召开协商会15场次，协议补偿农民经济损失13万余元。

【大屯海灌区农产品质量监管】 2011年，个旧市农业环境保护工作站针对大屯海水质污染可能造成的负面影响，积极做好各项应急工作，在深入调查的基础上，提出重点对蔬菜、水果、稻米、水产品、土壤实施定点取样检测，送检样品70余个。通过检测，适时掌握大屯海区域的农产品质量状况，最大限度地避免负面效应的发生，为市政府综合治理大屯海提供科学依据。

【外来有害生物和野生保护植物普查】 2011年，个旧市农业环境保护工作站根据省州的统一安排，及时成立市乡两级普查组，在科学制定方案的基础上，开展外来有害生物和野生保护植物普查工作。通过一年的普查，基本查清了个旧市野生保护植物资源分布状况和外来有害生物的情况，为下一步保护野生植物和清除外来有害生物工作提供了科学依据。

【无公害农产品质量监管】 2011年，个旧市农业环境保护工作站将工作重点由抓好无公害认证转到做好农产品质量安全监管上，重点对个旧市已获无公害认证的9个农产品进行监管，配合省州做好到期产品的复检或换证，对市区的大型超市开展市场检查，重点对金方上柜的无公害农产品标识进行检查。全年，市农业环境保护工作站开展无公害标识市场专项检查3次，对发现的假冒标识及时告之商家，并责成商家进行清理，确保个旧市规范使用无公害产品标识。

【农资市场和农业投入品监管】 2011年，个旧市农业环境保护工作站定期对农资市场进行专项检查，参与市农业局组织的农资市场专项检查和整治工作8次，维护了个旧市农资市场的健康发展，从源头上杜绝农业投入品对农产品和农业生态环境的污染，确保源头农业生产的安全。

（撰稿：黄 勇）

【“绿色证书”工程】 2011年，个旧市“绿色证书”工程由个旧市农民科技教育培训中心负责开展，政府投资6万元，在全市各乡镇共举办培训班28期，培训农民702人，结业702人，614人获得“绿色证书”。

【农村教育改革试验班】 2011年，个旧市政府为了配合基础素质教育，投资8万元，在大屯、贾沙、锡城、蔓耗4个乡镇农村中学开设4个农村教育改革试验班，培训农村中学初中毕业生177人，使农村中学初中毕业生“升学有路子，务农有技术，就业有技能”。

【新型农民科技培训】 2011年，个旧市政府投入4万元对个旧市果树、烤烟、蔬菜栽培，生猪养殖，奶牛饲养等主要产业的352户核心农户开设9个教学班，进行18门课程共70天的集中培训，技术人员29人进行巡回指导98次，发放图书资料1300册，VCD光盘48张，宣传资料4800份，完成了新型农民科技培训工程任务。

【农村劳动力转移培训阳光工程】 2011年，个旧市被列为农业部农村劳动力转移培训“阳光工程”项目实施县，市政府责成市农民科技教育培训中心实施农村劳动力转移培训“阳光工程”项目。一年来，市农民科技教育培训中心在全市7个乡镇区，投入专项资金27.15万元，人均430元，开展培训活动。培训内容涉及山地养鸡、果树种植、水箱养鱼、农村经纪人、果桑茶园艺工等5个专业。参培农民630人，其中110人经过国家职业技能鉴定考试，获得初级果树工证书，个旧市圆满完成国家级农村劳动力转移培训任务。

（撰稿：李 磊）

【农村劳动力转移培训】 2011年，个旧市委、市政府把加大劳务输出作为统筹城乡经济发展、解决“三农”问题和增加农民收入的一项重要工作。以增加农民收入为核心，认真贯彻中央、省、州农业农村工作会议精神，坚持“本地转移为主，向外转移为辅”的工作原则，按照“抓培训、重转移、增收入”的工作思路，以市场为导向组织实施农村富余劳动力转移就业“特别行动计划”。全年累计投入资金57.2万元，其中省级38.6万元，市级18.6万元，举办民营企业招聘周等各种招聘会4场次，组织近114户企业提供就业岗位2652个。培训农村劳务人员5516人，完成州下达特别行动计划的204.3%，转移就业农民工4325人，其中省外就业88人，完成州下达特别行动计划的163.2%。

在农村劳动力转移工作中，继续推进“阳光工程”项目，全市开办农民创业培训、汽车及农用拖拉机驾驶、烹饪、电焊工、农产品经纪人等各种培训76期，发放各类培训教材和宣传资料5674份，培训农村富余劳动力5498人，完成州计划的110%。其中阳光工程培训农村劳动力1012人，完成培训计划数的101.2%，受训农民获证率45.5%；累计转移农村富余劳动力49235人，其中新增转移农村富余劳动力4469人，完成州下达任务数的111.7%。全年全市预计实现农民工资性总收入2.28亿元，比上年增长22.6 %；农民人均工资性收入3066元，比上年增长19.4%，农民人均工资性收入占农民人均纯收入的45.2%。农村劳动力转移培训为农民增收、农村稳定、经济发展做出重要贡献。

（撰稿：邹 顺）

【农业产业化工作】 2011年，个旧市高度重视推进农业产业化工作，把工业的理念注入农业，抓龙头企业发展，抓农业生产基地建设，抓服务体系建立，将一家一户的小生产与千变万化的大市场对接起来，以农业产业化带动农业结构的调整和优化，带动农业和农村经济发展，实现农民增收。

一、培育壮大龙头企业。把发展龙头企业作为农业产业化的首要工程，精心打造，全力推进，积极申报项目，争取资金投入。年内，全市具有一定规模的农业龙头企业有15家，其中省级农业龙头企业4家、州级农业龙头企业4家、市级7家。规模以上龙头企业销售收入1亿元以上的龙头企业2家。全市重点龙头企业实现销售收入6.3亿余元,带动农户增加收入7.3万户，实现农民人均增收700元。

二、切实加强对农业龙头企业的服务和管理，认真做好农业龙头企业在资金、创立品牌和开拓市场等方面的指导和服务工作。8月，组织唐人生物参加在北京举办的云南省特色农业发展推介会，9月，组织生物企业巨丰、源森、老二干巴参加第七届昆明泛亚国际农业博览会，为企业搭建了一个良好的展示平台。年内，组织乍甸乳业、大红屯负责人参加省委组织部组织的云南省农业产业化经营与农产品加工省级重点龙头企业经理人培训班。成功申报云南亿鸣牧业有限责任公司为州级龙头企业，云河药业为省级龙头企业。

三、起草《关于推进我市农业产业化发展扶持农业龙头企业的实施意见》《个旧市农业产业化经营龙头企业认定标准及运行监测管理办法》，建立健全市级龙头企业认定考评机制和龙头企业的扶持办法。

（撰稿：杨奕捷）

【农业信息服务】 2011年，个旧市农业信息工作紧紧围绕农业、农村工作总体思路，认真贯彻落实全市农业农村工作会议精神和市委、市政府对农业信息化工作的指示精神，坚持网络体系建设和信息服务并重的原则，加快农业信息服务体系建设，创新信息服务模式，创造性地开展信息工作。继续将农业信息工作纳入农业系统年终目标责任考核，明确个旧市农业网络信息体系建设的目标任务和工作思路，进一步强化责任，加强信息基础设施建设，整合和开发农业信息资源，丰富农业信息网站内容，积极探索搞好信息服务的模式和途径，狠抓农业信息体系建设和信息服务工作。一年来，个旧农业信息网发布信息200余条，其中被红河农业信息网采用120余条、云南农业信息网采用50余条、中国农业信息网采用30余条，网络信息反馈100余条。

【数字乡村工程建设】 2011年，个旧市数字乡村工程建设全面完成全市9个乡镇79个村委会495个自然村的数据录入和上网发布工作，建成市、乡（镇）、村委会、村民小组四级集采集、分析、预测、发布等功能于一体的农业和农村信息网络服务体系，实现以文字、数据、图片等方式全面展示和反映个旧市农村基本情况这一目标。年内，数字乡村工程建设主要做了如下工作。

一、及时做好县乡村基础信息的更新。一是更新数据报表。对变量指标中的人口、收入、农田水利等进行更新；对基础性常规指标中的地理状况、海拔、年降水量、国土面积等再次进行核实完善。二是更新图片信息。对新农村建设、村容村貌整治等方面的新情况和有重大变化的情况要及时拍摄反映。对更新完善的基础信息数据认真把关，确保数据的准确性和权威性。

二、认真完成乡村视频信息的制作发布。视频主要内容包括辖区基本情况、基础设施、经济发展情况、社会事业、重点项目、乡风民俗以及今后的发展思路和需要解决的重大困难和问题等。

（撰稿：白鸽飞）

【农药监督管理】 2011年，个旧市植保站根据《关于印发2011年农药市场监管年活动实施方案的通知》《红河州农业局关于印发红河州2011年农药市场监管年活动实施方案的通知》《红河州2011年农药市场监管年活动实施方案》《关于印发个旧市农业局2011年农资打假专项治理行动工作方案的通知》《个旧市农业局打击食用农产品中违法添加非食用物质和滥用食品添加剂专项整治工作方案》等相关文件要求，为进一步规范个旧市农药市场秩序，加大农业知识产权保护力度，严厉打击制售假冒伪劣农药坑农害农行为，维护广大农民的合法权益，营造公平有序的市场环境，以规范农药市场秩序、提高农药产品质量和标签合格率为基本目标，以查处禁限用高毒农药、假冒伪劣农药为监管重点，做好农药日常监管、专项抽查和案件查处工作，推动高毒农药禁用与替代工作，不断提高个旧市农药市场监管的执法水平和公共服务能力，切实保护农业生产安全、农产品质量安全、生态环境安全和农民用药安全，确保个旧市农产品质量安全。全年，市植保站印发各类宣传资料2万余份，组织专项检查17次，分别在大屯、倘甸、乍甸4次收缴流动经营剧毒鼠药三步倒35克、闻倒死225克、无标识粉剂305克、无标识混合剂950毫升，并将5名违法经营人员移交当地公安机关处理。出动车辆17台次、执法人员65人次，开展常规市场检查27次，检查农业投入品经营市场57个次、经营门市597个次，限期整改经营门市4个。出动车辆28台次、人员107人次，对农产品及农资开展专项拉网式排查，没有发现违法添加非食用物质和滥用食品添加剂行为。

【食品安全】 2011年，个旧市农药监督管理所根据《中华人民共和国农药管理条例》和《云南省农药管理条例》，加大农药市场整治力度，严格实行农药产品备案和农药定点经营制度，健全完善责任制及责任追究制，确保全市农业投入品的销售质量安全。认真履行职责，按时完成《个旧市重大食品安全事故月报信息》《食品安全综合监督基本情况》报表填写及相关信息报送。认真做好相关资料总结和食品安全台账。组织参与有关食品安全执法及宣传活动，做好相关资料和数据的收集整理及年度工作总结，完成食品安全委员会安排的临时性工作。积极参与个旧市创建州级食品安全示范县工作，为个旧市申报州级食品安全示范县奠定基础。

【病虫预测预报及监控】 2011年，个旧市植保站在对重大病虫害稻飞虱、水稻螟虫、稻瘟病、玉米灰斑病、铁甲虫、小麦锈病及马铃薯晚疫病等实施严格监控及预测预报的基础上，及时准确发布预报16期，为指导辖区病虫防治工作提供了科学依据，病虫草鼠危害得到有效控制。全面落实病虫会商制、汇报制，严格执行省站要求的重大病虫的周报制。全年，全市发生大小春及经济作物病虫草鼠害27.55万亩次，防治40.49万亩次，挽回粮食损失4218.42吨。其中病虫害发生面积18.20万亩次，防治面积26.14万亩次，挽回粮食损失2513.42吨，挽回水果损失150.00吨，挽回蔬菜损失3700.00吨，挽回其他经济作物损失4157.50吨；农田草害发生面积4.35万亩次，防治面积4.35万亩次，挽回粮食损失205.00吨；农田鼠害发生面积5.00万亩次，防治面积10.00万亩次，挽回粮食损失1500.00吨。

【农作物病虫害专业化防治】 2011年，个旧市植保站按照“公共植保，绿色植保”的理念和“预防为主，综合防治”的植保方针要求，以提升病虫灾害防控能力和水平为抓手，保障农作物生产安全、农产品质量安全为目标，认真做好农作物病虫害专业化防治工作。根据作物病虫害发生特点，制定整体防控方案和专业化防治方法，最大限度地推广病虫害专业化统防统治，将提高药剂防效、减少用药次数、降低农产品农药残留量、保护生态环境等有机地结合起来，达到降本增效的目的，促进生态环境安全和农业可持续发展。鼓励高效、低毒、低残留农药和轮换交替用药技术的推广应用，强化绿色防控技术的示范推广，防止盲目用药，不对路用药、用假药和农药中毒等事故的发生，提高社会效益和经济效益。

全年，市植保站在大屯新瓦房超级杂交稻及优质稻种植区、卡房马铃薯种植区、贾沙玉米体系建设区进行统防统治示范3600亩，投入统防经费6万余元。在红河州农业局组织的水稻病虫害统防统治效果联合检查中，个旧大屯新瓦房的超级杂交稻片区病虫害防控效果得到红河州农业局、州植保站、蒙自、开远、建水县市植保站等相关领导、同仁的首肯和高度赞誉。

【南方水稻黑条矮缩病普查】 2011年，个旧市植保站根据《云南省植保植检站关于转发农业部办公厅加强南方水稻黑条矮缩病联防联控工作的通知》《红河州南方水稻黑条矮缩病普查结果及防治意见》要求，对鸡街镇倘甸坝头、大屯镇楼坊寨村、鸡街镇龙潭村三处实施南方水稻黑条矮缩病普查采样送检，经贵州大学绿色农药与农业生物工程教育部重点实验室检测，前两个样本为阳性，阳性率66.70%。从田间调查情况看，南方水稻黑条矮缩病在个旧市危害并不重，及时做好白背飞虱的防治工作，可以减少毒源传播，控制扩展蔓延。

【外来有害生物普查】 2011年，个旧市植保站根据《关于转发云南省植保植检站关于开展番石榴实蝇调查工作的紧急通知》要求，及时组织专业人员，对辖区番石榴果实蝇发生情况进行调查，所到之处对黄熟的番石榴果实进行皮下检查，未发现幼虫蛀食果肉引起果实腐烂及落果的现象。在不同的地区采用果实蝇性诱剂引诱的方法，未能观察到相关的番石榴果实蝇。在辖区水果经营市场进行番石榴产品果实蝇调查，也未发现果实蝇。

【植物检疫】 2011年，个旧市植保站严格加强植物检疫，防止外来有害生物及危险病虫草鼠害向境内传播蔓延，保护农业安全生产。全年，全市实施玉米杂交制种产地检疫面积4100亩，根据《种子法》，对制种基地实行全程监控，没有发现检疫对象；办理调运检疫690批次，调运香芭蕉产品1.05万吨。

【农产品农药残留检测】 2011年，个旧市植保站进一步加强农产品农药残留检测工作，加大农产品质量安全的监管力度，努力减少农药对农产品的污染，推进现代农业发展，提高农产品质量，确保广大人民群众的食品安全。坚持定期不定期农药残留监控及抽样检测，严格农产品质量安全监管，对辖区无公害生产基地、批发市场、经营市场、放心专柜及超市采集蔬菜、水果检测样本12批次1010个，检测合格率98.91%。按照市政府的要求，定期按时对大屯海周边菜果及水产品进行抽样送检。

（撰稿：庞云华）

社会主义新农村建设

【简述】 2011年，个旧市认真贯彻中央、省、州农业工作会议精神，把统筹城乡发展作为全面建设小康社会的根本要求，把推进工业化、城镇化、同步推进农业现代化作为保持经济平稳较快发展的持久动力，紧紧围绕全市经济转型发展和实施产业“二次创业”，强基础、增总量、调结构、促转变、求突破、上水平，以加快转变农村经济发展方式为主线，以促进农民增收为核心，以基础设施建设为支撑，以规范管理为基础，加强村级组织“四位一体”建设，实施产业提升保障农户增收工程、农业龙头带动农户增收工程、产业项目拉动农户增收、劳务输出助推农户增收工程、科技支撑促进农户增收工程、示范带动工程，全面推进全市农村经济社会实现跨越发展。制定出台《个旧市实施农户万元增收行动计划实施方案》，编制颁布《个旧市社会主义新农村建设五年规划（2011年—2015年）》，确定“十二五”期间新农村建设的指导思想、总体目标、基本原则和重点工作。

【召开农村工作会议】 2011年，个旧市政府在政府3楼会议厅召开农村工作会议，全面总结“十一五”期间农业农村工作，分析存在的问题，对“十二五”期间农业农村工作进行安排部署。戴劲松市长围绕坚持“三化同步”，转变农业发展方式，实施产业二次创业，发展农村经济作重要讲话。个旧市相继出台《中共个旧市委、个旧市人民政府关于进一步加大统筹城乡发展力度着力加快推进社会主义新农村建设的意见》《中共个旧市委、个旧市人民政府关于推进农业产业化发展、扶持农业龙头企业的实施意见》《中共个旧市委、个旧市人民政府关于加快水利改革发展的实施意见》《个旧市社会主义新农村建设五年规划（2011年—2015年）》《个旧市社会主义新农村建设“乡村示范工程”行动计划实施方案》等一系列政策措施。决定从2011年起，由市级财政每年投入不少于2000万元资金，用于农业农村建设。其中850万元专项用于新农村基础设施建设、农业产业发展，为新农村建设工作提供政策指导和资金保证。实施新农村“乡村示范工程”，到2015年，建成2～3个重点突出、布局合理、规模适度、具有较强辐射力的新农村示范镇；每个乡镇建成2～3个发展全面、各具特色、亮点突出、具有较强带动力的示范点、示范片，成为领跑全市新农村建设的排头兵。

【新农村建设重点项目】 2011年，个旧市按照新农村建设第二个五年规划，加强新农村重点项目的建设。

一是按照建设“经济发展较快、有较强的产业支撑、基础设施配套、公共服务体系健全、农民生活质量明显提高、农村生态环境明显改善、文明和谐新风形成，重点突出、布局合理、规模适度、具有较强辐射力的新农村示范镇”的目标，结合老阴山AAA级旅游景区规划，整镇推进老厂镇新农村市级示范镇建设。

二是按照“统筹规划、突出重点、集中打造、重点扶持，重点建设高起点、全方位打造新农村建设亮点”的原则。在全市9个乡镇15个村开展新农村示范村建设工作，各示范村按照《个旧市新农村示范村建设标准（试行）》，结合示范村的实际编制三年规划，组织2011年度项目建设。15个市级示范村，投资714万元，新建活动场地（室）3480平方米；硬化村内道路4150米，修复道路1400平方米；墙立面改造1000米，修建挡墙190立方米；新建水沟1200米；新建蓄水池3个200平方米、蓄水塘1个24000立方米；新建垃圾池1个；安装路灯30盏；果树种植80亩。同时，按照“重点打造，全面推进”的原则，在20个村实施新农村基础设施建设项目。20个村投资636.5万元，道路硬化13条，19670米；建活动场地（室）4465平方米；建蓄水池（塘）5个24400立方米；架设自来水管道2条1680米；挖排水沟3条1200米；建卫生公厕、垃圾池3座。

三是在鸡街镇莫舍白村委会高山寨村民小组、老厂镇对门山村委会小大坡村、老厂镇对门山村委会大箐村、蔓耗镇蔓耗村委会蔓耗村、蔓耗镇黄草坝村委会黄草坝四组、贾沙乡陡岩村委会陡岩村二组共6个村实施州级新农村“示范村”建设。6个州级“示范村”预计实施项目15项，预计投资303.2万元，州级财政补助90万元，在6个村实施村内道路硬化5560米，新建活室场所1973平方米。

根据《红河州整乡推进新农村示范乡镇建设实施方案》，鸡街镇被列为2011年第一批州级整乡推进新农村的示范乡镇。市政府编制《个旧市鸡街镇整镇推进新农村建设规划》和《个旧市鸡街镇 2011年整镇推进新农村建设实施方案》，投资826.5万元，新建活动室720平方米，硬化村内道路2000米，墙立面粉饰4250米，新建垃圾处理池4个40立方米。

四是在大屯镇戴家庄村委会旧寨村小组、锡城镇乌谷哨村委会乌谷哨上寨、卡房镇路赶藤村委会小箐口村小组、卡房镇龙头寨村委会大砚坡村、保和乡斐贾村委会斐贾村小组、保和乡核桃寨村委会核桃寨村小组、老厂镇对门山村委会小大坡村小组、蔓耗镇牛棚村委会一道沟村小组共计8个村实施省级重点建设村建设。8个省级重点建设村项目共计投资348.7万元，省级投入资金120万元，其他渠道筹资228.7万元。实施项目23项，在8个村实施村内道路硬化3580米，新建活动室1980平方米，硬化活场地2980平方米。

【新农村工作队】 2011年，个旧市按照“从严管理、强化培训、鼓励创优”的原则，充分发挥新农村指导员队伍宣传指导新农村建设工作的积极作用。指导员共走访农户7352户次，办实事315件，协助制定规划70个，开展农技知识培训187期8974人次。组织村干部外出学习考察7起共189人，组织上党课259次、培训党员9622人次。争取新农村建设项目50多个，协调整合资金2400多万元、物资（折价）100多万元。完成村内道路硬化33.06公里，完成卫生安全饮水工程2个，新建水沟7.5公里，水池5个550立方米，惠及村民373户1532人。

（撰稿：卫 丽）

渔 业

【简述】 2011年，个旧市渔业生产在市委、市政府及市农业局党委的直接领导下，在上级业务部门的大力支持下，紧紧围绕市委、市政府提出的农业农村发展思路和州农业局下达的各项指标，按照个旧市“十二五”渔业规划和个旧市农业科技园的总体布局要求，不断完善项目建设，带动当地经济发展。以农村增效、农民增收为目的，以水产品批发市场为依托，以渔业科技为手段，加大渔业科技含量，做大做强鱼苗繁殖企业，优化鱼苗品种结构，加快名、特、优水产品的试验、示范、推广和渔业从业人员的培训工作。加强渔业行政执法和法律法规宣传培训,抓好渔业船舶安全生产和水产品质量安全检查，严格执行水产苗种生产单位和个人水产苗种生产许可制度，促使全市渔业生产继续保持快速发展的势头。

积极开展珠江禁渔期制度执法检查，加强对涉及鸡街镇、沙甸区农民和渔民群众的宣传教育，做到家喻户晓，争取广大渔民群众和社会各界的理解、支持、配合，为制度实施营造良好的社会氛围。全年出动车辆25辆次、人员162人次，检测河流和池塘渔业水质22样品110项，印制和下发有关文件和宣传材料3000份，宣传《中华人民共和国渔业法》《中华人民共和国野生动物保护法》等法律法规17次，受宣传教育的农民和渔民5000人次。

在全市组织开展渔业安全生产检查活动，对渔业船舶相对集中的大屯（43艘）、鸡街（2艘）、卡房（3艘）、保和（1艘）等乡镇渔船救生设备配备、渔业安全生产等情况排查10次。排查结果：由于干旱停止使用渔业船舶10艘；已签订安全生产责任状和渔船持证38艘，确保渔业安全生产。

认真贯彻落实国务院、省、州农产品安全专项整治工作会议精神，以《食品卫生法》《中华人民共和国水产行业标准》等相关法律法规为依据，开展食品安全检查。组织农产品安全生产专项执法队伍，出动检查执法人员28人次，对养殖片区和农贸市场进行突击检查。检查水产养殖户450户、水产鱼苗繁殖场2户，查看养殖生产记录、销售记录和用药记录情况；查看鱼药、鱼饲料和购入及使用情况，检查国家明令禁止使用孔雀石绿、氯霉素、硝基呋喃类、己烯雌酚等鱼药，散发宣传资料450份，进一步提高养殖户和水产养殖场法律意识，规范用药行为。整顿和规范个旧市水产品市场经营秩序，确保水产品质量，维护市场信誉，保障人民群众的食用安全。

【渔业鱼苗繁殖基地】 2011年，个旧市鱼苗繁殖基地主要分布在大屯镇。全年，全市水产苗种鱼苗产量181000万尾。其中草鱼鱼苗56300万尾，鲢鱼鱼苗30500万尾，鳙鱼鱼苗31100万尾，鲤鱼鱼苗34500万尾，鲫鱼鱼苗28600万尾。鱼苗主要销往文山、曲靖、昆明、楚雄、大理、保山及红河等州市，省外市场主要有贵州、四川等省。

【渔业技术培训】 2011年，个旧市农业局分别在大屯镇、鸡街镇举办渔业鱼苗鱼种培育技术和渔业船舶安全知识培训班6期，培训1181人次；在州茶桑果站举办渔业法律知识培训班1期57人；在个旧市十六中学开办渔业知识培训班2期62人。培训班着重讲授了池塘鱼苗鱼种培育技术、渔业船舶安全、鱼病预防常识等渔业知识和一些新技术的运用。

【渔业生产】 2011年，个旧市水产养殖面积28009亩，其中池坝塘养殖面积6709亩、湖泊养殖面积19100亩、水库养殖面积2200亩、稻田养殖面积900亩、冬水田养殖面积2900亩。水产品总产量4765吨，其中池坝塘养殖产量3283吨、湖泊养殖产量685吨、水库养殖产量568吨、冬水田养殖产量201吨、稻田养鱼28吨，鱼种生产产量486吨。

（撰稿：喻正彬）

农　机

【简述】 2011年，个旧市农机推广站认真贯彻《国务院关于促进农业机械化和农机工业又好又快发展的意见》，按照全国、省、州农业机械化工作会议的部署要求，认真落实农机化扶持政策，精心组织农机化生产，先进适用技术推广应用范围进一步扩大，农机新机具新技术推广试验示范应用得到进一步拓展，以微耕机为代表的小型作业机具在农村得以广泛使用，设施农业装备（喷滴灌技术、钢混结构大棚）用于农业生产取得新进展；农机安全监理工作形势稳定，依法行政能力和安全监督管理能力有较大提升，无统计范围内的农机事故发生；农机维修管理工作得到加强，对农机维修户集中进行政策法规学习，新办和换发《农机维修合格证》15份；农机技术及职业技能培训取得较大进展；农村劳动力转移“阳光工程”培训工作取得实效。全市顺利实现“十二五”农机化工作的良好开局，巩固了农业机械化全面快速健康发展的好势头，为全市粮食增产、农民增收和农业综合生产能力建设提供了有力的装备支撑，也为促进农村经济平稳较快发展做出了积极贡献。

【农机管理】 2011年，个旧市农机总动力24.61万千瓦，农机固定资产总值（原值）20406.99万元，农机经营服务总收入17995.99万元。拖拉机拥有量 2629台，其中大中型拖拉机1032台（其中耕作型21台）、小型拖拉机1597台（其中耕作型209台），耕整机1638台，拖拉机配套农机具大中型39部、小型1758部，农用排灌机械2098台，机动喷雾喷粉机103台，农产品初加工机械3408台，畜牧养殖机械14705台，渔业机械213台，农用运输机械2621台。全年，全市完成机耕机耙作业面积9.26万亩，机电排灌面积6.96万亩。农机管理工作继续以实施中央财政购机补贴为重点，认真落实促进农业机械化发展的各项支农惠农政策，完成中央财政购机补贴项目资金89.995万元，补贴各型微耕机430台、杀虫灯13台、挤奶机2台、冷藏罐1台。出具指标确认书446份，实际购买机具446台，受益农户444户，受益农村奶牛专业合作社1个。购机总金额271.131万元，带动农民投入购机金额181.136万元。

（撰稿：李永忠）

【农机安全监理】 2011年，个旧市农机安全监理所根据红河州农业局、安监局《关于印发红河州“十二五”创建“平安农机”活动方案的通知》精神，努力开展“平安农机”创建活动。加强农机安全宣传教育，提高全民安全意识；规范农机安全监理，排查农机事故隐患，构建农机安全生产的源头管理、执法监控、宣传教育“三大防线”，实行农机安全生产全程监督管理，农机安全事故明显减少，安全生产形势向好，为农业生产发展提供了保障。认真贯彻个旧市农业局《关于开展整治无牌无证拖拉机预防重特大交通事故专项行动工作方案》《开展治大隐患防大事故安全隐患排查治理百日专项行动实施方案》精神，认真开展无牌无证拖拉机专项整治活动，有效清理报废拖拉机，严厉查处拖拉机违法驾驶行为；继续深化拖拉机道路监管工作，坚持逢节必查、逢街必查制度；认真做好重点乡镇、集市农机宣传检查工作，努力扩大宣传检查覆盖面。全年，全市组织农机安全宣传、咨询、检查活动156天次，出动车辆172辆次、执法人员478人次，检查拖拉机、低速载货汽车、摩托车5600车次，查处各种违法行为145人次，印制安全宣传材料23000份、发放17600份，支出拖拉机道路监管工作经费55000元，年度检验拖拉机1375台，检验率96%。全年全市未发生责任范围内的拖拉机交通事故。

（撰稿：张　松）

【农机推广】 2011年，个旧市农机推广站积极落实《个旧市2011年度中央财政农业机械购置补贴专项实施方案》，采取举办专项技术培训班、科技咨询活动等形式宣传推广农机新技术、新产品。全年，市农机推广站组织科技下乡活动，为购机农户服务500人次，维修机具200台，开办小型耕作机具操作手技术培训班3期，培训农机操作手300人。全年落实中央财政农业机械购置补贴资金77.4万元，推广小型耕作机具430台，拓展了农民致富的新途径。

（撰稿：高玉鹏）

【农机学校培训工作】 2011年，个旧市农机学校认真履行《云南省农业机械管理条例》中赋予的职责，以《农机成人教育暂行规定》为依据，按照上级业务主管部门及主管局下达的工作任务，严格按照《大中型拖拉机驾驶员读本》，深入乡镇组织开展拖拉机驾驶员培训；根据全国统一的《机动车驾驶员教学大纲》和云南省《机动车驾驶人考试资料》的培训教材，组织开展机动车驾驶员培训；按照劳动力转移“阳光工程”培训项目要求，组织实施“阳光工程”培训，为个旧市农业增产、农民增收、农村稳定做出了积极贡献。

全年，市农机学校培训各类人员1531人，其中汽车驾驶员1320人、拖拉机驾驶及操作人员211人，“阳光工程”农村劳动力转移培训445人。

（撰稿：陆漫春）

畜牧业

【简述】 2011年，个旧市畜牧兽医工作坚持以邓小平理论和“三个代表”重要思想为指导,落实科学发展观,全面贯彻落实中共十七届五中全会精神和中央、省、州农村经济工作会议精神,紧紧围绕市委、市政府“一二三”工作思路，以农业增效、农民增收为目的，狠抓畜牧科技创新推广、重大动物疫病防治及畜产品安全质量等工作，加快畜牧业发展方式向专业化、规模化、标准化转变，促进现代畜牧业健康发展,扎实地推进社会主义新农村建设。全年，全市肉类总产3.9348万吨，奶类总产1.59万吨，禽蛋产量0.6066万吨。全市人均占有肉奶蛋155.3公斤，其中肉类102.5公斤、奶类38.8公斤、蛋类14公斤；畜牧业总产值6.34亿元（现行价）,占农业总产值44%。生猪屠宰检疫率100%，W病、禽流感免疫密度100%，畜禽疫病死亡率均控制在州级下达的指标内。

2011个旧年畜牧业生产统计表

单位：亿元、头、只、吨

内 容	名称	2010年	2011年	2010年/2011年 ± %
存栏	猪	207054	227310	9.78
	牛	39653	36275	–9.31
	羊	20273	19554	–3.68
	禽	781113	1206927	54.51

续上表

内 容	名称	2010年	2011年	2010年/2011年 ± %
出栏	猪	348578	362119	3.88
	牛	15934	17995	12.93
	羊	16123	17285	7.20
	禽	1333818	1524849	14.32
肉类总产		36720	39348	7.16
奶类总产		14100	15900	12.77
禽蛋产量		5980	6066	10.47
牧业产值		5.3487	6.3406	18.54

（撰稿：席忠超）

【畜牧科技推广】 2011年，个旧市畜牧兽医局加大畜牧科技推广力度，确保畜牧业健康快速发展。一是强化科技培训工作。举办科技培训班45期，参训学员3003人次,提供畜牧技术推广咨询和畜牧兽医咨询服务200多人次,积极参加市政府组织的科技三下乡活动，为农民发放技术资料1500多份。二是抓好畜禽品种改良工作。全市有供精（站）点15个，主要分布在大屯镇和鸡街镇,完成猪杂交改良4.04万胎次（其中人工授精2.03万头、本交2.01万头），完成任务的100.01%；完成仔猪培育31.2万头，完成任务的100.65%；完成母猪整群0.578万头，完成任务的101.4%；完成牛品种改良5005头，完成任务的100.001%。三是抓好优质牧草推广工作。面对持续的干旱，科技人员克服一切困难，积极引进、种植优质牧草，全年种植优质牧草1.75万亩，完成任务的101.16%。全市青贮、氨化饲料推广面分别为：乡镇100%、村办事处98%、农户40.1%，建青贮、氨化窖30410立方米。完成青贮饲料7.024万吨，完成任务的100.92%；氨化饲料3.211万吨，完成任务的100.97%。

（撰稿：许娅虹）

【优质牧草种植、试验示范工作】 2011年，个旧市畜牧兽医局继续加强优质牧草试验种植和试验示范工作，按照牧草种植品种的要求及气候特点，认真做好各种观察记录和测产记录，分别完成2个全株青贮玉米的对比实验，8个多年生黑麦草品种的试验种植、10个紫花苜蓿品种的6次测产和鸭茅4个品种、苇状羊茅5个品种、羊茅黑麦草4个品种、白三叶3个品种、红三叶1个品种的第一次测产。通过对牧草的测产，了解各种牧草的适应性，及时推广到适应种植的地区，保障优质牧草的推广效益。年内，加强对2008年以来复垦区种植的多年生黑麦草、羊茅、鸭茅、紫花苜蓿、草地早熟禾、羊茅黑麦草等50多个品种以及2010年秋冬季在乍甸种植的7个一年生黑麦草品种和10个紫花苜蓿品种的管理，认真做好浇水、施肥、除草和驱虫等工作。通过牧草试验示范和对农户的大力宣传，使广大养殖户认识到优质牧草的重要性，促进了优质牧草的应用推广。全年，全市推广紫花苜蓿种子236公斤、一年生黑麦草种子1000公斤、可种植紫花苜蓿236亩、一年生黑麦草666亩。有效地提高了养殖经济效益，促进农民增产增收。

【畜禽养殖情况调查及备案工作】 2011年，个旧市畜牧兽医局根据红河州畜牧局关于开展畜禽养殖场（小区）养殖规模标准和备案规定工作的通知要求,组成畜禽养殖场小区养殖规模标准备案、考核、调查小组，对全市规模养殖场、户、小区的畜禽品种、畜禽数量、畜禽来源、平面布局图、建筑面积、生产、防疫及粪便无害化处理设施设备情况等进行调查登记，并根据养殖场、户、小区备案申请表、备案表，按标准化示范场验收评分标准打分，评分合格的发给畜禽养殖场备案证、畜禽养殖代码，同时做好畜禽养殖规模档案管理和养殖档案建立完善工作。全市共完成畜禽养殖场调查和备案小区共116户：其中畜禽养殖场114户、畜禽养殖小区2户。

【奶牛良种补贴工作及肉牛同期发情工作】 2011年，个旧市畜牧技术推广站根据全省奶牛良种补贴工作计划和安排，分别到山东省和云南省大理州引入优质奶牛冻精5个品种共5200支，制定配种人员岗位职责、冻精保管要求、奶牛良补配种统计表、繁殖统计表、产犊月报表，认真开展奶牛良种补贴工作。全年，全市奶牛存栏3768头，其中能繁母牛3051头，奶牛冻改数3043头，使用冻精3200支，产犊1843头，培训养牛农户2次，培训人数345人。同时，市畜牧局对乍甸奶牛合作社使用11199821号冻精产犊情况进行跟踪调查，旨在掌握母本与F1代的产奶量。调查对象为15户养殖户的455头奶牛，其中能繁母牛318头、小牛124头，调查统计经产母牛产奶量高峰期为25-40公斤；F1代母牛初产奶量高峰期为20-25公斤。为了方便群众有计划地合理组织配种，减少发情鉴定工作，个旧市畜牧技术推广站于3月继续在鸡街镇倘甸石榴坝杨勇养殖户家，对其饲养的肉牛开展同期发情工作，共佩戴耳标15头，注射PG15头，配种13头，并根据母牛发情症状的程度，对发情明显的进行冻精改良，冻精改良15头，配种率100%。

（撰稿：周仕钰）

【新农村建设项目】 2011年，个旧市畜牧兽医局按社会主义新农村建设畜牧业实施方案，实施畜牧业建设项目8个，共投入项目资金80万元，带动了畜牧业的发展。

一、个旧市好牛食业有限责任公司发酵车间建设。项目获市级投资10万元，自筹8万元，建成发酵室200平方米，购置鼓风机4台、不锈钢构件及凉挂钩等。

二、个旧市鸡街镇绿冲河村肉羊养殖示范村建设。项目获市级投资5万元，自筹5万元，引入努比亚山羊5头，羊圈改造300平方米，种植优质牧草50亩，青贮池建设 200立方米，养羊技术培训30人次。

三、个旧市保和乡山地鸡养殖建设。项目获市级投资5万元，自筹2.5万元，完成在林地围网饲养山地鸡，建盖鸡舍600平方米，购买孵化器2台，购建围栏3000米，铺设管网500米，种植优质牧草10亩。

四、个旧市卡房镇土鸡养殖示范村建设。项目获市级投资5万元，自筹3万元，引进鸡苗800只，扶持示范户5户，建鸡舍250平方米，购围栏网1500米，种植牧草10亩。

五、个旧市老厂镇毛安明肉牛养殖基地标准化规模养殖建设。项目获市级投资10万元，自筹5万元，完成标准化牛舍建设250平方米，种植牧草15亩，建设青贮池150立方米，完善防疫及环保设施。

六、个旧市动物防疫示范村建设。项目获市级投资5万元，自筹2万元，示范村购买疫苗保管设备10个，开展疫病防治及科学技术培训4期，完善防疫物资贮备。

七、个旧市贾沙乡母猪示范村建设。项目获市级投资5万元，自筹3万元，完成扶持母猪示范户60户，引进良种母猪60头，猪舍改造200平方米。

八、个旧市蔓耗镇养殖示范村建设。项目获市级投资5万元，自筹1.5万元，建盖鸡舍400平方米、育雏室60平方米，购买孵化器1台、围网2400米，铺设管网200米，种植优质牧草10亩，技术培训50人次。

【生猪标准化规模养殖场建设项目】 2011年，个旧市畜牧兽医局实施生猪标准化规模养殖场（小区）建设项目3户（即：朱树松养殖场、黑松林生态养殖场、杨文斌养猪场），项目计划总投资119万元，其中中央投入资金75万元，配套资金44万元，资金到位率100%。分别完成建盖沼气池130立方米、标准化肥猪舍3660平方米、病猪隔离舍40平方米，完成道路建设700米。

【奶牛标准化规模养殖场（小区）建设项目】 2011年9月，个旧市奶牛标准化规模养殖场（小区）建设项目已完成。项目总投资326万元，其中中央投入资金150万元，配套资金176万元，资金到位率100%。项目建设分别完成改扩建挤奶厅480平方米、待挤奶坪800平方米、生产管理用房400平方米、隔离牛舍100平方米、仓库100平方米、污物处理房50平方米、蓄水池500立方米、集污池100立方米，新建青贮窖2000立方米，道路建设2000米，种植优质牧草100亩，配置210利拉伐挤奶机、清粪设备、兽医设备、牛人工授精设备、供配电设备各1套。

【机械化挤奶及奶站建设】 2011年，个旧市鸡街镇罗科寺、个旧市鸡街镇隆盛机械化挤奶及奶站建设项目开工，总投资160万元，企业自筹110万元，省级补助资金50万元。项目计划建设挤奶厅600平方米，待挤奶区400平方米；配套214/14型鱼骨式挤奶机2套，配套6000L不锈钢卧式储奶罐2个、直冷式制冷设备2套、鲜奶常规检测设备2套；安装DN25冲洗水管700米，0.4千伏电力线及照明电力线800米。项目建成投产后，可满足850头泌乳母牛的挤奶作业要求，投资回收期4.4年，预计2012年8月竣工。

【肉牛基地及优质奶源基地项目建设】 2011年9月，个旧市肉牛基地及优质奶源基地3个建设项目均已完工。其中鸡街镇石榴坝村肉牛养殖基地项目，州级投入10万元，自筹10万元，完成牛舍改造500平方米，种植牧草200亩，建青贮池200立方米；个旧市申发农牧有限公司肉牛产业培植场项目，州级投入20万元，自筹10万元，完成牛舍改造1000平方米，种植牧草300亩，建青贮池400立方米；个旧市鸡街镇优质奶源基地项目，州级投入30万元，自筹19万元，牛舍改造正在进行，种植牧草500亩，建青贮窖600立方米，新增能繁母牛100头。

（撰稿：许娅虹）

【草原家庭承包和实施草原生态保护补助奖励机制工作】 2011年，根据国务院、省政府以及省财政厅、农业厅关于做好草原家庭承包和建立草原生态保护补助奖励机制有关文件精神，个旧市成立以分管农业副市长为组长，市畜牧兽医、财政、林业、国土、公安、民政、司法等相关部门负责人为成员的市实施草原生态保护补助奖励机制和加快推进草原家庭承包工作领导小组，明确职责，制定草原保护建设政策，落实工作计划和实施方案，并围绕方案，全面开展动员部署，切实抓好综合协调和技术指导、培训、督察及数据审核上报、检查验收等工作。确保到2013年，实现项目区牧民年户均纯收入增加400元以上，政策性户均增收140元以上，禁牧区草原植被覆盖率提高30%以上，生物产量提高40%以上。草原基本实现草畜平衡，草原生态功能得到极大恢复和改善，防灾减灾能力大幅提升。2011年，全市完成草原确权发证66.62万亩，其中实施禁牧补助草原面积8.63万亩、草畜平衡草原面积57.99万亩，补贴资金168.37万元。

（撰稿：席忠超）

【落实畜牧业惠农政策】 2011年，个旧市畜牧兽医局认真做好各项畜牧业惠农政策的落实，有效地推进全市畜牧业的快速健康发展。一是做好能繁母猪、奶牛政策性补贴，保险工作。根据中央、省、州制定的关于能繁母猪、奶牛扶持政策的有关文件精神，全市14300头能繁母猪得到各级政府补贴资金143万元（每头补贴100元），全部发放到养殖户手中；10915头能繁母猪、2800头奶牛参加了保险，各级财政补贴保险资金112.91万元。二是奶牛良种补贴7.8万元，资金已全部落实到位。惠农政策的落实，极大地调动了养殖户的积极性，为畜牧业健康发展和农民增收起到积极作用。

【开展畜牧生产调研工作】 2011年，个旧市畜牧兽医局按上级要求，对生猪、牛羊、人工种草等生产情况进行调研，为畜牧业健康发展提供基础服务。一是生猪生产基本情况调研。对全市生猪规模养殖场（户）进行调查，内容涉及生猪各经营环节收益情况、生猪及饲料的价格变化情况、生猪及饲料的销售情况、生猪屠宰加工及经营情况、生猪疫病发生情况、生猪疫病防控情况、生猪产业投入情况、生猪产业支撑体系建设情况、猪价波动对养猪产业链的影响情况、生猪产业发展中所面临的主要问题等，调研后形成相关报表和调研报告上报。二是牛羊生产情况调研。对6～8户规模养殖户（肉牛存栏10头，肉羊存栏50只），进行2000年、2005年、2010年、2011年1～2月的产能情况、资源条件情况、价格情况、市场份额情况、效益情况开展详细调查，并形成10类相关报表及调研报告上报。三是个旧市人工种草现状调研。根据云南省农业厅《关于开展人工种草现状调研的通知》要求，个旧市畜牧兽医局认真开展人工牧草地16000多亩的人工种草现状调研工作，向上级汇报牧草良种推广、牧草良种供给、人工种草面积、地方补贴政策等情况，为实施草原生态保护补助奖励机制，落实牧草良种补贴政策做好基础性工作。

（撰稿：卢琼华）

【重大动物疫病防控工作】 2011年，个旧市在9个乡镇79个村委会495个自然村认真按照“五不漏”的要求开展免疫注射。全年使用高致病性禽流感疫苗103.5万毫升，免疫鸡150.41万羽，免疫密度101.76%；鸭8.44万羽，免疫密度103.47%；鹅0.26万羽，免疫密度106.4%；使用猪瘟疫苗41.44万头份，免疫41.44万头，免疫密度100.06%；使用高致病性猪蓝耳病疫苗82.64万毫升，免疫41.42万头，免疫密度100.01%；使用猪口蹄疫疫苗51.61万毫升，免疫51.6万头，免疫密度124.59%；使用牛（羊）口蹄疫疫苗19.26万毫升，免疫牛7.24万头，免疫密度104.82%；羊4.71万只，免疫密度116.25%。

【畜禽常规病防控工作】 2011年，个旧市开展畜禽常规病防控工作，免疫鸡新城疫186.22万羽，猪肺疫23.13万头，猪丹毒0.45万头，仔猪副伤寒0.18万头，牛炭疽0.04万头，牛出败0.96万头，羊痘0.97万只，禽霍乱131.32万羽，畜寄生虫驱虫247.64万头。全市畜禽防疫物资投入大碱、药棉、酒精等63万吨，价值30万元。

【生猪计划免疫推广工作】 2011年，个旧市畜牧兽医局按照《州政府办公室生猪计划免疫工作实施方案》及《个旧市生猪计划免疫实施方案》要求，认真做好计划免疫工作。全年推广猪瘟免疫25.93万头，猪蓝耳病免疫19.91万头，猪口蹄疫免疫28.75万头，猪肺疫免疫3.58万头,猪乙型脑炎免疫0.054万头，猪伪狂犬病免疫0.18万头，猪细小病毒免疫0.12万头，仔猪副伤寒免疫0.06万头，注射牲血素2.46万头。

【狂犬病防控工作】 2011年，个旧市畜牧兽医局认真贯彻市政府关于个旧市狂犬病防控方案具体要求，依照“管、免、灭”方针开展综合性防控工作。全市9个乡、镇（区）和社区存栏犬34287只，领用狂犬病活疫苗31145 头份，注射犬只31045只，召开会议24次，印发宣传材料10627份，张贴宣传标语1008张，举办培训班30期，参训人员3422人，扑杀流浪犬153只，采集犬血清64份，犬棉试纸已经通过省疫控监测10份，血清中未发现阳性。

【动物防疫“整村推进”工作】 2011年，根据《云南省动物防疫整村推进工作方案》《红河州人民政府办公室关于转变动物防疫方式实施整村推进工作的通知》要求，个旧市人民政府出台《个旧市动物防疫整村推进工作实施方案的通知》并下发到各乡镇（区）人民政府，以鸡街镇为推进点，认真开展动物防疫“整村推进”工作，有效提高动物免疫密度和质量。在秋季动物防疫“整村推进”工作中，鸡街镇禽流感免疫10.28万羽，猪口蹄疫免疫6.64万头，牛口蹄疫免疫0.82万头，羊口蹄疫免疫0.52万只，猪瘟免疫5.47万头，猪蓝耳病免疫4.5万头，圆满地完成了免疫任务。

（撰稿：邓海龙）

【疫病监测工作】 2011年，个旧市畜牧兽医局完成采集报送省、州和自测血清样禽636份、猪241份、牛100份、羊200份、猪精液19份、犬64份、犬棉试纸31份；采样涉及全市9个乡镇32个自然村52户的畜禽。其中送省、州监测的分别为猪圆环病毒病、高致病性猪蓝耳病、牛羊口蹄疫病、猪乙脑、犬狂犬病5个病种病原学检测。检测结果，猪精液样品19份检测出感染猪瘟病毒带毒公猪2头；猪圆环病毒病检测出18份（头）带毒感染样；狂犬病免疫抗体检测31份，合格率83%；犬狂犬病病原学检测样品未发现阳性。市动物疫控中心实验室完成禽流感免疫抗体检测636份，合格593份，合格率93%；鸡新城疫免疫抗体检测121份，合格104份，合格率86%；猪瘟免疫抗体检测231份，合格163份，合格率71%；牛口蹄疫免疫抗体检测61份，合格48份，合格率79%；羊口蹄疫免疫抗体检测133份，合格108份，合格率81%；布病病原学检测猪牛羊，测出4只羊感染布病，其他检测样品没有感染。

【瘦肉精监测工作】 2011年，个旧市畜牧兽医局根据省州有关文件要求，开展“瘦肉精”监测工作，制定实施方案，认真抓好监测。监测工作采取集中检测和专项整治相结合的方式，在全市辖区的规模养殖场（户）、生猪定点屠宰场，对猪尿，育肥猪后期尿进行“瘦肉精”监测，主要监测莱克多巴胺、克伦特罗、沙丁胺醇共410批次，未发现阳性。

【家畜血吸虫病监测工作】 2011年9月26日，个旧市畜牧兽医局以老疫区大屯为主，开展家畜血吸虫病监测工作，采用询问、深入疫区调查了解的形式，摸清龙井、代家庄、杨家庄、新瓦房等4个村委会7个自然村的家畜养殖情况。疫区共有牲畜存栏牛63条、猪9261头、犬1342只，采用粪便虫卵孵化法监测7个自然村牛粪55份、猪粪1948份，未发现阳性。

【奶牛结核病监测、牲畜布氏杆菌病和牛海绵状脑病因子调查工作】 2011年，个旧市畜牧兽医局对乍甸农场和多喝乳业进行奶牛结核病监测抽查工作2次，抽查奶牛2406条；对鸡街镇家畜进行布氏杆菌病的监测防控，共采样2次，监测存栏奶牛100条、猪241头、羊200只，未发现布病感染。年内，参与完成疯牛病因子调查及采样监测工作，按相关采样要求到沙甸区分别采集牛脑5份、牛肺疫血清80份送检，未发现阳性。

【疫病死亡率控制工作】 2011年，个旧市畜牧兽医局根据州动物疫病预防控制中心有关文件精神，于10月31日至11月2日对全市9个乡镇18个行政村畜禽疫病死亡率控制情况进行随机抽查。抽查结果：猪疫病死亡率1.3%、大牲畜疫病死亡率0、羊疫病死亡率0.8%、禽疫病死亡率1.6%。全市畜禽疫病死亡率均控制在上级下达的指标之内。

（撰稿：李水兰）

【动物卫生监督队伍培训】 2011年6月3日，个旧市畜牧兽医局对全市58名检疫员(协检员)进行动物检疫法律法规、操作规程、管理办法、新证填写及应用规范培训，6月20日开展动物卫生监督知识竞赛，提高动物卫生监督人员业务素质和业务技能，更好地服务农村、农民和社会主义新农村建设。

【养殖场规范化监督管理】 2011年，个旧市畜牧兽医局进一步加强养殖场规范化监督管理工作，定期或不定期到规模养殖场（户）对免疫、消毒、病死畜禽无害化处理等工作情况和各种台账记录情况进行现场监督、指导。对申请办理动物防疫条件合格证的规模养殖户进行审核，共审核规模养殖户34户，已办证26户，其中养牛2户、养禽14户、养猪7户、肉食品加工3户。对动物防疫条件不符合要求的8户养殖户已下发整改通知书，并对需要改进和完善的地方作了细致的指导。

（撰稿：常华荣）

【动物标识及疫病追溯体系建设】 2011年，个旧市畜牧兽医局认真指导全市7个乡镇开展动物免疫标识及疫病追溯体系建设工作。全年，全市有识读器30台，上传数据戴标4913条、补标5条、免疫4226条，扫描耳标51200头，产地检疫22头。

【畜禽产地检疫】 2011年，个旧市各乡镇兽医站和各村委会在交通要道设立产地检疫报检点109个，畜禽产地检疫工作开展率100%,市、乡、村三级产地检疫报检服务网络建设得到巩固和加强。全年，全市检疫生猪30.09万头,检出病猪98头；牛1.72万头, 检出病牛10头；羊1.07万只, 检出病羊10只；禽112.85万只,检出病禽258只。畜禽产地检疫为抓好动物疫病源头管理，有效控制动物疫病传播，防止患病动物进入流通领域发挥了重要作用。

【屠宰检疫】 2011年，个旧市生猪屠宰场检疫生猪134524头，屠宰动物70457头,屠宰动物持证数70457头,持证率100%，使用《动物产品检疫合格证明》2440本，检出病害猪118头，无害化处理118头。屠宰场设立无害化处理间，屠宰检疫率和无害化处理率均达到100%，确保了上市猪肉的质量和安全。

【牛羊禽检疫】 2011年，个旧市畜牧兽医局为了切实加强牛、羊及禽类屠宰检疫工作的管理，保证畜禽产品质量，保障人民身体健康，于9月1日在做好生猪屠宰检疫的同时开展牛羊肉及禽类的检疫工作。通过宣传动员及上岗人员培训，牛羊禽检疫工作进展顺利，全年共检疫上市牛肉551.2吨、羊肉6.9吨、禽158742只，并对无证经营或没有检疫的畜禽进行补检，补检牛肉249.6吨、羊肉 19.5 吨、禽81456只。

【动物产品交易市场监管】 2011年，个旧市畜牧兽医局进一步加强动物产品市场监管，规范动物产品经营行为，维护公共安全，保障人民的身体健康，杜绝动物疫病从市场传播。每月定期对鲜肉市场、禽类市场、冷冻食品厂进行监督检查，检查上市鲜肉350余吨、冷冻食品240吨、白条鸡870只。

【兽药质量管理规范（GSP）工作】 2011年，个旧市畜牧兽医局按照《云南省兽药经营质量管理规范实施细则》的要求，制定《个旧市兽药GSP实施方案》，成立工作领导小组，扎实开展兽药GSP工作，规范全市兽药经营和质量管理。6月20日，市畜牧局举办兽药GSP培训班，63名兽药经营企业负责人参加培训，发放《云南省兽药管理质量管理规范》读本80本、兽药GSP宣传材料100份，并对兽药GSP法律法规、兽药经营质量管理规范、现场检查验收标准、兽药处方药和非处方药分类管理办法进行全面、系统的讲解，对兽药经营企业负责人提出4方面的要求。全年，全市有6户兽药经营户通过兽药GSP检查验收，20户准备提交兽药GSP验收申请。

（撰稿：黄　微）

【科技项目成果研究与申报工作】 2011年，个旧市畜牧兽医局顺利完成科技成果申报工作。在申报的科技项目中，《红河州标准化生猪生产配套技术推广》获全国农牧渔业丰收奖三等奖、《红河州优质牧草引种试验与示范推广》获云南省科技进步奖二等奖、《个旧市优质牧草引种栽培试验示范推广》获个旧市科技项目进步二等奖、《个旧市生猪计划免疫推广》获个旧市科技项目进步一等奖。

（撰稿：周仕钰）

水　利

【简述】 2011年，个旧市水利局在市委、市政府的正确领导下，在上级业务主管部门的指导下，紧紧围绕市委、市政府的工作重点，认真贯彻落实中央1号文件、云南省“兴水强滇”战略及红河州水利工作会议精神，按照年初确定的工作目标，狠抓落实，工程建设、防汛抗旱、水环境保护、水库管理等各项工作均取得新的进展。全年全市累计完成水利基建投资4925.86万元，完成州级下达任务4500万元的109.5%，完成市级下达任务3800万元的129.6%；完成农水投资1300万元，完成任务1000万元的130%；完成水电投资51000万元，完成任务50000万元的102%；实现新增有效灌溉面积0.12万亩，完成任务0.1万亩的120%；解决2.271万人的饮水安全问题，完成州级下达任务2.231万人的102.24%，完成市级下达任务1.7万人的133.6%；治理水土流失面积10.26平方公里，完成任务10平方公里的102.6%；完成干支渠防渗10.59公里，完成任务10公里的105.9%；完成水资源费征收380万元，完成州级下达任务300万元的127%，完成市级下达任务200万元的190%；完成水保两费征收159.94万元，完成任务5万元的3198.8%。全年，全市实现蓄水3113万方，供水1043.9万方，水费总收入570万元。水费收入完成州级下达任务550万元的103.6%，完成市级下达任务300万元的190%。

【农田水利基本建设】 2011年，个旧市水利部门进一步增强责任感和紧迫感，加强领导，周密部署，发扬“献身、负责、求实”的行业精神，扎扎实实地搞好农田水利基本建设。全市完成新建、扩建、改造各类水利工程2109件，累计投入劳动积累工186.2万工日(其中新建工程投工167.1万工日，修复水毁、岁修清淤投入义务工19.1万工日)，累计完成开挖土石方、砼方21.26万立方米，完成投资4333.62万元（其中中央2479.68万元、省698.09万元、州市乡631.63万元、群众自筹324.22万元），新增恢复灌溉面积1.078万亩，改善灌溉面积0.1491万亩，解决0.6055万人、0.2018万头大牲畜饮水困难。新建生产、生活水窖1836个、水池35个，累计完成各类管道安装、铺设22.27公里，修复三面光干支渠、田间渠3.6公里，修复水毁工程85处。各项工程完成量均比去年同期有所增加。

【省州小农水项目】 2011年，个旧市新建“五小水利”工程建设687件，总投资960万元，其中州级补助366万元。

年内还完成新建小坝塘除险加固工程1个、生产生活水窖60个、小水池2个、小渠道5条、小泵站1座，完成投资192.94万元。

【沙甸河治理工程】 2011年2月10日，个旧市沙甸河治理工程开工。沙甸河属珠江流域南盘江水系二级支流，全长43.1公里，径流面积1985平方公里，是大屯海、长桥海、三角海及蒙自草坝、开远大庄坝、个旧大屯坝、个旧倘甸坝唯一的排洪通道，承担着个开蒙地区的防洪任务。沙甸河个旧市沙甸镇段治理工程包括两段河道治理：一为沙甸河昆（昆明）~河（河口）公路桥至沙甸区赛马桥，全长4420米；二为乍甸河鸡街铁路桥至铁路桥与沙甸河的交汇口，全长2335米，治理总长度6755米。

工程概算总投资2948.64万元。在参建各方的共同努力下，主体工程已于年底完工，完成加固河堤0.88公里，支砌河堤10.64公里，完成土方30.82万立方米、石方8.95万立方米、砼方0.22万立方米，累计完成总投资3309万元。工程建成后，将保护沙甸镇及沙甸坝沿河耕地7.2万亩，保护人口7.8万人。

【干支渠防渗工程】 2011年，个旧市三岔河水库干支渠防渗工程开工。工程位于个旧市保和乡，渠首为三岔河水库，属红河流域咪呷冲河水系，渠首距个旧市区30余公里，设计流量0. 3立方米/秒，干渠全长8.3公里，概算总投资400万元。截止10月30日，工程完成土方开挖0.4万立方米、M7.5浆砌块石边墙0.25万立方米、M10水泥砂浆粉面1.2万平方米、C15砼底板0.04万立方米、C20砼边墙0.06万立方米，累计完成投资400万元，主体工程已完工。

【农村安全饮水工程】 2011年，个旧市农村安全饮水项目经红河州发展和改革委员会、红河州水利局批复同意。工程总投资1004.97万元，其中农村饮水总投资827.50万元（鸡街镇626.85万元、贾沙乡17.44万元、保和乡178.42万元、蔓耗镇4.79万元），学校饮水总投资177.47万元。项目通过另选新水源、新建水处理设施、新建水池（窖）和引水、供水管网延伸的方式，解决个旧市鸡街镇、保和乡、贾沙乡、蔓耗镇等4个乡镇12个村委会53个村民小组2.231万人饮用污染严重未经处理的地下水和水量不达标、水源保证率不达标等饮水困难。工程于9月开工建设，截至年底止，新建集雨水窖工程321件、自流引水工程34件、提水工程1件、安装水处理设备6套、架设管道86公里。

【防汛抗旱　减灾救灾】 2011年，个旧市平均降雨量774.4毫米，比多年平均值少325.6毫米，为多年平均降雨量的70.4%。由于降雨少，而且比较平均，全年全市没有发生大的洪涝灾害，但却遭遇了连续的干旱，给全市人民生产生活带来严重影响。在市委、市政府的正确领导下，全市人民团结一心，众志成城，千方百计抗旱救灾，保证了全市人民正常的生产生活秩序。

一、机构健全，责任落实。为确保防汛工作的顺利开展，市防汛抗旱指挥部及时调整充实了成员，各乡、镇（区）、相关防汛单位也成立完善了相应组织机构。防汛执行24小时值班制度，严格执行行政首长责任制和分级分部门防汛工作责任制，各重点水库及重要部门都明确了防汛责任人。并分别与责任单位签订《防汛责任书》，进一步明确具体的防汛负责人及责任事项，明确奖惩制度，提高各乡、镇（区），各相关防汛单位的工作积极性。同时要求各成员单位顾全大局，团结协作，按防汛工作职责要求，各尽所能认真做好相关工作，确保了防汛、抢险、救灾等一系列工作的顺利开展，为防汛工作确立了组织保障。

二、措施到位，准备充分。主要是抓好三个环节，确保安全度汛。一是制定《个旧市防汛抗旱预案》，各重点水库和防汛重点单位也制定相应突发事件抢险预案，确保水库及在建水利工程安全。二是按指挥部的总体部署和要求，在汛期到来之前，对水库、重点排洪河道、排洪沟渠、重点区域进行抽查检查，并要求各乡、镇（区），各相关防汛单位及时开展防汛自查自纠，排除隐患，杜绝重大灾害发生。三是资金物资储备到位，2011年全市准备防洪编织袋20000只、木桩2000棵。市政府投入40多万元对大屯区域排洪影响较大的五号引洪沟进行清淤，清淤长度4.6米，出动挖掘机3台、装载机1台、汽车5辆、拖拉机10台，清除土方25000立方米，为安全度汛创造有利条件。

三、强化监测，加强预报。汛期前，市防汛办加强对降雨量和河流量的监测和预报，强化汛情、灾情和突发事件的统计上报；入汛后，各乡、镇（区），各相关防汛单位严格执行24小时值班和领导带班制度，密切关注和掌握汛情发展变化，及时准确地做好汛情、灾情的统计上报工作，为防汛指挥工作提供正确的判断和决策依据。

四、突出重点，针对性强。从个旧市实际出发，切实抓好山洪灾害防御工作。防汛期间，各相关部门对存在发生滑坡、泥石流重大山洪隐患的乡镇、重点区域进行实时监控，并采取相应的防治措施，制定紧急避险预案。同时，加大执法力度，坚决取缔在滑坡、泥石流等危险区及其边缘地带乱采沙石、开山炸石等违法行为，杜绝可能造成的滑坡、泥石流灾害发生。

五、抗旱攻坚，成效显著。面对连续旱灾，在市委、市政府的正确领导下，全市各级各部门、驻个部队、广大干部群众和社会各界团结一心、众志成城，采取多种行之有效的措施，积极投入抗旱救灾，战胜了百年不遇的旱灾，取得抗旱救灾工作的胜利。个旧市本着确保人饮，先生活、后农业、再工业的原则，做好全市水源、水量的调度工作，形成行之有效的供水方案。同时，全市各部门群策群力，投入大量资金抗旱保民生，投入抗旱资金共计1123.03万元，充分调动各方力量，广辟水源，采取打井、买水、调水、人背、车拉、马驮、政府补贴村小组和村民、发放物资修建蓄水池等方式，解决人畜饮水困难。通过清淤、维护提水工程、新建抗旱应急水源、新建“五小”水利工程、铺设输水管线、购置设备等措施，确保全市城乡群众生活、生产用水。

由于组织有力，措施到位，在旱情严重的情况下，还确保了市区生活用水的正常供给和乡镇水源的合理使用，没有人畜因旱发生意外，保证了生产生活秩序和社会稳定。

【水库蓄水】 2011年，个旧市防汛抗旱指挥部在州防汛抗旱指挥部的领导下,本着科学合理的态度，认真分析研究雨情、汛情，编制4个水库及个旧湖的安全度汛计划，在保证水利工程安全的前提下，抓紧水库、坝塘的蓄水。在遭遇百年不遇的连年干旱情况下，各水库管理单位抓住一切有利时机，抓紧蓄水，完成蓄水3113万立方米，供水1043.9万立方米。

【水土保持】 2011年，个旧市被列为全省第一批（35个县）、红河州第一批（4个县）水土保持监督管理建设县之一，并认真按照国家水利部、省水利厅、州水利局关于水土保持监督管理能力建设的工作部署和要求开展工作。通过一年的努力，个旧市水土保持监督管理能力建设工作于10月25日通过水利部验收。

一年来，个旧市水利局先后73次对云南锡业集团有限公司、云南电网公司红河供电局、马堵山水电站、红河河道采砂、冷清公路、鸡个公路、红河大道、蒙新公路、矿山企业、市区房地产开发建设项目等68个建设项目实施检查，对不按水土保持方案施工的单位下发整改通知书，并要求未办理水土保持方案审批手续的单位补办。审批建设项目水土保持方案47个，其中转省水利厅审批报告书5个、转红河州水利局审批报告书8个、市级审批报告书22个、市级审批报告表12个。参加500千伏通宝变220千伏接入工程、220千伏锡都输变电工程、220千伏临安输变电工程、卡房3000吨选厂、大屯10万吨铅等5个省级项目水土保持的验收工作。组织220千伏马堵山水电站输出线路水土保持工程的验收。2011年，市政府下达水土保持“两费”征收任务5万元，共征收水保“两费”159.94万元，完成全年任务数的3198.8%。按照方案审批权限分别上缴省级财政159.01万元、州级财政29.2万元，市级财政7.73万元。市政府下达全年治理水土流失面积10平方公里，利用退耕还林、荒山承包等形式进行生态修复治理水土流失面积10.26平方公里，完成全年治理任务数的102.6%。

【水资源管理】 2011年，个旧市水利局继续加强水资源管理工作，加大水政执法力度，深化涉水法律法规宣传和普及工作。水政监察大队依法行政，严格执法，努力将水事纠纷、水事案件消灭在萌芽状态。积极开展河道巡查工作,共清理在河道违法采砂事件30起,确保了河道的安全运行；配合市环保局对卡房大沟重金属污染进行治理，针对卡房大沟沿途企业违规排污问题，逐一上门进行宣传教育，发放宣传单近200份，并查处了部分违法企业；调解水事纠纷、水事案件8起，解决率100%。在水行政执法工作中未发生一起因调解处置而发生的复议、起诉事件，基本做到依法行政，当事人无异议。个旧市水利局认真完成水资源管理年报和水资源公报的编报工作，完成水资源费征收380万元。

【水利普查工作】 2011年，个旧市继续开展水利普查工作。市政府于3月25日调整充实工作领导小组，由市政府陈浩副市长任组长，市水利局局长江宏、市统计局局长王峰任副组长，并增加云锡公司等单位为成员单位。根据省州水普办的要求，市水利普查工作领导小组分别落实办公场地、工作人员，选聘指导员50名和普查员77名，并分别进行2次培训。4月15日，市政府在三楼会议厅召开全市水利普查登记工作启动会，安排水利普查各项工作。

6月27日，个旧市水利普查清查阶段工作结束，分别完成普查对象清查表录入、汇总及市级内业审核工作，并于6月30日上报州水普办。年底，个旧市水利普查对象普查表静态数据填报、空间数据采集名录、台账表建设工作相继完成。

【农村小型水利工程管理体制改革】 2011年，个旧市水利局为贯彻落实《云南省人民政府关于农村小型水利工程管理体制改革实施意见》，组织相关科室人员会同各乡镇水利水土保持管理站开展农村小型水利工程摸底调查。2月底，调查工作结束。经查，个旧市实有农村小型水利工程12137件，其中2009年12月前有小坝塘74件、小水池257件、小水窖10100件、1个流量以下的沟渠364条、小型泵站48个、小型机电井4个、输水管道66条、小型河道治理工程5件；2010年至2011年2月完成小型水利工程1939件，总投资21214.47万元。按《个旧市农村小型水利工程管理体制改革实施意见》要求，对改革范围内的农村水利工程进行产权界定及清产核资工作，并核发产权证，全市共填发产权证12452本，其中国有水利工程产权证10本，集体所有水利工程产权证588本，个人水利工程产权证11854本。主体改革工作完成后，市小农水工程改革领导小组办公室对开展农村小型水利工程管理体制改革工作以来的所有资料、文件及表册按照分类处理的原则进行立卷归档。11月5日，个旧市农村小型水利工程管理体制改革工作通过红河州水利局验收，并被评为优秀。

【水法宣传】 2011年，个旧市水利局继续加大防汛抗旱及水行政法律法规宣传工作力度,以“世界水日”、“中国水周”、水土保持法颁布日为契机，利用报刊、广播、电视等媒体强势开展水资源法律法规宣传教育，在个旧电视台进行为期15天的水法宣传，在出租车上张贴水法宣传标语100份，并组织全局机关干部到怀源芳圃开展水行政法律法规宣传，发放宣传资料2万多份，提高了全市人民的法治意识，收到较好的效果。

（撰稿：王　桦）

林　业

【简述】 2011年，个旧市林业工作以中共十七大精神和“三个代表”重要思想为指导，全面贯彻落实科学发展观，深入贯彻中央、省委林业工作会议和省、州、市委全会精神，紧紧围绕市委、市政府“一二三”发展思路和“十二五”林业工作目标，按照发展现代林业、建设生态文明、促进科学发展的要求，以生态建设为中心，以兴林富民为宗旨，以创先争优活动为契机，积极构建林业生态、产业和文化三大体系，开拓创新，真抓实干，林业各项工作全面稳步推进，实现了全市林业“十二五”良好开局。

【造林绿化】 2011年，个旧市完成造林任务4.8万亩，其中巩固退耕还林成果后续产业建设1.8万亩（新增造林1.5万亩、补植补造0.3万亩）、防护林工程2万亩（人工造林1万亩、封山育林1万亩）、中低产林改造1万亩，义务植树任务85万株，造林任务完成率100%。

封山育林任务1万亩，分别布局在鸡街镇帮干村和卡房镇郎旧坝、火把冲，其中鸡街镇帮干村面积4145亩，封育树种类型为乔木型；卡房镇郎旧坝、火把冲4400亩封育乔木型、1455亩封育灌木型。

6月23日，个旧市庆祝建党90周年暨杨善洲纪念林植树活动在大屯镇王林寨村后山举行。市委、政府、人大、政协部分领导，共青团、妇联、各部委办局，部分学校、厂矿等干部职工近200人参加。活动中，市林业局安排引入新树种加勒比松与其他树种混交以利生态的改善。在市级领导及各部门的积极支持和参与下，植树活动圆满地完成了计划的各项任务。

【国家重点公益林管护工作】 2011年，个旧市申报中央和省级森林生态效益补偿基金443.74万元（含市级统筹45.3万元）。其中中央森林生态效益补偿基金344.71万元，省森林生态效益补偿资金99.03万元。申请州统筹基金6.68万元、省统筹基金3.98万元。完成2011年管护合同责任状的签订。组织相关单位学习《云南省实施中央财政森林生态效益补偿基金管理细则》《红河州公益林管理办法》《红河州公益林护林员管理办法》《红河州公益林档案管理办法》等管理办法和细则，切实加强重点公益林管护、森林防火、病虫害防治、资源监测等工作。

【森林防火】 2011年，个旧市委市政府高度重视森林防火工作，认真总结和借鉴2010年在百年不遇的干旱情况下，森林防火工作取得的经验，全面贯彻落实省、州森林防火工作电视电话会议精神，真正做到三个“确保”，以高度负责的态度，周密安排、科学部署、全力以赴，把森林防火工作真正抓紧抓好，切实保障人民群众的生命财产安全，有效保护森林资源。全年，全市投入防火经费248.2万元，签订各项防火目标责任书7896份，散发森林防火宣传单2.65万份，张贴、刷新森林防火宣传标语6500条，清明节发防火通知书4.8万份，投入使用森林防火宣传碑59块，以电影形式到各乡镇进行森林防火宣传教育100场次。全市中小学上森林防火知识课1255个课时，编辑森林防火知识黑板报389期，致青少年和家长森林防火公开信40358封,撰写有关森林防火知识作文12330篇，张贴森林防火宣传标语1049条，组织“森林防火、从我做起”主题演讲比赛，切实有效地提高中小学生森林防火意识。全市修复防火线450公里，清理消防水池5个，调整配备森林防火指挥车19辆（各乡镇区、白云山林场及云锡公司在内）、运兵车1辆、兵工铲70把、Ⅱ号工具1300把（含乡镇500把）、灭火弹930发、灭火水枪75套、风力灭火机30台、油锯15台、火场临时中继台3个、基地台14个、车载台17个、GPS定位仪13个、发电机4台、太阳能电源3个、望远镜18台、睡袋帐篷35套、阻燃服100套、防火马夹500件、砍刀100把、有线电话15部、卫星电话4部、超短波电台20部、对讲机219支。严格执行24小时值班带班“双向点名”制度，强化野外用火管理制度，确保森林防火信息和政令畅通。全年，全市发生违规用火7起、查处6起，查处率85.7%；卫星热点2个，均为农事用火。在火情处置过程中，严格按照个旧市森林火灾处置预案程序进行，科学调度，均未造成大的损失和发生人员伤亡事故。通过林业战线干部职工及全市人民的共同努力，个旧市森林防火工作取得连续17年无重大森林火灾的好成绩。

【林政管理】 2011年，个旧市严格按照《森林法》及国家林业局《森林采伐更新管理办法》，对森林进行分类管理，对生态林只进行抚育和更新性采伐，对商品林采伐则放宽搞活，既使林农得到实惠，又使林木越采越多，实现永续利用。全年红河州下达个旧市林木采伐限额18200立方米,出材量11300立方米。截止12月，全市完成商品材采伐限额蓄积量12993.03立方米，商品材采伐出材量7623.825立方米，收缴育林基金405750.64元。加强征占用林地管理工作，积极主动提前介入，提供服务。全年办理建设项目征占用林地审核3起，永久征占用林地面积6.7064公顷，依法收缴森林植被恢复费303056元。

加强野生动植物及疫源疫病监控工作，定期不定期对非法经营野生动植物的宾馆、酒楼、饭店、集贸市场及野生动物驯养繁殖场所进行清查打击。按照《红河州林业局陆生野生动物疫源疫病应急预案》的要求，在贾沙、保和、卡房、蛮耗、大屯、沙甸等乡（镇、区）设立州级野生动物疫源疫病监测站，严格执行24小时值班制度和野生动物疫源疫病监测日报制度，对野生动物疫源疫病做到早安排、勤监测、早发现、严控制。

加强木材运输、加工、经营管理。严格执行凭证运输管理制度，全年发放木材运输证2143份，25196.63立方米。实行木材经营加工许可制度，对木材市场及加工经营户进行定期或不定期的检查，对无证经营加工木材的依法打击，维护木材经营加工秩序。年末，全市有木材经营户18户，木材加工户29户。

【农村能源】 2011年，个旧市新建沼气池400口，推广节柴改灶700眼、太阳能热水器500台，开展沼液浸种4000亩。全市累计建成沼气池18262口，沼气推广率44%。每年可节约薪柴9.7万吨，相当于保住森林7.8万亩，年创直接经济效益3653万元，解决了农村部分生活用能。大力发展新型能源和生物质能源，以沼气为纽带，结合改厕、改厨、改厩、利用太阳能，建成“五配套”的“猪-沼-菜（鱼、果、粮）”生态模式，达到最佳的节能、生态和环保效果。积极参与大屯镇官沟村“省级农村能源生态示范村”建设，使社会主义新农村早日实现“生产发展、生活宽裕、乡风文明、村容整洁、管理民主”的总体目标。

为使1.8万户沼气池建池户能正常地使用沼气池，提高沼气池的使用效率，促进农村经济的可持续发展和生态文明建设，个旧市继续完善农村能源服务体系，做好村级服务队建设。巩固并完善能源站一级服务网和林业站二级服务网，挑选热心的农村技术员和沼气户作为三级服务网，组成覆盖全市农村的能源服务网络。实行适当补贴与有偿服务相结合的运作方式，配套奖惩措施，开展农村能源服务工作。年内，根据省、州能源站要求，个旧市在拥有前两年建设的5个村级服务队的基础上，又新建村级服务队3个，并完成能源站与管护员签订年度管护合同的工作。逐步完善村级服务队的“六个一”配套建设，完成村级技术服务队《服务范围牌》《服务承诺牌》和《服务队网点牌》的悬挂工作。

【林业有害生物防治】 2011年，个旧市林业局认真实施林业有害生物防治目标管理工作，提高林业有害生物防控综合能力。对重点林区、林业有害生物发生重灾区实行重点监测，应监测面积45.93万亩，实际监测面积45.8万亩，监测覆盖率99.7%；全年全市森林病虫害发生面积1.9846万亩，森林病虫害发生率3.5%，防治面积1.8838万亩,无公害防治率100%；成灾面积0.3738万亩，成灾率6.95‰。实施苗木产地检疫0.02万亩、苗木600万株，苗木产地检疫率100%；复检木材10487.4立方米、木材换证5649立方米；调检商品木材15245.37立方米、竹材167.45万根、花卉0.0693万株、苗木49.3569万株，收取检疫费0.8万元。在做好常规林业有害生物防治工作的同时，积极开展桉树枝瘿姬小蜂防治工作。9月19日，接沙甸区林农林维良电话称，其年内新种植的桉树发生虫害，后经州、市技术人员和省林检局专家鉴定，虫害被确诊为桉树枝瘿姬小蜂。9月28日，市委、政府召集相关单位负责人、乡镇分管领导、林业站长召开个旧市桉树枝瘿姬小蜂应急处置工作会议，由市林业局局长将发生桉树枝瘿姬小蜂的情况以及应对措施向与会人员作汇报。市政府要求各乡镇及时成立领导小组，把除治处置桉树枝瘿姬小蜂作为重要工作来抓，国庆节不放假，边普查边防治，须安排一定工作经费。省林检局局长刘宏屏在会上对森防工作作出以“利剑行动”为契机，以检疫执法为抓手，检疫追源、查出源头等10点指示。29日市政府成立以陈浩副市长为组长的个旧市桉树枝瘿姬小蜂应急处置工作领导小组，下设办公室在市林业局，负责排查、处置、信息上报等具体工作。应急处置工作主要措施：一是掌握情况。桉树枝瘿姬小蜂的寄主是桉属植物，个旧市发现的主要是危害赤桉、细叶桉苗木及幼林，以一年生左右幼林受害最重，植株受害率20–90%。桉树枝瘿姬小蜂危害严重的为处于交通要道的沙甸、鸡街、大屯等3个乡（镇、区），发生面积1820亩。二是组织防治。 综合采用人工拔除烧毁、化学等方法防治，全市除治处置作业面积1816亩，其中人工拔除烧毁处置新造林地面积616亩，化学防治加人工拔除烧毁处置新造林地面积500亩，幼树砍伐、大树修枝叶烧毁处置桉树林面积700亩；查封苗圃4个，销毁桉树苗木15万株。发生桉树枝瘿姬小蜂1～2年生桉树，采取人工全部拔除就地烧毁的方式，阻断虫源地进一步扩散的可能。被虫害感染的苗圃一律就地全部烧毁，杜绝扩散。三是追查源头。通过对桉树枝瘿姬小蜂传播源头的调查取证，个旧市桉树疫病传入途径有两种可能：第一从广西经文山州平远街至个旧市，第二从楚雄州经建水县至个旧市。四是宣传发动。利用传单、除治处置工作和检疫执法活动的开展，大力宣传动员群众，使基层林业工作人员和广大人民群众认识到桉树枝瘿姬小蜂的危害性及开展林防工作的必要性，提高全社会参与林业有害生物防治的意识和积极性。

【自然保护区工作】 2011年，个旧市林业局进一步加大自然保护区的保护和管理力度，编写保护区5年管理计划。严格执行野生动物肇事补偿工作，对遭受野生动物危害的农户补助损失费5000元，维护自然保护区的稳定和发展。

积极申报云南大围山国家级自然保护区基础设施建设二期工程项目,自然保护区基础管护设施得到不断完善，制度逐步健全，保护区的生态环境得到有效保护；积极申报极小种群野生植物红河苏铁拯救与保护项目。根据《全国极小种群野生植物保护实施方案（2008–2015年）》《云南省极小各群物种拯救保护规划纲要（2010–2020）、紧急行动计划（2010–2015）》等相关要求，制定项目实施方案，已上报州林业局审批。为做好保护区珍稀植物资源的管理及保护,向州林业局申报关于珍稀植物多歧苏铁的《珍稀濒危物种调查监管》《珍稀濒危物种救护与繁育》两个项目。编制完成极小种群野生植物红河苏铁拯救与保护项目实施方案，已上报州林业局，待州级审核通过后方可实施。积极开展大围山国家公园申报工作，成立大围山国家公园建设试点工作领导小组，申报工作取得重大突破。10月19日，《云南省人民政府同意建立大围山国家公园的批复》下发，同意由大围山国家级自然保护区管理局加挂大围山国家公园牌子，形成大围山国家公园管理局（分局、所、站）的三级管理体系和“一套人马、两块牌子”的管理体制，实现自然保护区和国家公园的一体化管理。个旧管理所将认真按照文件批复要求，做好国家公园的各项建设保护工作。积极支持和参与为期18天的国家级综合科学考察，在大围山国家级自然保护区个旧区绿水河段进行原有 3 个科考样方的复查，并对清水河段和沙珠底 2 个点新建 6 个样方进行采样调查，采集标本2000余份。

【林业勘察设计】 2011年，个旧市林业勘察设计工作组织完成《云南省个旧市石漠化综合治理工程》《戈贾小学征占用林地可行性报告》《沙甸区毁林开矿调查报告》《贾沙乡1000亩核桃示范林建设项目作业设计说明书》《红河危险废物处置工程征占用林地可行性报告》等勘察和设计；完成个旧市第二次石漠化工作监测工作、2011年个旧市林木采伐设计15件；参与完成个旧市贾沙乡小贾沙村小组搬迁选址调查和个旧市1000万亩中低产林改造规划工作。协助森林公安分局到贾沙、保和、锡城等 3 个乡镇开展林木盗伐调查6起；

【林业种苗管理】 2011年，个旧市种苗站严格贯彻执行《种子法》的规定，认真抓好“四证一签”制度的落实，有效地控制劣质种苗的生产、经营和使用，切实维护种苗生产经营秩序，保障林木种苗健康发展。加强对《种子法》的宣传，狠抓“四证一签”核发和使用督察工作。年内，全市办理林木种子生产许可证、林木种子经营许可证6份。

为保证项目造林所需种苗，及时掌握个旧市林木种苗的质量，市种苗站开展全市雨季造林种苗质量检查工作。重点对个旧市苗圃、个旧市森繁苗圃、沈立华苗圃、普仕选苗圃等生产工程造林苗木的苗圃进行检查，检查油茶苗450万株、直干桉260万株、柏树65万株、油桉20万株、赤桉37万株、红桉35万株、柳杉27万株、刺杉22万株、杉木2万株，合格率达95%以上，保证了全市雨季造林对苗木数量和质量的需要。

【白云山国营林场】 2011年，白云山国营林场所属森林是个旧市最重要的水源涵养林和生态环境保护林。白云山、大水沟两个林区与贾沙、锡城、乍甸三个乡镇绵延相连形成20多万亩完整的人工林，人称个旧的“大兴安岭”，对防治污染、净化空气、保持水土、降低噪音、美化环境发挥了积极作用，为个旧市区创造了良好的生活环境。

个旧市白云山国营林场主要从以下几个方面做好森林资源管护工作。一是大力做好森林防火工作。林场每年12月至次年6月均把森林防火工作作为压倒一切的中心工作来抓，坚持主管领导负责制，分管领导具体抓，层层签订森林防火责任状，加大宣传力度，全面抓好队伍建设，加强昼夜值班和督查工作，完善扑救预案，交纳森林防火保险金，加强基础设施建设。年内新购买对讲机电池盒91个，扑火工具一批，增加农村护林员工资，保障了森林防火工作的顺利进行。二是以生态公益林建设为契机，加大森林资源培育管护力度。根据《国家重点公益林管理办法》《国家重点公益林护林员考核办法》和《国家重点公益林护林员招聘及管理办法》的有关规定，层层签订公益林管护合同，加强生态公益林管护队伍建设，聘用公益林护林员55人，划片包干，责任到人；从营林措施上加强公益林建设，把低产低质公益林改造作为营林重点，按照国家有关规定完成公益林造林和抚育。2011年完成国家中幼林抚育面积5000亩，补贴资金50万元，用于中幼林除草、修枝、割灌等抚育措施；完成国家公益林补植补造面积885亩，补贴资金18万元。三是为盘活国有资产，扩大经营，将木材加工车间对外承包。多方筹集资金重新翻盖车间危旧厂房，排除安全生产隐患，改善职工生产环境，为林场的发展奠定基础。

（撰稿：罗 琼 唐新光）

个旧市森林公安局

【简述】 2011年，个旧市森林公安局在林业、公安部门以及上级森林公安机关的正确领导下，以科学发展观和中共十七届五中、六中全会精神为指导，深入贯彻落实林业、公安工作会议及全省森林公安工作会议精神，紧紧围绕现代林业改革发展大局，树立全面、协调、可持续的发展观，坚持立警为公、执法为民的思想，依法履行职责，积极参与林业生态建设，始终把维护生态安全和林区社会稳定，确保林业持续、快速、健康发展作为首要任务，进一步加强队伍正规化建设，充分履行和发挥职能作用，努力为个旧资源型城市转型发展创造更加和谐稳定的林区环境。

【队伍建设】　2011年，个旧市森林公安局始终抓住队伍建设这个根本，不断提高队伍的综合素质和战斗力，努力建设一支政治坚定、业务精通、作风优良、执法公正、保障有力的森林公安队伍。

一、切实加强班子建设和队伍管理。坚持以科学发展观统领全面工作，牢牢把握维护林区社会治安稳定的总体目标，紧紧围绕建设生态文明和现代林业的中心任务，全面加强班子建设，坚持以“抓班子、带队伍、促工作、保平安”的整体思路和目标抓班子建设，做到班子成员之间工作上相互支持，相互配合，相互补台，既有分工，又有合作，大事讲原则，小事讲风格。牢固树立大局意识、全局观念，想大事、议大事、抓大事，集中集体智慧和力量解决全局性、关键性和倾向性问题。高度重视思想政治建设，毫不动摇地坚持政治建警方针，把思想政治建设放在首要地位。切实加强学风建设，努力创建学习型机关，带学习型队伍，做学习型干部。通过定期、不定期的集中政治学习和鼓励、督促民警自学，深入开展党建促队建教育，确保队伍永葆忠于党、忠于祖国、忠于人民、忠于法律的政治本色。

二、积极开展加强党的建设促进队伍正规化活动和“发扬传统、坚定信念、执法为民”主题教育实践活动。根据上级森林公安机关的要求，扎实开展加强党的建设促进队伍正规化活动和“发扬传统、坚定信念、执法为民”主题教育实践活动，并与创先争优活动相结合，狠抓“五条禁令”、“六条警规”和《纪律条令》的学习和贯彻落实，加速民警队伍正规化建设进程。为深入推进创先争优、抓党建促队建活动，激发广大森林公安民警爱党、爱国热情，展示民警风采，树立队伍形象，丰富警营文化生活，个旧市森林公安局积极参加红河州森林公安局举办的以“铸忠诚 树新风”为主题的纪念建党90周年演讲比赛活动，用生动的文字、激情的演讲，诠释“忠诚”的深刻含意。深入开展学习杨善洲先进事迹活动，并把活动变成助推森林公安队伍正规化建设和森林公安各项工作的引擎，不断提高队伍的凝聚力和战斗力，增强民警学习贯彻党章、加强党性修养的自觉性和立足本职、搞好工作、加快森林公安发展建设的责任感和使命感。

三、切实加强民警的教育培训工作。把教育培训与民警岗位练兵结合起来，把分级分层培训与民警自学结合起来，把全警轮训与专业培训结合起来，使教育训练贯穿于执法执勤、日常工作的各个环节。为全面贯彻落实公安部党委关于建立“大教育、大培训”工作格局、《云南省森林公安机关民警大轮训规划实施意见（2009～2011）》和民警训练工作正规化建设的总体要求，制定《个旧市森林公安机关2011年大轮训工作方案》，重点组织相关法律法规知识竞赛、队列规范比赛、10米×4往返跑体能比赛、测量伐桩比赛和打字速度比赛。严格落实警衔晋升培训，截至9月，安排符合晋升条件的民警参加省局举办的司晋司（4人）、督晋督（2人）；3人分别参加省森林公安局组织的办公室主任、刑侦队长和政工宣传干部业务培训班；4人参加州森林公安局组织的派出所民警业务培训班。通过练兵，提高民警的力量、速度、耐力和灵敏度，进一步激发全体民警从警执法的自豪感和练兵强警的紧迫感，使广大民警参与大轮训的昂扬斗志和积极性空前高涨。

四、认真做好“大走访”开门评警活动。为进一步加强和改进新形势下的群众工作，转变工作思路，扎实开展“大走访”开门评警活动。根据《红河州森林公安机关深入开展“大走访”开门评警活动实施方案》和《个旧市森林公安局深入开展“大走访”开门评警活动实施方案》的要求，扎实开展“大走访”爱民实践活动，采取“走出去、请进来”的方式，由局领导亲自带领民警进村入户，邀请检察院、法院等相关职能部门参加“大走访”活动恳谈会，认真听取、征求广大人民群众和检察院、法院等部门对森林公安管理工作、队伍建设和规范化执法等各项工作的意见和建议，促进森林公安局政风建设、效能建设。自开展“大走访”开门评警活动以来，共出动警力114人次，走访行政事业单位7个、村委会14个、村小组20个、91户村民349人次，接受省州3家新闻媒体的采访，开展宣传活动8次，发放法律法规宣传材料1370余份和调查问卷109份，发放警民联系卡112张，公开监督举报电话、警民联系箱和评警热线各1个，举办评警活动1场89人次，召开评警座谈会3次102人次，征求意见建议13条整改13条，排查矛盾纠纷1起化解1

起，帮助困难群众6人次，整治治安突出问题5个，为群众办好事6件，开展消防检查10次，发现火灾隐患2个，被省州媒体采用宣传稿件5篇。

五、关爱民警，充分激发和调动广大民警的积极性和创造性。在从严治警、依法治警、文化育警的同时，认真贯彻从优待警方针，积极创造条件抓好“关爱民警”工程。一是在政治上从优待警，在职级待遇和提拔任用上关心民警。6月，局领导积极向市委组织部、市委政法委推荐和建议，将政治强、业务精，能干事、会干事的民警提拔到部门领导岗位。二是从工作和生活上关心民警，主动解决民警工作、生活遇到的困难和问题。7月，按照公安民警年休假制度规定，筹措经费安排民警统一到广西南宁旅游休假。8月，按照公安民警年体检制度的规定，组织全局民警到市人民医院进行体检并为每位民警购买意外伤害险。年内，对生病住院的民警进行慰问，支付慰问金2000元。通过落实各项关爱民警的措施，激发广大民警的创造性和主动性，促进森林公安各项业务工作的开展。

六、积极开展立功创模活动。深入贯彻落实《人民警察奖励条令》，及时表彰在打击犯罪、维护治安、服务群众工作中的先进典型。强化典型意识，坚持树点立标、典型引路的方针。年内上报表彰三等功民警2人、集体三等功1个，嘉奖民警 3人。白云山派出所三名年轻民警被共青团个旧市委员会、个旧市人力资源和社会保障局、个旧市工业商务和信息化局联合表彰为2010年度“个旧市青年岗位能手”。七一期间，个旧市森林公安局党支部在“群众公认好团队”评比活动中被中共个旧市委表彰为“先进基层党组织”；被中共个旧市林业局党委表彰为“2010年度先进党支部”。在“比十争百当先锋，锡都党旗别样红”创先争优活动中，市森林公安局被中共个旧市林业局党委表彰为“科学发展好班子”，民警杨旭、赵兰、谭健被表彰为2010年度优秀共产党员。

【严厉打击各类涉林违法犯罪活动，全力维护林区社会稳定】 2011年，个旧市森林公安局牢记职责，不断强化林区治安防范措施，对涉林违法犯罪活动始终保持高压态势，切实维护林区社会持续稳定，全面推进生态文明建设，促进人与自然和谐发展。1～10月，市森林公安局办理各类涉林案件61起，其中立林业刑事案件15起，破获14起，破案率93.33%。其中盗伐林木案件14起，破14起，破案率100%；非法占用农用地案1起，未破（正在侦查中）。刑事拘留4人，依法逮捕3人，取保候审3人,移送起诉6人（其中直诉3人）。办理林业行政案件46起，查处45起，查处率97.82%。其中无证运输木材案24起，查处24起，查处率100%；货证不符运输木材案5起，查处5起，查处率100%；森林火灾案件7起，查处6起，查处率85.74%；滥伐林木案5起，查处5起，查处率100%；非法收购明知是盗伐、滥伐林木案2起，查处2起，查处率100%；盗伐林木案1起，查处1起，查处率100%；非法收购、储运、中转木材案1起，查处1起，查处率100%；擅自改变林地用途案1起，查处1起，查处率100%。行政处罚49人，其中罚款44人，其他处罚5人。林政罚款21.058万元，收缴木材220.144立方米。

年内，市森林公安局开展了如下几项严厉打击各类涉林违法犯罪活动的工作。

一、开展春季攻势专项行动。1～4月，针对盗伐、滥伐林木等违法犯罪突出，非法收购、运输野生动物等违法犯罪多发高发的情况，个旧市森林公安局迅速开展春季攻势专项行动，认真落实各项任务，制定工作方案，重拳出击，取得成效。自行动开展以来，公安局出动警力240人次、车辆94台次，破获森林刑事案件4起，其中盗伐林木案3起，失火案1起，抓获作案成员5人。查处森林行政案件12起，其中滥伐林木3起、无证运输木材6起、违法收购盗伐滥伐林木1起、随意用火2起，处罚涉案人员14人，没收违法运输木材24.7758立方米。春季攻势专项行动有效地打击了违法犯罪活动，震慑了违法犯罪分子，切实维护了全市林区的治安稳定，创造了良好的林区治安环境。

二、集中打击冷冻野生动物制品走私专项联合行动。个旧市森林公安局为切实加强对破坏野生动物资源违法犯罪的专项打击和综合治理，有效保护野生动物资源，营造爱护野生动物的良好氛围，全面促进人与自然和谐发展，按照省森林公安局和州森林公安局的安排部署，于6～8月间在个旧市开展为期3个月的集中打击冷冻野生动物制品走私专项联合行动，出动警力40人次、警车20台次，清理野生动物驯养繁殖场所14家次、餐馆饭店85家，收缴赤麂残腿1只，重2.74公斤，人工饲养七彩山鸡2只。

三、开展亮剑行动。个旧市森林公安局为严厉打击破坏林地资源和国家重点保护野生动植物资源违法犯罪行为，根据国家林业局、云南省林业厅和红河州林业局的统一部署，于8月1日至10月20日开展“亮剑”专项行动。期间，出动森林公安民警93人次、车辆41台次，查处涉及林地刑事案件1起；林政案件9起，查处9起，行政处罚3人，林政罚款21500元；收缴林木木材67.63立方米，涉案价值48000元。“亮剑”行动切实有效地保护了个旧市森林资源安全，全面改善了林区社会治安秩序，进一步推动了“森林云南”和桥头堡建设。

四、开展涉案财物管理问题专项治理工作。为着力解决涉案财物管理中存在的突出问题，进一步推进森林公安执法规范化建设，按照上级部署要求，个旧市森林公安局开展涉案财物管理问题专项治理工作。治理工作严格按照《公安机关涉案财物管理若干规定》及有关法律、法规的要求，解决涉案财物管理中存在的突出问题，推进公正廉洁执法和执法规范化建设，切实维护人民群众合法权益，提高森林公安执法公信力，促进林区和谐稳定。通过专项治理，全面清理林业刑事、治安和林业行政执法办案中涉案财物管理不规范的各类问题，做到底数清、情况明；进一步健全涉案财物管理制度，完善涉案财物管理工作机制，实现办案与管理相分离、来源去向明晰、处理依法及时、监督检查到位；严格执法责任制和执法过错责任追究制，坚决查处违规扣押、处理涉案财物和乱收保证金等违法违纪案件；大力增强森林公安机关领导和民警公正廉洁执法、规范财物管理、保障群众合法权益的意识，维护森林公安机关的良好形象。

五、开展森林火灾案件查处工作。为认真贯彻落实“预防为主、积极消灭、以人为本、综合治理”的森林防火工作方针，避免火灾事故发生，个旧市森林公安机关根据2011年持续高温、旱情严重的实际情况，全面部署，组织警力做好森林防火预警工作，预防森林火灾的发生，把森林防火作为林区的首要大事来抓，按照“防伤亡、防复燃、防重大森林火灾”的原则，坚决把森林火灾消灭在初发状态。全年，全市立森林火灾案件7起，查破7起，综合查破率100%，为保护个旧市森林资源及人民财产安全做出积极的贡献。

六、认真开展“林区禁毒行动”。按照州森林公安局和市公安局的具体工作要求，市森林公安局克服装备落后、经费紧缺等实际困难，认真履行林区禁种铲毒三大职责，积极配合行政公安机关打击毒品犯罪，认真组织开展林区通道涉毒犯罪查缉和宣传工作。

【加强执法监督，完善执法制度建设】 2011年，个旧市森林公安局进一步完善执法制度，强化执法监督，做到依法履职、文明执法。

一、完善五级执法责任追究制度。为进一步加强执法规范化建设，个旧市森林公安局进一步完善决策责任制、决策过错责任追究制、五级执法责任追究制度等，明确案件主办人、办案部门专（兼）职法制员、办案部门负责人、法制部门和局领导五个层级的执法责任。全局本着各负其责、各司其职的原则，努力构建一级抓一级，层层抓落实的执法办案长效机制，确保执法安全。

二、加强交流合作，大力推进执法规范化建设。以“大走访”开门评警活动为载体，分别邀请检察院、法院等相关单位到个旧市森林公安局就如何推进执法规范化建设开展经验交流，通过交流学习进一步规范民警执法行为，促进执法规范化建设。

三、认真备战执法资格考试。根据公安部关于公安机关人民警察执法等级考试的统一部署，认真做好备考工作，组织开展考前培训，合理安排工作，解决好工学矛盾，积极备战执法资格考试，提高执法资质，为规范执法行为夯实基础。

【认真开展警员职务套改工作】 2011年，个旧市森林公安局遵照上级文件精神开展警员职务套改工作，及时召开全体民警大会，就有关文件精神进行传达学习，使全体民警正确领会、掌握改革精神和有关政策规定，充分认识警员职务套改的重要意义，积极稳妥地推进套改工作。一是积极向公安、林业及人事部门主动汇报，确保全局森林公安民警职务套改工作顺利开展，并与市公安局同步进行。二是严格标准。警员职务套改工作政策性强，要求高，关系到民警的切身利益。个旧市森林公安局严格按照规定的条件、要求开展套改工作，防止随意变通，做到符合条件的一个不落，不符合条件的坚决不套，确保公平公正。三是坚持以人为本。本着体恤、关爱之心，立足现实、实事求是地开展套改工作。四是按时按质完成套改工作。截至3

月31日，市森林公安局符合套改条件9人（三级警长2人，四级警长1人，一级警员1人，二级警员6人），全部通过市人事局的审批。

【全力推进森林公安信息化建设工作】 2011年，个旧市森林公安局紧紧抓住“信息化建设推进年”、“信息化建设应用年”的大好机遇，积极做好信息化建设各项工作。一年来，完成公安网网速由2兆提升至10兆改造工程；实现法制、刑侦中队和白云山派出所民警计算机配备率100%的目标；完成全局民警个人数字身份证配备率100%；实现州局配发的对讲机、车载台接入350兆无线通信集群网；完成身份核查系统和警务通上报工作；购买专用U盘和移动硬盘，做到公安信息网络没有“一机两用”情况的发生，实现专网专用和专机专用。

【宣传工作】 2011年，个旧市森林公安局进一步加强宣传工作，紧紧围绕中心任务，及时宣传反映森林公安工作动态、工作成果、林业法律法规及相关政策，营造良好的舆论氛围，扩大森林公安工作的影响，树立森林公安民警良好的形象。一年来，市森林公安局在省、州、市新闻媒体、网站发稿76篇，其中省级20篇，州市级50篇。先后在省局网站刊发信息8条，在《云南法制报》刊发信息12条，《滇池晨报》刊出信息3条，撰写《森林公安简报》10期、《警坛快报》43期，并在州森林公安局网站刊登。

（撰稿：杨　旭）

工　业

云南红河攀大木棉纺织有限公司攀枝花棉纱纺织车间一角　（李　锐　摄）

工业概览

【简述】 2011年，国际国内经济形势复杂多变，个旧市努力克服有色金属价格起伏不定的影响和国家加强环保、土地、货币等宏观政策调控及煤电油运等重要生产要素紧缺的制约，紧紧抓住国家新一轮资源型城市转型和国家西部大开发及红河个旧“桥头堡”建设发展的良好机遇，坚持以科学发展观为主题，转变增长方式为主线，继续实施“工业强市”发展战略，重点围绕“强基础、增总量、调结构、促转变、求突破、上水平”的发展要求，及时拟定《个旧市工业产业发展“二次创业”行动计划》，按照“把握关节点，协调支撑点，帮扶困难点”的原则，把工业商务产业发展“二次创业”作为全市经济发展的主导和灵魂。个旧市加快打造工业商务经济“二次创业”发展平台，狠抓工业项目建设，培育核心企业，延伸产业链条，推进自主创新，促进节能降耗，提升经济运行质量，较好地完成了各项工作目标任务，为个旧的“十二五”发展、全面贯彻落实省州关于“四个翻番”、“两个倍增”和“工业三年倍增”的计划开好局，起好步，为个旧市实现跨越式发展奠定了良好的基础。年内，市政府对云锡集团等75户上缴地方税收在100万元以上的税收先进企业进行表彰奖励，奖励金额434.8万元；对银峰公司等22户再生资源经营企业进行授牌表彰；向个旧市农村信用合作联社等8家银行颁发“信贷支持贡献奖”，奖励金额58万元。个旧市连续4年入围云南省县域经济发展10强县（市），中国西部100强县市县域经济基本竞争力排序由“十五”的34位跃升到第18位，跻身“全国中小城市综合实力100强”、“西部发展特色优势产业先进城市”、“云南省县域经济十强县（市）”、“云南省工业十强县（市）”之列。

【工业经济指标】 2011年，个旧市坚持以科学发展观为指导，以资源型城市经济转型为主线，大力实施产业发展“二次创业”，全市工业生产平稳运行，经济回暖迹象明显，经济总量较快增长。全市实现地区生产总值147.34亿元，比2010年增长13.3%；完成工业总产值368.97亿元，比2010年增长12.5%；工业实现增加值94.1亿元，比2010年增长14.2%，快于GDP增速0.9个百分点，对GDP的贡献率为73.77%，拉动GDP增长9.81个百分点。规模以上企业完成工业总产值311.76亿元，同比增长14.3%；实现增加值84.03亿元，同比增加15.8%；实现利税总额19.98亿元,增长41.8%；实现利润9.65亿元，增长49.5%；产品产销率达到89.3%，同比下降5.3%。

【产品产量】 2011年，个旧市工业生产较为正常，主要产品产量稳定增长。全市完成十种有色金属57.26万吨，比2010年增长25.1%。其中铅27.43万吨，同比增长33.6%；锡7.65万吨，同比下降3%；铝16.58万吨，同比增长30.5%；铜271吨,同比下降14%；锌5.58万吨，同比增长20.6%；粗铅20.56万吨,同比增长2.2倍；粗铜2.91万吨,同比下降14.6%；锡材1.96万吨，同比增长11.6%；锡化工产品1.43万吨,同比下降7.1%。完成有色矿产品金属总量6.67万吨，比2010年下降10.6%。其中铜精矿金属量28170吨，同比下降7.6%；铅精矿金属量4142吨，同比增长11.9%；锡精矿金属量3.38万吨，同比下降14.8%；锌精矿金属量594吨，同比下降21.9%。非有色金属产品稳定增长。硫酸(折纯)66.4万吨，比2010年增长0.8%；钴酸锂452吨,比2009年下降7.9%；农用化肥（折纯）19.57万吨，比2010年增长55.4%；液体乳1.42万吨，比2010年增长36.2%；糕点440吨，比2010年下降65.8%。

2011年个旧市工业主要产品产量表

产品名称	单位	2010年	比上年增减%
有色金属矿产总量	万吨	7.37	-6.6
其中：锡精矿	万吨	3.87	-17.6
铅精矿	万吨	0.37	-19.5
铜精矿	万吨	3.05	15.9

续上表

产品名称	单位	2010年	比上年增减%
锌精矿	万吨	0.08	–23.9
十种有色金属	万吨	44.55	18.8
其中：锡	万吨	7.53	0.9
铅	万吨	20.19	–1.6
铝	万吨	12.71	48.6
锌	万吨	4.09	3.3倍
铜	万吨	0.03	26.0
铟	千克	9402	–45.8
银	千克	121172	–59.4
粗铅	万吨	19.48	36.1
粗铜	万吨	2.55	18.9
锡材	万吨	1.88	14.5
锡化工	万吨	1.54	44.7
钴酸锂	吨	491	47.0
变压器	千伏安	251330	–55.1
硫酸(折100%)	万吨	63.40	55.5
农用化肥(折纯量)	万吨	12.59	9.8
水泥	万吨	24.8	–35.1
糕点	吨	1272	69.1
液体乳（牛奶）	万吨	1.05	–7.8
中成药	吨	264	–15.1
注射液	万支	4991.9	11.2
输液	万瓶	368.7	–39.4
供电量	亿度	6.58	28.1
发电量	万度	2.50	–26.3
自来水	万吨	1836	22.3
企业用电量	万度	343252	33.9

【产业结构】 2011年，个旧市有工业企业563个，其中规模以上企业47个、有色金属加工企业464个，涉及采矿、选矿、冶炼、电力、锡工艺品、印刷、生物资源开发、化工、机电、建材、食品等27个行业大类和71个行业中类，从业人员118829人。有色金属加工企业中，有锡冶炼企业15个、产能13万吨；粗铅冶炼企业60个（鼓风炉67座）、产能近60万吨；电解铅生产企业10个、产能53万吨；锌冶炼企业4个、产能6万吨；铜冶炼企业6个、产能5万吨；有锡化工和锡材年产2万吨的生产能力；锡工艺品年产3万多件。个旧市有内资企业645户，其中国有企业161户、集体企业200户、股份合作企业10户、有限公司271户，其他企业3户；私营企业1560户，其中个人独资企业 512户、合伙企业12 户、有限公司1036 户，从业人员38853人；个体工商户10073户，从业人员18068

人。产业涵盖采矿、选矿、冶炼、化工、机电、建材、轻纺、制药、食品、电力、供水、邮政、信息传输、交通仓储等。规模以上企业43户。地区生产总值(GDP)从2005年的57.53亿元增长到2010年的122.49亿元，年均增长11.3%，比2009年增长10.1%。其中第一产业实现增加值6.98亿元，增长5.6%，拉动GDP增长0.3个百分点；第二产业实现增加值80.96亿元，增长7.9%，拉动GDP增长5.4个百分点；第三产业实现增加值34.55亿元，增长16.5%，拉动GDP增长4.4个百分点。一、二、三产业结构比例从2005年的6.4：67.7：25.9调整为2010年的5.7：66.1：28.2。

【重点项目建设】 2011年，个旧市提升改造传统产业，目标是依托“十个10万吨级产业项目”建设（即云锡年产10万吨锡、10万吨铜、10万吨铅，红铅年产10万吨铅，沙铅年产10万吨铅，润鑫年产15万吨铝钛基合金，南翔年产10吨锰，南翔20万吨硅锰合金，红河锌联年产10万吨再生锌，华鼎150万吨冶炼废渣回收利用等项目），使“小而散”的产业布局逐步向“集中、集约、集群化”发展方向整合，把个旧建成“国家级新型工业化有色金属锡新材料产业示范基地”、“国家级固废综合利用示范基地”和“云南省稀贵金属高新技术特色产业生产基地”。年内，云锡年产10万吨铅项目已建成投产，年产10万吨铜项目竣工试产，累计完成投资17.95亿元。红铅公司年产10万吨铅项目的铅电解项目建成，铅阳极泥处理工程项目已进入设备安装阶段，累计完成投资2.5亿元。南翔公司年产10万吨电解锰项目正积极编制环评报告，20万吨硅锰合金项目环评已上报评审，完成投资近5000万元。沙铅年产10万吨铅项目进入技术设计、“三通一平”、设备选型采购建设阶段，完成投资1.34亿元。润鑫铝业年产15万吨铝钛基合金材料加工项目已取得《项目建设选址意见书》《建设用地规划许可证》，累计完成投资5659万元。圣比和公司2000吨/年镍基正极材料技术改造项目总体工程进度达68%，完成投资1.34亿元。锌联公司固废物炼铁烟尘资源化综合利用项目完成可研报告编制、项目备案、购地、拆迁、地勘等工作，累计完成投资3000万元。振兴铅业年产900万只铅酸蓄电池项目土建工程接近尾声，设备陆续进场进入安装，累计完成投资1.93亿元。华鼎公司年处理150万吨铅冶炼废渣综合利用项目完成勘测定界报告，用地预审、地质灾害、矿产压覆报告通过评审，水土保持方案已完成。同时，培育接续替代产业、新能源等新兴产业开发取得积极进展。重点发展天然药物种植及系列化产品开发，茶多酚、番麻甾体激素药物中间体、紫衫醇、木薯麦芽糖系列产品等生物资源加工项目；云河药业中药现代化技改项目累计完成投资6200万元，第一阶段工程即将进行设备安装，第二阶段工程正在办理施工手续。木棉纺织、高档乳制品、精米加工等一批项目进展顺利。大红屯粮油加工仓储中心竣工投产，生产能力达20万，成为省内最大的精米加工企业。马堵山水电站累计完成投资27.63亿元，3台机组已全部投产发电，累计发电4.99亿度。莲花山风电场（一期）工程4.2万千瓦项目风机及箱变基础施工等进入招投标阶段，路通工程已开工。重大接续替代产业霞石综合开发利用项目完成《个旧霞石正长岩综合利用项目概略性研究报告》，已确定浙江海亮集团有限公司、重庆市博赛矿业（集团）有限公司两家投资商，正开展前期工作。

【技术进步及驰名商标争创】 2011年，个旧市组织申报省、州级科技项目12项，获得省州级支持资金399万元。申请专利94件，授权53件，其中发明专利20件，居全州第一。云南云铝润鑫铝业有限公司、红河锌联工贸有限公司技术中心成为红河州院校合作技术研发中心、红河州企业技术中心，个旧市冶金研究所成为红河州院校合作技术研发中心。7月，红河金易文化产业发展有限公司的“第1019279号图形”商标被认定为中国驰名商标，这是继2009年云南锡业股份有限公司“云锡YT”商标被认定为中国驰名商标后，个旧市品牌建设和商标保护工作的又一重大历史性突破。同时，红河金易文化产业发展有限公司的“第1019279号图形”商标还成为全省特色工艺美术品行业的第一件驰名商标。根据《云南省著名商标认定和保护办法》的规定，2011年10月底，云南省著名商标认定委员会初审审定234件新申请及187件有效期满续展认定的云南省著名商标。其中个旧市的云南金星化工有限公司的“金星”牌、云南锡业股份有限公司的“云锡”牌、个旧锡都实业总公司的“银冠”牌、云锡大屯耐磨设备厂的“砂龙”牌及青龙酒厂的“深沟沙井”牌等5家商标被认定续展；个旧新申请的著名商标有个旧市光博电冶厂的未加工或半加工的铝、锡、铜的“光博”商标，云南锡业机械制造有限责任公司的磨矿机、浮选机的“云锡”商标。个旧市凯盟工贸有限公司坚持“力创品牌”的管理方针，以“凯盟”、“云象”申请81件商标，为企业的长远发展提供了丰富的商标资源。第三届“中国·蒙自过桥米线美食文化旅游节”期间，蒙自市人民政府组织个旧市斑锡工艺美术有限公司，结合电视剧“天下一碗”，打造长4.68米、宽11.3厘米的世界“最长的锡筷子”一双，筷子上刻有与过桥米线直接关联的对联， 于9月在新天地商业步行街举行“最长的锡筷子”——上海大世界吉尼斯记录申报及拍卖会，蒙自江氏桥香园集团以36万元的价格拍下“最长的锡筷”。全市拥有中国驰名商标2件、云南省著名商标24件、红河州知名商标17件，知名商标和著名商标拥有量居全州前列。

【产业基地建设】 2011年3月，工业和信息化部下发《工业和信息化部办公厅关于开展工业固体废物综合利用基地建设试点工作的通知》，选择工业固体废物产生、堆存集中，有一定工业固体废物综合利用基础的12个地区进行试点，云南个旧市为全国固体废物综合利用基地建设试点市之一。个旧市试点工作主要是针对尾矿和冶炼渣等工业固体废弃物的全部或大部分进行综合利用，实现大宗工业固废综合利用规模化和产业集聚，探索大宗工业固废综合利用的有效途径和模式。11月，工业和信息化部联合中国工程院，组织相关院士、专家在山西朔州开展工业固体废物综合利用基地建设院士专家行活动。通过院士专家行活动，对试点地区工业固体废物综合利用从战略、技术、政策、融资等方面进行指导。在活动中，云南省个旧市还做了经验交流，发挥了示范基地的带动和示范效应。

【特色工业园区建设】 2011年，个旧市继续特色工业园区建设。个旧特色工业园区是辐射开远、蒙自、建水的聚合点，规划面积29.71平方公里，园区设计为“一园、三区”。“一园”即特色工业园（占地规划29平方公里），“三区”即八抱树片区（占地21.18平方公里），主要以铜、铅冶炼和二次资源综合回收为主；冲坡哨片区（占地4平方公里）主要以粗铅冶炼和精炼为主；一碗水片区（占地4平方公里），主要从未来发展的增量进行规划，定为核心区，使之形成个旧未来工业经济发展的主战场，有色固废、循环经济的示范基地。规划区涉及鸡街镇（含鸡街、倘甸、乍甸）、沙甸区。以鸡街货运站为中心，规划设计大型物流和仓储中心，以泛亚铁路个旧货站为依托，在鸡街片区和冲坡哨片区靠326国道两侧布局部分仓储用地，以建设“特色产业聚集区、循环经济示范区、机制创新试验区”为目标，将个旧特色工业园打造成为云南省最大的有色金属冶炼及深加工中心、云南省重要的霞石综合利用中心、云南省重要的生物资源加工基地，打造成为个旧市重要的化工工业基地、建材工业基地、有色冶金和二次资源综合利用的示范基地。

【资源综合利用】 2011年，个旧市以开展“全国工业固废综合利用基地建设试点”为契机，认真组织编写《云南省个旧市锡尾矿和有色金属冶炼废渣综合利用试点实施方案》，加大资金、物资和人力的投入力度，强势开展资源综合利用工作。全市资源综合利用企业47户，再生资源回收经营企业157户，为推动循环经济发展和资源综合利用，拓展资源渠道，降低资源消耗作出了巨大努力，累计争取省级再生资源增值税退税2.6亿元。个旧市认真贯彻国家产业政策和节能减排法律、法规，新改扩项目实行节能评估和审查制度。支持重点耗能企业实施节能降耗重大项目和示范项目，以企业为主体，以项目为载体，在项目审核、技改资金、电力、运力分配上给予倾斜，抓好节能技术改造，促进企业转型升级和工业提质增效。对红河合众锌业有限公司1号硫酸系统进行技术改造，对个旧市金冶矿产有限公司、个旧市自立矿冶有限公司分别实施年节标准煤7500吨、8000吨节能降耗项目。这3个节能示范项目，被列为2011年度云南省重点节能项目。制定《个旧市限制和淘汰落后产能目录》，鼓励企业进行ISO14001标准认证，全市工业企业污染源实施达标排放，市区生活垃圾100%实现资源化利用。对个旧市光穆工贸有限公司铜冶炼鼓风炉6平方米、4平方米实施拆除，取得国家财政补助资金40多万元。全市工业固体废弃物综合利用率从2007年的10.99%提高到2011年的21%。年内，云南锡业股份有限公司、云锡集团供水有限责任公司成为第一批通过省资源综合利用认定委员会认定的资源综合利用企业。

【清洁生产】 2011年，根据《云南省能源审计暂行办法》和《企业能源审计技术通则》规定，个旧市第二批企业能源审计报告为“合格”等级的企业是：个旧市森源有限责任公司、个旧市大通磷化工厂。年内，对个旧市光博电冶厂、云锡集团创源经贸公司、个旧市金冶矿产品加工厂、个旧市成功冶炼厂年综合能耗在2000吨标准煤以上的4户企业开展能源审计工作。红河州红铅有色化工股份有限公司、个旧市凯盟工贸有限公司、个旧市金冶矿产品加工厂、个旧市有色金属加工有限公司、云南云河药业有限公司等5户企业开展清洁生产。

【非公经济】 2011年,个旧市工信局在《中共中央国务院关于加强和改进新形势下工商联工作的意见》《国务院关于鼓励和引导民间投资健康发展的若干意见》以及《关于鼓励和引导民营企业发展战略性新兴产业的实施意见》的指导下，积极组织企业参加企业内部控制规范、中小企业贷款融资、企业经营管理、企业领导力再造与提升专题培训，推荐21名民营企业高层管理人员参加市级组织的清华大学研修班培训，加强企业人才培养。鼓励支持资质优良，有发展潜力的非公企业到资本市场直接融资，为金星和富祥2户企业进行融资担保，担保资金2500万元，切实帮助企业拓宽融资渠道，着力改善中小企业的发展环境，提高服务质量和水平。做好非公企业参加上市培育问卷调查，个旧市生物药业已符合上市培育专项扶持资金申报条件，云河和富祥2户企业符合云南省非公企业集合债券“滇中小债”的申报条件。为进一步帮扶中小企业发展，个旧市不仅为云河药业争取到州级专项扶持金100万元，而且积极帮助餐饮企业发展餐饮文化，个旧宾馆、世纪广场酒店、食全食美饮食店被评为红河州餐饮名店。做好云南乍甸乳业中央技术改造专项资金、3户企业省级非公企业发展专项资金、3户企业州级非公企业经济扶持专项资金的申报工作。年内，非公有制经济实现增加值52.31亿元，比上年增长13.7%，高于GDP增速0.4个百分点，占GDP的比重达35.5%，比去年提高0.2个百分点，高于全州比重2.1个百分点。非公经济的三次产业结构比为4.6：68.5：26.9，非公企业户数发展到12047户，比去年同期增长3.56%。其中私营企业1731户，比去年同期增长10.96%；个体工商户10316户，比去年同期增长2.41%；从业人员60921人，比去年同期增长7.03%。从业人员中，私营企业42372人，比去年同期增长9.06%；个体工商户18549人，比去年同期增长2.66%。上交税金54408万元，比去年同期增长11.28%。社会消费品零售额完成370100万元，比去年同期增长95.92%。年内,云河药业有限公司在第三届中国医药品牌大会上荣获“全国医药行业优质安全诚信品牌企业”称号，公司董事长刘剑荣获“健康中国·全国医药行业百位诚信企业家”称号。个旧市沙甸同富电冶有限公司总经理马安寿被授予首届“云南省少数民族优秀民营企业家”荣誉称号。云南云铝润鑫铝业有限公司被授予云南省创新型试点企业。个旧市有色金属加工有限公司、个旧市光博电冶厂、个旧市大通冶炼厂、个旧市群力有色金属有限公司成为第二批跨境贸易人民币结算试点出口企业。

2011年个旧市非公经济发展情况统计表

单位：万元

项目	分类	个体工商户	私营企业	其他	非公企业总计
企业户数	企业户数	10316	1731		12047
	比去年同期增减%	2.41%	10.96%		3.56%
从业人员	从业人员	18549	42372		60921
	比去年同期增减%	2.66%	9.06%		7.03%
注册资金	注册资金	31916	257938		289854
	比去年同期增减%	23.34%	10.68%		11.95%
上交税金	上交税金				54408
	比去年同期增减%				11.58%
社会消费品零售总额	社会消费品零售总额				370100
	比去年同期增减%				95.92%
增加值	增加值				523100
	比去年同期增减%				24.76%

【工业管理机构变革】 2011年，个旧市人民政府办公室下发关于印发《个旧市工业商务和信息化局主要职责内设机构和人员编制规定的通知》，并明确工业商务和信息化局将个旧市经济局承担的乡镇企业行业管理、国有企业改革和国有中小企业改革的职责划归个旧市农业局和国有资产监督管理局，保留原个旧市经济局承担的乡镇企业运行统计的职责，划入由市人民政府办公室承担的个旧市无线电管理办公室职责，不再保留个旧市经济局、个旧市商务局。机关行政编制63人，内设12个机构：办公室、经济运行综合科、信息产业科、能源管理科、资源综合利用科、行业管理科、技术进步与创新科、中小企业科、对外贸易科、贸易发展科、招商引资与经济合作科、组织人事科。具有行政审批事项的是食盐零售许可、工业项目登记、《鲜茧收购资格审核》、洗染经营备案、再生资源回收经营备案、酒类经营备案。

（撰稿：刘智梅）

云南锡业集团（控股）有限责任公司

【简述】 2011年，云南锡业集团（控股）有限责任公司（以下简称云锡控股公司）面对国际经济复杂多变、国内宏观调控力度不断加大、有色金属价格大幅波动的形势，紧紧抓住国家深化西部大开发和将云南建设成为面向西南开放重要桥头堡的战略机遇，以科学发展为主题，以转方式调结构为主线，全面贯彻落实第九次党代会确立的“1188656”发展纲要，推进实施“十二五”规划，体制机制改革深入推进，“三大体系”进一步健全完善，管理水平有效提升，企业转型升级进一步加快，六大产业板块加快发展，资源拓展成效显著，市场营销工作进一步加强，科技创新能力不断提升，人才队伍建设不断加强，人力资源结构进一步优化，企业发展能力、竞争能力和综合实力大幅度提升，企业凝聚力、执行力和自主发展能力进一步增强。在全司干部职工的共同努力下，较好地完成全年各项生产经营目标和任务，继续保持快速发展的良好势头，企业发展迈上一个新台阶。

【产品产量】 2011年，云锡控股公司完成有色金属总产量24.56万吨，同比增长45.3%。其中锡产品5.62万吨，铜产品2.59万吨，铅产品9.62万吨，锌产品6.56万吨，电镍产品1344吨。完成锡材1.81万吨，锡化工1.43万吨。完成贵金属369吨，催化剂产品109万升。

【主要经济指标】 2011年，云锡控股公司完成营业收入205亿元，利润总额10.2亿元，利税总额21亿元，企业增加值48亿元。

【转方式调结构】 2011年，云锡控股公司在调研考察和分析论证基础上，系统谋划和部署更加适应未来投资控股型企业管理需要、更加适应未来六大产业板块发展需要的管理架构，制订深化机构改革实施方案及运行方案，深入推进集团化管控体制改革。构建以云锡股份公司为核心企业的有色金属产业板块组织管理模式，充实调整云锡控股公司和云锡股份公司的管理职能，促进有色金属产业板块更好更快发展。构建管理高效，运作有序，适应产业多元化、产权多元化、经营国际化新特点的集团化组织管控架构，为云锡控股公司打造国际一流矿业企业奠定了坚实的基础。

按照转方式调结构的总体要求，在深入推进大部制改革的同时，紧紧围绕产业、产品、资产、资金、组织、人力资源六个方面的结构调整，全力推动企业发展方式的转变。针对产业结构的不合理，加大六大产业板块的打造，改变产业单一的局面；针对产品结构中部分产品效益不好、市场竞争力不强的实际，调整产品结构，加大新产品开发推广力度；针对资产资金结构存在的短贷长投、负债率高、财务费用高等问题，着力抓好资本性融资工作，支撑产业快速发展；针对组织结构不适应产业发展需要的实际，加快推进体制改革，促进企业转型升级；针对用工制度不尽合理的问题，加大人力资源结构优化调整工作。

以建设资源节约型、环境友好型企业为着力点，积极争取国家重金属污染防治、矿产资源综合利用等政策支持，大力发展循环经济、低碳经济和绿色经济，不断拓展云锡特色新型工业化发展道路，企业转型升级达到一个新高度。云锡控股公司被国家列为云南个旧多金属“矿产资源综合利用示范基地”，首期获得国家8000万元专项资金支持。

【“双创一加强”工作】 2011年，云锡控股公司结合管理创新、科技创新和加强基础管理，认真开展“管理水平提升年”各项工作。根据省国资委《关于省属企业管理水平提升年工作安排意见》的要求，控股公司研究制订《贯彻落实云南省国资委省属企业管理水平提升年工作实施意见》，召开动员大会，成立工作领导小组和督导组，确定四大工作目标、十大工作重点以及工作要求。各单位积极按照控股公司要求，结合实际制定方案，积极开展对标活动，认真查找薄弱环节，抓好整改措施落实，强化基础管理，健全管控体系，优化管理流程，提升管控水平，积极探索适合发展需求的管控模式。冶炼分公司、铅业分公司、大屯选矿厂、贵研催化剂公司的整体管理水平达到国际同行业先进水平，其他单位正向国内先进企业迈进。企业管理水平提升成效显著，整体管理水平迈上新台阶。

生产管理进一步加强，劳动生产效率显著提升。认真制定生产组织方案，切实抓好生产运行管理。加快矿山重点项目建设，完善矿山生产系统，进一步增强矿山持续生产保障能力。积极做好矿山、选厂采选平衡和满负荷生产，巩固提高自产原料供给水平，注重选矿金属回收，提高资源利用效益。充分发挥冶炼新工艺优势，稳定提高锡冶炼生产水平，加快铅冶炼达产达标及综合利用工作。抓好锡、铜、铅、贵金属、二次物料等原料采购工作，实现企业持续均衡生产。加大力度推进现场标准化建设，不断提升全司现场管理水平。抓好设备管理，巩固“创无”成果。大力实施节能更新改造，严格单耗指标考核，挖掘节能潜力，单位工业增加值能耗比2010年下降16.50%。针对电力供应持续紧张情况，加强用电调度管理，积极争取用电指标，及时制定应急预案，把电力紧张对生产造成的影响降到最低。进一步深化细化九大挖潜创效工作，不断提升技术经济指标，全年累计挖潜创效6.8亿元。

加强战略管理。制定云锡控股公司“十二五”发展规划和各专项规划以及转方式调结构发展规划，贯彻落实云南省加快建设面向西南开放重要桥头堡实施方案。云锡控股公司所属单位根据云锡控股公司发展战略要求，结合自身实际，认真编制本单位“十二五”规划。

加强投融资管理。投资工作进一步规范，投资规模进一步加大。积极跟进资源整合、建设工程、房地产开发、股权收购等重大投资项目，不断加强前期调研和论证评审工作；扎实开展工程建设领域突出问题专项治理，对各单位整改规范阶段的工作进行重点检查，阶段性专项治理任务得到全面落实。积极拓展融资渠道，优化资产资本资金结构，提升企业多元化资本运作能力，为重点产业项目建设提供资金保障。锡业股份12亿元公司债券发行工作已完成；40亿元非公开发行股票中国证监会已正式受理，现正接受环保核查审批公示。贵研铂业2.7亿元再融资工作已完成。

风险防范能力进一步得到提升。锡业股份、贵研铂业两个上市公司内控制度进一步健全完善。拟定《贯彻落实“三重一大”决策制度的实施办法》，进一步规范决策行为、严格决策程序。加强法律事务管理，切实维护公司合法权益。

财务管理进一步加强。围绕经营效益的提升，按照“三增两减”（增加营业收入、增加利润、增加职工收入，减少人工成本在总成本中所占比重、减少总成本在营业收入中所占比重）总要求。扎实做好成本要素分析工作，挖掘内部潜力，降低成本费用。严格执行“收支两条线”原则，严格资金集中统一调度管理。认真做好银行账户清理工作，深入开展清欠压占活动，盘活流动资金，保证云锡控股公司生产经营和重大项目投资需要。

进一步规范和完善物流管理，制定《物资供应管理办法（试行）》；创新采供模式，规范招投标管理，提升物流效率。

加快信息化建设步伐，以信息化促进管理现代化，进一步提高管理运行效率。生产管理信息系统已在卡房分矿、大屯选矿厂、冶炼分公司、化工材料分公司等部分生产单位试运行，推广应用初见成效。完成财务资金信息系统、人力资源信息系统建设的前期准备工作。

【产业板块打造】 2011年，云锡控股公司继续打造优势产业板块，加快有色金属产业发展步伐。个旧东部区域矿山主体框架工程基本形成。1800平台全面贯通，老厂与松矿1600 平台实现贯通，1360平台顺利推进；中央竖井、“大马芦”竖井和南部竖井工程施工按计划顺利推进；生产系统优化成效显著，供电、压气系统建设工作顺利完成，井下快速运输系统已进入工程化实施阶段。矿山采选生产基地建设加快推进，生产力布局不断优化。老厂三个500吨/日硫化矿生产基地、松矿高峰山1000

吨/日硫化矿基地建设快速推进，采选分公司高峰山1500吨/日硫化矿生产基地实现达产达标。老厂3000吨/日锡铜硫化矿选厂和卡房3000吨/日多金属采选项目处理能力显著提高，大屯选矿厂300吨/日精选厂和郴州屋场坪锡矿1500吨/日采选项目达产达标，大屯选矿厂8000吨/日硫化矿选厂改扩建工程、花坟尾矿库恢复使用工程加快推进。华联锌铟210万吨/年采矿扩建项目和8000吨/日选矿扩建项目各项工作加快推进。

启动红河州内锡、铜、铅、锌冶炼项目联动发展机制，积极构建云锡区域性“大冶金”格局。锡冶炼异地搬迁升级改造项目前期准备工作加快推进，2200吨/年锡烟尘处理老厂基地工程顺利完工，云湘矿冶1万吨/年锡冶炼技改工程全面完成，二次金属物料综合回收利用基地建设加快推进。10万吨/年铅熔炼系统达产达标，10万吨/年铜项目即将竣工投产，10万吨/年锌项目有序推进。

加快锡精深加工产品提质提级。完成锡酸钠工艺技改工程前期工作。开发出甲基锡YT-189、锡锌喷金丝等系列新产品，并已投放市场。郴州锡材深加工产业基地投入试生产。

——贵金属产业板块。“400万升催化剂产业项目”、“多品种、小批量军用贵金属新材料科研生产基地”和“稀贵金属综合利用新技术国家重点实验室”等项目的申报和建设有序推进，“贵金属二次资源综合利用产业化项目”一期建设已竣工投产。汽车尾气净化催化剂国4产品实现批量配套生产，电真空钎焊料、蒸发金材料等贵金属合金材料产业龙头地位进一步提升，贵金属化学品及电子浆料产品市场份额持续增长。以银二次资源回收为主的湖南永兴公司经营运作成效显著，“贵研”牌白银得到市场广泛认可。商务贸易平台业务领域和规模快速拓展，跨地域合作运营取得实效。成功引进催化剂技术及市场开发团队，优化专业技术团队结构，进一步提升贵研催化产业的技术研发和市场开拓能力。

——新能源产业板块。乾元光能公司“LED衬底用人造蓝宝石项目”通过验收；“100兆瓦多晶硅片建设项目”稳步推进；“冶金法多晶试验项目”完成阶段性试验；启动“杨林县云锡新能源材料生产研发基地”选址工作。云锡同乐太阳能公司光热一期项目建成投产，正加快市场拓展。圣比和公司被省科技厅认定为“云南省动力电池材料工程技术研究中心”，在云南省锂电行业的龙头地位进一步巩固；“云锡昆明动力电池研发中心”、“2000吨/年镍基正极材料技改项目”、“1000吨/年动力电池正极材料磷酸铁锂建设项目”和“2000吨/年钴酸锂技改项目”建设加快推进。

——建筑房地产产业板块。房地产公司沉着应对国家宏观政策调整，寻找机遇，顺势而谋，做好项目推进和项目储备工作；调整管控模式，促进管理转型；加快项目经理和专业人才队伍建设；严格资金管理，化解项目风险，提高项目运营质量。昆明北市区经济适用房、个旧云锡俊园、文山巴厘岛等项目已竣工，重庆渝北、石林、安宁、龙都、螺蛳湾、煤机厂等项目正抓紧推进。建设集团认真做好云锡工程建设项目，充分利用云锡品牌优势和自身资质优势，主动出击，拓展外部市场，扩大市场占有份额，加快个旧地区“三地块”房地产开发；以整合云锡墙材厂，新建商品混凝土搅拌站为契机，发展建筑建材产业。

——传统优势特色产业板块。结合传统优势特色产业的实际和特点，系统全面地对传统优势特色产业进行调研，科学分析产业现状及发展优势，进一步明确打造西南地区一流重矿机械企业、红河云锡物流中心、红河州最大最强供水企业和全国最大锡工艺产品生产基地等传统优势特色产业的发展方向、发展目标和重点发展项目，产业项目提质升级改造各项工作快速推进。重矿机械制造水平和产品设备质量进一步提升。物流管理模式不断创新，物流效率进一步提升。水资源管控力度进一步加强，供水企业整合快速推进，供水市场进一步拓展。锡工艺品市场不断扩大。民爆产业按照国家政策要求有序实施。积极筹划老虎山酒厂2000吨/年技改扩建项目。传统优势特色产业的自主生存能力、市场拓展能力和内部服务水平进一步提升，产业发展步伐进一步加快。

【资源拓展】 2011年，云锡控股公司加大力度推进实施资源拓展战略，在省内初步搭建起红河州、玉溪市、滇西等资源平台，深化四川、内蒙古、新疆、湖南、澳洲等资源拓展工作。加大资源项目的并购和整合力度，在资源拓展上取得重大突破，在资源平台搭建和资源项目拓展方面取得进展。

个旧矿区找矿持续取得好效果，新增有色金属资源18.7万吨。老厂东铜锡矿接替资源勘查等三个全国危机矿山项目圆满完成，云锡控股公司被国土资源部评为“全国危机矿山接替资源找矿先进集体”。西区资源整合取得实质突破，整装勘查工作正顺利推进。

红河州内资源整合取得重大突破，与六个县市签订资源整合框架协议。建水官厅—虾洞矿区资源整合取得实质性突破，分别与建水县虾洞冶金矿业有限公司和建水县鑫隆矿业公司签订股权转让意向书。石屏、元阳、金平、红河资源整合正积极推进。元阳老集寨地质勘查工作取得新效果。

省内资源拓展工作正在积极推进。与文山州人民政府签订战略合作协议，为拓展滇东南资源创造了更加有利的条件。永德云岭矿区资源整合、宾川铜金矿勘查等工作有序推进。对迪庆、大理、保山、普洱、永德、昆明、昭通等州市30多个资源项目进行了考察。

积极拓展省外资源项目。积极推进湖南郴州地区资源整合。内蒙古赤峰黄岗铁锡矿技术合作取得实质性进展，完成技术与资源合作协议签订。开展四川凉山等地区资源项目考察。通过与恒昊公司合作，积极构建新疆资源拓展平台。

组织多支专业技术队伍开展对美国、俄罗斯、玻利维亚等海外资源考察和论证工作。重点推进YTC资源公司的赫拉金矿开发和融资工作，已获省国资委批准备案，各项工作正积极推进；认真组织管理好雷尼森锡矿项目，获得较好经济效益和原料保证；澳洲资源勘查项目获国家境外风险勘查资金支持。

【市场营销】　2011年，云锡控股公司强化市场综合研究工作，通过加强队伍建设，加大学习培训力度，灵活运用市场信息综合分析的手段和方法，提高对市场的把握能力和价格走势的判断能力。

加大力度统筹好适应六大产业板块发展的营销体系构建。结合产业板块发展需要，完善与其相适应的营销策略；夯实营销平台和完善网络建设；强化营销队伍的建设和素质提升；健全完善营销组织机构和激励机制，组建云锡（香港）资源公司，搭建香港贸易平台，建立云锡同乐营销队伍，完善贵研贸易与期货业务联动工作机制。加强产购销联动，提升产品盈利能力和原料保障能力，增强应对市场变化的能力，市场盈利水平不断提高。强化市场服务能力，提升客户忠诚度。加强深加工产品的业务拓展，加强云锡股份公司期货部门组织机构和业务能力建设。云锡控股公司营销工作整体水平和质量得到提升。

【科技创新和人才培养】　2011年，云锡控股公司编制“十二五”科技创新专项规划。紧紧围绕云锡控股公司发展中存在的一系列重大技术问题，组织开展重大项目技术攻关工作，进一步提升科技的支撑和带动作用。个旧地区地质找矿技术综合研究工作取得新进展；区域性矿山建设和采矿方法变革取得新突破，快速运输系统的综合研究顺利推进；黄岗铁锡矿选矿工艺试验及设计顺利实施；雷尼森锡矿选矿工艺试验取得良好效果；有色金属和贵金属二次资源综合利用技术取得新突破；贵金属磁性靶材研发生产线建成投产；成功研发达到国外同类水平的两大系列国5汽油机催化剂产品；蓝宝石晶体制备技术引进和工业化试验取得成功。

加大与中国地质大学、中南大学、昆明理工大学等院校科研合作力度，云锡控股公司整体技术攻关水平和能力进一步提升。云锡研究设计院和昆明贵金属研究所“一院一所”研发平台作用进一步发挥。全年累计组织实施科技计划项目69项，投入科技活动经费7.28亿元。申报各类政府科技计划项目20余项，其中6项重大科技项目进入科技部“十二五”科技支撑计划项目库；“含砷锡烟尘（渣）综合利用”等一批重点项目获得政府5000万元以上专项资金支持；获批云南省院士工作站2个。组织申报专利25项，其中发明专利21项；获授权专利18项，其中授权发明专利13项。获国家科技进步奖二等奖1项，中国有色金属工业科学技术奖二等奖2项，省级科技进步奖二等奖1项、三等奖2项。云锡控股公司被省政府授予“十一五”省科技计划组织管理先进集体。

编制《2011–2020年人力资源规划》，明确“十二五”期间人才工作目标，全力打造适应云锡跨越式可持续发展需要的人才队伍。加大人才培养力度，加快人才队伍建设，不断提高培训的针对性和实效性。修改完善《员工培训管理办法》《岗位练兵、技能比武竞赛试行办法》。全年共完成员工培训10700人次，组织开展13个岗位（工种）408人参加的岗位练兵、技能比武甲级赛活动。选送两批管理人员67人到美国斯坦福大学学习，选送正副处级干部45人到清华大学高级经理研修班培训，选送干部12人到大连高级经理学院学习。邀请国内外知名专家到云锡举办“打造国际一流矿业企业”、“套期保值与风险管理”、“财务管理”等重点专项培训，拓展国际视野，提升经营管理人员素质。拓宽人才引进渠道，招聘大学毕业生240人，引进中高级专业技术人才5人、引进优秀管理干部4人。加大对职业技术学院的投资力度，不断改善办学条件，促进精致学院内涵建设。云锡控股公司荣获“有色金属行业职教先进单位”称号。

制定《人力资源准入试行办法》《关于优化人力资源结构的指导性意见》等人力资源管理办法。职业技术学院毕业生从控股公司包分配改为“双向选择”。不断优化人力资源结构，加强合同工及各种灵活用工规范管理，合理有效控制从业人员规模；对岗位富余人员稳妥进行分流安置，拓宽人力资源退出渠道，降低用工成本；不断加强对劳务派遣人员的考核管理，将工作表现好的劳务派遣工转为劳动合同工，有效调动劳务派遣人员工作的积极性。通过积极争取政策支持，将老工伤人员纳入工伤保险统筹，医疗保险由“双基数”调整为“单基数”缴费，企业社保费用支出得到合理调整和控制。

进一步深化分配制度改革，按照分类和差异化考核原则，修改完善《工资总额调控办法》和《企业负责人薪酬考核管理办法》。提高工龄工资和协议工资标准，加大协议工资执行范围和激励力度，建立职工收入增长与劳动生产率和经济效益同步增长的机制。

【安全、环保和质量工作】　2011年，云锡控股公司全面贯彻国务院《关于进一步加强企业安全生产工作的通知》，加大安全投入力度，认真落实企业安全管理主体责任，着力构建本质安全型企业，全面提高安全保障能力。编制《安全生产“十二五”规划》，明确“十二五”时期全司安全生产工作目标。不断深化“安全生产年”活动，有序推进安全标准化建设，新建矿业公司、马矿公司通过红河州安监局国家三级安全生产标准验收。云锡控股公司被国家安监总局确定为“安全生产标准化建设示范企业”，冶炼分公司被国家安监总局确定为“有色冶炼行业安全生产标准化建设示范企业”。老厂分矿、大屯选矿厂、化工材料分公司等8个单位通过省安监局验收，被命名为“国家二级安全生产标准化企业”。加强企业安全文化建设，职工安全生产教育培训成效明显。强化矿山采掘承包企业安全监管，严格督促其履行安全管理主体责任，规范安全生产管理。认真开展安全专项督察，治大隐患、防大事故。成立专业矿山应急救援队，不断完善应急预案，加强危险源点监控，安全生产应急能力得到进一步加强。成功承办云南省非煤地下矿山安全避险六大系统（人员定位、监测监控、通信联络、紧急避险、压风自救、供水施救系统）建设现场推进会，云锡六大系统建设得到省安监局充分肯定。持续巩固职业病防治工作成效，职业健康安全管理体系运行良好。

不断扩大质量、环境和职业健康安全管理体系的覆盖范围，确保三体系持续改进和有效运行。云锡控股公司顺利通过中国质量认证中心年度监督审核，铅业分公司、同乐太阳能公司通过“三体系”认证。完成《氧化亚锡》《焦磷酸亚锡》等8个企业标准的制订和修订，云锡控股公司为主修订的《铸造锡铅焊料》国家标准被评为“云南省标准化技术创新奖”。云锡牌商标国际注册工作取得成效，完成“云锡牌”商标在第一类、“YT”商标在第六类的马德里国际注册工作。完成硫醇甲基锡、氯化亚锡云南名牌产品的复评，锡锭等六个产品继续保持云南名牌产品荣誉。进一步强化生产过程质量控制，加强和规范原矿交收检验工作。质量管理QC小组活动持续有效开展，云锡控股公司再次荣获“全国质量管理小组活动优秀企业”称号，2个QC小组被评为全国优秀QC小组，1个质量班组被评为全国质量信得过班组，34个QC小组被评为全国有色行业、云南省优秀QC小组，9个质量班组被评为全国有色行业、云南省质量信得过班组。云锡控股公司被评为“中国质量诚信企业”、“云南省企业标准化良好行为4A级示范企业”，荣获“云南省质量效益型先进企业特别奖”。

环境保护工作进一步强化。编制《重金属污染综合防治“十二五”规划》。快速推进锡业股份、贵研铂业两个上市公司融资环保核查工作。建设项目“三同时”和清洁生产审核验收工作有序推进，卡房分矿3000吨/日多金属项目等6个项目分别通过省、州环保部门组织的竣工验收，大屯选矿厂等5个单位通过省环保厅强制性清洁生产审核验收，老厂分矿等5个单位通过红河州清洁生产审核评估验收。甲基锡生产废水治理取得新突破，废水治理设施已投入使用；有机锡基地生活污水处理设施已建成投入运行。锡冶炼烟气低浓度二氧化硫回收利用项目开工建设。各单位环保设施运行正常，继续保持污染物稳定达标排放。

【企业文化及和谐企业建设】 2011年，云锡控股公司继续加强企业文化及和谐企业建设工作，大力宣传实施《云锡控股公司企业文化建设方略》，成立云锡控股公司企业文化建设领导小组，引进北大纵横专业管理咨询团队，凝练独具云锡特色的企业文化，从整体上构筑云锡企业文化体系。

以庆祝中国共产党建党九十周年为契机，开展深入学习杨善洲先进事迹活动和“党在我心中”知识竞赛、“光辉的历程”职工大型演唱会等系列活动，评选表彰2010年度“感动云锡”十大人物。

进一步丰富职工文化生活，开展矿工节文化月、云锡青春形象大使选拔赛活动、青年歌手大奖赛、职工篮球比赛和健身操表演赛等系列活动，进一步提升广大干部职工对云锡的认同感、荣誉感和忠诚度，形成广大干部职工学先进、赶先进，积极主动投身企业建设，与企业共谋发展，共建和谐的良好氛围。

厂务公开工作不断深化完善，职工民主管理工作进一步加强和改进，职工合法权益得到切实维护，职工的首创精神得到充分尊重。松树脚分矿和研究设计院分别荣获全国及云南省“厂务公开民主管理先进单位”。

始终立足职工队伍的稳定，持续改进和完善保证职工共享改革发展成果和帮扶困难职工的七条保障线，全力解决职工困难和问题。认真组织好节日慰问劳模、困难职工（家属）、离退休人员、困难党员、工病亡遗属等送温暖活动。提高退休人员节日慰问金和增发退休人员2011年度补贴。妥善解决好有就业经历未参保人员养老保障遗留问题，按上级规定落实职教幼教退休教师生活补贴。努力改善职工住房条件，加快保障性住房建设，金盆家园等三个项目已竣工交付使用，德政家园等四个项目正加快建设。

社会治安综合治理及和谐平安企业创建工作不断向基层延伸。依靠州市两级政府的大力支持，形成联网互助的治安防范体系。适时组织开展矿山专项治理整治行动，严厉打击偷盗抢团伙及不法分子。完善维稳工作机制，积极开展矛盾纠纷排查工作，确保企业生产生活平安和谐稳定。

【重大荣誉】 2011年，云锡控股公司被国家列为云南个旧多金属“矿产资源综合利用示范基地”；被国土资源部评为“全国危机矿山接替资源找矿先进集体”；被国家安监总局确定为“安全生产标准化建设示范企业”；被省政府授予“十一五”省科技计划组织管理先进集体；被评为“中国质量诚信企业”、“云南省企业标准化良好行为4A级示范企业”；再次荣获“全国质量管理小组活动优秀企业”称号；荣获“有色金属行业职教先进单位”称号和“云南省质量效益型先进企业特别奖”。云锡控股公司为主修订的《铸造锡铅焊料》国家标准被评为“云南省标准化技术创新奖”。

中共云南锡业集团（控股）有限责任公司
第九届委员会书记、副书记名录

书　记　雷　毅
副书记　高文翔
　　　　汪云曙（常务）

云南锡业集团（控股）有限责任公司
经理班子成员名录

总 经 理　高文翔
副总经理　兰　旭（常务）
　　　　　汪继红
　　　　　谢明跃
　　　　　李　刚
　　　　　刘凡云
　　　　　程睿涵

（撰稿：周志坚　单国松）

有色地质勘探

【简述】 2011年，云南省有色地质局三〇八队全面贯彻落实科学发展观，深入学习中共十七届五中、六中全会精神，紧紧围绕云南省有色地质局“地质找矿立局，矿业开发强局，工勘三产稳局，科技人才兴局”的发展战略，牢牢把握“两种资源，两个市场”的发展机遇，全队干部职工齐心协

力，奋发进取，圆满完成生产经营目标，实现决算货币产值11250万元、综合经济效益5000万元、年末净资产9738万元、职工收入有所增长。企业未发生重大安全事故，连续22年未发生职工因工死亡事故，为全面实现“十二五”规划目标奠定了坚实的基础。年末，云南省有色地质局三〇八队共有在职职工468人，其中高级技术职称30人、中级技术职称68人、初级技术职称85人。企业下设滇南院、钻探队、测绘队、测试中心、生活服务部等5个二级实体，拥有固体矿产勘查甲级、钻探施工甲级、测试分析甲级、测绘乙级等资质证书。法人代表谭木昌。

【认真抓好国外勘查和开发项目】　2011年，云南省有色地质局三〇八队以大队本部国外勘查和开发项目为工作重点，努力提升综合经济效益。一是认真抓好国外已进入开发建设的项目。积极参与印尼北科纳威、马布里、苏巴印三大矿山的开发和建设工作，在矿山开采方面提供技术指导，积极参与矿山建设的组织管理。与恒昊公司合作的马布里矿山生产经营正常，已实现较稳定收益。与罕王集团合作的北科纳威矿山建设正抓紧进行，已取得阶段性成果。二是认真抓好正在运行中的国外勘查开发项目。缅甸联邦第二特区（佤帮）矿产资源地质勘查项目进展顺利；三个国外矿产资源风险勘查专项资金项目（《印度尼西亚中苏拉威西省科洛诺达勒县红土型镍矿资源地质调查与评价》《印度尼西亚东努沙登加拉省西帝汶岛锰矿资源地质调查与评价》《印度尼西亚苏拉威西岛-北马露姑群岛红土型镍矿成矿规律研究及资源潜力评价》）正在进行中，进展顺利。全年，国外勘查开发项目共创产值6300万元，占全队产值56%。实现综合经济效益3500万元，占全队效益70%。

【以地质找矿为龙头，带动相关业务协调发展】　2011年，云南省有色地质局三〇八队坚持以地质找矿勘查为主业，坚定不移地实施国内外“两种资源，两个市场”并举的发展战略，以地质找矿为龙头，带动相关业务的发展。一年来，三〇八队4个二级经营实体均取得较好业绩。

滇南院：在完成大队组织的国外勘查开发建设项目的同时，积极承担社会地质勘查项目，全年共签订合同 24个，合同总额1216.46万元；完成产值1100万元，实现效益330万元。

钻探队：努力克服国外项目环境条件差、交通运输不便、后勤保障困难等不利因素，强化内部管理，狠抓制度落实，圆满完成国外钻探进尺28000米，完成国内钻探进尺28249米。全年完成产值2992万元，实现效益500万元。

测绘队：在确保国外项目的前提下，引进先进技术设备，积极开展工程测量、地籍测绘、行政区域界线测绘、土地总体规划修编及建设用地勘测定界等多种业务，在红河州有较高的市场占有率。全年完成产值734万元，实现效益110万元。

测试中心：工作重心以满足国外项目为前提，完成缅甸达贡山及其他国外项目的分析测试工作2.01万件。完成外部零散样品的分析测试工作3.8万件。全年完成产值806万元，实现效益50万元。测试中心狠抓质量管理，并于年内获得中国合格评定国家认可委员会（CNAS）颁发的实验室认可证书。这标志着测试中心的检测能力获得国际权威机构的互认，也有助于测试中心更好地为三〇八队开展“走出去”战略项目服务，也为测试中心资质晋升甲级打下了基础。

【完善管理措施　强化制度保障】　2011年，云南省有色地质局三〇八队相继出台《云南省有色地质局三〇八队岗位设置实施办法》《云南省有色地质局三〇八队差旅费管理办法》《云南省有色地质局三〇八队岗薪绩效工资考核分配办法》《云南省有色地质局三〇八队出国人员生活待遇暂行管理办法》《三〇八队在岗职工生病住院、休养期间工资待遇暂行办法》《云南省有色地质局三〇八队从业人员工伤保险办法》《云南省有色地质局三〇八队班组安全标准化达标考核验收办法》等7个管理办法。这些管理办法的出台，标志着全队制度化管理水平又上了一个新台阶。

【加强安全管理　确保安全生产】　2011年，云南省有色地质局三〇八队进一步加强安全生产管理，将安全生产放在各项工作的首位。一是始终坚持“安全第一，预防为主，综合治理”的安全生产方针，“以人为本，关爱生命”，认真贯彻执行国家安全生产法律法规；二是层层落实目标责任，层层签订安全责任书，层层缴纳安全风险抵押金，做到责任明确，责任到人；三是加强安全教育和岗位培训，对56名安全生产管理人员、59名特种作业人员、上岗前的员工和出国前人员进行安全教育培训；四是实施班组安全标准化作业，25个班组通过有色资源集团公司标准化验收；五是突出安全工作重点，加强安全生产监督检查，强化隐患整改，有效减少安全事故的发生；六是做好从业人员的人身意外伤害保险工作，做到应保尽保；七是组织开展内容丰富的“安全月活动”，不断提高从业人员安全意识。全队安全生产管理工作取得实效，全年未发生重大安全事故，连续22年未发生职工因工死亡事故，有力地促进了单位安全发展，科学发展，和谐发展。

【联合改造基地　提升环境质量】 2011年，云南省有色地质局三〇八队与云南艺峰房地产开发有限公司合作，联合改造三〇八队生活基地项目取得阶段性进展，两幢回迁楼主体工程已竣工，并进行了初步验收；新建办公楼基础部分已完工。三〇八队生活服务部努力提高管理水平，始终坚持职工群众利益无小事的服务理念，坚持“以人为本”，讲实话、办实事、求实效，遇到问题不推诿，处理问题不拖沓、不留隐患，对职工群众反映的问题做到件件有落实、有整改，不断提升全队生活基地居住品质。全年，全队完成日常修缮零星工程10.64万元，投入5.45万元对大队生活区绿化树进行更换及补栽，投入49.5万元完成生活区供水管道“一户一表，水表出户”改造工程，实现生活区水、电全部移交地方管理的目标。

【注重文明建设　营造和谐环境】 2011年，云南省有色地质局三〇八队坚持“两手抓、两不误”，不断加强精神文明建设。大队、滇南院、测绘队被评为市级文明单位，钻探队、测试中心被评为州级文明单位。

元旦、春节、中秋、国庆等重大节日，大队领导、部门负责人、党政工团干部组成多个慰问组，采取上门走访、到医院慰问、发放慰问金、召开座谈会等多种形式对一线职工、出国人员配偶、困难职工、非在岗职工、遗属和离退休人员进行慰问。全年共慰问1164人次，慰问金额305100.00元。组织开展向“职工特困基金会”捐款活动，全年共捐款380161.00元。其中单位捐款240200.00元，职工、家属捐款79961.00元。三〇八队“职工特困基金会”定期按月向特困职工开展帮扶活动。

年内，云南省有色地质局三〇八队在三八、中秋、五一、七一、国庆等节日，组织全体职工开展登山、环湖跑、党史教育、大型游园等丰富多彩的文体活动及“十件大事”、“双十佳”等各类先进评选活动，有效地激发了职工的工作、学习和生活热情，营造出稳定、和谐的环境。

（撰稿：周俊琳）

华电云南发电有限公司绿水河发电厂

【简述】 2011年，华电云南发电有限公司绿水河发电厂（以下简称“华电云南绿水河电厂”）按照“明确安全、经营、发展目标，创新管理，全力完成2011年各项目标任务和推进各项工作稳步发展”的总体工作要求，通过全厂员工共同努力，除发电量指标因持续干旱和政策性因素的影响未完成外，其他各项经营目标都圆满完成年度计划。全年，企业生产安全稳定，职工队伍素质不断提高，新机项目稳步推进。年末，企业有在册职工338人，退休人员116人，在册职工平均年龄44岁。

【经济技术指标】 2011年，华电云南绿水河电厂由于受持续干旱和政策性因素的影响，发电量仅比2010年略有增加，实际完成26776.26万千瓦时，机组平均利用4088小时，主设备完好率100%，固定资产原值17039.50万元、净值3650.17万元，发电总产值3910.50万元，实现利润22.76万元。

【安全生产】 2011年，华电云南绿水河电厂深入开展“安全生产年”、“星级企业创建”、“隐患排查治理”、“安全月”等24项安全专项活动，加强安全教育培训；修编、完善生产管理制度43项；发布一级站、二级站《检修规程》《运行规程》《交通安全管理制度》《消防安全管理制度汇编》；健全和规范应急管理，对14个应急预案进行演练；做好交通、消防管理及外来临时工管理，巩固和提高安全生产管理基础。年内，企业实现三个百日安全长周期，完成年初制定的各项安全生产目标，实现安全生产4768天。

【大修技改工作】 2011年，华电云南绿水河电厂完成6台发电机组大修、2台发电机组小修和一、二级站公用设备全停水检修，按计划完成部分设备更新改造、辅助设备大修。完成四台山电站、拉灯河电站等外围11座电站22台机组全停及大修、技改工作。全年共消除设备缺陷335条，其中主设备消缺率、辅助设备消缺率皆为100%。严格计划支出，合理控制成本，确保资金使用效率。计划检修机组8台次全部完成，完成检修费用333.8万元，完成计划费用的99.34%；计划技改项目9项，实际完成技改项目11项，完成技改费用404.7万元，完成计划费用的99.31%；整改计划8项已全部完成。

年内，华电云南绿水河电厂开展水情测报等11项生产建筑维修和改造，通过大坝安全管理中心的检查认证，大坝注册等级为甲级；改造通信、闭路电视系统；引水系统及金属结构、水库及水工建筑设备设施被华电电科所组织的专家组评估为一类设施。

【经营管理】 2011年，华电云南绿水河电厂在汛期来水偏枯的不利条件下，强化经济运行管理，扎实开展“创建星级发电企业”、节能降耗、对标管理活动，综合厂用电量比2010年节约40.12万千瓦时，综合厂用电率优于年初制定的标杆值0.09个百分点，为历史最好水平；直接厂用电率0.19%，优于年初制定的标杆值0.01个百分点，水能利用提高率明显上升，弃水时段发电负荷率上升，生产和管理指标达到中国华电集团公司“三星级”要求。

年内，华电云南绿水河电厂逐步梳理、修编涵盖生产管理、财务管理、合同管理及人力资源管理等方面的76个制度，从严强化细化基础管理工作；结合“六型”班组创建与“管理创新”活动的开展，设立班组建设工作联络员，以外出考察学习等方式学先进，深入推进质量管理、技术革新、QC攻关活动，在华电云南发电有限公司“六型”班组考评检查中有3个班组达到“优秀”，没有“不合格”班组；选报的3项QC课题分别获华电云南发电有限公司QC成果发布一、二、三等奖。建立健全依法治理组织机构，加强规章制度体系建设，强化内部监督控制，设置厂法律事务人员，建立厂、部门、班组三级普法宣传员网络，实现普法工作机构、人员、经费“三落实”；大力推进“法律六进”，有计划、有步骤地开展法治宣传教育工作，干部职工的法律素质和企业法治化管理水平明显提高，全年没有发生重大违法事件、责任事故和安全事故。加强全面预算管理、成本费用监控，开展“财会基础工作评价”工作，重新修编健全财务会计基础规范、资金管理等财务管理制度；持续推进效能监察专项工作，开展对《二级站1-3号厂用变压器更换》《通信交换机改造》效能监察；加大审计监督，规范合同管理相关程序，防范企业经营风险。

【项目发展】 2011年，华电云南绿水河电厂1×30兆瓦新机项目完成环境影响报告、渣场变更水土保持方案报告2个专题报告；取得环境影响、项目核准、渣场变更水保、风景名胜区建设等许可证和州水利局工程开工许可等5个批文；取得中国华电集团公司环保“三同时”、华电云南发电有限公司“四个策划”及主体工程开工批复。项目于4月21日获核准，8月20日主体工程开工。工程建设质量良好，验收59个单元，合格率100%，46个单元优良。年内累计完成投资1957.37万元。根据工程建设管理需要，华电云南绿水河电厂积极调整组织机构设置，扎实有效开展工程项目建设，结合工程项目特点，制定渣料渣场、工程变更、竣工结算、工程造价等22个管理制度。

【人力资源管理】 2011年，华电云南绿水河电厂完善并下发《劳动工资管理办法》《员工奖惩办法》《大中专毕业生接收管理办法》《绩效工资分配办法》等系列人力资源管理规章制度，构建“三级职工教育培训网络”体系，开展“素质能力提升年”及“立足本职岗位，提升能力素质”创建学习型组织活动；切实做到职工教育培训经费专款专用，采取“引进来、送出去”，鼓励职工自学，部门（班组）开展以师带徒，技能鉴定等多种活动，提高职工业务素质；职称管理工作完成申报中级职称7人，中国华电集团公司新确认中级职称4人，厂内认定初级职称10人，新聘任中级职称5人、厂内技师2 人。系统内调出专业技术、技能人才10人，新增大中专毕业生4人，系统内调入1人。年内，华电云南绿水河电厂围绕“德、能、勤、绩、廉”五方面内容，对30名中层干部和2名助理共计32人进行述职考核，圆满完成第11轮中层干部届满考核及组聘相关工作。

【文明建设】　2011年，华电云南绿水河电厂进一步抓好企业物质、精神与政治“三个文明”建设的协调发展。组织职工参加云南省第八期职工医疗互助；举办妇女保健知识讲座；与驻训某部侦察营及蔓耗边防检查站官兵举行建军84周年军警民联欢活动；向盈江地震灾区捐款5929.2元；对13家遗属、105名退休和38名退养职工进行慰问；利用中国华电集团公司网站、《红河日报》《个旧时讯》《开远市讯》等报纸杂志及网络等新闻媒体宣传企业形象，外部媒体刊登新闻稿359篇、文艺稿96篇，《绿水河》内部报纸出刊14期（包含2期全停水快讯），刊出橱窗17 余期，展出展版 40期，编辑黑板报48期。

【党建工作】　2011年，华电云南绿水河电厂加强不同层次党组织的建设，组织党员干部进行植树活动，开展“为党旗添光彩，为华电做贡献”演讲稿、“廉政格言警句”征集活动；以党员公开承诺、建立领导联系点、优秀党组织、优秀党员评选等促进“创先争优”活动的有效开展；修改完善《实施细则》，提高企业“四强”党组织、“四优”党员的比例。全年，发展新党员2名，转正6名。召开思想政治研究工作会，收到论文30篇，会议表彰9篇，向云南电力党建思想政治工作研究会推荐2篇，其中1篇文章获得表彰。

【工会共青团工作】　2011 年，华电云南绿水河电厂工会建立健全职工代表大会、集体合同、厂务公开等制度，促进民主管理，加大对集体合同履行情况的监督检查力度，规范劳动合同管理，完善帮扶机制。积极开展“创先争优”、职工医疗互助和健康体检、送温暖等活动，开展运行知识竞赛，班组小指标竞赛，大修四讲竞赛，“合金推力瓦挑花”、“水平管焊接技能比武”等活动，增进职工团结协作能力。

共青团以工作创新为出发点，抓组织建设，抓支部、团干队伍、“推优”、标杆建设，开展各类技术知识培训讲座及“青春放歌”卡拉OK大赛、组织徒步热带雨林之旅、乒乓球比赛等青年人喜闻乐见、寓教于乐的活动，深化青年文明号、青年岗位能手、青年志愿者活动，评选厂级“青年文明号”2个，“青年岗位能手”4人。

【重要事项】　2011年8月30日，曾蜀云不再担任党委书记职务，由厂长杨雄伟兼任党委书记职务。李文平任副厂长。

【获奖情况】　2011 年，华电云南绿水河电厂继续保持中国华电集团公司“文明单位”称号,“二星级”发电企业称号；被评为中国华电集团公司“五五”普法先进单位，华电云南发电有限公司“安全生产先进单位”；荣获个旧市“五五”普法先进集体。发电分场一级站一值荣获云南省“模范班组”、“工人先锋号”及华电云南发电有限公司“先进集体”、“安全生产先进集体”。张莉华荣获华电云南发电有限公司“先进个人标兵”、“安全生产先进个人”；龙明忠、郭志立、苏福杰、王严伟、仲志强荣获华电云南发电有限公司“先进个人”，普七玲、郭阳红荣获“安全生产先进个人”。

（撰稿：杜兰芬）

个旧供电有限公司

【简述】　2011年，个旧供电有限公司深入贯彻落实南网中长期发展战略，以绩效为牵引，全面抓好安全生产、电网建设、营销服务、经营管理等重点工作，扎实推进基础管理达标创优，全面提升管理水平，圆满完成各项工作任务。公司在2011年度省公司农电系统组织绩效考核中排名第二，位居A类，实现“十二五”良好开局。

2011年个旧供电有限公司主要经济指标表

指标名称	单位	2011年完成	2010年完成	同期相比	备注
供电量	万千瓦时	91670	70334	30.33%	
售电量	万千瓦时	85050.96	65764	29.33%	
平均售电单价	元/千千瓦时	484.56	489.67	-1.4%	不含税
供电总成本	万元	7751.32	7612	1.83%	

续上表

指标名称	单位	2011年完成	2010年完成	同期相比	备注
供电单位成本	元/千千瓦时	91.13	115.74	-21.26	
电费回收率	%	100%	100%		

【安全生产】 2011年，个旧供电有限公司安全管理基础不断夯实。有效落实领导干部深入基层班组跟班作业观察，进一步强化对安全生产的领导。组织动员909人次参加“责任落实年”和“安全生产月”活动，让安全生产深入人心、不留死角。组织一线员工和外来施工人员993人次参加“相互关爱、共保平安”、安全警示教育、触电急救培训等活动，提高安全意识和安全防范能力。认真组织开展各类安全大检查，查出存在问题82项，整改率100%。充分发挥安全巡查队督察作用，以监督考核为手段确保责任落实到位，全年公司生产所队违章率6.73%，同比下降2.36个百分点；外包施工单位违章率38.57%，同比下降25.33个百分点。编制9单元67部安全风险体系管理标准，开展安全风险体系知识培训，加强班组风险信息库建设，完成131个风险点的收集分析整理。强化现场作业过程管理，执行调度“双核实”信息报送，确保现场作业安全管控。组织修编公司总体应急预案1个、专项突发事件应急预案和现场处置方案12个。设立公司应急办公室，成立由126人组成的抢修队伍，实行24小时值班制。开展防震、反恐、消防等知识培训和应急演练，提高公司应急抢险能力。防震应急物资准备到位，配置应急发电设备10台。年初，启动雨雪冰冻自然灾害Ⅰ级应急响应，出动553人次开展特巡工作，巡查线路67条次，对贾沙、老厂等受影响的线路开展应急维护，有效应对自然灾害侵袭，保证平稳有序供电。

【优质服务】 2011年，个旧供电有限公司继续加强企业管理，竭尽全力做好优质服务工作。强化需求侧管理，配合州三电办认真制定有序用电方案，严格执行政府下达的有序用电指标。及时掌握个旧市重点项目和新增用电项目报装进度，完善用电报装“一站式”服务模式，受理高压用户204户，投运123户，新增变压器容量79448千伏安。认真兑现十项服务承诺，完成各类故障报修2830次，客户回访率100%，满意率100%。积极拓展交费渠道，“优付通”和“银行储蓄代扣”缴费方式进一步得到推广。扎实开展“三指定”专项治理工作，审计与稽查双管齐下，进一步规范客户工程市场。完善自备应急电源用户名单，开展安全用电检查，有效保障客户安全用电。编制各类重大保供电工作方案、调度运行方案、应急预案、用户保供电及安全保卫方案，开展重要变电站、输配电线路及用户特巡工作。实行领导干部现场值班制度，落实责任到位。全年出动配电运维人员2843人次，抢修车辆689台次，发电车3台次，圆满完成深圳大运会、建党90周年系列活动、“两会”等重大保供电任务。

【电网建设】 2011年，个旧供电有限公司在建的2010年农网改造升级工程竣工投产，共新建（改造）10千伏线路26.27千米，0.4千伏线路6.39千米，0.22千伏线路6.46千米，配变14台、容量1.13兆伏安，JP柜14台，柱上断路器7台，户表477户，投资609.97万元。完成2010年城配网工程的110千伏星河变线路、110千伏双河变线路等8项工程，加快了个旧市城配网建设步伐。滚动修编《个旧市“十二五”城市中低压配电网规划》及《个旧市“十二五”农村中低压配电网改造升级规划》。启动2011年城网改造工程和农网改造升级工程可研编制、项目初设、施工图设计。完成2012年城农网储备项目可研报告编制及审查、2012年农网改造升级工程施工图设计及审查。对个旧供电区域内“十二五”期间新建的9座变电站站址坐标重新测定并通过审查，办理35千伏斗姆阁输变电工程路径及站址协议、项目备案证、用地勘测定界、林堪、环评等手续，配合第三方完成水保、地灾、矿压、未占用临时用地调查报告等手续。成立个旧第一业主项目部，在2011年红河局14家项目部年度考核评价中排名第三。

【生产运营】 2011年，个旧供电有限公司完成DMIS系统II期建设，建立调度系统综合业务评价机制，调度系统规范化管理得到加强。完成电力调度中心搬迁，提升调度硬件设施水平。深入开展个旧电网运行分析，为电网规划提供有力支撑。建立健全生产运营指标管理体系，强化生产指标的牵引作用。强化大修技改项目管理，全年完成大修项目50个，计划资金1470万元；技改项目27个，计划资金1325万元；大修、技改项目和资金完成率均为100 %。扎实推进线损“四分”管理，开展线损理论计算，选择台区54个，参与计算率9.37%。全年，公司综合线损率7.22%，同比降低1.11个百分点。梳理供电可靠性管理制度和工作流程，加强综合停电管理，建立停电计划周平衡机制，推行“先算后停”的停电工作机制。完成供电可靠性网络版平台的建设和基础数据的完善，推进可靠性系统建设。成立带电作业班，5人取得带电作业资格证，开展公司10千伏线路设备首次带电作业。合理编制线路运维计划，输电线路综合消缺率86.29%，配电线路综合消缺率95%。客户平均停电时间同比减少5.37小时。

【经营管理】 2011年，个旧供电有限公司不断推进“以业务计划为基础，现金流管理为核心”的全面预算管理，提升公司经营活动管控能力。按月统计各部门资金计划完成情况并反馈和考核，提高公司资金收支计划准确率。积极开展“财务管理提升年”活动，不断推进财务管理向集约化、精益化的方向转变。实现银行账户标准化设置，除偏远山区外，完成工、农、中、建4大银行的资金归集授权。完成2003～2009年农网建设债权债务清算、财务处理及账户撤销工作，并以此为契机，全面梳理农网工程项目债权债务关系，解决历史遗留问题。利用审计防范风险，完成各类审计项目11项，发现问题66个，提出审计意见25条，并加以落实整改。以“三重一大”集体决策制度执行情况立项，开展效能监察工作，取得较好效果。充分发挥营销稽查作用，发现差错并追补回电量24万千瓦时，挽回经济损失12万余元。

【人力资源】 2011年，个旧供电有限公司制定《个旧供电有限公司组织架构一体化实施方案》上报红河局。重新调整员工住房公积金缴存比例，完善公司《补充医疗保险实施办法》，提高员工福利待遇。组织开展2期482人次参加的生产岗位技能大练兵、大比武活动，提高一线员工现场实际操作技能水平。组织65人参加职业技能鉴定培训取证，鉴定通过率80%。采取员工自学和每周五集中学习的方式，分专业开展技术理论培训，普调考合格率均为100%，取得全省配电线路专业调考个人第三名及变电检修专业调考个人第五名的优异成绩。通过举办电力工程CAD、西点卓越团队特训营、优质服务技能提升、生产管理信息系统应用、安全生产管理等多专业培训，员工能力素质得到进一步提升。全年，公司累计培训 2363人次，培训覆盖率100%，积分达标率97%。

【党建工作】 2011年，个旧供电有限公司成立为民服务创先争优活动领导小组，制定实施方案有序开展创先争优活动。开展党建工作“示范点”活动，努力打造“四强”党组织和“四优”党员队伍。把“三评”活动贯穿于创先争优全过程，评选先进党支部1个、优秀党员21人、“每月之星”204人、“季度之星”4人。开展“四亮四评”主题实践活动，评选“月度服务之星” 9人。开展“为民服务创先争优”社会日活动，发放宣传资料2000余份，受理客户咨询6人次。积极开展“六走进”活动，深入基层走访调研62次，结成帮扶对子6个，帮助解决实际困难问题10个。年内，1人获红河局“为民服务创先争优标兵”称号。开展“特色党支部”、“党员先锋岗”建设活动，活动覆盖率100%。开展“辉煌90年•党在我心中”主题系列“七个一”活动，庆祝党的90华诞，增强党员责任意识。实施“双向培养”计划，全年确定党员发展对象10人，发展预备党员3人。深入开展以“春雨”行动为主要载体的员工辅导活动，辅导员工352人次。积极推进廉洁风险管理体系建设，制定体系建设方案及防范措施12项。组织员工82人参加廉洁自律教育知识测试，签订《廉洁从业承诺书》104份。加大新闻宣传力度，全年上级采用稿件116篇，制作宣传栏13期，企业门户信息系统新闻量218条。

【工会共青团工作】 2011年，个旧供电有限公司积极开展劳动保护和安全生产职工代表巡视活动，加强民主管理，增强员工主人翁意识。组织员工参与各类竞赛活动并取得多项骄人成绩，1人荣获红河电网变电运行技能竞赛二等奖、1人被省公司授予2011年度“先进工作者”称号，公司获集体奖5项、个人奖25项。积极做好离退休人员管理工作，开展丰富多彩的益老活动，营造和谐氛围。

【获奖情况】 2011年，个旧供电有限公司荣获红河局2011年度“先进集体”称号、个旧市2011年度“安全生产优秀企业”称号、红河电网变电运行技能竞赛团体二等奖。公司电力营销部核算班荣获省公司2011年度“优质服务先进班组”称号。

（撰稿：汤炜乐）

有色冶金工业

【简述】 2011年，个旧市有色冶金工业再次经受了国际市场严重冲击，在有色金属价格跌宕起伏的影响下，迎难而上，以科学发展观为指导，加快结构调整、加快产业升级，全年呈现回升向好平稳发展态势。全市完成十种有色金属57.26万吨，比2010年增长25.1%。其中铅27.43万吨,同比增长33.6%；锡7.65万吨,同比下降3%；铝16.58万吨,同比增长30.5%；铜271吨,同比下降14%；锌5.58万吨,同比增长20.6%；粗铅20.56万吨，同比增长2.2倍；粗铜2.91万吨，同比下降14.6%；锡化工产品1.43万吨,同比下降7.1%。完成有色矿产品金属总量6.67万吨，比2010年下降10.6%。其中铜精矿金属量28170吨，同比下降7.6%；铅精矿金属量4142吨，同比增长11.9%；锡精矿金属量3.38万吨，同比下降14.8%；锌精矿金属量594吨，同比下降21.9%。

【企业发展】 2011年，云南振兴实业集团有限责任公司是云南省唯一一家拥有从粗铅冶炼到蓄电池终端产品生产的完整铅产业链条的深加工民营企业，拥有铅锭、铅基合金等产品的出口经营权，公司的“YUNSHA”牌铅锭在伦敦有色金属交易所注册成功，成为全国第十家注册成功的企业。公司是西南最大的蓄电池生产厂家，电池合格率达到业界先进水平，年生产蓄电池极板1.5万吨，供应全国30多家厂商，在华东地区先后与全国最大的2家蓄电池生产商达成长期合作协议，在极板市场有相当高的认知度及市场地位。在蓄电池领域，该公司年生产蓄电池80万只，在云南省二级市场中销量排名前3位。集团公司实施经济责任制，把市场机制引入企业内部管理，建立起与市场相适应的按劳分配的激励机制，有效地调动了员工的积极性和主动性，在生产经营、环保安全、技术改造等方面，取得显著成绩。一是投入30多万元，新建生活废水收集池和完善回用水输送装置，使全部蒸汽冷凝水和部分生活废水回用，实现了生产污水、生活废水长期稳定零排放目标，提高了水资源利用率，每天可节约水量约400立方米；二是投入110万元翻新装修厂部办公楼并配置现代办公用具，投入20多万元完善地表水收集设施和改造翻新污水车间厂房，极大地改善了办公环境；三是投资2.7亿元建设“年产900万只电动自行车密封式铅酸蓄电池项目”，购置磨粉机、固化机、刷片机、充电机、电热熔铅炉等主要生产及辅助设备394台（套），新增建（构）筑面积2.9万平方米，建设生产车间、仓库及配套公用工程等。投资520万元新建4000千伏安高压变电站1座，投资约 1100万元新建2万吨化肥成品库，投资118.50万元新建5000吨纯硫酸装置。同时，完成生产装置技术改造大小项目共15项，约投资400万元，使企业装置规模、设施水平得到提升；四是成立液体氟化氨产品开发小组，完成小试和中试，取得合格产品，计划2012年上生产装置，自产液体产品替代外购固体氟化氨，每年可节约污水处理成本数十万元。同时，合理确定生产工艺控制指标，对各道工序、各个环节工艺指标均给予严格考核，实现管理关口前移，事前预防，达到消除不合格产品的目的；五是继续实施安全网络管理，牢固树立“安全促生产，生产必须安全，人的生命高于一切”的发展理念，安全生产培训员工500多人次，特殊工种管理人员新取证、换证、审证100多人；进行应急救援预案演练，提高企业领导的指挥、应急和员工事故的处置能力。全年共查出事故隐患57条，安全隐患整改投入改造资金77万元，整改57条，整改率100%。10月，正式启动危化品企业安全生产标准工作，力争2012年下属子公司合众化肥厂达到国家安全标准化“三级”企业，使企业安全管理再上一个台阶。10月，在个旧市沙甸区政府与招商银行红河分行签署“银企合作”协议。11月，由中国有色金属工业协会主办的2011中国国际铅锌年会在昆明开幕，振兴集团公司是此次年会的赞助商之一，总经理马柱宽等出席会议。公司下属子公司电源公司随着市场的发展，积极探索电池销售模式改革，从寻求省级独家代理向聘用有经验、销售网络资源丰富的客户经理的转变，使公司产品在整个江西省的总销量大于云南省的总销量，为企业创造更大的利润。年内，公司年产900

万只蓄电池项目获得国家发改委接替产业专项资金747万元。

2011年，红铅公司在建项目主要是采用富氧底吹熔炼—鼓风炉还原和“3+1”两转两吸制酸工艺的铅冶炼系统、制酸系统、配套资源综合利用和余热发电系统，形成年产6万吨粗铅、副产5.9万吨硫酸、88.94吨白银、6210吨氧化锌尘、439吨锑精矿、151吨铜精矿、421吨铋精矿的生产能力，使公司成为规模较大、技术先进、环保达标、资源综合利用、产业链完整的新型民营股份制企业，并开创了个旧市民营企业引进新技术，提升传统铅冶炼工艺，调整铅产业结构的先河，对个旧市经济和社会的发展具有积极的示范作用。9月，云南省工业和信息化委员会批准“年处理10万吨次氧化锌综合利用工程”投资项目备案，项目总投资1800万元。该项目充分利用原企业与大学合作开发的次氧化锌烟灰二次资源利用技术，采用梯级连续氧化方式，密闭生产电子级红丹，形成年产5000吨电子级红丹的生产能力，回收锌、铟、镉等有价金属，实现资源综合利用。

2011年，个旧市光穆有色金属尾矿废渣综合回收有限公司完成6平方米、4平方米落后产能的淘汰和技术改造，进入试生产。应用先进节能新技术，在500千伏安变压器低压控制柜安装电容补偿柜，在主控设备55千瓦以上电动机上安装节能变频器（日本三菱），节能效果25～30%。处理尾矿、废渣等原料59400吨，其中尾矿23760吨、烟化炉渣8382吨、烟尘7860吨、湿法综合渣6398吨、难选矿和低品位氧化矿13000吨。公司按照国家的产业政策，结合个旧市有色金属尾矿、冶炼废渣等工业固体废弃物综合回收的实际，继续创新生产工艺，在云锡冶金研究院、个旧市冶金研究所、个旧市科技局、个旧市环保局的支持下，完成新项目可行性研究报告。生产工艺设计为富氧侧吹熔池熔炼炉，投资1200万元，装备制氧1400立方/小时装置，可节约焦炭6～7%。同行业中，公司率先使用尾矿资源、冶炼弃渣、烟气脱硫、乙炔灰等做原料，真正实现资源综合利用。

2011年，个旧市自立矿冶有限公司实施重金属废水污染防治深度处理项目，完善雨污分流工程，在初级化学沉淀法的基础上，增加电化学深度处理的技术方案。新增电化学处理系统对废水进行深度处理，进一步脱除砷、铁等污染物，设计废水处理能力250立方米/天，使出水中各污染物浓度达到国家规定的排放标准，实现水的循环使用。5月，公司利用个旧地区的含锡再选尾矿综合回收有价金属申报废固基地资源利用项目。项目建设内容包括3个工序：炼渣工序、湿法冶炼工序和污水处理工序。炼渣工序和污水处理工序为已建项目，湿法冶炼工序为待建项目。通过工艺流程改造，湿法冶炼工序也于年末完成试验工作。

2011年，个旧恒瑞工贸有限公司正加紧实施锡尾矿、含铁固废等原料综合处理项目。该项目是国家政策鼓励和扶持的资源综合利用类项目，预计总投资10800万元，分三期建设，已完成投资7700万元，进入试生产阶段， 预计2012年12月全部竣工。项目达产后年利用选锡尾矿、含铁固废90万吨，综合利用产品铁精粉40万吨，预期产值2.2亿元，年利润3000万元。公司坚持“安全、环保、健康、经济”的发展原则，以“管理提升、运行规范、效率提高”为主线，完成型煤生产线建设、供电系统改造、新生产线调试及环保设施优化等重点工作，生产烧结矿 3.29万吨，收入7383.6万元。国家知识产权专利申请工作顺利结束，“回转窑高温焙烧高硫高砷褐铁矿方法”已获取专利证书。公司被国家工信部列为个旧市工业固废综合利用示范性企业。

2011年，云南沙甸铅业股份有限公司投资建设的“水口山法”年产10万吨铅冶炼项目于6月开工建设，项目占地430多亩，总投资7亿元，采用第三代“水口山法”粗铅冶炼技术，可以处理各种品位的硫化铅矿和各种二次铅物料，原料适应性强，在节能降耗等技术方面有很大创新和提升，是个旧市10个10万吨级产业项目之一，是全市产业升级转型的一个重大突破。

2011年，个旧市有色冶化有限公司围绕“节约降本，开源节流”加大技术改造和技术革新力度，对设备设施存在的问题进行多方面改造。一是改变铜模、加料器的几何形状和材料，大幅提高粗铜模和加料器的使用周期。粗铜模从原来每个模子可产铜300吨提高到900吨，加料器从原来一年使用三套减少到一套，大量节省了检修时间和维修费用。二是用国产程控阀替代制氧站的进口程控阀，节省备件成本九成，收到了良好的效果。三是对制酸分厂实施技改。将二、三电场的阳极板腐蚀部位更换为304不锈钢材料，更新阴极线，并从壳体内部对壳体通漏部位进行全面修补堵漏。针对振打强度不足的问题，在电尘进口顶部阴极排位置开清理孔，进行定期清理，防止极线肥大包裹短路。通过近一年的生产运行，未发生过酸雾冷凝现象，极大地提高了沸腾炉的开车率。技改费用20万元，比厂家技改报价节约80万元。四是分别实施更改材质，提高混捏机使用寿命和制酸干吸冷却系统功能；增加1台备用板式换热器,提高开车率和稳定硫酸产量等2项科技项目，达到创新创效目的，累计产生效益69.45万元。年内，公司被评为红河州易制毒化学品管理先进单位、个旧市纳税先进企业、红河州希望工程20年杰出合作伙伴。

制药工业

【简述】 2011年，个旧市生物产业发展优势明显，科研基础相对扎实，人才队伍不断壮大。在资源型城市经济转型和产业发展“二次创业”中，个旧市生物产业将被培植成除有色金属产业以外的又一重要产业。结合制药工业发展的有利条件和国家发展生物产业的一系列政策措施，个旧市制药工业继续发挥国家中药保护品种和抗癌产品的市场优势，重点发展天然药物种植及系列化产品开发。加快木棉、马蹄香等植物药种植示范基地建设，为生物资源项目建设提供资源保障。在拥有国内先进的超临界二氧化碳流体萃取生产线生产1000吨食品级茶多酚的基础上，加快二期保健及药品级的茶多酚胶囊的开发生产，综合制取茶色素、茶纤素等保健产品。以番麻皂素甾体药物产业化开发项目为平台，进行生物资源有效成分的提取。以木薯麦芽糖系列产品开发和复方龙血竭药物扩产项目为依托，加大生物制药产品的研发力度。个旧市制药工业在快速发展的同时，也存在很多困难和问题。一是制药工业在种植环节还处于零星及分散状态，难以形成统一的种植及加工销售。二是野生种苗的人工驯化及组培，规模以上企业较少，不能满足全市制药工业发展的需要。三是对制药产品、品牌的宣传、引导不够，行业管理体制没有理顺，相关配套政策及措施不到位，药材人工种植、加工、销售环节存在较多问题。

【项目建设】 2011年，云河药业公司紧紧围绕“促进中药产业发展，增强‘云药’产业核心竞争力”的目标，积极开展中药现代化技改项目。中药现代化技改项目总投资2.3亿元，已分别被列为红河州和个旧市的重点项目，获得2700万元贷款资金的扶持。年末，项目Ⅰ期工程——中药原料提取车间主体建筑已经完工，预计2012年上半年可以投入使用；Ⅱ期工程计划于2012年上半年开工建设。整体项目投入正常运营后，年综合产能预计可达10亿元以上，可实现年销售收入9亿元、税金1.3亿元、利润2.16亿元，可新增就业岗位320多个。

红河唐人公司投入资金1300多万元，实施扩量技改工程。年末，已顺利完成纯水处理车间的技改扩建，精制车间的技改扩建工程开展顺利。扩量技改工程投入使用后，速溶茶类产品将由原来的年产1000吨增加至2500吨，产品种类将有所增加，产品质量也将得到全面提升。

【企业发展】 2011年，云河药业公司投入研发经费700多万元，大力推行项目负责制，强化技术中心的学术交流活动，有效促进企业的技术攻关和技术创新能力。公司的香果健消片制剂及生产工艺、苦胆草抗肺肝维化的应用2个产品获得发明专利证书；复方龙血竭胶囊12粒板装和9粒板装包装盒包装规格获得外观设计专利证书；“复方龙血竭胶囊产业化”项目列入“国家火炬计划”以及国家发改委和国家中医药局“国家现代中药高技术产业化专项项目”，并被列为云南省重点新产品。“云杉牌龙血竭胶囊”三度被评为云南名牌产品。公司还联合中国中医科学院中药研究所、中国科学院武汉病毒所向科技部申报3项“十二五”重大新药创新项目，已获受理。1月，公司被中共个旧市委、市政府评为“个旧地区50强企业”。3月，公司被个旧市消费者协会评为“个旧市第三届消费者满意单位”。年内，公司积极按要求开展清洁生产审核工作，实施污水处理、烟气治理，雨污分流等工程，为下一步生产规模的扩大奠定坚实的基础，被列为个旧市2011年创建清洁生产合格企业。5月，公司的全资子公司—云南云河药业销售有限公司第二次通过云南省食品药品监督管理局GSP认证评审中心的认证检查。6月，在第三届中国医药品牌大会上，公司荣获“全国医药行业优质安全诚信品牌企业”称号，公司董事长刘剑荣获“健康中国·全国医药行业百位诚信企业家”称号，公司产品“香果健消片”荣获“健康中国·十佳胃肠用药品牌”称号，“龙血竭胶囊”荣获“健康中国·十佳心脑血管用药品牌”称号，“虎力散胶囊”荣获“健康中国·十佳风湿骨科用药品牌”称号，公司当选为“中国医药协会”理事单位。年内，公司引入战略投资伙伴，改善股权结构，聘请国内知名的券商、会计师事务所和律师事务所开展股改前的相关准备工作，并被云南省科技厅和省金融办列为全省12家重点培育上市企业。

2011年，云南个旧生物药业有限公司紧跟市政府质量兴市战略步伐，积极参与创建药品安全示范活动，严把生产各个环节，投资42.8万欧元，再次购进意大利全自动异物侦检机1台，提高产品合格率，坚决杜绝不合格产品出厂。年内，在国家食品药品监督管理局和发改委的支持下，公司参麦注射液再次获准参与临床研究和非临床研究。7月，与成都国家中药安全性评价中心签订非临床安全性研究技术委托合同，已投入前期研究费用175万元，预计总研究资金将达2000万元。公司积极组织新版GMP相关培训，修订和完善公司GMP文件，为公司实施新版GMP达标认证做好软件建设工作。全年，公司实现销售收入5.44亿元，同比增长29%；上缴税收1600万元，同比增长18.80%；工业总产值5.5亿元。经过省、州、市各级工商、质监部门的严格审核，生物药业公司的“锡城牌”商标荣获云南省著名商标，参麦注射液荣获“云南省名牌产品”，进一步扩大了公司的知名度，提高了产品的信誉度，为公司做大做强打好基础。

2011年，红河唐人公司进一步研究新产品茶色素生产流程中的相关问题，积极加快实现茶色素的产业化生产。年内，公司对废茶渣的利用进行深入研究，年产30000吨生物有机肥项目已通过论证。1月，公司产品经过云南省出入检验检疫机构认定，获得速溶茶“出口食品生产企业备案证明”。公司积极筹建企业技术中心，于5月开展“云南省茶叶资源综合利用工程研究中心”认定的上报工作。公司全年实现利润320万元、销售收入4740万元。

【药材基地建设】 2011年，云河药业公司紧紧抓住国家大力发展生物产业的机遇，结合个旧资源型城市转型和十二五期间的生物种植发展规划，积极探索符合公司产业结构特点的发展路子。在省、州、市发展生物产业办的支持下，以每年扩种200亩龙血树的速度，继续在金平实施万亩龙血树种植计划，在个旧对门山实施虎力散原料药材200亩种植项目，提高野生药材人工驯化水平，逐步摸索育苗育种技术，建立标准化示范种植基地，努力带动山区少数民族群众脱贫致富。

2011年个旧市制药工业主要产品产量表

企业名称	产品名称	计量单位	2010年	2011年	为去年同期的 %
云河药业有限公司	注 射 液	万支	977.58	817.98	83.67
	输液	万瓶	368.68	383.49	104.02
	口服液体制剂	万瓶	37.36	38.78	103.80
	中成药品产量	吨	264.04	314.32	119.04
	藿香正气水	万瓶	59.73	140.77	235.68
	银翘解毒片	万片	560.58	196.26	35.01
	复方丹参片	万片	650.59	1363.01	209.20
	灯盏华素片	万片	672.23	317.80	47.28

续上表

企业名称	产品名称	计量单位	2010年	2011年	为去年同期的 %
生物药业有限公司	鱼腥草素片	万片	724.75	935.97	129.14
	豆腐果苷片	万片	3328.00	3123.20	93.85
	银杏叶片	万片	386.07	106.56	27.60
	消食顺气片	万片	678.24	375.84	55.41
	灯盏华素片	万片	827.75	1960.13	236.80
	顺铂注射液	万支	72.04	78	108.27
	参麦注射液	万支	339.76	4427.74	1303.20

机电工业

【简述】 2011年，个旧机械龙头企业云锡机械公司加快创新发展和自主研发的脚步，创新开发20吨、25吨、40吨、60吨、120吨、720吨系列新型铅泵，自主开发32004500格子型球磨机、2400高堰式双螺旋分级机、40006000湿式溢流型球磨机。针对CYF-XCF16m3联合浮选机组主轴有返浆漏气现象，实施主轴密封装置技术改造，解决了主轴承腔内压缩空气漏气泄压，导致矿浆倒吸等问题。成功开发设计GGJ、GGD、GCK、MNS等7个规格高、低压成套开关设备并通过中国质量认证中心“3C”认证。公司的槽沟改进YXB新型云锡细砂摇床工业生产应用研究项目荣获2010年度红河州科技进步二等奖。“云锡”牌磨机系列、摇床系列产品在全国品牌调研推广中，被评为中国著名商标。

年内，市属机电工业有变压器厂、开关厂、电焊机厂、模具厂、南天半轴有限公司、红河瑞捷电工有限公司等。

【企业发展】 2011年，南天汽车半轴有限公司继续采用先进的摆辗锻造工艺，微机控制热处理以及数控机床精加工，提高产品质量，确保一汽通用红塔云南汽车制造有限公司唯一的汽车后桥半轴供应商地位。年内，南天汽车半轴有限公司法人代表由刘福兵变更为章许明。全年，公司完成工业总产值221.3万元，营业收入8803万元，上缴税金290万元。

2011年，个旧市开关厂为提高产品的市场竞争力，与珠海诺比公司、山东雷奇节电有限责任公司等联合开发优质高效节能产品，并在个旧金冶矿产公司、捷兴等几家企业安装使用，收到节电率15%左右的效益，有效地降低了使用单位的能耗和生产成本，增加了经济效益。年内，个旧市开关厂积极改进生产设备和生产环境，全力开展清洁生产工作，生产废物达到国家排污标准。年末，个旧市开关厂有职工50人，完成工业产值1105.8万元、销售产值1028.8万元、上缴税金45.6万元。开关厂除巩固原有老客户外，还在建筑、冶金、工矿等行业中积极拓展新客户，分别完成与开远万达商都、云南解化清洁能源、云天化国际化工有限责任公司红磷分公司等企业的供货协议，销售网络延伸到文山、玉溪、景洪、楚雄等地区。

2011年. 个旧市电焊通风机厂大胆改革，党政合并办公，科室由原来的5科2室精简为3科1室，实行定额定时办公制度。工厂鼓励干部到车间从事计件生产，多劳多得，推行产品销售提成制度，极大地调动了劳动者的积极性。

2011年，红河瑞捷电工有限公司进一步加强质量管理，严格工序控制，对进厂物资及最终产品实行严格检验，未出现任何质量事故及顾客投诉。认真落实“安全第一、预防为主”的安全生产方针，做到安全工作不放松、安全队伍不解散、安全力度不降低，坚持在生产调度会上强调安全生产的重要性，开展安全生产检查3次，查出安全隐患5处，针对检查中发现的问题，提出整改措施并得到落实，确保全年未发生任何人员设备事故。公司为进一步扩大产量，淘汰部分老设备，投资294.56万元，购买设备10余台（套），构建上引法生产线。全年生产钢芯铝绞线584.77吨、漆包线1316.28吨、聚氯乙烯绝缘电线28455.16公里，完成工业总产值1.557亿元，实现销售收入1.2亿元，出口创汇144.99美元，上缴各种税费209.8万元。

【企业改制】 2011年，个旧市变压器厂建厂近50年，是老集体企业之一，主要阻碍企业发展的难点：一是企业地处市区，生产场地狭小，两处生产区域相距3公里以上，无法构建合理的工艺流程，难以发挥各类生产要素潜力，发展空间的制约因素较多。二是企业自主创新能力较弱，生产工艺落后，与行业发展的要求存在差距，又无力投资改造。三是企业体制属性及管理机制与社会发展不同步，资产不明晰，职工大锅饭思想难改变，阻碍企业激励机制、市场竞争机制的建立和发展。四是在市场竞争日趋激烈的情况下，受市场准入门槛的制约，企业失去很多参与竞争的机会。五是企业包袱重，职工队伍老龄化等客观因素制约。年内，市变压器厂根据中共个旧市委、市人民政府《关于推进城镇集体所有制企业改革指导意见》的精神，引入资本，对企业进行提质改造及体制机制的创新转变，彻底解决和改变制约阻碍企业继续创新发展的瓶颈。改革初见成效，市变压器厂生产的S13、SH15型节能变压器产品通过省级鉴定，获得2011年云南省节能新产品证书。全年完成工业总产值1424.2万元，产量92665千伏安，实现利润18.7万元、利税185.7万元。

2011年个旧市属机电工业主要产品产量表

产品名称	计量单位	2011年	2010年	为去年同期的％
变压器合计	台	905	1389	65.15
变压器合计	KVA（千伏安）	92665	251330	36.87
熔 断 器	只	15689	14949	104.95
避 雷 器	只	9350	6762	138.27
隔离开关	只、台	1343	1437	93.46
复合绝缘子	只	589	1777	33.15
高低压电瓷合计	吨	582.85	903.35	64.52
其中：高压电瓷	吨	486.43	753.64	64.54
低压电瓷	吨	96.42	149.10	64.67
汽车配件合计	台、件	74623	110784	67.36
锻钢件产量合计	吨	1186.00	1649.00	71.92
高压开关板	面	20	44	45.45
低压开关板	面	198	322	61.49
风 机	台	50	24	208.33
电 焊 机	台	90	31	290.32

2011年个旧市属机电企业销售产值表

企业名称	工业销售产值（按当年价格计算，单位：千元）		
	2011年	2010年	为去年同期的％
个旧市变压器厂	14242	52995	26.87
云南振兴电瓷有限公司	6678	8476	78.79
个旧市南天汽车半轴有限公司	8197	11620	70.54
个旧市开关厂	11058	10194	108.48
个旧市电焊机厂	2213	1206	183.50

轻纺工业

【简述】　2011年，个旧市轻纺工业以锡工艺品生产为主。各锡工艺厂以锡都特产的高纯度精锡为原料,将传统手工艺与现代技术相结合，大力生产锡制工艺品，将锡都资源优势转化为产品优势。锡工艺品生产在全市轻纺工业中占据了半壁江山，赢得了消费者的广泛认同，“吉象三杰”工艺精品被国家博物馆永久性收藏。个旧市轻工业全年完成总产值11.04亿元，比2010年增长21.7％。年内，“龙牌”商标被评为“中国驰名商标”，“斑锡·龙”商标被评为云南省著名商标。

【企业发展】　2011年，个旧市斑锡工艺美术厂与红河金易文化产业公司形成统一联合企业，有员工64人，其中有中国工艺美术大师1人、云南省工艺美术大师1人。公司深入开发锡文化，以建立“国际锡文化名城”为总目标，制定以“极点带动全局，以园区促进产业”的发展规划，积极筹备建立“红河·个旧锡文化创意产业园区”，把锡工艺品的简单生产扩大到开发反映“锡文化”产品的新领域，开发资源涉及陶、木、银、水晶，有效地带动了相关资源产业的发展。产业园区确定原大屯农场场址为开发用地，计划用地115亩，分二期完成。年内投入建设资金400余万元，初步完成锡工艺品生产基础设施及部分展示功能设施，一期主体建设800平方米生产车间基本完成，“中国工艺美术大师工作室”正进入收尾阶段，700平方米展示厅正在建设中。5月，个旧市斑锡工艺美术有限公司注册的“龙图形”商标被国家工商行政管理总局商标局认定为“中国驰名商标”，成为目前云南省首个文化产业特色工艺品类驰名商标，也是个旧市拥有的首个“中国驰名商标”。第三届“中国·蒙自过桥米线美食文化旅游节”期间，蒙自市人民政府组织个旧市斑锡工艺美术有限公司，结合电视剧“天下一碗”，打造长4.68米、宽11.3厘米的世界“最长的锡筷子”一双，筷子上刻有与过桥米线相关联的对联，并于9月在新天地商业步行街举行“最长的锡筷子”——上海大世界吉尼斯记录申报及拍卖会,蒙自江氏桥香园集团以36万元的价格拍下“最长的锡筷”。10月，公司被评为“云南省文化产业示范基地”。月底，在第十二届中国工艺美术大师作品暨国际艺术精品博览会上，赖庆国、徐云勇、李文本创作的斑锡制品《祥龙瑞象三足斑锡香炉》获得“2011天工艺苑百花杯”中国工艺美术精品奖银奖，徐云勇创作的斑锡制品《恋曲化器》（两件套）和徐云勇、李文本创作的斑锡制品《瓣竹香具》（三件套）获得“2011天工艺苑百花杯”中国工艺美术精品奖优秀奖。

2011年，个旧市锡工艺美术厂对车间、设备实施更新改造，并新建厂房，投资120万元购入新设备200吨液压机、精雕机、线切割机、65吨冲床、高速车床、仿形靠模装置等，取代部分传统手工艺工序，新增浮雕工艺，使产品做工更精细。引进冷压工艺、浇铸工艺及斑锡工艺，结合设计创新，开发欧式酒具、乾坤酒壶、龙龟酒壶、十二生肖风光盘、宝象烟灰缸等“艺形摆件”及“锡包瓷”系列新产品。其中“欧式酒具”、“吉祥如意茶叶罐”已申请并获得外观设计专利。在继续做大做强“银鸟”牌商标的同时，企业新注册“滇锡”与“老锡匠”2种商标，有33种产品归属“老锡匠”品牌，该品牌均为纯手工制作工艺品。企业于12月取得ISO9001：2008质量体系认证证书。

2011年，个旧市晟鼎纯锡工艺厂有生产厂房1500平方米，员工55人，其中中专以上学历21人，中级职称以上6人，已形成一支实力较强的研究开发和设计制作队伍。企业获得国家授权专利11项，产品主要有茶筒系列类，茶具、酒具系列类，还有各种摆饰类，大多兼具实用性与观赏性。产品设计新颖、做工精致、造型典雅华贵，不仅销往国内各地，还远销东南亚、韩国、日本等国家，得到消费者的好评，成为同行业中的佼佼者。年内，工厂生产的茶罐（锡镶茶）、酒壶（太白醉酒）获得两项专利。年末，市晟鼎纯锡工艺厂固定资产总值327万元，完成销售额615万元，实现利润137万元。

2011年，云南攀大木棉科技有限公司继续加强冷墩、黄草坝基地建设，使冷墩基地成为集科技研发、人才培训、种苗优选优育和林场制、设施林业为一体的示范基地。公司加大木棉产品开发力度，引进先进纺织设备，组建全球首家木棉专业纺纱企业，形成年产3000吨木棉混纺筒子纱、木棉被26万条的生产能力，完成木棉含量为10～40%的40～80英只木棉纱线开发，使木棉产品进入高端纺织品市场成为可能。公司开发有高级木棉床上用品、木棉保暖内衣、木棉家用纺织品等系列产品，并在个旧市开设木棉产品专卖店。公司达产后预计可实现年税利3000多万元，解决150多人的就业。

2011年个旧市属轻纺工业主要产品产量表

主要产品名称	计量单位	2011年	2010年	为去年同期的％
布　鞋	万双	23.89	63.73	37.49
胶　鞋	万双	10.95	34.30	31.92
纯亚麻纱	吨	42.00	42.80	98.13
大麻棉布	万米	7.00	8.30	84.34
涤纶棉被	吨	34.36	20.90	164.40
机制瓦楞原纸	吨	4554	6106	74.58
单色印刷品	令	16499	18760	87.95
多色印刷品	令	11936	15811	75.49
本　册	万册	352.53	393.39	89.61
锡制工艺品	件	19515	3127	
锡制工艺品	吨	6.381	1.527	417.88
模具合计	套	147	218	67.43
二氧化锡	吨	11.35	6.25	181.60

2011年个旧市属轻纺工业销售产值表（当年价格）

单位：千元

企业名称	2011年	2010年	为去年同期的%
总　　计	31822	31429	101.25
个旧市制鞋总厂	1268	3210	39.50
个旧市安云大麻有限公司	2147	2332	92.07
个旧市民族床单厂	1524	1415	107.70
个旧市凌霖纸业有限公司	11863	12172	97.46
个旧市印刷厂	10754	10315	104.26
个旧市锡工艺美术厂	1208	559	216.10
个旧市模具厂	977	728	134.20
个旧市科工贸实业公司	2081	698	298.14

建材工业

【简述】 2011年，个旧市继续鼓励和推广新型墙材及商购预拌混凝土在建筑业中的应用，鼓励建材企业转型生产新型墙材，促进资源综合利用、清洁生产和节能降耗，实现集约化生产经营和可持续发展。年末，个旧市检验合格并取得经营许可证的生产企业有7家，新型墙体材料产能23100万块标砖，产量13120.18万块标砖，粉煤灰利用2.32万吨，尾矿废弃物利用0.22万吨。

【企业发展】 2011年，个旧市鸡街水泥厂计划投入资金3328万元（实际投入3298万元），设备投入资金1702.477万元，其中环保设施投入451.067万元（占总投资的26.49%），购买3台PPC64-6、1台PPC96-7、1台LFE395-12、1台PPC96-10环保设备实施技术改造，将ϕ1.83×6.4米的水泥磨扩建为ϕ3.2 ×13 米水泥磨，形成年生产30万吨水泥的生产规模，并达到国家环保排放标准及资源综合利用的要求，实现清洁生产。

2011年，红河建材熔剂有限公司认真贯彻落实科学发展观，充分利用红河钢铁公司的工业固废弃物开发生产新型建材产品，大力发展循环经济。公司抓住国家产业结构优化升级的有利时机，及时淘汰落后产能，关停了原云锡建安水泥厂2号机立窑，并在2号机立窑的基础上投资3950万元新建5000万块/年混凝土砖和20万立方米/年蒸压混凝土砌块两条生产线，两个项目的建设和推广应用，解决了传统的黏土实心砖毁田、占地、废弃物污染环境等问题。年内，红河建材熔剂有限公司在不影响红钢生产的前提下，对古山熔剂作业区环境污染进行实地调查，找准了产生污染的5方面来源，并报经昆明钢铁控股有限公司同意，拟实施“古山白云石生产区环境治理技改项目”，实现环保生产。

2011年，云南国资水泥红河有限公司个旧分公司拥有职工79人，生产水泥55.6万吨，实现产值160035万元、销售额15767万元、利润1697万元，产品质量合格率99.5%，产品对比合格率100%。年内，个旧分公司成功启动“工厂整洁”活动，公司的清洁生产工作取得明显成效，对内办公环境得到改善，对外树立了企业的形象。为实现安全事故零目标，公司加强安全管理，规范操作流程，积极开展安全宣传和培训，被总公司评为安全生产先进单位。

食品加工业

【简述】 2011年，个旧市食品行业以市场为导向，以养殖业加工为特色，形成了两大区域经济品牌，即沙甸区清真食品和乍甸乳制品。全市食品加工主要生产企业有好牛干巴厂、莲花缘清真食品有限公司、干巴老二食品加工厂、乍甸乳业、多喝乳业等。随着沙甸养殖业发展壮大，沙甸清真食品品种不断增加，产品知名度不断扩大，形成“龙头企业+合作社+农户”的发展模式，实现了龙头企业和农民专业合作社双赢的局面。

【企业发展】 2011年，沙甸区有好牛食业、干巴老二、莲花缘等30多家清真食品加工厂。这些加工厂建有加工车间、冷库、产品陈列室等配套设施，形成规模化生产流水线，产品开发有牛肉干巴、油淋干巴、牛须丝、干巴丝、麻辣牛肉干、牛肉酱等10多个品种，主要销往省内各地和北京、上海、广州，部分产品还走出国门，具有良好的市场潜力和发展前景。

2011年，个旧市沙甸好牛食业有限公司拥有标准化生产厂房，具有年产700吨的生产产能，是集生产、研发、销售为一体的专业性肉制品生产企业。公司遵循：“以人为本，传统先进，绿色健康”的生产理念，通过与云南农业大学的技术合作，在继承原有民族传统制作工艺的基础上，引入先进的食品生产技术，精心研制，科学管理，经云南省最具盛名的沙甸大清真寺监制，生产最具独特风味的“沙甸”牌牛肉干巴、油淋干巴、油淋香洋鸭系列产品。产品除销往云南省各州市外，还销往北京、上海、广州等地及印尼、马来西亚、沙特阿拉伯等国家。年内，公司和沙甸茂盛洋鸭养殖专业合作社签订合作意向书，向养殖户提供种鸭和饲料供应、统一防疫、上门收购、技术指导等一系列服务，设定收购保底价格，收购合作社不低于100吨的洋鸭，在沙甸区形成了特色清真食品产业“龙头企业+合作社+农户”的发展模式。公司正筹建好牛食府、好牛广场、好牛超市、美食一条街等，组成穆斯林特色文化广场，与云南龙图阁企业商贸有限公司合作，把“沙甸”好牛做大做强。公司全年实现销售收入1500多万元，利税250多万元。

2011年，云南多喝乳业有限责任公司拥有6800亩奶源基地，280亩国际花园式厂房和现代化办公楼，日本四国屋顶盒佐餐奶、芬兰技术百利包、牛奶果盘等6条先进生产线以及具有国际先进水平的乳品实验室，是云南唯一100%使用机器挤奶的乳制品企业。公司运用从美国、日本等国家进口的先进检测设备和生产设备，按照国家质检总局要求，检验检测每批产品，产品检验报告随货同行，保证质量安全。公司聘请雀巢等国际知名公司高管任职，负责公司生产、技术、研发和管理。公司下辖昆明、玉溪等数十个分支机构及800多家专卖店，拥有员工1300人，资产2亿多元。屋顶盒佐餐奶、百利包、杯酸奶、巴氏奶、牛奶果盘等五大系列60多个品种的产品深受广大消费者青睐，多个单品全省销量第一，连续多年被列为云南省人大、政协两会专用奶。年末，公司固定资产达到18594万元，总产值2422万元，销售额2311万元，缴税额73.7万元，是红河州希望工程20年杰出合作伙伴、红河州第三届企业联合会和企业家协会、红河州首届中小企业发展协会会员单位及云南省奶业协会副会长单位、理事单位。

2011年，云南乍甸乳业有限公司继续本着“源自生态农场、用心传递新鲜”的理念，依托“公司+基地+合作社+农户”的产业经营模式，通过自我积累、自我完善、滚动发展，形成高产优质牧草种植，高产健康奶牛养殖，乳制品科研、加工、销售等三块业务相辅相成的产业结构，拥有乳制品加工生产车间近2000平方米、果蔬作物塑料大棚100亩。公司按国家奶牛养殖的相关要求，结合乍甸区域实际，制定饲养管理规程，有针对性地根据产奶量和质量进行个体投料饲喂，提高了个体产奶水平和群体产奶量。通过良种繁育、胚胎移植和性控冻精等技术，使每头产奶奶牛年产奶量达到6吨，鲜奶蛋白质含量达到3.0%，脂肪含量达到3.4%，非脂乳固体含量达到8.2%，奶源真正达到高品质鲜奶的要求。公司根据国家质检局对乳制品生产企业重新认证的要求，先后引进新的消毒、检验、检测设备，对生产车间、质检室进行彻底改造。经云南省质检院监测，公司灌装间洁净度整体达到10万级、前处理熟奶区洁净度整体达到30万级、二级生物安全实验室洁净度整体达到10万级，并于2月顺利通过省质检部门的重新认证，获得乳品生产资格证。公司正全力打造云南省第一个集牧草种植示范，奶牛无公害养殖，高品质乳制品加工以及新型畜牧业为一体的旅游观光基地。

2011年，锡都饭店已经营32年，是全国饮食界尚存的唯一的国有企业，以“货真价实”得到个旧市人民的认可。年内，锡都饭店为提高经营档次和服务水平，重新改造、装修了厨房和二楼的大小餐厅。经过装修后的锡都饭店，可以承办酒席110桌。

2011年个旧市主要食品加工企业产品产量表

企业名称	产品名称	计量单位	2011年	2010年	为去年同期的%
个旧市纯粮调味品厂	酱油	吨	113.00	167.70	67.38
	甲级辣面酱	吨	73.90	99.60	74.20
	糕点	吨	15.00	15.20	98.68
个旧市食品工业有限责任公司	西式火腿	吨	77.17	81.30	94.92
	香肠	吨	10.66	9.84	108.33
个旧市兴欣食品工业股份合作公司	南糖	吨	56.20	56.70	99.12
	糕点	吨	51.50	51.10	100.78

乡镇企业

【简述】 2011年，个旧市乡镇企业紧紧围绕市委、市政府提出的实施产业发展“二次创业”的战略，坚持以服务三农为主线，以转移农村剩余劳动力，增加农民收入为目的，克服连年干旱缺水少电造成的巨大困难，加快推进转型升级，产业发展呈现投资平稳、结构趋优、质量提升、效益增长的良好态势。年内，根据个发〔2010〕24号文件精神，乡镇企业行业管理的职责整合划入农业局。年末，全市乡镇企业11976户，较2010年同期减少20 户；从业人员6.26万人，比2010年增加0.5万人；实现营业收入165.63亿元，比2010年下降5%；完成工业总产值165.73亿元，比2010年增长0.5%；实现利润4.2亿元，比2010年增长0.5%；出口交货值2.61亿元，比2010年下降53%。完成主要产品精铅18.2万吨，比2010年增长2%；精锌5万吨，比2010年增长47.2%；精锡3万吨，比2010年增长34.5%。

【产业结构调整】 2011年，个旧乡镇企业继续引导民间资本投向农产品深加工，保和乡个旧市红宝生物糖业有限公司投资480万元，对糖浆生产线进行改造。蔓耗镇个旧市木马淀粉有限责任公司投资2350万元，将淀粉生产线扩建为日产200吨的规模，大幅度提高了产品产量。全年，个旧市乡镇企业完成增加值255127万元，为州农业局下达目标数的1.07倍，完成农产品加工业产值131063万元，为州农业局下达目标数的1倍。辖区内农副产品加工企业462户，其中规模以上企业9户。

【产品产量】 2011年，个旧市乡镇企业完成主要产品：锡金属含量11450吨，粗铅143684吨，铅163000吨，铜金属含量191吨，锌50000吨，白银21000千克，过磷酸钙11.41万吨，磷酸铵5.41万吨，红砖10000万块，免烧砖5000万块，空心砖1000万块，石料39万立方米，碾米加工23000吨，粮食制品2000吨，糕点510吨，白酒2357千升，淀粉2.9万吨，服装5.78万件，皮革鞋靴0.78万双，家具373万件，电量160万度，水20万立方米。

2011年个旧市乡（镇、区、处）乡镇工业企业从业人员表

单位名称	企业个数（个）			年末人数（人）			增加值		
	2010	2011	增减±%	2010	2011	增减±%	2010	2011	增减±%
总计	11996	11976	−0.1	58075	62613	7.8	211169	255127	20.8
沙甸区	474	423	−11	7108	7615	7.1	31779	40200	26.5
大屯镇	1772	1813	2.3	11491	12439	8.2	65491	85230	30.1
鸡街镇	1780	1780		11630	12616	8.5	70080	71430	1.9
锡城镇	869	870	0.1	5802	6210	7	20010	25805	29
城区办	4742	4722	−0.4	10263	10900	6.2	5007	6573	31.3
卡房镇	978	979	0.1	5914	6441	8.9	10002	13698	37
老厂镇	472	472		2906	3111	7.1	3616	4651	28.6
贾沙乡	479	401	−16.3	1807	1964	8.7	2746	3646	32.8
蔓耗镇	329	330	0.3	895	1029	15	1545	2717	75.9
保和乡	100	185	85	248	278	12.1	874	1148	31.4
直属企业	1	1		11	10	−9.1	16	29	81.3

2011年个旧市乡（镇、区、处）乡镇工业企业主要经济指标完成情况分布表

单位名称	工业增加值			实交税金			工业总产值		
	2010	2011	增减±%	2010	2011	增减±%	2010	2011	增减±%
总计	185030	205338	11	42350	22707	−46.4	1647913	1657345	0.5
沙甸区	31599	39405	24.7	10507	4226	−59.8	394121	435647	10.5
大屯镇	52036	53589	3	18249	6843	−62.5	545538	466887	16.8
鸡街镇	69064	70420	2	5033	6956	38.2	436369	556514	27.5
锡城镇	17018	20071	17.9	7438	3776	−49.2	154719	70913	11.82
城区办	352	510	44.9	1737			5034	6689	32.9
卡房镇	8569	11624	35.7	272	422	55.1	83797	88034	5.1
老厂镇	2629	3657	39.1	276	305	10.5	11000	11001	0.01
贾沙乡	1919	2960	54.2	248	9	−96.4	7081	9587	35.4
蔓耗镇	998	2010	101.4	270	110	−59.3	6559	7300	11.3
保和乡	816	1092	33.8	57	60	−5.3	3695	4773	29.2

（撰稿：刘智梅）

交通·邮电

鸡街至个旧高等级公路建成通车　（朱应忠　摄）

交 通

【简述】 2011年，个旧市交通运输局在市委、市政府的正确领导下，在州交通运输局的指导下，在有关部门的关心支持下，以中共十七届五中、六中全会精神为指导，深入开展创先争优活动，根据政府工作报告主要工作任务和州交通运输局各项目标考核任务的要求，围绕资源型城市经济转型主线，统筹城乡交通运输协调发展，提升交通运输服务能力，严格履行职责，依法行政，圆满完成市委、政府及上级主管部门交办的各项任务。

【重点项目建设】 2011年，个旧市冷清公路延长线鸡街至个旧段提升改造工程自开工之日至12月31日止，累计完成投资55049万元，占总投资87.34%。个旧市（促进矿）至老厂至官家山农村公路改造工程总实施里程46.0915公里，投资约4800万元，年内完成投资900万元，占计划投资19%。个旧市莲花山空军雷达站国防公路改造工程，计划修建里程47.1公里，计划投资2820万元，年内完成投资920万元，占计划投资37%。

【农村公路建设】 2011年4月10日，投资198万元、里程10.082公里的邦干新寨村公路完工，并完成竣工验收。列入个旧市2011年村村通路面硬化改造工程项目8个，计划总投资2137万元，计划修建总里程43.3公里，实际实施总里程46.231公里, 年内完成投资1000万元，占计划总投资47%。这8个项目分别是：兴云公路，计划修建里程7.3公里，实施里程7.3098公里,计划投资365万元，完成投资255万元；坡背公路，计划修建里程7.6公里,实施里程7.78公里,计划投资374万元，完成投资116万元; 卡房-火把冲公路，计划修建里程7.8公里,实施里程10公里,计划投资383万元，完成投资210万元; 木登硐公路，计划修建里程1.9公里,实施里程2.039,计划投资91万元，完成投资45万元; 芹菜塘公路，计划修建里程2.6公里, 实施里程2.8502公里,计划投资131万元，完成投资60万元; 斗-咪公路，计划修建里程8.6公里,实施里程8.64公里,计划投资421万元，完成投资150万元; 新瓦房公路，计划修建里程4.6公里,实施里程4.652公里,计划投资231万元，完成投资109万元；福家营公路，计划修建里程2.9公里，实施里程2.96公里，计划投资141万元，完成投资45万元。个旧市鸡街镇泗水庄片区农村公路（三道沟至老国道G323线段）已列入个旧市农村公路建设项目，计划修建里程4.018公里，计划估算总投资5183.48万元，工程分二期实施，一期工程计划修建里程2.06，计划投资2657.5236万元，年度完成投资500万元，占计划投资19%。卡房过境线也是农村公路建设项目，修建里程5公里，投资1785万元，分二期实施，一期工程实施里程1.5公里，于8月完工，累计完成投资600万元，其中年内完成投资238万元。

【提高乡镇客运通车率，方便农民出行】 2011年，个旧市交通运输局根据《红河州人民政府办公室关于深入推广丘北经验切实加强农村道路交通安全工作的实施意见》《个旧市人民政府关于进一步加强农村道路交通安全管理强化预防道路交通事故工作实施方案的通知》要求，进一步加强农村公路、客运站点建设，开通乡镇客运班线，提高乡镇通车率，着力解决农民出行难的问题。截止年末，个旧市9个乡镇全部开通客运班线，通车率100%；79个行政村，62个通班车，通车率78%。

【运输市场管理】 2011年，个旧市交通运输局加大对交通行业的监督管理力度，强化检查机制，增强排查手段，确保整治效果，促进全行业和谐安全发展。一是根据上级关于推行安全生产“一岗双责”的要求，分别与个旧交通运政管理所、个旧地方公路管理段、个旧市地方海事处、个旧市公路测设队签订安全生产目标责任书，层层落实安全生产责任制。二是进一步规范客运秩序和行业工作，认真履行交通部“三关一监督”管理职能，督促客运站严格实行“四证四卡一牌一单”报班配客，查验放行制度，对站场客运秩序认真进行督察，针对检查出的问题，及时督促相关单位整改。年内，市交通运输局出动安全生产检查人员619人次、车辆154辆次，检查单位486个，查出安全隐患236起，整改236起，整改率100%。三是加强货物运输管理。在完成每月例行安全检查的同时，结合各专项行动对云锡危货运输公司及所属11个危货运输车队安全生产情况进行检查。重点检查云锡危货运输公司及所属车队的安全生产管理制度落实情况；安全生产责任书签订情况；GPS监控记录情况；罐体车辆检验合格情况；危货车辆技术等级维护跟踪情况；车辆标志、标识、消防设施、运输调度、从业人员资质、从业人员安全教育学习以及安全生产应急预案制定情况等。四是针对机动车维修企业的发展实际，加大管理力度，督促运输管理机构按“三关一监督”的法定职责加强对机动车维修企业的监管。五是认真开展驾培站点检查治理工作。市交通运输局在每月及各专项行动期间，根据《机动车驾驶员培训管理规定》督促市运政所对辖区的4个驾培学校进行安全生产检查，1～11月查出存在问题61项，均督促整改，并全部整改完毕，整改率100%。

【在建工程安全生产工作】　2011年，个旧市交通运输局严格坚持安全生产“三同时”原则，要求在建工程的施工单位，做到安全生产工作有组织、有落实、有专人管理，责任明确，建立健全安全生产管理制度，严格按照安全生产操作规程作业。一是与施工单位签订安全生产合同；二是结合六月安全月和汛期安全生产工作，对在建重点项目安全生产开展专项督察；三是督促施工单位严格按照合同条款及规定内容认真落实施工安全生产管理制度，及时排查施工安全生产隐患，严防发生施工安全生产事故。

【交通安全专项整治活动】　2011年，个旧市交通运输局按照“突出重点、标本兼治、综合治理、务求实效”的原则，布置开展“交通行业六月安全月活动”、“个旧市集中开展道路客运隐患整治专项行动”、“交通行业继续深入开展安全生产年活动”、“严厉打击非法违法生产经营建设行为专项行动”、“治大隐患防大事故安全隐患排查治理专项行动”、“严厉打击非法客运行为专项整治行动”等专项工作。督促个旧运政所等相关部门，加大巡查力度，严厉打击非法营运，采用定点、定时巡查与流动巡查相结合的方式，按照“疏导为主，打击为辅”的原则，循序渐进地规范运输市场，整治非法营运。专项行动共张贴《个旧市人民政府关于严厉打击非法客运行为的通告》40份，散发打击非法客运宣传单2万余张，悬挂打击非法客运标语26条。1～11月，个旧运政所共出动稽查车辆1293辆次、执法人员5186人次，查处各类违章行为2745起，其中非法营运205起。重点加强对班线客运车辆的监督检查，抽查客运车辆721辆，对单位自用客车是否从事非法客运进行检查，共检查自用车辆101辆。通过运政管理部门认真细致的路检路查工作，有力地打击了各种违章行为，堵塞了安全漏洞，消除了安全隐患。全年，无运政、路政职责引发的罢运事件或群体到州级上访事件，无执法人员违法执法或执法错处被投诉或曝光事件，无因行政执法引起的行政诉讼案件。

【地方海事管理】　2011年，个旧市地方海事处以杜绝各类等级事故，确保安全为工作目标，全面落实水运安全四级责任制，督促有船单位、渡口与上级主管部门签订水运安全责任承包书。1～11月已完成乡（镇）对村民委员会责任书9份，村对渡口责任书9份，市建设局对金湖公园责任书3份，金湖公园对游船组责任书3份，签订率100%。在重点检查大屯海渡口、金湖公园游船组、保和乡冷墩渡口、马堵山水电站的同时，加强对《中华人民共和国内河交通安全管理条例》《渡口守则》和乡镇船舶安全管理规定的宣传。1～11月，市地方海事处出动检查人员68人次、车辆17辆次，散发宣传材料1000余份，张贴宣传图片20余张。马堵山水电站下闸蓄水以后，个旧市地方海事处在涉水乡镇的醒目位置张贴宣传标语、宣传画，联合乡镇入户发放法律法规宣传单，每周进行一至二次的库区渡点巡查，以书面的形式通报检查中发现的问题，提醒乡镇政府落实安全监管责任，并于9月组织41名经体检合格的船员进行培训，共同维护水上交通安全。全年，全市未发生一起水上运输事故。

【路政管理】　2011年，个旧市公路路政管理大队加大对《中华人民共和国公路法》《路政管理规定》《中华人民共和国道路交通安全法》等法规的宣传力度，散发宣传材料10000余份，提高了公路沿线居民的爱路、护路意识，减少了人为损坏公路、违法侵占路产路权的违法行为。个旧市公路路政管理大队始终把“加强路政管理，保证公路的畅通，维护国家路产路权不容侵犯”作为一项中心工作来抓。根据《云南省公路路政管理总队关于印发云南省公路路域环境综合整治活动实施方案的通知》精神，个旧市公路路政管理大队对影响公路安全和在路边堆放各种杂物的行为签发整改通知书

27份，对侵占路产路权的违法行为签发停工通知5起。参加清理整治公路控制区内违法修建建筑物、地面构筑物6次，共出动路政巡逻1155人次，累计投入资金6万余元。年内，对个屯一级公路立案查处路政案件20起，结案20起，收回公路路产损失索赔24.08万元，获赔率100%，结案率100%；县乡公路立案查处路政案件1起，结案1起，收回路产损失0.44万元，结案率100%；办理路政许可8件，收回路产损失4.15万元。

【公路养护】 2011年，个旧市地方公路管理段对县乡公路（含独田路乡道）继续实行分段承包养护，在对去年养护承包人进行考核的基础上，择优聘用11名承包养护人员，签订养护合同，明确养护质量要求、养护里程、费用及期限、养护工作内容及要求、养护质量考核、安全事项等内容。在日常管养工作中，地方公路管理段加强路巡、督促和检查，每月进行一次检查考核，达到合同约定养护考核标准的，兑付养护承包费，考核结果达不到要求且不按期整改的，视情节轻重扣除养护费用，造成路况严重下降，又整改不力的，中止养护承包合同。通过采取上述措施，全体养护承包人员的责任意识明显增强，养护质量有明显提高。雨季到来之前，地方公路管理段对全市所有县道、主要乡道、个温线等进行全面的安全隐患排查治理，共检查出安全隐患30处，处理30处，确保道路安全、通畅。对存在安全隐患的路段及事故多发路段设置警示墩，共设置警示墩749个，提高了道路的安全行车警示保障。汛期，地方公路管理段投入管理人员160余人（次）、指挥车辆115辆（次）、装载机75台班（次）、汽车140余辆（次）、人工325人（次），对塌方公路实施抢修，共清理塌方、落石5952.7立方米。个旧市地方公路管理段认真实施农村公路养护中修工程。全市2010年度农村公路中修工程计划经州交通局批准，计划投资219.54万元，工程项目包括：个冷线中修工程，保和线、独田路中修工程和农村公路沿线设施中修工程。个冷线中修工程建设内容：浆砌挡土墙、浆砌边沟、砂石路面；保和线、独田路中修工程建设内容：浆砌挡土墙、浆砌边沟；农村公路沿线设施中修工程建设内容：线路牌、交通标志牌、养护公示牌、桥梁责任牌、公里桩、百米桩。三个农村公路中修工程项目于2010年11月12日按相关规定进行招标，择优选择施工单位。实施过程中，市地方公路管理段严格执行《云南省农村公路养护大中修管理规定（暂行）》及红河州交通局的有关要求，严格施工管理及质量技术监理，确保项目按质、按量、按期完成。2011年8月15～16日，州交通运输局组织州质监站、州公路处、市交通运输局、市地方公路管理段、工程监理单位和施工单位有关人员组成验收委员会，对个旧市2010年农村公路中修工程进行竣工验收，工程质量等级评定为优良。

（撰稿：李 颖）

邮 政

【简述】 2011年，个旧市邮政局在中共个旧市委市政府、州局党委的领导下，认真贯彻落实中共十七届五中全会精神，深入学习实践科学发展观，以企业发展为核心，以经营工作为中心，按照“一抓重点，二推项目，三提质量，四促规模”的经营工作思路，坚持金融业务做大规模，做精、做细；邮务类业务调整结构，做长、做远；速递物流类业务抢占市场，做大、做强的工作方针。有效整合“三大板块”资源，坚持服务与效益并重，以优质服务促进效益提升。通过全局邮政员工的共同努力，市邮政局实现业务总收入1260万元。

【设施建设】 2011年，个旧市邮政局经中国银行业监督管理委员会红河监管分局批准，对江水地邮政所进行搬迁改造。新网点位于江水地观音庄综合农贸市场，占地100平方米，内设邮政储蓄营业台席，邮政综合营业台席，环境舒适，设备齐全，能为用户提供更方便快捷的服务。

【函件业务】 2011年，个旧市邮政局以突出重点市场、重点项目、重点客户，做大规模，提升规模效益为目标，加大业务开发力度，确立函件的核心业务地位，促进函件业务向规模化稳步发展。在做好中行、工行、建行账单的基础上，又开发了招商银行、民生银行、信用社账单项目，并与交警部门深化合作，成功开发了交通处罚通知卡。

【包裹收寄】 2011年，个旧市邮政局整合资源，发挥全网优势，积极做好包裹收寄工作。充分利用大宗包裹优惠政策，做好土特产包裹；精心组织家乡包裹、校园包裹、军营包裹。把退伍兵包裹作为有兵源局的长效业务，主动与部队沟通和联系，在服务上下工夫。

【集邮业务】 2011年，个旧市邮政局集邮业务以客户和产品为主线，以市场为导向，大力宣传集邮文化礼品，促进集邮业务健康发展。依托政府、企事业单位庆典活动开发集邮品，狠抓新邮品预订、形象年册开发，积极发展定向邮品、形象年册、个性化邮票等高效业务。抓住建党90周年契机，积极组织建党主题热点邮品销售。全年，市邮政局邮品销售实现收入100万元。

【电子商务】 2011年，个旧市邮政局把短信业务作为电子商务的重点项目，加强指导，使短信业务保持高速发展态势，邮储短信加办率保持在90%以上，业务收入创下历史新高。电子代收费项目成绩喜人，为代收费项目的规模发展奠定了基础。

【教材发行工作】 2011年，个旧市邮政局继续推进投递网络建设和改革，以提高投递服务质量为抓手，组织开展投递网络优化管理达标活动，努力做好教材发行工作。积极开发企业形象期刊，努力扩展邮发报刊业务。年内，个旧市邮政局按时按量完成20所学校的教材配送工作，配送春季教材34个种类，其中免费教材111810册、非免费教材8619册；配送秋季教材37个种类，其中免费教材128842册、非免费教材8619册。

【代理保险业务】 2011年，个旧市邮政局按照代理保险业务做大规模，做精、做细的总要求，以实现业务突破性增长为目标，坚持保险业务周会制度，开展区域性、阶段性经验交流活动，追踪网点业绩、选拔营销骨干，有针对性地开展营销能力提升培训，促进代理保险业务飞跃式发展。

【代理速递物流业务】 2011年，个旧市邮政局充分发挥网点和窗口渠道优势，加大省内州内次日递业务、同城礼仪业务和“思乡月”专项营销宣传工作力度，以业务宣传和上门揽收服务为主要竞争手段，以高速、便捷的邮政网运为平台，强势巩固和拓展E邮宝客户等代理速递物流业务工作。

【加强培训，提高能力】 2011年，个旧市邮政局为提高网点负责人管理能力，提升理财经理、大堂经理、网点营业员经营理念，积极组织骨干人员参加各种业务培训。一是从网点负责人入手，以金融业务再认识为切入点，组织网点负责人开展金融理财业务培训。二是开展理财经理加强型培训。三是组织大堂经理培训。要大堂经理做好客户迎送、引导，善于发现客户需求和激发客户需求，熟悉提升客户的技巧和展示产品的知识。四是证券理财培训。让参培人员了解证券市场基础知识、基金类型、基金法律制度，为提供证券理财服务打牢基础。五是网点间交流学习。根据网点间人员业务技能的差异，组织偏远网点、业务量小的网点人员到大网点学习锻炼，组织大网点人员到小网点交流，进行传帮带，提升网点人员的整体水平。

【抓服务促质量，提质量促效益】 2011年，个旧市邮政局把服务质量提升到企业发展战略的高度，抓服务促质量，提质量促效益。坚持以市场需求和客户需求为标准，深入开展“深化服务意识、转变服务观念、落实服务措施”教育活动，提升员工服务意识，让员工认识到服务质量关系到企业的形象和企业的兴衰，是企业的生命，优质服务是留住客户、做大市场、实现收益的根本。

【抓企业文化建设，增强企业凝聚力】 2011年，个旧市邮政局深入开展文明行业、文明单位创建活动。在巩固和扩大精神文明创建成果的同时，把廉政建设、维护员工合法权益、创建劳动关系和谐企业等融入企业精神文明建设中，引导广大党员争当“五带头”共产党员。组织开展企业文化艺术年系列活动，大力推进企业文化和职工文化建设。

【工会工作】 2011年，个旧市邮政局工会以服务经营为中心，充分发挥维护企业和职工合法权益的职能，团结广大职工，为推动邮政局各项工作健康持续发展出力。开展“建家活动”，解决基层职工实际困难。组织技能比赛，提升职工业务技能。落实为职工办十件实事，增强企业亲和力。开展争先创优活动，促进和谐企业建设。组织职工文化艺术年活动，推动企业、职工文化建设。积极组织职工参与全员劳动竞赛，确保经营指标全面完成。

【开展为职工送温暖活动，激励员工多做贡献】 2011年，个旧市邮政局坚持“以人为本、关爱职工”的人本理念，把为员工送温暖活动做实、做深。在传统节日和职工退休时，召开座谈会，对职工做出的贡献和付出的辛劳表示感谢，让职工感受到企业的温暖，激励员工对企业的热爱，坚定员工为企业发展多做贡献的决心。

【生产安全】 2011年，个旧市邮政局认真开展“加强安全生产管理，提升通信服务质量”专项整治活动，坚持“安全第一、质量为重、预防为主、综合整治”的工作方针，遵循“管理到位、责任到人、监控到点、落实到岗”的工作原则，强化安全生产管理，提升通信服务质量，确保企业资金、人身、车辆、设备、枪支无责任事故，机要通信无失泄密事故，实现机要质量全红、安全工作全红。

（撰稿：熊　华）

中国电信股份有限公司个旧分公司

【简述】 2011年，中国电信股份有限公司个旧分公司（以下简称中国电信个旧分公司）在市委、市政府和州电信公司的正确领导下，以科学发展观指导企业的发展方向，认真按照省、州公司的经营战略，坚定不移地推进聚焦客户的信息化创新战略，围绕“拓展规模、调整结构、释放风险、增强后劲”的方针，进一步转变发展方式，提高发展质量，提升运营能力，实现全业务发展的新突破。

【设施建设】 2011年，中国电信个旧分公司继续按照集团对运行维护 “三个面向”（面向客户、面向产品、面向网络）的工作要求，认真落实省、州公司以CI^2+S^2为网络工作的主轴，聚焦客户感知，提升网络能力和服务水平的要求，完成网络支撑。一是个旧主城区ODN规划：中国电信个旧分公司积极按照省公司ODN规划的指导意见，配合州分公司完成对个旧主城区3个局向6个ODN网格和工业园区大屯网格的规划任务，设计了个旧主城区ODN网格内13个光交箱和工业园区—大屯网格内4个光交箱的建设方案。并分别于11月中旬启动了工业园区大屯ODN规划，下旬启动个旧主城区ODN规划；二是FTTH建设项目：个旧分公司上报使用FTTH方式建设的新建小区、楼房等15处已批复立项。三是光进铜退项目。从2010年底至2011年10月，中国电信个旧分公司通信覆盖区域内的电缆被盗依然严重，引起客户的强烈不满，并多次越级投诉。中国电信个旧分公司针对倘甸、乍甸、老厂、卡房、蔓耗及主城区J2318、J2108等电缆被盗严重区域进行基础查勘，上报州分公司项目储备；四是卫生信息化项目，中国电信个旧分公司按照与个旧市卫生局签订的协议，积极开展市卫生系统24个卫生院配套传输光缆及4家州属医院传输光缆的建设，保障了个旧市卫生系统网络及时开通，有效地支撑了公司的经营工作。五是CC08退网。6月完成26、28局退网项目建设及用户割接工作。退网工程的完工很好地扼制了该地区盗割电缆的行为，有效地提高了用户通信质量，满足了用户对宽带速率的要求。

【业务发展】 2011年，中国电信个旧分公司按照省、州公司实现全业务有效益的规模发展的总体要求，以科学发展观为指导，不断优化内部管理和运作流程，进一步解放思想，转变观念，逐步提升全体员工的综合素质，各项工作取得一定的成效，较好地完成了收入预算指标。

行业信息化应用项目实现突破。利用互联网与行业信息化应用相结合，承接公司行业信息化应用项目，对固网收入的增长及移动业务的团购均起到决定性作用。一是完成卫生信息化项目。完成20家乡镇卫生院新老系统整合（城南社区卫生服务中心因为装修,预计年底可以进行新老系统的整合）、健康档案数据导入、建档录入，并全部开通网络无忧宽带电路。卫生局医疗管理系统平台完成12家乡镇卫生院医疗管理系统的上线工作；医疗e 通移动办公平台已经交付个旧市卫生局使用，相关应用培训工作已经全部开展完毕。二是教育信息化项目。已完成与个旧市教育局签约，教育局自购设备已部分到位，所需缆线已经上报州公司准备，就开通使用教育e通工作终端与教育局达成初步合作意向，个旧分公司可以对各个学校进行深度营销。三是“司法e通”已经完成2条10M网络无忧电路建设，开通了个旧市司法局及个旧市城区办司法所的“司法e通”平台。四是“老年救助爱心平台”项目经过与个旧市城区办多次对接，于11月28日举行启动仪式。五是红河州恒盛有限公司通过门禁、考勤、食堂消费业务拉动手机业务发展，实现翼机通业务的首单突破，在工业园区的红河州恒盛木业有限公司及大屯红公司实现了翼机通项目。

【服务质量】 2011年，中国电信个旧分公司继续坚持“用户至上，用心服务”的理念，做好客户服务工作。公司以制度创新为突破口，转变管理模式，制定了一系列制度章程，完善了相关的业务受理流程。作为公司的窗口形象核心，营业厅始终将服务工作作为重中之重来抓，并为此开展了一系列服务创新活动。运维方面安排专人负责管控装移机工单，保证装移机工单的及时和履约率；安排专人针对每日装移机工单进行回访，管控好维护的服务质量，提高用户的满意度；持续做好接入能力整治，做好资源基础夯实工作，提高客户端的服务支撑能力。通过不断改进服务工作，提高服务质量，提高了客户对中国电信服务态度和服务质量的满意度，塑造了中国电信的良好形象。

【安全生产】 2011年，中国电信个旧分公司全年共发生电缆被盗362起，造成直接和间接经济损失1538921.00元，电缆被盗52631米。公司积极与公安机关配合，破获缆线被盗案件134起。抓获犯罪嫌疑人3人，执行逮捕3人。年内，公司对全体员工进行一系列安全生产强化培训，签订《安全生产书》110份，签订《驾驶员承诺书》32份，举办培训4次，印发安全宣传单1200份，不断提升员工安全生产意识。

【党风廉政工作】 2011年，中国电信个旧分公司按照党风廉政建设目标管理责任书要求，将党风廉政建设工作列为首要工作，认真学习贯彻中共十七届六中全会精神，努力实践“三个代表”重要思想，结合实际，创新工作方式方法，牢固树立“用户至上，用心服务”的服务理念，深入开展“为民服务，创先争优”活动，大力发扬密切联系群众优良作风，严格遵守党的纪律，恪尽职守，廉政勤政，切实转变工作作风。

中国电信个旧分公司通过深入学习实践科学发展观活动，深刻查找工作中存在的问题，提出切实可行的解决办法，在党风廉政建设工作中建立和健全制度。强化领导与员工谈话工作，公司领导坚持每月与1～2位员工谈话；每月按时上报党建工作情况；坚持学习和培训制度、民主评议党员制度、党风廉洁制度、“三会一课”制度、企务公开制度等。按时向上级党组织上报领导班子党风廉洁材料。

【主要领导干部】 党总支书记、副总经理丁建萍，副书记、总经理唐发忠，副总经理黄晓燕，副总经理、工会主席倪润云。

（撰稿：罗仁坤）

中国移动通信集团云南有限公司个旧分公司

【简述】 2011年，中国移动通信集团云南有限公司个旧分公司（以下简称个旧移动分公司）在市委、市政府的领导和支持下，以邓小平理论、“三个代表”重要思想和中共十七大精神为指导，贯彻落实科学发展观，以“创无限通信世界，做信息社会栋梁”为企业使命，秉承“建首强之网，创优质服务，向世界一流通信企业迈进”的奋斗目标，坚持“正德厚生，臻于至善”的企业价值观，创新工作思路，开拓通信市场，完善服务体系，各项业务健康持续发展。

【网络建设与维护】 2011年，个旧移动分公司进一步加大经费投入力度，加快网络建设步伐。截止12月，个旧在网运行231个基站（不含置放站），其中按覆盖类型分类：发达乡镇覆盖基站34个，密集城区覆盖基站50个，公路覆盖基站19个，普通乡村覆盖基站48个，风景区覆盖基站4个，厂矿覆盖基站37个，乡镇覆盖基站3个，室外覆盖基站12个，室内覆盖基站1个。个旧地区基站共有542个小区、3049块载波，载频占全州比例13.20%，话务量占全州比例14.04%，每信道话务量（erl）0.31。年内，个旧移动分公司新建并开通基站21个，完成光交箱建设25个，接入段建设230皮长公里，WLAN站点建设20个。

【业务发展】 2011年，个旧移动分公司为带动业务提升，在城镇广泛开展以“移动大奖年年送，亿万好礼等你中”为主题的“刮刮卡”营销活动，通过各类广告资源、渠道资源、人力资源、营销资源的全方位投入，最大范围内实现了客户宣传覆盖，并通过各类宣传资源的优化、补强，持续提升了客户知晓率，使得“双节营销”品牌营销概念深入人心。进一步深化与个旧市政府在136工程上的合作项目。由个旧移动分公司牵头组织开展“预存惠农网话费赠送新农合筹资抵用券”及“惠农网客户预存话费赠送实物礼品”的活动，在全市各乡镇、行政村均取得较好的效果，近万名农村客户参加活动，获得实惠，使136移动信息富民工程在广大农村地区取得较好口碑，使乡镇移动电话普及率提升至53%，移动惠农网客户规模扩大到6.5万，农信通业务普及客户数4.5万，移动惠农网、农信通信息网覆盖的客户比例达到农村人口的35%以上，农村净增通话市场份额达96.57%，全年净增客户15297户，农村市场发展态势良好。8月25～31日，个旧移动分公司在云锡职业技术学院、红河州财校组织开展动感迎新生的校园迎新活动，取得发展新生客户2000余户的好成绩。按照省、州公司对集团客户市场的各项工作部署，个旧移动分公司认真分析个旧地区集团客户市场竞争形势和竞争对手资源、服务优势，通过面向集团单位持续开展“双百阵地战”、“123服务提升跨年攻坚战”、“四个一工程”等主题营销活动，落实各项集团客户的维稳保有政策，在竞争异常激烈，集团客户维系压力巨大的情况下，仍取得对高价值集团成员、重要政企集团成员、普通政企集团成员保有的稳定局面。通过加大集团客户经理对集团客户单位走访频率，提升走访效果，定期举办集团联谊活动，增强与集团客户的沟通、联系，持续开展“摸底圈地回头看”活动，进一步摸清个旧市集团客户成员真实性，夯实集团客户基础。加强高价值集团关键人后付费营销，并覆盖个旧100余家高价值集团单位，占据了集团竞争优势，提升了集团客户移动市场份额，增强了公司竞争能力。

【服务质量】 2011年，个旧移动分公司依据省、州公司服务领先工程和服务质量KPI考核体系，全面实行分公司分管领导、服务管理人员、各班组长服务管理负责制。制定“我服务，我快乐”服务领先考核办法，针对满意度改善，标准化服务规范落实，社会渠道客户服务提升，客户投诉等开展服务质量整改工作，并推出“心服务 皆为您”的五项服务举措：一、电子渠道便捷缴费；二、话费明了便捷查看；三、上网流量心中有数；四、业务退订清晰透明；五、业务扣费主动提醒。构建“全流程透明消费服务”流程，以透明消费为抓手，着力推进焦点难点问题解决，改进服务短板，加大客户权益保护力度。个旧移动分公司通过每月定期召开服务沟通会和服务案例分析，及时对各班组服务短板进行分析通报，提出整改意见，使企业整体服务水平有了较大改善和提升。

【安全生产】 2011年，为力保各项经营目标的实现，个旧移动分公司对安全生产紧抓不放，常抓不懈，为经营目标的实现提供强有力的安全保障。安排专人负责安全检查工作，对基站安全、班组用电用水安全、行车安全等进行定期和不定期抽检，对安全隐患，做到第一时间发现，第一时间消除。积极提高应急演练水平，按省州公司的要求，为提高分公司全体员工的安全意识，邀请个旧消防队官兵到公司对员工开展防火灾培训和应急培训，并实地组织消防演练，有效地增强了公司员工的安全意识。“安全第一、预防为主、综合治理”是个旧移动分公司一直以来贯彻的经营方针，全面落实安全生产责任制，深化安全生产专项整治，加强安全检查，狠抓事故隐患整改，做到安全生产工作有组织、有落实、有专人管理，责任明确，有效地保证企业达到安全生产目标，并顺利通过省公司的年度安全生产巡检，实现全年生产经营“零事故”。

【党建工作】 2011年，个旧移动分公司继续加强党组织建设，为各项工作健康持续发展提供领导保证。4月，组织以案明纪、廉洁从业的专项教育活动；5月，设置党员示范岗，要求党员时刻以优秀共产党员“五带头”为准则要求自己；6月，个旧移动分公司党支部成功申报为先进党支部；7月，个旧移动分公司组织召开分公司党支部扩大会，为分公司党员、入党积极分子、班组长讲党课，强调党风廉政工作的重要性；8月，组织分公司党员开展争先创优公开承诺活动；12月，组织分公司党员、入党积极分子、班组长到蒙自市查尼皮参观学习，提高分公司广大员工的思想认识。在全年工作中，个旧移动分公司深入贯彻执行党风廉政各项工作要求，倡导廉洁自律从我做起，从管理人员做起，坚决杜绝违反党风廉政的事情发生，营造了良好的行业之风。

【主要领导干部】 经理蔡 联，副经理余 勇、张 倩。

（撰稿：张泺镕）

中国联通个旧分公司

【简述】 2011年，中国联通个旧分公司在市委、市政府的领导和支持下，坚持以市场为导向、以客户为中心，加快移动通信网络建设步伐，加大固定宽带网络建设力度，积极推进固定网络和移动网络的宽带化，为广大用户提供全方位、高品质的宽带通信和信息服务。年内，中国联通个旧分公司创新工作思路，积极开拓通信市场，扩大网络覆盖，提高网络质量，完善服务体系，加快信息化建设的进程，全面增强综合竞争力和可持续发展能力，为推动个旧市经济社会发展和社会信息化进程做出积极的贡献。

【网络建设】 2011年，中国联通个旧分公司进一步加快移动GSM网络和3G WCDMA网络的建设进程，提高网络质量。GSM网络加强了对个旧市卡房镇、老厂镇、鸡街镇、大屯镇村委会及自然村，松矿、马矿、振兴矿、甲介山等主要矿区的无缝覆盖，做到以人为本，满足用户需求。年末，全市共有GSM网络基站157个、WCDMA网络基站93个，其中WCDMA网络基站已覆盖个旧市鸡街镇、沙甸区、老厂镇、卡房镇、大屯镇及大屯工业园区等区域。联通个旧分公司圆满完成网络建设各项任务，促进了通信事业健康稳步发展，赢得了广大用户的认可。

【业务发展】 2011年，中国联通个旧分公司积极主动开拓2G手机、iphone手机、2G卡、3G卡、无线上网卡等产品的销售，以优质的服务和员工的积极主动赢得市场，以预存话费送手机，交话费送话费，让用户在选择联通的同时也得到真正的实惠。加大3G宣传推广和市场促销力度，通过体验式营销，提升沃3G品牌认知度，营造热销氛围。开展高密度、高频次的宣传推广活动，将促销任务量化到组、落实到每个促销点，确保活动效果；发挥iphone4及其他智能终端优势，实施终端拉动业务发展战略，积极鼓励发展签约用户。

【党风廉政建设】 2011年，中国联通个旧分公司切实加强党风廉政建设和反腐倡廉工作,建立主要领导主管，部门领导分管，分工明确，责任到人的廉政建设工作机制,造就一支廉洁、高效的干部队伍。下属各单位党风廉政建设第一责任人一手抓科学发展，一手抓党风建设和反腐倡廉工作，把党风建设和反腐倡廉工作作为企业的党建工作和生产经营管理的重要内容，纳入领导班子和领导人员目标管理，与工程建设、生产经营管理和其他业务工作紧密结合，一起部署，一起落实，一起检查，一起考核。

【服务工作】 2011年，中国联通个旧分公司进一步强化企业管理，认真做好客户服务工作，提高服务质量和客户满意度，促进企业健康发展。公司已经形成系统的、完善的营业厅服务体系，较好地实现了业务受理、交费、现场营销、业务演示、客户体验、客户关怀、品牌形象传播、咨询和投诉等多种客户服务功能。公司已建立适应全业务和3G发展的客户经理队伍管理体系，为全网高端客户服务和3G服务领先打好基础；实现按劳分配、多劳多得的良性考核激励机制；进一步提高服务专业化、精细化水平，达到提升保有率和客户价值的目的；采用“一对一”方式，为中国联通客户俱乐部VIP会员提供专职优质服务，促进客户群体稳定增长。

【主要领导干部】 总经理邱志宏，副总经理陈建锋。

（撰稿：杨 喜）

中国铁通集团有限公司红河分公司个旧经营部

【简述】 2011年，中国铁通集团有限公司红河分公司个旧经营部（以下简称铁通个旧经营部）在市委、市政府领导下，在上级公司的支持下，以科学发展观为指导，以“自主做精，协同做活；创新发展，效益经营”为主线，进一步转变业务结构，创新经营思路，促进业务转型；转变维护结构，创新运维思路，启动维护转型；转变投资结构，创新投资思路，加快网络转型；转变人才结构，创新引才思路，实施素质转型；转变财务目标，创新管理思路，保障盈利转型。全年，公司实现生产经营平稳有序、业务转型稳步推进、党建工作成效显著、员工队伍保持稳定、文化建设蓬勃发展、整体工作健康发展的目标。

【设施建设】 2011年，铁通个旧经营部积极开展设施建设，加快网络转型，推动光进铜退，推动IP城域网升级为PTN、OTN网络，加快全业务接入网、城域网、光纤网络基础建设，建立更为科学、全面的优质网络，提高投资效益。新增网络、用户设备28台套，大量运用FTTB+LAN、FTTH接入技术，加大WLAN的覆盖力度，大力推动光纤到户工程。提高用户端带宽，做好三网融合的基础光纤网络。继续投资优化云锡控股公司办公信息网络，投资优化云锡股份公司郊区二级单位网络，完成云锡控股公司到各地州数字电路专线5条；完成红河工业园区云锡控股公司10万吨铜项目办公网专线2条及生产、办公电话100多部；完成10万吨铜北京设计院IP专线1条；完成个旧市社区FTTB+LAN、FTTH接入建设12个，覆盖用户1万多户，完成光进铜退项目5个、光纤接入软交换接入项目8个。

【业务发展】 2011年，铁通个旧经营部努力推动自营业务和转型业务（代营、代维、代建）发展，生产经营平稳有序，各类业务稳步推进。自营业务发展集团客户、政企、商业客户162户，IP专线18条。实现互联网宽带用户业务创历史新高。转型业务新增业务代办、代收网点 20个，代维业务有80多条专线、800多个AP，业务覆盖10个乡、镇、办事处，涉及政府、公安、财政企业事业等32个单位。

【服务工作】 2011年，铁通个旧经营部按照公司要求实施营业窗口规范化、标准化建设，提高服务质量和服务水平。3月，开展“四亮四评”主题实践活动。个旧营业厅通过“亮流程、亮身份、亮职责、亮承诺”和“自己评、群众评、领导评、组织评”等实践，拓展服务新理念，创新服务模式，推动创先争优活动深入开展，进一步提高客户的满意度。8月，为做好铁通宽带客户的续费服务工作，宽带续费服务网页推送平台上线试运行，平台对到期用户提前31天进行推送提醒。该服务上线以来运行正常，避免了客户因忘记续费造成宽带停机，受到广大客户好评。铁通个旧经营部为做好装移机、故障处理服务工作，设立专门的监督机构和服务人员，监督装移机、故障处理服务的全过程，有效地提升了公司服务质量。

【精神文明建设】 2011年，铁通个旧经营部坚持不懈地抓好精神文明建设，紧紧围绕 “四个文明”协调发展的要求，以建设社会主义核心价值体系为根本，以“文明单位”创建活动为载体，不断丰富活动内容，逐步拓展活动效果，员工业务素质和思想道德水平不断提高，为公司的改革发展提供了有力的保障。

【员工培训】 2011年，铁通个旧经营部大力推进二次业务转型的步伐，为满足WLAN、AP业务维护需要，积极组织员工参与省、州公司和移动公司开办的WLAN、AP业务培训及厂家举办的CDC WLAN软件培训，对WLAN、AP技术基本原理、技术参数、组网方式、故障处理等内容及商用案例进行了系统的学习，参训人员还到WLAN施工点进行现场操作，理论联系实际，增强培训效果。培训有效地提高了员工的业务素质，为铁通个旧经营部代维业务的开展奠定了基础。

【安全生产】 2011年，铁通个旧经营部共发生光、电缆被盗案件277起，直接经济损失106万元，被盗次数、被盗金额是铁通个旧经营部成立以来最高的一年。针对案件高发的状况，铁通个旧经营部在省、州公司的大力支持下，从州保安公司招聘5名保安人员，与个旧经营部员工一起在市区和松矿组织夜间现场防范。在个旧市三电办的领导和个旧公安机关的大力支持下，抓获涉嫌盗割电缆100多次的犯罪嫌疑人6人。着力做好交通安全工作，铁通个旧经营部组织全体专、兼职驾驶员学习省、州公司下发的交通安全事故通报，加强车辆管理，制定严密措施，严格把控交通安全的各个环节。在车上安装GPS系统，实时监测汽车运行情况，汽车超速行驶，GPS系统就能被及时监测到并通知驾驶员，确保安全生产。

（撰稿：王绍全）

城乡建设·环保·旅游

和谐　（个旧报社　提供）

住房和城乡建设

【简述】　2011年，个旧市住房和城乡建设局按照市委、市政府加快“东移西扩北延”的城市发展进程，持续完善城市发展功能格局的要求，以“西扩”为重点，积极引入市场机制，推动阳山新区8.1平方公里、行政中心搬迁和西二环路规划建设取得实质性进展。加速城区提质改造步伐，抓好市区路网改造工程，完成市污水处理厂二期扩建、城市排水管网工程建设，做好垃圾处理设施建设的相关工作；强化城市管理，进一步完善数字城建管理系统的建设；做好城市抗旱保供水工作；抓好城市灯光、绿化、市容管理，营造良好人居环境；加大规划执法力度，引导房地产和建筑市场健康发展；抓好保障房建设工作，着力解决民生问题；进一步加强乡镇基础设施建设指导，加快小城镇规划建设步伐，提高城镇承载能力。

【规划编制】　2011年，个旧市住房和城乡建设局认真执行重大项目专家评审制、规划工作集体研究制、重大问题规划委员会集体决策制等工作制度，确保国家规划方面的有关技术规范和《个旧市城市规划管理暂行规定》的有效执行。根据城市发展需要，组织编制《个旧市给水规划》《个旧市风筝山工业片区修建性详细规划》《个旧市选矿厂工业片区修建性详细规划》等；《个旧市城市总体规划》的修编工作正有序开展；《新区6.6平方公里控制性详细规划调整》《个旧市阳山大道西片区控规修编》《个旧市近期建设规划》《个旧市阳山大道西片区控规修编调整》已经评审；《个旧市杨家田片区控制性详细规划》《老阴山旅游区总体规划》《小平台片区控制性详细规划》已被市政府批准实施，控制性详细规划覆盖率60%。

按照省政府村庄规划编制会议精神，个旧市住房和城乡建设局采取“三结合一体化”的方式，充分调动现有资源，圆满完成全年235个村庄规划编制任务。全年各类应办村镇建设规划审批项目55项，实际办结55项，发证率100%。

【规划管理】　2011年，个旧市住房和城乡建设局按照《城乡规划法》的要求，发挥规划工作在城市建设中的龙头作用，加快规划编制步伐，引导城市建设有序进行。全年共召开规划行政办公会5次、规划委员会会5次，对拟作出的规划变更面向社会召开听证会3次。核发《选址意见书》5份、《建设用地规划许可证》5项、《建设工程规划许可证》12项、《临时建设工程规划许可证》284项，发证率100%。

【基础设施建设】　2011年，个旧市住房和城乡建设局全力抓好重点城建工程项目的组织实施，进一步加强城镇承载力。

一、阳山新区建设。年内，市政府已成立阳山新区开发领导小组及工作机构，相关人员已抽调到位，各项工作正有条不紊地进行。新区6.6平方公里控制性详细规划调整已完成道路路网和竖向方案的调整；行政中心设计已提供一轮初步方案成果；核心项目之一的西二环道路线型方案初步确定；新区环境影响评价取得初步结果；完成8.1平方公里范围内小选厂及冶炼厂的情况调查、地形图修测，草拟了搬迁初步方案，并委托编制《个旧市选矿厂工业片区可行性研究报告》和《修建性详细规划》；新区6.6平方公里和1.5平方公里的地质灾害危险性评估及矿产压覆评估工作，已报省国土资源厅并组织了评审。

二、污水和垃圾处理设施建设。污水处理厂二期扩建及配套管网工程设计处理规模2.5万立方米/日，配套管网总长48千米，隧硐5.614千米，概算总投资1.18亿元，到位资金9778万元，累计完成投资9482.38万元，占计划总投资80%。其中污水处理厂二期改扩建工程于2010年12月24日按期竣工并举行通水试运行仪式，完成投资3575.35万元；顶管部分设计总长2.4千米，已完成顶管施工2.25千米、管道安装500米，完成投资1951.28万元，于2011年9月25日完工；隧洞工程部分经过多轮设计完善后，完成了隧洞进口段施工图纸的重新设计，已完成施工进尺455米，完成投资916.8万元。市政府牵头完成《个旧市城市生活垃圾处理产业化项目合作协议》《个旧市城市生活垃圾处理特许经营协议》的签署工作。项目处理工艺为利用生活垃圾制备车用动力燃料、生产复合肥、回收利用可再生垃圾等，建成后可提高生活垃圾的使用效率，减小库容压力，同时有利于提高个旧市生活垃圾的减量化、无害化、资源化处理水平。另外，个旧市垃圾填埋场渗滤液处理工程已完成可研及环评的初评工作。

三、大屯海截污排水工程。大屯海污水处理厂及配套管网工程稳步推进，2011年完成投资5800万元，累计完成投资2.5亿元，占总投资的99.7%。

四、廉租住房建设。红河州政府下达个旧市2011年廉租住房3240套、建筑面积16.09万平方米，计划投资2.1722亿元；公共租赁住房2500套、建筑面积15万平方米，计划投资20250万元。其中个旧市住房和城乡建设局承建廉租住房574套，建筑面积2.87万平方米，计划总投资3875万元，分别选址在市区三角地、石岗坡，截止2011年12月31日，累计完成投资2735.27万元，为计划总投资的70.59%。公共租赁住房建设任务600套，建筑面积3.6万平方米，计划总投资4860万元，分别选址在鄢棚南路、三角地，截止2011年12月31日，累计完成投资6018万元，为计划总投资的62.10%。年内，对全市符合住房保障条件的1548户住房困难家庭，发放廉租住房租赁补贴194万元，切实解决和改善了全市低收入家庭的居住问题。

五、大屯海环湖观光西路（个旧段）建设。拟建的大屯海环湖观光西路（个旧段）南起红河大道，北接蒙自雨过铺片区，全长约5262米，宽30米，道路面积约15.79万平方米，计划投资3.6亿元。现完成《可行性研究报告》并报发改部门评审，工程项目设计招标已完成，正在组织设计，委托相关单位进行了地灾评估、地质勘察、矿产压覆评估。

【市政道路】　2011年，个旧市住房和城乡建设局投资65万元对市区约5800平方米的道路及人行道进行维修，进一步改善市区道路交通状况。投资80万元对金湖东路环湖游览道进行修复及绿化提升改造，进一步提升城市品位，受到广大市民的一致好评。计划投资335万元对御景路进行大修，工程已进入施工阶段。

【城市防洪】　2011年，个旧市住房和城乡建设局投资300万元组织完成防洪大沟抢险修复工程，共计清掏沟道约1800米，保障防洪大沟全线畅通。投资200万元实施鄢棚南路片区防洪应急管道修复工程。

【城市灯光】　2011年，个旧市区路灯4107盏，总功率607千瓦，亮灯率99%，设施完好率95%。市区夜景灯光有各种投光灯19104盏、LED灯带23421米，各种灯型20种，总功率2845千瓦，亮灯率达到97%。由激光水幕电影、音乐喷泉和环湖灯光组成的金湖夜景，已成为省内知名的一道靓丽风景。

【城市供水】　2011年，个旧市发生持续旱情，市住房和城乡建设局干部职工在市委、市政府的正确领导及市民的理解和支持下，树立“抗大旱、保民生”的思想，群策群力，多措并举，积极协调，科学调配，做好城市供水工作。对城市供水做到早预测、早布置、早落实、早安排，积极开展水源调查，协调外购原水，启动供水应急预案，采取各种措施确保旱季城市供水，保证全市人民饮用水安全。

全年完成售水量628万立方米，与去年同期相比增长3.12%；完成利润总额-27万元，与去年同期相比亏损下降62.5%；完成工业总产值（现行价）1455万元，与上年同期相比增长3.34%；外购原水455.03 万立方米，与上年同期相比增加161.18 万立方米；自备水库蓄水26.00万立方米，与去年同期相比减少41.47万立方米；原水处理完成902.95万立方米，与去年同期相比增加57.54万立方米；水质综合合格率100%。截止12月，个旧市市区未出现大面积停水的情况，圆满完成全年城市供水任务。

全年代收城市污水处理费261万元，与上年同期相比增长4.4%。代收垃圾处理费215万元，与去年同期相比增长66.67%。

【城市排水】　2011年，个旧市排水公司处理污水800万立方米，排污1783万立方米（污水1381万立方米，雨水402万立方米），供中水76万立方米（其中补个旧湖水12.4万吨）。在汛期前组织人员对所有市政沟道进行检查，根据检查结果制定清掏计划，对城市所有沟渠进行一次彻底清掏疏浚，重点地段重复清掏，杜绝了污水上路的情况发生。全年共清掏沟道2250米，拆安盖板2250块，更换砼盖板2100块、铸铁盖板14块，清掏检查井1323座，淤泥外运358立方米，耗用人工4256人（次），沟道、盖板修复率100%。在4～12月期间，对环湖103座检查井、6座沉砂池安排组织清掏3次，共计外运淤泥823.6立方米，值班室浮渣外运17车，机电设备修理7次。做好要害地点机械电器设备的维护保养工作，确保机械、电气设备安全正常运转。

【城建档案】 2011年，个旧市住房和城乡建设局认真执行《报送工程竣工档案责任书》管理制度，与在建项目单位签订责任书38项，签约率100%。报送竣工档案22项，工程档案报送率96%；整理入库331卷，入库率100%。档案查阅25人次、29卷次。加强档案库房管理，利用除湿机调节空气湿度，通过安装臭氧发生器、放置杀虫剂等有效措施，保护档案资料的安全，档案完好率100%。

【数字城管】 2011年，个旧市住房和城乡建设局整合“96128”政务信息查询专线、“12319”城市服务热线、“锡都建设网”、电子大屏、电子查询系统、施工工地远程监控系统、住建局OA办公系统、个人数字城管手持终端等资源，围绕《首问责任制》《告知承诺制》和《责任追究制》的落实，不断提高管理和服务质量。一年来，“96128”政务信息查询专线和“12319”城市服务热线接到热心市民电话53次，对市政设施、建设工程、房地产业务等方面的内容进行咨询或投诉，处理完结53项，处理完结率100%。政务查询网公示144条、公开信息上传6项，共计461条。通过“锡都建设网”发布各类有效信息625条，快速反映城市建设工作信息，为市民提供迅捷的知情渠道，为获得市民对城市建设工作的理解和支持起到积极的作用；听证公示通报各种信息63条；“数字城管”系统试运行平稳，“数字城管监督指挥中心”共收到各类上报信息4110条，经核实确认以工作任务单形式派发给相关责任部门处置3468件，经处置在限定时限内办结2486件，办结率84.19%，结案率较去年上升14.09%。在城市管理工作中，变开环式管理为闭环式管理，极大地提高了城市管理效率和效果，促进了政府调控机制与社会协调机制的互联，政府行政职能与社会自治功能的互动，政府公共服务与社会公众自律的互补，初步形成加强社会管理、改善公共服务的长效机制。

【园林绿化】 2011年，个旧市城市绿化管理处担负着全市4个片区园林绿化管护工作。其中阳山大道管护面积12478平方米，修剪阳山大道灌木面积135474.12平方米，病虫害防治灌木面积56907.8平方米，绿地保洁面积4493476平方米，浇水面积2542500平方米，除草面积2011816平方米。

建设路管护面积27993平方米；修剪建设路和北大门片区草坪462000平方米，修剪行道树、金丝葵、黄连翘、红继木、红叶小檗、毛叶丁香等灌木430000平方米，修剪造型花灌木21168株；病虫害防治草坪132000平方米、灌木115390平方米、造型大灌木12881株、乔木7920株；绿地保洁面积6102474平方米；浇水面积6334810平方米；除草面积3415160平方米。

抗洪广场、云庙、三十三坛管护面积22786.09平方米；修剪草坪面积220494平方米、灌木面积163130平方米、造型花灌木3144株、乔木722株；施肥及病虫害防治草坪面积79454.4平方米、灌木面积112096平方米、造型大灌木2260株、乔木1610株；绿地保洁面积5352636平方米；浇水面积2351788平方米；除草面积1356740平方米。

中心片区管护面积18292平方米；修剪金湖西路和市区灌木12745平方米、造型大灌木2118株、乔木3336株；病虫害防治乔木8670株，分车带8355平方米；绿地保洁面积1003000平方米；浇水面积174000平方米；除草面积370000平方米。

全年对市区行道树修枝整型2次、草坪修剪32次、常绿灌木修剪造型15次、植物病虫害防治24次、涂白行道树6000余株。在明珠雕塑、金湖文化广场、抗洪广场、通宝门花坛等公共区域摆放鲜花21000盆，完成建市60周年、市党代会、市人代会，市政协会、各种文艺演出会场、各种庆典等环境布置100余起。

全年处理市区危树61株，及时清运被大货车、大风、人为破坏所致的行道树断枝，使道路保持通畅，消除行人的安全隐患。根据规划许可，据实审批树木砍伐、移栽、绿地占用等申请7项，指定2名技术员负责做好绿地统计和古树名木保护工作。

【公园管理】 2011年，个旧市宝华公园随着观赏游览区的开放，增调人员加大对开放游览区垂丝海棠路、紫薇路等路段的植物管理力度，使这些区域的植物长势良好，枝繁叶茂。同时，加强对阴山登峰大道、文学林、南大门、滑冰场、宝华寺等重要景点景区的绿化管护和清扫保洁工作，及时清运园内垃圾，保持园内环境的清新洁净。做好植物补植补种工作。在园区道路补植补种“柱顶红”300余株、“三角梅”10株，在樱花路补种冬樱花15株，在茶花区补种芍药50株、石竹120株，在儿童游乐场种植清香树180株、杜鹃花585株、八角金盘60株、吊兰480株，给幽静的公园增添了无限的生机和美感，受到游客的好评。

年内，个旧市宝华公园筹资500万元对动物园区进行提升改造，项目于3月动工，10月底完工。这次提升改造新建两栖动物爬行馆、小猛兽馆、猴山、食草动物一区、动物管理中心，并扩建动物笼舍、休息亭，实施园区绿化植被等工程。改造后的动物笼舍建筑面积由3370平方米增至7570平方米，动物室外活动场地面积由2200平方米增至6000平方米。为园内动物改善了生存场所，也给游客营造了自然、舒适、优美的游览环境。园内共饲养动物42种243只，其中国家一级保护动物1种33只，国家二级保护动物17种52只，三级保护动物11种158只，死亡率3.2%。公园还投入15万元，对宝华山寺的玉皇阁、药王殿、雷神殿、观音庙、龙王庙、静室等进行全面修缮和彩绘，努力恢复古寺昔日风采，完善寺院功能。

由于持续干旱，宝华公园面山森林防火工作形势异常严峻。为此，公园加强巡山频次，严厉查处进入林区吸烟、烧香、烧纸行为，发现一起，制止一起。加大对游客的宣传教育力度，全年共散发宣传单1000余份，张贴标语、布告150多条（张），出动巡逻人员1800余人次，播放护林防火广播50000余次，在打靶场、登峰大道、大苗区悬挂大型标语5条，切实做好护林防火工作，全年未发生火险。

2011年，金湖公园为确保4185.6米环湖游览道及0.7平方公里湖面的环境卫生，坚持对环湖游览道实行每日两次大清扫并全日保洁的工作制度，全年共收集清运湖堤垃圾177.4吨，清运绿化垃圾54.1吨，打捞漂浮物、青苔、水草346.06吨，合计收集清运各种垃圾574.56吨，较好地保持了金湖及沿岸的环境卫生。金湖公园认真做好绿地日常管理和养护工作。坚持每月对辖区绿地的管护质量进行定期检查，发现问题及时处理和整改。其中修剪绿篱地被211977.80平方米、草坪180409.80平方米、乔灌3880株；清除70318.25平方米绿地内的杂草、枯花败叶；绿地施肥13005.50平方米，乔灌施肥10252株；清理1786223平方米绿地卫生；浇水1016286.30平方米；病虫害防治55次。在怀源芳圃、红炮台和巴金雕像等主要景点周围摆放鲜花4267盆。

年内，金湖公园依据《个旧金湖管理条例》和《个旧市城市管理条例》的有关规定，共查处损坏市容和环境卫生行为248人次，罚款5370元，批评教育各类不文明行为8017人次；针对违规垂钓行为进行重点整治，查处违规垂钓罚款200元，收缴渔具771具、渔网23米，批评教育2398人次；收缴各类广告、传单1260份，覆盖小广告204条，有力地维护了环湖游览道的公共秩序，为广大市民提供优美、整洁、有序的游览环境。

【城市环境卫生】 2011年，个旧市环境卫生管理处按照上级部门的部署，接手原城区办所辖清扫保洁区域，承担的清扫面积由63.5万平方米增至96.4万平方米，增长幅度51%。按照个旧市创建省级文明城市的工作部署和要求，个旧市环境卫生管理处在抓好责任区域日常清扫保洁工作的同时，积极协助锡城镇及其社区突击卫生死角，清理清运垃圾259吨。全年，出动执勤车辆2129辆次、巡逻人员3722人次，对市区清扫保洁工作进行监察和管理，批评教育不文明行为1249人次，完成垃圾清运约3.2万吨，高温堆肥处理法生产垃圾肥7千余吨，实现垃圾肥销售零库存，垃圾肥销售额80万元，比去年增长5.26%。城市垃圾、粪便清运率，城市生活垃圾无害化处理率始终保持100%。继续做好垃圾处理费的征收、管理和宣传工作，投入8万余元开发垃圾处理费收费软件，依照相关法律法规，通过法律程序对欠费商户加大追缴力度，全年征收垃圾处理费310万元，比去年增加20万元，增长6.9%。

年内，个旧市环境卫生管理处有直管公厕39座，公厕完好率98%。自《个旧市化粪池管理规定》出台以来，完成了市区化粪池的登记备案及绘图工作，公厕粪便做到及时清运，确保公厕不满溢，日均粪便清运量40吨。

为进一步改善市容环境、方便市民日常生活，个旧市住房和城乡建设局加大对环卫设施建设资金的投入力度，全面提升市区环卫设施功能。投入40.5万元购置295只果皮箱、180只垃圾桶、20只垃圾收集箱、10辆三轮车；投资85万余元购置7辆急需更新的环卫生产用车；投资13万元对垃圾处理场排水系统及运输队停车棚进行改造；自筹资金6万余元，对市人民剧院公厕、四号通道公厕、市政府公厕、三角地旱厕进行改造。及时督促房地产开发商对开发中拆除的红旗小学垃圾中转站及公厕、七层楼瑞函垃圾中转站进行重建。

【城市建设监察管理】 2011年，个旧市城建监察大队查处占道经营282起、占道停车163起、占道作业260起、占道堆放219起。查处损坏市政、绿化、环卫设施45起；查处乱丢乱吐乱倒6919起；签订“门前三包”协议书4100份；采取机动巡逻、步行、守点、打电话等方式治理沿街乱张贴、乱喷涂广告6645起；清理拆除临街建筑物、构筑物阳台上堆放有碍观瞻的物品5起；查处未使用文明施工围栏、建筑工地和汽车泼洒污染路面355起，办理文明施工围栏5起；办理建筑垃圾处置许可证20份，建筑垃圾准运证252份；查处违章经营燃气27起；查处放养犬只88起；教育不讲卫生、不文明人员5262人次。

【村镇建设】 2011年，个旧市住房和城乡建设局积极参与、认真抓好以大屯新农村、锡都生态园为代表的10个新农村建设示范项目。其中白坡村异地搬迁、三家寨新农村建设已完工，其余项目正稳步推进。在统筹城乡发展工作中，个旧市住房和城乡建设局以完善水、电、路、电信等基础设施建设为重点，同步实施村级公共服务设施建设，力争实现城乡基础配套一体化、公共服务均等化，让广大农民共享科学重建、科学发展的成果。

认真贯彻落实全省农村危房改造及地震安全工程工作会议精神，积极安排农村危房改造工程建设任务。全市第一批农村危房改造任务指标400户，其中贫困残疾人家庭30户；第二批农村危房改造任务指标200户。省财政下拨个旧市农村危房改造资金共计600万元。个旧市住房和城乡建设局及时传达省农村危房改造有关文件精神，分解落实建设任务，提供《个旧市农村民居通用图集》供农户选用。组织工作人员采取不定期入户监督，把指导工作做到“户”、监督到“户”，做到专款专用。截止年末，全市600户农村危房改造工作已全部验收完毕，待农户信息档案核对后，统一由市财政局将改造资金发放给农户。

积极配合市地震局等单位做好防震减灾10大能力建设规划工作，对市属9个乡镇2010年的农村居民用房进行地震安全检查验收，检查验收拆除重建农村居民用房300户、贾沙乡抗震加固农村居民用房900户，并向市地震局提供技术标准咨询、房屋抗震加固技术指导、地震安全检查验收、安全工程建设交流共计10余次。

【建筑业管理】 2011年，个旧市住房和城乡建设局为31家外地施工企业、37家监理企业办理入市备案手续；严格执行《报送工程竣工档案责任书》管理制度，与在建项目单位签订责任书53项，签约率100%，工程档案报送率94%。发放施工许可证79份，总建筑面积113.6万平方米，总投资14.8402亿元。审查施工图设计文件66项，审查率100%，完成了州住建局下达的任务指标。市区、鸡街镇和大屯镇的建筑施工工程，商品混凝土推广使用率均100%。为加快建设领域诚信建设，进一步规范建筑市场秩序，个旧市住房和城乡建设局完成《个旧市建筑市场信用管理体系建设实施意见》《个旧市建筑市场准入和清出制度》的起草工作，正在征求有关部门意见。

年内，个旧市住房和城乡建设局认真开展工程建设领域突出问题专项治理，规范工程建设领域市场交易行为。组织开展建筑市场执法检查，加强工程质量专项督察，对存在的问题进行整改纠正。加强招标投标监管，完善办事公开、公示和评标专家动态管理制度。全年完成招标备案项目66项，500万元以上进州交易中心项目32项，进州交易率100%。监督工程项目116项，建筑面积293.57万平方米，监督覆盖率99%；验收工程35项，验收合格率100%；受理房屋质量投诉11起，并全部处理完毕，质量投诉处理率100%。开展建筑施工现场安全检查161次，查出安全隐患744条，对存在安全隐患的工地发出《停工整改通知》33份，下发《事故隐患整改通知书》34份，72项安全报监项目的安全施工监督率100%，人身意外伤害保险投保合格率100%。

全市建筑企业共完成建筑业总产值37.50亿元，同比增长21.8%。其中本地建筑企业（27家）共完成建筑业总产值24.02亿元，同比增长10.9%；外地入市建筑企业（17家）共完成产值13.48亿元，同比增长47.5%。

【房地产管理】 2011年，个旧市住房和城乡建设局完成5家房地产开发企业暂定资质的初审工作，6家房地产开发企业申报四级资质的初审工作，2家房地产开发企业资质核定的初审工作；核发商品房预售项目18个，建筑面积54.71万平方米；对正在建设的33个房地产开发预售项目进行预售款资金监管；完成商品房合同备案3400件，备案面积32.65万平方米；实施房地产开发项目33个（含接转），施工面积125.08万平方米，完成房地产投资104079万元。

完成红河州德润物业公司、个旧市天海物业公司、个旧市升达物业公司三级（暂定）资质申报初审，完成个旧市盛泰物业公司、红河州秀峰物业公司三级资质初审，为云南华夏物业公司、昆明金鑫物业公司办理入市备案手续。协调处理通宝园二期、川庙街梧桐大厦业主与物业公司之间的管理问题；及时向新景佳园业主、家福物业公司提供政策咨询，处理物业管理纠纷；现场查看308队职工住宅专项维修资金的缴存标准；核定云锡广元物业公司申报的江川巷10号及宝泉城市花园、枫丹雅苑小区、绿海小区、建设路81号、青年路7号维修资金的支用。统一归集房屋共用部位共用设施设备专项维修资金602.48万元，查处无资质从事物业服务活动企业5家。

新增商品住房交易1010户，建筑面积12.71万平方米，成交价36029.34万元；新增商品非住房交易554户，建筑面积3.58万平方米，成交价20778.24万元。私有存量住房交易1730户，建筑面积12.33万平方米，评估价22984.78万元（其中已购公房交易884户，建筑面积57528.14平方米，评估价10027.6万元）；私有存量非住房交易89户，建筑面积1.12万平方米，评估价4385.84万元。单位集资建房383户，建筑面积4.342万平方米，集资总价6393.67万元。

办理房屋产权登记建筑面积69.06万平方米，其中单位房27.08万平方米，私房41.98万平方米。发换房屋所有权证5190本，其中单位房336本，私房4854本。发换房屋共有权证3482本。办理抵押登记2082户，抵押房屋建筑面积65.04万平方米，抵押注销登记1806户，注销建筑面积27.05万平方米。新建商品房申报、确权、初始登记建筑面积20.78万平方米。

根据上级领导批示，将胜利路114号9户直管公房住户搬迁安置到三角地和绿海小区；将宝丰巷10号、14号剩余6户住户搬迁安置到三角地；对罐头饮料厂5名住房困难的上访户进行妥善安置。全年共检查直管公房安全5次，张贴防火、防汛等安全通告500份；完成221个直管公房的修缮项目，修缮面积3万平方米；完成房地产档案整理、编目6164件；为业主房产交易、房产抵押查询服务7057件次；为法人单位提供查询服务95件次；为单位及业主提供房屋档案查询证明341份；配合司法机关调查核实房产信息149条；整理他项权利注销资料905份。

【住房制度改革】 2011年，个旧市住房和城乡建设局共审批乡级财政供养单位职工住房补贴58人，128.69万元；审批差额拨款事业单位职工住房补贴16人，31.61万元；审批省级事业单位职工住房补贴1880人，2255.16万元。自货币分房方案出台至2011年，已累计审批市级财政全供养机关事业单位职工住房补贴1939人，2243.69万元；审批乡级财政供养单位职工住房补贴592人，1365.06万元；审批差额拨款事业单位职工住房补贴1421人，1608.98万元；审批省级事业单位职工住房补贴4193人，5757.04万元。

【提议、建议、提案办理】 2011年，个旧市住房和城乡建设局收到上级交办的人大代表建议、政协提案、党代表提议共计77件，已全部按照代表、委员的意见和要求进行了认真的检查、整改和完善，在规定的时间内77件建议、提案和提议已全部办理完毕，并分别与代表、委员进行了面商，办理质量和办理速度均较往年有所提高，面商率、办结率和满意率均100%。

（撰稿：苏　虹）

环境保护

【简述】 2011年，个旧市环境保护局坚持以科学发展观为指导，以污染减排为核心，以解决群众关心的环境问题为重点，以改善环境质量为目标，坚持监管与服务并举、依法行政与强化治理并重的方针，深入推进老污染源整治和新建项目环评工作，全力促进个旧市经济建设与环境保护全面协调可持续发展。全年共审批建设项目10个，其中按要求编制环境影响报告表3个、环境影响登记表7个，环境影响评价执行率100%；共验收建设项目5个，均建立了“三同时”管理台账，“三同时”执行率100%。

【污染物减排】 2011年，个旧市政府与相关乡镇和企业签订年度主要污染物总量削减目标责任书，将减排任务分解落实到乡镇（区）政府、相关职能部门和重点减排单位。个旧市污水处理厂新投运二期工程，全年共处理城市生活污水563.62万吨，负荷率61.77%,完成州环保局下达的化学需氧量削减量575吨、氨氮削减量54吨的减排任务；红河合众锌业有限公司个旧化肥厂淘汰1#硫酸系统生产线；个旧市光穆工贸有限公司淘汰6平方米和4平方米铜冶炼鼓风炉；红河合众锌业有限公司个旧化肥厂完成氨氮废水治理及循环利用项目；市环保局完成年度主要污染物减排资料汇编及统计上报工作。个旧市二氧化硫年排放量控制在总量控制指标内。

【重金属污染综合防治】 2011年5月，个旧市政府委托云南省环境科学院编制《个旧市重金属污染综合防治“十二五”规划（2011～2015年）》，7月14日通过专家评审，并获得州政府批复。4月，《个旧市重金属污染综合防治专项资金项目实施方案》上报省环保厅，5月13日获得省环保厅批复。5月20日，开展《个旧市卡房大沟重金属污染综合治理项目》（含初步设计及施工图设计）招标工作，中国水电顾问集团中南勘测设计研究院中标，9月16日项目初步设计报告通过专家评审，12月2日项目被市发改局批准立项，12月14日市住房和城乡建设局、市发展和改革局批复项目初步设计书，2012年开展施工招标。在卡房大沟重金属污染综合治理中，卡房大沟沿线有65家企业停产整改，有65家选矿企业根据《卡房大沟区域选矿企业整合整治管理办法》及《卡房大沟区域选矿企业准许恢复生产条件》的要求进行整改和整合，其中有3家企业完成整改和整合，通过市重整办专家组验收，开始为期三个月的试生产。

此外，个旧市还分别在另外5户企业中开展了重金属污染治理工作。云南金星化工有限公司生产废水深度处理项目于2011年7月25日进行试运行，项目总投4602万元，项目工程量已完成89%，累计完成投资4409万元。红河合众锌业有限公司个旧化肥厂采用物理化学法处理硫酸生产废水及厂区地面渗透水并全部回用，工程总投资1362万元，现已累计投入1100万元，项目工程量已完成91%。云南乘风有色金属股份有限公司采用同轴电絮凝技术处理重金属废水项目，项目计划总投入800万元，已累计投入500万元，项目已完成土建、设计及前期工作。个旧市自立矿冶有限公司生产废水系统闭路循环深度处理项目，计划总投资2300万元，已完成投资额900万元。云锡集团锌业有限责任公司含砷、镉、铅生产废水深度处理工程已告竣，项目总投资731万元。

【城市环境综合整治定量考核】 2011年，个旧市人民政府分别与市环保局、市住建局等11家责任单位签订城市环境综合整治定量考核目标责任书，将定量考核的各项指标分解细化落实到各责任单位。在全省城市环境综合整治定量考核评比中，个旧市以83.78分的好成绩获得云南省同级城市环境综合整治定量考核评比第3名。全省有15个城市参加城市环保公众满意率调查，个旧市城市环保公众满意率85.77%，较上一年度提升3.02个百分点，居调查城市的第4名。

【推行“阳光政府”四项制度】 2011年，个旧市环境保护局认真执行“阳光政府”四项制度，设立96128政务信息查询热线负责人和联络员，并通过政府信息网络向社会公布公示信息24项、通报信息24项。建立全市环境状况年度分析报告制度，上报环境质量周报52份、环境质量月报12份、环境质量季报4份、环境质量年报1份。分别通过个旧市电视台、个旧时讯、个旧市环保网站发布个旧市空气环境质量周报52份。

【巩固国家卫生城市称号】 2011年，个旧市环境保护局对照“国家卫生城市标准”，对环境质量指标进行监测，当好巩固国家卫生城市的忠诚卫士。全年，个旧市API指数＜100的天数占全年天数比例91.5%；集中式饮用水水源地水质达标率100%；烟尘控制区覆盖率100%；城市生活污水集中处理率≥50%。各项指标均优于“国家卫生城市标准”。

【“七彩云南·精品个旧”保护行动】 2011年，

个旧市环境保护局积极开展“七彩云南·精品个旧”保护行动，以环境保护宣传教育为龙头，制定《“七彩云南·精品个旧”保护行动工作计划》，编印《七彩云南·精品个旧——全面实施“七彩云南·精品个旧”保护行动》宣传册6000份，以重金属污染防治为重点，制定《个旧市重金属污染综合防治“十二五”（2011～2015年）规划》，不断加大对重点流域、重点区域和重点污染源的治理与监控力度，严厉查处环境违法行为。

【环保宣传】　2011年，个旧市环境保护局与云南锡业职业技术学院绿色服务社团志愿者于6月5日在市区共同开展世界环境日宣传活动，采取环保知识讲座、科普讲座、文艺宣传等方式进一步深化环保宣传进社区、进校园、进工厂、进农村，散发各类宣传资料15000余份。

编印《个旧环保简报》4期、《个旧市2011年整治违法排污企业保障群众健康环保专项行动工作简报》17期、《个旧市2011年重金属污染综合整治专项行动工作简报》20期、《贯彻执行四项制度工作简报》10期、《效能政府四项制度工作信息》20期，全方位、多角度宣传环保法律法规，反映全市环保工作。

【绿色创建】　2011年，个旧市环境保护局继续开展绿色工作，指导金湖东社区和308队社区开展省级绿色社区创建工作，指导个旧九中、十一中和市机关幼儿园开展省级绿色学校创建工作。

【环境空气质量】　2011年，个旧市城区环境空气质量为：二氧化硫0.065毫克/立方米；二氧化氮0.014毫克/立方米；可吸入颗粒物0.067毫克/立方米；铅0.203微克/立方米；砷0.634微克/立方米；硫酸盐化速率0.531毫克/100平方厘米•天；降尘5.5吨/平方公里•月；氟化物2.663微克/100平方厘米•天。酸雨占总样品数比率57.1%，酸雨占总降水量比率60.8%，酸雨pH值平均值4.56，降水pH平均值4.76。

【水环境质量】　2011年，个旧市辖区主要河流、湖库、饮用水水源地水环境质量分别为：

河流：浑水河水域水质类别劣Ⅴ类，超过Ⅳ类功能区划类别的标准，主要污染物砷、铅、氟化物等；清水河水域水质类别Ⅱ类，未超过Ⅳ类功能区划类别的标准；乍甸河水域水质类别劣Ⅴ类，超过Ⅳ类功能区划类别的标准，主要污染物砷、总磷、五日生化需氧量、氨氮等；沙甸河水域水质类别劣Ⅴ类，超过Ⅳ类功能区划类别的标准，主要污染物砷、镉、总磷、氨氮等；倘甸双河水域水质类别劣Ⅴ类，超过Ⅳ类功能区划类别的标准，主要污染物砷、镉、总磷、氨氮等。

湖库：个旧湖水质类别劣Ⅴ类，超过Ⅳ类功能区划类别的标准，主要污染物氟化物、总氮等；大屯海水质类别劣Ⅴ类，超过Ⅲ类功能区划类别的标准，主要污染物砷、化学需氧量、生化需氧量、总磷、总氮等；白坡水库水质类别Ⅳ类。

饮用水水源地：白云水库、兴龙水库、牛坝荒水库、坝堵寨露头泉水，水质类别Ⅱ类，均未超过Ⅲ类功能区划类别的标准。

【声环境质量】　2011年，个旧市城区声环境质量为：区域环境噪声等效声级52.7dB(A)。功能区环境噪声一类区等效声级昼间57.5dB(A)、夜间45.3dB(A)；二类区等效声级昼间55.4dB(A)、夜间48.2dB(A)；三类区等效声级昼间59.1dB(A)、夜间49.7dB(A)；四类区等效声级昼间65.8dB(A)、夜间61.2dB(A)。道路交通噪声质量等级一级占道路总长36.2%，二级占道路总长24.1%，三级占道路总长24.8%，四级占道路总长12.6%，五级占道路总长2.3%。

【环境监测】　2011年，个旧市环境科研监测站对全市水质、空气、噪声等分别开展例行监测，守好环保工作的前沿阵地。水质例行监测：对个旧辖区的主要河流、库湖进行每年6次和饮用水源地每年12次的监测，监测断面13个，监测项目37个，全年共获水质监测数据3600余个。

空气例行监测：开展市区环境空气质量自动监测，完成监测数据3700余个。

噪声例行监测：对城区的环境噪声、厂界噪声、功能区噪声和交通噪声进行监测。功能区噪声5个点,每年2次每次1天连续24小时监测；交通噪声18个点，每年监测1次；环境噪声100个点和厂界噪声1个点，每年监测1次，共获监测统计数据3500余个。

其他监测：进行监督性、污染仲裁、委托性、建设项目环保设施竣工验收和环境影响评价等监测，全年完成监测报告200份，出具监测数据23000余个。

【环境保护执法监督】 2011年，个旧市环境保护局共出动9954人次，开展环境保护执法监督检查，制作现场监察记录3318份，其中精细化监察114份、环保专项行动监察2984份、“三同时”现场监察45份、排污许可证执行情况现场监察91份，其他84份；巡查记录1218份，询问笔录72份。

全年签发《行政处罚事先告知书》59件、《行政处罚听证告知书》2件、《行政处罚决定书》57件、《限期整改通知书》8件、《整改通知》18件。受理各类环境污染投诉97件（含重复来信、来访），处理率100%，切实维护了群众的环境权益和社会的稳定。

【建设项目环境管理】 2011年，个旧市环境保护局认真开展建设项目环境管理工作，收到建设项目申请15件，受理10件，公示后审批10件，建设项目全部进行环境影响评价（报告表3件、登记表7件），环境影响评价执行率100%。共收到建设项目试生产申请5件，受理批准5件；对5个已建成的建设项目进行环境保护设施竣工验收。5个已建成的建设项目全部按“三同时”要求建成环保设施，与主体工程同时建成、同时投入生产。“三同时”执行率100%，已建立建设项目“三同时”管理台账。

【整治违法排污企业保障群众健康环保专项行动】 2011年，个旧市组织开展整治违法排污企业保障群众健康环保专项行动，出动执法人员8952人次，对全市辖区内428家冶炼、化工、选矿等企业进行拉网式排查。通过排查工作，掌握了企业履行环保手续情况、生产经营状况、生产原料相关情况、环保设施运行情况、“三废”治理及排放情况等，建立了企业“一企一档”的污染源动态管理档案。

对污染物总量减排的3家企业、省级挂牌督办的1家企业、行业挂牌的2家铅酸蓄电池企业、88家重金属污染防治重点监管企业，每月进行一次现场监察，1～12月共做现场监察记录1116份。

【环境安全检查】 2011年，个旧市环境保护局继续开展环境安全检查。一是检查相关企业。对云锡股份化工材料分公司、个旧有色冶化有限公司等18家重点企业进行环境安全隐患排查，18家企业重点危险源安全防范措施落实到位，制定了风险防范措施和应急预案。二是检查放射源和射线装置使用单位。年内，全市有放射源使用单位7家，有各种型号放射源14枚，其中正在使用的11枚，停用待回收3枚。使用射线装置的单位28家，共有X射线机51台。使用放射源的7家单位和使用射线装置的28家单位均持有《辐射安全许可证》。辖区内未发生任何辐射安全事故。

【排污申报登记和排污费征收】 2011年，个旧市环境保护局严格执行排污许可制度和排污费征收制度，完成对纳入排污许可证管理的150家企业的年检和换证工作；完成对辖区160家排污企业的申报登记，获取申报登记基础数据119840个；对334家企业征收排污费，共征收排污费1123.93万元，所收排污费全部按规定按时解缴各级国库。

【人大建议、政协提案办理情况】 2011年，个旧市环境保护局承办人大代表建议13件，其中主办8件、协办5件。承办政协提案3件，其中主办1件、协办2件。在办理过程中，坚持先面商后答复，加强与代表和委员的沟通，面商率100%。代表和委员对办理工作态度满意率100%、办理结果满意率100%。

【生态乡镇创建】 2011年，个旧市环境保护局指导和协助锡城镇成立生态乡镇创建工作机构，完成环境状况满意率调查，做好生态乡镇各项指标情况收集，编制《生态乡镇建设规划》和《省级生态乡镇创建技术报告》，撰写省级生态乡镇建设工作总结，制作并完善生态乡镇建设图片集、影视资料。3月上旬，个旧市锡城镇生态乡镇创建工作通过省环保厅专家组的现场验收。5月9日，云南省人民政府办公厅命名锡城镇为云南省生态乡镇。

【危险废物管理】 2011年，个旧市环境保护局进一步加强危险废物管理。一是对全市涉及工业危险废物的92家企业开展调查、申报和整治工作。二是开展个旧市辖区危险废物环境风险大排查暨化学品环境管理专项执法检查工作。三是对持有危险废物经营许可证的云南锡业股份有限公司和云南乘风有色金属股份有限公司进行危险废物管理防范事故风险检查，督促企业加强危废管理。四是继续开展红河危险固废物和医疗废物处理场项目建设，项目总投资23080万元，年内到位资金9424万元，累计完成投资7767万元。

【荣誉】　2011年，个旧市获云南省同级城市环境综合整治定量考核评比第三名。

个旧市环境科研监测站包有飞、李琼碧、张涵、戴雁荣获2010年度“红河州环境监测先进工作者”称号。

（撰稿：王　刚　尹敬东　叶建奇　苏云燕　曹　燕　李　莉　蔡　蕊　普志华）

旅　游

【简述】　2011年，个旧市旅游局在市委、市政府的正确领导下，在州旅游局的关心和指导下，深入贯彻落实科学发展观，紧紧抓住云南省旅游二次创业、红河州建设绿色经济走廊和个旧市产业二次创业的历史机遇，按照“谋大局、抓项目、做营销、管行业、树形象”的工作总体思路，全面落实旅游产业发展政策，大力开展宣传活动，狠抓旅游品质提升工作，取得良好的成效。全年接待国内外游客106万人次，实现旅游总收入5.69亿元，同比分别增长7.66%和1.07%。

【旅游发展规划】　2011年，个旧市旅游局为全面落实红河州委提出的建设“红河谷绿色经济走廊”的战略构想，紧紧围绕市场需求，充分发挥蔓耗镇马堵山水电站形成的库区旅游资源优势，提前谋划布局。出资20万元人民币，委托昆明意图旅游规划设计有限公司及其关联的英国意图国际战略与资本咨询集团，沿新修建的冷清二级公路对个旧市保和乡冷墩村委会地块至个旧市蔓耗镇地块进行旅游项目总体策划。策划突出“挖掘资源，提升价值；整体布局，协调发展；尊重自然，尊重生态；统筹兼顾，寻求平衡”的理念和思路。在延续项目区内在自然特征前提下，力求融入个旧文化特色的高度人性化内涵，最终达到自然景观与文化景观和谐共生，真正让生态与艺术共融。项目区包括：滨水码头综合服务区、热带花卉园区、滨水旅居区、水上营地区、水乡风情廊道及乡村旅游示范区等六大独立而又相互联系的功能区。项目暂定名为“红河谷木棉水乡”。策划方案已完成，并于10月27日经市政府常务会审核通过。

【产业发展】　2011年，个旧市旅游局紧紧围绕市委、市政府“产业二次创业”的战略思路，将旅游产业作为实现“产业二次创业”的有效途径之一，努力使个旧成为“以锡文化为主题，集观光、康体、休闲和工业体验于一体”的旅游城市。重点发展以下几个旅游项目：一是“个旧市大屯海旅游休闲度假区”项目。该项目由云南长宏房地产开发有限公司聘请美国JFO设计公司做项目生态园球场规划设计。规划用地面积2300亩，计划总投资11亿元，一期工程计划完成1.5亿元。截止2010年12月，项目完成投资15000万元，2011年1～10月完成投资8000万元，实际到位资金21000万元，累计完成投资23000万元，完成征地1200余亩。二是“中国·沙甸回族文化旅游小镇”项目。总投资1亿多元的标志性建筑——“沙甸大清真寺”，已完成主体工程建设，并于2010年8月投入使用。“中国·沙甸回族文化旅游小镇”项目按国家4A级旅游景区标准规划实施。三是“个旧倘甸旧寨温泉旅游度假区”项目。项目建设规划面积4000亩，第一期规划面积为635亩。由华南理工大学建筑规划设计院作规划设计，“林泉幽境——个旧温泉生态度假区规划文案”已完成。四是“个旧老阴山金顶商务假日酒店”项目。项目建设内容：在老阴山顶风景区建设一个五星级商务酒店、高尔夫练习场地及相关配套设施，预计建设用地219亩，投资估算15000万元。项目建成后将使个旧市旅游接待水平达到一个新的高度。五是“红河谷民族风情园”项目。项目建设内容：酒店、沿岸客房、沿岸观景长廊、沿岸热作绿化带、生态与人文景观、人工沙滩、游船码头等，预计建设用地300亩，投资估算16000万元人民币。项目建成后预计每天可接待游客500人次。六是“红河州红河谷木棉水乡风景区”项目。项目依托马堵山电站拦河坝形成的“高峡出平湖”的人文景观和热带河谷自然风貌，建设成集观光、休闲、康体、度假于一体的综合性旅游项目。项目策划已完成，将开展招商引资，促进项目落实。七是“红河天堂”项目。项目坐落于红河沿岸，是集农业种植、生态旅游为一体的示范性农业旅游度假区，预计占地约600亩，是“红河谷木棉水乡”旅游项目的滨水景观之一。投资商个旧市渐源商贸有限公司已进行项目前期规划工作。

此外，个旧市旅游局为更好地保护工业文化遗产，科学有序地开发工业旅游项目，邀请中山大学校长助理、旅游学院院长保继刚教授到个旧市对云锡冶炼厂、云锡采选厂进行工业旅游项目考察。保继刚教授认为个旧市采、选、冶的全套锡工业生产流程具有很高的人文价值和社会价值，是锡文化旅游的主力项目。

【宣传营销】 2011年，个旧市旅游局积极树立没有营销就没有旅游的理念，多措并举做好旅游宣传和营销工作。一是积极组团参加国际（国内）旅游商品交易会，大力推介个旧市旅游产品。年内，除组团前往西安市参加旅游商品交易会外，还于10月27日组织个旧锡工艺美术厂和绿水河旅游服务公司参加昆明市国际旅游商品交易会。二是先后4批接待CCTV-4、CCTV-NEWS等央视记者到个旧市拍摄风土人情，为旅游产业做好外宣工作。三是邀请相关媒体积极宣传推荐个旧市。“腾讯网”在旅游频道为个旧市刊发题为：《群山环抱下的小香港》的旅游资源介绍文章。《洛阳商报》刊发《温柔个旧》的散文。《红河日报》刊登专版4期，大力推介个旧旅游。四是与昆明森众文化传播有限公司合作，在丽江市播放个旧市旅游形象宣传片。五是参与做好“创意个旧”大型设计活动。先后接待4批近300名云南艺术学院师生，以深入矿山和旅游景点采风和考察的形式，为个旧城市形象进行装点和设计，让个旧市以崭新的面貌迎接中国共产党的九十岁生日。六是依托网络媒介及时将个旧旅游企业及景区景点的信息上网，做好宣传。通过改版锡都旅游网站，不断扩大宣传面。七是做好“中国旅游日”宣传工作。5月19日，开展以“读万卷书、行万里路”首个“中国旅游日”主题活动，向各族人民宣传“寓学于游、寓乐于游、寓健于游”的旅游功能，引导旅游企业诚信经营、优质服务，激发人民旅游热情，提升公民文明素质、身体素质和幸福指数。年内，个旧市旅游局还积极向有关部门报送信息，截止10月共报送26条。其中被州旅游局采用19条，被市委及有关部门采用10条。

【行业管理】 2011年，个旧市旅游局认真贯彻“质量兴市”的战略思想，进一步加强行业管理，向管理要质量，向标准要质量，并通过教育培训、星级申报（复核）、落实安全生产责任等举措，逐步提高全行业服务质量。

一是星级宾馆（酒店）管理 按时完成星级宾馆、酒店复核工作。其中4家3星级及以下宾馆、酒店已完成复核；1家4星级宾馆已完成初检，待省星评委复核。

二是导游管理 全年全市有50人次新报考导游资格，1人申请换证。

三是星级申报 锡都客运公司申报三星级旅游用车公司、红河州民族旅行社申报二星级旅行社。

四是教育培训 在做好常规旅游教育培训工作的前提下，又于国庆62周年到来之际，与市人力资源和社会保障局、市总工会联合举办全市旅游服务知识、技能大赛。此次大赛的优胜者，代表个旧市参加红河州旅游服务知识、技能大赛。在全州知识、技能大赛中，个旧市取得2个第三名和优秀组织奖的好成绩。

五是安全生产 进一步落实消防、交通等安全生产责任制，组织假日旅游领导小组成员单位赴各旅游企业开展安全生产检查、抽查，开展消防安全和彻查无牌无证机动车等专项行动，确保全年全行业无重大安全生产事故发生。

【机构改革】 2011年，个旧市旅游局按照上级统一安排和部署，完成机构改革。改革后，个旧市旅游局变更为“部门管理机构”，内设3个科室（办公室、规划开发产业科、行业质量监督管理科），公务员编制5人，领导职数3人。改革使个旧市旅游局的力量得到充实，为更好地为个旧旅游行业服务奠定了坚实的基础。

【组织建设】 2011年，个旧市旅游局按照中共个旧市委办《关于做好学习型党组织建设氛围营造工作的通知》要求，成立了以许昶罡局长为组长，赵媛媛副局长、张旭副局长为副组长的个旧市旅游局推进学习型党组织建设领导小组，认真开展学习型党组织建设工作。一班人坚持在思想上多交流、工作中多通气、生活中多关心，牢固树立“一盘棋”、“一条船”思想，战斗堡垒作用进一步提升。以庆祝中国共产党成立90周年为契机，组织以理想信念教育和党史、党性、党风、党纪教育为重点的学习教育活动，提高干部职工理论水平。鼓励干部职工读红色经典书籍，唱响经典红歌，参加“忠诚教育”和向杨善洲学习，牢记和遵守“立党为公、执政为民”的职业操守和行为规范。学习型党组织的先锋模范作用在市旅游局处处显现。

【扶贫帮困】 2011年，个旧市旅游局加强结对帮扶工作，先后投资20000多元购买灭火机、对讲机等森林防火装备，捐赠给蔓耗镇政府用于提升火灾预防和扑救能力；积极联系新华书店，向蔓耗中心小学捐赠价值10000元的图书；出资8000多元购买液晶电视2台分别捐赠给保和乡、蔓耗镇蔓耗村委会。

(撰稿：张　旭)

人民防空

【简述】 2011年，个旧市人民防空办公室认真学习贯彻科学发展观及党的路线方针政策，积极深化“四项制度”和“三项制度”的贯彻落实，根据中共中央、国务院、中央军委的有关文件精神，在省、州人防和市委、市政府的领导及市国动委的指导下，紧紧围绕市委、政府的工作发展思路全面开展人防工作，顺利完成省、州人防和市政府下达的各项目标任务。

【依法做好结建防空地下室的审批工作】 2011年，个旧市人民防空办公室按照《中华人民共和国人民防空法》等有关法律法规和人防工作的各项配套政策，对个旧市辖区结建防空地下室建设依法审批。对《安寓大厦》《人民路向南延伸道路西侧旧城改造二期A区商住楼》《御景国际花园》《森源阳光时代商住楼》《泰和·家园二期》《泰和·中央华廷》上报的防空地下室设计图纸及文件资料进行审核，审核总建筑面积22401平方米。经审核，项目手续完备，达到人防规范要求，报经州人防办备案审批后，均获得《民用建筑防空地下室建设许可证》；对正在审核中的《景秀文华》等13个防空地下室建设项目工程分别提出建审意见13份；审核开工报告1份。为进一步规范管理，个旧市人民防空办公室执法人员于年内对全市范围在建防空地下室施工现场进行质量跟踪巡察108人次，通过摄像、填写《巡察记录表》和《防空地下室建设项目综合登记表》，规范防空地下室工程隐蔽资料管理，确保在建防空地下室施工质量达到人防设计要求标准。

【加紧完成人防工程提升改造的立项任务】 2011年，个旧市人民防空办公室为解决个旧市老阳山片区工程、01工程、主干道人员掩蔽工程等早期人防工程由于修建年代较长，出现的局部渗漏水，通风、给排水、供电及消防设备设施不完善等问题，使早期工程能更好地发挥人防的“战备效益、社会效益、经济效益”，拟对以上三个工程实施全面提升改造。改造工程可行性论证已完成，工程总面积约9000平方米，预计投资1500万元，已向省人防办提出立项申请，正在做各项前期准备工作，力争2012年正式动工。

【加强早期人防工程的安全巡查】 2011年，个旧市人民防空办公室为确保早期人防工程的安全性能，大力加强对早期工程的安全巡查，对造成工程损毁、侵占等违法案件依法进行查处。巡查发现“人民小学早期人防工程”因新建楼房被损毁；“308队北侧早期人防工程”因周围开发建设造成损毁；“云锡白沙冲选厂西面早期人防工程”被采石厂采石损毁。个旧市人民防空办公室依据《人民防空法》第二十五条之规定，依法对造成上述工程损毁的相关单位和责任人进行法律责任追究，挽回经济损失，进一步严肃规范人防法律法规的贯彻执行，提升人防的社会公信力。

【依法开展人民防空行政执法检查】 2011年，个旧市政府根据《红河州人民政府办公室关于开展人民防空行政执法检查的通知》，制定出台《个旧市人民政府办公室关于开展人民防空行政执法检查的通知》，在全市范围开展人民防空行政执法检查，向各有关单位、房地产开发企业下发通知63份，要求各有关单位按通知精神，认真做好自查清理工作，特别是对长期拖欠易地建设费，漏缴、少缴以及擅自更改应建面积的情况认真进行清理上报。根据收集上报的自查清理材料，个旧市人民防空办公室对问题突出的单位进行重点督察并要求限期整改。清理整顿工作收到明显成效，达到预期目的，进一步规范了结建防空地下室建设工作程序。

【依法收缴易地建设费】 2011年，个旧市人民防空办公室按照《人民防空法》及《人民防空预算外资金管理规定》，严格依法依规开展人防易地建设费收缴工作，收缴易地建设费438万元，按规定上缴省州财政30%，合计131万元，其余70%（306万元）及时缴入财政专户，全部用于个旧市“机动指挥所”建设和支付“4405工程”施工欠款。

【圆满完成全州统一警报试鸣工作】 2011年，个旧市人民防空办公室按红河州人防下达的工作目标任务，积极做好全州统一警报试鸣工作，对辖区的几十台警报设备设施进行全面检查维护，更换警报器3台、设备控制箱3个，做好检测调试，确保所有警报设备设施处于良好工作状态，并于4月13日顺利完成全州统一警报试鸣工作。个旧市有各种类型警报器40多台，均建有档案资料，并与有关人员签订安全管理责任书，责任到人，明确分工，坚持日常维护，做好定期检查，确保警报设备设施性能良好稳定。全市警报音响覆盖率达到90%以上，为平时防范和预报自然灾害的发生提供了可靠的通信指挥平台。

【抓紧落实机动指挥所建设工作】 2011年，个旧市人民防空办公室依据《云南省人防机动指挥所建设的通知》要求，开展机动指挥所建设工作。个旧市机动指挥所按中型标准组织实施，已分别向省、州人防和市人民政府申请经费支持，以确保机动指挥所建设如期完成。

【组织制定重要经济目标防护方案】 2011年，个旧市人民防空办公室根据市国动委的工作安排，督促全市6个重要经济目标单位制定防护措施，力争在年内制定完成全市重要经济目标防护方案。

【完善人防信息网站建设】 2011年，个旧市人民防空办公室继续完善人防信息网站建设，及时对信息内容进行更新充实，确保丰富、翔实、安全、可靠，充分发挥人防信息网站宣传展示人防形象、加深与社会各界沟通交流的窗口作用和平台作用。

【通信训练通勤保障工作】 2011年，个旧市人民防空办公室按照国家人防“准军事机关”建设的要求，积极配合上级人防部门做好通信野营训练工作，组织通信人员到野外复杂地形条件下开展训练，锻炼意志，提高通信技能及快速反应能力，以适应未来战争的需要。按省人防办通规通纪，每天保持与省办的正常通信联络，全年联络490次，没有出现任何差错。

【人民防空知识宣传教育】 2011年，个旧市人民防空办公室继续开展人民防空知识宣传教育工作，并将其作为长期性工作列入重要议事日程。与市教委密切配合，每年在市辖8所初级中学开展人防知识专题教育，用多媒体教学形式鼓励学生积极学习，增强防护技能。在校园开设“人防知识宣传”专栏，普及人防知识。加强对外宣传工作。年内，市人防办各类文稿分别被《云南人防》采用4篇、《红河日报》采用1篇、《个旧时讯》采用4篇。

【做好人防工程的维护管理】 2011年，个旧市人民防空办公室为进一步加强市人防公共工程的维护管理，按照《云南省人民防空工程维护管理实施细则》的要求，对“老阳山地下停车场”、“人民路一期工程”、“人民路二期工程”、“七层楼地下商场”、“4405工程”等5个人防公共工程实行定岗定员，明确责权，将管理人员纳入考核管理体制，把人防公共工程维护管理和做好日常消防安全工作有机地结合起来，切实做好人防工程的维护管理工作。

【个旧市4405工程提升改造】 2011年4月，个旧市人民防空办公室“4405”工程电站通过提升改造后，发供电系统成功与市人防办公楼联网，完成应急指挥通信用电转换功能，解决了市电网停电时人防通信用电问题，实现“4405”工程电站的平战转换功能。

【做好档案达标管理工作】 2011年，个旧市人民防空办公室为做好档案达标管理工作，按市档案局的要求将文秘、财务、工程建设档案进行归类整理、补充完善。在市档案局的协助下，对历史档案进行系统清理、规范编程，对档案室硬件设施进行更新改造，提高档案管理水平。11月30日，由市档案局组成的验收组对个旧市人防办档案管理目标星级达标工作进行验收,市人防办档案工作经考核验收达五星级,并荣获云南省档案局颁发的“云南省党政机关档案室建设”牌匾。

【积极做好政府各项中心工作】 2011年，个旧市人民防空办公室按市政府的工作安排，深入开展推进“四项制度”建设及“三项制度、四项制度”深化工作，制定实施方案、细则、措施，设立96128信息服务台，遵循依法行政、公开透明、全面真实的原则，向社会公布重大决策听证、重要事项公示、重点工作通报等内容，保障人民的知情权、参与权、监督权，着力打造阳光政府。同时还按省州人防和市委、政府的工作部署完成好各项中心工作任务，按时上报各类报表及材料。

【认真做好保密工作】 2011年，个旧市人民防空办公室根据保密局的通知要求，组织全体人员开展保密法的学习宣传，参加保密知识考试，让保密工作做到人人皆知，防患于未然。日常工作中，对涉密资料不定期地进行清理，做到涉密不上网,上网不涉密,统一保管，并按要求集中销毁。

【严格人防经费管理】 2011年，个旧市人民防空办公室按《会计法》和《人防财务管理规定》的要求，严格各项财经纪律，认真执行“收支两条线”管理规定，做好易地建设费的收缴入库，严格平战结合收入资金以及各项经费的管理，按时上报各类财务报表及相关材料，完成“小金库”的自查清理工作。

【完成事业单位改制工作】 2011年，个旧市人民防空办公室按市政府的要求，积极做好事业单位的改制工作。按市编办《关于个旧市人防通信站更名为人防信息保障中心》的规定,个旧市人防信息保障中心成功完成改制工作,并制定了事业人员绩效工资管理办法。

【帮困扶贫工作】 2011年，个旧市人民防空办公室按市委、政府挂钩扶贫工作的安排意见，对锡城镇新龙村进行实地调研，寻找帮助村民脱贫致富的良策。调研后，大家一致认为道路不通是制约全村经济发展的瓶颈，必须解决。经与村委会协商同意，由个旧市人民防空办公室出资购买水泥24吨，由村民出工出力，兴修村级工路 4 公里，给村民的生产生活带来便利。

（撰稿：郭维妮）

商　　贸

加强屠宰管理工作，保障人民群众的肉食品安全　（李　姗　摄）

对内贸易

【简述】　2011年，个旧市工业商务和信息化局坚持解放思想，开拓创新，大力实施质量兴市战略。把实现经济增长的目标建立在提高质量、优化结构、增加效益、规范管理、安全发展的基础之上，认真贯彻落实《个旧市人民政府关于实施质量兴市战略的意见》《个旧市人民政府办公室关于成立实施质量兴市战略领导小组的通知》和《个旧市人民政府办公室关于个旧市实施质量兴市战略领导小组各工作组和办公室主要职责及组成人员的通知》，成立了个旧市工业商务和信息化局实施质量兴市战略领导小组，认真分解落实《个旧市实施质量兴市战略重点工作》，按照《2011年全州社会消费品零售总额指导计划目标责任书》的要求，采取切实措施，使个旧的消费品流通市场规模进一步扩大，流通领域现代化水平进一步提高，购物环境和设施有了极大改善，经营方式发生创新性变化，现代流通业态不断提升，全市社会消费品零售总额持续上升。1～12月，个旧市全社会实现消费品零售总额37.01亿元，比2010年增长20.1%，增速比2010年快0.5个百分点。其中公有经济实现14.05亿元，比2010年增长21.1%；非公经济实现22.97亿元，比2010年增长19.5%。城市居民人均可支配收入1.63万元，比2010年增长15.4%，消费支出1.01万元，比2010年增长7.7%，收入比支出多增长7.3个百分点。

【加快现代商业发展步伐】　2011年，个旧市加快现代商业发展步伐，进一步加强对鑫和都商业中心、丽水金湾购物中心、沃尔玛、肯德基、国美电器、苏宁电器等商业企业的服务和管理，促进城区核心商圈的形成；引进深圳花半里投资公司在北部城区（原个旧客运中心站）建设红河商业中心项目，项目总投资5.6亿元，项目建成后将与温州商贸城共同构成城市北部商业片区，与鑫和都商业中心形成城区南北呼应的商业格局；不断完善商业网点布局，进一步提高流通领域现代化水平，全市除百货商店、批发市场外，以连锁经营为基本特征的超市、购物中心、便利店、专卖店、折扣店不断增多，代理销售，物流配送等销售方式呈现出百花齐放、百业竞争态势，产销结合、品牌经营等模式在流通领域得以实现。在个旧市建设局的统一规划下，个旧物流中心的控制性详细规划已通过专家评审，根据《红河州商务局关于上报“十二五”商贸物流建设（改造）项目的通知》要求，州商务局已将个旧物流中心项目纳入《红河州“十二五”商贸物流发展规划》。同时，鸡街货运站建设正顺利推进，全市流通领域现代化水平进一步提高。加大“农家店”建设步伐，积极推进“万村千乡市场工程”，经州商务局和州财政局验收，个旧市“农家店”共67家，覆盖全市所有乡镇，进一步改善了农村消费环境，满足了农民消费需求。

【家电下乡】　2011年，个旧市工业商务和信息化局为规范各家电下乡销售网点的经营行为，确保进入农村的家电产品质量安全可靠，使家电下乡政策补贴资金补贴到位，及时与市财政局联系，向各销售网点印发《个旧市家电下乡、家电以旧换新监管年活动实施方案》和《个旧市工业商务和信息化局、个旧市财政局关于加强家电下乡监管防止骗补有关问题的紧急通知》，并根据实施方案成立了由市工信局和市财政局相关科室人员组成的个旧市家电下乡检查小组，加大对各个销售网点的监管和巡查力度。在销售网点申请备案时，认真审核销售网点提交的书面备案申请材料，对备案申请网点现场督察，检查其是否达到备案要求，并加快备案速度，建立全市家电下乡销售网络。全市通过备案核准的家电下乡指定销售网点103个，覆盖全市所有乡镇，方便了农民群众购买家电。同时，认真检查家电下乡销售网点产品进销台账、标识卡的使用情况、超限价销售、低价高售等情况，对家电下乡工作中存在的违法违规行为进行打击，维护市场正常经营秩序，保护农民群众的合法权益。截至2011年末，全市共销售各类家电下乡产品43434台，向农户兑付政策性补贴1204.81万元。补贴资金兑付率100%，居全州之首。其中冰箱14262台，补贴金额386.43万元；彩电10521台，补贴金额356.76万元；手机234台，补贴金额0.55万元；洗衣机8214台，补贴金额129.98万元；计算机1911台，补贴金额82.29万元；空调102台，补贴金额3.41万元；热水器6791台，补贴金额232.38万元；微波炉768台，补贴金额9.26万元；电磁炉631台，补贴金额3.74万元。

【以旧换新】 2011年，云南苏宁电器有限公司个旧分公司及昆明国美电器有限公司个旧文化宫店成为个旧市旧家电回收和新家电销售双中标企业，双双开展家电以旧换新工作。至12月31日止，全市共回收旧家电3310台，销售新家电3306台，销售额1425.6万元，其中电视机1800台，销售额981.98万元；冰箱805台，销售额274.18万元；洗衣机694台，销售额167.11万元；空调1台，销售额0.26万元；电脑6台，销售额2.07万元。家电以旧换新补贴资金由销售企业现场垫付给消费者后，分批与财政部门进行结算。政策实施期间个旧市财政局为销售企业办理家电以旧换新补贴资金结算20批，累计结算补贴资金998658.30元。在促进经济发展的同时，让人民群众得到了实惠。

【食品安全】 2011年，个旧市工业商务和信息化局为保证食品质量，确保人民群众吃上放心食品，加强维护食品市场秩序。坚持例行检查与日常监管相结合，对食品生产加工企业进行定期或不定期检查，重点开展元旦、春节、五一节、中秋、国庆等节日的专项检查，做到平时仔细查，节前节后重点查。检查中，严格按年初与企业签订的《食品安全责任书》和《食品质量安全承诺书》的要求，严禁走过场，敷衍了事。检查内容细致全面：一是检查各企业是否建立了食品安全方面的规章制度及操作规程，管理机构是否健全，是否按要求设立专（兼）职食品安全管理人员，食品安全责任制是否明确；二是企业对食品安全的组织领导及生产工作情况；三是企业管理制度及相关记录台账。检查采取听取企业汇报食品安全工作及自检自查情况、查阅相关管理文件管理制度及相关记录台账、察看企业生产车间及现场等方式进行。通过检查，局属系统企业各项规章管理制度健全，领导重视，相关记录完善，台账建立齐全，责任层层落实到位，加工及销售严格按国家有关规定进行，各生产车间、现场卫生整洁，防蝇防鼠防虫设施齐备，符合规范要求。食品质量经有关部门检验合格，没有发现生产及销售不合格食品现象，食品市场健康有序。全年，市工信局对下属3家食品企业、28个固定经营生猪产品市场、16个临时经营生猪产品经营店以及6个大型商场、超市，开展各类市场巡查720次、专项巡查200次，出动车辆800余台次，发放宣传材料10000余份。通过各种有效措施的监管和检查，全市未发生食品安全事故。

【安全生产】 2011年，个旧市工业商务和信息化局针对企业安全生产形势严峻，安全生产评价严格的实际，认真分析生产存在的问题和隐患，采取有力、可行的措施，推动全市安全生产工作顺利开展。一是明确安全生产责任主体，实施安全生产责任目标考核机制，做到安全生产谁生产谁负责。二是加大安全生产管理和监管力度，完善安全管理工作体制，进一步理顺综合监管和行业监管、国家监察与地方监管、政府监管与企业管理等方面的关系。年内，个旧市工业商务和信息化局切实加强安全生产监管，对高危行业、食品行业、矿山采选冶炼行业、商贸流通行业开展安全生产大检查，主要检查加油站和大型商场、超市消防器材的管理情况，安全生产责任制、操作规程落实情况，特种工作人员持证上岗情况，安全检查记录台账，设备检测、维修及运行情况，员工培训情况等，签订安全生产责任状105份。全年共出动车辆76台次、人员156人次，对全市正常经营的37座加油站、13家大型商场和超市进行各项消防安全检查，发现消防安全隐患376起，整改376起，整改率100%，下发责令改正通知书5份、验收复查指令书4份。对有职工集体宿舍及单班作业人员在50人以上车间的企业，要求加大消防安全检查，配置所需消防设施，排除安全隐患。全系统所属企业至今未发生重大安全责任事故。5月，个旧市工业商务和信息化局召开2011年度商务系统消防安全和安全生产工作会议，对各责任单位2010年度工作进行全面总结和评比，表彰在2010年消防安全和安全生产工作中做得较好的加油站，同时与62户责任单位签定2011年度消防及安全生产责任状。

【行政执法】 2011年，个旧市工业商务和信息化局认真贯彻国务院《生猪屠宰管理条例》和《云南省盐务管理条例》，针对生猪产品市场活跃、屠商多、情况复杂及食盐市场战线长、经销户众多、覆盖全市所有社区、街道、乡、镇、村的实际切实加强领导，加大工作力度，依法对个旧市生猪定点屠宰场和食盐市场实施监管，生猪产品和食盐产品市场稳定，营销井然有序。履行市场巡查720次，专项巡查200次，出动车辆800余台次；协调帮助生猪产品生产经营企业解决难题3件；内部开办执法培训班4期，受训人员68人次；发放执法联系卡300余张；开展法制宣传活动3次，发放法律、法规、条例等宣传资料4000份；监管生猪定点屠宰73597头、查处病害猪106头、无害化处理86头、销毁20头、受理举报电话60起、查出私屠滥宰12起、查处病害肉2136斤，与工商局、畜牧局联合制作放心肉公示牌278个；监管全市食盐零销网点500个，综合整治受日本核辐射影响，造成市民抢购、囤积食盐现象，查处非法销售食盐案件4起，收缴尚未销售的袋装食盐139袋、散装食盐20斤。由于措施有效、实施有力，稳定了民心，保障了全市食盐市场供应秩序，确保了社会稳定。

【市场专项行动】 2011年，为进一步整顿和规范个旧市盐业和生猪屠宰市场秩序，严厉打击不法行为，确保人民群众吃上“合格盐”和“放心肉”，个旧市工业商务和信息化局联合食安委会、工商、物价、公安等职能部门，采取平时巡查与专项整治相结合、全面检查与重点查处相结合的方式，积极开展各种盐业和生猪市场专项整治行动，依法对无证经营食盐，跨地区经营和违规批发、低价冲销扰乱盐业市场，经营不合格盐产品等行为及私屠滥宰生产加工窝点，制售注水肉、以次充好，经营病害肉的不法商贩进行查处。 年内，个旧市对鸡街育杰文武学校违规使用食品加工用盐进行处理，并联合市教育局对全市学校食堂使用合格碘盐情况进行全面检查。市工信局在市场专项整治行动中，查处病害猪肉12起、销毁病害猪肉2136市斤；纠正各类轻微违规经营行为200人次；审理相对人违法经营案件12宗，结案率100%。

【项目申报】 2011年8月，红河州商务局和红河州财政局联合下发《红河州商务局 红河州财政局关于下达2011年省级猪肉储备承储任务的通知》，个旧市大屯镇宏运猪场经省商务厅、省财政厅批准，取得了承储省级3000头活体猪的资质。

根据《红河州商务局 红河州财政局关于做好2011年乡镇农贸（集贸）市场建设改造项目申报工作的通知》要求，个旧市工业商务和信息化局向州商务局上报了《个旧市工业商务和信息化局 个旧市财政局关于推荐个旧市鸡街镇乍甸农贸市场申报2011年乡镇农贸（集贸）市场建设改造项目的报告》和相关申报材料。

【创建工作】 2011年，根据红河州商务局《关于在全州开展服务标准化加油站创建活动的方案》要求，个旧市工业商务和信息化局组织全市加油站主管人员学习服务标准化创建活动的相关内容，要求各加油站制定具体的创建方案上报。各加油站经过学习，均已上报创建方案，并围绕“环境整洁、计量准确、质量可靠、着装一致、态度热情、文明礼貌、服务快捷、诚实守信、功能完善”等9个方面的要求开展创建活动。年内，中石油红河销售分公司个旧团山加油站、八号洞加油站被评为云南省用户满意加油站，个旧团山加油站的高丽姣被评为云南省加油服务明星。

对外贸易

【简述】 2011年，个旧市因受有色金属价格起伏不定、世界经济延续复苏、有色金属生产成本上升等因素的影响，有色金属出口订单锐减，外贸企业特别是中小企业面临的压力越来越大，经营困境日益凸显。国家采取积极有效的宏观调控措施，加大对外贸易的支持力度，全市出口产品结构进一步优化，产品档次、技术含量和附加值有所提高。同时，国家采取的多种鼓励进口政策对个旧市产生了积极影响，全市进口规模不断扩大。年内，国内铅锌市场自我供应能力明显提高，贸易格局发生巨大变化，国内与国际市场价格倒挂，相关企业抓住时机扩大铅锡原料的进口，从一定程度上满足了有色金属冶炼企业生产、加工和出口的需求。全年，个旧市外贸进出口呈现增长趋势，总体环境继续好转，但各种变化和不利因素仍然存在，对外贸易发展仍然面临着许多不稳定因素，外贸企业受国家政策调整、国际市场价格影响较大，出口企业较少，出口产品较为单一。

【进出口贸易完成情况】 2011年，个旧市（含云锡公司）完成进出口总额5.88亿美元，同比增长17.5%。其中出口2.5亿美元，同比增长13 %；进口3.4亿美元，同比增长21%。州、市对外贸进出口考核的目标任务为58166万美元，实际完成58885万美元，完成目标任务的101.2%。市属企业完成进出口总额1.1亿美元，同比下降 1.8%。其中出口4992千万美元，同比下降 44%；进口6175

万美元，同比增长1.6倍。云锡公司完成进出口总额 4.8亿美元，同比增长23%。其中出口2亿美元，同比增长 52 %；进口2.8亿美元，同比增长8%。全市（含云锡公司）出口的主要产品有：化工产品45820吨；焊锡丝及锡制品9411吨；电镀锡阳板1148吨；铅板8731吨；银锭321吨;锡锭40吨；银粉57公斤。进口的主要产品有：铅精矿354049吨；锡精矿21373吨；锡锭25921吨；粗锡1500吨；铜矿砂12527吨。全市进出口情况虽然与2010年基本持平，但进出口主要以云锡公司为主，市属企业仅有云南乘风公司、红铅公司、振兴公司、联兴贵金属公司、沙甸电冶厂、光博电冶厂、沙甸兴沙有色冶炼厂、兴顺矿冶有限公司有进出口实绩，其他市属企业均无进出口业务开展。外贸企业有色行业出口优势有所降低，全市对外贸易呈现贸易逆差9千万美元。

【服务企业】 2011年，个旧市面对世界经济复苏放缓、国际金融危机加剧、生产成本上升带来的压力，进一步做好企业服务工作，加大外贸政策宣传力度，引导进出口企业在巩固传统业务优势的基础上创造新的增长点，促进全市外贸又好又快发展。一是鼓励企业“引进来，走出去”。充分利用国际国内两个市场和两种资源，进口国外有色金属原料，大力发展加工贸易。云锡公司、云南乘风公司等均从国外进口锡、铅原料，大力发展加工贸易，年内，云锡公司进口铅矿砂及精矿35.4万吨、锡矿砂及精矿21373吨、锡锭25921吨，总值达209085万美元；云南乘风公司进口粗锡2000吨，总值达5030万美元。市辖另外一些企业也积极“走出去”，按照国际通行规则开展对外投资和跨国经营，在境外建立加工基地、营销服务网络和研发机构。个旧旭众公司在越南与越方合作开发矿山；个旧市兴顺矿业公司在缅甸投资办厂，进口有色金属原料，在国内完成成品加工后再出口，实现“两头在外”。个旧一职中被省商务厅批准为云南省外派劳务（行业）培训基地。二是把重点外贸企业列为重点服务对象，积极协调，帮助企业及时解决生产、出口中遇到的问题。年内，帮助云南乘风公司、联兴贵金属公司获得白银自营出口权，扩大个旧市的出口品种。帮助光博电冶厂、沙甸大通冶炼厂、群力有色金属有限公司成为第二批跨境贸易人民币结算试点出口企业，企业可以不受地域和国家的限制，在任何口岸与任何国家以人民币进行出口货物贸易、跨境服务贸易和其他经常项目结算，出口不需提供核销单，不需核销，出口货物可享受出口货物退（免）税政策。为红河州红铅有色化工股份有限公司争取到2011年外经贸区域协调发展促进项目80万元资金的支持，其中中小外经贸企业融资担保保费补助50万元、中小外经贸企业贷款贴息30万元。云南乘风有色金属股份有限公司获得2010年度完成进出口目标任务奖励资金3万元、机电产品出口增量奖励108.19万元。三是积极为企业办理自营进出口的备案工作。全年办理自营出口权企业4户（个旧市兴宇科技服务有限公司、志达实业有限责任公司、德兴工贸有限公司、兴顺矿业有限责任公司），办理个旧市三宇矿产品加工厂、红河瑞捷电工有限公司、志达实业有限责任公司、云南锡业机械制造有限责任公司、凤鸣冶金化工厂、有色金属加工有限公司、云南云河药业有限公司等7家外贸企业的变更登记。

招商引资

【简述】 2011年，个旧市进一步改善投资环境，完善招商引资政策，各职能部门、乡镇充分发挥优势，在招商引资工作中加强相互间的协作，在项目立项、土地征用、环评等环节中紧密配合，提高办事效率，切实解决引资项目在建设中遇到的土地、环保、资金审批等问题。全市在建招商引资项目21项，其中结转项目9项，新签项目12项，新签项目协议总投资20.33亿元；引进州外到位资金16.36亿元，完成目标任务数的102.2%，其中省外到位资金13.04亿元，完成目标任务数的100.3%。

【重点项目进展情况】 2011年，个旧市辖区实施的马堵山电站、红铅年产10万吨粗铅冶炼、云锡10万吨粗铅冶炼、南翔年产10万吨电解锰项目、红河商业中心项目等结转项目稳步推进；云铝集团润鑫铝业有限公司、个旧圣比和科技有限公司、云南云河药业有限公司等一批外来投资企业不断加大技术改造投入;霞石正长岩矿产资源综合开发利用项目的招商工作取得历史性突破，戴劲松市长代表个旧市人民政府于12月23日与浙江海亮集团有限公司、重庆市博赛矿业（集团）有限公司签订《个旧市霞石正长岩矿产开发项目框架协议》。

【会展签约】 2011年6月6日，中国昆明第十九届进出口商品交易会招商引资项目签约仪式在昆明市举行，何建华副市长代表个旧市政府与云南华电莲花山风力发电有限公司签订个旧市莲花山至羊坝底片区《风力发电项目二期工程投资意向协议书》，协议投资6亿元人民币；同年9月21日，第七届泛珠三角区域合作经贸洽谈会投资合作项目签约仪式在江西南昌市举行，何建华副市长代表个旧市政府与云南美林投资开发有限公司（福建投资）签订《红河泛亚国际汽车城项目意向协议书》，协议投资6.2亿元人民币。签约项目正积极开展项目的前期准备工作。

（撰稿：刘智梅）

粮食购销

【简述】 2011年，个旧市粮食局辖独立核算国有企业4个（个旧市大红屯粮食购销有限公司、个旧市粮食储备库、云南个旧军粮供应站、个旧市粮食经贸公司），粮库点10个，容量10065万公斤，固定资产原值2861.6万元，年末在岗职工124人。全年粮食收购11440万公斤，粮食销售7361万公斤,销售额2.41亿元，利润65万元。认真履行粮食流通管理和行业指导职责，确保全市粮食安全，连续17年获州粮食局评审的"一符四无"粮仓市称号。

【粮食收购】 2011年，个旧市粮食局采取积极措施，做好粮食收购工作。组织专人到弥勒、开远、蒙自、建水、石屏等县市进行调查，深入田间地头，走访农户，了解粮食种植和生产情况；严格执行国家粮食收购政策，正确定位粮食收购价格；召开粮食经纪人座谈会，听取建议和意见；成立秋粮收购工作领导小组，召开粮食收购工作动员大会，总结经验，分析问题，部署工作，落实责任；进一步提高服务质量，热情待客，耐心解释，严格检验，随行就市，依质论价，灵活收购；协调资金，及时结算兑现，不打白条；加强与省内外产粮区联系，多渠道组织粮源。全年收购原粮11440万公斤，比2010年增加4100万公斤。

【军粮供应】 2011年，个旧市粮食局采取三不五坚持，保证个旧市驻军的粮油供应。在市场粮油价格不断升高的情况下，军供粮油做到"不降级、不涨价、不断供"。坚持军粮供应站长负责制；坚持军供粮油"一批一检一报告"制度；坚持电话预约售粮，定期不定期走访部队，征求部队官兵意见，改进军粮供应工作；坚持对边远和有特殊情况的部队，实行配送粮油上门服务；坚持开展军粮供应品种、等级串换和调剂及已购粮代保管等业务。圆满完成驻个旧部队的军粮供应任务。

【粮食销售】 2011年，个旧市粮食局指定专人对粮油批发市场、集贸市场、超市等粮食流通环节进行监测，了解价格波动情况，每周上报一次粮油价格信息，做好粮油市场供求和价格变化的分析预测。适时指导企业调整销售策略，寻求长期合作伙伴。大红屯粮食购销有限公司与红河州蒙自南湖缘过桥米线有限公司、云南江氏桥香园过桥米线有限责任公司等多家用粮大户签订长期合作协议。全年粮食销售7361万公斤，比2010年减少1067万公斤。

【储粮安全】 2011年，个旧市粮食储备库购置灌装机、输送机、地上笼等储粮设备，进一步提高科学储粮水平。个旧市食用植物油储备由市大红屯粮食购销有限公司负责承储。按照国家、省、州的安排部署，个旧市粮食局开展2011年粮食库存检查。经查，粮食库存保管账、统计账、会计账等三账账面数量完全一致；对储备粮按规定做到分账管理，分仓储存，统计上没有重复或遗漏等问题；粮食库存实物总数量在允许测量误差范围内，库存实物与保管账、统计账、会计账、银行资金账等账实相符、账账相符、账表相符；粮食库存质量合格、品质宜存，没有发现有异味、霉变及陈化等不能食用的粮食，粮食储存安全、质量良好、调用畅通。市粮食局与下属企业签订安全工作目标责任书，并列入企业经营目标管理考核。全年全市储粮无安全事故。市粮食局连续17年获"一符四无"粮仓市称号。

【粮食流通监督管理】 2011年，个旧市粮食局组织机关执法人员参加州粮食局举办的全州粮食系统行政执法培训班，经考试全部取得《云南省行政执法证》。加强粮食流通监督管理，对全市取得粮食收购资格的9户粮食经营户进行年审，全部合格。节假日前，对取得粮食收购资格的经营户进行监督检查，督促执行国家有关粮食收购政策，防止压级压价、抬级抬价和“囤积居奇”等。市粮食局对粮食经营户的粮食质量进行抽查，将抽检样品送红河州粮油产品质量监督检验站检验，对检验不合格的发出限期责令改正通知书，通过整改，已全部达标。年内，个旧市粮食局按照《粮食流通管理条例》赋予的职责和省、州粮食局要求，继续做好社会粮食流通统计工作。市粮食局统计人员深入私营企业，帮助企业立账建账，进行专题培训和辅导。在做好社会粮食流通统计工作的同时，全面完成社会粮食供需平衡调查等各项统计工作，做到数字真实、准确、上报及时。按照上级要求，个旧市粮食局按万分之五的抽样比例，对全市粮油消费情况进行调查，并积极与财政、农业、统计、城调队等部门和单位配合，按时上报个旧市粮油消费调查报告，为领导和上级部门提供粮油宏观调控的决策依据。

（撰稿：李国祥）

烟草专卖

【简述】 2011年，红河州烟草公司个旧分公司（以下简称烟草个旧分公司）在州委、州政府的正确领导下，认真贯彻落实中共十七届五中、六中全会精神，坚决贯彻执行省局党组的决策部署和要求，坚持以科学发展为主题，以加快转变发展方式为主线，以“卷烟上水平”为主要任务，认真落实“总结经验、全面提升、奋力前行、永攀高峰”和“三个全心全意”要求，固本强基，创新发展，推动企业整体竞争实力进一步提升，烟叶生产工作取得新成效，卷烟营销工作创新发展，规范建设和专卖监督管理成效明显，队伍建设进一步加强，企业管理基础进一步夯实。各职能部门立足自身岗位职责,团结协作、坚定信心、攻坚克难、勤奋工作，全面完成分公司的各项生产经营指标和各项工作任务，为个旧市经济发展和社会和谐做出了应有的贡献。

【机构设置】 2011年，烟草个旧分公司下设办公室、财务室、烤烟生产技术室、安全室、客户服务分中心、专卖办、鸡街分局、城区专卖管理所、城区烟草站、大屯烟草站、卡房烟草站等11 个职能部门。党组织关系隶属于红河州烟草专卖局党委，分公司成立党总支，下设机关、生产、卷烟专卖及离退休退养4个党支部。

【人员构成】 2011年，烟草个旧分公司有在册员工102人，其中在岗员工50人，离退休退养员工 52人，聘用工32人，中共党员38 人，管理人员21人。

【生产经营业绩】 2011年，烟草个旧分公司“两烟”实现利润13015万元，比上年同期增加1853万元，增幅16.6%；实现税金2990万元，比上年同期增加670万元，增幅28.87%；实现税利16005万元，比上年同期增加2523万元，增幅18.71%。

【烤烟工作】 2011年，烟草个旧分公司紧紧围绕“优化烟叶结构和提高有效烟叶供给能力”的工作目标，坚持“稳定规模、优化结构”的工作方针，完善各项管理措施，加强基础设施管理和建设，加大科技落实力度，克服极端气候的影响，取得优化烟叶结构工作的重大突破，保持了烟叶生产持续稳定健康发展，圆满完成红河烟草公司下达的优化烟叶结构的各项工作目标和收购任务。

全年，全市烤烟合同签订面积2万亩，比上年增加0.39万亩，增长24.22%；种植户数2056户，比去年增加50户，增长2.49%；合同签订收购量5.3万担，比去年增加0.43万担，增长8.83%；实际收购烟叶6.06万担(含丰产烟叶)，比去年多收购0.9667万担，增长18.98%；其中丰产烟叶比去年多收购240.68%；亩产量3.03担，比去年减少0.13担，下降4.22%；支付烤烟收购金5709.95万元，比去年多支付 1564.908万元，增长58.42%；实现税利1256.19万元，比去年增加463.23万元，增长58.42%；均价18.85元，比去年增加4.69元，增长33.15%；上等烟比例72.17%，比去年高出26.91个百分点；户均收入27772.14元，比去年增加9804.17元，增长54.56%；亩产值2854.98元，比去年增加616.24元，增长27.53%。

【卷烟工作】 2011年，烟草个旧分公司坚持把“卷烟营销上水平”作为转变发展方式的一项重要内容，按照“一年打基础，两年上水平，三年大发展”的工作思路，认真落实“保牌、稳价、规范、增效”的工作方针，创新思路，强化措施，扎实推进卷烟营销各项工作的开展，完成了销售任务，取得了明显的成效。销售卷烟19084.809箱，完成年销售计划的100.61%，同比下降3.53%；实现毛利额12355.636万元，完成年计划的100.90%，同比增长13.05%；实现单箱销售额23889.019元，完成年计划的100.47%，同比增长15.36%。其中一类烟销售2157.786箱，占总销量11.31%，同比增长24.69%；二类烟销售1511.376箱，占总销量7.92%，同比下降5.23%；三类烟销售10913.784箱，占总销量57.13%，同比增长51.80%；四类烟销售3957.36箱，占总销量20.74%，同比下降44.72%；五类烟销售542.428箱，占总销量2.84%，同比下降74.25%。婚庆促销兑换2504场次，完成任务 100.16%，其中城市完成1758场次，完成任务105.9%，农村完成 746场次，完成任务88.50%。

【专卖管理】 2011年，烟草个旧分公司牢固树立“国家利益、消费者利益至上”的价值观，紧紧围绕“管理、监督、协调、服务”的工作职责，依法行政，做好证件办理工作；加强对法律、法规的学习与宣传，提高队伍素质；坚持规范执法，切实抓好日常管理工作；开展打假打私和各项专项工作，提高市场净化率；深入推进内部监督管理工作，努力推动专卖基础管理上水平。认真抓好卷烟专卖管理工作，为辖区“两烟”生产、经营持续健康发展切实履行好维护和服务职能。

全年，全市新办入网销售客户15户，补办3户，因两次以上受到处罚注销15户，到期延续374户。截止年末，个旧市有效持证零售户累计达到1804户。查获案件119起，案值47.55万元，上缴财政罚没款147023元。其中非法渠道进货案件99起，涉案卷烟3446.9条，案值208231元；无证经营烟草制品零售业务案件10起，涉案卷烟236.8条，案值28096.5元，已移交工商部门处理；无烟草专卖品准运证运输烟草专卖品案件9起：涉案卷烟204条，案值9670元；涉案烟梗26730公斤、烟叶7721公斤，案值228557元。销售非法生产烟草专卖品案件1起，涉案卷烟2.5条，案值1056元。全年组织“两烟”市场专项清理整顿6次，累计出动执法人员364人次，出动执法车辆78车次。

【企业管理】 2011年，烟草个旧分公司在州局(公司)党委和市委、市政府的正确领导和支持下，以“严格规范管理 、强化企业自身建设”为重点，着力促进企业管理上水平。

一、以制度建设为重点，紧紧围绕“卷烟上水平”，确保目标任务圆满完成。个旧分公司始终把制度建设放在工作首位，及时组织人员结合实际，制订具有针对性、长效性的管理制度及标准，提升自身规范化管理水平。紧紧围绕“卷烟上水平”这一中心任务，理清发展思路，着力在研究和解决“两烟”生产经营和基础管理的矛盾和问题上下工夫，攻坚克难，破解难题，推进各项工作全面进步，实现重点工作的更大突破。以“满腔热情、富有激情、充满智慧、奋力创新”的良好精神状态，扎实推动工作落实，确保全年各项目标任务圆满完成，促进分公司的全面发展。

二、加大员工培训力度，举办各种知识竞赛和专题讲座，夯实企业发展基础。分公司采取内训与外训相结合的方式，开展员工培训工作，提升员工队伍的业务素质和技能，增强工作效率和办事效率，为企业的可持续发展夯实基础。

三、以“大成文化”体系建设为引领，开展形式多样的职工学习传贯，促进企业和谐发展。分公司充分发挥工会组织的职能作用，开展形式多样的职工学习宣传等活动，切实维护职工的自身权利，做到办事公开、民主管理。调动员工的工作热情，促使职工全身心地投入到企业发展中来。通过一系列活动的开展，既活跃了职工文化生活，又融合了思想教育内容，使职工受到感染、熏陶和教育，推动了“大成”文化建设和全力打造“七彩”服务品牌的进程。引导干部职工理解和践行“大成”文化理念和“七彩”服务品牌的深刻内涵，将文化软实力转化为推动工作全面进步、重点突破的强大动力。

（撰稿：杨迎春）

供销合作社

【简述】 2011年，个旧市供销合作社在中共个旧市委、政府及红河州供销社的领导下，在相关部门及乡镇的支持、配合下，认真贯彻学习中共十七大六中全会精神，狠抓城乡市场建设，“三农”物资供应，发展“两社一会”，建设“乡村流通工程”，组织在岗职工和农村经济发展能人进行各种技能培训，树立安全第一的思想，抓好本单位系统安全生产及各项工作，按时完成年初与市委、政府及州供销社签订的“工作目标管理责任书”的各项工作任务。年末，个旧市供销合作社下辖2个控股企业和未改制的沙甸基层社；有职工46人，其中在岗职工44人（含市社机关14人），离休干部8人，退休职工130人（含市社机关29人）。

【加强农村商贸流通服务体系和“乡村流通工程”建设】 2011年，个旧市供销合作社认真贯彻国务院《关于推进社会主义新农村建设的若干意见》《云南省人民政府办公厅转发省供销社关于大力发展“两社一会”推进农村流通服务体系建设意见的通知》以及《中共云南省委云南省人民政府关于深化改革推进供销合作社“二次创业”的意见》，落实省委书记白恩培对供销社工作的重要指示精神，切实抓好“乡村流通工程”建设工作。截止12月，社领办和发展乡村流通网点29个，其中建设日用消费品网络服务终端23个、农资连锁经营网点6个；发展“两社一会”33个，其中综合服务社12个、专业合作社20个、专业协会1个，服务农户3046户，培训各类人员1325人，其中140人获国家人力资源和社会保障部颁发的《农产品经纪人职业资格证书》。在发展各类农村经济组织的过程中，市供销合作社深入调研，按照发展要求，从人员素质、交通条件、辐射范围、店面条件、服务项目等方面综合选择每一个农村便民超市，选准每一个日用消费品网络服务终端和综合服务社地点，论证每一个点址的经营项目，进行合理布局，使领办和创办的便民超市、“两社一会”店容店貌有所改观，服务功能有所提升，经营理念有所更新，让村民不出村就能买到合格放心的生产、生活用品，使“乡村流通工程”建设紧贴新农村建设、紧贴农民的需求。

【红河农产品信息网站建设】 2011年，个旧市供销合作社积极参与红河农产品信息网站建设，及时、准确、全面地做好个旧市农产品和农业生产信息的采集、发布工作，实现利用信息引导农业产业结构调整，帮助农民按市场需求组织生产和经营，帮助农民推销农副产品，不断提高个旧市农产品信息网的使用效益和效率。年内，个旧市供销合作社农产品信息基层站点新增2个。年末，全市有农产品信息网站1个、农产品信息基层站点11个，发布各类信息522篇（条）。其中供求信息90条、图片类文章88条、分析预测27篇、价格行情177条，直接和间接促进各类农副产品交易6000吨，实现交易金额近3100万元。

【农业生产资料供应】 2011年，个旧市供销合作社努力拓展农产品经营和农资类商品经营业务，积极参与农业产业结构调整，以市兴农农资公司和鸡街、卡房、城郊、贾沙、大屯等乡镇基层社为依托，构建全市农资经营“现代流通体系”，制定供应计划，使农业生产资料供应做到有组织、有计划、有安排、有落实。

全年，个旧市供销社化肥销量22057吨。其中尿素5474吨、硝磷酸铵1452吨、碳铵6520吨、钙镁磷984吨、普钙5486吨、钾肥116吨、复合肥1984吨。年末，仓储尿素1024吨、硝磷酸铵44吨、钙镁磷11吨、普钙632吨、钾肥6吨、复合肥183吨。销售农药116吨、农用塑料薄膜70吨。农资市场供应极大地满足了农业生产需求。

【农副产品购销】 2011年，个旧市供销合作社农副产品采购总额5038万元，销售额9800万元。传统经营业务中的废旧金属完成销售额75万元，烟花爆竹销售额73万元，食用盐完成销量2492吨。农副产品销售品种有蔬菜、干菜、调味品、干鲜果品类、茶叶、粮食油料等。

【财务工作】 2011年，个旧市供销合作社为提高会计、统计从业人员理论水平和业务技能，采取以会代训和业务部门会计、统计专业培训等方式，组织财务人员认真学习《会计法》《税法》及相关法律法规知识，以适应市场经济对会计工作的要求，培训财会人员31次。加强财务管理，开源节流、增收节支，全年全社实现利润7万元。

【生活资料销售】 2011年，个旧市供销合作社全系统销售生活资料总额1.2亿元，主要销售品种有百货、五金、针织品、纺织品、文化用品、冰箱、彩电、电炒锅、电饭锅、鞋类、化妆品、通讯设备、化工材料、土产类、干菜及调味品类、烟花爆竹、粮食油料、茶叶、食盐等。

【主要领导干部】 书记、主任赵正辉，副书记张兴红， 副主任蒋宝富、杨义伟。

（撰稿：蒋朝晖）

物资购销

【简述】 2011年，个旧市物资总公司在市委、政府的正确领导下，坚持以邓小平理论和“三个代表”重要思想为指导，认真学习贯彻中共十七大精神和省、州、市党代会精神，深入开展创先争优活动，认真贯彻落实科学发展观，坚持以经济建设为中心，以发展为第一要务，努力克服市场竞争激烈、全球金融危机影响等困难，开拓进取、团结奋斗、与时俱进，与云南新源再生产业有限公司共同投资经营管理红河州资源再生利用有限责任公司，加强对民爆公司、旧机动车交易中心的改造与管理，加大安全经营管理工作力度，提高公司经济效益。全年，市物资总公司实现商品购进1224万元，较上年同期减少185万元，下降13%；商品销售1598万元，较上年同期减少307 万元，下降16%；实现盈利20 万元，较上年同期减少30 万元，下降60%；各项工作责任目标的完成，为个旧市经济社会稳定发展作出了应有的贡献。

【民爆产品专营】 2011年，个旧市物资总公司下属的民爆产品专营公司进一步加强安全生产管理，开展优质服务活动，对职工进行安全生产、法律法规教育，坚持对民爆仓库进行月查、周查、日查工作。进一步维护完善监控摄像头、避雷装置，使民爆公司的软件和硬件设施再次得到提升。民爆仓库人防、技防、犬防三重安全保卫措施并用，每天24小时专人值守及严格的岗位责任制度和经营管理制度，保证了民爆产品的安全经营。为了拓宽市场，更好地服务客户，促进民爆行业和公司的健康发展，个旧市物资总公司与个旧锡都保安服务有限公司于8月以股份合作方式联合组建个旧市平安爆破作业服务有限公司，使企业取得良好的社会效益和经济效益。全年，个旧市民爆产品专营公司实现商品购进1224 万元，较上年同期减少185万元，下降13 %；商品销售1464万元，较上年同期减少340万元，下降19%；实现盈利103万元，较上年同期减少40万元，下降28%。

【二手车交易】 2011年，个旧市物资总公司下属的二手车交易中心，认真开展优质服务工作，不断加强经营管理，增强企业的竞争力，进一步规范市场交易行为，提高服务质量。与州内其他4家二手车交易企业联合经营，统一按国家政策收费，实行电脑微机开单，平均分配交易服务费收入，并与其他二手车流通企业共同组建和顺车驾管理业务经纪有限公司。通过联营和优质服务活动，促进了二手车交易量的增加，取得良好的社会效益和经济效益。全年，市二手车交易中心交易服务费收入134万元，较上年同期增加34万元，增长34%；亏损50万元，较上年同期减亏23万元，减幅32%。

（撰稿：沈永平）

财政·税收·金融·保险

积极开展税法宣传　（个旧报社　提供）

财　政

【简述】 2011年，个旧市财政工作在市委、政府的正确领导下，在上级财政部门的关心支持下，紧紧围绕年初人代会确定的目标任务，按照市委、市政府及上级财政部门的总体部署，坚持“聚财为国、执法为民”的财政工作宗旨，以加快转变经济发展方式为主线，以保障和改善民生为根本，以中央实施面向西南开放的桥头堡建设、资源枯竭城市转型为契机，不断创新理财观念，积极探索工作思路，科学制订工作举措，较好地发挥了财政工作职能，促进了全市经济社会各项事业的健康发展。

全年，全市财政总收入完成189632万元，比上年增长17.84%，增收28715万元。其中地方一般预算收入完成86239万元，比上年增长9.12%，增收7210万元。全市地方一般预算支出完成231660万元，比上年增长10.23%，增支21491万元。

政府性基金收入完成22503万元，比上年增长77.08%，增收9795万元，主要是国有土地使用权出让收入增加；政府性基金支出完成25033万元，比上年增长73.47%，增支10602万元。

【抓征收管理，促收入稳定增长】 2011年，个旧市财政局抓好征收管理，促进收入稳定增长。一是确保税收收入应收尽收。针对个旧地区中小冶炼企业众多、税收征管难度大的实际，税务、财政、工信等部门多方联动，加强税收征管，加大稽查、清欠力度，努力组织收入。全市税收收入同比增长9.83%，增收6480万元，成为财政收入增长的主要拉动因素。二是抓好非税收入管理。根据中央和省州统一部署，将除教育收费外其他按预算外资金管理的收入全部纳入预算管理，拓宽财政增收渠道。按照“单位开票、银行代收、财政统管、政府统筹”的收缴模式，建立和完善政府非税收入征收管理体系，着力推进政府非税收入管理制度化、规范化、精细化，取得了积极成效。全年，全市政府非税收入完成37923万元，完成年计划159.1%，比上年增收8128万元，增长27.3%。其中纳入一般预算收入完成13814万元，完成年计划120.1%，比去年增加731万元，增长5.6%；纳入基金预算收入完成22503万元，完成年计划205.9%，比上年增收9796万元，增长77.1%；纳入财政专户收入完成1606万元，完成年计划113.7%，比去年减收2399万元，下降59.9%。全市非税收入同比增长5.58%，其中罚没收入同比增长1.28倍，行政事业性收费收入同比增长1.14倍，非税收入对财政的贡献不断增大。

【突出重点，改善民生】 2011年，个旧市财政局按照公共财政的要求，努力调整和优化财政支出结构，全力保障各项民生支出需要。全市地方一般预算支出完成231660万元，同比增长10.23%。其中用于民生方面的支出达到17.73亿元，比上年增加2.48亿元，增长16.23%，占全市地方一般预算支出的比重达76.54%，着力支持教育、医疗卫生、社会保障及保障性住房建设等民生事业发展。同时，按规定及时兑现其他事业单位绩效工资，财政支出“保工资、保运转、保民生”的总体要求得到较好体现。教育支出31830万元，“两免一补”范围继续扩大，全年享受城市学校义务教育阶段免学杂费、农村学校提高公用经费、家庭经济困难寄宿制学生生活费和免费教科书的补助分别达到171.11万元、1644.86万元、571.23万元和279.66万元；取得上级农村中小学公用经费中央转移支付资金补助200万元、农村义务教育阶段学校食堂建设8个项目资金188.6万元，市级财政配套10万元。公共安全支出14935万元，比上年增长61.70%，增支5699万元；社会保障和就业支出43922万元，比上年增长22.82%，增支8160万元；医疗卫生支出23689万元，比上年增长34.08%，增支6021万元。全年累计拨付和发放城乡低保资金9558万元，城市困难居民42万人次得到城市低保补助，农村困难居民10000人享受到农村低保的补助，城乡困难居民群众基本生活待遇得到妥善解决。累计拨付和支出新型农村合作医疗补助资金支出3023万元，农民241388人次享受到新型农村合作医疗基金的补助，广大参合农民普遍受益；拨付和支出城镇职工基本医疗保险资金20913万元，补助城镇职工住院医疗22761人次，拨付和支出城镇居民基本医疗保险资金3292万元，城镇居民群众14433人次得到补助；积极组织和支持实施老龄人长寿保健补助办法，截至年底全市有7.17万名60周岁以上老年人，老年化率高达18.4%，比全省、全国高出6个百分点。全年有6639名80周岁以上老年人（其中百岁老人6名）领到长寿保健补助，发放补助资金161.75万元。

【深化改革，推进财政科学化精细化管理】 2011年，个旧市财政局继续深化改革，推进财政科学化精细化管理。一是深化国库集中支付制度改革。按照财政科学化精细化管理要求，进一步对全市财政供养单位进行全面梳理，将改革面扩大到所有基层预算单位，市本级全额预算单位财政统发工资已全部实现财政直接支付，授权支付改革单位已达到财政全额预算单位的100%，基本实现"横向到边"的预算单位全覆盖。二是积极完善公务卡结算制度。2011年通过完善公务卡结算制度，进一步规范了国库集中支付结算程序，提高了结算效率，保证了财政资金结算的安全性和准确性。截止12月31日，市本级已实行公务卡结算的预算单位有164个，其中行政单位数58个，事业单位数106个，本级全额预算单位实行公务卡结算面已达100%，办理公务卡4760张，公务卡累计支付金额7,833万元。三是支持国有企业深化改革。妥善处理国有企业改革后续遗留问题，积极支持省属企业退休人员移交属地社会化管理服务工作，认真做好国有企业办中小学退休教师待遇差补助资金的申报工作。年内，全市国有企业办中小学退休教师待遇差补助资金680余万元全部到位。逐月及时拨付个旧市化肥厂等6户政策性破产企业的相关费用，共拨付6户政策性破产企业"4050"人员托管费用706万元，6户政策性破产企业后续工作管理费用59万元，2010年代缴的养老保险、医疗保险费用209万元，上述资金的及时拨付，维护了社会稳定。同时，支持企业自主创新和技术改造。积极为企业争取上级财政的技术创新、产业发展、贷款贴息等专项资金，支持企业开展关键技术研发及技术创新，提高企业的自主创新能力和核心竞争能力。全年，个旧市财政局配合工业商务和信息化局、科技局、供销合作社等职能部门，为企业申报项目20多个，争取到上级补助630万元。

【发挥财政职能，全面落实各项强农惠民政策】 2011年，个旧市财政局进一步发挥财政职能，全面落实各项强农惠民政策。一是做好能繁母猪、奶牛保险保费补贴资金审核、拨付工作。全市能繁母猪参保10922头，市财政共拨付保费补贴资金52.42万元。其中中央资金32.77万元，省级资金9.83万元，州级资金4.91万元，市级资金4.91万元；奶牛参保2800头，共拨付保费补贴资金60.48万元。其中中央资金30.24万元，省级资金15.12万元，州级资金7.56万元，市级资金7.56万元。二是做好2009年度新增农资综合补贴动态调整资金项目验收工作及2010年度项目申报工作。2010年全市共上报2009年度新增农资综合补贴动态调整资金项目8个，经上级审核批准5个，其中鸡街镇3个、大屯镇1个、保和乡1个，共争取上级资金250万元。2009年度新增农资综合补贴动态调整资金项目已于2011年3月全部竣工验收，5个项目审定总投资230.13万元，修建沟渠5889.2米，灌溉面积4357亩，受益对象涉及8个自然村1271户5098人。2011年上报2010年度新增农资综合补贴动态调整资金项目7个，经上级审核批准4个，其中鸡街镇2个、贾沙乡1个、锡城镇1个。概算总投资218.46万元，申请上级资金190万元，拟修建沟渠7570米、沉沙池1座，预计灌溉面积3250亩，受益对象619户3064人。三是积极做好财政支农补贴资金的拨付和发放工作。全年发放农资综合补贴资金860万元，补贴农户41664户、补贴面积16.4万亩。发放2011年良种补贴资金297万元，补贴农户41533户，补贴面积249066亩。发放2011年中央油菜良种补贴资金3.3万元，补贴面积2150亩。完善退耕还林补助政策，及时发放和兑付2010年退耕还林补贴资金707.4万元，补贴农户3894户，补贴面积27208亩，项目涉及9个乡镇；兑付完善退耕还林政策补助款68.6万元，补贴农户1126户，补贴面积5488亩，涉及7个乡镇。2011年支农资金16154万元（含农林水基金支出479万元），比上年增长5.03%，增支774万元。四是继续贯彻落实家电下乡政策。2011年是家电下乡工作监管年，省、州、市三级政府高度重视家电下乡工作，把"加强销售网点和售后服务体系建设，继续扩大'家电下乡'产品销售，使全市广大农村群众得到更大实惠"分别列为本级政府本年度20项重要工作之一进行督查。7月，个旧市财政局与工业商务信息化局联合开展"加强家电下乡监管，防止骗取国家补贴"的检查工作，对家电下乡销售网点采取先自查后抽查的形式进行检查，针对检查出的问题责成销售商进行整改，并对整改结果进行复查，全面推进家电下乡工作向纵深发展，确保广大农村群众得到更大实惠。个旧市家电下乡补贴资金兑付工作取得很好成绩，补贴资金兑付率一直在全州名列前茅。截止12月31日，已销售下乡家电38996台（件），销售额8910.2万元，已补贴下乡家电38825台（件），发放补贴资金1078.75万元。补贴资金兑付率99.56%，居全州之首。五是继续实施村级一事一议财政奖补。为确保2011年一事一议财政奖补项目实施的真实性和效益性，个旧市财政局深入全市9个乡镇对申报项目一一进行实地勘察、筛选，对不属于村民直接受益的、不符合财政奖补范围的项目予以取缔；对未按规定程序进行一事一议筹资筹劳的令其整改；对筹资筹劳超上限标准的要求其退还村民筹资、减少筹劳。在乡镇申报的117个项目中精挑细选73个（其中普惠制57个、示范制5个、增量11个）财政奖补项目呈报市政府审批通过，确定73个一事一议财政奖补项目，其中村内道路硬化25个、人畜饮水8个、文化体育设施32个、小型农田水利2个、环卫设施1个，其他公共设施5个。73个项目预计总投资2129.69万元（其中中央和省财政奖补资金587万元，市级财政奖补资金300万元，村集体投入250.45万元，村民筹资、捐资75.88万元，社会捐赠47.69万元，村民以工折资、以物折资、整合资金等868.67万元）。73个项目惠及57个村委会、73个村民小组，受益9743户36319人。六是做好石油价格改革财政补贴发放工作。根据《红河州财政局 红河州交通运输局 红河州农业局 红河州林业局关于预下达2011年成品油价格改革财政补贴的通知》《红河州财政局关于下达2010年度渔业林业石油价格改革财政补贴的通知》《红河州财政局关于下达2010年度交通运输业石油价格改革财政补贴的通知》《红河州财政局关于下达2010年度成品油价格改革财政补贴清算资金的通知》精神，下达全市2010年度石油价格改革财政补贴专项资金1175.02万元，其中市林业局15.58万元（白云山国营林场13.39万元、苗圃2.19万元），市交通局1159.44万元（城市公交85.1标台共424.54万元，出租车371自然台共427.54万元；农村道路客运215辆共306.56万元，农村水路客运船1艘0.8万元），资金已拨付到各部门。按照《红河州财政局关于预拨2011年度成品油价格改革财政补贴资金的通知》《红河州财政局关于第二次预拨2011年度成品油价格改革财政补贴资金的通知》精神，预下达个旧市2011年度成品油价格改革财政补贴资金共508.44万元，其中市林业局6.56万元，市交通局501.88万元（城市公交178.58万元，出租车183.56万元，农村道路客运139.38万元，农村水路客运0.36万元）。资金到位后经市财政局与市交通局、林业局共同研究，按总金额的80%兑付给经营者，其余20%待上级政策明晰后予以发放。七是积极支持农村民居地震安全工程建设。2010年上级下达个旧市农村民居地震安全工程建设任务1200户，其中修缮加固900户，拆除重建300户。资金到位498万元，其中省级400万元，州级16万元，市级配套73万元，乡镇配套9万元，个旧市财政局严格按照《红河州农村民居地震安全工程建设补助资金管理办法》规范资金管理。2010年农村民居地震安全工程已通过州级验收，修缮加固补助资金198万元已兑付施工方，拆除重建补助资金300万元已通过“一折通”发放到农户手中。2011年州级下达农村民居地震安全工程修缮加固任务500户，市级应配套100万元，市财政局积极筹措资金，从土地出让金中安排100万元，确保工程的顺利实施。八是积极争取上级彩票公益金的投入。2011年，个旧市在上级财政、民政、文体等相关部门的大力支持下，争取彩票公益金扶持项目80个，资金691.49万元。其中体育设施建设24个，资金88.2万元；敬老院、老年公寓、老年活动室建设及维护22个，资金265万元；村民活动场所建设9个，资金63万元；社区服务站建设5个，资金100万元；残疾人事业发展项目19个，资金125.29万元；青少年校外活动场所建设1个，资金50万元。

【加强财政监管，提高依法理财水平】 2011年，个旧市财政局加强财政监管，提高依法理财水平。一是认真做好地方财政专户清理整顿工作。为保障地方财政专户资金的安全、规范、高效运行，根据上级财政部门关于清理整顿地方财政专户的通知精神，按照清理内容、清理范围、清理依据的工作顺序对现有财政专户进行逐一清理，撤销无国务院、财政部、省级人民政府和省级财政部门有效文件依据和一年内未发生资金往来业务的财政专户19个，其中市本级12个，乡镇7个；撤并同类或相似性质资金开设的财政专户17个，其中市本级9个，乡镇8个；新增财政专户4个，保留财政专户45个，其中市本级42个，乡镇3个。二是积极开展财政资金绩效评价。坚持财政资金绩效评价制度，加强绩效评价结果运用。在安排预算资金时，将绩效评价的结果作为一个综合考虑的参考因素，充分发挥绩效评价结果的威慑力和影响力；对重点项目资金进行跟踪问效，提高财政资金使用效率；年内，个旧市财政局积极开展2011年农村人饮安全建设工程、2011年地质灾害防治经费、2010年生猪标准化规模养殖场（小区）建设项目等7项涉及水利、农业、社会保障等方面的重点民生资金绩效评价工作，涉及资金12868.97万元。三是积极开展财政投资评审工作，有效控制了工程建设成本。开展市污水处理厂改扩建及配套管网工程、市锡都博物馆和图书馆两馆合一工程、个旧市戒毒所、2009年廉租住房建设和兴综合楼全过程跟踪投资评审工作。“两馆”工程投资评审工作已基本完成，“两馆”工程送审投资6700余万元，初步审定投资5400余万元，审减1300余万元，审减率19.4%；和兴综合楼送审投资2100余万元，初步审定投资1800余万元，审减300余万元，审减率14.29%。四是深化四项制度落实，提高服务水平。年内，个旧市财政局继续抓好法治政府、责任政府和阳光政府、效能政府建设工作，积极探索和完善实施四项制度的办法措施，建立健全长效机制，使四项制度的贯彻落实沿着有法可依、有章可循的正规化方向迈进。市政府采购中心共组织交易292次,其中公开招标5次,邀请招标 4次,询价采购 201次,竞争性谈判52次,单一来源采购30次。全年实现采购资金6189.08万元，比采购预算 6797.28万元节约资金 608.2万元,节约率8.95%,与上年同比增加1294.4万元,增长26.45%。个旧市财政局按照《红河州财政局关于组织开展2011年会计信息质量检查的通知》要求，从个旧市实际出发，与“小金库”治理工作相结合，依据《会计法》《保密法》《财政检查工作办法》等法律法规，严格遵守廉政制度和检查工作纪律，对农工党个旧市委、保和乡人民政府、市城区办、市森林公安局、市卫生局卫生监督所、个旧市开发投资有限责任公司、个旧中小企业信用担保有限责任公司、红河交通运输集团有限公司个旧公交分公司等8个单位进行检查。针对部分单位存在任用不具有会计从业资格证书人员从事财务管理工作、未建立现金日记账进行核算等问题，检查组提出处理建议，被检查单位作出整改承诺，进一步规范了会计秩序。截止12月，全市纳入集中核算的市级行政事业单位181个，单位账套241个。1～12月，核算中心共授理国库集中直接支付资金累计63178万元，办理国库集中授权支付资金累计44519万元（其中预算内资金41320万元，预算外资金累计3199万元）。累计清理上缴国库预算收入229.94万元，清理上缴财政专户资金144.21万元，配合政府采购杜绝违规支出累计金额17万元，审核纠正不规范、手续不完备、计算不准确等报销凭证资金7万元，拒付不合法、不合规支出1万元。在“乡财乡用县监管”工作中，核算中心利用网络平台，及时、快捷地对各乡镇的支出进行审核，保证了乡镇各项业务工作的顺利开展，截止12月监管乡镇全额拨款行政事业单位147户，单位账套173个，1～12月授理9个乡镇预算资金支出累计17563万元。2011年会计监督月报被州财政局评为一等奖。

【加强政府债务管理，进一步防范财政风险】 2011年，个旧市财政局加强政府债务管理，进一步防范财政风险。一是做好政府性债务审计工作。根据中央和省州的统一部署，按照“摸清规模，分清类型，分析结构，揭示问题，查找原因，提出建议”的工作思路，开展政府性债务审计工作。通过审计彻底摸清全市政府性债务的规模、结构、分布等情况，为政府决策提供了翔实的依据，为逐步建立举债有度、化解有方、管理有序、监控有力的地方政府性债务管理新机制奠定了基础。二是做好地方政府性债务的统计填报工作。从9月起，地方政府性债务在原来按年统计的基础上，实行月报制度，进一步加强地方政府性债务工作的管理。2011年是个旧市偿债高峰期，为确保贷款本息的按时归还，市财政局加强对各类贷款的管理，全年共偿还到期贷款本息13646.23万元，其中本金9965.5万元，利息3680.73万元。

【库区基金征收工作】 2011年，个旧市财政局积极做好库区基金增收工作，深入企业，加强服务，将政策法规书籍送到企业手中，耐心解读政策，使企业明白政策的规定，理解和支持财政部门的征收工作，提高缴纳单位依法缴纳库区基金的自觉性和主动性，促进了征收工作的稳定、健康发展。全年共征收入库大中型水库库区基金590.87万元，完成省级下达征收任务180万元的3.3倍，为全省社会经济发展筹集资金作出了积极的贡献，并按时报送库区基金月度快报。

【国有土地出让金征收管理工作】 2011年，个旧市财政局按照近年来中央、省、州对土地管理工作出台的一系列相关法律、法规和政策，依法加强国有土地有偿使用收支管理。全年全市国有土地出让49宗，面积178.34公顷，实现国有土地出让合同总价款21943.78万元,完成年初预算的219.44%，累计同比增长111.48%；实际入库市本级出让总收入20705.84万元（含计提农业土地开发资金收入635.75万元，计提国有土地收益基金363.29万元，计提廉租住房建设资金302.74万元,计提保障性住房资金1097.19万元，计提失地农民风险准备金151.37万元，计提水利建设专项资金211.12万元，计提农田水利建设资金8.32万元，计提教育资金438.88万元，国有土地出让收入17497.18万元），累计同比增长100.84%。全年市本级出让金支出20705.84万元,完成年初预算的215.87%。其中征地和拆迁补偿费支出3193.58万元，土地开发支出1715.79万元，支农支出6015.15万元（主要用于新农村基础设施建设），城市建设支出5021.16万元，其他支出4760.16万元(含从计提教育资金中安排的支出438.88万元，从计提水利建设资金安排的支出219.44万元)。

【农业综合开发工作】 2011年，个旧市被列为省级农业综合开发县（市），市政府以农业主产区特别是特色产区为重点，以改造中低产田为主，加强农业基础设施建设，建设高标准基本农田，推进农业产业结构调整，提高农业综合生产能力。市财政局会同有关部门编制全市农业综合开发2011年至2013年“三年滚动计划”，力争以高起点、高标准做好农业综合开发工作，实现规模开发、特色开发，提高农业综合开发整体效益，实现农业综合开发的总体目标。全市农业综合开发项目省州市投入资金242万元（其中市级配套24万元），开展的项目为鸡街镇石榴坝村委会土地治理项目。

【再生资源增值税退税工作】 2011年，个旧市财政局认真贯彻落实财税有关文件精神，用好再生资源增值税退税政策，帮助企业减轻税负，恢复正常生产，化解金融危机对个旧市经济的影响。积极配合财政部驻云南省专员办做好相关工作，采取召开座谈会、核定企业退税申报材料原件、现场查看部分重点企业、到税务机关核实相关信息等多种方式开展再生资源增值税退税清算工作，指导相关企业做好账务处理工作，为贯彻执行再生资源增值税政策划上圆满的句号。全年，全市需办理再生资源利用企业增值税退税25737万元，截止9月已全部办理完毕。

（撰稿：田春美　李照成）

国家税务

【简述】 2011年，个旧市国家税务局在市委、市政府和红河州国税局的领导下，坚持以科学发展观为统领，全面贯彻落实党中央、国务院一系列重大税收决策及省、州国税工作会议精神，紧紧围绕“服务基层年”的工作主题，认真履行职责，不断加强自身建设，坚持聚财为国、执法为民的宗旨，切实加强税收法治建设、征管现代化建设、国税文化建设，积极开展创先争优活动及四亮四评主题实践活动，以纳税人需求为导向，不断优化纳税服务，加强作风建设、提升队伍素质，保持国税工作平稳、有序发展，圆满完成全年各项任务。

【国税收入】 2011年，个旧市国家税务局组织税收收入13.41亿元,完成红河州国税局下达任务的100.5%，同比增收7220万元，增长5.69%。其中增值税收入12.28亿元, 同比增收1974万元，增长1.63%；消费税收入62万元，同比增收45万元，增长264.71%；企业所得税收入8624万元，同比增收5688万元，增长193.73%；储蓄存款利息个人所得税收入58万元, 同比减收82万元，下降58.57%；车辆购置税收入2512万元, 同比减收405万元，下降13.88%。储蓄存款利息个人所得税和车辆购置税均为政策性减收。

【国税征管】 2011年，个旧市国家税务局紧紧围绕省国税局提出的“服务基层年”工作主题，以税源管理为主线，严格依法治税，强化税收征管。一、夯实税源管理基础,进一步细化职责分工，合理界定征、管、查各个环节的职责，做到岗位设置合理、管理责任明确、流程简洁顺畅。（一）通过联席会议、信息交换等形式，加强与工商、地税等相关部门的协调配合，进一步完善协税护税体系。（二）严格户籍管理，利用“税务与组织机构代码信息共享系统”平台，大力开展漏征漏管户清理。加强对注销、变更、停歇业和非正常户的管理，及时与相关部门进行信息比对，减少漏征漏管，进一步规范集贸市场税收征管。截止12月，全市有征管户10823户，其中开业户7235户，停业户6户，注销户3509户，非正常户73户。（三）加强纳税申报管理。全年对未按期申报的纳税人进行催报催缴87户次，并进行相应处罚。全年应申报41539户次，实际申报41452户次，其中准期申报41265户次，申报率99.79%，准期申报率99.34%。（四）认真落实税收管理员的管户责任。以“云南省国家税务局税收管理员辅助信息系统”的推广为契机，做好培训工作，保证顺利推广应用。全年共完成税收调查任务615条，完成预警信息反馈546条。（五）做好新版普通发票推广工作。制定“个旧市国家税务局普通发票换版工作实施方案”，针对纳税人计算机知识水平参差不齐的实际情况，抽调14名税干成立发票换版工作技术保障组，负责新版通用机打发票推广过程中的技术支持与保障，确保用票人能正确使用发票软件填开发票。完善普通发票代开软件，强化代开发票管理。（六）加强数据管理。明确综合征管软件应用各个模块的具体操作要求，规范系统操作，为数据质量管理工作顺利开展提供有效保障。（七）实行数据质量定期通报制度。进一步完善数据管理和考核办法，数据质量逐步提高，促进税源监控能力增强和税收征管质量提升。（八）加强日常数据录入审核工作和对录入数据的事后监控，发现问题及时纠正，有效控制差错的发生。二、加强增值税管理。（一）加强固定资产进项税额抵扣管理，辅导纳税人依照政策规定做好固定资产抵扣的核算，正确掌握固定资产抵扣范围、标准和相关政策规定。对不符合政策规定的，及时督促纳税人作进项税额转出处理。全市涉及固定资产抵扣189户企业，抵扣税款11046万元，进项税额转出15.33万元。（二）加强增值税优惠政策管理，认真执行增值税政策性减免相关政策。结合政策法规部门税收执法督察中发现的问题，采取自查与重点检查的方式，认真开展2009年至2011年10月享受伴生金免征增值税企业政策执行情况的清理检查，截止2011年10月，全市有36户（次）企业申报免税，免税销售额8.31亿元。其中2009年免税销售额1.51亿元，2010年免税销售额3.81亿元，2011年1～10月免税销售额2.99亿元。通过清理检查发现管理中存在的问题，及时加以整改，逐步规范增值税减免税管理。同时做好增值税起征点提高的减免税工作，全市减免税208.07万元，惠及纳税人5520户。（三）利用综合征管软件、数据监控系统和数据分发系统提取企业相关数据和日常管理情况，确定评估对象，完成福利企业、税负预警指标异常企业及运输发票抵扣进项税企业的纳税评估，全年评估企业68户，评估增值税税款97.76万元，加收滞纳金23.15万元。同时加强企业所得税纳税评估，评估企业75户，调增应纳税所得额971.73万元，其中调减亏损额765.51万元，补缴企业所得税额51.19万元，加收滞纳金813.34元。对86户次企业进行审核和补充申报，调减亏损521.82万元，应纳税额增加6753.46元，应退税额减少27893.5元。（四）开展对饲料企业、承担收储任务的国有粮食购销、销售政府储备食用植物油业务和民政福利等企业的调研，掌握各项税收优惠政策的现状和存在问题，积极会同财政、粮食部门共同审批承担收储任务的国有粮食购销、销售政府储备食用植物油业务企业的免税资格，确保税收优惠政策的贯彻和落实到位。

【福利企业增值税管理】 2011年，个旧市国家税务局做好民政福利、资源综合利用企业增值税“即征即退”相关工作。全市享受“即征即退”增值税优惠政策福利企业22户，办理退税4581万元;资源综合利用企业1户，办理退税30万元。

【所得税管理】 2011年，个旧市国家税务局加强所得税管理。一是认真开展2010年度企业所得税汇算清缴工作。完成汇算清缴企业740户，应纳所得税额5522.75万元，其中盈利企业211户,亏损企业331户，零申报企业198户，盈利面28.51%，比上年上升9.7%，亏损面44.7%，比上年下降10.3%。二是做好企业所得税减免税管理工作。全市享受所得税优惠政策14户，其中享受西部大开发政策企业4户，减免税额171.51万元；享受小型微利优惠政策企业5户，减免税额9836.98元；享受农林牧渔优惠政策企业5户，减免税额6.1万元。

【出口货物免、抵、退税管理】 2011年，个旧市国家税务局做好出口企业出口货物“免、抵、退”税审核工作。征管出口企业52户，其中生产型出口企业39户，流通型出口企业13户，实现出口销售金额1.07亿元。受理出口企业申请退税额498万元，免抵税额343万元，实际办理出口退税96万元、免抵税额33万元。处理全国各地出口税收调查5件，涉及发票51份、税额418万元；处理出口不予退税调查海关报关数据36份，督促企业计提销项税额4521万元，代理证明297份，督促企业计提销项税额3821万元，办理“服务贸易、收益、经常性转移和部分资本项目对外支付税务证明”1份，涉及金额55000英镑。

【加强欠税管理，实现新欠为零】 2011年，个旧市国家税务局加强欠税管理。一、强化欠税控管。一是加强申报控管。二是实施以票控税。三是对停业、注销、欠税户情况实施监控。四是实施以退抵欠和以多缴税款、留抵税额抵缴欠税。五是加强催缴和强制执行措施。二、加大欠税清理力度，实现年内无新欠的目标。全年清理欠税2672.15万元，核销陈欠税款44.87万元。

【严打逃避缴纳税款违法行为】 2011年，个旧市国家税务局强化税务稽查工作。一是加大税务稽查力度。通过开展分级分类、专项稽查和举报案件查处，查补税收收入121.29万元，其中分级分类稽查查补入库35.89万元，专项稽查查补入库36.69万元，举报案件查补入库13.38万元，协查35.33万元。纳税人自查及纳税评估入库557.36万元。二是发挥稽查协查系统作用，为案件查处提速增效。截止12月，发票协查子系统受托8户，发票85份，金额4371.16万元，税额743.1万元；受托纸质协查其他抵扣凭证及普通发票63户次，涉及发票份数445份，金额2219.7万元，税额319万元。按期回复率100%。三是强化税务违法案件举报管理工作。全年受理举报案件6件，查处结案3件（上年结转案件2件），待查3件。查补税款10.32万元、滞纳金3.06万元。

【税收执法】 2011年，个旧市国家税务局加强税收执法管理，注重日常监控,努力降低执法过错。一是完善各项税收执法考核制度。全年发生执法过错行为10户，扣分17分，经济惩戒7人、金额85元。二是抓好税收执法督察。7月，开展税收执法督察工作，将企业注销清算、增值税一般纳税人资格认定、减免税政策执行、消费税管理、普通发票管理、重点行业管理等六个方面内容作为检查重点，对存在问题提出整改意见，发现执法过错进行责任追究。三是开展税收执法管理信息疑点数据核查工作。对五个指标228条疑点进行核查，及时纠正税收执法过错。

【作风建设】 2011年，个旧市国家税务局以效能政府建设、作风建设为载体，加强国税干部队伍建设。以“四亮四评”主题实践活动为主线，为纳税人提供“服务优质、办税高效、纳税人满意、社会认可”的纳税服务。一是加强领导，统一思想。1月，召开全局动员会议，组织干部职工收看省国税局举办的“四亮四评”主题实践活动视频，使全体税干对开展“四亮四评”主题实践活动的指导思想、总体要求、主要任务、目的、意义有明确认识。二是统一号令，结合工作实际认真开展“四亮四评”主题实践活动。三是定期召开纳税人座谈会，深入企业调研，掌握企业生产经营情况，征求纳税人意见，了解纳税人需求，为纳税人提供政策咨询和业务指导。四是扎实推进学习型组织建设。按照州委、州政府提出的“红河新发展”战略，围绕个旧市在推进资源型城市转型，加快桥头堡建设中的重点工作，结合国税工作在社会经济中的职能作用，组织专题理论学习讲座、党组中心学习组学习、党支部学习等各种学习活动。利用电子政务网、橱窗宣传栏等载体组织比班子建设、比队伍建设、比机制创新、比工作业绩、比学习提高、比岗位奉献、比遵纪守法、比弘扬正气等活动，全局形成“学、比、争”的良好风气。五是加强干部素质教育培训。全年市国税局举办各类培训班12期400人次，参加省、州国税局理论业务知识培训8期120人次。

【反腐倡廉】 2011年，个旧市国家税务局继续推进反腐倡廉工作。一是以廉政文化建设为引领，增强干部拒腐防变能力，加强廉政思想教育。开展经常性的党纪法规、廉政纪律教育。以理想信念教育和党性、党风、党纪教育为重点，增强反腐倡廉宣传教育针对性和实效性，深入开展示范教育、警示教育和岗位廉政教育，筑牢拒腐防变思想道德防线。结合国税工作实际和特点，开展丰富多彩的廉政文化活动，不断扩大廉政文化建设参与面，努力营造健康向上的国税廉政文化氛围。二是认真贯彻落实省、州国税局党风廉政建设工作会议精神，分解落实党风廉政建设责任制各项目标，与各科室签订《党风廉政建设责任书》。全局干部职工签订

《家庭廉政公约》174份，与纳税人签订《税企廉政公约》2870份，回访纳税人84人次，未发现国税干部有违法违纪现象。三是建立领导干部和中层干部廉政档案，记录遵守廉政纪律的情况。领导干部作出廉政承诺，并分别报市纪委和州国税局备案。四是严格落实廉政谈话和领导班子述职述廉制度。五是开展部门内控机制建设。将各部门开展内控机制建设的情况，纳入年度党风廉政责任制考核。重点围绕税务决策权、自由裁量权、行政审批权、干部人事权、资金和财务管理权、基建项目决策权、大宗物品采购权以及对部门重大业务的监控等权力的制约和监督，不断完善内控制度体系。六是做好民主评议政风行风跟踪问效工作。认真总结在行风建设中的经验、做法及成效，正视问题并认真分析根源，结合实际制定有效措施，切实加以整改，进一步端正服务态度，转变工作作风，不断取得政风行风建设工作的新成效。

【税法宣传】 2011年，个旧市国家税务局结合日常税法宣传和税收宣传月活动，围绕“税收·发展·民生”宣传主题开展宣传。一是召开“税企话税宣”会议，邀请纳税人共同策划本次税收宣传月活动。二是设立税收政策咨询服务台，接受群众咨询，向群众散发宣传资料，广泛宣传税收法律法规。散发“普通发票管理办法细则”、“纳税服务投诉管理办法”、“纳税人权利与义务公告”、“纳税人办税指南”等税收宣传材料8000余份，接受咨询50多人次。三是开展“走进国税，感触文明”摄影展等系列宣传活动。四是税收宣传进广场。借助个旧金湖文化广场及大型LED屏幕关注度高、观看群众广泛的优势，密集滚动播出税收宣传片。五是依托办税服务厅作为接触纳税人第一现场的便利条件，结合政府信息公开工作，完善税收宣传告知功能。六是完善电子政务。逐步构建“网上办税大厅”服务体系，完善服务设施，积极推行网络申报纳税。

（撰稿：杨平波　肖　文）

地方税务

【简述】 2011年，个旧市地方税务局下辖7个分局、1个所、1个稽查局、9个科室（其中征收管理科更名为征收管理与纳税服务科，计划统计科更名为计划财务科，增加科技信息科）共18个部门，有在职干部职工114人（平均年龄43.6岁），其中干部108人、工人6人；男60人、女54人；少数民族职工37人，占32.46%；党员73人，占64.04%；妇女干部54人，占47.37%；大专以上学历职工97人，占85.09%；管辖各类税费征管户35704户。

【税收计划执行情况】 2011年，个旧市地方税务局累计组织各项收入17.99亿元，同比增收3.85亿元，增长27.20%。其中税收收入累计完成7.80亿元，同比增收0.89亿元，增长12.91%，完成州局下达税收收入任务101.29%；完成市级一般预算收入5.20亿元，同比增收0.23亿元，增长4.69%；组织征收社会保险费收入9.57亿元，同比增收2.81亿元，增长41.59%；地方教育附加累计完成0.28亿元，同比增收0.10亿元，增长55.69%；工会经费累计完成0.31亿元，同比增收0.05亿元，增长18.97%。

【行政效能建设】 2011年，个旧市地方税务局党组以抓基础工作建设为切入点，以建立健全内部执法监督机制为突破口，以提高税务执法队伍素质为着力点，进一步调整执法岗位，完善岗位职责体系和税务行政审批管理工作制度，理顺执法工作流程，引进科学管理理念，运用先进管理方法，以科学管理代替经验管理，进一步提升行政审批效率，提高管理水平和行政效能，营造诚信公平的税收执法环境，提高依法办税和依法行政的能力。

坚持中心组学习制度和民主集中制原则，发挥领导班子的整体功能，形成合力促发展，求真务实谋作为。对重大决策、干部任免、大额资金支出等重大事项，提交党组会集体研究，形成党组的核心作用，党总支、支部的堡垒作用，党员中层干部的模范作用。一是不断增强各级领导班子领导工作的地位和权威、不断增强各级领导班子的使命感和责任感、不断增强各级领导班子及其成员的能力和水平，着力加强学习型、服务型、创新型、法治型、廉洁型机关建设。二是竞争选拔干部。完善选人用人机制，大力推行竞争上岗、双向选择、交流换岗、挂职锻炼等人事改革，配优配强各级领导班子，加强中层干部建设，优化干部组合，切实提高领导干部的执政能力，焕发队伍活力。三是保持合理结构。将德才兼备、业绩突出、年富力强的干部配备到各基层分局任职，对年纪较大的领导干部，根据各自的特点，与年轻干部组合在一起，发挥各自优势，顺利实现新老交替，保持队伍合理的梯次结构。用先进的管理理念、发展理念来引导干部队伍发展的方向，指导税收工作实际。

实施目标管理，每年确定要实现的主要工作目标，层层分解到各部门和每名干部，促使其围绕目标尽最大努力把工作做好。实施责任管理，层层签订《个旧市地方税务局收入任务目标责任书》，加强对税收执法过程进行面上扫描、线上分析、点上解剖，严格落实依法治税各项制度，加强对税收执法事前、事中、事后的监督。实施绩效管理，建立以目标控制和过程管理为核心的绩效考核模式，运用绩效考核系统，科学考评各单位和个人的工作业绩。

【依法治税】 2011年，个旧市地方税务局严格按照法定权限和程序，加强减免税和缓缴税款的审批管理，坚决杜绝违规批准减免税和缓缴税。严格控制新欠，大力清缴陈欠，开展税收预警分析、税收管理风险分析和政策效应分析，强化重点税源行业和企业的分析。对新建、续建重点建设项目适时跟踪管理，建立项目档案，实行专人管理，确保税款及时足额入库。

积极发挥税收政策调控优势，继续巩固和完善促进企业发展、稳定经济的税收政策体系，认真落实国家减免税政策，及时全面为纳税人兑现税收优惠政策，严格按照法定权限和程序，加强减免税和缓缴税款的审批管理，坚决杜绝违规批准减免税和缓缴税。在依法组织收入、服务税源建设的同时，努力发挥税收在促就业、惠民生方面的保障作用，严格按政策办事，促进地方经济发展和社会稳定，确保民众增加收入和企业减轻税负。年内，个旧市地方税务局对符合西部大开发税收优惠政策的19户企业减免所得税5 014.09万元；积极落实小型微利企业、高新技术企业、节能减排企业等各项税收优惠政策，通过审批减免、备案类审核减免形式，共为57户企业减免、抵免所得税4 685.37万元；对符合免税条件的3户农民工和2户大学生分别免税2.05万元和1.45万元。为1 381户个人二手房交易减免税款1 778.56万元；对符合减免条件的8户残疾人员免税1.18万元。

【纳税服务】 2011年，个旧市地方税务局坚持以服务社会、服务民生为重点，以优质、高效、便捷的纳税服务，拉近征纳双方距离，使地税机关、纳税人、社会各界三方共享精神文明建设成果。坚持“始于纳税人需求，基于纳税人满意，终于纳税人遵从”的服务理念，牢固树立征纳双方法律地位平等和纳税服务是核心业务的两个理念，正确处理好严格执法，强化管理和优化服务三者之时的关系，让纳税人了解地税、理解地税、支持地税。继续加强服务品牌建设，建立一套窗口后台前后联动、机关基层上下互动、虚拟实体服务结合、征纳双方共同设计、办事快捷便利、咨询投诉并举的纳税服务体系。着重提升基层服务软实力，提高纳税人对税务部门的整体满意度和税法遵从度，为税收工作顺利开展创造更好的外部环境。对宣传辅导、首问责任、限时服务、延时服务、提醒服务等服务制度进行有机整合，充分发挥办税“导航员”、政策“咨询员”、秩序“维护员”的作用，统一规范办税服务厅管理、网站维护、12366热线管理等，保证纳税服务工作有效实施。全面升级改造办税服务厅触摸屏系统，提高触摸屏系统的各项功能。

【税收管理】 2011年，个旧市地方税务局进一步加强税收管理。一是推进应用房地产评估技术，加强存量房交易税收征管工作。为确保省地税局要求的2012年7月1日前将存量房交易纳税评估系统应用到税收征管的工作目标落实到位，按总体考虑、分步实施、先城区后郊区、循序渐进的步骤，先搭建房产信息数据库，再逐步建立到户的房产信息数据库，建立分区房地产价格评估指标。年内共完成2106户不同类型标准房住房信息采集、标准房建设、综合修正系数、楼层系数等修正值的试设工作。二是贯彻落实《个人所得税全员全额扣缴申报管理办法》，实现13户企业、事业单位个人所得税管理系统推广应用工作。三是做好2010年度年所得额在12万元以上个人所得税自行纳税申报工作。全年共受理纳税人自行申报212人，补缴个人所得税132.57万元。四是扎实有效地做好2010年度企业所得税汇算清缴工作和地方各税费的检查工作，并以企业所得税汇算清缴为契机，加强对其他税种的清理检查。通过各类专项检查，共查补税款2200万元。五是进一步完善房地产税收一体化管理办法，对房地产业各环节的税收实施有效的控管，加强与土地管理部门合作，实施源泉控管，扣缴税款700万元。六是加强土地增值税预缴和清算工作，入库土地增值税1,375万元。七是进一步强化和规范土地税收管理，充分发挥税收的经济调节作用，专项清理契税入库506.42万元。

【税务稽查】 2011年，个旧市地方税务局按照全国税务工作会议精神总体要求，围绕税收中心任务，以整顿和规范税收秩序为目标，以查处税收违法案件和开展税收专项检查为重点，大力整顿和规范税收秩序。认真开展常规性税务检查工作，严格查处重大税收违法案件，科学部署税收专项检查和专项整治工作，继续深入开展打击发票违法犯罪，适时对个旧市重点涉税项目、重点税源大户开展专项检查活动，及时更新稽查理念，完善机制，规范执法行为，创新工作方法，加强队伍建设，全面提升税务稽查工作制度化、规范化和科学化水平。全年共组织检查、自查企业66户，追缴税款779.03万元。

【规费建设】 2011年，个旧市地方税务局严格按照省地税局提出的“坚持一条主线，推进两项工作，强化三个基础”，即：坚持组织收入为主线，积极推进代收残疾人就业保障金和规费信息化建设两项工作，强化《社会保险法》贯彻实施、规范征管和培训宣传三个基础工作等要求，再创规费工作新局面。加强费源分析，增强组织收入的预见性和前瞻性，做到监控重点费源、预测动态费源、掌握有效费源、科学组织征收。一是强化征管，注重落实保收入。围绕全年收入规模的增长，加强日常管理，做好扩面工作，强化考核机制，广泛宣传、优化服务，确保应收尽收；二是深化分析，完善措施抓收入。加强费源预测分析，及时协调、处理收入工作中的问题。建立月度分析、季度小结制度，预测收入动态和费源变化，确保组织收入工作的科学性、合理性与可行性；三是加强监控，把握时机促收入。加强对重点费源企业及欠费大户的监控分析，强化监控手段，实施重点跟踪，实时掌握收入变化情况，发现问题及时到相关企业入户调查，对企业的实际经营情况实行动态监控，掌握收入总体变化趋势，把握时机催收，确保及时入库；四是将规费和税收任务同安排、同部署、同检查、同考核、同奖罚，完善规费工作考核制度，逐步实现征收工作规范化；五是资料积累科学化，管理工作目标化，按月进行收入分析，通过数据比对，认真分析费款入库增减变化原因，协助企业制定合理的补缴计划，全年共清理社会保险费欠费入库4465.39万元。

【创先争优活动】 2011年，个旧市地方税务局紧紧围绕“创先争优建地税一流队伍，服务锡都促个旧和谐发展”这一主题，以认真完成上级工作安排为前提，在提高税收执法和服务水平、实现税收中心任务的基础上，积极开展“比十争百当先锋，锡都党旗别样红”活动，大力推行公开承诺活动（建立以“科学定诺、公开示诺、扎实践诺、民主评诺”为主要内容的公开承诺机制），做好“授旗评星”、“对标争创”等活动，把创先争优要求具体化，进一步激发争创活力，把“四亮四创四评”主题实践活动作为开展创先争优的主要载体和重要抓手，把“四亮四创四评”和“党员示范岗”、“党员岗”、“青年文明号”、“巾帼文明岗”等活动有机结合起来，加强理论引导、目标引导、典型引导、作风引导，扎实推动创先争优活动深入持续开展。

【党风廉政建设】 2011年，个旧市地方税务局高度重视全省集中开展的警示教育和整改建制专项活动，从立足教育、着眼防范、保护地税干部的高度出发，把集中开展警示教育和整改建制专项活动与开展党风廉政宣传教育月活动有机结合，使之互相推动，相互作用。立足地税实际，突出重点，创新载体，注重实效，使警示教育活动特色鲜明，教育形式多样，内容丰富多彩。全年，市地税局共组织八项党风廉政宣传教育活动：组织一次读廉政书活动，上好一堂廉政党课活动，开展一期观看廉政警示教育片活动，进行一次正面先进典型教育活动，开展一次集体廉政谈话，进行一次预防渎职侵权教育活动，组织一场“唱红歌、颂党恩、促争优”歌咏比赛活动，开展一次做廉政人教育活动。实行党风廉政建设责任制，明确工作职责、工作标准和惩戒措施，做到不漏岗、不漏人、不漏事，时时处处有监督。制定廉政建设预警信息收集、分析、发布、提醒“四位一体”的监控办法，有效防范违法违纪行为发生。市地税局连续7年被评为“个旧市党风廉政建设责任制考核优秀单位”。

【精神文明建设】 2011年，个旧市地方税务局紧密结合税收工作和干部队伍的实际，坚持“内提素质，外树形象”和“以人为本”的思想，倡导精读红色经典书籍，唱响经典红歌，并积极组织开展公务员“忠诚教育”活动，让每位公务员唱好“忠诚教育”主题歌；引导广大公务员向杨善洲学习，始终牢记和遵守“立党为公、执政为民”的职业操守和行为规范。年内，个旧市地方税务局被授予“个旧市建市60周年活动先进集体”称号；国家卫生城市复审工作“先进集体”称号；红河州地方税务局“政务信息工作先进单位”；个旧市委保密委员会办公室“五五”保密法制宣传教育先进集体；个旧市委、市政府“三五”依法治市先进集体。个旧市地方税务局第一税务所被共青团个旧市委评为“市级青年文明号”光荣称号；个旧市地方税务局第一分局被个旧市市委、市政府授予“优秀基层妇女组织”称号。

（撰稿：杨振娇）

中国银行股份有限公司个旧支行

【简述】 2011年，中国银行股份有限公司个旧支行（以下简称中国银行个旧支行）在红河州分行党委的正确领导下，在红河银监分局、人民银行红河州中心支行和个旧市委、市政府的大力支持下，认真贯彻执行省、州分行业务发展的战略思路，坚持科学发展这个主题，围绕加快转变经济发展方式这条主线，继续抓住并用好重要的战略机遇期，紧密结合 “桥头堡”建设、“走出去”战略及区域中心建设，充分发挥中国银行特色业务优势，推进创新发展，推进转型发展，推进“双基”建设，为地方经济建设提供特色金融服务，在合规经营及风险可控的前提下，积极开展业务拓展和内控管理工作，各项业务工作呈现健康发展，经营业绩稳步提高。

【党风廉政建设】 2011年，中国银行个旧支行在红河州分行党委的正确领导下，始终把党风廉政建设工作作为全行改革发展稳定的急事、大事来抓，以落实党风廉政建设责任制为重点,结合自身实际，认真完成反腐倡廉的各项工作,为各项业务的健康发展提供有力的纪律保证。

一是严格落实党风廉政建设责任制，开展反腐倡廉教育，加强党员干部的思想作风建设。行内层层签订《党风廉政建设责任书》，明确责任人，履行“一岗双责”的工作职责，强调“一岗双责”，明确领导班子和各级领导干部应承担的责任，并将责任制落实情况纳入日常工作管理考核。

二是结合开展“转变作风、促进发展”学习整改活动，进一步加强干部思想作风建设，扎实推进“平安中行”创建工作。通过开展学习动员、自查自纠、整改建制三个阶段的活动，按照胡锦涛总书记倡导的领导干部八个方面的良好作风，全行上下结合实际开展“五查五看”活动，在找准问题，分析原因，明确改进方向的基础上，制定作风建设的长效机制。根据每年一次员工警示教育的要求和安排，年内组织全体员工观看“金融系统反腐倡廉建设展专题片”，员工通过观看“专题片”中的典型案例，深刻认识到腐败的危害性，以及遵纪守法的重要性和必要性。

三是持续开展《中国共产党党员领导干部廉洁从政若干准则》和《国有企业领导人员廉洁从业若干规定》的学习活动。班子成员、各部门负责人分别签订廉洁承诺书。在学习中，注重理论与实际相结合的原则，把学习贯彻情况与业务发展和防案工作相结合、狠抓工作落实。组织召开全行党员座谈会，共同学习《中国共产党党员领导干部廉洁从政若干准则》《国有企业领导人员廉洁从业若干规定》并进行测试，促进领导干部廉洁自律和廉洁从业意识的提高。

【全力支持政府民生工程建设】 2011年，中国银行个旧支行依托省分行的产品支持，与个旧市医保中心合作，推出城镇居民医保代扣代缴业务，结束了历经4年的现金缴费模式，为城镇居民提供了快捷方便的服务。中国银行个旧支行代理个旧市城镇居民医疗保险近11万人，由于网点少、人员少，导致柜台压力剧增，业务量大，前所未有，同时还不断产生排队压力和各种各样的矛盾与投诉。通过向州分行及相关监管部门报告后，个旧支行作出营业网点所有柜台全部开放满足居民办理业务需求的决定，并做到文明优质、高效的服务，产生了良好的社会反响，树立了百年中行的品牌形象。

【网点建设】 2011年8月，中国银行个旧支行辖属的个旧市金湖西路支行搬迁并更名为中国银行个旧市丽水金湾支行（财富管理中心），成为中国银行云南省分行在州市成立的第一家财富管理中心；同时，在原个旧市金湖西路支行行址上新设立的中国银行个旧市建设广场支行也于同月开业，进一步优化了中国银行个旧支行的网点布局，提高网点效能，不断提升服务功能、服务内容和服务环境，促进服务水平和竞争力的不断提升。

【内控和风险管理】 2011年，中国银行个旧支行在发展业务的同时，始终坚持做好对干部员工的思想教育、职业道德教育、风险教育和合规文化教育，把强化员工执行规章制度、合规操作、防范风险意识的教育，放在与业务发展同等重要的位置。积极参与和配合省、州分行开展的内控风险专项检查工作，针对检查暴露的内控合规方面的问题，结合检查组的整改意见，组织员工认真学习、讨论、落实整改，要求部门负责人、业务经理、柜员从自身做起，从点滴抓起，认真履职，并制定一系列检查和监督措施，引导和督促员工提高内控执行力。通过开展内控专项治理活动，使员工在内控合规认识上取得共识，增强制度执行的自觉性，使全行内控工作有了很大提高。

每季度、节假日前，组织所有员工开展安全教育和防抢劫、防火灾预案演练，增强员工处置突发事件的应变能力和安全防范意识。

【企业文化建设】 2011年，中国银行个旧支行充分发挥党总支、工会、共青团的积极作用，齐抓共管，形成合力，携手共建先进企业文化。党总支组织开展以“回顾党的奋斗历程、保持党的优良传统”为主题的学习活动，全体党员共同庆祝党的90岁“生日”；全行认真贯彻落实总行和省、州分行关于文明优质服务的各项规定，加强部门员工业务学习和技能练习，提高工作效率。工会组织35岁以下员工开展技能测评考核，最终全部通过考核，参测率100%，圆满完成总行测评年活动要求。此外，工会、共青团组织员工开展团队素质训练营、三八节羽毛球比赛、青年节演讲比赛等活动，进一步增进员工的友谊和交流，营造和谐、宽松、友爱、团结向上的工作氛围。

年内，中国银行个旧支行荣获2009～2010年度云南省分行青年文明号。王斌荣获2010年度“中国银行优秀客户经理”并受到表彰；李姣荣获2009～2010年度省分行青年岗位能手称号；孙祖望被省分行评为2010年度“四星级柜员”；陈思、何迎春被省分行评为2010年度“五星级柜员”；鲍绍昌获中国银行第二届“创建学习型组织、争做知识型职工”先进个人称号；在省分行“爱中行、迎行庆”有奖征文活动中，王玉洁《百年中行 玉汝于成》、李薇《铿锵中行》荣获三等奖，李薇《百年中行 情注百年》荣获优秀奖。

【反洗钱工作】 2011年，中国银行个旧支行严格执行联合国、监管机构制定的反洗钱政策和法规，及时传达监管部门及上级行反洗钱会议精神。加强对员工反洗钱知识的学习培训，对全行员工进行反洗钱知识测试，使员工充分认识到反洗钱工作的重要性，增强员工反洗钱意识和能力，认真履行大额和可疑交易报告制度，完善客户身份识别制度。组织开展反洗钱自查，对存在问题提出整改措施,提高反洗钱系统应用水平和报表质量。反洗钱工作的开展，为防止违法犯罪分子利用金融机构从事洗钱活动，维护金融安全和金融秩序做出了应有的贡献。

【主要领导干部】 中国银行个旧支行行长张　剑，副行长朱　琳、李爱兵。

（撰稿：苏　健）

中国工商银行股份有限公司个旧支行

【简述】 2011年，中国工商银行股份有限公司个旧支行（以下简称工行个旧支行）在市委、市政府和上级行党委的正确领导下，坚持以邓小平理论、“三个代表”重要思想和中共十七大精神为指导，以科学发展观为统领，认真贯彻落实省分行工作会议精神，以一季度“抓服务、拓市场、促发展”营销活动为抓手，秉承“不断追求，创造卓越”的工行品质，创造了良好的经营业绩，实现利润9830万元，人均实现利润83万元；中间业务收入2057万元,继续保持同业占比、系统位次“双领先”地位。在实现自身健康快速发展的同时，为个旧地区经济发展做出了积极贡献。

【存款业务】　2011年，工行个旧支行始终坚持“以客户为中心”的经营理念，提供全方位的金融服务，在一季度“抓服务、拓市场、促发展”营销活动中，积极拓展优质市场，经营绩效考核、主要业务发展指标考核及综合考评排名全州第一位。进一步强化责任、效益和市场意识，紧盯市场和同业，从源头上下工夫，加大“大联动、大营销”绩效挂钩考核力度，强化个金、公司、机构等部门联动机制，实现理财产品与储蓄存款良性互动，销售理财产品100890万元，存款余额329840万元。

【贷款业务】　2011年，工行个旧支行坚持“支持重点、拓展市场、效益优先、合理配置”的原则，大力调整信贷结构，提高资产业务对全行收益的贡献度。认真贯彻落实银监会“三个办法一个指引”，按照“实贷实付”有关规定，切实加强信贷资金的监督支付管理，实现不良贷款余额和占比“双降”目标。拓展贵金属业务延伸空间，不断探索小企业黄金质押贷款业务新流程。各项贷款余额257909万元，较年初增加27871万元。发放贷款121438万元,其中公司贷款103303万元（含票据融资）、个人贷款18135万元，为个旧市经济发展注入新的生机和活力。

【内控管理建设】　2011年，工行个旧支行在全行开展“提升素质，远离违规”主题教育活动和“深化银行业内控和案防制度执行年”活动，高度重视业务运营风险情况，认真组织有目标、有重点、有针对性的专项检查，建立责任追究制度，严格规范业务操作行为，坚持每二个月召开一次案件防范分析会，各部（网点）轮流发言交流，查缺补漏，保障全行稳健运行。年内，全行内控评价，个旧支行达二级。个旧五一路支行成功防范一起短信诈骗，为客户避免7万余元的损失，客户赠送“保护的靠山 民财的卫士”锦旗以示感谢。

【党风廉政建设】　2011年，工行个旧支行实行“一岗双责”，把党风廉政建设工作纳入全行工作统筹安排，重点抓好教育、监督、预防、惩治等各项制度的建设和落实。行长与各部、二级行（处）签订《党风廉政建设责任书》和《案件防范责任书》。形成在支行党总支的统一领导下，党政齐抓共管，各部、二级支行（处）各负其责，分工协作，依靠员工支持和参与的领导体制和工作机制。组织全行干部员工观看案例教育片《慎交友警示录》《防盗、防抢案例》和金融系统《反腐倡廉建设展专题片》，增强员工抵御金钱诱惑的“免疫力”。全行员工结合各自岗位风险防控，写出学习心得，警示教育收到实效。年内，个旧支行党总支获州分行、省分行优秀基层党组织称号。

【企业文化建设】　2011年，工行个旧支行进一步树立以人为本的现代管理思想，大力倡导尊重员工、依靠员工、关心员工、理解员工的人本文化，引导员工将个人职业发展、自我价值实现有机融入全行改革发展之中，增强支行的凝聚力和向心力。努力营造“学习型员工”的良好氛围。有效利用总行远程教育平台，组织动员员工参加网上学习培训、考试，努力提高综合业务素质和服务水准。开展形式多样的庆祝建党90周年系列活动,激发全行员工的爱国热情和爱岗敬业精神。加强职工之家建设，开展三八妇女节趣味活动、六一儿童节读书活动，组织员工开展篮球、羽毛球、乒乓球、气排球等文体活动；抽调员工李腾参加省分行、总行的文艺汇演；抽调方俭、李春霖、杨雪梅等代表红河分行参加红河州政府组织的“强素质、展风采”职工技能大赛，方俭所参赛集体取得团体第二名、李春霖取得个人第三名的好成绩。深入持久地开展文明创建活动，通过党、政、工、青齐抓共管，在个旧人民路支行财富中心举办以“健康养身”为主题的客户沙龙联谊活动，有效推动全行企业文化建设。积极响应当地政府的号召，与个旧市鸡街镇攀枝花村结成城乡对子，牵手共建“常青藤”幸福文明工程，从智力和财力上给予大力支持，推进“结对”乡村社会主义新农村建设。

（撰稿：马仰福）

中国农业发展银行个旧市支行

【简述】　2011年，中国农业发展银行个旧市支行（以下简称农发行个旧市支行）紧紧围绕“强管理、促发展、防风险、抓改革、增效益、建和谐”的工作方针，积极支持辖区国有粮食企业开展业务，将粮油购销储业务做强做稳；大力申报项目贷款，农村基础设施建设贷款和新农村建设固定资产贷款成效显著。截止12月末，各项贷款余额53793万元，各项存款余额23840万元，中间业务收入17万元，实现利润1521万元，不良贷款比率保持零基数，全面完成州分行下达的指标任务。

【贷款】 2011年，农发行个旧市支行认真履行职责，积极开展各项信贷业务。一是认真做好账务划转。1月，由于农发行红河州分行搬迁蒙自，红河州分行营业部更名为个旧市支行，州属各项贷款、存款要求划转州分行。针对这一实际，个旧支行高度重视，精心准备，在规定时间范围内，与辖区所有贷款企业签订“债务划转协议书”，同时积极做好CM2006系统、会计综合业务系统客户移植工作，顺利完成州分行14.2亿元贷款、1.8亿元存款的账务划转工作。二是确保各级储备粮食信贷资金需求，督促企业做到轮入的储备粮检验报告齐全，验收程序完备。三是认真做好政策指导性贷款工作。全年发放粮食收购贷款17684万元，收购粮食13360万公斤。重点支持个旧市大红屯粮食购销公司做稳做强，全年发放粮食收购贷款16000万元，收购粮食8802万公斤，其中秋粮收购贷款9000万元，销售收入2.1亿元，实现粮食收购贷款的“双结零”。大红屯粮食购销公司在农发行强大的资金支持下，建成新的生产基地，年生产能力20万吨，仓储能力1亿公斤，厂区占地面积140亩， 实现了新的腾飞。四是认真学习“新农村建设贷款”相关文件，通过积极努力申报和省、州分行的严格审查审批，新增发放新农村建设贷款8500万元。

【资产质量】 2011年，农发行个旧市支行严把贷款“三关”，切实加强信贷风险防控。一是严把贷款准入关。认真做好客户信用评级和最高综合授信额度核定工作，加强对客户提供的报表、合同、抵押担保材料等信息的真实性核查，准确界定客户类别，科学地评定客户信用等级，核定最高综合授信额度；二是严把贷款资金支付关。严格按照《中国农业发展银行贷款资金管理协议》，严格信贷、会计审核审查，大额支付跟踪检查，督促企业专款专用，防止转移贷款用途；三是严把贷后管理关。加强贷后管理，认真执行客户经理尽职记录，动态、真实全面地记录信贷业务处理和贷后管理情况；客户部门负责人、行领导切实履行督导职责，定期检查评价客户经理尽职管理情况，加强贷后管理，努力防范信贷风险。12月末，按贷款风险五级分类办法口径，各项贷款余额53793万元。按对外披露归并口径，正常贷款48339万元，占总贷款的90%；关注贷款5454万元，与年初持平，占总贷款的10%；无可疑、次级和损失贷款。

【存款】 2011年，农发行个旧市支行切实加强存款组织。一是认真监督财政补贴资金的拨入拨出；二是加大对项目贷款资金的拨付力度，加强对第三方交易账户资金的管理；三是认真做好现有贷款客户的账户管理，落实客户经理对企业资金的管理责任。截止12月末，各项存款余额23840万元 。

【中间业务】 2011年，农发行个旧市支行大力拓展中间业务，全年完成中间业务收入17万元。一是为个旧市大红屯粮食购销有限公司办理银行承兑汇票6笔，金额630万元，存入保证金520万元，票据业务实现新突破。二是通过对企业开展信用等级评定，首次收取业务咨询费5万元。三是代理保险业务稳步推进。全年累计实现代理保费收入63.3万元，累计实现代理手续费收入9.3万元。四是网银业务保持稳中有增。12月末，开立网银账户2个，通过网银划入资金27247万元、划出资金27638万元，累计笔数1557笔。

【经营效益】 2011年，农发行个旧市支行始终坚持从严治行、勤俭办行的思想，严格执行利率政策，坚持会计核算原则，准确核算各项贷款利息收入和手续费收入。本年应计利息 2487 万元，实收利息2484万元，收息率99.88 %。全年收入合计2468万元，支出合计961万元，实现账面利润1507万元，圆满完成上级行下达的各项指标任务。

【信息化建设】 2011年，农发行个旧市支行高度重视信息化建设。一是建立健全计算机管理办法和应急预案，确保安全运行；二是充分发挥信息科技的支撑作用，继续做好综合业务系统、CM2006信贷管理系统、人民银行大小额支付系统的维护工作，做好统计数据集中管理系统以及电子邮件、公文和档案数据库系统平台的维护工作，创建信息工作“平安年”。

【反腐倡廉】 2011年，农发行个旧市支行认真落实廉政工作机制。一是强化对信贷工作的监督制约,积极推行公开办贷,坚持审贷分离；二是建立健全重要岗位交流轮岗、前后台制衡、强制休假制度；三是进一步强化对财会工作的监督制约。完善财务开支的审议、审批、监督机制，严禁搞账外资产。

【民主管理】 2011年，农发行个旧市支行进一步完善职工大会制度，促进民主管理。为落实职工大会制度，充分调动职工参政议政积极性，个旧市支行于3月19日召开第八次职工暨会员大会，大会审议通过行长江海岚的行务工作报告和副行长、工会主席施绍坤的工会工作报告。大会的成功召开，有效促进了个旧市支行的民主管理，职工以主人翁的态度畅所欲言，各抒己见，积极参与支行的民主管理,提出合理化建议2条，采用2条，调动了职工参政、议政的积极性，发挥了民主管理、民主监督的积极作用。

【企业文化】 2011年，农发行个旧市支行高度重视企业文化建设。一是以创建“女职工文明示范岗”、“创建学习型银行、争做知识型职工”等创建活动为载体,弘扬中华民族传统美德,引导职工自觉履行社会责任、家庭责任,积极培育奋发进取心态。二是开展“追忆红色经典、畅想金色未来”女职工读书活动，上报2篇女职工撰写的心得体会。三是积极开展宣传服务活动。发出征信、反洗钱、反假币、金融消费者权益保护等宣传资料600份。四是动员职工结合身边人、身边事积极撰写宣传稿件，报送宣传图片。 个旧支行发出的稿件、图片被中央级刊物采用2篇，被州级刊物采用3篇，被农发行总行工团部网站采用3篇，被州分行工作简报采用1篇。五是积极宣传先进典型事迹,充分发挥先进典型的示范导向作用,掀起“比学赶帮”的新高潮。年内，农发行个旧市支行被省分行授予“文明服务先进集体”、“先进职工之家”，州分行“先进基层党组织”，个旧市委、市政府“新农村建设优秀贡献奖”等荣誉；行长江海岚关心职工，带领职工创建了一流业绩，获省分行“职工之友”荣誉称号。

（撰稿：谭向春）

中国农业银行股份有限公司个旧市支行

【简述】 2011年，中国农业银行股份有限公司个旧市支行在上级行党委的正确领导下，认真贯彻落实省、州分行工作会议精神，以科学发展观为指导，紧紧围绕“横向提升、纵向进位”的总体目标，努力扩大市场份额，进一步做大县域业务。继续实施“发展、转型、创新、控险、强管、增效”业务经营方针，加快有效发展，夯实管理基础、有效防范风险、积极推进改革。加强党建和队伍建设。始终坚持“活经营、严管理、不跟风”经营指导方针，认真落实“早”、“新”、“实”、“细”的工作要求，坚定信心，迎难而上，奋发进取，勇于争先，推动全行各项工作又好又快发展。

【存款业务持续增长】 2011年，中国农业银行股份有限公司个旧市支行坚持把抢抓机遇，全力以赴加快有效发展贯穿各项工作，通过推进营业网点服务转型，加大服务与营销，各项存款继续保持强劲增长势头，对公存款取得重大突破。截止12月31日，各项存款比年初净增49355万元，余额325604万元，完成州分行下达计划的123%，其中对公存款余额92111万元，比年初净增42000万元。存款存量在全州农行排名第一。

【贷款质量显著提高】 2011年，中国农业银行股份有限公司个旧市支行面对信贷规模紧张的严峻形势，实行有保有压，提质增效经营方式，适时用好信贷规模。切实把握好信贷投放重点，把有限的信贷增量安排和存量调整有机结合。全年，各项贷款余额261285万元，较年初增加17707万元，贷款存量市场份额在当地“四行一社”排名第一、全州农行排名第一。实现到期贷款现金回收率100%，不良贷款占比0.008%。

【中间业务收入大幅增长】 2011年，中国农业银行股份有限公司个旧市支行努力拓宽业务收入渠道，积极寻找新的利润增长点，狠抓中间业务尤其是突出抓好投行等新兴中间业务的发展。全年实现中间业务收入1623万元，完成年计划116%，在全州农行排名第一。

【新产品营销取得突破】 2011年，中国农业银行股份有限公司个旧市支行以投资类理财产品为依托，锁定存款源头，以贷款业务、电子类产品锁定生产经营类客户资金源头，实现对公客户转个人账户资金回流。通过强化营销和维护，年内自主理财产品累计营销63618万元。在新产品的推广营销上，率先开办全省首笔国内信用证业务。在贷款方式上，在全州办理第一笔第三方监管动产抵押信贷业务。

【服务“三农”取得进展】 2011年，中国农业银行股份有限公司个旧市支行进一步加强服务“三农”工作，自觉按照“目标明确、服务到位、风险可控、发展可持续”的要求,推动“三农”业务发展。截止年末，农户贷款余额922万元，比年初增加860万元，完成率132.36%。

【实现“平实年”目标】 2011年，中国农业银行股份有限公司个旧市支行全面贯彻落实上级行案件防控要求，积极创建金融安全运营区域，以确保一方平安为目标，以严格防范四类案件为重点，坚持上下联动，全员参与，积极开展案件防控各项活动，努力构建大稳定的工作格局，确保连续10年无案件、无安全责任事故的发生，为支行业务健康、持续发展起到保驾护航的作用，切实担负起“保一方平安、创企业和谐”的社会责任。年内，农行个旧市支行获云南省公安厅表彰的全省100家“2011年度安全保卫工作先进单位”、省农行“云南省分行2010至2011年安全保卫工作先进集体”、州农行“2011年安全保卫工作先进支行”荣誉称号。

（撰稿：聂跃鑫）

中国建设银行股份有限公司个旧支行

【简述】 2011年，中国建设银行股份有限公司个旧支行（以下简称建行个旧支行）在个旧市委、市政府及建行红河州分行党委的正确领导下，紧紧围绕省、州分行战略部署和全年经营目标，加快战略转型步伐，积极推进业务调整，坚持规范经营，努力拼抢市场，全行经营管理呈现良好态势，价值创造能力稳步提升。截止12月31日，个旧支行一般性存款余额436866万元，各项贷款余额98039万元，实现中间业务收入2075.57万元，五级分类不良贷款余额62.86万元，不良率为0.0061%。

【克服困难，大力发展负债业务】 2011年，建行个旧支行克服同业竞争加剧，吸储压力增大的困难，以资金组织工作为立足点，创新手段，增强互动，不断提高客户维系水平，积极做好稳存增存工作，确保年内负债业务快速发展，竞争优势进一步扩大。

【转变观念，加大中小企业信贷扶持】 2011年，建行个旧支行认真贯彻落实省、州分行小企业客户发展指导意见，转变观念，加大优质中小企业信贷扶持力度，进一步完善中小企业经营体系，使中小企业业务产品配置能力、产品议价能力、产品替代率明显提升，进一步优化了资产结构。

【大胆创新，中间业务发展提速】 2011年，建行个旧支行通过锁定目标客户，拓宽收入渠道，不断挖掘潜力，推行重点产品营销策略，开展业务创新，坚持优质文明服务等措施确保中间业务快速发展。

【坚持内外兼修，从严从细管理】 2011年，建行个旧支行以上级行提出的深化创建平安建行为目标，坚持“内外兼修”的原则，加强员工的制度教育，强化内控管理和制度管理，从严要求，从细管理，加大对日常业务操作规范化检查和监督，认真做好制度执行、落实工作，消除金融风险和隐患，确保银行稳健经营。

【丰富党建活动，推进创先争优】 2011年，建行个旧支行在中国共产党成立九十周年之即，通过组织员工参加州分行的“红歌”比赛，组织党员及入党积极分子观看《建党伟业》爱国教育片，组织员工读党史写学习心得等活动，抓好员工日常教育和党员先进性教育。同时，建行个旧支行坚持“两手抓两手硬”的工作方针，在各项业务取得较快发展的同时精神文明创建也硕果累累，年内支行涌现省级劳模1人，市级劳模1人。卓有成效的创建活动，进一步提高了支行凝聚力和战斗力，为可持续发展奠定了坚实基础。

（撰稿：方　娅）

个旧市农村信用合作联社

【简述】 2011年，个旧市农村信用合作联社在省联社、省联社红河办事处的正确领导下，在各级党委、政府、部门的关心支持下，继续深化改革，转变发展方式，按照“上存款、活信贷、要效益、保安全”的工作目标，以支持地方经济发展为己任，以服务“三农”为工作重点，以增强支农服务水平和综合竞争能力为抓手，合理把握信贷投向和投放节奏，着力抓好业务经营管理，深入推进创先争优和服务创优工程，各项工作都取得较好的成绩,圆满完成省联社年初下达的各项任务指标。

【经营指标】 2011年，个旧市农村信用合作联社各项存款余额321712万元，比上年增长23.53%；各项贷款余额218830万元，比上年增长24.33%，发放各项贷款384302万元，收回贷款341474万元；实现利润总额5416万元。

【贷款管理】 2011年，个旧市农村信用合作联社根据中央改善宏观调控，严防各类风险，信贷规模从紧的货币政策，加强贷款结构的优化调整，在确保信贷投放控制在规模之内的同时，积极满足三农及地方企业的资金需求，被个旧市委、政府授予“信贷支持贡献奖”。

一是统一思想认识，始终把支农工作摆在重要位置，树立“靠支农树形象、靠支农防风险、靠支农增效益”的观念，积极发放“农户信用贷款”、“农户联保贷款”，确保春耕支农贷款及各类涉农贷款按时发放，做实做好支农工作。

二是积极配合财政、劳动、扶贫等部门，做好“贷免扶补创业小额贷款”、“小额担保贷款”、“劳动密集型小企业贷款”及“农户扶贫到户贷款”的发放工作。截止12月31日，市联社发放“贷免扶补创业小额贷款”336笔，金额1976万元；发放小额担保贷款350户，金额1780万元；发放劳动密集型小企业贷款11户，金额1310万元，吸纳和带动4258人就业，有效地缓解了个旧市的就业压力。发放农户扶贫到户贷款2002户，金额1800万元，促进了种植业、养殖业的发展，使2002户农户受益，农户总收入比去年增加700多万元。

三是贷款发放从探索开发新品种转变为统筹安排、合理规划、稳步推进，确保有限吃紧的信贷规模在满足支农贷款的同时，有效支持地方中小企业和部分优质客户的资金需求。对189户中小企业累计发放贷款184050万元，贷款余额103610万元，比年初增加8090万元，占全部贷款的47.34%，满足了个旧市一大批工业企业和农业龙头企业的信贷资金需求，创造了较好的社会效益。截止12月31日，这些获贷企业已实现税收34000多万元，提供就业岗位10300多个，并涌现出个旧市富强工贸公司、个旧市光博电冶厂等民营企业利税大户。

四是梳理流程，规范贷款操作。个旧联社根据“三个办法一个指引”的总体要求，对贷款的相关管理制度和业务流程进行更新改造，全面梳理、调整、细化贷款管理办法，建立有效岗位制衡机制。严格执行贷前调查，明确贷前调查职责，强化信贷作业监督，严把前提条件核准关，实行提款“实贷实付”，确保信贷资金按约定用途使用，深化、细化贷后检查，提高检查质量，确保贷款的流动性、效益性、安全性，有效降低贷款风险。

五是积极采取有效措施，盘活不良贷款。全市信用社始终把盘活不良贷款作为化解风险、搞活经营、提高经济效益的大事来抓，继续加强对不良贷款清收工作的重视和管理，由主要领导亲自抓不良贷款清收工作，在人力、物力等多方面给予大力支持，迎难而上，采取法律、行政等清收措施，取得可喜成效，不良贷款实现双降。

【财务管理】 2011年，个旧市农村信用合作联社严格执行财务制度，实事求是反映财务收支及经营成果，对各项费用严格把关，认真研究新税务、新准则，仔细测算、真实反映经营成果，依法纳税，准确及时地上缴各类税费。坚持不懈抓会计规范化管理、完善内控制度，全面提高会计工作质量，加强财会人员培训，提高会计队伍素质，增强会计人员的理论水平和实际操作能力，确保规范操作。年内，市联社全辖21个网点实现集中监督，规范了会计操作行为，有效地防范了风险，提高了会计工作质量。

【业务发展】 2011年，个旧市农村信用合作联社继续配合政府、财政做好惠农“一折通”、乡镇统发、家电下乡、各类涉农资金的划拨、发放、兑付工作。9月初，积极配合劳动、财政等相关部门做好新城乡养老保险金的发放、收缴、管理工作。新农保共计开户70614户，累计发放66935笔573万元；城保共计开户8861户，累计发放13926笔128万元。在工作中做到补贴资金数据准确、发放工作及时到位，管理流程规范、责任机制明确、措施要求明晰。

【股权改造】 2011年，个旧市农村信用合作联社按照监管部门要求积极做好股权改造及增资扩股工作，努力提高资本充足率。为继续深化产权制度改革，完善公司法人治理效果，提升资本实力，增强抗风险能力，农村信用合作联社于11月将270.07 万元资格股全部转换成投资股，并于12月31日前完成增扩股本金2095万元（全部为投资股）。经过股权改造和增资扩股后，股权结构得到进一步优化，资本充足率达到11.19%。

【党风廉政建设】 2011年，个旧市农村信用合作联社始终把党风廉政建设作为促进各项业务又好又快发展的重要举措，按照省联社“云南省农村信用社党风廉政建设责任制量化考核办法”的通知要求，积极开展党风廉政建设工作，制定廉洁自律措施，组织自查自纠和民主测评工作，扎实有效地推进党风廉政建设责任制考核工作。认真贯彻落实《党员领导干部廉洁从政若干准则》，将党员领导干部执行《廉政准则》情况作为党风廉政建设责任制和干部考核的主要内容，加强检查考评和责任追究。

【服务创优】 2011年，个旧市农村信用合作联社继续把“服务创优工程”作为一项长期性的任务扎实推进。积极开展服务制度建设工作，进一步强化服务管理。将“服务创优”纳入《个旧市农村信用社经营目标责任制考核管理办法》进行专项考核，进一步完善服务规范和服务指标考核体系，加大检查、考核和问责力度，大力促进服务管理规范化。

（撰稿：毛远梅）

中国邮政储蓄银行有限责任公司红河个旧市支行

【简述】 2011年，中国邮政储蓄银行有限责任公司红河个旧市支行（以下简称邮储银行个旧市支行）在红河州分行党委的正确领导下，在红河银监分局、人民银行红河州中心支行和个旧市委、市政府及各相关部门的大力支持下，紧紧围绕省州分行工作思路和工作目标，以科学发展观为统领，紧抓改革发展机遇，加快发展方式转变，持续推进银行转型，各项工作取得新成绩，在现代商业银行转型发展的道路上迈出新步伐。年末，各项存款余额66463万元，较年初增加3988万元；各项贷款余额4565万元，较年初增加1614万元；五级分类不良贷款余额23.6万元，不良率0.52%。

【负债业务】 2011年，邮储银行个旧市支行按照省州分行要求，充分利用“自营加代理”的网络优势，积极发挥银邮协同发展效应，在激烈的存款市场竞争中再创佳绩。截止年末，邮政储蓄本外币各项存款合计近66433万元，其中个人存款56695万元，公司存款9768万元。

【中间业务】 2011年，邮储银行个旧市支行按上级行要求，树立“大零售”联动发展理念，积极开展产品的交叉销售，较好地巩固了客户资源，促进了中间业务持续增长。邮储银行依托强大的邮政网络，中间业务迅速发展，呈现出品种丰富、效用增强、规模扩大的趋势。

【资产业务快速发展】 2011年，邮储银行个旧市支行在信贷规模增长受限的情况下，采取“以价补量”的策略，贯彻执行差别化利率信贷政策，着力优化信贷业务结构，坚守零售银行战略定位，信贷额度重点向零售贷款特别是小微企业贷款倾斜，实现信贷业务效益的稳步增长。在业务快速发展的同时，信贷资产质量总体保持良好，不良资产处于同业最低水平。商业票据、公司信贷、供应链金融等新业务相继推广，其中票据贴现业务成为支行重要的收入和利润来源。在资金营运工作方面，个旧市支行加强宏观形势研究，准确把握货币政策紧缩下的机遇和挑战，优化资产配置策略，在保持零不良的同时，收益水平显著提升，资金营运能力快速成长。

【风险防控】　2011年，邮储银行个旧市支行积极开展新业务及新产品风险评估，强化业务统一授信、授权管理，规范开展资产分类、风险监测、预警和提示工作，支持全行重点业务健康发展。继续推行对重点业务流程的梳理和“四项机制”建设的检查评估，有效提升全行规范经营意识。坚持以风险导向审计为指引，注重揭示基础管理和新业务快速发展过程中产生的新风险、新问题。在严控网点操作风险的同时，努力提高审计工作的深度和广度，审计范围覆盖了个人信贷、公司信贷、公司业务、财务、经济责任、工程建设等领域，为银行健康发展提供了保障。年内，个旧支行坚决贯彻监管部门案件防控工作要求，以深化“内控和案防制度执行年”活动为契机，着力推动案件防控体系和机制建设，强化履职监督，促进制度落实，案件防控工作成效明显，安保工作向纵深推进，全行安全防范管理水平不断提升，为进一步深化改革创造了良好的内外环境。

【营销与服务工作不断提升】　2011年，邮储银行个旧市支行为适应银行业务发展需要，积极推进营销体系建设工作，着力打造客户经理和产品经理队伍。公司业务项目营销成效明显，已与中国电信、中国联通、国家电网、南方电网、中国烟草等多家重点客户开展业务合作，促进了公司、个人、信贷业务的联动发展。此外，通过建立银邮服务工作协作机制，开展金融服务现场检查活动，促进了规范化服务活动深入开展。在财政部组织的中央财政集中支付代理银行招标中，个旧支行获得“中央财政授权支付代理银行”资格，为进一步拓展银财合作创造了新的业务增长点。

【党风廉政建设】　2011年，邮储银行个旧市支行按照党建工作与改革发展同步推进的工作思路，全面加强党的思想建设、组织建设、作风建设、制度建设和廉政建设，发挥党建工作的保障作用，为邮储银行改革发展提供了思想保证和精神动力。全行以深入开展创先争优活动为契机，以精神文明创建和企业文化建设为动力，全面推动党建工作蓬勃开展。认真落实党风廉政建设责任制，积极开展反腐倡廉宣传教育。全面推进纪检监察组织建设、制度建设和信息系统建设，有效发挥纪检监察在银行内控管理和案件防控中的积极作用。

（撰稿：蒋　堃）

中国人民财产保险股份有限公司个旧支公司

【简述】　2011年，中国人民财产保险股份有限公司个旧支公司（以下简称人保财险个旧支公司）面对保险市场的激烈竞争形势，认真贯彻省、州全保会议精神，以发展才是硬道理为指导思想，践行科学发展观，迎难而上，在困境中求发展，取得较好成绩。全年开办业务险种80余个，各项业务总保费收入9726.59万元，处理各类赔款案件4586件，赔款金额4223.94万元，综合赔付率49.97%，上缴各种税利525.85万元，人均上缴税金21.03万元。

【管理工作上新台阶】　2011年，人保财险个旧支公司继续加强管理工作，坚持把激励机制引入公司的内部管理，最大限度调动职工的积极性，制定出台《个旧支公司2011年综合计划考核办法》《业务进度与薪酬挂钩考核的决定》《个旧支公司一季度、二季度、三季度业务计划及考核办法》《公司非车险百日劳动竞赛活动方案》《小金库专项治理工作方案》《合规经营报告》《公司县域学泊头活动实施方案》《三季度车险续保业务考核办法》《销售队伍人力资源改革试点工作实施方案》《销售队伍人力资源改革组织架构及人员设置方案》《销售队伍人力资源改革人员配置试点工作方案》等规章制度，进一步增强员工合规操作及风险防范意识。强化激励措施，按照“效益优先、以业绩论英雄”的原则，继续加大工效挂钩力度，合理拉开分配差距。加大保费利润与费用挂钩力度。从加强制度建设、健全激励机制、完善分配制度等方面构筑立体的管理体系，促进企业健康发展。

【理性经营，依法合规】　2011年，人保财险个旧支公司为建立高效的保险保障机制，依法合规经营，根据上级公司的要求，认真开展财务、业务承保、理赔质量、客户服务及“反洗钱”等专项检查工作。通过专项检查工作的开展，使员工真正认识到依法合规经营不仅是保险法赋予的责任，也是保险改革和发展的内在要求。通过自查自纠，认真抓好公司客户身份识别、客户风险等级划分等工作，大大提高了公司员工依法合规的自觉性，增强了员工的合规经营意识，有效防范了经营风险。一是从根本和源头上防范风险，做到人人合规、事事合规、时时合规。二是依法规范员工行为和业务规则，保证一切经营遵循法律规程。三是依法规范保险创新，促进业务发展。四是依法规范和处理与客户、同行业的竞争，做到理性经营，依法合规。五是通过开展打击“三假”工作，让全体员工严格执行新“保险法”，依法经营，诚信服务，坚决堵住“假机构”、“假保单”、“假赔案”的发生。六是通过《反洗钱》工作的开展，提高全体员工依法合规经营，维护金融秩序，预防和打击洗钱犯罪的法律意识。

【促进电销业务发展】 2011年，人保财险个旧支公司为适应保险市场的发展，根据州分公司《关于对电销宣传进社区、下农村活动开展情况进行检查的通知》要求，认真贯彻落实公司“速度、效益、服务”领先战略，树立电子商务发展的紧迫感、危机感和责任意识，成立电销业务工作领导小组，提出电销业务发展措施，促进电子商务快速健康发展。一是在公司大门口悬挂电销宣传标语，印刷宣传单，通过电视台、广播电台、报纸、出租车车体广告、户外大型广告、农村公路墙体广告宣传电销业务知识。二是在大商场门口开展电销有奖销售活动。三是印制粘胶电销宣传图100张张贴于社区、小区、学校、农村公告栏，其中在蔓耗镇、卡房镇、鸡街镇、沙甸区、大屯镇等张贴40张。年内，公司先后投入40万元资金用于电销业务宣传（其中22万元用于有奖销售活动，18万元用于其他各类宣传），形成了立体、高效的宣传网络，有效地促进了电销业务的发展。全年电销业务保险费收入791.22万元。

【大力发展农村保险业务】 2011年，人保财险个旧支公司在大力发展车险业务、财产险业务、意责险业务的同时，根据《国务院关于保险业改革发展的若干意见》，积极稳妥地推进农村保险营销服务站网络和农村保险营销员网络建设工作。根据公司“两网”建设目标责任量化考核的通知精神，继续在大屯、鸡街、沙甸、卡房、蔓耗等5个乡（镇、区）实行分片包干负责制，加大农村保险营销员业务培训力度，促进农村保险业健康发展。全年，个旧支公司农村保险保费收入650万元，其中大屯镇、鸡街镇、沙甸区保费收入超100万元；有46383多户农户参加农房保险，收保险费57.97万元，赔款17万元。

继续贯彻落实国务院《关于促进生猪生产发展稳定市场供应的意见》和《云南省人民政府贯彻落实国务院关于促进生猪生产发展稳定市场供应文件的通知》精神，个旧市支公司加大人力、物力投入力度，积极推进生猪保险工作，加快生猪保险体系建设，促进生猪生产发展，稳定市场供应，服务社会主义新农村建设。全年，全市共投保能繁母猪10922头，收保险费65.53万元，赔款41.3万元。

【学先进，见成效】 2011年，人保财险个旧支公司深入贯彻落实总公司在全国范围内开展“县域学泊头”活动的精神，认真按照州分公司的布置开展学习“泊头模式”的工作，一是积极探索，建农村网点、招精英、强服务。二是对照泊头，促进经营管理模式的转变。三是打破保守观念，以开放的胸怀和超前的思维谋划全局。四是明确管理团队主要职责，要外创环境，获取政府支持，规范行业秩序，做好行业大客户公关。五是预计用2～3年的时间，大力开展人保乡、人保村建设，达到“网点连成片、服务面对面”，建成人保的堡垒乡、堡垒村。通过近半年的学习，个旧支公司在“学泊头模式”活动中，找差距、转方式，各项工作见到成效，公司上下营造出奋发向上、积极进取、创先争优的良好氛围，有效地促进了各项业务健康快速发展。

【业务改革】 2011年上半年，人保财险个旧支公司为适应业务发展的需要，根据上级统一安排，积极开展理赔改革工作，对机构和岗位重新进行设置。改革后的管理制度强化考核，突出技能，以岗定薪，激励有效，约束有力，比旧的制度更加科学合理，充分调动了员工积极性。

下半年，为全面加强销售人才队伍建设，完善销售人力资源管理体制，理顺销售队伍管理机制，提升公司销售能力，个旧支公司出台《销售队伍人力资源改革工作实施方案》，成立工作领导小组，按实施步骤开展工作。一是实施渠道清分，理清业务来源；二是优化销售架构，深化专管专营；三是合理调配人员，整合业务资源；四是完善职级体系，规划职业生涯；五是强化绩效考核，实施目标管理；六是完善激励体系，规范薪酬管理。

【做好服务工作，提升公司品牌】 2011年，人保财险个旧支公司继续转变工作作风，加大对客户的宣传和服务力度，不断改进和创新服务内容，提升服务质量。新增主动上门和电话约定服务；推出简易赔案流程，不断改进理赔服务手段；编制黄金客户和大客户信息资料，创新客户需要的服务内容；通过保险“95518”服务专线和车友俱乐部，密切与客户的沟通，为客户提供方便快捷的服务；充分发挥保险职能作用，坚持有案必接，有险必出，有难必帮，有问必答的服务标准，全面提升服务水平；加强防灾防损工作，积极协助保户有效防范和控制灾害风险，配合公安等相关部门做好每年的春运大检查和企业生产安全检查工作，多次组织人员到云锡公司二级厂矿开展安全教育活动，最大限度地减少保险财产灾害损失，充分发挥了保险防灾防损的服务职能。

年内，个旧支公司依法经营、诚信服务，取得较好的成绩。公司员工33人被评为州级先进、40人被评为市级先进。公司被个旧市人民政府评定为2011年度纳税先进企业、被州分公司评定为“双文明建设”先进单位、“经营管理”先进单位。

【主要领导干部】 总经理王漾海，副总经理熊健波、李　俊、段恒长、严　斌、李继芳、石云增。

（撰稿：谢　彪）

中国人寿保险股份有限公司个旧市支公司

【简述】 2011年，中国人寿保险股份有限公司个旧市支公司（以下简称中国人寿个旧市支公司）在中共个旧市委、市政府及上级公司的正确领导下，坚持以邓小平理论、“三个代表”重要思想为指导，认真学习贯彻中共十七届五中全会精神，积极探索科学发展的新路子、新方法，紧紧围绕“一个确保、四个提升、四个实现”的工作目标，充分发挥创新精神和拼搏精神，经营业绩和各项建设再上新台阶，实现新飞跃。年内，公司再度被中国人寿红河州分公司评为“先进单位”。

【保险业务】 2011年，中国人寿个旧市支公司始终坚持“锐意改革、强化管理、夯实基础、协调发展”的方针，积极贯彻总公司调整改革的方案措施，努力推进以渠道管理为重点的管理体系建设，确保公司业务经营如期准确地与上级渠道经营管理接轨，促进渠道业务又好又快地发展。全年，公司实现保费收入9987.68万元，为个旧地区的经济建设和社会发展做出了积极的贡献。

【队伍建设】 2011年，中国人寿个旧市支公司切实加强员工队伍建设，不断提升队伍的市场竞争能力。队伍是企业发展之本，更是寿险企业拓展市场、发展业务的主体力量。队伍建设被列入公司年度工作的重要组成部分，常抓不懈。营销队伍注重有效增员、帮扶育成、有效人力的巩固和素质打造，调整工作思路、改进工作方法，制定切合实际的措施，逐步打造一支思想好、作风硬、纪律严、业务精、效率高的销售队伍。内勤保障队伍注重思想觉悟、敬业精神、业务技能和法纪意识的打造，加大教育、培训和督察力度，努力建设一支服务一流、技能精湛、操作严谨、遵纪守法的保障队伍。截止年底，公司有员工300人，其中内勤管理人员60人，业务拓展人员240人。

【险种、理赔】 2011年，中国人寿个旧市支公司开展的险种有：意外险、养老险、健康险、学生平安险、投资理财分红险等险种。在积极做好承保工作的同时，也认真做好各项满期给付、理赔服务等售后工作。全年，公司满期给付7200人次，满期给付金额15833676.61万元。公司理赔2500人次，理赔金额4082245.78元。一年来。未发生欺诈案件和违约案件，赢得了广大人民的信赖与支持，保证了业务经营的稳健增长，充分发挥了保险作为“社会稳定器”的作用，为个旧市的社会维稳工作作出了积极贡献。

（撰稿：孔　丹）

中国平安人寿保险股份有限公司红河中心支公司

【简述】 2011年，中国平安人寿保险股份有限公司红河中心支公司（以下简称平安人寿红河中心支公司）在分公司“夯实基础，永续经营”思想的指导下，坚持加强基础管理，全面提升服务品质，发展综合金融的理念，不断优化产品结构，提升业务团队销售技能，坚持用心服务，实现机构的良性发展。全年保费收入3731.44万元，理赔10.08万元。年末营销队伍在职人员203人，内勤员工23人。

【经营管理】 2011年，平安人寿红河中心支公司加强基础管理工作，对内外勤队伍严格要求。日常管理工作严格按照制度执行，规范职场行为，按照平安礼仪规范员工的职场着装和行为。加大对业务队伍的培训力度，定期组织学习《中国平安业务人员规范展业十大准则》，力求“守法尊规、诚信展业”。每月自行举办入职培训、产品学习等培训班，也组织人员到分公司参加培训，全面提升业务队伍的综合素质。

【客户服务】 2011年，中国平安人寿红河中心支公司继续推进P-START五星级服务理念，用心服务客户，不断检视客户服务过程中的每个环节，努力提升服务品质，为客户提供主动、简单、及时、方便、可靠的服务体验，打造平安五星级服务品牌。为感谢新老客户的支持与厚爱，中支公司每月召开客户联谊会。客服人员时刻牢记公司“追求卓越、服务领先”的训导，上门送平安客服报、平安手册，让客户感受来自平安的五星服务品质。

【险种】 2011年，平安人寿红河中心支公司开办险种60余种，并结合需求对10年的部分险种推出升级版（万能险智盈人生升级到智胜人生）。险种涵盖终生寿险、定期寿险、疾病保险、医疗保险、分红型保险、万能保险以及投资理财型保险等。

【业务发展】 2011年，平安人寿红河中心支公司为了适应总公司以保险为主，融证券、信托、投资、银行、资产管理、企业年金等多元金融业务为一体的紧密、高效、多元的综合金融服务的需求。开始招揽综合金融专员，销售寿险、产险（包含车险）、养老险、健康险产品以及平安银行的信用卡业务，为客户提供一揽子金融服务。

【主要领导干部】 平安人寿红河中心支公司总经理卢鹏。

（撰稿：杜青茹）

中国太平洋人寿保险股份有限公司红河中心支公司

【简述】 2011年，中国太平洋人寿保险股份有限公司红河中心支公司（以下简称太保寿险红河中支公司）在分公司的正确领导下，在市委、市政府的关心及社会各界的大力支持下，深入践行科学发展观，转变观念，抓住机遇，高度统一思想，坚持“推动和实现可持续的价值增长”经营理念，通过两个聚焦—“聚焦营销，聚焦期缴”，加快核心业务发展，着力从“产品导向”向“客户需求导向”转型，强化基础管理，提高团队专业化水平，以机构晋级为目标，加强内控评估工作，依法合规经营，优化业务结构，整合内外资源。全年，通过全司干部员工的共同努力，各项业务快速增长，中支本部保费合计3985.97万元，给付支出2224.56万元，保险理赔款104.52万元。

【经营管理】 2011年，太保寿险红河中心支公司按照分公司工作会议精神，以高效会拉动业务发展,改变团队对产说会的畏难情绪,突破产说会瓶颈，提升团队对产说会的信心。加强渠道业务拓展，与相关政府职能部门合作使公司经营向多元化发展，中支各部门指定兼职合规管理员，履行相应的工作职责，使合规工作机制更趋完善；坚持做好内控合规管理及反洗钱学习与培训。

【保险案例】 纳某于2010年9月27日购买红河中心支公司安贷宝意外伤害保险（A款）100份，保额100000元，缴保费250元。被保险人纳某于2010年12月10日驾驶客车至鸡石高速K73+300M处时与右侧钢质防护栏碰撞后发生右侧翻，经石屏县人民医院现场抢救无效，被保险人死亡。受益人建水县农村信用社于2011年2月28日向中支公司申请身故赔付，红河中心支公司收到案子后经过审核，符合保险责任，于2011年3月1日按条款以保险金额100000.00元进行赔付。

刘某为其妻王某于2003年5月25日够买红河中心支公司太平盛世·康健一生重大疾病保险（分红型）20份，缴保险费18560元，保额20000.00元。被保险人王某于2010年8月20日在弥勒计划生育服务站检查身体发现异常，于同年10月7日住入昆明医学院第三附属医院，诊断为宫颈鳞癌，经过对症治疗，于同年12月21日好转出院。王某于2011年1月18日向红河中心支公司申请重大疾病保险金赔付，经过调查审核，被保险人此次出险符合赔付范围，按保险条款以保险金额的3倍进行赔付，加上投保至出险时间的红利合计赔付王某61252.34元。

【险种介绍】 2011年，太保寿险红河中心支公司开办险种150余种，涵盖养老保险、团体和个人人身意外伤害保险、“福系列”产品、企业年金保险、投资理财和分红型保险等险种。全年提供95500全国统一客户服务电话、24小时值班报案、全年无休营业、太平洋“关爱工程”等系列服务活动。

【保险服务】 2011年，太保寿险红河中心支公司组织干部员工深入学习《关于转发总公司〈关于防范和打击保险专业中介机构涉嫌传销行为的自查通知〉的通知》《关于开展2011年度综合合规自查的通知》《反洗钱知识测试》《构建金融安全网学习》及《财务业务数据真实性自查》等，进一步提高全员依法合规经营的意识。在团员青年中开展“司庆二十年”征文活动；组织员工参加分公司工会组织的“书法、摄影”比赛；借“3·15”之机，公司戍立临时理赔小组到建水县培德村村委会进行“安贷宝”上门理赔服务，单笔赔款10万元，受到当地政府及相关部门的认可和肯定，保险功效真正落到了实处；在建党90周年之际组织党员干部学习杨善洲精神，有2名预备党员按期转正，党组织的战斗堡垒作用和党员的先进模范作用得到发挥。

【主要领导干部】 党委书记张朝辉，总经理王浩，总经理助理甘文盛。

（撰稿：赵云红）

中国太平洋财产保险股份有限公司个旧支公司

【简述】 中国太平洋财产保险股份有限公司个旧支公司（以下简称太保财险个旧支公司）在市委、市政府的关心及社会各界的大力支持下，在省、州公司的正确领导下,以邓小平理论、“三个代表”重要思想和科学发展观为指导，紧紧围绕市委、市政府“一二三”工作思路和“工业强市，文化兴市，生态立市，开放活市”发展战略，积极开拓保险市场，着力打造合规经营、诚实守信的企业风尚，改善服务态度，提高服务质量，业务发展稳健，经营业绩攀升，为个旧市的繁荣、稳定、和谐、发展做出了积极的贡献。全年，支公司实现保费收入1426.78万元，赔款 627.78万元，缴纳税收133.64万元。

【经营管理】 2011年，太保财险个旧支公司以“一流的服务质量、一流的工作效率、一流的公司信誉”为宗旨，强化“诚信、稳健、敬业、创新”的企业精神，以保监会“抓服务、严监管、防风险、促发展”为管理工作的基本思路，依法稳健经营，规范管理，积极为客户提供完善的服务，坚持优质客户重点管理、普通客户责任管理，加强与各保险经纪、中介代理机构的合作，保证优质客户挖潜增收、普通客户扩充市场，促进业务的发展和效益的提高。

【业务发展】 2011年，太保财险个旧公司以稳健经营，大力发展公司业务为重点，加快发展非车险业务，以市场为导向，积极寻找有价值的市场信息，集中力量攻关重大项目。制订有效的业绩管理办法，促进业务持续发展。

【服务工作】 2011年，太保财险个旧公司将提高服务质量作为工作的重中之重，坚持抓服务，防风险，促发展的保姆式服务理念，提升服务标准，为个旧市经济发展提供坚实的保险保障。

为充实理赔服务力量，新增专业对口的大学生5人，为公司带来新的活力，提升理赔服务队伍的素质。定期举行业务培训，增强服务队伍的业务能力。提高现场查勘率，缩短案件的结案时间，简便理赔程序，提高客户对保险服务的满意度。

【主要领导干部】 经理王 伟。

（撰稿：李红梅）

泰康人寿保险股份有限公司个旧支公司

【简述】 2011年，泰康人寿保险股份有限公司个旧支公司（以下简称泰康人寿个旧支公司）在市委、市政府和红河中心支公司的正确领导下，坚持以邓小平理论和“三个代表”重要思想为指导，认真贯彻落实中共十七大精神，深入学习实践科学发展观，在总公司新三年战略目标“以价值为导向、以营销为核心、发展大个险、建设大公司”的推动下，新单价值稳步提升，产品结构不断优化，客户数量快速增长，品牌美誉度逐渐增强。全年实现保费收入4000万元，赔款支出88万元（426人次）。

【经营管理】 2011年，泰康人寿个旧支公司认真贯彻总公司新三年战略，发展大个险，实施多元化经营，不断追求新单内涵价值的提升，强管理、强基础建设，严格执行基本法考核，提升专业化水平。一、个人营销。严格基本法考核，加强大营业部、大营业组建设，做大做强城区业务，发展高端潜力客户，同时抓好基础管理和服务意识培训，建设专业化营销队伍。在产品结构和销售模式上，注重对长期期缴产品的培训和销售技巧培训，使长期期缴业务比重提升；二、银行保险。以新单价值为导向，加大对核心产品（金满仓B5）的推动力度，积极推进幸福人生A款的销售，为公司创造新单价值。对各级人员进行诚信经营意识教育，提高客户信息准确率，加快问题和案件处理的时效性，代签名、销售误导等违规行为明显减少；三、团险业务。团险部秉承公司“专业化、规范化、国际化”的经营理念，强化内部管理，切实防范经营风险。在市场竞争非常激烈的情况下，保持与各代理机构的紧密关系，使业务得以顺利开展。四、收展业务。狠抓13个月继续率，同时加强收展队伍业务技能培训；持续有效地推进续期未收件管理，做到“单单有落实，件件有追踪”；持续推行“零现金管理”，有效地防范和控制风险；持续有效地提升CS团队的日常管理，完善续期组织架构；以收展传递公司服务品牌。

【保险产品】 2011年，泰康人寿个旧支公司开办148种险种，产品涵盖少儿、女性、医疗、养老、重大疾病、健康医疗、意外伤害、分红、投资理财、旅游、签证、组合保险等，可充分满足大众对寿险服务的全方位、多层次的需求。泰康人寿融合国际最新技术，在保险业内率先推出并不断升级家庭保障计划—“一张保单保全家”，从一对一的个人营销方式，转变为对整个家庭的现代销售方式，满足了工薪白领人群对家庭价值的追求。经过七次全面升级，实现了产品形态从保险套餐—保险自助餐—保险超市的升级过程；“泰康爱家理财保险计划”推出，首次将传统保障型产品与“万能险”产品有机结合，家庭保障超市在完善保障功能的基础上又增加了“代客理财”的附加值服务。

【保险服务】 2011年，泰康人寿个旧支公司保持95522全国统一客户服务电话畅通，对新签约客户进行百分之百的电话回访，随时为客户提供热情周到、优质高效的服务；随着互联网应用的普及和发展，受众群体的不断增多，个旧支公司积极拓展网上业务，推出强大的移动展业平台，实现客户足不出户，轻松一点获保障，无论何时何地均可轻松在线提交投保申请、自助查询保单信息、修改个人资料，充分享受信息时代的方便与快捷；为回馈社会，服务客户，个旧支公司在8月举办“以与泰康相伴和幸福同行，共创低碳绿色生活”为主题的服务活动，主要内容包括第七届“环保·爱家”全国少儿绘画大赛、送电影下乡活动等；年内，泰康人寿推出“健保通”，实现“免”申请，“零”等待的理赔服务新革命，3G理赔运用最先进无线传输技术，对案件进行实时处理，最快10分钟便可顺利结案，让客户体验更为快捷的理赔服务。

【主要领导干部】 总经理张 洪，副总经理孙燕琪、徐 明、邱 润。

（撰稿：孙燕琪）

新华人寿保险股份有限公司个旧支公司

【简述】 2011年，新华人寿保险股份有限公司红河中心支公司个旧市支公司（以下简称新华保险个旧支公司）在个旧市委、市政府和上级公司的正确领导下，坚持以邓小平理论和“三个代表”重要思想为指导，深入学习实践科学发展观，自觉服从并紧紧围绕个旧市的经济社会发展大局开展工作。创新工作思路，加强企业管理，提升服务质量，积极挖掘保险潜力、开拓保险市场，进一步发展公司各项业务，努力尽到企业公民的责任，为个旧市经济繁荣和社会稳定作出积极贡献。

【机构转制工作】 2011年7月，新华保险个旧营业区经保监会和总公司批准，同意转制为新华保险个旧支公司。公司严格按照保监会《保险公司管理规定》及总公司“高起点、高标准、高要求”的要求，向当地监管部门和政府相关部门办理变更手续，制定业务管理流程，建立财务制度，配置办公设施，按时按质完成转制各项工作。

【经营管理】 2011年，新华保险个旧支公司认真贯彻落实云南分公司工作会议精神，与时俱进，坚持以科学发展永续经营的思想促进经营管理，以效益第一服务至上的经营理念贯通发展主题，以绩效考核合理调整薪酬机制，以快速理赔、提高理赔服务质量赢得客户信任。采取科学的客户管理措施，对优质客户实行重点管理，保证优质客户的深入挖潜增收；对分散客户实行责任管理，客户服务落实到个人，广泛开拓市场。年内，新华保险个旧支公司在以个旧市区市场为重点开发对象的同时，积极拓宽市场覆盖面，组织员工通过集体宣传、公益活动等方式，将保险的相关政策、知识及功用宣传至乡镇，让更多的群体了解在当代社会生活中保险对个人及家庭的意义，在更广泛的区域内发挥保险的社会管理功能。根据保监会精神，在总公司“以客户为中心做保险，回归保险本源”的战略思想指导下，新华保险个旧支公司在行业转型、市场增长乏力的情况下，仍然保持了业务的平稳向好，全年个险渠道标准保费完成225万元，银行代理渠道保费完成417万元，期缴保费68万元。

【险种及理赔】 2011年，新华保险个旧支公司顺应市场特点，积极开发符合当代百姓保险需求的险种。公司经营个人保险产品十余种、银行代理保险产品六种以及团体人生保险业务等。在力求产品全面满足不同保险需求的同时，公司根据地区经济环境和消费习惯，实行“产品多元化，地区集中化”的营销模式，在不同地区重点销售不同产品，更有效地促进业务增长。新华保险个旧支公司主要销售的个人保险产品有：传统保障型定期寿险、中长期投资保障型产品“吉祥如意两全保险（分红型）”、“吉祥至尊两全保险（分红型）”、组合灵活的新型个人理财平台“尊贵人生年金保险（分红型）”以及教育型少儿保险“成长快乐少儿两全保险（分红型）”。新华保险个旧支公司本着“更快、更易、更关怀”的理赔服务原则，在案件受理、资料收集、案件审核、保险金赔付等各个环节做到有案件迅速受理，所需资料一次性通知客户并帮助收集，资料齐全立即上报上级公司进行立案审核，审核通过迅速进行赔付。年内，新华保险个旧支公司共处理个险、团险、银代等各渠道大小理赔案件57起，理赔金额41万元，同比增长19%和75%。11月，新华保险个旧支公司完成本年红河中心支公司最大金额理赔。具体案例：新华个人险产品“吉星高照两全保险（分红型）”客户唐某及其妻子杨某（新华银代产品“红双喜金富贵”客户）乘坐他人小汽车与重型货车相撞致头部受伤，当场死亡。公司客服及理赔部门人员积极协助客户家属收集资料，在11月30日接到报案，于12月2日资料收集齐全后立案，12月9日完成所有理赔程序并将理赔款项231734.4元赔付完毕，其中个险部分赔付201734.4元，银代部分赔付30000元。该案件客户出险日期为续期交费宽限期的第58天，再过两天，此保险即中止而得不到赔付。由于案件的特殊性，新华保险个旧支公司在事后对客户遗属进行多次慰问，并通过各种渠道积极宣传，让广大客户了解宽限期存在的意义。

【内控措施】 2011年，新华保险个旧支公司在快速拓展业务的同时，严格按照保险行业监督管理要求开展内部控制工作。公司内勤员工定期学习保险法律法规和行业操作规范，每月至少对外勤理财顾问进行两次保险代理人员职业道德教育。依照省分公司风险控制管理规定，将合规操作与个人考核挂钩，让每个员工都自觉遵守行业规范，维护客户利益，促进保险行业健康发展。

【主要领导干部】 总经理陈 波。

（撰稿：李 超）

国泰君安证券股份有限公司个旧金湖西路证券营业部

【简述】 2011年，国泰君安证券股份有限公司个旧金湖西路证券营业部（以下简称国泰君安个旧营业部）在个旧市委、市政府和上级公司的领导下，以中共十七届五中、六中全会精神为指导，深入践行科学发展观，克服通胀压力、货币紧缩、房产调控、经济衰退等国内外多重因素对证券市场的不利影响，努力推动各项业务健康发展。截止12月20日，个旧营业部客户交易量79.89亿元，实现利润1459.2万元，销售各类理财产品3186.9万元，受理融资融券客户31人，授信资金1518万元，新增客户810人，累计客户量14952人。

【提升服务质量】 2011年，国泰君安个旧营业部面对低迷的金融市场，迎难而上，正确引导投资者理性投资，分散、回避风险，用行动树立国泰君安品牌。7月29日、30日、31日，国泰君安个旧营业部报备云南证监局，分别在开远、蒙自、个旧举办投资者策略报告会暨投资者风险教育活动，为投资者分析下半年国内国际经济形势，讲授正确的投资策略，讲解如何识别、防范和打击非法证券，让投资者学会在证券活动中如何保护自己的切身利益。10月22日，国泰君安个旧营业部秉承以客户为中心的服务理念，精心筹备君弘俱乐部专项活动，邀请VIP客户到戈贾森林公园参加户外活动，活动中穿插了不同的互动游戏，为客户营造轻松有趣的交友环境，让客户在鸟语花香的世外桃源享受君弘带来的尊贵服务。年底，随着沪深股市不断地探底，很多投资者被深度套牢，迫切需要专业的理财方案进行投资引导。12月3日，国泰君安个旧营业部携手中国银行丽水金湾支行，开展全方位金融服务座谈会，为客户提供金融市场背景下的多种理财方案及投资渠道，让客户更多地了解如何运用不同的理财产品去应对市场，保障自身资金安全。除了银行方各类灵活的存款型理财产品外，国泰君安推出全新的理财渠道新产品，专注于定向增发市场的资产管理计划“君得发”。年内，国泰君安个旧营业部积极为客户搭建各类交流平台，推出优化投资组合的理财产品，让客户能及时把握市场脉搏，合理分散或回避风险，得到客户好评。

【风险控制】 2011年，国泰君安个旧营业部全面落实公司合规经营体系的建设，利用信息技术手段，梳理业务流程，固化各类阀值，建立以总公司五部门（财务、营运、风险控制、稽核审计及法律合规）为核心，全公司所有部门参与，自我约束与监督检查相结合的、立体的、交叉的风险防范体系；组织员工进行信息系统应急演练、电力系统应急演练、消防应急演练；将公司开发的E.T.卫士投放给客户使用，加强客户资金、证券资产的安全；将关键风险点的实时监控与日常风险防范紧密结合，建立事前防范、事中检查与事后稽核相结合的内部控制体系。

【营业部建设】 2011年，国泰君安个旧营业部为适应市场发展的需要，加快了营业部建设步伐。进一步加大经费投入力度，运用高端硬件防火墙，从根本上防范恶意程序。扩展通讯线路带宽，提升营业部应对线路中断的抗风险能力，提高行情接收速度和工作效率，为客户提供更优质的服务。购置电脑主机、液晶显示器及音响设备、环境监控报警系统、门禁系统、消防器件等硬件设施，有效地保障客户利益。扩充员工及营销团队，年末，营业部有员工13人，其中经纪人团队8人、获融资融券业务推荐资格3人、报备期货IB业务资格4人，企业的组织架构、业务流程日臻完善，为持续健康发展奠定了基础。

年内，国泰君安个旧营业部努力发展融资融券业务，实现授信额度1500万元。10月，营业部期货从业资格人数已达到申报期货业务的要求，正申请开展期货业务的相关权限。

【主要领导干部】 李美琴。

（撰稿：彭力飞）

科学技术

2011年3月16日，个旧市受北方南下强冷空气与西南暖湿气流的共同影响，在阳春三月下起罕见小雪，出现典型的“倒春寒”天气现象　（陈梦姣　摄）

科学技术管理

【简述】 2011年，个旧市科技工作认真贯彻落实省、州科技工作会议精神，深化实施“一二三”工作思路和“工业强市，文化兴市，生态立市，开放活市”发展战略，以“创新型云南行动计划”和资源型城市转型为契机，以打造具有国际竞争力的世界锡产业中心和云南有色金属加工中心为目标，优化产业结构、产品结构和技术结构，实现高新技术产业集群、科技人才、科技投融资、企业自主研发能力新突破。推进科技进步与技术创新，增强科技服务功能的工作取得一定成效，为实现经济社会又好又快发展提供了强有力的科技支撑。

【科技计划管理与实施】 2011年，个旧市科学技术局共组织申报国家、省、州级项目27项，其中国家级4项、省级15项、州级8项，获省、州级立项支持12项，其中省级8项、州级4项，争取到位项目资金399万元，市级安排科技计划项目60项，落实项目资金235万元。

积极申报“红河国家伴生稀贵金属提取利用高新技术产业化基地”。以红河锌联工贸有限公司、个旧兴冶稀贵金属有限公司、个旧联兴贵金属有限责任公司、云南锡业（控股）有限责任公司铅业分公司、红河州红铅有色化工股份有限公司5家基地骨干企业为龙头，形成16家企业的产业群，扩大规模，打造“个旧稀贵金属技术中心”研究平台，通过高新技术产业化基地的建设，对现有技术进行提升并实现产业化，形成集聚效应。项目经省人民政府推荐，已上报国家科技部。

组织红河州四通矿产有限责任公司承担的“复杂金属矿选冶工艺综合回收锡钨铅铟生产技术开发及产业化”、个旧兴宇科技服务有限责任公司承担的“中国锡都金属网电子商务综合应用平台”和个旧市有色金属合金厂承担的“高效萃取综合回收工艺技术”申报国家中小型创新基金，三个项目通过省科技厅专家论证，已上报国家科技部。

认真做好创新型试点企业的申报工作。认真组织云南乍甸乳业有限责任公司、云南云铝润鑫铝业有限公司、红河锌联工贸有限公司三家企业申报创新型试点企业。云南云铝润鑫铝业有限公司已被认定为省级创新型试点企业。

认真抓好省级项目申报。认真组织锌联、红田、红铅、金星、云河、乍甸乳业等14家企业开展项目申报工作，云河药业获得上市培育支持。

积极组织共青团个旧市委、个旧市气象局“个旧市气象观测站”、锡城镇“个旧市锡城镇农业科技园”申报省级科普教育基地。年底，申报已获省科技厅批准并公示。

做好市级科技项目征集工作。通过组织调研、认真筛选，共征集市级科技项目85项，立项支持60项，其中工业24项、农业26项、社会事业10项，支持资金185万元；市级安排以奖代补项目2项，资金50万元，用于支持高新技术企业、创新型试点企业、院校合作先进单位。科技项目的实施为个旧市经济社会的全面发展提供了强有力的科技支撑。

【工业科技】 2011年，个旧市科学技术局重点围绕市政府提出的发展有色金属深加工和生物资源深加工项目，以延长产业链，增加产品附加值为重点目标，着力在强化技术创新，推进科技成果转化方面开展工作。引导企业积极与高等院校、科研院所开展产学研合作，实施技术创新，开发一批科技含量高、市场竞争力强的重点科技新产品，调整产品结构，增强企业竞争力。引导企业开展节能减排、循环经济、信息化建设等方面的科研攻关，提高自身科技含量和可持续发展水平。

实施稀贵金属特色产业基地建设。为认真贯彻落实《中共云南省委云南省人民政府关于实施建设创新型云南行动计划的决定》精神，个旧市科学技术局加快实施建设创新型云南行动计划。5月17、18日，由云南省审计厅、科技厅组成的专家组来到个旧市，对个旧市科技局、红河州红铅有色化工股份有限公司和个旧圣比和实业公司承担“创新型云南行动计划”的三个项目进行就地延伸审计，督促项目实施。通过会议汇报、财务审计及实地考察，三个项目都顺利通过审计。

“云南省个旧稀贵金属高新技术特色产业基地”在市委、政府的领导下，以实施“建设创新型云南行动计划”和资源型城市转型为契机，以打造具有国际竞争力的世界锡产业中心和云南有色金属加工中心为目标，优化产业结构、产品结构和技术结构，实现高新技术产业集群、科技人才、科技投融资、企业自主研发能力新突破。2009～2011年，基地骨干企业生产白银472.8吨、精铋555.4吨、精碲5吨、黄金148.5公斤、铟10.6吨、锌8360吨、锑4160.0吨，实现总产值12.15亿元、利润5714万元，上缴税金2139万元，项目实施有成效。

做好高新技术企业上市征集及上市工作情况调研。个旧市科学技术局认真组织符合培育条件的云河药业向省科技厅提出培育申请，争取列入省科技厅上市培育计划。对已纳入上市培育名单的红河锌联公司的上市工作情况进行调研，并上报省科技厅相关材料，以便有针对性地开展相关服务工作。

【农业科技】 2011年，个旧市科学技术局进一步加强引导，推动全市农业科技快速发展。通过调研和征求乡镇意见，共征集种植、养殖、农产品深加工等农业科技项目57项，申报省级项目2个：云药之乡、云南省科普教育基地—个旧市锡城镇农业科技园；申报州级项目3个：个旧市锡城镇齐发集蔬专业合作社优质水果引进试验示范；个旧市卡房镇科委、个旧市卡房大黑山马铃薯专业合作社、个旧市卡房镇大黑山马铃薯发展协会脱毒马铃薯品种复壮与品种试验；个旧市康奕生态养殖专业合作社生态食用鹅养殖科技示范。年内，安排市级农业科技项目27个，支持项目资金31.5万元。

进一步加强与各乡镇各专业技术协会的合作，加大推广应用新技术、新产品的力度，通过“龙头企业+生产基地+协会+农户”的生产经营方式帮助农民提高生产技术，培训农村技术“二传手”。老厂镇科委引进生物药材种植新品种续断种植110亩；锡城镇科委引进生物药材种植新品种半夏种植20亩、新品种果树种植130亩；大屯镇设施农业建设继续扩大，以合作社形式形成的生产、收购、销售链条完整，运作情况良好，各乡镇区科委参与项目管理作用明显增强。

积极推进超级杂交水稻示范种植，争取良种繁育基地立项。继续配合农业局开展水稻等粮食作物的高产增收试验，除在大屯镇新瓦房村继续实施2010年400亩杂交水稻Y两优1号的试种外，在卡房镇也开展超级杂交稻旱育旱植试验（试验面积3亩），为此品种在缺水地区的栽种提供经验；开展糯玉米新杂交组合的选育试验（云南省金瑞种业有限公司红河州分公司），选择大屯、保和、贾沙三个乡镇的60亩土地提供试验支持。个旧市向省发改委申报“国家杂交水稻工程技术研究中心高原育繁示范中心超级杂交水稻1100亩良种繁育基地建设”项目，已立项。《国家杂交水稻工程技术研究中心高原育繁示范中心建设规划》由云南省科技情报研究院协助编制，建设规划初稿已经完成，正开展前期建设工作。

【知识产权工作】 2011年，个旧市科学技术局切实加强知识产权工作，加大知识产权保护力度。

积极申报“云南省知识产权强县工程试点县（市、区）”。个旧市高度重视知识产权工作，始终把知识产权工作作为推动经济转型升级、加快建设创新型城市的重要抓手。通过不断健全知识产权工作体系，加大对知识产权工作的扶持力度，提高知识产权运用、保护和管理水平，引导企业运用专利增强自主创新能力。11月下旬，个旧市被批准成为全省6个知识产权强县工程试点县（市、区）之一。通过试点工程，将大幅度提高全市知识产权的创造、管理、实施和综合保护水平。

积极开展打击侵犯知识产权和制售假冒伪劣商品专项行动。根据国家、省、州的统一安排部署，个旧市科学技术局配合工商等部门开展打击侵犯知识产权和制售假冒伪劣商品“双打”专项行动。对城区商店等经营场所进行联合执法检查，目的是为了提高劳动者对智力成果的维权意识，打击知识产权违法犯罪行为，依法维护专利权人和消费者的合法权益；宣传知识产权法律法规和政策，提高全社会的自主创新与知识产权保护意识，促进企事业单位增强运用知识产权的能力；营造激励创新、倡导诚信的良好氛围。

深入企业指导知识产权工作，促进专利申请和专利成果的转化。狠抓企业知识产权工作，深入开展试点示范工作，重点培育一批知识产权优势企业；积极创新工作思路，切实发挥企业创新主体的作用，为全市产业升级、经济结构调整服务；深入实施中小企业知识产权战略推进工程。引导和培育了一批以知识产权助推经济发展的企业，主要有乍甸乳业、红河锌联公司等示范企业。做好企业知识产权工作，为企业申报项目拥有自主知识产权打下了基础。

在加强知识产权的同时，市科技局还加大了专利工作的力度，增强了技术人员发明创造的积极性。全年，全市申请专利108件，获权57件，其中发明获权23件，居全州第一，有力地促进了专利工作的开展。

通过“3·15”、“4·26”“12·4”等知识产权宣传活动的开展、专利申请补助力度的加大，全民知识产权意识和技术人员发明创造的积极性明显增强。办理云南省、红河州专利申请费和年费资助申请14项，其中发明9项，实用新型5项。专利资助工作，鼓励了广大专利权人的积极性，很好地促进了知识产权工作。

“4·26”世界知识产权日，个旧市科学技术局与个旧市中华职教社联合主办以“设计未来”为主题的专题活动。组织红河州财经学校、云锡高级职业技术学院、红河州技工学校、个旧市第一职业中学师生1000余人到州财校礼堂，听取云南知识产权发展研究院沈艳尼副教授、州法制办彭希俊律师知识产权知识、法律法规讲座，并举行了知识竞赛。

2011年7月初，省知识产权局局长高颂山带领调研组到个旧市调研知识产权保护和专利申报工作。7月下旬，市人大组成雷竞畋副主任任组长，部分人大代表参与的12人调研组，在市科技局局长李光明陪同下，对个旧市贯彻执行《国家知识产权战略纲要》工作情况进行调研，充分肯定了个旧市知识产权工作。

【科技奖励】 2011年，个旧市科学技术局强化科技奖励的导向作用，继续用科技奖励推动科技自主创新和人才队伍建设，进一步激励和调动科学技术工作者的积极性和创造性。组织申报2010年度个旧市科技进步奖21项，评出市级科技进步奖17项，其中一等奖4项，二等奖5项，三等奖8项，共发放奖金30万元。获州科技进步奖8项，其中一等奖1项，三等奖7项，共获奖金15.5万元。

【科技培训及科普宣传】 2011年，个旧市科学技术局充分利用各种活动，采取多种形式推广科学技术，弘扬科学精神，普及科学知识，提高了全社会的科技创新意识。

1月17日，利用个旧市文化科技卫生“三下乡”活动，紧密结合社会主义新农村建设的实际，把促进农民增加收入、提高农民整体素质作为着力点，为各乡镇农民群众送去涉农科技知识读本300册；发放《云南科技报》1100份、农业实用技术宣传材料3000余份。慰问挂钩扶贫点卡房镇荀街村委会路黑蚂村民小组困难群众15户，为他依咪小学47名学生送去学习用具，邀请农业专家到田间地头进行农业科技先进技术授课，得到群众好评。

5月15日，个旧市科技局围绕“携手建设创新型国家”主题，在个旧市卡房镇举行2011科技活动周启动仪式，展出展板40余块，悬挂挂图20余张，散发各类宣传资料5000余份、图书资料700本余、药品2000余份、宣传画200张，为农民义诊40余人次。政府相关部门90余名工作人员参加了启动仪式。同日，大屯镇也举办了科技咨询和科普宣传活动，参与人数1万余人。在科技活动周期间，全市共展出科普知识展板350多块，发放科普宣传资料25000余份，赠送书刊1500册以上，悬挂标语80条，为群众义诊300余人次，广泛地宣传了防艾、环保、防震减灾、安全自救、农业技术、知识产权保护、申报专利、节能减排等相关知识，受到广大人民群众的热烈欢迎。

采取多种形式扎实做好实用技术培训工作，联合乡镇科委共举办各类实用技术培训班153期11000余人次，采取走出去、请进来的培训方式，与农函大、绿色证书班、农、林、牧、农机、水利、妇联、共青团等单位联合举办培训班。通过培训提高科技成果的普及率和到位率，使农户真正掌握科学种植本领，实现农民增产增收。

（撰稿：戴秋秋）

科学技术协会

【简述】 2011年，个旧科学技术协会在市委、政府的正确领导下，坚持“三服务一加强”的工作定位，团结动员广大科技工作者，深入贯彻落实科学发展观，积极谋划“十二五”科协工作新跨越，努力为全市经济转型和社会发展作贡献。年末，个旧科学技术协会机关有事业编制6人，实有工作人员7人（含工勤人员1人）。所属科技社团15个，会员40000余人(含团体会员中的个人成员)；基层组织有企业科协7个、乡镇（区）科协9个、社区科普协会28个。

【加强自身建设，发挥协会功能】 2011年，个旧科学技术协会积极发挥人民团体的职能，向市政协十届四次全会提交《关于建设独具特色的个旧市大屯镇农产品批发交易市场项目的建议》，就建设大屯镇农产品批发交易市场可行性和必要性提出建议，并在大会上作《加强创新，促进科普工作新发展》的发言 。个旧科学技术协会继续抓好机关建设，结合日常工作，积极开展党风廉政宣传教育活动，将加强机关建设与做好业务工作相结合，进一步落实各项工作规范，坚持以改革创新精神推进科协各项工作的发展，干部队伍的宗旨观念不断强化，服务意识不断改善，机关效能不断提升，工作水平不断提高。结合全市清理“小金库”工作部署，个旧科学技术协会召开学会、协会座谈会，听取学会、协会建设意见，布置“小金库”治理专项工作，督促各学会、协会按时报送相关材料，保证社会团体“小金库”治理工作的顺利进行。

【加强基层组织建设】　2011年，个旧科学技术协会积极抓好基层组织建设，指导帮助沙甸区组建农村专业技术协会、启明星协会，为沙甸动员社会力量，开展群众性科技活动拓展了新的空间，搭建了新的发展平台。配合市委相关部门，积极筹备在全市开展“拒绝邪教进我家”活动，组织科技工作者做好科学健身、科学生活等方面的科普宣传，大力倡导科学文明健康的生活方式，引导群众科学生活、抵制邪教、拒绝歪理邪说。

【社区科普活动】　2011年，个旧科学技术协会努力提升社区群众科学素质，力求社区科普教育更加贴近居民生活，为构建和谐社区服务。各社区科普协会围绕提高市民思想道德和科学文化素质，多渠道、多形式、多层次组织专项科普活动，在社区营造“学科学、爱科学、用科学”的良好氛围，努力推进社会科学文明发展。年初，省科协党组书记、副主席唐兵到个旧市建设社区、新街社区，深入调研考察“三协作”工作和全民科学素质纲要实施情况，对个旧市的工作给予了充分肯定。为进一步提升社区居民科学文化素质，个旧科学技术协会在新街社区开展州级“社区居民科学素质教育示范点”创建活动，制定工作方案，组建领导小组，指导“区会协作”，建立专家服务站，开创社区科普工作新模式。为规范社区科普宣传员的工作，制定“个旧市社区科普宣传员主要工作目标及量化指标”，举办 “个旧市社区科普宣传员培训班”，来自市区29个社区的科普宣传员参加培训并进行“个旧市社区科普工作问卷调查”。

【青少年科技活动】　2011年，个旧科学技术协会积极做好青少年科技教育工作，依托科技辅导员队伍，以活动促项目，不断提高科技教育的影响力、参与面。年内，会同市教育局对2009～2010年个旧市优秀青少年科技辅导员进行表彰，交流组织开展创新大赛的活动经验；组织青少年科技辅导员6人到红河州生物技术有限公司考察；与市教育局合作开展“个旧市高中生心理健康状况问卷调查”；组织个旧一中生物爱好者40余人，到州茶桑果站开展科学实践活动；开展“个旧市青少年数学科普系列活动”和“数学与民生”实践活动；开展“科普大篷车进少数民族地区校园”活动；与红河学院、市林业局、市畜牧局、蔓耗镇合作，开展“大手拉小手”活动；积极发挥青少年科学工作室的作用，争取上海科协赠送的近5万元的科普设备，提高青少年科学工作室的科普能力；暑假期间对社区青少年及群众开放青少年科学工作室，接待青少年及社区群众前来体验和感受，提高工作室利用率，丰富校外科普活动内容。

【重点科普活动】　2011年，个旧科学技术协会围绕提升农民群众科学素质，组织科技下乡和送温暖活动。在“三下乡”活动中，组织科技人员到卡房镇小窝约村，送科技书刊，开办培训班，为村民脱贫致富出谋划策；深入锡城镇戈贾村，开办“十二五”规划学习辅导和果树种植技术培训班，并到田间地头进行实际操作指导。5月科技活动周期间，积极动员社区及乡镇基层组织在城乡广泛开展各种形式的科技活动，努力营造学科学、用科学的社会氛围；在市工人文化宫与有关单位联合开展防灾减灾科普宣传教育活动；在大屯小学开展“科普大篷车进校园”活动， 1800余名学生参观体验流动科技馆；积极参加全市科技周活动，组织科技力量到卡房镇，开展科普宣传和科技服务。9月全国科普日活动期间，开展“水情、水利、水资源一贯彻科学发展观，节约保护水资源”系列活动。在州政府社区举办“个旧市2011年水情、水利、水资源原创书画作品展”，征集筛选科普书画艺术作品100件向社会展出；在市工人文化宫举办“个旧市2011年全国科普日活动暨农村专业技术协会成果展示”等重点活动，5个乡镇的13个农技协展示了近年来示范种植（养殖、加工）的农业新产品50余种，29个社区科普协会组织科普志愿者参加活动，大屯小学健美操表演队，建设社区、青年社区科普文艺队到现场表演科普文艺节目。

【农函大培训】 2011年，个旧科学技术协会坚持贴近农村、服务群众，积极整合社会资源，与有关单位合作办学，培训经费及师资得到保障。办学中注重一专多能，在搞好专业教学的同时，针对生产实际增加相关知识技能培训，并组织外出参观实习，使学员知识面得到扩充。同时认真总结农函大办学经验，积极探索教学与项目引进、新技术推广、农技协发展相结合的路子，使学员理论学习与生产实际密切结合，将所学技能迅速转化为生产力。全年共在8个乡镇招收20个班9个专业的农函大学员1049人，结业1011人，结业率96.3%，为普及推广农村实用技术，提高农民科学文化素质，促进农村经济社会文化的发展作出了贡献。在办好农函大的同时，抓好各类短期培训。一是结合基层组织建设，在鸡街镇松树脑村、贾沙乡普洒河村等开办培训班；二是结合“农民科学素质示范村”建设，组织大棚种植技术培训；三是结合扶贫工作，在扶贫联系点开办养鸡培训班。结合实用技术培训，还为卡房镇大黑山村引种蔬菜50余亩，为贾沙乡王家寨村引种辣椒新品种，并提供全程技术服务。

【科普惠农兴村】 2011年，个旧科学技术协会为推进扶贫项目的可持续发展，继续抓好以原挂钩联系点锡城镇中寨村为中心的个冷沿线科普示范工作。一是努力争取个冷沿线农村科普示范项目，以此带动个冷沿线农村科普惠农兴村计划的实施；二是通过总结2010年大屯镇杨家寨农研会《贾沙水尾田惠农兴村项目》的实施经验，在鸡街镇帮干冲、倘甸村、贾沙乡普洒河沿线组织培训，推广新技术；三是以点带面，规范农户生产销售模式，以贾沙乡普洒河村王家寨为重点，指导实施规范化种植，规模化生产，实行“统一品种、统一育苗、统一整地、统一移栽、统一施肥、统一病虫害防治、统一销售”的管理措施；四是做好帮助指导工作，出资2000元补助贾沙乡普洒河村购买种子，用于漂浮育苗试验；五是抓好扶贫示范，协调锡城镇戈贾绿色产业协会在贾沙乡普洒河村红寨开展示范，投资2万余元，建10亩优质桃、蔬菜种植科技示范基地。经过一年的努力，个冷沿线扶贫开发工作取得初步成效，贾沙乡普洒河村王家寨引种的辣椒新品种亩收入平均达3600元左右，增收效果明显。

年内，个旧科学技术协会继续在挂钩扶贫点卡房镇小窝约村抓紧开展科普扶贫示范，举办养鸡培训班，为彝族群众脱贫致富出谋划策，投入经费5000多元开展示范带动，部分农户已经得到实惠，养殖业初具规模，全村人均增收千余元。抓好大屯镇小寨村委会新塘子村“农民科学素质教育示范村”创建，通过协会建设、组织技术培训、开展项目实施、引进新品种试验示范等措施，积极探索具有个旧特色的“科学素质示范村”创建经验，逐步向全市推广。

（撰稿：尹　杰）

气　象

【简述】 2011年，个旧市区平均气温15.9℃，与历年平均值相比低0.3℃，属略低年份；年降水量774.4毫米，比历年平均值少340.7毫米，属偏少年份；年日照时数 1779.0小时，比历年平均值少182.4小时，属略少年份。

【冬季气候】 2011年，个旧市冬季（2010年12月～2011年2月）总体气温与历年同期相比属偏高。其中2010年12月平均气温12.1℃，比历年同期平均值高1.8℃，属特高；1月平均气温8.6℃，比历年同期平均值低1.9℃，属特低；2月平均气温13.9℃，比历年同期平均值高1.7℃，属特高。冬季总降雨量95.5毫米，比多年同期平均值多22.8毫米，属偏多。各月降雨量分布不均，其中2010年12月降雨量69.2毫米，比历年同期平均值多49.8毫米，属偏多；2011年1月降雨量23.4毫米，与历年同期相比少0.4毫米，属略少；2月降雨量仅2.9毫米，与历年同期相比少26.6毫米，属偏少。

【春季气候】 2011年，个旧市春季（3～5月）气温与多年同期平均值相比为特低，各月气温分布为3月特低、4月偏低、5月偏低。其中3月平均气温11.8℃，比正常年低3.8℃；4月平均气温17.1℃，比正常年低0.9℃；5月平均气温18.9℃，比正常年低0.5℃。春季总降雨量169.0毫米，比多年同期平均值少52.1毫米，属偏少。各月降雨量分布不均，其中3月降雨量69.5毫米，与历年同期相比多32.1毫米，属偏多；4月降雨量36.2毫米，与历年同期相比少25.6毫米，属偏少；5月降雨量63.3毫米，与历年同期相比少58.6毫米，属偏少。

【夏季气候】 2011年，个旧市夏季（主汛期6～8月）总体气温与历年同期平均值相比为偏高，其中6月平均气温20.8℃，与历年同期相比为偏高；7月平均气温21.2℃，与历年同期相比为偏高；8月平均气温20.3℃，与历年同期相比属略高。夏季总降雨量417.8毫米，与正常年相比少168.6毫米，属偏少。各月降雨量分布极不均匀，6月偏多、7月偏少、8月特少。其中6月降雨量208.3毫米，比正常年多41.1毫米；7月降雨量127.9毫米，比正常年少96.7毫米；8月降雨量81.6毫米，与历年同期相比少113.0毫米。

【秋季气候】 2011年，个旧市秋季（9～11月）气温与历年同期平均值相比为略高，其中9月平均气温19.3℃，与历年同期相比高0.7℃，属偏高；10月平均气温16.1℃，与历年同期相比低0.1℃，属略低；11月平均气温13.4℃，与历年同期相比高0.4℃，属略高。秋季总降雨量149.3毫米，与正常年相比少85.6毫米，属偏少。各月降雨量分布特点为：9月特少，10月、11月略少。其中9月降雨量45.9毫米，比正常年少67.1毫米；10月降雨量56.1毫米，比正常年少8.3毫米；11月降雨量47.3毫米，与历年同期相比少10.2毫米。

【气候与农业生产】 2011年，个旧地区气温略低，降水偏少，干旱不断发展，对农作物、经济作物各时期的正常生长不太有利。1月和3月，冷空气活动频繁，期间先后出现2次低温雨雪天气过程，对农业生产造成一定影响。在水稻抽穗扬花期间的7～8月，虽然光热条件较好，但雨水较少，对水稻产量的形成有一定影响。在烤烟生产后期的7～9月由于天气持续晴热，雨水较少，因此对烤烟的正常生长也有不同程度影响。

【主要气象灾害】 2011年，个旧地区主要气象灾害有：低温冷害、暴雨洪涝、大风冰雹、干旱。

一、低温冷害。受持续较强冷空气影响，1月15日和18日个旧市部分海拔较高的乡镇出现0℃以下的低温。其中18日老厂和卡房最低气温分别降至-1.1℃和1.0℃，明显的降温致使老厂出现小雪、卡房出现冰冻天气。18日的低温冰冻天气造成个旧市卡房镇蔬菜、三七、马铃薯等农作物和经济作物大面积受灾，其中大黑山村委会、龙头寨村委会、龙树脚村委会、头道水村委会受灾较为严重。此次低温冰冻灾害共造成28500人受灾，紧急转移安置2人，农作物受灾面积280公顷，倒塌房屋1间，直接经济损失182万元。

受强冷空气影响，个旧市于3月15～17日出现了一段持续低温阴雨天气过程，其中16日全市气温进一步下降，市区最低气温0.9℃，乡镇最低气温出现在老厂，最低气温-2.4℃，明显的降温致使个旧市区、老厂、卡房、保和、贾沙等地区16日早晨出现降雪。此次灾害共造成32278人受灾，农作物受灾面积3266.2公顷，绝收670.7公顷，损坏房屋3间；因灾死亡大牲畜21头，直接经济损失2746.8万元。

二、暴雨洪涝。受切变线影响，6月27日夜间至28日凌晨，个旧市出现一次大范围持续降雨天气过程，其中市区28日24小时降雨量59.9毫米。其余乡镇也出现中到大雨局部暴雨的强降水天气过程。此次强降雨致使个旧市鸡街镇出现洪涝灾害，灾害共造成18060人受灾，被困人口39人；农作物受灾面积626.92公顷，其中农作物成灾面积354.35公顷，绝收面积7.54公顷。灾害共造成直接经济损失605.98万元。

三、大风冰雹。8月31日16～18时，个旧市卡房镇、蔓耗镇和贾沙乡出现中到大雨并伴随大风冰雹天气。此次大风冰雹天气共造成卡房镇、蔓耗镇和贾沙乡1454人受灾，紧急转移安置30人，农作物受灾面积76公顷，绝收28公顷，损坏房屋46间，直接经济损失95.65万元。

四、干旱。2011年，个旧市总体降雨仍然偏少，连续第三年出现干旱，各乡镇库塘蓄水量明显减少，给工农业生产和城乡用水带来重大影响，并造成经济损失。据统计，年内因旱受灾人口59717人，饮水困难人口4117人，饮水困难大牲畜2120头，农作物受灾面积2597公顷，成灾面积1561公顷，绝收41公顷，直接经济损失765万元，其中农业经济损失765万元。

（撰稿：聂　勇）

防震减灾工作

【简述】 2011年，个旧市地震局在市委、市政府的领导下，在州地震局的关心支持下，深入践行科学发展观，认真贯彻落实省、州防震减灾工作会议件精神，围绕市委、市政府中心工作，坚持依法行政，加大工作力度，努力提高监测预报、震害预防和地震应急能力，圆满完成各项目标任务。

【地震监测预报】 2011年，个旧市地震局着力树立“大震情”意识，高度重视监测预报在“防震减灾三大工作体系”中的基础性作用，切实抓好地震监测预报工作，不断提高地震监测预报能力。

一、强化地震监测管理。会同市公安部门依法对个旧辖区现有的个旧地震台和个旧市鸡街镇强震动台设立地震监测设施和地震观测环境保护标志，加强对地震监测设施和环境的保护。通过多方协调完成《个旧市宽频带流动台站地址初选情况报告》，协助省地震局将宽频带流动台站地址最终选定在黄草坝。认真做好鸡街强震动台的检查维护，填写维护日记和强震动台现场检查表并及时上报，加强对强震动台的管理。

二、扎实做好地震监测预报日常工作。坚持月会商制度。按照州地震局关于地震会商的相关要求，每月定期开展震情会商，对当月的地震活动、前兆资料进行跟踪分析，提出每月的地震形势会商意见，将会商结果及时上报州地震局。全年共形成《震情反映》12期，并按时上报州地震局监测预报中心和市政府分管领导。强化震情跟踪，制订《个旧市2011年震情跟踪工作方案》，在月会商的基础上，积极借助个旧地震台技术力量，对突出异常或辖区范围发生4级以上地震、邻近地区发生5级以上地震，及时召开紧急会商会，并及时向州地震局及市政府分管领导上报会商报告。及时处置宏观异常。3月26日，个旧市鸡街镇鸡街村委会哨上村陈某家中井水由平常的冷水变成热水，个旧地震局立即派工作人员调查落实，会同州局专家分析后确定是因水泵故障而导致该井水温上升，排除了地震宏观异常的可能。高度重视年度会商工作，按时完成《云南省2012年度地震趋势研究报告》，并参加全州地震会商评比活动。

三、完善群测群防管理和队伍建设。加强对宏观观测点的管理，年初对4个宏观观测点（大屯镇楼坊寨、鸡街镇龙潭、鸡街镇乍甸乳业牛场、锡城镇兴龙水库）进行考核，并续签2011年工作责任书。坚持每周与各个宏观观测点联系一次，做好记录，全年接收《红河州个旧市地震宏观观测情况月报表》48份，并做好资料管理。提请市政府办下发《个旧市人民政府办公室关于进一步加强群测群防工作的通知》，要求各乡、镇（区、办事处）进一步完善“三网一员”网络体系。全市有地震群测群防人员135人（有防震减灾助理员兼地震宏观测报员2人），其中防震减灾助理员10人，地震宏观测报员13人，防震减灾信息员114人。全市已形成由各乡、镇（区、办事处）防震减灾分管领导（1人）、防震减灾助理员（1人）、地震宏观测报员（1人）及防震减灾信息员组成的防震减灾群测群防网络体系。

【震害防御】 2011年，个旧市地震局坚持工程与非工程措施并举，进一步完善综合防御措施，切实加强震灾预防体系建设，不断提高全社会的震灾防御能力。

一、深入开展防震减灾宣传教育活动。充分利用各种宣传媒体和手段，深入宣传防震减灾知识。一是制订宣传计划和宣传活动方案。全面分析社会各界对防震减灾科普宣传的意见，认真总结以往宣传经验，制订《个旧市地震局2011年度防震减灾宣传教育计划》《个旧市地震局 “5.12”全国防灾减灾日活动计划》和《个旧市地震局 “11.6”全省防灾减灾日活动方案》，明了全年和各阶段防震减灾宣传工作重点及要求。二是坚持“全面而慎重”的宣传原则。防震工作涵盖多学科多领域的知识，防震减灾宣传一定要全面，才能提高干部群众的防震减灾科普知识，增强应急自救互救意识和能力；人民群众对地震非常敏感，因此宣传又要慎重，避免引起社会不必要的恐慌。充分利用“科技下乡”活动、“科技活动周”活动、“5.12”全国防灾减灾日宣传活动、“安全生产月”活动、“11.6”云南省防震减灾日等活动的开展，在群众中进行大面积宣传。对各企事业单位、机关、乡镇、学校、社区通过专题讲座方式进行宣传。三是任务细化，责任到人。把全市9个乡、镇（区）及29个社区的宣传任务细化到人，要求每个员工都会写会讲，能独立编写宣传提纲，并制作幻灯片，高质量地完成自己负责的宣传任务。四是部门联动，扩大影响。宣传教育活动，以地震专业技术人员为主，同时与市民政、教育、科技、红十字会、科协以及各乡镇等密切配合，做到部门互动，资源共享，宣传教育辐射面广，增强影响力。五是形式多样，效果明显。开展防震减灾知识进农村、进学校、进机关宣传活动，采取散发资料、展出展板、举办讲座、现场讲解、现场答询服务等方式，提高群众防震减灾知识和应急能力，取得显著成效。全年开展防震减灾宣传活动100多场，散发防震减灾科普宣传资料3.5万余份，在乡镇和社区放映防震减灾知识宣传片500余场次。同时，积极加大对外宣传的工作力度，充分利用《云南防震减灾网》《中国红震网》《个旧时讯》及个旧电视台等网络、媒体宣传报道全市防震减灾工作情况。

二、强化地震安全性评价工作监管。认真贯彻《云南省建设工程抗震设防管理条例》，严格按照云南省地方标准《建设工程地震安全性评价分类（云南省地方标准DB53/276-2008）》对全市辖区工程项目进行抗震设防要求审核。组织学习各项法律法规，不断提升业务知识，确保将建设工程抗震设防要求审核审批落到实处。此外，个旧市地震局还根据《中国地震局关于学校医院等人员密集场所建设工程抗震设防要求确定原则》《关于配合做好全国中小学校舍安全工程实施工作文件的通知》和《个旧市中小学校舍安全工程实施方案的通知》的要求，与有关部门通力合作，全力做好校舍安全工程实施工作。全年共办理全市审查工程项目16个(校安工程1个)，建筑面积62.32万平方米，投资金额13.51亿元，下发地震安评通知书5份。

三、认真组织实施农村民居地震安全工程。切实履行个旧市农村民居地震安全工作领导小组办公室职责，及时开展调研工作，合理分配建设任务，扎实开展农村民居地震安全工程的宣传动员，提高村民参与的积极性。与建设、财政等部门协同配合，加强工程质量监管，积极组织工程检查、验收，及时兑付补助资金。完成2010年工程建设收尾工作，认真做好档案归档，顺利通过州级验收。3月开展农村民居摸底调查工作，全面查清各乡、镇（区）农村住房现状，为今后实施农村民居地震安全工作提供准确依据。红河州向个旧市下达农村民居地震安全工程加固改造任务500户，并分配到鸡街镇，个旧市地震局积极协同住建等部门加强技术指导和质量监督工作，按时完成年度建设任务。

【应急救援】 2011年，个旧市地震局加强自身应急能力建设，做好日常应急准备工作，认真抓好地震应急体系建设，全面提高抗震救灾组织指挥和应急救援能力。

一、强化应急管理工作。年初拟定《个旧市地震局地震应急工作五年计划》，为做好“十二五”防震减灾工作奠定了基础。2月底，重新修改完善《个旧市地震局地震应急预案》，进一步明确地震应急责任。积极开展地震应急体能锻炼活动，制定《个旧市地震局地震应急实践训练实施方案》，开展体能锻炼活动12次。坚持做好震情值班工作，确保值班电话24小时有领导带班和工作人员值班值守。积极指导各部门开展地震应急演练活动，分别指导市财政局、市妇幼保健院、鄢棚小学、保和乡冷墩小学、沙甸区金川小学、鸡街镇棚旧小学、个旧二中、个旧三中等部门开展地震应急演练活动。

二、及时做好地震应急处置。3月24日，缅甸发生7.2级地震；5月22日，河口与屏边交界地区发生3.7级地震；6月20日，腾冲发生5.2级地震；8月9日，腾冲隆阳发生5.2级地震。每当震情出现，个旧市地震局启动内部应急预案，及时开展应急工作，第一时间确定地震三要素，并通过手机信息报送给市级相关领导。值班人员及时答复群众询问，相关人员立刻向全市各乡、镇（区）查询震感及受影响情况，落实宏观测报点异常情况，认真做好各项工作记录。及时制作《震情速报》，通过OA办公系统抄送给市级各机关、企事业单位，并汇总完成《个旧市各乡镇震感查询记录》《个旧市地震应急工作查询记录》等相关资料，及时上报州地震局及市委信息科、市政府应急办。

【全市防震减灾工作会】 2011年6月8日，个旧市政府召开个旧市防震减灾工作会。市委、人大、政府、政协的分管领导出席会议，个旧市防震减灾联席会议（即个旧市抗震救灾指挥部）成员单位主要领导及10个乡镇（区、办事处）主要领导、分管领导共85人参加会议。会议还邀请红河州地震局及个旧地震台领导进行指导。市人民政府杨龙遇副市长对“十一五”期间防震减灾工作进行回顾，分析了存在的困难和不足，并对今后一段时期的防震减灾工作进行安排部署。州地震局监测预报中心主任在会上作《震情形势分析报告》，州地震局丁富雄副局长就当前震情形势，对个旧市防震减灾工作提出工作建议。市委常委、纪委书记曹云作《统一思想，坚定信心，努力推进防震减灾事业科学发展》的重要讲话，对做好全市防震减灾工作提出要求。

【领导调研防震减灾工作】 2011年1月6日，个旧市政府副市长杨龙遇到市地震局调研。杨副市长听取市地震局领导关于全市防震减灾工作情况汇报，询问个旧市地震局机构设置、人员配备、工作职责以及工作中存在的问题等基本情况，对市地震局防震减灾工作给予充分肯定，并对今后工作提出要求和建议。

1月24日，在州地震局李优核局长的陪同下，省地震局王斌副局长率慰问组到个旧市慰问市地震局和个旧地震台全体工作人员，并视察个旧地震台监测台站。

6月1日，红河州地震局局长李优核到个旧市地震局和个旧地震台调研防震减灾工作。李局长对市地震局积极主动与个旧地震台联合开展工作的做法表示支持，要求市地震局继续加强与地震台的联系，充分利用好个旧地震台专业技术强的优势，进一步做好个旧市防震减灾工作。

【个旧市辖区全年地震记录】 2011年1月1日至12月31日，个旧市辖区共发生1.0级以上地震47次，其中1.0～1.9级地震42次；2.0～2.9级地震5次。最大地震为6月7日8时13分29秒发生的2.3级地震。

（撰稿：魏顺超）

教育·卫生

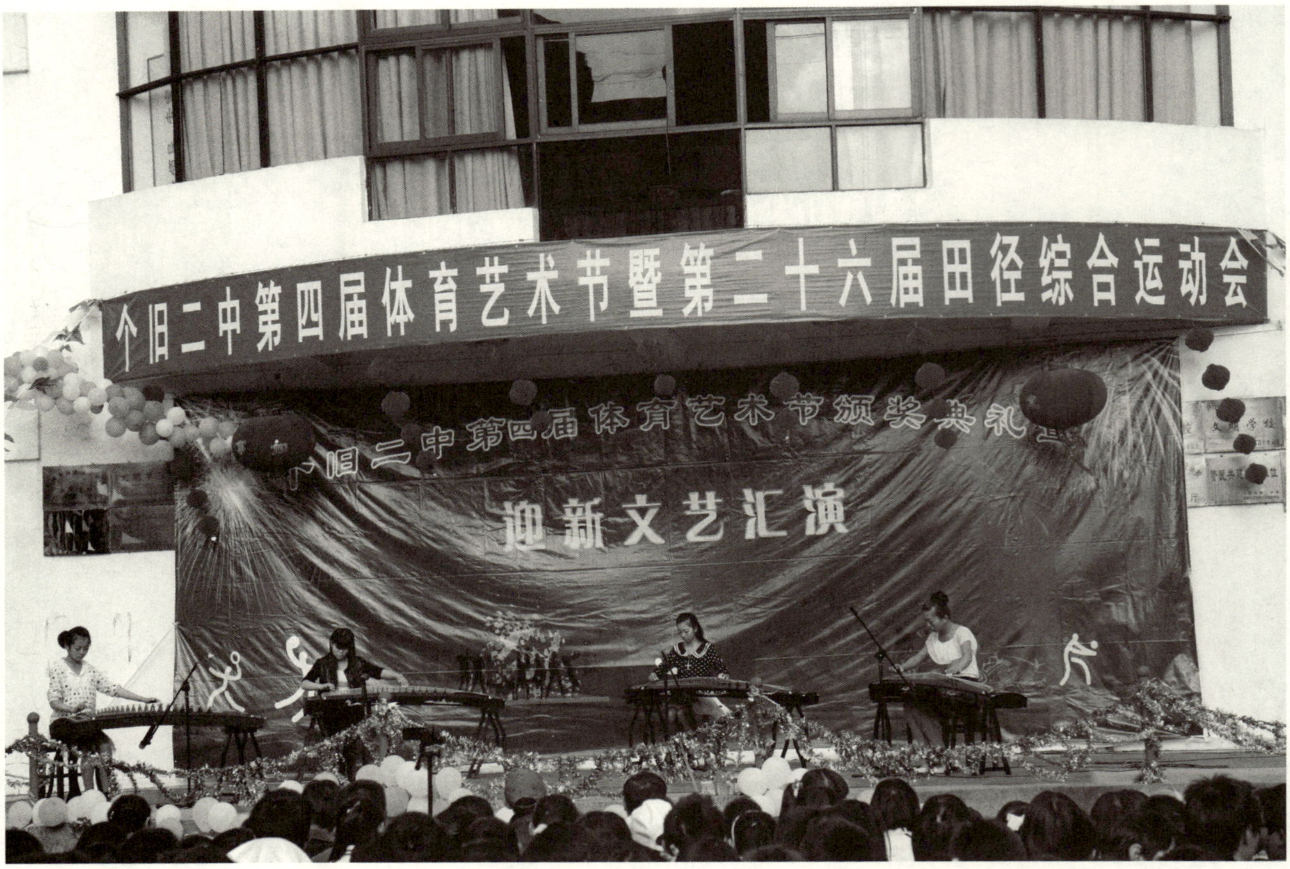

教育展风采　（张　颖　摄）

教　育

【简述】 2011年，个旧市教育局以科学发展观为引领，全面实施素质教育，坚持推进改革创新，积极探索教育科研，各级各类教育协调发展、内涵提升。全市有高级中学2所，完全中学4所，初级中学10所，九年一贯制学校6所，职业中学3所，小学80所，办学点85个；义务教育阶段在校学生47791人，其中小学33168人，初中14623人；义务教育阶段专任教师2881人。

【思想建设】 2011年，个旧市教育局坚持理论中心组学习制度。做到每个季度集中学习一次，时间不少于一天，学习内容和讨论发言情况有详细记录。认真学习中共十七届六中全会和省第九次党代会以及中央、省、州、市有关经济、教育、廉政等方面的精神，通过政治理论学习，深入对科学发展观的实践，强化干部队伍作风建设，提高依法行政、依法治教的能力和水平。

【全市教育发展规划】 2011年，个旧市教育局按照《国家中长期教育改革和发展规划纲要》确立的“两基本、一进入”战略目标（即“基本实现教育现代化，基本形成学习型社会，进入人力资源强国行列”），依据《云南省“十二五”教育发展规划》，广泛征求学校意见，达成共识，认真制订全市“十二五”教育发展规划，明确教育发展方向和目标，增强发展教育的紧迫感和责任感。

【基础教育】 2011年，个旧市教育局为保证高中教育的生源质量，不断加强对义务教育阶段的教学管理与研究，认真执行教学课程计划，开齐课程，开足课时，加大对初中学校教学质量的监测和管理力度，重视学生学习能力和创新思维的培养。年内，有3365人参加中考，600分以上791人。基础教育基本情况如下。一、小学：全市有小学80所（城区6所、郊区74所），其中省级一级示范性小学5所，有教学班1041个；在校学生33168人，学龄儿童入学率99.96％、辍学率0.14％、完学率96.17％、年巩固率99.87%，15周岁初等教育完成率99.69％，残疾儿童入学率96.88%；教职工2063人（含民办），其中专任教师2004人，学历合格率99.55%；校舍建筑面积200486平方米、生均6.04平方米。二、初中：全市有初级中学10所，九年一贯制学校6所；校舍建筑面积105098平方米、生均7.19平方米；初中有288个教学班，有在校学生14623人，适龄少年入学率98.13%、辍学率1.00%、升学率72.41％、完学率96.09％、年巩固率99.05%，17周岁初级中等教育完成率98.57%，教职工921人（不含高中），其中初中专任教师877人，学历合格率99.66%。

【普高教育】 2011年，个旧市教育局积极稳步发展高中教育，为早日在全市普及高中阶段教育打好基础。年内，全市有1897人参加普通高考，上线1758人(一本线161人、二本线373人、三本线353人、专科线871人)，上线率92.77％,600分以上考生1人。年底，全市有高级中学2所、完全中学4所。高中有124个教学班，有在校学生6024人，高中阶段毛入学率77.13%、辍学率2.51％，教职工850人（含完中初中部），其中高中专任教师488人，学历合格率97.13%。

【职业教育】 2011年，个旧市有个旧一职中、特格瓦阿拉伯语学校2所职业中学及个旧市教师进修学校，分别设机电技术、服装设计与制作、阿拉伯语言文学等专业。职中开设45个班，在校生3011人，有教职工130人，其中专任教师101人，专任教师学历合格率77.23%。个旧一职中是示范性职中，推行“双证制”，并试行学分制和弹性学制，与上海电子工业技术职业学校联办“2+1”职业中专班，并通过省国际人力资源中心把职高毕业生陆续输往毛里求斯等地工作，就业率一直保持在95%以上。此外，市教育局还采取各种措施加强职业教育，与市农业、科协等部门合作，在农村中学开办农村职业教育改革实验班，年末有4个班147人；继续在农村实施“绿色证书”工程，提高农民的科学文化水平和就业技能。

【民办教育】 2011年，个旧市教育局积极扶持民办教育，把民办教育作为基础教育事业的有机组成部分。一、统筹规划，大力扶持和规范管理。二、把民办学校、民办幼儿园纳入教育局的统一管理，进行年度考核、考评。三、对民办学校、民办幼儿园在招生、教师职称评聘、教师培训、教研活动、表彰奖励等方面与公办学校一视同仁。四、对民办学校考试合格的毕业生，都发给义务教育证书并按规定安排升学。由于营造了宽松的办学环境，全市民办教育得到发展。年末，全市有全日制民办学校9所（个旧中学、个旧市朝阳育才学校、个旧市育杰文武学校、个旧市老冠民工子弟小学、个旧市振兴锡矿凤鸣小学、个旧市鄢棚振兴小学、个旧市二冶阳光学校、个旧市大屯理想学校、个旧市沙甸特格瓦阿拉伯语职业中学），其中个旧市朝阳育才学校和个旧市育杰文武学校、个旧市二冶阳光学校为九年一贯制学校。在校学生 6027人，其中小学生3964人，初中生1839人，职高生 494人。教职工251人，其中专任教师198人。小学专任教师合格率100%，初中专任教师合格率100%。校舍建筑面积42685平方米，生均 7.08平方米。

民办幼儿园 28所，在园幼儿 6450人，教职工576人，专任教师 245人，教师学历合格率 95.10%。在园幼儿占全市在园幼儿 46.67 %。校舍建筑面积 29341平方米，生均 4.55平方米。

【幼儿教育】 2011年，个旧市教育局进一步加快幼儿教育的发展，结合个旧实际，在社会经济发展较快、人口较密集的城区和大屯镇、鸡街镇、卡房镇、蔓耗镇改扩建和新建幼儿园7所（改扩建5所，新建2所）。其中扩建市教育局幼儿园、鸡街镇乍甸幼儿园、鸡街镇倘甸幼儿园、蔓耗镇黄草坝幼儿园、卡房镇童谣幼儿园；新建鸡街镇希达幼儿园、大屯喜洋洋幼儿园。年末，全市有幼儿园 40所（教育部门办 7所，民办 28所，集体办 3所，其他部门办 1所，地方企业办1所），在园幼儿 13819人。3～6岁幼儿入园率 84.16 %。教职工 765 人，其中专任教师 351人。校舍建筑面积46617平方米，人均 3.37平方米。

【校安工程】 2011年，个旧市教育局继续实施校安工程，重点项目进展顺利。全市中小学校安工程共5个项目，计划拆除D级危房校舍面积13375平方米，规划新建建筑面积18050平方米。5个项目包含个旧市鸡街镇中心完小教学综合楼，个旧七中教学综合楼、学生宿舍楼、食堂综合楼，个旧二中学生宿舍等。项目计划总投资2707万元，已到位第一批中央校安工程专项资金66万元，省级校安工程专项资金66万元；第二批省级校安工程专项资金1471万元，其中拆除重建项目资金1021万元（省级798万元、州级223万元），加固改造项目资金450万元（省级337万元、州级113万元）。

【职教中心建设】 2011年，个旧市教育局继续推进个旧市职教中心建设项目。除前期完成校园总体规划方案、可行性研究报告、发改部门立项批复、土地调规办理等工作外，征地范围内地上建筑物的拆迁、补偿工作等已全面完成，土地征用工作也基本完成（因鄢棚村委会、村小组与被征地村民的土地征用补偿资金兑付方案尚未通过，因此征地补偿款兑付工作暂未完成）。截止10月，个旧职教中心建设工程完成征地约135亩，累计完成投资3820万元。

【教育经费】 2011年，个旧市继续实施义务教育投入保障机制，认真落实“三个增长”教育经费政策，将义务教育经费纳入市级财政预算。截止2011年9月，全市共到位义务教育各项专项经费4232.72万元，中央、省、州、市各级承担的义务教育保障机制经费已足额到位。2011年5月，个旧市下达第一批城市教育费附加预算4055.941万元，主要用于中小学校舍安全工程、高完中建设、教育信息化建设、教师培训等重点项目，确保城市教育费附加全额用于教育事业发展；市级财政确保农村税费改革转移支付资金优先用于教育经费支出，确保用于教育的比例不低于50%。

【干部队伍和教师队伍建设】 2011年，个旧市教育局进一步加强干部队伍和教师队伍建设。走“校长专家化、教师专业化”道路，坚持党管干部的原则，按照德才兼备的标准，有计划地培养、选拔和使用干部，按正校级1：2、副校级1：1的比例选拔后备干部184人，建立后备干部管理库，为校级干部的选拔奠定良好的基础。全年调整学校干部37人次，其中从城区学校向郊区学校输送校级干部5人，实现校级干部的有效交流。改革校级干部的测评办法，按学年度进行测评，在民主测评和教师个别访谈的基础上增加学生座谈会意见和家长座谈会意见，切实了解学生对教育的需求和家庭对学校的期望，广泛收集能够促进全市教育发展的意见和建议。

年内，个旧市从陕西师大、西南大学、云南师范大学招聘全日制普通院校本科及以上学历的紧缺人才26人，完成教师市内调动审批57人，新招考新教师52人和特岗教师35人到山区农村学校任教，通过讲课、考评等方式接收外县市教师24人，为全市教师队伍补充了新鲜血液，进一步优化了教师队伍结构。

与市委组织部联合举办为期一年的校级干部培训班，对任现职不满三年、管理经验不足的校级干部62人进行系统培训；有针对性地对业务能力突出的校级后备干部74人进行政策理论培训；认真组织好一年两次的教师继续教育培训考核工作，继续实施“名师工程”，加快中小学骨干教师的培养，建立教师健康成长的激励机制，全年组织教师及校长参加各级各类学习培训4445人。其中参加国家级学习培训的骨干教师425人（校级干部2人），参加省级学习培训的骨干教师154人（校级干部8人），参加州级学习培训的骨干教师175人，参加市级学习培训的骨干教师3683人（校级干部62人）。并输送校级干部、后备干部、优秀教师到江、浙、沪等发达地区挂职锻炼和跟教学习，使教师队伍的理论知识和业务水平得到明显提高。

【健全管理制度】 2011年，个旧市教育局继续健全和完善学校管理规章制度。依法治校，强化制度管理，通过制定激励措施调动广大教师的积极性，通过落实相关的管理办法，对师生进行严格管理，形成良好的教风和学风，营造良好的育人环境。建立“增量评价”机制，加大全市统测力度，开展有效教学，构建高效课堂，努力提高教育教学质量。

【信息化教育】 2011年，个旧市教育局继续坚持“超前规划，分步实施”的原则，按照“云南省县（市、区）电化教室设备配置标准”，采取多渠道筹措资金，加大投入，切实加快信息技术软、硬环境建设。各学校认真按照“农远项目应用考评”的标准进行自评和总结工作，各远程项目点有明确的管理教师，制度健全，能认真对教育资源完成下载及资源应用，环境清洁整洁。贾沙地区整体运用情况比较好，保和地区现有五套模式二教室，机器设备完好率95%。

认真贯彻《中小学信息技术课程指导纲要（试行）》，加快中小学信息技术课程的建设。各远程项目点学校将三种模式列入总课表，并按照要求排足排满课时，模式一、模式二教室每周不少于20课时，模式三教室和多媒体教室每周使用不少于25课时。充分利用农村中小学远教项目，积极开展说课、示范课等教学活动，教师在网络条件下收集信息、开展教学及与资源相符的教学研究活动。年末，启动教育城域网建设。

【信访和建议提案办理工作】 2011年，个旧市教育局组织学习新的《信访条例》，使广大教职工明确信访人的权利和义务，营造学法、懂法、守法、用法氛围。进一步构建教育信访工作领导责任体系，明确教育信访工作主体责任，把党政领导的信访工作责任制作为“一把手工程”来实施。做到重视信访减少人访，重视初访减少重访，重视个访减少群访，立足稳定，夯实基础，争取在巩固提高教育信访工作格局上取得新突破，在全市教育系统努力形成信访事项“件件有着落，事事有回音”的良好局面。

做好人大代表建议及政协提案的答复办理工作。个旧市教育局年内共受理市人大建议2件（主办2件）；市政协提案20件（主办15件，协办5件），其中市级集体提案6件。5号建议和83号提案是重点督察件。主办的2件建议、15件提案办结率100%。其中A类14件，占主办件82%；B类2件，占主办件12%，C类1件，占主办件0.06%。内容涉及：促进学前教育发展；加强教育管理；支持民办教育；培养学生阅读和创新能力；规划预留教育用地等方面。充分体现了人大代表、政协委员对个旧市教育事业的关心，通过对建议、提案的办理促进教育事业的发展。

【宣传工作】 2011年，个旧市教育局以“服务教育、支持教育、推动教育”为工作目标，积极采取有效措施，扎实抓好骨干通讯员队伍建设，从全市各学校中选拔36名优秀教师担任专兼职通讯员，建立覆盖全市教育系统宣传信息QQ群。充分利用《红河教育》、红河教育信息、《个旧时讯》《锡都教育》、个旧教育简讯、个旧教育网等宣传阵地，让学生、家长、社会了解个旧教育，明确教育的方针政策，形成全社会尊师重教，乐于助学的良好风尚。个旧市教育局主办的《锡都教育》在第二十二次全国教育内部报刊获“文字编辑优秀奖”，为进一步做好教育的宣传工作奠定了良好的基础。

【安全工作】 2011年，个旧市教育局认真做好安全工作。召开安全工作会议，结合年初社会治安综合治理检查中出现的学生安全教育、聘请安保人员、安全工作常规漏洞、食品卫生、交通安全、校园安全通道、安全警示标识、民办幼儿园招生人数等问题进一步强化安全防范意识、安全责任意识，明确安全工作任务。通过开展“强化安全意识，提高避险能力”等主题教育活动，使广大师生熟知应急预案，学会紧急情况下的逃生和自救互救，增强师生防范风险意识，努力提高师生的避险救助能力。市教育局、公安局、住建局、工商局、卫生局、安监局、文体局、市消防大队等八个部门组成四个检查组，分别对全市78所公、民办中小学、幼儿园校园及周边治安环境进行检查。检查内容包括校内安全隐患排查、学校及周边治安秩序、食品卫生管理、校园周边文化、交通秩序、消防安全隐患排查及学校安全教育。年内，个旧市教育局和中国电信股份有限公司红河分公司及个旧市公安局通力协作，投资42万余元，利用中国电信网络建设个旧市校园视频监控系统，提高技防能力，确保学校广大师生生命财产安全，保障学校教育教学秩序稳定，创造平安校园，促进社会和谐发展。

（撰稿：林　儒）

红河哈尼族彝族自治州技工学校

【简述】 2011年，红河哈尼族彝族自治州技工学校（以下简称红河州技工学校）占地面积174亩，建筑面积45000平方米，教职工编制180人，在职教职工150人。在职教职工有专业技术人员110人，工勤人员27人，管理人员13人。专业技术人员有副高（高讲）29人，中职（讲师）38人，其他43人。此外，学校还有高级技师6人，技师4人，学科带头人6人，骨干教师20人。内设机构有党政办公室、教务处、学生处、总务处、招生就业指导处、实习工厂、培训鉴定中心、教育督导处、保卫处、退管处、教科室等11个处室。

红河州技工学校是国家人力资源和社会保障部确认的国家重点技工学校。学校始终坚持社会主义办学方向，坚持办学为地方经济建设服务的宗旨，坚持以科学发展观为指导，在改革中谋发展，在发展中求创新。为进一步加快学校的发展，提升办学层次，为红河州经济建设培养更多更好的高技能人才，满足地方经济建设发展需要，学校正积极向云南省人力资源和社会保障厅申报国家高级技工学校。

【党建工作】 2011年，红河州技工学校在州委、州政府的领导下，在红河州人力资源和社会保障局的具体指导和帮助下，以邓小平理论、“三个代表”重要思想为指导，组织学校全体党员学习《党员领导干部廉洁从政若干准则》，切实加强领导干部作风建设，切实加强党性修养和作风养成，提高廉洁自律和自觉接受监督的意识，认真开展批评与自我批评，要求参加学习的党员每人撰写个人学习心得体会。成功举行庆祝中国共产党成立90周年系列活动，坚定广大党员热爱中国共产党、坚定不移跟党走的决心，增强党性意识和先进模范意识。学校按照红河州关心下一代工作委员会的要求，积极组织学生参加“理想点亮人生”青年读书活动，校团委开展以“我为团旗添光彩，我与学校同发展”为主题的演讲比赛，教育学生要树立远大理想，争做信念坚定的新一代；品德高尚、意志顽强的新一代；视野开阔、知识丰富的新一代；开拓进取、艰苦创业的新一代。

年内，红河州技工学校在校党委的正确领导下，顺利完成与红河州人力资源和社会保障局签订的《工作目标责任书》《安全生产责任书》《党风廉政建设责任书》的各项任务指标，被主管局考核为一等奖。校党委长期坚持以人为本，切实把关心教职工生活落到实处，组织人员深入走访和探望长期生病住院及家庭困难的教职员工，并进行春节看望慰问，增强党组织在群众中的亲和力和凝聚力。

【学校管理】 2011年，红河州技工学校在上级党委、政府、主管局的正确领导下，认真落实“以人为本、诚信至上；因材施教、突出技能；和谐发展、服务社会；改革创新、争创一流”的质量方针，团结动员全体教职工，求真务实、齐心协力，于7月顺利通过北京埃尔维质量认证中心ISO9001:2008质量管理体系认证工作，使学校管理工作跃上新台阶，同时也为学校创建高级技工学校奠定了基础。

为推进学校内部管理体制改革，提高教职工队伍素质，学校以激励教职工爱岗敬业增强办学活力为导向，以实行岗位目标管理提高办学质量为重点，建立健全符合学校实际的激励机制，制定《红河州技工学校技校工资奖励性部分考核分配方案》，本着以德优先，注重实绩、多劳多得、优绩优酬、公开公平的实施原则，进一步规范绩效工资管理办法，调动广大教职工的工作积极性。为充分体现学校“公开、公平、公正”选拔干部的工作原则，学校实行中层干部竞争上岗，并规定中层干部必须每年一次在教职工代表大会上进行年度述职，接受教代会的综合考核，学校党委再根据考核结果进行干部任免。

10月，红河州技工学校组织承办“强素质·展风采” 2011年红河州维修电工、机修钳工职工业务技能大赛，学校电工、钳工专业的相关教师担任比赛的评判工作。通过学校的积极准备，精心布置，确保了大赛顺利进行，受到主办单位和广大参赛选手的一致好评。

【招生、就业、培训】 2011年，红河州技工学校计划招生800人，实际完成招生936人（其中计划招生758人，劳动预备制招生178人），比计划超出136人。推荐就业人数302人，毕业生推荐就业率98.5%，圆满完成招生、就业的工作目标。学校常年开设电工、钳工、焊工、车工、数控、汽车维修、计算机运用与维修、电子技术运用、电子信息技术、微机与会统、高级电工、高级钳工、高级焊工等十多个专业。毕业生主要安置于云南恒通恒电工程电力有限公司、安宁永昌钢铁有限公司、云南建工安装股份有限公司、中国水电十四局工程局、云南开远龙煤工程有限责任公司、中国水电十四局机电安装公司等20多家用工单位。

年内，红河州技工学校与州、市、县安监局、人社局、总工会、农业局及各企业建立培训合作关系，积极面向社会开展各类职业技能培训。完成特种作业培训82期4272人；完成职业资格培训289人；完成农民工专项技能培训5期490人；完成创业培训5期195人；完成省工信委工业技能人才培训4期311人，经营管理人才培训1期200人。全年培训5925人，培训总收入2726083.92元。完成校内各个专业毕业生初、中、高级职业资格鉴定426人，对外初、中、高级职业资格鉴定8559人，鉴定收入732032元，圆满完成培训、技能鉴定工作目标。学校被云南省职业培训鉴定协会评为“云南省‘双十佳’职业技能鉴定先进单位”。学校实习工厂以科学、严谨的态度进行产品研制、生产和销售，完成学校下达16万元纯利润指标任务，上缴学校固定资产增值44800元。

（撰稿：高梦菊）

红河州财经学校

【简述】 2011年，红河哈尼族彝族自治州财经学校（以下简称红河州财经学校）占地112.8亩，建筑面积38705万余平方米，教职工130人，其中专业技术人员100人，副高职56人，中职26人。学校领导5人，其中校长（党委书记）1人，党委副书记（纪委书记）1人，副校长3人。行政职能科室6个，群团部门2个，中层干部18人，其中正科7人，副科11人。专任教师82人，其中高级讲师54人、讲师11人，“双师型”教师60人、双学历教师9人，研究生5人。全部专任教师学历达本科以上，学历合格率100%。学生2625人，其中全日制普通中专生2099人。

【法制教育工作】 2011年，红河州财经学校认真贯彻中宣部、司法部《关于在公民中开展法制宣传教育的第六个五年规划（2011－2015年）》，继续聘任州司法局法律援助管理局局长苏智明担任法制副校长，设置法制宣传专栏，邀请个旧市检察院公诉科检察官为学生举办以“提高法律素养，预防违法犯罪”为主题的法制知识讲座，在全校同学中举行“青年学生轻微违法行为预防”法律征文比赛。学校被评为个旧市“五五”普法、“三五”依法治市先进集体。

【党建工作】 2011年，红河州财经学校党委理论学习中心组开展十七届中央纪委六次全会及胡锦涛总书记重要讲话、杨善洲先进事迹、胡锦涛在庆祝中国共产党成立90周年大会上的讲话、中共十七届六中全会精神4个专题的集中学习和讨论交流。教职工政治学习35次，参学率100%。深入开展以“办学为民，育人为本”为主题的创先争优活动，实施“比十争百”、“授旗评星”、“四亮四创四评”和“四项制度”主题行动，举办以“旗帜颂”为主题的纪念建党90周年党史知识竞赛、歌咏晚会、征文、表彰大会等系列活动。召开“坚持以人为本、执政为民理念，密切发扬联系群众优良作风”党员领导干部主题民主生活会。开展民主评议党员工作，进行民主推优，涌现出州属学校工委表彰的先进党支部1个（行政后勤支部）、优秀党务工作者2人，优秀共产党员5人。同时，校党委表彰奖励优秀党务工作者3人，优秀共产党员4人。举办业余党校第二十期党课培训班，培训教职工、学生及明珠社区入党积极分子110人。发展学生党员2人，按期转正教师党员2人。发展新团员50人。中层干部轮岗交流3人，选举第五届工会委员会，召开八届二次职代会，听取并审议学校工作报告和《“十二五”教育事业发展规划》。学校党风廉政建设责任制考核被州属学校工委评为一等奖，校党委被授予全省教育系统先进基层党组织荣誉称号。

【精神文明建设】　2011年，红河州财经学校继续开展精神文明创建活动，评选表彰年度文明先进科室2个、文明先进教研组4个、文明先进班组3个、文明楼道2个、文明家庭7户、文明教职工14人、文明先进班级4个、文明先进学生82人、星级文明学生宿舍84间。经过复查申报，学校继续保留全国文明单位荣誉称号。

【教育教学工作】　2011年，红河州财经学校制定《“十二五”教育事业发展规划》《关于贯彻落实红河州中等职业学校提高教学效益行动计划的实施意见》。对原有教研组进行调整,重新设置会计、财税、商贸、旅游、计算机信息、语数、外语、体育、德育、图书馆等10个教研组，并对部分教研组组长和人员进行调整。加强教务管理，坚持召开学习委员工作会，改进教研组长值班制度，实现教学月报制度，推行诫勉谈话制度。实施学校领导听课制度，及时了解和掌握教师的课堂教学情况。邀请旅游企业专家、注册会计师到校为师生授课。将教研组工作纳入目标责任制管理，年底进行考核评比。开展教师教案和课件检查评比活动，评选优秀教案32本、优秀课件14个，表彰奖励 “技能型”教师3人。加强学生第二课堂管理，实行课外活动学科化，组织实践类、专业类、文娱类、体育类、学术类等五个类别的23个学生社团开展丰富多彩的活动，参加社团活动的学生超过99%。在州级以上刊物发表教育科研论文25篇，获红河州科技进步三等奖课题1个，承担的教育部重点课题《边疆少数民族地区中等职业教育可持续发展研究》子课题《红河州财经学校旅游专业可持续发展研究》结题。编发《教学简报》15期、校刊2期。开展“教室标准化建设”班主任技能工作竞赛活动，获班主任技能竞赛奖教师6人，表彰奖励优秀教师8人、优秀教育工作者5人、优秀班主任6人。

【学生思想道德建设】　2011年，红河州财经学校作为云南省职教学会学生工作专业委员会主任委员学校，成功举办云南省学生工作专业委员会年会，开展以“班主任工作”为主题的论文征集评选、“校园心理剧”展演观摩、“三生教育”说课竞赛、“学生工作”论坛等活动。召开青年学生思想政治工作研究会第十二届年会，表彰奖励“三育人”优秀论文获奖者27人。狠抓教学常规管理和学风建设，通过修订《班主任量化考核办法》，提高班主任待遇，落实学生操行评分办法，清查滞留宿舍学生，清查管制刀具、香烟、打火机，清查迟到、上课期间在校园内游荡的学生，班主任每周查3次早操，整顿学生大会纪律，严格学生进出校门，谢绝外卖，整顿升旗仪式纪律，建设校园安全监控系统等措施，狠杀学生中的歪风邪气，营造良好校风、学风及育人环境。开展廉洁伴随我一生“两清”工程，组织全校学生进行“两清”责任承诺宣誓，并签订“两清”责任书。邀请云南大学教授、心理学博士解亚宁，举办以“调节心理、把握人生”为主题的心理健康专题讲座。围绕“三生教育”，着重抓好体育、劳动卫生、艺术、校园文明礼仪、心理健康等课程的教育教学。龙菲老师在云南省学生工作专业委员会年会上，获得“三生教育”说课比赛一等奖；会计电算化专业235班学生刘佳参加云南省首届青少年“三生教育”演讲大赛决赛，荣获三等奖。全校涌现出省级先进班集体1个、优秀毕业生24人、三好学生1人、优秀学生干部1人；州级三好学生10人、优秀学生干部10人。

【联合办学】　2011年，红河州财经学校继续与州建行、州人寿保险公司、个旧世纪广场酒店等17家企业实行“订单式”办学，与个旧九中、建水五中、屏边四中等9所农村初级中学实施“牵手育才”工程，与中石油红河分公司、云南健之佳滇东南部等6家企业签订联合办学协议，使联合办学单位达到30家。开设计算机多媒体技术专业，与云南国防工业职业技术学院联办五年制高职班，招生34人；与中石油红河分公司联合举办核算员中职班，招生113人。

【招生就业工作】 2011年，红河州财经学校每逢招生时节，均在红河电视台黄金时段播放办学纪实专题片，组织招生宣传组，分赴全州13县市中学和中考现场开展招生宣传活动，发放招生简章。年内，完成招生583人。每当毕业班毕业之际，学校均举办毕业生供需见面会，并与中石油红河分公司、大理密支那宝玉石公司、云南丰润油脂公司、沃尔玛个旧店、健之佳滇东南部、石锁高速公路公司等大中型企业建立比较稳定的校企合作关系，为毕业生就业铺路搭桥。

【远程教育和培训】 2011年，红河州财经学校与西南大学、重庆大学、西南财经大学等高校实行联合办学，开展高等函授（现代远程）教育。招生177人，在校生492人。充分利用教育资源，举办农村财会人员财政支农惠农政策培训、基层财政干部培训等各种培训12期，培训1266人，组织各类考试10次，参考14541人。

【扶贫帮困工作】 2011年，红河州财经学校继续弘扬中华传统美德，积极开展扶贫济困工作。出资1371.60元，为金平县金河镇平安寨村委会、村小组、村小学征订云南日报、红河日报，并资助该村15000元办公经费和1台价值1000元的打印机。资助个旧市卡房镇龙树脚村委会黑蚂井村民小组价值9600元的水泥30吨，用于修建公路。捐赠个旧市斗姆阁小学价值4900元的专业音响设备1套。踊跃为身患重症的256班学生李千宝捐款19983.9元。资助教职工子女上大学6000元。

（撰稿：李进德）

卫 生

【简述】 2011年，个旧市卫生局机关有编制24人，其中机关编制17人、艾滋病防治办公室5人、工勤编制2人，内设7个科室。所属医疗单位有26家，其中全额拨款事业单位6家，全额拨款参公管理单位1家，差额拨款事业单位13家，自收自支事业单位6家，有在职职工1535人（其中专业技术人员1308人、管理人员81人、工人146人）、离退休职工978人。现有职工的学历结构为：硕士生7人、大学本科学历490人、大学专科学历599人、中专学历159人、高中及其以下学历280人；专业技术人员的职称结构为：副高以上职称92人（含正高19人），中级职称435人，初级职称735人，未取得职称资格人员46人。

全市有各级各类卫生机构299所。其中市属医疗卫生保健机构26所，即综合医院3所（含三级医院1所）、传染病医院1所、精神病医院1所、中医医院1所、妇幼保健院1所、卫生院11所、社区卫生服务中心4所（含5个社区卫生服务站）、疾病预防控制中心1所、卫生监督所1所、肿瘤登记办公室1个、健康教育所1所。

全市辖区医疗机构有编制病床2642张，实际开放3296张，每千人口实际拥有病床7.21张；卫生行业从业人员3537人，其中卫生技术人员3030人，每千人口拥有卫生技术人员6.63人。

全市有村卫生所77家，乡村医生205人，其中女乡医106人，获得乡村医生资格证书198人。

【医疗工作】 2011年，个旧市完成诊疗患者935914人次，其中门诊837766人次、入院60285人次，治愈率54.71%，好转率40.71%，病死率0.88%；编制病床数1760张，实际开放总床日数642210天，出院者占用总床日数663891天，病床周转率32.96次，每张病床工作日386.83天，全系统病床使用率106.01%，患者平均住院日11.44天。

【医药卫生体制改革】 2011年，个旧市切实加强对医药卫生体制改革工作的领导，成立由市委书记王忠担任组长的个旧市深化医药卫生体制改革工作领导小组。市长戴劲松为医改工作第一责任人，代表市政府与州政府签订“红河州医药卫生体制五项重点改革2011年主要任务和工作责任书”，副市长杨龙遇具体抓医改工作，市政府还将深化医药卫生体制改革工作纳入目标考核内容。

8月18日，个旧市深化医药卫生体制改革工作领导小组召开2011年度公立医院改革试点工作推进会，加快推进全市公立医院改革试点，力争取得新突破。市公立医院改革试点单位，在坚持公立医院公益性的前提下，加强内部精细化管理，进一步优化诊疗流程，方便群众就医；提高医疗技术水平含量，与专家团队合作，高起点开展部分单病种质量控制工作；制订医院发展规划，提出医疗“品牌工程”；建立和完善以电子病历为核心的信息化系统，出台逐年降低药品比例的政策；出台“三控政策”加强药品合理应用的监督管理；制定并落实遏制医疗费用过快增长的政策措施。公立医院改革试点成效明显。

【医院管理】 2011年，个旧市卫生局继续深入开展以“持续改进质量，保障医疗安全”为主题的“医疗质量万里行”活动，不断加强医院医疗安全管理，保障医疗质量和医疗安全，努力实现为人民群众提供安全、有效、方便、价廉的医疗卫生服务。

开展多层次多形式的宣传教育，强化医疗质量、医疗服务和医疗安全意识。一是继续加强对医务人员医疗质量、医疗安全教育和相关培训，进一步提高医务人员医疗风险、医疗安全责任意识，提高质量管理水平。二是加大公众就医知识宣传教育力度。提高群众医疗风险意识和甄别假医、假药、虚假宣传的能力，保障患者合法权益。三是围绕“医疗质量万里行”活动主题，充分发挥卫生局网站宣传报道作用，广泛宣传“医疗质量万里行”活动情况，弘扬活动中涌现出来的优秀人物和先进事迹。

加强医疗机构管理，强化服务意识，改善医疗服务，优化服务流程，不断提高医疗服务能力和服务水平。各医疗机构将改善人民群众看病就医感受作为加强医疗服务工作的创新点和突破点，简化门急诊和入出院服务流程，积极探索创新，有计划、有重点地推进各项改善医疗服务的措施，做到安排合理、服务热情、流程顺畅，不断促进医疗服务水平的提高。

严格落实医疗质量和医疗安全的核心制度，规范医疗行为，加强护理工作，落实基础护理，改善护理服务，提高护理质量。

加强药事管理，推进临床合理用药。一是各医院成立药事管理委员会，完善管理制度，加强药品合理应用的监督管理。二是根据《医院处方点评管理规范（试行）》，提高处方质量，促进合理用药，保障医疗安全。三是加大毒麻药品管理力度。从源头上抓起，严格执行毒、麻药品的管理和使用制度。

加强医疗服务重点环节的安全管理，保障医疗安全。一是加强临床用药日常管理，每月对各种药品进行质量抽查，确保无发霉、变质、过期及失效药品，药品审批程序规范。二是合理使用抗菌药物。按照《卫生部关于施行〈抗菌药物临床应用指导原则〉的通知》和《卫生部办公厅关于进一步加强抗菌药物临床应用管理的通知》的要求，制定相关管理制度，加强抗菌药物的管理并认真组织实施，促进医师临床合理应用药物。三是加强医院感染管理。根据国家相关法律、法规、标准、规范，制定医院感染管理各项规章制度，加强《医院感染管理办法》《医院感染诊断标准》的贯彻落实，有效预防和控制医院感染，保证医疗安全。

【中医工作】 2011年，个旧市坚持继承与创新并重，促进中医药学术进步，提高中医药防病治病能力，发挥中医药在农村和社区卫生工作中的优势作用，出台《个旧市扶持和促进中医药事业发展的实施意见》，加强中医药应对突发公共卫生事件的能力建设，提高中医、中西医结合防治传染病的技术水平。加大中医药宣传力度，加强中医药人才培养，大力实施“名科、名医”战略，丰富和发展中医药诊疗思想、方法和技术。坚定不移地贯彻执行“中西医并重”的卫生工作方针，发挥中医药特色优势，完善服务体系，满足人民群众对中医药服务的要求。

加强重点中医专科建设，重点中医专科骨伤科和重点中医专病（肛瘘）的建设按计划实施。重点中医专科骨伤科和重点中医专病肛瘘分别获“云南省合格重点中医专科”和“云南省合格重点中医专病”。针灸医院继续按省级重点中医专科标准建设。

积极推广中医药适宜技术工作，按照《个旧市基层常见病多发病中医药适宜技术推广项目实施方案》的要求，全市有3个社区卫生服务中心（站）、9个乡镇卫生院、59个村卫生室开展中医适宜技术，并取得显著成效。

【建立绩效考核机制】 2011年，个旧市为建立公开透明、科学公平的基层医疗卫生机构绩效考核分配机制，出台《个旧市基层医疗卫生机构绩效考核办法（试行）》，以基本公共卫生服务和基本医疗服务为考核重点，明确乡镇卫生院、社区卫生服务机构的功能定位，科学核定承担的工作任务，提高基层医疗卫生机构的服务质量和效率，调动基层医疗卫生人员的工作积极性。考核内容以服务数量、质量、效果和居民满意度为核心，对基层医疗卫生机构和医务人员进行综合量化考核，考核结果与基层医疗卫生机构补助和医务人员收入水平挂钩。为加强公共卫生服务绩效考评工作，建立公共卫生服务经费与绩效挂钩的运行机制，促进各级各类提供公共卫生服务的机构(疾控机构、医院、妇幼保健机构、社区卫生服务机构、乡镇卫生院、村卫生室等)和人员尽职尽责，全面落实公共卫生责任，个旧市卫生局下发《关于试行2011年个旧市公共卫生服务绩效考评方案的通知》，进一步完善分配激励机制。

个旧市医疗卫生事业单位均实行全员聘用制，在执行事业单位工资制度、工资政策以及核定工资总额的基础上，各单位制定符合自身特点的内部分配办法，拉开收入分配档次，提倡管理、技术等生产要素参与分配，实现分配向优秀人才和关键岗位倾斜，建立以聘用制为主要内容，与用人制度相配套的、新型的分配机制。在实际工作中，主要采取建立以岗位工资为主要内容的内部工资制、继续实行绩效工资制、设立特殊岗位津贴制、实行中层以上管理干部岗位职务津贴制和专业技术骨干岗位津贴制、推行病人选择医生的服务模式等多种分配形式。自2010年9月起全市公共卫生与基层医疗卫生单位均实行了绩效工资改革，并且根据国家和省、州的相关政策，制定和完善了全市基层医疗卫生事业单位和公共卫生事业单位绩效工资实施方案和考核分配办法，进一步加大绩效考核的力度，充分调动职工的积极性、创造性，真正使绩效工资的实施向一线岗位、骨干岗位和做出突出成绩的其他岗位倾斜，最大限度地发挥职工投身改革的积极性。

【新型农村合作医疗】 2011年，个旧市新农合筹资成绩再创新高，全市参加新型农村合作医疗人数179228人，参合率 97.99%，参合人数较2010年增加3782人，连续两年创下全州第一的好成绩。将肾病（肾透析）纳入市级门诊补偿；选择15个临床路径较为明确的病种开展按病种付费制度，提高新农合参合人员住院费用报销比例，调整后新农合政策报销范围比例达到71.5%。

【项目建设】 2011年，个旧市卫生局积极开展个旧市精神病医院住院综合大楼建设项目。项目总投资1485万元，其中中央预算内资金1000万元、省级补助资金245万元、地方配套资金240万元，用于精神病医院住院综合大楼和中心供应室建设。项目于2011年5月开工，至10月底已完成投资600万元，11月主体工程完工，预计明年上半年投入使用。

【卫生应急工作】 2011年，个旧市进一步完善突发公共事件应急处置机制，安排突发公共卫生事件应急经费9.1万元，提高公共卫生安全和处置突发公共卫生事件的能力。各单位严格按照《个旧市突发公共卫生事件总体应急预案》有关要求，坚持24小时电话值班制度，对卫生应急信息及时报告，报告及时率100%，未发生漏报现象，并且能在接到报告后2小时内组织相关工作人员，协调相关部门进行调查和处置，处理及时率100%。全年未发生突发公共卫生事件。

【艾滋病防控】 2011年，个旧市继续加大对艾滋病预防工作的投入力度，努力减缓个旧市艾滋病的流行传播速度。市政府成立以分管副市长为组长，各成员单位分管领导为成员的个旧市防治艾滋病工作领导小组，制定全市战略规划，形成遍布城乡的防艾宣传网络、VCT网络、抗病毒治疗网络、母婴阻断网络，并在全市建立起IDU干预平台、CSW干预平台、MMS干预平台，为在全市范围内开展艾滋病综合防治工作打下坚实的基础。全市艾滋病防治工作取得显著成效，具体体现在下面几个方面：一是政府领导，卫生部门牵头，多部门合作的机制已经建立，政府各部门的战略规划、管理和实施能力得到增强，形成有效的沟通渠道及协调机制。二是能力建设不断提高，培养和锻炼了一大批防控艾滋病工作的业务骨干（业务人员、社区干部、同伴教育者）。三是建立社区、农村“拉网式”宣传教育网络，通过“一张画一本书一支笔”使防艾宣传走进千万家。四是促进国家“四免一关怀”政策得到有效落实，已为全市1485名目标人群提供了城市居民最低生活保障。五是将国际合作项目与常规防艾工作相结合，使防艾工作形成科学、有序、有效、有力开展的格局，受到国内外的好评。中央电视台、云南电视台等国内新闻媒体对个旧市美沙酮门诊、妇女健康活动中心、母婴阻断项目等工作平台多次给予报道和高度评价。六是构建了“政府主导、多部门合作、全社会参与、依法防治、科学防治、分类指导、突出重点、注重实效、预防为主、防治结合、综合治理”的防治艾滋病立体框架，营造了宽松的有利于艾滋病预防控制的良好社会氛围，同时也构建起集监测、预防、教育、科研、治疗、关怀“六位一体”的具有个旧特点的艾滋病综合防治模式，为全州、全省、乃自全国防艾工作提供了借鉴。七是首创美沙酮维持治疗中心，并被国家工作组评为优秀门诊。八是抗病毒治疗维持人数为全州第一，坚持治疗比例、感染者存活率均达到治疗标准。

【疾病预防与控制】 2011年，个旧市疾病预防控制工作成效显著。坚持“预防为主，防治结合”的方针，扎实有效地落实各项综合预防控制措施，突出做好艾滋病、鼠疫、霍乱、结核病、疟疾、肠道传染病等重点传染病的防治工作，全年未发生甲、乙类传染病暴发流行，无甲类传染病发生，乙类法定传染病报告1129例，发病率245.54/10万（未经订正），传染病报告及时率100%。

规范开展国家免疫规划工作，按国家免疫规划要求，认真做好七苗（即卡介苗、乙肝疫苗、脊髓灰质炎疫苗、麻疹疫苗、百白破疫苗、乙脑疫苗、流脑疫苗）接种工作，适龄儿童七苗接种率及全程覆盖率达到国家要求。制订《个旧市新生入托、入学查验预防接种证及疫苗补种实施办法》，切实保障儿童身体健康。全年，全市各接种机构共接种一类疫苗109911人份。卡介苗接种率99.66%，乙肝疫苗接种率99.29%，脊灰苗接种率99.39%，百白破接种率99.12%，麻疹疫苗接种率98.68%，流脑苗接种率97.52%，乙脑疫苗接种率98.19%，甲肝苗接种率97.54%。完成15岁以下人群乙肝疫苗查漏补种4069人，累计9926针次，接种率96%以上。

【妇幼保健】 2011年，个旧市加强基层医院产科、儿科能力建设，确保危急孕产妇“绿色通道”畅通。全市孕产妇3594人，其中建卡人数3533人，孕产妇保健覆盖率98.3%；产检人数3524人，产检率96.95%；孕早期检查人数3248人，孕早期检查率89.35%；产后访视3506人，访视率96.45%；孕产妇系统管理人数3215人，管理率88.45%；住院分娩3535人，住院分娩率97.25%；高危孕产妇444人，高危孕产妇检出率12.35%；高危孕产妇住院分娩444人，高危孕产妇住院分娩率100%。

全市妇女病普查6277人，宫颈癌5人，患病率79.66/10万；乳腺癌1人，患病率15.93/10万。

全市0至6岁儿童数26135人，保健覆盖率92.05%；3岁以下儿童数11708人，系统管理人数10345人，系统管理率88.36%。

全市活产数3635人，婴儿死亡数18人，婴儿死亡率4.95‰，年内发生新生儿破伤风1例，新生儿破伤风发生率0.28‰。

【卫生监督管理】 2011年，个旧市卫生监督工作始终坚持以人为本，落实科学发展观，牢固树立“监督、帮助、促进、提高”的执法理念，大力开展卫生法律法规和食品安全知识的宣传培训，提高管理相对人法治意识，不断推行新的管理举措，改善卫生监督环境，将经常性卫生监督与专项整治相结合，不断加大执法力度，卫生监管工作显现出新的生机与活力，各监管行业的监督覆盖率、持证率、体检率、监督频次、卫生知识知晓率不断上升，卫生监督人员综合监管的能力得到明显提高，卫生监督工作取得显著成效。一、食品卫生监督。为保障全市人民的身体健康，按照《中华人民共和国食品安全法》及市政府有关文件精神，个旧市卫生局认真履职，做好餐饮业日常监管及预防性卫生监督，协助食品药品监督局做好2011年餐饮服务许可证换验证工作，对辖区的餐饮业单位继续进行监督管理，加强从业人员的卫生知识培训，强化索证制度，开展各类综合检查及食品非法添加和滥用食品添加剂专项整治工作等食品卫生安全专项检查，通过一系列的卫生监督工作，确保全市人民食品安全。10月14日餐饮业监管职能正式移交食品药品监督管理局。二、公共场所监督。开展公共场所量化分级管理工作，市区美容美发行业量化分级管理率100%，对市区已评定等级的住宿场所、游泳场所、沐浴场所进行复审。认真贯彻执行个旧市卫生局“加强监管，保障健康”的工作思路，开展游泳场所等公共场所卫生专项整治活动。办理公共场所卫生许可证新证478份，验证710份，组织公共场所从业人员进行健康体检2765人，未检出“五病”人员。三、生活饮用水卫生。完成全市13家集中式供水单位卫生许可换复证工作，组织从业人员进行健康体检88人，所检人员未检出“五病”。四、医疗机构监督。依法做好医疗机构传染病防治及医院感染监督工作，切实履行传染病防治监督职责，开展各类专项检查和疫情漏报调查，认真做好医疗机构换验证工作，严格落实责任制和责任追究制，督查落实各项制度，促进传染病防治及医院感染工作法治化、规范化、科学化，维护广大人民群众身体健康和生命安全。

【医药卫生信息化建设】 2011年，个旧市在全省率先启动基层医药卫生信息化建设工作，以高新技术手段有效缓解看病难、看病贵的问题。个旧市医药卫生信息管理系统是一个统一高效、透明公开、使用便捷、实时监管的网络系统，包括公共卫生管理平台、医疗服务管理平台、新农合、基本药物制度、综合管理等5项业务应用。通过卫生信息管理系统在全市各乡镇及以下医疗卫生机构的推广，并逐步与市级医疗机构系统对接，实现全市所有医疗机构“一网通”；通过统一、动态、贯穿终生的电子健康档案，全市范围内逐步实现居民健康档案、新农合、医保卡“一卡通”；卫生部领导对个旧市卫生医药信息化建设工作进行了专项调研。

【预防癌症】 2011年，个旧市认真做好肿瘤登记工作，收集整理和统计全市居民的癌症发病资料上报国家。个旧市是国家定点癌症登记报告城市之一，每年都按要求向国家统计上报居民癌症发病及死亡情况。按照《全国肿瘤随访登记项目实施方案》的要求，已统计上报2010年各种癌症发病资料732份（新发病例520份，死亡病例315份），发病率131.68/10万，死亡率79.77/10万，为国家制定癌症防控措施和防治规划提供参考数据。年内，省，州督导检查组就个旧市开展肿瘤登记工作情况进行两次督导检查，通过检查对个旧市的工作给予了很高的评价，结果评定为“优”。

【健康教育】 2011年，个旧市采取发放健康教育宣传资料、播放影音资料、设置健康教育专栏、开展公众健康咨询、举办健康教育知识讲座等方式和充分利用电视、报刊等媒体的作用，加强健康知识宣传教育，促进健康行为养成。社区卫生服务中心（站）、乡镇卫生院、村卫生室共设置健康教育宣传栏118块，利用各种健康主题日或节假日开展健康咨询活动，并发放宣传资料。开展多种形式的健康教育活动66次，举办健康教育讲座93期。深入社区、学校、医院、厂企、乡镇卫生院对健康教育专兼职人员进行健康教育培训，制作12种图文并茂的宣传资料，共计9万余册（份），扩大健康教育宣传面。

【继续医学教育】 2011年，个旧市大力开展继续医学教育，协调医院及乡镇卫生院组织医务人员参加各类医学培训、讲座和学术交流，实现相互学习、资源共享。购买继续医学教育学习卡1312张。全市举办“个旧市农村基层医务人员适宜技术培训”48期，参加培训人员660人次；开展护理继续医学教育11期，参加培训人员900人次；各医疗卫生机构组织职工参加各类业务学习及培训4485人次；参与“医院感染标准”、“肺栓塞的诊治进展”、“云南省院前急救现状与展望”等远程教育6次，参加人数350人次；举办和参加各类医学知识讲座165次；外派学习及学术交流577人次，其中参加国家级培训学习99人次、省级283人次、州级195人次；培训学科带头人42人次；卫生系统医疗卫生单位继续医学教育对象274人，学分验证合格258人，学分达标率94.2%。

安排县级医院骨干人员到三级医院进修学习30人次，其中个旧市人民医院选派12名骨干医师到北京协和医院、上海第九人民医院、南京军区总医院、省第一人民医院、昆医附一和附二院等三级医院进修学习。

【推行基本药物制度】 2011年，个旧市卫生局创新工作方法，认真贯彻实施国家基本药物制度，探索开展非政府办基层医疗机构实施国家基本药物制度试点工作。自2010年12月1日起在基层医疗卫生机构全部配备使用基本药物，并实行零差率销售，同时建立相应的政府补偿机制。通过使用基本药物，市级医院配备和使用基本药物的比例占药品销售金额比例分别为：市人民医院21%、市二院47.3%、市三院57%、市妇幼保健院35.9%、市传染病医院35.7%、市中医医院33.5%。实现了基本药物配备使用全覆盖，医生临床用药更趋合理，切实降低了老百姓的用药负担。

全年乡镇卫生院和社区卫生服务机构门诊量301946人次，占医疗机构门诊总量32.26%，比2010年同期上升1.29个百分点。全年，全市实施基本药物制度的基层医疗卫生机构药品收入1454.4万元,较去年同期下降30.02%。业务收入3159.9万元,较去年同期下降12.1%。药品收入占业务收入比例46.03%，较2010年同期下降18.8个百分点；门急诊次均费用由37.26元降为36.22元，降幅2.79%；门急诊次均药费由20.5元降为16.8元，降幅18.04%；病人住院均次费用由968.79元降为923.50元，降幅4.67%；病人住院次均药费由561.1元降为394.3元，降幅29.7%。全市96家基层医疗机构采购基本药物总价值1407.75万元，药品价格平均下降15%，为群众减少医药开支211.16万元。

【居民健康档案信息】 2011年，个旧市完成居民健康建档27.47万人，其中电子建档22.92万人，按全市常住人口计算电子建档率达50.02 %，已全面完成全市居民健康档案电子建档率50%以上的目标。

【无偿献血】 2011年，个旧市认真贯彻落实《中华人民共和国献血法》，为保障临床用血安全，下发《个旧市人民政府关于安排2011年度公民无偿献血计划指标及献血日期的通知》，并认真组织实施。全年，个旧市无偿献血指标是600人次，计划指标已全部完成，自愿无偿献血率100%。严格执行采供血“三统一”，无自采自用血液等违规现象，未发生用血事故。医院成分输血率100%，市人民医院规范开展自体输血,未发生因血液透析感染事件。

【精神文明建设】 2011年，个旧市卫生局认真树立良好的行业作风，开展精神文明建设，采取一系列措施，使整个系统的行业作风建设不断增强，逐步走向规范化和制度化的轨道。

为了加强对行风工作的组织领导，把行风工作落到实处，个旧市卫生局成立由局长任组长，党委书记、副书记、副局长任副组长的民主评议行风工作领导小组，明确主要领导为行风工作第一责任人，负责对全市卫生系统民主评议行风工作进行监督指导，制定《个旧市卫生局精神文明建设工作计划》《个旧市卫生局行业作风建设工作计划》，定期召开会议研究解决工作中的实际问题，为民主评议行风工作提供了组织保证。通过开展民主评议政风行风工作，进一步促进各医疗单位行风建设，树立卫生行业新形象。

【成立个旧民营医疗机构协会】 2011年，个旧市为创新卫生行业社会管理模式，充分发挥行业自律的作用，于8月25日成立“个旧民营医疗机构协会”。 协会将为民营医疗机构提供服务、反映诉求、规范行为发挥作用；加强行业自律，努力提高服务质量、工作效益和科学管理水平，开展多层次、多渠道、多形式和全方位的经济技术交流与合作；开展法律、政策、技术、管理、市场等咨询服务，组织医疗卫生方面的人才、技术、管理、法规等培训，提高会员单位素质、增强创新能力、改善经营管理；帮助会员单位构建和谐医患关系，协助处理医疗纠纷。民营医疗机构协会有效解决了卫生主管部门因人力、物力、技术支持等方面的不足而出现的对民营医疗机构管理上的困难，为保障人民身体健康和促进全市医疗卫生事业发展作出积极贡献。

（撰稿：徐　聪）

红河州第三人民医院

【高压氧舱投入使用】 2011年，红河州第三人民医院高压氧舱投入使用。高压氧舱的舱体是一个密闭圆筒，通过管道及控制系统把纯氧或净化压缩空气输入，舱外医生通过观察窗和对讲器可与病人联系。

【成功开展首例大C臂颅内动脉瘤血管内介入治疗】 2011年2月19日，红河州第三人民医院为个旧张姓妇女开展首例大C臂颅内动脉瘤血管内介入治疗，9个可脱性弹簧圈顺利植入其颅内

【确立“立足红河、面向滇南、拓展越南”发展战略】 2011年2月25日，红河州第三人民医院第二届职工代表大会第三次会议闭幕。会议抓住桥头堡建设的历史机遇，正式确立“立足红河、面向滇

南、拓展越南”的医院发展战略。

【“巾帼建功”表彰先进】 2011年三八国际劳动妇女节，红河州第三人民医院对“三八先进集体”、“十佳巾帼标兵”以及医院的“五好文明家庭”予以表彰奖励。受表彰的“五好文明家庭”是双文武、赵艳梅户，邵洁、段伟户，陈雪丹、陈彦林户；“三八先进集体”是耳鼻咽喉-头颈外科，中医康复医学科；“十佳巾帼标兵”是叶军、卢波、张艳秋、吴倩娇、王丽洁、曹凤华、张银、余霞、吴娅、梁正菊。

【目标考核荣获红河州卫生系统一等奖】 2011年3月15日，“红河州卫生暨防艾工作会议”对州卫生系统先进集体给予表彰，其中红河州第三人民医院2010年度卫生工作责任目标、艾滋病防治工作责任目标、党风廉政建设责任目标综合考核荣获全州卫生系统一等奖，这是州三院从云锡公司划转地方政府管理以来首次荣获一等奖。

【引进新式体外冲击波碎石机】 2011年，红河州第三人民医院泌尿外科新引进一台HB-ESWL-VG型电磁式碎石机，除禁忌症外，尿路结石均可采用体外冲击波碎石治疗，结石小于2厘米的肾盂内结石最适合碎石治疗，为结石患者的康复创造了更加有利的条件。

【举办“中德—云南红河现代医院管理与发展论坛”】 2011年4月21日，红河州第三人民医院举办“中德—云南红河现代医院管理与发展论坛”，德国伊丽莎白医院院长霍恩博士，德国奥德诺健康学院院长本哈德博士，德国维尔茨堡医院院长霍斯特•普曼博士以及德国医疗透明管理与标准委员会中国中心主任徐洪波教授在论坛上分别进行专题讲座。

【向盈江地震灾区捐款12420元】 2011年，红河州第三人民医院广大医护人员为了支援云南盈江地震灾区开展抗震救灾和灾后恢复重建，纷纷伸出援助之手，截至4月底，累计为盈江地震灾区捐款12420元。

【开展“爱洒军营•情系国防”军地联谊活动】 2011年五四青年节，红河州第三人民医院与驻滇77293部队开展“爱洒军营•情系国防”军地联谊活动，50名“白衣天使”通过参观部队光荣历史、观看官兵军体拳表演和刺杀表演，坚定继承革命传统、弘扬民族精神的信念。

【与老红军岳宗岱共度第99个“国际护士节”】 2011年5月12日，红河州第三人民医院邀请正在住院治疗的、红河州唯一健在的91岁老红军岳宗岱共度第99个“国际护士节”。

【红河电视台到州三院“采风”】 2011年5月19日，红河电视台副台长马绍斌一行，在红河州副州长普绍忠、州卫生局局长田黎明等领导带领下，到红河州第三人民医院“采风”为在建党90周年之际制作播出反映红河州公立医院改革和卫生事业发展的系列专题片作开机前准备。

【中国残联和国资委领导视察医院】 2011年6月4日，红河州第三人民医院接受了来自首都北京中国残联和国资委3位领导以及红河州副州长普绍忠的工作视察。视察中，领导明确希望州三院在今后的工作中将“人性化服务”向残疾人延伸。

【举行“传承红色信念，铭记光辉历程”知识竞赛】 2011年6月14日，红河州第三人民医院举行庆祝建党90周年知识竞赛，院党委所属全部党支部和医院团委均组队参加这次主题为“传承红色信念，铭记光辉历程”的知识竞赛。

【电影《新红河谷》到州三院实景拍摄】 2011年6月11～12日，由中国电影家协会、中共云南省委宣传部、中共红河州委、红河州人民政府、红河州委宣传部以及昆明峨玛文化传播有限公司、红河红苗文化传播有限公司联合摄制的首部云南省少数民族华裔爱国主义彩色影片《新红河谷》到红河州第三人民医院实景拍摄，黑人明星杰盖、香港女星李绮红因剧情需要住进州三院急诊科。

【云南省肿瘤综合治疗中心红河（个旧）基地成立】 2011年6月18日，云南省第一人民医院副院长梅妍与红河州第三人民医院党委书记常润生签订合作协议书，正式成立云南省肿瘤综合治疗中心红河（个旧）基地，用现代先进科技服务人类，造福广大肿瘤患者，推动红河地区肿瘤防治研究工作不断开创崭新局面。

【红河州肿瘤规范诊治培训班在州三院举办】 2011年6月17～19日，红河州第三人民医院举办“2011年红河州肿瘤规范诊治培训班”，邀请中国肿瘤防治的一批权威专家、教授为培训班的100余名学员授课，以期通过同道的聚首切磋、医院的精诚合作，促进和推动红河州肿瘤诊治工作能够在实现规范化、标准化的基础上，达到“因人而异、因病而异”的个体化治疗，让病人不断延续生命，提高生存及生活质量。

【州三院钴60按照国家规范由专门部门运走处理】 2011年6月，红河州第三人民医院停用的钴60按照国家规范管理的要求由专门部门运走处理，同时医院进一步加强对危险物品的管理，成立放射性物品、剧毒物品管理领导小组，健全医用放射性物品、剧毒物品管理制度，未出现放射性物品及剧毒物品泄漏事故。

【举行建党90周年纪念晚会】 2011年6月30日晚，红河州第三人民医院为庆祝中国共产党建党90周年，隆重举行以《唱支赞歌给党听》为主题的文艺演出和创先争优颁奖晚会，唱响“没有共产党就没有新中国”的主旋律。

【后群评为云南省卫生系统优秀共产党员】 2011年，红河州第三人民医院耳鼻咽喉–头颈外科主任后群在云南省卫生厅召开的中国共产党90年华诞庆祝会上，被评为云南省卫生系统优秀共产党员。

【试行“无陪护”病区服务】 2011年7月，红河州第三人民医院在开展“优质护理服务示范工程”的基础上，又在肿瘤放疗科推行“无陪护”病区服务。开展“无陪护”病区服务，核心是“基础护理”、“生活护理”，患者住院无需请人陪护，饮食起居由护士“一肩挑”，护士除了输液、打针、送药等执行医嘱治疗内容外，还包括病人病情观察、生活料理、心理疏导、康复指导等护理工作。

【优质护理先进病区和个人受省卫生厅表彰】 2011年7月初，红河州第三人民医院耳鼻咽喉–头颈外科荣获云南省“优质护理服务示范工程”先进病区称号，耳鼻咽喉–头颈外科王玲、肿瘤内科卢波荣获先进个人称号，受到云南省卫生厅表彰奖励。

【“红河州肿瘤放射治疗中心”成立】 2011年7月初，红河州肿瘤放射治疗中心经云南省卫生厅批复，依托红河州第三人民医院成立。放射治疗是恶性肿瘤治疗的主要手段之一，现已发展成为独立的专业学科，称之为肿瘤放射治疗学。它和肿瘤外科学（手术治疗）、肿瘤内科学（化学治疗）组成恶性肿瘤治疗的主要手段。

【云南省副省长高峰视察州三院】 2011年7月15日，云南省副省长高峰视察红河州第三人民医院，对医院始终坚持“以病人为中心”，把“人性化服务”作为深化公立医院改革的重要内容，从“亲切、便捷、质优”等人文关怀入手，开展优质护理服务示范工程、“创先建功在岗位，争优进取重实绩”主题实践活动、“无陪护病区”活动、将人性化服务向残疾患者延伸活动等，给予了首肯和好评。

【就医流程进一步提升改造】 2011年7月底，红河州第三人民医院门诊大楼一楼南北两个片区的门诊全部完成装修改造，包括扩大候诊区域、增设候诊座椅、完善医院导医咨询系统、实施无障碍卫生间改造等。8月2日，庭院式超声科检查等候区改造完成并通过验收。医院通过设施改造，简化、归并医疗服务项目和程序，进一步优化服务流程，让患者切身享受到人性化服务的高效和便捷。同时，医院还不断探索完善社会化服务的路子与方法，完成洗衣房改造并投入使用，改造效率、洗衣质量均有提升，保障了临床的用物供给。

【州三院编制床位由400张增加到650张】 2011年1～9月，红河州第三人民医院400张编制床位的病床使用率达到146.88%，同比增长30.3%。为进一步发展医院临床业务工作，提升医疗质量管理及优化人员配置，满足群众日益增长的医疗需求，州三院根据《云南省卫生资源配置标准（试行）》和医院实际，在红河州卫生局的大力支持下，并经云南省卫生厅核准，编制床位由400张增加到650张。

【宋卫东荣获全国道德模范提名奖】 2011年10月，红河州第三人民医院中医科退休优秀护士长宋卫东从北京载誉而归。这位将“南丁格尔精神”从医院带到全社会的红河州道德模范，登上了全国道德模范提名奖颁奖台。在此之前，宋卫东已曾获得云南省禁毒先进个人、红河州禁毒先进个人、个旧市社区志愿者工作先进个人、云南省“优秀盟员”、红河州道德模范等殊荣。

【第三次举行DRGs培训】 2011年10月底，红河州第三人民医院邀请北京大学第一附属医院医政处处长焦建军和德国医疗透明管理与标准委员会中国中心主任徐洪波教授，到医院进行DRGs培训，这是年内举行的第三次DRGs培训。6月3日，来自北京的医疗管理专家胡牧到州三院进行DRGs-PPS培训。8月30日，州三院邀请德国医疗透明管理与标准委员会中国中心主任徐洪波教授，为全院中层干部进行DRGs深入培训。DRGs-PPS是疾病诊断相关分组预定额付费制的缩写，是一种被国际上广泛认可的用于医疗保险费用支付方式。

【州三院15项成果被推荐申报科技进步奖】 2011年，红河州第三人民医院上年申报的科技成果有2项荣获州级科技进步奖、7项荣获市级科技进步奖。同年11月3～4日，州三院在示教室举行有史以来，规模最大、项目最多的科技进步奖初评活动，又有15项科技成果推荐申报个旧市科技进步奖，其中10项同时申报红河州科技进步奖。

【州三院举行心血管领域新进展研讨会】 2011年11月11日下午，红河州第三人民医院举行心血管领域新进展研讨会，邀请云南省第一人民医院张宏教授进行《欧洲心脏病学会2011年血脂异常防治指南》专题讲座，邀请昆明医学院第二附属医院张红苗教授进行2010版《中国高血压防治指南要点》专题讲座，就国内外心血管领域的新进展与州三院医护人员进行研讨和交流。

【警民共建构筑平安医院】 2011年11月30日下午，红河州第三人民医院党委书记常润生与个旧市公安局金湖路派出所所长崔金春，共同签署开展警民共建、构筑平安医院协议书。这是树立全面小康社会的共同理想，促进物质文明、精神文明建设协调发展的要求，是社会治安综合治理的要求，是建设“平安医院”活动的要求，也是认真落实《云南省公安厅云南省卫生厅关于印发“处置扰乱医疗机构医疗秩序的群体性治安事件工作方案”的通知》的要求。

【“医务通”进入州三院】 2011年，红河州第三人民医院为保证行政、医疗、后勤等信息传递迅速，及时了解各科室医疗动态，继续加强信息化建设，实施电子病历，并按照上级文件精神，有步骤地建设“医务通”信息平台和系统。11月10日，中国电信红河分公司工作人员对州三院中层以上干部进行“医务通”相关知识推介和培训，“医务通”开始进入医院。

【州三院为绿春县参加新农合的群众体检】 2011年11～12月，红河州第三人民医院组织内科、外科、耳鼻咽喉-头颈外科、口腔科、妇科、儿科、功能科、检验科等医护人员33人，分批到绿春县戈奎、三猛等乡，为参加新农合的中老年人和儿童等累计2324人进行体检，用实际行动贯彻落实群众观点、群众路线、群众利益、群众工作的“四群”教育。

【州三院荣获“全州红十字工作先进集体”称号】 2011年，红河州第三人民医院被红河州红十字会授予“全州红十字工作先进集体”称号。这是对州三院坚定不移履行“人道、博爱、奉献”的红十字崇高使命，努力做到“服务好、质量好、医德好、群众满意”的褒奖。

（撰稿：赵俊峰）

爱国卫生

【简述】 2011年，个旧市爱国卫生运动委员会办公室（以下简称个旧市爱卫办）在市委、市政府的正确领导和省、州爱卫办的具体指导下，以“三个代表”重要思想为指导，认真贯彻落实中共十七大和全国、省、州、市有关爱国卫生工作会议精神，全面落实科学发展观，坚持“政府组织，地方负责，部门协调，群众动手，科学治理，社会监督”的爱国卫生工作方针，按照《国家卫生城市》标准，紧紧围绕爱国卫生工作实际，充分发挥爱卫办的组织、协调作用，调动各委员单位和全市广大人民群众的积极性，不断巩固和发展“国家卫生城市”创建成果。年内，个旧市再次荣获“国家卫生城市”称号，

【全力巩固“国家卫生城市”创建成果】 2011年，个旧市爱卫办为继续保持“国家卫生城市”荣誉称号，做好三年后的复查迎检工作，严格按照《国家卫生城市标准》和《国家卫生城市考核命名和监督管理办法》（2011版），大力开展环境卫生专项整治活动，全心全力巩固“国家卫生城市”创建成果。

一、做好巩固创卫成果的台账整理装订工作。按照《关于做好2010年个旧市巩固“国家卫生城市”资料建档工作的通知》，做好2010年度建档工作。要求各专业组、各部委办局将在创建、巩固“国家卫生城市”成果工作中履行的工作职责和开展的工作情况，建立起相关的工作台账。截止10月，全市共建立个旧市巩固“国家卫生城市”资料2010年度工作台账512本。同时，个旧市爱卫办又于2011年12月下发《关于做好2011年个旧市巩固“国家卫生城市”资料建档工作的通知》，启动新一年工作台账的收集整理工作。

二、迎接省爱卫办对个旧市巩固创卫成果工作进行复核检查。2011年11月11～12日，省爱卫办组织有关专家，根据《国家卫生城市考核命名和监督管理办法（2011版）》，对个旧市巩固“国家卫生城市”成果工作进行检查。为做好迎检工作，市爱卫办充分发挥组织协调作用，精心安排部署，顺利通过了省爱卫办的复核检查。

（一）组织开展环境卫生专项整治活动。接到省爱卫办将到个旧市检查2011年巩固创卫成果工作的通知后，市爱卫办及时制定下发《个旧市爱国卫生运动委员会关于做好2011年巩固创卫成果工作的通知》，将《国家卫生城市考核命名和监督管理办法（2011版）》和《国家卫生城市标准》（2010版）下发给各专业组，要求各专业组认真做好巩固创卫及迎检工作。

（二）召开专业组工作会议，专题安排迎检工作。11月7日，个旧市召开巩固国家卫生城市专业组工作会议，对省爱卫办2011年巩固创卫成果复核检查工作作了安排布置，市人民政府副市长杨龙遇要求各专业组要全面学习《国家卫生城市》新标准，认真对待复检工作，既要抓台账资料，又要抓现场实效，及时整改各组存在的卫生薄弱点，认真履职，确保通过。

（三）召开市巩固国家卫生城市创建成果工作复核汇报会。11月11日下午，中共个旧市委、市政府在市委小礼堂召开个旧市巩固国家卫生城市创建成果工作复核汇报会。市人民政府杨副市长对2011年巩固国家卫生城市创建成果工作情况作专题汇报。个旧市将巩固国家卫生城市成果与创建省级文明城市相结合，在深化思想认识、加快城市基础设施建设、加强综合治理上下工夫、求实效，不断加强宣传、全民动员、强化督察、严格奖惩，进一步开创新时期爱国卫生工作新局面，打造个旧最适宜人居环境。

（四）认真开展实地查看工作。11月11日下午至12日上午，省检查组在个旧市各专业组和相关部门陪同下，分6组对爱国卫生组织管理、单位和居民区卫生、健康教育、市容环境卫生、窗口单位卫生、环境保护、食品卫生、公共场所卫生、饮用水卫生、疾病预防与控制、城区除四害等十一项内容的工作台账和卫生状况进行实地检查。并重点抽查市区部分餐饮点、学校、医院、企业、社区、汽车客运站、公园、城中村、城乡结合部居民区等。

（五）召开市巩固国家卫生城市工作检查意见反馈会。11月12日下午，针对复核检查情况，省检查组在市委小礼堂召开个旧市巩固国家卫生城市工作检查意见反馈会。省检查组副组长李玉勤代表检查组对个旧市2011年巩固国家卫生城市创建成果工作情况进行反馈。从八个方面肯定个旧市2011年巩固国家卫生城市创建成果工作取得的新成绩，针对存在问题对今后的创卫工作提出十点意见建议。市人民政府市长戴劲松强调，全市要以本次检查作为新的起点，按照检查组提出的意见建议，及时组织相关部门认真梳理，分析研究，及时整改，不断加大投入力度，加强管理，加大宣传力度，努力营造整洁卫生、舒适优雅的城乡环境，进一步提高城市管理水平和卫生管理水平，提高全民卫生意识、管理意识、健康意识。

【大力开展群众性爱国卫生运动】 2011年，个旧

市爱卫办结合新春佳节和创建省级文明城市工作，分别制定下发《个旧市爱国卫生运动委员会关于开展春节期间爱国卫生运动的通知》和《个旧市爱国卫生运动委员会关于开展“庆中秋 迎国庆 创省级文明城市”环境卫生整治活动的通知》，在全市城乡范围大力开展全民参与的爱国卫生大清除活动。各级各部门紧紧围绕巩固“国家卫生城市”创建成果工作，彻底清除城乡主次干道、城郊结合部、路边沟渠、集镇街面、小区、村庄的裸露积存垃圾及“四害”孳生地，清理白色污染，清除卫生死角，积极为全市人民创造整洁舒适的人居环境。

【积极部署第23个爱国卫生月活动】 2011年4月，个旧市爱卫办为巩固国家卫生城市成果，进一步提升城乡环境卫生管理水平，按照省、州爱卫会关于开展第23个爱国卫生月活动的工作要求，大力组织各族人民投入到巩固创卫成果的爱国卫生运动中，掀起爱国卫生月活动热潮。

一、明确主题，制定方案认真组织实施。市爱卫办制定《个旧市第二十三个爱国卫生月活动实施方案》，大力开展以“巩固成果，清洁家园，促进健康”为主题，以治理“脏、乱、差”为重点的城乡环境卫生整治活动。积极动员全社会树立大卫生观念，消除生活陋习，提高全民健康素质和城市卫生防病能力，用实际行动打造个旧市最适宜人居和投资的环境，为实现个旧“二次创业”作出应有的贡献。

二、加强领导，及时安排布置爱卫月活动。为加强对爱卫月活动的领导，市爱卫会于4月8日召开会议，就本次爱卫月活动进行专题安排，要求各级各单位加强领导，落实责任，真抓实干，通过爱国卫生月活动，切实解决群众迫切要求解决的与人民群众生活密切相关的热点、难点问题。会后，全市各级各部门积极行动起来，做到组织、人员、经费、任务、责任五落实。在爱卫月期间，全市各级各部门先后召开班子会278次，参加人数9951人，召开群众动员大会310次，参加人数61934人。

三、强化宣传，开展街头宣传教育活动。为充分调动广大市民参与巩固创卫成果的积极性，市爱卫办于4月16日上午组织市工商局、城区办、食药监局、卫生监督所和健康教育所等部门在怀源芳圃开展爱国卫生月宣传教育活动，市人民政府副市长杨龙遇做好表率带头参加。活动散发《个旧市爱卫月宣传知识》《中国公民健康素养要点》《维护劳动者合法权益，促进和谐社会建设》等宣传册8000余份（册），展出巩固“国家卫生城市”展板16块及卫生监督所展板8块。

四、齐抓共管，开展城乡环境卫生整治活动。一是加强市容市貌卫生整治。在整个爱卫月期间，市爱卫会职能部门切实履行职责，对市容市貌进行专项整治；二是强化背街小巷及单位居民区环境卫生整治。在城区办的领导和组织下，全市29个社区齐抓共管，切实抓好背街小巷、居民楼院的卫生管理；三是加强城中村及城郊结合部整治。锡城镇认真组织实施，全力抓好城中村及城乡结合部的卫生整治工作，尤其加强外来出租户比较集中的地区的综合环境整治；四是抓好室内外环境卫生整治工作。全市各级各部门认真做好本单位室内外及责任区的清扫保洁工作，切实做到不留死角。整治卫生死角严格按照产权管理原则、行业管理原则、区域属地原则、职能管理原则落实责任。

五、加强检查督促，开展综合执法检查活动。爱卫月期间，在市人民政府副市长杨龙遇的带领下，市爱卫办组织市城建、市工商、市卫生、市环保等职能部门成立两个综合执法检查组（市容环境卫生综合执法检查组和食品、饮用水、公共场所卫生综合执法检查组），积极开展综合执法检查活动。一是开展市容环境卫生综合执法检查活动，共抽查各类单位30多家；二是对食品、饮用水、公共场所卫生组织综合执法检查，共抽查单位1687个，查处不合格单位7个，销毁不合格食品295公斤。

【组织开展病媒生物防制工作】 2011年，个旧市爱卫办为有效控制虫媒疾病的发生，巩固个旧市“国家卫生城市”和“灭鼠先进城区”、“灭蟑螂先进城区”、“灭蚊先进城区”荣誉成果，先后制定下发《关于在全市开展以“灭鼠、灭蝇、灭蚊、灭蟑螂”为重点的春季病媒生物防制工作的通知》和《关于在我市城乡范围内开展秋冬季“灭鼠防病”工作的通知》，分别于3月和11月在全市城乡范围广泛开展除四害活动。彻底消除鼠类及蟑螂、蚊、蝇滋生地，把“四害”密度控制在不足以危害的程度，最大限度地杜绝鼠传疾病及虫媒传染病的发生和流行。

【积极做好农村改厕项目工作】 2011年，个旧市根据省、州爱卫会的工作安排有改厕任务2000户。据此，市爱卫办认真做好摸底调查工作，并在4月召开的爱卫月工作安排会上，由市人民政府杨龙遇副市长对各乡镇作了安排部署。市爱卫办根据各项目乡镇上报的计划，将2000户农村无害化厕所建设任务分别分配到大屯、鸡街、沙甸、贾沙、蔓耗等五个乡镇。9月6日，个旧市政府在贾沙乡召开2011年重大公共卫生农村改厕项目工作会议，总结2010年农村改厕工作，安排部署2011年重大公共卫生农村改厕项目任务。副市长杨龙遇分别与各项目乡（镇、区）签订改厕目标责任书，各项目实施乡（镇、区）严格按照《个旧市人民政府办公室关于印发个旧市2011年重大公共卫生服务项目农村改厕与环境卫生监测项目实施方案的通知》，积极开展好农村改厕工作。截止10月31日，全市2000户改厕工作任务圆满完成。

【对全市城乡环境卫生整治工作进行检查考评】 2011年4月28日，个旧市人民政府在三楼会议厅召开个旧市2011年城乡环境卫生整治检查考评工作安排会，对全市城乡环境卫生整治检查考评工作进行安排部署。会后，由市爱卫办、卫生局、建设局、工商局、交通局、城区办、疾控中心、市卫监所等部门的工作人员组成四个检查考评组，在市级领导的带领下，分赴市区及各乡（镇、区），对个旧市区和各乡（镇、区）的环境卫生进行检查考评。经检查，各乡(镇、区)均高度重视环境卫生整治工作。一是建立机构，加强领导。成立城乡环境卫生整治工作领导小组，下设办室，从有关部门抽调工作人员，负责环境卫生整治日常组织协调工作，各村也成立了相应的领导机构。二是明确职责，落实任务。各乡（镇、区）卫生整治工作实行分工负责制，明确职责，按照《个旧市城乡环境卫生检查考评办法及标准》的内容和要求，层层签订环境卫生整治目标责任书，全市十乡（镇、区）环境卫生整治做到职责明确，任务落实。三是齐抓共管，全面整治。各乡（镇、区）、行政村和自然村以改善镇容镇貌、村容村貌，提升公共场所、单位和家庭的卫生水平为目标，以有效消除“脏、乱、差”现象为重点，迅速行动，全面开展声势浩大的城乡环境卫生整治活动。四是按照标准，严格考评。各乡（镇、区）依据《个旧市城乡环境卫生检查考评办法及标准》将检查内容细化，明确评价依据，并制定严明的检查、督察、评比等工作制度。针对乡（镇、区）在环境卫生检查考评工作中取得的成绩和存在的问题，市爱卫办及时形成《个旧市爱国卫生运动委员会关于对全市城乡环境卫生整治工作检查考评情况的通报》下发相关单位。

【积极参与创建省级文明城市工作】 2011年，个旧市爱卫办按照市委、市政府的工作安排，把“创卫”成果与争创省级文明城市工作紧密结合起来，在全市范围内广泛开展城乡环境卫生综合整治活动，动员全市人民为争创省级文明城市积极行动，确保创建工作顺利开展。一是按照市创建办的工作安排，严格对照《2011年云南省文明城市测评体系》，认真落实工作，按时上报相关材料。二是及时安排部署，结合工作实际，积极组织全市人民在中秋国庆两节期间大力开展环境卫生整治活动，继续巩固“国家卫生城市”荣誉成果，为争创省级文明城市的工作目标努力。三是认真做好宣传工作，悬挂“创建省级文明城市 共享幸福美好生活”等宣传标语，营造良好的创建氛围。四是加强卫生督促检查工作。根据市创建办的工作安排，结合自身工作职责，加强对全市环境卫生的督促检查和指导。自9月初以来，爱卫办积极深入各乡镇（区）、市区检查督促指导卫生工作，重点检查大街小巷、背街小巷、农贸市场、城乡结合部、城中村及乡镇、村庄等脏乱差地段，对不符合要求的限期整改，为争创省级文明城市打造健康、文明、卫生的人居环境。

【继续开展农村卫生示范村建设】 2011年，个旧市爱卫办在全市已创建省级卫生乡镇2个、省级卫生村1个、州级卫生乡镇1个、州级卫生村5个和市级卫生村9个的基础上，坚持“成熟一个、申报一个、合格一个、命名一个”的原则，继续深入推进农村卫生示范村建设工作。各乡（镇、区）严格按照《个旧市卫生村检查评比标准及考核管理办法》（试行）和《个旧市农村卫生示范村建设台账》的要求，深入推进创建工作。

（撰稿：吴　桃）

文化·体育·广播电视·报纸

2011年6月14日，个旧市文物管理所在中国文物保护基金会主办的第四届“薪火相传——中国文化遗产保护年度杰出人物”颁奖典礼上荣获“中国文化遗产保护杰出团队”荣誉称号，此为云南省唯一获此殊荣的单位　（陈俊　摄）

文　化

【简述】 2011年，个旧市文化体育和广播电视局在市委、市政府的正确领导下，在省、州文化局的帮助指导下，以“三个代表”重要思想为指导，深入践行科学发展观，紧紧围绕市委、政府的中心工作，认真贯彻落实中共十七届五、六中全会精神，以观念创新、思想创新、工作创新为先导，以发展文化事业为目的，以服务于广大人民群众精神健康为宗旨，携手并肩，勤奋工作，全市文化工作取得长足进步。

【市庆60周年系列活动】 2011年1月1日，个旧市举办第三届锡文化旅游节暨市庆60周年系列活动。本着“喜庆、隆重、简朴、热烈和群众喜欢，参与性强”的原则，按照市委、市政府和市庆活动组委会的安排部署，市文化体育和广播电视局成功主办和协办《锡山如画》迎宾晚会、《锡都古韵》青铜文物展、《锡都印记》书画摄影展、《锡都京韵》全国京剧票友联谊演唱周活动、动力伞飞行表演、祭碳活动、《锡都如歌》千人歌会等7项重大文体系列活动。系列活动以“世界锡都，精品城市，滑翔天堂”为主题，大力弘扬千年锡文化和历史悠久的青铜文明，向世界展示锡都个旧60年来的巨大变化和辉煌成就。市文化体育和广播电视局全体干部职工夜以继日地工作，用有序高效的组织和辛勤的汗水，换来市庆各项系列文体活动的安全、圆满，得到领导、来宾的充分肯定和广大市民的高度赞誉。

【舞台表演艺术】 2011年，个旧市歌舞团编创30余个节目参加各级文艺汇演、展演和调演，取得可喜成绩。5月，参加云南省第十一届新剧（节）目展演，音诗画《锡山如画》获歌舞、音乐、杂技类银奖，音乐创作三等奖，服装设计三等奖，舞台美术三等奖，2人获个人表演三等奖；8月，参加红河州庆祝建党90周年文艺汇演，晚会《永恒的旋律》获综合三等奖，舞蹈《妈妈教我一支歌》获创作二等奖，舞蹈《红色组舞》获集体表演二等奖，2人分获个人表演一、二等奖，3人获个人表演三等奖；9月，参加红河州敬老节文艺调演，晚会《锡都晚霞情更浓》获综合二等奖，舞蹈《接班》获优秀创作奖，舞蹈《父亲》、小品《婆媳之间》获优秀表演奖；10月，市歌舞团青年歌唱演员参加云南省第四届青年歌手电视大奖赛红河选拔赛，1人获得民族唱法金奖，1人获得通俗唱法银奖。

【全国第十一届中老年艺术节】 2011年6月，个旧市主办“夕阳秀”走进个旧向党献礼暨全国第十一届中老年艺术节大赛。通过选拔，全市有5支文艺团队参加大赛。6月13日，来自北京、广东、安徽、湖南、内蒙古、贵州、四川、云南等全国8个省市的11支文艺团队200余人参加艺术节活动，隆重热烈的迎宾晚宴，喜庆的迎宾文艺晚会《锡都欢迎你们来》，使历时3天的艺术节精彩纷呈。全国著名音乐艺术家糜若如、舞蹈艺术家罗星芳和文化部原艺术司司长范崇燕等担任评委。经评审，市文化体育和广播电视局组织参赛的5个节目获金奖，1个节目获最佳风采奖。艺术节活动被各地新闻媒体广泛宣传报道，有效地向全国推介了红河，宣扬了锡都，获得了广泛好评，取得了圆满成功。

【文化惠民工程】 2011年，个旧市文化体育和广播电视局积极组织系列活动，开展文化惠民工程。三下乡活动：1月16～25日，市文化体育和广播电视局统一组织锡都图书馆、锡都博物馆、歌舞团、群艺馆、农村电影管理站等局属基层单位，前往大屯、鸡街、蔓耗、老厂、贾沙等乡镇开展文化“三下乡”活动。活动共演出6场、散发宣传资料4000份、制作30块宣传展板展出6次、免费书写春联600多对、展阅书刊600册、赠送科技书籍和少儿读物各400册、放映科教片和防火宣传片及故事片等影片13场。同时，市文化体育和广播电视局还积极配合省文化厅滇剧院“大篷车”慰问团到大屯、鸡街、城区办演出3场。活动直接受益群众和观众10万余人次。春节系列活动：分别在金湖文化广场、金湖环湖道、锡都博物馆展厅、工人文化宫等地开展文艺演出、摄影书画展、游园、灯谜竞猜、礼花燃放、音乐喷泉、水幕电影等18项系列文体活动。参加演出的演职人员800余人次，观众人数累计15万人次。元宵节活动：市文化体育和广播电视局组织的元宵节文化活动在云庙广场举行，娱乐公司、群艺馆、艺术团、武术协会、歌舞团等5家艺术团体，为广大观众表演了歌舞、武术等民族文化传统节目。演出完毕后，人们又到云庙参加元宵节书画笔会、猜灯谜活动和书画展。参加元宵节活动的人数2万人次。建党节活动：成功举办“颂歌献给党”经典歌曲演唱会。全市精选9支合唱队参加演出，共演唱各个历史时期的经典歌曲18首，60人乐队现场伴奏，演员激情满怀，观众热情高涨，台上台下互动热烈，演出效果观众叫绝，令人振奋。市文化体育和广播电视局还先后组织举办了元旦、三八、清明、五一、五四、八一、九九、端午、中秋、国庆、州庆、市庆等12个重大节庆日的文化活动48项。

个旧市群艺馆坚持面向基层，面向群众，组织书法、美术、摄影、非遗等展览，全年共展出80余场。派出优秀文艺辅导老师深入乡镇每人每年30天以上培训农村文艺骨干，全市形成10个基层文化辅导点和2000多支业余文艺队，组织3个馆办文艺团队演出10余场次；锡都图书馆所有借阅、阅览项目对读者免费开放服务，年接待读者2万人次以上；积极实施信息资源共享工程，建设农民网培学校和农家书屋，引导少儿和残疾人读书学习；锡都博物馆积极开展文物保护宣传，免费为群众进行文物鉴定服务，举办以图片、文字、实物相结合的宣传教育活动，开展“海洋生物科普展”、“太空科普展”、“锡文化及青铜文物展”、“个碧石铁路历史陈列展”等展览，全年免费接待社会观众10万余人次；歌舞团全年完成新创节目33个，深入乡镇、农村、厂矿、学校、部队等演出100场，观众12万余人次；农村电影发行放映管理站实施“2131工程”送电影下乡，全年出动车辆400余台次，出动人员1850人次，行程2万多公里，深入农村、社区、厂矿、企业、部队、学校等放映公益电影1094场，观众15.4万余人次。

【文化体制改革】 2011年，个旧市实施文化体制改革，市文化体育局和市广播电视局合并为个旧市文化体育和广播电视局，制定新的“三定方案”，设置科室10个，明确工作职责。新机构和各基层单位都建立健全了相应的工作制度和岗位责任制。市文化体育和广播电视局各个科室、部门和直属单位实现了真正的人、财、物合并，全体干部职工团结协作，真抓实干，各项工作步入正轨，有序推进，得到州、市有关领导的高度肯定和赞扬。图书馆、博物馆、群艺馆、歌舞团等公益性文化单位，积极实施内部三项制度改革，认真研究、制定和推行内部绩效工资制度，成立奖励性绩效工资考核小组，坚持按劳分配、多劳多得、优劳优酬、统筹兼顾的分配方式，奖勤罚懒，奖优罚劣，促进本单位各项工作任务的全面完成。10月18日，中共十七届六中全会作出中共中央关于深化文化体制改革，推动社会主义文化大发展大繁荣若干重大问题的决定后，市文化体育和广播电视局在第一时间迅速召开全局干部职工大会，积极学习、宣传、贯彻、落实，并主动配合州委宣传部、市委宣传部开展调研工作。局长严国明在市委理论中心学习组会议上，提出对个旧市贯彻落实中共十七届六中全会精神，推进个旧市新一轮文化体制改革的初步设想，得到与会领导的高度重视和充分肯定。市文化体育和广播电视局已初步完成个旧市新一轮文化体制改革方案的制订，并于11月底上报上级有关部门。

【文化设施建设】 2011年，个旧市继续推进文化设施建设。老厂、鸡街、锡城3个文化站建设工程顺利完工，正在着手购买设施设备；保和乡文化站首批建设资金15万元已到位，正在积极争取落实配套资金，促成早日动工建设；金湖西社区、杨家寨村委会文化室首批建设资金各3万元已到位，待配套资金落实后即开工建设；积极向上级争取为全市15个农村文艺队配备专用设备，已配发4个农村文艺队，每个文艺队专用设备价值3万元，其他11个队已经列入计划，年底或明年初即可配发到位；建设8个村级文化体育活动广场，其中7个已完工并投入使用，满足了农民群众日益增长的精神文化生活和体育健身需求；稳步推进“两馆”后续建设，提升“两馆”发展空间。锡都图书馆、锡都博物馆工程已进入二次装修收尾阶段，消防和总体工程通过初步验收，“两馆”开馆运行方案经专家、领导和专业人员的反复论证、修改，已上报市委市政府，待批准执行；文化信息资源共享工程正向乡镇全面覆盖，已延伸到全市60个村委会，安装配发电脑60台，建成60个村级基层服务点、2个社区服务点，并完成对170名新农村指导员和大学生村官“全国信息资源共享工程”配套使用方法的业务培训；锡都图书馆购买使用ILASSⅢ系统，配置电脑35台，设立集电子阅览、农民网培学校、文化信息资源共享为一体的综合性电子阅览室，实现纸质文献与数字化信息服务的资源互补，标志着从纸质文献服务迈向数字化服务，成为全省首家使用该系统的单位。锡都图书馆全年订阅报纸102种37230份，杂志255种3060份，接待读者22285人次，整理、登记、上下架报纸杂志66855册次；个旧市信息资源共享工程支中心、“个旧市科普教育基地”正常运作，积极利用技术部的硬件设施，为市民作二次教育。积极配合全市各部门、乡镇举办各种科技、文化培训班7期，提供音响、科教片和影视作品等软、硬件设施服务30次；年内完成45个农家书屋建设工作（其中农村28个、街道社区17个），选配农家书屋管理员，投入20万元购买书架110组配发到位并组装完毕。全市农家书屋建设总量达86个，覆盖了全市80%的行政村和50%的社区。9月9日，个旧市文化体育和广播电视局举办第一期“农家书屋”管理员培训班，对45个农家书屋管理员及各乡镇文化站工作人员共计60余人，进行图书分类、登记和上架的相关知识培训；积极协助新华书店在鸡街镇筹建个旧市第一个“农家书屋”代销点，解决“农家书屋”经费不足难题，增强书屋自身造血功能，也是对书屋可持续发展进行的积极有益的探索。

【文物保护利用】 2011年，个旧市投入130余万元，对文物保护单位沙甸西营栅子门、宝丰隆进行抢救性修缮，对宝华山寺“观音殿、三清殿”进行维修初评，提出整改意见。完成第三次全国文物普查实地调查工作，对个碧石铁路沿线的隧道、桥梁、车站等文物点调查工作进行查缺补漏，调查登记不可移动文物235处，其中新发现211处，复查24处。实地调查全市城区、乡镇36个社区和79村委会的495个自然村，到达率和覆盖率均为100%。个旧市文物管理所被评为云南省唯一一家“第四届薪火相传—中国文化遗产保护杰出团体”。8月30日，省级非物质文化遗产个旧市锡器制作传习馆隆重开馆，是云南省唯一一个锡器制作传习馆。个旧市斑锡工艺美术有限公司总经理赖庆国和红河和昇实业有限公司总经理程林被确定为省级非物传承人。

【扫黄打非】 2011年11月，个旧市文化体育和广播电视局新闻出版科、市文化市场综合执法大队和市“扫黄打非”领导小组办公室，积极开展创建文明卫生城市、校园周边环境整治、净化社会文化环境、保护知识产权、打击假冒伪劣商品、打击淫秽色情出版物和有害信息、打击盗版工具书、整治赌博游戏、暑期文化市场整治、学生高中考环境整治等9项重点工作和专项行动，共出动车辆80余辆次、人员300多人次，圆满地完成各专项整治任务。为配合创建省级文明城市，市文化体育和广播电视局和下属各基层单位投入大量人力物力财力，召开1000名经营业主参加创建省级文明城市动员大会，分类培训3次，发放宣传资料1150余张，为创建省级文明城市做出了积极的贡献。年内，市文化体育和广播电视局出动车辆300余辆次、人员800多人次开展市场日常监管工作，排查网吧、电子游戏、歌舞娱乐、演艺吧、茶室、音像制品、书报刊、印刷、打字复印等经营户1600多户次，取缔无证经营场所13个，收缴盗版和色情淫秽光碟3.3万余片、图书1.2万余册。全市城乡已有效遏制了无证非法经营行为，文化新闻出版市场正逐步走向规范管理、合法经营、繁荣发展的轨道。

4月22日世界知识产权日，市文化体育和广播电视局在金湖文化广场举行集中销毁非法出版物活动。销毁侵权盗版制品2.5万余片，非法出版图书5263余册，淫秽音像制品4200余片，严厉地打击了盗版制品的制售行为，提高了广大人民群众对知识产权保护的意识。

（撰稿：何　波）

体　育

【简述】 2011年，个旧市文化体育和广播电视局在市委、市政府的正确领导下，在省、州体育局的指导和关心下，认真贯彻落实科学发展观，以不断提高人民群众健康素质为目标，紧紧围绕市委、市政府的中心工作，认真落实《全民健身条例》《全民健身计划》，以群众体育为重点，大力构建群众体育服务体系，以增强人民体质为出发点，坚持体育为人民服务、为经济建设服务的方针，制定《个旧市“十二五”体育发展规划》《个旧市全民健身实施计划2010-2015年》《个旧市参加上一级体育比赛奖励制度》等一系列政策和办法，进一步促进群众体育活动蓬勃开展、竞技体育水平不断提高、电脑体育彩票销售大幅增加，实现社会体育与竞技体育协调发展、相互促进的目的，全市体育工作更上新台阶。

【认真贯彻落实《全民健身条例》和《全民健身计划2011-2015年》】 2011年，个旧市文化体育和广播电视局为认真贯彻落实《全民健身条例》和《全民健身计划2011-2015年》，认真起草《个旧市全民健身实施计划2011-2015年》并召开听证会，出台《个旧市全民健身实施计划2011-2015年》，完善全民健身体育工作机构，制定目标、任务、工作方针，同时还出台《个旧市文化体育局关于参加上级体育比赛奖励制度》。两个制度的建立有效地促进了全民健身活动的深入发展。

【群众体育】 2011年，个旧市文化体育和广播电视局继续推动群众体育蓬勃发展。一、节假日群众体育开展丰富，全民健身氛围良好。为庆祝个旧市建市60周年，市文化体育和广播电视局认真做好市庆滑翔机动伞飞行表演的相关工作。1月1日，来自昆明航空协会的10架动力伞准时进行飞行表演，表演精彩成功；1月1～2日，组织“庆市庆，迎新年”红河州羽毛球邀请赛，来自红河州各县市的60多支球队参加比赛；2月4日，进行第三十四届春节环城赛跑，各社区、市羽协、风筝协会、市残疾人体育协会、红河州边防支队等30多家单位共1600多人参加；元宵节，组织个旧市武术协会太极表演队参与个旧市元宵节文体表演活动；6月25日，市游泳协会在建水黄龙寺举行“庆祝建党90周年”系列活动；7月2日，市羽毛球协会在市供电局体育馆举行“庆祝建党90周年羽毛球比赛”；8月8日第三个“全民健身日”，在金湖文化广场举行“全民健身日”体育展示大会，健身操展演也于当天下午在市体育馆举行；9月6日，中秋佳节之际，市文化体育和广播电视局协助市残联做好庆中秋、残疾人文体活动。

二、积极协助有关单位办好各级、各系统运动会。2011年3月27日，红河州民政系统运动会在石屏县举行，比赛项目有篮球、乒乓球、象棋、双扣等4个项目，市民政局积极组队参加。应市民政局邀请，市文化体育和广播电视局选派篮球教练对其球队进行指导；“2011年肯德基全国青少年三人篮球冠军挑战赛”于10月15日在个旧市308队社区举行，此次比赛由中国篮球协会和肯德基主办，市文化体育和广播电视局、市肯德基店承办个旧分赛区比赛，比赛共有12支队伍参加。经过两天66场紧张激烈的比赛，“小清新”队摘取冠军桂冠；11月13～15日，红河州工会系统运动会在个旧市举行，市文化体育和广播电视局积极协助市总工会做好竞赛组织和裁判工作；6月10日，市文化体育和广播电视局选派市少体校篮球教练指导房产处男、女篮球队训练，并参加由市住房和城乡建设局举办的运动会；6月22日，协助工人文化宫举行“中国体育彩票‘体彩顶呱刮、三人篮球赛、挑战投篮王’活动”；8月，红河州残联系统职工运动会在弥勒县举行，市文化体育和广播电视局派教练到市残联带队，获得较好的比赛成绩；指导个旧市网球协会组织“乍甸乳业杯”网球比赛；帮助个旧市城区办策划首届社区运动会；协助云锡公司策划云锡公司第二届职工运动会。

三、辅导和引导基层体育活动健康发展。市文化体育和广播电视局辅助大屯镇、鸡街镇先后组织春节系列体育活动（含大屯山地越野摩托车表演）；4月21日至5月30日指导沙甸区举行“大通•青牛杯”篮球赛，有20支队伍参加，球赛场面热烈，为全市社会主义新农村体育建设作了积极贡献；5月14日，指导卡房镇大黑山举行“土豆杯”男篮邀请赛；7月6日，指导沙甸区在青牛体育场举行第十三届“大通青牛杯”足球赛。

四、协会管理工作。个旧市有单项体育协会组织22个，年内又新增“锡都”越野摩托车队协会，全市体育组织逐步形成网络。市文化体育和广播电视局一直以“政府领导、协会运作、全民参与”的体育工作思路，切实加强各级体育组织的建设，完善体育协会组织。切实加强对协会的管理，要求体育协会依法登记，依法活动，在政策上给予引导，在业务上给予指导，在经费上给予扶持，每年拨给每个体育协会活动经费2300元，充分调动了协会的工作积极性。年内对市体育舞蹈协会、信鸽协会班子进行换届选举，22个协会活动正常，营造了天天有锻炼、月月有竞赛的全民健身氛围，体育协会已经成为全市体育工作的重要支柱。个旧市武术协会大屯分会组织成立一周年庆祝活动，州武术协会会长到场祝贺，并进行武术表演。4月24日，市信鸽协会在茶桑果站举行2011年春季赛“开源杯”特比环优胜鸽拍卖会，对比赛获得冠、亚、季军及获得名次的信鸽进行竞拍。5月1日，个旧市舞蹈协会参加“云南•蒙自国际标准舞积分赛暨红河州国际标准舞锦标赛”，比赛中成绩优异，获得第一名10个、第二名13个、第三名8个的好成绩。6月25日，市游泳协会在建水黄龙寺举行“庆祝建党90周年活动”。7月2日，市羽毛球协会在市供电局体育馆举行“庆祝建党90周年羽毛球比赛”。7月26日，个旧市体育总会“锡都”越野摩托车队在大屯镇成立。9月4日，游泳协会应台湾邀请，到日月潭参加2011年国际泳渡日月潭活动，参赛的28人中有25人经过近5小时的艰苦努力，游完全程，获得大会颁发的证书，为促进两岸交流作出了贡献。10月19日，“红河杯”全州老年桥牌比赛在个旧市举行。

五、加强裁判员、社会体育指导员的管理、培训工作。2011年，市文化体育和广播电视局举办各类培训班，加大对教练员培训和管理的力度；建立健全一、二级裁判员数据库，定期举办各项裁判培训班，推荐优秀裁判员参加国家级、省级举办的裁判员培训班；选派社会体育指导员6人到省、州进行培训，向上一级体育部门申报4个二级武术社会体育指导员、2个体育舞蹈社会体育指导员，为指导和组织体育活动提供有力保障。

六、个旧市文化体育和广播电视局被国家体育总局评为2011年全国群众体育先进单位。

【体育基础设施建设、维护、管理】 2011年，个旧市文化体育和广播电视局继续做好体育基础设施建设、维护、管理工作。一、积极按照上级要求做好基础设施建设。按照省体育局“七彩云南全民健身基础设施工程建设项目”要求，市文化体育和广播电视局多次专门开会研究，认真做好个旧市体育场地调查、项目规划、项目申报和项目实施工作。年内，各乡镇、社区先后得到上级部门体育基础设施建设资金93万元。组织村民和社区居民投工投劳，争取体彩公益金支持20多万元，在乡镇和社区新建标准篮球场15块、基础健身路径8条。二、加强基础设施日常维护和管理。在积极推进全民健身基础设施建设的同时，积极做好已建项目的日常维护和管理 。6月22日，市文化体育和广播电视局到贾沙乡陡岩村委会检查文体广场建设情况,在短短的三个月时间，先后跑了贾沙、保和、鸡街、蔓耗、老厂、大屯、沙甸、卡房、锡城等9个乡镇的20多个村寨，推进农村体育基础设施和文体广场的日常维护和管理。市体育馆做好场地日常维护和热情服务，对漏雨屋顶进行全面整修，积极主办和协助举办全市各项体育活动。全年协助培训各类体育学员300余人，配合社会各界举办各类体育比赛活动和提供场地服务30多项3000多人次，观众达8万多人次，确保了各项体育比赛活动的安全成功举办。

【加强队伍建设，培养体育后备人才】 2011年，个旧市文化体育和广播电视局继续加强队伍建设，培养体育后备人才。一、认真抓好少体校工作。7月1日，市少体校举办篮球、游泳暑假培训班，有50多名学员参加培训。8月3日，市少体校组队参加省青少年武术散打锦标赛。二、把握重点，备战省七运会。2011年，为做好云南省第七届城市运动会的预赛工作，市文化体育和广播电视局按照上级要求，精心策划，认真组队，刻苦训练，顽强拼搏，圆满地完成田径、游泳、网球、武术、体操等5个项目的预赛，并取得7金、6银、5铜的好成绩，顺利完成市委政府交给的任务。三、积极探索体育训练网点建设，向上级体育训练部门输送体育人才。市少体校积极与培训机构交流合作，培训特长运动员，并输送到上一级训练部门，年内又输送6名武术运动员到州奥体中心。

【做好体育彩票宣传销售工作】 2011年，个旧市文化体育和广播电视局经过精心组织，加大体育彩票宣传和销售力度。全市体育彩票销售量进一步提升，全年体育彩票销售3120万元。6月22日下午，市工人文化宫举行“中国体育彩票‘体彩顶呱刮、三人篮球赛、挑战投篮王’活动”。在活动现场，市民踊跃购买体育彩票，主持人组织有奖体育彩票知识问答，进行三人篮球赛表演和投篮比赛，将活动气氛推向高潮，有效地推进了体彩宣传销售工作。

（撰稿：苏明学）

广播电视

【简述】 2011年，个旧市文化体育和广播电视局在市委、市政府和州广播电视局的正确领导下，认真学习贯彻十七届五中、六中全会精神，始终坚持三贴近原则，内外宣传工作相互配合，相互促进，保持平稳的宣传基调，为全市经济社会持续健康发展营造良好的舆论氛围。抓好制度落实，保证安全播出，实现全年零事故。年内，个旧电视台播出新闻3000余条，专题148部，较好地反映了全市经济社会发展的面貌。截止9月30日，在红河电视台播出新闻355条，专题片9部；在云南台播出新闻49条，专题1部。在州级作品评比中，个旧电视台关于“校门口小彩票”的系列报道获得新闻类一等奖，专题《海地维和的日子》获得专题类一等奖，主持人林琳和张金燕分获电视及广播主持类一等奖，其他多件作品获得各类别二等奖。

【广播电视宣传】 2011年，个旧市文化体育和广播电视局继续发挥广播电视的宣传作用，始终紧跟市委、市政府的中心工作，切实加强领导，精心组织，围绕中心，服务大局，唱响主旋律，打好主动战，为推动全市经济社会发展努力创造良好的舆论环境。

个旧电视台和广播电台根据任务和形势的需要，采用系列报道、专题报道、电视访谈、电视讲话等多种形式，圆满完成中央、省、州、市各级“两会”及防汛抗旱等重要活动的宣传报道工作。《每日新闻》紧密结合全市开展的干部作风建设和创先争优、民主评议行风、效能政府等主题教育活动，突出以加快发展为主题，先后开设“建党90周年”、“学习杨善洲”、“城镇居民社会养老保险”、“科技创新在基层”、“农业基础设施建设”、“创先争优”、“创建学习型党组织”、“二次创业”、“四位一体”以及“资源型城市转型发展”等专题栏目，播出新闻2000余条。《锡都早晨》《我家个旧》等栏目制作专题124余期。通过这些栏目，向广大观众展现个旧市科学发展取得的新成就、新业绩，从而鼓舞和坚定全市人民干事创业的斗志。

按照“内外有别”和外宣“三贴近”的要求，积极加强与中央、省、州的联络报道，充分反映个旧市经济社会平稳较快发展的良好局面，为全面推进全市政治经济文化建设工作提供强有力的舆论支持。8月，参加云南省广播电视学会举办的“云南广播电视奖县（市）优秀广播电视节目评选”，电视新闻、专题节目取得该类别一、二等奖，第一次参加评选的广播节目《可乐村》获得一等奖。在州级作品评比中也获得骄人的成绩。在红河州广播电视系统技术技能主持人比赛中，1人获得一等奖、2人获得二等奖。全年在中央电视台播出新闻1条，专题片2部；在云南电视台播出新闻91条，专题1部；在红河电视台播出新闻497条，专题片15部。

个旧人民广播电台的开办，充分展现了锡都个旧精品城市的魅力，它与电视媒体立体互补，丰富广大市民精神文化生活。3月19日，“金湖之声周年庆暨首届听友见面会”隆重举行，活动吸引了众多听友的热情参与，取得圆满成功。人民广播电台的声音，传遍了锡都大地，家喻户晓。

【“村村通”工程】 2011年，个旧市文化体育和广播电视局配合省广播电视“村村通”工程领导小组，完成对全市“村村通”工程建设的检查、考核、验收工作；完成用户信息档案资料的整理归档等扫尾工作；建立和完善运行维护管理新办法，制定长效管理机制，成立运行维护机构，配备专业维修人员，确保“村村通”工程长期通、优质通；认真做好盲点村、返盲村情况统计和数据整理工作，积极申请新建设项目，解决了全市20户以上自然村工程中遗留的“村少户多”、设备不够分的问题，完成了20户以下自然村共11891户直播卫星覆盖建设工作计划的上报，待省、州批复后即可组织实施；组织完成全市库区、移民区广播电视覆盖情况的调查、汇总及上报工作，为下一步工作提供了翔实的数据支持。与网络公司密切配合，制定农村整转的工作方案，加快农村有线数字电视整转步伐，有力地促进了全市广播电视数字化工作的开展，得到上级领导的充分肯定。年末，个旧市广播、电视人口覆盖率达到99.45%和97.61%，比上年分别增长0.06%和0.56%。

年内，个旧市文化体育和广播电视局投入大量人力物力财力，继续做好无线覆盖后续工程的安装及维护维修工作，完成省州的无线转播任务，扩大广播电视对个旧市南部山区群众的覆盖面，提高广播电视的转播信号质量，进一步提升个旧市广播电视的发展空间。为确保全市农村广播电视“小片网”、“中频分配网”和“直播卫星覆盖”等村村通工程的正常运行和维护管理，工程技术人员定期不定期地深入工程建设站点，检修设备、排除故障，有效地控制了“村村通”工程返盲率，最大限度地保障和发挥了广播电视“村村通”设施的功能作用。全年，工程技术人员下农村检修“村村通”工程120余个工作日，维修广播电视设备200余台次，较好地完成了全市农村广播电视设施的维护、维修工作，保持了村村通设备97%的完好率，有效地保证了农村偏远山区群众看好电视和听好广播。

【安全播出】 2011年，个旧市文化体育和广播电视局切实加强对《卫星电视广播地面接收设施管理条例》《广播电视管理条例》《信息网络传播视听节目管理暂行条例》《行政许可法》等法律、条例的对外宣传和学习培训，管理工作深入人心。工作人员依法办事，文明执法，做到统筹协调，各负其责，属地管理，综合治理，标本兼治。6月，会同有关部门依法严厉查处非法网站和卫星电视地面接收设施，执法人员对市区重点街道沿线10余家家电门市进行拉网式排查，共查获销售非法卫星电视地面接收机46台、高频头21个、卫星天线1面，对轻微违规的业主进行批评教育，对严重违法经营的业主进行行政处罚。

年内，个旧市文化体育和广播电视局结合实际，突出重点，召开专题学习会，充分利用各种会议以会代训，学习《关于审理破坏广播电视设施等刑事案件具体应用法律若干问题的解释》《刑法》第124条司法解释、《治安管理处罚法》《广播电视设施保护条例》《全民消防安全宣传教育纲要》（2011-2015）、《音像制品管理条例》《娱乐场所管理条例》《文体市场管理条例》等法律法规，确保广播电视安全播出；利用宣传栏张贴交通安全、安全生产、消防安全、保密法等宣传标语12条；组织3月综治维稳宣传月活动、“个旧市打击侵犯知识产权和制售假冒伪劣商品专项行动暨3·15消费者权益日宣传活动”、“6.26”国际禁毒日、“安全生产月”和“12.4”全国法制宣传日宣传活动，协同有关部门开展法律咨询。通过学习和开展各项活动，营造良好的普法宣传氛围，提高全局干部职工依法行政的能力和水平。

【电影事业】 2011年，个旧市文化体育和广播电视局根据市委、市政府提出的个旧必须建一座现代化的先进影视文化娱乐中心的要求，以改造原红旗电影院为突破口，制定影视娱乐文化中心的经营发展方案。个旧市锡都文化有限公司以土地置换的方式与开发商合作，将原红旗电影院拆除，重建建筑面积为3000平方米的电影城，已于2011年8月底竣工交付使用。锡都文化有限公司通过市场运作方式，与升辉传媒有限公司签订联合经营协议，投资1200万元精心打造个旧“中影红旗国际影城”。个旧中影红旗国际影城地处个旧市金湖西路，交通便利，多条公交线路可直接抵达。影城使用面积1350平米，装修格调别致高雅，依照当前最新国际现代影院标准设计施工，高起坡、低视角、宽银幕、大排距，配置最先进的数码立体声放映设备，预计2012年元月初正式营业，具备接待高等级商务峰会和承办影片首映式的能力，将成为红河州乃至滇东南影视文化中不可缺少的一道亮丽风景。

一年来，个旧市文化体育和广播电视局认真开展“送电影下乡活动”，到全市9个乡镇的100个村寨，放映科教片《森林防火》《防震救灾知识》《预防艾滋病》《道路交通安全》，故事片《人在囧途》《全城戒备》等影片451场次，观众10万多人次。坚持在文化宫小花园和德政小区周末放映露天电影，放映科教片、故事片共84场次，观众15万多人次，深得市民的称赞，取得了很好的社会效益。深入乡镇、学校开展安全宣传影片放映、爱国主义教育影片放映活动，放映科教纪录片《防震避震常识》《云南省优秀交通安全广告》《预防青少年犯罪》、爱国主义影片《鸡毛信》《小英雄雨来》、动画片《喜羊羊与灰太狼》《虹猫蓝兔火凤凰》等影片，极大地丰富农村中小学生的文化生活。在六所中学、三十所小学放映科教片540场次，故事片179场次，观影学生46000人次。与个旧市司法局合作，在农村电影放映中穿插放映法制宣传片，分别放映《人民调解员》《重金属污染与防范》等法制宣传影片100场次，观众约25000人次；与中国移动个旧公司合作，在全市79个村委会进行移动电话广告宣传收费放映，共放映电影100场次，观众13000多人次。个旧市农村电影管理站全年放映工作日达285天，出动人员1850人次，出动车辆400次，行程2万多公里，完成放映任务1094场次（其中广场电影84场次不计入放映任务），观众154000多人次，超额完成年度放映任务。

（撰稿：何全有）

档案管理

【简述】 2011年，个旧市档案局在市委、市政府的领导和上级业务部门的关心支持下，以邓小平理论和“三个代表”重要思想为指导，以先进性教育为动力，以档案法律法规为依据，深入实践科学发展观，认真落实全国、全省档案工作会议精神和市委、市政府的工作部署，紧紧围绕市委、市政府工作大局，全面加强档案业务建设，提高档案服务能力，推进档案资源建设，优化档案事业发展环境，加强档案干部队伍建设，各项工作取得较好成绩，被红河州档案局推荐为云南省人力资源和社会保障厅、云南省档案局表彰的先进集体。个旧市档案局编制11人，实有干部10人，工勤人员空缺；个旧市档案馆编制2人，实有人数2人。

【按时按质完成省、州档案局布置的工作任务】 2011年，个旧市档案局根据云南省档案局相关要求，经十五届市人民政府第34次会议决定升格为正科级，相关手续已按照程序报批；认真测算市档案馆馆藏档案日常维护费，根据测算结果，请示市人民政府将个旧市档案馆档案日常维护费293000元（2元/卷）列入市级年度财政预算，并按每年5000元的标准递增。

【认真开展市委、市政府中心工作】 2011年，中共个旧市委办公室、个旧市人民政府办公室下发《关于做好政府机构改革中档案工作的通知》，对市政府机构改革中档案管理工作提出具体、详细、可操作性强的要求。要求在机构改革中撤并的单位按照档案移交标准将档案资料整理后，于6月30日前向市档案馆移交。按《中共个旧市委关于开展中国共产党成立90周年纪念活动的通知》要求，在局馆内部开展宣传中国共产党光荣历史和丰功伟绩活动，组织人员参加全市“颂歌献给党”演讲比赛和经典歌曲演唱比赛，进一步坚定干部职工跟党走中国特色社会主义道路的信念。

【依法管理档案】 2011年，个旧市档案局结合工作实际，通过张贴标语等方式继续对新修订的《云南省档案条例》进行宣传；继续编发《个旧市档案工作简讯》，及时将个旧市档案工作信息传送到全市各工作部门，使外界更多地了解和认可档案工作的重要性；按照省、州档案局相关文件要求，组织开展2011年度档案执法检查工作，并于7月25日、27日，在市人大、市政府法制办公室、市保密局的协助下，重点对中共个旧市委宣传部、中共个旧市委党校等10家立档单位进行抽查。将学习贯彻档案法律法规、2010年文件材料的归档及目录著录等执法检查内容纳入2011年市级各项工作目标责任制考核内容，认真考核与市委、市政府签订各项工作目标责任书的70余家单位；采取抽查的方式，对106个相关单位的档案室进行检查。全年，全市未发生档案安全事故。

【“六项工程”建设验收】 2011年，个旧市环境卫生管理处、个旧市红十字会等20个部门、单位通过了云南省档案局委托个旧市档案局组织的档案工作“六项工程”建设考评验收。至此，个旧市共有162个部门、单位完成档案室建设、档案建设和家庭档案建设任务，其中五星级立档单位77个、四星级36个、三星级46个、二星级3个。全市档案工作“六项工程”建设验收数量位列红河州第一。

【档案干部队伍建设】 2011年，个旧市档案局积极开展干部队伍建设。4月，组织全市档案员共20余人参加云南省档案局举办的档案人员专业基础知识业务培训班；6月，对个旧市大屯中心校各办公室人员、各小学校档案工作领导小组成员共60余人进行培训；9月，先后对市文化体育和广播电视局、市农业局所属事业单位的档案工作人员进行培训。通过培训，使相关档案工作人员掌握了档案业务基础知识、档案管理工作基本技能、档案工作新技术。

【档案资源建设】 2011年，个旧市档案局不断拓宽档案征集渠道，加大征集力度，丰富市档案馆馆藏内容，提升档案服务社会的功能。同时，积极争取参与、主动介入各类重要会议、重要活动，确保档案与相关工作的同部署、同开展，切实保证档案资料的齐全完整、规范管理以及完整移交和按时接收。全年，市档案馆共接收档案折合8832卷，其中文书档案6118卷、会计档案2572卷、实物档案32卷、声像档案34卷、科技档案60卷、名人字画16卷。在所接收的档案中，能反映个旧地方特色的档案共计2718卷，其中反映个旧社会经济生活、科技生产活动的档案126卷，反映个旧文化特色的档案16卷，反映个旧国有企业兴衰的档案2576卷，特色档案量占接收总量30.77%。涉及民生的档案主要有破产企业清算材料59卷、企业职工档案2517卷。年底，个旧市档案馆有馆藏档案资料122009卷（册）。

【档案馆业务】 2011年，个旧市档案馆继续加快文件级目录数据库建设，做好档案提供利用服务工作。至年底止，个旧市档案馆馆藏档案已有94万条文件级目录完成数据化，实现档案文件级目录的方便、快捷检索，进一步提高了档案信息的查准率和查全率，为档案信息资源的提供利用节省了时间。全年共接待社会各界档案查阅人员2077人次，提供利用6121卷、8389件，复印档案资料3811页，为编史修志、解决各种矛盾纠纷、维护合法权益、发展各项事业和社会经济提供了大量的依据。

【新档案馆建设】 2011年，个旧市档案局按省、州档案局工作步骤，积极做好市档案馆异地搬迁建设的各项准备工作。年内，个旧市规划局已就建设用地规划、建设项目选址作了批复；个旧市发展和改革局已同意在阳山新区进行新档案馆建设项目；个旧市国土资源局已同意新馆建设项目通过用地预审，批准项目拟用地0.6公顷；个旧市环境保护局已同意新馆建设项目按所报批的环境影响报告表中所述的性质、规模、地点、环境保护对策措施进行项目建设。

（撰稿：李双红）

市志·年鉴编纂

【简述】 2011年，个旧市地方志编纂委员会办公室（下称市志办）认真贯彻落实《地方志工作条例》《云南省地方志工作规定》和全国、省、州、市地方志工作会议精神的学习宣传，深入做好法治政府、责任政府、阳光政府、效能政府四项制度和自身建设及政府信息公开工作，加快推进《个旧市志》续修工作，圆满完成《个旧年鉴》（2011）和《个旧政报》全年的编辑、出版、发行工作，编印《个旧市地方志工作简报》25期。同时，开展读志用志活动，做好地方志理论研讨工作，进一步完善地方志工作的制度建设和规范管理。

【调整充实个旧市地方志编纂委员会】 2011年6月，中共个旧市委办公室、市政府办公室联合发文，第4次调整充实个旧市地方志编纂委员会（下称编委会）领导班子，组成由市委书记任顾问，州志办主任任特约顾问，市长任主任，市委副书记、市人大主任、市政协主席，市委全部常委、四套班子副职领导任副主任，市属相关党政部门行政正职领导及省州驻个单位领导任委员的编委会。这一组织机构是个旧市各个工作机构也是红河州甚至云南省地方志系统中领导成员最多、最全，规格、层次最高的专业领导机构，真正把地方志工作作为“一把手工程”来抓。实行行政首长负责制和主编（主笔）责任制，市长亲自担任主编，并严格明确编委会每一位委员志鉴工作职责，做到既有明确分工，又有协作配合，从组织领导上确保个旧市第二轮修志和年鉴编纂工作的顺利开展。

【个旧市2011年地方志工作会议】 2011年6月，市委、市政府在个旧市锡都图书馆多媒体会议室召开个旧市2011年地方志工作会议。省、州志办，市级和编委会领导及全市120个承编单位的行政正职、分管副职、主笔等200余人参加会议。会上，省地方志编委会专职副主任、省志办主任李一是对个旧市的地方志工作给予高度评价。州地方志编委会副主任、州志办主任、市地方志编委会特约顾问冯云对个旧市志办2010年的工作经验和做法给予称赞，并对2011年的地方志工作提出更高要求和希望。市人大副主任雷竞畋宣读市政府对地方志工作先进单位及个人的表彰决定。市政府副市长、编委会副主任杨龙遇作题为《认真贯彻落实〈云南省地方志工作规定〉依法推动我市地方志事业持续稳定健康发展》的重要讲话，同时部署2011年全市地方志工作。市政府办公室主任、编委会副主任罗翔主持会议并宣读个旧市地方志编纂委员会组成人员名单。编委会专职副主任、市志办主任蔡军作题为《抓住机遇乘势而上勤奋工作确保我市地方志工作的各项目标任务顺利完成》的工作报告。

【做好《个旧市志》送审和修改工作】 2011年，市志办按照州政府总体规划要求，结合个旧市第二轮修志编纂工作实际，制定《〈个旧市志〉（1978～2005）编纂出版工作计划》，细化时间进度表，并逐项落实到实际工作中。5月，将修改完善后的《个旧市志》（1978~2005）初审稿送交州志办终审。6月，完成向全市112个续志承编单位返回续志初审稿和核实续志稿撰稿员名单的审核、修改工作。7~8月，执行主编根据续志各承编单位提出的修改意见，对续志初审稿进行修改完善。9月，《个旧市志》（1978~2005）通过州志办终审验收。10~12月，执行主编按照州志办终审提出的修改意见，对续志终审稿进行修改完善。一年来，市志办制定的续志编纂工作任务按计划顺利进行。

【第六部《个旧年鉴》出版发行】 2011年12月，由市委、市政府主办，市志办编撰，云南美术出版社出版的《个旧年鉴》（2011）向海内外公开发行。《个旧年鉴》（2011）为国际标准大16开精装本，全书共20个类目、152个分目、1721个记事条目，39张黑白照片、439张彩色照片，约151.5万字，配书发行年鉴光碟。年鉴以邓小平理论和“三个代表”重要思想为指导，坚持实事求是的原则，遵循年鉴之体例和简洁朴实之文风，以翔实的资料，全面、系统、准确地反映2010年个旧市政治、经济、文化、军事、外交和社会各项事业的发展成就，具有资料权威、反应及时、连续出版、功能齐全的特点和资政、存史、教化的功能，是个旧市最权威、最全面、最基础的市委、市政府公报性年刊、年度资料性文献和大型地情资料工具书。《个旧年鉴》（2011）与《个旧年鉴》（2010）相比，在设计思路、印刷装帧等方面更具特色，得到省、州有关领导和专家的高度赞扬。

【《个旧政报》编印工作】 《个旧政报》是1989年8月由市政府办公室创办、传达市政府政令、指导工作的政务月刊，具有政策性、权威性、法规性和服务性的特点，是市政府联系群众、上情下达、下情上传的桥梁和纽带。2000 年1月，市政府办公室把《个旧政报》编辑、印刷、发放工作交由市志办承担。2005年4月，市志办从市政府办公室单列后，依然承担着《个旧政报》相关工作。截止2011年12月，市志办已为市政府办公室编辑、印刷、发放《个旧政报》141期。2011年，市志办圆满完成《个旧政报》全年的编辑、印刷、发放工作。

【读志用志】 2011年，市志办认真开展读志用志活动，组织地方志书进机关、进学校、进农村、进厂矿、进企业、进社区，积极做好宣传和对外交流，把地方志书变成各级干部的案头卷，满足广大干部群众读志用志的需求，充分发挥地方志为经济建设服务、为全局工作服务的功能，提高读志用志的力度和个旧市地方志工作的知名度。一是市志办委托专人深入全市各单位发行《个旧年鉴》（2010）247卷，向相关领导和年鉴彩页认刊单位赠送累计约300卷；向市政府办公室提供首部《个旧市志》（上下卷）3套，分别用于云南振兴实业集团有限责任公司年产10万吨粗铅项目环评和个旧市生态市建设规划编制工作；完成与广州天河区地方志办公室、山东烟台石建华、通海王昆亮关于首部《个旧市志》（上下卷）和《个旧年鉴》（2008、2009）的交换、交流工作。二是市志办与清华大学《中国知网》专业门户网站的《中国知识资源总库》合作，把《个旧年鉴》收录在其中，作为向世界和各种媒体、网站介绍个旧市情的重要信息资源平台，开展读志用志活动，使《个旧年鉴》“资政、存史、教化”的功能和作用得到更大发挥。三是做好地情咨询工作，利用市志办创办的个旧市地方志编纂委员会办公室网站，为人们利用地方志资源提供了简便、快捷的途径。一年来，到市志办咨询地情的人越来越多，市志办编纂人员对凡到市志办咨询地情者和热心读志的人员，均提供热情周到的服务。

【地方志理论研究和交流】 2011年，市志办认真抓好全市地方志、年鉴理论研究工作，积极派员参加中国出版工作者协会、省州志办等部门组织的各种理论研讨和培训交流活动，提高地方志理论水平，增强业务技能。2月，主任蔡军参加州委组织部在上海浦东新区党校举办的决策参谋和咨询服务部门领导干部行政管理专题培训班；副主任皇双艳参加省志办在德宏召开的云南省地方志系统年鉴期刊信息工作会，并在会上作汇报交流发言。3月，主任蔡军参加州志办在蒙自召开的2011年红河州地方志工作会议和红河州地方志学会理论研讨会，并在会上作交流发言。10月，年鉴执行副主编唐明炎参加中国出版工作者协会年鉴工作委员会在景洪召开的第六届地方专业（行业）年鉴研讨会暨第十二次州区县年鉴研讨会，市志办向大会提交地方志工作理论文章2篇。12月，市志办组织全市有经费条件的承编单位志鉴撰稿员共计13人（含市志办编纂人员3人）参加省志办举办的2011年全省地方志业务培训和省外学习考察活动。全年，市志办在省志办主编的《云南史志》《云南地方志工作》和州志办主编的《红河经纬》等州级以上刊物发表文章共计11篇。

【其他业务工作】 2011年，市志办在完成志鉴编纂工作的同时，还按时按质完成以下各项任务：完成2011年《云南年鉴》（0.2万字）、《云南小康年鉴》（0.3万字）、《红河州年鉴》（1.6万字）“个旧概况”的撰稿任务；完成个旧市参加第六届云南省地方志优秀成果评奖活动和云南省第九届年鉴系列评奖活动申报工作；拍摄珍藏于市图书馆的民国二十卷本《个旧县志》；多次指导各承编单位的志鉴稿撰写人员，为他们解决撰稿中的困难和问题，提高地方志业务水平。

【硕果累累，争创佳绩】 2011年5月，市志办被市政府授予2010年度地方志工作先进集体称号，蔡军、皇双艳、赵凌玲、周革、黄文辉、李绍贤、何建、唐明炎、谭群贞、赵德怀等11名编纂人员被评为先进个人。6月，赵凌玲撰写的《筑牢保密防线 发展地方志事业》荣获个旧市保密理论文章三等奖。7月，市志办获市委、人大、政府、政协2010年各项工作目标管理考核二等奖。9月，《个旧年鉴》（2010）在中国出版工作者协会年鉴工作委员会主办的第五届全国年鉴编校质量检查评比活动中获二等奖，这是《个旧年鉴》首次获得的国家级荣誉，同时也是红河州唯一获此殊荣的地方综合年鉴。

（撰稿：皇双艳）

个旧报社

【简述】 2011年，个旧报社坚持党对媒体的科学领导和对舆论的正确引导，紧紧围绕市委、市政府实施的产业发展“二次创业”中心任务，以“开展创先争优，提升新闻品质”为工作目标，以“建设学习型党组织和学习型团队”为抓手，将党报工作者的先锋模范作用体现在各项采编工作中，出色地完成市委、市政府交办的各项宣传报道任务，为建市60周年庆祝活动的圆满成功及产业发展“二次创业”的顺利开展和全市社会的和谐稳定营造了良好的舆论环境。

全年，中共个旧市委主办、个旧报社编辑的《个旧时讯》共出版128期。个旧报社有在编人员15人、聘用人员7人、借调人员3人。

【加强自身建设与锤炼党报队伍】 2011年，个旧报社按照提高党对媒体的领导能力的要求，不断加强自身建设，努力培养和造就一支“政治强、业务精、纪律严、作风正”的党报队伍。

一是抓好领导班子建设，确保党对新闻工作的领导。个旧报社作为党的整个事业的一个重要组成部分，始终坚持好党管媒体、党管干部、党管人才的原则，抓好报社领导班子的建设。当原支部书记调离报社后，为确保工作不断档，报社于7月底重新进行选举，选出新的支委。

二是抓好新闻队伍建设，全面提高新闻工作者的整体素质。全年新闻工作主要围绕“科学发展观”、“创先争优”和新闻宣传战线“走基层 转作风 改文风”活动的开展，以加强政治学习、开展业务研讨、举办学术讲座等形式，对报社从业人员加强政治素质与业务素质的培养、提高。2月，报社组织全体职工围绕“个旧时讯如何发展”这一主题开展业务研讨，通过研讨明确了办报的新方向，激发了全体职工的工作热情；4月，送7名骨干到昆明参与新闻版面设计操作知识培训。

三是围绕全市中心工作，积极宣传报道。2011年是个旧市实施产业发展“二次创业”的第一年，为及时向全市广大干部职工宣传解释开展“二次创业”的重要性以及“二次创业”的重点，报社积极组织采编力量，对主要市领导进行专访，同时开辟重要版面，专题刊发由市领导撰写的关于产业发展“二次创业”的文章，有效地将全市干部群众的思想意识引向市委、市政府的中心工作上来。

庆祝建市60周年是一项全市性重大活动。在采访报道这一活动时，报社人员将先锋模范作用体现在整个采编工作中，不仅事前制定详细的采访报道方案，而且在实际采访中又多角度多方位地报道庆典各项活动，总计采编8个版面30余篇稿件。这组报道赢得市领导及广大市民的一致好评。

【做好创先争优宣传与提升新闻品质工作】 2011年，个旧报社结合自身实际，切实加强思想建设，增强全体采编人员的政治意识、大局意识、责任意识、阵地意识和纪律意识，自觉地用科学发展观统领新闻宣传工作，并将创先争优工作抓出特点、抓出实效，为全市创先争优活动建立良好的“大宣传”格局。报社总编、副总编亲自组织策划，将采访任务落实到人，责任到人，及时对全市各部门开展创先争优活动的好做法、好经验等进行动态宣传，使活动真正做到“报纸上有文字”，让读者通过阅读《个旧时讯》，就能够全面、深入地了解全市及各部门、各单位开展创先争优活动的情况，在全社会营造了良好的宣传氛围。

按照中宣部及省、州、市宣传部门的要求，报社切实开展“走基层 转作风 改文风”活动，全体采编人员深入个旧的改革开放和经济建设与社会发展的第一线，深入人民群众的火热生活中，认真研究人民群众的喜怒哀乐，研究人民群众对社会生活的看法和态度，研究人民群众的愿望和要求，深化和加强时政新闻和民生新闻的报道，认真做好《解惑释疑》《读者来信》的回复，充分挖掘生动、鲜活的新闻资源，实事求是，报实情、说实话、鼓实劲、求实效，以高度负责的精神和科学务实的作风，充分反映时代的精神、改革的风采和人民创造历史的业绩。同时，努力改进新闻报道文风，努力提高舆论引导水平，讲究新闻宣传艺术，努力写出受群众欢迎的具有很强吸引力、感染力和说服力的精品力作。

【牢记角色意识，坚持服务发展大局】 2011年，为办好个旧时讯，个旧报社全体新闻工作者始终站在党的高度、人民的高度、全局的高度，把开展创先争优活动与新闻宣传工作结合起来，把创先争优体现在各项采编工作中，在思想意识上始终坚持做到新闻宣传工作的“三个服务”：为人民服务，为社会主义服务，为大局服务。坚持团结、稳定、鼓劲、正面宣传为主的方针，自觉主动地服从和服务于党和国家的方针政策以及市委、政府的工作大局。做到在政治上把好关、把好度，坚持政治家办报；在政策上把好关、把好度，全面准确地宣传党的路线、方针、政策；在新闻宣传的导向、基调、内容上把好关、把好度，坚持唱响主旋律，打好主动仗，掌握主动权，做到大事面前不糊涂，关键时刻不动摇。年内，所有重大报道和突发性宣传都与市委、政府保持高度一致。

个旧报社适时配合市委、政府做好各项政策宣传，正确解读和贯彻执行市委、市政府的各项工作方针和工作目标，在抓好产业发展“二次创业”、建市60周年庆祝活动、阳山新区开发等宣传的同时，认真做好各级领导深入基层、访贫问苦、为群众排忧解难、为基层办实事的各类公务活动宣传。一年来，本报共采写和编发相关文章300多篇，用新闻的方式把党的方针政策和市委、政府的各项工作转化为普通百姓易于理解和接受的宣传行为，让广大群众通过新闻方式的转换理解政府的工作，支持政府的工作。

做好民生新闻是个旧报社宣传工作的重点之一，报社关注与人民群众生活息息相关的事情，以小视角、平民化的民生新闻来反映个旧的经济社会发展和党委政府的执政宗旨。年内，报社调整采编思路，大量刊发内容丰富而有可读性的民生新闻，赢得读者的如潮好评。本报策划采编的个旧籍上海女大学生黄一倩不幸患上尿毒症急需换肾，但因家境贫寒而面临死亡威胁这组报道，引起全市各级部门和许多爱心人士的关注，并纷纷伸出关爱之手。在相关部门和爱心人士的资助下，黄一倩的换肾手术已获得成功，身体健康正在恢复中。

【精神文明建设硕果累累】 2011年，个旧报社积极加强队伍素质培养和锻炼，报社职工在各项荣誉评比中捷报频传。全年，报社有42人次获得全国、省级新闻奖，有24人次分别获得“个旧第三届国际锡文化旅游节暨个旧建市60周年庆祝活动先进个人”、“个旧市优秀青年志愿者”、“个旧市地方志工作先进个人”、“共青团优秀团员”、“‘国家卫生城市’复审工作先进个人”等荣誉称号。报社获得组织信息工作二等奖、地方志工作先进集体、“国家卫生城市”复审工作先进集体、廉政文化建设工作先进集体等6项荣誉。

（撰稿：陈元钢）

社　会

个旧市抗旱救灾送温暖献爱心捐赠大会
红河锌联工贸有限公司
4万元
4万元
红河州红铅有色化工有限公司
5万元
个旧市富祥工贸有限责任公司
5万元
云南金星化工有限公司
8万元
云南云河药业有限公司
8万元
云南振兴集团沙甸铅业有限公司
10万元
云南乘风有色金属股
10万

爱心总动员　（张　颖　摄）

民族宗教事务

【简述】 2011年，个旧市民族宗教事务局（以下简称个旧市民宗局）在市委、市政府的正确领导下，在省、州民宗委的关心支持下，以科学发展观统领民族宗教工作全局，牢牢把握“共同团结奋斗、共同繁荣发展”的民族工作主题，以贯彻落实全州民族工作会议暨第六次民族团结进步表彰大会和省、州民族宗教工作会议精神为主线，理顺机构关系，强化自身建设，围绕中心、服务大局、认真履职，依法管理民族宗教事务，着力促进少数民族和民族地区科学发展，进一步巩固和发展平等团结、互助和谐的社会主义民族关系，不断发挥民族宗教在构建和谐社会中的积极作用，保持民族团结、宗教和顺、社会和谐稳定的良好局面，为推动全市经济社会发展作出积极的努力。个旧市民族事务局被国家人力资源和社会保障部、国家民族事务委员会授予“全国民委系统先进集体”荣誉称号，全省仅个旧市获此殊荣。

截止年末，全市有佛教、伊斯兰教、基督教和天主教4大宗教，经市政府批准开放的宗教活动场所共25所。其中伊斯兰教清真寺13所，信教群众17000余人，主要教职人员13人；佛教寺院7所，信教群众20000余人，主要教职人员21人；基督教3堂2点，信教群众1600余人，主要教职人员14人；天主教主要在苗族聚居区（无批准开放的活动场所）。有宗教团体1个：个旧市佛教协会。

【少数民族人口】 2011年，个旧市户籍人口393197人，有彝、回、苗、壮、傣5个世居少数民族，少数民族人口157380人，占总人口40%；在少数民族人口中，彝族94896人，占总人口24.13%；回族17685人，占总人口4.5%；苗族14598人，占总人口3.71%；壮族15903人，占总人口4.04%；傣族6367人，占总人口1.61%。

【少数民族干部培养工作】 2011年，个旧市民宗局积极会同市委组织部做好少数民族人才信息库建设工作，切实加强干部动态管理，为上级部门和市委掌握、选拔、培养和任用少数民族干部提供第一手翔实资料，促进少数民族干部队伍的建设。一是配合市委选送正科级少数民族干部3人到州委党校参加全州少数民族干部培训学习。二是配合市委组织部推荐选送优秀少数民族干部3人参加第五期青年干部骨干班学习培训。三是精确掌握少数民族干部基本情况。据统计，年末全市有少数民族党政干部628人，占全市少数民族干部总数27.62%，其中正处级3人，副处级7人，正科级58人，副科级121人，其他439人。

【重要会议】 2011年 4月15日，个旧市政府在政府办公楼二楼多媒体会议室召开个旧市2011年民族宗教工作会议。会议全面总结2010年民族宗教工作，安排部署2011年民族宗教工作，并兑现2010年民族宗教工作目标管理责任奖。最后，市民宗局局长代表市政府与10个乡（镇、区、办事处）签订《个旧市2011年民族工作和宗教工作目标管理责任书》。

4月25日，市委、市政府在市政府三楼会议厅隆重召开个旧市民族工作会议暨第二次民族团结进步表彰大会。会议全面总结五年来民族工作取得的成绩，出台《中共个旧市委 个旧市人民政府关于进一步加强民族工作全面推进民族团结进步事业实施意见》，表彰五年来在各条战线上为民族工作作出显著成绩的模范集体30个、模范个人58人。会议明确了今后五年个旧市民族工作的指导思想、基本原则和目标任务，为进一步推动全市民族工作科学发展提供了政策支持，奠定了坚实的基础。

【加强民族宗教调研工作】 2011年，个旧市民宗局始终把深入调查研究作为做好民族宗教工作的重要手段，健全完善调查研究工作奖励机制，对影响民族团结稳定、制约少数民族发展的原因以及民族宗教领域的热点、难点问题，进行调研分析，切实提出意见建议，为市委、市政府和上级部门科学决策提供可靠依据，充分发挥参谋助手作用。全年，市民宗局先后完成《个旧市少数民族自发搬迁问题调研报告》《浅论促进宗教和谐三因素》《浅谈如何加强我市伊斯兰教工作管理》《发挥内地县市的城市民族工作优势，促进全州各民族共同繁荣发展研究》等4项调研课题，上报工作信息97条。

【筹备会议，营造氛围，展示作风】 2011年，个旧市民宗局分别参与2次重大会议的精心筹备，进一步营造了民族团结进步氛围，展示了民族宗教工作部门扎实严谨的工作作风。一是精心筹备“全省民族团结进步创建活动经验交流会”个旧沙甸考察现场会的布置落实工作。全省民族团结进步创建活动经验交流会在个旧市的成功召开，向全省展示了我市民族团结进步创建工作的丰硕成果，受到省委常委、统战部长黄毅的充分肯定和与会人员的一致赞许。二是11月，参与精心组织“中国学生留学埃及八十周年暨云南省桥头堡战略建设学术研讨会”。全国政协副主席白立忱以及来自全国各地的专家学者云集我市，就八十年前中国学生留学埃及的重大意义和我市在云南省桥头堡战略中的地位作用展开热烈的探讨。会议取得丰硕的学术成果，对我市做好民族宗教工作和实施桥头堡建设战略起到积极的借鉴和指导作用。

【成功创建沙甸地区民族团结进步示范区】 2011年，个旧市民宗局广泛深入地开展民族团结进步创建活动，努力把沙甸区创建为全省一流的民族团结进步示范区。一是根据《中共红河州委 红河州人民政府关于在个旧市沙甸地区开展民族团结进步创建活动的意见》要求，制定《沙甸地区开展民族团结进步创建活动实施方案》。二是按照实施方案，围绕“一个核心，抓实三大活动，争创四个模范”，开展丰富多彩的宣传教育活动，制作宣传栏15块，民族知识挂图近200余份，广播电视报道宣传20余次，宗教场所宣传150余次，挂大型宣传横幅30余条，宣传教育活动做到“六进”，即进机关、进学校、进村社、进企业、进警营、进宗教场所。创建活动中，分别授予沙甸区公所机关、个旧十三中、鱼峰小学、新沙甸乡、冲坡哨乡、沙甸派出所、云南振兴集团实业有限责任公司、回味餐厅、沙甸大清真寺等单位“红河州民族团结进步示范单位”匾牌。让各族人民共享改革开放的发展成果，打造民族团结进步的和谐家园。三是在沙甸成功举办300余人参加的以沙甸地区开展民族团结进步创建活动为主题的“民族团结进步创建工作迎中秋联谊座谈会”，共商创建工作大计，为促进沙甸和鸡街地区民族团结、经济发展、社会稳定、宗教和顺献计献策。

【加强民族团结进步示范社区建设】 2011年，个旧市民宗局牢牢把握“两个共同”的主题，按照“围绕中心抓党建、抓好党建促发展”的工作思路，重点做好全州首批“民族团结示范社区”—宝华社区的巩固、完善、提升工作。在加强领导，健全机构，制定实施方案的基础上，摸底调查，广泛宣传，营造氛围，做实少数民族群众工作，推进民族团结进步示范社区的提升建设。一是建立党员联系少数民族群众机制，社区党员与困难少数民族家庭、少数民族学生实行结对帮扶；二是完善社区少数民族群众服务机制，成立少数民族矛盾纠纷调解室，切实维护少数民族的合法权益。三是构建少数民族群众民情走访机制，在社区开展少数民族民情走访活动，为少数民族困难家庭办理最低生活保障，为特困少数民族家庭办理廉租住房。通过提升建设，促进社区民族关系的和谐协调，使“三个离不开”的思想进一步深入各族群众心中，推进城市民族工作社会化发展。5月12～13日，以省政协副主席白成亮带队的云南省城市民族工作调研组一行，深入宝华社区、沙甸区进行专题调研，并对个旧市民族团结示范创建工作给予充分肯定。

【做好少数民族贫困学生捐资助学工作】 2011年，个旧市民宗局认真落实红河州民宗局文件精神，在走访调查的基础上，切实解决少数民族贫困学生就学难的问题。11月16日，市民宗局召开2011年度少数民族贫困大学生捐资助学座谈会，对个旧市农村因家庭经济特别困难，且考入二本以上大学的少数民族特困学生实行资助。全年，市民宗局对特困少数民族大学生15人给予激励性资助，资助金5万多元。

【“三种文字”标牌工作有序开展】 2011年，个旧市委、市政府认真贯彻落实红河州委办、州政府办规范使用哈尼、彝、汉三种文字标牌文件精神，成立个旧市规范使用哈尼、彝、汉三种文字标牌工作领导小组，下发《中共个旧市委办公室 个旧市人民政府办公室关于转发州委办 州政府办规范使用哈尼、彝、汉三种文字标牌文件的通知》，由市民宗局牵头，认真开展“三种文字”标牌工作。截止年底，市民宗局已将全市党政机关、事业单位、乡（镇、区、处）、各人民团体制作“三种文字”标牌的规范名称报送州“三种文字”标牌办公室审查翻译，三种文字标牌工作有序推进。

【依法依规管理宗教事务】 2011年，个旧市民宗局加强对宗教事务的全面管理。一是多种形式、多种层次地组织《宗教事务条例》及相关法律法规学习宣传活动，切实加强党政领导干部、宗教干部、宗教人士“三支队伍”建设，提高依法管理宗教事务的能力和水平。二是在4月，召开佛教、伊斯兰教和基督教30位宗教人士参加的宗教人士座谈会。会上，重点讲解党和国家的宗教政策，并就进一步做好当前的宗教工作提出要求。三是密切与宗教人士的沟通和联系。在节假日到来之际，深入宗教活动场所开展慰问活动,对宗教界人士赠送慰问金并向他们致以新春的祝福，使宗教界人士深切地感受到党和政府的温暖，继续发挥好桥梁纽带作用，为维护和促进民族团结、宗教和顺和社会稳定作出贡献。四是做好宗教活动场所和宗教教职人员备案工作。根据《红河州宗教事务局关于开展宗教教职人员认定备案工作的实施方案》，个旧市22名佛教教职人员的基础数据已录入云南省佛教教职人员认定备案管理系统软件，113名伊斯兰教、8名基督教教职人员和场所基础数据的录入工作已经完成，宗教教职人员管理工作迈向规范化、常态化，为下一步的科学管理夯实了坚实基础。五是对25所合法宗教活动场所举办的大型宗教活动，严格把关，逐级上报审批，指导帮助主办方采取有效措施防止意外事故的发生，保证大型活动安全、有序进行。10月18日，个旧宝华佛寺举行传授居士菩萨戒活动，700余名佛教信徒参加活动，整个活动组织充分、安全有序。六是深入调研，依法制止非法宗教活动。年内，分别责令乍甸石鼓山乱建寺庙工程停工，大屯海潮寺停止一切扩建和佛事活动,后期规范工作将有序开展。七是按照《红河州宗教事务局关于开展宗教活动场所财务监督管理试点工作的实施方案》，在继续完善3个宗教活动场所财务监督管理试点经验的基础上，逐步推进其他宗教活动场所建立健全财务监督管理制度，加强和完善场所的财务监督管理。八是做好省基督教两会在个旧市举行按牧典礼的相关工作。5月29日，省基督教两会在个旧市建设路基督教堂举行红河州按牧典礼，全州各县市民宗局分管领导以及来自全州的牧者、基督教信徒500余人参加了按牧典礼。全年，全市用于发放宗教人士生活补贴、朝觐工作等费用20万余元，进一步推动宗教工作有效开展，促进宗教和谐稳定。

【朝觐工作】 2011年，个旧市民宗局按照朝觐工作“二十字”方针和“四个有利于”的指导思想，将朝觐工作列入重要议事日程，定期研究，不断提高工作的前瞻性和预见性，协调有关部门加强配合，采取有效措施，进一步促进朝觐事务管理常态化，坚决防止零散朝觐，为维护个旧市伊斯兰教界的和谐稳定作出积极的努力。全年全市共组织164名穆斯林群众前往沙特完成朝觐功课。同时，为实现朝觐报名工作网络化、规范化，个旧市已将1400余名已报名人员录入《云南省朝觐网站》后台管理系统，从而在网上接受社会各界监督，实现报名工作的公开透明，保障穆斯林群众的合法权益。

【妥善处理热点难点问题】 2011年，个旧市民宗局积极协调和配合有关部门，排除化解影响民族宗教领域团结稳定的隐患和矛盾，妥善处理热点难点问题，将问题解决在基层，消除在萌芽状态，全力推动“平安个旧”的创建。一是加强对民族团结隐患的排查工作。建立健全影响民族团结的矛盾纠纷的排查调处机制，适时对民族团结稳定形势进行分析。每月按时向州民宗委报告本地涉及民族方面群体性事件的情况，实行零报告制度。全年，全市未发生因民族矛盾纠纷引发的群体性事件。二是做好维稳信访工作。对民族宗教领域的矛盾纠纷进行深入细致地摸排化解，完善维护宗教领域稳定的预警工作机制，做到“早发现，早整治，早化解”。9月27日，在州民宗委、州伊协及各方的通力配合下，解决了个旧清真寺20多年遗留的管委会换届问题，顺利产生了新一届管委会班子，促进了清真寺内部的团结与和睦。9月14日，戴劲松市长亲自约见部分民族宗教信访群众，为上访群众解惑释疑，及时把影响民族团结、宗教和顺的矛盾纠纷化解在基层、解决在萌芽状态，防止引发群体性上访事件的发生。全年，市民宗局接待来访群众180余人次，办结上级交办、转办信访件2件。三是指导乡镇做好宗教工作。5月22日，指导鸡街镇顺利完成鸡街镇基督教活动点的换届选举工作和活动点房产移交手续，切实解决鸡街镇基督教活动点存在的矛盾和问题，维护信教群众的团结与和睦。四是建设和谐平安宗教，为推动“平安个旧”的创建作出积极努力。通过广泛开展创建“和谐宗教活动场所”活动，依法管理宗教事务，建立健全场所各项管理制度，规范和完善场所民主管理。年内，卡房金光寺和沙甸西营清真寺被州民族宗教事务委员会表彰命名为红河州第三批“和谐宗教活动场所”；被州委、州政府表彰命名为红河州“平安宗教活动场所”。

【推进民族地区繁荣进步】 2011年，个旧市民宗局突出民族工作部门特色，坚持“拨亮一个点，照亮一大片”的带动作用，把民族工作与新农村建设有机地结合起来，积极争取省州市党委政府及省民委、州民宗委加大对个旧市民族地区团结稳定和经济社会发展的支持力度，加快民族地区基础设施建设，强化资金管理使用，确保项目资金为少数民族和民族地区办实事、办好事，推动民族地区繁荣进步。一是抓好项目实施管理和督促检查指导，确保保和乡鱼尼底村小组民族文化活动室、贾沙乡贾大底民族文化活动室、卡房镇上长湾1.1公里主干道3个项目建设圆满完成，并投入使用。3个项目由各级注入资金100万元。二是在巩固创建工作成果的基础上，完成鸡街镇北坡村和贾沙乡克勒大寨2个村小组的省级立项工作。三是以实际行动取信于民，深入保和乡、沙甸区、贾沙乡的村寨，走访少数民族群众，全心全力、竭尽所能，帮助少数民族群众排忧解难，实实在在地为少数民族群众办实事、办好事25件，累计投入资金25万余元，充分发挥民族宗教工作部门联系少数民族同胞的桥梁纽带作用。

【依法做好民族成分和民族族别管理工作】 2011年，个旧市民宗局认真落实党的民族政策，制定和规范公民依法更改民族族别的管理办法及办理程序，使这项工作更加透明，更加阳光。截止12月底，更改民族族别55人，保障了公民正确表达民族成分的权利。在办理过程中，未出现有令不行、有禁不止和违法、违规、违纪行为发生，没有发生损害少数民族群众利益的事件。

（撰稿：王　翊）

人口与计划生育

【简述】 2011年，个旧市人口与计划生育工作在市委、市政府的正确领导下，在州人口计生委的大力帮助下，以邓小平理论、“三个代表”重要思想为指导，全面践行科学发展观，认真贯彻落实省、州人口计生工作会及资源环境工作座谈会精神，紧紧围绕统筹人与自然和谐发展这一根本任务，以完成责任目标为中心，以进一步降低生育水平为核心，以实施农业人口独生子女家庭奖励政策、抓好南部乡镇和北部山区人口控制、抓好流动人口计划生育管理工作为重点，切实做好人口与计划生育工作。通过全市各级党委、政府及全体计生工作人员的艰苦努力，个旧市人口与计划生育工作呈现出稳步健康发展的态势，州政府下达的人口与计划生育各项责任目标得以较好地完成。

个旧市人口出生率10.43‰,比州下达控制数低0.67个千分点；自然增长率3.83‰，比州下达控制数低1.47个千分点；计划生育率97.21%，比州下达任务数高3.71个百分点；长效节育手术4335例，完成任务数108.38%；优选节育率80.76，比州下达任务数高0.96个百分点；避孕及时率74.66%，比州下达任务数高1.66个百分点；计划生育事业经费实际投入271.49万元，完成任务数104.42%。10个乡（镇、区、处）均全面完成市政府与其签订的人口与计划生育工作各项责任目标。

【认真做好“黄牌警告”制度落实工作】 2011年，个旧市继续执行行之有效的人口与计划生育“黄牌警告”制度，市委、市政府分别于7月19～28日和12月26～30日，两次抽调市人口与计划生育工作领导小组成员单位24人，组成3个考核检查组深入各乡（镇、区、办事处），对上半年人口与计划生育工作责任目标完成情况及年度责任目标执行情况、“黄牌警告”制度的贯彻落实情况进行督察和考核，并及时将督察情况和考核结果在全市进行通报。通过“黄牌警告”制度的实施，各乡（镇、区、办事处）进一步加强人口与计划生育工作领导，提高认识，紧紧围绕计划生育率、长效节育手术任务、人均经费投入、违法生育控制和流动人口管理五项指标，着力加大工作力度，制定切实可行的措施，狠抓落实，确保人口与计划生育工作各项责任目标的圆满完成。

【人口计生工作会议】 2011年，个旧市政府为认真贯彻落实红河州人口与计划生育工作会议精神，于6月10日在政府三楼会议厅召开由各乡（镇、区、办事处）行政正职、分管计生工作副职及计生专干近80人参加的个旧市人口与计划生育工作会议。会议全面总结"十一五"期间全市人口和计划生育工作取得的成绩和经验，明确了"十二五"期间人口发展规划的各项目标任务。会上，市政府与各乡（镇、区、办事处）签订目标管理责任书，将2011年全市人口与计划生育工作目标管理责任落到实处。

【人口计生宣传工作】 2011年，个旧市人口与计划生育局继续加强人口计生宣传工作，进一步统一市、乡、村三级干部的思想，加大对各级党委政府有关计划生育政策及相关法律法规的宣传力度，集中时间、集中精力，有重点、分层次、多形式、大张旗鼓地开展全方位的社会宣传。全年，全市组织大型宣传活动24次，散发《中华人民共和国人口与计划生育法》《云南省人口与计划生育条例》《云南省流动人口计划生育管理规定》等宣传单38600份，发放避孕套83200只、避孕药11400板。真正做到计划生育政策宣传不留死角，深入人心，家喻户晓，人人明白。

【人口计生规范管理工作】 2011年，个旧市人口和计划生育局重点抓好人口与计划生育规范管理的各项工作。一、全面开展涉及计生票据的清理工作。为认真落实《云南省社会抚养费征收管理规定》，规范社会抚养费征收行为，市人口计生局于4月15～29日举全局之力在全市计生系统开展社会抚养费征收专用票据清理整顿工作，把全市10个乡（镇、区、办事处）计生办2003年至2011年3月的社会抚养费征收票据全部集中清理核查，清理核查专用票据110本，涉及金额近1000万元。二、建章立制，规范执法。做好建章立制工作，严格按照《云南省人口与计划生育条例》，制定出台《关于个旧市社会抚养费征收管理办法》《计划生育系统票据管理办法》（个财政局、人口局联发）和《严格规范行政执法行为的通知》等规范性文件，规范执法。对违反计划生育政策的执法程序进行规范，严格执法文书、票据开具程序，杜绝执法中的违法违纪现象发生。三、加强村委会、村小组计划生育基础工作，强化孕前规范管理和服务，严格控制违法生育行为。具体做法：一是充分调动村委会干部的积极性，依靠计生协会中的老党员、老乡干、退伍军人等骨干进一步做好村委会计划生育自治工作；二是大力做好基础性工作，强化孕前管理机制，把工作思路、工作着力点集中到实现工作重点转移，管理重心下移上来。各乡镇计生办克服人少事多的困难，深入村、组指导村宣传员、组信息员做好基层台账。促进宣传员、信息员准确掌握本村、本组育龄妇女总数、婚姻状况、生育情况、出生缺陷情况、节育措施落实情况、外出务工情况、生殖健康状况等，不断健全乡、村、组人口计生档案。村宣传员基本做到人口计生底数清楚，按时变动户口人数和重点服务对象名单，及时准确报送月报单；按时组织妇检对象妇检，动员应术对象落实避孕节育手术；与流出人口签订合同，实行追踪管理；三是针对优选节育率、避孕及时率、长效手术任务、计划生育政策知晓率、群众对计划生育管理和服务的满意率等指标，动员和带领村宣传员、组信息员积极进村入户，掌握育龄群众节育措施的底数，对未施行长效节育术的育龄人群主动上门耐心细致地介绍长效避孕措施的种类和特点，取得育龄群众的理解和支持，帮助愿意采取长效避孕措施的育龄群众联系手术点，同时做好术后随访工作。

【流动人口计划生育服务管理工作】 2011年，个旧市政府切实加强流动人口计划生育服务管理,相继下发《关于印发个旧市流动人口清理整顿工作应急预案》《关于印发个旧市流动人口清理整顿工作实施方案》，并于9月20日在市政府三楼会议厅组织召开全市计划生育领导小组成员单位工作会议，开展个旧市流动人口清理整顿工作，坚决做到不留死角。主要做法：一是认真贯彻落实省州有关规定，规范有序地开展流动人口计划生育管理工作，推进流动人口基本公共服务均等化；二是按照国家人口计生委"三年三步走"推进流动人口全国"一盘棋"的具体步骤和目标要求，建立健全流入地与流出地"信息互通、管理互补、服务互动、责任共担"的长效协作机制，基本形成与重点区域"一盘棋"工作格局，促进流动人口计划生育服务管理区域一体化，力争流动人口计划生育服务管理各项绩效考核指标达85%以上；三是依托社区，开展流动人口基础知识教育，普及计划生育、优生优育、生殖健康知识，为流动育龄群众提供方便、快捷、优质的避孕节育服务；四是健全部门联席会议和情况通报制度，强化部门协调，巩固"政府主导、部门配合、社会参与、齐抓共管"的综合治理格局，全面提升流动人口计划生育服务管理水平，切实保障流动人口计划生育合法权益。

【人口计生优质服务工作】 2011年，个旧市人口和计划生育局认真按照云南省优质服务活动标准和《个旧市计划生育优质服务活动实施方案》，积极开展以人为本和以计划生育技术服务为重点的优质服务工作。全市计生系统的干部职工、医护人员、计划生育宣传员结合责任目标的要求，加强对已婚育龄妇女的服务，扎实开展育龄妇女生殖健康“四二一”随访工作，全年随访已婚育龄妇女26532人，访问放环2年内育龄妇女7784人。深入村寨、社区、厂矿开展免费服务工作，查孕查环21786人、免费检查妇科疾病5612人。积极开展出生缺陷干预工作，截止11月，全市已发放叶酸1367人份，完成任务65.1%（此项考核指标考核到2012年3月30日，届时能够完成指标）。利用“5•29”协会活动日、“6•26”禁毒日宣传推广安全套预防艾滋病知识，认真督促宾馆、酒店、旅馆、娱乐场所100%摆放安全套，增强育龄群众防治艾滋病的意识。通过优质服务工作的深入开展，为计划生育工作科学化、规范化、人性化管理打下良好的基础。

【切实做好计划生育“奖优免补”工作】 2011年，个旧市人口和计划生育局充分发挥计划生育利益导向机制的功能，切实抓好计划生育“奖优免补”工作，为有效稳定全市低生育水平夯实基础。“奖优免补”具体做法。“奖”：全年享受一次性奖励金对象169人，发放奖励金8.45万元。“优”：全年为农村独生子女初中升高中（中专、职高）办理加分手续127人（每人10分），发放升学奖学金12.7万元（每人1000元）；为农村独生子女高中升大专办理加分手续16人（每人20分），发放升学奖学金1.92万元（每人1200元）；为农村独生子女高中升大学办理加分手续8人（每人20分），发放升学奖学金1.6万元（每人2000元）。“免”：全年免除农村独生子女义务教育阶段学杂费书籍费小学1287人，每人每年250元，计人民币32.175万元；初中692人，每人每年350元，计人民币24.22万元；高中268人，每人每年400元，计人民币10.72万元。“补”：全年发放独生子女伤残扶（补）助124人，每人每年960元，计人民币11.904万元；发放独生子女死亡扶（补）助381人，每人每年1200元，计人民币45.72万元；发放独子养老扶（补）助125人，每人每年720元，计人民币9万元；发放独女养老扶（补）助112人，每人每年840元，计人民币9.408万元；发放半边户养老扶（补）助独子4人，每人每年720元，计人民币0.288万元，独女4人，每人每年840元，计人民币0.336万元。

【计划生育协会工作】 2011年，个旧市人口与计划生育局坚持发挥计划生育协会在人口与计划生育工作中的重要作用，结合村民自治计划生育工作，充分利用基层计生协会贴近群众、了解群众的优势，积极开展宣传计划生育政策、奖优免补知识、出生缺陷知识及防治艾滋病知识的工作。各乡（镇、区、办事处）计生协会紧紧围绕计生工作任务，举行形式多样、内容丰富、精彩纷呈的“5·29”计划生育协会系列活动。城区办在储运社区举行以“活动注活力、关怀助和谐”为主题的宣传服务活动；锡城镇在戈贾村委会隆重举办“锡城镇创先争优·颂歌献给党暨5·29文艺汇演”大型活动。计划生育协会系列活动，既有精彩的文艺演出、计生知识有奖抢答、大型宣传活动，还有上街服务活动，参加活动群众3.6万余人。计生协会通过寓教于乐的方式启发和引导会员群众，让他们在自娱自乐中增长知识，实现自我宣传、自我管理、自我服务。

【人口计生机关作风建设】 2011年，个旧市人口和计划生育局高度重视机关作风建设和行业作风建设。一是健全规章制度。为保护好计生干部，重树计生干部新形象，不断完善各种规章制度，做到有章可循，按章办事，用制度来保证将工作任务落到实处，逐步形成相对完善，针对性和可操作性强的制度体系。局领导率先垂范，以身作则，用自身的言行影响全局职工，机关工作纪律由松散转向严明。二是以党建促党风，抓好干部职工的党风廉政意识，筑牢思想防线。新班子组建后，高度重视党建和党风工作。在党支部重新调整后及时补充新鲜血液，年内发展入党积极分子2人；抓牢抓实计生干部队伍建设，加强计生干部培训，注重警示教育，“用身边的事，教育身边的人”。组织全市计生干部和工作人员旁听市法院公审老厂镇计生办原主任和市人口计生局办公室原主任涉嫌贪污和挪用社会抚养费公款的案件，增强服务意识和拒腐防变的自觉性。通过狠抓机关作风建设，廉政、勤政、讲究办事效率、维护计生良好执法形象已成为全市计生系统干部职工的自觉行动，必将推动个旧市人口和计划生育事业蓬勃健康发展。

（撰稿：李跃宏）

民　政

【简述】 2011年，个旧市民政工作以邓小平理论、“三个代表”重要思想和中共十七大为指导，在市委、市政府的正确领导和省州民政部门的精心指导下，紧紧围绕市委、市政府全面建设小康社会的目标，坚持“以民为本、为民解困、为民服务”的民政工作宗旨，认真贯彻落实科学发展观，深入开展创先争优活动，实现民政事业新的发展。

【救灾救济】 2011年，个旧市天气过程总体少雨偏旱，自然灾害主要以旱灾、低温冷冻、雪灾、风雹等自然灾害为主，与往年同期相比2011年还显略轻。据统计，全年自然灾害受灾人口97774人，受灾面积7840公顷，成灾面积5721公顷、绝收面积1104公顷，饮水困难人口4407人，倒塌损坏房屋129户382间；转移灾民24户85人，因灾死亡3人；因灾死亡牲畜125只（头）。灾害造成直接经济损失4986.9万元。

灾情发生后，市乡两级党委、政府高度重视防灾救灾工作，全市民政部门积极发挥救灾工作综合协调职能，认真履行职责，及时查灾、核灾、报灾，帮助、指导灾区开展抗旱救灾、灾民救助、恢复重建工作，救灾救济工作成效显著。年内，市民政局启动《个旧市民政局自然灾害应急预案》Ⅱ级响应2起，全年投入救灾资金423.93万元，救助灾民26674人次,其中发放灾民生活救济款84.98万元、粮食142.85吨、冬寒衣被救济款21.94万元；防汛抗旱救灾支出63.02万元；投入因灾农村居民住房保险费57.98万元，完成46383户农房政策性续保工作，兑付农户因灾倒塌损坏房屋保险赔款129户34.75万元，发放民政灾后重建补助款17.44万元，完成因灾恢复重建、修复农房382间。困难灾民基本生活得到保障，杜绝了灾区非正常情况发生，灾区生产生活秩序正常，社会稳定。

广泛动员社会力量，支援灾区。积极开展为盈江地震灾区的爱心捐款活动，捐款39.33万元，支援了灾区建设。

为科学高效开展灾害应急救援工作，按照省、州、市政府的部署及要求，按时完成《个旧市重特大自然灾害救助应急预案》修订，指导10个乡（镇、区、处）、79个行政村、35个街道社区编制本级自然灾害救助应急预案，市、乡镇、村（社区）三级灾害应急预案体系做到“横向到边、纵向到底”。建立市、乡镇、村（社区）三级149人灾害信息员队伍，加强灾害信息员业务培训，全面提升灾害信息员综合素质和业务能力。规范全市灾情信息管理，提高灾害紧急救援能力和救灾综合协调能力，有效保障人民群众的生命财产安全。加强“防灾减灾”科普宣传，散发防灾减灾宣传册13万份，广大干部、群众防灾减灾意识不断增强。

【殡葬管理】 2011年，个旧市共火化遗体1459具。骨灰公墓落葬墓穴659冢。投资60多万元，对殡仪馆和骨灰公墓的设备及环境进行改造，进一步提高殡仪馆和骨灰公墓的服务功能，为个旧市殡葬改革工作的顺利开展及骨灰处理多样化奠定了必要的条件，对促进全市殡葬改革工作的顺利开展起到了积极的作用。进一步建立健全各项内部管理制度，加强内部管理，规范殡仪服务项目和收费标准，制定最低消费标准及套餐式服务标准，实行引导员全程服务方式，根据群众需求新增服务项目。积极挖掘内部潜力降低成本，对部分丧葬用品实行降价，让利于民。改进工艺缩短墓碑制作成本和时间，为丧属创造良好的殡仪服务环境。按照《云南省民政厅关于全省部分特殊困难群体火化补助的通知》中“对农村五保供养对象、城乡最低生活保障对象、重点优抚对象，符合火化补助条件的，一次性发给火化补助1000元”的规定，为个旧市2011年度去世的特殊困难群体发放一次性火化补助167人、167000元。使特殊困难群体的亲人死后能够得以安葬，促进了社会的稳定及全市殡葬改革事业的顺利进行。

继续加大殡葬管理法规的宣传和执法力度。在清明节期间，会同市委组织部、市司法局、公安局、监察局、人事局、工商局、建设局、国土资源局、林业局等部门集中开展为期一个月的“殡葬宣传月”、“行风建设月”活动，印发宣传材料20000份，对违法土葬现象进行处理。

认真做好清明节期间的宣传、组织、服务接待、安全保障等工作，发挥清明节“传递亲情、传承文化”的作用，引导群众文明安全祭扫，让人民群众过一个文明、和谐的清明节。提高应急管理能力，为群众提供更加文明、有序、和谐、安全的祭扫环境。

【社会救助】 2011年，个旧市民政局深入贯彻国务院《城市生活无着的流浪乞讨人员救助管理办法》、民政部《城市生活无着的流浪乞讨人员救助管理办法实施细则》《个旧市城市流浪乞讨人员救助管理暂行办法》及上级有关规定，进一步加强对个旧市生活无着的流浪乞讨人员的救助管理，净化城市环境，维护社会稳定。认真做好社会治安综合治理工作，确保各个重大节日及活动的安全，与各有关部门配合，针对不同类别的救助管理对象，采取自愿求助和引导救助相结合的方法，积极做好对外地流入个旧市的生活无着的流浪乞讨人员的救助管理。不断加强城市管理，维护城市形象和正常社会秩序，妥善解决救助管理工作中出现的突出问题，通过各种渠道，向广大市民宣传国家有关救助管理的法规和政策，呼吁广大市民不要轻易给予流浪乞讨人员钱物，而应告知或引导流浪乞讨人员到救助管理站接受救助。全年全市接受求助人员1020人，实施救助921人，其中男593人，女328人；老年人45人，青壮年778人，儿童48人，其他年龄段50人；护送返乡77人，提供返乡车票839人。

进一步完善各项管理制度，加强对福利院的管理，规范老年人生病院内外治疗方式和福利院自费收养工作，逐步改善福利院职工和收养人员的文化生活。规范儿童事实收养、家庭寄养、国内和涉外送养工作，加强与友邻县民政的友好合作，有效解决部分弃婴的来源问题。截止12月31日，全市实有在院收养儿童85人。为进一步提高个旧市孤老残疾孤儿等特殊群体的生活保障水平，加快民政公共服务设施建设，提升改造民政社会福利机构，个旧市实施老年公寓建设项目，并已完成立项、选址、规划设计、可行性研究等工作。项目占地面积3335平方米，建筑面积8750平方米，床位250张，总投资估算1650万元。工程预计于2012年开工建设。市社会福利院由于工作成绩突出，得到各级领导的肯定，院长段红兵分别获得全国、省、州孝亲敬老之星称号。

认真贯彻《收养法》《中国公民收养子女登记办法》，依法开展办理弃婴收养登记手续，保护合法收养关系，规范收养行为，解决部分家庭无子女的问题，同时使部分弃婴享受到家庭的温暖，对维护社会稳定起到积极的作用。为妥善解决长期以来存在的事实收养弃婴问题，按照国家民政部、公安部、司法部、卫生部、人口计生委等四部门联发的《关于解决国内公民私自收养子女有关问题的通知》精神，开展个旧市公民事实收养子女登记手续的办理工作，从保障弃婴儿童的合法权益、维护社会和谐稳定的高度出发，积极与相关部门协调，统一规范办理程序，最大限度地方便群众，切实为形成事实收养关系的群众解决后顾之忧，办理事实收养及国内收养弃婴16人。

【城镇社区工作】 2011年，个旧市民政局多措并举，加大力度推进城镇社区工作。落实各级党委、政府关于加强和谐社区建设的意见，按照《个旧市社区基础设施建设资金募集办法》与御景国际花园、景秀文华、泰和佳园三个项目的开发商签订供房协议，供房面积760平方米，解决社区办公用房；接收华山玉泉、新景家园、安寓大厦、森源阳光商住楼项目开发商捐款96.9万元，为城镇社区工作筹资。

召开全市社区建设工作领导小组会议，回顾十年社区建设成就、查找存在问题、提出今后工作建议；通报向房地产开发商募集资金情况、市级领导挂钩社区建设情况、部门落实社区办公经费情况；讨论通过社区撤并方案；通报社区建设十周年纪念活动筹备情况。

组织中学生1500人暑假进社区开展为老服务问卷调查的社会实践活动，让中学生参与社区建设，感知老年人生活需求，了解社区叔叔阿姨的工作性质，弥补中学生的社会知识。市民政局、教育局、城区办、中国电信个旧分公司联合举办电信杯“比奉献、比快乐、共建锡都和谐家园”有奖征文比赛，并在个旧市加强和创新社会管理暨社区建设十周年表彰会上奖励优秀学生。

重新调整社区基础设施建设规划为“两年计划”。按省州要求将社区办公及活动场所建设任务作为2011年和2012年的重点工作狠抓落实，市委组织部、市民政局、住建局、城区办、有关乡镇多次召开专题会议，拟定2011～2012年社区基本设施建设计划。其中2011年计划完成7个社区的建设任务（云锡炼厂、供电局、三〇八队、民权、州政府、卡房、乍甸），2012年计划完成15个社区的建设任务（云锡机厂、金湖南、绿海、文锡、青杉里、和平、上河、金湖西、明珠、建设、云锡供水厂、大屯、鸡街、锡城、老厂）。2011年计划完成情况：7家社区新增基础设施建筑面积2768平方米，总投资495万元，其中省级补助140万元，州级补助56万元，市级补助172万元，乡镇自筹127万元。截止年末，省级资金到位40万元，州级资金到位24万元，市级补助已请示市政府安排专项资金。

年内，金湖东社区居委会被民政部确定为社区标准化建设试点单位，试点工作与加强社区“四位一体”建设、创先争优工作相结合，在制度创新、服务创新、硬件建设、工作流程透明、社区干部权力运行监督等方面，提出新思路，制定新标准，采取新做法，建立新机制，争创新模式。完成金湖东标准化建设试点工作总结，编印《个旧社区干部工作手册》5000份。

【农村基层政权建设】 2011年，个旧市民政局继续加强农村基层政权建设工作，制订“十二五”期间全市村级组织基础设施、养老设施和婚姻登记机构的场所建设规划，储备68个建设项目，年内实施建设项目19个。兑现2004～2010年三次换届中落选离任村干部213人的补偿费55.9万元。发放建国前入党老党员3人的生活补助费4440元、一次性生活补助费6000元，老乡干部89人的生活补助费19.6万元，老村干部47人的生活补助费5.64万元。完善2011年村务公开工作的考核内容并将其纳入市级对乡镇的年度工作目标考核。

规范村干部管理村务行为，加强“三资”管理监督。由市纪委联合相关部门出台《关于加强农村集体资金资产资源管理和监督工作的实施意见》，编制村干部管理村务的工作流程，编印《个旧村干部工作手册》20000份。开展村委会标准化建设试点工作，确定4个市级试点村和9个乡镇试点村，将城市社区为民服务理念和管理方式引入农村。按照市委提出的在村级（社区）党组织开展“四位一体”建设的总要求，规范村社干部权力，初步建立村社干部权力运行监督机制。从规范基层组织权力运行、强化村（居）务监督机构建设、明确村（居）务监督范围和监督职责、规范村（居）财务公开制度、建立村（居）财务预决算制度、建立农村和社区权力运行监控体系、加强规范化管理健全工作考核奖惩制度等7个方面提出具体实施意见，深入“四位一体”建设试点村社进行督导。开展村级组织运转情况调研并形成专题调研报告，请示市政府提高全市村组干部补贴待遇。

【民间组织管理】 2011年，个旧市民政局开展全市社会组织年检和社会组织登记管理工作。全市社团、民办非企业共参检85 家，参检率87%，合格率100%。对13家未参加年检的民间组织给予警告，并视为年检不合格。新登记社会团体9家、民办非企业6家，全市登记在册社会团体74家、民办非企业35家。加强社会团体服务行为、收费行为、诚信自律的监督管理。开展全市社会团体“小金库”专项治理工作，有针对性地签订社会团体“小金库”专项治理工作责任书44份，对3家社会团体进行重点抽查，检查服务行为、收费行为以及规章制度执行情况。全市社会组织无“小金库”存在现象。学习掌握民间组织信息登记管理系统，更新全市民间组织信息，建起电子台账。继续开展社会组织创先争优活动，重点放在街道社区社会组织，按时总结上报活动情况、先进典型等材料。

【婚姻登记】 2011年，个旧市民政局结合民政部在民政系统窗口服务单位深入开展为民服务创先争优活动，组织个旧市婚姻登记处开展以“真情暖人心，满意在民政”为主题的“三亮、三比、三评”活动，使服务作风、服务效能、服务能力和群众满意度得到进一步提高。各婚姻登记机关均能按照《婚姻登记工作规范》的规定和要求，未出现违法登记事件，结婚登记率在85%以上，婚登合格率100%。全年办理居民结婚登记3263对6526人，离婚登记994对1988人，补发婚姻证件404对807人，出具婚姻状况证明280件。

【勘界、区划与地名】 2011年，个旧市民政局为解决社区数量过多、布局不合理、名称不规范、实施行政管理难度大以及在新建城区新增社区等问题，提出城区社区适度撤并调整方案，并报经市政府批复同意。方案将州政府社区、青年社区撤并，办公地址原州政府，名称为“中山社区”；新街社区、供电局社区撤并，办公地址原供电局，名称为“新电社区”；撤销紫竹园社区，分别并入个旧选厂社区和金湖南社区，其中个旧选厂社区更名为“锡山社区”，办公楼在辖区新建。全市社区由35个调整为32个，并对部分社区存在的交叉管理和界线不清问题，坚持以街道、居民小区为分界线的原则，会同公安、城区办、相关社区实地协商、界定社区辖区界线。

做好地名命名、门牌申报工作。全市新命名地名15条，新审核建筑物（含临街商铺）门牌号156个，补充、更新地名数据库，并将新地名标注在《个旧市街路巷分布示意图》上。门牌申报、审批深入实地踏勘，尽量做到地名命名不重复、规范有序。

【双拥工作】 2011年，个旧市有拥军优属领导小组12个，有军（警）民文明单位共建点166个，有军民共建社会主义新农村示范点2个，有基层拥军优属活动小组864个。为优抚对象和驻军做好事1879件，帮助农村优抚对象出义务工1234个劳动日，召开优抚对象座谈会186场次，走访慰问复退转军人家庭、优抚对象13245人，发慰问金265万余元。春节期间市四套班子组成慰问组，走访慰问全市11家驻军单位，赠送慰问金170000元。11月8日，市政府、人大、政协及民政、大屯镇政府组织慰问团，赴丽江慰问8751部队驻丽江维稳官兵，赠送慰问品及慰问金10万余元。举行军民联欢会16场次，援建部队图书室1个,为部队粮油燃料等给予补贴109万元，为部队官兵培训电脑、厨师、医护、汽车修理等技术骨干168人。

【优抚优待】 2011年，个旧市民政局继续做好优抚优待工作，按照国家《关于提高部分优抚对象抚恤补助标准的通知》，于10月1日提高全市优抚对象抚恤补助标准。截止12月底，全市发放抚恤、定补金725.9万元；兑现义务兵家属优待金61.2万元；发临时困难补助7.3万元；为重点优抚对象减免医疗费16万元。从2011年1月1日起，个旧市对重点优抚对象2922人实行一站式医疗补助，实施重点优抚医疗补助840余人次，补助金额46万余元。全年上报评残2人，批准2人。上报评定参战退役军人12人，批准12人。

【退役士兵安置】 2011年，个旧市民政局根据《个旧市人民政府关于做好2010年冬季退役士兵接收安置工作的通知》和《个旧市人民政府关于下达2011年退役士兵安置计划的通知》，对城镇退役士兵实行考试考核安置。年内，全市接收退役士兵116人、转业士官5人。其中在农村安置50人，依照政策需在城镇安排71人。组织22人参加一年以上中专、技校学习。在城镇安置的人员中，有71人报名参加文化考试，实际参考71人。通过考试考核选岗安置40人，自谋职业31人。全年，全市发放自谋职业补助金167万元；发放待分配期间生活补助费4.2万元、职业技能和一年以上教育培训费9.9万元。

【福利企业】 2011年，个旧市有福利企业27户，固定资产净值1.82亿元；在职职工4016人，安置残疾职工1709人。年生产总值18亿元，实现销售收入17亿元。在全市福利企业中，有18户企业盈利，9户企业亏损，盈亏两抵企业利润亏损4160万元，市属福利企业应退免税5451万元，实际退免税4362万元，缴纳增值税6698万元。企业为残疾职工1709人和职工885人购买养老、医疗、失业、工伤保险1879万元。

【城市低保工作】 2011年，个旧市民政局坚持动态管理下的应保尽保，实行分类施保，按月足额发放低保金，切实保障低保对象的基本生活。截止12月31日,全市城市低保对象22418户40015人，累计发放低保金8668.75万元，人均补助161.7元/月。春节来临之际，采取多种形式组织走访慰问低保户，发放价格临时补贴251.86万元、春节慰问金209.88万元、春节生活补贴630.27万元。9月，为切实缓解物价上涨对低收入群体生活造成的影响，经过精心组织，将城市低保对象补助金额提高15元/人月，发放价格临时补贴合计126.12万元。

【农村低保工作】 2011年，个旧市民政局认真做好农村低保的提标扩保工作，加强动态管理，按季度足额发放保障金。6月，开展新增2000人农村低保对象的申报、审批工作；9月，经过精心组织将农村低保对象补助提高12元/人月。全年，全市有农村低保对象10000人，累计发放农村低保金992万元，人均补助82.67元/月。春节来临之际，为农村低保对象发放慰问金40万元、价格临时补贴30万元。

【城市医疗救助】 2011年，个旧市推行城市医疗救助“一站式”即时结算方式，减少工作环节，缩短救助时限，提高救助效率，使救助对象能得到及时医治。城市低保对象凭《低保证》就可享受医疗救助。为进一步完善医疗救助制度，9月22日，举行《个旧市城乡医疗救助实施办法（暂行）》听证会，对《个旧市城乡医疗救助实施办法（暂行）》是否适当，听取社会各方面的意见和建议。全年，全市城市医疗救助资金支出667.26万元，其中出资510.26万元，救助3782人次；出资157万元，资助困难群众31871人参加城镇居民医疗保险。

【农村医疗救助】 2011年，个旧市推行农村医疗救助“一站式”即时结算方式，农村低保对象、五保对象、原老乡干部、60年代精减退职人员凭《个旧市农村医疗救助证》到定点医院住院治疗，就可享受医疗救助。全年，全市农村医疗救助资金支出326.46万元，其中出资272万元，救助2887人次；出资54.46万元，资助农村低保对象、五保对象、残疾人等民政对象12052人参加新农合。

【农村五保供养】 2011年，个旧市有五保供养对象513人，其中敬老院集中供养441人，供养标准每人每月347元；分散供养72人，供养标准每人每月313元。供养标准超过农民人均纯收入的60%。全年，全市共支出供养经费207.61万元。

【城乡临时救助】 2011年，个旧市民政局认真开展城乡困难群众临时救助工作，救助因病、因灾等造成生活暂时困难人员4852人次，发放临时救助金202万元。

【老龄工作】 2011年，个旧市民政局老龄办坚持“党政主导、社会参与、全民关怀”的方针和以老年人为本、为老年人服务的科学发展思想，以实现“六个老有”为目标,紧紧围绕市委、市政府实施产业转型发展二次创业的目标任务，积极争取养老服务项目，强化城乡养老服务设施建设，加大惠老政策力度，努力促进全市老龄事业健康发展。在元旦、春节期间，由市委、市人大、市政府、市政协主要领导带队，慰问看望城区特困老人10人，城乡百岁寿星老人4人，发放慰问金5000元。4月10日，全国老龄办副主任朱勇、州委政策研究室副主任万国旺、省委党校教授李卫宁、省老龄事业发展基金会副会长高祖兴等领导，先后深入个旧市中心敬老院、社区养老服务中心、老年公寓、锡城敬老院，调研养老服务业发展情况。5～10月期间，建水县永贞社区、开远市、蒙自市新安所镇等50余人，先后到个旧市学习考察养老服务工作。为加快推进个旧市养老服务业发展,市政府办印发《个旧市人民政府办公室关于加快推进养老服务事业发展的意见》，鼓励社会多种经济成分参与发展养老服务事业，意见明确了个旧市发展养老服务的目标任务、内容、鼓励办法、措施等。根据州老龄办《关于发展居家养老服务调研工作的通知》精神，个旧市民政局于4月15日至5月15日,在全市开展居家养老服务调研工作。调研结果显示：一是人口老龄化形势严峻。全市60岁以上人口达72040人，占常住总人口的15.8%和户籍人口的18.4%。二是寿命高龄化。2010年末全市有80岁以上老年人6075人，占全市老年人口的8.4%,百岁老人8人。三是现有居家养老服务设施远远满足不了居家养老老人的需要，发展适合个旧市实际情况的“居家养老”模式就显得尤为重要。四是农村养老保障面临新问题。省、州重点工程项目建设征地，在促进地方经济发展的同时，出现大屯、鸡街、保和、蔓耗等乡镇部分农户土地被征用完老人养老无保障的问题。组织市区中学生开展敬老爱老暑期社会实践活动。7月5日，市城区办、市民政局、教育局、关工委、电信公司联合组织中学生在29个社区开展“同创文明城市，共建和谐家园”为主题的小手牵大手暑期社会实践活动，城区中学生1500人参加，发放调查问卷1350份。调查显示：支持社区为老服务的占83%，选择居家养老服务的占82%，选择机构养老的占8.8%，选择日间照料的占4.8%，配送服务的占9.1%，上门服务的占13.4%，家政服务的占32.5%，医护、药品上门服务的占36%，自愿接受社区有偿托老服务的占51.4%，需紧急呼叫服务的占56.8%。根据《红河州人民政府办公室关于调整80周岁至89周岁高龄老人保健长寿补助标准的通知》精神，经报请市政府批准，从7月1日起全市提高80～89周岁高龄老人保健补助发放标准。即80~89周岁无固定收入的从20元/人月提为 30元/人月；有固定收入的从10元/人月提为15元/人月；90周岁以上继续执行原补助标准。全年，全市发放高龄津贴老人6603人，津贴159万元。组队参加红河州首届敬老节文艺调演，投入专项经费10万元，于9月25日，为观众献上《锡都晚霞情更浓》专题综合文艺节目，有演职人员74人参加，演出节目9个，个旧市代表队获二等奖，节目《接班》获优秀创作奖，《婆媳之间》《父亲》分别获优秀表演奖。在第二十四个九九敬老节之际，全市围绕“孝心行天下、和谐新锡都”为主题，安排活动经费4.93万元，开展送温暖、慰问、总结表彰等各项敬老活动，丰富和活跃老年人精神文化生活，让全市广大老年人度过一个祥和、愉快的节日。9月28日，市委、市人大、市政府、市政协四套班子党政领导组成4个慰问组，在市民政局、市司法局、市卫生局、市老干局等老龄委成员单位领导陪同下，深入市社会福利院、锡城敬老院和社区服务中心日间照料室，看望慰问百岁老人9人和孤寡老人289人，发放慰问品、慰问金1.43万元，随行医生为老年人进行健康检查。各乡镇党政领导组成慰问组，带着慰问品、慰问金看望慰问高龄老人和困难老人。沙甸、大屯、锡城、老厂镇等乡镇对80周岁以上高龄老人和困难老人发放100～200元慰问金。鸡街镇对全镇80周岁以上高龄老人每人发放金龙鱼油1桶,共计发放708人,折合人民币48000元,发放慰问金5600元。全市共看望慰问80周岁以上高龄老人1013人、特困老人78人，发放慰问金15600元。以座谈会、黑板报、文艺、广播等形式深入广泛地宣传老年法规政策，累计召开各种会议90余次，出黑板报、宣传栏70期，张贴敬老宣传标语178条，发放老年法规宣传材料3000份。组织开展丰富多彩的文体活动。市老年体协艺术团、夕阳红艺术团、青松文艺站等文艺团队，深入乡镇村寨进行演出，累计演出204场次。城市社区组织开展表彰敬老好儿女、为高龄老人戴红花、举行知识竞赛、举办保健讲座、组织健康体检、文艺演出等内容丰富、形式多样的活动，乡镇农村结合各村实际，组织开展各具特色的文体活动；卫生部门走上街头、深入社区开展义诊和老年保健知识讲座，让老年人度过一个祥和愉快的节日。9月26日，在红河州老龄工作表彰会上，个旧市被州人民政府评为老龄工作先进市，锡城镇新冠村委会、大屯镇孙家寨小组、卡房镇龙头寨村委会被评为老龄工作先进村，城区办胜利社区、绿海社区、永胜社区等7个社区被评为老龄工作先进社区，市福利院段红兵、市老年公寓耿尚兵被评为孝亲敬老之星，市民政局彭国彬被评为老龄工作先进个人，市福利院段红兵、市社区服务中心唐凤珍、市兴立房地产胡光兴被省敬老爱老助老主题教育活动组委会评为云岭孝星，市老年公寓耿尚兵被评为奉献模范。个旧市根据《红河州人民政府关于开展村级敬老院建设试点工作的意见》，选择镇、村干部积极性较高、人口比较集中的大屯镇杨家寨村、卡房镇斗姆阁村、鸡街镇包家庄村作为村级敬老院建设试点单位。争取项目资金30万元、市级配套30万元、镇村自筹130余万元，建设大屯镇杨家寨村级敬老院和老年人日间照料中心、卡房镇斗姆阁村级敬老院，并分别于10月12日、10月18日竣工投入使用。鸡街镇包家庄村级敬老院已封顶断水。根据《红河州人民政府办公室关于加快推进养老服务事业发展的意见》要求，个旧市民政局上报“十二五”期间城区办社区养老服务中心、11家社区养老服务站和社区服务中心爱心护理院、11家社区爱心护理院及市老年人活动中心储备项目。申报个旧市城区老年服务中心为老服务信息化平台建设试点项目和个旧市老年人公寓爱心护理院改扩建项目。其中城区办社区养老服务中心已列入全国老龄办中西部地区为老服务信息化平台建设试点项目；供电局社区日间照料中心列入省民政厅项目，就位资金15万元，项目于11月7日动工。采取政策引导、资金补助、争取多渠道投入，加大基层老年人活动室建设，各级投入资金73.9万元，市老龄办补助1.3万元，先后帮助卡房镇围墙小组、贾沙乡贾大底小组、大屯镇团山小组等新建老年人活动室7个，新增活动面积7700平方米。全年共审核、办理、发放《云南省老年人优待证》2919本，累计办理39225本，为老年人出行享受相关优待提供了方便。认真办理民革个旧市委在政协个旧市第十届四次会议上提出的《对完善个旧市养老事业发展的几点建议》和《关于推进基本养老服务体系建设的建议》两件提案，答复满意率100%。

【党代会提议、人代会建议和政协提案办理】 2011年，个旧市民政局继续重视并办理党代会提议、人代会建议和政协提案。截至7月27日，21件提议、建议和提案已全部办理完毕。其中2件协办件，已于6月30日前形成书面协答意见分别交主办单位。19件主办件，经与各位代表、委员面商，对办理态度和办理结果均表示满意。并于7月

26日按要求形成正式文件报市政府办邮寄给各位代表和委员。

【个旧市民政工作会议】 2011年3月27日，个旧市政府在政府3楼会议厅召开全市民政工作会议，市人大、政府、政协和州民政局相关领导参加会议。会上，市民政局局长彭国彬传达省、州民政工作会议精神并作市民政工作报告，陈浩副市长、州民政局副局长李泽作重要讲话。个旧市民政局对成绩突出的乡镇社会事务办和基层单位给予表彰奖励，兑现2010年民政工作目标责任奖，并与10个乡（镇、区、处）社会事务办和8个基层单位签订《2012年民政工作目标管理责任书》。

【完成民政“十二五”规划项目储备】 2011年，个旧市民政局认真对“十一五”规划执行情况进行总结，积极做好民政“十二五”规划项目储备工作，分别完成市殡仪馆、市救助管理站、市流浪乞讨儿童保护中心、市艾滋孤儿救助综合楼、市脑瘫儿童康复培训基地、市锡都老年公寓会所等“十二五”新建项目和个旧市老年人公寓、社区服务站、社区日间照料中心、居家养老服务中心、爱心护理院、婚姻登记处等“十二五”改扩建项目的储备上报工作。

【个旧市慈善总会】 2011年3月，个旧市慈善总会接收全市123个部门、企事业单位职工向云南省盈江地震灾区的捐款393478.90元。市民政局充分发挥慈善机构在组织开展慈善活动和扶贫、救灾、济困等方面的积极作用，加强慈善信息服务平台建设，落实各项税收减免政策，支持和鼓励基层和社会组织建设慈善超市、社会捐助服务站点，不断探索和建立规范的慈善服务制度，营造良好的慈善氛围，督促慈善信息公开透明，促进慈善事业健康发展。

（撰稿：陈月昌 林韧强 王建勇 隆昌嵘 何天珉 刘 跃 李荣福 刘 桃）

人力资源和社会保障

【简述】 2011年，个旧市人力资源和社会保障局（以下简称个旧市人社局）以民生为本、人才优先为主线，千方百计稳定和扩大就业，不断完善社会保障体系，大力加强人才队伍建设，协调推进收入分配改革、人事制度改革、劳动关系调整等各项工作，并获得新的发展，较好地完成了上级下达的各项工作指标和任务。个旧市人社局获全州年度综合考核评比一等奖和信息工作先进单位。个旧市荣获国家人力资源和社会保障部、中华全国总工会、中华全国工商业联合会授予的“2011年全国民营企业招聘周组织工作突出城市”称号（云南省仅昆明、个旧2城市获此称号）。

【机构设置】 2011年，个旧市人社局内设机构为12个科室和4大中心。即:办公室、法制监察科、劳动关系科、信访和调解仲裁科、财务规划科、军官转业安置科、社会保险基金监督科、基层管理科、人力资源开发科、公务员管理科、职称与事业单位管理科、工资福利科、就业中心、社保中心、医保中心和城乡居民社会养老保险中心。编制125人，实有在职在编职工107人，离退休人员40人，聘用社区劳动保障和劳动执法监察协管员92人。市人社局下辖乡镇和城区办事处劳动保障工作所10个，并在全市城区29个社区分9个片区建立劳动保障工作站。

【就业失业登记】 2011年，个旧市城镇新登记失业人员6331人，办理就业登记6517人。2010年结转失业人员4773人，期末实有城镇登记失业人员4587人，从业人员总数112403人，城镇登记失业率3.92%。

【劳动力市场和职业介绍机构】 2011年，个旧市以市级劳动力市场为中心，依托9个乡镇劳动保障所和9个片区劳动保障工作站，上下联通、相互配合，为有求职意愿的劳动者提供公共就业服务。年末，经原市劳动和社会保障局批准成立的民办职业介绍所有4家，其他部门主办的职业介绍机构有2家。

【职业介绍】 2011年，个旧市劳动力中心市场积极为用人单位以及高校毕业生、农民工和城镇失业人员等各类劳动者提供免费职业介绍服务。全年共有560家用人单位提供就业岗位8599个，有11612名求职者到市劳动力中心市场、乡镇和社区劳动保障所（站）、民办职业介绍机构进行求职登记，介绍成功4599人次，其中农民工1810人、高校毕业生839人、城镇失业人员1754人。职业介绍成功率39.6%。

【劳务输出】 2011年，个旧市人社局与市农村劳动力转移办公室紧密配合，实施农村劳动力转移就业特别行动计划。组织专场招聘会4场；开展转移就业政策、外出务工常识等引导性培训2039人；转移农村劳动力2538人；新增农村劳动力转移就业1123人。

【高校毕业生就业】 2011年，个旧市把促进高校毕业生就业工作放在首位。市劳动力中心市场为839名高校毕业生提供免费职业指导和免费职业介绍服务；开发公益性岗位5个，安置5名高校毕业生就业；组织7名高校毕业生参加创业培训并给予创业培训补贴2275元；落实小额贷款189万元扶持31名高校毕业生自主创业。

【扶持创业促进就业】 2011年，个旧市继续推进鼓励创业小额担保贷款和“贷免扶补”创业小额贷款工作。全年发放失业人员小额担保贷款1735万元，扶持个人成功创业359人，带动就业1726人；发放“贷免扶补”创业小额贷款147万元,扶持个人成功创业30人；发放劳动密集型小企业小额担保贷款11户，贷款金额1310万元，带动就业1117人。创业带动就业的倍增效应充分显现。

【职业技能培训】 2011年，个旧市人社局组织222名已享受小额担保贷款的成功创业人员参加SIYB创业培训，帮助已创业人员进一步巩固和改善已创办的企业。经考核，全部学员均取得创业培训合格证书。按照《个旧市失地农民就业培训实施意见》要求，做好失地农民摸底调查统计、定点培训机构认定、制定2011年失地农民就业培训计划、组织学员到培训机构参加培训等各项具体工作。并选送失地农民学员186名，免费参加红河州技工学校、个旧一职中3年制学历教育培训。失地农民就业培训的开展，引起《中国劳动保障报》对个旧市的高度关注，派记者采访后于12月20日在《中国劳动保障报》2版头条刊发《配好“金钥匙” 打开“就业门”——个旧市积极推进失地农民就业培训工作》的专题报道。

【落实就业再就业优惠政策】 2011年，个旧市人社局对开发公益性岗位安置就业困难人员的市绿化管理处、宝华公园等10家事业单位兑现公益性岗位补贴和社会保险补贴。到12月底止，累计对297名就业困难人员拨付岗位补贴和社会保险补贴291.23万元。

从8月1日开始，全市开展对就业困难人员灵活就业社会保险补贴发放工作。到12月31日止，领取社会保险补贴人数达2433人，发放社会保险补贴总额420.73万元。

【争取就业专项资金支持】 2011年，个旧市人社局加强与省州就业对口部门联系和协调，积极争取上级就业专项资金支持。全年争取就业专项资金4235万元。其中用于小额担保贷款资金3045万元；用于就业困难人员灵活就业、企业吸纳下岗失业人员就业、公益性岗位安置就业困难人员就业等社会保险补贴和岗位补贴等资金1190万元。

【公共就业服务专项活动】 2011年，个旧市人社局先后组织开展“就业援助月”、“春风行动”、“技能人才队伍建设暨技工院校招生宣传周”、“民营企业招聘周”、“高校毕业生就业服务月”等5项公共就业服务专项活动，促进就业援助工作的开展和就业政策的落实。

1月，与市残疾人联合会密切配合开展就业援助月活动。举办两场公益性岗位安置就业困难人员专场招聘会，组织3家事业单位提供公益性岗位32个，安排32名就业困难人员上岗就业，其中零就业家庭失业人员11人，对零就业家庭实现动态清零；走访残疾人12户，登记有工作能力和工作意向的失业残疾人员 11 人，安排7名登记失业的残疾人就业。

2月15日至4月30日，组织开展“个旧市2011年春风行动”专项活动，共收集就业岗位1708个，组织专场招聘会3次，为农村劳动者等各类求职人员提供免费职业介绍服务3000人次，成功推荐505名农村劳动者到本地企业就业，组织295人参加职业技能培训，向26名劳动者提供劳动维权服务和法律援助，散发春风卡等宣传资料3000份。

5月9～15日，开展“个旧市技能人才队伍建设暨技工院校招生宣传周”活动。其间，于5月15日组织云锡技校、红河州技校、红河州商贸旅游技校、弥勒庆来技校4家技工院校在个旧市区怀源芳圃开展“技校招生咨询日”活动，展出宣传展板10块，张贴宣传标语17条，散发《招生简章》《办学成果宣传册》等宣传资料6000份。

5月22～28日，开展“2011年红河州暨个旧市民营企业招聘周”活动。参加招聘活动的企事业单位有114家，提供就业岗位2652个，其中适合高校毕业生就业的岗位754个。活动期间，前来应聘的人员6500多人次，达成招聘意向557人。其中高校毕业生191人、进城务工农民118人、就业困难人员230人，其他人员18人。

9月1日至10月31日，开展“个旧市2011年高校毕业生就业服务月”专项活动，印发宣传资料5000余份；收集、发布适合高校毕业生的岗位信息1392条，向高校毕业生提供职业指导214人次，提供就业推荐98人次；组织专场招聘会1场，提供岗位信息56条，签订就业意向47人；开发公益性岗位5个，安置高校毕业生就业5人；组织高校毕业生7人参加创业培训并给予创业培训补贴2275元；落实小额贷款189万元扶持高校毕业生自主创业31人。

【人才资源开发和人才服务】 2011年，个旧市人社局为大中专毕业生888人进行报到登记，其中硕士生4人、本科245人、专科366人、中专273人。共保管各类人员个人档案6802册。

根据各用人事业单位编制空缺和需求情况，经市政府研究决定向州人社局上报个旧市事业单位增人计划，州人社局审批同意下达个旧市2011年事业单位增人计划指标230人。全市面向社会公开招考事业单位工作人员101人，紧缺人才招聘35人，定向招聘到农村基层服务项目服务期满高校毕业生6人，定向招聘农村代课教师30人，录用免费师范生1人。

完成为1192人办理各项人事代理事项。为毕业生开具落户证明 39份、未就业证明13份、工作证明2份、档案存放证明12份，转入档案737袋，转出档案222袋。

做好高校毕业生的就业指导和就业服务工作，了解用人单位需求情况，建好未就业毕业生和用人企业信息库，积极与企业联系，搭建人才供需平台，完成高校毕业生就业见习162人，共推荐大中专毕业生23人到招商银行、广东长实通信公司、云南久泰药业、沃尔玛等企业就业。

【机关工勤人员和事业单位工作人员管理】 2011年，个旧市事业单位（政府系统）应参加年度考核6925人，实际参加考核6828人，其中职员318人、专业技术人员5582人、工勤人员928人。考核结果为：优秀1290人，占应参加考核人数的18.89%；合格5419人，占应参加考核人数的79.36%；基本合格3人，占应参加考核人数的0.04%；不合格2人，占应参加考核人数的0.03%；未定等次114人，占应参加考核人数的1.67%。

根据《云南省城镇退役士兵考核安置办法（试行）》精神，全面推行“双考”安置办法，全年共安置复退转军人2人到事业单位工作。

办理机关、事业单位工勤人员调动45人。其中调入7人，调出2人，市内调动36人。

办理事业单位干部调动206人。其中调入36人，调出43人，市内调动127人。

按照个旧市事业单位人事制度改革实施意见的规定，批准辞职从事个体私营经济1人，正常辞职9人，终止试用期3人。

【公务员管理】 2011年，个旧市人社局按照《中华人民共和国公务员法实施方案》，上报红河州公务员局批准公务员登记95 人（主要为2009、2010年新录用公务员）。

年内，全市政府口公开招考公务员职位19个，拟招考公务员24人，正式录用24人（其中公安7人）；组织完成全州1532人考生的笔试及17人体检政审录用公务员工作。

做好2010年度考核工作，按干部管理权限政府系统应参加年度考核的公务员1695人，实参加考核1691人，未参加考核4人。考核结果为：优秀346人，占应参加考核人数的20.4%；称职1246人，占应参加考核人数的73.7%；不称职1人；不确定等次98人（其中2009年录用公务员51人、2010年录用公务员36人；受撤职处分4人；记大过处分1人；被逮捕3人；判刑1人；政纪立案2人），占应参加考核人数的5.8%。

协助上级人社部门对2010年新录用公务员36人进行初任培训；按照云南省公务员局《关于在全省行政机关公务员中开展“强素质比奉献”深化“忠

诚教育”的培训教育活动的通知》精神，认真组织全市公务员培训、考试，完成58家单位1360册培训教材的征订及58家单位1697名公务员的考试工作。

根据相关规定，全年办理公务员调动95人（含机构改革划转人员），办理公务员正常晋升41人。

【效能政府行政能力提升及责任政府三项制度工作】 2011年，个旧市继续开展责任政府三项制度及效能政府四项制度工作，并通过效能政府行政能力提升、责任政府“深化提高”、“服务承诺兑现满意度测评”活动，开通特色惠民“直通车”，实现群众工作的无缝隙、零距离、全覆盖。年内，责任政府三项制度已在全市33家行政机关、9个乡镇区、11家参公事业单位、135家事业单位、29个社区、6个村委会、5家企业中推行；行政能力提升也在全市42家单位有效开展，结合省州市20项重大建设项目和20项重要工作以及社会关注的热点事项开展目标倒逼管理，全市42家单位上报目标倒逼管理重点工作48项，各单位明确了各自学习培训专题、一线工作法得以认真落实。

【工资福利管理】 2011年，个旧市人社局审批完成机关485人正常晋升级别工资，月增资20元/月；163人晋升级别工资档次，月增资29元/月；事业单位6362人晋升薪级工资，月增资26元/月。

完成工作调动重新确定工资27人；职务岗位工龄变动变动工资1159人、学历变动变动工资37人；农、林、水、卫等特殊行业8年固定浮动工资61人；警衔津贴变动 29人；新参加工作确定工资196人；转正定级工资审核159人；退休手续办理207人；工伤（比照工伤）认定19人；事业单位丧葬抚恤遗属生活困难补助费的审核备案57人。

组织实施全市其他事业单位实施绩效工资工作，审批117家单位4055人的基础性绩效工资。为符合条件的49名市属企业职教幼教退休教师和347名云锡职教幼教退休教师按个旧市同职务同条件事业人员标准套改退休生活费。

【专业技术人员管理】 2011年，个旧市有专业技术人员6539人（妇女3790人、少数民族1600人）。其中事业单位5766人，企业单位773人。具有正高级资格23人，副高级645人，中级资格3130人，初级2437人，在岗未评聘人员304人。个旧市离退休专业技术人员2948人。其中正高级18人，副高级352人，中级1781人，初级797人。

年内，重新组建小学高级教师、工程等2个中级评委库和中学、小学、工程、城建环保、农业、档案、文体广等7个初级评委库。

完成专业技术职务任职资格推荐材料551人的审核申报工作，其中正高级3人，副高级102人，中级209人，助理级155人，员级82人。评委会通过并经人社部门确认专业技术职务资格528人，其中正高级2人，副高级82人，中级207人，助理级155人，员级82人。

经济资格合格7人(中级4人、初级3人)，会计资格考试合格10人（中级4人、初级6人），统计资格考试合格2人（初级）。

全年，全市共有122家企事业单位3179名专业技术人员通过《目标与时间管理》继续教育培训。

4月，按照《云南省人力资源和社会保障厅关于开展第五届云南省科技兴乡贡献奖推荐评选工作的通知》精神，经过广泛推荐、公示、审核、筛选等推荐程序，推荐上报州级参评3人，最后，个旧市卡房镇卫生院李建德、个旧市大屯畜牧站管菊等2人获第五届云南省科技兴乡贡献奖。

10月，按照《关于做好我州选拔第四批云南省拔尖农村乡土人才的通知》精神，选拔推荐大屯龙井村个体养殖场场长龙全渭、鸡街上乍甸村春红果蔬种植专业户合作社理事长刘红梅2人参加评选拔尖农村乡土人才。

3月，下达2011年事业单位岗位聘用控制数核准数，4月、10月两次审核完成170家事业单位1167人岗位晋升，其中专技岗位1075人（正高3人、副高86人、中职617人、初职369人），管理岗位1人，工勤岗位91人。

全年批准机关事业单位使用编制外人员计划66家单位133个岗位拟聘603人，已使用编制外人员30家单位264人，续订13家单位464人。

【军转安置工作】 2011年，个旧市人社局安置军转干部1人到市国土资源局。历年来共接收自主择业军转干部58人，并继续做好自主择业军转干部组织关系接转等服务管理工作。

【劳动合同管理】 2011年，个旧市人社局继续做好农民工劳动合同管理工作，并于3月至6月初在全市范围开展“春暖行动”活动。此次活动共督促用人单位办理劳动合同用工登记11034人，其中农民工7728人。确保全市城镇企业相对稳定就业的农民工劳动合同签订率达到90%以上。

做好劳动用工登记工作，截止12月31日，共为507户次单位登记劳动合同26117份。其中新签订、转移18613份，续订7310份，变更194份。全市规模以上企业劳动合同签订率98%，相对稳定就业农民工劳动合同签订率90%。

【集体合同管理】 2011年，个旧市人社局积极稳妥地推进企业集体合同签订工作，新签订集体合同332件，涉及用人单位332户，受益职工人数40508人。年末，全市累计有有效集体合同392件，涉及用人单位392户，受益职工人数88229人。规模以上企业集体合同签订率81%以上。年内，全市继续推进以区域性、行业性的方式协商签订集体合同工作，提高合同签订率。

【协调劳动关系三方机制】 2011年，个旧市人社局按上级有关精神，将个旧市工商业联合会列入个旧市协调劳动关系三方联席会议组成人员，通过对组织机构的进一步调整，全面推进三方机制建设。针对新时期劳动关系的特点，不断完善劳动关系三方协商机制，召开会议，通报红河州工资集体协商工作推进会精神，介绍集体合同签订情况，研讨扩面工作，宣传云南省就业失业登记证的有关政策，并提出下一步工作计划。

【企业工资管理】 2011年，个旧市人社局积极推进企业工资集体协商和工资总额备案工作，下发《关于发布2010年企业工资指导线方案的通知》，要求各用人单位重视和培育工资集体协商机制，开展工资集体协商确定企业工资总额、工资分配制度、工资标准、分配形式及支付办法等。同时，依据发布的企业工资指导线方案适时调整职工工资收入水平。

做好企业工资总额备案及台账登记工作，对单位上报的《企业工资总额备案表》实行备案签章。全市已实施工资总额备案的单位41户，涉及职工人数4421人，备案工资总额7968.78万元。

做好劳动力市场工资指导价位的基础准备工作。依据2010年全市企业在岗职工工资情况调查资料和抽取的有关职位样本，通过汇总、分析、修正、制订，并发布个旧市2011年度55个职位（工种）的劳动力市场工资指导价位。同时对行业人工成本信息进行数据收集、整理、汇总、上报，并发布个旧市2010年部分行业人工成本构成情况。

2011年10月，个旧市按上级有关精神，将最低工资标准由原来的740元调整为845元，小时最低工资标准由原来的7元调整为8元。最低工资标准的调整，有效地保障了劳动者个人及其家庭成员的基本生活和劳动者的合法权益。

【从业人员退休登记审核】 2011年，个旧市人社局共办理从业人员退休812人，其中审核登记法定年龄退休466人；特殊工种提前退休305人；因病完全丧失劳动能力办理退休36人；复退军人提前退休5人。

【事业单位在职在编人员聘用合同管理】 2011年，个旧市人社局办理事业单位在职在编人员聘用合同的鉴证登记以及合同的新签、续签、变更、解除、终止等相关工作，共为490户次单位鉴证登记聘用合同1762份，其中新签订287份、续签58份、变更697份、解除182份、终止121份、登记417份。全市事业单位在职在编人员聘用合同签订率保持在95%以上。

【国有企业政策性破产工作】 2011年，个旧市人社局参与制定《个旧市水泥总厂关闭在职职工与离退休人员安置方案》及相关数据的测算工作，与国企改革相关部门积极配合，多次深入个旧市水泥总厂，召开多层次的职工座谈会了解职工思想动态，积极推进个旧市水泥总厂淘汰落后产能关闭工作。并指导好个旧市集体企业改制过程中的职工安置工作。

【劳动保障执法年审】 2011年，个旧市人社局对全市1420户各类用人单位进行年审，涉及劳动者65719人。在年审中追缴养老保险费184.18万元；追缴失业保险费66.5万元；追缴其他保险费(工伤、生育、医疗) 3.24万元；补签劳动合同6704人；清退抵押金7253元,涉及劳动者8人;追发拖欠劳动者工资2.8万元，涉及劳动者21人。结合年审工作分4批对各类单位的法定代表人、人力资源负责人、工会负责人进行劳动保障法律法规培训，参训人员613人，通过贯彻宣传、组织学习收到很好的效果。

【劳动保障日常巡视监察与专项监察】 2011年，个旧市人社局认真贯彻国务院《劳动保障监察条例》，紧紧围绕维护劳动者和用人单位的合法权益，进一步加大劳动保障监察力度。年内对130户各类用人单位开展日常巡视监察工作，在职的2名专职监察员平均巡查单位65户，巡查率90%以上。立案查处2个用人单位在申报应缴纳社会保险数额时瞒报工资总额的违法案件，罚款金额241144.03元；对4个用人单位下达劳动保障监察责令改正决定书，要求限期整改。全年处理来信、来访、举报、投诉共33件，涉及劳动者384人。解决拖欠劳动者工资3444951.2元，涉及劳动者375人；清退用人单位违法向劳动者收取抵押金7553元，涉及劳动者9人，处理回复率100%。同时，重点开展专项监察工作5次。一是从2010年12月1日起至2011年1月15日止，市人社局、市建设局、市公安局、市财政局、市总工会等5部门联合在全市范围内组织开展农民工工资支付情况专项检查活动。检查各类用人单位402户，涉及劳动者29421人，其中农民工22433人。5部门出动检查人员57人，印发各种宣传资料500份，开展咨询115次。清理拖欠农民工工资1775659.11元，涉及劳动者179人,其中农民工177人。二是从2011年2月21日起至3月18日止，开展清理整顿人力资源市场秩序专项检查。检查职业中介机构、信息服务中心34户，其中4户信息服务中心已取得人力资源服务许可证、3户信息服务中心存在隐蔽零星从事职业介绍行为、 27户信息服务中心未发现从事职介活动。三是从2011年7月7日起至8月10日止，组织开展用人单位遵守劳动用工和社会保险法律法规情况专项检查。检查用人单位409户，涉及劳动者22490人，其中53户企业、222户个体工商户未依法与其形成劳动关系的劳动者签订劳动合同，涉及劳动者4940人。四是从2011年9月13日起至9月16日止，开展治理黑劳工、黑中介、黑砖窑和非法用工等违法行为检查。检查各类用人单位32户，其中职业中介机构3户、信息服务中心28户、客运公司1户，均未发现黑中介、黑劳工等情况。由乡镇劳动保障所对使用农民工密集的单位，特别是小砖窑等场所进行重点检查，检查各类用人单位52户，其中小砖窑6户，均未发现黑中介、黑劳工等情况。五是从2011年10月8日起至2011年10月20日止，开展建设领域和非建设领域农民工欠薪情况检查，检查各类用人单位71户，涉及劳动者9000余人。检查范围覆盖个旧市辖区在建工程项目的建设单位、施工单位、劳务公司等。检查发现1个在建工程项目有拖欠农民工工资的情况，拖欠金额38280元，涉及农民工15人，依据相关规定已及时解决。

【农民工工资保障金】 2011年，个旧市人社局按照《个旧市建设领域农民工工资支付保障金制度》《个旧市农民工工资管理办法》，存入农民工工资保证金23645913元，涉及48个建设项目（单位）。

【信访】 2011年，个旧市人社局积极做好信访工作，认真处理来信、接待来访，倾听人民群众的意见、建议和要求，接受人民群众的监督，努力为人民群众服务。全年收到群众来信76件，接待来访群众3720人次，已全部答复办理。参与市级领导大接访19次，接待来访群众96批次950人。

【劳动人事争议调解和仲裁】 2011年，个旧市劳动人事争议仲裁委员会收到人事争议申请1件，立案受理并已仲裁结案1件。收到劳动争议申请38件，立案前调解结案6件；决定不予受理4件；立案受理28件，结案27件，中止仲裁1件。中止仲裁1件为公安部门尚未侦查终结，市劳动人事争议仲裁委员会须待相关司法机关处理终结后才能依法恢复仲裁。与2010年相比，劳动人事争议案件增加3件，上升8.3%。

【养老保险】 2011年，个旧市参加企业基本养老保险单位551户、67587人，其中单位在职职工43147人（其中个体工商户和灵活就业人员17983人，机关事业单位713人，企业在职人员24451人），离退休人员24440人，当年新增退休人员1528人，本年参保流失人员1157人（在职死亡63人、离退休死亡436人、转出市外347人、农民工退保311人）。实际缴费人数39267人（其中个体工商户和灵活就业人员16727人），收缴养老保险费36150万元（其中当期征缴养老保险费17468万元,清缴历年欠费1319万元,一次性补缴14548万元，转移收入33万元,利息收入282万元,争取上级调剂养老金2500万元)，支付养老金30019.01万元，确保全市离退休人员养老金按时足额发放。养老保险金社会化发放率100%，企业基本养老保险金征缴率93%。

1月，按上级有关文件精神，对2010年12月31日前已按规定办理退休手续的参保退休人员，再次进行养老金调整。通过连续7年调整，个旧市企业退休人员养老金平均每人每月已达1245元，逐步缓解了企业离退休人员养老金偏低的矛盾。

5月起，按上级有关文件精神，积极做好未参保集体企业人员参加养老保险的工作。截止12月末，办理参保手续6420人,有5099人领到养老金。

年末，个旧市参加机关、事业单位养老保险参保单位81户，参保人数713人,收缴保费82万元,转移、退休支付0.8万元。

【失业保险】 2011年，个旧市参加失业保险单位546户、53160人，收缴失业保险金4128万元（其中征缴失业保险费4102万元,利息收入26万元)，支付285万元,滚存结余7842万元。组织失业人员95人开展就业培训，提高了失业人员的劳动技能。

【工伤保险】 2011年，个旧市参加工伤保险单位660户、55300人（其中农民工参保20500人），收缴工伤保险基金4256万元(其中工伤保险费征缴收入3699万元,上级补助收入553万元,利息收入4万元)，基金支出3581万元（其中工伤待遇支出3382万元，上解上级支出199万元），滚存结余1188万元。全市未纳入统筹并有老工伤的企业有63户，工伤患者1512人（其中1～4级101人，5～10级191人，未鉴定1191人，供养亲属29人）。全州企业老工伤人员纳入统筹工作后，个旧市及时制定《个旧市解决企业老工伤人员纳入统筹工作方案》，并将1389名老工伤人员纳入统筹，占应纳入统筹人数的100%，清算费用298万元。

【生育保险】 2011年，个旧市参加生育保险单位293户、17440人，收缴生育保险基金373万元(其中生育保险费征缴收入371万元,利息收入2万元)，支付255万元，滚存结余469万元。

【社会保险稽核】 2011年，个旧市人社局在对参保企业进行书面稽核的基础上，又抽取个别企业进行实地稽核。在对被抽取的112户企业16181名职工参保情况的实地稽核中，对发现的问题及时进行整改。

【医疗保险】 2011年，个旧市医疗保险参保人数225000人，其中参加城镇职工基本医疗保险单位1006 户、12.2万人；参加城镇居民医疗保险10.3万人。收缴城镇职工基本医疗保险费25926万元，其中统筹账户收入12150万元，个人账户收入10296万元，大病补充医疗保险收入1584万元，公务员医疗补助基金收入1896万元。支出25413万元，其中统筹账户支出14196万元，个人账户支出7752万元，大病补充医疗保险支出1581万元，公务员医疗补助基金支出1884万元。当年基金收支结余513万元，其中统筹账户当年收支赤字2046万元、个人账户当年收支结余2544万元、大病补充保险当年收支结余3万元、公务员补助当年收支结余12万元。上缴州级统筹基本医疗保险费27556万元，州级下拨统筹基本医疗保险费19548万元。省级财政补助73.9万元（用于补助关闭的破产企业）。

城镇居民基本医疗保险收入3221万元（其中中央财政补助收入1453万元，中央民政补助收入34万元，省级财政补助638万元，省级民政补助收入123万元，州级财政补助收入174万元，市级财政补助460万元，学校大学生补助收入4万元，个人缴费303万元，利息收入17万元，其它收入15万元），支出3292万元，当年收支结余71万元，累计结余944万元。

离休干部统筹总收入1618万元（其中单位缴纳统筹收入754万元，市级财政补助离休干部统筹860万元，利息收入4万元），支出1549万元，当年收支结余69万元，累计结余869万元。

2011年1月，按照定点医疗服务协议和对参保单位缴费基数核定的有关规定，组织人员采取定期或不定期检查的办法，完成对全市两定机构2010年度的年检和对参保单位缴费基数的核查工作。同时，做好城镇居民医保信息上报和社会保障卡制卡、发卡准备工作。4月1日，个旧市医保工作暨州级统筹启动大会召开，决定从即日起全市正式按照《红河州城镇职工基本医疗保险州级统筹实施办法》办理各项医保业务，实现城镇职工基本医疗保险州级统筹。6月中旬，全市城镇居民基本医疗社会保障卡发放工作启动，10月基本完成10万城镇居民医疗社会保障卡发卡工作。年底，全市发放2009年度城镇居民基本医疗保险门诊补助金238万元，有5.7万参保人员领到补助费。

【定点医院、药店管理】 2011年，个旧市有“两定”机构124家，其中定点医院61家、定点药店63家。市医保中心继续实行每年与定点医院、药店签订服务协议，并采取定期和不定期、日常检查和年检相结合的方式进行管理，按时完成医院、药店年检工作。除定期考核“两定”机构医保政策的执行、服务协议履行等情况外，对定点药店实行专人分片管理，要求“两定”机构与中心签订管理责任书，接受定期和不定期日常检查，当场指出存在问题，并要求及时、定期整改，将检查结果作为“两定”机构年终检审和综合考核的依据。

【城乡居民社会养老保险】 2011年8月31日，个旧市启动新型农村和城镇居民养老保险试点工作，并将此项工作作为“加快健全我市社会保障体系，全面解决城乡居民老有所养问题”的第一要务，抓紧抓好。截止12月底，全市两项保险参保102388人（其中“新农保”89599人、城镇居民养老保险12789人），收取养老保险基金1314.61万元(其中“新农保”936.51万元、城镇居民养老保险378.1万元)。从9月起向全市2.09万名60周岁以上老龄人发放半年(2011年7月至12月)的基础养老金(月发放金额114.95万元、总发放金额689.7万元)。

（撰稿：陈建伟）

扶贫工作

【简述】 2011年，个旧市扶贫开发工作以贫困村为主战场，紧紧围绕解决温饱、巩固温饱成果、加快脱贫致富为目标，不断提高贫困地区人民群众自我生存和发展能力；坚持开发式扶贫，遵循“政府主导、社会参与、自力更生、综合开发、持续发展”的原则，大力推进整村推进、农村小额信贷、产业扶贫开发、易地扶贫、安居工程建设、党政机关挂钩扶贫等项目，完善基础设施建设，改善贫困村生产生活条件、医疗条件，提高人口素质；以“二次创业”为动力，努力克服金融危机带来的财政减收、扶贫资金投入不足、省州对非重点市（县）扶贫项目资金扶持进一步缩减、机构改革等一系列不利因素，积极争取上级业务部门的项目资金支持；不断加强横向联系，推动全市扶贫工作快速健康发展。年内，市扶贫办圆满地完成省、州、市各级政府下达的各项扶贫考核任务。获州委、州政府各项工作目标考核一等奖。

全年，全市争取和协调整合扶贫资金5281.1万元，比2010年增长34.6%，其中省级资金3120万元、州级资金91万元、市级资金203万元、党政机关挂钩扶贫资金402.2万元、整合资金551.1万元、其它资金913.8万元。实施完成整村推进项目28个；安居工程20户；投放扶贫到户贷款1800万元，扶持农户2002户9090人；扶持产业开发项目1个900万元；启动实施易地扶贫搬迁项目2个，即保和乡白拉租和贾沙乡小贾沙易地扶贫搬迁；解决贫困人口温饱3710人，其中解决绝对贫困人口温饱1586人，巩固温饱不稳定人口2124人。

【提升整村推进规模质量，改善贫困群众生产生活条件】 2011年，个旧市整村推进建设以建设村科技文化活动室、村内道路硬化、解决人畜饮水困难为主要内容，以改善生产和生存环境为前提，注重群众的公益服务性、适用性，不断提升整村推进建设的规模和质量；整合财政一事一议、新农村建设等项目，资金按照“渠道不乱、用途不变、项目整合、资金捆绑、集中使用、各记其功”的原则，全面推进整村推进项目实施。全年，个旧市实施整村推进28个，分别安排在9个乡（镇、区）25个村委会28个贫困自然村实施。省级整村推进建设项目13个，分别安排在：卡房镇扯土白村委会加期迷村；贾沙乡围墙村委会围墙村；贾沙乡普洒河村委会小寨村；保和乡保和村委会白拉租村；保和乡白巫山村委会小咪勒村；老厂镇羊坝底村委会大羊坝底村；锡城镇芹菜塘村委会芹菜塘下寨村；鸡街镇水龙井村委会松树脑村；鸡街镇毕业红村委会加级寨村；蔓耗镇黄木树村委会水头村；大屯镇戴家庄村委会旧寨村、大木寨村；沙甸区沙甸乡金鱼村。州级整村推进建设项目8个，分别安排在：卡房镇田坝子村委会乌底坡村；卡房镇龙头寨村委会小河沟村；保和乡莫贾村委会上莫贾村；老厂镇对门山村委会小大坡村；锡城镇芹菜塘村委会芦子箐村；鸡街镇甸尾村委会双河村、甸尾村、上甸中村。

市级整村推进建设项目7个，分别安排在：贾沙乡丫沙底村委会者勒白村；贾沙乡水塘村委会新寨村；卡房镇大黑山村委会塘子边村；锡城镇戈贾村委会戈贾下寨村；鸡街镇邦干村委会六一村；蔓耗镇牛棚村委会一道沟村；大屯镇楼坊寨村委会新坡背一村。

年内，实施的28个整村推进建设项目，累计投入各类扶贫资金1675.9万元，其中省级投入扶贫资金195万元，州级补助资金80万元，市级财政配套资金145万元，群众自筹587.8万元，其他资金240万元，整合资金428.1万元，义务投工投劳54000个。完成项目55项，即村内道路硬化建设16条18.13公里；挡墙建设390立方米；修建进村公路3条3.64公里；新建生活水窖、蓄水池8个216立方米；修建大牲畜饮水塘1个4000立方米；架设饮水管道6.8千米；兴修农田地灌溉沟渠4.6千米；架设农田地灌溉引水管道2千米；安装村道路灯26盏；新建科技文化活动室17间3860平方米，活动场地4060平方米；建卫生垃圾池11个；新建公厕2个96平方米；发展烤烟、冬早蔬菜、马铃薯等经济作物种植2300亩；发展西瓜、柑桔、番木瓜、花椒等经济林果种植4060亩；发展生猪、种猪养殖1460头，养鸡6800只，养羊300只，养牛200头；举办科技培训67期6100人（次）。项目覆盖全市9个乡（镇、区）25个村委会28个贫困自然村，2594户9939人直接受益，解决贫困温饱人口2849人，解决2659人和1262头大牲畜的饮水困难问题；改善19个贫困村6880人的生产生活条件和卫生状况；改善17个贫困村6637人的农村文化生活；产业扶持为贫困农户增加收入1658万元。项目的实施，有效地改善了贫困村群众的生产生活条件，村容村貌发生了根本性变化，丰富了群众的文化科技生活，使群众享受到公益事业带来的好处，受到老百姓的称赞。

【大力推进农村小额信贷，加快贫困群众脱贫致富步伐】 2011年，个旧市继续坚持“抓培训、扶产业、保重点”，“放得出，收得回，有效益”以及“稳中求进”的工作原则和方法，大力推进农村小额信贷扶贫工作。全年，全市投入省级农村小额信贷扶贫资金1800万元，其中种植业1211万元、养殖业447万元、加工业和其他行业142万元，按期还款率100%。小额信贷覆盖9个乡（镇、区），48个村委会，78个村小组，受益贫困人口2002户9090人。沙甸区新一届党委、政府高度重视扶贫工作，于年内成立了沙甸区小额信贷工作站，首次投放小额信贷扶贫资金100万元，受到老百姓的欢迎。沙甸区小额信贷工作站的成立，使个旧市实现乡（镇、区）均设有农村小额信贷工作机构的目标。

【全力做好易地扶贫搬迁，不断改善贫困地区群众生存环境】 2011年，个旧市继续推进保和乡白拉租易地扶贫搬迁续建工程，进一步加大项目资金整合力度，安排省级深度贫困扶贫安居工程建设20户、市级1户，资金21万元；安排省级整村推进项目1个，资金15万元；安排省级地质灾害治理专项资金178万元；安排道路建设资金80余万元；启动安居房建设项目12户，项目总投资513.5万元。实施完成搬迁点“三通一平”工程、项目用地工程、供水工程、文化活动室建设工程。由于搬迁点地质情况复杂，地基出现大小溶洞和裂隙，再加上缺乏施工用水以及项目推进措施不力等主客观因素的影响，建设项目没有按计划如期完成。

年内，个旧市扶贫办积极主动向省、州扶贫办汇报，认真撰写《贾沙乡小贾沙村易地扶贫可行性研究报告》，做好贾沙乡小贾沙村易地扶贫立项前期工作。项目于7月通过省、州评审，并于9月批准立项。项目投入资金151万元，其中省级财政资金75万元，其他资金76万元，实施小贾沙村33户150人易地扶贫整体搬迁。项目计划完成安居房建设33套、架设入户饮水管道1650米、村内道路硬化600米、发展烤烟20亩、扶持土鸡养殖2000只、举办农村实用技术培训4期132人（次）。通过易地扶贫搬迁项目的实施，小贾沙村民的生存环境将得到极大改善，真正迈上脱贫致富的道路。

【加大龙头企业扶持力度，促进扶贫产业化发展】 2011年，个旧市投入产业扶贫开发项目资金900万元，用于云南乍甸乳业有限责任公司“生态奶牛基地建设”。扶贫产业的开发，加快了农村经济的发展，增强了贫困人口的“造血”功能，促进了贫困地区农民的增收，有效地解决了农民致富难的问题。

【抓好农村实用技术培训，促进农村劳动力转移】 2011年，个旧市扶贫办按照“整合人力资源，各司其职，各记其功”的原则，积极与有关职能部门合作，主办和协办农村小额信贷管理、畜禽养殖技术、烤烟栽培技术、果树修剪等农村实用技术培训班67期，培训人员6100人（次），极大地提升了贫困地区农民群众的科技实用技能，提高了劳动生产力，促进了科技成果推广进程，为发展农业生产奠定了技术基础。同时，也为劳务输出创造了必要的技能条件，拓宽了外出务工的就业渠道，既学到技能，得到锻炼，又开阔了眼界，增加了收入，加快了脱贫致富步伐，为自求发展奠定了良好的基础。全年农村劳动力转移实现劳务输出1216人。

【党政机关挂钩扶贫】　2011年，个旧市党政机关干部和市级领导始终坚持立党为公、执政为民的宗旨，身先士卒，率先垂范，深入挂钩贫困村和结对帮扶贫困户，了解情况，查找问题，献计献策，制定贫困村经济发展计划，帮助老百姓干实事、做好事，用真情和真金白银扶贫。全市投入挂钩帮扶资金402.2万元、水泥物资1200多吨；为村委会和学校捐赠办公桌椅、电脑、衣物等；实施种养殖业项目20项；建成科技文化活动场所15个，2200多平方米；修建村道21.7公里；兴修人畜饮水工程24件、水窖155口3100立方米；投入社会事业项目资金21.54万元，资助失学儿童和困难学生149人。党政机关挂钩扶贫使5000多人直接受益，树立了党政机关为民服务的良好形象，受到贫困地区人民群众的交口称赞。

（撰稿：叶兴平　李　梅）

移民开发

【简述】　2011年，个旧市移民开发局在市委、市政府的正确领导和州移民开发局的关怀帮助下，坚持以邓小平理论和“三个代表”重要思想为指导，全面贯彻落实科学发展观，认真学习贯彻十七大和十七届五中、六中全会精神，严格按照市人民政府与州人民政府签订的《红河州2011年移民工作目标管理责任书》要求，紧紧围绕“库区长期稳定、工程顺利施工、移民平稳搬迁、经济长远发展”的工作目标，认真执行移民政策法规，以解决移民群众最关心、最直接、最突出的困难和问题为着力点，解放思想，开拓创新，凝心聚力，求真务实，克难奋进，在移民新村基础设施建设、移民后期扶持等方面，做了大量艰苦细致的工作，切实维护了移民和库区群众的合法权益，各项移民工作取得明显成效。

【认真贯彻执行移民方针政策】　2011年，个旧市移民开发局认真宣传和贯彻落实移民政策法规，确保移民和库区群众的合法权益。一是认真学习移民方针政策。积极组织移民开发局干部职工学习贯彻《大中型水利水电工程建设征地补偿和移民安置条例》《国务院关于完善大中型水库移民后期扶持政策的意见》和《云南省人民政府关于贯彻落实国务院大中型水利水电工程建设征地和移民安置条例的实施意见》等移民政策法规，不断提高移民干部的政策水平和业务素质，切实做到依法行政，依法移民。二是严格执行移民政策，切实维护移民利益。移民政策是纲，必须不折不扣执行；移民利益是本，必须秋毫不犯。本着“对大多数移民负责，对移民今后发展负责”的原则，为绝大多数移民的利益做好服务，绝不为一小部分人的错误思想和不合理要求所左右，充分体现政策的严肃性和工作的连续性。

【继续抓好移民政策宣传工作】　2011年，个旧市移民开发局继续抓好移民政策宣传工作。一是抓好移民干部职工移民政策法规和移民工作业务的教育培训，使之理解精髓，吃透政策。二是结合移民工作实际，加大政策法规宣传力度，深入基层，走进库区、进村入户，耐心细致地做好移民政策、后期扶持办法等宣传解释工作，将政策原原本本地交给群众，逐步消除群众对移民政策的误解和疑惑，使移民工作得到广大移民群众的充分理解、支持和配合。三是通过周报、月报、移民工作简报等形式及时上报移民工作重要动态和各类相关信息。

【移民信访工作】　2011年，个旧市移民开发局高度重视并认真做好移民信访工作。一是认真贯彻落实《信访条例》，进一步完善信访工作机制。完善干部下访、回访制度，做到重心下移、关口前移，依法、及时就地解决信访问题；严格实行首问、首办责任制，牢牢把握化解矛盾的有利时机；严格落实市、乡镇、村、组4级联动信访维稳责任制，确定专人做好疏导和稳控工作，严防漏管失控；制定信访维稳工作预案，强化应对群众性突发事件的反应速度和协调水平，确保迅速有效地处置各类突发性信访事件。二是在移民工作中积极推行首问负责零推辞、真情接待零距离、政策宣传零保留、调查核实零空挡、解决问题零隔阂、跟踪问效零反复等“六零”维稳工作法，切实加强信访接待工作，畅通移民利益诉求渠道，完善移民来信来访登记制度，做到现场解答、处理和协调移民反映的问题，及时疏导和化解移民矛盾，协调解决移民集中反映的突出问题，尽力维护移民群众的合法权益，进一步密切党群、干群关系，确保库区和移民安置区的发展稳定。全年，市移民开发局受理移民来信2件、来访8次31人，对来信来访做到事事有回音，件件有着落，实现了移民信访件100%的办结率。

【移民监督管理工作】 2011年，个旧市移民开发局认真加强对移民工作的监督管理，确保移民开发工作健康发展。一是完善移民资金管理制度，加强对全市移民资金的管理、使用和监督，做到专户储存，专账管理，专款专用，自觉接受财政、审计、监察等部门的监督检查和移民群众的监督，确保资金安全，确保资金发挥效益。二是进一步加强移民工程项目管理，认真落实工程项目建设“四项管理制度”（即：项目法人责任制、招标投标制、工程监理制和双合同制），邀请移民代表参与工程招投标和施工的全程监督，听取移民意见，接受移民监督，切实做到维护移民的参与权、知情权、监督权。三是结合党风廉政建设，加强对干部职工的思想教育，抓好财务管理人员的培训提高，确保工程安全、资金安全、干部安全。全年，市移民开发局无任何违法、违纪、违规事件发生，树立了移民干部为政清廉的良好形象。

【移民档案工作】 2011年，个旧市移民开发局严格按照《云南省档案条例》《云南省水电建设项目移民档案管理办法》和《关于印发云南省水电移民档案工作三个业务规范细则的通知》要求，加强移民工作档案的收集、整理和立卷归档工作，本着对历史负责、对移民群众负责的态度，切实抓好局档案室建设和移民档案管理工作。

【干部队伍建设】 2011年，个旧市移民开发局为开创新时期移民工作新局面，努力推进党风廉政建设、政风行风建设和创先争优活动，促进移民干部队伍建设。一是认真落实党风廉政建设责任制，扎实推进党风廉政建设和反腐败工作，做到移民工作与党风廉政建设统一部署、统一落实、统一考核。二是紧扣“端正政风行风，塑移民部门和干部良好形象”这一主题，以正确履行职责为核心，以加强队伍建设为关键，以服务群众为重点，以移民满意为标准，大力开展政风行风建设，努力提升移民部门在移民群众心目中的形象。三是以深入开展创先争优活动为契机，通过突出坚持“三讲”（讲学习、讲团结、讲规矩）、强化“五种”意识（大局意识、责任意识、争优意识、创新意识和服务意识），实现干部队伍素质的大提升。组织争当先进、个人争当优秀、工作敢于创新、贡献敢争第一的良好风气正在形成。四是注重在学用结合上下工夫，按照“内强素质，外树形象，争创一流”的机关建设总体要求，在提高移民干部职工的履职能力和工作水平上下工夫，在增强驾驭复杂局面的能力，学会做好移民群众的思想政治工作，化解社会矛盾纠纷上下工夫，努力把全市移民干部建设成一支“政治坚定、思想过硬、业务精通、作风务实、善于做移民工作”的优秀队伍。

【库区周边保通维稳工作】 2011年，个旧市移民开发局根据州委州政府和市委市政府有关库区保通维稳的要求，积极做好调查研究，采取资金补助、购置船只、租用车辆等灵活多样的措施，切实解决库区周边群众交通不便的焦点、难点问题，受到群众称赞，较圆满地完成了州政府下达的保通维稳工作任务，为电站建设和冷清二级公路正常施工创造了良好的环境。

【配合做好新街水电站建设项目的前期工作】 2011年，个旧市移民开发局从工作全局出发，积极配合有关部门做好河口新街水电站建设项目前期各项工作，为项目能按计划于2012年启动营造了良好的投资环境和建设氛围。

【移民后期扶持工作】 2011年，个旧市移民开发局努力做好移民后期扶持工作。

一、完成马堵山水电站农村移民后期扶持人口登记、核定工作。个旧市移民开发局根据大中型水库移民后期扶持人口核定登记办法相关规定，严格按照属地管理的原则，由市、乡镇、村分级负责，采取查阅原始资料和户籍档案、入户调查、张榜公示等方式进行移民人口核实登记，认真审查，严格把关。对缺、漏、重登的人口进行全面的查漏补缺和错登纠正工作，并公示审查核对无误后予以确认。截止年末，全市共核定后期扶持移民人口1763人，其中马堵山水电站搬迁安置人口572人、生产安置人口1006人，另有185人为外地迁入个旧市居住的2006年6月30日前搬迁的水库移民。

二、建立移民后扶人口台账管理制度，做好死亡、农转非等移民人口的核减动态管理工作。移民后期扶持资金实行“资格确认、动态管理、按季发放、群众与社会监督”的运行管理机制，并通过“一折通”的方法进行资金直补兑现。年内，全市已按每季度每人150元的标准兑现了1～3季度185人的后扶资金83250元。4季度的移民后扶资金待州级拨付后将及时、准确、全额兑现到移民手中。

三、全面完成《个旧市“十二五”大中型水库移民后期扶持规划》和《个旧市“十二五”大中型水库库区和移民安置区基础设施建设和经济发展规划》编制、上报工作；规划上报移民后期扶持直补资金224.1万元；规划上报后期扶持项目64个，项目投资规模4517.57万元。同时，逐步建立和完善了个旧市移民后期扶持项目后备库。

四、组织实施并完成州级下达的保和乡麻玉田移民新村农特产品交易市场工程和马堵山电站移民安置区供电、饮水完善工程。

（撰稿：孙忠生）

残疾人工作

【简述】 2011年，个旧市残疾人联合会(以下简称个旧市残联) 以科学发展观为统领，践行“三个代表”重要思想，切实履行残联“代表、服务、管理”的职能。恪守“人道、廉洁、服务、奉献”的职业道德规范，本着“话为残疾人说、事为残疾人办、钱为残疾人花”的工作理念，以“带领残疾人奔小康，构建和谐社会”为目标，以建设残疾人两个体系为重点，以全面提高残疾人的生活水平、社会地位、自身素质、参与能力为出发点，采取行之有效的措施，认真组织实施各项残疾人工作和涉残项目，改善残疾人平等参与社会生活的物质条件和精神环境。全年，市残联全面完成各项任务。

【残联组织建设】 2011年，个旧市残联进一步加强乡镇残联建设工作，给10个乡镇区处残联配置电脑、打印机、数码相机等办公设备，不但改善了办公条件，也为残疾人工作的开展和有关资料的收集创造了条件。加强助残志愿者队伍建设，鼓励助残志愿者自发或有组织地开展助残服务，引导助残活动向宽领域、规范化、常态化方向发展，进一步营造全社会扶残助残的人道主义氛围。7月11日至8月12日，个旧市残联在个旧市图书馆一楼多功能室举办首届手语翻译员培训班，各乡（镇、区、办事处）残联理事长及专干和城区办所属社区残协联络员（康复员）共43人参训。培训班以《中国手语》为教材，组织参训人员学习手语翻译的职业道德和相关基础知识。经培训，全体参训人员均取得手语翻译员证。10月，举办个旧市村、社区残协联络员业务培训班，全市残联干部及残协联络员共130余人参训。培训班邀请州残联领导、州残联科室领导以及市人民医院眼科主任授课，就残疾人教育、就业、扶贫、维权、康复等业务工作的相关政策、目标措施、基本方式、完成途径等进行详细讲解，提升了村级残协组织工作人员的政策水平和业务技能。在年度综合考评中，城区办事处、鸡街镇、老厂镇、蔓耗镇、锡城镇残联组织被评为残疾人工作先进集体一等奖，贾沙乡、卡房镇、保和乡、大屯镇残联组织被评为二等奖，沙甸区残联组织被评为三等奖。个旧市残联荣获红河州残疾人工作目标考核一等奖。

【残疾人康复工作】 2011年，个旧市残联始终围绕“康复一人、造福一家、温暖一片”的康复工作指导思想，投入28.05万元经费，认真开展社区康复、“亮睛”工程白内障复明术、聋儿语训、肢体康复训练、假肢装配、智残及脑瘫儿童康复训练、精神病防治康复、用品用具供应等各项康复工作。3月，残联在市人民医院耳鼻咽喉科专家的协助下开展第十二次全国“爱耳日”大型义诊宣传教育活动，义诊和筛查452人次，查出达到听力残疾人员32人，开出处方156份，免除挂号费2600余元；做特殊检查20人次，免除检查费1000元；装配助听器4人，共5例，免除装配费4000余元，减少检查和装配费7600余元，散发宣传单15000份。建立残疾人康复需求档案6020份、康复服务档案1368份，接受康复指导和服务1368人；免费发放轮椅87辆、拐杖69副、盲杖14副、助行器2架、坐厕椅3台、麻风防护用品用具7套；装配普及型假肢9例，其中小腿6例、大腿3例；享受免费服药特困精神病患者190人；实施白内障复明手术344例，其中亮睛工程复明手术50例。“集善工程——助听行动”选送2户聋儿和家长到建水县州特殊教育学校进行聋儿助听验配及家长培训，免费制作耳模和配戴助听器。选送1名先天性唇腭裂面部畸形儿童在弥勒县接受手术。

【残疾人教育工作】 2011年，个旧市残联加强与教育部门的沟通联系，推广随班就读，进一步提高残疾儿童入学率，使全市残疾儿童入学率达到89.95%。对残疾学生122人及残疾人子女578人进行教育补助，补助金额179500元。其中残疾学生小学阶段73人、初中阶段30人、高中阶段17人、大学阶段2人，补助金额28700元；残疾人子女小学阶段277人、初中阶段156人、高中阶段106人、大学阶段39人，补助金额150800元。选送聋哑儿童2人到红河州特殊教育学校就读。六一儿童节，向聋哑儿童发放慰问金和学习、生活用品，支出经费18395元。

印发《个旧市残疾大学生一次性奖励办法》，并于8月17日对考入大专院校的残疾学生4人进行一次性奖励，发放奖励资金8000元。

【残疾人就业】 2011年，个旧市残联举办残疾人职业技能培训班12期，培训残疾人及残疾人家长715人。其中农村640人、城镇180人。安置残疾人就业77人，其中分散安置34人、集中安置37人、个体从业6人。1月，取得中级保健按摩师资格的按摩师3人到昆明参加云南省盲人按摩指导中心举办的第七期高级保健按摩师培训班学习；选送盲人3人参加红河州第十期初级保健按摩师培训班和第五期盲人电脑培训班学习；出资1500元培训费选送农村贫困盲人1人赴昆明参加云南省盲人保健按摩师外出务工人员培训班学习，并已输出到天津就业。5月，肢残人杨佐帝代表云南省参加“全国残疾人职业技能大赛”CAD制图项目，荣获鼓励奖。

【残疾人扶贫】 2011年，个旧市残联广泛动员社会力量，充分发挥助残志愿者作用，开展灵活多样的帮、包、带、扶活动，并投入171.66万元实施助残扶贫工作。春节、中秋节，走访慰问残困户2463户（人），支出慰问金（含物品折价）73.9余万元；第二十一次“全国助残日”期间，走访慰问残困户4681户（人），支出慰问金（含物品折价）84.9余万元；中秋节走访慰问残困户45户，支出慰问金2.3万余元。对到残联上访的贫困残疾人，均视情况给予一定的救济补助，零星补助85人101200元。为33户安居工程残疾户和城区27户廉租住房残疾户配备每户价值620元的被褥行李等生活必需品，支出购置费3.72万元。在乡镇、社区组织形式多样的助残帮扶活动，助残志愿者走进残疾人家庭做好事、办实事，形成了良好的助残氛围。

【残疾人社会保障】 2011年，个旧市残联加大社会保障力度，提高残疾人保障覆盖面。按市政府文件规定，继续实施残疾人个体户基本养老保险补贴，全年共补助25人7500元。配合民政部门稳步开展残疾人低保工作，现全市城镇进入低保的残疾人5256人，农村进入低保的残疾人694人。将符合五保供养的残疾人117人优先安排进个旧市社会福利院。按《个旧市新型农村合作医疗筹资工作方案》规定，由政府全额资助残疾人个人缴纳新型农村合作医疗参合费用，共资助参合残疾人3700人。办理残疾人失业证2人（本）。认真制发第二代残疾人证，截止11月，已发放残疾证7239人（本）。

【法制和维权】 2011年，个旧市残联本着“弱者必助，残者必援，贫者必帮”的原则，依法为残疾人维权。制定《理事长接待日制度》《首问责任制度》和《服务承诺制度》，为残疾人提供法律援助76例，接待来信7件、来访24件次，办结31件，办结率100%。

为加强残疾人机动轮椅车的管理，举办“残疾人交通安全知识培训”，邀请市交警队教导员向残疾人宣传相关的交通安全法律、法规知识。为减轻残疾人的经济负担，为使用残疾人机动轮椅车的残疾人发放2009～2011年燃油补贴费8.14万元。

【宣传文体活动】 2011年，个旧市残联继续加强残疾人事业宣传工作，借助网站、媒体的影响力，营造全社会都关心残疾人、帮助残疾人的良好氛围。全年，市残联撰写的稿件被中残联网站采用2篇、省残联网站采用15篇、《个旧一周》采用9条，市残联开展活动的有关信息被个旧电视台报道51条、报刊报道27条，自办简报18期刊登稿件28篇。5月6日，以“改善残疾人民生，保障残疾人权益”为主题，在工人文化宫广场组织开展首届“感动锡都——自强之星•爱心大使”表彰和“党的光辉照我心” 主题文艺演出，1600余名残疾人参与活动，州特殊教育学校、市老年体协、城区办、大屯镇、锡城镇文艺队及助残志愿者参与演出。5月13日，在文庙举办庆祝建党90周年个旧市第三届“残疾人在祖国怀抱中”摄影比赛获奖作品展，《残疾人棋牌活动》《雄辉——强者脚下自有路》《框住幸福》等作品艺术地再现了近年来残疾人事业的发展和残疾人生活的变化。9月6日，开展“庆中秋、迎国庆”残疾人专门协会文体系列活动，市委常委、宣传部部长周林俊，市人大副主任张勇，市政协副主席林满松，第二纪工委书记文敏等领导亲临现场，1300余名盲人协会、聋人协会、肢残人协会、轮椅协会、精神残疾亲友协会、智力残疾亲友协会的残疾人朋友参加手动（电动、机动）轮椅30米竞速、投篮、盲人28米摸线短跑和棋牌等比赛活动。10月21日，在个旧市锡都图书馆举行“热爱学习 改善生活”残疾人读书活动启动仪式，市人大副主任张勇亲临启动仪式并作重要讲话。在各社区残协联络员的带领下，260名残疾人有序走入图书馆一楼阅览室，翻看和借阅书架上摆放着的250余种期刊和报架上的100余种报纸，在阅读中获取信息、学习知识、增长技能。

【阳光家园计划】 2011年，个旧市残联积极做好“阳光家园计划”，切实解决贫困智力残疾、精神残疾及重度残疾人的托养问题，实施托养服务项目。个旧市以居家托养为主，为63户居家托养残疾人发放托养经费63000元，充分体现党和政府、社会各界对残疾人及其亲属的关心援助，进一步帮助残疾人增强生活信心，提升参与社会生活的能力，提高生活质量。

(撰稿：林 译)

人民生活

【简述】 2011年，个旧市国民经济保持快速增长，城乡居民收入继续增加，消费领域不断拓宽，个人存款持续增长，社会保障制度进一步完善，生活水平和质量不断提高。全年，城镇居民人均可支配收入16286元，比上年增长15.4%；人均消费支出10129元，比上年增长7.7%。农民人均纯收入6781元，比上年增长11.5%；人均消费支出4315元，比上年下降1.6%。

【居民消费结构】 2011年，个旧市城镇居民食品类支出人均4084元，占消费总数40.3%；衣着类支出人均1211元，占消费总数12.0%；居住类支出人均830元，占消费总数8.2%；家庭设备用品及服务类支出人均452元，占消费总数4.5%；医疗保健类支出人均737元，占消费总数7.3%；交通和通信类支出人均1162元，占消费总数11.5%；教育文化娱乐服务类支出人均1357元，占消费总数13.4%；其他商品和服务类支出人均295元，占消费总数2.9%。与上年相比，城镇居民八大类消费支出呈“四升四降”，其中衣着类、居住类、医疗保健类、教育文化娱乐服务类支出较快增长；食品类、家庭设备用品及服务类、交通和通信类、其他商品和服务类支出有所下降。城镇居民家庭恩格尔系数40.3%，比上年下降6.3个百分点。

据农村住户抽样调查资料显示，个旧市农村居民食品类支出人均1824元，占消费总数42.3%；衣着类支出人均267元，占消费总数6.2%；居住类支出人均571元，占消费总数13.2%；家庭设备用品消费类支出人均400元，占消费总数9.3%；医疗保健消费类支出人均537元，占消费总数12.4%；交通和通信类支出人均306元，占消费总数7.1%；文化教育、娱乐消费类支出人均346元，占消费总数8.1%；其他商品和服务消费支出人均65元，占消费总数1.5%。与上年相比，农村居民八大类消费支出呈“四升四降”，其中衣着类、居住类、家庭设备用品及服务类、医疗保健类消费支出略有上升；食品类、交通和通信类、文化教育娱乐用品及服务类、其他商品和服务消费类支出有所下降。农村居民家庭恩格尔系数42.3%，比上年下降7.1个百分点。

【城乡居民储蓄存款】 2011年，个旧市个人存款继续增加。年末，全市个人存款余额111.98亿元，比年初增加8.16亿元，增长7.9%。人均储蓄存款

24265元，比上年末增加1611元，增长7.1%。

【城镇居民生活状况】 2011年，个旧市在岗职工年平均工资34965元，比上年增长21.7%，增加6245元，继续保持稳步增长的良好态势。劳动就业规模稳定。年末全市就业人员22.58万人。其中城镇就业人员10.99万人。全年城镇新增就业人数6517人。城镇实有登记失业人数6331人，城镇登记失业率3.92%。社会保障工作进一步加强。全市城镇享受最低生活保障人数4.0万人，支出城镇低保资金8088.3万元。城镇有各种社区服务设施36个。据城市住户抽样调查资料表明，全年城镇居民人均可支配收入为16286元，比上年增长15.4%；每百户拥有彩色电视机109台、洗衣机89台、家用电脑65台、电冰箱84台、微波炉77台、健身器材4套、固定电话40部、移动电话218部；人均住房建筑面积24.91平方米。

【农村居民生活状况】 2011年，个旧市农民人均纯收入6781元，比上年增长11.5%，增加701元。据农村住户抽样调查资料表明，每百户农民拥有洗衣机187台、彩色电视机263台、电冰箱134台、自行车58辆、影碟机135台、摩托车121台、固定电话65部、移动电话497部。农民人均生活消费支出4315元，比上年下降1.6%。人均住房建筑面积31.65平方米。全年农村养老保险参保人数1.35万人。参加新型农村合作医疗的人数17.92万人，新型农村合作医疗参合率为97.99%。全市认真落实各项扶贫措施，共投入扶贫资金5291.1万元，有效解决农村1586名绝对贫困人口和2124名低收入人口的温饱问题。

【居住环境】 2011年，个旧市居民住房消费升级加快，住房条件继续改善。全年完成住宅投资10.68亿元，比上年增长19%；住房竣工建筑面积14万平方米，比上年下降54%。环境质量逐步改善。建成区环境噪声达标区5个，环境噪声达标区覆盖率51.55%；全年环境空气质量达到二级的天数334天。森林覆盖率39.2%。建成区绿化覆盖率34.08%，人均拥有公园绿地面积10平方米，居民居住环境质量明显提高。

（撰稿：吴 江）

方志特刊

个旧市地方志成果丰硕 （梁荣生 摄）

云南省地方志编纂委员会领导到个旧市调研地方志工作

2011年6月9日上午，云南省地方志编纂委员会专职副主任、云南省地方志编纂委员会办公室（下称省志办）主任李一是，省志办主任助理杨洪，省志办州县市指导处处长赵芳等在红河州地方志编纂委员会办公室主任冯云陪同下，到个旧市调研地方志工作开展情况。市人大副主任张勇、市政府副市长杨龙遇、市政协副主席林满松出席工作汇报会。会议由杨龙遇主持。

汇报现场　（梁荣生　摄）

个旧市地方志编纂委员会专职副主任、个旧市地方志编纂委员会办公室（下称市志办）主任蔡军在个旧市地方志工作情况汇报会上首先汇报了个旧市自2005年启动二轮修志和年鉴编纂工作以来的开展情况及取得的荣誉和成绩。其次汇报了《云南省地方志工作规定》在个旧市的学习宣传贯彻落实情况。最后，还就目前市志办在志鉴工作中存在的困惑、问题和如何更好地开展工作向各级领导作了汇报。

会上，冯云、张勇、林满松、杨洪、赵芳对市志办的工作给予了充分肯定，并对市志办当前工作中存在的困惑和问题，从各自角度进行了分析和指导。

杨龙遇高度赞扬了市志办在艰苦的条件下取得的优异成绩，对市志办目前遇到的困难表明了自己的态度，针对市志办目前遇到的问题提出了解决方法：一是年鉴宣传彩页认刊费是解决市财政年鉴出书资金不足的重要补充，要继续征收，但是需要完善手续使其更加规范化；二是市志办印刷品业务今后可以进入政府采购正常招标；三是市志办参公管理后，宣传彩页征集费等相关工作报酬和费用的发放标准可以按行业规定使其更加规范化、合法化。

最后，李一是对个旧市近几年来地方志工作取得的成绩给予了高度评价，他感谢个旧市各级领导对地方志工作的关心、支持和帮助。同时强调，个旧市地方志工作是云南省市县地方志工作的一面旗帜，个旧市志办是云南省地方志系统的一块金牌，希望个旧市志办在蔡军同志的带领下继续发扬团结、进步、发展的精神，在今后的工作中取得更大的成绩。

（撰稿：邹　君）

个旧市召开2011年地方志工作会议

2011年6月9日下午，中共个旧市委、个旧市人民政府在个旧市锡都图书馆多媒体会议室召开个旧市2011年地方志工作会议。出席会议的领导有云南省地方志编纂委员会专职副主任、云南省地方志编纂委员会办公室（下称省志办）主任李一是，省志办主任助理杨洪，省志办州县市指导处处长赵芳，红河州地方志编纂委员会副主任、红河州地方志编纂委员会办公室主任、个旧市地方志编纂委员会特约顾问冯云，个旧市人大副主任雷竞畋，副市长、个旧市地方志编纂委员会副主任杨龙遇，个旧市人民政府办公室主任、个旧市地方志编纂委员会副主任罗翔，个旧市地方志编纂委员会专职副主任、个旧市地方志编纂委员会办公室主任蔡军等。全市120个承编单位的领导和撰稿员近200人参加会议。

会场全景　（梁荣生　摄）

会上，李一是和冯云对个旧市地方志工作给予了高度评价。雷竞畋宣读市政府对地方志工作先进单位及个人的表彰决定。杨龙遇作题为《认真贯彻落实〈云南省地方志工作规定〉依法推动我市地方志事业持续稳定健康发展》的重要讲话，同时部署2011年全市地方志工作。罗翔主持会议并宣读个旧市地方志编纂委员会组成人员名单。蔡军作题为《抓住机遇乘势而上勤奋工作确保我市地方志工作的各项目标任务顺利完成》的工作报告。

（撰稿：皇双艳）

百尺竿头　更进一步

——在个旧市2011年地方志工作会议上的讲话

云南省地方志编纂委员会专职副主任
云南省地方志编纂委员会办公室主任　李一是

（2011年6月9日）

尊敬的各位领导、同志们：

辛卯兔年，柔性跃进；夏日个旧，金风送爽。

感谢个旧市委、市政府的邀请，我和省地方志办公室主任助理杨洪同志、州市县志指导处处长赵芳同志专程前来参加个旧市2011年地方志工作会议，并调研个旧市贯彻落实国务院《地方志工作条例》和省政府《云南省地方志工作规定》的情况。能有机会与各位领导和同志们见面，并学习取经个旧市的地方志工作经验，我感到由衷的欣慰。

个旧市的地方志工作在中共个旧市委和个旧市人民政府的关怀、支持下，经过个旧市地方志办公室蔡军主任及其同仁们的辛勤努力，近年来成绩显著，硕果累累。个旧市对地方志工作的“一纳入，五到位”，全市各级政府及其委办局负责人对地方志工作的认识、关注、支持和帮助，个旧市各族干部群众对国务院颁布的《地方志工作条例》和省政府颁布的《云南省地方志工作规定》的认知领会和贯彻落实，个旧市志办在蔡军主任的带领下所做的诸多开创性工作，都给我们留下了十分深刻的印象。个旧市地方志事业的发展步伐及其工作成效，个旧市志办的工作业绩在全省129个县、市、区中走在前列，名列前茅，受到省内外同行的关注与赞赏。

市委、市政府对这次工作会议做出了周密的部署，市级相关领导还做了十分重要的讲话。以上部署和讲话，充分体现了市委、市政府对地方志工作的高度重视与支持，尤其体现了《地方志工作条例》和《云南省地方志工作规定》在个旧市的充分落实和切实贯彻。省地方志办公室将把个旧市的经验和做法向省政府汇报，并向全省各县、市、区加以推介。

恳请市委、市政府进一步加大对个旧市地方志及其年鉴工作的重视关心和支持力度，在人力、物力和财力上尽可能提供必需的、最好是较为充足的条件保证，以使全市地方志工作能在以往基础上，再上新台阶，再创新佳绩。

希望个旧市志办全体同志借此会议召开的重

要契机，认真总结以往的工作经验，找出存在的不足，制订好“十二五”地方志工作规划，特别是要增强内部活力与团结，齐心协力，相互配合，相互支持，狠抓志书和年鉴质量，把今年以至今后的各项工作做得更好，实现百尺竿头，更进一步。

再次感谢会议的邀请。祝各位领导和同志们工作顺利，身体健康！祝各位方志同仁修志快乐！

谢谢！

在个旧市2011年地方志工作会议上的讲话

红河州地方志编纂委员会副主任
红河州地方志编纂委员会办公室主任　冯　云
个旧市地方志编纂委员会特约顾问

（2011年6月9日）

各位领导、同志们：

今天能够参加这个会议，首先要感谢省志办领导长期以来对红河州、个旧市的厚爱，特别要感谢李主任，李主任很少参加县市一级地方志工作会议，但对个旧市特别关照，说明个旧市志办工作是非常有特点的。今天就这个机会，简单讲两句：

一、对个旧市志办2010年工作的基本评价

个旧市志办一年来的工作非常有特点、有亮点，在全州、在全省名列前茅，多次受到省里边领导的表彰。一是个旧市地方志工作真正体现了“一把手工程”，市级四套班子的主要领导全部直接纳入市地方志编委会领导班子，在我所了解的全省范围内能够做到个旧市的情况几乎没有，我们州志办也没能做到，而其他县市根本比不了。二是个旧市志办在州志办连续四年的考评中，得分一直在红河州13个县市中名列前茅，都是第一名，这也是非常不容易的。三是年鉴工作一年一个样，充分体现个旧锡都的特点。虽然起步晚，但是起点很高，到目前为止我看过的省内年鉴，只有《丽江年鉴》和《个旧年鉴》对年鉴装帧设计的经费投入比较多，我们州年鉴也做不到这一点。四是个旧市地方志各项工作很规范，整个工作程序在我们收到的每一期简报中都看得到，包括个旧市志办的档案，也是我们红河州志办系统中唯一一家四星级的，州志办和我州其他市县志办也做不到。

二、对今年地方志工作的要求和希望

个旧市今年工作的重点：一是要修志，二是要编年鉴。《个旧市志》工作量虽然很大，非常辛苦，但个旧市做得很好，终审稿现在已经送州志办终审。在州志办把终审稿的审稿意见出来返回个旧市志办后，个旧市志办要组织好在座的各位撰稿员多做查缺补漏的工作，尽可能避免遗憾，或者少留一点遗憾，这是个重点任务。同时，今年还要做好年鉴工作，年鉴要注意研究、创新，创新要在遵循编撰基本规律的前提下，有特点、有亮点，把年鉴做得更好，把质量提升。另外，要深入持久地抓好《地方志工作条例》和《云南省地方志工作规定》的深入贯彻学习和宣传，认真研究，依法修志，把《地方志工作条例》和《云南省地方志工作规定》与我们的实际

工作结合起来，把这些规定具体化到我们的每一项工作当中，不仅仅满足于发表一个讲话或者挂几条宣传标语等基本形式，而要进行深入研究，才能融汇贯彻到我们的工作中，才能真正推动我们地方志工作的法制化、规范化。希望个旧市志办在市委、市人大、市政府、市政协领导的关心支持下，在各承编单位的鼎力支持下，在全市人民的关心和厚爱下，地方志工作再创造出新的亮点和好的经验，供全州学习和借鉴。

谢谢大家。

认真贯彻落实《云南省地方志工作规定》依法推动我市地方志事业持续、稳定、健康发展

——在个旧市2011年地方志工作会议上的讲话

个旧市人民政府副市长
个旧市地方志编纂委员会副主任　杨龙遇

（2011年6月9日）

尊敬的各位领导、各位专家、同志们：

今天，市委、市政府在这里召开个旧市2011年地方志工作会议，会议的主要任务是认真贯彻落实《地方志工作条例》（下称《条例》）、《云南省地方志工作规定》（下称《规定》），研究安排我市下一步的地方志工作，依法推动我市地方志事业的发展。刚才，省、州志办的李一是主任和冯云主任亲临会议作了重要指导，充分肯定了我市地方志工作取得的新成果，并对下一步做好地方志工作提出了殷切希望。蔡军主任所作的工作报告全面回顾总结了2010年的工作，安排部署了2011年的任务。对各位领导提出的工作要求，有关单位和部门要在今后的工作中认真贯彻落实。下面，我就做好今年的地方志工作讲几点意见。

一、增强做好地方志工作的紧迫感和责任感，高度重视地方志事业的发展

地方志工作作为一项承前启后、继往开来、服务当代、有益后世的文化基础事业，具有“资政、存史、教化”的独特作用，已成为社会主义先进文化建设的重要组成部分，同时也是我市全面贯彻落实科学发展观，围绕市委“一二三”工作思路和“工业强市、文化兴市、生态立市、开放活市”发展战略，奔向“二次创业”，实现跨越发展，打造“世界锡都、精品个旧、生机沃土、和谐家园”的重要系统工程。我市自2005年开展第二轮续志和编鉴工作以来，在省、州党委政府的正确领导下，在省、州志办的精心指导下，在个旧市地方志编纂委员会（下称编委会）的直接领导下，市志办全体修志人员和全市各承编单位团结协作，辛勤工作，我市地方志工作成绩显著，成果丰硕。切实贯彻“一个修志体制”，按照“一纳入，五到位”的工作要求，先后编辑出版了5卷《个旧年鉴》，《个旧市

志》续修终审稿已经形成，将二轮志鉴工作和锡都方志馆建设纳入个旧市“十二五”规划，成立锡都方志馆机构，市志办实现了参公管理，连续4年蝉联全州地方志工作桂冠，连续三次获得“全省地方志工作先进集体”称号。特别是去年以来，我市依法修志，续志工作稳步推进，年鉴工作不断创新，发展活力明显增强，多项工作在全州甚至全省处于领先位置，多次获得了省、州荣誉和表彰奖励。这些成绩的取得，是省、州志办领导关心、指导的结果，也是参与我市地方志工作的各界人士关注和支持的结果，更是全市各承编单位撰稿人员与市志办修志工作者辛勤劳动的结果。在此，我代表编委会向大家表示衷心的感谢！

在肯定成绩的同时，我们也要清醒地看到，当前我市地方志工作还存在一些不容忽视的问题。希望各承编单位高度重视地方志事业的发展，从贯彻实践科学发展观、促进我市经济社会发展，实现“文化兴市”战略的高度，切实增强做好地方志工作的责任感和紧迫感，认真贯彻落实上级的各项部署要求，加大工作力度，不断开创我市地方志工作的新局面。

二、深刻认识《规定》颁布实施的重要意义，营造依法修志良好舆论氛围

2006年5月18日，国务院温家宝总理颁布了《条例》。2010年8月4日，秦光荣省长签署政府令，颁布了《规定》，自2010年10月1日施行。这是云南省地方志发展史上具有里程碑意义的一件大事。它充分体现了省委、省政府对地方志工作的高度重视和对地方志工作者的亲切关怀。首先，《规定》进一步提高了地方志工作的地位，增强了修志工作的权威性和规范性，给地方志工作注入了生机与活力。其次，《规定》以行政规章的形式进一步明确了编修地方志是全省各级政府的法定职责，为各级政府依法修志、规范修志、科学修志提供了法律依据，要求各级政府要提高认识，认真学习领会。再次，《规定》进一步明确了地方志工作的地位、性质、领导、职责、要求、目的、经费以及工作条件、审查验收、开发利用、工作报酬、违规责任等主要内容和具体规定，是地方志工作开展的根本保障，也是开展地方志工作必须遵守的基本规范。《规定》是《条例》在云南的具体化，具有很强的针对性、指导性和可操作性，对建立地方志工作长效机制，保证地方志事业持续、稳定、健康发展具有极其重要而深远的意义。

地方志工作由于专业性强，工作性质单一，不容易引起领导和社会的高度关注，我们应该抓住《规定》颁布实施的契机，在前阶段学习宣传的基础上，在最近1～2年的时间里，采取多种方式进一步广泛宣传。我市从1985年首轮修志至今，经过艰辛编纂形成的地方志文献、资料与成果十分丰硕和庞大，1998年出版发行了首部270万字的《个旧市志》，同时，还完成了《中国城市百科丛书·个旧市》和35部部门志的编纂。随着我市续志编鉴工作的开展和时间的推移，我市修志成果不断大量涌现，现已向海内外编辑出版《个旧年鉴》5卷，市志续修将于明年完成和出版，我市不少单位和部门在续志编鉴的热潮中，先后开始重视编修专志，各种部门志、企业志、乡镇志、校志等纷纷编修出版，形成巨大的社会科学成果群，积累了宝贵的地情资料宝库，为个旧市的文化建设做出了较大贡献，我们应充分利用这些成果进行广泛宣传，不断提高地方志工作的知名度。大家要把学习贯彻《规定》与深入学习《条例》和秦光荣省长在省地方志编纂委员会第一次全会上的重要讲话紧密结合起来，以科学发展观为统领，进一步提高对地方志工作重要意义的认识，创造良好舆论氛围，加大各级领导和社会对地方志事业的关注度，更好地支持地方志事业的发展。

三、认真履行好《规定》赋予的职责，确保我市续志和年鉴编纂任务如期完成

2011年是“十二五”规划的开局之年，是我市续志和年鉴编纂工作最为关键的一年，我市《个旧市志》续修工作已进入终审、修改完善阶段，《个旧年鉴》要继续做到当年编辑，当年出版，工作任务十分繁重。我市将以贯彻落实《规定》为抓手，强化地方志工作责任意识，按时按质按量完成今年的各项工作任务，确保明年全面完成续志任务。为此，必须重点抓好以下五项工作：

（一）强化组织领导，全面落实修志工作保障措施

做好地方志工作，关键在于各级政府的重视与支持，在于是否坚持好国务院、省州人民政府提出的“一个修志体制”，做到“一纳入，五到位”。2011年，我市将按照《规定》要求，严格坚持“党委领导、人大监督、政府主持、政协支持，地方志编纂委员会及其办公室组织实施，各单位紧密配

合，动员社会各界广泛参与”的修志体制。近期，市委、市政府根据我市机构改革和人事变动情况已第四次补充调整了编委会，编委会由市委书记、市长、市委副书记、市人大主任、市政协主席、全部市委常委和四套班子的副职领导以及重要职能部门正职领导和省州驻个单位领导组成，这是目前我市各个议事协调机构中市级领导成员最多最全，规格、层次最高的领导机构，便于加强对地方志工作的领导，有利于协调各方面的关系，更加明确“官职官责修官书”，真正把地方志工作作为“一把手工程”来抓。今后，我市将继续严格执行行政首长负责制，行政一把手要亲自过问、研究地方志工作；市委、市政府每年要召开地方志工作会议；分管副市长要做好安排部署，定期专题听取市志办的工作汇报，研究部署工作任务，检查督促工作进度，帮助协调解决实际困难和问题，主动抓好地方志工作，绝不能出现领导不重视而影响工作的现象。要全面落实“一纳入、五到位”的修志工作保障措施，为地方志事业发展创造良好条件和提供坚实保障。

（二）大胆履行职能，切实把志鉴工作落到实处

此次《规定》的出台，延伸了地方志工作机构的职责，明确其主管本行政区域的地方志工作，在履行《条例》规定的5项职责的基础上，又同时履行4项职能，进一步拓展了地方志工作机构的职责，使之工作更加全面化、系统化、科学化，实现了从工作规划的制定、资料的收集整理、地方志书年鉴的编纂、指导检查督促、地情资料的开发利用、理论研究，扩大到地方志政策法规的宣传贯彻、开展志书的审查验收、组织培训人员等范围，职能的扩大，丰富了地方志工作机构的业务范围。市志办作为市委、市政府负责地方志工作的机构，编委会将支持其大胆履行管理职能，转变工作理念，创新工作机制，不断强化对续志编鉴等工作的指导与督促检查，协调解决困难和问题，有效推进各项地方志工作。市委、市政府将始终坚持实行地方志工作目标管理责任制，结合实际细化工作任务，明确工作措施，落实工作责任，坚持平时检查与定期考核相结合。市志办要认真细化考核内容，规范考核标准，改进考核办法，提高考核效果，切实把续志编鉴等各项工作任务落到实处，确保我市志鉴等各项工作按计划和要求圆满完成。全市各承编单位要承担地方志编撰任务，保障机构、人员、经费等条件，按照规定的时间和质量完成续志和年鉴编撰任务，并接受市志办的业务指导和督促检查。市志办对工作目标管理责任制落实不到位、措施不得力、成效不明显的承编单位要严格扣分，并通报批评。对违反《规定》造成严重后果的承编单位，要责令其限期改正；逾期不改的，市志办要提请市政府或者其上级主管部门，对承编单位直接负责的主管人员和其他直接责任人员依法给予处分。

（三）树立精品意识，保证我市地方志编纂质量

地方志包括地方志书和地方综合年鉴，它们都是传世之作。质量是地方志的“生命线”“道德线”和不容侵犯的方志“红线”。市志办要始终树立精品意识，以“创精品成果、修名志佳鉴”为目标，狠抓质量提升，把“质量至上”“质量第一”的要求贯穿于地方志工作的全过程，严格执行主编（主笔）责任制、工作承编责任制和岗位绩效考核制，遵循修志编鉴规律，克服浮躁心态，精雕细刻，认真修改编纂，不得马虎应付。要在州政府的总体规划下做到质量与进度的有机统一，既要杜绝为完成任务突击、仓促出书的现象，也要在坚持质量的前提下加快编纂进度。今年我市的续志已进入最关键的冲刺阶段，近期已将终审稿送州志办终审，年底必须完成续志终审修改完善工作，任务繁重，希望市志办的同志倾心竭力，忠诚履责，确保按期完成任务。

市志办要按照《规定》要求，结合工作实际，拓宽工作领域，创新管理方式，把我市各单位编纂的部门志、乡镇志、村志等各类志书纳入职能管理范围，要坚持逐级审查验收制度和出版审批制度，规范工作程序，把好各个关口，使即将编纂出版的部门志、乡镇志、村志等各类志书成为名志佳志，经得起专家的评审、读者的查阅和历史的检验。市志办在评审时，要坚持质量标准，规范审验程序，对不符合质量要求的不予验收，不准出版。

（四）拓展用志途径，发挥地方志服务经济社会发展的作用

编修地方志的根本目的就是要经世致用，方志存史，年鉴致用，不但要服务于当代，还要垂鉴于后世。根据《规定》，我市将加强对地方志的开发利用。市委、市政府已将锡都方志馆的建设提早纳入我市“十二五”规划和个旧市阳山片区市行政中

心建设搬迁的规划中，作为个旧市文化基础设施的重点项目。今年，我市将争取尽早立项，积极创造条件，全方位支持，尽快开工建设，使现有方志得到更好地保存和利用，提供咨询服务，提高资政水平，实行地方志资源共享，为我市经济社会发展提供智力支持。

市志办要进一步拓展志书、年鉴开发利用途径，创新志鉴发行工作，探索新的发行路子，扩大发行量，增加读者群，开展读志用鉴活动，提高志书、年鉴的利用率，发挥志鉴“资政、存史、教化”的作用；充分发挥地方志服务我市经济社会发展的作用。

（五）搞好队伍建设，提高工作水平创一流业绩

地方志是千秋大业、流芳百世之事。志书是中华民族世代奋斗、兴衰荣辱的史诗画卷，它伴随着民族历史、代代相济、永不断章。地方志是官书，地方志工作者是党委、政府的“史官”，地方志工作是为党和政府立言的工作，地方志工作者要本着对党、对历史、对人民负责的高度责任感来编写好志书和年鉴。志鉴内容横陈百科、包罗万象、卷帙浩繁，这就要求地方志工作者必须是掌握多学科知识的复合型人才。因此，市委、市政府将积极支持市志办创造条件和机会，加大我市地方志队伍的建设，加强地方志理论研究，全面提高全市广大修志工作者的政治、业务素养和综合素质。通过采取组织参加地方志业务培训班、内部自行组织、外出考察参观、互访兄弟单位等活动形式，使修志工作者开阔胸襟、增长知识、提高业务素质和道德情操。要加强对“参公管理”后市志办干部职工的管理，改进工作作风，提高工作效能，营造和谐发展环境。不仅要千方百计把年纪轻、能力强的党政、专业人才吸收到修志队伍中，增添新鲜血液，从政治上、工作上、生活上和待遇上关心修志人员，保持修志队伍的稳定发展，而且要想方设法把优秀的修志干部推荐出去，加强干部培养锻炼，增强志办的凝聚力吸引力。要按照《规定》要求，向参与志书和年鉴编纂工作的修志工作者支付撰稿费、编辑费、审稿费等工作报酬，肯定修志工作者的辛勤工作和劳动成果，体现对知识的尊重和保护。市委、市政府以及市志办要坚持激励机制，鼓励广大修志工作者创先争优，敬业爱岗，提高工作水平，争创一流业绩，对在工作中作出突出贡献或取得突出成绩的集体和人员要表彰奖励，充分调动我市广大修志工作者的积极性、主动性和创造性。

同志们，在“十二五”规划的开局之年，认真学习贯彻落实《条例》《规定》，依法推动我市地方志事业持续、稳定、健康发展，任务光荣而艰巨。让我们在省、州志办的关心指导下，在市委、市政府的坚强领导下，以党的十七届五中全会精神为指针，全面贯彻落实科学发展观，抓住机遇、乘势而上、攻坚克难、奋力拼搏，真正肩负起地方志“为天地立心，为生民立命，为往圣继绝学，为万世开太平”的神圣使命，确保续志和年鉴编纂任务圆满完成，以优良的工作业绩向今年建党90周年献礼！

谢谢大家！

抓住机遇　乘势而上　勤奋工作
确保我市地方志工作的各项目标任务顺利完成

——在个旧市2011年地方志工作会议上的报告

个旧市地方志编纂委员会专职副主任
个旧市地方志编纂委员会办公室主任　蔡　军

（2011年6月9日）

尊敬的各位领导、各位专家、同志们：

我受个旧市地方志编纂委员会（下称编委会）领导的委托，代表编委会作地方志工作报告。

一、我市2010年地方志工作取得新成效

2010年，我市以邓小平理论、“三个代表”重要思想、党的十七大和十七届四、五中全会精神为指导，贯彻落实《地方志工作条例》（下称《条例》）、《云南省地方志工作规定》（下称《规定》）和全国、省、州、市地方志工作会议精神，根据我市“一二三”工作思路和发展战略的要求，开拓创新、扎实工作，稳步推进我市地方志事业的发展，为构建和谐锡都作出了积极的贡献。

（一）加强思想建设

1、深入学习贯彻《条例》《规定》和全国、省、州、市地方志工作会议精神

2010年，市编委会通过市志办向全市120个志鉴承编单位发出通知，要求各承编单位全面贯彻落实《条例》和省州市地方志相关会议精神，并将学习情况以书面材料形式报送市志办，以此作为全市中心工作目标考核中“市志工作”内容和评先奖优的依据之一，市志办利用《个旧市地方志工作简报》督查通报了各承编单位的学习情况。

市志办在收到市政府办转交的《规定》后，迅速拟定学习方案，在第一时间主动向编委会领导汇报，将《规定》送交领导阅读；专题召开学习讨论会，带头学习《规定》和红河州副州长、州地方志编委会副主任谭萍同志发表在《红河日报》上的重要讲话—《坚持依法修志推进科学发展努力开创全州地方志工作新局面》；复印《规定》发给全体修志人员，做到人手一份；以市政府文件形式向全市各承编单位下发学习文件；在市志办网站和《个旧时讯》上全文刊登《规定》，并将《规定》悬挂在市志办办公室走栏显要位置，向外公开宣传；利用个旧市司法局短信平台，以手机短信形式向全市

1000多名有关领导发送短信宣传《规定》；率先向州志办报送学习材料，并被刊登在州志办网站上；制作《规定》宣传册，上街向全市市民宣传、发放，作了广泛的宣传。

2、认真做好责任政府、阳光政府和效能政府四项制度及政府信息公开工作

按照有关文件要求，市志办组织全体修志人员专题学习和讨论贯彻落实效能政府四项制度的各项工作，成立了工作领导小组和办事机构，制定了相关工作方案和管理目标，按时向市政府推行效能政府四项制度办公室、推行行政能力提升制度办公室、推行行政行为监督制度办公室报送了相关材料和表格。

同时，市志办将效能政府四项制度与“三个代表”重要思想、党的十七大，十七届四、五中全会精神及《条例》《规定》和全国、省、州、市地方志工作会议精神结合起来，与责任政府、阳光政府四项制度及政府信息公开工作结合起来，落实到第二轮修志和年鉴编纂工作中，努力用科学的理论指导志鉴工作。2010年7月，市志办创办了个旧市地方志编纂委员会办公室网站，设置了机构职能、政策法规、行业标准、办事指南、志鉴编修、志鉴研究、工作动态、四项制度、作风建设和志鉴知识等10个栏目，面向社会公开市志办相关工作，信息公开工作取得新进展。

（二）强化组织领导

为确保志鉴工作的顺利进行，全市各相关单位紧紧围绕《条例》和《规定》，丰富完善和创新发展，形成我市“党委领导、人大监督、政府主持、政协支持，地方志编纂委员会及其办公室组织实施，各单位紧密配合，动员社会各界广泛参与”的修志体制，进一步落实“将地方志工作纳入地方经济建设和社会发展规划及政府工作目标考核，做到领导到位、机构到位、经费到位、队伍到位、条件到位”的“一纳入、五到位”要求。

市委、市政府曾在个旧市“十一五规划”重要目标任务部分明确“把我市第二轮修志和年鉴工作纳入个旧经济社会发展规划和政府工作的任务之中”；将“续修编纂出版《个旧市志》”及“建设个旧市通志馆（即锡都方志馆）”列入了文体旅游规划的“十个一工程”和“文化体育公共设施”部分，批准成立了锡都方志馆。2010年12月，我市又再次将建设锡都方志馆作为重点建设项目列入《个旧市国民经济和社会发展第十二个五年规划》中，考虑与市档案馆一并列入阳山新区行政中心同时规划建设。下发了《中共个旧市委办公室　个旧市人民政府办公室　关于印发〈2010年各项工作目标责任分解量化考核内容〉的通知》（个办发〈2010〉22号）文件，继续将个旧市地方志工作纳入市委、市政府中心工作目标管理考核。召开个旧市2010年地方志工作会议，总结全市2009年地方志工作，部署2010年工作，表彰奖励了较好完成地方志工作目标任务的先进集体和先进个人。

为加强对地方志工作的领导，我市先后4次补充调整完善了编委会领导班子，组成了由市委书记任顾问，州志办主任任特约顾问，市长任主任，市委副书记、市人大主任、市政协主席，全部市委常委、四套班子的副职领导任副主任，市属相关党政部门行政正职领导及省州驻个单位领导任委员的个旧市地方志编纂委员会，真正把地方志工作作为“一把手工程”来抓，实行行政首长负责制和主编（主笔）责任制，市长还亲自担任主编，并严格明确了编委会委员志鉴工作的职责，做到既有明确分工，又有协作配合，从组织领导上确保我市第二轮志鉴工作的顺利开展。

2010年，市志办“参公管理”后，领导班子健全，科室人员到位，工作机构稳定。先后派遣修志人员参加了省、州组织的业务培训、学习考察和学术研讨活动，使之进一步开阔眼界，拓宽思路，交流经验，提高素质，促进工作。市政府克服国际“金融危机”影响，依然将志鉴项目经费30万元列入财政预算，做到足额拨付给市志办，并先后额外累计拨款7.89万元，用于个旧市2010年地方志工作会议和《个旧市志》（1978~2005）初稿评审会的召开及《云南年鉴》《云南经济年鉴》《红河州年鉴》宣传彩页的征集认刊工作。另外，市委书记、市长王忠批示，同意单独拨付40万元作为续志出版经费。先后较好地解决了市志办同志子女就业、办公用房紧张，无交通工具、资料缺失、办公用品不足等实际困难。全市辖区内120个志鉴承编单位也全部成立了由行政一把手任组长的志鉴工作领导小组，及时抽调或返聘政治素质好、写作能力强、熟悉本单位历史、认真负责的同志组成较强的编写阵容。根据各自的经费渠道，自行解决志鉴工作经费，并积极为本单位撰稿员创造良好的工作环境和条件。

（三）抓实业务工作

1、做好《个旧市志》送审、评审和修改补充完善工作

2010年3月，经市志办审核后的170万字《个旧市志》续修评审稿提交市编委会领导审议和省、州、外县市志办主任、地方志专家评审。7月29～30日，市委、市政府召开《个旧市志》（1978~2005）初稿评审会。8月，编委会确定聘请在市志办刚办完退休手续的李绍贤同志继续担任《个旧市志》执行主编。8~12月，李绍贤同志按照编委会有关领导和专家对志稿的评审意见，做好续志送审稿的修改补充完善工作。截止2010年12月30日，共完成终审稿29篇966600字。

2、做好《个旧年鉴》（2010）编撰工作

市志办专门聘请红河州地方志专家唐明炎同志承担年鉴文字稿的编撰任务，并发动市志办全体修志人员承担全市范围内的宣传彩页征集认刊工作。同时，根据《条例》第12条“以县级以上行政区域名称冠名、列入规划的地方志书经审查验收，方可以公开出版”和《规定》第12条“ 地方志工作机构取得本级人民政府的批准文件后，方可以公开出版地方综合年鉴”之规定，编委会对年鉴严格行使领导权和审核权，编委会特约顾问、州志办冯云主任，担任原编委会副主任委员以上的赵刚书记、王忠市长、寇静冬副书记、卢雨能主任、杨树文主席等领导及保密、档案、历史、法律、经济、军事、民族、宗教、外事、统计等单位的编委均参加了审稿，对年鉴总纂稿提出了宝贵的修改意见和建议。

经过10个多月的艰辛工作，《个旧年鉴》（2010）正式出书，实现了当年编辑，当年出版发行。其设计和印刷与往年相比，分别在彩页栏目、内容、设计思路、图案搭配、图片质量、印刷装订、工艺、材料、封面等方面均进行了大胆的创新，并配书设计制作了电子版年鉴，方便读者更加“可读、可信、可用”。

3、志书、年鉴的开发利用工作

2010年，市志办继续抓好志书和年鉴的开发利用工作。委托专人发行《个旧年鉴》（2009）224本，并向相关领导和年鉴彩页认刊单位赠送约300本。分别向市旅游局和市教育局提供首部《个旧市志》（上下卷）各1套，用于个旧旅游研究开发工作和“两基”迎国检。市志办利用清华大学主办的《中国知网》专业门户网站，与其《中国知识资源总库》合作，把《个旧年鉴》收录在其中，使其成为各种媒体和网站介绍个旧的重要信息资源来源，使《个旧年鉴》“资政、存史、教化”的功能和作用越来越凸显出来。组织专人完成省志办编纂的《古今滇云人物》中个旧籍历史人物马坚、杨自元和蒙自籍历史人物尹壮图的撰稿任务。

4、《个旧政报》的编辑、印刷、发放工作

《个旧政报》是于1989年8月由市政府办创办，传达市政府政令、指导工作的政务月刊，属于我市地情资料书刊。政报具有政策性、权威性、法规性和服务性的特点，是市政府联系群众，上情下达，下情上传的桥梁和纽带。2010年，市志办继续承担此项任务，按时完成了全年政报的编辑、印刷、发放工作。至2010年12月止，市志办已为市政府办编印了129期《个旧政报》。

5、地方志工作的制度建设和规范管理

我市第二轮修志和年鉴编纂工作早于2005年就由市政府发文建立了严格的主编（主笔）责任制和督查通报制度。2008年，我市志办调整了市志办编辑人员工作分配方案和相应的督查通报、奖惩制度。2009年，编委会成立《个旧市志》总纂班子和《个旧年鉴》编撰班子，再次明确志鉴执行主编，真正落实了“主编（主笔）责任制”，同时，完善个旧市地方志工作督查通报制度。市志办从2009年7月起至2010年12月，要求全体修志人员填写督查表，报送每月工作进展情况，对工作进行督查通报，针对在督查工作中及时发现的问题认真研究、分析，及时加以解决。同时，坚持做好全市各承编单位的督查工作，把各单位志鉴稿撰写完成、编辑进度、《条例》《规定》及地方志文件精神学习等情况，在《个旧市地方志工作简报》上向全市进行通报，加强了督查，表扬先进，促进落后，方便互相借鉴，全面推动了志鉴编撰工作。

2008年，市委办、市政府办建立了个旧市乡镇志、部门志（专业志）、村志审查验收办法。市志办于2009年成立相关志书审查验收领导小组，转发中国地方志指导小组关于《地方志书质量规定》，规范相关志书审查验收程序，确保编纂质量。2010年，市志办组织专家审查验收了《云锡集团志》和《保和乡志》。

6、地方志和年鉴的理论研究和交流

2010年，市志办认真抓好地方志理论研究工作，积极组织修志人员参加省、州志办和省、州地

方志学会组织的理论研讨和交流活动。市志办主任蔡军同志在云南省年鉴研究会第三届会员代表大会上当选为云南省年鉴研究会第三届常务理事、副秘书长。全年，市志办在省志办主编的《云南史志》《云南省地方志工作》和州志办主编的《红河经纬》等州级以上刊物发表文章共计11篇。

7、其它相关工作

市志办按时按质完成了以下各项任务：2010年《云南年鉴》《云南小康年鉴》《红河州年鉴》"个旧概况"的撰稿任务；2010年《云南年鉴》《云南经济年鉴》《红河州年鉴》个旧市宣传彩页的征集认刊、组稿等一系列工作。

（四）积极争创佳绩

2010年，我市志办1名同志获得省志办颁发的《云南小康年鉴》（2009）"优秀时效奖"。市志办以优异成绩再次获得红河州地方志系统工作目标管理责任考核第一名，这是我市地方志工作连续4年在全州目标管理考核检查中蝉联桂冠。市志办被市政府评为2009年度地方志工作先进集体，11名同志被评为先进个人。市志办在市委、政府中心工作目标考核中荣获二等奖和2009年度科级干部考核第一名。市志办被省志编委会评为2008～2009年度全省地方志系统先进集体，1名同志被评为省级先进工作者。

以上各项成绩的取得，是省州志办高度重视的结果，是市委、市人大、市政府、市政协关心支持的结果，是全市各承编单位"众手成书"的结果，是我市志办全体修志人员勤奋敬业、无私奉献的结果！在此，我谨代表个旧市地方志编纂委员会的全体成员向上级志办领导和全市广大地方志工作者致以衷心的感谢和诚挚的祝贺！

二、我市地方志工作存在的主要困难和问题

回顾2010年的工作，在肯定成绩的同时，我们也要清醒地看到我市地方志工作中存在的不足。主要表现在一是部分承编单位领导对地方志工作的重要性、必要性认识不到位，对工作支持配合不够；二是部分承编单位对"一纳入、五到位"的要求落实不到位；三是第二轮修志发展还不够平衡，部分撰稿员等、靠思想严重，工作不主动，敷衍了事或延期交稿；四是许多志鉴稿质量粗糙或不按篇目、体例要求撰写，内容缺漏较多，为编辑、总纂工作带来较大难度，影响整书的编纂质量和进度；五是我市地方志工作者理论基础知识和实践经验不足，编纂力量匮乏，青黄不接的现象比较严重，甚至存在人才"断档"的危险；六是修志与用志结合得不够紧密，地方志资源整合利用和开发还需不断加强。我们要高度重视上述问题，并在今后工作中切实改进。

三、我市地方志工作的基本经验

一年来，我市地方志工作所取得的经验总结为：一是上级志办的关怀指导、市级领导班子的坚强领导和编委会整体作用的发挥，是做好地方志工作的前提所在；二是"一个修志体制"和"一纳入，五到位"工作机制得到较好落实，是做好地方志工作的关键所在；三是《条例》和《规定》的认真执行，是地方志事业健康发展的必然要求；四是坚持"质量是志书和年鉴的第一生命线"，是地方志工作的基本原则；五是开拓创新、与时俱进，是地方志事业不断前进的思想动力；六是建设一支高素质的志鉴队伍，是地方志事业持续发展的基础条件；七是开发利用地方志资源为锡都经济、社会、文化建设服务，是地方志工作的价值所在。这些经验需要我们倍加珍惜，并在今后工作中继续运用。

四、我市2011年地方志工作的主要任务

2011年是"十二五"规划的开局之年，是以科学发展观统领全局，进一步推进《条例》《规定》和全国、省、州、市地方志工作会议精神落实，建设小康社会，构建和谐锡都的重要一年，也是我市第二轮修志基本完成和年鉴编纂工作的关键时期，任务繁重而艰巨。市各相关单位要努力做好以下主要工作：

（一）加强《条例》和《规定》的学习宣传，努力推进依法修志编鉴工作。

今年，全市各承编单位要在服务经济社会发展、促进地方志事业发展等重大问题上进一步统一思想、凝聚共识。把学习宣传贯彻《条例》和《规定》作为长期的工作任务紧抓不懈，坚持有法必依，依法修志。进一步强化工作职责，依法维护地方志工作的统一性和权威性，进一步提高地方志工作重要性的社会认知度，使地方志工作更好地为促进经济社会发展服务。根据全国、省、州地方志工作会议精神，进一步推动我市地方志事业持续、稳定、健康发展。

（二）全面落实和完善地方志工作体制和机制，为地方志事业发展创造良好环境。

地方志工作是党和国家的一项重要基础性文化

事业，加快我市地方志事业发展是市委、市政府的重要职责，也是市各承编单位的共同责任。各单位要进一步落实《条例》《规定》和上级领导的指示精神，坚持“一个修志体制”和“一纳入，五到位”的工作机制，加强组织领导，倾注更多的关心和爱心，投入更多的感情和热情，提供更多的财力和物力，共同为我市地方志事业创造更加良好的发展环境。今年，我市已把地方志事业发展纳入国民经济和社会发展“十二五”规划，摆上重要议事日程，形成地方志事业与其他各项社会事业协调发展的良好机制。各单位在制定文件、措施和规划时，要充分考虑地方志事业发展的需要，努力为地方志工作开展提供更加良好的条件。

（三）一手抓质量，一手抓进度，力争完成续志终审、修改完善及年鉴编辑出版工作。

按照省、州政府的部署和要求，今年我市已进入续志终审和修改完善，确保明年续志出版的关键阶段，2011年的年鉴工作也已经启动，修志编鉴的任务非常艰巨繁重，必须一切工作往前赶，一手抓进度，一手抓质量，两手都要硬。

质量是修志编鉴工作的基础，是关乎地方志事业发展的根本。今年，各承编单位要把续志和年鉴质量放在工作首位，以对社会、历史和后人高度负责的精神，对市志办将返回各单位审核把关的续志终审稿和年鉴编辑稿给予高度重视，积极支持配合，在市志办修志人员的指导下，按时按质完成审核把关、补充资料、核实修改等工作，确保资料全面、真实、客观、准确。

同时，市志办要加强修志理论研究，以理论创新促进工作创新，认真检查经终审后进行修改的志稿，找出差距，补充修改，指导好当前志稿送审、终审和修改完善工作的开展。在志书的内容上，要注重对历史经验教训的科学总结，最大限度地撷取能够反映这个方面规律的资料，以事实说话。市志办要认真把握好年鉴的总体设计、组稿、编辑、校对、出版等各个工作环节，注重在篇目、内容、装帧、版式等方面力争在继承中有所突破和有所创新，提升年鉴质量，使年鉴常编常新，年年有亮点。严格按照中指组《关于第二轮地方志书编纂的若干意见》和《地方志书质量规定》要求，建立健全志书和年鉴质量控制体系和质量责任体系，强化全过程质量控制，目前重点把好续志终审修改和年鉴编撰、出版质量关口，精心编纂，精雕细刻，努力把志书和年鉴打造成经得起历史检验的文化精品。在处理质量和进度的关系上，必须坚持质量第一的原则，进度要服从质量，决不能为了进度而牺牲质量。同时，要结合效能政府四项制度的有关要求，坚持主编（主笔）责任制，实行目标责任管理，在保证志鉴质量的基础上，确保按照规定的时间、进程、要求加快进度，扎实推进，力争今年底完成续志终审修改完善和年鉴当年编辑，当年出版任务。

（四）统筹推进地方志其它各项工作，为我市地方志事业做出新的贡献。

一是要加强地方志工作的依法指导和管理督查职能。《条例》和《规定》赋予了地方志工作机构管理本行政区域修志事务的法定职能，明确规定各级地方志办公室担负着当地修志和年鉴工作的组织管理、统筹规划、协调指导、督促检查的重要职责，并对地方志工作的编纂出版、审查验收、管理使用等都作出了具体规定。市志办要按照《条例》和《规定》，在全市继续实行督查通报制度，加强对地方志工作的指导和督查，对于拒绝承担地方志编纂任务、拖延报送地方志资料的、故意提供虚假资料的等情况要督促其改正。今年，我市将继续把地方志工作纳入市委、市政府年度中心目标责任考核，对不能完成目标任务者，市委、市政府将严肃追究单位主要领导的责任，按行政问责办法进行问责。同时，鼓励我市有条件的单位组织编纂乡镇志、部门志（专业志）、村志，市志办要做好业务指导工作，并严格执行我市已经制定的志书逐级审查验收制度和出版审批制度，切实加强对我市各级各类志书编纂出版工作的规范管理，未经市志办审查批准、质量不高甚至粗制滥造的志书决不允许出版发行。

二是要加强队伍建设，改善人才环境。地方志是一项专门学问，没有高素质的人才队伍，地方志工作就无法正常开展。我市二轮修志以来，各承编单位面临地方志队伍新老交替、人员素质参差不齐的问题。各单位一定要把队伍建设摆在突出位置，切实抓紧抓好。要根据工作需要，充实年轻业务骨干，吸收热心地方志工作的专家学者，聘请文字水平高、身体好、熟悉情况的离退休人员参加地方志工作，强调“专家修志”的原则，形成“老中青”三结合的结构。市志办要采取多种形式，不断提高全体修志人员的业务素质。今后，市委、市政府将继续坚持地方志工作奖励机制，对完成年度中心目标责任考核地方志工作指标的承编单位和个人进行表彰奖励，充分调动广大地方志工作者的积极性、主动性和创造性，努力造就一支政治文化素质高、作风硬、甘愿吃苦、无私奉献的地方志队伍，为我市地方志事业的繁荣发展提供强大的人才保证和智力支持。

三是要为地方志资源的开发利用提供基础条件。地方志作为“一方之全史”，其内容之庞大、资料之全面，是其他任何部门的资料书无法比拟的。今年，我市将继续履行《条例》和《规定》赋予政府的法定责任，积极探索用志、用鉴的新路子和新方法，大力推进锡都方志馆的建设，充分发挥地方志工作在和谐文化建设中的独特优势，为方志资源的开发利用提供基础条件。鼓励、推动各单位部门志、企业志、乡镇志等志书的编纂工作，做好民国二十卷本和七卷本《个旧县志》的点校整理出版工作，积极开拓社会用志途径，组织开发好这些方志资源。

四是加强地方志工作部门自身建设。市志办要坚持地方志工作服从和服务于我市经济社会发展的方向，积极探寻地方志工作与服务中心工作相结合的途径和方法，主动参与和配合中心工作，发挥好服务现实的作用。要不断加强自身建设，增强法制意识，提高运用法律手段处理地方志事务的本领。要加强职业道德建设，引导市志办修志人员增强责任感和使命感。要抓好全体修志人员的理论学习和业务培训，积极探索改革开放条件下地方志工作的新特点，牢固树立精品意识，努力打造名志佳鉴，不断推出更多更好的地方志成果。市志办要在认真贯彻执行责任政府、阳光政府、效能政府四项制度建设的基础上，加强自身建设，转变思想观念，发扬实事求是、严谨务实的工作作风，提高工作效能，努力建设实干、精干型团队，为我市的地方志事业做出新的贡献。

同志们，我市地方志工作成绩喜人，但盛世修志、志载盛世的任务还很繁重，还有很多工作要做，任务光荣而艰巨。在我市“十二五”规划的开局之年，我们要认真贯彻落实《条例》和《规定》，在上级志办和市委、市政府的正确领导下，坚持以科学发展观为统领，以对事业负责、对历史负责、对人民负责的积极态度，抓住机遇、乘势而上、勤奋工作，确保今年我市地方志工作的各项目标任务顺利完成。

谢谢大家！

中共个旧市委办公室　个旧市人民政府办公室关于调整充实个旧市地方志编纂委员会组成人员的通知

各乡（镇、区、处），市委各部委，市级国家机关各办局，各人民团体：

为进一步加强对我市地方志工作的组织领导，依法执行国务院颁布的《地方志工作条例》和云南省人民政府颁布的《云南省地方志工作规定》，根据国务院、省、州人民政府关于第二轮地方志续修的相关要求，结合我市工作实际，经市委、市政府研究，决定调整充实个旧市地方志编纂委员会组成人员。成员名单如下：

顾　　问：王　忠　市委书记

特约顾问：冯　云　州志办主任

主任委员：戴劲松　市委副书记、市长

副主任委员：雷　毅　云锡集团公司党委书记、董事长

周　踊　市委副书记

寇静冬　市委副书记、市新农村建设工作队总队长

白　燕　市人大常委会主任

李文友　市政协主席

曹　芸　市委常委、市纪委书记

包　旭　市委常委、市政府常务副市长

王　伟　市委常委、市委政法委书记

周林俊　市委常委、市委宣传部部长

杨明志　市委常委、市政府副市长

周　勇　市委常委、市委组织部部长

李文华　市委常委、市人民武装部政委

张鹏程　市委常委、市委办公室主任

李美英　市人大常委会副主任、市总工会主席

杨龙遇　市政府副市长

李建祥　市委统战部部长

罗　翔　市政府办公室主任

专职副主任委员：蔡　军　市志办主任

委　　员：张　勇　市委组织部副部长、市人力资源和社会保障局局长

白剑波　市民族宗教事务局局长

严国明　市文化体育和广播电视局局长

张　伟　市发展和改革局局长

杨　敏　市工业商务和信息化局局长

马　蕊　市教育局局长

李光明　市科技局局长

彭国彬　市民政局局长

李春芬　市财政局局长

念培光　市住房和城乡建设局局长

谢彦铭　市交通运输局局长

江　宏　市水利局局长

林　军　市农业局局长

彭天林　市林业局局长

汪　巍　市卫生局局长

李　梅　市环保局局长

王　峰　市统计局局长

唐培鑫　市国税局局长
张金华　市政府法制办主任
石建明　市保密局局长
毛　艳　市档案局局长
皇双艳　市志办副主任
李绍贤　《个旧市志》执行主编

个旧市地方志编纂委员会负责统筹规划、组织协调个旧市地方志工作。领导《个旧市志》和《个旧年鉴》编纂出版工作，行使对志书和年鉴编纂的统筹规划、组织协调和稿件的文字图片、资料史实、民族政策、统战政策、宗教政策、统计数据、保密事项等方面的终审权。

个旧市地方志编纂委员会下设办公室在市志办，配备专职工作人员，承担地方志编纂委员会的日常工作。今后编纂委员会组成人员若有变动，由接替该职务的同志自然增补，不再另行发文。

中共个旧市委办公室
个旧市人民政府办公室
2011年6月7日

个旧市人民政府关于表彰2010年度地方志工作先进集体和先进个人的决定

各乡、镇（区、办事处），市直各办、局（公司）：

根据国务院颁布的《地方志工作条例》、云南省政府颁布的《云南省地方志工作规定》和州委、州政府对市委、市政府“地方志工作”目标管理考核以及《红河州人民政府办公室关于认真贯彻落实州十届人大常委会第六次会议对地方志工作审议意见的通知》要求，经市人民政府研究，决定对在2010年度地方志工作中涌现出来的先进集体和先进个人给予表彰奖励，受表彰单位和人员如下：

一、先进集体（37个）

市委办公室、市人大办公室、市政府办公室、市政协办公室、市纪委办公室、市委组织部、市委宣传部、市委统战部、市委政法委、市文联、市侨联、市人事局、市劳动局、市文体局、市发展和改革局、市经济局、市教育局、市科技局、市财政局、市审计局、市建设局、市交通局、市水利局、市畜牧兽医局、市国税局、市公安局、市检察院、市司法局、市粮食局、市地震局、市计生局、市移民开发局、市志办、鸡街镇、老厂镇、个旧报社、市摄影家协会。

二、先进个人（81人）

市委办公室：郭星海　李建萍　周传辉
市人大办公室：周耀林
市政府办公室：何少华　马　嘉
市政协办公室：张永刚
市纪委办公室：李　达　刘　海
市委组织部：赵云昆
市委宣传部：杨海山
市委统战部：蒋　琨
市委政法委：何源辉
市文联：姚黎芳
市侨联：姜玉梅　郑　舰
市人事局：熊　江
市劳动局：袁达之
市文体局：李锦华　苏明学
市发展和改革局：张　伟　孔亚兰
市经济局：陈锡云
市教育局：林　儒
市科技局：戴秋秋
市财政局：李春芬　田春美　李照成
市审计局：吴丽梅
市建设局：李文利
市交通局：李　颖
市水利局：王　桦
市畜牧兽医局：龙　泽　闵碧林　卢琼华　马云章　邓海龙　常华荣　黄　薇　白少立　喻正彬
市国税局：杨平波　肖　文
市公安局：万炳华
市检察院：汤云涛
市司法局：杨昆仑
市粮食局：李国祥
市地震局：李雪江
市计生局：李跃宏
市移民开发局：孙忠生
市志办：蔡　军　皇双艳　赵凌玲　周　革　黄文辉　李绍贤　何　建　唐明炎　谭群贞　赵德怀
鸡街镇：黄　若
老厂镇：肖　薇
个旧报社：周迎春　刘　倩　高　慧　陈　俊　陶素民　赵俊锋　王　佳　陈继雄　李伟华

聂　涵　李　锐　张思思
市摄影家协会：段心民　胡　毅　梁荣生
朱应忠　刘一民
白剑波　易维勇

希望受表彰的单位和个人继续发扬成绩，珍惜荣誉，戒骄戒躁，再接再厉，再创佳绩，为我市地方志工作作出更大的贡献。

二〇一一年五月十一日

附　录

阴山初夏　（冯普荣　摄）

2011年个旧市国民经济和社会发展统计公报

2011年，在国际经济增长减速，国内实施积极的财政政策和稳健的货币政策的宏观环境下，全市上下深入贯彻落实科学发展观，全力实施“工业强市、文化兴市、生态立市、开放活市”发展战略，加大转方式、调结构力度，全力抓好防通胀、控物价工作，全年主要经济指标实现平稳较快增长，实现了“十二五”时期经济社会发展良好开局。

一、综合

国民经济平稳增长。初步核算，2011年个旧市完成地区生产总值(GDP) 147.34亿元，按可比价格计算，比上年增长13.3%。其中：第一产业实现增加值8.06亿元，增长6.2%，拉动GDP增长0.3个百分点；第二产业实现增加值100.23亿元，增长14.5%，拉动GDP增长9.6个百分点；第三产业实现增加值39.05亿元，增长12.1%，拉动GDP增长3.4个百分点。第一、第二和第三产业增加值占地区生产总值的比重分别为5.5%、68.0%和26.5%。非公有制经济比重稳步上升，活力增强。2011年非公有制经济实现增加值52.31亿元，占全市生产总值的比重达35.5%，比上年提高0.2个百分点。

二、农业

农业和农村经济稳步发展。全市认真贯彻落实中央、省、州一系列农村工作会议精神，按照统筹城乡经济社会发展的要求，积极推进社会主义新农村建设，继续优化调整农村产业结构，全面落实支农惠农政策，确保农业和农村经济稳步发展。全年实现农业总产值13.86亿元。增长7.0%。2011年主要产品产量有增有减(见表1)。

表1　2011年农业主要产品产量

单位：吨

产品名称	2011年	比上年增减%
粮食总产量	63517	3.6
其中：夏收粮食	14580	1.3倍
秋收粮食	48937	－11.1
稻谷	14824	－10.6
包谷	30204	－13.7
薯类	10691	92.5
豆类	2823	72.1
甘蔗	41083	－15.8
烤烟	3060	25.7
油料	1424	－8.1
蔬菜	101822	23.3
水果	41473	10.6
药材	1867	14.6

续上表

畜牧业生产加快发展，主要畜禽产品与上年相比均呈增长趋势（见表2)。

表2　2011年主要禽畜产品产量

产品名称	单位	2011年	比上年增减%
肉类总产量	吨	39367	7.2
其中：猪肉	吨	33527	6.2
牛奶产量	吨	15900	12.8
禽蛋产量	吨	6066	1.4
家禽出栏	万只	152.4	15.5
大牲畜存栏	头	42179	1.0
大牲畜出栏	头	18147	13.1
生猪存栏	头	227310	9.8
生猪出栏	头	362119	3.9
羊存栏	只	19554	－3.5
羊出栏	只	17285	7.2

农业基础设施建设力度加大，农业生产条件继续改善。全年农田有效灌溉面积8.18千公顷。年末全市农业机械总动力24615.3万瓦特，比上年

增长3.2%；农用大中型拖拉机1032台，小型拖拉机1597台，农用运输车2621辆，农用排灌动力机械1138.8万瓦特，农用化肥施用量（折纯）1.03万吨，农村用电量8562万千瓦时。

三、工业和建筑业

2011年，全市工业经济受欧美主权债务危机的影响，不稳定不确定因素较多，特别是经历了下半年主要工业产品价格下跌的困境，全市工业仍然取得了总量增加、增幅和效益提高的好成绩。全年实现工业总产值368.97亿元，比上年增长12.5%，实现增加值94.10亿元，比上年增长14.2%。其中：规模以上工业企业完成总产值311.77亿元，增长14.3%，实现增加值84.03亿元，增长15.8%。

从轻重工业看：轻工业增长快于重工业。全市完成轻工业产值11.05亿元，比上年增长21.7%；完成重工业产值357.92亿元，增长12.2%。

从经济类型看：国有经济完成产值6.68亿元，比上年增长9.4%；集体经济0.97亿元，增速与去年持平；股份制经济310.74亿元，增长16.1%；其他经济类型50.58亿元，同比下降5.4%。

经济效益大幅增长。2011年,全市规模以上工业实现利税总额19.98亿元,增长41.8%，实现利润9.65亿元, 增长49.5%。产品销售率为89.3%，同比下降5.3%。

主要工业产品产量有增有减 (见表3)。

表3 2011年工业主要产品产量

产品名称	单位	2011年	比上年增减%
有色金属矿产总量	万吨	6.7	－10.6
十种有色金属	万吨	57.3	25.1
其中：铜	吨	271	－14.0
铅	万吨	27.4	33.6
锌	万吨	5.6	20.6
锡	万吨	7.6	－3.0
铝	万吨	16.6	30.5
锡材	万吨	2.0	11.6
锡化工	万吨	1.4	－7.1
硫酸(折100%)	万吨	66.4	0.8
农用化肥(折纯量)	万吨	19.6	55.4
钴酸锂	吨	452	－7.9
水泥	万吨	12.8	－39.9
液体乳	吨	14247	36.2
中成药	吨	314	19.0
注射液	万支	5328	18.4
供电量	亿度	8.51	29.3

续上表

建筑业平稳发展。2011年全市建筑业完成总产值37.5亿元，同比增长21.8%。其中本地建筑企业完成建筑业总产值24.02亿元，同比增长10.9%。外地建筑企业在本地完成建筑业总产值13.48亿元，同比增长47.5%。房屋建筑施工面积211.5万平方米，比上年下降7.4%；竣工面积70.6万平方米，比上年下降4.2%。

四、固定资产投资

固定资产投资快速增长。2011年全社会固定资产投资完成75.11亿元，比上年增长21.1%，其中规模以上固定资产投资完成53.2亿元，对国民经济的有效拉动不断增强。

按管理渠道分：城镇投资62.79亿元，比上年增长16.2%；农村投资0.4亿元，下降54.6%；房地产开发投资11.92亿元，增长48.9%。

按产业分：第一产业完成投资2.23亿元，比上年增长39.5%；第二产业完成投资43.95亿元，增长18.8%；第三产业完成投资28.93亿元，增长23.4%。

按行业分，交通运输业完成投资7.19亿元，同比增长84.2%；工业投资（不含电力）完成42.08亿元，增长19.1%。

按投资领域分，生产性和非生产性分别完成投资44.97亿元和30.14亿元，同比分别增长24.3%和16.6%。

五、国内贸易和市场物价

消费品市场繁荣兴旺。2011年全市社会消费品零售总额完成37.01亿元，比上年增长20.1%。按销售区域分，城市实现消费品零售额25.66亿元，增长19.2%；农村实现消费品零售额11.35亿元，增长22.3%。按经济成分划分，公有经济实现零售额

14.05亿元，比去年同期增长21.1%；非公有制经济实现零售额22.97亿元，增长19.5%；其中私有经济实现零售额22.26亿元，增长20.0%。按行业分，批发业零售额2.71亿元，比去年同期增长64.0%；零售业零售额28.25亿元，增长17.9%；住宿业零售额0.54亿元，增长22.3%；餐饮业零售额5.51亿元，增长15.8%。

市场物价继续上扬。2011年全市居民消费价格总水平累计上涨4.6%，涨幅比去年增加1.4个百分点。商品零售价格总水平上涨4.4%。（见表4）

表4　个旧市市场价格变动情况

(以上年同期价格为100)

类　别	2011年
居民消费价格指数	104.6
其中：食品	111.0
烟酒及用品	102.2
衣着	105.5
家庭设备用品及维修服务	103.3
医疗保健和个人用品	103.4
交通和通讯	99.8
娱乐教育文化用品及服务	100.2
居住	100.9
商品零售价格指数	104.4

六、对外经济

对外贸易实现快速增长。2011年全市实现外贸进出口总额5.89亿美元，比上年增长17.5%。其中出口完成2.51亿美元，增长13.0%；进口完成3.38亿美元，增长21.0%。

招商引资工作成效显著。2011年，全市实现新签约项目12个，协议资金20.33亿元。实际到位资金16.36亿元，完成全年目标任务数的102.2%。

七、交通和旅游

交通运输业稳步发展。全年各种运输方式完成货物周转量3.16亿吨公里，比上年增长6.0%。旅客周转量2.45亿人公里，比上年增长13.4%。

旅游业加快发展。全年接待海外游客1388人次，旅游外汇收入152.1万美元，分别比上年增长12.8%和27.1%。接待国内游客106.4万人次，国内旅游收入6.40亿元，分别比上年增长8.2%和2.1%。全市旅游业总收入6.51亿元，比上年增长2.5%。

八、财政和金融

地方财政收支稳步增长。2011年全市完成地方一般预算收入8.62亿元，比上年增长9.1%。地方一般预算支出23.17亿元，比上年增长10.2%。

金融运行平稳有序。2011年末全市金融机构各项存款余额达180.17亿元，比年初下降0.3%，其中城乡居民储蓄存款余额111.98亿元，增长7.9%。年末全市金融机构各项贷款余额达104.72亿元，比年初增长5.5%。

九、教育和科学技术

教育事业取得新发展。全市有普通中学22所，招生6802人，比上年下降5.5%，在校学生20647人，下降0.8%。普通小学165所（含教学点），招生6094人，比上年增长12.9%，在校学生33168人，增长3.5%。幼儿园40所，在园幼儿13819人，增长3.8%。2011年高考上线人数1758人,上线率92.77%。

科技发展取得新成果，自主创新能力进一步增强。2011年共组织申报国家、省、州级科技计划项目27项，其中国家级4项,省级15项，州级8项。目前全市共有7户国家级高新技术企业。

十、文化、卫生、体育和环境保护

文化事业健康发展。2011年全市共有艺术表演团体1个，群众艺术馆1个，文物管理所1个，文物保护单位45个，公共图书馆2个，藏书达30.8万册。广播电视“村村通”工程成效明显，完成了农村中央广播电视节目无线覆盖工程，全市广播、电视人口覆盖率分别达到99.45%和97.61%。2011年1月1日，我市庆祝第三届锡文化旅游节暨市庆60周年，成功举办了《锡山如画》迎宾晚会、《锡都古韵》青铜文物展、《锡都印记》书画摄影展、《锡都京韵》全国京剧票友联谊演唱周活动、动力伞飞行表演、祭碛活动、《锡都如歌》千人歌会共7项重大文体系列活动。系列活动以“世界锡都，精品城市，滑翔天堂”为主题，大力弘扬了千年锡文化和历史悠久的青铜文明，向世界展示了锡都个旧60年来的巨大变化和辉煌成就。2011年5月，我市参加云南省第十一届新剧（节）目展演，音诗画《锡山如画》获歌舞、音乐、杂技类银奖，音乐创作三等奖，服装设计三等奖，舞台美术三等奖，2人获个人表演三等奖。参加云南省第十一届新剧（节）目展演，突破了我市文艺作品近20年来没有在全省文艺大赛中获得前三名的历史，实现了我市舞台表演艺术的重大突破。

卫生事业不断进步。城乡卫生体系进一步健全，农村三级医疗预防保健网逐步健全，公共卫生体系建设稳步推进，疾病预防控制能力得到加强，爱国卫生运动和城乡环境卫生整治深入推进，健康教育网络逐步形成，民众健康教育普及率和健康知识知晓率有较大提高。全市有卫生机构286个，床位3301张，卫生技术人员2968人，执业(助理)医师1079人。

体育事业蓬勃发展。现全市有单项体育协会组织22个，有晨晚体育锻炼点90多个，全市体育组织已经基本形成网络，截止2011年底，我市共建成19条健身路径。全年共组织举办了动力伞飞行表演、篮球、乒乓球、羽毛球、环城跑、围棋、足球、风筝放飞、武术展演、越野摩托车表演、信鸽放飞、游泳比赛等各类体育比赛、表演活动50多项次，参赛选手累计达5700余人次，观众人数累计达30万余人次，把我市群众体育运动推向了新的发展时期，掀起了全民健身运动的新高潮。

环境保护力度加大。全年环境空气质量监测天数365天，达到二级的天数334天，建成区环境噪声达标区5个，环境噪声达标区覆盖率51.55%。森林覆盖率39.2%。

十一、人口、劳动就业与社会保障、居民生活

控制人口取得积极成效。2011年末，全市户籍人口为393197人，其中：男性197040人，女性196157人，少数民族人口156690人,占总人口的比重为39.9%。出生人口4157人，死亡人口2628人，人口自然增长率3.83‰。

劳动就业规模不断扩大。全年城镇新增就业人数6517人，城镇实有登记失业人数6331人，城镇登记失业率3.92%。

城乡居民生活水平稳步提高。根据抽样调查，全年城镇居民人均可支配收入为16286元，比上年增长15.4%；城镇居民人均消费性支出10129元，比上年增长7.7%。农民人均纯收入达到6781元，比上年增长11.5%；农民人均消费支出4315元，比上年下降1.6%。

扶贫开发成绩显著。2011年全市认真落实各项扶贫措施，共投入扶贫资金5291.1万元，有效解决农村1586名绝对贫困人口和2124名低收入人口的温饱问题，贫困地区、贫困农户的生产生活条件不断改善。

社会福利事业不断发展。全市各类收养性社会福利单位有床位1129张，年末在院人数724人。全市城镇享受最低生活保障人数40015人，共支出城镇低保资金8088.3万元；农村享受最低生活保障人数10000人，共支出农村低保资金912万元。城镇有各种社区服务设施36个。

社会保障工作进一步加强。年末全市参加基本养老保险人数67587人，城镇居民养老保险人数12789人，农村社会养老保险人数13528人，新型农村社会养老保险人数89688人。参加基本医疗保险职工人数121398人，城镇居民医疗保险人数103602人，新型农村合作医疗人数179228人，新型农村合作医疗参合率为97.99%。参加失业保险人数54060人，工伤保险参保人数55300人，生育保险参保人数17440人。

注：1、本公报部份数据为初步统计数，正式统计数据以《2011年个旧市国民经济统计提要》为准。

2、生产总值、各行业增加值的绝对值按现价计算，增长速度按可比价计算。

个旧市2011年国民经济和社会发展计划执行情况及2012年国民经济和社会发展计划（草案）的报告

——在个旧市第十五届人民代表大会第五次会议上

个旧市发展和改革局局长 张 伟

（2012年2月28日）

各位代表：

我受市人民政府委托，向本次会议报告个旧市2011年国民经济和社会发展计划执行情况及2012年国民经济和社会发展计划（草案），请予审查，并请市政协各位委员和列席会议的同志提出意见。

一、2011年国民经济和社会发展计划执行情况

今年以来，在市委、市政府的正确领导下，在市人大的监督指导下，全市上下深入学习贯彻党的十七届五中、六中全会和市第十二次党代会精神，以科学发展观统领全局，以资源型城市经济转型为主线，大力实施产业发展“二次创业”，着力调整经济结构和转变发展方式，促进城乡统筹发展，持续加强社会民生建设，国民经济良好发展态势进一步巩固。

（一）国民经济和社会发展态势平稳，基本完成既定的目标

全市经济保持平稳运行，市人代会确定的主要预期目标顺利完成。经济规模和效益有新提升。完成地区生产总值147.34亿元，同比增长13.3%。其中：第一产业完成增加值8.06亿元，同比增长6.2%；第二产业完成增加值100.23亿元，同比增长14.5%；第三产业完成增加值39.05亿元，同比增长12.1%。三产业占GDP比重分别为5%、68%、27%。财政总收入21.54亿元（含再生资源退税2.57亿元），同口径相比增长8.63%。其中：地方一般预算收入完成8.62亿元，同比增长9.12%；金融机构各项存款余额180.17亿元，比年初下降0.3%，各项贷款余额104.72亿元，比年初增长5.5%。经济发展内动力持续增强。大项目带动战略有序推进,固定资产投资完成75.11亿元，增长21.1%。全市实现社会消费品零售总额37.01亿元，比去年同期增长20.1%。外贸进出口总额达5.89亿美元，同比增长17.5%。民生不断改善。实现农民人均纯收入6781元，同比增长11.5%；城市居民人均可支配收入16286元，同比增长15.4%；城镇登记失业率控制在3.92%以内；人口自然增长率控制在2.5‰。

（二）资源型城市转型工作顺利推进

争取到2011年度中央财力性转移支付资金16307万元。振兴公司年产900万只铅酸蓄电池项目获得国家发改委接替产业专项资金747万元，乍甸乳业产业化项目进入评审阶段。与开发银行45亿元贷款合作实现新突破，云河药业中药现代化技术改造项目获得2700万元的贷款。

（三）大力实施产业发展“二次创业”，经济转型步伐加快

全年实现工业总产值368.97亿元，同比增长12.5%。全年规模以上工业企业实现工业总产值311.77亿元，同比增长14.3%；利润总额达9.65亿元，同比增长49.5%。依托“十个10万吨级产业项目”建设，使“小而散”的产业布局逐步向“集中、集约、集群化发展”方向整合，传统产业发展质量进一步提升。全年十种有色金属产量57.26万

吨，同比增长25.1%。全年锡材产品达 1.98万吨，同比增长 11.6%；锡化工产品达 1.43万吨。云锡10万吨铜即将竣工试产，累计完成投资17.95亿元；红铅公司年产10万吨铅项目富氧底吹工程已进入设备安装阶段，累计完成投资2.5亿元；南翔公司年产10万吨电解锰项目正积极编制环评报告，20万吨硅锰合金项目环评已评审，累计完成投资近5000万元；润鑫铝业年产15万吨铝钛基合金材料加工项目开工建设;沙铅年产10万吨铅项目进入设计、“三通一平”、设备选型采购建设阶段，完成投资1.34亿元；红河锌联公司固废物炼铁烟尘资源化综合利用项目完成投资9000万元；华鼎公司年处理150万吨铅冶炼废渣综合利用项目完成可研、用地预审、水土保持等前期工作。

生物资源产业进一步做大做强。云河药业中药现代化技术改造项目累计完成投资6200万元；红河攀大木棉纺织有限公司生产的高级木棉被、木棉毯等床上用品在全州市场占有率不断提高；乍甸乳业推出的系列新产品广受市场好评；大红屯粮油加工仓储中心竣工投产，可达20万吨稻谷加工能力，成为省内最大的精米加工企业。能源和新材料项目建设有新进展。马堵山水电站主体工程施工和设备安装全面完成，3台机组累计发电4.99亿度；莲花山风电场（一期）工程4.2万千瓦项目场内道路、风机及箱变基础施工进入招投标阶段，累计完成投资1365万元；振兴铅业年产900万只铅蓄电池项目完成投资1.93亿元；圣比和公司2000吨/年镍基正极材料技术改造项目总体工程形象进度达68%，完成投资2815万元；“云南省个旧稀贵金属高新技术特色产业基地”建设进展顺利。工业固体废弃物综合利用率从2007年的10.99%提高至目前的21%。霞石正长岩综合利用开发项目已签订投资协议，正进行开发前的准备工作。

农业产业化水平进一步提升。实施“农户万元增收计划”，继续推进农业产业化示范基地建设。超级杂交稻示范基地建设稳步推进，两个优质稻高产创建万亩片区建设完成，总产值达4938万元。冬马铃薯高产创建1.17万亩，总产值达2129.9万元。全年完成农作物播种面积 39.97万亩，同比增长3%。经济作物面积6.8万亩，同比增长5.5%。粮食总产量达6.35 万吨，同比增长3.6%；肉类总产量3.94万吨，增长 7.2%；牛奶产量 1.59 万吨，增长12.8 %；农业总产值达 13.86亿元，同比增长7 %。

第三产业发展速度明显加快。全市现代服务业增加值达16.18亿元，增长8.6%。投资5.6亿元，集休闲、购物、娱乐、住宅为一体的红河商业中心项目启动实施，项目建成后将与温州商贸城共同构成城市北部商业片区，全市商贸优势将得到进一步的巩固和提升。以锡文化、休闲旅游为主的旅游产业快速发展。全年实现旅游收入5.69亿元。“大屯海旅游休闲度假区”、“中国·沙甸回族文化旅游小镇”、“个旧倘甸旧寨温泉旅游度假区”、“红河谷民族风情园”、“红河州红河谷木棉水乡风景区”等一批旅游项目正逐步规划实施。个旧物流中心的控制性详细规划通过评审，鸡街货运站建设正顺利推进，全市流通领域现代化水平进一步提高。

（四）基础设施建设力度显著增强，城市承载功能进一步提升

以“西扩”为重点，启动阳山新区开发。目前阳山新城开发的详规已完成，制定了征地拆迁工作方案和区域内企业搬迁方案及投资估算，新区主要交通干道—过境二环路正在编制可研报告，新区建设进入准备实施阶段。

先后完成市区鄢棚南路片区防洪应急管道修复、金湖东路环湖游览道修复及绿化提升改造等工程。城市污水处理厂处理工程建设完成；第二水厂供水工程管网系统部分开工建设。全年完成交通基础设施建设投资5.14亿元。冷清公路延长线鸡街至个旧段建设工程进入收尾阶段。个—老—官农村公路、莲花山雷达站公路建设等进展顺利。完成7个农村公路通达项目，建设里程35.33公里，投资637.54万元。截止目前辖区内9个乡镇全部开通客运班线，通车率达100%，79个自然村通车率达78%。全市“一环三纵四横五连”的公路网络进一步完善，锡城片区连接周边8个乡镇的半小时经济圈逐步形成。农村建设有新发展。实施了49个新农村、36个整村推进和2个整镇推进乡村示范工程项目。水利建设力度加大，通过实施农村安全饮水项目建设，解决了2.23万人饮水安全问题。沙甸河、白云大沟、三岔河水库治理工程和农村“五小水利”工程积极推进。

（五）大力实施节能减排，生态环境持续改善

认真执行建设项目审批制度，严格环境准入标准。完成州级下达的化学需氧量削减575吨，氨氮削减54吨减排任务。淘汰落后产能有序推进。对合众锌业个旧化肥厂1#硫酸系统生产线、光穆工贸有

限公司铜冶炼鼓风炉项目给予淘汰。全力做好重金属污染专项整治工作，编制了《个旧市重金属污染综合防治专项资金项目实施方案》（2011—2012年）和《个旧市重金属污染综合防治“十二五”规划（2011—2015年）》。《个旧市卡房大沟重金属污染综合治理项目初步设计报告》通过了省环保厅批复。继续推进“创建国家环保模范城市”工作。红河危险废物和医疗废物处置场顺利推进，完成投资7800万元。森林资源保护与管理工作得到切实加强。矿山地质环境恢复治理项目完成投资8589万元。石漠化综合治理工程开工建设。全面完成3.5万亩造林绿化任务，治理水土流失面积10平方公里。森林覆盖率达39.2%，连续17年无重大森林火灾。

（六）人民生活水平不断提高，民生事业加快发展

一是社会保障体系继续完善。积极促进养老、医疗、失业、工伤、生育5个险种的均衡发展，各项社会保险参保人数达54.8万人次，居全州之首。城镇居民基本医疗保障实现全覆盖，新型农村合作医疗制度进一步完善，共有参合农民17.93万人，参合率达97.99%。城乡居民社会养老保险参保人数达10.25万人。5.2万余人享受城乡低保。二是就业形势稳定，全年新增城镇就业和再就业6517人。三是社会民生事业加快发展。全市基层医疗卫生机构100%配备、使用基本药物，10类基本公共卫生服务全面落实。办学条件不断改善，“两基”成果进一步巩固。老龄事业健康发展，个旧市中心敬老院、荣誉军人光荣院完工并投入使用；为老服务呼叫信息平台已经开通；新建7个乡镇老年人活动室。科技创新能力进一步增强。组织申报国家级项目4个，省级项目15个，州级项目8个。“红河国家伴生稀贵金属提取利用高新技术产业化基地”已推荐上报至国家科技部。四是民生项目持续推进。第四中学校舍安全工程建设项目竣工并投入使用。个旧市第一职业高级中学迁建项目已完成新建校园总体规划方案和可行性研究报告，正进行征地、高压电线路迁移等工作，累计完成投资2850万元。市人民医院完善配套设施建设项目竣工并投入使用;市精神病院住院综合大楼完成投资676万元;锡都老年会所建设项目可研报告已通过州发改委评审；市档案馆建设项目正做前期工作，争取列入明年中央投资计划，实现开工建设。市人民法院审判法庭建设项目累计完成投资2600万元，主体工程基本完成；廉租房建设及棚户区改造有序推进，完成3466套共计17.42万平方米廉租住房建设并分配入住，解决了8700人的住房困难问题。计生工作全面加强，户籍人口自然增长率控制在2.5‰。

2011年全市国民经济和社会发展计划总体执行情况良好，较好完成了“十二五”开局之年制定的各项目标，但也存在着一些需要引起重视的问题。一是受宏观经济影响，经济发展的不确定性仍较强。二是产业升级转型任重道远，仍需进一步调整经济结构和加快转变经济发展方式。三是环境治理任务繁重，节能减排和生态建设力度需继续加大。四是社会保障负担沉重，地方财政收支平衡困难。但发展中也蕴藏着诸多的机遇和条件。我市进入全国首批资源枯竭型城市第二轮扶持范围，云南桥头堡建设对我市经济社会发展具有积极的促进作用。总体来说，2012年我市的发展形势是机遇与挑战并存，对此我们要坚定信心，稳中求进，抓住各项有利条件，全力做好2012年的经济工作。

二、2012年经济社会发展的主要预期目标和主要任务

2012年是实施“十二五”规划承上启下的关键之年，也是我市实现转型新发展的重要一年。国民经济和社会发展的指导思想是：全面贯彻党的十七大、十七届六中全会、中央经济工作会以及省州各项决策部署，深入贯彻落实科学发展观，以转型发展为主线，深入实施产业发展“二次创业”，着力推进新型工业化、农业产业化和城乡一体化，实现经济长期平稳较快发展和社会和谐稳定。

（一）2012年主要经济社会发展目标

全市国民经济和社会发展的主要宏观预期目标为：地区生产总值增长10%；工业总产值增长12%；规模以上固定资产投资增长15%；地方一般预算收入增长2%；城镇登记失业率控制在4.5%以下；户籍人口自然增长率控制在4.5‰以下；城镇居民人均可支配收入增长10%；农村居民人均纯收入增长10%；居民消费价格指数控制在5%以内。

（二）2012年主要工作

1、大力实施产业发展“二次创业”，推动产业协调发展

认真落实《中共个旧市委个旧市人民政府关于实施产业发展“二次创业”的意见》和实施工业、农业、现代服务业等三次产业行动计划。加快推动

工业新型化。加强国家级新型工业化有色金属锡新材料产业示范基地和固废综合利用示范基地建设，提高高新技术产值占工业总产值的比重。

通过打造"十个10万吨级重点工业产业"项目（即云锡年产10万吨锡、10万吨铜、10万吨铅，红铅年产10万吨铅，沙铅年产10万吨铅，润鑫年产15万吨铝钛基合金，南翔年产10万吨锰，南翔20万吨硅锰合金，红河锌联年产10万吨再生锌，华鼎150万吨冶炼废渣回收利用），进一步巩固和提升传统冶炼产业。同时，依托个旧稀贵金属高新技术特色产业基地建设，大力发展银、铋、铟等稀贵金属特色产业。全力推进霞石综合开发工作，力争进入实质性建设阶段。持续推进生物资源开发、化工、建材、电力、乳业、粮食加工、制药、新型材料等产业多元化发展。完成圣比和公司2000吨／年锂离子电池正极材料产业化项目。加快云河药业和个旧生物药业技改项目的实施，确保振兴铅业年产900万只铅酸蓄电池（二期）工程、莲花山风电场（一期）工程等一批项目取得新进展。

加快农业产业化发展步伐，推动特色农业健康发展。以粮食作物高产创建项目为依托，实施优质粮食产业工程。北部坝区建设万亩优质稻生产基地，千亩超级杂交稻种植示范基地；在南部山区建设现代农业玉米产业技术体系区域推广站，逐步提高杂交玉米品种覆盖率。实施卡房镇大黑山2000亩中低产田地改造项目，加大农业设施建设，2012年力争使全市设施农业建设规模在今年的基础上有所突破，达到0.5万亩。

鼓励和支持城乡服务业加快发展，提高服务业比重和水平。加快旅游产业发展，重点推进红河谷风情园、木棉水乡、老阴山景观工程、倘甸旧寨温泉、丫沙底温泉度假区、绿水河热带雨林AAA级景区等项目建设。实施好北回归线国际康体旅游小镇、大屯海旅游休闲度假区、红河谷旅游等一批旅游项目规划。力争接待国内外游客110万人次，完成旅游总收入5.8亿元。加快物流产业发展，推动鸡街货运站和有色金属物流中心建设，提高全市流通领域现代化水平。

2、加强基础设施建设，持续改善城乡面貌

加快"东移西扩北延"发展步伐，增强城市可持续发展力和承载力。以"西扩"为重点，全力推动阳山新区开发。完成市级行政中心建设项目的上报审批，启动新区征地拆迁，基本完成区域内的企业搬迁。实施"东移"，加快大屯新区建设为龙头的建设力度，加速"北延"，完成鸡街至个旧段提升改造工程建设，大力推进鸡街、沙甸片区小城镇建设发展步伐。

着力加快城乡建设发展步伐。力争年内完成全市总体规划修编，并做好全市199个自然村原始地形图测绘及村庄规划编制。年内完成污水处理厂二期扩建及配套管网工程隧洞部分施工并投入运行。加大交通基础设施建设力度。确保个-老-官公路和莲花山空军雷达站国防公路改造工程顺利建设完成。进一步提高自然村公路路面硬化率。计划开工建设8个农村公路沥青（水泥）路面改造工程，修建总里程48.6公里。着力加快水利基础设施建设。做好帮干水库、石洞坝水库、花冲水库工程等重点水库工程。完成峡鱼塘水库、罗期底水库除险加固工程的建设工作，开工建设五座小（二）型病险水库除险加固工程。继续实施灌区续建配套与节水改造、沙甸河（个旧段）治理、保和乡西施坡小流域水土保持综合治理、石漠化综合治理及农村安全饮水等工程。

3、强化节能减排，大力实施生态建设

严格控制"两高一资"建设项目，严把环保准入关总闸门。强化环境影响评价和"三同时"管理。削减污染物排放，确保减排任务完成，实现总量控制。继续抓好重金属排查整治，违法排污企业查处，继续做好环境监测和科研课题。继续实施"七彩云南·精品个旧"保护行动。促进红河州危废物和医疗废物处置场项目顺利实施。

优化矿产资源开发布局，改善矿区生态环境。继续加快推进矿产资源整合，保持高压态势，加大打击力度，维护全市矿产资源开发秩序基本稳定。配合生态立市建设，继续开展矿山环境整治工作。推进"山体保护复绿工程"、"工矿废弃地恢复工程"，重点抓好立项申请、项目实施、项目验收等监管工作。实施矿山环境恢复治理工程，计划完成投资1.2亿元。

4、大力实施民生工程,构建稳定和谐发展环境

抓牢抓实"两基"工作，加快普及学前教育，整合职业教育资源，推进各类教育协调发展。加快职教中心建设。继续实施校安工程，计划总投资3302万元，完成14230平方米D级危房拆除重建任务，维修加固改造B、C级危房面积14828平方米。

稳步推进医药卫生体制改革，稳步实施国家基

本药物制度，不断提高公共卫生综合服务水平。完善就业和社会保障体系。实施更加积极的就业政策，多渠道开发就业岗位，鼓励自主创业，促进充分就业。继续推进“贷免扶补”工作。帮助1500名下岗人员再就业，1200名就业困难人员再就业，计划城镇新增就业5000人以上，基本消除“零就业”家庭。继续扩大城镇社会保险覆盖面，各类社会保险参保人数累计达到44万人次以上。加大对农村富余劳动力的培训和转移，使农民人均工资性收入占农民人均纯收入的比重有所增长。继续完善社会救助体系。将符合条件的人员全部纳入低保范围。城市低保工作坚持应保尽保。稳步提高城乡居民救助水平。确保全面完成5740套，共计31.09万平方米的保障性住房建设任务。完成500户农村居民地震安全工程修缮加固和400户农村危房改造。

加强企业自主创新，提升企业产品科技含量。加大对兴冶、联兴、锌联等基地骨干企业的服务。引导企业走节能环保可持续发展之路。进一步加强产学研工作，下大力气为企业与高校和科研院所搭建技术合作平台。统筹各项社会事业协调发展，推进人才培养、计划生育等工作，继续抓好防震减灾、人防、气象、工商、税务、粮食、物价、质监、外事侨务、档案、保密、市志、移民、残疾人、红十字会等各项事业健康发展。

5、进一步加大稳定物价工作力度

继续加强价格监管，严厉查处价格违法违规行为。加大对提前散布涨价信息扰乱市场秩序、哄抬物价、价格共谋、操纵市场囤积炒作等行为的检查和处罚力度。深入推进价格相关政策落实和改革。及时推进公用事业价格调整和改革，理顺公用事业生产成本与价格的关系，促进商品的供给，稳定社会预期。

各位代表：2012年是实施“十二五”规划的重要一年，做好2012年各项工作目标任务，将为实现我市转型新发展打下坚实基础，让我们在市委正确领导下，在市人大、市政协的监督支持下，坚定信心，振奋精神，锐意进取，扎实工作，为推进个旧经济社会又好又快发展而努力奋斗！

个旧市2011年地方财政预算执行情况及2012年地方财政预算（草案）的报告

——在个旧市第十五届人民代表大会第五次会议上

个旧市财政局局长 李春芬

（2012年2月28日）

各位代表：

我受市人民政府委托，向本次会议报告个旧市2011年地方财政预算执行情况及2012年地方财政预算（草案），请予审查，并请市政协各位委员和其他列席人员提出意见。

一、2011年地方财政预算执行情况

2011年，在市委的正确领导下，在市人大及其常委会的依法监督下，全市各级财税部门以科学发展观为指导，努力克服各种困难，恪尽职守、扎实工作，全市财政收支平稳运行，超额完成了市十五届人大四次会议确定的财政收支目标任务。

2011年，全市地方财政一般预算收入完成86,239万元，为年初预算的106.98%，比上年增长9.12%，增收7,210万元。地方财政一般预算支出完成231,660万元，比上年增长10.23%，增支21,491万元。

全市基金预算收入完成22,503万元，比上年增长77.08%，增收9,795万元。基金预算支出完成25,033万元，比上年增长73.47%，增支10,602万元。

全市地方财政一般预算收支平衡情况是：地方财政一般预算收入86,239万元，上级补助收入154,039万元，政府债券转贷收入2,094万元，上年结余收入3,127万元，调入资金2,792万元，收入方总计248,291万元；地方财政一般预算支出231,660万元，上解支出14,535万元，支出方总计246,195万元。收支相抵，年终滚存结余2,096万元。

全市基金预算收支平衡情况：基金预算收入22,503万元，上级补助收入2,530万元，收入方总计25,033万元；基金预算支出25,033万元。收支相抵，基金预算收支平衡。

上述平衡结果为市与州结算前的平衡，由于部分经费上解和结算补助政策尚未明确，决算数还会有变化，待州财政局批复我市结算后，再将有关变化情况向市人大常委会报告。

二、2011年财政工作情况

2011年是“十二五”规划的开局之年，财税部门紧紧围绕科学发展主题和加快转变经济发展方式主线，顽强拼搏，努力工作，积极发挥财政职能作用，促进经济平稳较快发展，为实现“十二五”全市经济社会发展良好开局做出了积极贡献。

（一）坚持扩内需稳增长，促进经济平稳较快发展。一是多渠道筹措资金，确保全市重点建设项目有序推进。在本级财政安排资金2,900万元的基础上，整合中央预算内基本建设投资、上级财政专项资金及金融机构信贷资金8.4亿元，支持冷清路延长线鸡街至个旧段、个老官公路路面改造、污水处理厂二期工程、地方公检法基础设施、禁毒基础设施及个旧市精神病专设医院等重点工程建设。二是实施结构性减税政策。做好再生资源增值税退税的清算工作，应退税款25,737万元全部办理退税；提高个人所得税起征点并调整税率，全年为个人减负1,100万元。三是支持产业发展“二次创业”。全年筹集和拨付产业发展扶持资金18,628万元，重点支持云锡公司矿产资源节约与综合利用示范基地建设、红河州德远环境保护公司危险废物和医疗废物处置设施建设，扶持传统优势产业提升改造项目10个，扶持接续替代产业项目7个，推动全市资源

枯竭城市转型工作。四是继续实施家电、汽车摩托车下乡和家电以旧换新等鼓励消费的政策。累计兑付财政补贴资金834万元，累计销售家电下乡及以旧换新产品24,587台，销售金额6,723万元，销售摩托车下乡产品1,887辆，销售金额1,054万元，拉动我市消费品零售总额大幅增长。五是积极筹措和发放成品油价格改革财政补贴资金。2011年共发放成品油价格改革财政补贴资金1,973万元，支持我市城市公交、城市出租车、农村道路客运等相关行业健康发展。

（二）坚持增投入强机制，加快农村改革发展。一是积极推进水利工程建设。为有效缓解全市生产生活缺水问题，财政筹集水利建设资金1,710万元，实施三岔河水库支渠水龙井草白大沟防渗工程、乍甸提水灌溉泵站、牛坝荒水库输水沟渠提升改造、新冠村委会水箐小组人畜饮水改造及农村饮水安全工程等水利工程建设。拨付抗旱救灾及供水应急经费685万元，确保全市供水正常。安排水利建设前期经费100万元，做好全市水利建设规划，为申报上级财政资金支持打好基础。二是认真实施农业综合开发项目。经过多年努力，2011年个旧市被列为省级农业综合开发县，全年共投入财政资金240万元，实施鸡街镇石榴坝村委会土地治理项目。三是支持改善农村基础设施。累计投入财政资金700万元，实施35个社会主义新农村建设、在鸡街镇实施整乡推进新农村示范乡镇建设、新建8个村级文化活动广场、实施2个村容村貌整治项目。四是及时足额发放惠农补贴。全年发放农资综合直补、农作物良种补贴和退耕还林补贴等惠农补贴2,512万元，充分调动了农民发展生产的积极性。五是扶持农业产业发展。筹集资金1,738万元，继续实施涉农贷款增量奖励制度，扶持超级稻、核桃种植及冬季农业开发等新农村建设产业发展项目。新设36个农民专业合作社，12个农村综合服务社，1个农村专业协会，23个便民超市和6个农资连锁店。六是努力加大扶贫开发力度。筹集财政扶贫资金640万元，实施28个扶贫整村推进项目，扶贫易地搬迁项目2个，不断改善贫困地区生产生活条件。七是全面实施村级公益事业建设一事一议财政奖补制度。全年共确定73个建设项目，惠及57个村委会73个村民小组，受益9,743户36,319人。项目总投资2,130万元，其中：财政奖补资金887万元，拉动其他资金投入1,243万元。

（三）坚持保民生促和谐，支持社会事业加快发展。优化支出结构，优先保障民生投入，全市用于民生方面的支出达到17.73亿元，比上年增加2.48亿元，增长16.23%，占全市地方一般预算支出的比重达76.54%，着力支持教育、医疗卫生、社会保障及保障性住房建设等民生事业发展。一是支持教育改革发展。全市完成教育支出31,830万元，占地方一般预算支出的13.74%。提高义务教育经费保障水平，农村义务教育公用经费标准小学由人均300元提高至500元，初中由人均500元提高至700元，全年累计投入义务教育学校“两免一补”经费2,383万元。启动农村中小学食堂条件改善试点工程，改善11,000余名农村中小学师生就餐条件。全市教育费附加收入4,542万元全部用于教育事业，重点支持中小学危房改造、教师队伍建设、改善办学条件等项目。二是完善社会保障体系。全市完成社会保障和就业支出43,922万元，比上年增加8,160万元，增长22.82%，比一般预算支出增幅高12.59个百分点。城市居民最低生活保障实现应保尽保，农村最低生活保障受益人数增加至1万人，农村低保补助从人均70元提高至82元，全年财政累计安排城乡居民最低生活保障资金11,104万元。启动实施新型农村养老保险和城镇居民养老保险试点工作，参保人数达102,477人，构建覆盖城乡的社会养老保险体系。为未参保集体企业退休人员6,420人办理养老保险参保手续，让239名“中断缴费”人员补缴保费接续养老保险，有效解决养老保障问题。1,512名国有企业老工伤人员及工亡职工供养亲属全部纳入工伤保险统筹，老工伤人员待遇得到有效保障。启动失地农民就业培训，全年累计培训失地农民600人，使其熟练掌握一项非农产业岗位技能，解决失地农民的基本生活和长远生计问题，维护社会稳定。筹集再就业资金1,190万元，支持做好再就业工作。继续实施小额担保贷款和“贷免扶补”创业贷款政策。三是大幅增加医疗卫生投入。全市完成医疗卫生支出23,689万元，比上年增加6,021万元，增长34.08%，比一般预算支出增幅高23.85个百分点。全面实施基本药物制度，有效降低老百姓住院负担。基本公共卫生服务投入达人均25元，为全市城乡居民免费提供三类九项医疗卫生服务，累计建立居民健康档案24万份。全市基层医疗卫生机构财政拨款比例达到100%，公共卫生机构财政拨款比例达到70%，医药卫生体制改革目标全面实现。继续实施城乡医疗救助制度，发放城乡医疗救助金993万元，直接救助城乡困难群众住院8,201人次，资助困难居民31,871人参加城镇居民医疗保险，资助农村低保对象、五保对象、残疾人10,520人参加新农合，切实改变部分弱势群体有病无钱治的状况。四是大力支持保障性安居工程建设。筹集和拨付2011年度保障性住房建设资金22,958万元，实施3,240套廉租住房及2,500套公共租赁住房建设，实施600户农村危房改造、500户农村民居地震安全工程除险加固。安排廉租住房租赁补贴749万元，切实缓解困难居民住房和住房安全问题。

（四）坚持推改革建制度，进一步提高财政管理绩效。一是全面推进综合预算。将除教育收费外其他按预算外资金管理的收入全部纳入预算管理，严格实行“收支两条线”管理规定。二是全面清理整顿地方财政专户。共撤销、合并财政专户36个，保留的市本级地方财政专户42个，按规定全部划归财政国库部门管理，强化内部控制制度，进一步加强和规范财政专户资金的安全管理。三是加强地方政府性债务管理。按照“摸清规模，分清类型，分析结构，揭示问题，查找原因，提出建议”的工作思路，开展政府性债务审计工作。开展地方政府融资平台公司清理核实工作，规范政府融资行为，防范债务风险。四是扎实抓好财政投资评审及绩效评价工作。开展市污水处理厂改扩建及配套管网工程、市锡都博物馆、图书馆两馆合一工程、个旧市戒毒所、2009年廉租住房建设、和兴综合楼全过程跟踪投资评审工作。其中：“两馆合一”工程送审投资6,766万元，审定投资5,425万元，审减1,340万元，审减率19.8%；和兴综合楼送审投资2,100万元，初步审定投资1,800万元，审减300万元，审减率14.29%。开展2011年农村人饮安全建设工程、2011年地质灾害防治经费、2010年生猪标准化规模养殖场（小区）建设项目等7项涉及水利、农业、社会保障等方面的重点民生资金的绩效评价工作，涉及资金共12,869万元，对项目资金进行跟踪问效，提高财政资金使用效率。五是深入推进“小金库”专项治理工作。扎实开展回头看工作，建立治理“小金库”的长效机制。

（五）坚持抓机遇争项目，增强财政保障能力。全市各级各部门积极向上反映个旧存在的困难和问题，争取上级财政资金支持。2011年，上级财政补助我市各项转移支付资金预计达154,039万元，比上年决算数增加18,859万元，其中：专项资金91,313万元，比上年增加7,474万元，有效缓解了我市财政平衡压力，保证了全市工资发放、机构运转和民生投入的基本需要。随着上级转移支付力度的加大，在收入增幅放缓的前提下，财政支出规模不断扩大，继续保持支大于收的格局，支大于收达4.2亿元，投在个旧经济建设和社会事业发展方面的财政资金逐步增加。特别是经过多方努力，顺利通过国家发改委组织的转型评估及财政部组织的资源枯竭城市转移支付资金绩效评价，进入国家第二轮扶持范围，中央财政对我市财力性转移支付补助期限延长至2015年。2011年共争取中央资源枯竭城市转移支付16,307万元，比上年增加2,831万元，为全市经济转型和可持续发展提供了资金保障。

三、2011年财政收入超收及年终调整预算安排情况

2011年，全市地方财政一般预算收入完成86,239万元，比年初预算数增加5,629万元，由于收入增加及预算执行过程中部分结算政策调整，全年可调整安排资金为5,876.3万元，根据全市经济社会发展需要，按照“量入为出、量财办事、收支平衡、略有结余”和“突出重点、压缩一般”的原则，财政收入超收及年终调整预算安排情况为：预留年终结余及追加事业单位绩效工资缺口等刚性支出3,401万元；玉蒙铁路房屋拆迁、企业发展扶持及基础设施建设、危险废物和医疗废物处置设施建设等社会事业发展及民生支出1,424.3万元；政府投资建设项目审计经费、资源枯竭城市转型前期工作经费、公安消防大队营房建设、乡镇便民服务中心经费补助、市政府金平帮扶经费及乡镇困难补助等其他专项经费支出1,051万元。

各位代表，过去的2011年我市财政工作成绩显著，财政综合实力不断壮大，公共服务保障水平有了较大提升，财政改革发展成效显著。成绩的取得来之不易，但面临的困难也不容忽视：一是受欧洲债务危机影响，有色金属价格再度下跌，财政收入自2011年10月份以来大幅下滑，财政保增长压力巨大。二是全面实施事业单位绩效工资，增加保障性住房建设规模，支持社会保障、教育、医疗卫生等民生事业发展，加大了财政支出压力，财政平衡压力剧增。三是进入偿债高峰期，2012年市级财政需偿还各项债务本息5亿元，债务风险加大。我们将不断总结经验，在市委的正确领导下，在市人大的监督指导下，努力克服困难，加快改革创新，科学谋划2012年个旧财政工作，继续推进全市经济社会实现科学发展、和谐发展、跨越发展。

四、2012年地方财政预算草案

按照市委、市政府对2012年经济和财政工作的总体部署，全市财政工作和预算安排的指导思想和原则是：全面贯彻党的十七大和十七届六中全会精神，以邓小平理论和“三个代表”重要思想为指导，深入贯彻落实科学发展观，加快转变经济发展方式，贯彻实施中央积极财政政策，深化财税制度改革，实施结构性减税政策，推动国民收入分配格局调整，进一步优化财政支出结构，加大对“三农”、教育、医疗卫生、社会保障和就业、保障性安居工程和节能环保的支持力度，严格控制一般性支出，切实保障和改善民生，坚持依法理财、统筹兼顾和增收节支的方针，加强财政科学管理，提高财政资金使用效益，促进经济结构调整和城乡统筹协调发展，保持经济平稳较快发展和社会和谐稳定。财政预算安排坚持“积极稳妥、厉行节约、民生优先、收支平衡”的原则。

根据全市财政工作要求和预算安排的指导思想和原则，按照全市国民经济和社会事业发展计划，充分考虑财政的实际承受能力，建议2012年全市地方财政收支预算安排如下：

2012年，全市地方财政一般预算收入安排87,960万元，比上年决算数增长2%，增收1,721万元；基金预算收入安排15,134万元，比上年决算数下降32.75%，减收7,369万元。全市地方财政一般预算支出安排120,437万元，比上年年初预算数增长18.16%，增支18,512万元；基金预算支出安排15,134万元，比上年年初预算数增长38.49%，增支4,206万元。

全市地方财政一般预算收支平衡情况：地方财政一般预算收入87,960万元，上级补助收入45,691万元，上年结余收入2,096万元，收入方总计135,747万元；地方财政一般预算支出120,437万元，上解支出15,310万元，支出方总计135,747万元。收支相抵，全市地方财政一般预算收支平衡。

全市基金预算收支平衡情况：基金预算收入15,134万元，基金预算支出15,134万元。收支相抵，全市基金预算收支平衡。

一般预算收入主要项目是：

1. 增值税地方25%部分28,750万元，比上年决算增长18.43%。

2. 营业税24,000万元，比上年决算增长0.79%。

3. 城市维护建设税6,500万元，比上年决算增长4.10%。

4. 房产税2,400万元，比上年决算下降2.52%。

5. 城镇土地使用税1,800万元，比上年决算增长0.11%。

6. 耕地占用税800万元，比上年决算下降6.21%。

7. 非税收入12,720万元，比上年决算下降7.92%。

一般预算支出主要项目是：

1. 一般公共服务支出22,525万元，比上年预算增长73.72%。

2. 公共安全支出9,548万元，比上年预算增长14.69%。

3. 教育支出27,642万元，比上年预算增长11.94%。

4. 文化体育与传媒支出1,308万元，比上年预算下降6.77%。

5. 社会保障和就业支出26,152万元，比上年预算增长3.91%。

6. 医疗卫生支出11,383万元，比上年预算增长20.61%。

7. 城乡社区事务支出5,442万元，比上年预算下降15.33%。

8. 农林水事务支出7,367万元，比上年预算增长3.98%。

五、2012年财政工作重点及主要措施

2012年是实施“十二五”规划承上启下的重要之年，我们要增强使命感和紧迫感，把思想和行动统一到科学发展观的要求上来，统一到市委的决策部署上来，坚定信心，扎实工作，把困难估计得更加充分一些，把工作考虑得更加周全一些，牢牢把握经济财政工作的主动权，充分发挥财政职能作用，促进经济社会科学发展、和谐发展、跨越发展。

（一）千方百计扩内需，着力促进经济平稳较快发展。一是积极支持重大基础设施建设。多渠道筹集资金，支持个老官公路、鸡街泗水庄片

区农村公路、阳山新区开发、矿山地质环境治理、重金属污染治理、垃圾处理场、污水处理厂二期扩建及配套管网工程等重点项目建设。二是深入推进产业发展“二次创业”，加快经济转型步伐。2012年年初预算安排工业产业发展资金2,355万元，其中资源枯竭城市转型重点企业及转型项目扶持专项资金1,000万元，对重点企业给予储备贴息，支持传统优势产业提升改造，扶持接续替代产业及资源综合利用项目。三是调整完善乡镇经济社会发展激励机制。安排资金600万元，对乡镇经济社会发展实行以奖代补，建立支出预算控制数动态调整机制，调动乡镇招商引资、发展地方经济的积极性。四是实施结构性减税政策。实施对小微企业的所得税优惠政策，大幅提高增值税、营业税起征点，支持小型微型企业发展，促进城镇居民增收。落实调整完善资源综合利用产品增值税政策，大力发展循环经济，加快资源节约型、环境友好型社会建设。五是努力扩大消费需求。继续实施更加积极的就业政策，完善家电下乡和以旧换新政策，扩大消费需求。

（二）*加大投入强基础，着力促进强农惠农政策的贯彻落实*。2012年年初预算安排农林水事务支出7,367万元，比上年增长3.98%，并从土地出让收入中提取水利建设及农业土地开发专项资金570万元。一是全面落实加快水利改革发展的各项财政政策。大力推进“五小水利”工程、农村饮水安全工程、小型农田水利、灌区与节水改造工程和干支渠防渗工程建设。二是抓好农业综合开发项目管理。抓住个旧列为省级农业综合开发县（市）的机遇，认真做好项目的申报、筛选及实施工作，加大农业综合开发力度。三是加大新农村建设及扶贫开发力度。市级财政继续安排新农村建设专项资金650万元，安排扶贫专项资金185万元，同时，整合上级补助资金，大力支持新农村建设及农村扶贫工作，改善农村生产条件和生活水平。实施整乡推进新农村示范乡镇建设，提升新农村建设的质量和内涵。四是拓宽农民增收渠道。完善涉农补贴政策，加大农村剩余劳动力转移培训和引导，继续实施失地农民培训计划，增加农民生产经营性收入和工资性收入。五是加快农村社会事业发展。继续实施广播电视“村村通”工程，安排专项建设资金70万元，确保实现个旧人民广播电台节目信号覆盖全市各乡镇（区），更好地传播党委、政府的声音。推进农家书屋、村级文化活动场所、老年活动室等重点文化惠民工程建设。六是深入推进村级公益事业建设一事一议财政奖补政策。对村民通过一事一议筹资筹劳开展的村内道路、文化活动室、人畜饮水工程、小型农田水利、环卫设施等公益事业建设项目给予财政奖补，加快农村公益事业建设步伐。七是深化农村综合改革。全面深化乡镇机构、农村义务教育、市乡财政管理体制和集体林权制度改革。提高全市村组干部补贴。

（三）*突出重点保民生，着力促进和谐社会建设*。一是合理调整国民收入分配关系。支持建立企业职工工资正常增长和支付保障机制，支持落实最低工资制度，多渠道增加农民收入，推动形成合理有序的收入分配格局。二是支持教育优先发展。2012年年初预算安排教育支出27,642万元，比上年增长11.94%，并从土地出让收入中提取2%的教育资金300万元。严格落实教育经费法定增长要求，确保财政教育支出占全市公共财政支出比重达到要求。巩固完善农村义务教育经费保障机制，健全家庭经济困难学生资助政策体系，农村义务教育阶段寄宿生生活补助小学由人均750元提高至1,000元，初中由人均1,000元提高至1,250元，并适当扩大补助范围。实施义务教育学生营养改善计划，财政每生每天补助3元，一年补助200天。教育费附加收入严格按要求全部用于教育，支持改善办学条件。三是完善社会保障制度。2012年年初预算安排社会保障和就业支出26,152万元，比上年增长3.91%。继续提高企业退休人员基本养老金水平，适当提高城乡居民最低生活保障标准，积极推进新型农村社会养老保险和城镇居民社会养老保险制度。继续实施更加积极的就业政策，多渠道增加就业机会。妥善解决个旧市地质队改制及国企改革历史遗留问题。四是促进医疗卫生事业加快发展。2012年年初预算安排医疗卫生支出11,383万元，比上年增长20.61%。全面推进基层医疗卫生机构综合改革，完善基本药物集中招标采购和医药费用支付制度。新型农村合作医疗人均筹资标准由230元提高至290元，城镇居民基本医疗保险筹资标准由人均289元提高至343元，并适当提高报销比例。加大城乡医疗救助投入力度，救助金额封顶线由5,000元提高至7,000元。五是大力支持保障性安居工程建设。多渠道筹集资金，加大廉租住房、公共租赁住房建设力度，对困难群众发放住房租赁补贴。继续实施农村危房改造和农村民居地震安全工程。

（四）加快步伐推改革，着力促进财政管理水平提升。一是进一步严格财政监管。逐步建立科学有序的财政监管机制，加强对民生支出、重点专项资金的监督检查，保障政策有效落实。进一步健全覆盖所有政府性资金和财政运行全过程的监管机制，建立财政监督成果与预算管理挂钩机制，将预算安排与资金使用效益挂钩。强化内部监督检查，完善财政内部控制。二是加强非税收入管理。推广运用财政票据电子化管理系统，规范非税收入收缴行为，提高非税收入收缴效率。研究拟定非税收入考核奖惩及成本核拨办法。三是推进财政信息化建设。加快推进集技术、业务和管理于一体的信息化建设，努力提升财政管理水平，推广实施全省财政管理一体化系统。同时配合相关部门积极推动财税库银横向联网工作。四是研究完善财政结余结转资金管理。逐步建立结余资金与预算编制、经费追加相衔接的制度，优化财政资源配置，提高资金使用效益。五是加大财政投资评审力度。对矿山地区环境治理、重金属污染治理等重大投资项目开展投资评审工作，稳步推进实施政府投资建设项目审计工作。

各位代表，2012年全市财政工作充满挑战与机遇，使命光荣而艰巨。我们将在市委的正确领导下，在市人大、市政协的监督和支持下，继往开来、锐意进取、扎实工作，为推动个旧科学发展、和谐发展、跨越发展做出新的贡献！铸就新的辉煌！

个旧市人民检察院工作报告

——在个旧市第十五届人民代表大会第五次会议上

个旧市人民检察院检察长　万买富

（2012年3月1日）

各位代表：

我代表个旧市人民检察院向大会报告工作，请予审议，并请列席人员提出意见和建议。

2011年工作回顾

2011年，个旧市人民检察院在市委和上级检察院的领导下，在市人大及其常委会的监督，市政府的支持和市政协的民主监督下,以邓小平理论、“三个代表”重要思想和十七届五中、六中全会精神为指导，按照省、州检察长会议的安排部署，围绕个旧市转型发展、产业发展“二次创业”的工作重点，深入推进“社会矛盾化解、社会管理创新、公正廉洁执法”三项重点工作，认真贯彻宽严相济刑事司法政策，不断强化执法办案，强化法律监督,强化自身监督，强化高素质检察队伍建设，各项检察工作取得新进展，为服务个旧地区“十二五”开局之年的建设作出了积极努力。

一、认真履行各项检察职能，服务个旧经济社会新发展

（一）强化执法办案，全力维护社会稳定

全年共受理各类审查批捕案件346件513人，同比分别上升0.9%和下降5.9%；受理移送审查起诉各类刑事案件359件594人，同比上升15.1%和4.4%。经审查,批准逮捕290件432人，向市法院提起公诉294件455人，移送其他检察院62件125人。

工作中，始终把影响群众安全感、破坏社会主义市场经济秩序、严重暴力及多发性侵财犯罪作为打击重点，突出打击危害经济发展、聚众扰乱社会秩序、影响农村稳定的刑事犯罪，集中打击涉黑、涉恶犯罪案件。不断完善联席会议、提前介入等机制，切实提高打击犯罪的针对性和实效性。通过严审细查证据，严格捕、诉案件的把关，规范备案审查等多种方式提升案件质量。全面推进犯罪嫌疑人（被告人）财产调查与控制工作，有效强化监督，防止出现涉诉上访案件发生。正确适用宽严相济刑事司法政策，积极探索和解息诉、答疑说理、轻刑案件快速办理、检察建议、量刑建议等工作方式，在办案中化解矛盾，促进社会和谐。

（二）加大查办和预防职务犯罪力度，稳步推进反腐倡廉建设深入开展

按照中央及省州市委反腐败斗争的总体要求，围绕“加大工作力度，提高执法水平和办案质量”的总体要求，把查办和预防职务犯罪工作放在突出位置。全年共受理各类职务犯罪案件线索17件18人，立案侦查17件18人。其中，贿赂案7件7人，贪污案6件6人，挪用公款案1件1人，滥用职权案3件4人。大案14件，占立案总数的82.4%。已全部侦查终结并移送起诉，通过办案为国家挽回经济损失370多万余元。

在查办职务犯罪的同时，按照“更加注重治本，更加注重预防，更加注重制度建设”的要求，围绕办案开展职务犯罪预防工作。结合办案开展案件预防20件，进行案件剖析20件，发出书面检察建议20份，帮助发案单位查找在管理、制度上存在的漏洞和问题。围绕中心，服务大局，扎实开展食品安全监管环节专项预防。通过抓好立项审批，制定措施，规范调查活动，形成调查报告，开展预防宣传警示教育等，有效推进了食品安全管理机制的完善和创新。稳步推进社会化预防网络的建立。与

云锡集团马拉格矿业有限责任公司建立开展职务犯罪预防工作联系制度，成立预防职务犯罪指导委员会，强化了行业及部门的内部防范机制，确保了权力的正确行使。不断扩大预防宣传面。全年共开展警示教育73次，受教育人数6136人，提供预防咨询127件次。

（三）充分发挥法律监督职能，促进公正廉洁执法

不断完善监督机制，更加注重数量、质量、效率、效果、安全的有机统一，切实维护公平正义。

立案监督。以案件审查、立案监督信息联络员、行政执法与刑事司法衔接、“检察进社区”等多项工作为平台，拓宽案源渠道。通过提前介入、联席会议、跟踪监督，与侦查机关形成合力，提高立案监督效果。共受理立案监督案件线索43件，成功监督侦查机关立案15件，监督撤案16件；不符合立案条件，作不立案处理12件。

侦查及刑事审判监督。加大监督力度，完善监督机制。共提前介入各类刑事案件调查31件，退回补充侦查92件190人，建议侦查机关撤案2件2人，纠正漏捕41人，纠正漏诉10人，追漏罪43条，提请抗诉2件，改判2件。对诉讼活动中的违法情形发纠正违法通知书11份，发书面检察建议1份。积极稳妥推进量刑建议改革，认真落实检察长列席审判委员会、“三书会审”、职务犯罪裁判文书同步审查与诉前请示等制度，量刑建议采纳率达82.8%，有罪判决率为100%。

民事行政检察。认真对待群众申诉，充分运用抗诉、和解息诉、支持起诉、督促起诉等方式维护当事人合法权益，促进社会和谐，共受理各类民事行政申诉案件96件，立案审查83件。其中，建议提请抗诉7件，提请抗诉1件，不建议提请抗诉3件，不提请抗诉2件，刑事附带民事诉讼34件、诉前和解12件、支持起诉34件，执行监督16件、督促起诉14件，民事和解1件，因当事人撤回申诉终止审查1件，息诉案件 20 件。经审查案件向本院及上级院移送职务犯罪线索3 件。

监所检察。加强日常安全检察特别是节假日安全防范检察，推行夜间和周末巡视制度，结合入监调查谈话制度和约见检察官制度，确保看守所安全稳定。共检察登记入所人员612人，出所人员571人；进行个别谈话教育320人次，集体教育86次，受教育人数1107人；深入“三大现场”检察367次；对监管活动中的违法情形发纠正违法通知书19份。坚持严格换押制度检察，加大对退侦、延期案件的跟踪监督力度，提示和催办案件128件，有效遏制超期羁押。

控告申诉检察。畅通群众诉求渠道，不断强化执法办案风险源头治理，努力实现“案结、事了、人和”。全年共接待群众来信来访102件，其中举报35件、控告49件、申诉18件，受理的各类信访件均按照要求进行了分流处理。立案复查刑事申诉7件，均审查息诉。检察长接待群众60人次，批阅群众来信16件，领导干部带案下访5件。处理集体上访3件200余人。开展刑事被害人救助3人、救助金额1万元。

人民监督员工作。对1件本院查办的拟不起诉案件依法启动人民监督员程序接受监督。邀请人民监督员、特约检察员参与搜查活动5次，对5名职务犯罪嫌疑人进行回访考察，巡视看守所1次，定期通报检察工作情况3次。旁听本院立案侦查的1件职务犯罪案件的法庭审理，并对公诉活动进行现场评议。

二、深入开展主题教育实践活动，检察队伍公正廉洁执法水平有新的提升

坚持把班子建设作为队伍建设的关键抓紧抓好。严格执行《党组工作制度》、《检察长办公会议制度》、《党组中心学习组学习制度》，坚持和完善党组民主生活会、每周一班子碰头会、周五学习日等制度。积极倡导班子之间的相互理解、相互支持，营造心情舒畅、团结协作的氛围，做到工作上互相补台，生活上互相关心，开展批评一针见血。加强了经常性的交心谈心活动，使问题解决在日常工作中，以此来增强班子团结，形成整体合力；加强了与检察人员的联系和沟通，及时了解掌握干警的思想、学习、工作和生活情况，营造宽松和谐的工作环境，使检察人员以饱满的热情投入工作。建立健全现有人才的培养开发、选拔任用、激励保障等机制，充分挖掘潜力，用好用足现有人才资源，促使“干部能上能下、人员能进能出”的激励机制得以有效运行。通过以上举措，班子的凝聚力和战斗力得到进一步增强，全院范围内形成了团结干事的激励和约束氛围。全年共建议提拔任用干部9人，挂职交流锻炼干部7人。

紧紧围绕促进公正廉洁执法，不断强化检察队伍的教育、管理和监督，从“抓活动、抓结合、抓

公正执法”入手，把规范执法、文明执法作为履行法律监督职能的出发点和落脚点，有效解决了检察人员在理想信念、宗旨意识、执法作风等方面存在的突出问题。另外，以庆祝建党90周年为契机，组织到蒙自查尼皮革命旧址进行检察官宣誓，重温入党誓词，举办主题演讲比赛，传唱革命歌曲，举办主题文艺晚会，参加统一考试，重读红色经典等活动，进一步凝聚检心、弘扬正气、鼓舞士气。继续加大专项业务、岗位技能和学历提升等培训力度，目前，全院干警本科以上学历达85%，3人在读研究生学历。深入开展岗位练兵，2人获全州检察机关优秀公诉人称号，2人获全州检察机关优秀公诉能手称号，连续3年获全州侦查监督业务竞赛组织奖和综合排名第一。大力推进检察文化建设，创办《个旧检察》期刊，不定期组织开展各种文体活动，到驻地部队开展队列训练，每月第1个工作日上午举行升国旗仪式，每周一、三、五上午组织锻炼。面向社会公开择优招录合同制辅助人员11名，为检察工作注入了新鲜血液。

三、创新检察工作机制，积极促进“四位一体”建设

（一）认真开展村民自治组织预防职务犯罪专项治理试点工作，促进农村和谐稳定发展。结合实际建立工作联系制度，开展专项预防调查，完善“村财乡管”制度，有效防控和减少职务犯罪发生。一年试点工作期间，共在大屯镇楼坊寨开展预防职务犯罪宣传警示教育工作4次，提供法律咨询服务11次，刊出预防职务犯罪宣传专栏1期。出台了《村民自治预防职务犯罪试点工作制度》，为检察机关预防职务犯罪工作创新发展注入了生机活力。

（二）在全州范围内率先实行在押人员羁押表现纳入量刑建议。联合市法院、市公安局共同出台了《在押人员羁押表现纳入量刑情节审理暂行办法》、《个旧市看守所对在押人员羁押期间考核办法》，规定了工作程序和各机关职责，有效促进了监管秩序的和谐稳定。

（三）在全市挂牌成立15个基层检察工作联系点。联合市司法局共同制定《关于进一步加强工作联系的意见》，明确了具体工作联系机制，使检察工作更加深入基层，深入群众，提高了民众对检察工作的认知度。目前，已通过联系点办理民事申诉3件，立案监督1件。

（四）设立全州首个驻乡镇检察室。大屯检察室已于2011年12月30日正式挂牌开始工作，检察工作触角在广大农村得以有效延伸，对于化解农村基层矛盾纠纷、查办涉农经济案件，积极参与社会治安综合治理等方面将发挥积极作用。

四、牢固树立促进民族团结、推动边疆和谐稳定的大局意识，扎实开展对口援助帮扶工作

以深入开展创先争优活动为契机，经过协调，为市蔓耗镇黄木树村委会下平田村修建全长5公里的沙石路，连村公路于8月2日正式通车，开启了苗寨人民生活的新篇章。扎实开展与怒江州贡山县院互派干部挂职锻炼工作。安排专项资金8.5万元，为援藏工作顺利开展提供保障，选派骨干人员将先进的检察工作理念带到贡山。通过工作，实现了贡山县检察院2011年检察工作新突破：即首次应用“司法会计鉴定”成功指控职务犯罪案件；成功办理了贡山县检察院首例刑事和解案件，怒江州检察机关2011年度首例纠正漏捕案件和首例监督撤案案件。

五、自觉接受监督，不断提高执法公信力

（一）自觉接受外部监督。2011年，我院不断增强自觉接受监督意识，主动接受市人大及其常委会的监督和市政协的民主监督。向人大常委会报告了5年来开展侦查监督工作的情况。加强了与人大代表、政协委员的联络，主动通报检察工作情况2次，认真办理代表、委员提出的意见和建议，通过总结经验、查找问题、进行整改，有力地促进了各项检察工作的开展。

（二）加强内部监督力度。继续在办案部门推行“一案三卡”（即《告知监督卡》、《回访监督卡》、《廉洁自律卡》）案件跟踪监督制度，确保了办案人员严格、公正、文明执法。对各办案部门办理的125件案件进行了督查。其中，抽查案件95件，重点督查案件30件。通过督查均未发现有严重质量问题的案件。大力推行检务督察、执法监察、执法档案和执法过错责任追究制，进一步健全业务工作运行规范、执法质量保障规范，确保理性、平和、文明、规范执法。

各位代表，过去一年，我院各项工作取得了一定成绩，得到了各级组织的肯定。被最高人民检察院授予“全国检察机关文明接待示范窗口”荣誉称号，《个旧检察志》等3册书作为高检院检察文化建设优秀作品入选全国检察文献中心，高检院专项调研课题《检察权运行机制的现状及改革进路》在全国范围内进行学术交流，20个部门，41名检察人员先后受到各级组织表彰奖励。这些成绩的取得，是检察工作始终服从、服务于全市工作大局，忠实履行宪法和法律赋予的神圣职责，为巩固国家政权、打击犯罪、保护人民、惩治腐败、维护国家法制统一实施的结果。是检察机关始终自觉接受市委领导，市人大及其常委会的监督，市政府、市政协以及人民群众、社会各界关心支持的结果。在此，我代表个旧市人民检察院表示衷心的感谢！

在总结成绩的同时，我们也清醒地看到工作中存在的问题，主要是：发现职务犯罪案件线索和突破职务犯罪案件的能力有待提高；探索监督途径、拓宽监督渠道、创新监督方法上仍需继续下工夫。这些问题，我们将坚持用科学发展和深化改革的方法认真研究，加以解决。

2012年工作意见

总体思路是：高举中国特色社会主义伟大旗帜，以邓小平理论和“三个代表”重要思想为指导，认真贯彻党的十七届六中全会、各级政法和检察长工作会议、市十二次党代会、市委十二届二次全会及本次会议精神，以执法办案为中心，以深化三项重点工作为着力点，以开展检察人员核心价值观教育和“四群”教育为保障，强化法律监督、强化自身监督、强化队伍建设，全面提升检察工作水平，更好地服务于个旧科学发展、转型新发展。

一、围绕中心，服务大局，确保检察工作健康发展

坚持科学发展的主题和加快转变经济发展方式的主线，找准检察工作服务个旧经济发展的切入点，更加自觉地服从、服务于党和国家工作大局，坚持以人为本、执法为民，把关注和保障民生摆在更加突出的位置，充分发挥打击、预防、监督、教育、保护等职能作用。正确处理监督与配合、管理与服务的关系，进一步更新执法观念、加大办案力度、改进执法方式、提高办案质量、增强办案效果，突出重点工作领域，扎实开展群众工作，化解社会矛盾，最大限度地减少社会对抗，为个旧市转型发展、产业发展“二次创业”和基层“四位一体”建设，实现经济平稳较快发展和社会和谐稳定提供强有力的司法保障。

二、坚持以执法办案为中心，全面加强和改进法律监督工作

（一）立足法律监督职能，积极参与加强和创新社会管理

认真落实《关于充分发挥检察职能参与加强和创新社会管理的意见》，加强自身制度、机制和能力建设，主动融入党委领导、政府负责、社会协同、公众参与的社会管理格局。积极参与对流动人口、特殊人群的服务管理，不断探索对未成年人的特殊司法保护。通过参与社会管理领域突出问题专项整治，建设行政执法与刑事司法相衔接长效机制，适时发出检察建议，推动完善社会管理制度，促进社会管理法治化、规范化建设。

（二）着力提升监督水平和实效，推进司法公信建设

1、加强和改进捕诉工作，切实提高维稳能力。在完善工作机制、提高办案水平上下工夫，严格证据的收集、固定、审查、判断和运用。加强与公安机关的协调配合，完善适时介入侦查、依法引导取证工作机制，提升工作质量和效果。完善贯彻宽严相济刑事政策的工作机制，健全逮捕必要性审查、轻微刑事案件快速办理、办案期限预警等机制。坚持对捕后撤案、不起诉案件进行逐案剖析，定期开展案件质量评查和专项检查，严防错捕、错诉。

2、加强和改进查办和预防职务犯罪工作，加大反腐力度。认真贯彻中央关于加强新形势下反腐倡廉建设的决策部署，加大办案力度，强化举报线索评估和管理，推进侦查手段现代化建设，切实转变侦查方式，严肃查办重点领域和关键环节、重大安全生产事故、食品药品安全等涉及民生领域的职务犯罪，突出抓好治理商业贿赂和工程建设领域、国土资源领域专项治理。结合办案，综合运用宣传教育、预防咨询、预防调查、检察建议等措施，深入开展个案预防、类案预防、行业预防，落实预防职务犯罪年度报告制度，推动建立社会化预防网络新格局。

3、加强和改进诉讼监督，维护司法公正。严格立案监督的条件、范围和程序，完善公诉案件适用简易程序审理的工作机制，落实检察长列席审判委员会会议制度，规范量刑建议的范围和标准，提高监督质量、增强监督实效。建立健全刑罚变更执行同步监督制度，探索对减刑、假释案

件开庭审理的监督，完善纠防超期羁押和久押不决工作机制，不断深化对监外执行罪犯的检察。加大办理民事行政申诉案件力度，针对裁判不公、执法不公的突出问题适时开展专项监督，正确运用民事执行监督和督促起诉、支持起诉等方式维护人民群众合法权益。

4、加强和改进化解矛盾纠纷工作，促进社会和谐。切实把排查、预防和化解社会矛盾纳入执法办案各个环节，努力从源头上维护社会和谐稳定。加强与公安机关等部门的沟通，统一执法尺度，正确运用不批捕、不起诉等措施对轻微犯罪依法从宽处理。加大涉检信访工作力度，高度重视初信初访，严格落实首办责任制，完善执法办案风险评估预警机制。加强对重大敏感案件、热点敏感问题的分析研判，落实检调对接、法律文书说理、刑事申诉案件公开审查、刑事被害人救助等制度，及时妥善化解进入检察环节的矛盾纠纷。

三、以公正廉洁执法为核心，坚持不懈抓好检察队伍建设

以开展“忠诚、为民、公正、廉洁”的核心价值观教育实践活动为载体，深入贯彻落实胡锦涛总书记“七一”重要讲话精神，切实加强思想政治建设。完善和落实党组中心组学习、民主生活会制度，着力加强领导班子建设，切实提高准确把握大局、驾驭复杂局面、严格依法办事、做好群众工作的能力。深入推进队伍专业化建设，加大高层次人才培养力度，开展专项业务培训和岗位技能培训，不断提升队伍适用法律政策、调处矛盾纠纷、处置突发事件、舆情应对引导等能力。认真开展“四群”教育，鼓励检察人员深入基层，转变作风，真正做群众的贴心人。完善检务督察、重大案件剖析和通报制度，开展经常性的警示教育，促进自身反腐倡廉建设。大力加强检察文化建设，成立检察文化建设领导机构，拟订实施方案，从“精神、规范、党建、科技、学习、物质”等六个方面，分项目、阶段、步骤开展工作。坚持搞好体能训练、队列训练和升旗仪式，增强队伍的凝聚力和战斗力。办好检察期刊，成立文体团队，组织岗位业务竞赛等，为检察工作科学发展注入强劲的精神动力。

各位代表，在新的一年里，我院将坚持把检察工作置于党的绝对领导和人大及其常委会的监督之下，继续解放思想，坚持改革创新，以更加坚定的信心，更加务实的作风，为构建经济繁荣、社会进步、民族团结、山川秀美、人民幸福的新个旧作出更大的贡献！

个旧市人民法院工作报告

——在个旧市第十五届人民代表大会第五次会议上

个旧市人民法院院长 喻俊娟

（2012年3月1日）

各位代表：

我代表个旧市人民法院向大会报告工作，请予审议，并请列席人员提出意见和建议。

2011年工作回顾

2011年，个旧市人民法院在市委的领导下，在市人大、市政协及上级法院的监督指导下，在市政府和社会各界的大力支持下，紧紧围绕科学发展的主题，认真贯彻党的十七届五中、六中全会和各级政法工作会议精神，全力推进社会矛盾化解、社会管理创新、公正廉洁执法三项重点工作，继续深化司法体制改革，全面加强法院各项工作，不断满足人民群众新时期对司法工作提出的新期待和新要求，为个旧“十二五”时期经济社会发展提供强有力的司法服务保障。2011年，共受理各类案件2291件，审执结2259件，结案率98.6%。

一、践行司法为民有新提升

（一）着力维护社会稳定

依法严惩危害国家安全、公共安全、人民群众生命财产安全的严重刑事犯罪和多发性侵犯财产犯罪，从维护个旧社会稳定出发，严格执行“宽严相济”刑事司法政策，确保刑事审判法律效果和社会效果的统一。全年共受理刑事案件292件471人，审结291件470人，结案率99.7%。其中，审结“两抢一盗”、强奸、故意伤害、故意杀人等恶性犯罪案件196件335人，毒品犯罪案件12件12人，拐卖妇女儿童犯罪案件1件2人，职务犯罪案件16件17人。全年判决生效377名罪犯，其中被判处10年以上有期徒刑51人，判处10年以下5年以上有期徒刑52人，判处5年以下有期徒刑146人，适用缓刑116人，拘役5人，免予刑事处罚7人。同时，加大对被告人的财产查控工作力度，促进刑事自诉案件和刑事附带民事案件的化解，有效保障被害人合法权益，减少社会对抗、修复社会关系。全年审结涉及被告人财产查控刑事案件241件，追缴罚金159万余元，没收财产145万余元，判处被告人赔偿受害人经济损失388万余元。

高度关注未成年人犯罪案件的审理和其合法权益的保护。未成年人的成长，关系到亿万家庭的切身利益，关系到国家和民族更加美好的未来。多年来，少年法庭在改革中谋发展，在探索中谋完善，形成了一套有利于实现法律效果和社会效果统一的、独具特色的少年审判工作机制，不断推动未成年人犯罪及预防工作迈上新台阶，为未成年人的茁壮成长，为促进家庭和谐、社会稳定做出不懈的努力。全年共受理未成年人犯罪案件42件82人，审结42件82人；受理涉及未成年人的民事案件21件，审结21件，其中调解17件，调解率81%。开展未成年人回访帮教活动150余人次，进学校、社区开展法律讲座20余次。

（二）着力化解社会矛盾

始终坚持着重调解原则，通过“立审执一体化”、庭前调解、速裁、巡回审判等工作机制，在案结事了上下工夫，注重调解，努力从根本上化解矛盾，促进社会和谐。全年共受理各类民商事案件1422件，审结1397件，结案率98.24%，调解945件，调解率67.6%，高于全省平均调解率8个百分点，四个派出法庭调解率78.3%，巡回办案614件，占法庭审结案件的92.5%。依法保障妇女、老年人和未成年人的合法权益，有效促进和谐人际关系、和谐家庭及和谐社区的构建，审理婚姻家庭、继承等涉及人民群众合法权益的民事案件384件；注重化解非公经济纠纷，保护非公企业的合法权益和健康发展，维护市场经济秩序，审理借贷、合同等经济类案件591件；及时有效保护受害人的损失得到赔偿，维护公民的生命健康权，审结道路交通事故、医疗事故、工伤事故等侵权赔偿纠纷案件81件。同时做好司法救助工作，加大对困难群众的司法救助力度，全年共计减免交诉讼费27.6万元，占全年所收缴诉讼费的46%，确保困难群众的合法权益得到及时有效的保护。

（三）着力推进社会管理创新

积极探索和创新行政案件解决机制，坚持保护与监督并重，始终把预防和化解行政争议作为行政审判工作的重要着力点，加强与行政机关的良性互动，充分保护行政相对人的合法权益，监督行政机关依法行政，促进社会管理创新。全年共审结行政案件47件，同比上升176%，结案率、行政和解率、案结事了率均为100%。依法审查非诉行政案件61件，准予执行61件。同时，在我市多项重点工程建设中，及时有效地配合党委政府处理协调涉及拆迁、搬迁、安置等热点、难点问题，为建设的顺利推进提供强有力的司法保障。如在鸡个公路建设中，因施工导致100余户农户房屋震裂、受损，引发农民集中阻碍施工现场。法院及时配合党委政府化解矛盾，引导农户依法进入法律程序解决纠纷，确保工程建设正常进行，目前所有纠纷均已调解，50%以上的赔偿款已兑现到农户手中。

（四）着力关注民生问题

执行工作关乎民生，民生之所系即司法职责之所在。生效的法律文书能否兑现，关系到当事人合法权益能否得以实现，是维护法律尊严和司法权威的具体体现。为了防止产生新的执行积案，一方面完善各项执行工作制度，健全执行工作管理措施，形成一套科学、合理、规范的执行工作管理机制；另一方面充分发挥我市执行联动机制的职能作用，加强与公安、银行、房管、工商、税务等部门的沟通协调，穷尽一切执行措施查找被执行人财产，使执行工作进入良性循环轨道，在全社会形成综合治理执行难的工作格局。2011年共受理各类执行案件530件，执结524件，执结率98.9%，案结事了331件，案结事了率63.2%。其中派出法庭适用“立审执”一体化机制执结86件，案结事了率100 %。全年共计开展强制执行11次，动用警力250余人次，警车60余辆次，对被执行人财产采取查询、查封、扣押、冻结等执行措施1700余次，执行到位案款1041万余元，分别在中秋、春节传统佳节前夕召开执行兑现大会，当场为66名申请人兑现执行案款414万余元。

（五）着力强化内外监督

通过建立健全审判监督管理机制及完善案件质量与效率评估体系，实现对审判工作的全方位监督。围绕工作人员履行职务、行使职权，通过纪检、监察部门认真开展审务督查；主动向人大、政协报告工作和大案、要案的审判、执行情况，邀请人大代表、政协委员旁听庭审和视察法院工作，对人大、政协交办的事项和人大代表、政协委员提出的意见、建议和提案逐一进行落实，并及时进行书面反馈。全年认真办理政协委员提案1件，面商率、办结率、满意率100%。加大对人民陪审员审判业务的培训力度，合理安排人民陪审员参与案件审理工作，人民陪审员全年共参与审理案件298件，占适用普通程序审结案件总数的99.5%。同时通过网络、电视、电台等媒体公布各项审判执行工作进展情况，增加审判工作透明度，确保司法公正。

（六）着力化解涉诉信访案件

按照中央、省、州各级政法工作的要求，把处理涉诉信访案件作为联系群众、倾听民意、为民解忧的重要途径，以人民群众满意为根本，以推进社会矛盾化解为工作主线，以维护社会和谐稳定为最终目标，建立案件信访排查与风险评估、信访事项通报、约期接访、领导包案、责任倒查追究等涉诉信访工作流程管理机制，既抓积案清理又抓源头预防，全力化解涉法涉诉信访案件。全年共排查清理涉法涉诉信访积案40余件，其中重点案件21件。同时，进一步畅通信访申诉渠道，热情接待群众来信来访，共接待来访群众233人次，处理群众来信17件。对申诉理由充分、符合再审条件的依法提起再审，申诉理由不充分的，做好服判息诉工作。全年申请再审案件7件，立案再审2件。

（七）着力延伸司法职能

通过模拟法庭进校园、送法进社区、进农村、进矿区等方式，大力开展法制宣传，让法治深入人心。始终坚持以能动司法为社会管理创新提供着力点，继续探索社区矫正新途径，坚持对缓刑犯的跟踪考察制度，减少缓刑人员的重新犯罪率。针对我市矿区盗抢犯罪突出的问题，对涉矿区刑事案件开设“快立、快审、快执”绿色通道机制。全年深入学校、社区、乡镇、矿区进行法律宣传30次，发放宣传资料10万余份，解答群众咨询1200余人次；开展人民调解员培训7次300人，对判决生效的刑事在押人员和缓刑人员进行回访帮教300人次，充分发挥人民法院在社会管理创新中的职能作用。

二、司法体制改革取得新成效

2011年，共受理职务犯罪案件16件17人，与2010年同比上升1倍。针对这一实际，在15种罪名进行量刑规范化取得实效的基础上，将贪污、受贿、挪用公款三种罪名纳入量刑规范化，审结的16件职务犯罪案件中上诉4件，二审改判1件。同时将被告人在押期间的表现情况作为量刑情节予以考虑，促使被告人认罪伏法。探索建立刑事被告人财产查控机制，对涉及被害人赔偿的财产刑犯罪案件的被告人，穷尽一切措施进行财产调查与控制。针对交通事故案件上升的实际，强化交通事故巡回法庭职能，最大限度地挽回因交通事故给国家、集体和人民群众造成的经济损失。全年审结涉及被告人财产查控刑事案件241件，为国家和集体挽回经济损失307万元，为人民群众挽回经济损失100.8万元。不断创新审限动态监督管理机制，将案件评查监督关口前移，让案件评查贯穿整个审判流程，从程序到实体对所有审理、执行案件进行动态全程监控，变事后监督为事前、事中、事后全程监督，确保案件质量及司法的公信力。全年共评查各类审、执结案件2698件，合格率100%，其中优秀案件219件。

三、队伍建设有新发展

（一）着力提升队伍整体素质。

开展“发扬传统、坚定信念、执法为民”、社会主义法治理念再学习再教育等主题实践活动，并结合“人民法官为人民”、“群众观点大讨论”、“创先争优”等学教活动，使干警树立以“忠诚、为民、公正、廉洁”为主要内容的核心价值观，始终保持正确的政治方向、坚定的理想信念和牢固的宗旨意识，永远忠于党、忠于祖国、忠于法律。同时注重培养法官业务素质、职业道德素养和职业尊荣感，为三项重点工作筑牢思想基础、能力基础、人才基础。通过法官传帮带、庭审竞赛、优秀裁判文书竞赛等多岗位练兵形式，不断提升年轻法官的综合司法能力。依托法官俱乐部开展积极健康、丰富多彩的读书、绘画、论坛、艺术、体育等活动，并以建党90周年和建院60周年为契机，举办党的知识竞赛、“党在我心，与党同行”主题演讲以及《法官礼赞》法文化展演等活动，在展示新时代法官精神风貌的同时，激发法官的职业尊荣感，增强凝聚力和向心力，营造良好的法院文化氛围，提升队伍整体素质。2011年多个部门先后被评为“全省优秀人民法庭”、“全省优秀基层党组织”等，7名干警先后受到省、州、市各级组织表彰。

（二）着力加强党风廉政建设。不断强化“为谁服务、为谁司法”理念，以建设一流法院、打造一流队伍、培育一流作风、创造一流业绩为目标，深入开展党性党风党纪教育，坚持不懈地抓好党风廉政教育，切实做到自尊、自爱、自警、自律，自觉筑牢拒腐防变的思想道德防线。通过签定党风廉政建设责任书、廉政承诺书以及干警个人重大事项报告书，加大对干警的监督和约束力度。建立完善干警个人业绩评价档案和廉政档案，形成个人业绩评价体系，不断把党风廉政建设引向深入，有效杜绝违法违纪行为的发生。

四、基础设施建设取得新成就

作为物化的法治载体，法庭是党通过司法途径联系广大人民群众的桥梁和纽带，是公平正义的象征。个旧法院审判法庭建设工作在市委、人大、政府、政协及社会各界的高度重视和大力支持下，于2011年12月30日建成投入使用。审判法庭总建筑面积12220㎡，内设大、中、小法庭、调解室9个，来访人员接待点15个，在大厅设置诉讼服务区，为群众提供法律咨询、诉讼引导、立案、查询、判后答疑等。并按照最高人民法院“天平工程”建设要求，建成涵盖诉讼服务、审判管理、政务管理、队伍建设、智能化法庭、数字化审委会、案件查询等“先进、实用、安全、易扩充”的管理系统，以加强权力制约和监督，提高审判活动的公开性和透明度，将适用法律解决纠纷的过程以看得见、摸得着的方式展示出来，以公开促公正，让审判权、执行权在阳光下运行。

各位代表，2011年个旧市人民法院各项工作取得的成绩，是各级党委、人大、政府、政协以及社会各界关心支持的结果，在此，我代表个旧市人民法院向长期关心、支持法院工作的人大代表和社会各界人士表示衷心的感谢和崇高的敬意！

看到成绩的同时，我们也清醒的认识到由于审判人才短缺、司法保障不足、队伍的综合司法能力有待提高等方面的原因，审判工作和自身建设与人民群众的期望仍然存在差距，我们将在今后的工作中，采取切实有效地措施认真加以解决。

2012年的主要工作思路

2012年是“十二五”规划的关键之年，是个旧加快转变经济发展方式的攻坚期，也是个旧法院励精图治、奋发前行、科学发展的重要机遇期。面对新的形势和挑战，法院2012年开展工作的总体目标是：以党的十七大及十七届五中、六中全会和省第九次党代会精神为指导，以科学发展观为统领，继续坚持“三个至上”指导思想和“为大局服务、为人民司法”工作主题，紧紧围绕加快转变经济发展方式这条主线，以深化三项重点工作为着力点，以执法办案为第一要务，以服务民生增进人民幸福感为根本，以开展政法干警核心价值观教育为保障，服务大局、公正司法，贴近群众、为民司法，努力为党的十八大胜利召开和个旧地区经济社会发展提供更加有力的司法保障。为实现这一目标，我们将着重加强以下工作：

（一）继续推进司法体制改革，进一步总结量刑规范化工作经验，不断完善丰富量刑情节和量刑标准，实现“同罪同罚，罪刑均衡”；继续推进被告人财产查控工作机制，最大限度地保护刑事被害人的合法权益，对严重危害人民群众生命财产安全的刑事案件坚决依法严惩，维护法律权威和刑事判决的严肃性；加大刑事附带民事案件、涉少民事案件的调解工作力度和轻微刑事案件和解力度；进一步完善审限动态监督管理机制，确保司法公正。

（二）着力保障民生，服务经济社会发展。继续加强民生关注案件的审理工作，不断推进“立审执”一体化工作，加大民事案件调解、速裁和巡回审判力度，继续探索庭前化解矛盾纠纷工作机制，积极配合党委政府组织的基层组织社会管理创新工作，将大量矛盾纠纷化解在进入司法渠道之前。

（三）以党建带队建，全力推进队伍建设。继续深入开展主题教育实践活动，引导干警真正把社会主义法治理念、“忠诚、为民、公正、廉洁”的核心价值观贯彻落实到执法办案实践中，不断提升人民法院的司法公信力。以“四群”教育活动为契机，深入推进司法作风建设，把科学发展作为衡量业绩的主要标准，把维护群众利益作为追求的根本目标，把司法的过程变为做群众工作、为人民服务的过程，使亲民、爱民、为民成为法院干警的自觉行动。

（四）全力推进法院文化建设。随着社会主义法治理念的确立，人民法院以“忠诚、为民、公正、廉洁”为核心价值追求的法院文化正蓬勃开展。按照最高人民法院《进一步加强人民法院文化建设的意见》，全面加强法院文化建设，为干警提供更为广阔的学习契机和空间，不断改善学习环境，提高干警的思想觉悟、文化素质和业务水平。树立“文化育人、文化兴院、文化强院”的工作思路，制定法院文化发展刚要，形成以精神文化为核心、物质文化为基础、行为文化为主体的法院文化。

各位代表，我们取得的成绩已经载入史册，新的更加艰巨繁重的任务正摆在我们面前。我们将在党委的坚强领导，人大、政协的有力监督，政府及社会各界的大力支持下，始终保持改革创新、攻坚克难的锐气，始终保持永不自满、永不懈怠的激情，扎实做好人民法院的各项工作，为推进个旧经济发展、社会和谐稳定作出新的贡献！

注　释:

社会主义法治理念:社会主义法治理念是中国共产党作为执政党，从社会主义现代化建设事业的现实和全局出发，借鉴世界法治经验，对近现代特别是改革开放以来中国经济、社会和法治发展的历史经验的总结，是中国特色社会主义理论在法治建设上的体现。包括“依法治国、执法为民、公平正义、服务大局、党的领导”五个方面。

政法干警核心价值观:基本内容为忠诚、为民、公正、廉洁。忠诚:忠于党、忠于国家、忠于人民、忠于法律；为民:始终把人民放在心中最高位置,切实做到执法为民； 公正:公正执法,维护社会公平正义；廉洁:清正廉明,无私奉献。

宽严相济:是一项基本刑事政策，主要是指对于社会形势和犯罪态势的科学判断，针对具体犯罪、具体犯罪人的不同情况，应当实行区别对待，综合运用从宽和从严两种手段处理案件，以做到既有打击和震慑犯罪，维护法制的严肃性，又尽可能减少社会对抗，化消极因素为积极因素，最大限度实现法律效果与社会效果的统一。宽严相济刑事政策的核心是区别对待，目标是促进社会的和谐稳定，关键是要做到该宽从宽、当严则严、宽严相济、罚当其罪。

量刑规范化：即“规范裁量权，将量刑纳入法庭审理程序”，是人民法院第三个五年改革纲要的重要内容，是当前刑事审判改革的焦点热点问题，目的在于进一步规范量刑活动，规范法官裁量权，同时将量刑纳入法庭审理程序，引入量刑建议，增强量刑公开性与透明度。

“立审执”一体化：2010年为巩固“清积”成果，促进执行工作良性循环，破解执行难题，防止新的积案出现，个旧市人民法庭在四个派出法庭探索建立“立审执”一体化机制，对各派出法庭辖区内的案件从立案、审判到执行都由法庭完成，增强法官的调解意识和对案件的全盘把握，促进案结事了。

个旧市新型农村社会养老保险和城镇居民社会养老保险试点实施方案（试行）

根据《国务院关于开展新型农村社会养老保险试点的指导意见》（国发〔2009〕32号）、《国务院关于开展城镇居民社会养老保险试点的指导意见》（国发〔2011〕18号）、《云南省人民政府关于印发云南省新型农村社会养老保险试点实施办法（试行）的通知》（云政发〔2009〕193号）、《云南省人民政府关于印发云南省城镇居民社会养老保险试点实施办法（试行）的通知》（云政发〔2011〕165号）、《云南省人力资源和社会保障厅关于开展新型农村社会养老保险试点有关问题的通知》（云人社发〔2011〕187号）、《红河州人民政府关于红河州新型农村社会养老保险和城镇居民社会养老保险实施办法（试行）》（红政发〔2011〕70号）文件精神。为确保个旧市新型农村社会养老保险和城镇居民社会养老保险（以下简称新农保和城居保）试点工作的顺利开展，完善我市社会保障体系，结合我市实际，特制定本实施方案。

一、指导思想和基本原则

（一）指导思想

以邓小平理论和“三个代表”重要思想为指导，深入贯彻落实科学发展观。按照加快建立覆盖城乡居民社会保障体系的要求，逐步解决我市城镇、农村居民老有所养的问题。

（二）基本原则

新农保和城居保试点的总原则是“保基本、广覆盖、有弹性、可持续”。基本原则是:

1. 低水平起步，筹资标准和待遇标准与地区经济发展及各方面承受能力相适应的原则。

2. 政府主导和居民自愿相结合，引导农村居民和城镇居民普遍参保的原则。

3. 个人账户与社会统筹相结合的原则。

4. 个人缴费、集体补助和政府补贴相结合的原则。

5. 新农保和城居保试点同步实施，统一政府补贴、统一缴费模式、统一计发办法、统一基金管理、统一机构管理的原则。

二、目标任务

2011年底，新农保参保率达80%以上，城镇居民养老保险参保率达60%以上，2014年两项参保率达到90%以上。

三、参保范围和参保办法

（一）参保范围

本市行政区内年满16周岁（不含在校学生）、未参加城镇职工基本养老保险、具有本市户籍的农村居民和城镇非从业居民皆为符合参保条件的人员。

（二）参保办法

参保人携带本人身份证、户口簿原件及复印件到所在村小组、社区劳动保障工作站办理参保登记手续，经村委会、社区劳动保障工作站审核符合参保资格并开具缴款通知后，参保人到指定的金融机构办理个人缴费存折并存入相应的存款；各乡、镇（区、办事处）劳动保障工作站负责所属辖区内参保人员的审核、汇总、信息录入、发放存折（60岁以上人员）等工作；市人力资源和社会保障局负责最后汇总、建立数据库、建立个人账户、享受待遇审定、按月计发养老金和相关会计、统计等工作。

在参保过程中存在有户籍争议的，必须取得公安部门的证明材料。重度残疾人办理全额代缴养老保险费手续时，必须持有市残疾人联合会发放的残疾证明。

对60岁以上到期享受待遇的人员每半年进行一次生存认证。

四、基金的筹集和管理

（一）基金筹集

新农保和城居保基金由个人缴费、集体补助、政府补贴构成。鼓励其他经济组织、社会公益组织、个人为参保人缴费提供资助。

1. 农村居民个人缴费。年满16周岁未满60周岁参加新农保试点的农村居民按照规定缴纳养老保险费用。缴费标准为每年100元、200元、300元、400元、500元5个档次。

2. 城镇居民个人缴费。年满16周岁未满60周岁参加城居保试点的城镇居民按照规定缴纳养老保险费用。缴费标准为每年100元、200元、300元、400元、500元、600元、700元、800元、900元、1000元10个档次。

缴费档次由参保人自主选择，多缴多得、长缴多得。今后，国家依据农村和城镇居民人均纯收入增长情况适时调整缴费档次。

有条件的村集体可以对农村居民缴费给予补助，补助标准由村民委员会自主确定。

3. 政府补贴。

（1）2011年6月30日年满16周岁未满60周岁、并按照本实施方案规定足额缴纳养老保险费用的农村和城镇居民，可享受省财政给予的每人每年30元和市财政给予的相应缴费补贴。

市财政每人每年缴费补贴标准为：

参保人每年缴费200元，市财政补贴10元；

参保人每年缴费300元，市财政补贴20元；

参保人每年缴费400元，市财政补贴30元；

参保人每年缴费500元以上，市财政补贴40元。

（2）2011年6月30日年满60周岁以上、符合参保条件的农村和城镇居民，不再缴纳养老保险费用，直接由中央财政全额支付每人每月55元的基础养老金。

（3）农村和城镇重度残疾人（1—2级）由省财政按最低100元缴费档次逐年全额代缴养老保险费，同时享受省人民政府给予30元的缴费补贴；农村和城镇轻度残疾人（3—4级）按最低100元缴费档次标准，由个人缴纳50元、个旧市人民政府逐年代缴50元养老保险费。

（4）2011年6月30日年满55周岁未满60周岁、未享受职工基本养老保险待遇以及国家规定的其他养老待遇的重度残疾人，可按月领取55元的养老补助。但在未年满60周岁前应按年继续缴费，年满60周岁时按照规定享受相应的养老保险待遇，不再享受养老补助。养老补助由省财政全额支付。

（5）对缴费年限超过15年的参保人，每增加一年缴费个旧市财政给予每人每年5元的鼓励性缴费补贴。个旧市人民政府补贴资金纳入同级财政预算安排。参保人当年未按时足额缴费的，不能享受当年的政府补贴。

（二）基金管理

1. 新农保和城居保试点实行个人账户与基础养老金相结合的基金账户管理制度。市城乡居民社会养老保险经办机构为每位缴费的参保人建立个人账户。个人账户包括个人缴费、集体补助及其他社会团体、经济组织、社会公益组织、个人的资助和政府补贴及利息。个人账户储存额按照中国人民银行公布的金融机构人民币一年期存款利率计息。

2. 新农保和城居保基金按国家社会保险基金的有关规定纳入社会保险基金财政专户，实行收支两条线管理，专款专用，实账运行。按有关规定实现保值增值。

新农保和城居保基金在金融机构开设财政专户、收入户和支出户。新农保和城居保基金实行州级统筹、市级管理。

3. 市人力资源和社会保障部门要切实履行基金的监管职责，建立健全内控制度和基金稽核制度，对基金的筹集、上解、划拨进行监控和定期检查，并定期公开基金筹集和支付信息，做到公开透明，加强社会监督；财政、监察、审计部门按各自职责实施监督，严禁挤占挪用，确保基金安全；各乡、镇（区、办事处）劳动保障工作站每年要在行政村和社区范围内对参保人缴费和待遇领取资格进行公示，接受群众监督。

4. 市城乡居民社会养老保险经办机构要认真记录农村和城镇居民参保缴费和领取待遇情况，建立参保档案，长期妥善保存。要按照精简效能原则，整合现有农保服务资源，加强经办能力建设，运用现代管理方式，降低行政成本，提高工作效率。新农保和城居保工作经费纳入同级财政预算，不得从基金中开支。

5.《个旧市新型农村社会养老保险试点和城镇居民社会养老保险试点会计制度》另行制定。

五、养老保险关系转移

参保人跨县市转移时，可将其个人账户储存额全部转入新参保地，按照参保地有关规定继续参保缴费，并享受相应待遇。转入地未开展新农保和城居保工作的，可将其个人账户储存额暂存于本地，待条件具备时转移。参保人在本县内转移时，只转移养老保险关系，不转移其个人账户储存额。

六、相关制度衔接

（一）已参加新农保的农村居民，其户籍性质转变为城镇居民的，按照以下方式进行政策衔接：

1. 户籍转变时，未达到新农保领取年龄的，终止新农保关系，同时建立居民养老保险关系，新农保个人账户资金全部划入居民养老保险个人账户，并按照居民养老保险规定继续参保缴费，享受相应的政府补贴，缴费年限累计计算，届时享受居民养老保险待遇。

2、户籍转变时，已达到新农保领取年龄的，继续享受新农保个人账户养老金待遇，同时享受居民基础养老金待遇，不再享受新农保基础养老金待遇。

（二）已参加原农村社会养老保险（以下简称老农保）的农村居民，其户籍性质转变为城镇居民的，按照以下方式进行政策衔接：

1. 户籍转变时，未满60周岁且尚未领取老农保养老金的参保人，终止老农保关系，同时建立居民养老保险关系，老农保个人账户资金全部并入居民养老保险个人账户，并按照居民养老保险规定继续参保缴费，享受相应的政府补贴，届时享受居民养老保险待遇。

2. 户籍转变时，已年满60周岁且已领取老农保养老金的参保人，继续享受老农保养老金待遇，同时享受居民基础养老金待遇。

（三）已参加原农村社会养老保险（以下简称老农保）的农村居民，按照以下方式进行政策衔接：

1. 未满60周岁且尚未领取养老金的参保人，应将老农保个人账户资金并入新农保个人账户，按照新农保的缴费标准继续缴费，待符合规定条件时享受相应待遇。原参加老农保、且属1998年以前缴费的参保人原享受的利率，计算终止日期为2011年6月30日。

2. 已满60周岁且已领取老农保养老金的参保人，继续享受老农保养老金待遇，同时享受新农保基础养老保险金待遇。

七、养老金待遇

（一）新农保和城居保养老金待遇由基础养老金和个人账户养老金组成，支付终身。

基础养老金标准为中央补助部分，现阶段为每人每月55元。今后，如中央调整基础养老金标准，按调整后的标准执行。

个人账户养老金的月计发标准为个人账户全部储存（本息）额除以139。

（二）参保人死亡的，其个人账户中的资金余额，除政府补贴外，可以由其法定继承人或指定受益人依法继承。

（三）参保人在领取待遇期间死亡的，其遗属可领取600元的一次性丧葬补助费。

政府补贴余额用于继续支付其他参保人的养老金。

八、养老金待遇领取条件

（一）新农保和城居保制度实施时，已年满60周岁、未享受城镇职工基本养老保险待遇的，不用缴费，可以按月领取基础养老金。

（二）距领取年龄不足15年的，应按年缴费，对其在年满45周岁到新农保启动之间的未缴费年限，可在其年满59周岁当年一次性补缴相应年限的养老保险费，同时享受政府给予的缴费补贴，但累计缴费年限不超过15年。

（三）距领取年龄超过15年的，应按年缴费，累计缴费年限不得少于15年。鼓励其在累计缴费年限满15年后继续按年缴纳养老保险费，长缴多得。新农保试点实施后中断的缴费年限不允许补缴养老保险费，参保人在缴费期间未实现连续缴费的，可从中断缴费的次年继续缴费，其中断前后的缴费年限累计计算。

引导中青年参保人长期缴费，多缴多得。

九、保障措施

（一）组织保障

成立“个旧市新型农村社会养老保险和城镇居民社会养老保险试点工作领导小组”。由市人民政府市长任组长、相关副市长为副组长，市人力资源和社会保障局、市委组织部、市委宣传部、市发展和改革局、公安局、民政局、财政局、人口和计划生育局、审计局、残联、工商联、编办等部门主要领导，各乡镇（区）长和城区办主任为成员，下设办公室在市人力资源和社会保障局，由市人力资源和社会保障局分管副局长任办公室主任。

领导小组负责研究制定相关政策并督促检查政策的落实情况，总结评估试点工作，协调解决试点工作中出现的问题。

2011年，市政府分别与各乡、镇政府（区公所）、市人力资源和社会保障局签订参保目标责任书；各乡、镇政府（区公所）与所属村委会、市人力资源和社会保障局与市区各劳动保障工作站又分别签订参保目标责任书，年终考核，符合参保条件的人群参保率达到80%以上的乡、镇政府（区公所）和符合参保条件的人群参保率达到60%劳动保障工作站，市人民政府按照新参保人数每人给予2元的奖励。从2012年起，逐步提高参保率，并纳入市政府对乡、镇政府（区公所）的年底目标责任考核。

市委组织部负责指导农村和社区基层党组织做好新农保和城居保的组织发动等工作。

市委宣传部负责在推进试点过程中做好农民和城镇居民的思想政治工作，做好试点相关政策宣传等工作。

市发展和改革局负责将新农保和城居保试点制度纳入国民经济和社会发展总体规划，做好促进新农保制度与国民经济社会协调发展等工作。

市公安局负责组织提供农村和城镇户籍人口统计数据和组织确定户籍性质等，并负责做好维护社会稳定工作。

市民政局负责制定农村和社区缴费困难群体的参保政策，并做好农村、城市五保供养、社会优抚、最低生活保障等制度与新农保制度衔接等工作。

市财政局负责制定财政补贴政策，安排中央财政和省、州、县（市）财政对参保居民的财政补贴资金，加强对新农保和城居保试点基金的管理和监督，制定相应管理办法等工作。

市城区街道办事处协助做好摸底调查和政策宣传等工作。

市人口和计划生育局负责制定计生对象参保的优惠政策，鼓励计生对象积极参保，并做好计划生育家庭奖励扶助制度、计划生育家庭特别扶助制度与新农保和城居保试点制度的衔接工作，同时配合相关部门做好生存认证工作。

市审计局负责做好新农保和城居保试点基金运营的监督审计等工作。

市残联负责协助制定农村和城镇残疾人参保的优惠政策，配合相关部门做好残疾人参保等工作。

市工商联负责做好鼓励各类经济组织或个人为新农保和城居保试点参保人提供缴费资助等工作。

市农村信用社为指定的金融代理机构，负责制发《新型农村社会养老保险和城镇居民社会养老保险试点银行存折》，及时、准确划扣养老保险费及相关信息传递、反馈等工作。

市编办负责做好解决新农保和城居保试点管理体制、机构建设等工作。

各乡、镇（区）要将新农保和城居保列入当地经济社会发展规划和年度目标管理考核体系，切实加强组织领导。要成立相应的工作领导小组，指导村民委员会积极开展新农保试点工作，充分发挥村级组织的管理、服务职能。

市人力资源和社会保障局要切实履行新农保和城居保试点工作行政主管部门的职责，会同有关部门做好统筹规划、政策制定、统一管理、综合协调等工作，并做好领导小组办公室的日常工作。

（二）机构设置及经费保障

为确保新农保和城居保试点工作的顺利推进，成立“个旧市城乡居民社会养老保险局”，内设农村社会养老保险科、城镇居民社会养老保险科、基金与财务管理科和综合科。配备不少于10名工作人员，同时充实和完善乡镇劳动保障所和全市9个劳动保障工作站的职能，每个站所工作人员不少于2人。

为切实保障试点工作顺利开展，市人民政府拨付工作启动经费76万元。今后每年按参保人数每人每年2元给市城乡居民社会养老保险局安排相应的工作经费。同时配备1辆编制用车。

（三）时间要求

2011年8月底前，完成组织领导、摸底调查、宣传动员、工作人员、工作机构、工作经费、办公地点、人员培训、单证印制和硬件投入等各项准备工作。

2011年8月开始“五个同步”。即：参保与登记同步；发放基础养老金与参保登记同步；参保登记与张榜公示同步；参保登记与收缴保险费同步；发现问题与解决问题同步等。

试点工作启动后，按照省人民政府的统一部署，确保2011年9月10日以前，将已参保登记60岁以上人员的基础养老金按月足额发放到位。

十、法律责任和执行时间

(一）从事新农保和城居保业务的工作人员，违反本方案规定的，由相关部门或上级行政机关责令限期改正；情节严重的，按照管理权限，对主要负责人或直接责任人给予行政处分；构成犯罪的，移送司法机关依法追究刑事责任。

（二）对多领、冒领养老保险待遇的人员，人力资源和社会保障行政部门要进行相应的行政处理。当事人对行政处理决定不服的，可以依法申请复议或提起诉讼，对既不申请复议又不起诉，却拒不执行行政处理决定的，由人力资源和社会保障行政部门申请人民法院强制执行。

（三）本实施方案由市人力资源和社会保障局负责解释。

（四）本实施方案从2011年7月1日起施行。此前出台与本实施方案不相符的规定，按本实施方案执行。

索 引

说 明：

一、本索引以条目首字之声母，按汉语拼音音序排列。

二、简述目不列入索引，参见卷首目录。

三、索引名称后的数字表示条目内容所在之页码。

四、索引中同名或近似的条目均分别领属于不同之类目。

A

B

D

E

F

G

H

J

K

L

M

N

P

Q

R

S

T

W

X

Y

Z

个旧市地方志编纂委员会办公室

主任 蔡 军

2012年4月21日，省志办在全省地方志工作会议上对个旧市地方志成果给予奖励

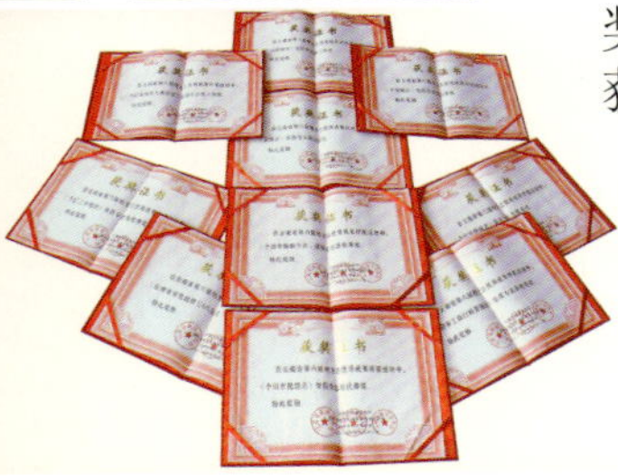

2011年，个旧市地方志编纂委员会办公室（下称市志办）在上级地方志办公室和市委、市政府的领导下，认真贯彻落实《地方志工作条例》《云南省地方志工作规定》和全国、省、州、市地方志工作会议精神，向市委、市政府积极争取将锡都方志馆建设正式列入《个旧市国民经济和社会发展“十二五”规划纲要》，完成《个旧市志》（1978～2005）的送审和修改完善以及《个旧年鉴》（2011）和《个旧政报》全年的编辑、出版、发放任务。同时，开展多渠道的读志用志活动，加强地方志的制度建设和规范管理工作，做好地方志的理论研究和交流工作。

2011年，市志办被市政府授予2010年度“地方志工作先进集体”称号，11名同志被评为市级先进个人；在市委、人大、政府、政协2010年各项工作目标管理考核中荣获二等奖；在红河州2011年地方志工作目标管理考核中荣获第一名，第五次荣获全州地方志工作桂冠；《个旧年鉴》（2010）荣获第五届全国年鉴编校质量检查评比二等奖，这是《个旧年鉴》首次获得的国家级荣誉，同时也是红河州唯一获此殊荣的地方综合年鉴。

主　任：蔡 军
地　址：个旧市五一路40号市政府办公大楼7楼
电　话：0873-2151556
邮　编：661000

2011年6月9日，市委、市政府在市政府三楼大会议室召开个旧市2011年地方志工作会议

2012年1月12日，市志办领导春节前入村走访慰问贫困户，做好“四群教育三深入”工作

州委书记刘一平（左三）在市委副书记、市长戴劲松（左一）陪同下到锡城镇戈贾村委会调研

州委副书记、州长杨福生（中）在市委书记王忠（右一），市委副书记、市长戴劲松（左一）陪同下到锡城镇新寨村委会调研

州委常委、州委政法委书记和建（左四），副州长、州公安局局长王军（左三）在市委常委、市委政法委书记王伟（左二）陪同下到锡城镇新寨村委会调研

个旧市 锡城镇

GeJiuShiXiChengZhen

2011年是“十二五”规划开局之年，锡城镇在市委、市政府的正确领导下，以邓小平理论和“三个代表”重要思想为指导，以科学发展观为统领，紧紧围绕构建“富裕、民主、文明、开放、和谐新锡城”的目标，解放思想、攻坚克难、抢抓新机遇、谋划新发展、实现新突破，继续保持了全镇经济发展、民族团结、政治稳定、社会进步的良好局面，推进了全镇经济社会各项事业不断向前发展。

2011年，全镇实现农村社会经济总收入15.8亿元，同比增长5.3%；农民人均纯收入达到7,060元，同比净增411元；工业总产值11.91亿元，同比增长10%；固定资产投资2亿元，同比增长33.33%。

农业经济稳步发展。结合锡城镇实际，因地制宜，开发绿色生态特色农业，全面实施“精品农业”战略，建成锡城优质水果种苗示范基地，引进桃、李、梅、油桃和苹果等果树新品种34个；在戈贾建立了土鸡养殖孵化和野家杂交猪的示范点，推广种植的大草乌、马蹄香、三七已初具规模。

工业经济加快发展。以引进项目和提高服务质量为核心，以结构调整为抓手，以产业发展“二次创业”为契机，以提高企业效益和整体素质为目标，全年共引进有一定规模的项目5个，预计投入项目资金3.5亿元，项目完成后年创税约3亿元。

新农村建设工作扎实推进。新农村建设示范村、“整村推进”等建设项目开展顺利；截止2011年3月，全镇36个自然村、53个村小组全部实现通村道路硬化。

今后，锡城镇将紧紧围绕 “一二三五”发展思路，抓住云南加快“桥头堡”建设和个旧市被列为国家资源型城市转型的良好机遇，突出产业发展、基础设施建设、经济转型和阳山片区的建设与开发四个重点，全面实施产业发展“二次创业”和“万元增收计划”，实现农民收入大幅提高、人民生产生活条件明显改善、基础教育稳步发展、经济社会和谐有序四大目标，讲团结、重服务、谋发展、保稳定，扎实推进政治、物质、精神、生态“四个文明”协调发展，努力构建和谐新锡城。

镇 长： 范 冰
地 址： 个旧市金湖西路167号
电 话（传真）： 0873-2152475
邮 编： 661000

锡城镇举行“弘扬善洲精神 向党九十周年献礼”演讲比赛

党委书记周雪云（左）慰问困难老党员

镇长范冰（左）慰问困难群众

新落成的办公大楼

人大主席李兴洲（中）了解民意

亮羽乌鸡（跑步鸡）

千亩糯包谷基地

亮羽乌鸡绿壳鸡蛋

亮羽乌鸡（跑步鸡）生态养殖示范基地

个旧市昌浩工贸有限责任公司锡冶炼电炉烟尘综合利用工业化项目

市委书记王忠（左三）到老厂调研农村社会发展情况

市委常委、市委宣传部部长周林俊（右四），副市长杨龙遇（右三），副市长陈浩（左三）参加石漠化治理项目开工仪式

副市长何建华（右三）到老厂镇调研

副市长陈浩（右三）到老厂镇检查指导工作（左三为党委书记杨帆、右一为镇长张跃）

个旧市 GE JIU SHI LAO CHANG ZHEN 老厂镇

2011年，老厂镇在市委、市政府的正确领导下和全镇人民的共同努力下，以科学发展观统领全局，坚持“以小为主，突出特色，工农和谐，强化安全，教育优先”的发展思路，不断强化和创新“和谐老厂”建设理念，形成了政企联手、以工扶农、以工促农的良好格局。全年完成农村社会经济总收入2.19亿元，同比增长6.6%；地方一般预算支出736.2万元，为控制数的105.5%；农民人均纯收入5,706元，同比增长15%。

2011年，面对持续三年的严重旱情，老厂镇牢固树立“防大旱、抗大灾”的思想，全年投入抗旱资金7万元，人力479人次，出动车辆407辆次，为农户挽回经济损失15万元，实现了抗旱保生产、保稳定。

农业产业结构不断调优。充分利用老厂独特的地理自然气候条件和资源优势，实施“万元增收行动计划”，大力推进“烤烟、玉米、畜禽、药材、果蔬”产业建设，全镇发展烤烟950亩、玉米5,000亩、生物药材2,850亩、甘蔗1,540亩、蔬菜10,750亩，生猪出栏8,502头、牛出栏750头、羊出栏4,150只、家禽出笼18,000只，禽蛋总产量40吨，粮经比33.7:66.3。

工业生产平稳运行。“保发展、保民生、保稳定”的服务企业主题活动持续深入开展，全年完成工业增加值3,506万元，同比增长33.35%，实现利润406万元，同比增长35.33%。积极配合有关部门做好第二轮矿产资源整合工作，矿产资源整合工作稳步推进。南天门矿山地质环境治理工程进展顺利，治理面积1,061亩。

基础设施进一步强化。投资115万元，

市人大副主任陈丽莎（左二）慰问农村老党员（右二为党委书记杨帆、右一为人大主席周福祥）

烟叶长势喜人的镇烤烟基地

高质量完成小大坡、大箐、木登硐、大羊坝底等新农村建设和扶贫整村推进、“一事一议”项目，五小水利工程建设成效明显，建成小水窖120口，缓解农村人畜饮水困难。2011年，石漠化综合治理项目稳步推进，总投资完成860多万元。

镇 长：张 跃
地 址：个旧市老厂镇人民政府
电 话：0873-2561051
邮 编：661007

镇党委与云锡老厂分矿党委在润洋公司成立联合党支部

镇党委与云锡老厂分矿党委共庆建党九十周年

个旧市卡房镇
GeJiuShiKaFangZhen

中国工程院农业学部院士、云南农业大学校长朱有勇（前排左四），省教育厅教育处处长杨必俊（前排左三），市委副书记、市长戴劲松（前排右三）与镇领导班子合影

中国工程院农业学部院士、云南农业大学校长朱有勇(左一）和云南省教育厅教育处处长杨必俊（左三）一行到卡房指导工作

党委书记王家新（右一）、镇长赵正田（左一）到昆明看望中国工程院农业学部院士、云南农业大学校长朱有勇（中），并送上卡房出土文物孔雀灯复制品

2011年是"十二五"规划的开局之年，卡房镇按照"围绕中心抓党建，舞活龙头促发展"的工作思路，以"四位一体"建设为基础，以二次创业为中心，紧紧围绕督查创新和制度建设，真抓实干，有力推动了全镇经济和社会各项事业的持续健康发展，为顺利实现"十二五"规划目标打下了坚实的基础，回顾一年来的工作，我们深深体会到繁荣和发展卡房经济必须坚持以科学发展观为指导，必须大力推进管理创新，及以"桥头堡"战略为重点，抓好卡房镇旅游"引领行业"，制定出适合于卡房镇农业发展的项目和增收计划。

时代在前进，社会在进步，国家在发展，让我们高举邓小平理论和"三个代表"的伟大旗帜，深入贯彻学习实践科学发展观，坚定信念，立足现实，把握机遇，牢记使命，团结拼搏，矢志奋斗，不懈进取，为实现明年和“十二五”规划建设目标而努力奋斗。

镇　长：赵正田
地　址：个旧市卡房镇人民政府
电　话：0873-2752009
传　真：0873-2752179
邮　编：661005

卡房镇全体干部职工夹道欢迎中国工程院农业学部院士、云南农业大学校长朱有勇回乡看望并指导工作

党政领导慰问中国工程院农业学部院士、云南农业大学校长朱有勇（左五）

市委副书记、市长戴劲松（右三）视察卡房大沟

卡房镇机关干部职工到维西湾种植烤烟

个旧市 蔓耗镇

GE JIU SHI MAN HAO ZHEN

党委书记　杨进恒

人大主席　李 琼

镇长　白世文

2011年是“十一五”规划的最后一年，蔓耗镇在市委、市政府的正确领导下，团结和带领全镇各族人民，高举中国特色社会主义理论伟大旗帜，以邓小平理论、“三个代表”重要思想为指导，全面贯彻落实科学发展观，扎实开展创先争优、云南“桥头堡”战略建设、“四群三深入”和“四位一体”活动。积极应对、主动有为，通过全镇各族人民艰苦卓绝的努力、社会各界的鼎力支持。有力、有序、有效、有组织、有领导、有计划地完成了国家在蔓耗镇的重点建设项目，按照“十一五”初拟定的各项经济社会发展目标，三个文明建设取得新成效。为“十二五”规划的良好开局奠定了基础。

实现农村社会经济总收入3,435万元，同比增长0.6%；实现农民人均纯收入3,110元，同比增长0.5%；完成工业增加值2,010万元，同比增长35%；完成乡镇企业增加值2,537万元，同比增长24.7%；实交税金281万元，同比增长3.7%；完成固定资产投资10,015万元，同比增长1%。

村镇配套工程建设稳步推进。投资107万元，完成镇机关食堂及职工宿舍楼建设；投资14万元，完成蔓耗村委会办公楼扩建。投资63万元，建成一道沟村内活动场地480平方米，彩钢瓦大棚500平方米，卫生公厕1个18平方米。投资50余万元的马堵山村小组活动室建设正式启动。

农村水电路基础设施不断完善。投资4万元，安装一道沟引水管道3,887米，解决了该村小组33户、138人的安全饮水问题；投资5.7万元，完成黄草坝水厂引水沟渠修复工程；投资41万元，完成水头村内道路硬化550米；协调解决乍马孔村小组公益设施建设所需水泥100吨，补助水窖建设资金5万元。投资4.5万元，完成西都底村400米的村内道路硬化。投资56万元，完成团结村农网改造工程。

国家在蔓耗镇重点工程按计划竣工。马堵山电站于

检查乡村公路建设情况

市委副书记、市长戴劲松（左四）视察绿水河电厂二级站扩容工程（右二为市人大副主任林军）

2010年12月31日下闸蓄水；2011年7月23日实现了三台机组并网发电，标志着马堵山电站全面建成投入运行；冷清二级公路于2011年6月27日正式通车。

在今后工作中，镇党委、镇政府将按照“十二五”拟定的发展规划，为实现蔓耗镇经济社会持续发展而努力工作。

镇　长：白世文
地　址：个旧市蔓耗镇人民政府
电　话：0873-2881030
邮　编：661014

党政领导慰问退休老领导

走访慰问老年人

朝气蓬勃的党政领导班子

个旧市 鸡街镇
GE JIU SHI JI JIE ZHEN

花海中的新农村

州委书记刘一平（左一）、副州长聂明（中）调研鸡个公路建设情况

个旧市南翔有限责任公司开工建设典礼

2011年，鸡街镇党委、政府深入贯彻落实科学发展观，紧紧围绕“兴农、强工、促三产”的发展思路，以市委市政府提出的“二次创业”“四位一体”建设为契机，坚持以规划立镇、产业富镇、科教兴镇、依法治镇，争创一流乡镇特色工业园、一流商贸物流中心、一流城乡统筹示范区、一流现代农业科技示范园、一流文化生态休闲中心，着力打造强基组织网、群众监督网、社会稳控网、和谐文化网，全面推进和谐鸡街、社会主义新农村建设，实现鸡街经济社会又快又好发展。2011年，全镇完成工业总产值56亿元，完成农村经济总收入18亿元，农民人均纯收入6,213元；财政总收入2.0093亿元，其中：地方一般预算收入6,613万元，地方一般预算支出2,866万元。

扎实推进社会管理创新，率先在全市成立了群众工作站即综治信访维稳中心。一是群众工作站包面，二是党政领导包村，三是机关干部包组。以“包产业发展、包矛盾协调、包党（村）务公开、包上情下达”等为主要内容，全力帮助结对村理清发展思路，引进发展项目，及时化解各类不稳定因素。

鸡街镇派出所巡逻中队、联防大队举办警务技能表演

一流的文化生态中心

投资60余万元，在重点地段安装监控探头19枚，加强了技防、人防、群防建设。组建治安联防队，多渠道筹集资金220万元，建立50人编制的巡防、交管、警犬三个中队的治安联防大队。

在庆祝建党90周年之际，鸡街镇广泛开展庆祝建党90周年演讲比赛、知识竞赛；积极参加市委举办的党史知识竞赛并取得优异成绩；举办以鸡街镇风土人情，城镇发展为主题的绘画、书法、摄影展成功在市里展出，向全市人民展现了鸡街镇的风采。

始终坚持“高起点规划、高标准配置、高门槛准入、高质量建设”原则引进了云南华鼎铅锌冶炼渣综合回收利用、红河锌联固废物炼铁烟尘资源化综合利用、个旧南翔10万/年吨电解锰、30万吨/年锰冶金产品及90万吨/年选厂等一批重点项目。

今后，鸡街镇将继续深入推进“五个一流”建设，树立地区发展品牌；提升公共服务水平，推动各项事业发展；加强民主法制建设，构建平安和谐鸡街；塑诚信形象，建设阳光政府。

召开个旧市村级和社区组织“四位一体”建设工作推进会

镇　长：马　龙
地　址：个旧市鸡街镇人民政府
电　话：0873-2651058
邮　编：661011

落户鸡街镇的自立矿冶厂风采

个旧市大屯镇

GE JIU SHI DA TUN ZHEN

州委书记刘一平（右三）在市委书记王忠（右四），市委副书记、市长戴劲松（右一）的陪同下视察大屯镇

2011年是“十二五”开局之年，大屯镇党委、政府牢牢抓住个旧市资源型城市转型、桥头堡战略建设等发展机遇，全面开展“四位一体”建设，启动实施产业发展“二次创业”和农户万元增收计划，按照“农业稳镇、工业强镇、商业活镇、文化立镇、和谐兴镇”的发展思路，使全镇经济和社会各项事业继续保持了持续、稳定、健康发展的良好势头，实现了“十二五”的良好开局。当年，全镇实现农村经济总收入120,879万元；第一产业收入15,135.8万元，第二产业收入78,747万元，第三产业收入26,996.2万元。农村固定资产投资达2亿元，农民人均纯收入达5,563元。

召开第十一次党代会

稳定农业基础产业发展，提高农业现代化、规模化、组织化生产程度，加快特色农业、设施农业发展，探索“一村一品”建设，加大农村富余劳动力转移，确保农户万元增收。加大招商引资力度，规划发展大屯特色工业园区，实施产业“二次创业”，推进工业化、产业化进程。统筹城乡发展，农村基础设施建设不断完善，小城镇建设日新月异。年内，投资287万元硬化6,530米的，新建农村活动室3个；投资558.84万元，完成水利水土保持工程90项，投资45万元建设倮莫新村的雨污分流工程；投资120万元建设了云南省第一家农村能源生态村官沟村。《大屯镇镇区总体规划》等4个修建性详细规划获市政府批准，《个旧市大屯镇大屯海片区文体中心》等5个修建性详细规划通过了专家组的评审。新区建设步伐加快，旧城改造力度

召开第八届人民代表大会第四次会议

表彰先进（右二为党委书记闫宁、右三为人大主席董坤、右一为镇长普锐）

镇人大代表与镇领导班子成员合影

不断加大。在“兴达园”新区建设的景观楼及大屯镇便民服务中心、派出所、法庭已投入使用，大屯司法所、大屯计生服务站已装修完毕，即将投入使用。截止2011年底，“兴达园”建设已投资1.8亿元，“生态园”建设已投资2.9亿元。通过新区建设，将充分提高城市化、经济联动等辐射功能，促进全镇经济的全面提速，实现小城镇的可持续发展。一批重点项目如：标准化农贸市场、公租房、廉租房等项目正在建设中；绿水河发电厂行政办公区和生活区、10万吨锡、个旧市农村信用联社会议培训中心、“红河泛亚国际汽车城”、大屯老年公寓等一批重大项目即将落户本镇。随着这些项目的建成，大屯镇的城镇化品质显著提高。

镇领导春节慰问困难群众

镇党委班子成员慰问部队

举办建党90周年颂歌献给党活动

镇 长：普 锐
地 址：个旧市大屯镇人民政府
电 话：0873-2841002
邮 编：661017

红掌花种植基地

倮莫木材加工厂

官兴示范养猪场

养鹅基地

砖厂

个旧市保和乡

GE JIU SHI BAO HE XIANG

州委书记刘一平（右四）在市委书记王忠（左一）的陪同下视察麻玉田搬迁新址

市委书记王忠（左四）调研白拉租易地扶贫搬迁建设情况（左三为党委书记许德辉、右一为人大主席杨华、右二为乡长黄映绯）

乡领导发放春运安全宣传资料

2011年是实施十二五规划的开局之年，乡党委、政府坚持以“三个代表”重要思想为指导，深入贯彻科学发展观，围绕市委、市政府提出的发展目标，深化乡党委提出的“345”工作思路，抓住发展第一要务，以“富民、强乡、兴村”为目标，以财政增收为核心，以项目重点建设为重点，优化农业产业结构，稳定粮食生产，巩固扩大烤烟、甘蔗两大支柱产业，培植木薯等新兴产业，扶持发展养殖业，致富农民群众，实现了跨越式发展。当年，完成了农村经济总收入7,020万元，比上年增加441万元，同比增长6.7%；完成地方一般预算收入585.7万元，比上年增加204.5万元，同比增长53.6%；实现农民人均纯收入3,057元，比上年增加495元，同比增长19.3%；工业总产值达4,000万元，比上年的3,711万增长7.8%。

基础设施进一步改善，投入98.09万元，新建乡村道路29.47公里，水利建设投入400万元，完成了三岔河大沟干支渠改造工程和人畜饮水安全工程296个，人民群众交通运输和饮水困难问题得到改善。加快社会主义新农村建设，争取资金153万元，完成部分村小组活动室及场所和村道路的提升改造工作，人民群众的生产生活环境、村容村貌明显改善。投入129万元建成个旧五中教学综合楼并配备电子白板、课桌椅、笔记本电脑等，有一名中学生以631分考入个旧一中。积极开展丰富多彩的文艺汇演活

个旧市2011年烤烟大田移栽现场会在保和乡举行

动，村委会“农家书屋”藏书6,000余册。完成了《保和乡志》的最终发行工作。当年有10,454人参加新型农村合作医疗，参合率达98.8%。做好“城乡居民社会养老保险”试点工作，全乡农业人口参保人数4,787人，参保率88.3%。

乡　长：黄映绯
地　址：个旧市保和乡人民政府
电　话：0873-2701050
邮　编：661006

举行乡志发行仪式

举行城增村减项目开工典礼

举办“颂歌献给党”建党90周年文艺汇演

个旧市贾沙乡

GE JIU SHI JIA SHA XIANG

州委常委、常务副州长海文达（右二）调研烟叶种植基地（右一为副市长陈浩）

市委书记王忠（中）调研三七种植情况

副市长陈浩（左二）在民云村调研烤烟生产

贾沙乡地处个旧市南部山区，总面积316.5平方公里，辖11个村委会，68个自然村（70个村民小组）。辖区总人口21,327人，其中农业人口20,513人，少数民族共有14,962人，是省的重点扶持贫困乡。

2011年，贾沙乡党委、政府不断改进机关作风，切实提高执政能力，围绕乡党委、政府确立的“三三一”工作思路，切实抓好交通、水利、教育三项基础设施建设，加快发展种养、旅游、矿业三大产业，加强生态环境保护，较好地完成了市委市政府下达的各项目标任务。

当年，贾沙乡农村经济总收入完成7,660万元，同比增长6.69%；乡镇企业总收入9,480万元，同比增长1.02%；工业总产值完成7,081万元。财政总收入364万元，同比增长3.95%；全乡粮食总产量12,683吨。烟叶总产量9,800担，烤烟经济收入900万元。全乡有经济林果380亩，完成荒山造林6,833亩。肉类总产量4,052吨。加快基础建设，在上级的大力支持下，顺利完成4个新农村建设项目和一个民族团结示范村项目，争取到2个州级和10个市级村级公益事业建设一事一议财政奖补项目，全年新建沼气池60口。新建水窖120口，完成贾3.5公里长的三面光农田沟渠建设工程。对农村低保户、五保户、老乡干部、优抚对象等人群实施农村医疗救助，提高减免率，在新农合减免的基础上再按40%的比率报销医疗费用加大对困难群体的救助力度，共发放医疗救助证1，476册。加大对农村困难户和受灾农户的临时救助，全年共实施困难救助105户，398人次，4.27万元；灾民生活救助及各类灾情补助支出29.62万元，扶持人口1,200余人。城乡医疗救助支出9.68万元，救助人口402余人，193户。开展辖区内矿山巡查、清理整治共1次，炸封非法

党委书记顾国刚（右一）、乡长耿文大（左二）查看公路建设情况

全体干部职工学习杨善洲事迹

坑道6口，炸毁空压机2台，拆除非法搭建工棚6间，整改安全生产隐患32处。

乡　长：耿文大
地　址：个旧市贾沙乡人民政府
电　话：0873-2771010
邮　编：661008

春节期间村民开展拔河比赛

民云村种植的烤烟

村民积极发展金竹产业

精彩纷呈的文艺表演

个旧供电有限公司

中国南方电网
CHINA SOUTHERN POWER GRID

团结务实的领导班子

党总支书记陈文革（左二）参加安全日宣传活动

2011年，个旧供电有限公司（以下简称公司）在个旧市委、政府的关心支持下，在红河供电局的正确领导下，深入贯彻落实南网中长期发展战略，全面抓好安全生产、电网建设、营销服务等重点工作，扎实推进达标创优，全面提升管理水平，圆满完成各项工作任务。在2011年度云南电网公司农电系统组织绩效考核中排名第二，位居A类，实现了“十二五”良好开局。

截止2011年12月31日，公司资产总额11,115.67万元，负债总额4,634.51万元，所有者权益6,481.16万元；实现利润总额538.53万元，净利润408.08 万元。公司网内运维有35千伏线路35条288千米；10千伏线路107条1，286.76千米。110千伏变电站2座，主变容量180兆伏安；35千伏变电站13座，主变容量169.55兆伏安。配电变压器2,270台，容量为

总经理汪宁（左一）到生产一线班组检查指导工作

为民服务，创先争优活动启动仪式

449.224兆伏安。用电客户数124,243户。截止2011年12月31日，公司在岗员工242人，劳务派遣员工245人，内退人员11人，离退休人员114人。

2011年度，公司取得多项骄人成绩，1人荣获红河电网变电运行技能竞赛二等奖；1人荣获云南电网公司2011年度"先进工作者"称号；公司荣获红河供电局2011年度"先进集体"称号；公司荣获个旧市2011年度"安全生产优秀企业"称号。全年公司共荣获个旧市及以上单位授予的集体奖5项，个人奖25项。公司将在云南电网公司改革发展的大好形势下抓住机遇，乘势而上。

开展创先争优，走进农村服务三农活动

总经理：汪　宁
地　址：个旧市跃进路16号2幢
电　话（传真）：0873-2112586
邮　编：661000

举办庆祝建党90周年职工文艺晚会

开展创先争优，走进企业进行安全用电检查